VORGESCHICHTEN ZUR GEGENWART

Georg Kreis

VORGESCHICHTEN ZUR GEGENWART

Ausgewählte Aufsätze
Band 1

Schwabe Verlag Basel

Umschlag: Ehemaliges Tell-Denkmal in Altdorf, Stahlstich, um 1860. Die Statue hatte am Eidgenössischen Schützenfest 1859 den Triumphbogen bekrönt und war anschliessend den Urnern geschenkt worden. Das imposante Monument aus Gips löste sich innert weniger Jahre im Altdorfer Regen auf. Vgl. den Beitrag «Namenlose Eidgenossen» (S. 37–49) in diesem Band. Foto Schweizerisches Landesmuseum, Zürich, Nr. COL-16324.

Gesamtherstellung: Schwabe AG, Druckerei, Basel/Muttenz
Printed in Switzerland
ISBN 3-7965-2020-0

www.schwabe.ch

Inhalt

Kohäsionsfabrik

Teil 2
Die Schweiz als Verständnisproblem

Historiographie

Deutsche und französische Schweiz

Italienische Schweiz

Verkehrsgeschichte

Klassische Themen

Vorwort

Hat man mal ein bis zwei Bücher publiziert, kann es geschehen, dass jemand die wohlgemeinte Frage stellt, was denn das nächste Buch sei. Oder in einer anderen Variante, an welchem Buch man gerade arbeite. Beim wissenschaftlichen Arbeiten dürfte weit seltener als im Falle der Belletristik die Absicht, ein Buch zu schreiben, die Ausgangslage markieren. Am Anfang steht mehrheitlich das Interesse für ein bestimmtes Problem. Daraus mag dann ein Aufsatz entstehen, dann vielleicht mal auch ein Buch. Auch wenn man einiges an Büchern vorweisen kann, hat man in der Regel viel mehr Zeit für Aufsätze als für Bücher verwendet.

Jedenfalls sind Aufsätze im Leben eines Wissenschaftlers wie aber auch in der Landschaft der wissenschaftlichen Publikationen das wesentlich häufigere Resultat wissenschaftlicher Auseinandersetzung. Paradoxerweise sind es aber vor allem die Bücher, die zur Kenntnis genommen werden, und es sind die Bücher, die in den Bibliothekskatalogen aufgeführt werden. So riskieren die Aufsätze, einen Teil ihres Publikums nicht zu erreichen. Dies wissend, fährt man aber fort, stets weitere Aufsätze zu schreiben, statt die Kapazität für das Verfassen von Büchern einzusetzen. Das Produzieren von Aufsätzen hat, abgesehen vom vorausgesetzten Interesse für die Sache, seinen Grund auch darin, dass man immer wieder mal eingeladen wird, sich an Sammelbänden zu beteiligen, und dieser Buchtypus eine wichtige Form der Wissensvermittlung ist. Hier kann man sich nicht beklagen, dass der Einzelbeitrag seine Leser nicht erreiche. Hier tritt aber die Arbeitswelt der einzelnen Beiträger nur bedingt in Erscheinung und werden dessen in anderen Sammelbänden erscheinende Abhandlungen nicht im Zusammenhang wahrgenommen.

Die Herausgabe von gesammelten Aufsätzen (bei weitem nicht allen) soll die in den Texten aufgeworfenen Fragen und entwickelten Antworten mit einer etwas zeitbeständigeren Form nochmals unters interessierte Publikum bringen, nicht «auf vielfachen Wunsch» einer imaginierten Gemeinde, sondern schlicht für eine Sache eintretend, die einem immerhin so wichtig erscheint, dass man ihr den grössten Teil des Lebens widmet.

Die hier zusammengestellten Aufsätze sind grösstenteils an anderem Ort bereits erschienen. In einigen Fällen erschienen Ergänzungen im Sinne von Aktualisierungen und Weiterführungen wünschenswert. Diese sind als solche gekennzeichnet. Der Autor ist dem Verlag für das beträchtliche Engagement, mit dem er sich dieses Unternehmens angenommen hat, zu grossem Dank verpflichtet. Er möchte auch allen Mitarbeitern danken, die sich auf dem längeren Weg bis zur Publikation mit ihrem Wissen und Können in das Projekt eingebracht haben.

Basel, im Mai 2003 *Georg Kreis*

Teil 1
Die Schweiz als Kohäsionsfabrik

Das Schweizerdorf an der Genfer Ausstellung.

(Von unserm Ausstellungsberichterstatter.)

Kritischer Blick auf das «Village Suisse» am Rande der Genfer Landesausstellung von 1896 mit der unromantischen Moderne im Hintergrund (Der Neue Postillon Nr. 6, 1896. Bundesarchiv, Dossier 12, Bern 2000. S. 16).

Schweizerische Landesausstellungen – zu welchem Zweck?

Ein Überblick über die Entwicklung 1804–2002

Warum sich mit der Geschichte der Landesausstellungen beschäftigen? Wie in vielen anderen Geschichten bieten sich zwei grundsätzlich diverse und doch gleichartige Demarchen an: Wir betonen, dass es früher ganz anders war, oder wir betonen, dass es früher auffallend gleich war. Auf Kontrast wäre beispielsweise die Aussage angelegt, dass man früher um das Ausstellungsprojekt viel weniger gestritten habe und das Geld weniger wichtig gewesen sei. Auf Kontinuität pocht dagegen, wenn jemand gerne sagt, dass schon früher um die Ausstellungen viel gestritten worden[1] und auch damals das Geld wichtig gewesen sei. Wenn man will, wird sich wohl beides beweisen und widerlegen lassen. Es ist auch nicht so, dass wir die Spätform eines Phänomens (und die Expo 2001/02 ist eine Spätform) nicht besser verstehen, wenn wir die sogenannten Anfänge verstehen. Es gibt, um mit unserem cher Marc Bloch zu reden, ein «idole» oder eine «hantise des origines», die irrtümlich meint, dass in sogenannten Anfängen alles Folgende bereits angelegt sei.[2]

Die Möglichkeiten der Geschichte sind jedoch angemessener genutzt, wenn wir uns überlegen, 1. aus welchen sozioökonomischen Bedürfnissen heraus das Ausstellungswesen entstanden ist, 2. wie sich daraus eine Tradition gebildet hat und 3. wie es kommt, dass diese Tradition weitergetragen wird, obwohl sich die gesellschaftlichen Bedürfnisse grundlegend gewandelt haben und auch die Funktion solcher Ausstellungen eine völlig andere geworden ist.

Antworten auf welche sozioökonomischen Bedürfnisse?

Die um 1800 als transnationales Phänomen aufkommenden Wirtschaftsausstellungen unterschieden sich von den traditionellen Messen und Märkten, wo individuelle Angebote und individuelle Nachfragen in direktester Weise gegenüberstanden, in drei grundsätzlichen Punkten: 1. Sie verfolgten eine gemeinnützige Zielsetzung, indem sie auf der Seite der Produzenten die technische Entwicklung und den Wettbewerb vor-

1 Als Beispiel einer frühen Kritik die Karikatur aus dem «Neuen Postillon», welche Tell (nach dem Muster des Altdorfer Denkmals mit seinem Büblein) zeigt, der unter Protest die Ausstellung verlässt und frei nach Schiller sagt: «Ich ziehe es vor, unter den Lawinen zu leben.» In: Les Suisses dans le miroir. Les expositions nationales suisses. Hrsg. von Olivier Pavillon, Pierre Pauchard. Lausanne 1991. S. 80. Zu den Kontroversen um die Expo 64 vgl. den Beitrag in diesem Band.

2 Marc Bloch, Apologie pour l'histoire ou métier d'historien. Paris [6]1964. S. 5.

antrieben und auf der Seite der Kunden über die Verbesserung des Wissens über die Möglichkeiten der modernen Produktion die Ansprüche steigern. 2. Sie legten höchsten Wert auf die Präsentation. Die Schaustellung erlangt eine eigene Bedeutung, sie dient nicht nur der Absatzförderung, sondern auch der Belehrung. 3. Die Ausstellungen wurden zu Muster-Messen; an die Stelle des direkten Verkaufs traten Bestellungsaufnahmen und Imagepflege.

Als Anfang des modernen Ausstellungswesens in der Schweiz darf die Berner Kunst- und Industrieausstellung von 1804 gelten. Diese stand wahrscheinlich unter der Nachwirkung eines Vorbildes: der Pariser Ausstellung von 1798, die als erste moderne Landesausstellung in die Geschichte eingegangen ist. Deren «Temple du Travail» sollte ebenfalls der wirtschaftlichen Wiederbelebung dienen, aber auch gegen aussen, das heisst insbesondere gegenüber dem gegnerischen England, Frankreichs wirtschaftliche Stärke demonstrieren. Später sollte sich dieses Charakteristikum noch verstärken: Solche Ausstellungen wollten das Neueste zeigen, sie wollten, und diese Absicht ist bis heute erhalten geblieben, innovative Impulse geben, ob dies nun frühe Uhrwerke, private Badezimmereinrichtungen oder elektronische Neuheiten des 21. Jahrhunderts waren.

Die schweizerische Frühform der modernen Industrieausstellung kam einstweilen allerdings ohne das Begleitprogramm aus, das in Paris bereits entwickelt worden war: ohne Volksfest, Militärparade, Regierungsaufmarsch, Feuerwerk, sportliche Wettkämpfe und Bälle, also ohne Veranstaltungsteile, welche die Gesamtheit des Volkes ansprechen wollten.

Kunst und Industrie, heute oft als Gegensatz verstanden, bildeten im Denken des frühen 19. Jahrhunderts weitgehend eine Einheit. Beides verband sich in dem, was eine wesentliche Eigenheit der schweizerischen Industrie werden sollte: in der Veredelung von Rohstoffen. Kunst und zugleich Industrieprodukte waren beispielsweise die Chronometer, Filter und Ventile, Federn und Gewinde – und in den verschiedenen Kombinationen die «arbeitenden Maschinen»: Pressen, Pumpen usw.[3]

Die Ausstellung als temporäre Schule der Nation

Die frühen Ausstellungen wiesen stark lehrhafte Züge auf, ja, ihr Zweck bestand – dem Aufklärungsgedanken gemäss, aus dem sie hervorgegangen waren – recht eigentlich in der Belehrung. Im späten 18. Jahrhundert wie beinahe im gesamten 19. Jahrhundert war der Wissensdurst so gross, anderseits das Wissen so schwer zugänglich, dass solche Vermittlungsveranstaltungen einem allgemeinen Bedürfnis entsprachen. Niemand stiess sich an der Lehrhaftigkeit der Ausstellungen. In der Vermittlung von gesichertem Wissen bestand recht eigentlich ein Nachholbedarf, wobei die wirtschaftliche Produktion im Zentrum des Interesses stand und nicht die gesellschaftspolitische Problematik.

3 Ausführlicher: Georg Kreis, Von der Produktemesse zur Problemschau / Ort der Belehrung – Ort der Begegnung. In: NZZ vom 5. und 18. Oktober 1983.

Dem Schulwesen wurde in der ersten eigentlichen Landesausstellung von 1883 besondere Aufmerksamkeit zuteil. Die ihm gewidmete Ausstellungsfläche nahm als thematische Abteilung mitten in der Produktemesse eine Sonderstellung ein.

Nachdem bereits für die Wiener Weltausstellung von 1873 eine erste schweizerische Schulstatistik zusammengestellt worden war, wurde im Hinblick auf die Zürcher Ausstellung von 1883 im Auftrag des Bundesrates eine umfassende Erhebung durchgeführt. Auch in den folgenden Ausstellungen wurde dem Bildungswesen hohe Bedeutung beigemessen.[4]

Deutlicher als heute stand den Zeitgenossen vor Augen, dass das Unterrichtswesen sozusagen die wichtigste Voraussetzung für die nationale Produktionsstärke war. Dies nach dem zeitgenössischen sozialdarwinistischen Motto: «qu'il est inutile, le pays qui ne peut s'assurer une place dans le grand mouvement des sociétés humaines par son propre travail. Et l'humanité n'entretient pas d'asiles pour les peuples ruinés.»[5] Bundesrat Numa Droz appellierte denn auch in seiner Eröffnungsansprache zur Ausstellung von 1883 an das Nationalgenie und den Nationalstolz: «Quand nous parcourons ces halles immenses où se trouvent réunis les produits du travail et du génie national, nous ne pouvons nous empêcher d'éprouver un sentiment de fierté en voyant tout ce qu'un petit peuple, peu favorisé par la nature, est capable de créer de richesses, lorsque toutes ses ambitions, tous ses efforts sont uniquement dirigés vers les œuvres profitables de la paix et de la liberté.»[6]

Die Ausstellung gab der Schule einen Ehrenplatz, sie wollte aber auch selbst temporäre Schule der Nation sein. In der offiziellen Zweckumschreibung ist ausdrücklich von der «gegenseitigen Belehrung» die Rede. Der Schulcharakter der Ausstellung kam darin zum Ausdruck, dass nicht wie heute zur blossen Unterhaltung, sondern zur praktischen Belehrung junge Menschen klassenweise durch die Ausstellung geschleust wurden. Als eher seltsam wird man empfinden, dass ganze Fabrikbelegschaften in Reih und Glied zur Ausstellung marschierten.

Wettbewerb und Entschärfung der Gegensätze

Die Ausstellungen hatten, wie das an der Schulfrage bereits zu erkennen war, auch die Funktion von Bestandesaufnahmen. Ausführliche Berichte wurden im Hinblick auf die Ausstellungen und im Rückblick auf die Ausstellungen verfasst. Letztere hielten fest, was zufriedenstellend gewesen und was bis zum nächsten Mal zu verbessern sei.

4 Vgl. Hermann Bücheler, Drei schweizerische Landesausstellungen. Zürich 1883, Genf 1896, Bern 1914. Zürich 1970 (Diss.). S. 62. Allgemeine Darstellung der neueren Ausstellungen vgl. Martin Arnold, Von der Landi zur Arteplage. Schweizer Landes- und Weltausstellungen (19.–21. Jh.). Hintergründe und Erinnerungen. Zürich 2001. – Quand la Suisse s'expose. Les expositions nationales XIXe-XXe siècles. Revue Historique Neuchâteloise 1/2, 2002.

5 Georg Kreis, L'Exposition nationale de 1883. In: Les Suisses dans le miroir. Les expositions nationales suisses. Hrsg. von Olivier Pavillon, Pierre Pauchard. Lausanne 1991. S. 17–21.

6 Ebenda. S. 15.

Die bereits in der Ausstellung von 1804 vorhandenen Preisgerichte verteilten Zensuren bzw. Ehrenmeldungen und Goldmedaillen und gaben den Produktemessen den Charakter eines Klassenwettbewerbs oder einer Wirtschaftsolympiade.

Eine in der zweiten Hälfte des 19. Jahrhunderts wichtiger werdende Funktion solcher Ausstellungen bestand darin, mit der Gesamtschau ein Gegenstück zur segmentierenden Wirkung der Arbeitsteilung zu bilden. Der einzelne sollte erfahren können, zu welchem grossen gesamtwirtschaftlichen und nationalen Ensemble er seinen kleinen, aber wichtigen Beitrag leistete. Es ging auch darum, der Wirtschaft über die rein materiellen Interessen hinaus eine erhabenere, noblere Mission zu geben und die Spannungen, Disparitäten und Widersprüche, die sich aus der sozioökonomischen Entwicklung ergeben, zu entschärfen und akzeptabler zu machen. Kein Zufall, dass Numa Droz in seiner Rede von 1883 den «esprit d'harmonie» beschwor.

Mit der Berner Ausstellung von 1914 wurde neben der Produkteschau eine weitere Dimension entwickelt, die heute als dominante Funktion das Feld beherrscht und die ursprüngliche Funktion weitgehend verdrängt hat: die Landesausstellung als Problemschau. Dies lässt sich am Militärwesen stellvertretend deutlich aufzeigen. Nachdem an der Genfer Ausstellung von 1896 erstmals Armeematerial ausgestellt worden war, um den guten Stand der eigenen Rüstung zu zeigen und mit den schönen Exponaten dem Kriegsmaterialexport den Weg zu ebnen, bestand bei der Berner Ausstellung von 1914, wo es erstmals einen eigenen Armeepavillon gab, auch die Absicht zu zeigen, was mit Steuergeldern gekauft wurde. 1939 ging es dann um die Demonstration des Wehrwillens und 1964 auch um die Propagierung der Landesverteidigung.

Mit der Verlagerung des Schwerpunktes weg von der Produkteschau hin zur Problemschau wurde die heutzutage diskutierte Frage nach der Botschaft der Expo bedeutsam. Bis 1914 wurde von keiner Landesausstellung erwartet, dass sie ausser sich selber eine zusätzliche Botschaft transportiere. Auch die «Landi 39», die übrigens mit einem beträchtlichen Ertragsüberschuss abschloss, hatte noch keine Botschaft, aber sie *war* die Botschaft, und sie wurde das weniger wegen ihrer Art als wegen des Aggregatszustands der Gesellschaft. Die Expo 64, die übrigens mit einem grösseren Defizit ausging, musste – das drückt bereits die Erwartung einer Botschaft aus – mit einem Motto antreten; es war ein Allerweltsslogan, der viel und wenig zugleich sagte: «Pour la Suisse de demain: croire et créer».[7]

7 Roger Sidler, Pour la Suisse de demain: croire et créer. Das Selbstbildnis der Schweiz an der Expo 64. In: Dynamisierung und Umbau. Die Schweiz in den 60er und 70er Jahren. Hrsg. von Mario König et al. Zürich 1998. S. 39–50. Vgl. ferner Simon Erny, Die Geschichtsbilder der Schweizerischen Landesausstellungen 1939 und 1964. Ein Vergleich (Basler Liz.-Arbeit 2000/01).

Zentrum und Peripherie

Eine andere Funktion kam ebenfalls erst später hinzu: die Funktion, mit Hilfe solcher Grossausstellungen die schwache Infrastruktur des Ausstellungsortes zu verbessern. Anfänglich waren die Ausstellungen selbstverständlich in den etablierten Städten und gegebenen Zentren des Landes. Es ist kein Zufall, dass der Reigen der grossen Ausstellungen 1883 in Zürich beginnt und Zürich zweimal mit einer derartigen Ausstellung bedient wurde. Die Parallele dazu war, dass die ersten Weltausstellungen 1851/55 in den wichtigsten europäischen Zentren London und Paris durchgeführt wurden.[8]

Als sich nach der Expo 64 abzeichnete, dass die nächste Landesausstellung an die Innerschweiz gehen könnte, meldete Schwyz schon 1974 seinen (indirekt gegen Luzern gerichteten) Anspruch mit dem Argument an, dass jetzt auch einmal ein Landkanton berücksichtigt werden sollte. Aus der innerschweizerischen Rivalität (nicht nur zwischen Schwyz und Luzern, auch zwischen Schwyz und Uri und in anderen freundeidgenössischen Rivalitätsbeziehungen) entstand dann in den 1980er Jahren das dezentrale Konzept. Aus der Not wollte man eine Tugend machen.

Aus der Vorgeschichte der Gegenwart sei in Erinnerung gerufen, dass sich Schwyz und Luzern in den 1970er Jahren die Sache gegenseitig streitig machten, dass die Interschweizerische Regierungskonferenz schlichten wollte, indem sie den Schwyzern die 700-Jahr-Feier und Luzern die Landesausstellung anbot, dass aber beide, die einen mit einem Rotbuch, die anderen mit einem Blaubuch, an der exklusiven Zuteilung festhielten, dass schon in Luzern «Arteplages» geplant waren, diese aber die wachsende Opposition der als «Aktion Seerose» auftretenden Ökobewegung herausforderten, dass manche Luzern nicht als «zehnjährige Baustelle» haben wollten, dass man zudem nicht eine Konsumhaltung, sondern echte Begegnung und Besinnung haben wollte. Zur Forderung nach Demokratisierung kam, wie gesagt, die der Dezentralisierung, was andere wieder abtaten als «überall ein bisschen Landi», so dass Luzern im Mai 1985 als erster Innerschweizer Ort ausstieg. Rund 55 Prozent lehnten in einer Volksabstimmung einen 1,55 Mio.-Kredit ab.

Das um Luzern reduzierte Dezentralisierungskonzept überzeugte noch weniger, eine Mehrheit sah darin nur eine Multiplikation der Übel und schickte das Projekt in mehreren Volksabstimmungen bachab (zuletzt im April 1987), und zwar nach der Tradition der Vögtevertreibung und des Burgenbruchs, das heisst im Bedürfnis, «denen da oben» zu zeigen, dass man sich mit billigen Appellen an das patriotische Pflichtgefühl nicht gängeln lasse, zumal wenn hinter zu vielen Projekten das Profitstreben von Zürcher Firmen stand.[9] Nachtrag von 2003: Der Schreibende war an der Landsgemeinde von Sarnen zugegen, in seinen Ohren hallt noch immer der doppelte Volksjubel nach:

8 Zur allgemeinen Entwicklung: Weltausstellungen im 19. Jahrhundert. Hrsg. von Eckhardt Fuchs. Leipzig 2000. Und zum Schluss: Alice von Plato, Präsentierte Geschichte. Ausstellungskultur und Massenpublikum im Frankreich des 19. Jahrhunderts. Frankfurt am Main 2001.

9 Georg Kreis, «Wissen, wo die Fahnen stehen». Vom langen Weg zum Bundesjubiläum von 1991. In: Schweizer Monatshefte 7/8, Juli/August 1987. S. 589–598.

der erste, der ausbrach, als man über Transistorradios vernahm, dass die Landsgemeinde von Stans, die etwas früher an diesem Geschäft war, soeben nein gesagt hatte, und der zweite, als die «abe»- («runter»-)Partei obsiegte.

In den 1950er Jahren, als ein Standort für die 5. Landesausstellung gefunden werden musste, versuchte Genf vergeblich, Lausanne für ein gemeinsames Ausstellungsprojekt «à mi-chemin» zwischen den beiden rivalisierenden Städten zu gewinnen. Der Kooperationsvorschlag entsprang wohl der richtigen Einschätzung, dass Genf alleine zu schwach war, um ein zweites Mal den Zuschlag zu bekommen. Und das starke Lausanne, mit Paul Chaudet im Bundesrat vertreten, wies siegesgewiss den Vorschlag zurück: Es gebe überhaupt keinen Grund, warum Lausanne seine Trümpfe als geographisches und demographisches Zentrum der *Suisse romande* nicht ausspielen sollte.[10]

Bei der Vergabe des jüngsten Ausstellungsprojektes war es klar, dass nur ein dezentrales Projekt, das heisst eine grössere Allianz – zum Beispiel von vier Kantonen –, eine Chance hatte. Mit der Dezentralisierung glaubte man auch, die Sorgen wegen der Überstrapazierung der Umwelt entkräften zu können. Nach 1964 verstärkte sich, was man weltweit beobachten kann: die Tendenz, die Ausstellungen nicht mehr in den ohnehin stark belasteten Zentren anzusiedeln und die Ausstellungen mit dem zusätzlichen Argument der Entwicklungshilfe an die Peripherie zu geben. Ökonomisch schwach entwickelte Peripherie, zunächst in der zentralen Schweiz, dann im Tessin, wovon nach 1991 vorübergehend die Rede war, und schliesslich im Jurabogen. Schon im Hinblick auf die CH 91 hatte man an den Kanton Jura gedacht, einerseits mit der Idee, die Feier der Urschweiz mit dem jüngsten Kanton zu verknüpfen, aber auch mit dem stärkeren Argument, dass dieser Kanton doch Platz und eine Förderung der Infrastruktur nötig habe. Auch jetzt geschieht einiges unter diesem Aspekt: Dank der Expo konnte man einen Funiculaire in Neuenburg, eine Fussgängerpassage beim Bieler Bahnhof und andere schöne Sachen an anderen Orten bauen. Schon Lausanne hatte dank der Expo einen Autobahnanschluss bekommen.

Traditionspflege in kleinen und grossen Kadenzen

Wie konnte aus den Anfängen eine starke Tradition entstehen? Zunächst sei gesagt, dass es sich um eine spezielle Tradition handelt, keine saisonale, alle Jahre wiederkehrende wie die 1917 geschaffene Schweizerische Mustermesse in Basel, der 1919 entstandene Comptoir Suisse in Lausanne, die seit 1943 durchgeführte St. Galler OLMA (Ostschweizerische land- und milchwirtschaftliche Ausstellung), die BEA, die 1951 erstmals in Bern durchgeführt worden ist. Im Falle der Landesausstellungen ging es um die Schaffung von Grossausstellungen in grösseren Zeitabständen analog zu anderen Ausstellungen des Auslands.

10 Frédéric Sardet, Organiser l'Expo 64: espace, argent et pouvoirs. In: expos.ch. idées, intérêts, irritations. Bern 2000. S. 222 (Dossier 12 des Archives fédérales suisses).

Es sieht so aus, als ob man einen Zeitabstand schaffen wollte, der wegen des damit verbundenen Aufwandes nicht zu kurz sein durfte. Der Abstand durfte aber auch nicht zu gross sein, damit jede Generation (gemessen an ihrer produktivsten Lebensphase) einmal eine Ausstellung erleben könne. In Klammern: An der Expo 64 wurde vom damals noch jungen Fernsehen ein Mann gefeiert, der von sich sagte, alle bisherigen Ausstellungen seit 1883 besucht zu haben. In unseren Tagen schickt sich nun die Expo 02 an, einen 92jährigen Obwaldner (Otto Wolf aus Sarnen), der seit 1914 keine Landesausstellung verpasst hatte, zum Werbeträger zu machen.

Traditionen sind im allgemeinen streng, ja kleinlich. Im Falle der Landesausstellungen war die Kadenz anfänglich aber keineswegs geregelt. Zwischen der 1. und der 2. Ausstellung lagen 13 Jahre, erst zwischen der 2. und der 3. Ausstellung kam es zum Abstand von 25 Jahren, der dann noch zweimal eingehalten wurde und aus leicht erklärbaren Gründen in der jüngsten Etappe mit ihren 38 Jahren nicht mehr eingehalten wurde. Würde man die ursprüngliche Funktion der Landesausstellungen ernst nehmen, d.h. die Funktion der Förderung und Verbreitung von Innovation, dann müssten angesichts des beschleunigten Wandels die Kadenzen nicht länger, sondern eigentlich kürzer werden.

Die Tradition hat, wie wir wissen, eine irrationale Seite, das heisst rechtfertigt sich zum Teil aus sich selber, muss also nicht erklärt werden, ist einfach so, weil sie so ist. Und trotzdem kann man auch Traditionen beziehungsweise ihre Bedeutung rational erklären: Sie vermitteln mit ihren festen Elementen den Menschen Halt im haltlosen Wandel der Zeit. Sie schaffen Wegmarken, die es ihnen gestatten, den erlebten Zeitraum zu strukturieren. Man kann das eigene Leben danach unterteilen, Privates einordnen als etwas, das «vorher» oder «nachher» geschehen ist, wie bei Abschlussprüfungen, Rekrutenschule, Geburten etc. Ähnliches gilt auch für grosse Feste, zum Beispiel für die alle 22 Jahre durchgeführte *Fête des vignerons* von Vevey.

Die in derart grosser Kadenz praktizierten Traditionen haben sicher nicht die gleiche Funktion wie die im engen Jahresrhythmus praktizierten Traditionen (die gewöhnlichen Winzerfeste und die gewöhnlichen Messen à la OLMA und BEA). Im Falle der Expo 02 hat aber der künstlerische Direktor das Milliarden-Projekt unter anderem mit der Traditionspflege gerechtfertigt und Vergleiche mit dem «Morgenstreich» und dem «Sechsiläuten» angestellt, rechtfertigende Vergleiche, die meines Erachtens in mehrfacher Beziehung fragwürdig sind.[11]

11 Martin Heller und Juri Steiner, Vergesslich? Nimm 1× tgl. Expo 02. In: Tages-Anzeiger vom 28. Juni 2000.

Wandel in der Dauer – Dauer im Wandel

Tradition bedeutet nicht, dass die rituelle Wiederkehr immer wieder das gleiche bringt. Ganz im Gegenteil, sie lebt zum Teil davon, dass jede Repetition neben dem stets Gleichen auch Einmaliges, eine bestimmte Individualität hat. Dies ist im Falle der Landesausstellungen bereits durch den Wechsel der Durchführungsorte gegeben: Zürich, Genf, Bern, Zürich, Lausanne – und jetzt die drei Seen. Das je eigene Gesicht wird aber vor allem durch die je eigenen Zeitumstände gegeben. Am deutlichsten ist die historische Einmaligkeit bei der «Landi 39» sichtbar mit ihrer sonderbaren Mischung von Modernität, Offenheit und Zukunftsorientierung einerseits und Konservativismus, Verschlossenheit und Vergangenheitsorientierung anderseits.

Es wäre eine fruchtbare Spekulation, sich zu überlegen, wie die «Landi» 1935 oder 1943 ausgesehen hätte, was an ihr anders gewesen wäre. Auch in den Ausstellungen von 1914 und 1964 kann man eine historische Individualität erkennen: 1914 ebenfalls an der Wende hin zu einem grossen Krieg, ein wenig berührt von der sogenannten «sozialen Frage», z.B. im Bereich des Wohnungsbaus; 1964 zwischen dem nicht allzu grossen «Helvetischen Malaise» und dem rapiden Wachstum in allen Sektoren. Schwieriger ist es, die Ausstellungen von 1883 und 1896 auf den Punkt zu bringen: 1883 ist es der Geist der «Gründerjahre» und 1896 der Geist der «Belle Epoque», was immer das heisst.

Auf der Suche nach den Ausstellungsindividualitäten kommen wir unvermeidlich wieder zum Punkt, da wir die grosse Gemeinsamkeit entdecken: die für 1939 bereits angesprochene Dualität von Rückschau und Vorschau, gewiss den Zeitumständen entsprechend in der je eigenen Mischung. Vielleicht wird die Expo 02 die erste Landesausstellung sein, die nicht nach diesem Muster gelesen werden kann.

Traditionen verkörpern die Dauer in der Zeit, sie können sich aber auch wieder verflüchtigen, oder sie können bleiben, aber einen Bedeutungswandel erleben. Welcher Variante folgt das Phänomen der Landesausstellungen? Wir kommen damit zu unserer dritten Frage und zugleich zu einer These, die da lautet: Während im 19. Jahrhundert ein wirklich existierendes Bedürfnis insbesondere der Informationsverbreitung und der nationalstaatlichen Manifestation, vielleicht auch des ordentlichen Erlebens von Ausserordentlichem vorhanden war und dies zur Institution der Landesausstellung geführt hat, wird jetzt zu Beginn des 21. Jahrhunderts eine Institution weitergeführt, obwohl das entsprechende Bedürfnis nicht mehr gegeben ist.

Schon 1991 konnte man die ernsthafte Diagnose hören, dass angesichts der Misserfolge der CH 91 und des Neins des Tessins die Ausstellung von 1964 die «letzte» Landesausstellung gewesen sei.[12] Traditionen und Praktiken können auch Krisenphasen erleben und daraus sogar gestärkt hervorgehen. Die Diagnose von der «letzten» Landesausstellung ist nun offensichtlich eine Fehldiagnose. Warum? Weil eine der-

12 Les Suisses dans le miroir. Les expositions nationales suisses. Hrsg. von Olivier Pavillon, Pierre Pauchard. Lausanne 1991. – Ferner: expos.ch. idées, intérêts, irritations. Bern 2000 (Dossier 12 des Archives fédérales suisses).

artige Ausstellung eben doch einem breiten Bedürfnis entspricht? Wer will sich herausnehmen zu entscheiden, was «die» Schweiz braucht oder nicht braucht? Und warum sollten diese Ausstellungen keinen Funktionswandel erfahren dürfen? Dann allerdings sollte man nicht das Neue mit dem Vokabular von vorgestern anstreben. Offensichtlich ist doch

- dass die Volkswirtschaft keine Landesausstellungen als Vitrinen für ihre Produkte mehr benötigen,
- dass aber die Ausstellungsmacher umgekehrt mehr denn je das Sponsoring der Privatwirtschaft benötigen,
- dass der Wirtschaft ohnehin die nationale Dimension weitgehend abhanden gekommen ist,
- dass sich das Bedürfnis nach Messen zum Teil auf einzelne Sparten spezialisiert hat (von Orbit über Uhren- und Schmuckmesse bis zum Salon du livre),
- dass andererseits den «expositions nationales» auch die nationale Dimension abhanden gekommen ist,
- dass auch (ob dies nun gut oder schlecht oder was immer war) das «sentiment de fierté», von dem Numa Droz sprach, weder Ausgangspunkt noch intendierter Endpunkt ist,
- dass es jetzt hingegen zur Hauptsache um folgendes geht: Abgesehen davon, den Lokalpolitikern zu leichten Erfolgen und der Ausstellungsbranche zu leichten Gewinnen zu verhelfen, geht es vor allem um individuelle Unterhaltung. Dies aber im Namen einer Tradition, die aufgegeben worden ist, und angeblich im Dienste einer sozialen Kohäsion, die mit der Inszenierung eines disparaten Erlebnisparks, mit einem leeren Versprechen von «anderen Emotionen» (so die Werbung) und mit Botschaftern ohne Botschaft um keinen Deut verbessert wird.[13]

13 Zum Kohäsionsargument vgl. etwa den von Nelly Wenger gezeichneten Text im Tages-Anzeiger vom 17. März 2001 sowie zur Rolle des «premier ambassadeur» Jean-François Roth im Construire vom September 2001.

Der damals und noch heute moderne «Landi»-Stuhl aus Aluminium, konzipiert von Hans Coray und gezeichnet von Hans Fischli (Das goldene Buch der Landesausstellung 1939. Zürich 1939).

Die «Landi» – zwischen Tradition und Moderne

Im Geleitwort zum grossen Erinnerungswerk, das sogleich nach Ausstellungsschluss zum Kauf angeboten wurde, bezeichnete Bundespräsident Philipp Etter die Landesausstellung insgesamt als «wuchtigen Wurf». Im einzelnen würdigte er aber nur zwei Ausstellungselemente: das Dörfli und den Höhenweg. Diese Akzentsetzung ist nicht zufällig. Sie entsprach den Erlebnis- und Erinnerungsschwerpunkten der meisten Besucher. Das *Dörfli* und der *Höhenweg* haben beim zeitgenössischen Publikum so grossen Anklang gefunden und auch spätere Betrachter so sehr in ihren Bann gezogen, dass sie den Gesamteindruck der «Landi» bestimmten.

Die Landesausstellung von 1939 erscheint – absolut gesehen oder im Vergleich mit ihren Vorgängerinnen – vielen als Ausdruck einer rückwärtsorientierten, ja reaktionären Mentalität allzu biederer Bodenständigkeit ohne Selbstkritik, ohne Dynamik, ohne Zukunftsvisionen. Es gab sie in der Tat, die Bluementrögli- und Riegelbautenidylle, die Hellebarden-Schweiz und die stolze Ahnengalerie der sogenannten Ehrenhalle. Es gab die mythologische Überhöhung des Bauerntums, das Loblied von der eigenen Scholle, den Kult der Mütterlichkeit u.a. Es gab in dieser Ausstellung aber auch anderes: zahlreiche Elemente, welche als Ausdruck einer durchaus *modernen Mentalität* zu werten sind. Im folgenden soll versucht werden, auch diese Botschaften aufzuzeigen und von dieser Seite her die Funktion der traditionalistischen, historisierenden, statischen Ausstellungsteile zu erklären, wobei unter moderner Mentalität eine aufgeschlossene Haltung gegenüber neueren und neuesten Erscheinungen eines auf permanente Verbesserung bedachten gesellschaftlichen Wandels verstanden sei.

Im Bereich der *Technik* war die Präsenz der Moderne gewissermassen automatisch gewährleistet durch die lockende Möglichkeit, die neuesten Errungenschaften einzusetzen und vorzustellen. Die Landi wartete mit einer Super-Gondelbahn auf – der angeblich ersten über einen See gebauten Bahn mit der grössten Spannweite der Welt und (in den Masten) Europas schnellsten Liften. Im Ausstellungsgelände beeindruckten mit 12 000 PS die stärkste Lokomotive der Welt und mit 42 500 PS und 120 t Gewicht ein Generator der Dixence-Werke als «Weltrekord der Ingenieurkunst».

Die «Landi» von 1939 war – wie auch ihre Vorgängerinnen von 1883, 1896 und 1914 – eine *Leistungsschau,* das heisst eine Demonstration der neuesten Leistungssteigerungen. Der Grossteil der ausgestellten Produkte verkörperte die durch den Leistungswillen vorangetriebene Moderne. Der Besucher war nicht nur von Holz, Ziegel und Schmiedeeisen umgeben. Man zeigte ihm die neuesten Kautschuk- und Kunststoffprodukte, man machte ihm die Verflechtung der schweizerischen chemischen

Industrie mit der Weltwirtschaft bewusst und informierte ihn über die Bedeutung der modernen Energiegewinnung.

Die Landesausstellungen wollten indes nicht nur eine Produkte- und Leistungsschau sein. Von Mal zu Mal wurden diejenigen Ausstellungsteile gewichtiger, die auch *gesellschaftspolitische Themen* behandelten. Und es sieht so aus, als ob bereits 1939 die thematische Dimension wichtiger gewesen sei als die rein produktionsbezogene. Dies trifft allerdings nur hinsichtlich der Resonanz beim Publikum zu, nicht jedoch bezüglich Ausstellungsfläche und Aufwand. War im Produktebereich die Moderne sozusagen von allein sichergestellt, bedurfte es im Thementeil einer besonderen geistigen Leistung, die gesellschaftspolitischen Fragen zukunftsweisend zu präsentieren. Auch in dieser Hinsicht finden wir moderne Aussagen in der Ausstellung: Aussagen etwa zugunsten der erst 1947 eingeführten allgemeinen AHV und zugunsten des gesamtschweizerisch erst 1971 verwirklichten Frauenstimmrechts. Im Bereich der Kunst blieb die «Landi» allerdings hinter der neuesten Entwicklung zurück. Man zeigte weder abstrakte noch konstruktivistische Werke. Näher bei der Avantgarde waren dagegen die *Architektur* und das *Design* der meisten Möbel. Die bekannten Aluminiumstühle werden noch heute als modern empfunden.

Konfrontiert mit so viel Moderne, fragte sich ein Berichterstatter: «Ist das noch die Schweiz? Oder ist es ein internationales Stück Europa? Oder gar ein bisschen Amerika?» Da und dort fanden sich tatsächlich zaghafte Anklänge an die amerikanische Moderne: bei den adretten Liftgirls oder Teddy Stauffers populärer Jazzband. Die Swissair war mit einer Attrappe des modernsten Douglas-Flugzeuges, einer DC 3, präsent, und eine in dieser angeblich so introvertierten und rückwärtsgewandten Ausstellung aufgestellte Europakarte veranschaulichte, zu welchem Zeitgewinn der Luftverkehr dem modernen Menschen verhalf. Es galt die neodarwinistische Parole: «Ein Volk, das nicht fliegt, wird überflügelt.»

Im «Landi»-Dokumentationsband wird betont, dass die Schweiz seit langem *kein ausgesprochener Agrarstaat* mehr sei. Kritisch wird bemerkt, das Schweizervolk lebe in der romantischen Vorstellung vieler Leute gleichsam als ein Volk von Hirten, Alphornbläsern und Jodlern weiter, als ob sich im Zeitalter der Maschine und des Verkehrs nichts ereignet hätte. Ausstellungstafeln sollten das falsche Bild korrigieren: Nur 22 Prozent der Bevölkerung seien in der Landwirtschaft tätig, 55 Prozent dagegen in Industrie, Handel und Gewerbe.

Die Ausstellung selbst stellte die traditionelle und die moderne Welt kontrastreich nebeneinander. Vom Schifflibach heisst es in einer Schilderung, er habe Natur und Technik miteinander verbunden: «Soeben noch floss der Bach durch stille Auen, und schon wird er von arbeitsdröhnenden Hallen gefasst.» Das *Nebeneinander nicht nur von Welten, sondern auch von Weltanschauungen oder Wertschätzungen* kam andernorts ebenfalls zum Vorschein: wenn auf der einen Seite die erdrückende Macht des Zementkartells kritisiert und die vermehrte Verwendung von Naturstein propagiert, auf der anderen Seite aber eine Spannbetonkonstruktion als kühne Meisterleistung gewürdigt wurde; wenn die Schönheit der Natur gepriesen und zugleich die Schiffbarmachung des Oberrheins gefordert, wenn das Tragen von Trachten propagiert und das Publikum den Lockungen mondäner Abendroben ausgesetzt wurde.

Die nachträgliche Kritik hat bei der Beurteilung der Landesausstellung von 1939 zwei *fragwürdige Gleichsetzungen* vorgenommen: Sie hat im Dörfli-Geist und im Geist des Höhenwegs den typischen Ausdruck des «Landi»-Geistes und in diesem den Ausdruck des «braunen» Zeitgeistes gesehen. Diese Fehlinterpretation, welche die mehr oder weniger überzeugenden Produkte der *Geistigen Landesverteidigung* vorschnell in die Nähe der nationalsozialistischen Kultur rückt, kann uns hier nicht weiter beschäftigen. Nur etwas sei bemerkt: Mit dem Nachweis des Modernitätsgehaltes allein wäre die «Landi» in der Tat der geistigen Nähe zum Faschismus nicht zu entziehen. Umgekehrt aber kann dieselbe «Landi» nicht als faschistisch oder faschistoid qualifiziert werden, nur weil da und dort eine Blut-und-Boden-Romantik zum Ausdruck kommt. Die Moderne mit ihren faszinierenden Superlativen wurde von den deutschen Nationalsozialisten bekanntlich ebenfalls sehr geschätzt; Begeisterung überkam sie nicht nur an heimeligen Lagerfeuern, sondern auch vor gigantischen Kraftwerkbauten.

Ernster zu nehmen ist nun allerdings die Frage, ob die «Landi» *richtige oder falsche Bewusstseinspflege* betrieben, ob sie Problembilder und Antworten vermittelt habe, die gewissermassen dem Entwicklungsstand der Zeit *entsprochen* haben. Fasst man nur das Dörfli und den Höhenweg ins Auge, müsste man die letzte Frage verneinen und zum Schluss kommen, die Ausstellung habe sich der bedrängenden Gegenwart und erst recht den Herausforderungen der Zukunft entzogen – durch Flucht einerseits in eine idyllische und andererseits in eine pathetische Scheinwelt. Wie wir aber gesehen haben, war die Moderne in ihrem vollen Umfange, mit ihrer ganzen Bedeutung an der Ausstellung durchaus und kraftvoll gegenwärtig. Wenn man vom Höhenweg absieht, der gewissermassen «auf der falschen Seeseite» untergebracht war, befolgte der Ausstellungsplan eine klare *Zweiteilung:* Am linken Seeufer lag das grössere Areal der modernen Welt, hier gab es die Abteilungen Industrie und Verkehr, Baumaterial, Sport und Spital, Medien, Energie usw. Am rechten Seeufer befand sich das kleinere Gelände mit der traditionellen Schweiz, eben dem Dörfli, der Landwirtschaftsausstellung, der Jagdabteilung. Und beide Sphären waren *verbunden* durch die Schwebebahn der Superlative.

Die Kritik kann allenfalls beanstanden, dass die beiden Sphären nur durch die Gondelbahn miteinander verbunden waren, dass sie nicht wirklich ineinander verarbeitet worden waren. So völlig beziehungslos konnten die beiden Teile der Ausstellung ja nicht sein. Wenn es aber in diesen gegensätzlichen Welten keine Gemeinsamkeiten gab, worin bestand wenigstens der *funktionelle Zusammenhang?* Ein zeitgenössischer Erinnerungsband enthält einen Hinweis, der weiterhilft, der aber der vertieften Deutung bedarf. «Hier suchte der Landibesucher», heisst es über das *Dörfli* in diesem Bericht, «*Erholung* von den Strapazen des jenseitigen Ufers der Technik und *Erheiterung* ob dem erdrückenden Ernst der Weltlage.» In ähnlicher Weise gilt diese Interpretation auch für den Höhenweg. Auch er hatte, obwohl in der konkreten Wirklichkeit auf dem gleichen Ufer angesiedelt, mit seiner triefenden Sinnhaftigkeit ein *Gegengewicht zur materialistischen Moderne* zu bilden. Er hatte seelische Erholung und Erheiterung zu spenden, wenn vom (übertragen gesprochen) Ufer der hochtechnisierten Zivilisation die meterlangen Blitze des Hochspannungsforschungslaboratoriums leuchteten und dunkle Wolken der Ungemütlichkeit drohten.

Von der «Landi» ist anerkennend gesagt worden, es sei ihr gelungen, dem in einer Zeit der Bedrohung verstärkten *Bedürfnis nach Selbstvergewisserung* ideal zu entsprechen. Mit Bedrohung ist der machtpolitische Konflikt gemeint, der noch während der «Landi» zum Ausbruch des Zweiten Weltkrieges führte. Bedrohungsgefühlen, die allenfalls aus dem Erlebnis der Weltwirtschaftskrise zurückgeblieben waren, musste 1939 offenbar nicht mehr direkt entgegengetreten werden. Der Arbeitslosenbestand war in den Jahren 1936–1939 von rund 92 000 auf 32 000 geschmolzen. Die versichernde, Mut und Zuversicht spendende Leistung der Landesausstellung von 1939 wurde aus naheliegenden Gründen ausschliesslich im Zusammenhang mit der bedrohlichen Weltlage gesehen. Übersehen wurde dabei, dass die «Landi» wie jede andere Landesausstellung und wie manche andere Manifestation auch die *Funktion* hatte, zur Bewältigung der üblichen und zuweilen ebenfalls als bedrohlich empfundenen Modernisierungsprobleme beizutragen. Man zeigte einerseits den Fortschritt und versah andererseits die Schau mit Elementen, die dem Besucher «Erholung von den Strapazen des jenseitigen Ufers» gewährten. Und was den Nationalsozialismus betrifft: Ohne falsche Gleichsetzungen vorzunehmen, kann man, da wegen der Gleichzeitigkeit Bezüge zur Kultur des Dritten Reiches naheliegen, auch vom Nationalsozialismus sagen, er sei seinerseits ein eigener und inhumaner Versuch gewesen, die entfremdenden Modernisierungsprobleme des 20. Jahrhunderts zu bewältigen.

Im Prinzip, wenn auch nicht mit der gleichen Dringlichkeit, gab es die *Aufgabe der Modernisierungsbewältigung* immer und wegen des beschleunigten gesellschaftlichen Wandels speziell gegen Ende des 19. Jahrhunderts. Das Dörfli vom rechten Seeufer konnte schon darum nicht einfach das Produkt eines vorherrschenden Zeitgeistes sein, weil es seine historischen Vorläufer hatte. Als Teile romantisierender Gegenwelten wurden in der Landesausstellung von *1896* in Genf ein «village suisse» und in der Landesausstellung von *1914* in Bern zum Beispiel der «Röseligarte» angeboten. *1883* in der ersten Landesausstellung von Zürich war das Bedürfnis nach Gegenwelten noch nicht so stark entwickelt. Man begnügte sich mit einem grossen Aquarium und einem Palmengarten. Nachts aber träumte (wofür es Belege gibt) schon damals, ein halbes Jahrhundert vor der Dörfli-Zeit, das Bewachungspersonal beim dumpfen Stampfen der Pumpmaschinen den Gegentraum von einer Welt ohne Technik, ohne Handel und Wandel, von einer zeitlosen Zeit, vom ursprünglichen Leben – ohne Moderne.

Zukunftsorientierte, von technokratischem Optimismus geprägte Landesausstellung, den Weltraum vor Augen. Fünf Jahre später landete der erste Mensch auf dem Mond (Bundesarchiv, Dossier 12, Bern 2000. S. 219).

Kontroversen um die Expo 64

Ein Rückblick aus aktuellem Anlass

Fünf Innerschweizer Kantone haben den geplanten Themenausstellungen des CH 91-Konzeptes ihre Unterstützung verweigert, und ein grosser Teil der übrigen Schweiz bringt für diese Ablehnung einiges Verständnis auf. Hinter dieser Verweigerung dürfte eine Kumulation verschiedener Ursachen stehen. Eine Erklärung sieht in der Landesausstellung ein in doppelter Weise unzeitgemässes Vorhaben: Erstens fehle ihm heutzutage der unerlässliche nationale Konsens, und zweitens seien Ausstellungen im Zeitalter des Fernsehens zu einem überholten Medium geworden. Beide Aspekte dieses Erklärungsversuchs verdienen es, ernsthaft bedacht zu werden. Hingegen wäre es völlig verfehlt, aus dem Faktum der Ablehnung oder der blossen Kritik zu schliessen, dass einem künftigen Gemeinschaftswerk dieser Art der nötige Boden fehle. Die Kontroversen als solche und die fehlende Selbstverständlichkeit des Vorhabens sind nicht zwangsläufig als Zeichen des Niedergangs zu interpretieren.[1]

Meinungsverschiedenheiten gab es schon 1896 und 1914, und sie könnten auch für 1939 ausgemacht werden, obwohl gerade die «Landi» im Rufe steht, Ausdruck eines unüberbietbaren Zusammengehörigkeitsgefühls gewesen zu sein. Was die Expo 64 betrifft, erinnert man sich vielleicht an die gegen Ende der Ausstellungszeit im September 1964 erschienene Broschüre «Trugbild der Schweiz». Diese Streitschrift, die ihrerseits in der Schrift «Achtung: die Schweiz» von 1955 so etwas wie eine Vorläuferin hatte, bildete gewiss ein Novum und war ein Vorbote der nach 1968 sich verstärkenden Kontestation gegen das sogenannte Establishment. Daneben gab es aber eine ganze Reihe von Konzeptunsicherheiten und Meinungsdifferenzen, die zur Natur der Sache gehörten. Die Landesausstellung von 1964 konnte sich mit ihrer letztlich doch guten Mischung von kritischem Problembewusstsein und heiterem Zukunftsoptimismus ebenfalls auf einen breiten Konsens abstützen, obwohl sie Vorbehalte zu überwinden und Missfallenskundgebungen zu überstehen hatte. Ein Rückblick auf einige Kontroversen um die Expo 64 soll es ermöglichen, die aktuellen Kontroversen um die CH 91 in den richtigen Proportionen zu sehen.

Natürlich muss danach unterschieden werden, ob sich die Vorbehalte gegen jede Art von Landesausstellung oder nur gegen die spezielle Art ihrer Durchführung richteten. Sowenig wie heutzutage wurde in den Jahren vor 1964 die Wünschbarkeit einer gemeinsamen Besinnung prinzipiell in Frage gestellt. Hingegen wurde schon 1957 und

1 Nachtrag 2003: Wichtig ist zu unterscheiden, ob die Kontroversen der Frage gelten, *wie* man oder *ob* man überhaupt noch eine Landesausstellung organisieren solle. Die Kontroversen vor 1964 galten eher dem Wie, die zur Expo 01 und 02 dem Ob.

noch 1962 (nach Beginn der Ausführungsarbeiten!) ernstlich die Frage diskutiert, ob die Landesausstellung nicht verschoben werden sollte, weil deren Ausführung die bereits bestehende Hochkonjunktur weiter anheize und der Bau von Autobahnen und Atomreaktoren, von Sozialwohnungen, Schulhäusern und Spitälern doch wichtiger sei als eine «Prestigeinvestition», die ohne Erhöhung des Güterangebotes die Nachfrage auf dem Arbeits- und Kapitalmarkt verstärke. Das Expo-Auftragsvolumen sollte als Arbeitsbeschaffung für Krisenzeiten in Reserve behalten werden. Diesem «materialistischen Denken» wurde allerdings die Auffassung entgegengehalten, dass gerade in «unserer schnellebigen, leichtsinnigen Hochkonjunkturepoche» die gemeinsame Besinnung einer geistigen Notwendigkeit entspreche.

Eher grundsätzliche Vorbehalte wurden auch aus anderen Gründen vorgebracht: Mit der Zürcher *Saffa 1958,* der ebenfalls in Zürich durchgeführten *G 59* und der Berner *Hyspa 1960* würde die Schweiz einem Überangebot ausgesetzt, zumal in einem weiteren Umfeld die Weltausstellung von *Brüssel 1958* und die «Italia» von *Turin 1961* ebenfalls die Aufmerksamkeit von Ausstellern und Besuchern beanspruchten. 1961 machte eine Stimme darauf aufmerksam, dass das Medium Ausstellung zu einem grossen Teil durch neue Medien verdrängt worden sei: «Wir sind ausstellungsmüde geworden, auch verwöhnt durch Bücher und Zeitschriften, durch Radio und Fernsehen, die uns bequem und gegen bescheidene Pauschalgebühr die Wunder der Welt zum heimischen Lehnstuhl tragen.» Indessen: Im Januar 1963 – 15 Monate vor Ausstellungseröffnung – hiess es in der Presse, der *point of no return* sei jetzt erreicht: «Alle besorgten Fragen, aber auch alle Unkenrufe, ob die Ausstellung nicht besser abgesagt oder verschoben würde, sind damit überflüssig geworden.»

Im Juli 1956 – die Durchführung 1964 in Lausanne stand seit gut einem Jahr fest – führte das Ausstellungskomitee einen Ideenwettbewerb insbesondere für die Thematik und den Namen der Ausstellung durch und stellte Preise bis zu 500 Franken in Aussicht. Das Ergebnis dieses Appells war erbärmlich und setzte die Initianten obendrein dem doppelten Verdacht aus, sie hätten selbst keine Ideen und der zeitgenössischen Schweiz würde es ganz allgemein an Ideen fehlen. Es erging der Vorwurf, man suche wie eine Waschmittelfirma einen Slogan, um das neueste Produkt besser zu lancieren. Hinter diesem Vorgehen stand aber schon damals die Idee, dass die Vorbereitung einer solchen Ausstellung demokratisiert werden müsse. Eine Landesausstellung sei Sache des ganzen Volkes und erfordere darum auch die Mitarbeit des ganzen Volkes – oder wenigstens eines «möglichst grossen Kreises von Miteidgenossen».

In den folgenden Jahren verstummten die Kritiker nicht: Die einen sprachen von Totgeburt, andere vermissten bei den Machern die Vision und beim Publikum die Grundwelle. Auch das offizielle Motto «Für die Schweiz von morgen: Erkennen und Schaffen» wurde als fade bezeichnet. Zum Vorwurf der Ideenlosigkeit gesellte sich der Vorwurf, dass das Unternehmen zu teuer sei, dass es «Millionen verschlinge». Die Veranstalter mussten mit Angaben über die Lohnentwicklung in den vorangegangenen Jahrzehnten rechtfertigen, warum die Expo 64 dreimal teurer werde als die Landi 39. Auf diese Zahl kam man, wenn man von rund 90 Millionen Nettokosten ausging.

Die Bruttokosten wurden 1961 mit 150–160 Millionen angegeben und sollten sich schliesslich (bei einem Defizit von 65 Millionen) auf 190 Millionen Franken belaufen.

Die allgemeine Standortfrage gab zu keinen grossen Diskussionen Anlass. Genf und Bern hatten sich zwar ebenfalls beworben, der Entscheid für Lausanne konnte aber nicht zu Kontroversen führen. Einige Aufregung (vor allem in Heimatschutzkreisen) erzeugte dagegen der Vorschlag, die Ausstellung auf einer künstlichen Insel vor Ouchy unterzubringen. Während einer gewissen Zeit stand unter dem Titel «Exnal» ein dezentrales Konzept mit vier räumlich getrennten Teilen zur Diskussion: die Errichtung eines Industriequartiers, einer Satellitenstadt für rund 5000 Einwohner, einer Landwirtschaftsschau und schliesslich einer Themenausstellung zum schweizerischen Alltagsleben. Dieser Vorschlag, der eine Verwirklichung der bereits 1955 von Lucius Burckhardt, Max Frisch und Markus Kutter vorgeschlagenen Mustersiedlung bedeutet hätte, erfuhr zwar von den entscheidenden Instanzen eine wohlwollende Beurteilung, er wurde aber nicht weiterverfolgt, weil er aus finanziellen, rechtlichen und politischen Gründen als nicht realisierbar erschien und der Vorgabe widersprach, dass die Landesausstellung in einem Tag sollte besucht werden können. Der Standort der Armeeschau wurde erst anderthalb Jahre vor Ausstellungseröffnung definitiv festgelegt. Statt des in die zentrale Ausstellung am Seeufer integrierten Konzepts war über lange Zeit eine separate Ausstellung auf dem Comptoir-Areal oberhalb Lausannes vorgesehen.

Auf zum Teil heftige Ablehnung stiess das bereits 1956 und 1962 nochmals vorgeschlagene Projekt, einen Ausstellungsturm zu errichten, wie ihn ähnlich Stuttgart bereits hatte und das olympische München 1972 ebenfalls haben sollte. Die Aiguille Sarrasin hätte zunächst eine Höhe von 550 Metern erreichen und damit der höchste Turm der Welt werden sollen; später wollte man sich mit 325 Metern und einem Europarekord zufriedengeben. Das Projekt wollte ein Besuchermagnet sein. Seine Promotoren betrachteten es einzig unter technischen und finanziellen Aspekten. Die Projektgegner sahen in ihm einen «Turm zu Babel» – «einen ebenso gigantischen wie sinnlosen Betonturm». Die Befürworter würdigten dagegen seine «gliedernde Funktion in einem Häusergewirr von seltner Planlosigkeit» (in der westlichen Peripherie der Stadt). Schliesslich begnügte man sich mit einem 75 Meter hohen Aluminiumturm. Eine zweistöckige Kabine beförderte die Besucher in spiralförmigen Umdrehungen in die Höhe. Dem offenbar sehr menschlichen Bedürfnis, die ganze Sache von oben anzuschauen, konnte somit doch entsprochen werden. Monorail und Télécanapé liessen sich weniger als Sensation anbieten, hingegen wurde die sich drehende Einstiegsplattform zum Télécanapé als Weltpremiere gefeiert, und vom Circarama der SBB hiess es, dass es eine schweizerische Premiere sei. Die grosse Sensation sollte der Mesoscaph sein, das erste Touristen-Unterseeboot der Welt. Diese Attraktion stand aber ganz in der alten Ausstellungstradition: Sie symbolisierte den technischen und wissenschaftlichen Fortschritt und zeugte vom Pioniergeist einer zukunftsgerichteten Gesellschaft.

Im Zusammenhang mit dem Mesoscaph zog die Ausstellungsleitung aber auch einige Kritik auf sich: einmal wegen Fragen der Betriebssicherheit, sodann wegen des Verkaufs exklusiver Fotorechte an eine ausländische Zeitschrift. Überhaupt mussten sich die Ausstellungsverantwortlichen mit der Erwartung auseinandersetzen, dass im Zusammenhang mit der nationalen Schau – in erster Linie oder ausschliesslich – einheimische Partner zu berücksichtigen seien. Dies galt zwar nicht für die Gastarbeiter, die bei den Bauarbeiten mitwirkten, es galt aber beispielsweise für die Unterhaltungsorchester und insbesondere für den Pavillon «Wehrhafte Schweiz». Dass die Produktion ausgerechnet des Armeefilms an eine ausländische Firma vergeben wurde, erregte einigen Ärger im Schweizerlande. Heftige Proteste löste sodann die Vergabe von Werbeflächen an die als unseriös und (damals noch) als unschweizerisch empfundene Boulevard-Zeitung *Blick* aus, die gemäss ihrem Slogan auch «dabei» sein wollte.

Auf wenig Verständnis stiessen die Ausstellungsplakate von Hans Falk. Wie 1914 mit Cardinaux' grünem Pferd war die Grafik 1964 zu avantgardistisch geraten. Das siebenteilige Konzept war zudem zu kompliziert, konnte vom grossen Publikum nicht nachvollzogen werden und wurde neben anderem dafür verantwortlich gemacht, dass der Besucherstrom unter den Erwartungen blieb. Die abstrakte Gestaltung der Plakate, hiess es, habe den Zugang zum Herzen der Schweizer versperrt, und damit sei die Initialzündung ausgeblieben.

Ironie des Schicksals, dass gerade ein Teil der Avantgarde und der Intelligenzija (wie zum Beispiel die Schrift «Trugbild der Schweiz» zeigte) ebenfalls unzufrieden war. Daneben drohte aber auch dem «Tag der Landwirtschaft» von bäuerlicher Seite ein Boykott. Unzufriedenheit gab es auch unter den Frauen: Die einen beanstandeten, dass Frauenfragen (politische Gleichberechtigung, gleiche Entlöhnung, Mutterschaftsversicherung usw.) wenig überzeugend oder gar nicht behandelt seien; andere protestierten, weil sie als Gegnerinnen des Frauenstimmrechts nicht zu Wort kämen. Bekanntlich schleuderten auch die jurassischen Separatisten den Bannfluch gegen die Expo, weil der Jura am Bernertag zuwenig zur Geltung komme. Und die Rätoromanen waren verstimmt, weil das Lausanner Komitee im Aufruf für die Kulturfonds-Sammlung ihre Muttersprache übergangen hatte.

Grösseres Aufsehen erregten die Kontroversen um die Gulliver-Befragung. Auf Veranlassung vor allem des bundesrätlichen Delegierten wurde der Fragebogen entschärft und davon abgesehen, die laufend aufsummierten Zwischentotale zu den einzelnen Fragen bekanntzugeben. So wurden Fragen zum Schwangerschaftsabbruch, zur Dienstverweigerung aus Gewissensgründen oder zur Vierzigstundenwoche eliminiert. Auch eine Frage zur EWG-Problematik wurde ausgeklammert, nachdem die Frage «Ist es für die Schweiz nötig, dem Gemeinsamen Markt beizutreten?» zunächst die folgende Abschwächung erfahren hatte: «Muss die Schweiz ihre Haltung gegenüber dem Gemeinsamen Markt festlegen?» In der Bekanntgabe der Gesamtergebnisse wurde eine unerwünschte plebiszitäre Vorentscheidung gesehen, die präjudizierend wirke, aber nicht den Anforderungen einer Abstimmung entspreche. Auch von wissenschaftlicher Seite, das heisst von schweizerischen Soziologen, wurde der Wert der von französischen Kollegen entwickelten Enquete in Frage gestellt. Der Nationalfonds lehnte einen Forschungsbeitrag zur Auswertung der Resultate ab, weil das Unternehmen, das eingestandenermassen vor allem ein Spiel sein sollte, nicht den wissenschaftlichen

Anforderungen entsprach. Zur Informationspolitik in dieser Sache urteilte die NZZ: «Die Leitung der Expo hat hier der – gänzlich unangebrachten – Furcht Berns vor einem allenfalls zutage tretenden Nonkonformismus im Schweizervolk viel zu sehr Rechnung getragen» (Nr. 3010/12. Juli 1964). Auf Ausstellungsende wurde die Veröffentlichung der Schlussergebnisse doch gestattet, und 1966 stellte Luc Boltanski unter dem Titel «Le bonheur suisse» eine umfangreiche Auswertung vor.

Im Gastgeberkanton selbst wurde im Zusammenhang mit der Landesausstellung keine Volksabstimmung durchgeführt. Hingegen mussten oder durften die Stimmbürger mehrerer anderer Kantone über Expo-Kredite abstimmen, die sich in der Regel aus drei Beiträgen zusammensetzten: aus einem Grundbeitrag von einem Franken pro Einwohner, aus einem Ausstellungsbeitrag für beanspruchte Ausstellungsflächen und aus dem Betrag zur Finanzierung des eigenen Kantonaltages. Opposition regte sich vor allem gegen die letzte Position.

Als im März 1964 der Aargau als einziger Kanton den Expo-Kredit von rund einer Million Franken (davon 220 000 Franken für den Kantonaltag) mit 56,7 Prozent Nein-Stimmen ablehnte, dürfte vor allem die Meinung bestimmend gewesen sein, dass die «grossen Herren» der kantonalen Deputation ihr Bankett in Lausanne selbst bezahlen sollen. Der negative Ausgang dieses Plebiszits schlug wie ein Blitz aus heiterem Himmel ein; zuvor hatten sich sämtliche Parteien für die Vorlage ausgesprochen. Ihre pauschalen Appelle an die Solidaritätsgefühle verfingen nicht. Dagegen könnten die Kontroversen um den Armeefilm und den Mesoscaph eher einen Stimmungsumschwung zum Nachteil der Vorlage bewirkt haben. Im Mai 1964 wurde auch eine zweite Vorlage abgelehnt. Sie war zwar auf die beiden ersten Positionen reduziert, von einer Mehrheit von 56,4 Prozent aber trotzdem als Zwängerei empfunden worden. In einer anschliessend durchgeführten Privatsammlung konnte dann allerdings ein Teil des verweigerten Geldes zusammengebracht werden.

Die aargauischen Befürworter der Expo-Vorlage bezeichneten den Abstimmungsausgang als Schande für ihren Kanton. Man würde nun zur Zielscheibe des Spottes und freundeidgenössischer Sanktionsdrohungen. Hält man das Aargauer Ergebnis neben Resultate anderer Kantone, so erscheint dieses nicht als die grosse Ausnahme. Im Kanton Graubünden waren die Vorbehalte gegen den Kredit für den Kantonaltag von 200 000 Franken so gross, dass im Grossen Rat von 113 nur 58 Volksvertreter dafür stimmten. Und in der Volksabstimmung vom Oktober 1963 kamen immerhin 45,2 Prozent Nein-Stimmen zusammen. Die Bündner Ausgaben für den Kantonaltag waren nicht sonderlich hoch, der Tessiner Staatsrat zum Beispiel stellte für den gleichen Zweck 266 000 Franken zur Verfügung. In der Thurgauer Volksabstimmung vom September 1963 wurden trotz der offiziellen Devise «Meer hoods und vermögeds» 42,1 Prozent Nein-Stimmen in die Urne gelegt. In der Zürcher Abstimmung vom Mai 1963 waren es 33,8 Prozent Nein-Stimmen gewesen. Im Kanton Bern dagegen konnte – und wollte – man die Volksabstimmung umgehen, indem man den 2-Millionen-Kredit auf zwei Jahre verteilte und so die Ausgabenkompetenz des Grossen Rates nicht überschritt. Als letzter Kanton bewilligte – die Expo war bereits eröffnet – am 3. Mai 1964

Glarus den Kredit: Die insgesamt 190 000 Franken (davon 95 000 Franken für den Kantonaltag) wurden von der Landsgemeinde mit überwältigendem Mehr gutgeheissen.

In der zeitgenössischen Presse kann man Berichte finden, die eine doppelte Unzufriedenheit reflektieren: einerseits deutschschweizerische Klagen über den angeblich zu starken «accent vaudois» der Ausstellung, anderseits französischschweizerische Klagen über ein bei deutschschweizerischen Miteidgenossen angeblich herrschendes Misstrauen. «Die Expo-Bekrittelung hängt den Romands zum Hals heraus», titelte ein durchaus ernsthaftes Blatt wenige Tage vor Ausstellungseröffnung. Einem gängigen Stereotyp entsprechend, waren Zweifel angemeldet worden, ob die «Welschen» die nötigen organisatorischen Fähigkeiten hätten, um dieses Grossunternehmen fristgemäss zu vollenden. Ferner wurde ausgerechnet, wie stark die verschiedenen Landesteile im Korps der Expo-Mitarbeiter vertreten waren, und diese Zusammenstellungen mit den Zahlen der «Landi 39» verglichen. Im weiteren erschien es offenbar nötig, in breiten Artikeln zu beruhigen, die Expo 64 würde kein «Spektakel», obwohl die französisch- und italienischsprachigen Realisatoren von ihrem Endprodukt begeistert schwärmten, dass es ein «vrai spectacle» oder ein «spettacolo grandioso» werde. Von seiten der deutschen Schweiz wurden sprachliche Liederlichkeiten in den Übersetzungen aus dem Französischen bemängelt. Solchen Beanstandungen wurde entgegengehalten, dass der alemannischen Schweiz bei dieser Gelegenheit bewusst werden könne, was sie jahraus, jahrein mit dem «français fédéral» mancher Amtsschriften den Romands zumute. Als störend wurde schliesslich auch die französische Einsprachigkeit der Expo-Briefmarken bezeichnet.

Die meisten der hier aufgeführten Kontroversen dürften inzwischen vergessen sein – wenn sie überhaupt jemals registriert worden sind. Geblieben ist, wie eingangs gesagt, das Bild einer heiteren und unbeschwerten, vielleicht etwas zu gefälligen Schau. Die geraffte Zusammenstellung einiger Kontroversen könnte nun den unzutreffenden Eindruck erwecken, dass die Expo 64 im Gegenteil von allen Seiten und permanent angefochten gewesen sei. Dies war natürlich nicht der Fall und soll hier, gewissermassen mit einer übersteuerten Korrektur, auch nicht suggeriert werden. Die Rekapitulation der Kontroversen soll vielmehr die Einsicht ermöglichen, dass eine Landesausstellung in der Vorbereitungsphase wie in der eigentlichen Laufzeit wegen bloss angenommener oder tatsächlicher Mängel durchaus Kritik auslösen und trotzdem – alles in allem – eine erfolgreiche Ausstellung sein kann.

1895 Einweihung des Tell-Denkmals von Richard Kissling. Vorne links der Brunnenstock, auf dem ursprünglich ein Bannerherr stand. Dieser konnte dem Bedürfnis nach Monumentalem nicht mehr genügen («Zeitgeist». Hommage à Richard Kissling. Ausstellungskatalog Altdorf 1988. S. 51).

Namenlose Eidgenossen

Zur Frühgeschichte der schweizerischen Denkmalkultur

Wirft man – mit einem wohlfeilen Aktualitätsbezug zum 150-Jahr-Jubiläum des schweizerischen Bundesstaates – die Frage auf, ob dieser Staat ein ihn repräsentierendes Monument zugeeignet erhalten habe, so greift man nach einer bereits mehrfach erörterten Frage: Er hat es nicht, auch wenn der eine oder andere Versuch einer derartigen Denkmalstiftung unternommen worden ist.[1] Er hat es nicht, weil die schweizerische Denkmalkultur der für sie typischen Dualität von kantonalem Teilstaat und nationalem Bundesstaat verpflichtet ist. Beide Elemente stützen sich gegenseitig in ihrer Bedeutung: Das Lokale ist gross, weil es auch eine nationale Dimension hat; das Nationale ist gross, weil es sich auch im Lokalen manifestiert. Das Altdorfer Tellen-Denkmal belegt in idealtypischer Weise die doppelte, zugleich lokal- und nationalpatriotische Ambition eines Grossteils der schweizerischen Nationaldenkmäler. Die beiden Dimensionen wären am Altdorfer Monument in der vorgesehenen, schliesslich aber weggelassenen Inschrift «Heimat und Vaterland» zum Ausdruck gekommen.[2]

Im folgenden Beitrag geht es um ein ganz anderes Problem. Es geht um die Frage, warum die figürlichen Denkmäler von einem gewissen Zeitpunkt an individualisierten Figuren gewidmet werden und zuvor lange Zeit ohne diese Individualisierung ausgekommen sind. Zugleich geht es darum, den Typus des namenlosen Bannerherrn als eigenständigen Denkmaltypus zu dokumentieren und zu deuten – und ihm einen kleinen Platz in der Denkmalliteratur zu geben.

1995 ist der hundertste Geburtstag des bekannten Altdorfer Tellen-Denkmals gefeiert und auch seine Entstehungsgeschichte rekapituliert worden: etwas ausführlicher die unmittelbare und relativ kurze Vorgeschichte mit den beiden Aufträgen von 1866 und 1888/91 und kurz und kaum thematisiert die ältere und wesentlich längere, komplexere und nicht ohne weiteres rekonstruierbare Vorgeschichte mit den Brunnenfiguren als den Vorläufern der modernen Denkmäler des 19. Jahrhunderts. Die jüngste

1 1848 entsteht Robert Dorers Denkmalprojekt von 1866: ein Rütlischwur-Motiv als Berner Nationaldenkmal. Abb. in: Karl F. Wälchli et al., Bernische Denkmäler. Bern 1987. S. 13.

2 Georg Kreis, Der Teil und das Ganze – zum partikularen Charakter schweizerischer Nationaldenkmäler. In: Unsere Kunstdenkmäler 35, H. 1, 1984. S. 10–22. Zu den ersten nationalen Denkmalprojekten von Raynal und Trippel vgl. neuerdings die Aufsätze von Peter Roubik, Adjunkt des Staatsarchivs Uri, im Urner Wochenblatt vom 29. November 1997, vom 28. Februar 1998 und vom 16. Mai 1998. – Speziell mit der Altdorfer Denkmalsituation hat sich auch der Vf. in früheren Texten auseinandergesetzt: Zeitgeist damals und heute. In: Richard Kissling 1848–1919. Ausstellungskatalog des Danioth-Rings. Altdorf 1988. – Und: Zeitgeist in Altdorf und Basel. In: Basler Magazin vom 17. September 1988. Beide in diesem Band ebenfalls nochmals abgedruckt.

Publikation von 1995 bedeutet insofern einen grossen Fortschritt gegenüber den selteneren Darstellungen, als sie sozusagen das Opfer des modernen Tellen- und Denkmalkultes am Rande doch auch sichtbar macht.[3]

Zur älteren Vorgeschichte ist in der Literatur[4] eine etwas zu lineare Vorstellung einer Denkmal-Genese in etwa vier Etappen vermittelt worden: Ein erstes 1583 errichtetes Tellen-Standbild sei 1786 durch ein zweites und das um 1860 durch ein drittes und dieses schliesslich durch Richard Kisslings Bronze-Tell von 1895 ersetzt worden. Wichtig wäre oder ist dabei aber, zwischen zwei Denkmal-Gattungen und zwei, allenfalls sogar drei Denkmal-Standorten zu unterscheiden. Was die Denkmal-Gattungen betrifft, muss die jüngere Gattung der individuellen Denkmal-Figuren von der älteren der unpersönlichen und namenlosen Denkmal-Figuren unterschieden werden. Und was die Standorte betrifft, müssen auseinandergehalten werden: 1. der zentrale, aber – wie häufig – von der Achse der Marktgasse leicht zurückversetzte Rathausplatz, 2. leicht talabwärts, am unteren Ende der Marktgasse mit dem zunächst nicht überdeckten Dorfbach ein zweiter Brunnen-Standort und 3. leicht talaufwärts an der alten Gotthardstrasse das Historische Museum, von dem ganz am Schluss dieses Beitrages noch die Rede sein wird. Die umfassende Darstellung von Karl Iten von 1995 (zum 100jährigen Jubiäum des Kissling-Denkmals) enthält zwar die Angaben zu dieser Differenzierung, sie ist aber naturgemäss nicht auf eine vertiefende Problematisierung angelegt.

Die älteste fassbare Figur der Altdorfer Denkmalgeschichte ist das Standbild des 1568 auf dem Gerichts- und Marktplatz (und späterem Rathausplatz) errichteten Brunnens. In der einheimischen Überlieferung geht man davon aus, dass der Brunnen an der Stelle der abgestorbenen Gerichtslinde errichtet worden sei, man habe angesichts der plötzlichen Leere ein neues Denkzeichen schaffen wollen, um auch in Zukunft die Erinnerung an Tells Tat wachzuhalten.[5] Dieser Deutung sind allerdings zwei Einwände entgegenzuhalten: Erstens können wir annehmen, dass es am oberen Teil der Marktgasse schon vorher einen Brunnen gegeben hat, vielleicht auch nur einen Holztrog. Womit ein allfälliger Brunnenstock ausgestattet war, muss offenbleiben. Im weiteren ist schwer nachvollziehbar, dass die Absicht derart zentral gewesen ist, wie nachträglich behauptet wird, mit diesem Brunnen die Erinnerung an Tell zu pflegen. Der Ver-

3 Karl Iten, Aber den rechten Wilhelm haben wir ... Die Geschichte des Altdorfer Tellendenkmals. Altdorf 1995.

4 Chronologisch: Karl Franz Lusser, Der Kanton Uri, historisch, geographisch, statistisch geschildert. St. Gallen/Bern 1834. – Ders., Chronologische Notizen über den Kanton Uri. Altdorf 1862. – Hans Muheim, Das Tellendenkmal zu Altdorf. In: Urner Wochenblatt Nr. 75 vom 25. September 1965. – Kurt Zurfluh, 75 Jahre Tellendenkmal zu Altdorf. In: Historisches Nationalblatt für die Jahre 1969/70, NF 24/25. S. 14–31. – INSA 1850–1920. Bd. 1. Hrsg. v. der Gesellschaft für Schweizerische Kunstgeschichte. Zürich 1984. S. 195–206. Die Vf. des Altdorfer-Kapitels sind Hanspeter Rebsamen und Werner Stutz.

5 Iten 1995. S. 43. Ferner: Karl Iten, Unser Haus beim Tellendenkmal. Geschichte und Geschichten rund um ein Haus, einen Platz und ein Denkmal. Altdorf 1989. Vgl. auch: Wasser ist Leben. Festschrift zur Feier 100 Jahre Wasserversorgung Altdorf 1888–1988. Altdorf 1988. S. 15–19.

fasser der Darstellung von 1995 schliesst sich in jeder Beziehung Karl Franz Lussers Darstellungen von 1834 und 1862 an und geht davon aus, dass die berühmte Apfelschuss-Szene historische Wirklichkeit sei und der Brunnen den Ort markiere, wo das Tellenbüblein den Apfelschuss erwartet habe. Plausibel ist, dass an dieser Stelle (wie die Inschrift des heutigen Brunnens von 1959 festhält) früher eine Gerichtslinde gestanden und Graf Rudolf von Habsburg 1257/58 Gericht gehalten hat.[6] Damit ergibt sich allerdings kein Widerspruch zur Sage, weil sich die Apfelschuss-Szene ja auf dem Gerichtsplatz abgespielt haben soll.[7]

Brunnen zentraler Hauptplätze waren aus zwei Gründen bedeutend: einmal weil sie sich an Orten der Beratung, der Rechtsprechung, der Eidesleistungen und der militärischen Besammlung befanden. Zum andern waren sie aber auch schon für sich selber wichtige Orte des alltäglichen Lebens, des Verweilens, der Begegnung und der Kommunikation. Als Zapfstellen für das lebenswichtige Wasser genossen sie hohe Wertschätzung. Entsprechend wurden sie geschmückt und mit politischen Signalen markiert.[8] Markiert nun aber womit? 1568 wäre man, dies meine These, kaum auf die Idee gekommen, der später derart populär gewordenen Heldenfigur ein Denkmal zu stiften. Das Altdorfer Standbild zeigte vielmehr einen namenlosen Bannerherrn, Pannerherrn, Venner oder Fähnrich.

Die Ära der anonymen Kriegerfiguren

Hinter diesem Figurentypus steht oder stand eine Realität: das angesehene Amt, das Banner aufzubewahren und im Kampfe voranzutragen, da und dort verbunden mit der Aufsicht über das Kriegswesen und/oder dem Kommando über die Milizen, ein Amt, das sehr hoch eingestuft war, entweder gleich nach dem Bürgermeister oder mit dem Bürgermeisteramt kombiniert oder den Altlandammännern überlassen.[9] Die Figur im Sinne eines symbolischen Zeichens zeigt in der Regel einen Mann, wie man ihn auf Münzen, Wappenscheiben und auf Brunnenstöcken auch anderer Orte findet: im alteidgenössischen Wehrkleid, ausgestattet mit dem Banner (bzw. Panner) und mit seinen Waffen (Hellebarde, Schwert, zuweilen auch mit dem sog. Schweizerdolch oder, was zu Missverständnissen führen kann, mit einer Armbrust). Die Figur des Kriegers

6 Die erste Abbildung der Apfelschussszene in der Etterlin-Chronik von 1505/07 zeigt naheliegenderweise das Kind vor einem Baum. Darstellungen von Apfelschuss-Szenen sind im 16. Jh. stark verbreitet (insbesondere auf Glasscheiben), die szenischen Darstellungen von Ereignissen haben aber eine andere Bedeutung als die idolisierenden Statuen.

7 Iten ist überzeugt, dass die Apfelschussszene realiter stattgefunden hat, und bedauert es sehr, dass die beiden Brunnen, welche die Position des Vaters und des Sohnes in dieser Szene markierten, im letzten Jahrhundert verschoben worden sind, so dass sich die Schussszene nicht mehr genau rekonstruieren lasse (1995. S. 240, 242).

8 Pierre Bouffard und René Creux, Brunnen. Spiegel der Schweiz. Genf 1973. Mit Bibliographie zu älteren Werken über dieses Thema S. 330/331.

9 Vgl. den Artikel «Venner» im HBLS. Bd. 7. S. 218. Venner ist eine Abkürzung von Fähnrich.

repräsentiert als zeitlose Idealgestalt den stolzen Anspruch auf autonome Wehrhaftigkeit einer bestimmten Gemeinschaft und damit zugleich den Anspruch auf Souveränität. Während sich die dynastische Souveränität in der Gestalt identifizierbarer Personen abzubilden pflegte, stellten sich die kleinen Republiken in solchen anonymen Kriegergestalten selber dar. Angesichts des kantonalen Wappenmannes wurden bis ins 19. Jh. gewisse Strafen öffentlich vollzogen.

Der Bannerherr wird zur besonderen Figur eigentlich nur durch die im Banner und/oder allenfalls am Schild jeweils angebrachte Heraldik. Die Figur ist primär ein kollektives Zeichen mit demonstrativem Charakter. Sekundär mag sie zugleich ein ebenfalls kollektives Zeichen appellativer Natur sein, d.h. ein Signal, das den einzelnen Angehörigen der Gemeinschaft bestimmte etablierte Tugendvorstellungen in Erinnerung ruft, in diesem Fall die Tugenden der Tapferkeit und Ausdauer – ein männliches Pendant zur weiblichen Justitia.

Die Figur des Kriegers repräsentiert als zeitlose Idealgestalt den stolzen Anspruch auf Wehrhaftigkeit einer bestimmten Gemeinschaft und damit zugleich Anspruch auf Souveränität und auf die Gerichtshoheit. Sie steht in der Regel in der Nähe der Rathäuser und Gerichtsplätze, an den Orten, wo Eide geleistet und Wachmannschaften besammelt werden. Es ist ein «unbekannter Soldat» früherer Zeiten, wobei der wesentliche Unterschied zum heutigen «soldat inconnu» darin besteht, dass die frühere Figur nur als seelenloser Wappenhalter verstanden wurde, die Heraldik wichtiger war als der Mensch, während der «unbekannte Soldat» unserer Tage gewissermassen als stellvertretender Märtyrer der modernen Massenkriege, als menschliches Opferlamm, geehrt wird.

So archaisch diese männlichen Potenzfiguren mit ihrem zuweilen merkwürdig starren und ernst wirkenden Gesichtsausdruck zu sein scheinen – so alt sind sie in Wirklichkeit gar nicht. Die meisten entstanden zu Beginn des 16. Jahrhunderts als Produkte der anhebenden Neuzeit. Die ältesten Harnischmänner der Schweiz – es gibt sie auch im süddeutschen Raum (z.B. in Staufen) – sollen 1515 und 1524 in Schaffhausen aufgestellt worden sein.[10]

Bevor diese Mannsfiguren als eigentliche Modefiguren die Brunnenstöcke zu okkupieren begannen, waren diese wichtigen öffentlichen Orte beinahe ausschliesslich mit *sakralen Figuren* besetzt. Es wäre allerdings ein Irrtum anzunehmen, dass der öffentliche Raum und insbesondere die Brunnen «von Anfang» so genutzt worden wären. Erst in spätmittelalterlicher Zeit oder gar in der neuzeitlichen Ära belegten die christlichen Motive in grösserer Zahl auch die städtische Öffentlichkeit, d.h. den offe-

10 Der Fischmarktbrunnen und der Vierjährige Brunnen. Die Figur des ersteren habe nach dessen Beseitigung lange Zeit auf den Zinnen des Munots gestanden, sei dann aber um 1880 durch einen Sturm zertrümmert worden (Paul Meintel, Schweizer Brunnen. Frauenfeld 1931. S. 59). Hier auch eine Aufzählung weiterer Bannerträger und Wappner. Was die Frage nach den ältesten Exemplaren betrifft: Das Historische Museum Basel hat eine beinahe lebensgrosse geharnischte Figur aus Lindenholz ausgestellt, die mit um 1455 datiert ist, Hans Tussmann zugeschrieben und als Modell für seine Steinskulptur gedeutet wird (1870. Nr. 737).

nen Raum, gewissermassen als Verlängerung der geschlossenen Sakralräume. Beleg dafür ist beispielsweise der vom Basler Hans Michel geschaffene Delsberger Madonnenbrunnen von 1577.

Gehen wir nochmals um eine Entwicklungsstufe zurück, gelangen wir in eine Zeit, da das Bedürfnis nach figürlicher Repräsentation noch gering war und man sich mit nichtfigurativen Zeichen begenügte, mit dem Kreuz in der sakralen Variante, mit dem Wappen in der säkularen Variante. Die Lust auf Figürliches beschränkte sich zunächst auf die Wappenhalter, insbesondere die Löwen und Greifen, zuweilen auch auf kleine Landsknechtgestalten.

Einem höheren Anspruch an Anschaulichkeit bzw. Bedürfnis nach Identifikation entsprachen dann die personifizierten Repräsentationsfiguren: in der sakralen Variante die Heiligen als legendäre Inkarnationen der Frömmigkeit und in der säkularen Variante die Bannerherren und Wappenhalter eben als Inkarnation von Kampfesmut etc. Letztere gewannen mit der Zuwendung von Renaissance und Humanismus zum Menschen einen eigenen Wert, wurden bald wichtiger als das Wappen, das sie hielten, und bekamen in einer zweiten Phase, von der noch die Rede sein wird, zudem auch individuelle Züge.

Träger dieser Denkmalkultur ist das frühe Bürgertum. Das Innere der Kirchen war zu einem wichtigen Teil von ihm durch individuelle Zuwendungen ausgestattet worden. Die Ausstattung seiner öffentlichen Aussenräume, insbesondere der Marktplätze, kam dagegen im kollektiven Auftrag des Rates oder einzelner Zünfte zustande.

Den Übergang von der religiös-kirchlich in die politisch-weltlich dominierte Phase bezeugt das Schicksal des Basler Kornmarktbrunnens. Anfänglich mit einem Heiligen, dem St. Christophorus, ausgestattet, erhielt er 1530 einen von Martin Hofmann geschaffenen Bannerträger aufgesetzt. Der Wechsel dürfte mit der im Vorjahr durchgeführten Reformation in Zusammenhang stehen. Die Wahl des Kriegermotivs macht Sinn, war doch der Kornmarkt der Mobilisationsort der Wehrpflichtigen und Teil des Gerichtsbezirks.[11] Hier wurden auch die innergemeinschaftlichen Eide sowie die Bundesschwüre durchgeführt. Die Landsknechtfigur wurde nicht mit einem Basler Banner, sondern mit einer Schweizer Hellebarde ausgestattet. Basel war kürzlich (1501) dem Bunde beigetreten. Vielleicht kam deswegen das schweizerische Wappen auf den Schild neben der Figur und das baslerische Wappen nur an den Brunnenstock.

Die reformatorische Abneigung gegen Heiligenfiguren ist bloss eine Nebenursache für die Verdrängung der älteren Brunnenmotive. Die wichtigere Ursache liegt im verstärkten Bedürfnis, die Öffentlichkeit mit *säkularen Figuren* zu markieren. Diese Tendenz ist auch in katholischen Gebieten zu beobachten. Im Städtchen Zug wurde 1541 ebenfalls ein Renaissance-Brunnenstock mit einem Bannerträger errichtet. Vom Urner Harnischmann von 1568 ist bereits die Rede gewesen. Ihre Verbreitung beschränkt sich allerdings auf die deutsche Schweiz und den Jurafuss der französischen

11 Wolfgang Wackernagel, Die städtische Gerichtsstätte im alten Basel. In: Jurablätter Nr. 6, 1959. S. 81–88.

Schweiz. Der Bannerherr von Nyon (1546) ist ein abgelegener Einzelfall. Basel erhielt relativ spät nach dem ersten Bannerherrn von 1530 in der Steinenvorstadt als Zunftbrunnen (der Weber) eine zweite Figur dieses Typus 1672, gewissermassen eine historistische Imitation einer bereits anderthalb Jahrhunderte zuvor verbreiteten Ausdrucksweise. Der vergleichsweise junge Schwyzer Bannerherr von 1768 könnte ein spätbarocker Ersatz für eine ältere Figur gleicher Art sein.

Manche dieser im Laufe des 16. Jahrhunderts aufgestellten Krieger blieben anonym, zum Beispiel der 1524 von Jürg Dies geschaffene Landsknecht des Schaffhauser Metzgerbrunnens, der 1557 von Michael Woumard gestaltete Vennerbrunnen von Biel oder der Pruntruter «Banneret» bzw. «Suisse» von Laurent Perroud von 1558. Andere aber, und damit hat sich die Forschung bisher nicht auseinandergesetzt, wurden nachträglich personalisiert und individualisiert.[12]

Wenn weiter unten die Hinwendung zu Tell und die Abwendung von den Bannerherren als Folge der Individualisierung der Bezugsgrössen gedeutet wird, fragt sich, ob die Annahme, dass es in Schaffhausen doch schon seit 1522 eine Tellenfigur gibt, die Gültigkeit dieser These in Frage stellt. Dazu ist aber zu bemerken, dass erstens das Datum von 1522 nur für den Sockel gesichert und nicht sicher ist, dass dem Tell von 1682 ein anderer Tell vorausgegangen ist. Wichtiger aber ist, dass der Schaffhauser Tell gar kein Tell im Sinne eines Individuums ist, sondern weitestgehend doch ein Pannerherr in Standesfarben mit dem Standesschild, bloss mit einer Armbrust statt einer Lanze. Das gleiche muss man vom Basler Tellen-Brunnen sagen. Die auf einen neuen Sodbrunnen in der Aeschenvorstadt um 1762 gestellte Figur zeigt nicht Tell, sondern einen Urner Standesläufer in den Standesfarben, wohl mit Armbrust versehen, aber auch mit einer Botenbüchse auf dem Rücken.[13]

Das Aufkommen individualisierter Figuren

Der bereits erwähnte Zuger Bannerherr von 1541 mutierte nachträglich zum Denkmal für den Helden der Schlacht von Arbedo von 1422, das heisst für Peter Kolin, der 1414 das Amt des Bannerherrn und Ammanns innehatte. Der 1542 in Rheinfelden aufgestellte Bannerherr von Valentin Gessler wurde, bezogen auf den Stadtförderer Herzog Albrecht V. von Österreich, zu einem Albrechtsbrunnen. Der auf dem Berner Rat-

12 Nachtrag 2003: François de Capitani verweist auf eine hölzerne Schützenskulptur von 1580/90, welche eine erste ganzfigürliche Darstellung der Schussszene sei; die Figur habe einen zweiten Pfeil im Göller, sei aber mit den rot-gelb-schwarzen Kleidern des Berner Reisläufers gekleidet und als solcher Inbegriff des Schweizer Kriegers. Er sei im Zeughaus aufgestellt gewesen. Die Figur des Sohns sei später hinzugefügt worden (Zeichen der Freiheit. Bern 1991. S. 188).

13 Offen muss bleiben, was auf dem älteren Brunnen stand und ob er überhaupt mit einer Figur ausgestattet war. Gemäss Auskunft des Historischen Museums, wo die Statue seit 1912 aufbewahrt wird, war sie 1971/72 als Wilhelm Tell an der ICOM-Ausstellung in Dakar. Vgl. auch unten Anm. 20.

hausbrunnen stehende Venner, auch aus dem Jahr 1542, blieb ebenfalls nicht ohne Namen, hiess zuerst Venner Mentschatz, dann Venner Brüggeler. Der Lenzburger Brunnen, der 1572 von Anton Wyg mit einem Bannerherrn geschmückt wurde, wird heute aus welchen Gründen auch immer als Klausbrunnen bezeichnet. An den 1581 errichteten Brunnen-Wappenhalter von Neuenburg knüpfte sich die Erinnerung des 1444 bei St. Jakob an der Birs gefallenen Hauptmannes Albert de Tissot. In Basel wurde der Bannerherr von 1530 (heute vor dem Staatsarchiv) zu einem ebenfalls bei St. Jakob an der Birs gefallenen Edelmann Henman Sevogel umgedeutet.[14] Und aus dem namenlosen Harnischmann von Nyon von 1546 wurde mit der Zeit ein Maître Jacques.

Der Zürcher Bannerträger von 1574 gilt heute mit grösster Selbstverständlichkeit als Denkmal für den 1443 im Kampfe gegen die Eidgenossen (!) bei St. Jakob an der Sihl gefallenen Bürgermeister Rudolf Stüssi. Auch für den Basler Bannerherrn der Steinenvorstadt musste man ein legendäres Individuum finden. Man erblickte in der ursprünglich anonymen Figur schliesslich den Grafen Oswald von Thierstein, einen Adligen aus der Zeit des Burgunderkrieges. Die Individualisierung kam auch Tell zugute. Der in den 1540er Jahren auf einen Berner Brunnen gestellte Armbrustschütze wurde nach seiner Instandstellung in der Baurechnung als Wilhelm Tell bezeichnet, wobei man sich, wie Hans Christoph von Tavel bemerkt, offensichtlich auch durch die Anwesenheit eines Bären zu Füssen des Armbrustschützen nicht beirren liess.[15]

Mit dem 18. Jahrhundert tritt offenbar eine Individualisierung öffentlicher Skulpturen ein. Analog zu den vorausgegangenen sakralen Heiligenfiguren, die ja alle naturgemäss Individuen darstellten, werden jetzt auch die säkularen Figuren des öffentlichen Raums individualisiert, personalisiert und historisiert. Bestand zuvor die besondere Bedeutung in der Zeitlosigkeit, wurde jetzt die Verbindlichkeit der verkörperten Werte wie bei den Heiligen-Viten durch die Betonung der Zeitlichkeit der Wertträger gesichert. Diese Entwicklung geschieht offenbar zeitgleich mit der stärkeren Individualisierung des Menschenbildes und folgt wohl dem Bedürfnis, die öffentliche Repräsentation gültiger Werte statt in allegorischen Figuren in humanen Wesen zu haben.[16] In diesem Sinne entstehen in Stans, wo man sich lange mit einem ländlichen Holztrog und einem Brunnenstock mit einem Wetterfähnlein zufriedengegeben hatte, um 1700 und 1724 die Winkelried-Brunnenfiguren und wird 1732 für Landammann und Bruder Scheuber ein Brunnen-Standbild errichtet. Es sind dies die Vorläufer der bürgerlichen Verdienstdenkmäler, wie sie das 19. Jahrhundert zu Dutzenden produzieren wird.

14 Es ist wenig wahrscheinlich, dass die Bevölkerung den altertümlichen Bannerherrn von 1530 sogleich, wie die spärliche Literatur meint, zu einem neumodischen Helden umgedeutet hat (vgl. Robert B. Christ, Zauber der Basler Brunnen. Basel 1967). Die Umdeutung dürfte erst im 19. Jh. eingetreten sein. Zu Sevogel vgl. Doris Huggel, Das Nachleben Henman Sevogels. Die Genese eines Helden. In: Ereignis – Mythos – Deutung. 1444–1994. St. Jakob an der Birs. Basel 1994. Sowie: Georg Kreis, Brave Helden von gestern. In: Basler Magazin vom 11. November 1995.

15 Hans Christoph von Tavel, Nationale Bildthemen. Disentis 1992. S. 116 (Ars Helvetica X).

16 Kommentar zu den eigenen Ausführungen: Die Individualisierungsthese ist der zentrale Punkt. Hier würde die wirkliche Arbeit beginnen. Alles andere darum herum ist eigentlich nur Buchhalterei, aber nötig, um dem Punkt eine Chance zu geben, wahrgenommen zu werden.

Die zeitliche Einordnung des Individualisierungsvorgangs ist allerdings mit dem Verweis auf das 18. Jh. nicht befriedigend gelöst. Denn erstens ist dies eine sehr breit angelegte Zeitangabe, und zweitens stellen wir, abgesehen von der speziellen Tradition der breiten Kategorie der Heiligenverehrung, bei prominenten Einzelfällen bereits für das 16. Jh. einen – allenfalls vom humanistischen Geist getragenen – analogen Vorgang fest: Bruder Klaus steht, wie Guy Marchal und Peter Rück eindrücklich aufgezeigt haben, als Repräsentant des Concordia-Gedankens und der österreichfreundlichen Position dem «Bruder» Tell gegenüber, der für das Kombattante und – scheinbar paradoxerweise – für das protestantische Lager steht. Das wichtigste Bilddokument ist der Einsiedler Holzschnitt aus der Zeit um 1560.[17]

Unklar bleibt, inwiefern die Rütlischwur-Emblematik von diesem Personalisierungs- und Individualisierungsvorgang berührt wird: Mutieren die drei Eidgenossen von individuellen Personen (Fürst für Uri, Stauffacher für Schwyz und Melchtal für Unterwalden) zuweilen zu drei Tellen und zu allgemeinen Repräsentationsfiguren, wie man aufgrund von Rücks Darstellung annehmen könnte[18], oder ist nicht auch hier die Individualisierung ein sekundärer Vorgang?[19]

Die Geschichte des Zofinger Bannerherrn ist insofern ein Sonderfall, als hier die Kriegerfigur von 1893 eine 1590 errichtete Justitia verdrängte. Die Figur entsprach formal zwar ganz dem Typus des anonymen Kriegers aus dem 16. Jahrhundert, er sollte aber – analog zur Sevogel-Zuschreibung – eine ganz bestimmte Person darstellen. Das Bedürfnis nach persönlichem Heldentum dürfte sogar der Grund dafür gewesen sein, dass die unpersönliche Justitia nicht restauriert, sondern beseitigt wurde. Die am Ende des 19. Jahrhunderts auf den Sockel gestellte Figur sollte den legendären Schultheissen und Bannerherrn Nikolaus Thut (oder Tut) darstellen, von dem es heisst, er habe 1386 in der Schlacht von Sempach das Banner seiner Stadt vor dem Zugriff des Feindes gerettet, indem er, zu Tode verwundet, es sich in den Mund gesteckt habe.[20]

Die Auferstehung dieses Heros ist das Produkt des im 19. Jahrhundert intensiver gewordenen Bedürfnisses nach individuellen Helden und zugleich das Produkt eines konservativen Patriotismus, der die gegebenen gesellschaftlichen Verhältnisse unter Einsatz vaterländischer Strategien gegen Infragestellungen durch Politik und Wirtschaft abschirmen wollte.

Der mittlerweile aufgekommene Heldenkult war sozusagen zwangsläufig auch ein Totenkult. Die Verbindlichkeit herrschender Normen wurde mit Verweisen auf die Opfertode der Vorväter unterstrichen. Diese Bezüge funktionierten insbesondere

17 Guy Paul Marchal, Nouvelles approches des mythes fondateurs suisses: l'imaginaire historique des Confédérés à la fin du XVe siècle. – Peter Rück, Guillaume Tell face à Nicolas de Flüe. Beide in: Histoire et belles histoires de la Suisse. Basel 1989. S. 1–24 und 25–51 (Itinera 9).

18 Ebenda. S. 26.

19 Georg Kreis, «... und schwuren ainen eid zesammen». Momentaufnahme eines Dauerzustandes. In: Basler Magazin vom 1. August 1987. Hier in diesem Band nochmals publiziert.

20 August Bickel, Niklaus Tut von Zofingen. Historische Gestalt und Sage. In: Zofinger Neujahrsblatt 1982. S. 25–33.

dann, wenn die Helden als sehr menschliche Übermenschen dargestellt wurden. Der Aufgabe, die Helden als empfindsame Wesen darzustellen, nahm sich vor allem die Historienmalerei an. In der Welt der Skulpturen findet sich dieser Typus selten. Die Harnischmänner sind ursprünglich nicht als Menschen verstanden worden. Sie hatten keine Biographie, kein Leben und darum auch keinen Tod. Sie verkörperten eine abstrakte Idee und waren als das – vorderhand – unsterblich. Heutzutage ihres Inhalts entledigt, sind sie allerdings nur noch antiquarische Elemente der städtischen Kulisse.

Die Entwicklung in Altdorf

Auch im Hauptort des Landes Uri machte sich die Tendenz bemerkbar, dass man an Stelle der zeitlosen Allegorien konkrete, vermeintlich als Realpersonen identifizierbare Gestalten zur Veranschaulichung von allgemeingültigen Werten vor sich haben wollte. So ging man dazu über, dem namenlosen Urner Bannerherrn auf dem oberen Platz nachzusagen, er verkörpere den Dorfvogt Melchior Bessler, der gemäss Überlieferung der Auftraggeber für den Brunnen gewesen sei und sich damit ein eigenes Denkmal errichtet habe. In der Denkmal-Monographie von 1995 heisst es dazu: Ob das tatsächlich stimmt oder ob dies bloss eine leicht bösartige Unterstellung und Interpretation späterer Zeit ist, muss offengelassen werden.[21] Die Errichtung eines persönlichen Denkmals für diese Art von Personen widerspräche aber völlig der Mentalität des 16. Jahrhunderts, eine dahingehende Interpretation sei eine anachronistische Rückprojektion aus jüngerer Zeit.

Nun will aber die Überlieferung, dass auf dem unteren Platz Ende des 16. Jahrhunderts doch auch schon eine Tellfigur errichtet worden sei. Karl Iten meint, sie habe tatsächlich dort gestanden und sei vermutlich 1583 errichtet worden.[22] Diese mit grosser Entschiedenheit vertretene Annahme soll nicht ebenso entschieden in Zweifel gezogen, hingegen soll wenigstens die Dürftigkeit der Belegsituation aufgezeigt werden. Eine Figur, welche die Richtigkeit dieser Annahme oder Behauptung belegen könnte, steht jedenfalls nicht zur Verfügung[23], ebensowenig eine authentische Abbildung oder zeitgleiche Beschreibung. Auf dem Türmli-Fresko von 1694 ist im Hintergrund immerhin ein auf dem Kirchplatz befindlicher Brunnen dargestellt, auf dessen Brunnenstock eine Tellenfigur mit ausgestrecktem Arm und dem Pfeil oder dem durchschossenen Apfel in der Hand steht. Dieses Bild ist der solideste Beweis für die Existenz eines ersten Tellendenkmals vor dem Curiger-Tell von 1786. Das Bild, übrigens mit dem Rütlischwur als Hauptmotiv im Vordergrund, will keine Realdarstellung

21 Iten 1995. S. 44.
22 Ebenda.
23 Iten: «Ob die Figur aus Stein oder Holz war, lässt sich leider nicht mehr feststellen, ebensowenig wohin sie entschwunden ist und ob sie möglicherweise gar irgendwo noch existiert oder, was eher anzunehmen ist, ob sie im Laufe der Jahrhunderte vom Zahn der Zeit endgültig zerstört worden ist» (ebenda. S. 45).

der Legende geben; andernfalls hätte man den Schützen bei ebendiesem Brunnen aufstellen müssen. Wie bei Darstellungen biblischer Szenen beschränkt sich das Reale auf den Hintergrund.[24] Als *terminus ante quem* für den ersten Brunnen-Tell steht uns jedenfalls die Abbildung am Türmli von 1694 zur Verfügung. Es ist aber keineswegs gesichert, dass mit der Errichtung des unteren Brunnens um 1583 auch gleich eine Tellenstatue aufgestellt worden ist. Zwar ist etwa zur gleichen Zeit, 1588, in Bürglen auf der Frontseite der Kapelle eine emblematische Tellengestalt gemalt worden, doch besteht zwischen dieser zweidimensionalen und einer dreidimensionalen selbständigen Repräsentationsfigur noch ein wichtiger qualitativer Unterschied.

Die Existenz einer ersten Figur ist bisher einzig mit einem Verweis auf analoge Figuren aus der gleichen Zeit – und mit einer als genügend erachteten Aussage eines glaubwürdigen Zeugen – belegt worden. Wie problematisch jedoch ein Rekurrieren auf die (angeblich aus dem Jahr 1522 stammende) Schaffhauser Figur ist, sollte aus den bisherigen Ausführungen deutlich geworden sein. Und die Basler Figur[25], die Iten ausdrücklich als vergleichbar bezeichnet, stammt aus der zweiten Hälfte des 18. Jahrhunderts, ist aber (und damit im Rückstand auf die eigene Zeit) eine unpersönliche Figur und kein Tell.

Das bisher als einziger Beleg beigebrachte Zeugnis stammt vom Arzt und Historiker Karl Franz Lusser (Jg. 1790!), der als Knabe die 1786 entfernte und in einem benachbarten Haus aufbewahrte Figur Jahre später mehrfach mit heimlichem Entzücken gesehen habe.[26] Undiskutiert bleibt dabei die Frage, warum denn dem nachträglich zum Hauptthelden geratenen Tell nicht von Anfang an der Hauptplatz, sondern nur ein Nebenplatz eingeräumt worden ist. Die Legende erklärt diese Unstimmigkeit damit, dass Tell eben an der Stelle verewigt worden sei, von wo aus er geschossen habe. Dann müsste aber erklärt werden, warum dieser Standort später aufgegeben und das Tellenmotiv dann doch ins Zentrum zum Turm und zum Rathaus geholt wurde.[27]

24 Abb. des Freskos von Karl Leonz Püntener von 1694 in: Iten 1995. S. 51.

25 Der «Tellensod» in der Basler Aeschenvorstadt ist auf Veranlassung der Gesellschaft zum Rupf erbaut worden, die Figur befindet sich seit 1912 im Historischen Museum. Vgl. Ricco Labhardt, Wilhelm Tell als Patriot und Revolutionär 1700–1800. Basel 1947. S. 71.

26 Lusser 1862, Notiz zum 17. August 1786. Helmi Gasser verweist in einer mündlichen Mitteilung vom 30. April 1998 auf die Tatsache, dass Lusser in unmittelbarer Nähe sein Vaterhaus gehabt habe, und beurteilt Lusser als äusserst glaubwürdigen Zeugen. Zwei Annalen aus dem 18. Jh. würden überdies ebenfalls die Existenz dieser älteren Statue bezeugen (die Annalen des Klosters Seedorf und die privaten Annalen von Renner-Arnold). Paul Meintel geht ebenfalls von der Selbstverständlichkeit aus, dass es in der «Heimat des Helden» vor der Figur von 1786 einen älteren Tellen gegeben habe, obwohl über die Entstehung des Brunnens keinerlei Nachricht vorliege (Schweizer Brunnen. Frauenfeld 1931. S. 41). Hans Christoph von Tavel schreibt 1992 aufgrund der Ausführungen von Hans Muheim im Ausstellungskatalog über Richard Kissling (Altdorf 1988. S. 42), «schon 1583» sei in Altdorf eine Tellenfigur auf einen Brunnensockel gestellt worden (Nationale Bildthemen. Disentis 1992. S. 129 [Ars Helvetica X]).

27 Im Denkmalprozess der 1890er Jahre stand nicht von Anfang an fest, dass das Monument auf den Rathausplatz zu stehen kommen werde, es wurde z.B. auch ein Standort am Rande des Ortes in Erwägung gezogen; vgl. Iten 1995. S. 158.

Es ist wohl möglich und in Anbetracht der Bedeutung des Lokalhelden auch nicht weiter erstaunlich, dass Altdorf vergleichsweise früh eine öffentliche Tellen-Statue gehabt hat. Dieser Tell muss aber, wie derjenige von Schaffhausen, ikonologisch viel näher beim Typus des namenlosen standardisierten Kriegers als dieser beim Unikum Tell situiert gewesen sein. Lusser bezeugt, dass die Figur in den Standesfarben angemalt gewesen sei. Die Tellen der Kapelle von Bürglen von 1588 und des Türmli-Freskos von 1694 sind beide in den schwarz-gelben Farben gekleidet. Diese Art von Bekleidung muss bezüglich der Individualisierung allerdings nichts besagen: Der hier vorgeschlagenen Deutung, dass eine apersonale Standesfigur mit der Zeit individuelle Züge annimmt, hält Helmi Gasser entgegen, es sei auch der entgegengesetzte Vorgang belegt, dass nämlich Individuen in Standesfarben daherkämen.[28]

Vielleicht ist darüber hinaus die Beachtung eines besonderen Aspekts hilfreich: Was Tell ikonographisch von den Bannerherren bzw. Standesboten eindeutig unterscheidet, ist das ihm ausserhalb der szenischen Bilder beigegebene Büblein. Höchstwahrscheinlich war der früheste Altdorfer Krieger-Tell, wie derjenige von Schaffhausen und von Basel, nicht von einem Büblein begleitet. Das Kind und damit die eindeutige Tellen-Identität kam erst mit der Statue von 1786. Jetzt, im ausgehenden 18. Jahrhundert, genügte der gewöhnliche Krieger dem verstärkten Individualisierungsbedürfnis nicht mehr. Jetzt wuchs der Bedarf nach einer einmaligen, originellen Figur. Jetzt dürfte Tell auch vermehrt als unverwechselbare Person verstanden worden sein und nicht mehr, wie einem früheren Verständnis entsprechend, nur als Bezeichnung für einen in mehrfacher Ausführung immer wieder existierenden waghalsigen Kerl.

Das neumodische Bedürfnis kam zunächst aber, dies sei betont, nicht am zentralen, sondern am unteren Ort, näher bei der Kirche als beim Rathaus, zum Zug. Hier wurde die 1786 entstandene Doppelfigur von Vater und Sohn errichtet, die in ihrer Art wohl eine der ältesten öffentlichen Tell-Skulpturen der Schweiz darstellt.[29] Um 1780 war eine andere Doppelfigur auf dem Zürcher Lindenhof aufgestellt worden.[30] Karl Iten bietet zwei Erklärungen dafür an, dass am unteren Brunnen die älteste durch eine zweitälteste Tellenstatue ersetzt wurde: der möglicherweise schlechte Zustand der wahrscheinlich hölzernen Statue nach über 200 Jahren und die höheren Ansprüche, man habe einen repräsentativeren Tellbrunnen mit einer entsprechend grösseren Tellfigur gewünscht.[31] Zu diesen Ansprüchen hätte auch das verstärkte Bedürfnis gehört haben können, das Vater-Sohn-Motiv vor Augen zu haben, wie es Curiger dann darstellen sollte. Diese Doppelfigur ist – nicht als szenische Darstellung, sondern als

28 Gespräch vom 30. April 1998.

29 Sie wurde zunächst dem Leventiner Giuseppe Croce zugeschrieben, aber, wie man inzwischen weiss, von Josef Benedikt Curiger von Einsiedeln geschaffen.

30 Aus der gleichen Zeit stammt der Pokal der Helvetischen Gesellschaft mit dem gleichen Motiv von Alexander Trippel von 1781 (Schweizerisches Landesmuseum). Das Vater-Sohn-Motiv, das dann 1798 zum Signet der Helvetischen Republik erhoben werden soll, erfreute sich im 18. Jh. besonderer Beliebtheit. Vgl. Lilly Stunzi, Werden und Wandern eines Mythos. Bern 1973. S. 57–79. Vgl. auch Walter Dettwiler, Wilhelm Tell: Ansichten und Absichten. Zürich 1991. S. 25ff.

31 Iten 1995. S. 46.

symbolisch verdichtetes Emblem –, wie gesagt, schon 1588 an der Bürgler Kapelle angebracht worden. Hier ist anzumerken, dass zwischen einer zweidimensionalen Darstellung an einer Kapellenwand (auch wenn es sich um die Aussenwand handelt) und einer auf einem öffentlichen Platz aufgestellten Skulptur ein mehr als bloss formaler Unterschied besteht. Einerseits mag mit der Zeit das blosse Anschauungsbedürfnis gestiegen sein, andererseits ging von einer Plastik aber auch ein höherer Realitäts- und Verbindlichkeitsanspruch aus.

Wir dürfen davon ausgehen, dass in Altdorf während etwa eines halben Jahrhunderts die beiden Figuren, der alte Bannerherr und der moderne, aus dem 18. Jahrhundert stammende Tell, gleichzeitig, aber auf verschiedenen Plätzen standen. Beide Brunnenfiguren sollten, obwohl sie früher ebenfalls Denkmalcharakter hatten, in der zweiten Hälfte des 19. Jahrhunderts durch noch modernere Denkmäler (ohne Brunnen) ersetzt werden. Der Zürcher Tell von 1859 verdrängte den einheimischen Tell von 1786. Im Schatten des Gips-Kolosses mit dem eindrücklich ausgestreckten Arm (aber ohne Kind) hatte die einfache, etwas starr wirkende Tell-Figur im Zeitalter des pathetischen Historismus keine Daseinsberechtigung mehr.[32] Er wurde vom Brunnenstock genommen, kam vorübergehend ins Zeughaus und wurde als Jubiläumsgeschenk 1891 nach Bürglen vergeben, wo er, auf einen anderen Brunnen gestellt, heute noch, jüngst restauriert, im schwarz-gelben Kleid zu sehen ist.

Und etwas mehr als drei Jahrzehnte später machte das am oberen Gassenende errichtete Bronze-Monument von Richard Kissling[33] (1895) die am unteren Gassenende stehende Gips-Statue entbehrlich und verdrängte zugleich in der unmittelbaren Nachbarschaft den alten Bannerherrn aus dem 16. Jahrhundert. Im Moment der Einweihung vom 28. August 1895 war, wie Fotos zeigen, der Brunnenstock leer, d.h. mit einer palmähnlichen Pflanze bekrönt.

Der während über 300 Jahren vor dem Rathaus aufgestellte Bannerherr wurde 1895 vom Brunnenstock geholt und im Zeughaus magaziniert. Im Zuge der Monumentalisierung bzw. Kolossalisierung der Denkmalkultur waren die antiquierten Brunnenstöcke am unteren wie am oberen Platz nicht mehr als Denkmäler empfunden worden.

Motivgeschichtlich müssen wir drei Etappen auseinanderhalten: die erste Etappe, in der am zentralen Ort kein Tell oder nur ein namenloser Tell in der Gestalt eines Bannerherrn figuriert; die zweite Etappe mit drei aufeinanderfolgenden Tell-Monumenten auf einem Nebenplatz, während der alte Krieger die Stellung auf dem zentralen Platz hält; und die dritte Etappe schliesslich, welche den Nationalhelden Tell über den Umweg des Nebenplatzes an den zentralen, heutigen Ort vorrücken – und den namenlosen Tell abtreten lässt.

32 Zum Monument von 1859 vgl. Iten 1995. S. 87ff. und 239ff.

33 Vgl. auch Maria Matta, Richard Kissling (1848–1919), der schweizerische «Nationalbildhauer» im 19. Jahrhundert. In: ZAK 38, 1981. S. 151–161.

Der Übergang auf dem Platz vom älteren Standort der Linde bzw. des Brunnens zum neueren Standort des heutigen Denkmals wurde durch das Türmli begünstigt.[34] Dieses ging 1517 in die öffentliche Hand über und kompensierte mit den Jahren in einem gewissen Sinn den Verlust der Linde, so dass der mit dem Baum verknüpfte Mythos auf den Turm überging, an dem in einem aus dem Jahr 1694 stammenden breitangelegten Bildprogramm unter anderem auch die bereits erwähnte Apfelschuss-Szene abgebildet war. Vor dem Turm wurden im übrigen nun auch gewisse Strafvollstreckungen auf dem Lasterstein (Pranger) vorgenommen. Der Turm bestimmte letztlich auch den Standort des Kissling-Denkmals, das heisst, die Eidg. Kunstkommission entschied sich für die Lösung, die den Turm zur Kulisse machte, während ein Teil der Einheimischenfraktion den alten Brunnen-Standort vorgezogen hätte.

Der 1895 vom Sockel geholte Altdorfer Bannerherr aus dem 16. Jh. blieb nur etwa ein Jahrzehnt im Magazin und erfuhr dann, realiter abgewertet, eine typisch historistische Aufwertung: 1906 erhielt der altertümliche Mann mit der Fertigstellung des Historischen Museums (bergwärts an der alten Gotthardstrasse) einen neuen Standort als Giebelfigur über dem Haupteingang, wo er ebenfalls noch heute zu besichtigen ist. Die Distanz zwischen Betrachter und Objekt ist zwar viel zu gross. Trotzdem kann man deutlich feststellen, dass die Figur zwar so etwas wie ein anonymer Vorfahre des Nationalhelden, aber kein Tell ist. Postkarten zum namenlosen Tell der Frühzeit findet man keine, Abbildungen des Tell-Denkmals von 1895 gibt es hingegen zuhauf – in Altdorf und in der gesamten Schweiz.

34 Mitteilung von Helmi Gasser vom 30. April 1998, der Verfasserin des im Manuskript vorliegenden Bandes über Altdorf in der Reihe der Schweizerischen Kunstdenkmäler.

Denkmal für anonyme Bergarbeiter oder für den Ingenieur mit bekanntem Namen? Vorübergehend war eine Kombination von beidem im Gespräch (Offizielle Zeitung der Schweizerischen Landesausstellung, Zürich, 21. Juni 1883, S. 191).

Unten und oben

Vincenzo Velas «Vittime del lavoro» von 1882/83

«Wer baute das siebentorige Theben?» Man kennt diese Frage, die Bertolt Brecht an den Anfang eines seiner bekannten Gedichte gestellt hat, und man weiss, was dieser Text aus den Jahren 1933/38 bewusstmachen soll: Nicht die Könige, sondern von der Geschichte übergangene, namenlos gewordene Menschen hätten die Felsbrocken herbeigeschleppt. Brechts Kritik, dass in den (Geschichts-)Büchern nur die Namen von Königen stünden, ist inzwischen beherzigt, die «Geschichte von oben» ist mittlerweile durch eine «Geschichte von unten» erweitert oder gar ersetzt worden. Die Beanstandung galt aber nicht nur der Enge des Blickwinkels, sie beschränkte sich nicht auf die Forderung, einen anderen, bisher vernachlässigten und gar wichtigeren Teil der Gesellschaft ins Bild einzubeziehen. Ein blosser Einbezug etwa von Bauern und Bettlern im Geiste des «Welttheaters» wäre nur eine Erweiterung eines bloss äusserlichen Abbildes. Implizit ging und geht es beim Brechtschen Postulat vielmehr darum, die Perspektive der vormals Übergangenen einzunehmen, deren Erfahrung und subjektive Erlebniswelt aufzuzeigen und stellvertretend für sie ein indirektes Selbstzeugnis zu schaffen. Vor dem Hintergrund dieser generellen Problematik wird die kleine Studie über die Entstehung des Denkmals «Le vittime del lavoro» den folgenden Fragen nachgehen:

1. Inwiefern ist es dem Schöpfer darum gegangen, im brechtschen Sinn eine Korrektur der herrschenden Optik vorzunehmen?
2. Wie ist das Werk durch die Zeitgenossen aufgenommen worden?
3. Wie situiert es sich in der grösseren Entwicklung der allgemeinen Denkmalgeschichte?
4. Ist es Vela gelungen, mit seiner Darstellung ein authentisches, aus eigener Kraft wirkendes Kunstwerk zu schaffen?

Die Fragen werden aufgrund der vorliegenden Sekundärliteratur[1] und zeitgenössischer Zeitungspublikationen sowie einiger bisher unbekannter Dokumente aus dem Bundesarchiv und insbesondere aus dem kaum ausgewerteten Archiv der Gotthardbahn

1 Als wichtigstes Werk über den Tessiner Künstler ist zu nennen: Nancy J. Scott, Vincenzo Vela 1820–1891. New York/London 1979 (Diss. der Fine arts New York 1978). Das Denkmal nimmt allerdings in der breitangelegten Studie von 531 Seiten nur wenig Raum ein (S. 441–450). Die beste Auseinandersetzung mit den «Vittime» findet man bei Beat Stutzer, Vincenzo Velas «Vittime del Lavoro». In: Pantheon 39, 1981. S. 344–346. – Vorzügliche Illustrationen findet man bei Donata Massola, Vincenzo Vela. Lugano 1983. Die weiteren Unterlagen sind aus den verschiedensten Bereichen zusammengetragen und werden an der Stelle ihrer erstmaligen Verwendung ausführlich zitiert.

beantwortet.[2] Da sich die weiteren Ausführungen den speziellen Fragen zuwenden, sei vorweg zum besseren Verständnis die allgemeine Werkgeschichte kurz in Erinnerung gerufen: Vincenzo Vela präsentierte das 1882 geschaffene Gipsrelief 1893 an der Landesausstellung in Zürich. Trotz begeisterter Aufnahme fand sich kein Auftraggeber, der das Modell hätte in Bronze giessen lassen. Ein erster Abguss wurde erst zwei Jahre nach Velas Tod 1893 durch die Galleria d'Arte Moderna in Rom hergestellt. Ein halbes Jahrhundert nach seiner Entstehung fand das Relief schliesslich doch noch eine öffentliche Verwendung: Man machte es mit einem zweiten Abguss zum zentralen künstlerischen Element des 1932 zum fünfzigjährigen Jubiläum des Gotthardtunnels in Airolo errichteten Denkmals.

Die Intention des Künstlers

Das monumentale Relief ist kein Auftragswerk, sondern aus eigenem Antrieb und auf eigenes Unternehmerrisiko geschaffen worden. Daraus darf man schliessen, dass sich Vincenzo Vela mit diesem Werk persönlich engagierte. Seine Biographin Nancy Scott situiert die ersten Arbeiten an den «Vittime» in die Jahre 1877/78 und bemerkt ohne Quellenangabe, dass der Künstler, der nach elfjähriger Lehrtätigkeit an der Turiner Kunstakademie seit 1867 wieder in seiner Tessiner Heimat gelebt habe, durch einen grösseren Arbeitsunfall am Gotthard beeindruckt worden sei. Von den 177 tödlichen Unfällen, die sich im Laufe des neunjährigen Tunnelbaus ereigneten, fielen tatsächlich allein 31 ins Jahr 1877.[3]

Über seine Intentionen äusserte sich Vela 1886, etwa drei Jahre nach der Fertigstellung des Denkmalmodells, einem Freund gegenüber so:

> «Als Anhänger freisinniger Grundsätze habe ich immer den Arbeiter bewundert, die unterdrückten Klassen; immer schätze ich die Märtyrer der Arbeit hoch, welche ohne die wilde Erregung des Krieges ihr Leben aufopfern, als ruhige Soldaten der Arbeit, nur um ihre Pflicht zu tun und Ehrenmänner zu bleiben. In der gegenwärtigen Zeit, in welcher Millionen für Königsmonumente verwendet wer-

2 Der Nachlass Vela wird im Bundesarchiv Bern unter der Signatur J I 110 aufbewahrt. Die Akten der Gotthardbahn liegen bei der SBB-Kreisdirektion II in Luzern, Bde. 418 und vor allem 419.

3 Insgesamt wurden nach offizieller Statistik 580 Unfälle registriert, die «leichten» dürften allerdings nicht mitgerechnet worden sein. Der hauptverantwortliche Unternehmer Louis Favre hatte schon 1876 die hohen Unfallzahlen dem Bundesrat gegenüber mit dem Argument gerechtfertigt: «Die Zahl der Opfer ist zu gross. Trotzdem kann ich Ihnen versichern, Herr Bundesrat, dass die Zahl der Unfälle keineswegs anormal ist, dass sie sogar unter dem Durchschnitt bei vergleichbaren Baustellen liegt» (Alfred A. Häsler, Gotthard. Als die Technik Weltgeschichte schrieb. Frauenfeld 1982. S. 189ff.). Noch immer sehr brauchbar ist das von den SBB veröffentlichte Jubiläumsbuch «Die Bahn durch den Gotthard» von 1932. Zu den Arbeitsbedingungen siehe: Orazio Martinetti, Minatori, terrazzieri e ordine pubblico. Per una storia sociale delle grandi opere ferroviarie ticinesi 1872. In: Archivio storico ticinese 92, 1982.

> den, in denen man so viele Denkmäler für die Mächtigen, die Reichen, zwar auch für die Märtyrer der Unabhängigkeit Italiens (und diese verdienen es!) errichtet, erschien es mir als eine Pflicht, auch der Märtyrer der Arbeit zu gedenken. Ich führte dieses Werk aus, ohne von jemandem den Auftrag oder die Anregung dazu erhalten zu haben, und ich stellte es in Zürich in der Hoffnung aus, ich gebe es zu, dass es durch irgend eine Gesellschaft, oder mit Hülfe einer Subskription, oder durch die beteiligten Staaten zur Ausführung bestellt würde. Um den Gewinn war es mir nicht zu tun; doch ich hätte mich glücklich geschätzt, meine Idee in Bronze verewigt zu sehen, die Idee der leidenden Menschheit, dort an der italienischen Einmündung eines der grössten Werke der Wissenschaft und der Arbeit, des Gotthardtunnels.»[4]

Die Bemerkungen über Zürich und die beteiligten Staaten können uns erst im nächsten Abschnitt beschäftigen. Velas Selbstinterpretation zeigt, dass es sehr wohl darum ging, die Anerkennung der Leistungen und Opfer einer bestimmten Klasse zu demonstrieren. Es ging ihm auch darum, mit einer Erweiterung des Motivkanons eine nötige Korrektur vorzunehmen: Neben die vielen Denkmäler für die Mächtigen und Reichen sollte ein Monument für die Unterdrückten und Armen gestellt werden. Die schlechten Erfahrungen in der Affäre um das Genfer Denkmal für den Herzog von Braunschweig müssen ihn in dieser Auffassung bestärkt haben.[5]

Die Unterdrückung selbst kritisierte er nicht, dagegen idealisierte er im zitierten Brief das Leben in Knechtschaft, wenn er die ruhige Pflichterfüllung und das Ehrgefühl der Arbeiter lobte. Indem er nicht bloss von «Opfern», sondern von «Märtyrern» sprach, nahm er wohl unbewusst dem Opfergang den sozialen Zwangscharakter, ist doch ein Martyrium in seiner ursprünglichen Bedeutung ein aus ideeller Überzeugung in Kauf genommenes Opfer. Mit dem Wort von der «Idee der leidenden Menschheit» neutralisierte er die in Ansätzen offenbar doch auch vorhandene, aus der zeitgenössischen Diskussion aufgenommene Vorstellung, dass es sich um eine «unterdrückte Klasse» handle. Mit der Anwendung der christlichen Bildsprache (vgl. unten) wurde

4 Sogleich publiziert in: Illustrazione italiana XIII, Nr. 53 vom 26. Dezember 1886. S. 493. Die italienische Originalfassung lautet: «E cosa semplicissima; informato a principii liberali sempre ammirai l'operaio, le classi oppresse, stimai sempre i *martiri del lavoro,* quelli che arrischiano la loro vita senza fanatismo né orgasmo che la guerra produce, ma calmi soldati del lavoro, solo per compiere il loro dovere, per vivere gantuomini ... Feci quest'opera senza averne avuto né la missione né l'idea da nessuno, e la esposi a Zurigo, le confesso colla speranza che qualche società, oppure a mezzo di sottoscrizioni, o gli stati interessati avessero a farla eseguire non per mio lucro, ma perchè sarei felice di vedere eternato in bronzo il mio pensiero, che lo credo quello dell'*umanità sofferente,* all'imboccatura italiana di una delle più grandi opere della scienza e del lavoro com'è quella del traforo del Gottardo.» Die oben wiedergegebene deutsche Fassung stammt aus: Walther von Arx, Vincenzo Vela. In: Schweizer eigener Kraft. Nationale Charakterbilder. Neuenburg 1906. S. 611–667.

5 Scott. S. 401–433 und 479–485. Vela hatte auftragsgemäss für das Mausoleum des Herzogs das grosse Reiterstandbild entworfen, er wurde dann aber bei der Realisation des Monuments nicht mehr berücksichtigt.

das Arbeiterthema sozial entschärft und zum Teil ins weniger verbindliche Allgemeine gewendet.

Bleibt noch zu klären, was Vela meinte, wenn er sagte, dass er als «Anhänger freisinniger Grundsätze» die Arbeiter besonders schätze. Das «Liberal» ist wohl als Bezeichnung für eine Haltung zu verstehen, die im Gegensatz zur konservativen und aristokratischen Haltung im Volk das Fundament der Gesellschaft sah und grundsätzlich die Gleichheit der Menschen postulierte.

Die Rezeption der Zeitgenossen

Wie im vorgestellten Zitat angedeutet, präsentierte Vela sein Werk in Zürich, und zwar an der ersten Landesausstellung von 1883. Zeit und Ort der Präsentation waren ideal. Die Landesausstellung wurde als erweiterte Feier zur Eröffnung der Gotthardlinie verstanden und insgesamt auch als «Denkmal der Arbeit» gepriesen.[6] Das Werk wurde mit grosser Begeisterung aufgenommen und inspirierte andere Kunstschaffende, sich mit dem Thema und mit Velas Gestaltung zu befassen.[7] Dichterische Verarbeitungen steigerten die Wirkung noch. Der angesehene Zürcher Schriftsteller Conrad Ferdinand Meyer, Verfasser Dutzender von archaisierenden Historiennovellen, widmete dem Relief die beiden letzten Strophen seines zur Eröffnung der Ausstellung verfassten Festgedichts:

«Bildhauerkunst! Zu diesen Freudetagen
Stellst du mit einem ernsten Werk dich ein:
Ein Gotthard-Opfer liegt auf einem Schragen,
Ermordet von gesprengtem Felsgestein,
Aus tiefem Tunnel wird es weggetragen
Ins süsse ferne Tageslicht von Zwei'n,
Rasch wie das Leben huscht vorbei ein Dritter
Mit seiner Ampel flüchtigem Gezitter.»[8]

6 Hermann Büchler, Drei schweizerische Landesausstellungen: Zürich 1883, Genf 1896, Bern 1914. Zürich 1970. S. 27ff. Georg Kreis, L'Exposition Nationale de 1883. In: Les Suisses dans le miroir. Lausanne 1991. S. 17–21.

7 Hardmeyer-Jenny telegrafierte am 1. Mai 1883 nach Ligornetto: «Tutti entusiasmati del suo lavoro e fieri di chiamarla svizzero.» Der Basler A. Im Hof-Rüsch teilte am 30. September 1885 dem Künstler mit, er habe in seiner Eigenschaft als Präsident des Schweizerischen Kunstvereins die Ausführung des Werkes vorgeschlagen (beide Schreiben im Vela-Nachlass. Nr. 3, Bd. 61). Zu den zeitgenössischen Pressestimmen vgl. etwa: Der Bund vom 26. Juni 1883, Der Grütlianer vom 21. Juli 1883, Zeitschrift für Bildende Kunst, Beiblatt, vom 4. Oktober 1883.

8 Offizielle Zeitung der Schweizerischen Landes-Ausstellung Zürich vom 1. Mai 1883 (zit. als Ausstellungs-Zeitung).

Doch auch Meyer deutete das Werk nicht als Protest gegen das Elend im allgemeinen und gegen die Arbeitsbedingungen am Gotthard im besonderen. Verantwortlich für den Tod der Arbeiter ist in dieser Deutung das «mordende Felsgestein». Eine weitere Strophe spricht in einer sozial unpräzisen Ausdrucksweise von «tausend schwiel'gen Händen», die sich in den Dienst einer «Geistesthat» stellten. Die sozialen Gegensätze werden sogar übertüncht mit dem Schlusssatz, dass in der Erkämpfung eines Lorbeerkranzes «Volk wie Menschheit immerdar ein Ganzes» sei.[9]

Auch der Comascer Dichter Carlo Baravalle fühlte sich von den «Vittime del lavoro» so sehr angesprochen, dass er die folgenden Zeilen dichtete:

> «Dal negro forame del vecchio Gottardo
> Irrompono voci di novi dolor:
> ‹E morto Giovanni, Giovanni il Lombardo,
> Il forte operaio, il buon murator!›»[10]

Ein anderer Interpret, Th. Droz, hatte den Blick für die Opfer der Arbeit. Was er sah, nannte er beim Namen: «C'est le nu vrai, laid comme il doit l'être après des années d'un labeur où le corps, toujours courbé, perd ses proportions harmoniques, et où les rondeurs de la chair ont fait place à la saillie des os et des muscles.» Doch, wie wenn diese Wahrheit zu schmerzlich wäre, zu ätzend, zu explosiv, legte er mit einem «cependant» eine Zäsur ein, um dann festzustellen: «... ces ouvriers sont de la race des dieux et des déesses de marbre.» Droz verstand Velas Präsentation als Vorwurf gegen die moderne Welt: «Voilà les victimes!» Er ordnete das Drama der Gegenwart jedoch mit mehreren Rückgriffen in die Welt der Antike ein. Nicht nur wurden, was eine säkularisierte Variante der christlichen Trostbotschaft ist, die armen Arbeiter zu göttlichen Wesen, auch der Berg wurde zu einem antiken Ungeheuer. Denn die Tunnelbauten wurden nicht von gegenwärtigen Unternehmern geführt, die Arbeiter hatten – wie bei C. F. Meyer – nur den Fels als Gegenüber, als Gegner oder als «Sozialpartner». Der Gotthard wurde zum Ungeheuer – «ce Gothard – Minotaure qui a dévoré tant de vies humaines». Droz' feuilletonistische Bildverarbeitung mündete in die Feststellung, dass das von Propheten und Poeten geträumte Jahrtausend der Brüderlichkeit und des allgemeinen Glücks doch auch einen Blutzoll abverlange. Allerdings gab es auch dafür antiken Trost: «La seule consolation, à la vue de ces martyrs de notre civilisation, est de se dire que, si les pyramides, les amphithéâtres, les palais orientaux, ont coûté tant de milliers de vies d'homme, ils sont là, debout ou en ruines, inutiles témoins d'un passé infécond.»[11] Es

9 «Warum allüberall mich hinbegleitet / Das stille Bild auf seinen Trauerschwingen? / Weil's eines grossen Werkes Ruhm verbreitet / Auf dieses blut'ge Sterben des Geringen: / Von tausend schwiel'gen Händen wird bereitet / Der Geistesthat gefährliches Gelingen / Und in Erkämpfung eines Lorbeerkranzes / Ist Volk wie Menschheit immerdar ein Ganzes!»

10 Illustrazione italiana XIII, Nr. 53 vom 26. Dezember 1886. S. 485. Erste Strophe eines zwölfstrophigen Gedichts, zitiert auch in Walther von Arx, vgl. Anm. 4.

11 Ausstellungs-Zeitung vom 21. Juni 1883. S. 192.

ist freilich schwer einzusehen, wie ein fragmentarisches Überdauern «unnötiger» Zeugen einer «unfruchtbaren» Vergangenheit hätte trösten können.

Velas Werk konnte aber auch, wie der folgende Abschnitt zeigen wird, ganz anders verstanden werden, nicht von irgendwelchen Betrachtern, sondern von Leuten, die dem Künstler nahestanden.

Die Position der «Vittime» in der allgemeinen Denkmalgeschichte

Ein Rezensent der an der Landesausstellung von 1883 präsentierten Kunstwerke sagte von Velas Werk: «Damit wird eigentlich zum ersten Mal das Volk als solches in die hohe Kunst eingeführt.»[12] So kategorisch wird man die Meinung nicht übernehmen können, müsste doch abgeklärt werden, um welche Art von Darstellung «des Volkes» es gehe, ob stilisiert als politischer Körper, ob real als Genremotiv etc.[13] In unserem Fall geht es aber nicht um Darstellungen der «hohen Kunst» jedwelcher Art, sondern um Denkmäler. Da lässt sich die Frage nach frühen oder erstmaligen Erscheinungen schon eher stellen. Die Forschung hat sich mit der Frage befasst, wann die ersten bürgerlichen Denkmäler aufkommen. Gemeint sind damit Monumente, die nicht von einem Dynasten zur eigenen Ehre, sondern von Mitbürgern (von einem Freundes- und Kollegenkreis, von einem Verein!) für einen verdienten Bürger errichtet wurden; Monumente, die nicht bloss in privaten Zonen, nicht in Wandelgängen einer Akademie, nicht in botanischen Gärten und nicht bloss über Gräbern auf separiertem Friedhof, sondern auf öffentlichem Grund, wenn möglich an zentraler Stelle, einen Platz erhielten. Das 1791 in Zürich auf dem heutigen Platzspitz für Salomon Gessner errichtete Monument gilt als das erste bürgerliche Denkmal in der Schweiz.[14]

Es war folgerichtig, wenn in einer weiteren Etappe, nachdem das junge Bürgertum der staatlichen Öffentlichkeit ein privates Manifestationsfeld abgerungen hatte, die junge Arbeiterbewegung ebenfalls einen Teil der nichtstaatlichen Gegenöffentlichkeit beansprucht hätte, um sich selbst darzustellen. Dies ist zum Teil auch geschehen, am deutlichsten fassbar mit der Durchsetzung des 1. Mai als «Tag der Arbeit».[15] Soge-

12 Der Bund Nr. 174 vom 26. Juni 1883.

13 Vgl. dazu: Zeichen der Freiheit. Das Bild der Republik in der Kunst des 16. bis 20. Jahrhunderts. Ausstellungskatalog hrsg. v. Dario Gamboni und Georg Germann unter Mitwirkung von François de Capitani. Bern 1991.

14 Martin Fröhlich, Zur Denkmalgeschichte in der Schweiz. In: Denkmäler im 19. Jahrhundert. Hrsg. v. Hans-Ernst Mittig und Volker Plagmann. München 1972. S. 23–26. – Vgl. auch Irma Nosedas Beitrag in der Serie «Zürcher Denkmäler – neu enthüllt» im *Tages-Anzeiger-Magazin* vom 15. Januar 1975. Zum bürgerlichen Verdienstdenkmal vgl. Benno Schubiger, Patriotische Kunst in der Zeit vor der Helvetik bis zum Sonderbundskrieg. Kurzfassung eines Projektberichts des Nationalen Forschungsprogrammes 21. Basel 1991.

15 Zur Durchsetzung des Arbeiterfeiertages: Georg Kreis, Der Triumph des 1. Mai. Zur Offizialisierung des Arbeiterfeiertages im Jahre 1923. In: Basler Zeitschrift für Geschichte und Altertumskunde 84, 1984. S. 207–235.

nannte Arbeiterdenkmäler dagegen entstanden in der Schweiz erst in den Jahren nach 1945.[16]

Ebenso folgerichtig war, wenn die Inanspruchnahme der Öffentlichkeit durch die Arbeiterbewegung den Widerstand des inzwischen älter gewordenen Bürgertums gegen sich hatte und darum zum Teil repressive, zum Teil aber auch persuasive Reaktionen der etablierten Kräfte zur Folge hatte. Unter dem Druck der «Arbeiterfrage» entwickelte die bürgerliche Kultur gerade in den achtziger Jahren des 19. Jahrhunderts eine Sinnstiftung, die die Arbeit und die damit verbundenen sozialen Fragen so stilisierte, dass sie in das liberale Gesellschaftsverständnis passten und der Realität einen Teil ihrer Sprengkraft nahmen. Eine wichtige Funktion dieser bürgerlichen Sinnstiftung bestand darin, die alternativen, antikapitalistischen, klassenkämpferischen Interpretationsangebote der jungen Arbeiterbewegung nicht aufkommen zu lassen.

1883 fand so etwas wie eine Monumentalisierung der Arbeit statt, sie beschränkte sich aber auf das Verbale, und es war eine Inszenierung von oben und keine Durchsetzung von unten. Noch bevor die junge II. Internationale 1889 (ebenfalls anlässlich einer Ausstellung) die Einführung eines «Tages der Arbeit» verkündete, wurde im Rahmen der ersten Landesausstellung der Schweiz ein schweizerischer Arbeitertag begangen. *Der Grütlianer* begrüsste die Kalendrierung eines solchen Tages, zumal sie es fördere, dass man sich im Sinne der später von Brecht aufgegriffenen Fragestellung überlege, wer denn alle die ausgestellten Schätze produziert habe.[17] Die Anerkennung der Arbeitsleistungen beschränkte sich aber auf verbale Würdigungen, und diese dürften vor allem die Funktion gehabt haben, die Jahr für Jahr neu entstehenden «Arbeiterbataillone» zu integrieren und ihnen ein Bewusstsein zu geben, das sie motivierte, nicht aber die herrschenden Verhältnisse in Frage stellte.

Ein anderer bekannter Schriftsteller, Gottfried Keller, verfasste zur ersten Landesausstellung ebenfalls ein Lob- und Preisgedicht auf die Arbeit:

> «Arbeit ist das wärmste Hemde
> Frischer Quelle im Wüstensand
> Stab und Zelt in weiter Fremde
> Und das beste Heimatland!»

16 Die Promotoren des Landesstreiks zum Beispiel hatten offenbar zuwenig Interesse an einer öffentlichen Markierung dieses Ereignisses mit einem Denkmal. Wohl wurden da und dort kleine Erinnerungstafeln angebracht, beispielsweise in Basel nach 1980 an der Greifengasse 6 in Erinnerung an die fünf Toten infolge des Militäreinsatzes im Färberstreik von 1919. – Aus dem Landi-Geist der Zeit um 1939 und nicht aus dem Geist des Klassenkampfes entstand das Denkmal «Ehrung der Arbeit», das auf dem Zürcher Helvetiaplatz steht; 1942 wurde ein erster Wettbewerb lanciert, um 1952 Karl Geisers Entwurf ausgewählt, 1964 dieser Entwurf auch verwirklicht. Die von Werner F. Kunz geschaffene und 1956 von der Gewerkschaft Bau und Holz der Stadt Zürich geschenkte und auf dem Werdplatz aufgestellte Plastik gilt nicht als Arbeiterdenkmal, doch strahlt dieser «Prometheus» wesentlich mehr proletarisches Selbstbewusstsein aus als das brave Gruppenbild von Geiser. Vgl. Eva Korazija, Ein Denkmal des Arbeitsfriedens? In: Tages-Anzeiger-Magazin vom 24. Mai 1975.

17 Der schweizerische Arbeitertag. In: Der Grütlianer Nr. 57 vom 18. Juli 1883.

Es ging darum, ein den modernen volkswirtschaftlichen Bedürfnissen, das heisst der Renditennotwendigkeit der Investitionen und der internationalen Konkurrenzsituation, entsprechendes Arbeitsethos zu schaffen.[18] Mit individuellen Qualitäten sollten kollektive Eigenschaften geschaffen werden. Keller dachte an die volkswirtschaftliche Gemeinschaft, als er schrieb:

«Da gilt es, zu steh'n und sich regend zu wahren
Wer rastet, geht unter im Staube der Bahn!»

Er appellierte aber an den einzelnen, als er sogleich beifügte:

«In steter Bewegung ernährt sich die Kraft;
Die Ruh' liegt im Herzen dem Manne, der schafft.»[19]

Die zeitgenössischen Versuche zu begreifen, was vor sich geht, und zugleich zu fördern, was nötig erschien, griffen gerne auf historische Verständnismuster zurück: Ihre Deutungen verstanden die Arbeiter ihrer Zeit als die alteidgenössichen Kriegshelden von damals und setzten die zeitgenössischen Arbeitsorte, insbesondere die Tunnelbauten, mit den damaligen Schlachtfeldern gleich.[20] Auch Vela sprach von den «Soldaten der Arbeit»[21]. Die Nützlichkeit dieses Vergleichs bestand in der Möglichkeit der Heroisierung und der historischen Legitimierung von Arbeitsunfällen. C. F. Meyer, der sich in seiner bürgerlichen Melancholie durch Velas Werk angesprochen fühlte, nahm diese Parallelisierung von altem und neuem Heldentum mit besonderer Deutlichkeit vor. Das Gedicht, dessen Ende bereits zitiert worden ist, setzt mit einer Evokation alteidgenössischer Rauflust ein:

«Wir liebten es mit starker Faust zu streiten ...»

Natürlich hatte die Streitlust auch ihren höheren Sinn:

«Wie wacker wir das eigne Land befreiten ...»

Wichtig wurde dann aber, dass das Neue, zum Teil auch Fremde in ein Kontinuum eingeordnet werden konnte:

18 Zur Gesamtproblematik: Erich Gruner und Hans-Rudolf Wiedmer, Arbeiterschaft und Wirtschaft in der Schweiz 1880–1914. Bd. 1. Zürich 1987. – Christian Lalive d'Epinay und Carlos Garcia, Le mythe du travail en Suisse. Genf 1988.

19 Ausstellungsführer von 1883.

20 Die Parallelisierung war in der Zeit selbst durchaus üblich. *Der Grütlianer* Nr. 64 vom 4. Juni 1891 teilte unter dem Titel «Vom Schlachtfeld der Arbeit» mit, dass in einer bestimmten Zeitspanne 16 400 Personen verunglückt seien.

21 Vgl. oben Anm. 4.

«Da siehe, wurden mit der Zeitenwende
Aus harten Fäusten kluge, rüst'ge Hände.»

Was werden sollte, wurde in einer ganzen Strophe verbal als bereits gegeben dargestellt:

«Und wieder stehen wir im Harst gereiht,
Noch flattern über uns die alten Fahnen,
Und wieder stehn zusammen wir im Streit,
Mit andern Waffen und auf andern Bahnen.
Fest stehn die Kinder einer neuen Zeit,
Wir auf tapfern Gräbern unserer Ahnen:
Die Schweizer stehn zusammen oder liegen,
Ein einig Volk im Fallen oder Siegen.»[22]

Velas Werk entstand aus dem Trend der Monumentalisierung der Arbeit, es konnte aber allein schon darum nicht das erste Arbeiterdenkmal sein, weil es nicht wie im Fall des Bürgerdenkmals eine Selbstdarstellung, das heisst keine Manifestation von Arbeitern oder Arbeiterführern für Arbeiter war. Im übrigen zeigen die Versuche, dem Denkmal doch noch zu einer Realisation zu verhelfen, dass Vela kein partikulares, nur für die Arbeiterklasse gedachtes Monument schaffen wollte. J. Hardmeyer-Jenni muss im Einverständnis des Künstlers gehandelt haben, als er 1883 noch während der Ausstellung das um eine entsprechende Büste ergänzte Relief als «Modell zu einem Favre-Denkmal» propagierte (vgl. Bild).[23] In seinen schriftlichen Ausführungen ging Hardmeyer noch weiter und propagierte die Schaffung eines «Doppeldenkmals» für den Gotthard-Ingenieur Louis Favre und den Gotthard-Financier Alfred Escher. Der eine erlag 1879 bei einem Besuch der Tunnelbauten einer Herzattacke, der andere starb Ende 1882, als der Tunnel eben fertiggestellt war. Die Arbeiter, die «Giovannis» aus Baravalles Gedicht, wurden in diesem Vorschlag kaum mehr zur Kenntnis genommen, nicht in der harmonisierenden Variante der Idee des Gemeinschaftswerkes und schon gar nicht in der konfliktorientierten Variante der Idee des Klassenkampfes. Die «Vittime del lavoro» hätten bloss den «hübschen Hinterbau» abgeben dürfen. Die Unterscheidung von «oben» und «unten» wurde hier zu einer zwischen «vorne» und «hinten». Dem Projekt war unter anderem die Funktion zugedacht, das «Trennende zwischen Escher und Favre» – gemeint waren irgendwelche Meinungsverschiedenheiten und Zerwürfnisse – in der Darstellung des gemeinsamen Gotthard-Werkes aufzuheben. Vereinigen sollte das Bild nicht Arbeitgeber und Arbeitnehmer, vereinigen sollte es «in einem grossen Gedanken» die grossen Geister. Damit die Anregung als Vorschlag eines kleinen Gesamtkunstwerkes verstanden werden konnte, kombinierte

22 Ausstellungs-Zeitung vom 1. Mai 1883.
23 Ausstellungs-Zeitung vom 21. Juni 1883. S. 183–185.

Hardmeyer Abzubildende und Abbilder zu einer nationalen Trias: Escher als Mann der deutschen Schweiz, Favre als Mann der französischen und Vela als Mann der italienischen Schweiz.

Vela wäre die Realisation dieses Vorschlags recht gewesen, denn er stellte später selbst ein entsprechendes Gipsmodell her.[24] Das Komitee, das für Favre ein grosses Denkmal errichten wollte, wandte sich 1890 mit der Frage an Vela, ob er das Relief an der Frontseite des geplanten Denkmals anbringen könne. Vela wäre auch in diesem Fall grundsätzlich nicht abgeneigt gewesen, sein Werk zur Verfügung zu stellen (und endlich realisiert zu sehen) – vor einer definitiven Zusage wollte er aber das gesamte Projekt sehen, um festzustellen, ob sich eine Kombination vom künstlerischen Standpunkt aus verantworten liesse.[25] Weder Vela noch seine Biographin scheinen indessen ein für unser Thema wichtiges und geradezu signifikantes Missverständnis bemerkt zu haben. Das Denkmal-Komitee ging nämlich davon aus, dass Velas Relief, das die Genfer offenbar nur vom Hörensagen kannten, nicht irgendwelche Arbeiter, sondern den Unternehmer Favre zeige, spricht doch die Anfrage von einem «superbe platre frise de la mort de Favre dans le Tunnel».[26] Vela stiess sich andererseits überhaupt nicht an der Idee, dass man den Ingenieur privilegierte und die Arbeiter zurückstellte. Eine wie immer geartete Zusammenarbeit kam jedoch nicht mehr zustande. Vela starb 1891. Das von Emile Placide Lambert geschaffene Favre-Denkmal wurde 1893 in Chêne-Bourg (Genf) eingeweiht.[27]

Escher hatte bereits einige Jahre zuvor ein Denkmal erhalten; nicht in der Gestalt der Porträtbüste, die 1883 im gleichen Salon wie Velas Werk ausgestellt und in Hardmeyers Vorschlag vom Doppeldenkmal einbezogen worden war, sondern als Standbild von doppelter Lebensgrösse.[28] Das Denkmal war von einer Gruppe von Notabeln geschaffen worden, die bei der Auswahl des Künstlers (Richard Kissling) und der Zustimmung zum Gestaltungsvorschlag als private Initianten handelten, in anderen Phasen der Realisation und im Moment der Einweihung von 1889 dagegen beinahe als das offizielle Zürich auftraten.[29] So bereitete es überhaupt keine Schwierigkeiten, als Standort den Platz vor dem Bahnhof zu erhalten. Finanziert wurde das Denkmal mit privaten Geldern. Der wahrscheinlich von Gottfried Keller verfasste Aufruf von 1884

24 Scott, Abb. 379 (ähnlich wie die Abbildung von 1883).

25 Die erste unbeantwortet gebliebene Anfrage ist undatiert, die zweite stammt vom 8. Juli 1890. Im undatierten Entwurf zum Antwortschreiben führte Vela aus: «Lodo e condivido pienamento la splendida idea d'inalzare al nostro celebre compatriota Luigi Favre un monumento che eterni la memoria (di) questo grand'uomo in uno alla grand'opera del traforo del Gottardo» (Nachlass Vela. Nr. 3. Bd. 71).

26 Schon die *Zeitschrift für Bildende Kunst* vom 4. Oktober 1883 deutete die Darstellung so: «... es stellt Louis Favre, den grossen Gotthardingenieur dar, wie er tot von seinen Arbeitern aus dem Gotthardtunnel getragen wird.»

27 INSA, Inventar der neueren Schweizer Architektur Bd. 4, 1982. S. 267.

28 Sonderbarerweise hatte Locarno schon am 16. Januar 1872 die Absicht bekundet, zu Ehren Eschers und der Mitglieder des Gotthardkomitees ein Denkmal zu errichten (SBB-Archiv).

29 Präsident der privaten Kommission war der Zürcher Stadtpräsident Römer.

wandte sich aber an alle, an alt und jung und ausdrücklich auch an «Hoch und Niedrig».[30]

Dass das Escher-Denkmal aber eine Manifestation der bürgerlichen Welt und trotz seines Anspruchs auf allgemeine Geltung ein Parteidenkmal war, wurde in der Zeit selbst bereits bemerkt und von einem Sprecher der politisierten Arbeiterschaft beanstandet. Die *Arbeiterstimme* schrieb: «Auf einem Privatkirchhof oder im Innern eines Bahnhofs, dem Weihrauch der Lokomotiven ausgesetzt, wäre Eschers Statue am rechten Platz gewesen, aber nicht auf ‹Reichsboden›.»[31] Es wäre verfehlt, von dem für Zürichs «grossen Bürger» geschaffenen Denkmal eine Anerkennung auch der Leistungen der Tunnelarbeiter zu erwarten. Dieses Monument muss uns aber trotzdem interessieren, und zwar in dem Masse, als das Gotthard-Motiv in das Denkmal-Programm einbezogen wurde. Eschers Anteil am Bau der Gotthardbahn war die einzige konkrete Hervorhebung aus dem langen Leistungskatalog dieses reichen Lebens: Ein junger Mann sitzt als Assistenzfigur zu Füssen des Standbildes – also unten – auf einem mit der Inschrift «Gotthard» versehenen Felsbrocken. Der kräftige, nur mit einem Lendentuch bekleidete Jüngling verkörpert aber nicht den Bauarbeiter, sondern ist eine Allegorie der «selbstbewussten Tatkraft». Die zu beiden Seiten angebrachten Figuren, jugendliche Genien, die wasserspeiende Drachen im Zügel halten, sollen den Kampf mit den Naturkräften beim Bau der Gotthardbahn symbolisieren. Toni Stoss hat in seiner Analyse des Escher-Denkmals zu Recht beanstandet, dass das Gotthardbahnprojekt als spielerische Bezwingung der Natur dargestellt und damit auch die konkrete Realisation des Unternehmens und dessen menschlicher Preis verharmlost werde.[32]

Die Denkmäler für die beiden Grossen – Escher und Favre – sind schnell verwirklicht worden. Das Denkmal für die vielen Kleinen – die Tunnelarbeiter – blieb dagegen lange Zeit unverwirklicht, obwohl von Anfang an mit Velas Modell ein künstlerisch überzeugender Vorschlag vorgelegen hatte. Davon abgesehen, hatte es noch vor Abschluss der Tunnelarbeiten Bestrebungen gegeben, Arbeiterdenkmäler zu errichten. 1880/81 wurden gleich zwei Sammelaktionen zur Errichtung von Monumenten für verunglückte Kameraden durchgeführt, eine unter den Arbeitern der Nordseite mit

30 Der Aufruf ist abgedruckt in der Erinnerungsschrift, die mit einem Überschuss der Geldsammlung finanziert wurde: Das Alfred Escher-Denkmal. Bericht der Centralcommission. Zürich 1890. S. 100–103.

31 Protzenthum! In: Arbeiterstimme vom 22. Juni 1889 (zit. nach Toni Stoss, vgl. Anm. 32). Das Escher-Denkmal war auch später immer wieder Objekt verschiedener Formen der Kritik. Der Aufsatz von Stoss von 1972 gehört in diese Linie, ebenso der Versuch einer kleinen Gruppe von Demonstranten, am 1. Mai 1991 Escher mit Seilen vom Sockel herunterzuholen (vgl. Abb. im Tages-Anzeiger vom 2. Mai 1991). Auch Feministinnen haben an diesem Denkmal (und an vielen anderen) Anstoss genommen, weil es Ausdruck für eine andere Art der Ausblendung ist, nämlich derjenigen der Frauen. 1987 wurde es deshalb mit Frauenkleidern «umgerüstet». Vgl. Georg Kreis, Denkmäler und Denkmalnutzungen in unserer Zeit. In: Schweizerische Zeitschrift für Soziologie 3, 1987. S. 422.

32 Toni Stoss, Das Alfred-Escher-Denkmal – ein Monument der Gründerjahre. In: Archithese 3, 1972. S. 34–42.

einem Ertrag von 3499 Franken, eine unter den Arbeitern der Südseite mit einem Ertrag von 1553 Franken.[33] Da sich die beiden Denkmalkommissionen nicht einigen konnten, lancierte die Gotthardbahndirektion ein drittes Projekt. Dieses sollte aber nicht am Gotthard verwirklicht werden, weil man sich Richard Kisslings Meinung anschloss, dass das Denkmal wegen der gewaltigen Gebirgsmassen wirkungslos bliebe. Das Denkmal sollte als zusätzliche Attraktion für die Touristen in Luzern aufgestellt werden. Schon Hardmeyer hatte als Standort für seinen Denkmalvorschlag von 1883 ausdrücklich nicht Göschenen vorgesehen, weil der «rasch vorüberziehende Menschenstrom» das Monument nicht im nötigen Masse beachten würde.[34]

1885 erteilte die Gotthardbahndirektion Richard Kissling den Auftrag, Entwürfe für das Luzerner Denkmal zu entwickeln.[35] Kissling sah auf einem hohen Sockel – also oben – eine nackte Jünglingsgestalt vor, die auf einem geflügelten Räderpaar vorwärts strebt. Der Vorschlag griff auf eine Skulptur zurück, die er schon 1877 in einer ersten Fassung unter dem Titel «Génie du Progrès» vorgestellt und 1883 neben Velas «Vittime» unter dem Titel «Zeitgeist» in der Schweizerischen Landesausstellung gezeigt hatte. Auf den Seitenflächen des Sockels wären in Medaillons die grossen Männer, Escher und Favre, in Erinnerung gerufen worden. Auf der Rückseite und wiederum unten hätte «in irgendeiner Form» der Leistungen der Arbeiter gedacht werden sollen.[36]

Auch ein weiterer, schliesslich ebensowenig verwirklichter Vorschlag des bekannten italienischen Bildhauers Enrico Chiaradia dachte ebenfalls daran, mit Velas Zustimmung die «Vittime del lavoro» in den Sockel einzubauen. Joseph Zingg, dem Präsidenten der Gotthardbahndirektion, war dieser Vorschlag unter anderem auch darum recht,

33 Schon 1879 war in Göschenen und Airolo mit einem Ertrag von 13 000 Franken für ein Favre-Denkmal gesammelt worden. Zu den verschiedenen Sammlungen vgl. den Bericht des Telegraphen-Inspectors Bächtold vom 25. April 1884. – Aus einem Schreiben des Post- und Eisenbahndepartementes vom 7. Dezember 1881 an die Gotthardbahn-Direktion geht hervor, dass in der Konferenz vom 29. November 1881 der deutsche und der italienische Gesandte die Anregung gemacht hätten, man solle ein Denkmal errichten in Erinnerung an den Tunnelbau «sowie derjenigen, welche daran gearbeitet haben oder dabei verunglückt sind» (SBB-Archiv).

34 Ausstellungs-Zeitung vom 21. Juni 1883. S. 185.

35 Aus jener Zeit stammt eine in der Neuen Zürcher Zeitung Nr. 270 vom 27. September 1885 veröffentlichte, aber aus dem Tessin stammende Meldung, die Vincenzo Velas Modell von 1883 in Erinnerung rief und weiter bemerkte: «Seit jener Zeit aber ist Alles still geblieben, noch heute ist das Denkmal ein blosser Wunsch. Ich weiss nicht, warum man undankbar sein will gegen jene grossen Männer der Arbeit, welche unter der Bewunderung der ganzen Welt täglich mit dem Tode gerungen haben und ihm schliesslich erlegen sind und auch gegen jene, die den Kampf mit der Natur siegreich bestanden und das Werk noch haben krönen sehen. Die Tausende von fremden Reisenden sind überrascht, weder in Göschenen noch in Airolo auch nur mit einem eingehauenen Wort oder durch einen Steinhügel an die ungeheure Arbeit erinnert zu werden, die hier vollendet wurde» (Zeitungsausschnitt aus SBB-Archiv).

36 Dazu und zu anderen Kissling-Skulpturen, z.B. zum Escher-Denkmal: Richard Kissling 1848–1919. Ausstellungskatalog. Altdorf 1988 (mit Angaben aus dem Werkkatalog von Marianne Karabelnik-Matta). Kissling konnte schliesslich nur den 1907 auf dem Hauptportal des Luzerner Bahnhofs angebrachten Genius verwirklichen.

weil die Bundessubventionen nur für schweizerische Künstler, also für Vela, aber nicht für Chiaradia, zur Verfügung standen.[37]

Inzwischen waren die nicht für den Tunnel, sondern für die Tunnelarbeiter geplanten Denkmäler von Göschenen und Airolo zustande gekommen. Sie waren allerdings nur auf halböffentlichem Grund, nämlich den Friedhöfen, errichtet worden und standen nicht im Zentrum des pulsierenden Lebens, sondern abseits «vom rasch vorüberziehenden Strom».[38] Die vom gleichen Bildhauer, von Pietro Andreoletti aus Morcote, geschaffenen Monumente zeigen in der nördlichen Variante eine Favre-Büste auf einem obeliskenähnlichen Sockel, zu dessen Füssen ein andächtig zum Kopf des Bauunternehmens emporblickender Arbeiter kauert, und in der südlichen Variante einen stehenden Arbeiter, der sich trauernd über ein Favre-Medaillon beugt. In beiden Fällen bildet Favre das Zentrum der Szene. Die Perspektive des Arbeiters, die den Blick des Betrachters führt, ist auf ihn ausgerichtet. So erstaunt es nicht, dass die für die verunfallten Arbeiter bestimmten und nachweislich von Arbeitern mitfinanzierten[39] Denkmäler, obwohl die Inschriften[40] auf die Opfer (im Plural) hinwiesen, immer wieder als Favre-Denkmäler «fehlinterpretiert» wurden. Es zirkulierte sogar die Meinung, dass es sich bei der Göschener Gedenkstätte um Favres Grab handle.[41]

Vincenzo Velas Werk von 1882 wurde erst ein halbes Jahrhundert später als Denkmal ausgeführt und beim Bahnhof von Airolo aufgestellt. Es ging allerdings längst nicht mehr um die Frage, wo und wie für die «Vittime del lavoro» ein gebührender Platz gefunden werden konnte. Jetzt ging es um die umgekehrte Fragestellung: Jetzt wollte man zum 50jährigen Bestehen des Gotthardtunnels ein Zeichen setzen und griff dabei auf das schon vorhandene Werk zurück.[42]

Es ist nicht auszumachen, ob mit dieser Denkmalsetzung bestimmten Erwartungen entsprochen werden sollte, ob mit der Wahl dieses Motivs in einer bestimmten De-

37 Anton Eggermann, Das Gotthardbahn-Denkmal. In: Neue Zürcher Zeitung vom 11. Oktober 1979. Der Verfasser war Sekretär der SBB-Kreisdirektion II. Vgl. auch die ausführliche Präsentation des Projektes im Bund vom 13. Februar 1886.

38 Datiert ist nur das Denkmal von Göschenen mit dem Jahr 1889; das Denkmal von Airolo muss etwas vorher errichtet worden sein.

39 Im Fall von Göschenen sind grosse Sammelbögen mit Namenslisten der Spender und ein Kassenbuch für Fr. 3199.– erhalten geblieben (SBB-Archiv, Luzern).

40 Inschrift des Monumentes in Airolo: «Alle vittime del traforo del Gottardo»; Inschrift des Monumentes in Göschenen: «Victimis laboris christiana comunio».

41 Luzerner Tagblatt Nr. 264 vom 12. November 1910. Vgl. auch die Meldungen in der NZZ Nr. 1293 vom 9. September und Nr. 1399 vom 30. September 1921. Selbst in Göschenen hatte man sehr schnell den ursprünglichen Denkmalzweck vergessen. Die Gemeinde wandte sich am 18. Juli 1923 an die Kreisdirektion V und bat um einen Beitrag an die Renovationskosten für den «schönen Gedenkstein für den Erbauer des Gotthard-Tunnels und seine Arbeiter» (man beachte in der Formulierung das Possessivpronomen). Die Direktion machte in ihrer Antwort vom 27. Juli 1923 auf den Irrtum aufmerksam, verwies auf das Genfer Favre-Denkmal, das Fr. 60 000.– gekostet haben soll und an dessen Kosten sich Eidgenossenschaft und Gotthardbahn beteiligten, und gewährte einen einmaligen Renovationsbeitrag von Fr. 100.–.

42 Architekt Merazzi lancierte die Idee anlässlich des Gedenkmomentes zum 50 Jahre zuvor erfolgten Tunneldurchstich. Protokoll des Eisenbahnrats II vom 24. April 1930 (SBB-Archiv).

batte Position bezogen wurde oder ob das Werk darum aufgestellt werden konnte, weil man glaubte, dass seine Thematik die ursprüngliche Brisanz verloren habe. Was Bundespräsident Giuseppe Motta bei den Einweihungsfeierlichkeiten bezüglich der sozialen Frage ausführte, hätte schon fünfzig Jahre zuvor gesagt werden können. Er sprach von einem «Heer von Titanen» und hob dann Luigi Favre, der auf dem Feld seines Martyriums gefallen sei, besonders hervor.[43] Die sozial privilegierte Stellung des Ingenieurs wurde einerseits mit seiner rhetorischen Hervorhebung unterstrichen und andererseits mit der Bemerkung, dass er mitten unter den Arbeitern gestorben sei, als nicht massgebend abgetan. Neu an diesem Diskurs war nur der Italien abgestattete Dank dafür, dass es seine Söhne nach der Schweiz «entsandt» habe.[44]

Damals erhielten auch die kleinen Denkmäler in Göschenen und Airolo Erinnerungsschmuck. Der auf rot-weissen Doppelschleifen aufgedruckte Text, einmal deutsch, einmal italienisch, bezog sich wiederum in erster Linie auf den Unternehmer-Ingenieur: «A Louis Favre ed ai suoi operai eroici. Vincitori del Gottardo». Ein weiterer Kranz ging aber auch an einen anderen der «Oberen»: Er wurde nach Aarau geschickt, damit er dort am Denkmal des von seiten der politischen Oberbehörde hauptverantwortlichen Bundesrats Emil Welti – wie die Order lautete – von «zwei sauber uniformierten Bahnarbeitern» deponiert werde.[45]

Ein Denkmal eigener Art erhielten die Tunnelarbeiter vom Gotthard durch den 1976/77 entstandenen Film «San Gottardo» von Villi Hermann. So einseitig die vorangegangenen Denkmäler des 19. Jahrhunderts das Genie von Escher und Favre priesen, so sehr schränkte der Filmemacher der nachachtundsechziger Jahre seinen Gotthard-Film auf die Arbeiterfrage ein, wobei es auch oder sogar in erster Linie um die Unfälle des damals gerade im Bau stehenden Gotthard-Strassentunnels ging. Der markant sozialkritische Film erhielt vom Bund (d.h. vom Staat) einen Drehbuch- und Herstellungsbeitrag, aber keine Qualitätsprämie. Ob dies wegen formaler Schwächen geschah, wie die Jury ihren Entscheid begründete, oder wegen seines kritischen Engagements, wie der Autor den Entscheid versteht, muss offenbleiben.[46]

43 «Tutti insieme formano un esercito di Titani più veri fondato sull'unione disciplinata delle menti e delle braccia che si protendono a vincere la resistenza delle rocce. (...) Luigi Favre era caduto per sincope cardiaca sul campo del suo martirio, nel mezzo della gallerie, fra gli operai». (Giuseppe Motta, Testimonia Temporum. Bd. 2. 1932–1936. Bellinzona 1936. S. 4).

44 «Né io potrei tralasciare qui di soggiungere che l'Italia acquistò allora, come più tardi per i trafori del Sempione e del Lötschberg, un altro titolo alla gratitudine svizzera per averci mandate le squadre di quei suoi figli, moralmente così grandi, che Dante, facendo eco a Virgilio, teneramente aveva chiamati l'*umile Italia* e di cui il monumento di Vincenzo Vela consacra qui, per sempre, la lena frugale, l'abilità e l'indomito valore» (ebenda. S. 6).

45 Anweisung an den Bahningenieur IV vom 25. Mai 1932. Die Schleife des Aargauer Kranzes hatte die Aufschrift «Nach 50 Jahren Gotthardbahn. In dankbarer Erinnerung». Die Schleifentexte sind durch die Aufträge überliefert, die am 27. Mai 1932 an verschiedene luzernische Blumengeschäfte ergangen sind (SBB-Archiv).

46 Der Film endet im übrigen mit der Einweihung des Vela-Denkmals von 1932.

Das Kunstwerk

Noch bleibt die Frage zu besprechen, ob es Vela gelungen sei, ein authentisches Werk zu schaffen. Mit Authentizität sei in diesem Fall gemeint, dass das Werk nicht nur eine Wirklichkeit schlecht und recht abbilde, sondern eine eigene Wirklichkeit werde und als solche ein selbständiges Leben führe.

Vela war nicht der einzige Künstler, der in diesen Jahren die soziale Frage *thematisierte* und mit einem öffentlichen Denkmal die Arbeit ehren wollte. Nancy Scott verweist auf die zur gleichen Zeit entworfenen, aber nicht verwirklichten Denkmalprojekte von Dalou und Rodin und auf verschiedene andere, von Vela inspirierte Werke.[47] Diese künstlerischen Arbeiten sind Teil der damals aufkommenden, bereits erörterten Monumentalisierung der Arbeit.

Auch das *Bildmotiv* des Werkes war nicht sonderlich originell. Nancy Scott zufolge muss Vela von einem Tessiner Kollegen angeregt worden sein: von Antonio Ciseris Fresko «Grablegung Christi» (1864/70) der über Locarno gelegenen Wallfahrtskirche Madonna del Sasso.[48] Die «Vittime del lavoro» sind in ihrer Grundstruktur nichts anderes als eine profane, säkularisierte Variante dieses christlichen Motivs. Wenn nun aber Themenwahl wie Bildmotiv keine Eigenschöpfungen waren, worin lag denn Velas Leistung?

Von der Intention des Künstlers ist weiter oben bereits die Rede gewesen. Vela identifizierte sich im übrigen so sehr mit der geschundenen Arbeiterschaft, dass er sich selbst auf die Totenbahre legte: Die Gesichtszüge des hinausgetragenen Bergarbeiters sind seine eigenen.[49] Dieses Engagement und diese starke Identifikation sind um so bemerkenswerter, als der Künstler, wenn man von «Spartacus» von 1847/50 absieht[50], aus heutiger Sicht eher banale Themen auf konventionelle Weise bearbeitet hat (schöne Mädchen, hohe Herren etc.). Die «Vittime» nehmen in Velas mehrheitlich historistischem Schaffen allein schon wegen des Gegenwartsbezugs und der naturalistischen Bearbeitung des Themas eine Sonderstellung ein. Dem Künstler ist mit diesem Relief nicht ein für das Kunstschaffen seiner Zeit wegweisendes Werk gelungen, Vela übertraf aber sowohl in formaler als auch inhaltlicher Hinsicht die Qualität seines übrigen Œuvre.

Trotz des besonderen Engagements ist unter Velas Händen kein enges, auf eine spezifische Interessensposition zugespitztes Parteidenkmal entstanden, sondern ein eigenständiges Werk, eben ein Kunstwerk. Dies gilt insbesondere bezüglich des forma-

47 Scott. S. 449ff. Vgl. auch J.A. Schmoll, gen. Eisenwerth, Denkmäler der Arbeit. Entwürfe und Planungen. In: Denkmäler im 19. Jahrhundert, vgl. Anm. 14. – C. Keisch, Ein Bildhauertraum um die Jahrhundertwende; das Denkmal der Arbeit. In: Bildende Kunst XIX, 1971. S. 187–193.

48 Scott. S. 443.

49 Scott. S. 443 und Abb. 377.

50 «Spartacus» wird gerne mit den «Vittime» in Verbindung gebracht. Dieser sei das Symbol der politischen Revolution, jene riefen zur sozialen Revolution auf. Vgl. auch Scott. S. 126–135. Und: Zeichen der Freiheit. Das Bild der Republik in der Kunst des 16. bis 20. Jahrhunderts. Bern 1991. S. 549/550.

len Vorbildes. Ein Vergleich zwischen Ciseris und Velas Werken zeigt nicht nur Übereinstimmung, er zeigt vor allem auch den grossen Unterschied: Während Ciseris Figurengruppe, abgesehen vom toten Christus, ein künstliches, pompöses und entsprechend wenig überzeugendes Arrangement bildet, ist Velas Totenzug von einer schlichten, aber intensiven Präsenz.

Eine Würdigung von Velas «Vittime» aus dem Jahr 1883 nahm – allerdings ohne Bezug auf Ciseri – eine ähnliche Gegenüberstellung von zwei Kunstauffassungen vor. Sie sah auf der einen Seite die traditionelle Kunstproduktion mit ihrer frostigen, abgeschliffenen, konventionellen Bildersprache und sagte von solchen Darstellungen, man gehe an ihnen vorüber, ohne sich die Mühe zu nehmen, ihren Sinn zu erraten. Ganz anders bei Vela: «Hier nichts von alledem; nichts Antikes, Drapiertes, Conventionelles, nichts, was etwas Anderes vorstellt, als es ist, etwas Geheimes ‹bedeutet›, zu errathen oder zu enträthseln wäre. Bei den ‹Opfern der Arbeit› ist Alles schwere, harte, nackte Wirklichkeit, das Leben selbst, nicht irgend ein Schattenbild desselben.»[51]

Mit den «Vittime del lavoro» ist es Vincenzo Vela tatsächlich gelungen, sowohl auf der Ebene des konkret Dargestellten als auch der Ebene des allgemeiner Gemeinten zu einer überzeugenden Aussage zu kommen. Die konkrete Darstellung – mit Velas Worten die Darstellung der «martiri del lavoro» – ist in dem Masse stark, als sie auf das Allgemeine verweist, und das Allgemeine – wiederum mit Velas Worten die Darstellung der «umanità sofferente» – kann nur Kraft durch seine exemplarische Konkretheit bekommen. Das wurde einzig möglich, weil sich der Künstler ganz dem konkreten Thema hingab und sich von ihm führen liess, ohne eine höhere Wahrheit propagieren zu wollen. Die so zustande gekommene Eigenständigkeit gibt dem Werk – sekundär – schliesslich doch die höhere Wahrheit und damit ein Leben weit über den Kontext seiner Entstehung hinaus. Das ursprüngliche Engagement ist keineswegs überflüssig, es ist – als Ausgangspunkt – im Gegenteil höchst notwendig. Nachher entscheidet aber die Qualität des Könnens und Gelingens. Wichtig ist, dass der Schaffensprozess bis zur Eigenständigkeit vorstösst. Das war bei Vela so, das war auch bei Brecht so – und ist in der Geschichtsschreibung nicht anders.

[51] Der Bund vom 26. Juni 1883.

Nach dem Brand von Schweizerhalle 1986: Bettina Eichins abgeräumter Markttisch mit Johann Peter Hebels Gedicht über die Vergänglichkeit (Foto: Kurt Wyss).

Zeitgeist in Altdorf und Basel – Tell und Wettstein

Wer das Wort «Zeitgeist» aufgreift, verschafft sich eine bequeme Vokabel, mit der sich ohne die Mühe der genauen Begriffsbestimmung manches erklären lässt. Würde eine Definition verlangt, man käme in Schwierigkeiten. Im folgenden soll weder allgemein über Zeitgeistiges philosophiert noch eine Begriffsklärung versucht werden. Es geht lediglich darum, das Schaffen zweier Künstler zu kommentieren, das unter dem Titel «Zeitgeist» in Altdorf präsentiert wird: das Schaffen von Richard Kissling und Bettina Eichin.

Kissling in Altdorf

Der in seiner Zeit vielgepriesene Richard Kissling (1848–1919) ist nach seinem Tod schnell in Vergessenheit geraten. Eine Ausstellung über sein Gesamtschaffen hat es bisher nicht gegeben. Der Urner Kunst- und Kulturverein holt dies jetzt nach mit einer «Hommage à Richard Kissling». Wie kommt der Solothurner Bildhauer im Urnerland zu dieser Ehre? Die Erklärung liegt auf der Hand. Das Bedürfnis, Kisslings Gesamtschaffen zu würdigen, entspringt der speziellen Verbundenheit mit dem bekanntesten Werk dieses Künstlers: dem Tell-Denkmal in Altdorf.

Es geht also auch um eine «Hommage à Guillaume Tell». Im Gegensatz zu Kissling ist Tell aber nicht zu würdigen. Tell ist als hohe mythologische Instanz eine lebendige Autorität, die demjenigen Beachtung verleiht, der sich mit ihr künstlerisch oder wie auch immer auseinandersetzt. Im Gegensatz zum sagenhaften Bauern von Bürglen bedarf Kissling dagegen der Würdigung. Wenn man feststellt, dass dieser Künstler, der immerhin zum Ehrendoktor der Universität Zürich erhoben worden ist (was in der Zeit *vor* der Inflation akademischer Titel noch etwas bedeutete), nach seinem Tod schon bald in Vergessenheit geraten ist, so könnte das mindestens zweierlei heissen: Entweder die vergessliche Welt hat einem ihrer verdienten Söhne nicht die nötige Dankesschuld erbracht, und es ist ihr nicht gelungen, ein dauerndes Angedenken sicherzustellen. Oder die Nachwelt hat gerechterweise und zugleich gnädig etwas in die Vergangenheit entlassen, was von den Zeitgenossen überschätzt worden ist.

Die Diskrepanz zwischen hoher zeitgenössischer Wertschätzung und nicht minder hohem Desinteresse der Nachgeborenen irritiert. Das gewiss bestehende Gefälle könnte aber weniger gross sein als vermutet, dürfte doch bereits zu Kisslings Lebzeiten das Interesse weniger der Künstlerpersönlichkeit und vielmehr seinem Schaffen, das heisst den Denkmal-Motiven, gegolten haben: neben Tell einem Escher, Vadian,

Fontana und der Helvetia. Die grossen und kleinen Scholaren, die – laut Bericht der Urner Denkmalkommission von 1896 – in hellen Scharen nach Altdorf gewallfahrt seien, werden sich wie die heutigen Touristen vor allem für die Gestalt und nicht für den Gestalter des Denkmals interessiert haben.

Ein Teil der ausgebliebenen Dankesschuld wird nun mit dieser Ausstellung nachträglich abgegolten. Doch auch hier ist es kaum die reine Kunstliebe, die zur «Hommage à Richard Kissling» geführt hat, sondern – wie gesagt und natürlicherweise – die Tatsache, dass Kissling an der Schaffung des Altdorfer Tellen-Denkmals *beteiligt* war. Worin in diesem Fall wie in anderen Fällen Kisslings künstlerischer Beitrag bestand, das auszuführen sei dem Urteil der Kunstsachverständigen überlassen. Hier sei vielmehr in groben Zügen auf eine historische Entwicklung hingewiesen, an der Kissling gewissermassen als Medium teilhatte. Bewusst ist nur von «Beitrag» und «Beteiligung» die Rede. Im Falle des Altdorfer Tellen-Denkmals von 1895 ist nicht nur Kissling, sondern der so vieles prägende und selbst disparate Kräfte zu einer Aktionsgemeinschaft zusammenführende Zeitgeist am Werk gewesen. Das Konzept der Ausstellungsveranstalter geht ebenfalls davon aus, dass im Gesamtwerk des 1848 in Solothurn als Bäckersohn geborenen und später in Rom bei Ferdinand Schlöth ausgebildeten Bildhauers das gewaltet hat, was man Zeitgeist nennt.

Das Altdorfer Denkmal ist – wie die anderen von Kissling und von anderen Künstlern gestalteten Denkmäler – ein kollektives Werk. Am Anfang seiner siebenjährigen Entstehungsgeschichte steht eine gemeinsame Initiative der Urner Gemeinnützigen Gesellschaft. Es brauchte im weiteren die Mitwirkung der Behörden aller Stufen, vom Urner Landrat bis zum hohen Bundesrat, ferner die verschiedenen, vielleicht noch einflussreicheren Komitees und Kommissionen, natürlich auch die Presse, die zahlreichen öffentlichen und privaten Geldgeber (wiederum die Vereine und Behörden, auch die Auslandschweizer, und die Zürcher mit dem grössten Kantonsbeitrag). Ausser dem entwerfenden Künstler brauchte es die ausführenden Techniker, welche wie die Pariser Giessereifirma Frères Thiébaud im Falle des Altdorfer Tell den Inkarnationen des Zeitgeistes bronzene Dauerhaftigkeit verliehen.

Warum Tell durch Tell ersetzen?

Das kollektive Werk von Altdorf hat – nochmals: wie die anderen von Kissling und von anderen Künstlern gestalteten Denkmäler – nur entstehen können, weil es einem bestimmten Bedarf entsprochen hat. Welchem Bedarf? Im Falle des Altdorfer Denkmals wird die Bedarfsfrage einfach – und allzu einfach – damit erklärt, dass die für das eidgenössische Schützenfest von Zürich geschaffene Gipsplastik, die seit 1860 im Urner Hauptort stand, dringend habe ersetzt werden müssen. Diese Antwort ist aber in zweifacher Hinsicht unbefriedigend; erstens, weil sie nicht erklärt, warum das längst baufällige Denkmal erst 1895 ersetzt wurde, oder umgekehrt, warum der nach vorangegangenen Versuchen im Januar 1888 neugefasste Denkmalplan zum Erfolg geführt hat. Und zweitens, weil sie nicht erklärt, warum denn 1860 das Gipsmonument aufgestellt worden ist.

Zunächst zum zweiten Punkt: Dass diese Figur von den Organisationen des besetzten Schützenfestes geschenkt worden sei und die Urner sie sich hätten schenken lassen, ist nur eine halbe Erklärung. Die andere Erklärungshälfte muss uns um so mehr interessieren, als der Tell aus Zürich einen einheimischen Tell verdrängte: die Brunnenskulptur von Benedikt Curiger (ehemals Giuseppe Croce zugeschrieben), die 1786 eine ältere Plastik aus dem 16. Jh. ersetzte, dann aber eben beseitigt worden ist und für drei Jahrzehnte ins Zeughaus verschwand, bis sie 1891 in Bürglen wieder aufgestellt wurde. Bezogen auf die beiden frühen Brunnenfiguren ist die Feststellung zu korrigieren, dass der Kanton Uri erst seit 1860 ein Tellen-Denkmal besessen habe. Dem ist aber beizufügen, dass der Zeitgeist eine Brunnenfigur offensichtlich nicht mehr als Denkmal empfand. Diesbezüglich bildeten die Urner keinen Sonderfall. Auch in Stans zum Beispiel genügte der 1723 auf den Brunnenstock gestellte Winkelried nicht mehr und musste durch das 1865 errichtete selbständige Winkelried-Denkmal ergänzt werden.

Die Frage nach dem Bedarf eines neuen Tellen-Monuments ist unter anderem eine Frage nach dem allgemeinen Denkmalbedarf dieser Zeit, eines weitverbreiteten Bedarfs, der im Historismus der zweiten Hälfte des 19. Jahrhunderts eine gewaltige Steigerung erfuhr, weil auch das pseudopositivistische Bedürfnis stark zugenommen hatte, ideale Werte historisch zu begründen. Und weil sich das romantisierende Bedürfnis verstärkt hatte, durch eine verherrlichende Vergegenwärtigung von Vergangenheit ein Gegengewicht zum bedrängenden Modernisierungsprozess der materiellen Welt zu schaffen. Die den beiden Bedürfnissen gleichermassen Rechnung tragende Losung lautete: «Sich als Nachkommen von Helden glücklich fühlen!» Da die Gegengewichte in jeder Beziehung gewichtig sein mussten, konnten kleine Brunnenfiguren nicht mehr genügen.

Ein wichtiger Impuls für die Planung eines weiteren ordentlichen Tell-Denkmals ging vom Bundesbeschluss vom Dezember 1897 aus, fortan monumentale Kunstwerke nationalen Charakters zu subventionieren. Der Bundesrat begründete die Vorlage mit der Überlegung, dass Kleinkunst gewissermassen von alleine gedeihe oder mit kommunaler oder kantonaler Hilfe auskommen könne. Kunstschöpfungen «grossen Styls» bedürften aber der Bundesförderung, wie umgekehrt die Nation monumentaler Werke bedürfe; Werke mit der Fülle jener Kräfte, «deren gewaltige Wirkungen wir dem Schweizervolke zuführen möchten».

In welchem Masse der angenommene Bedarf ein nur von oben inszenierter oder ein auch von unten angemeldeter Bedarf war, kann hier nicht ausdiskutiert werden. Ferner muss offenbleiben, in welchem Masse ein unmittelbarer Bedarf bestand, Tells Geschichtlichkeit monumental zu bekräftigen. Jedenfalls wurde schon damals die sogenannte «Tellenfrage» diskutiert, das heisst die Frage nach der wirklichen Existenz des Nationalhelden. Das Denkmal diente gewiss dazu, traditionelle Vorstellungen zu bestätigen.

Bestätigen und bekräftigen konnte das Monument – überdies oder in erster Linie – das Selbstverständnis der lokalen Tellensöhne. Es ist zwar nicht anzunehmen, dass die Urner dies so gespürt und die Schweizer Magistraten so verstanden haben – und dennoch: Die durch den Sonderbundkrieg und insbesondere durch den wirtschaftlichen Aufschwung der stark industrialisierten Regionen ins Abseits der modernen Schweiz geratene Innerschweiz suchte diese patriotische Kompensation und erhielt sie zugleich von aussen zugestanden. Beide Seiten kamen in diesem emotionalen Geschäft auf ihre Rechnung. Die konservativen Innerschweizer erhielten als unmittelbare Nachkommen der alteidgenössischen Helden eine aufwertende Anerkennung durch das fortschrittliche (und in Kisslings Escher-Denkmal abgebildete) Bürgertum: 1865 in Stans, 1886 in Sempach, 1891 in Schwyz, 1895 eben in Altdorf.

Umgekehrt verschafften sich die Liberalen wie die Neureichen, die zur Fundierung ihres Selbstwertgefühls einen Stammbaum und ein Familienwappen benötigten, mit der Pflege der urschweizerischen Mythen einen historischen Hintergrund. Und was speziell die Urner betraf, sie konnten die nationale Unterstützung ihres Lokalpatriotismus gut gebrauchen. Beim Bundesjubiläum von 1891 hatten sie ganz im Schatten des Nachbarkantons Schwyz gestanden und sich vergeblich darum bemüht, dass der Glanz der Jubiläumsfeierlichkeiten auch auf Altdorf falle. Lebte das 1888 ins Auge gefasste Denkmalprojekt zunächst von der allgemeinen Denkmalfreudigkeit der Zeit und von dem Wunsche, die bereits stark zerfallene Gipsfigur zu ersetzen, so kam von 1890 an als starke und möglicherweise entscheidende Bewegkraft der Wille hinzu, sich neben Schwyz in der Schweiz sichtbar zu machen. Dass es den Urnern neben dem Nationalen auch um Lokales ging, zeigt deren Vorschlag, die Denkmalstifter auf dem Sockel mit «Heimath und Vaterland» zu umschreiben. Da umgekehrt den Urnern das vom Künstler und vom Bundesrat vorgeschlagene «Schweizervolk» als Stifterbezeichnung nicht passte, verzichtete man schliesslich auf jede Präzisierung.

Die Hervorhebung des Denkmalortes sollte mit Hilfe des neuen Monumentes vollkommen gelingen. Noch vor seiner Verwirklichung wurde das Denkmalmodell durch die im Rahmen einer gesamtschweizerischen Sammelaktion durchgeführten Ausstellungen bekannt. Der sodann zur Einweihung mit bundesrätlicher Beteiligung inszenierte Staatsakt von 1895 unterstrich die nationale Dimension. Und das gute, sich gegenseitig steigernde Zusammenspiel von Zeitgeist und dessen Produkt sorgte schliesslich dafür, dass sich die Figur selbst zu reproduzieren begann. Über höchst wirksame Multiplikatoren – Münzen, Marken, Postkarten, Kalenderblätter – ging das Monument als anonymes Werk und nicht als Leistung eines gewissen Richard Kissling ins kollektive Bildgedächtnis ein.

Eichin in Basel

Wie man Kisslings Werk nicht auf den Altdorfer Tell reduzieren kann, ist auch Bettina Eichins Schaffen nicht einfach mit der Basler Helvetia von 1980 gleichzusetzen. Wie im Falle Kisslings muss sie – mit allen Vor- und Nachteilen – es jedoch hinnehmen, dass sie entweder als Schöpferin dieses besonders erfolgreichen Denkmals bekannt ist und andere Werke übersehen werden oder wegen der grossen Popularität der einen Skulptur gar völlig zur künstlerischen Unperson wird: Der grosse Kreis der Betrachter will wie im Falle des Tell nicht wissen, wer die Figur gestaltet hat. Und die Aussage der Skulptur lässt sich so direkt als rein inhaltliche Botschaft rezipieren, dass formale Eigenheiten des Werkes (die in der Regel als Merkmale der Künstlerpersönlichkeit gelten) kaum beachtet werden. Basel hat 1978 nicht wie Altdorf 1888 ein vorgegebenes Sujet in Auftrag gegeben – mithin keine Helvetia bestellt. Den eingeladenen Künstlern war freigestellt, womit sie den Kleinbasler Brückenkopf zieren wollten. Zeugt dies von echter Freizügigkeit, oder ist es ein Zeichen dafür, dass der heutigen Gesellschaft tragende Visionen fehlen? Zum gleichen Zeitpunkt, da die Basler ohne eigene Vorstellungen eine zusätzliche Ausschmückung ihrer Stadt (oder wollten sie mehr?) in Auftrag gaben, wurde im Tessin zeittypisch gleichermassen gedankenlos die Ausschmückung des Südportals des St.-Gotthard-Strassentunnels ausgeschrieben.[1] In beiden Fällen wollte man einfache Kunst und verliess sich darauf, dass die Künstler schon etwas Brauchbares entwickeln würden.

Hatte bei dem, was Bettina Eichin anbot und was als «gekonnte Darstellung einer geistreichen Idee» auserkoren wurde, auch der Zeitgeist gleichsam als heimlicher Koproduzent die Hand im Spiel? Zeittypisch ist, dass das Denkmal keine simple Bestätigung bestehender Wertvorstellungen anstrebt. Die sitzende Helvetia drückt mit ihrer Müdigkeit und Nachdenklichkeit gewiss ein bestimmtes Zeitgefühl aus. An dieser Frauengestalt wird geschätzt, dass sie schlichte Menschlichkeit ausdrückt und auf die theatralischen Gesten der heutzutage als unecht empfundenen Denkmäler früherer Zeiten verzichtet. Kisslings Tell widerfuhr allerdings 1895 eine ähnliche Beurteilung, betonte doch der Schlussbericht, es würde «kein Theaterheld, kein gespreizter und affektierter Figurant» dargestellt. Im Falle der Helvetia, da erkennen sich in der ihre alte Rolle abstreifenden «Aussteigerin» alternative Bewegungen wieder. Indessen wurde die Plastik ungeachtet dieser Eigenheit sehr schnell auch vom grossen Stadtpublikum adoptiert; sie taucht in der Bilderwelt der Fasnacht auf, sie ist – welch eine Auszeichnung! – im Postkartensortiment der Basler Kioske zu haben, und sie lebt als geschätzte Zeitungsillustration auch ausserhalb des engeren Stadtkreises.[2]

1 1978/79 (Sieger war Gianfranco Rossi mit «L'abbraccio»).

2 Zum Beispiel auf dem Buchumschlag von René Rhinow, Die Bundesverfassung 2000. Eine Einführung. Basel 2000.

Das «Vorher» durch das «Nachher» ergänzen

Während sich Bettina Eichins Helvetia trotz ihrer unkonventionellen Natur problemlos und harmonisch in die Stadt einfügen konnte, ist ein anderes Werk der gleichen Künstlerin für ein paar Leute zum Sorgenkind geworden, ohne dass dies beabsichtigt worden wäre. Es entsprach dem Zeitgeist unserer Tage, wenn eine Basler Chemiefirma 1986 zu ihrem hundertjährigen Bestehen einen unpatriotischen Marktplatz-Brunnen stiften wollte.[3] Bereits eine andere bekannte Firma hatte 1975 den von Jean Tinguely gestalteten Theaterplatz-Brunnen gestiftet.[4] In ihren Gründerjahren hätte die Chemiefirma, wenn sie damals das Geld gehabt hätte, wohl eine Kisslingsche Skulptur wie die 1901 für eine Bank ausgeführte Helvetia in Auftrag gegeben.[5]

Nachdem bei der gleichen Firma am 1. November 1986 in Schweizerhalle der katastrophale Brand ausgebrochen war, in dessen Folge die Rheingewässer vergiftet und Abertausende von Fischen getötet wurden, war es für die Künstlerin unumgänglich, dass die weitere Ausgestaltung des geplanten Trinkwasserbrunnens dem Unglück Rechnung trug. Sie reagierte auf die Katastrophe, die mehr als eine Panne, die vielmehr ein Fanal war. Sie nahm innerhalb des gleichgebliebenen Konzeptes geringfügige, vom Auftraggeber aber als wesentlich beurteilte Änderungen vor.[6] Immerhin wäre das ursprünglich heiter-besinnliche Monument auch nach den Worten der Künstlerin zu einem «Denkmal für eine Niederlage» geworden. Im damit zum Ausdruck kommenden Gefühl des Scheiterns könnte man den typischen Zeitgeist unserer Tage erkennen.

Die sichere Fortschrittsgläubigkeit des späten 19. Jahrhunderts (das sich vielleicht nur darum so sicher gab, weil es gar nicht mehr so sicher war) ist heute nicht mehr das vorherrschende Zeitgefühl. Heute würde man von einem öffentlichen Kunstwerk nicht mehr verlangen, dass es wie das Denkmal von 1895 einen «kühnen, entschlossenen Mann» darstelle. Was die «Niederlage» betrifft: Stünde es der friedfertigen Welt der Künstlerin nicht entgegen, könnte man sagen, in Schweizerhalle sei nicht der Krieg, sondern bloss eine Schlacht verloren worden. Wie die Helvetia keine resignierte Totalaussteigerin ist und «nur» eine Denkpause einlegt, wäre auch der Marktplatz-Brunnen nicht zu einem Denkmal für ein totales Fiasko, sondern zugleich zu einem Denkmal für einen möglichen Neubeginn geworden.

Da in der heutigen Zeit kein eindeutig dominierendes Zeitgefühl herrscht, kann man bei Bettina Eichin schlecht die Frage stellen (ganz abgesehen davon, dass die Frage zu früh gestellt wäre), ob sie sich wie Kissling zu zeitgebunden ausdrücke und völlig im vorherrschenden Zeitgefühl untergehe. Bei der ihrem Schaffen eigenen Subtilität

3 Sandoz AG.

4 Migrosgenossenschaft Basel.

5 Sitz des Schweizerischen Bankvereins in Zürich.

6 Die gestalterischen Elemente des Brunnens sahen zwei Marktstände vor: der eine mit frischem Gemüse beladen, der andere abgeräumt und mit Johann Peter Hebels Gedicht «Vergänglichkeit» belegt. Die Reformierte Kirche des Kantons Basel-Stadt gewährte den bereits hergestellten Elementen im Münster-Kreuzgang eine provisorische Unterkunft (vgl. Abb.).

hält sich das Risiko in Grenzen, einem allzu modischen Zeitgeschmack zu erliegen. In der dosierten Ablehnung, der offenen, undogmatischen Infragestellung des Status quo waltet aber tatsächlich Zeitgeist. Dem zwischenzeitlichen Charakter unserer Ära entsprechen die in Bettina Eichins Werk anklingenden Zwischentöne.

Das diskrete Mahnmal hätte auf dem Basler Marktplatz an eine gemeinsame Niederlage der gesamten Gesellschaft erinnert, wie die im 19. Jahrhundert gefeierten Siege der alteidgenössischen Helden als Siege der gesamten Schweiz verstanden wurden. Die unglückliche Stifterfirma hätte in ihrem Geschenk aber eine unerwünschte Erinnerung an ein persönliches Debakel gesehen – und zog deshalb den Auftrag zurück. Damit wurde ein weiteres Mal die seit langem geplante Realisation eines grösseren Marktplatz-Brunnens in Frage gestellt.

Die Leidensgeschichte dieses Brunnen-Projektes führt ins 19. Jahrhundert und in die Entstehungsjahre des Altdorfer Tellen-Denkmals zurück. 1888 musste mit der Marktplatzerweiterung der aus dem 16. Jahrhundert stammende Brunnen weichen, auf dessen Sockel – zeittypisch – ein alteidgenössischer Krieger (eine unpersönliche Variante zum Stanser Winkelried und zum Altdorfer Tell) gestanden hatte. Wie die Altdorfer den alten Tell-Brunnenstock zunächst ins Zeughaus verschwinden und dann nach Bürglen ziehen liessen, weil er dem zeittypischen Monumentalbedürfnis nicht genügte, liessen die Basler die alte Kriegerskulptur nicht ebenfalls ins Zeughaus, sondern ins Museum verschwinden und gaben ihr erst 1899 wieder einen öffentlichen Platz – wie Bürglen ähnlich abseitig gelegen – beim Staatsarchiv.

Bereits 1888, im Jahr der Marktplatzvergrösserung, wurde ein Wettbewerb für einen Brunnen in «monumentaler Gestalt» ausgeschrieben. Zahlreiche Vorschläge gingen ein, und im Mai 1891 sah es so aus, als ob die Humanistenstadt eine Holbein-Statue von zehn Metern Gesamthöhe erhalten werde. Die Ausführung kam jedoch nicht zustande. 1895 – in Altdorf wurde gerade Kisslings Tell aufgestellt, und in allen Städten der Schweiz schossen Denkmäler wie Pilze aus dem Boden – ergriff der Basler Kunstverein die Initiative zur Schaffung eines Wettstein-Denkmals. Ein Jahr zuvor hatte die zeittypische Feier zum dreihundertsten Geburtstag dieses «verdienten Bürgers» den Wunsch aufkommen lassen, die Dankesschuld der Vaterstadt durch die Errichtung eines Denkmals zu begleichen. Bei diesem Projekt stand also nicht die Absicht im Vordergrund, den Marktplatz zu verschönern, sondern den grossen Bürgermeister zu ehren. Darum wurden auch andere Standorte geprüft, zum Beispiel der Münsterplatz. Man einigte sich schliesslich aber auf den Marktplatz, da dieser noch «dringend der Zierde bedürfe» und das Rathaus für ein Bürgermeister-Denkmal den richtigen Hintergrund bilde.

Mit dem Projekt verband sich die Absicht, die Denkmal-Einweihung ins Zentrum der bevorstehenden Bundesbeitrittsfeier von 1901 zu stellen. Es gab allerdings schon 1896 Stimmen, welche sagten, die verbleibenden vier Jahre würden für eine Verwirklichung des Vorhabens nie genügen. Gut Ding wolle Weile haben. Es habe ebenfalls lange gedauert, bis man in Altdorf das Tell-Denkmal habe einweihen können. «Dazu ist noch die langsame Bedächtigkeit des Baslers und die nie enden wollende

Kritiklust gegenüber allem neu Einzuführenden in Betracht zu ziehen.»[7] Die Basler liessen sich – wie die Altdorfer – eine Subventionierung des Unternehmens durch den Bundesrat (bzw. die Eidgenössische Kunstkommission) zusichern. Als Vorlage für das Gesuch diente nachweislich der Spendenaufruf für Kisslings Tell. Der Bildhauer Max Leu, Solothurner wie Kissling, legte ein zufriedenstellendes Modell vor. Als Referenz diente das kurz zuvor geschaffene Berner Bubenberg-Denkmal. 1898 scheiterte das Projekt jedoch an der entschiedenen Opposition einiger Stimmbürger. Nicht dass man etwas gegen die geplante Ehrung des Bürgermeisters gehabt hätte! Die Kleinbasler waren mit dem vorgesehenen Standort nicht zufrieden, sie wollten das Denkmal auf einem ihrer bisher ohne pompösen Schmuck gebliebenen Plätze haben. Schon 1891 war ihnen im Zusammenhang mit einem historischen Jubiläum (der sogenannten Wiedervereinigungsfeier von 1892) ein «Monumentalbrunnen» versprochen worden. Mit ihrer Opposition gegen den Marktplatzstandort hofften sie, das geplante Denkmal auf ihr Ufer herüberziehen zu können.

Die Befürworter argumentierten vor allem allgemein und grundsätzlich: Die Pflege der Kunst gehöre so gut zu den öffentlichen Aufgaben wie die Sorge für das materielle Wohl der Einwohner. Das Ansehen der Stadt stehe auf dem Spiel. Wer ein «ächtes Kunstwerk» vollendet sehen wolle, müsse zustimmen. Obwohl man den Kleinbaslern, um das Grossbasler Projekt schmackhaft zu machen, versprach, ihnen ebenfalls einen Monumentalbrunnen zuzugestehen, ging die Referendumsabstimmung vom 4. Juni 1898 negativ aus. Die leidenschaftlich geführte Diskussion hatte bloss einen kleinen Teil der Bevölkerung erfasst. Bei einer Stimmbeteiligung von nur 21 Prozent stimmten nur 1912 für und 2248 gegen das Projekt.

In der Folge blieb der Grossbasler Marktplatz ohne historisierenden Denkmalbrunnen. Dafür wären heute wohl manche Zeitgenossen den Kleinbaslern dankbar, wenn sie wüssten, was diese ihnen erspart haben. Die Kleinbasler mussten noch längere Zeit warten, bis mit dem schon 1891 bis 1893 gesammelten Geld, das in dem halben Jahrhundert nominell von 8172 Franken auf 84 798 Franken angewachsen war, auf ihrer Seite 1955 doch noch ein Wettstein-Brunnen errichtet wurde.

Das von Alexander Zschokke gestaltete und eben in diesen Tagen restaurierte Monument nimmt zwischen dem Pathos des ausgehenden 19. Jahrhunderts und der von Bettina Eichin vertretenen Schlichtheit – wiederum zeittypisch – eine mittlere Stellung ein; es steht aber dem anderen Kleinbasler «Monument», der Helvetia von 1980, näher als Kisslings Monumentalwerken, dem Tell von 1895 und der Helvetia von 1901.

7 National-Zeitung vom 18. Februar 1896.

«Catherine» – ein kantonales Denkmal, mit Mühe nur zustande gekommen, schliesslich wenig beachtet oder wenig geschätzt. Einweihungsfeier in Sitten im Juni 1919 (Schweizerische Landesbibliothek, Bern, Foto: P. de Sarzen).

Die «ruhige Kraft» einer kolossalen Frau

Zum Walliser Nationaldenkmal von 1919

Der Kanton Genf gedachte seiner fünfzigjährigen Zugehörigkeit zur Eidgenossenschaft mit dem 1869 fertiggestellten Nationaldenkmal. Dasselbe tat der Kanton Neuenburg 1898. Und der Kanton Wallis erhielt 1919 ein entsprechendes Monument zur Erinnerung an seine hundertjährige Bundesmitgliedschaft.[1] Warum wurden in allen drei Fällen Denkmäler mit weiblichen Repräsentationsfiguren errichtet? Diese schlichte Frage muss in drei Teilfragen höchst komplexer Art aufgefächert werden: 1. Warum errichteten die Denkmalstifter nicht abstrakte Monumente, sondern zogen es vor, den Denkmalgedanken durch Personifikationen auszudrücken? 2. Warum wurde beim Entscheid für einen personifizierenden Denkmaltypus in den meisten Fällen zugleich für eine weibliche und nicht für eine männliche Repräsentationsfigur entschieden? 3. Warum wurden solche Bundesjubiläen und Bundeszugehörigkeiten überhaupt in Erinnerung gerufen, und warum geschah dies mit Denkmalstiftungen? Diese verschiedenen Fragen sollen im folgenden unter anderem an den konkreten Vorgängen erläutert werden, die sich um die Errichtung des Walliser Nationaldenkmals von 1919 abgewickelt haben.

Die Valaisanne

Man hätte den Walliser Eintritt in den Bund gewiss auch mit einem nichtfigürlichen Monument in Erinnerung rufen können. Im Falle des Tessiner Nationaldenkmals von 1903 hatte sich die Jury für einen Obelisken entschieden, obwohl auch figurative Projekte zur Auswahl standen. Der erste Denkmalvorschlag der Walliser von 1912 hatte ebenfalls einen Obelisken vorgesehen, obwohl mindestens seit 1910 auch ein Monument mit dem Motiv «L'Helvétie recevant le Valais» und nach dem 1898 in Neuenburg realisierten Muster zur Diskussion stand. Die Eidgenössische Kunstkommission hatte aber einstimmig ein vernichtendes Urteil über die künstlerische Qualität des geplanten Obelisken abgegeben – «il est dépourvu, sous tous les rapports, de toute valeur artistique» –, so dass dieses erste, am Tessiner Vorbild orientierte Denkmalvorhaben die nötige Bundessubvention nicht erhalten hätte.[2] Beim zweiten Anlauf, als man sich

1 Zur Problematik der Nationaldenkmäler vgl. Georg Kreis, Der Teil und das Ganze – zum partikularen Charakter schweizerischer Nationaldenkmäler. In: Unsere Kunstdenkmäler 35, H. 1, 1984. S. 10–22.

2 Die Akten der Eidgenössischen Kunstkommission befinden sich im Bundesarchiv Bern, Signatur: E 8 (F), das Dossier zum Walliser Projekt in Bd. 4.

Ende 1913 an den Genfer Künstler James Vibert wandte – er hatte die gerade zu dieser Zeit im Bundeshaus aufgestellte Kolossalgruppe der drei schwörenden Eidgenossen geschaffen –, war offenbar von Anfang an klar, dass das Denkmal eine Repräsentationsfigur erhalten sollte.

Eine derartige Gestaltung war so selbstverständlich, sie entsprach so sehr dem Geschmack der Zeit, dass sie keiner Begründung bedurfte. Die eingangs erwähnten Nationaldenkmäler von Genf und Neuenburg waren (in einem Fall von Robert Dorer, im anderen Fall von Auguste Heer und Adolf Meyer) ebenfalls figürlich gestaltet: In beiden Fällen werden die Kantone als jüngere Frau, der Bund dagegen als reifere Dame dargestellt. Sodann gab es die zahlreichen Darstellungen der Helvetia. Diese findet man allerdings vor allem in der Welt der Imprimate. Helvetia-Skulpturen von überregionaler Bedeutung sind selten, nationales Format kann man am ehesten Ferdinand Schlöths Helvetia des Basler St.-Jakobs-Denkmals von 1872 oder der von Richard Kissling 1901 für den Zürcher Sitz des Schweizerischen Bankvereins geschaffenen Helvetia attestieren.

Mit dem Hinweis auf den Zeitgeschmack ist die aufgeworfene Frage noch nicht beantwortet. Wir sollten nämlich auch erklären können, warum man gerade in dieser Zeit, die man mit den gegebenen Daten 1869 und 1919 eingrenzen könnte, so sehr auf monumentale Veranschaulichung durch Personifikationen bedacht war. Zunächst muss eingeräumt werden, dass es personifizierte Veranschaulichungen allezeit gegeben hat und dass dies offenbar einer anthropologischen Konstante entspricht. Wir können uns aber leicht vorstellen, dass es innerhalb solcher Konstanten konjunkturelle Schwankungen gibt, die sich an der Bildhäufigkeit quantitativ messen, mit gesellschaftlichen Befindlichkeiten korrelieren und sich aus diesen Korrelationen vielleicht erklären lassen. Gewiss ist das Bildbedürfnis einmal stärker, einmal schwächer. Die Veränderung bewegt sich allerdings nicht nur auf der quantitativen, sondern auch auf einer qualitativen Achse. Wenn etwa die Bildkultur der Renaissance die Tugenden und die Laster, die Jahreszeiten, die Wissenschaften und die Erdteile personifiziert veranschaulicht und die Bildkultur der üppigeren Hälfte des 19. Jahrhunderts scheinbar dasselbe tut, so handelt es sich doch nicht um dieselbe Ausdrucksweise.

Was die beiden Ausdrucksweisen trennt, ist der Unterschied zwischen Allegorie und Symbol, zwischen Aufklärung und Romantik. Die allegorische Veranschaulichung beruht auf einer rechnerischen Gleichsetzung von Gezeigtem und Gemeintem. Die symbolische Veranschaulichung will mehr vermitteln, als man zeigen kann, sie weist stets in eine andere Welt – und ist darum auch romantisch.[3] Die symbolische Veranschaulichung verweist zugleich immer auf das Grössere, das Umfassendere. Oder umgekehrt: Wer das Bedürfnis hat, Grösseres und Umfassenderes darzustellen, dem kann die Allegorie nicht genügen. Man braucht das Symbol, wenn es nicht um Jahreszeiten oder Tugenden oder auch Landesgegenden geht, sondern um Nationen im

3 Vgl. dazu etwa: Heinz-Toni Wappenschmidt, Allegorie, Symbol und Historienbild im späten 19. Jahrhundert. München 1984.

vollen Sinne des Wortes, das heisst um Gemeinschaften, die durch gleiche materielle und ideelle Interessen zusammengehalten werden. Es gab schon früh die Länderpersonifikationen, auch die Vergleiche des Staates mit einem menschlichen Körper sind alt. Sie wurden aber erst zu Symbolen mit dem Eintreten von zwei neueren Umständen: erstens mit der Demokratisierung der Politik und zweitens mit der Dynamisierung des gesellschaftlichen Wandels.

Durch die Demokratisierung der Politik und die damit verbundene Freisetzung unterschiedlicher Politikvorstellungen entsteht ein höherer Bedarf nach gemeinsamen Zeichen, durch die sich die Bürger persönlich angesprochen fühlen. Und was den beschleunigten Wandel betrifft, den die gesellschaftlichen Verhältnisse in der zweiten Hälfte des 19. Jahrhunderts erleben – er ruft nach einem Ausbau der romantischen Gegenwelt. Darum der Historismus, darum die Neo-Stile, darum die Museen, die Festspiele und die Gartenlauben-Literatur.[4] Diese Gegenwelten bilden den Ausgleich zum entzaubernden, entpersönlichenden und entfremdenden Zivilisationsfortschritt, sie werden aber mit den Möglichkeiten und nach den Gesetzmässigkeiten der kapitalistisch funktionierenden Massenzivilisation hergestellt. Nur das Denkmal, wenn man von der tausendfachen Postkartenreproduktion und -diffusion absieht, bildet in diesem Betrieb ein archaisches Unikat. Erst das Massensterben des Ersten Weltkrieges machte die industrielle Herstellung von Denkmälern möglich.[5] Wenn in der einen Welt die Person zurückgestellt oder gar abgeschafft wird, muss oder darf sie in der anderen um so mehr ins Zentrum gestellt werden. Dies könnte auch für die Soldatendenkmäler des Ersten Weltkrieges gelten. Von Person zu Person lassen sich gute Beziehungen besser herstellen, zumal wenn die Denkmalperson sehr allgemein gehalten ist. Die «Valaisanne» von Sitten bot da keine Schwierigkeiten. Das Denkmal wurde leicht und gerne angesprochen: «Salut à toi, noble paysanne!» An der Einweihung konnte der offizielle Redner vom Blick der Denkmalfigur sagen, «qu'il est tourné vers les hauteurs et qu'il *nous parle* d'idéal».[6] Eine spezielle, nur von Personifikationen zu leistende Vorbildwirkung kommt hinzu: Die «Valaisanne» erscheint mit ihren steinernen Blumen, die sie als Geschenk für die Schweiz bereithält, als Gebende und appelliert mit diesem menschlichen Opfergestus an die Opferbereitschaft der «Mit-»Menschen. Soviel zur ersten Frage nach möglichen Erklärungen für die Vorliebe für personifizierende Veranschaulichungen.

4 Zur gegenweltlichen Funktion des Festspielzaubers vgl. Georg Kreis, Das Festspiel – ein antimodernes Produkt der Moderne. In diesem Band S. 167–185. Zur gegenweltlichen Funktion bestimmter Angebote der Landesausstellungen vgl. Georg Kreis, Die «Landi» – zwischen Tradition und Moderne. In diesem Band S. 23–26.

5 Reinhart Kosellek, Kriegerdenkmale als Identitätsstiftungen der Überlebenden. In: Identität. Hrsg. v. Odo Marquard und Karlheinz Stierle. München 1979. S. 255–276. Eine ähnliche Studie ist von Antoine Prost in Frankreich durchgeführt worden.

6 Die *Gazette du Valais* ging ebenfalls von der Dialogsituation aus, als sie am 18. November 1916 im Scherz vorschlug, die für Sitten geplante Denkmalfigur müsse Deutschkurse erhalten, damit sie sich auch mit den von der Furka herbeigereisten Bürgern unterhalten könne.

Eine Saviésanne

Warum aber die Vorliebe für weibliche Personifikationen – sofern es sich um irreale Personen handelt? (Waren die Denkmäler Realpersonen gewidmet, galt die Ehrung fast ausschliesslich Männern.) Die Vorliebe für weibliche Personifikationen ist ebenfalls eine, aber nicht schlechthin anthropologische, sondern maskuline Konstante. Auch die Männergesellschaften der Renaissance und der Aufklärung haben für ihre Personifikationen in der Regel Frauengestalten gewählt. Ausnahmen bildeten der Handelsgott Hermes, der aber von Varianten der «Industria» hart konkurrenziert wurde, oder in den Jahreszeitzyklen die Winterallegorie, die meistens in der Figur eines alten Zittergreises daherkam. Und nur ausnahmsweise wurde für die figürliche Darstellung des Volkes die Athletengestalt des keulenbewehrten Herakles gewählt. Eine andere Ausnahme bildete die Repräsentation des Tessins im Denkmal von 1903: Im Sockelrelief zum Thema «Il Ticino accolto dalla Confederazione» wird der Kanton als «giovanetto» dargestellt.[7]

Die Frauenbilder sind sozusagen das natürliche Phantasieprodukt einer das öffentliche Leben bestimmenden Männerwelt – Projektionsflächen, worauf die männlichen Vorstellungen von Schönheit und Kraft, Fürsorge und Umgänglichkeit, Treue und Erhabenheit projiziert wurden und werden. Der Kult um die auf Sockel gestellten Frauenidole ist nicht Ausdruck einer besonderen Wertschätzung der realen Frauen; wenn überhaupt ein Zusammenhang besteht, dann ist es möglicherweise sogar ein negativer: Die Pflege der künstlichen Frauen könnte im Extremfall die tatsächliche Geringschätzung der realen Frauen verschleiern und darüber hinaus mit ihrer falschen Idealisierung Massstäbe setzen, denen die realen Frauen nicht oder nur unter krasser Verleugnung der eigenen Bedürfnisse genügen können.[8]

Die Denkmalfrauen wurden in der Regel so eingekleidet, dass sie dem Alltag und der Gegenwart entrückt waren: mit antiker Tunika und Palla, mit mittelalterlicher Rüstung oder später, als städtisches Leben sich breitmachte, mit ländlichen Trachten. Während das Genfer Nationaldenkmal (wie die Helvetia der Münzen) dem antiken Typus entsprach und das Neuenburger dem mittelalterlichen, zeigt das Walliser Monument einen ländlichen Typus: eine «Saviésanne» als Ausdruck der «race si forte et si belle de nos villages alpestres».

Die Neigung, vor allem Personifikationen der weiblichen Variante zu pflegen, wurde in der Schweiz stärker als im Ausland durch das andere Bedürfnis konkurrenziert, das auf eine Darstellung der wehrhaften Männlichkeit drängte. Neben den zahlreichen Justitia-Abbildungen[9], die man als rein allegorische Vorläuferinnen der später

7 Abbildung in: Inventar der neueren Schweizer Architektur: Städte, 1850–1920. Bd. 2. Zürich 1986. S. 317.

8 Zum Bild der Frau: Philippe Perrot, Le travail des apparences ou les transformations du corps féminin XVIIIe-XIXe siècle. Paris 1984. – Silvia Bovenschen, Die imaginäre Weiblichkeit. Exemplarische Untersuchungen zu kulturgeschichtlichen und literarischen Präsentationsformen des Weiblichen. Frankfurt am Main 1979.

9 Zu den schweizerischen Justitia-Darstellungen vgl. Alois Riklin, Politische Ethik. Vorträge der Aeneas-Silvius-Stiftung an der Universität Basel XXIII. Basel 1987. – Zu den deutschen Darstel-

zu Symbolen angereicherten Frauengestalten Helvetia, Berna und Basilea, Genoveva und Vallesia, Rhaetia und Rauracia usw. verstehen kann – neben den Justitia-Abbildungen dominierten in der Zeit vor 1798 auf Brunnenstöcken und Münzen die Krieger als Repräsentationsfiguren der kantonalen Staatlichkeiten. Und selbst in der Bildkultur der helvetischen Revolutionäre, für die die französische «Liberté» verbindliches Vorbild hätte sein können, dominierten männliche Selbstdarstellungen: In der Schweiz von 1798 gab man, als das Regierungsemblem für Siegel und Briefkopf bestimmt wurde, dem Tell den Vorzug und lehnte die künstlichen Frauengestalten («les femmes ailées») ab. Mit Tell, Winkelried und den drei schwörenden Eidgenossen standen stark individualisierte und historisch scheinbar abgestützte Figuren zur Verfügung, welche die Verbreitung von bzw. den Bedarf an weiblichen Symbolfiguren in engen Grenzen hielten. So erachtete man es nicht für nötig, das Bundeshaus mit einer Helvetia auszustatten. Auf den Giebel setzte man die von Auguste de Niederhäusern-Rodo gestaltete Dreiergruppe, welche die politische Unabhängigkeit, umgeben von Exekutive und Legislative, darstellt, und ins Zentrum des profanen Sakralgebäudes stellte man eben Viberts Eidgenossen.[10]

Für die Repräsentation des Wallis durch eine Walliserin hatten die Walliser eine spezielle Erklärung: «Capable d'exécuter les plus durs travaux, à tout instant elle remplace les hommes, à tout instant elle doit supporter les soucis, prendre les décisions qui leur incombent d'ordinaire. On comprend facilement que ce rôle prépondérant de la femme en pays de montagne et particulièrement en Valais, ait frappé James Vibert au point qu'il y a vu le symbole de tout le pays.»[11] Die schlichte Frauengestalt mittleren Alters, welche mit ihrer Stämmigkeit die ruhige Kraft des Ursprünglichen ausstrahlte, war tatsächlich moderner als die nymphenartigen Frauenfiguren etwa des 1909 von Saint-Marceaux gestalteten Weltpostdenkmals. Ganz «Traditional Style» war dagegen das Umzugsprogramm der Einweihungsfeierlichkeiten. Da trat in der einen Abteilung, angeführt von einer Helvetia, eine Gruppe von Mädchen auf, welche die 22 Kantone repräsentierte; in der anderen Abteilung kam eine Vallesia daher, begleitet von Mädchen, welche die 13 Bezirke darstellten. Beide Gruppen stellten sich mit ihren antikisierenden Kostümen im Moment der Feier als lebendige Ergänzung um die kolossale Walliserfrau auf. Zuvor waren sie im Umzug von der vieltausendköpfigen Zuschauermenge als «schöne und sinnreiche Darstellung» mit besonders starkem Beifall bedacht worden – mit stärkerem Applaus als die offenbar als weniger theatralisch empfundenen Trachtengruppen, die ebenfalls mitmarschierten.[12]

lungen: Otto Rudolf Kissel, Die Justitia. Reflexionen über ein Symbol und seine Darstellung in der bildenden Kunst. München 1984.

10 Johannes Stückelberger, Die künstlerische Ausstattung des Bundeshauses in Bern. In: Zeitschrift für Schweizerische Archäologie und Kunstgeschichte, Bd. 42, H. 3, 1985. S. 185–234.

11 Der Schriftsteller Louis Poncet im *Echo de St-Maurice,* zitiert in der *Gazette du Valais* 63/5, Juni 1919.

12 Christine Burckhardt-Seebass, Trachten als Embleme. Materialien zum Umgang mit Zeichen. In: Zeitschrift für Volkskunde II, 1981. S. 209–226.

Was in doppelter Lebensgrösse und zusätzlich durch Sockel und Treppen erhöht vor dem Betrachter aufragte, musste den Zeitgenossen als jugendliche Urmutter erscheinen. Und was ihr an Eigenschaften zugeschrieben wurde, musste natürlich auch für ihre Kinder – die Zeitgenossen, aber auch die Vorfahren und Nachkommen – gelten. Der offizielle Festredner nahm mit grosser Selbstverständlichkeit diese Gleichsetzung vor: «Dans ses lignes sobres et harmonieuses, elle est bien l'image de la force et de la grâce, de la fermeté et de la douceur qui distinguent le peuple valaisan. (...) L'expression de calme que son regard reflète symbolise la force et l'endurance, qualités prédominantes de notre race valaisanne.»[13]

Catherine

Es bleibt die Frage nach der Funktion solcher Bundesjubiläen und Denkmalstiftungen. Das Bestreben, nicht hinter anderen Kantonen zurückzustehen, spielte gewiss eine wichtige Rolle. 1903 hatte offenbar das ferne St. Gallen auf eine Jahrhundertfeier verzichtet, nicht aber die nahe Waadt. Dort war in ganzer Breite zelebriert worden, was Zürich mit seinem Bundesjubiläum von 1851 erstmals inszeniert, was Bern 1853 nachvollzogen hatte und was 1891 auf die Bundesebene übertragen worden war.[14] Bereits um die Jahrhundertwende machte sich jedoch ein gewisser Überdruss bemerkbar. 1912/13 löste die bezeichnenderweise schliesslich nicht verwirklichte Absicht, in Schwyz ein kolossales Nationaldenkmal (in Männer- und nicht in Frauengestalt) zu schaffen, heftige Kritik aus: Statt die Errichtung eines seelenlosen Steinhaufens zu finanzieren, würde man sich besser im Armen- und Versicherungswesen engagieren oder vom Zivilisationsfortschritt bedrohte Bauernhäuser und Landschaften retten.[15]

Im April 1912 nahm die *Gazette du Valais* vehement gegen das Walliser Denkmalvorhaben Stellung. Sie verwies auf den Kanton St. Gallen, der 1903 in vorbildlicher Weise auf Zentenarfeierlichkeiten verzichtet habe. Man könne seinen Patriotismus auch auf andere Art beweisen: «N'est-il pas préférable, en ce jour de grande fête de la famille valaisanne, de réveiller ses sentiments de solidarité envers ses membres souffrants, plutôt que de s'adresser à ses goûts artistiques, de parler à l'âme plutôt que d'enchanter ses yeux?» Im Falle einer Abstimmung, wurde ferner behauptet, würde sich das Volk sicher in diesem Sinne entscheiden.[16] Wenige Wochen später sollte sich dann allerdings eine öffentliche Versammlung für ein Denkmal aussprechen, obwohl die vorberatende Kommission von einem solchen Projekt absehen wollte.

13 Vgl. unten Anm. 25.

14 Zur gegenweltlichen Funktion der Bundesjubiläen vgl. Georg Kreis, Der Mythos von 1291. Zur Entstehung des schweizerischen Nationalfeiertages. Basel 1991. S. 95.

15 Fritz Theophil Wiget, Ein Nationaldenkmal zu Schwyz. In: Mitteilungen des Historischen Vereins des Kantons Schwyz 58, 1965. S. 55–76.

16 Gazette du Valais Nr. 45 vom 18. April 1912.

Denkmalgegner waren im übrigen der Meinung, wenn man das Jubiläum unbedingt in Granit festhalten wolle, so könne dies auch mit einer Erinnerungstafel am Regierungsgebäude geschehen. Ein anderer Einwand lautete: «L'Etat ferait mieux de diminuer les impôts que de placer de l'argent dans les pierres.» Als im April 1914 das Modell des künftigen Denkmals gezeigt wurde, kamen zur grundsätzlichen Ablehnung da und dort ästhetische Vorbehalte hinzu. Mit der Sprache eines vom Symbolwert nicht (oder noch nicht) berührten, schonungslos nur am Äusseren orientierten Beobachters wurde etwa beanstandet: «Une grosse femme, sans chapeau, le regard vague dirigé vers le ciel, le buste légèrement penché en arrière, tient avec effort de ses deux mains tournées en dehors, une lourde guirlande, qui tombe de chaque côté de la jupe ...»[17]

Das war im April 1914. Bis zur Denkmaleinweihung sollten noch fünf Jahre vergehen. Und in dieser Zeit setzte sich in der Bevölkerung ein kritisches Verhältnis zu ihrer Repräsentationsfigur fest. Im Juli 1916 erhielt die grosse Frau plötzlich einen zusätzlichen Namen: Man begann sie «Catherine» zu nennen und, was vielleicht die schlimmste Form der Ablehnung ist, sich über die arme Frau lustig zu machen. Man bezeichnete sie jetzt nicht als sprechendes Symbol, sondern als stummes Weib: «Elle n'a aucun des défauts inhérents à son sexe: elle parle peu ou, pour mieux dire, pas du tout.» Man gab sich ironisch einfühlsam und bedauerte sie: «Catherine s'ennuie, là-bas toute seule, à voir passer nuit et jour les express du Simplon; les changements d'horaire, les manœuvres des trains de marchandises ne parviennent plus même à la distraire.» Selbst der grossrätliche Bericht vom Februar 1919 schlug denselben Ton an, indem er sagte, die Frauenfigur riskiere, in ihrem Bahnhoflager «de se transformer en Sénégalaise, par suite des poussières de charbon».[18]

Die neue Namensgebung könnte als Ausdruck zärtlicher Zuneigung gemeint gewesen sein. Zeitgenössische Kommentare belegen jedoch, dass der Übername die stolze Frau lächerlich machen wollte.[19] Darauf zielte anfänglich wohl auch der deutsche Diminutiv «Kathrinchen», der damit bewusst einen Gegensatz zur kolossalen Frauengestalt bildete. Noch wenige Tage vor der Einweihung des Denkmals erschien in der Presse zum Beispiel das folgende Spottgedicht: «Ode à Catherine! Pourquoi t'appelle-t-on Catherine? / Et par ce beau nom qu'entend-on? / Aurais-tu donc l'humeur chagrine, / Toi, le colosse du Canton? / Ou bien, déplores-tu, pauvresse, / Ta trop longue captivité? / Tu vas connaître l'allégresse / Des honneurs de la liberté!»[20] Warum aber gab man der Valaisanne oder Saviésanne ausgerechnet den Namen Catherine? Wohl einfach, weil es sich um einen im Wallis sehr geläufigen Namen handelt, einen konkreten Namen, der die Personifikation noch persönlicher, noch individueller, noch menschlicher machte. Die Walliser Frauenfigur ist wahrscheinlich zu ihrem Namen

17 Gazette du Valais Nr. 57 vom 14. Mai 1914.

18 Gazette du Valais vom 15. Juli 1916.

19 Gazette du Valais vom 8. April 1919: «Oh! notre Valaisanne que l'on a affublée, par dérision, du surnom de Catherine ...»

20 Gazette du Valais Nr. 49 vom 1. Mai 1919.

gekommen, wie die Francia den ebenfalls nicht anders erklärbaren Namen Marianne erhalten hat.[21] Als die Stadt Sitten sich kürzlich eines Findelkindes annehmen und das junge Wesen unbekannter Herkunft mit einer Identität ausstatten musste, trug man den Namen Catherine Glarier ins Zivilstandsregister ein – Glarier in Anlehnung an die Stadtpatronin Notre-Dame des Glariers und Catherine, weil es sich eben um einen typischen Walliser Namen handle.[22]

Die Einweihung legte man nicht zufällig auf einen kirchlichen Feiertag, wurde die Frauengestalt doch zuweilen auch als «vierge» angesprochen. Zunächst war von Auffahrt die Rede, dann entschied man sich für Pfingsten 1919. An diesem Tag war von Ablehnung, Kritik und Spott nichts zu spüren. Es ertönten die schon zitierten Worte der Anerkennung und Verehrung. Es entstand, und darin bestand eine der Funktionen solcher Feiern, eine Atmosphäre der Brüderlichkeit (Schwestern hätten keinen derartigen Versöhnungsbedarf). Es konnte davon die Rede sein – und das Davonreden war vielleicht sogar wichtiger als das entsprechende Tun –, dass sich «Deutsch und Welsch in den Armen lagen» und die Liberal-Radikalen die harmonische Ergänzung zu den Konservativen seien. Ein Redner sprach es ganz deutlich aus: «Oui, ce monument doit être l'emblême de notre Union. Il doit signifier que lorsque les problèmes importants de notre vie nationale se posent, il ne peut y avoir de Haut- et de Bas-Valais, de plaine et de montagne, de villes et de villages, il ne peut plus y avoir de divisions entre citoyens, il ne peut, il ne doit y avoir qu'un canton, ferme et fort, notre beau, notre cher Canton du Valais.»[23]

Neben dieser sehr evidenten Funktion hatte ein solches Festunternehmen vor allem die Aufgabe, dem Kollektiv die Möglichkeit zu geben, sich seiner zu vergewissern. Eine einfache Art der Selbstvergewisserung kam dadurch zustande, dass man die Verbindung zur übergeordneten Grösse pflegte, in diesem Fall die Beziehungen der Walliser zum Bund. Zu dieser Beziehungspflege gehörten Interpretationen, die in sonderbarer Mischung Eigenart und Gleichartigkeit von Wesen und Geschichte betonten. Das Walliser Nationaldenkmal kam auf einen Platz zu stehen, von dem man annahm, dass dort der Schlachtsieg von 1475 über die Savoyarden errungen worden sei. So konnte der Festredner von 1919 diesen Sieg von «La Planta» mit den Siegen von Morgarten und Murten in eine Linie stellen und verkünden, in allen Fällen sei es derselbe Gott gewesen, der zum Sieg verholfen habe.

Mit dem Denkmal, mit dem Fest wollte man aber, abgesehen von der eidgenössischen, auch eine weitergehende Einordnung sicherstellen und damit der stets drohenden Verlorenheit entgegenwirken. Denkmal und Fest hatten eine im ursprünglichen Sinne des Wortes religiöse, in der profanen Variante zivilreligiöse Funktion. Sie vergegenwärtigten immaterielle Wesenheiten und schufen damit ein Gegengewicht

21 Maurice Agulhon, Marianne au combat. L'imagerie et la symbolique républicaines de 1789 à 1880. Paris 1979.

22 Tages-Anzeiger vom 20. Mai 1989. Später meldete sich eine Portugiesin und bekannte sich als Mutter dieses Kindes.

23 Vgl. unten Anm. 25.

zu den materiellen Alltagssorgen, und sie erinnerten an das Dauernde, ja an das Ewige im schnellen Wandel der Zeiten. Die Evokation der «force tranquille» hatte auch die Funktion zu beruhigen (tranquilliser). Gerade in dieser Hinsicht war die Frauenfigur für die rastlose Männerwelt eine ideale Projektionsfläche.

Zu welcher spezifischen Unruhe mit dieser «femme géante» ein Gegengewicht gebildet werden musste – dafür liefern die Festreden der Einweihungsfeierlichkeiten aufschlussreiche Erklärungen, ohne dass sich die Sprechenden dessen bewusst waren. Regierungspräsident Delacoste rief die tiefgreifenden Veränderungen in Erinnerung, die das Wallis in den letzten hundert Jahren erfahren hatte: die Kanalisierung der Rhone, den Bau der Eisenbahn, den Ausbau der Schulen. Von den Arbeitskämpfen war – kurz nach dem Landesstreik – nicht die Rede und von der «destruction et la négation systématique» und von den «théories délétères et dissolvantes de l'antipatriotisme» nur im Sinne von Krankheiten, gegen die das gesunde Walliservolk immun sei. Er rief all dies in Erinnerung, um dann zu verkünden: «Un peuple doit avoir le culte de son histoire. (...) Il lui assurera la marche sans secousse dans la voie du progrès, car on ne romp pas impunément avec le passé; la fidélité à nos traditions sera la garantie de notre développement constant et harmonique dans tous les domaines.»[24]

Der Advokat Leuzinger, Gemeindepräsident von Sitten, kam mit seinen Äusserungen der Sache noch näher: «Ce monument (...) sera le témoin heureux de nos joies, le témoin attristé de nos douleurs. Il assistera à la transformation du Valais pastoral et patriarcal en un pays moderne, modifié dans son aspect, bouleversé dans ses mœurs et ses usages, métamorphosé dans son activité.»[25]

Dass man, wie der erste Redner, die Welt (des Wallis wenigstens) für in Ordnung erklärte, muss nicht heissen, dass sie es im gemeinten Sinne auch war. Die beschwörenden Worte könnten auch die Aufgabe gehabt haben, etwas brüchig Gewordenes zusammenzuhalten. Die Rede, das Fest und das Denkmal wären also Indiz für die Brüchigkeit. Wie brüchig die Verhältnisse geworden waren, davon zeugen die schwierige Entstehungsgeschichte des Denkmals und der Spott, mit dem man der Denkmalfigur begegnete. Dass aber trotz oder gerade wegen der Brüchigkeit der Verhältnisse das Bedürfnis weiterbestand, in einem grösseren Sinnzusammenhang – einer «force tranquille» – aufgehoben zu sein, davon zeugen zum Beispiel die Einweihungsfeierlichkeiten vom Juni 1919 in Sitten.

Nachtrag von 2003: Auch in diesem Fall rückte die Moderne dem vor weniger als 70 Jahren modern sein wollenden, in der ganzen «idée de manœuvre» aber eher traditionalistischen Monument zu Leibe: Einerseits musste es wegen des Baus eines Parkings verschoben werden, und zweitens wurde es vom hohen Sockel genommen. Der klassische Eisenhag war wegen des Metallbedarfs schon während des Zweiten

24 Gazette du Valais Nr. 65 vom 10. Juni 1919.
25 Gazette du Valais Nr. 66 vom 12. Juni 1919.

Weltkrieges liquidiert worden. Äusserungen aus der zweiten Hälfte der 1980er Jahre belegen, dass die Wertschätzung des Monuments nicht mehr sehr gross war. Von Nationalrätin Rose-Marie Antille ist überliefert, dass sie sich für dessen Entfernung ausgesprochen habe. Die Kollegi-Schüler, berichtet der bekannte Ethnologe Bernard Crettaz, hätten nur vom grossen Kalb («grande génisse») gesprochen. Jean-Raphael Fontanaz meinte, ein Denkmal, das einen Kantonsbeitritt zur Eidgenossenschaft erinnere, sei in einer Zeit, da man sich mit Europa beschäftige, etwas seltsam. Noch störender war für ihn allerdings das Erscheinungsbild: Diese gigantische Frau verkörpere weder eine Bäuerin noch eine moderne Frau. Und das jurassische Separatistenblatt bemerkte mit antihelvetischer Spitze: «Les Valaisans modernes ne se reconnaissent plus dans cette symbolique suissardé».[26]

26 J. Fontannaz im *Hebdo* vom 5. Oktober 1989 als Reaktion auf den Aufsatz des Verfassers und Jura Libre vom 2. November 1989 als Reaktion auf *Hebdo*.

August 1989: Zweites Attentat auf den steinernen Wachtsoldaten. Auf dem Sockel wird das Militärdepartement (DMF) mit dem Nationalsozialismus (Hakenkreuz) in Verbindung gebracht (Foto: Keystone).

Die «Sentinelle» von Les Rangiers

Aus dem Leben eines nationalen Denkmals

In der Nacht vom 1. auf den 2. Juni 1984 wurde der Wachtsoldat von Les Rangiers niedergestreckt. Die Täter, Mitglieder der separatistischen Jugendbewegung *Béliers,* haben sich anonym zur Tat bekannt. Ihre Rechnung scheint – zum Teil wenigstens – aufzugehen, hat doch die Aktion grosses Aufsehen erregt. Die Tat ist jedoch fast einmütig als Untat verurteilt worden. Nachdem nun *über den Weg der Provokation* das angestrebte Aufsehen erreicht worden ist, geben sich die den Tätern nahestehenden Kreise ziemlich ungerührt. Jetzt wollen sie plötzlich nicht begreifen, warum man wegen dieses Felsblocks («gros caillou») so viel Aufhebens mache. Indessen dürfte klar sein, dass der Anschlag nicht einem wesenlosen Felsblock galt, sondern einem Symbol.

Aufgrund der verschiedenen Verlautbarungen kann man feststellen, dass der Symbolgehalt des Denkmals ein gewisses Spektrum aufweist. In seinem Kern jedoch wird das Symbol gleich verstanden. Freund wie Feind sehen im Koloss von Les Rangiers ein nationales Denkmal, ein Monument, das die Idee der nationalen Gemeinschaft und zugleich gemeinsame Ideale ausdrückt, von denen sich diese Gemeinschaft leiten lassen will. Wer zu diesem Denkmal positiv eingestellt ist, für den verkörpert es (wie Leserbriefe belegen) die Ideale der Pflichterfüllung und der Opferbereitschaft. Wer ihm gegenüber eine negative Haltung einnimmt, der sieht in ihm, wie die Attentäter das deuten, das «Symbol der helvetischen Unbeweglichkeit» und die unerwünschte Präsenz ausserkantonaler Mächte. Die umgekehrte Formulierung trifft den Sachverhalt allerdings genauer: Zunächst trägt man eine bestimmte Vorstellung in sich – die Vorstellung der vaterländischen Pflichterfüllung oder die Vorstellung einer den eigenen Wünschen nicht entsprechenden Schweiz –, und es ist diese Vorstellung, welche sekundär die Haltung gegenüber dem Monument bestimmt.

Absichten der Denkmalstifter

Die ursprüngliche Denkmalidee und die Absichten der Denkmalstifter spielen für die Vorgänge unserer Tage sozusagen keine Rolle mehr. Dennoch sei hier kurz darauf eingegangen. Der Anstoss zur Schaffung eines Nationaldenkmales bei Les Rangiers ging 1919 vom Zentralkomitee des jurassischen Verkehrsvereins aus. Das Monument sollte laut offizieller Begleitbroschüre einerseits ein Zeichen des Dankes für die Grenzbewachung während des Ersten Weltkrieges und andererseits ein vorbildliches Mahnmal für kommende Generationen sein. Die dem Begleittext mitgegebene Karte und die Tatsache, dass die Initiative von der *Société jurassienne de développement* ausging, weisen auf eine weitere Absicht hin: Das Denkmal sollte zugleich eine Touristenattraktion sein und als solche die sogenannte *Fremdenindustrie* beleben. Die «Fremden», die man zu Ausflügen in den Jura ermuntern wollte, dürften in der Hauptsache die zahlreichen Väter und Söhne gewesen sein, die während des Grenzdienstes von 1914–1918 den Jura kennengelernt hatten und nun zu ausserdienstlichen Kameradentreffen oder mit ihren Familienangehörigen die Stätten ihrer Diensterlebnisse aufsuchen sollten.

Dass sich *touristische Hintergedanken* zu Supportern patriotischer Manifestationen machen, ist weder ein Novum noch ein Unikum. Die Schaffung beispielsweise des Winkelried-Denkmals wurde unter anderem auch mit dem Argument befürwortet, dass die Fremden, die scharenweise das Luzerner Löwendenkmal besichtigten, auch nach Stans gelockt werden sollten. Infolge der Grenzbesetzung gewann der Jura den Rang eines vaterländischen Gebietes. Und in dieser Gegend, wo auch die *Gilberte de Courgenay* und *Füsilier Wipf* angesiedelt waren, wurde 1924 denn auch die *Sentinelle* aufgestellt. Wenige Jahre später erfuhr gerade diese Gegend durch den Aktivdienst eine weitere patriotische Imprägnierung. Man sah die Gegend mit den Augen der «Gilberte»-Verfilmung von 1941 und im Einklang mit der ihr vorausgegangenen Dramatisierung durch *Bolo Mäglin.*

Obwohl der Anstoss für das Denkmalprojekt 1919 aus dem Jura kam, die Kosten für die Verwirklichung wurden von der gesamten Schweiz getragen. Der Bund steuerte 10 000 Franken bei, was einem Viertel des Kostenvoranschlages entsprach. Die Regierung von Bern stiftete 4000 Franken und übernahm die rund 15 000 Franken für die Herrichtung des Platzes. Der Kanton Neuenburg, aus dem der beauftragte Künstler stammte, beteiligte sich mit 800 Franken und schenkte den *erratischen Block,* aus dem das 6 Meter hohe Standbild entstehen sollte. Die restlichen Mittel wurden wie bei allen vorausgegangenen Denkmalprojekten mit einer gesamtschweizerischen Subskription zusammengetragen. Mit dem Entwurf wurde *Charles l'Eplattenier,* Bildhauer von La Chaux-de-Fonds, und mit der Ausführung die Werkstatt des am gleichen Ort tätigen Italieners *Alexandre Calderari* betraut.

Ort militärischer und antimilitärischer Manifestationen

Der Inhalt eines Denkmals wird nun allerdings nicht alleine durch die ursprünglichen Denkmalabsichten bestimmt. Bestimmend ist auch der *Gebrauch,* den es erfährt. Und *Les Rangiers* wurde in weit stärkerem Masse als beispielsweise das erwähnte *Stans* oder irgendein anderer nationaler Ort zu einem Sammelplatz für *militärische Manifestationen.* An der Einweihung von 1924 waren Bundesrat Scheurer als Chef des EMD, General Wille, vier Korpskommandanten, vier Divisionskommandanten und zahlreiche Obersten (unter ihnen ein gewisser *Guisan*) zugegen.

Aus der Sicht der Attentäter ist der steinerne Grenzsoldat der Vertreter einer *Okkupationsarmee.* Der Kommentator des Lausanner *Le Matin,* der für die Aktion vom 1. Juni 1884 ausnehmend viel Verständnis aufbrachte, artikulierte dieses spezifische Ressentiment: *«L'armée a toujours représenté la force qui devait contraindre à l'obéissance.»* Es genüge, sich der Piketdienste im Jura, der Kämpfe um die Waffenplätze und des Aufgebotes gegen die Jurassier anlässlich der Expo 64 zu erinnern. Im gleichen Jahr wurde bei Les Rangiers der damalige EMD-Chef *Paul Chaudet* hart bedrängt, als er der Doppelfeier zum 50. Jahrestag der Mobilisation von 1914 und zum 25. Jahrestag der Mobilisation von 1939 beiwohnte. Es ist nicht verwunderlich, dass die Bekanntgabe des Anschlages vom 1. Juni 1984 auf einen zur gleichen Zeit in Pruntrut durchgeführten gesamtschweizerischen Rapport der Platzkommandanten verwies, auf ein Treffen, das die *Béliers* glaubten als Ärgernis brandmarken zu müssen.

Die Allergien gegen das kantonale und das eidgenössische Bern haben im übrigen schon früher zu Attentaten auf die «Sentinelle» geführt. Einmal wurde ihr die Nase abgeschlagen, andere Male wurde sie mit Farbe beschmiert. Dass die Statue im Volksmund «Le Fritz» genannt wird, macht sie im Kreise jurassischer Extremisten nicht sympathischer. Zwar soll sie diesen Namen erhalten haben, weil Fritz Kämpf, ein Sportler aus La Chaux-de-Fonds, dem Bildhauer als Modell gedient habe. *Fritz* ist aber auch die ältere Feindbezeichnung für einen deutschen Soldaten, den Vorläufer des *Boche.*

Wie sehr die militanten Nordjurassier in der Grenzwacht von Les Rangiers einen deutschschweizerischen und das heisst deutschen Soldaten sehen, geht aus den Stellungnahmen hervor, die im *Jura Libre* veröffentlicht worden sind: Völlig unbelastet von genaueren Geschichtskenntnissen wird da behauptet, es sei typisch (für die angeblich franzosenfeindlichen Deutschschweizer), dass dieser Soldat gegen Frankreich gerichtet sei, obwohl doch dieses Land in den beiden Weltkriegen auch für unsere Freiheit geblutet habe. Die «Sentinelle» müsste, falls sie wieder aufgestellt würde, gegen die Deutschen gerichtet werden, denn von ihnen seien bisher alle Kriege ausgegangen. In ihrem *Furor gallicus* übersehen sie, dass sich die Wachsamkeit der im Jura stationierten Einheiten vor allem gegen die deutschen Truppen richten musste, die im Ersten wie im Zweiten Weltkrieg jenseits der jurassischen Grenze auf französischem Boden standen.

Im Blatt des *Rassemblement Jurassien* kann man die selbstsichere Feststellung finden, diejenigen hätten sich getäuscht, die vor zwanzig Jahren gewarnt hatten, dass skandalöse Provokationen der jurassischen Sache nur schaden würden. Zehn Jahre später sei der Jura frei gewesen. Nicht nur der Kampf habe weiterzugehen – auch die Methoden hätten die gleichen zu bleiben. Nun haben aber die Béliers nicht nur eine empörte Schweiz, sie haben auch ihre jurassischen Mitbürger gegen sich. Es ist mehr als eine offizielle Pflichtübung, wenn der jurassische Regierungspräsident *François Lachat* das Bubenstück als unannehmbar bezeichnet, als Angriff auf das jurassische Kulturgut und als einen Akt, der Lichtjahre davon entfernt sei, den Jura zu verteidigen. Das Verkehrsbüro *Pro Jura,* Eigentümer des Denkmals, verurteilt ebenfalls den Anschlag als stupid und verrückt.

Auf den 1. Juli 1984 wurde das Denkmal wiederhergestellt. An jenem Wochenende fand nämlich an den verschiedensten Orten des jungen Kantons das erste kantonale Schützenfest statt. Da dies eine eminent patriotische Veranstaltung war, zu der übrigens zahlreiche Gäste aus der ganzen Schweiz erwartet wurden, wollte man auch das patriotische Wahrzeichen des Kantons wieder an seinem Platz haben. Das Denkmal wurde zudem mit einem Firnis versehen, der es vor Farb-Attentaten schützen soll. Die Reparatur ist vor allem wegen der teuren Transportkosten auf rund 16 000 Franken zu stehen gekommen (3000 Franken kostete der Firnis). Für diese Unkosten sind Spenden in der Höhe von etwa 10 000 Franken aus der ganzen Schweiz zusammengeflossen. Den Rest wird der Kanton bezahlen.

Für *Francis Erard*, den Direktor des *Pro Jura*, kommt es aber nicht in Frage, die «Sentinelle» in Bronze giessen zu lassen, um ihr so eine grössere Widerstandsfähigkeit zu geben. Das Denkmal müsse aus seinem ursprünglichen Material erhalten bleiben – aus «jurassischem» Granit. Man erwog, ob man Scheinwerfer installieren sollte, die nachts darüber wachen, dass dem Wachtsoldaten nichts geschehe. Doch einstweilen wird auf diese Massnahme verzichtet.

Im Jura herrscht wie bei allen noch jüngeren Bewegungen eine erhöhte Empfindsamkeit für Symbolik. In keinem anderen Kanton haben die kantonalen Gründungsfeiern (le 23 juin), hat der Hymnen- und Fahnenkult die Bedeutung wie im jungen Kanton Jura. Auch die Landschaften und charakteristischen Häusertypen werden noch in stärkerem Mass als andernorts als Denkmäler der Heimat empfunden. Bauernhäuser, die vom Ankauf durch ausserkantonale Immobilienhändler bedroht sind, werden zu Kristallisationspunkten des Eigenständigkeitswillens und als solche zum Symbol der kollektiven Identität. Etwas weniger ausgeprägt als in anderen Kantonen – etwa Nidwalden, um nochmals das Winkelried-Beispiel zu bemühen – ist das Bestreben, die eigene kantonale, lokale Identität mit Hilfe eines nationalen Denkmals zu bekräftigen. Die Reaktionen auf das Attentat von Les Rangiers zeigen nun aber sehr deutlich, dass es auch im Jura einen Lokalstolz gibt, der sich an einem gesamteidgenössischen Denkmal entzündet.

Nachdem das Denkmal so entschieden von jurassischer Seite in Schutz genommen worden ist, werden sich die Nachtbuben wohl damit abfinden, dass die «Sentinelle» an ihren alten Ort zurückkehrt. Die *Jeunesse jurassienne* hat sich allerdings ganz formell in einer Resolution dagegen ausgesprochen. Sie möchte anstelle des «Fritz» ein Symbol des Abstimmungssieges vom 23. Juni 1974 und des Kampfes für die Wiedervereinigung mit dem Südjura errichten. Das eine müsste das andere nicht ausschliessen. Besonders radikale Bewegungen pflegen sich zwar nicht damit zu begnügen, dass sie neben der noch gegenwärtigen Vergangenheit eine neue Gegenwart gestalten. Ihr Drang geht dahin, die Zeichen der ungeliebten Vorzeit zu zerstören und an ihrer Stelle sich selbst auf den Sockel zu stellen. Denkmäler sind eben doch keine auf Kontroversen angelegten Gebilde. Sie markieren – und das auf öffentlichem Grund – eine gewisse Ausschliesslichkeit und eindeutige Verbindlichkeit.

Dass Volksbewegungen symbolische Exekutionen an stellvertretenden Objekten vornehmen, hat es schon immer gegeben. Heutzutage scheint die Schwelle für solche Aktionen allerdings besonders niedrig zu sein. Darum ist die eingangs gewagte, an sich vertretbare Feststellung, dass Denkmäler durch handgreifliche Auseinandersetzungen eine Aufwertung erfahren, hier zu relativieren: Es kann natürlich nicht darum gehen, jeder individuellen Hemmungslosigkeit und gruppenegoistischen Rücksichtslosigkeit gesellschaftspolitischen Tiefsinn und damit automatisch auch eine gewisse Legitimation zuzubilligen. Diese Tendenz besteht nämlich, und sie leistet Zerstörungen Vorschub, die begangen werden, nicht weil sich breite Bewegungen mit ihrer gewichtigen Botschaft artikulieren wollen, sondern weil umgekehrt Kleinstgruppen oder Einzelgänger mit ihrer zerstörerischen Artikulation so tun wollen, als ob sie eine Botschaft hätten. In den Fällen, in denen die Botschaft weitgehend nur aus der Zerstörung besteht, ist es das kleine Nichts, das sich (womöglich im Namen «des Volkes») am in mehrfachem Sinn Hervorragenden vergreift, weil es die Spannung zwischen der eigenen Nichtigkeit und dem Exponat oder Exponenten nicht aushält. Weil es sich von der Zerstörung eine erlösende Aufhebung dieser Spannung und zugleich eine gewisse Aufwertung von sich selbst verspricht. Dies gilt für manche der Attentate, ob sie nun auf Denkmäler oder Popstars, Kirchenfürsten und Staatsmänner ausgeübt werden.

Doch zurück zum Jura: Wie immer die im Nordjura von Zeit zu Zeit freigesetzte Aggression geartet ist, der Soldat von Les Rangiers würde, auch wenn er neuerdings mit dem Sockel fest verklebt worden ist, an Standfestigkeit gewinnen, wenn an anderer Stelle ein anderes Denkmal an den Gründungsakt des Kantons erinnern würde. Andere Kantone haben schliesslich auch – und da ist vor allem an das Genfer und das Neuenburger Denkmal zu erinnern – ein Monument, das den Eintritt in den Bund in Erinnerung ruft. Im jurassischen Fall würde der Akzent freilich etwas anders liegen. Man würde, auf die ehemalige Zugehörigkeit zum Kanton Bern bezogen, eher ein *Monument d'indépendance* schaffen. Der Ruf nach einem Unabhängigkeitsdenkmal ist bereits laut geworden, ernsthaft diskutiert wurde ein solches Vorhaben bisher aber nicht. Falls die Regierung einen öffentlichen Concours ausschreiben sollte, wie das bei den früheren patriotischen Denkmälern geschehen ist, wäre es von einem gewissen Interesse zu sehen, was für Denkmal-Entwürfe vorgelegt würden. Es muss ja nicht unbedingt ein Denkmal für Roland Béguelin sein. Die ganze Affäre zeigt jedenfalls, wie lebendig die oft totgesagte Denkmalkultur ist.

Nachtrag von 2003: Die Geschichte blieb auch in diesem Fall nicht stehen. Fünf Jahre später wurde die Statue am 10. August 1989, wenige Tage vor dem Beginn der jurassischen Gedenkfeiern zur Kriegsmobilmachung von 1939, erneut gestürzt, wobei die Täter diesmal Kopf und Bajonett mitnahmen. Einem Beifallsbrief der *Béliers*, der diesmal kein klares Bekenntnis zur Tat enthielt, konnte man entnehmen, dass das neuerliche Attentat eine dreifache Verurteilung zum Ausdruck bringen sollte: erstens eine Distanzierung von der problematischen «Diamant»-Feier, zweitens eine Verurteilung der Kollaboration der Schweiz mit dem Dritten Reich und drittens einen Protest gegen die Stimmungsmache gegen die GSoA-Initiative. Zum ersten Punkt liess das Schreiben die Statue, die eigentlich als Verkörperung der Gegenseite behandelt wurde, im Sinne der Täter sagen: «Ich habe mich entschlossen, meinen Sockel zu verlassen. Ich bin angewidert. Man feiert prunkvoll den 50. Jahrestag des Beginns des

Krieges, der 50 Millionen Menschen das Leben gekostet hat.» Ein anonymer Anrufer beim Lokalradio *Fréquence Jura* bekräftigte wieder das traditionelle Bild der Statue, wenn er sagte: «Das Symbol der helvetischen Unbeweglichkeit hat sich endgültig schlafen gelegt.» Mit dem zweiten Punkt konnte man (abgesehen von der historischen Tatsache) vielleicht auch – aus der vernachlässigten Peripherie – etwas Wirtschaftsfeindlichkeit praktizieren und insbesondere auch das Feindbild Deutschland pflegen. Im dritten Punkt – «Unsere Armee hat keine Existenzberechtigung mehr» – kam auch die mindestens seit den 1960er Jahren bestehende Abneigung gegen das (Schweizer) Militär zum Ausdruck. Im April 1987 hatte der Jura mit einem gesamtschweizerischen Maximum von 54% Ja-Stimmen die Initiative zur Einführung des Referendums für Militärausgaben gutgeheissen.

Das Separatistenblatt *Jura Libre* leistete sich den Spass, einen Tausch mit den Wallisern vorzuschlagen: Sie sollen die Militärstatue übernehmen, die ja ohnehin aus einem erratischen Block sei, der vom Rhonegletscher heruntergetragen worden sei und somit wieder «heimkehre». Im Gegenzug würde man den Wallisern die wenig geliebte «Catherine» abnehmen und in Les Rangiers, vielleicht zur Freude des «Bureau de la condition féminine», auf den nun leeren Sockel stellen.[1]

Der liegengebliebene Torso wurde in ein Materiallager des kantonalen Strassenbauamtes in Glovelier abtransportiert. Die jurassische Regierung trug sich mit dem Gedanken, das Denkmal («Monument des jurassischen Kulturgutes») wiederzuerrichten. Dieses Vorhaben wurde mit einem dritten, von niemandem für sich in Anspruch genommenen Attentat definitiv zunichte gemacht: In der Nacht vom Freitag auf den Samstag, 23./24. Februar 1990, drangen die Täter in den Hof ein und legten mit Pneus und Benzin ein Feuer. Die Hitze (zumal in Kombination mit dem Löschwasser) sprengte den Granitkörper in mehrere Stücke. Im Juli 1990 verschwand auf Les Rangiers auch der Sockel. Die Presse beeilte sich zu berichten, dass diesmal der Kanton dies veranlasst habe und die *Béliers* nichts dafür könnten.

Während die Geschichte für die jurassische Regierung offensichtlich nun abgeschlossen war, planten in der nahen Waadt ein paar um die Zeitschrift *Notre armée de milice* versammelte Veteranen, eine Replik herstellen zu lassen und in Mollendruz oder Le Marchairuz aufzustellen. Damit stellte sich die interessante Frage, wie sehr ein bestimmtes Monument an einen bestimmten Standort gebunden ist. Die Bevölkerung der ins Auge gefassten Orte war mehrheitlich gegen das Projekt und stützte sich auf das willkommene Argument: «Ailleurs qu'aux Rangiers, le Fritz n'a pas sens!»[2] Ein Leser der *Basler Zeitung* hatte schon Monate zuvor einen neuen Standort vorgeschlagen: «Wäre nun nicht der richtige Ort und geeignete Platz auf der ehrwürdigen Rütliwiese?»[3]

1 Jura Libre vom 2. November 1989. Zu «Catherine» vgl. den entsprechenden Beitrag in diesem Band.
2 24 heures vom 24. April 1990. Ablehnende Reaktionen im Jura Libre vom 17. Mai 1990.
3 O. H. in der Basler Zeitung vom 31. August 1989.

In der Zwischenzeit war eine originale Bronze-Miniatur der «Sentinelle» mit einem Sockel aus dem gleichen Granit zum Vorschein gekommen, alles in allem 60 cm hoch, vom Künstler 1925 dem Präsidenten der Société Jurassienne, Oberst Albert Joray, gewidmet. Der aktuelle Besitzer bewahrte das Objekt in einem Banksafe auf, er war aber bereit, es als Modell für ein neues Denkmal zur Verfügung zu stellen. Der Präsident der von der Regierung eingesetzten Kommission zur Neugestaltung des Platzes von Les Rangier winkte ab: «La statue est détruite, point final. On pourrait marquer l'endroit par un autre objet.»[4] Auch die Berner Regierung, durch das Postulat eines «Schweizer Demokraten» (Markus Ruf) befragt, ob sie bereit wäre, das Denkmal «in irgendeiner Form» wiederauferstehen zu lassen, lehnte ab.[5]

Derweil machte sich André Vuille, ein junger Bildhauer aus Glovelier, dem Ort des Feuerattentats, an die Arbeit und entwarf ein neues Denkmal, das dem Geist der Gegenwart besser entspräche: kein bewaffneter Schweizer, argwöhnisch gegen das Ausland gerichtet, sondern ein gegen Westen, gegen Frankreich, gegen Europa trabendes Pferdegespann als Ausdruck der Öffnung.[6]

4 24 heures vom 28. Mai 1990.

5 Tages-Anzeiger vom 4. Juli 1991.

6 Paul Imhof in der Serie «Seitensprung» mit abseitigen Erkundungen im eigenen Land. In: Sonntags-Zeitung vom 8. September 1996.

Bedarf nach heroischer Vergangenheit: Jedes Jahr legen Wehrmänner der heutigen Armee einen Kranz zu Füssen der Wehrmänner, die 1444 bei St. Jakob an der Birs gekämpft haben, beziehungsweise vor Ferdinand Schlöths Denkmal von 1872 (Dokumentation Kreis).

Gefallenendenkmäler in kriegsverschontem Land

Zum politischen Totenkult der Schweiz

In der schweizerischen Denkmallandschaft dominieren zwei Kategorien von Kriegsdenkmälern: die Monumente zur Erinnerung an die Schlachten des 14. und 15. Jahrhunderts und die Monumente zur Erinnerung an die Verteidigungsdienste während der beiden Weltkriege dieses Jahrhunderts. Daneben gibt es freilich noch andere Arten von Kriegsdenkmälern: Monumente 1. für fremde Truppen (Suworow-Armee, Bourbaki-Soldaten), 2. für Schweizer in Fremden Diensten (Löwendenkmal in Luzern), 3. für die Gefallenen der Verteidigungskriege von 1798 (gegen die Invasion der Franzosen), 4. für die Gefallenen des letzten grösseren Bürgerkrieges (des sogenannten Sonderbundkrieges von 1847 und der vorangegangenen Freischarenzüge) und 5. für die Spanien-Freiwilligen (z.B. auf dem Monte Ceneri).[1]

Die Denkmäler für die Schlachten des 14. und 15. Jahrhunderts sind selbst überhaupt nicht alt, sie sind erst im 19. Jahrhundert errichtet worden. Um die alteidgenössischen Kämpfe hatte es allerdings schon vor der Schaffung eines neuzeitlichen Erinnerungskultes ein älteres Brauchtum gegeben. Dieses galt aber nicht den Schlachten und nicht den sogenannten Heldentaten, sondern den im Kampf gefallenen Vorfahren. Es waren eher kirchliche Feste, und die Monumente waren Kapellen mit Beinhäusern.[2] Diese kirchlichen Monumente müssen aber doch auch eine politische Dimension gehabt haben. Nur so ist es zu erklären, dass das Beinhaus von Murten, das an den Sieg der Eidgenossen von 1476 über Karl den Kühnen erinnerte, drei Jahrhunderte später, 1798, von einer burgundischen Abteilung der französischen Invasionsarmeee und von ehemaligen Untertanen der Waadt zerstört wurde.[3]

1 Zur Geschichte der schweizerischen Denkmäler gibt es noch kein Standardwerk. Einen frühen Überblick vermittelt Martin Fröhlich, Zur Denkmalgeschichte in der Schweiz. In: Denkmäler im 19. Jahrhundert. Hrsg. v. Hans Ernst Mittig und Volker Plagmann. München 1972. S. 23–26. – Ferner: Georg Kreis, Der Teil und das Ganze. Zum partikularen Charakter schweizerischer Nationaldenkmäler. In: Unsere Kunstdenkmäler 35, H. 1, 1984. S. 10–22. Den besten Überblick über die erste Hälfte des 19. Jahrhunderts gibt Benno Schubiger, Patriotische Kunst in der Zeit vor der Helvetik bis zum Sonderbundskrieg. Basel 1991.

2 Eine Unterscheidung von kirchlicher und weltlicher Funktion ist in dieser Zeit nur beschränkt möglich. Zur Dokumentation und nicht zur Interpretation der älteren Erinnerungskultur: P. Rudolf Henggeler (OSB), Das Schlachtjahrzehnt der Eidgenossen nach den innerschweizerischen Jahrzeitbüchern. Basel 1940.

3 Richard Merz, Vom Beinhaus zu Murten. In: Freiburger Geschichtsblätter, Bd. 30, 1929. S. 171–176. Eine erste Fassung dieses Textes erschien in den Annales Fribourgeoises 16, 1928. Der weltliche Charakter wurde auch durch die vergoldeten Wappen der Städte Bern und Freiburg markiert. Das Bulletin officiel des Kantons Waadt vom 21. März 1798 stellte fest: «L'ossuaire de Morat est en cendre. Ce féroce et exécrable monument n'affligera plus l'humanité par ses pénibles souvenirs»

Die zivilreligiösen Monumente des 19. Jahrhunderts verdrängten und ersetzten bis zu einem gewissen Grad die älteren kirchlich-religiösen Kultstätten und übertrafen diese bei weitem in ihrer Bedeutung. Der Verdrängungsprozess lässt sich an den Mutationen ablesen, denen der Erinnerungsort zur Schlacht von St. Jakob an der Birs von 1444 unterworfen war: Eine mit der Schlacht in Verbindung gebrachte ältere Kapelle wurde 1824 durch eine neugotische Säule und diese 1872 durch das bekannte Denkmal von Ferdinand Schlöth ersetzt.[4]

Die neuzeitlichen Denkmäler sind leicht zu verstehen als Materialisierungen eines intensiven und pathetischen Erinnerungsbedürfnisses. Wie aber ist das Aufkommen dieses neuartigen Erinnerungsbedürfnisses zu erklären? Die Antwort auf diese Frage liegt in der Erklärung für den Historismus schlechthin, das heisst für das Bedürfnis, bestimmte Werte weder allegorisch noch abstrakt zu verstehen, sondern als historisch inkarniert, einmal dagewesen und darum durch eigene Haltungen auch erneut herstellbar. Das Bedürfnis nach Historismus ist ein Bedürfnis nach archaischen Gegenwelten mit dauernden und darum sicheren Werten in einer sich höchst dynamisch entwickelnden und darum verunsichernden Moderne.[5]

Die Denkmäler zu den Verteidigungsdiensten des 20. Jahrhunderts können nicht an heroische Schlachten erinnern. Sie sind selten an den Orten des Geschehens, das heisst in den Gegenden der Grenzdienste errichtet worden. An monumentalen, im stadtfernen Gelände errichteten Denkmälern gibt es nur «La Sentinelle» von Les Rangiers (im Jura) zum Dienst von 1914–1918[6] und den Adler auf dem Simplon zum Dienst von 1939–1945. Die regulären Soldatendenkmäler stehen in den urbanen Zentren, dort aber selten an belebten Orten, sondern eher abgelegen in Parkanlagen. Sie erinnern an das Opfer des einzelnen Wehrmannes und führen deshalb zuweilen auch die Namen aller Gefallenen auf. Im Ersten Weltkrieg sind während der Dienstzeit rund 3000, im Zweiten Weltkrieg rund 4000 gestorben. In beiden Dienstperioden bilden die krankheitsbedingten Todesfälle mit zwei Dritteln die grösste Kategorie, und im verbleibenden Drittel bilden die tödlichen Unfälle neben der kleinen Zahl der direkten Kriegsopfer die zweite Hauptkategorie.[7]

Warum wurde diese neuere Kategorie von Denkmälern überhaupt errichtet? Eine Erklärung, die für die Gefallenendenkmäler grosser Kriege und grosser Länder gilt, kann hier nicht beigezogen werden, und das verleiht dem Fall Schweiz ein gewisses Interesse: Hier musste kein Massentod nachträglich gerechtfertigt, kein Sinn dringlich gestiftet, kein kollektives Trauma bewältigt werden. Das Sterben hielt sich so sehr im

(ebenda. S. 176). In der Zeit der Restauration wurde an Stelle des Beinhauses ein neuzeitliches Denkmal in Form eines Obelisken gesetzt; beschlossen 1817 und eingeweiht 1823.

4 Max Burckhardt, Zur Geschichte des St. Jakobsdenkmals und des St. Jakobsfestes. In: Basler Jahrbuch 1939. S. 94–126.

5 Zur Problematik: Georg Kreis, Der Mythos von 1291. Zur Entstehung des schweizerischen Nationalfeiertags. Basel 1991.

6 Vgl. den vorangegangenen Beitrag in diesem Band.

7 Detaillierte Zahlen bei Hans Rudolf Kurz, 100 Jahre Schweizer Armee. Thun 1978. S. 133 und 199. Eine beträchtliche Zahl bilden auch die Selbstmorde.

Rahmen des Üblichen, dass es keiner speziellen Rechtfertigung bedurfte. Es handelt sich vielmehr, und das ist meine Grundthese, um einen Bedarf an Toten, die man als Träger herrschender Wertvorstellungen deuten kann. Dieser Bedarf ist so stark, dass man in Ermangelung «echter» Kriegstoter auch die krankheitshalber Gestorbenen zu den Gefallenen zählt. Für diesen Totenbedarf bieten sich drei Erklärungen an:

Erstens bestand ein gewisses *Imitationsbedürfnis:* Die Schweiz sollte über den gleichen Totenkult wie die grossen Nachbargemeinschaften verfügen. Der gegen Ende des 19. Jahrhunderts eingeführte schweizerische Nationalfeiertag war auch nur in Nachahmung ausländischer Vorbilder entstanden.

Zweitens bestand ein *Kontinuitätsbedürfnis.* Nachdem im 19. Jahrhundert um die alteidgenössischen Krieger ein Heldenkult eingerichtet worden war, wollte und will man diesbezüglich nicht in einer substanzlosen Epigonenzeit leben. Man will mit aktuellen Opfern zeigen, dass die aus der Geschichte abgeleiteten bzw. in diese projizierten Werte noch immer gelten. Darum bilden die Erinnerungsrituale um die Monumente des 19. und des 20. Jahrhunderts eine verschränkte Einheit: Vor den Denkmälern der alteidgenössischen Schlachten wird der heutige Verteidigungswille demonstriert, wie umgekehrt vor den Denkmälern zu den Verteidigungsdiensten der Gegenwart in Wort und Uniform die alteidgenössischen Heldentaten evoziert werden.

Die dritte Erklärung deutet das Phänomen als Ausdruck eines *anthropologischen Grundbedürfnisses:* Die Wertpflege geschah zu einem wichtigen Teil und geschieht noch heute, wenn auch zu einem bescheideneren Teil, über das Vehikel des Totenkultes, weil die hochgehaltenen Werte in Verbindung mit dem Tod die höchste Weihe erhalten. Es geht um das Ideal der Kampf- und Opferbereitschaft, wobei nicht irgendwelche Engagements gemeint waren. Es wird nämlich vorausgesetzt, dass seine Zielrichtung der herrschenden Vorstellung der Obrigkeit oder/und der Mehrheit entspricht. Hinter dem Ideal der Kampf- und Opferbereitschaft steht die wesentlichere Erwartung der Pflichterfüllung und des Gehorsams. Es handelt sich allerdings nur um Werte zweiter Ordnung, denn sie sagen nichts darüber aus, für welche Ziele Pflichterfüllung und Gehorsam erwartet werden.

Der mit dem Totenkult gepflegte Wertekomplex hat seinen prägnanten Ausdruck in dem universalen, bereits für die Antike belegten Wort des «unus pro multis» gefunden, das in Büchmanns Lexikon der «geflügelten Worte» in der erweiterten Fassung des «Einer für alle, alle für einen» nicht von ungefähr als spezifisch schweizerisches Motto bezeichnet wird.

Personifiziert wird dieser Leitspruch durch die legendäre Figur des Winkelried, der in der Schlacht von Sempach von 1386 – einem säkularisierten Christus gleich – für die Gemeinschaft den Opfertod auf sich genommen habe, indem er die gegnerischen Speere in seine Brust drückte und so den Mitkämpfern eine freie Bahn – eine «Gasse» – bahnte.[8] Es ist kein Zufall, dass nur zur ersten Hälfte des Mottos (die das Opfer des

8 Beat Suter, Arnold Winkelried, der Heros von Sempach. Die Ruhmesgeschichte eines Nationalhelden. Stans 1977. – Die Schlacht von Sempach im Bild der Nachwelt. Luzern 1986.

einzelnen betrifft) ein fassbares Vorbild entwickelt wurde, während das Gegenstück (die damit verbundene Solidarität der Gesamtheit mit dem einzelnen) weniger fassbar geblieben ist. Eine gewisse Veranschaulichung der zweiten Hälfte des Mottos vermitteln die verschiedenen Hilfswerke für Witwen und Waisen von gefallenen Wehrmännern, unter anderem die 1896 geschaffene und bezeichnenderweise mit dem Namen Winkelried versehene Stiftung.

Im schweizerischen Fall wird, da es sich doch um ein weitgehend kriegsverschontes Land handelt, die Erwartung besonders deutlich – das heisst deutlicher als in anderen Ländern, in denen diese Bedeutung trotzdem ebenfalls eine Rolle spielen dürfte –, dass sich die Forderung der Opferbereitschaft und Pflichterfüllung *nicht auf kriegerische Zeiten und nicht auf militärische Belange beschränkt.* Man kann sogar so weit gehen und sagen, dass die Propagierung des zivilen Gehorsams der eigentliche Zweck des militärischen Totenkultes sei.

Im deutschsprachigen Geleitwort eines 1953 erschienenen Bildbandes über die schweizerischen Soldatendenkmäler der beiden Weltkriege wird gesagt, das Buch wolle «vor allem in unserer Schweizer Jugend jene geistig-seelische Haltung festigen, deren Wesen opferfreudige Selbstlosigkeit und todesverachtende Gewissheit vaterländischer Kultursendung ist».[9] Im französischsprachigen Vorwort wird deutlich, wie wichtig der Rückgriff auf die Vergangenheit für die Propagierung der geschätzten Werte ist: «C'est dans ce souvenir du passé que nous renouvellerons nos forces, notre volonté de rester libres et notre esprit de fidélité. Un peuple qui se souvient, qui construit sur l'expérience du passé, qui honore ceux qui se sont sacrifiés pour lui et cultive leurs traditions de piété, de fidélité, de liberté et de service, est un peuple qui ne saurait disparaître.»[10] Die Beschwörung der Vergangenheit musste zwar konkret sein, sie musste aber nicht im einzelnen verstanden werden. Darum findet sich im gleichen Text der doch erstaunliche Satz: «Les noms gravés sur le marbre nous sont inconnus pour la plupart. Qu'importe! Ils éveillent ou ravivent en nous le souvenir.»[11] Im italienischsprachigen Geleitwort ist der Zusammenhang zwischen militärischer und ziviler Welt am deutlichsten. Dort kann man lesen, das Vaterland verlange nicht von allen, ihr Leben zu geben; es verlange aber, dafür zu leben, in der bewussten Erfüllung jeder kleinen oder grossen Pflicht. «Das ist das Heldentum, das wir alle dem Vaterland schulden: die Treue gegenüber der gewöhnlichen Alltagspflicht religiöser, familiärer und sozialer Art.»

Der schweizerische Verteidigungsminister (Vorsteher des Eidgenössischen Militärdepartements) verkündete 1989 an der 603. Gedenkfeier der Schlacht bei Sempach,

9 Soldatendenkmäler 1914–1918, 1939–1945. Hrsg. v. E. Leu, Belp 1953. Geleitwort von PD Dr. med. R. Bucher. Franz. Vorwort von Capitaine Vuilleumier, ital. Vorwort von Capitano Cortella.

10 Die Erneuerung unserer Kraft, unseres Freiheitswillens und unserer Treue schöpfen wir aus der Erinnerung an die Vergangenheit. Ein Volk, das sich erinnert, das auf der Erfahrung der Vergangenheit aufbaut, das diejenigen ehrt, die sich geopfert haben, und das deren Tradition der Frömmigkeit, der Treue, der Freiheit und der Dienstbereitschaft pflegt, ist ein Volk, das nie untergehen wird.

11 Die in Marmor eingehauenen Namen sind uns grösstenteils unbekannt. Doch was soll's! Sie wecken oder beleben in uns die Erinnerung.

man müsse bereit sein, für den Staat und die Gemeinschaft Opfer zu bringen.[12] Das Mitglied der Landesregierung präsentierte die Vorfahren von 1386 als Vorbilder, weil sie ausnahmslos – es ist von «jedem Eidgenossen» die Rede – das Gefühl gehabt hätten, «selber ein Teil des Ganzen zu sein». Worin die erwarteten Opfer konkret bestehen sollen, führte der Redner bezeichnenderweise nicht aus. Gerade in ihrer Allgemeinheit vermittelt die Opferforderung den Eindruck, dass sie an breitester Front allgemeine Unterordnung erwartete.

Die verschiedenen Bedürfnisse, die zur *Errichtung von Denkmälern* führten, nährten auch die in Verbindung mit diesen Monumenten durchgeführten *Erinnerungsfeiern.* Die Denkmalforschung sollte sich nicht auf die Motive und Umstände der Denkmalerrichtung und auf die Gestaltung der Denkmäler beschränken, sondern auch die Denkmalnutzung in ihre Untersuchung einbeziehen.

Um die Denkmäler zu den alteidgenössischen Schlachten werden zu bestimmten historischen Daten entweder jährlich oder in weniger strapaziösen Kadenzen, zum Beispiel alle 5 Jahre, schlichte Feierlichkeiten abgehalten. Mit Kranzniederlegungen praktiziert man das Ritual der Totenfeier, obwohl an den betreffenden Orten in der Regel keine Toten liegen und es bei diesen Denkmälern, wie gesagt, vor allem darum gegangen ist, die Heldentaten zu feiern.

Die Totenfeiern für die Soldaten des 20. Jahrhunderts beschränken sich in der deutschen Schweiz ebenfalls auf Kranzniederlegungen, meistens am Nationalfeiertag (1. August). Darüber hinaus werden die Denkmäler zuweilen als Kulisse auch für andere Anlässe, zum Beispiel für militärische Beförderungsfeiern oder Fahnenweihen, verwendet.

In der französischen Schweiz werden die gleichen Totenfeiern noch jedes Jahr, meistens am ersten Novembersonntag (also in der Nähe des christlichen Totensonntags und der Feier der *Entente* zum Sieg von 1918), mit wesentlich grösserem Aufwand begangen. In Genf zum Beispiel mit immerhin 1000–2000 Teilnehmern, mit zahlreichen patriotischen Vereinen, mit Regierungsvertretern und einer finanziellen Unterstützung durch den Staat. Die 1921 erstmals durchgeführten und bewusst durchnumerierten Feiern (im November 1991 ist es die 71.) laufen nach einem festen Zeremoniell ab, mit einem gegebenen Musikrepertoire («Ich hatt' einen Kameraden», Nationalhymne etc.), mit einer Kranzniederlegung, der Lektüre des Soldateneides, einer Schweigeminute etc. Im calvinistischen Genf reden die Veranstalter vom spirituellen Charakter der Feier und von einer Wallfahrt. Im katholischen Freiburg kommt die Feier ohne Umzug, Fahnen und Musik aus, hingegen ist sie mit einer staatsvertraglich geregelten Messe verbunden.

Die Unterscheidung zwischen den älteren Denkmälern des 19. Jahrhunderts zu den alteidgenössischen Kriegen und den neueren Denkmälern des 20. Jahrhunderts zu den Verteidigungsdiensten während der beiden Weltkriege spielt in der Erinnerungs-

12 Bundesrat Kaspar Villiger, Manuskript der Festansprache vom 24. Juni 1989. Siehe auch die in der Regel illustrierte Presseberichterstattung vom 26. Juni 1989.

praxis meistens keine Rolle, oder sie wird sogar bewusst überspielt: Vor den Denkmälern der alten Helden werden die aktuellen Verteidigungsaufgaben in Erinnerung gerufen und vor den Denkmälern der neuzeitlichen Verteidigungsdienste die Heldentaten der Urahnen.

Geschichte und Kultus des Denkmals von Dornach – wie dasjenige von St. Jakob ein Drei-Generationen-Denkmal – zeigen diese Kontinuität deutlich. An ihnen sollen die bisherigen Ausführungen rekapituliert werden. Das Denkmal bezieht sich auf eine der letzten alteidgenössischen Schlachten, eben die von Dornach, die 1499 im sogenannten Schwabenkrieg stattgefunden hat. Bereits 1506 stiftete der Rat von Solothurn, eine weltliche Instanz, eine heilige Messe, die jedes Jahr (als «Jahrzeit») zur Erinnerung an die gefallenen Freunde *und* Feinde sowohl in der Hauptstadt als auch am fernen Bestattungsort, das heisst am Ort des Kampfes, gelesen werden sollte. Speziell hervorzuheben ist, dass die Toten beider Kriegsparteien bewusst an der gleichen Stätte begraben worden waren. 1512 wurde eine erste, 1643 eine zweite, etwas grössere Kapelle erbaut, das Beinhaus war hinter der Kapelle angebracht.[13]

Der kirchliche Ritus wurde nach über 300 Jahren um einen weltlichen Ritus erweitert. 1834 führte der Ortspfarrer Joseph Probst, zugleich Schulmeister, Lokalhistoriker und Dichter, einen profanen Gedenktag mit Umzug, Festrede und Schlachtlied ein. Später (1922) wurde die Tradition um einen Schützenwettkampf erweitert. Diese Traditionsbildung ist das Produkt des jungen Historismus und des liberalen Patriotismus, der die Gründung des schweizerischen Bundesstaates von 1848 vorbereitete. Einen ersten Höhepunkt erlebte diese Erinnerungstradition 1899 anlässlich der 400-Jahr-Feier.

Wie in anderen Fällen wurde auch hier die Kapelle durch ein Denkmal ersetzt. Die Kapelle wurde ein Opfer der Moderne, musste sie doch 1874 einer Zufahrtsstrasse zur eben erbauten Eisenbahnlinie weichen. Auf die 400-Jahr-Feier hin wurde ein erstes kapellenähnliches Denkmal erbaut. Dass dieses neugotische Beinhaus fünfzig Jahre später durch ein zweites Denkmal ersetzt wurde, hat seinen Grund wahrscheinlich in der weiter fortgeschrittenen Säkularisierung und gewiss auch im Wandel des ästhetischen Geschmacks. In der Denkmalanlage von 1949 sind nur noch wenige Gebeine in einem seitlichen vitrinenähnlichen Element ausgestellt. Was ursprünglich eine kirchliche Stätte gewesen war, wurde jetzt sozusagen zu einem Museum.

Aus den zu seiner Einweihung gehaltenen Reden geht hervor, dass das Erlebnis des Zweiten Weltkrieges und insbesondere der Bedrohung durch das nationalsozialistische Deutschland für die Kommemoration dieser Schlacht, die 450 Jahre zuvor die faktische Trennung vom Reich besiegelt hatte, bestimmend waren. Das Denkmal war

13 Dornach. Redaktion Hanspeter Eisenhut. Dornach 1988. – Otto Kaiser, Die Beinhäuser für die anno 1499 gefallenen Krieger von Dornach. In: Dr Schwarzbueb 34, 1956. S. 97–99. – Ders., Die Dornacher Schlachtdenkmale. In: Dr Schwarzbueb 42, 1964. S. 65–69. Ein erstes Denkmalprojekt war, wie ein erhalten gebliebenes Modell eines mit Allegorien angereicherten Obelisken zeigt, bereits um 1755 entwickelt worden. Das Monument von 1899 wurde vom Basler Architekten Paul Reber erstellt. Den Wettbewerb für das Denkmal von 1949 gewann Jakob Probst.

von einem Bischof eingeweiht worden, die Landesregierung mit ihrem Präsidenten und der Mehrheit ihrer Mitglieder sowie mehrere Kantonsregierungen waren anwesend, und es wurde für die insgesamt drei Tage dauernden Feierlichkeiten auch ein Festspiel in Auftrag gegeben.[14]

Noch heute wird jedes Jahr eine Erinnerungsfeier durchgeführt. Mitglieder des privaten Unteroffiziersvereins legen jeweils einen Kranz nieder und stehen für eine kurze Zeit Wache. In einem Umzug präsentieren sich die historische und traditionelle Schweiz sowie hohe Vertreter der kirchlichen und weltlichen Institutionen. Auch in diesen Feiern kommt das Bedürfnis deutlich zum Ausdruck, Gegenwart und Vergangenheit als Kontinuum zu erleben. Diesem Bedürfnis kann im urbanen Milieu nur mit künstlichen Inszenierungen entsprochen werden. In der Urschweiz dagegen scheint es, wie die Gedenkfeiern zur Schlacht von Morgarten von 1315 zeigen, bis zu einem gewissen Grad noch eine ungebrochene, also nicht historistisch hergestellte Kontinuität zu geben.[15]

Die Gefallenendenkmäler und Totenfeiern dieser Art erheben den Anspruch, überparteiliche, also unparteiliche Feiern zu sein: für alle und für das Ganze. Als der Kanton Aargau 1953 sein 150jähriges Bestehen feierte, veranlasste die Regierung Kranzniederlegungen bei den Grenz- und Aktivdienstdenkmälern. Wenige Jahre zuvor waren bei den Denkmälern des Bürgerkrieges von 1847 dagegen keine Kränze niedergelegt worden, obwohl – im Gegensatz zu den anderen Monumenten – diese Denkmäler an echte Gefallene erinnerten. Man sah von einer Ehrung ab, weil man nicht an diesen Parteikrieg erinnern und die damaligen Verlierer brüskieren wollte.[16]

Trotz des Bemühens um Überparteilichkeit werden die nationalen Gefallenendenkmäler und Totenfeiern von oppositionellen Gruppen, die mit herrschenden Meinungen und Verhältnissen nicht einverstanden sind, als parteiisch abgelehnt. Sie beteiligen sich nicht an diesen Gedenkanlässen, sie entwickeln jedoch ebenfalls Totenkulte. Dazu ein Beispiel aus Genf: 1982 wurde ein Denkmal zur Erinnerung an eine Schiesserei errichtet, die 13 Tote forderte und 63 weitere Demonstranten verletzte. Die radikale Linke hatte damals eine Veranstaltung der radikalen Rechten zu verhindern versucht; zum Ordnungsdienst eingesetzte Rekruten hatten das Feuer eröffnet, nachdem sie von Demonstranten angegriffen worden waren. Eine erste Variante des 50 Jahre nach diesem Zusammenstoss geschaffenen Denkmals war mit behördlicher Bewilligung von verschiedenen Organisationen der Linken errichtet worden. Die Inschrift «aux victimes du fascisme» beschränkte sich nicht darauf, der Opfer von 1932 zu gedenken, sondern enthielt eine mehrdeutige Angabe über die Täter. Nach einer Lesart hätte man nämlich die Armee als faschistisch oder mindestens als Instrument der Faschisten verstehen können.

14 Cäsar von Arx, Werke III. Festspiele 1914–1949. Bearbeitet von Rolf Röthlisberger. Olten 1987. S. 415–433.

15 Bis zum Jahr 1965: Maria Schnitzer, Die Morgartenschlacht im werdenden schweizerischen Nationalbewusstsein. Zürich 1969 (Diss.).

16 Willi Gautschi, Geschichte des Kantons Aargau. Bd. 3. Baden 1978. S. 529.

Das Denkmal war verschiedenen Angriffen ausgesetzt, man versuchte es umzustürzen, entfernte die Inschrift, beschmierte den Stein mit Farbe und warf, was die empörte Denkmalpartei beinahe als Grabschändung empfand, die Blumenkränze zu Boden. Mit öffentlichen Geldern wurde darauf das Monument wiederhergestellt. An die Stelle des «aux victimes du fascisme» setzte man «aux victimes du 9 novembre 1932» und fügte bei «plus jamais ça», eine Devise, von der im kantonalen Parlament zuvor gesagt worden war, dass dieser Formulierung alle zustimmen könnten. Was als Parteidenkmal geplant war, wurde so und mit Zustimmung der Denkmalstifter entschärft und integriert. Den Initianten ging es möglicherweise aber nicht einmal so sehr darum, einen wirklichen «Stein des Anstosses» zu plazieren, als mit der öffentlichen Zeichensetzung eine Selbstbestätigung zu inszenieren. Heute sollen, doch darin bildet das Genfer Monument keine Ausnahme, vor allem die Tauben ihre Freude an diesem Stein haben.

Während die offiziellen Totenkulte in der Meinung abgehalten werden, dass sie etwas feiern, was für alle Gültigkeit hat, wollen die oppositionellen Totenkulte parteiische Manifestationen sein. In der Regel werden die beiden Kulte von der jeweiligen Gegenseite nicht gestört. Es kann aber vorkommen, dass die an sich bestehenden Gegensätze in den Grundauffassungen an den Denkmälern stellvertretend ausgetragen werden. Dass das kontestative Genfer Denkmal zu der Schiesserei von 1932 Angriffen der Rechten ausgesetzt war, ist bereits dargelegt worden. Umgekehrt wurden 1989 am Nationalfeiertag traditionelle Denkmäler von Aktivisten der Linken in sanften Attacken mit Tüchern eingehüllt, um für die Abschaffung der Armee Propaganda zu machen. Dabei wurde bereits zum x-tenmal ein Wortspiel eingesetzt: Die Aktion lief nämlich unter dem Kodewort «Denk-mal», der Aufforderung also, über die Sache nachzudenken.

Im Überblick über die verschiedenen Manifestationen des politischen Totenkultes fällt auf, dass nichts stärker die Vergänglichkeit bewusstmacht und der Vergänglichkeit selbst unterliegt als die in Stein gemeisselten Versuche, die Vergänglichkeit aufzuhalten.

Nachtrag von 2003: Inzwischen zum Thema erschienen oder verfasst: Ereignis – Mythos – Deutung. 1444–1994. St. Jakob an der Birs. Hrsg. v. Werner Geiser. Basel 1994. – Hermann Schöpfer, Erinnerungsstätten und -feiern der Murtenschlacht in Murten. In: Freiburger Kulturgüter 7, Januar 1997. S. 44–54. – Ruedi Brassel-Moser, Vom offenen Buch zum Helm. Deutungsmacht und Erinnerung am Beispiel des Baselbieter Wehrmannsdenkmals in Liestal. In: Schweizerische Zeitschrift für Geschichte 1, 2001. S. 1–17. Ein eher spät, anlässlich des Doppeljubiläums von 1964 errichtetes Soldatendenkmal ist dasjenige der Stadt Bern. Vgl. Dominik Benjamin Metzler, Die militärische Erinnerungswelt und ihr Beitrag zum schweizerischen Selbstverständnis 1945–1995 (Diss. Basel 2003).

1830, Jahr der Regenerationsbewegung: Es ist Zeit für Martin Disteli, das «Volk» in die Rütli-Ikonographie einzuführen (Kunstmuseum Olten).

Momentaufnahmen eines Dauerzustandes

Zur Geschichte der Rütlibilder[1]

Der Mythos von der Gründung der Eidgenossenschaft hat in Wort und Bild seinen Ausdruck gefunden. Hier soll uns vor allem das *Bild* interessieren. Das Bild in seiner ursprünglichen Form und in seinen späteren Varianten. Das Bild, das – sofern der Mythos noch lebt – eine komplexe Botschaft besser zu vermitteln vermag als eine verbal weitergegebene Geschichte. Andererseits wird das Bild, wenn der Mythos altersschwach oder tot ist, schneller missverstanden oder überhaupt nicht mehr verstanden, was einem erklärenden Text weniger schnell widerfährt.

Bekanntlich hat die innerschweizerische Gründungssage zwei Handlungsstränge und darum auch zwei unterschiedliche Bilderwelten: die Geschichte vom anarchischen und gewalttätigen Einzelgänger Wilhelm Tell und die Geschichte vom zivilen Ordnungsbund des Rütli.[2] Die beiden Welten geraten zuweilen durcheinander, wenn die drei Eidgenossen als die drei Tellen bezeichnet werden oder wenn Tell unter der Schar der Schwörenden (auf dem Rütli) weilt. Die um 1550 entstandene Münze von Jakob Stampfer benennt die drei sich die Hände reichenden Eidgenossen als «Wilhelm Tell von Uri», «Stouffacher vo Schwyz» und «Erni vo Underwald». In der Abbildung bleibt unklar, wer nun wer ist. Keiner hat eine Armbrust, einer hält eine Hellebarde. Auf dem etwas später von Jos Murer gestalteten Scheibenriss von 1574, jetzt mit drei schwörenden Männern, ist jede Person mit einem Namensschild versehen: links «Stouffacher», rechts wahrscheinlich wiederum Melchtal («Erni») und in der Mitte ein als solcher beschilderter «wilhelm tell», alle mit dem gleichen Schwert und keinen weiteren Waffen ausgestattet.[3] Eine interessante Kombination der beiden Welten findet sich in *Balthasar Anton Dunkers* Darstellung aus der Zeit um 1798; Tell wehrt den Revolutionsdrachen mit einem Schild ab, auf dem die drei schwörenden Eidgenossen abgebildet sind.[4]

In den narrativ gehaltenen Bildprogrammen (z.B. in Ernen, vgl. unten) sind sie freilich klar getrennt beziehungsweise aneinandergereiht, und in der barocken Titelblatt-Architektur sind sie einander klar gegenübergestellt: So zeigt *Christoph Murers* Titelblatt von 1606 zu Stumpfs Chronik beide Figuren, als Säulen der Eidgenossenschaft im übertragenen Sinn vor eigentlichen Säulen stehend: links Tell mit dem Büb-

1 Dieser Beitrag ist 2003 völlig überarbeitet worden.

2 Neben Tell oder zusammen mit Tell gibt es in der Figur des Bruders Klaus noch eine zweite Einzelfigur als Gegenstück zur Gruppe der drei Eidgenossen.

3 Hans Christoph von Tavel, Nationale Bildthemen. Disentis 1992. S. 207 (Ars Helvetica, Bd. X).

4 Abb. zum Beispiel in Lilly Stunzi, Tell. Werden und Wandern eines Mythos. Bern 1973. S. 88; ebenfalls in Tavel, op. cit. S. 224.

lein, rechts die drei Rütlieidgenossen unter dem Titel der Prudentia und Concordia (der Vorsicht und der Eintracht).[5]

In der allgemeinen Nationalikonographie scheint die Tellenfigur das stärkere Bild zu sein. Das drückt sich auch in der Sekundärliteratur aus. Während es über Wilhelm Tell «im Wandel der Zeiten» mehrere Publikationen gibt, stehen analoge Zusammenstellungen zur Rütliwelt nicht zur Verfügung.[6] Der hohe Symbolwert wird auch durch das Faktum belegt, dass sich die politische wie die kommerzielle Werbung des Tell bedient, nicht aber der drei Eidgenossen. Auch Max Frisch spürte 1972/73 das Kräfteverhältnis: Über die drei Eidgenossen hat er kein Büchlein «für die Schule» verfasst.

Das aus lokalpatriotischen Ambitionen entstandene und von *Richard Kissling* gestaltete Altdorfer Tellendenkmal gewann sehr bald die Bedeutung eines nationalen Denkmals.[7] Hingegen gedieh das von *Robert Dorer* schon 1866 vorgeschlagene Projekt, das mit einer Monumentalisierung der drei Eidgenossen in der Bundesstadt ein wirkliches Nationaldenkmal und zugleich eine Veranschaulichung der dreisprachigen Schweiz hätte werden sollen, nicht über das Stadium eines 1871 in der *Illustrierten Schweiz* verbreiteten Entwurfs hinaus.[8] In den Bildprogrammen der Briefmarkenwelt sind die Eidgenossen ebenfalls nur am Rande vertreten: 1941 als Abbildung des Bundeshausmonumentes von Vibert (vgl. unten) und 1982 als Abbildung des von Danioth geschaffenen Freskos des Bundesbriefarchivs (vgl. unten). Sie sind schwach vertreten und schon bald vergessen, während das Tellenbüblein (1907) und der an Kisslings Monument orientierte Tellenkopf (1914) in der kollektiven Vorstellungswelt einen prominenten Platz einnehmen. Und bei den Münzen? Bei der Gestaltung der gesamtschweizerischen Münzen nach 1848 wurden zwar Entwürfe mit dem Motiv der Eidgenossen eingereicht – bekanntlich setzte sich aber das Helvetia-Motiv durch.[9]

Die beiden Bilderwelten zum Alleingang und zum Solidaritätsakt stehen in einem Konkurrenzverhältnis zueinander. Oppositionsbewegungen und Umbruchzeiten scheinen eher die Welt des Tell zu pflegen, die Etablierten eher die Welt der drei Eidgenossen. Die sozialistische Symbolkultur bezog sich aber ebenfalls gerne auf das «bürgerliche» Vorbild der drei Eidgenossen, und umgekehrt beruht auch der Tellenkult, wie er sich in Kisslings Denkmal von Altdorf kristallisiert, auf einem patriarchisch-bürgerlichen Lebensverständnis. Es gibt im übrigen Postkartengestaltungen, die problemlos die Motive auf den gleichen 10,5 × 15 cm darstellen und noch ein drittes Element einbeziehen: den Bundesbrief, der zuweilen mit dem Rütlischwur gleichgesetzt wird, als ob das nicht doch zwei völlig verschiedene Dinge wären.

5 Tavel, op. cit. S. 33.

6 Ausnahme: Thea Vignau-Wilberg, Zur Ikonographie des Rütlischwurs im 17. Jahrhundert. In: Zeitschrift für Schweizerische Archäologie und Kunstgeschichte 32, 1975. S. 141–147.

7 Vgl. den Beitrag «Altdorf und Basel» in diesem Band.

8 Abb. in: Damals in der Schweiz. Kultur, Geschichte, Volksleben der Schweiz im Spiegel der frühen Photographie. Frauenfeld 1980. S. 159, Abb. 269. – Karl F. Wälchli u.a., Bernische Denkmäler. Ehrenmale in der Gemeinde Bern und ihre Geschichte. Bern 1986. S. 13.

9 Georg Kreis, Helvetia. Im Wandel der Zeiten. Geschichte einer nationalen Repräsentationsfigur. Zürich 1991. S. 47ff.

Das Bild der schwörenden Eidgenossen ist von einer kaum überbietbaren Symbolkraft. Es zeigt, wie Repräsentanten von drei Gemeinschaften eine weitere Gemeinschaft höheren Grades eingehen und so zu Gründern werden. Es hält einen wichtigen Augenblick fest und ist – mit dem Ewigkeitswert des Schwurs – dennoch auf Dauerhaftigkeit angelegt. Es drückt im Moment wie in der Dauer die Einheit in der Vielfalt aus: die Einheit durch die Verbundenheit und die gleiche Gestik; die Vielfalt durch die unterschiedlichen Herkunftszeichen der Heraldik, oft auch durch die Unterschiede der Kleider und des Alters. Das Bild kann auch den Inhalt der Gemeinsamkeit ausdrücken: mit dem Schwert die Wehrbereitschaft, mit der horizontalen Geste die Solidarität unter den Brüdern, mit dem himmelwärts gereckten Arm die Verbundenheit mit Gott.

Am eindrücklichsten kommt die Himmelverbundenheit in zwei Entwürfen zu dem 1779/81 entstandenen Schwurbild von *Johann Heinrich Füssli* zum Ausdruck: Auf dem einen Entwurf hebt der mittlere Eidgenosse beide Hände mit einer Gebetshaltung zum Himmel, die in der Frühzeit als beten mit «zertanen Armen» bezeichnet worden ist.[10] Auf einem zweiten Entwurf greifen die Arme zweier Eidgenossen über den Bilderrand hinaus – ins Jenseits. Das Elementare kommt auch darin zum Ausdruck, dass die Schwörenden nackt dargestellt werden, was sicher dem antikisierenden Republikideal entspricht, aber zugleich auch unterstreicht, dass sich hier *der* Mensch mit Gott in Verbindung setzt. Insbesondere den Entwürfen des für das Zürcher Rathaus in Auftrag gegebenen Gemäldes haftet etwas Trotzig-Stolzes an und bringt eine spannende Mischung von Unbotmässigkeit gegenüber weltlicher Autorität und Unterordnung unter die göttliche Autorität zum Ausdruck und ist (allerdings bereits nach der amerikanischen Revolution) ein Vorbote der Revolutionen, welche der Aristokratenherrschaft ein Ende bereiten werden. Füsslis Darstellung ruft im übrigen sogleich *Jacques-Louis Davids* «Schwur der Horatier» (1784) in Erinnerung.[11]

Angesichts dieser Symbolkraft ist es ein Unsinn, nach der Geschichtlichkeit der Figuren zu fragen und zu meinen, der Wert des Symbols hänge von der positiven Antwort auf die Frage ab, ob es sie «gegeben» habe. Die Stärke des Bildes wird durch dessen Variierbarkeit bewiesen, und es käme niemandem in den Sinn, die Aussagekraft einer späteren Variation deswegen nicht für gegeben zu erachten, weil sie nicht auf eine historische Urbegebenheit zurückgeführt werden kann.

Doch etwas möchte man schon wissen, wenn man einmal mit der Dokumentation dieses Motivs begonnen hat: Welches ist die älteste Darstellung? Die Hoffnung, eine Abbildung zu finden, die älter ist als die erste verbale Überlieferung aus den Jahren um 1470 – an einer Kapellenwand, auf einer Wappenscheibe, einem Gebrauchsgegenstand –, wird wahrscheinlich ein unerfüllter Wunsch bleiben. Die älteste Dar-

10 Zitiert im Sinne einer Hommage an den frühverstorbenen St. Galler Kollegen Peter Ochsenbein, Autor des in diesem Bereich zentralen Werkes: Das grosse Gebet der Eidgenossen. Bern 1989.

11 Vgl. Franz Zelger, Der Schwur. In: Zeichen der Herrschaft. Das Bild der Republik in der Kunst des 16. bis 20. Jahrhunderts. Hrsg. v. Dario Gamboni, Georg Germann und François de Capitani. Bern 1991. S. 128–131. – Tavel, op. cit. S. 219.

stellung ist vielleicht diejenige auf der Münze des Zürcher Goldschmieds *Jakob Stampfer*.[12] Man bemerkt doch, dass die Apfelschussszene anfänglich offenbar populärer war als die Schwurszene. Bis in spätere Zeit kann die Apfelschussszene ihren zentralen Platz in der kollektiven Vorstellungswelt und im konkreten Bildprogramm behalten: Es ist kein Zufall, dass *Jean-Michel Mooreau* auf dem Titelblatt der Zurlauben-Darstellung der Schweiz von 1784 zentral auf der unteren Ebene die Apfelschussszene als Hauptszene behandelt, darüber den Schuss auf Gessler und dass er die Schwurszene nur auf einem Seitenbild gleichwertig mit der Szene der Grussverweigerung unterbringt.[13]

Sucht man frühe Rütliszenen, geht man von der falschen Erwartung aus, *schwörende* Eidgenossen zu finden. Die Bilder, die als Illustrationen der frühen Texte (Petermann Etterlin 1507, Sebastian Münster 1550) überliefert sind, zeigen in den Illustrationen zum Geschehen keine Schwurszenen, wie sie auch keine *Ver*schwörungsszenen zeigen. Wichtiger und darum als Bild festgehalten war die obrigkeitlich verbriefte Landnahme der Waldleute und darum auch die entsprechende Darstellung mit topographischem Hintergrund und sogar einer Rodungsszene. In der Etterlin-Chronik von 1507 bringt ein Bote in diese Landschaft einen Freibrief.[14] In der Münster-Cosmographia von 1550 wird der Bote weggelassen, so ergibt sich daraus das Grundmuster der Rütliszene, auch wenn noch kein Schwur dargestellt wird.[15] Erst später – doch, wann eben zum ersten Mal, sofern diese Frage überhaupt wichtig ist – wurde die wie in Füsslis Darstellung sich auf das Naturrecht berufende Verschwörung gegen fremde Obrigkeit zu einem und dann zum dominierenden Bildmotiv.

Hat bereits der 1528 gestorbene Albrecht Dürer eine Rütliszene gestaltet? Eine mit den Initialen A. D.[16] versehene Darstellung will uns dies glauben machen. Die Echtheit dieser Autorschaft muss jedoch angezweifelt werden. In der 1547 erschienenen Chronik von Johannes Stumpf finden wir dann – vielleicht erstmals – das vertraute Bild der Männer, alle gleich angezogen, mit erhobener Hand, mit der Bilderklärung: «Dry menner schweerend den ersten pundt», aber ohne «Rütli»-Hintergrund. Wegen der relativ frühen Entstehungszeit und der Seltenheit der Belege ist die volkstümliche Darstellung an der Aussenwand des 1576 entstandenen «Tellenhauses» des Gomser Dorfes Ernen wichtig: Als Element eines dreiteiligen Zyklus (neben dem Apfelschuss und Gesslers Tod) zeigt sie drei in Standesfarben gekleidete Figuren, mit Mützen bedeckt, die Linke wehrbereit am Schwertknauf, die Rechte abgewinkelt zum Schwur erhoben.[17]

12 Tavel gibt 1546 an (S. 23), Vignau (Anm. 6) datiert «zwischen 1555–1565».

13 Abb. in Tavel, op. cit. S. 79.

14 Abb. in Tavel, op. cit. S. 19.

15 Abb. in Tavel, op. cit. S. 72. In der gleichen *Cosmographia* von 1550 gibt es auf dem Blatt zu Unterwalden eine klassische Darstellung der drei Eidgenossen in einer Vignette mit heraldischem Charakter, vgl. z.B. in Tavel, op. cit. S. 72.

16 24 heures vom 5./6. Juli 1986.

17 Abb. in Tavel, op. cit. S. 117.

Wie im Fall von Ernen sind die drei ersten Eidgenossen *unpersönliche* Repräsentanten von Schwyz, Uri und Unterwalden ohne eigene Individualität. Diese anonymen Repräsentationsfiguren erhalten allerdings bereits in der ersten Schrift aus der Zeit um 1470 individuelle Namen: Der erste wird zu einem «Stoupacher», der zweite zu einem «der Fürsten von Ure» und der dritte zu einem «der usser Melche». In einer zweiten Phase kommen dann noch die Vornamen hinzu: Dem Stauffacher wird ein Hans und ein Werner beigefügt, dem Fürst ein Walter und dem Melchtal ein Arnold. Zum unpersönlichen Charakter der Repräsentationsfiguren gehört auch, dass sie keinen identifizierbaren Standort haben. In der entörtlichten (also ohne Rütli-Bezug auskommenden) Stilisierung lebt die Symbolgruppe weiter als Buchvignette, auf Schützenscheiben und Wirtshausschildern. Rütli ist in diesem Fall überall.

Das Rütli kann heute – wie der Gotthard – eine Zentralität beanspruchen, die vor dem 16. Jahrhundert überhaupt nicht gegeben war. So gab es vor und nach dem gegen Ende des 13. Jahrhunderts abgeschlossenen Pakt der Waldstätte in anderen alpinen Regionen analoge «Schwüre»: auf der Südseite der Alpen der *Patto di Torre* von 1182, mit dem sich die Talleute von Blenio und der Leventina gegen Lokalgewaltige auflehnten, die im Namen des Reiches Herrschaft ausübten; und im Vorderrheintal das «Bündner Rütli» unter dem Ahorn von Truns, wo 1424 der auf den *Part sura* von 1395 zurückgehende Obere oder Graue Bund, eine auch das Hinterrheintal einschliessende kommunale Landfriedensordnung, beschlossen und 1778 letztmals erneuert wurde.[18]

Rütli ist auch immerdar oder mindestens wiederkehrend: Entlang der ganzen Geschichte der Alten Eidgenossenschaft wird ständig geschworen: bei den Bundeserweiterungen, aber auch in regelmässigen Abständen, zum Beispiel alle zehn Jahre wie im Falle des Paktes von 1351, zur Vergegenwärtigung früher eingegangener Verpflichtungen, später auch zur zusätzlichen Herrschaftssicherung, im 19. Jahrhundert in der Schlussapotheose der Festspiele, am Anfang der Legislatur, zu Beginn der Grenzdienste etc.[19] Eine bekanntere Darstellung einer breiter angelegten Schwurszene ist das von *Christoph Murers* Radierung von 1580 kopierte und für das Berner Rathaus bestimmte Ölbild von *Humbert Marechet* von 1585. Es zeigt im Kreis angeordnete Vertreter der 13 Orte der Alten Eidgenossenschaft an der Stanser Tagsatzung von 1481, alle mit Schwert ausgestattet, ohne Kopfbedeckung, den rechten angewinkelten Arm zum Schwur erhoben.[20] Eine eigenartige Darstellung eines anonymen Malers aus der ersten Hälfte des 17. Jahrhunderts zeigt zwischen drei schwörenden Eidgenossen (links) und dem Bruder Klaus (rechts) eine Gruppe von zweimal sechs mit Schwertern

18 In der Vorhalle der St.-Anna-Kapelle 1924 anlässlich des 500-Jahr-Jubiläums mit einem Fresko des nachmals durch die «Landi 39» bekannter gewordenen Otto Baumberger dargestellt. Zur Sache neuerdings Roger Sablonier im Handbuch der Bündner Geschichte. Bd. 1. Chur 2000. S. 276ff.

19 Vgl. den Beitrag «Schwören in der Schweiz» in diesem Band.

20 Murers Radierung in Tavel, op. cit. S. 208. Marechets Ölgemälde in Guy P. Marchal, Die «Alten Eidgenosssen» im Wandel der Zeiten. Das Bild der frühen Eidgenossen im Traditionsbewusstsein und in der Identitätsvorstellung der Schweizer vom 15. bis ins 20. Jahrhundert. In: Innerschweiz und frühe Eidgenossenschaft. Bd. II. Olten 1990. S. 329.

bewaffeneten Männern, welche gemeinsam eine höchst labile Freiheitssäule im Gleichgewicht halten. Die Männer sind (wie die drei Eidgenossen) zeitgenössisch gekleidet, sie erscheinen wie die Bürgerschaft, sie haben den heraldisch-historischen Charakter der Repräsentationsfiguren der 13 Orte abgelegt – sind so etwas wie Vorläufer des künftigen «Volkes».[21]

Besonders wichtig ist die Darstellung von *Martin Disteli* von 1830, denn hier wird zur Zeit der Juli-Revolution und der anbrechenden Regeneration erstmals das Volk als Bildelement eingeführt, während alle älteren Darstellungen, sofern sie nicht die 13 Orte zeigen wollen, eine beinahe emblematische Beschränkung auf die drei Hauptfiguren aufweisen. Der innovative Charakter von Distelis Darstellung ist bisher zuwenig gewürdigt worden.[22] In den Dramen, insbesondere in Schillers Tellendrama von 1804, waren die aus den verschiedenen Gefolgschaften gebildeten Volksgruppen stets ein wichtiges Element der Schwurszene: «Wir stehen hier statt einer Landsgemeinde / Und können gelten für ein ganzes Volk.» Und später: «Des ganzen Volks die Besten sind zugegen.» Und dieses *Sample* spricht die nachmals populäre und entsprechend im Polit-Alltag oft rekapitulierte Schwurformel: «Wir wollen sein ein einzig Volk von Brüdern!» Die bekannteste Darstellung einer mit «Volk» angereicherten Rütli-Szene ist *Ernst Stückelbergs* Fresko von 1881 in der Tellskappelle am Vierwaldstättersee. Sie hat Disteli von 1830 zur unabdingbaren Voraussetzung. Beide situieren die Szene in eine Landschaft, welche das Rütli sein könnte oder sein will, und beide zeigen die Schwörenden selbstverständlich barhäuptig.[23]

Weitergeführt wird das Motiv der von Gefolgsleuten umgebenen Hauptfiguren in *Heinrich Danioths* Fresko von 1936 für das Bundesbriefarchiv. Die beinahe schablonenhafte Gleichartigkeit der Körperhaltungen gibt der gesamten Komposition etwas Ornamentales, sie drückt aber auch die damals verstärkte Bereitschaft aus, unter Verzicht auf abweichende Individualität in der kollektiven Aufgabe der Landesverteidigung aufzugehen. Die Projektumschreibung erklärte ausdrücklich, dass man in der Wahl des darzustellenden Gegenstandes frei sei, dass man aber eine Bezugnahme zum Bundesbrief von 1291 wünsche.[24] Wie in manchen anderen Fällen wurden auch hier bedenkenlos zwei Dinge vermengt und gleichgesetzt: die Legende vom mündlichen Pakt und aufrührerischen Schwur in der abgelegenen Wildnis vom Rütli und die im zivilisierten Lande in Brunnen am Schwyzer Seeufer, wo der «Brief» wahrscheinlich ausgestellt, gesiegelt und allenfalls beschworen wurde.

Der alte Repräsentationsgedanke wurde von der sozialistischen Bewegung wieder aufgenommen, um ihn allerdings ins Klassenkämpferische zu wenden: Auf dem

21 Yvonne Boerlin-Brodbeck, Alpenlandschaft als politische Metapher. Zu einer wenig bekannten «Libertas Helvetiae». In: Zeitschrift für Schweizerische Archäologie und Kunstgeschichte 55, 1998. S. 1–11.

22 Lucien Leitess u.a., Martin Disteli ... und fluchend steht das Volk vor seinen Bildern. Olten 1977. S. 77. – Tavel, op. cit. S. 228ff.

23 Bei Ernst Stückelberg sind die Schwyzer Mythen im Hintergrund sichtbar.

24 Beat Stutzer, Das Wandbild am Bundesarchiv von Schwyz. Gurtnellen 1978.

«neuen Rütli» stehen einmütig versammelt der Repräsentant der Arbeiterschaft mit dem Hammer, der Repräsentant der Bauernschaft mit der Sichel und der Repräsentant von Lehre und Forschung mit dem Buch.[25] Einer der «Eidgenossen» wird in dem ansonsten rein männlichen Akt manchmal auch als Frau dargestellt, und der Eid auf die bessere Zukunft wird nicht am 1. August, sondern am 1. Mai abgelegt. Das Schwert, das bei einigen Darstellungen ebenfalls abgebildet wird, trägt die Inschrift «Freiheit und Menschlichkeit».[26]

Noch lange galt nicht der 1. August 1291, sondern der 8. November 1307 als Gründungsdatum.[27] Darum gibt es einige Rütli-Darstellungen aus dem Jahr 1907. In diesem Jahr ist beispielsweise eine von *Hans Bachmann,* Luzern, gestaltete Postkarte zum 600jährigen Bestehen der Eidgenossenschaft produziert worden. Sie zeigt, was für jene Zeit typisch ist: das Monument mit drei knienden Eidgenossen am See der Urschweiz, wie man damals die Schweiz gerne als Insel im brausenden Weltenmeer zeigte.

Eine weitere Variante einer Schwurdarstellung bietet *Ferdinand Hodlers* «Die Einmütigkeit» von 1912/13.[28] Sie zeigt eine Gruppe von etwa 50 Männern, die, einem Aufruf eines zentral auf kleinem Podium stehenden Führers folgend, zu einem Schwur ausholen, wobei die Parallelität der Arme den heutigen Betrachter unwillkürlich an eine Kundgebung einer gleichgeschalteten, die Arme zum Hitlergruss hebenden Menschenmasse erinnert. Wie Franz Zelger ausführt, hat der Künstler in diesem Werk, bei dem er übrigens auf ältere Skizzen zum Thema «Rütlischwur» zurückgriff, den «Parallelismus der Empfindung» mit dem «Parallelismus der Form» mit letzter Konsequenz angewendet.[29]

Die fortschreitende Individualisierung hatte mitunter zur Folge, dass Künstler den Gestalten einen eigenen Ausdruck geben wollten und das Publikum sich mit den den Gründungsvätern zugeschriebenen Charakteren auseinandersetzen musste. Die 1901 für die Eingangshalle des Bundeshauses vorgeschlagenen und schliesslich doch nicht ausgeführten Gestalten wurden von der Jury als brutal, wild und prähistorisch, als zuwenig intelligent und/oder zu opernhaft kritisiert.[30] Das schliesslich erkorene Monument von *James Vibert* von 1914 löste das Problem, indem es die Figuren sehr blockhaft und in Anlehnung an Hodler in strengem Parallelismus zeigte. Vibert ging davon aus: «Au XIIIe siècle on ne voit jamais prêter serment le main droite levée vers

25 Zeitungskopf des *Grütlianers* von 1907.

26 Postkarten aus dem Schweiz. Museum für Volkskunde. Beispiel aus dem Jahr 1908.

27 Dazu Georg Kreis, Der Mythos von 1291. Basel 1991. S. 49 und 58ff.

28 Franz Zelger, Heldenstreit und Heldentod. Schweizerische Historienmalerei im 19. Jahrhundert. Zürich 1973. Abb. 67, 475×1512 cm. Das für das Hannoveraner Rathaus bestimmte Bild sollte den Reformationsschwur von 1553 darstellen. Bei der Gestaltung der Mittelgruppe hat Hodler zwei seiner früheren Skizzen für einen «Rütlischwur» (Kunsthaus Zürich/Musée d'Art et d'Histoire Genève, 1896) verwendet. – Abb. auch bei Tavel, op. cit. S. 246 und 251.

29 Zelger, op. cit. S. 124.

30 Vgl. Johannes Stückelberger, Die künstlerische Ausstattung des Bundeshauses in Bern. In: Zeitschrift für Schweiz. Archäologie und Kunstgeschichte (ZAK) 1985. S. 185–233. Hier S. 196.

le ciel» und verzichtete darum auf die theatralische Geste der zum Schwur gereckten Arme und zeigte die Eidgenossen mit gesenktem Arm und flacher Hand auf dem Bundesbrief. Die Zeitgenossen fühlten sich beim Anblick des Monuments an ägyptische und assyrische Statuen erinnert.

Auf die naturalistischen Verirrungen um die Jahrhundertwende und die Stilisierung von 1914 folgte die Abstraktion. So schuf, dem Abstraktionsbedürfnis der Zeit entsprechend, *Werner Witschi* für die Expo 64 eine später in Flüelen aufgestellte Eisenplastik, welche die Rütli-Szene auf den entscheidenden Gestus reduzierte und in vielen Varianten eine schwörende Hand zeigte.[31] Dieser Auffassung vorausgegangen war eine andere Darstellung, die auf ihre Weise die historisierende Szenerie evakuierte: Dem Wunsch des Bundeshausarchitekten Hans Auer entsprechend, malte *Charles Giron* 1902 das für die Stirnseite des Nationalrates bestimmte Gemälde «Wiege der Eidgenossenschaft», eine Darstellung ohne Menschen als reines Landschaftsmonument, nur aus Bergen, Wasser und Wolken.[32]

Sehr naturalistisch, die Symbolik aber als bekannten Hintergrund voraussetzend, kommen die Karikaturen daher: Die liberale Polemik machte 1847 aus der positiven eine negative Verschwörung dunkler Mächte, Jesuiten und Konservative legen einen satanischen Schwur ab und treten das Evangelium und die Pressefreiheit mit den Füssen.[33] In unseren Tagen wird das Motiv der drei schwörenden Eidgenossen vor allem zur Darstellung unerfreulicher Verständigung zwischen zweifelhaften Kräften verwendet. Diese sollen einen Kontrast zwischen gegenwärtigen Missständen und ursprünglichen Idealverhältnissen aufzeigen.[34]

31 Tavel, op. cit. S. 142.

32 Stückelberger, op. cit. S. 205ff. – Tavel, op. cit. S. 107.

33 Zum Beispiel in: 1848 Drehscheibe Schweiz. Die Macht der Bilder. Hrsg. v. Philippe Kaenel. Zürich 1998. S. 57.

34 Zum Beispiel als Alkohollobby in 24 heures vom 19. Februar 1987 oder als Verhinderer der CH 91 in Brückenbauer vom 6. Mai 1987 und immer wieder als Bankenlobby und geldgierige Brüder (Heinz Wildi oder Ernst Matiello).

1972 Reaktion auf die aufklärerische Kritik vernünftiger Historiker: Die Kunst zeigt «Vertrautes in neuem Licht» (Peter Travaglini, Kunststoffapfel, Durchmesser ca. 3 m. Tell 73, Ausstellungskatalog, Text und Redaktion: Peter Killer. Spiegel-Bern 1973).[1]

Lebendiger Wilhelm Tell

Wer sich zum Thema «Tell» äussern will, dem stehen grundsätzlich drei Diskurskategorien, drei Arten des Redens oder des Schreibens, zur Verfügung.

Erstens könnte man die Gelegenheit wahrnehmen, um die Geschichte vom freiheitsliebenden Meisterschützen nachzuerzählen. *«Nu was da ein redlicher man, der hies der Thall, der hat ...»* (Weisses Buch von Sarnen, um 1470). Bemerkenswerterweise ist diese Kategorie heute kaum gefragt. Das ist aber nicht auf mangelndes Interesse an Tell zurückzuführen. Das hat vielmehr mit der verkümmerten *Erzählkultur* zu tun. Sowohl Geschichtenerzähler wie ihre Zuhörerschaften sind weitgehend abhanden gekommen; die Welt der Geschichten dieser Art hat sich auf die Welt der Kinder zurückgebildet.[2]

Eine Form der Nacherzählung allerdings ist bis heute lebendig geblieben: Tell ist ein beliebtes literarisches Sujet. Bekannteste Beispiele im Bereich der Prosa sind Gotthelfs *Knabe Tell* (1845), Inglins *Jugend eines Volkes* (1933) und Frischs *Tell für die Schule* (1971). Im Schauspielbereich reihen sich an Morax' «Tell», Bührers «Neues Tellenspiel» (1923), Schneiders «Schütze Tell» (1981) und Brives und Schärs «Projekt Tell» (1988).[3] Die Urfassung der Geschichte wird dadurch zwar immer weniger bekannt, lebt jedoch in der Gestalt zahlreicher Variationen weiter.

Hat Tell gelebt?

Die zweite Kategorie bilden die direkten *Stellungnahmen zu Tell* meist in Form einer Reihe von Fragen: Hat Tell gelebt? Ist Tell noch aktuell? Ist Tell eine schweizerische oder eine übernationale Figur? Welcher sozialen Gruppe «gehört» Tell? In diese Kategorie fallen die häufigen Äusserungen, die Tell für tot erklären oder seine Unsterblichkeit nachweisen. Für die Wissenschaft ist Tells historische Existenz kein Thema. Und da diese Frage heute keine Gelehrten- und Publizistenpolemik mehr hervorruft, wendet man sich in regelmässigen Abständen direkt an das Volk und gibt ihm in schnell

1 Von Philip Morris «gesponsort», von Peter Killer mit einem Buchband begleitet, zog unter dem Titel «Tell 73» eine Ausstellung durch die Schweiz, welche direkt oder indirekt den «Beweis» erbrachte, dass Tell, obwohl von der Geschichtswissenschaft in den Bereich des Irrealen verwiesen, eine «Realität» sei.

2 Nachtrag von 2003: In der Geschichtswissenschaft erlebt das Narrative, die narrative Qualität eines Textes erst seit kurzer Zeit wieder eine Aufwertung.

3 Nachtrag von 2003: Selbst das Expo.02-Theater griff mit dem Stück «Black Tell» wieder nach der Nationalfigur und wollte mit billigem Skandal (unter anderem dem Verbrennen einer Schweizerfahne) Aufmerksamkeit in Anspruch nehmen.

durchgeführten *Meinungsumfragen* Gelegenheit, seine eigenen Überzeugungen zur Kenntnis zu nehmen.

Stellungnahmen zur Tell-Geschichte bedingen bereits – selbst wenn sie positiv ausfallen – eine Entfremdung der Erzählgemeinde von der Erzählung. Das ursprüngliche Verhältnis war zwar auch nicht frei von Stellungnahmen. Diese galten aber nicht der Geschichte als solcher, sondern den geschilderten Begebenheiten. Es waren Stellungnahmen, die innerhalb der Geschichte blieben und feststellten, dass die Guten gut, die Bösen böse seien. Eines der ältesten schriftlichen Zeugnisse, das diesen Rahmen sprengt und kritisch zu Tell Stellung bezieht, stammt aus dem Jahre 1752. Die Schrift trägt den Titel *Wilhelm Tell, Ein dänisches Mährgen* und wurde vom Ligerzer Pfarrer Uriel Freudenberger verfasst – was für den Autor ungute Konsequenzen hatte.

Nationalheld oder Werbeträger?

Die dritte Kategorie geht im Entfremdungsprozess noch einen Schritt weiter, kommt aber zugleich der ersten, der Erzählkategorie, wieder näher, denn sie schildert den *Wandel des Tell-Bilds im Laufe der Zeit*.[4] Dank der Dokumentationsfülle der Medienarchive und der leichten Abrufbarkeit des Gespeicherten findet sich immer häufiger auch diese Art, sich mit Tell auseinanderzusetzen. Solche Darstellungen haben den Vorzug, dass sie die Wandelbarkeit des Tell-Bildes zeigen. Ihr Nachteil ist ihre Unverbindlichkeit, weil sie sich mit der Beschreibung, das heisst der Aufzählung des Wandels, begnügen und sich kaum mit der Frage befassen, welches die jeweiligen Funktionen der verschiedenen Bilder sind.

So wie Tells Aussehen sich wandeln kann, wechselt er auch seine *Funktion.* Er kann als konservativer Kämpfer (zum Beispiel gegen den Uno-Beitritt) oder als progressiver Genosse (zum Beispiel in der 68er Bewegung) auftreten. Im Jahre 1979 ist die inzwischen wieder eingegangene Alternativzeitung *Tell* gegründet worden. Tell kann statt als Parteigänger als überparteiliche Integrationsfigur auftauchen. Er kann einmal als respekterheischender Nationalheld erscheinen, ein andermal respektlos zu Werbezwecken eingesetzt werden.

Kann man aus der Häufung bestimmter Varianten den herrschenden Zeitgeist ablesen? Aussagekräftiger ist vielmehr, wie präsent Tell-Gestalten generell – also unabhängig von der Einfärbung – jeweils sind. Um 1971 beispielsweise ist eine Massierung von *Infragestellungen des Nationalhelden* zu verzeichnen und damit zugleich eine – wenn auch kontestative – Tell-Renaissance. «Nationalheld auferstanden und gleich wieder begraben», lautete damals ein Urteil. Das Umgekehrte ist mindestens so wahr: Auferstehung dank Begräbnis. Jede Verwendung, ob nun positiv oder negativ eingesetzt, lebt vom Mythos Tell und nährt diesen zugleich.

4 Klassiker sind in diesem Fall Ricco Labhardt, Wilhelm Tell als Patriot und Revolutionär 1700–1800. Basel 1947 (Diss.). – Lilly Stunzi (Hrsg.), Tell. Werden und Wandern eines Mythos. Bern 1973.

Neben den drei genannten Diskurskategorien gibt es freilich nun noch eine vierte Art, sich mit Tell zu befassen: die *Auseinandersetzung mit dem mythischen Charakter der Figur.* Tell ist in diesem Diskurs nur ein Fall von mehreren – neben anderen Personen wie Winkelried oder Guisan, neben politischen Prinzipien wie Neutralität oder Konkordanzdemokratie. Auseinandersetzung mit dem Mythos heisst in der Regel aufklärende Kritik am Mythos, und zwar mit der Absicht, diesen abzuschaffen. Es ist kein Zufall, dass die erwähnte Schrift des Ligerzer Pfarrers in der Zeit der kritikbedachten Aufklärung erscheint. Was stört denn am Mythos? Er scheint rückwärtsorientierte Haltungen zu bestärken. Als positives Gegenstück wird dem Mythos die Utopie entgegengehalten. Oder Ideologien jeder Art, weil sie in sich (und absolut) logisch sein wollende Gedankengebäude pflegen, die dann auf rationaler Ebene wenigstens diskutierbar sind, während die Mythen nebulöse, unfassbare Gebilde sind, die – jenseits jeder Logik – widersprüchliche Realitäten nebeneinanderstehen lassen.

Tell-Mythos wird weiterbestehen

Dem ist entgegenzuhalten, dass Mythen durchaus im Dienste *zukunftsorientierter Haltungen* stehen können, wie es auch rückwärtsgewandte Utopien gibt. Gewiss weisen Mythen nicht die Logik von Ideologien auf. Dass sie aber gedanklich kaum erfassbar sind, hat auch seine positive Seite. Gerade Ideologen – das spüren sie, und das ärgert sie – können über den Mythos nicht einfach verfügen. Er ist in hohem Masse unverfügbar und unberechenbar. Er ist autonom.

Man wird darum Mythen nicht «abschaffen», Tell zum Beispiel nicht «überwinden» können. Was man aber kann und können sollte: den Mythos als solchen erkennen und sich von einer Welt von Mythen umgeben wissen. Zudem sollten wir sie innerhalb ihrer Welt unterscheiden können. Es gibt Mythen und Mythen: heitere und dunkle, befreiende und unterdrückende. Es ist besser, wir leben in einer Vielfalt von sich gegenseitig in Schach haltenden Mythen, als dass wir durch sogenannte Aufklärer einseitige Versuche erleben, gewisse Mythen zu unterdrücken. Der Kampf gegen Mythen wird in der Regel im Dienst von Gegenmythen geführt, und sei es nur, um den Mythos vom mythenfreien Aufklärungsgeist zu pflegen. Tell ist als Mythos gerade in der Zeit der Aufklärung sehr geschätzt gewesen. Etwa zur gleichen Zeit, als der Ligerzer Pfarrer gegen das «Mährgen» polemisierte, liess in Schinznach die Helvetische Gesellschaft Tell hochleben.

Naive Aufklärer stellen den Mythos gerne in Gegensatz zur Realität. Mythen sind indessen *Teil der Realität,* gewissermassen deren irreale Seite. Ihre Wirkungen sind mindestens so real wie die handgreiflichen Wirklichkeiten. Es bedeutet im übrigen auch gar keine Abwertung, wenn beispielsweise Tell der Welt der Mythen zugeordnet wird. Statt gegenüber einem falschen Wirklichkeitsanspruch zu gestehen, Tell sei *nur* ein Mythos, kann man anerkennend herausstreichen, dass die Schweiz mit Tell einen

Mythos habe! So besehen, darf man sagen: Zum Glück hat Tell «nicht existiert». Tells Stärke liegt in seiner biographischen Unfassbarkeit.

Ob es uns ärgert oder freut: Es wird immer wieder Äusserungen über Wilhelm Tell geben, so wie es Autoren gegeben hat und geben wird, die den Helden vom Sockel herunterholen oder glauben, seine Existenz beweisen zu können. Es wird auch immer wieder Unternehmen geben, die sich des Nationalhelden bedienen, mit Tell für warme Socken, Bier, Jeans, Kreuzfahrten und Fondue werben. Und immer wieder wird es Leute geben, die – wie in vorliegendem Fall – über Tell schreiben lassen und schreiben. Darum ist dies gewiss kein letztes Wort über Wilhelm Tell![5]

5 Nachtrag von 2003: Hier eine Auswahl der gleichzeitig oder später erschienenen Tell-Publikationen: Jean-François Bergier, Guillaume Tell. Paris 1988 (den damals von der Sowjetunion unterdrückten Völkern Polens und Afghanistans gewidmet). Deutsche Ausgabe vom gleichen Jahr mit dem Untertitel «Realität und Mythos». München 1988. Bergier griff in seinem Buch über das Verhältnis Schweiz – EU nochmals auf Tell zurück: Wilhelm Tell – ein Europäer? Betrachtungen eines Historikers. Zürich 1992. – Uli Windisch / Florence Cornu, Tell im Alltag. Zürich 1988 (aus dem Franz. übersetzte Paralleledition). – Diverse Beiträge aus dem linken Spektrum des «Kulturboykotts» von 1991: Auf wen schoss Wilhelm Tell. Beiträge zu einer Ideologiegeschichte der Schweiz. Zürich 1991. – Globi und Wilhelm Tell. Zürich 1991. – Walter Dettwiler, Wilhelm Tell: Ansichten und Absichten. Zürich 1991. – Franz Wyrsch, Wilhelm Tell – nicht umzubringen. Schwyz 2001. Der ehemalige Lehrer (für Geschichte!) und Landschreiber von Küssnacht, der sich auf J. F. Bergier berufen kann, im Falle anderer Auffassungen aber den «historiographischen Augiasstall» ausgemistet haben möchte, tritt im Stil des nationalkonservativen Patrioten an und schleudert seinen Gegnern, die an Tells physischer Authenzität zweifeln, das Wort entgegen: «Einen Dreck wisst Ihr!» Er qualifiziert sich unumwunden als einen «Besserwisser» und stellt den Lesern in Aussicht, dass sie nach gehabter Lektüre sagen könnten: «Nun bin ich im Bild.»

Johann Heinrich Pestalozzi: Im 19. Jahrhundert lanciertes Ideal eines Modellehrers. Hier ein Bild nach dem bekannten, 1879 von Konrad Grob geschaffenen Vorbild aus einer Schweizergeschichte für die Primarschulen der Kantone Waadt, Neuenburg und Genf (Histoire Illustrée de la Suisse. Lausanne/Genf 1905. S. 158).

Nationalpädagogik in Wort und Bild

Zum Beispiel in der Schweiz

Die Kultivierung der Vergangenheit – das kann nicht genug betont werden – ist eine Erscheinung der Moderne. Nicht dass Vergangenheit nicht auch in der Vormoderne von Bedeutung gewesen und auf eine gewisse Art doch auch gepflegt worden wäre. In vormoderner Zeit wurde aber mit der Vergangenheit gelebt, ohne das Verhältnis zur Vergangenheit zu einer Sache, einem Gegenstand, das heisst zum Historismus zu verdichten und die Geschichte so zu einem besonderen Gegenüber zu machen, das wieder herbei- oder hereingeholt werden muss.

Die Kultivierung des Nationalismus ist ebenfalls eine Erscheinung der Moderne. Die Idee der nationalen Grossfamilie substituiert den Verlust der feudalen Gesellschaftsstrukturen und bedient sich dabei mit Vorliebe der Vorstellung von der historischen Gemeinschaft.[1] Den aufkommenden Bedarf an Nationalem kann man aus der anwachsenden Notwendigkeit erklären, Herrschaft durch Basisakzeptanz zu legitimieren. Diese kann über die Idee – oder den Mythos – der Nation gewährleistet werden. Die in der Schweiz vergleichsweise früh und stark entwickelten Strukturen der indirekt- und direkt-demokratischen Mitbestimmung könnten die moderne, das heisst auf die Nationalidee ausgerichtete Identitätspflege entsprechend früh zum Erblühen gebracht haben.

Die Nationalidee hat aber nicht nur eine vertikale Dimension, die dem gesellschaftlichen und staatlichen Leben von unten nach oben und *vice versa* Struktur gibt und dieser Stabilität verleiht. Sie hat auch eine mit der anderen Dimension eng verschränkte horizontale Dimension, muss sie doch Zentrum und Peripherie und die verschiedenen Regionen und Teilstaaten in eine allseits akzeptierte Beziehung bringen. Im Falle der Schweiz weiss man, dass der Zusammenhalt unter den 22 kantonalen Teilstaaten trotz deren stark entwickeltem und entsprechend zur Partikularität neigendem Selbstbewusstsein über die Nationalidee eingebunden wurde. Weniger bekannt ist hingegen, dass sozusagen jeder dieser Teilstaaten auf seiner Ebene angesichts der Rivalitäten von Talschaften und Provinzialstädtchen sowie der Spannungen im Stadt-Land-Gegensatz etc. ebenfalls einen hohen Integrationsbedarf gegenüber interner Partikularität hatte und darum einen entsprechenden Kantonsnationalismus entwickelte.

1 Eric Hobsbawm, Nationen und Nationalismus. Mythos und Realität seit 1780. Frankfurt a.M. 1991. – Hagen Schulze, Staat und Nation in der europäischen Geschichte. München 1994. – Georg Kreis, Keine postnationale Zukunft. In: Reformatio 44, Okt. 1995. S. 364–369.

Beide Dimensionen, die vertikale und die horizontale, sind eng verschränkt und bilden ein Ganzes. Die Gemeinschaftsvorstellungen, die derartige Gebilde benötigen, orientieren sich im Falle der mehrsprachigen, bikonfessionellen, kulturell buntscheckigen und stark föderalistischen Schweiz nicht an der Idee der gemeinsamen Sprache, der alleinseligmachenden Konfession, dem gleichen Volkstum als einer Art Grossfamilie und auch nicht an der Idee des einheitlich durchorganisierten Staates, sondern vor allem an der Geschichte und der Landschaft. Sie ist deswegen aber kein spezieller Sonderfall, sind doch beide Elemente auch für andere «Nationen» konstitutiv, wie umgekehrt in der schweizerischen Selbstkonstituierung ansatzweise auch sprachliche, ethnische und etatistische Elemente eine Rolle spielen.

Die Bedeutung der Landschaft (gewiss speziell der Alpen, aber auch anderer, «banalerer» Topographien) soll uns hier nur am Rande beschäftigen. Die weiteren Überlegungen gelten vielmehr der Bedeutung der Geschichte beziehungsweise der Pflege der Geschichte. Wie man sich im kritischen Milieu mittlerweile zur Genüge bewusst ist, wurde und wird zum Teil noch immer die Geschichtspflege in den Dienst der nationalen Idee gestellt. Unsere Erkenntnisse sollten sich aber nicht auf die Erfassung dieses schnell einleuchtenden Vorgangs beschränken. Die Geschichtspflege erschöpfte sich nämlich nicht darin, bloss nationales Bindemittel in latent stets gegebenen Antagonismen verschiedenster (sozialer, konfessioneller, regionaler) Art zu sein. Die Pflege der Geschichte hatte – jenseits von der Nationalproblematik, wenn auch mit dieser verknüpft – die für die Oberschicht sozusagen seit jeher wichtige, jetzt aber das ganze Volk umfassende Funktion, ein für den gesellschaftlichen Akkulturationsprozess wichtiges Bezugssystem zu unterhalten.[2]

Die pädagogische Vermittlung von Tugendvorstellungen hat immer in hohem Masse über das Erzählen von Geschichten stattgefunden; in unserem Kulturkreis lange Zeit vorzugsweise von biblischen Geschichten, in höheren Bildungsschichten aber auch mit Geschichten aus der Welt der klassischen Antike. Das vorwiegend sakrale Erzählgut dürfte im Laufe des 18. Jahrhunderts eine wichtige Ergänzung durch säkulare Vorbildgeschichten vor allem patriotischer Natur erfahren haben.

Die Unterscheidung zwischen Sakralem und Säkularem ist jedoch künstlich und bezeichnet eigentlich nur die unterschiedlichen Ausgangspunkte. In der einen Variante wirkt die sakrale Tugendgeschichte in den säkularen Raum, in der anderen nimmt die säkulare Tugendgeschichte auch sakrale beziehungsweise zivilreligiöse Bedeutung in Anspruch. Beides sind Heilsgeschichten, beide haben Offenbarungscharakter. Das heisst: Sie machen Wahrheiten einsehbar und erheben zugleich Wirklichkeitsanspruch, indem sie (wenn diese pleonastische Verdeutlichung gestattet ist) als geschehene Geschichte daherkommen. Darin liegt denn auch das ursprüngliche Wesen des Mythos: Es ist ein Geschehen, das allgemeinverbindliche Handlungsanleitung in sich birgt und zugleich zum massgebenden Weltverständnis anleitet. Der Mythos ist darum mehr

2 Die zweite wichtige Funktion der Geschichtspflege ist die der Bildung eines antiquarischen Gegengewichts zur Moderne. Vgl. dazu Georg Kreis, Das Festspiel – ein antimodernes Produkt der Moderne. In: Das Festspiel. Willisau 1988. S. 186–208. – Ders., Der Mythos von 1291. Basel 1991.

als eine – *per se* – abstrakte Idee, die zwar gedacht werden, deshalb aber noch keinen Realitätsanspruch haben kann, er ist vielmehr eine auf Erfüllung und Erfahrung beruhende Wahrheit. Der Mythos ist auch mehr als eine exemplarische Vita zunächst einer kirchlichen Sakralperson, später eines bürgerlichen Genius, der zivile Verehrung erheischt. Denn grosse Leistungen, etwa von Gelehrten, Baumeistern, Staatsmännern, haben gerade als gelungene Produkte zwar etwas Bewunderungswürdiges, der Mythencharakter geht ihnen jedoch ab, wenn nicht auch der Moment des Gelingens von tragender Bedeutung ist.

Die Mythenindustrie des 19. Jahrhunderts kann nicht verstanden werden, wenn man nicht zuvor einen Blick in die zweite Hälfte des vorangehenden 18. Jahrhunderts geworfen hat. Denn dort ist, beschränkt zunächst auf den bildungsbeflissenen Teil der Oberschicht, dasjenige entwickelt worden, was später – nach den Gesetzmässigkeiten der modernen Massenkultur zusätzlich dramatisiert und emotionalisiert – die gesamte Gesellschaft erfasste. Bereits 1745 räsonierte ein Johann Georg Sulzer über die beste Art der Unterweisung von Kindern und empfahl den Einsatz von «lebendigen Gemähldt» statt der Vermittlung von blossen Lehren.[3] In die Praxis umgesetzt wurde diese Empfehlung beispielsweise durch den bekannten Gelehrten Johann Jakob Bodmer in den *Historischen Erzählungen* von 1769 oder durch Leonhard Meister in der *Helvetischen Galerie grosser Männer und Thaten* von 1786.

Implizit oder explizit war dieses aufklärerische Schriftgut in der Regel der «vaterländischen Jugend» gewidmet, zumeist den «Jünglingen» der führenden Schicht als den künftigen Inhabern von Ämtern. Adressaten waren freilich nicht weniger auch die Erwachsenen, welche die Kinder zu unterweisen hatten und mit diesen anhand der wenigen Illustrationen ein Gespräch entwickeln sollten. Das Titelbild der erwähnten *Galerie* von 1786 zeigt eine derartige Unterweisungssituation vor einem Tellenmonument; desgleichen die 1791 für die «Zürcherische Jugend» hergestellte und von Johann Martin Usteri und Johann Rudolf Schellenberg gestaltete Schrift zum Rütlischwur. Auch in späteren Darstellungen von Unterweisungssituationen erscheint die Alte Eidgenossenschaft als Erzieherin. Es gab aber auch Anleitung zu Anleitungen in Form von patriotischen (den sakralen Vorbildern nachgebildeten) Katechismen mit vorgegebenen Fragen und Antworten.[4]

Was die nationale Reformbewegung der Spätaufklärung im vergleichsweise schmalen Raum der Bildungselite entwickelt und in einem gewissen Sinne vorgespurt hat, wird in der Phase des politischen *nation building* vom Regime der Helvetik (1798–1803) in die breiteren Schichten getragen (die Breitenwirkung dieser Bemühungen darf allerdings nicht überschätzt werden). Heinrich Zschokke erwartete von der Vermittlung der «vaterländischen Vorwelt», dass sie «alles Grosse und Edle» in der

3 Johann Georg Sulzer, Versuch einiger vernünftiger Gedanken von der Auferziehung und Unterweisung der Kinder. Zürich 1745. S. 171.

4 Etwa: Kleiner Politischer Katechismus für die erste Jugend der Schule. Zürich 1773. Oder: Joseph Anton Felix Balthasar, Historische und Moralische Erklärungen der Bilder und Gemälde auf der Kapell-Brücke der Stadt Luzern. Zürich 1775.

Brust der Schüler entzünde.[5] Die Verbreitung dürfte nach der Gründung des Bundesstaates von 1848 nochmals einen weiteren Schub erfahren haben. Für diese Diffusionsphase steht die breitangelegte, 1852 erstmals und 1863 bereits in 4. Auflage erschienene Darstellung von Georg Geilfus. Seine Zweckbestimmung trägt, wohl eher unwissend denn bewusst, die alten Zielsetzungen der Jugendaufklärung weiter: «Die vaterländische Geschichte, diese Fundgrube des Guten und Grossen, ist eine Quelle, welche zur Bearbeitung von Jugendschriften bisher leider noch immer zuwenig benutzt worden ist. Und doch dürfte kein Stoff eine schönere Wirkung zum Ziele bieten; denn Liebe zum Vaterlande und Sinn für Bürgertugend werden unfehlbar durch eine zweckmässige Behandlung des vaterländisch-geschichtlichen Materials in die Herzen der Jugend gepflanzt.»[6] Beim Verfasser, der solches schrieb, handelt es sich um einen aus Rheinhessen 1836 in die Schweiz gekommenen Flüchtling (Jg. 1815), der in der Folge Lehrer in Winterthur werden sollte. Das Buch verstand er, wie man im Vorwort weiter lesen kann, als Teil des «innigen Dankes», den er seiner zweiten Heimat abstatten wollte. In den späten 1970er Jahren sollte sich ähnliches wiederholen mit einer formal modern (als *Comics*) daherkommenden, inhaltlich aber ganz der Mentalität des 19. Jahrhunderts verpflichteten Schweizergeschichte von Falvio Bozzoli, der im Rahmen des Einbürgerungsverfahrens Schweizergeschichte lernen musste, in der Folge in überkompensierender Weise zum Superpatriot wurde und mit dem zweifelhaften Geschenk seine Erkenntlichkeit zeigten wollte.[7]

Bereits in dieser frühen Literatur finden wir die meisten zentralen Motive der schweizerischen Historienmalerei des 19. Jahrhunderts: neben dem Rütlischwur auch Winkelrieds Opfertod[8] und die Kappeler Milchsuppe.[9] Bild und Text sind aber, im Gegensatz zu den späteren Ausgaben, ziemlich nüchtern, ja spröd gehalten. Wenn Leonhard Meister auch für andere sprach, dann war diese Nüchternheit gewollt und nicht mangels besseren Könnens. Meister war nämlich der Meinung, solche Präsentationen sollten sich auf die «nackte Darstellung» beschränken, damit das Kind oder sein «Aufseher» die Ausschmückungen selber entwickeln könne. «Tändelhafte Ausmalungen und andere Auswüchse des Witzes und der Empfindeley vermisst man wohl nicht ungern.» Das sollte sich im Laufe der Zeit ändern. Je älter das 19. Jahrhundert wurde, desto grösser wurde der Bedarf nach dem, was 1786 noch als abträgliche «Empfindeley» abgetan wurde. Pa-

5 Der helvetische Genius. Bd. 1. 1799. 1. Stück. S. 56f. Ähnlich Johann Büel, Was soll in den Landschulen der Schweiz gelehrt und nicht gelehrt werden? Winterthur 1801. S. 39f. Oder Pfarrer Johann Rudolf Steinmüller, Lesebuch zur Bildung des Herzens und Übung der Aufmerksamkeit für Kinder in den Landschulen. Glarus ^{4}1804. S. 28f.

6 Georg Geilfus, Helvetia. Vaterländische Sage und Geschichte. Winterthur 1852. Vorwort.

7 Die Schweizer Geschichte. 4 Bde. Unter der Leitung von Jean-René Bory. Neuenburg 1981. Es gibt auch eine französische und eine italienische Fassung.

8 Zum Beispiel in: *Neujahrsgeschenk ab dem Musiksaal an die Zürcher Jugend aufs Jahr 1782.* In: Die Schlacht von Sempach im Bild der Nachwelt. 1986. S. 121.

9 Zum Beispiel in der Darstellung mit dem Titel «Der Tugend und Wissenschaft liebenden Jugend gewiedmet von der Stadt-Bibliothek in Zürich, am Neujahrs-Tage 1769». Wiedergegeben im Erstdruck dieses Textes, vgl. S. 566.

triotisches Empfinden hervorzurufen scheint sogar im 20. Jahrhundert noch das primäre Ziel populärer Schweizergeschichten gewesen zu sein. So wollte ein 1930 erschienenes Volksbuch «Liebe erwecken», «unaussprechliche Freude» und «grössten Genuss» vermitteln, aber auch «bitteren Schmerz» und «tiefe Beschämung» nicht ersparen.[10]

Die Verbreitung der schriftlichen und immer häufiger auch bildlichen Darstellungen bekannter historischer Schlüsselszenen als nationale «Gemeinplätze» hat man sich wohl als Folge eines kombinierten, sich in den verschiedenen Dimensionen wechselseitig stützenden Gesamtvorganges vorzustellen: Folge der immer weitere Kreise erfassenden und immer emphatischer werdenden Nationalbegeisterung sowie der Verbesserung der technischen Reproduktions- und Divulgationsmöglichkeiten, die von der Nationalbegeisterung lebten und belebend auf diese zurückwirkten. Alle verfügbaren Medien wurden genutzt und sogar neue geschaffen. Die traditionellen Medien: der Text und das Bild in der expandierenden Kalender- und Buchproduktion, später in der Presse; schon immer das Lied, speziell der Chorgesang. Die neuen Medien: die nationalen Wettkämpfe im Rahmen der Eidgenössischen Schützen- und Turnfeste, das Festspiel und das Denkmal, die Briefmarke und die Postkarte, sodann die Möglichkeit, die Plätze und Strassen der rasch expandierten Städte mit Namen aus der nationalen Geschichte zu versehen, das Museum und – seit es sie gibt – die Volksschule und die jährlichen Schulreisen, welche mit der Zeit die Kinder auch der Grundschicht an die «hohen Orte» der vaterländischen Geschichte und zu den nationalen Landschaften führten.[11] Einige dieser Medien sollten, weil sie für die ausgewählten Motive von besonderer Bedeutung sind, erläutert werden. Einige vorangestellte Darlegungen gelten aber den von den massgebenden Vordenkern produzierten Geschichtsbildern.

Die Geschichtsforschung

Der schweizerische Nationalmythos beruhte zunächst vor allem auf der ereignishaften Sagenwelt der Befreiungskämpfe. Anfänglich als Realgeschichte gesehen und gehandelt, wurden diese Sagen in dem Masse, als historische Kritik ihnen zusetzte und andere Realwelten (insbesondere der erfolgreiche Bundesstaat) als Ersatzgrössen auftauchten, zu glaubwürdigen Wahrheiten höherer Ordnungen befördert – zu eingestandenen Mythen, die als solche nicht etwa weniger ernst, sondern im Gegenteil sogar noch ernster genommen werden sollten.[12] In beiden Varianten – in der sagenmytholo-

10 Ernst Oberländer, Das Schweizerland im Wandel der Zeiten. Basel ³1930.

11 Zum Beispiel von Heinrich Zschokke, der uns auch als Verfasser von rein historischen Darstellungen wichtig ist, der Reiseführer: Die klassischen Stellen der Schweiz. Karlsruhe 1836. Von der schweizerischen Bevölkerung sagt er hier, sie sei «nur aus Trümmern vieler Nationen zusammengesetzt, welche, in Stürmen längst vergangener Zeitalter untergegangen, ihre Überbleibsel zwischen diesen Felsen liegen liessen». Nach 1800 habe sich aber (ein neuer) Geist der Nation mächtig entwickelt (Einleitung der Ausgabe von 1842. S. 11, 16).

12 In dieser Richtung Jean-François Bergier, Guillaume Tell. Paris 1988. In deutscher Übersetzung: Wilhelm Tell. Realität und Mythos. München 1988.

gischen wie in der realmythologischen – stellte sich die Geschichtsforschung bis tief ins 20. Jahrhundert bedenkenlos in den Dienst der Nationalbegeisterung und damit der Vermittlung nationaler Mythen.

Der ehemalige Seminarlehrer Karl Dändliker sprach 1883, jetzt im Status eines Geschichtsprofessors der Universität Zürich, diese reale und nicht sagenhafte Idealebene an, wenn er erklärte, die Geschichte offenbare den «nationalen Beruf» des Schweizervolkes, seinen «Beitrag an die Fortschritte der europäischen Geschichte». Der Beitrag sei grösser, als man heute anzunehmen pflege oder zuzugestehen beliebe. Äusserlich betrachtet, habe die Schweiz zwar keine imponierende Rolle im europäischen Völkerkonzert gespielt, ihre Geschichte sei trotzdem, «innerlich, geistig-sittlich aufgefasst, auf ihren Gehalt an fruchtbaren, fürs Völkerwohl segensreichen Ideen geprüft, eine würdige, bedeutungsvolle. Will man die Stellung der Schweiz nach dieser Hinsicht richtig auffassen, so muss man ihr natürliches, ihr sittliches und politisches Wesen nach seinen Eigentümlichkeiten sich vergegenwärtigen.»[13]

Die Aufklärung führte nicht etwa zu einem Abbau der nationalen Mythenwelt. Sie machte sich ganz im Gegenteil zum Vehikel der in dieser Mythenwelt eingebetteten Geschichten zur Exemplifizierung der patriotischen Tugenden. Die Aufklärung ist der wichtige Ausgangspunkt für zwei grundsätzlich verschiedene Entwicklungen der Moderne: für die romantisch-idealisierende sowie die kritisch hinterfragende Haltung. Die erstere blieb lange die dominierende Variante, ihr ging es darum, die guten Sitten der vorbildlichen Ahnen zu «erforschen» (von den Griechen über die Römer zu den Alten Eidgenossen) und die Vollkommenheit der Ahnen als Anleitung zur Tugend zu präsentieren.[14] Von diesem Grundverständnis kam die Historiographie lange nicht weg, auch wenn sie einzelne Sagengestalten aus dem Realitätenkabinett der modernen Geschichte verbannte. Indem sie deren Qualität kollektiv den Ahnen, Vorfahren und Vätern zuschrieb und im herderschen Sinn zum Nationalcharakter machte, nahm sie die Figuren gleichsam durch die Hintertüre wieder auf. Lange blieb bestimmend, was Johannes von Müller (1752–1809) auf der Basis des Renaissance-Nationalismus eines Aegidius Tschudi (1505–1572), aber aus idealistisch-vorromantischer Sicht über die Anfänge der Nation und über den Nationalcharakter der Eidgenossen festgeschrieben hatte.[15]

Die in der ersten Hälfte des 19. Jahrhunderts sich entwickelnde Professionalisierung (und partielle Emanzipierung von der Bildungswelt der Geistlichen) führte nur in Ausnahmefällen zu einer Distanzierung von der pädagogisch-patriotischen Funktion der Geschichtsschreibung. Gegen Ende des 19. Jahrhunderts wurde die Weitergabe der Sagen als historische Wahrheit zwar den Volksbüchern überlassen, der neugeschichtliche Mythos vom vorbildlichen Sonderfall wurde aber festgehalten. Auch die vaterländische Geschichte der jüngeren Jahre blieb eine Art von Sittenlehre.

13 Dändliker, vgl. unten (Anm. 21). S. 11ff.

14 Richard Feller/Edgar Bonjour, Geschichtsschreibung der Schweiz. Vom Spätmittelalter bis zur Neuzeit. 2 Bde. Basel ^{2}1979. S. 425.

15 Aegidius Tschudi, Chronicon helveticum, erste Teile erst im Laufe des 18. Jahrhunderts publiziert. Johannes von Müller, Die Geschichten der Schweizer. Bd. 1. Bern 1778.

Doch auch die Kritik an den alteidgenössischen Mythen setzte zur Zeit der Aufklärung ein: Voltaire könnte mit der Kritik an der Tell-Sage vorangegangen sein, andere folgten, 1854 Isaak Iselin, 1860 der Pfarrer Uriel Freudenberger mit der Schrift *Dänisches Mährgen.*[16] Einen etwas stärkeren, aber keineswegs umwerfenden Stoss erfuhr die Überlieferung der Gründungs- und Pionierzeit durch die zunächst überhaupt nicht von revisionistischen Absichten getragenen Archivstudien des konservativen Luzerners Joseph Eutych Kopp (1793–1866). Dessen Befund, dass die Geschichte von der Repression durch habsburgische Vögte erfunden sei und nicht der historischen Wahrheit entspreche, wurde von den Historikerkollegen, wenn überhaupt, erst viele Jahrzehnte später übernommen.[17] Die Infragestellung nahm immerhin derart zu, dass sich nationalistische Patrioten schon in den 1840er Jahren über «Federfuchser» zu klagen veranlasst sahen, welche die alten Überlieferungen in Frage stellen würden.[18] Über Winkelrieds Historizität wurde ebenfalls während Jahrzehnten bis in die 1880er Jahre hin ein «Historikerstreit» geführt, und zwar – was zu besonderen Emotionen führte – unter Beteiligung ausländischer Historiker.[19]

Die erste, einigermassen nüchterne Gesamtdarstellung der Entstehung der Alten Eidgenossenschaft bietet Johannes Dierauer (1842–1920) im Jahr 1887.[20] Kurz zuvor – 1884 – und noch in späteren Auflagen, etwa derjenigen von 1893, betätigte sich Karl Dändliker (1849–1910) als warmer Vermittler der traditionellen Geschichtsbilder. Die Tellen- und Rütli-Geschichte situierte er zwar in die Sagenwelt, die Winkelried-Geschichte behielt er aber in der Welt des wirklich Geschehenen. Mit einer Art Doppelstrategie trat er einerseits als (scheinbar) kritischer Geist auf, andererseits sicherte er trotzdem der unkritischen Kolportage wortreich einen Platz. Die Urkunden würden eben nur einen Teil der Geschichte betreffen, und die ursprünglichen Sagen würden den anderen Teil vermitteln. «Dass diese nicht aus der Luft gegriffene Hirngespinste sind, dass ihnen vielmehr bestimmte historische Tatsachen zu Grund liegen», konnte Dändliker bemerken, «ist die Überzeugung der Mehrzahl von Forschern.»[21] Er pflegte die Vorstellung einer willkommenen Konvergenz. «Die Verlästerer der Forschung haben den Wert des wissenschaftlichen Verfahrens und der Urkundenforschung schätzen gelernt, und die Vertreter der Wissenschaft haben die hochmütige Verachtung der Sagen aufgegeben.» Dennoch glaubte er die Zeitgenossen «zur Vorsicht im Verwerfen» mahnen zu

16 Ricco Labhardt, Wilhelm Tell als Patriot und Revolutionär 1700–1800. Basel 1947. S. 60.

17 Feller/Bonjour, S. 675ff.

18 Guy P. Marchal, Die «Alten Eidgenossen» im Wandel der Zeiten. Das Bild der frühen Eidgenossen im Traditionsbewusstsein und in der Identitätsvorstellung der Schweiz vom 15. bis ins 20. Jahrhundert. In: Historischer Verein der fünf Orte (Hrsg.), Innerschweiz und frühe Eidgenossenschaft. Jubiläumsschrift 700 Jahre Eidgenossenschaft. Olten 1990. S. 369.

19 Beat Suter, Arnold Winkelried, der Heros von Sempach. Die Ruhmesgesch. eines Nationalhelden. Stans 1977. S. 286ff. Den Terminus «Ausländer» finden wir z.B. bei Dändliker, bezogen auf Kleissner, op. cit. S. 554.

20 Johannes Dierauer, Geschichte der Schweizerischen Eidgenossenschaft. 5 Bde. 1887–1917.

21 Karl Dändliker, Geschichte der Schweiz mit besonderer Rücksicht auf die Entwicklung des Verfassungs- und Kulturlebens von den ältesten Zeiten bis zur Gegenwart nach den Quellen und neuesten Forschungen gemeinfasslich dargestellt. 3 Bde. ^{3}1893. Bd. 1. S. 400ff.

müssen, hatte aber nichts dagegen, dass die Forschung «rüstig» voranschreite, zumal er gelassen davon ausgehen konnte, dass die Sagen in unangreifbarem Reduit weiterlebten. Die archaischen Fragmente waren ihm gewiss lieber als die in ihrer unhaltbaren Überexaktheit ziemlich angreifbaren Darstellungen Tschudis.

An der Historizität des Helden von Sempach hielt Dändliker aber fest, auch wenn ihn, wie er sagte, die Urkunden «im Stich» liessen.[22] Er kehrte die Beweislast aber um und erklärte, den Leugnern der Tat würden Beweise fehlen. Etwas defensiv lautete allerdings die offenbar beruhigend wirken wollende Formulierung, es habe wohl trotz des Forschungsfortschritts «immer noch Platz» für Winkelrieds Tat. Diese Auffassung erschien um so unanfechtbarer, als sie scheinbar gelassen Infragestellung durchaus zuliess, um dann aber zum Schluss zu kommen, dass «Möglichkeit und Wahrscheinlichkeit» die alte Auffassung bestätigten. Das im Sperrdruck gesetzte Schlusswort war dann ohne jeden Zweifel: «Von welcher Seite wir also auch die Dinge ansehen und anfassen mögen, immer wieder werden wir dazu geführt, der alten schönen Überlieferung vom Heldentode Winkelrieds ihr Recht zu lassen, an ihre Wahrheit zu glauben und sie, wie unsere Vorfahren, als kostbarstes Stück in der Schatzkammer unserer alten Überlieferungen hochzuhalten!»[23] Zuvor hatte er im laufenden Text auf den 1864 errichteten Gedenkstein verwiesen und die auf unzweifelhafte Tatsächlichkeit angelegte Inschrift in Majuskeln zitiert: «Hier hat Winkelried den seinen eine Gasse gemacht 1386.» Ludwig Vogels Bild von «Winkelrieds Leiche» von 1841, ebenfalls in den Text eingeschoben, ist in Dändlikers Schweizergeschichte die einzige Abbildung eines Historiengemäldes und damit auch das einzige Ereignisbild in dem ansonsten nur mit Realienbildern (Wappen, Fahnen, Siegeln, militärischen Karten, Zeichnungen von historischen Bauten) illustrierten Werk. Keine Apfelschussszene, kein Rütlischwur, der «grüne Flecken am See» wurde nur als romantisierende Naturszene dargestellt.

Der Schulunterricht

Die «gemeinsame» Geschichte ist ein wichtiges Element der Nationalpädagogik.[24] Entsprechend hoch muss darum ihr Stellenwert im Schulunterricht gewesen sein. Es wäre aber ein Irrtum anzunehmen, dass der Geschichtsstoff schon zu Beginn des 19. Jahrhun-

22 Ebenda, S. 542.

23 Dändliker, in Feller/Bonjour geschildert als «schwärmerisch fromm und mittelalterlich angehaucht» und aus ländlichem Pfarrhaus stammend (S. 736), verweist auch auf die Sempacher Feier und die in deren Rahmen abgehaltene Totenmesse und bemerkt dann: «Auch ein Nichtkatholik, wenn er an diesem Akte teilnimmt, wird das Erhebende und Ergreifende desselben empfinden» (S. 548). Der zivilreligiöse Vaterlandskult war in der Tat dazu angetan, den konfessionellen Gegensatz abzubauen.

24 Die schweizerische Schulgeschichte ist noch kaum erforscht. Zwei Ausstellungskataloge skizzieren die Problematik, der eine eher unter dem Aspekt der konkreten Fertigkeiten und materiellen Bedingungen: Die bernische Volksschule und ihre Geschichte. Eine Ausstellung zum 150jährigen Jubiläum des Staatsseminars. Historisches Museum Bern 1983. – Der andere unter dem Aspekt der vermittelten Zugehörigkeitsvorstellungen: D'un pays et du monde. Comment l'école a contribué à

derts oder überhaupt je einen breiten Raum im Pensum der Grundschule eingenommen hätte. Nicht weniger wichtig war jedenfalls die ahistorische Pflege der Heimatliebe, der Bilder vom Dorf, vom Schmied, vom blühenden Kirschbaum, den Bergen etc.

Die Gewichtungen beispielsweise im Lesebuch *Schweizerischer Kinderfreund* für Bürger- und Volksschulen von 1808 geben uns dazu aufschlussreiche Hinweise. Von 272 Seiten werden bloss 17 der Schweizergeschichte gewidmet. Der erste Abschnitt handelt – ohne Geschichte! – von «der Beförderung guter Gesinnungen» und von «Schärfung des Verstandes» (77 S.), der zweite Abschnitt von der Naturkenntnis (59 S.), der dritte Abschnitt «von dem Menschen insbesondere» (73 S.) und der vierte Abschnitt von der Länderkunde (50 S.) inklusive nun auch der Schweizergeschichte; ein Schlussabschnitt spricht «von den Pflichten der Einwohner eines wohleingerichteten Staates» (3 S.). Hundert Jahre später war der historische Teil zwar etwas umfangreicher, aber noch immer kleiner, als wir mit unserer Vorstellung vom historistischen Zeitalter meinen. Im Berner Lesebuch für die mittleren Klassen der Primarschulen von 1912 etwa umfasste der «Sprachliche Teil» mit Gebetstexten und allerlei Geschichten 80 Seiten; der «Realistische Teil» mit seinen rund 170 Seiten war insbesondere der Naturkunde gewidmet (vom Lerchennest bis zum Walfisch), 70 Seiten davon standen aber immerhin der Schweizergeschichte zur Verfügung von der Gründung des Alteidgenössischen Bundes bis ins 16. Jahrhundert. Zur jüngeren Zeit wurden nur gerade zwei Beiträge eingestreut: Der eine betraf das Unglück im Hauensteintunnel von 1857, der andere die Gründung des Roten Kreuzes von 1863.

Erst gegen Ende des 19. Jahrhunderts schien das Getane nicht zu genügen und wurde ein Anlauf genommen, um ein Mehreres zu tun. 1889 widmete die Schweizerische Gemeinnützige Gesellschaft ihre Jahresversammlung dem Thema «Die Pflege des nationalen Sinnes in unserem Volke», sie hörte sich von einem protestantischen Geistlichen ein Grundsatzreferat zum Thema an und rief darauf eine Kommission ins Leben, die sich dieser Aufgabe systematisch annehmen sollte.[25] Für unseren Zusammenhang ist von besonderem Interesse, dass auch und sogar speziell das Bild als Sinnesträger gewürdigt wurde. Die künstlerische Ausschmückung von Schulhäusern sollte subventioniert und der Vertrieb von «guten, billigen, für den Schmuck des Bürgerhauses geeigneten Bildern» sollte in Zusammenarbeit mit der Kunstgesellschaft und mit den Reproduktionsanstalten gefördert werden. Von den grossen Plänen wurde allerdings nur wenig verwirklicht. Immerhin gelang es, die Erziehungsdirektionen zum Ankauf von sogenannten Schulwandbildern zu bewegen, die in zwei Varianten zusammen

développer le sentiment d'appartenir au pays et au monde à travers 150 ans de matériel scolaire. Yverdon-les-Bains 1993. – Gewisse Einblicke vermitteln sodann drei Lehrmittelstudien von Barbara Helbling, Eine Schweiz für die Schule. Nationale Identität und kulturelle Vielfalt in den Schweizer Lesebüchern seit 1900. Zürich 1994, insbesondere S. 167ff.; Verena Rutschmann, Fortschritt und Freiheit. Nationale Tugenden in historischen Jugendbüchern in der Schweiz seit 1880. Zürich 1994, insbesondere S. 47ff.

25 Vgl. Bea Mesmer, Nationale Identität – einige methodische Bemerkungen. 1987. S. 19ff. Das Referat von A. Steiger, Pfarrer in Herisau, ist veröffentlicht in der Schweizerischen Zeitschrift für Gemeinnützigkeit (SZG) 29, 1890. S. 6–28.

gegen 80 Rappen abgegeben werden konnten. Es handelte sich um Bilder in verdichteter Form, um Bilder von Bildern, das heisst Abbildungen von Denkmälern: im einen Fall um ein Bild des 1890 in Yverdon errichteten Pestalozzi-Denkmals, im anderen Fall um ein Bild des – erst – 1895 in Altdorf errichteten Tell-Denkmals. Ihre für die Auswahl wohl nicht unwichtige Gemeinsamkeit bestand darin, dass sie die Generationenverbundenheit zum Ausdruck brachten. Die Kommission begründete 1895 ihre Auswahl mit den folgenden Ausführungen: «In monarchischen Staaten erblickt man in jedem Schulzimmer das Bild des Landesfürsten; wie sollte es in unserem republikanischen Staatswesen nicht auch Gestalten geben, zu denen hinauf wir die Blicke unserer gesamten Jugend stetsfort zu lenken Ursache hätten! Zwei solche Gestalten sind nach unserer Ansicht Tell und Pestalozzi, ersterer als Verkörperung des schweizerischen Freiheitsgedankens, letzterer als ein hehres Beispiel ächter, christlicher Nächstenliebe. Die beiden Bilder scheinen uns auch deshalb als Wandschmuck für Schulzimmer besonders passend zu sein, weil das eine das Verhältnis des Kindes zum Vater und zum Vaterland, das andere das Verhältnis zum Erzieher und zur Schule zum Ausdruck bringt.»[26] Gewiss ging es in erster Linie um den im *realen Leben* zu praktizierenden Blick von unten nach oben, mithin um die Einübung von Anerkennung Übergeordneter Autorität, und damit um Gehorsam. Als Gegenstück wurde im *künstlichen Bild* im Sinne einer Vorleistung, welche nach entsprechender Gegenleistung rief, auch der paternalistische Blick von oben nach unten zur Schau gestellt.

Eine weitere Welle patriotischer Pädagogik sollte die Grundschulen in der Zwischenkriegszeit erfassen, mit dem 1931/32 gegründeten Schweizerischen Jugendschriftenwerk und seinen über die Schule vertriebenen SJW-Heftli sowie dem 1935 geschaffenen Schweizerischen Schulwandbilder Werk (SSW).[27] Auch hier verband sich, wie schon im ausgehenden 18. Jahrhundert, das Patriotisch-Gute mit dem Ästhetisch-Geschmackvollen. Selbstverständlich wurden alle zentralen Motive der Schweizergeschichte berücksichtigt, diese waren aber eingebettet in ein breites Realienprogramm, wie es bereits die Schulbücher des frühen 19. Jahrhunderts vermittelt hatten.

Das Volksbuch

Bereits das erwähnte Buch von Georg Geilfus von 1852/57 hatte mit 15 Tafelillustrationen einen besonders hohen Illustrationsanteil. Dieser sollte mit der Verbesserung der Reproduktionsmöglichkeiten schnell weiter zunehmen. Am Anfang einer längeren, bis tief ins 20. Jahrhundert reichenden Reihe stark illustrierter Volksbücher steht die Schweizergeschichte von 1868, die zunächst sogar ohne Text als Mappenwerk die aus der schweizerischen Vergangenheit «hervorragenden Momente» in 68 ganzsei-

26 SZG 34, 1895. S. 301.

27 1995 wurde das SSW nach sechzigjährigem Bestehen aufgelöst und mit einer abschliessenden Publikation unter dem Titel «Kunst zwischen Stuhl und Bank. Das Schweizerische Schulwandbilder Werk 1935–1995» (Hrsg. v. Bundesamt für Kultur) gewürdigt.

tigen Holzstichen nach Vorlagen von 20 verschiedenen Künstlern veranschaulichte.[28] Ob der Kulturkampf und der Deutsch-Französische Krieg der dieses Produkt erzeugende Kontext war, ist fraglich. Nicht weniger bestimmend könnten die innenpolitischen Vorgänge, die Ambitionen der sog. Demokratischen Bewegung und die spätestens seit 1866 vermehrt diskutierte Verfassungsrevision sein.[29] 1872 wurde nach dem Grosserfolg der ersten Ausgabe eine zweite Edition mit einem Textteil lanciert. Dem Vorwort der zweiten Ausgabe können wir wichtige Angaben über den intendierten Zweck, das Zielpublikum und die Bedeutung des Textteils entnehmen. Das Buch sollte den Freiheitssinn und den «hochherzigen Patriotismus» durch die «Entfaltung der schönsten und ergreifendsten Scenen unserer glor- und lehrreichen Geschichte» fördern. Es richtete sich ausdrücklich an das Volk, aber vor allem an «unsere Jugend» und mit dem Textteil zunächst an die Eltern, in den bereits stark arbeitsteiligen Umständen insbesondere an die «einsichtige Mutter», damit diese mit Hilfe der Erläuterungen die durch die Betrachtung im Kinde geweckte Neugierde «in fruchtbringender Weise» befriedigen kann. Die Erläuterungen, sie sorgen mit dem «belebenden Wort» dafür, dass die in den Bildern liegende Lehre «um so eindringlicher, der Same, den sie zu pflanzen bestimmt sind, um so fruchtbarer» werde. Alles in allem, wird in unübersehbarer Parallelisierung zur sakralen Botschaft erklärt, müsse das Buch ein «vaterländisches Evangelium sein, das immer und immer wieder zu begeistern und zu entflammen vermag, damit aus dem Worte die That erwachse».[30] 1887 kam als 3. Auflage eine dreisprachige Jugendausgabe heraus. Die Ende der 1860er Jahre so erstmals unters Volk gebrachten Bildmotive sollten auch nach 1918 von einem weiteren Volksbuch übernommen werden, damit die Vaterlandsliebe «in die innersten Schichten unseres Schweizervolkes» eindringe.[31]

Das nächste stark verbreitete Werk stammt von Karl Jauslin, der seit 1876 zahlreiche historische Festumzüge gezeichnet hatte.[32] 1898 schuf er nach einer bereits 1885/87 hergestellten Privatausgabe auf Anregung eines Basler Verlegers die *Bilder aus der Schweizergeschichte*.[33] Das Werk erschien zunächst ebenfalls als Mappe mit 84 Bildern und nach mehreren Auflagen zuletzt als Buch mit 112 Bildern. Die unge-

28 Schweizer Geschichte in Bildern nach Originalien schweizerischer Künstler. Ausgeführt in Holzschnitten durch Buri und Jeker in Bern (1868).

29 Martina Späni (Die Anschauung als schöne Erfahrung und Füllhorn des leeren Begriffs. In: Das schweizerische Schulwandbilderwerk 1935–1995. Baden 1995. S. 48) verweist auf Kulturkampf und Deutsch-Französischen Krieg, nennt aber als Promotoren den Solothurner Landammann Wilhelm Johann Victor Vigier und die eher dem linken Flügel zuzuzählenden Bundesräte Dubs, Schenk und Welti.

30 Die Texte der Ausgabe von 1872 stammen von einem Oswald Schön.

31 Ernst Oberländer, Das Schweizerland im Wandel der Zeiten. Basel ^{3}1930.

32 Zu Karl Jauslin (1842–1904) vgl. die Studie von Hildegard Gantner-Schlee, Karl Jauslins Illustrationen zur Schweizergeschichte. In: François de Capitani / Georg Germann (Hrsg.), Auf dem Weg zu einer schweizerischen Identität 1848–1914. Freiburg 1987.

33 Es handelte sich um den aus Thüringen eingewanderten ehemaligen Schriftsetzer Emil Birkhäuser (1850–1930), der ein überzeugter Eidgenosse geworden und 1884 ins Basler Bürgerrecht aufgenommen worden war.

bundenen Bilder wurden als (wechselnder) Zimmerschmuck sowie als Tischzierde «jedem Schweizerhause» angeboten. Es sei, erklärte das Vorwort in Abgrenzung zum Buch von 1872, nicht nur für die Jugend, sondern «für das ganze Schweizervolk» bestimmt und im übrigen ein Werk, «wie ein solches bis jetzt keine andere Nation besitzt». Vom separat gedruckten Textteil hiess es, er würde gratis beigegeben.[34]

Das Festspiel

Charakteristikum dieser eigentümlichen und als spezifisch schweizerisch bezeichneten Schauspielgattung[35] ist ihre vom Festumzug übernommene Bilderbogenstruktur mit ihrer Aneinanderreihung von historischen «tableaux», aufgeführt von einer grossen Menge lokaler Laienschauspieler mit vielen Aufzügen, Fahnen, Trommeln und Trompeten, ohne einheitliche Handlung, aber mit festem Programm und zumeist einer Schlussapotheose. Erste theoretische Reflexionen über die soziale Bedeutung von Festspielen finden wir ebenfalls im ausgehenden 18. Jahrhundert, wiederum zum Beispiel beim bereits erwähnten in Winterthur wie in Berlin tätigen Johann Georg Sulzer, der um 1760 schrieb: «Es ist in der Welt nichts, das die Gemüter sogar bis in den Grund öffnet und jedem Eindruck so einnehmend Kraft gibt, als öffentliche Feierlichkeiten und solche Veranstaltungen, wo ein ganzes Volk zusammenkommt.»[36] Als fest eingeführte, allgemein bekannte und in einer gewissen Regelmässigkeit praktizierte Schauspielgattung etablierte sich das Festspiel aber erst im Laufe des 19. Jahrhunderts und erlebte wie die Historienmalerei, die Panoramamalerei und die monumentalen Denkmäler seinen Höhepunkt gegen Ende des Jahrhunderts.

Die bekannteste Festspielproduktion war diejenige von 1886 zur Fünfhundertjahrfeier der Schlacht von Sempach und des Opfertodes des Nationalhelden Winkelried. Der Text für diese aus der katholischen Innerschweiz hervorgegangene Saga war von einem protestantischen Zürcher Pfarrer Heinrich Weber verfasst worden. Derselbe Mann schrieb einige Jahre später ein anderes Festspiel, das nach altem Muster die Schweiz im Spannungsfeld zwischen Lastern und Tugend zeigte. Die Laster Neid, Rauflust, Herrschsucht und Fanatismus traten als ahistorische Allegorien auf, die Tugenden hingegen als historische Persönlichkeiten, unter ihnen Winkelried als Inkarnation der Tapferkeit und Pestalozzi als Personifikation der Barmherzigkeit.[37] In einigen Festspielen wurden solche Figuren genau so dargestellt, wie das grosse Publikum sie von gängigen Darstellungen, insbesondere von Denkmälern, bereits kannte.[38] Gleiches

34 Die Texte waren von Dr. Rudolf Hotz (1872–1917), einem Basler Gymnasiallehrer, verfasst.

35 Edmund Stadler, Das nationale Festspiel der Schweiz in Idee und Verwirklichung von 1758 bis 1914. 1988. S. 73ff.

36 Sulzer, Allgemeine Theorie der Schönen Künste. Leipzig 1771–1774.

37 Heinrich Weber, Helvetia. Festspiel in zwei Gruppen. Aarau 1895. Eine weitere Person war Schultheiss Wengi, der solothurnische Friedensstifter, vgl. Anm. 60.

38 Wollte man in Festspielen – bei bengalischem Licht – bekannte Denkmäler als «lebende Bilder» reproduzieren, so traten die Darsteller in entsprechenden Bronze-Tricots auf.

gilt für die als Entreactes in Festspielen eingebaute und in öffentlichen Vereinsanlässen, aber auch privaten Familienfesten reproduzierten «lebenden Bilder» mit ihren gestellten Szenen, die, weil es bekannte Schlüsselszenen waren, vor allem vom Reiz des Wiedererkennungseffektes lebten.[39]

Das Denkmal

Die ersten Denkmäler der Moderne finden sich als bürgerliche Verdienstdenkmäler nicht realiter ausgeführt, sondern abgebildet auf Parklandschaften. Das für Salomon Gessner (†1788) auf der Zürcher Platzpromenade 1791 errichtete Denkmal gilt als das erste dann auch verwirklichte Monument, es erinnerte aber an tugendhafte Eigenschaften einer bestimmten Person und keine mythologischen Begebenheiten.[40] Immerhin war damit, wie am Festspiel von 1895 aufgezeigt, insofern ein wichtiger Schritt getan, als ahistorische Tugenden personifiziert veranschaulicht wurden. Zuvor beschränkten sich derartige Personifikationen auf die Veranschaulichung von sakralen Tugenden durch Heiligenfiguren oder durch stereotype apersönliche Kriegerfiguren und Bannerträger, welche die Gerichtshoheit, den Freiheitswillen und allenfalls den Kampfeswillen markierten.[41] Ereignisdenkmäler entstanden beinahe ausschliesslich zur Erinnerung an Schlachten. Wo ursprünglich in kleinen Kapellen jährliche Totenmessen (sog. Jahrzeiten) zelebriert wurden, entstanden aus dem stärker werdenden Historismus monumentale Denkmäler. Im Falle von Winkelried wurde dieses Denkmal von 1865 aber nicht auf dem Schlachtfeld, sondern in seinem Heimatort Stans errichtet. Die Schwurstätte auf dem Rütli wurde von einem Denkmal verschont, obwohl entsprechende Pläne – wen wundert's – vorlagen. Die Wiese am See mit dem einfachen Holzhaus wurde an sich als Denkmal verstanden.[42] Das sagenhafte Versöhnungsmahl von Kappel von 1529 wurde kein Denkmalsujet, und die Internierung der Bourbaki-Armee erhielt, wenn man von den über das ganze Land verstreuten kleinen Gedenksteinen absieht, mit Edouard Castres' Panorama von 1881 (vgl. unten) einen neuen Denkmaltypus. Das wichtigste Nationaldenkmal dürfte dasjenige von Wilhelm Tell von 1895 in Altdorf sein.[43]

39 Vgl. etwa Stefan Koslowski, Theaterformen in Konkurrenz. Zur Basler Theatergeschichte des 19. Jahrhunderts. Zürich 1998. Zusammenfassung: Verkörperte Nationalmythen. Lebende Bilder in der Schweiz des 19. Jahrhunderts. In: Neue Zürcher Zeitung vom 7./8. Juni 1996. S. 68.

40 Martin Fröhlich, Zur Denkmalgeschichte in der Schweiz. In: Denkmäler im 19. Jahrhundert. Hrsg. v. Hans-Ernst Mittig und Volker Plagemann. München 1972. S. 23–26.

41 Georg Kreis, Namenlose Eidgenossen (in diesem Band). Ferner: Brave Helden von gestern. In: Basler Magazin vom 11. November 1995. Ders., Vom «namenlosen» zum «individuellen» Tell. In: Luzerner Zeitung vom 28. August 1995.

42 1859 wurde die der Bauspekulation ausgesetzte Rütliwiese auf Initiative der Schweizerischen Gemeinnützigen Gesellschaft nach einer breitangelegten Sammelaktion bei der Schweizer Jugend aufgekauft und zum «Nationaleigentum» erklärt.

43 Karl Iten, «Aber den rechten Wilhelm haben wir ...». Die Geschichte des Altdorfer Tellendenkmals. Altdorf 1995. Vgl. auch die beiden Beiträge zum gleichen Thema in diesem Band.

Das Gemälde

Für die Volksbücher des späten 19. Jahrhunderts war es eine Selbstverständlichkeit, dass ihre Illustrationen hohen künstlerischen Ansprüchen (was immer man darunter verstand) genügen mussten, gemäss der klassischen Grundauffassung, dass das Wahre und das Schöne gepaart sein sollten, und in der Meinung, dass das Schöne den Menschen das Wahre und Gute zugänglich mache.[44] Johann Georg Sulzer sprach schon 1772 die Empfehlung aus, dass die Staatsstifter ihre Gesetze dem Kunstschaffenden mitteilen sollten, damit dieser durch die künstlerische Umsetzung «die Menschen selbst wider Willen, aber mit sanftem liebenswürdigen Zwange, zu fleissiger Ausrichtung alles dessen bringe, was zu ihrer Glückseligkeit nötig ist»[45].

Ein weiteres Motiv bestand im Kampf gegen die in diesem populären Themenbereich offenbar zuhauf produzierten schlechten Bilder – «den traurigen, oft obszönen, oft abergläubischen und bunten Bilderkram», wie die Eigenwerbung des Volksbuches von 1868 bemerkte.[46] So finden wir in diesen Büchern bekannten Ölgemälden nachgebildete Kupferstiche und Holzschnitte von Albert Anker, Johann Caspar Bosshardt, Martin Disteli, Gustave Roux und Ludwig Vogel.[47] Umgekehrt sahen offenbar auch die Künstler in den Themen der vaterländischen Geschichte herausfordernde Aufgaben: Es war ein eigentliches Berufsziel, den anspruchsvollen, aber auch ehrenvollen Beruf eines Historienmalers zu ergreifen. Maler dieser Gattung genossen das vereinigte Prestige von Dichtern, Wissenschaftlern und Priestern.[48]

Das Panorama

Obwohl seine Anfänge ins 18. Jahrhundert zurückreichen, gilt das in speziellen Rundbauten präsentierte und zuweilen auf Tournee geschickte Panoramagemälde als ein typisches Medium des 19. Jahrhunderts[49], ein auf Kulissenformat vergrössertes Historiengemälde, den (filmischen) Ablauf dadurch suggerierend, dass es mit sämtlichen Effekten einen illusionären Augenblick festhielt, allerdings nicht irgendeinen Augenblick, sondern den bedeutenden Moment, was das Panorama mit dem Mythos ver-

44 Das Schulwandbilderwerk der Jahre 1935–1995 verfolgte ebenfalls das Ziel, künstlerisch anspruchsvolle Gemälde zu verbreiten und damit zugleich die Künstler zu subventionieren. Vgl. Anm. 29.

45 Johann Georg Sulzer, Die schönen Künste in ihrem Ursprung, ihrer wahren Natur und ihrer besten Anwendung betrachtet. 1772. Zit. nach Späni, S. 48.

46 Umschlagtext möglicherweise der 3. Ausgabe, zit. nach Späni, S. 48.

47 So findet sich im Titel der Ausgabe von 1868 ausdrücklich der Vermerk: «... in Bildern nach Originalien schweizerischer Künstler».

48 Vgl. etwa den Werdegang von Johann Caspar Bosshardt. Vgl. auch die Gesamtdarstellung von Franz Zelger, Heldenstreit und Heldentod. Schweizerische Historienmalerei im 19. Jahrhundert. Zürich 1973.

49 Vgl. Dolf Sternberger, Panorama oder Ansichten vom 19. Jahrhundert. Frankfurt a.M. 1974 (1. Ausgabe 1938).

band. Dass mit den anfänglich dominierenden reinen Landschaftspanoramen lokalpatriotische Identität gestiftet oder genährt wurde, dürfte schnell einleuchten. Die Panoramen mit historischen Motiven hatten im Prinzip die gleiche Funktion wie die grossen Historiengemälde, mit ihrem stärker ausgeprägten Reportagecharakter und dem Zug ins Kolossale waren sie aber besser geeignet, die Zuwendung des ganz grossen Publikums zu gewinnen; eine kommerziell genutzte Zuwendung übrigens, der erhebliche finanzielle Investitionen vorausgegangen waren. Die historischen Panoramen stellten Motive dar, von denen das Publikum – jenseits des freilich auch wichtigen bloss Spektakulären – annahm, dass sie es etwas angingen – die im Panorama von 1883 dargestellte Schlacht von Sedan von 1870 beispielsweise.

In diesen Jahren hatte das historische Panorama auch in der Schweiz Hochkonjunktur. 1880 schuf der Deutsche Louis Braun ein Rundbild zur Schlacht von Murten (von 1476), 1881 der Franzose Edouard Castres das Rundbild zur Internierung der Bourbaki-Armee von 1871. 1885/86 hätte Louis Braun ein weiteres Rundbild zur 500-Jahr-Feier der Schlacht von Sempach malen sollen. Castres' Werk, das anfänglich in Genf aufgestellt worden war, kam 1889 dann nach Luzern (wo es noch heute steht) auf das Areal des schliesslich doch nicht realisierten Sempacher-Panoramas. Castres hatte seinen Auftrag erhalten, nachdem ein Panorama-Unternehmen auf sein im Pariser Salon von 1872 ausgestelltes und mit einer Goldmedaille ausgezeichnetes Historiengemälde «Ambulance dans la neige» aufmerksam geworden war.[50] Die doppelte Besonderheit dieses Sujets bestand darin, dass Castres das Dargestellte als Rotkreuzhelfer selber erlebt hatte und das Epos nicht Sieg und Heldentum, sondern Niederlage und Elend schilderte.

Die Bundesförderung

1887 wurde auf Bundesebene die Voraussetzung für Kulturförderung im gesamtschweizerischen, also nationalen, Rahmen geschaffen. Damit fanden gegen die traditionelle Auffassung, dass Kulturpolitik eine Angelegenheit der Kantone sei, Bemühungen ihren erfolgreichen Abschluss, die indirekt durch den deutsch-französischen Antagonismus sowie die Totalrevision der Bundesverfassung gefördert worden sind. Im Vorfeld des Beschlusses tauchten Pläne für die Schaffung eines Nationalmuseums auf und wurden Kredite zur Anschaffung vaterländischer Altertümer gesprochen. Bereits bei der Finanzierung des 1865 fertiggestellten Winkelried-Denkmals hatte sich gezeigt, dass der Bund in diesem Bereich eine Rechtsgrundlage zur Subventionierung derartiger Unternehmen benötigte. Die Unterstützung der beiden bereits erwähnten wichtigen Monumente für Pestalozzi in Yverdon und Tell in Altdorf gehörten denn auch zu den ersten Subventionen der 1887 aufgrund des Bundesbeschlusses geschaffenen Eid-

50 André Meyer und Heinz Horat, Bourbaki. Episoden und Erlebnisse aus der Internierungszeit der Bourbaki-Armee 1871. Bern 1981. S. 14ff.

genössischen Kunstkommission.[51] Die Kulturförderung des Bundes gab sich explizit vier konkrete Aufgaben: 1. periodische Veranstaltungen von Nationalen Kunstausstellungen, 2. die Ausstattung staatlicher Gebäude mit Kunstwerken, 3. die Förderung öffentlicher Sammlungen und 4. die Unterstützung bei der Errichtung monumentaler Kunstwerke historischen oder nationalen Charakters. Später kam mit der Einführung von Stipendien eine fünfte Aufgabe hinzu. Damit erfüllte sich, was der Kunstpolitiker Salomon Vögelin schon 1876 seinem republikanischen Vaterland in einer öffentlichen Rede zu beherzigen empfohlen hatte: «Ihr (der Republik) am wenigsten kann es gleichgültig sein, welcherlei Bilder die Phantasie und den Sinn des Volkes erfüllen.»[52] Der Staat war auf Bundesebene wie auf Kantonsebene auch als Bauherr nationaler Repräsentationsbauten ein wichtiger Arbeitgeber. Besonders wichtig war der Bau des 1898 eröffneten Landesmuseums in Zürich (für dessen Ausstattung insbesondere auch Ferdinand Hodler tätig wurde) und des 1902 fertiggestellten neuen Bundeshauses in Bern.[53]

Die zentralen Bildmotive

Welches sind die fünf wichtigsten Bildmotive im nationalen Mythenpanorama der Schweiz? Eine Umfrage würde wahrscheinlich ein ziemlich eindeutiges Ergebnis zeitigen. Die zentralen Mythenmomente sind zugleich die bekanntesten Bildmotive. Man kann sich nur bedingt fragen, welche Mythen welche Bilder geschaffen haben, wohnt doch den Mythen von Anfang an eine gewisse Bildhaftigkeit im Sinne einer imaginierbaren Szene inne.

1. Der Rütlischwur von 1307 oder 1291

Die Geschichte vom Rütlischwur berichtet, wie sich die Männer der sog. Waldstätte – die Eidgenossen – gegen die unerträglich gewordene Repression und Ausbeutung zur Wehr setzten und mit der Organisation ihres Widerstandes eine Art von «Staatsgründung» vornahmen. Diese Geschichte vermittelt die geordnete und koordinierte, zivile, gewissermassen Recht begründende Seite des Gründungsmythos, während diejenige vom Tyrannenmörder Wilhelm Tell und seinem Apfelschuss die anarchistische, naturrechtlich-individuelle repräsentiert.[54] Der Rütlischwur ist das entscheidende und darum zentrale Moment des Gründungsepos, er ragt, während der Gang der Ereig-

51 1888 wurde ferner ein dann offenbar doch nicht verwirklichtes Denkmalprojekt unterstützt, das für Sempach ein vom Zürcher Bildhauer Urs Eggenschwyler gestaltetes Schlachtdenkmal vorsah.

52 Zit. nach Hans Ulrich Jost, Das «Nötige» und das «Schöne». Voraussetzungen und Anfänge der Kulturförderung des Bundes. In: Der Bund fördert. Der Bund sammelt. 100 Jahre Kunstförderung des Bundes. Bern 1988. S. 13–24.

53 Vgl. die Arbeiten von Johannes Stückelberger.

54 Zu einer als Auferstehungsvorgang konzipierten Darstellung des Tyrannenmörders Tell durch Ferdinand Hodler aus dem Jahr 1897 vgl. Johannes Stückelberger, Hodlers Weg zum Nationalmaler am Beispiel seines «Wilhelm Tell». In: Zeitschrift für Archäologie und Kunstgeschichte 53, 1996. S. 323–334.

nisse einen Augenblick innehält, als massgebende Wahrheit über den Erzählverlauf hinaus. Der Rütlischwur ist als Mythos ein Topos in mehrfachem Sinn, er ist ein geographischer Ort, ein politischer Ort, ein sakraler Ort – und alles in allem ein klassischer «lieu de mémoire».

In den Schul- und Volksbüchern wird der Schwur unterschiedlich ausführlich wiedergegeben, mit und ohne Schillerschen Wortlaut. Für beinahe alle schriftlichen Darstellungen ist jedoch die Namenserklärung (Rodungsname) wichtig, das Insistieren auf der Heimlichkeit der Versammlung, der Vorgang der demokratischen Meinungsbildung, die Gleichwertigkeit der drei Delegationen von je 33 Männern, aber auch die (autoritäre) Abstufung zwischen Anführern und Gefolgsleuten; sodann die Betonung der Legitimation mit dem Hinweis auf den Verlust alter Rechte, der Anrufung Gottes, der Zurückhaltung im gerechten Zorn. Die Tugend der «temperantia» kommt auch darin zum Ausdruck, dass nicht sogleich losgeschlagen wurde, dass man zuwartete und das *daily business* nicht vernachlässigte. Schön der stereotype Satz: «Dann ging jeder in seine Hütte, schwieg still und winterte das Vieh.»

Die wichtigste bildliche Darstellung ist das Fresko von Ernst Stückelberg von 1881. Sie ist Teil eines «Gesamtkunstwerks», das heisst der sogenannten Tellskapelle am anderen Ufer des Vierwaldstättersees, in der sämtliche Teilgeschichten des Mythenamalgams veranschaulicht sind. Wichtig ist sodann die Darstellung von Martin Disteli von 1830, denn hier wird zur Zeit der Juli-Revolution und der anbrechenden Regeneration das Volk erstmals ganz dezidiert als Bildelement eingeführt, nachdem alle älteren Darstellungen eine beinahe emblematische Beschränkung auf die drei Schwurfiguren aufweisen. Schillers Tellendrama (1804) hat auch die nachmals populäre und entsprechend oft reproduzierte Schwurformel geprägt: «Wir wollen sein ein einzig Volk von Brüdern.» (Nicht einig, was aber einigermassen auf dasselbe hinausläuft.)

Dem Hang zur Vergegenwärtigung der Anfänge oder Ursprünge folgend, gewinnen neben dem Rütlischwur auch einige Bilder aus der «vorstaatlichen» Zeit Bedeutung. Die wichtigen Ikonen dazu sind die Bilder aus der Pfahlbauerwelt, welche die frühe Fähigkeit zum schon beinahe urbanen Zusammenleben in wildester Natur veranschaulichen sollen.[55] Ferner die Bilder aus der Welt des «Urvolks» der Helvetier, mit denen man früheste (keltische!) Stammeseinheit in nationaler Dimension abbildete und zugleich quasistaatliche Bedeutung bereits zur Zeit der Römer dokumentierte.[56]

2. Arnold Winkelried und die Schlacht von Sempach 1386

Im weiteren kommt man nicht darum herum, nach dem Moment der «Staatswerdung» einen Moment aus den folgenden Verteidigungs- oder Befreiungskriegen auszuwäh-

55 Speziell dazu: François de Capitani, Die Suche nach dem gemeinsamen Nenner. Der Beitrag der Geschichtsschreiber. In: Auf dem Weg zu einer schweizerischen Identität 1848–1914. Freiburg 1987. S. 25–38.

56 Guy P. Marchal, Höllenväter – Heldenväter – Helvetier. In: Archäologie der Schweiz 14, H. 1, 1991. S. 5–12. – Georg Kreis, Die Schweiz unterwegs. Basel 1993.

len. Aus der Reihe von der Schlacht am Morgarten (1315) bis zu den Schwabenkriegen (1499) ragt ohne Zweifel die Schlacht von Sempach (1386) heraus, emblematisch verdichtet als Schlacht der Schlachten, aber auch in der vaterländischen Realgeschichte als die wichtigste gewürdigt. Karl Dändliker 1883: «Erst von da an gab es eine starke, geachtete und gefürchtete Eidgenossenschaft, aus welcher nach und nach ein besonderer Staat zu erwachsen begann. So ist die Schlacht bei Sempach der Abschluss einer alten und der Anfang einer neuen Periode schweizerischen Lebens.»[57]

Ihrer besonderen Bedeutung entsprechend, hat die Schlacht in Arnold Winkelried auch einen besonders populären Helden, der im Laufe des 18. Jahrhunderts zu einem gesamteidgenössischen Helden heranwächst. Gemäss Sage führte Winkelrieds Selbstaufopferung zum Sieg. Der Märtyrer umfasste möglichst viele feindliche Speere und drückte sie in seine Brust, so dass eine Lücke in der gegnerischen Phalanx entstand, durch welche die Eidgenossen dann vordringen konnten.

Im Zentrum der schriftlichen Überlieferung steht der Satz, mit dem der Held seinen Opfertod erklärt: «Ich will der Freiheit eine Gasse machen». In manchen Fällen kommt eine zweite Äusserung hinzu: «Sorget für Weib und Kind ...» Diese Sätze markieren den wichtigen Drehpunkt der Handlung, den Kernpunkt im historischen Moment des Mythos. Die Geschichte vermittelt eine klare Botschaft: Ausgehend vom lateinischen Wort «unus pro omnibus – omnes pro uno» (auch in der Bundeshauskuppel von 1902 festgehalten), wird vor allem die erste Hälfte der Devise, das «einer für alle» und «schön ist's, fürs Vaterland zu sterben», exemplifiziert und die Botschaft vermittelt, man soll im Kampf fürs Vaterland den säkular-christlichen Opfertod nicht scheuen.

Die Berichte über die anderen Schlachten des 14. und 15. Jahrhunderts können bloss weniger bekannte Heldenfiguren beisteuern oder kommen ganz ohne aus. Eine Winkelried ähnliche, aber kaum über lokale Berühmtheit hinausgewachsene Gestalt ist der Bündner Held Benedikt Fontana, der 1499 im Schwabenkrieg, bereits tödlich verwundet, den Kampf weiter angeführt hat.[58]

57 Dändliker, S. 547.

58 Constanz Jecklin, Benedict Fontana und die historische Kritik. Chur 1886 (Beilage zum Kantonsschulprogramm pro 1886). Fontana erhielt 1903 zum 100jährigen Jubiläum der Bündner Zugehörigkeit zur Eidgenossenschaft ein Denkmal, das wie das Altdorfer Tellendenkmal von Richard Kissling gestaltet wurde und den Anführer zeigt, wie er mit der einen Hand zum Kampf ansporntund mit der anderen sich die Eingeweide in den Leib presst. Eine weitere verwandte Figur ist der Neuenburger Held Baillod aus den Burgunderkriegen von 1476 (vgl. Gil Baillod in Histoire et légende. Lausanne 1987. S. 5–9). Eine weitere Variante repräsentiert der anonyme Steinwerfer der Schlacht von St. Jakob an der Birs von 1444 (vgl. Franz Egger in Ereignis – Mythos – Deutung. 1444–1994. St. Jakob an der Birs. Hrsg. v. Werner Geiser. Basel 1994. S. 165–178). Die Schweizergeschichte kennt sogar Helden aus dem Gegenlager, wenn dieses später Teil der Eidgenossenschaft wurde. So verehrte man im Zusammenhang mit Sempach neben Winkelried auch den Zofinger Schultheissen Nikolaus Thut, der, tödlich verwundet, das Banner seiner Truppe in den Mund gestopft haben soll, damit es dem Feind nicht in die Hände fiel. Karl Dändliker kolportiert diese Geschichte 1883 ebenfalls mit einem «soll», fährt dann aber weiter: «Seine Genossen fanden das gerettete Heiligtum, als sie ihn samt den anderen begruben.» In einer Anmerkung fügt er bei: «Auf der Bibliothek zu Zofingen soll die Fahnenstange des Niklaus Thut noch gezeigt werden; die Fahne selbst sei 1396 verbrannt» (S. 544).

Heute ist das Stanser Denkmal von Ferdinand Schläth von 1865 die populärste Darstellung Winkelrieds. Die Visualisierung in Marmor bildet aber nur einen ersten Kulminationspunkt, dem während eines Jahrhunderts eine papierene Bilddiffusion (das als Postkartenmotiv verwendete Gemälde von Vogel 1827/41) vorausgegangen ist.

3. Kappeler Milchsuppe 1529

Auf die Phase der Befreiungskriege folgten die «innerschweizerischen» Expansionskriege und die «ausserschweizerischen» Eroberungskriege. Aus der letzteren Kategorie hat Marignano (1515) eine besondere Bedeutung, weil diese «ehrenvolle Niederlage» die Wende zur kleinstaatlichen Selbstbeschränkung eingeleitet hat. «Marignano» ist denn auch zu einem bedeutsamen Symbolort der vaterländischen Geschichte und zu einem entsprechend wichtigen Motiv der Historienmalerei geworden.[59] Das wirklich Neue sind aber als Vorgänge und zu verarbeitende Problemmotive die Konfessionskriege als eine Variante der Bürgerkriege, wie sie mit den Bauernkriegen und später den Arbeitskämpfen thematisiert wurden. Der innereidgenössische Zwist bildete zwar bereits in vorreformatorischer Zeit ein Problem und ein Thema und wurde an der eidgenössischen Konferenz von Stans (1481) festgemacht, an der es zwischen den eidgenössischen Land- und Stadtstaaten beinahe zum Bruch und aufgrund einer Vermittlungsbotschaft des Eremiten Klaus schliesslich doch noch zu einer Versöhnunggekommen war.[60]

Die bekannteste, differenzierteste und als Topos immer wieder zitierte Versöhnungsgeschichte ist aber eine am Rande des Kappeler Krieges von 1529 situierte Episode. Während die Anführer über Krieg und Frieden verhandelten, sei es im Fussvolk

59 Zur Historiographie und aktuellen Bedeutung: Georg Kreis, Soll die Schweiz Marignano mit Geld zurückerobern? In: Basler Zeitung vom 28. April 1989 (in diesem Band nochmals veröffentlicht). – Walter Schaufelberger, Marignano. Strukturelle Grenzen eidgenössischer Militärmacht zwischen Mittelalter und Neuzeit. Frauenfeld 1993. – Insbesondere François Walter, Marignan, 1515. Traces de la mémoire d'une bataille de géants. In: Festschrift Louis Binz. SHAG. Genf 1995. S. 479–503. Zur Bilderwelt vgl. insbesondere Ernst Heinrich Schmid, Ferdinand Hodlers «Rückzug bei Marignano» im Waffensaal des Landesmuseums. Zürich 1946 (Diss.).

60 Zur Konferenz: Ernst Walder, Das Stanser Verkommnis. Ein Kapitel eidgenössischer Geschichte. Stans 1994. – Zur Bedeutung der Figur des Bruders Klaus vgl. Urs Altermatt, Niklaus von Flüe als nationale Integrationsfigur. Metamorphosen der Bruder-Klausen-Mythologie. In: Zeitschrift für Schweizerische Kirchengeschichte 81, 1987. S. 51–82. Die Mediationsleistung des Einsiedlers wurde als derart wichtig eingestuft, dass die realitätssüchtigen Historisten in ihren Schilderungen Bruder Klaus an der Konferenz selber auftreten liessen, obwohl er gemäss geltender Überlieferung bloss einem nach seiner fernen Einsiedelei geschickten Mittelsmann seine Ratschläge gab. Prägend war Johann Caspar Bosshardts Gemälde von 1863, das den Moment des Auftritts von Bruder Klaus im Stanser Rathaus festhält. Bosshardt ist zu diesem Auftrag gekommen, nachdem er 1859/60 mit grossem Erfolg ein anderes Versöhnungsmotiv gestaltet hatte: den Solothurner Schultheissen Wengi, der sich 1533 im Konfessionsstreit vor eine schussbereite Kanone gestellt hatte, um den Bruderzwist zu verhindern. Zu beidem vgl. Johann Caspar Bosshardt 1823–1887. Historienmaler aus Pfäffikon in München. Hrsg. v. Peter Jezler, Christine Jenny und Elke Jezler. Wetzikon 1987.

zu Fraternisierungen gekommen. Man ass aus der gleichen Schüssel, wobei die katholischen Innerschweizer (Hirten) die Milch und die reformierten Ausserschweizer (Kaufleute) das Brot beitrugen. Die gemeinsame Mahlzeit ist der Mythenmoment, von dem die Botschaft ausgeht mit der Aufforderung gewiss zur Toleranz, darüber hinaus aber auch mit der Bekräftigung des Territorialitätsprinzips: Man isst zwar aus der gleichen Schüssel, jeder darf sich aber nur aus seiner Hälfte bedienen. Dies soll auch zeigen, dass innerhalb des grösseren Arrangements von Zeit zu Zeit kleinere Konflikte durchaus aufkommen, diese aber mit gegebenen Regeln auch bewältigt werden können. Die Geschichte beruht auf der ebenfalls wichtigen Grundannahme, dass das Volk, die Basis, gut ist und Konflikte eigentlich eine Sache der Oberen seien.

Die Geschichte von diesem Versöhnungsmahl wurde von der Aufklärungsliteratur des späteren 18. Jahrhunderts in der noch schmalen Bildungsschicht verbreitet und erfuhr insbesondere durch die Gemälde von Ludwig Vogel von 1836 und Albert Anker von 1869 und die entsprechenden Massenreproduktionen grössere Verbreitung.[61]

Parallel zum Aufstieg des Versöhnungsmythos erlebte der Kriegermythos einen Niedergang. Aus der Zeit der Französischen Revolution und der Napoleonischen Kriege finden zwar noch zwei zu Mythen verdichtete Kampfesmomente Eingang in die grosse vaterländische Geschichte, sie veranschaulichen wie eh und je Kampfesmut und Soldatentreue, vermitteln aber, da die Einsätze nicht zu Siegen führen, sondern trotz der vorhersehbaren Niederlagen geleistet werden, keine triumphale, sondern eher eine melancholische Stimmung: der Kampf der Schweizergarde in den Tuilerien vom 10. August 1792[62] und der Kampf der Schweizergrenadiere in der Nachhut, die auf dem Russlandfeldzug 1812 den Rückzug über die Beresina sichert.[63]

4. Heinrich Pestalozzi in Stans 1798

Die zu Symbolbildern verdichteten Szenen aus der jüngeren Zeit entstammen sozusagen zwangsläufig der Realgeschichte, sie betreiben jedoch unvermeidlicherweise eine gewisse Idealisierung der realen Gegebenheiten und eine entsprechende Verklärung. Als Heros und Musterbürger verfügte die Figur des Heinrich Pestalozzi über die nö-

61 Vgl. Kreis 1994.

62 Zur dauernden Vergegenwärtigung wurde von privater Seite das Luzerner Löwendenkmal von 1821 geschaffen. Das Monument verweist mit dem Datum explizit auf den historischen Moment, seine politische Botschaft geht aber bald in der allgemeinen Popularität des Denkmals unter. Aus der Historienmalerei geht nur das wenig bekannte, von Jean Renggli für das Löwendenkmal-Museum (das es gibt und schon damals gab!) geschaffene Bild von 1886 hervor. Zuletzt erschienen: Claudia Hermann u.a., Löwen-denk-mal. Vom Schicksal der Schweizer Garde zur Touristenattraktion. Begleitheft zu einer Sonderausstellung des Historischen Museums Luzern. Luzern 1993.

63 Das wichtigste Beresina-Gemälde oder Beresina-Monument ist das sogenannte Beresina-Lied «Unser Leben gleicht der Reise», von Oberleutnant Thomas Legler (1782–1835) am Morgen des 28. November 1812 an der Beresina gesungen. Als weiteres «Gemälde» oder «Monument» ist das 100 Jahre danach erschienene Volksbuch von Paul de Vallière zu nennen: Le Régiment des Gardes Suisses de France. Lausanne 1912.

tigen Qualitäten der alten wie der neuen Welt. Seine Eigenschaft war idealerweise vielschichtig und wies neben der entsagungsvollen Dienstbereitschaft noch andere Qualitäten auf: Die Figur hatte eine ökumenische Dimension, kümmerte sich Pestalozzi doch als protestantischer Zürcher um katholische Innerschweizer. Als Anhänger des neuen Regimes setzte er sich für die Opfer der neuen Zeit ein, er bildete eine Brücke zwischen den Generationen und verfügte mit seinem italienischen Namen, seiner Zürcher Herkunft und seiner Tätigkeit in der französischen Schweiz (Yverdon) über eine gesamtschweizerische Dimension.

Damit seine Person ein nationaler Mythos werden konnte und er nicht bloss ein vorbildlicher Mensch blieb, musste seine Eigenschaft mit einem Ereignis eine feste mythologische Verbindung eingehen. Das Ereignis, das war seine Tätigkeit im kriegsversehrten Stans. Stans wurde zum Topos der gesamtschweizerischen Solidarität, mit der Hilfsaktion zur Linderung des Elends in dieser Region zelebrierte man (wohl nicht ohne Selbstgefälligkeit) vorbildliche Barmherzigkeit. In der Zeit selbst dominierte die wohltäterische Seite des Vorgangs.[64] Die Entsendung des bekannten Schriftstellers Pestalozzi ins rückständige Hinterland war eine Propagandaaktion der offiziellen Schweiz. In pädagogischer Hinsicht bestand jedoch eine grosse Diskrepanz zwischen den von der Helvetik angestrebten egalitären Massenschulen und den exklusiven Schulexperimenten des weltfremden Reformers. Die Mission war kein Erfolg, Pestalozzi wurde trotzdem mit Lobreden überschüttet. «Der tugendhafte Pestalutz hat sich auch hier durch seine Tätigkeit ein unvergessliches Denkmal gestiftet.»[65] Den Nachruhm nährte auch Pestalozzi selbst mit seiner eloquenten Selbstdarstellung. Doch erst mit der breiten Verwirklichung des Volksschulgedankens um 1830 dürfte die pädagogische Seite der Stanser Szene wichtiger geworden sein. Den modernisierungsbedachten Liberalen war wichtig, mit Pestalozzi die Idee der Volksbildung propagieren zu können. Als Theoretiker der Pädagogik wurde Pestalozzi nur auf dem Umweg über das Ausland (insbesondere via Preussen, wo die Schule Unabhängigkeit von Kirche, Militär und Staat forderte) nach 1830 bekannt.

Der Implementierungsvorgang der Pestalozzi-Legende ist erstaunlicherweise noch kaum untersucht. 1896 treten anlässlich der Feiern zum 150. Geburtstag in Vollreife die Deutungen in Erscheinung, die sich seit den noch mit einiger Zurückhaltung begangenen Feiern von 1846 entwickelt haben. In der von einem Winterthurer Lehrer für die Jugend verfassten, in die drei anderen Landessprachen übersetzten und insgesamt in 400 000 Exemplaren gedruckten Festschrift heisst es: «Ja, er hat das Kreuz getragen wie einst Christus, und sein Name ist weithin Losung geworden für besseren

64 Noch Georg Geilfus stellt in seiner *Vaterländischen Sage und Geschichte* von 1852 (vgl. oben Anm. 6) die Stanser Episode an den Anfang und kommt erst dann in zwei Unterkapiteln auf das vorangegangene und in drei weiteren Unterkapiteln auf das nachfolgende Lebenswerk zu sprechen.

65 Heinrich Zschokke u.a. im *Neuen helvetischen Tagblatt* 1799. Zit. nach Peter Stadler, Pestalozzi. 2 Bde. Zürich 1988/93. Bd. 2. S. 90.

Volksunterricht und bessere Sorge für die Armen.»[66] Der 100. Geburtstag gab dem Pestalozzi-Kult einen gewissen Auftrieb, zur populären Kultfigur wurde er aber erst später. Bekannteste Produkte, die aus diesem Kult hervorgegangen sind und diesen zugleich weiterbelebt haben, sind Konrad Grobs Gemälde von 1879 und das Denkmal von Yverdon von 1890.[67] Beide Monumente werden in diesem wie in anderen Fällen auch als Münzbilder in Umlauf gesetzt. Das vielleicht früheste Bild der Stanser Szene entstand als Entwurf 1821 und wurde 1846 in grösserer Zahl verbreitet.[68]

Pestalozzi ist ein Held, er nimmt Entsagungen auf sich, ist unverstanden und einsam, tut aber das moralisch Richtige. Nach Winkelrieds militärischem Opfer verkörpert er die zivile Variante der Selbstaufopferung nach dem Motto sogar: «Alles für andere, für sich nichts.» Pestalozzi ist eine humane, aufgeklärte und zivilisierte Kontrastfigur zur inhumanen, dumpf-fanatischen und barbarischen Kriegsszene. Wiederkehrend ist die (aus der Lobpreisung Gottes bekannte) Polyvalenz seiner Eigenschaften und Funktionen: Pestalozzi ist nicht nur Lehrer, er ist – in einem – auch Vater, Mutter, Diener, Wärter, Freund etc. Die Bilder und die verbalen Schilderungen betonen, wiederum mit einer gewissen Parallelisierung zum überlieferten Christusbild (Matth. 18), in auffallender Weise die Lebensgemeinschaft, die Pestalozzi mit den Kindern eingegangen ist: «partager leur pain» – «Sein Bett stand mitten unter ihren Betten.»

5. Internierung der Bourbaki-Armee von 1871

Während Pestalozzi noch die individuelle Personifikation des humanitären Ideals verkörperte, wird mit der Internierung der Bourbaki-Armee im Februar 1871 die gesamte Schweiz zur Personifizierung des Humanitären. Die Geschichte von der grossen Internierung fremder Truppen (eines abgesprengten französischen Armeeteils von rund 85 000 Mann im Deutsch-Französischen Krieg) veranschaulicht und beweist durch ebendiese Veranschaulichung den humanitären Charakter der Schweiz und rechtfertigt so das Abseitsstehen des Neutralen.

66 Alexander Isler, Heinrich Pestalozzi. Illustrierte Festschrift für die Jugend. Im Auftrag des Schweizerischen Lehrervereins. Zürich 1896. S. 63. Und ein Berner Festredner warf die rhetorische Frage auf: «Wo ist der Mensch, der mehr für seine Mitmenschen getan: wo ist der Christ, der grössere Liebe erwiesen, wo der Patriot, der freudiger sein Leben für seines Volkes Heil geopfert hat?» Zit. nach Daniel Winter, Ein Fest für Pestalozzi – ein Fest der Nation. Anmerkungen zu den Schweizer Pestalozzi-Feiern 1896 und 1927. In: Jürgen Oelkers und Fritz Osterwalder (Hrsg.), Pestalozzi – Umfeld und Rezeption. Studien zur Historisierung einer Legende. Weinheim 1995. S. 277ff.

67 Vgl. Fritz Osterwalder und Jürgen Oelkers 1996. Zur Biographie Peter Stadler, Pestalozzi.

68 Signiert: «G. C. W. Busolt. – Knorre pinxit 1821» (Zeichnung des Pestalozzianums, Zürich). Lithographie von Winckelmann, Berlin 1846. Emanuel Dejung, «Pestalozzi in Stanz» (sic), ein Bild und seine Aussagen. Zur deutschen Wirkungsgeschichte im 19. Jahrhundert. In: Pädagogische Rundschau 34, 1980. S. 175–187.

Die Aufnahme der beinahe über die gesamte Schweiz verteilten Soldaten hinterliess einen nachhaltigen Eindruck und gab dem neutralen Kleinstaat die willkommene Gelegenheit, sich mit Hilfe des humanitären Profils kompensatorisch Grösse zu verschaffen. Dieser hohe Moment der Nationalgeschichte kommt ohne heroisierte Akteure aus. Im Panorama von Edouard Castres von 1879 (das wegen seiner grossen Popularität unzutreffenderweise gerne als einzige Darstellung dieses Vorgangs gesehen wird) ist sogar die Anonymität der Menschen ein wesentlicher Teil der Botschaft. Irgendwo, tief im Hintergrund, kommt es zum Handschlag zwischen dem französischen Befehlshaber und Hans Herzog, dem Oberbefehlshaber der Schweizer Armee.[69] In der Galerie der im Bedrohungsfall vom Parlament gewählten Oberkommandierenden ist Herzog einer der weniger bekannten. Die beiden bekanntesten und beinahe als Landesväter verehrten Generäle sind Henri Dufour (1847/48, 1856) und Henri Guisan (1939–1945). Beide wurden zwar als Personen idealisiert und idolisiert, um sie ist aber kein Mythos im definierten Sinne des Schlüsselereignisses entstanden.[70]

Die Erzähltradition hebt in der Regel drei Aspekte hervor: Ein Hauptelement ist die Schilderung der «Erbarmenswürdigkeit» der Schutzsuchenden. Dabei schimmert auch etwas moralisierende, aus der Position der «bäuerlichen» Einfachheit formulierte Kritik durch: «... plus de ces élégantes coiffures qui font l'orgueil d'une armée les jours de parade». Ein anderes Hauptelement bilden die Schilderungen der Barmherzigkeit und der Gastfreundschaft. Hier wird Konkretes aufgezählt: Brot und Fleisch, Wein und Kaffee, Zigarren. Ein drittes, für den schweizerischen Diskurs nicht untypisches Element betrifft die Betonung der Mengenverhältnisse, der Grösse der abgeforderten Leistung und der Kleinheit des Aufnahmelandes: die Tausenden von Internierten und die wenigen Hundert von Internierenden.

An Stelle von Personen erlangen der humanitäre Gestus und die humanitäre Organisation (das Rote Kreuz) mythologische Bedeutung (z.B. bei Viande 1871). Die visuelle Präsenz des Ereignisses ist in der «guten Stube» mit Holzschnitten und Erinnerungsalben gewährleistet. Es ist kein Zufall, dass man im letzteren Fall auf dem Titelblatt das Motto wiederfindet, dem wir bereits im Zusammenhang mit Winkelried begegnet sind: «Un pour tous – Tous pour un».

69 Der Rotkreuz-Gründer Henri Dunant ist selber auch keine mythologische Gestalt. Am ehesten mythologische Züge hatte sein Schlüsselerlebnis auf dem Schlachtfeld von Solferino von 1859.

70 Dieser Befund gilt auch in Würdigung der Tatsache, dass Guisan im Juli 1940 zur Stärkung des Verteidigungswillens gegen die Achsenmächte auf dem Rütli eine wichtige Versammlung durchgeführt hat.

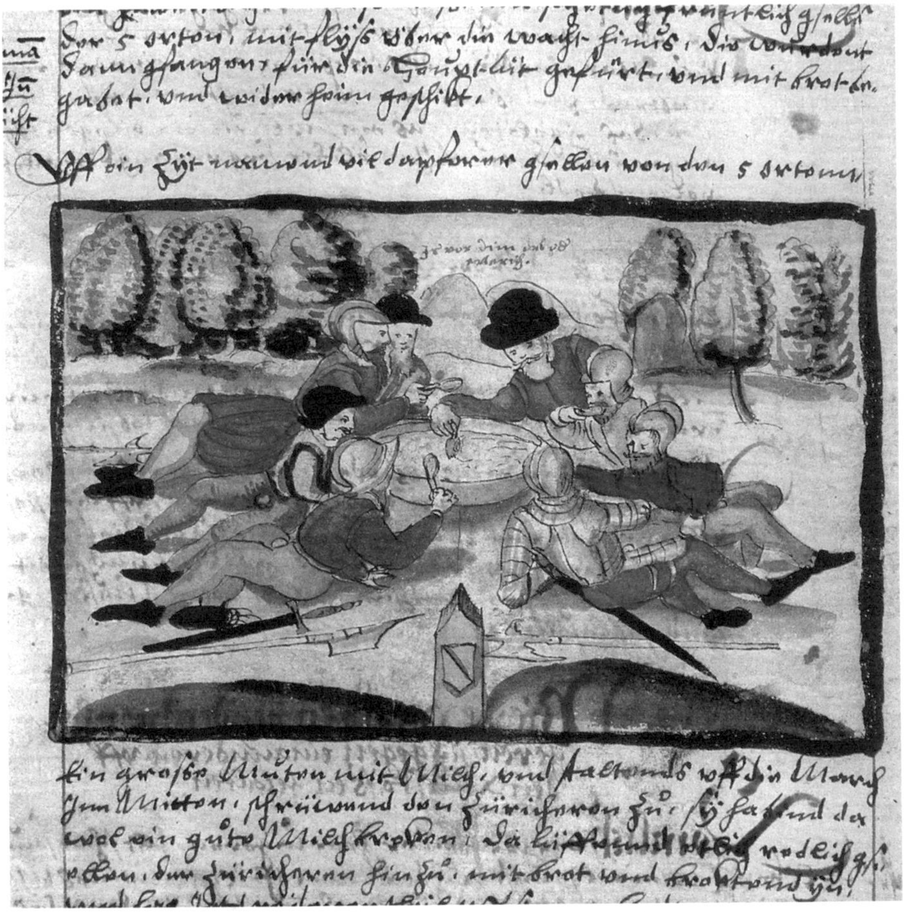

Erste bildliche Darstellung des eidgenössischen Versöhnungsmahls von Kappel. In der Mitte der respektierte Grenzstein. Der Streit wird, wie an einem «Duell» gezeigt, nur noch mit Löffeln ausgetragen (Heinrich Thomann 1605, Zentralbibliothek Zürich).

Die Kappeler Milchsuppe

Kernstück der schweizerischen Versöhnungsikonographie

Die schweizerische Nationalgeschichte ist, wie es sich für diesen Typus gehört, voll von vorbildhaften Heldengestalten. Die Helden dieser Geschichte sind zumeist Figuren, die sich der kriegerischen Auseinandersetzung stellen und sich, selbst um den Preis des eigenen Lebens, dabei bewähren.[1] Daneben kennt die Schweizergeschichte aber auch zivile Heroen, deren Verdienst die Verhinderung von kriegerischer Konfliktaustragung gewesen sein soll. Der Logik der Nationalgeschichte entsprechend richtet sich das kriegerische Heldentum gegen den äusseren Feind, während sich das friedfertige Heldentum im innenpolitischen Spannungsfeld des kollektiven Bruderzwists bewegt.

Der bekannteste zivile Friedensheld ist gewiss Bruder Klaus. Von ihm sagt die Überlieferung, dass er 1481 die arg zerstrittenen Eidgenossen versöhnt habe. Der Eremit vom Flüeli Ranft ist freilich mehr Heiliger als Held, das Heldische besteht in seinem Fall in der Entsagung des weltlichen Lebens.[2] Ein anderer Friedensheld von überkantonaler Vorbildlichkeit ist sodann Schultheiss Niklaus Wengi. Unter Einsatz seines Lebens soll er 1533 die kriegerische Austragung des Solothurner Konfessionsstreites verhindert haben.[3] Als weitere Versöhnungsgestalt besonderer, weil überpersönlicher und doch personalisierter und insbesondere zeitloser Natur wird zuweilen auch die Mutter Helvetia eingesetzt. Nach der Vorstellung ihrer Darsteller hat sie mitunter schlichtend im Streit zwischen ihren Kindern – zumeist Kantonen, zuweilen aber auch Gruppen oder Klassen – einzugreifen.[4]

Ein Versöhnungsmoment von überzeitlicher und exemplarischer Bedeutung ist sodann der Friede von Kappel von 1529, dies obwohl er bekanntlich den Krieg nur aufschob. Hier haben die Helden keine Namen, sie sind Vertreter des gewöhnlichen Volkes, sie rufen nicht zum Frieden auf, sie praktizieren ihn. Während die Bildanweisung in den erstgenannten Fällen im Hinhören und Gehorchen besteht, fordert im letz-

1 Inbegriff dieses Heldentypus ist Winkelried. Vgl. Beat Suter, Arnold von Winkelried, der Heros von Sempach. Die Ruhmesgeschichte eines Nationalhelden. Stans 1977. Ferner: Arnold Winkelried – Mythos und Wirklichkeit. Stans 1986. Weniger bekannt, aber demselben Typus zugehörig der Neuenburger Held Baillod, vgl. Gil Baillod, Baillod: un chevalier de légende pour défendre un pont qui n'existait pas! In: Histoire et légende. Lausanne 1987. S. 5–9.

2 Urs Altermatt, Niklaus von Flüe als nationale Integrationsfigur. Metamorphosen der Bruder-Klausen-Mythologie. In: Zeitschrift für Schweizerische Kirchengeschichte 81, 1987. S. 51–82.

3 Rudolf Steck, Schultheiss Wengis Tat. In: Zwingliana Bd. 2, Nr. 4, 1906. S. 107–110. – Christine Jenny, «Schultheiss Wengi» – Höhepunkt von Bosshardts Ruhm. In: Mythos der Geschichte. Johann Caspar Bosshardt. 1823-1887. Historienmaler aus Pfäffikon in München. Pfäffikon 1987. S. 66–78.

4 Georg Kreis, Helvetia – im Wandel der Zeiten. Die Geschichte einer nationalen Repräsentationsfigur. Zürich 1991.

teren Fall die Geschichte den Betrachter dazu auf, von sich aus, ohne Anweisung von oben, friedliche Lösungen zu entwickeln.

Die Geschichte der Milchsuppe von Kappel markiert das Ende des ersten Konfessionskrieges, den das reformierte Zürich und die katholische Innerschweiz gegeneinander führten bzw. auszutragen gedachten. Die Frage, ob sich die in dieser Geschichte dargestellte Begebenheit «wirklich» zugetragen habe, lässt sich nicht ganz vermeiden. Die Sekundärliteratur verhält sich diesbezüglich auffallend uneinheitlich. Schon 1907 hat Johannes Dierauer in seiner grossen Schweizergeschichte darauf verzichtet, sie im Haupttext zu referieren, und sich damit begnügt, im Anmerkungsteil pauschal auf diese «anmutige Anekdote» zu verweisen.[5] Anekdoten können freilich auch «wahr» sein. Die Spezialliteratur zur Reformationszeit hat sich nie speziell mit der Geschichte vom Versöhnungsmahl beschäftigt. Soweit man aber darauf eingeht, wird sie in der Regel ohne Zögern übernommen. Noch 1969 sagt Martin Haas vom Kappeler Mahl, es könnte sich, wie es die mündliche Tradition wolle, im Wäldchen bei der Leematt abgespielt haben.[6] Leonhard von Muralt geht in seinem 1972 erschienenen Handbuchbeitrag sogar so weit, den realen Ort des sagenhaften Mahls mit geographischen Koordinaten anzugeben: Blatt 1111 «Albis» der Landeskarte 1:25 000, 230 650/683 700, Punkt 619,0.[7] Auch das *Schweizer Lexikon* von 1992 gibt das scheinbare Realvorkommnis mit einer Zahlengrösse wieder, allerdings einer anderen. Dort erfahren wir nämlich unter dem Stichwort «Milchsuppenstein», dass der angebliche Ort mit dem dazugehörigen Monument 619 m ü.d.M. liege.[8] Nicht weiter erstaunlich ist, dass in Martin Körners strukturgeschichtlichem Beitrag zur revisionistischen Schweizergeschichte von 1983 die legendäre Episode dagegen unerwähnt bleibt.[9]

Der wahre Ort der Geschichte befindet sich – als Mythos – im schwer fassbaren kollektiven Gedächtnis und in den einzelnen Köpfen der an diesem Gedächtnis partizipierenden Gemeinde. Diese Feststellung enthebt uns freilich nicht der Aufgabe, nach dem Ursprung der Geschichte zu fragen. Der Mythos von der Milchsuppe hat – wie jeder Mythos – eine doppelte historische Wurzel: Die historische Situation, aus der die Geschichte hervorgeht, bildet die eine Wurzel; und die historische Tradition, welche daraus ein Überlieferungsgut macht, bildet die andere Wurzel. Zuweilen können beide ganz eng beisammenliegen.

Zur ersten Wurzel: Im Streit von 1529 muss es zwischen den beiden Feindeslagern da und dort tatsächlich zu Verbrüderungen gekommen sein. Sie werden auf der Seite der Altgläubigen bezeugt, dort aber negativ bewertet. Der Luzerner *Johannes Salat* schreibt in seiner 1536 abgeschlossenen Chronik:

5 Johannes Dierauer, Geschichte der Schweizerischen Eidgenossenschaft. Bd. 3. Gotha 1907. S. 129.

6 Martin Haas, Huldrych Zwingli und seine Zeit. Zürich 1969. S. 230. In seiner Dissertation zum Thema «Zwingli und der Erste Kappelerkrieg» (Zürich 1965) wird die Frage nicht berührt.

7 Leonhard von Muralt, Renaissance und Reformation. In: Handbuch der Schweizer Geschichte. Bd. 1. Zürich 1972. S. 500, Anm. 568.

8 Schweizer Lexikon. Bd. 4. S. 574.

9 Martin Körner, Glaubensspaltung und Wirtschaftssolidarität (1515–1648). In: Geschichte der Schweiz und der Schweizer. Bd. 2. Basel 1983. S. 71.

> «... da dann die wachten an ein andern giengen / die knecht und sunders nachpuren und fründ / der anstössen / vil red / und guetlich gespräch mit den andern hielltend, ward ouch abgerett zue beden syten uff den wachten ein andern nit zue beleidigen / um zebringen / oder trattzlichen ütt zue handeln (...) Und wurden zue zytten früntlich trünck / und gespräch / von gmeynen knechten / beder huffen getran (...) und vil gmeinschaft / und tugendlichs abredens / wie den dingen zue tuen wär / damit man zue ruew und friden kon enden möcht ...»[10]

Gemäss Salat waren die landwirtschaftlichen Verpflichtungen der Bauern – das «höwtt» im späten Juni – eine Erklärung für die Kriegsunwilligkeit. In der Sekundärliteratur wird auch darauf hingewiesen, dass sich die Krieger der beiden Parteien aus den gemeinsamen Feldzügen in Italien noch gekannt haben könnten. Bei den Innerschweizern könnte zudem die schlechte Versorgungslage die Kriegsbereitschaft stark eingeschränkt haben. Die Geschichte von der Mahlzeit mit Milch und Brot könnte aus dieser Problematik hervorgegangen sein. Der Zürcher Staatsarchivar *Otto Sigg* sieht in seiner kleinen Studie von 1984 da jedenfalls einen Zusammenhang und zieht daraus den Schluss: «Die Kappeler Milchsuppe drängte sich geradezu auf.»[11]

Zur anderen Wurzel: Sofern eine Herkunft überhaupt angegeben wird, erhält man in der Regel einen Hinweis auf *Heinrich Bullinger.* Demnach wäre der Zürcher Antistes und Zwingli-Nachfolger hier entweder als vermittelnder Gewährsmann oder als Erfinder der Geschichte tätig gewesen ist. Die für uns wichtige Passage in der 1564 abgeschlossenen *Reformationsgeschichte* lautet:

> «Uff ein zyt namend dappfferer xellen von den 5 orten, ein grosse müütten mitt milch, und stalltents uff die march, in mitten, schrüwend den Zürychern zue, sy habind da wol ein guete milchprochen, aber nüt darin zue brochen. Da luffend redlich gesellen der Zürychern, hinzue, mit brot, und bochetend yn, Und lag yetweder teyl uff sinem erterich, und aassend die milch mitt einandren. Wenn denn einer über die halb mutten uss greyff, und aas, schlueg inn der ander teyl (in Schimpff) uff die händ, und sagt friß uff dinem ärterych. Und deren schimpffen giengend ettlich me fur, dass do es dem Stattmeister von Strassburg J. Jacoben Sturmen, der ouch under den Schidlüthen was, fürkamm, sagt er, Jr Eydgnossen sind wunderbar leuth, wenn ir schon uneins sind, so sind ir eins, und vergässend der allten früntschafft nitt.»[12]

10 Cronika und beschrybung von anfang des nüven ungloubens, so genempt der lutherisch oder zwinglisch. In der Edition von Ruth Jörg. Bd. 2. Bern 1986. S. 579.

11 Otto Sigg, Bevölkerung, Landbau, Versorgung und Krieg vor und zur Zeit der Reformation. In: Zwinglis Zürich 1484–1531. Zürich 1984. S. 9.

12 Heinrich Bullinger, Reformationsgeschichte. Hrsg. v. J. J. Hottinger und H. H. Vögeli. Bd. 2. Frauenfeld 1838. S. 182ff. (Reprint Zürich 1985).

Die Bullinger-Forschung hat sich nie mit der Frage beschäftigt, ob es sich bei diesem Text um einen authentischen Frontbericht oder um eine frei erfundene Unterweisungsgeschichte handelt.[13] Bullinger und den weiteren Kolporteuren dürfte es in erster Linie um den ideellen Gehalt gegangen sein, um die höhere oder allgemeinere Wahrheit. Diese Wahrheit musste aber, um Glaubwürdigkeit beanspruchen zu können, auch real geschehen sein – wie eben Mythen historische Inkarnationen ewiger Wahrheit sind.

In der Erzählung sind drei Elemente zu unterscheiden: 1. der Bericht über das Zustandekommen des gemeinsamen Mahls, 2. die Schilderung des Löffelzweikampfs und 3. der abschliessende Kommentar.

Das erste Element ist eine verdichtete Schilderung der von Salat in allgemeinerer Weise beschriebenen und wohl allgemein bekannten Fraternisierungen. Berichte von grenzüberschreitenden «früntlich trünck» liessen sich leicht zu einem Bild eines Versöhnungsmahls mit dem gemeinsamen Brotbrechen entwickeln, zumal es in der christlichen Tradition den Topos und auch die Praxis gab, Gemeinschaft im Geiste mit der Inszenierung einer Tischgemeinschaft, einer *commensalitas*, zu konsolidieren.[14] Im Gegensatz zum Frieden oder Einigung besiegelnden Charakter solcher Essen handelt es sich hier allerdings um eine Mahlzeit, die den Frieden gewissermassen vorwegnahm und dadurch einleitete. Neben der symbolischen Bedeutung des gemeinsamen Mahls ist auch die reale Praxis des Essens aus gemeinsamer Schüssel und der Ernährung durch Milchsuppen-Gerichte zu bedenken.[15]

Beim zweiten Element muss es sich um eine erdachte Szene handeln. Der Autor will zeigen, dass das Leben nicht konfliktfrei ist: Auf die Beilegung des kriegerischen Konflikts folgt sogleich ein ziviler Konflikt. Zugleich will er aber zeigen, dass Konflikte in domestizierter Weise, mit Löffeln statt mit Schwertern, mit Scherz statt mit Schimpf, ausgetragen werden sollen. Das mittlere Element hat zugleich zu veranschaulichen, was Bullinger dann im dritten Element den aussenstehenden Kommentator feststellen lässt, dass nämlich bei den Eidgenossen trotz allem Dissens der Konsens doch stärker sei. Das ist eine Variante der bekannten Formel des «Discordia concors».[16]

13 Keine Angaben bei Fritz Blanke / Immanuel Leuscher, Heinrich Bullinger. Vater der reformierten Kirche. Zürich 1990. Fritz Blanke befasst sich mit Bullingers Jahren im Kloster Kappel von 1523 bis 1529, zu unserem Thema finden sich aber keine Angaben (Der junge Bullinger. Zürich 1943).

14 Dazu ein Korridor-Gespräch mit dem Basler Kollegen Claudius Sieber-Lehmann mit anregenden Mutmassungen und dem konkreten Hinweis auf das Stichwort «Mahlzeiten, kultische». In: Religion in Geschichte und Gegenwart Bd. 4, 1960, wo sich entsprechende biblische Belegstellen finden. Ferner mit der ironischen Spontanassoziation, dass es sich gewiss um den «Urtyp des Fondue» handle. Eine Fondue-Werbung der siebziger Jahre hatte diese Verknüpfung in der Tat hergestellt und sich dabei der Anker-Darstellung bedient.

15 Aus der Basler Kollegenschaft: Werner Meyer, Hirsenbrei und Hellebarde. Auf den Spuren des mittelalterlichen Lebens in der Schweiz. Olten 1985. Und Theo Gantner, Die ausgelöffelte Suppe. Eine kleine Kulturgeschichte des Löffels in Europa. In: Rund ums Essen. Basel 1986. S. 55–62.

16 Vgl. etwa Werner Kaegi, Discordia concors. In der gleichnamigen Festschrift für Edgar Bonjour. Basel 1968. S. 150. Allerdings ohne zu unserem Thema wichtige Aussagen, aber mit dem Hinweis auf Fritz Ernst, Der Helvetismus. Einheit in der Vielheit. Zürich 1954. S. 32ff. Neuerdings Ulrich Im Hof, Mythos Schweiz. Identität – Nation – Geschichte. 1291–1991. Zürich 1991. S. 66.

Die Szene mit der gemeinsamen Milchsuppe wird auch vom Bubikoner Pfarrer *Johannes Stumpf* überliefert, der am Feldzug selber teilgenommen hat.[17] In seinem Bericht finden wir sowohl das erste als auch das zweite Element von Bullingers Darstellung. Und beide Chroniken geben vorweg den gleichen Bericht über die niedrigen Preise von Getreide und Wein auf der Zürcher Seite und darüber, dass sich Innerschweizer absichtlich gefangennehmen liessen, um in den Genuss dieses Überflusses zu gelangen. Die auffallende Übereinstimmung legt den Schluss nahe, dass eine der beiden Quellen die andere zur Vorlage hatte. Fragt sich also, wer bei wem abgeschrieben hat.

Stumpfs Chronik ist wie diejenige Salats bereits 1536 abgeschlossen, Bullinger dagegen hat seine Reformationsgeschichte erst 1567 fertiggestellt. Das schliesst allerdings nicht aus, dass Bullingers Bericht zu den Vorgängen von 1529 schon Stumpf zur Verfügung gestanden hat. Stumpf gilt als in vielem von Bullinger abhängig.[18] Handelte es sich in diesem Fall um die Abschrift von Bullinger, wäre es aber doch erstaunlich, dass Stumpf nicht auch das dritte Element, das Diktum des Strassburger Bürgermeisters, in seine Version übernimmt. Stumpf präsentiert nämlich einen eigenen Schlusskommentar: «Ich meyn, das hiess suber und früntlich krieget.»

Könnte demnach die Reihenfolge umgekehrt sein und Bullinger diesen einfachen Schluss in seiner Version ausgebaut haben? Oder standen Bullinger zunächst nur die ersten beiden Teile der Geschichte zur Verfügung, die er dann Stumpf weitergab, und erfuhr er erst später vom Diktum des Strassburgers?[19] Die Frage und ihre Antworten sind für unsere Interessen eigentlich nicht sehr wichtig, sie machen uns aber bewusst, dass der Figur des Strassburger Bürgermeisters Johann Jacob Sturm in der Geschichte eine besondere Bedeutung zukommt. Wer mit der fraglichen Zeit nicht vertraut ist, stellt sich auch die Frage, ob es diese Person überhaupt gegeben habe und, wenn ja, ob sie damals tatsächlich als Schiedsrichter im Konfliktgebiet gewesen sei. Den Jacob oder

17 Johannes Stumpfs Schweizer- und Reformationschronik. 2. Teil. Hrsg. von Ernst Gagliardi, Hans Müller und Fritz Büsser. Basel 1955. S. 62.

18 Einschätzung von Hans Ulrich Bächtold, Schreiben an den Vf. 21. Januar 1993 und 25. Mai 1994 mit Hinweis auf Müllers Einleitung zur Stumpf-Edition, Jakob Berchtolds Arbeit über das Zwinglibild und die zürcherischen Reformationschroniken (Leipzig 1929, S. 82) und auf Rainer Henrichs Aufsatz zu den Anfängen der Geschichtsschreibung über den Abendmahlsstreit bei Heinrich Bullinger und Johann Stumpf (Zwingliana XX, 1993, S. 11–22). H. U. Bächtold, wiss. Mitarbeiter des Instituts für schweizerische Reformationsgeschichte und Herausgeber der Bullinger-Briefwechsel-Edition, ist dem Vf. mit zahlreichen Hinweisen sehr behilflich gewesen. Seine wertvolle Unterstützung sei hier wärmstens verdankt. – Richard Feller und Edgar Bonjour kann man entnehmen, dass Sturms Darstellung des Alten Zürichkriegs von Bullinger z.T. wörtlich kopiert sei. Die Reformationsgeschichte betreffend, heisst es aber, Bullingers Darstellung biete gegenüber Stumpf an verschiedenen Stellen Ausweitungen (Geschichtsschreibung der Schweiz. Bd. 1. Basel 1979. S. 153ff.).

19 H. U. Bächtold neigt zu dieser Erklärung. Er weist darauf hin, dass Bullinger nach seinem Amtsantritt in Zürich 1531 gute Beziehungen zur politischen Führungsschicht aufgebaut habe, die 1529 an den Friedensverhandlungen beteiligt war, z.B. zum späteren Bürgermeister Hans Rudolf Lavater (Schreiben an den Vf. vom 25. Mai 1994).

Jacques Sturm gab es in der Tat.[20] Er war damals gerade vierzigjährig, 1527 war er erstmals Bürgermeister (stettmeister), er erfüllte wichtige diplomatische Missionen, 1529 war er in Speyer, 1530 in Augsburg. Sturm war offenbar auch bei der Besiegelung des ersten Kappeler Friedens vom 26. Juni 1529 als Vertreter der mit Zürich verbündeten freien Reichsstadt Strassburg anwesend.[21] Er könnte, ohne im Gelände gewesen zu sein, von den Fraternisierungsvorkommnissen vernommen und dann den entsprechenden Kommentar abgegeben haben. Wie hätte Bullinger, der damals Pfarrer in Bremgarten war, Sturms Ausspruch zu Ohren kommen können? Hat er das Diktum aus erster Hand, oder hat es in den einschlägigen Kreisen zirkuliert und so den Weg zu Bullinger gefunden? Diese Fragen sind, wie gesagt, von sekundärer Bedeutung.

Bullingers Darstellung ist erst zweieinhalb Jahrhunderte nach ihrer Niederschrift, nämlich 1838, publiziert worden. Sie trug insofern aber doch schon zur frühen Verbreitung der Geschichte bei, als sie etwa *Heinrich Thomanns* illustrierter Abschrift von 1605 als Vorlage diente.[22] Dass Bullingers unpubliziertes Manuskript seine Leser hatte und darum etwas zur Tradierung hätte beitragen können, zeigt *Johann Jacob Hottingers Helvetische Kirchengeschichte* von 1708: Sie übernimmt mit Verweis auf Bullinger das Diktum des Strassburger Beobachters – die Milchsuppen-Episode ist ihm dagegen keine Erwähnung wert.[23] Obwohl ein expliziter Bezug fehlt, dürfen wir annehmen, dass auch die anonym verfasste, aber *Salomon Hirzel* zugeschriebene und 1769 für die Zürcher Jugend publizierte Darstellung des Ersten Kappeler Friedens auf Heinrich Bullingers Vorlage beruht.[24]

In dieser Aufklärungsschrift, in der man trotz der sog. Entfremdung zwischen den kantonalen Ständen und trotz des vaterländischen Kultes der helvetischen Bewegung[25] wohl kaum einen direkten Reflex auf eine spezifische Zeitproblematik sehen kann, wird der Unterweisungscharakter bis ins Penetrante gesteigert. Hirzel präsentiert den Konfessionskrieg als eine Folge von «aufgebrachtem Eigensinn und Aberglauben» und als mahnendes Exempel. «Hüte dich, Jüngling! um der Religion willen Jemanden zu hassen ...» Die Geschichte wird insofern allerdings aus der protestantischen Position erzählt, als er von dieser Seite sagt, sie habe sich zur «Verbesserung des Glaubens und der Sitten» bekannt, während die Gegenseite «der Verbesserung abgeneigt» gewesen sei. Hirzel führt den Jüngling nach Kappel und lässt ihn «bey diesem Gebüsche» ein Spiel beobachten, das ihn ermuntern werde und «die aufwachenden

20 Jacob Sturm, 1489–1553. 1538 gründet er die Hochschule und überträgt deren Leitung dem gleichnamigen, mit ihm aber nicht verwandten Johannes Sturm.

21 Eidgenössische Abschiede. Bd. 4. Abt. 1b. Zürich 1876. S. 1479. (S. 264?).

22 Hans Ulrich Bächtold, Die Thomann-Abschrift von Bullingers Reformationsgeschichte 1605. In: Zentralbibliothek Zürich. Schätze aus vierzehn Jahrhunderten. Hrsg. v. Alfred Cattani und Hans Jakob Haag. Zürich 1991. S. 88–91, 181-183.

23 Johann Jacob Hottinger, Helvetische Kirchengeschichte. Dritter Teil. Zürich 1708. S. 471.

24 Neujahrsblatt der Stadtbibliothek, Zürich, auf das Jahr 1769.

25 Ulrich Im Hof und François de Capitani, Die Helvetische Gesellschaft. Spätaufklärung und Vorrevolution in der Schweiz. Frauenfeld 1983. Über die Toleranz bzw. die «Vertragsamkeit»: Bd. 1, S. 142–151.

Rechte der Menschheit ans Lichte stellet». Der Jüngling zieht denn auch, nachdem er das Spiel gesehen hat, die erwarteten Schlussfolgerungen:

> «Eidgenossen, Brüder! (...) Wann ihr kriegen wollt, so vergesset die Rechte der Menschlichkeit nicht; gehet nicht weiter, und sezet zwischen euern Marchen, dann, wann ihr schon ausgezogen seyt, die Denkmäler des Friedens in die Mitte, die euch an die alte unbewegliche Treu und Liebe erinnern, bey deren so viel Segen und Glück war. Oder nehmet lieber von diesem Bild der Eintracht ein Beyspiel, den Krieg mit allen seinen fürchterlichen Zubereitungen und gefährlichen Folgen zu vermeiden. Traget, wie diese Freund gewordene Krieger, traget willig je einer zu des andern Bedürfnissen bey. Ein vertraulicher Staat erseze des andern Mangel mit friedsamem Handel, mit bereitwilliger Hilfe, mit mildem Beytrag. So ein gesegneter Streit im Wolthun ist der beste Wett-Eifer vertrauter Brüder, und die beste Begegnung treuer Verbündeten. Dann fliehet die Zweytracht ferne. Die treuen Verbündeten vereinigen sich gerne beym freundschaftlichen Gast-Mahl und beym liebreichen Gespräch. Väter! diesen Segen bewahret uns auf fernere Zeiten.»[26]

Das aufklärerische Lehrstück wurde in der Regenerationszeit von Spätromantikern wieder aufgegriffen. Kann man in der weiteren Thematisierung der Kappeler Versöhnungsgeschichte eine Reaktion auf den wachsenden Dissens zwischen dem liberal-radikalen und dem konservativen Lager erkennen? Ein Text aus einem 1835 erschienenen Kalenderblatt könnte diesen Schluss nahelegen. Der *Haus- und Wirthschaftskalender des schweizerischen Republikaners auf das Jahr 1836* deklarierte nämlichbei seiner Wiedergabe der Milchsuppen-Geschichte als Zweck: «Um in vielen bangen Gemüthern, welche bei den Zerwürfnissen und Zänkereien im Lande das Vertrauen in die alte, zum Spruchwort gewordene Freundschaft der Eidsgenossen fast verlieren, den Glauben neu zu beleben, dass die alte Schweizertreu noch nicht zu Grabe getragen ist.»[27] Anderseits ist zu bemerken, dass dieser Kalender wie andere Publikationen der Zeit und im übrigen auch die Publizistik des ausgehenden 18. Jahrhunderts seriell sozusagen alle klassischen Schlüsselmomente der Schweizergeschichte und darum eben auch diese Episode bearbeitete.

1836 legt der Basler Theologieprofessor und Mitherausgeber der *Alpenrosen*, *Karl Rudolf Hagenbach*, ohne äusseren Anlass und insbesondere ohne Jubiläumsbezug unter dem Titel «Das Friedensmahl bei Cappel» ein Gedicht von 15 Strophen vor. In der ersten Strophe legitimiert er Krieg, sofern es gegen einen äusseren Feind geht (einen Delphin oder Leopold). In der zweiten Strophe setzt er den Kontrapunkt mit der Feststellung, dass es hier um einen Bruderkrieg geht, mithin – in der modernen Begriffsbezeichnung – «Schweizer gegen Schweizer» kämpfen. Nach den obligaten Zeilen zum gescheiterten Mediationsversuch des Glarner Landammanns wird bemer-

26 Op. cit. S. 6ff.
27 Anonymer Beitrag. 5. Jg. Zürich 1835. S. 56.

kenswert viel Aufwand auf die Beschreibung der in gleicher Weise angenehm präsentierten Elemente, des «lieben Brots» und der «süssen Milch», oder der gegensätzlichen, aber komplementären Elemente, nämlich des «schwarzen Brots» und der «weissen Milch», verwendet und ein Exkurs über die alte volkstümliche Sitte eingebaut, wonach streitende Ehepaare mit nur einem Teller und einem Löffel in ein Zimmer eingesperrt würden. Die trotz der Versöhnung anhaltende Konkurrenzsituation beim gemeinsamen Mahl wird in Biedermeiermanier als kindliches Löffelgefecht präsentiert: Die Übergriffe auf die andere Hälfte der Gelte finden wegen der Abwehr der Gegenseite erst recht statt. Die letzte Strophe ist der Moral der Geschichte gewidmet: «Ihr, will euch je der arge Feind verlocken, / ein bös Gericht den Brüdern einzubrocken, / So stellt euch auf die Marchen und gedenkt ... etc. etc.»[28]

Die zweite grössere Bearbeitung dieser Zeit findet sich in dem von *Abraham Emanuel Fröhlich,* einem Pfarrer, Schulmann und ebenfalls Mitherausgeber der *Alpenrosen,* gedichteten Epos von 1840 über den Zürcher Reformator Zwingli. Auch in dieser Fassung steht der Löffelkampf im Zentrum. Doch anders als in Hagenbachs streng neutraler Fassung werden – der Voreingenommenheit des Verfassers gegen die «Pfaffenpartei» entsprechend – die ersten Übergriffe den Innerschweizern zugeschrieben und die Zürcher als die Mahnenden dargestellt.[29] Die belletristische Linie findet später ihre Fortsetzung beispielsweise bei den Zwingli-Biographen Wilhelm Schäfer (1926) und Emanuel Stickelberger (1931). Im einen Fall ist offenbar klar, dass sich die Szene unter hellem Sonnenschein abspielte, im anderen Fall ergötzt sich die dichterische Vision während eines Morgengangs am anmutigen Anblick.[30]

Die literarische Tradition lebte von Anfang an von einer in diesem Fall leicht evozierbaren bildlichen Vorstellung. Diese ist so stark, dass das, was eigentlich eine Parabel mit einem Handlungsablauf ist, zu einer statischen Metapher, einem einzigen Bild, komprimiert wird. Es erstaunt nicht, dass es neben der literarischen Tradition schon sehr früh auch eine Bildtradition gibt. Bereits Stumpf hat in seinem Manuskript von 1536 einen Leerraum für eine Illustration ausgespart.[31] Hier ist nun der Ort, die Ebene des bloss imaginierten Bildes zu verlassen und sich dem visualisierten Bild zuzuwenden. Die verbale Schilderung der angeblichen Begebenheit ging der visualisierten Ver-

28 Erstveröffentlichung wahrscheinlich in den Alpenrosen. Ein Taschenbuch für das Jahr 1837. Aarau (1836). S. 158ff. Dann nochmals veröffentlicht im Sammelband Gedichte von K. R. Hagenbach. Bd. 1. Basel 1846. S. 284ff. Vom gleichen Autor gibt es auch ein Gedicht über Wengis Auftritt von 1533. Von Hagenbach heisst es in der Basler Universitätsgeschichte, er habe sich selber als am Studium alter Dokumente wenig interessiert bezeichnet. Und im weiteren: «Er besass nicht den Ehrgeiz, den Stoff immer aus erster Hand zu bieten. (...) Er stand dem Zeitgeist nahe genug, um zu spüren, in welcher Färbung die Vergangenheit den Leser reizte, wie die geschichtliche Aufnahmefähigkeit seiner Zeitgenossen beschaffen sei» (Edgar Bonjour, Die Universität Basel von den Anfängen bis zur Gegenwart. Basel 1960. S. 374).

29 Ulrich Zwingli. Ein und zwanzig Gesänge. Zürich 1840. S. 240ff.

30 Wilhelm Schäfer, Huldreich Zwingli. München 1926. S. 279. – Emanuel Stickelberger, Zwingli. Stuttgart 1931. S. 403.

31 Entsprechender Hinweis in der Edition von 1955, vgl. Anm. 17.

sion voraus, nachher trat sie aber in den Hintergrund und wurde vom grossen Publikum als solche kaum mehr rezipiert.

Die wahrscheinlich älteste Darstellung finden wir in der bereits erwähnten, 1605 von Heinrich Thomann angefertigten Abschrift der Bullinger Chronik. Das Bild ist auffallend symmetrisch gestaltet: ein Grenzstein am unteren Bildrand in der Mitte, links und rechts davon abgelegte Hellebarden, im Mittelfeld auf beiden Seiten je vier Krieger, alle in beinahe gleicher Stellung, im Hintergrund eine Reihe von Bäumen, in der Mitte so unterbrochen, dass zwei Berggipfel sichtbar werden, und über dem Horizont der Gebirge auf der Mittelachse, also auch über dem Grenzstein, sozusagen als zeitgenössische Sprechwolke und zugleich als eine Art von Bildlegende der Spruch: «Iss von dim erb oder erterich.» Darunter zwei Teilnehmer mit Handbewegungen, welche den Streit um einzelne Brotbrocken andeuten.

Die nächste wichtige Station bildet Johann Balthasar Bullinger mit seinem 1769 gestalteten Stich zum bereits ausführlich zitierten Neujahrsblatt der Stadtbibliothek Zürich des gleichen Jahres.[32] Hier, wie der Grenzstein zeigt, der fortan dominierende Blick von der Zürcher Seite her. Formale Übereinstimmungen zur vorangegangenen Darstellung sind aber keine auszumachen. J. B. Bullinger legt keinen Wert darauf, den Löffelstreit darzustellen. Dagegen bettet er die Szene in eine tiefe Landschaft, im Hintergrund sieht man den Zugersee.

Das dritte Bild stammt von Ludwig Vogel und ist ein wichtiges Bindeglied zwischen der zweiten und der vierten Station. Denn einerseits liess sich Vogel, wie man weiss, von den Darstellungen der Zürcher Neujahrsblätter vor allem thematisch inspirieren.[33] Und andererseits diente seine Bearbeitung als formales Vorbild für Albert Anker. Vogels Darstellung erscheint adaptiert als Kupferstich 1936/37 zusammen mit

32 J. B. Bullinger (1713–1793), Professor an der Zürcher Kunstschule, verwandtschaftliche Verbindungen zum Reformator Bullinger werden nicht nachgewiesen. J. B. Bullingers Darstellung dürfte die Vorlage für Johann Rudolf Schellenbergs Milchsuppen-Darstellung in Leonhard Meisters Helvetischer Galerie grosser Männer und Thaten für die vaterländische Jugend, Zürich 1786, gewesen sein. Zwischen Bullinger und Thomann liegt das auf das Jahr 1757/58 (offenbar den Zeitpunkt des nachgewiesenen Basler Aufenthalts in Verbindung mit dem Verleger Christian von Mechel) datierte Ölgemälde (70,3×111,8 cm) von Januarius Zick (aus einer Basler Privatsammlung vom Schweiz. Landesmuseum erworben, Inv. Nr. LM 72016). Die Darstellung zeigt fünf Krieger und eine Marketenderin vor einem Baum um das Holzbecken mit der Milchsuppe und auf der rechten Seite einen Ausblick auf eine flämische Flusslandschaft. Es wäre gewiss interessant zu wissen, welche Vorlage Zick zur Verfügung stand; hingegen dürfte sein Werk kaum als Vorlage für weitere Darstellungen gedient haben.

33 Vogels Biographie (Teil I. S. 16, vgl. Anm. 36) führt aus, dass Vogel 1808 auf der Suche nach vaterländischen Motiven die Neujahrsblätter der Zürcher Stadtbibliothek einsehen wollte. Vogel liess sich von der gleichen Quelle auch für das bekannte Gemälde «Niklaus von der Flüe als Friedensstifter auf der Tagsatzung zu Stanz» von 1813 inspirieren, zeigt doch das Neujahrsblatt der Stadtbibliothek Zürich von 1768 das gleiche Motiv und ein ähnliches Motivverständnis. – Aus der Bürgerbibliothek der Stadt Winterthur lag noch eine weitere Darstellung mit dem Titel «Die Eintracht der Eidgenossen während ihrer Zweytracht» aus dem Jahre 1801 vor. Sie gibt insofern eine eigene Sicht wieder, als sie die Grenze als kleinen Graben darstellt und die gemeinsame Schüssel auf einem über den Graben gelegten Brett plaziert (Dokumentation Schweiz. Landesmuseum).

dem bereits vorgestellten Gedicht von Karl Rudolf Hagenbach im schöngeistigen Jahrbuch *Die Alpenrosen*.[34] Eine lavierte und weiss gehöhte Federzeichnung, die dem Kupferstecher als Vorlage hätte dienen können, hat in Basel ausfindig gemacht werden können.[35] Vogel zeigt die Szene ebenfalls vor einem tiefen Hintergrund, ins Mittelfeld stellt er auf der rechten Seite nach der Art der Sittengemälde eine junge Frau und einen Knaben. Diese Trachtengruppe bildet das Gegenstück zum historischen Paar, das auf der linken Seite die Vorgänge um die Milchsuppe kommentiert. Vogel hat ikonographisch als erster die Figur des Bürgermeisters Sturm und seines Begleiters eingeführt.

Die gleichzeitige Veröffentlichung von Bild und Gedicht wirft die Frage auf, wer von wem den Impuls erhalten hat, der Dichter vom Maler oder umgekehrt. Theoretisch ist zwar nicht auszuschliessen, dass beide das Motiv unabhängig voneinander bearbeitet haben. Wenn ein Zusammenhang bestand, was eher wahrscheinlich als unwahrscheinlich ist, dann dürfte allerdings das Bild zuerst vorgelegen haben. Es erforderte eine längere Produktionszeit und hätte deswegen nicht ohne weiteres einem Gedicht beigefügt worden sein können, während umgekehrt ein Gedicht dieser Art vergleichsweise schnell fabriziert werden konnte.

Zwischen dem Original und der Bearbeitung sind allerdings erhebliche Unterschiede auszumachen. Auf dem Original lagert die Gruppe wie schon bei J. B. Bullinger und später bei Albert Anker vor einem Baum. Mitten in der Gruppe beteiligt sich auch eine Marketenderin am Gelage, während die Bearbeitung eine reine Männergesellschaft zeigt. Der kühne Griff des Innerschweizers nach der anderen Seite des Gefässes finden wir im Kupferstich, nicht aber in der Federzeichnung.

Dass sich Albert Anker in seiner Darstellung von 1869 von Vogels Vorbild hat leiten lassen, zeigen verschiedene auffallende Übereinstimmungen: insbesondere bei der Darstellung des Strassburger Bürgermeisters und seines Begleiters, aber auch in der Darstellung der zugreifenden Gestik des einen Innerschweizers. Auf der rechten Seite bringt Anker im Mittelfeld an Stelle der Trachtengruppe einen Krieger an, der weitere Kameraden herbeiruft. Das Bild zeigt das gemeinsame Mahl vor einem monumentalen Grenzstein, fünf blau-weiss gekleidete Krieger der Zürcher Partei auf der linken und fünf rot-weiss gekleidete Schwyzer auf der rechten Seite, im Zentrum das breite Gefäss mit der weissen Milchsuppe über einer Markierung, die zum Grenzstein führt.

34 Die Alpenrosen. Ein Taschenbuch für das Jahr 1837. Aarau (1836). Stich von Suter in Zofingen, bei S. 160. Im Vorjahr veröffentlichte der Haus- und Wirthschaftskalender einen Text mit Bild zur Kappeler Milchsuppe (vgl. Anm. 28). Dies könnte die Herausgeber der Alpenrosen angeregt haben, sich ebenfalls des Themas anzunehmen. Aus diesem Zeitraum liegt noch eine weitere, aber wenig bekannte und kaum verbreitete Darstellung vor. Sie ist von G. Volmar entworfen und von Ch. Meichelt bearbeitet und stellt wie das Bild des Haus- und Wirthschaftskalenders die gemeinsame Schüssel auf den Grenzstein (Dokumenation Schweiz. Landesmuseum, Auskünfte dazu und zu anderem aus dem gleichen Bestand von Bruno Schwitter). Der damals tätige Martin Disteli dagegen hat dieses Thema offenbar nicht bearbeitet.

35 Basler Kupferstichkabinett, 45×59,7 cm, Inv. Z 170, angekauft aus der Sammlung Sophie Linder. Hinweis von Yvonne Boerlin-Brodbeck. Es muss sich um das Bild handeln, von dem S. Vögelin (vgl. Anm. 36) sagt, es sei 1843 von Herrn Linder-Stehlin in Basel gekauft worden (S. 57).

Waffen und Rüstung sind grösstenteils abgelegt, ein Zürcher reicht einem Angehörigen der Gegenseite ein Stück Brot, ein Innerschweizer greift, wie es die jüngere Überlieferung will, mit dem Löffel auf die andere Seite, zwei Zürcher wehren diese Bewegung mit ihren Löffeln ab.

Auch in diesem Fall muss zwischen einem Original und einer multiplizierten Kopie, einem Holzstich, unterschieden werden. Der wichtigste inhaltliche Unterschied besteht darin, dass der Stich den Strassburger Bürgermeister und seinen Begleiter nicht wiedergibt.

Man könnte vor allem bei Ludwig und Anker wissen wollen, warum die Maler dieses Thema bearbeitet haben. Die erste allgemeine Antwort ist einfach: Sie haben neben vielen anderen Episoden aus dem grossen Epos der Schweizergeschichte eben auch diese gestaltet. Diese Antwort dürfte auch für J. B. Bullinger zutreffen. Weitere, spezifizierende Antworten können an zusätzlichen Erklärungen anbieten: Im Falle Vogels wissen wir, dass für den Maler das Reformationsjubiläum von 1819 ein prägendes Erlebnis gewesen ist und dass er sich wie jene Feierlichkeiten ganz dem Geiste der konfessionellen Toleranz verschrieben hat. Vogel hat mehrere Motive aus der Reformationsgeschichte bearbeitet und überdies auch dem Bruder Klaus und dem Schultheissen Wengi Darstellungen gewidmet.[36]

Albert Ankers Beschäftigung mit dem Frieden von Kappel ist offenbar auf einen Illustrationsauftrag zurückzuführen.[37] Das Buch und mit ihm eine xylographische Version von Ankers Gemälde erschien 1872.[38] Vom Ölgemälde selber weiss man, dass es

36 Salomon Vögelin, Das Leben Ludwig Vogels, Kunstmaler von Zürich (Teil II). Neujahrsblatt der Künstlergesellschaft in Zürich für 1882. S. 24ff. In der Lebensbeschreibung von K. E. Hoffmann (Zürich 1921) ist vom Kappeler Gemälde nicht die Rede. Auch nicht bei Heinrich Thommen, Gedanken zur Ikonographie im Werk des Zürcher Malers Ludwig Vogel (1788–1879). In: Unsere Kunstdenkmäler 32, 1981. S. 406ff.

37 Im Sommer 1869 schrieb Anker an François Ehrmann, den Paten seines Sohnes Rudolf: «J'ai en travail un tableau d'histoire. Je devais faire un dessin pour l'ouvrage publié à Berne et pour lequel Roux avait fait quelques planches. Ce tableau représente des avant-postes à l'époque de nos guerres de religion: ceux-ci, au lieu de se battre, mangent ensemble une soupe au lait» (Marie Quinche-Anker, Le peintre Albert Anker 1831–1910 d'après sa correspondance. Bern 1924. S. 95ff.). Anker steuerte noch ein weiteres Bild bei: «Die verwaisten Kinder von Stans». Er produzierte Originalzeichnungen auch für Theodor Curtis Schweizergeschichte im 19. Jh. (Neuenburg 1900).

38 Schweizergeschichte in Bildern. Jugendausgabe. Verlag von Schmid, Francke & Co (vormals J. Dalp'sche Buchhandlung) Bern 1872 (Exemplar der Kinderbuchsammlung Nr. 355 des Schweiz. Museums für Volkskunde). Das Vorwort präsentiert die Schrift als «Ahnensaal (...), in welchem die Jugend ihren Geist mit Ehrfurcht vor der Pflichttreue, Mannhaftigkeit, Vaterlandsliebe und vielen andern guten Eigenschaften der alten Eidgenossen erfüllt, in welchem sie lernt, wie heisser Kämpfe, wie freudigen Einstehens mit Gut und Blut es bedurfte, um die heutigen gesicherten und relativ glücklichen Zustände herbeizuführen». Ankers Beitrag wird als «Originalcomposition» deklariert. Die Xylographie stammt von Buri und Jeker, 26,1 × 35,8 cm. Unter den insgesamt 48 Bildern (wovon 47 die Zeit bis 1799 betreffen und ein letztes dem Bourbaki-Motiv vom Vorjahr, d.h. Februar 1871, gewidmet ist) finden sich Originalbeiträge von weiteren acht Künstlern sowie Adaptationen von älteren Werken von Ziegler, Disteli, Vogel u.a. – Ältere Ausgabe von 1867 mit nur 28 Abb. ebenfalls «nach Originalien schweizerischer Künstler», aber ohne Beitrag von Anker (Universitätsbibliothek Basel, E i * XII 19).

schon 1870 privat nach Zürich verkauft worden ist.[39] Die Anker-Literatur befasst sich in der Regel nicht mit diesem Werk und nimmt es auch nicht in die Werklisten auf.[40] *Max Huggler*, der doch kurz darauf eingeht, bezeichnet es als eine von Ankers schwächsten Kompositionen und verbindet es mit dem allgemeinen Urteil, dass diesem Maler nie «ein geschichtliches Ereignisbild im wahrsten Sinne des Wortes» gelungen sei.[41] Trotzdem wird es immer wieder reproduziert, als Einzelblatt für Heim und Schulstube[42], als Illustration in privaten Geschichtsbüchern[43] und offiziellen Lehrmitteln[44], als Zeitungsillustration[45], als Postkartenmotiv[46], als Vorlage für sog. «Lebende Bilder»[47] und in neueren Gestaltungen.[48]

Mit Anker dürfte die bildliche Darstellung der Milchsuppe wohl ihre maximale Verbreitung erfahren haben. Müssen wir die grosse Popularität mit besonderen Eigenschaften von Ankers Motivbearbeitung erklären? Oder gibt es andere Erklärungen für die starke Präsenz des Motivs in der schweizerischen Öffentlichkeit? Sicher haben die vom entsprechenden Gewerbe aus gewinnorientierten Interessen genutzten Kapazitäten der Reproduktions- und Distributionsmöglichkeiten zur festgestellten Massenverbreitung geführt. Wir können annehmen, dass vom Neujahrsblatt von 1769 über die

39 An Frau Zollinger-Billeter. Das Gemälde (97×137 cm) war im gleichen Jahr (vorher oder nachher) in Paris ausgestellt. Es ist noch heute in Privatbesitz. Angaben aus dem Katalog von 1962, vgl. unten Anm. 41.

40 Dies gilt beispielsweise für die Werke von Sandor Kuthy/Hans A. Lüthy (Zürich 1980) und von Robert Meister (Bern 1981).

41 Einleitung zum Katalog des Berner Kunstmuseums. Bern 1962. S. 10.

42 Chromlitho 39×55,6 cm, im Schweizerischen Museum für Volkskunde, Nr. VI 50908.

43 Etwa 1930 durch Oberländer, vgl. unten Anm. 51. Oder 1987 durch die Chronik der Schweiz, vgl. Anm. 54.

44 Zum Beispiel in W. Rosiers Histoire illustrée de la Suisse. Lausanne 1905. S. 119. Oder im Benziger Schulbuch für Primarschulen. Einsiedeln [7]1911. S. 301. Oder Livre de lecture du Jura Bernois. Bern [10]1918. S. 186. Aber auch noch in jüngerer Zeit: Weltgeschichte im Bild. Bd. 7. Nordwestschweizerische Lehrmittel-Kommission und Kantonaler Solothurner Lehrmittelverlag, [2]1978. Geschichte. Bd. 6. Staatlicher Lehrmittelverlag Bern 1989. S. 92.

45 Zum Beispiel in den Schweizerblättern Nr. 6 vom Dezember 1885, einer Gratisbeilage zum Berner Boten, zusammen mit dem Bullinger-Text ohne erkennbaren Anlass.

46 Zum Beispiel die Bundesfeierkarte von 1952.

47 Gruppenkostümierung für öffentliche Auftritte, mit denen historische Szenen nachgestellt wurden. An Ankers Darstellung orientiertes Angebot von Franz Jaeger, St. Gallen (Hinweis von Theo Gantner, Schweiz. Museum für Volkskunde).

48 Möglicherweise hat sich auch Karl Jauslin von ihm anregen lassen. In seinen frühen Ausgaben der *Bilder aus der Schweizergeschichte* finden wir das Motiv noch nicht, in den späteren (z.B. Birkhäuser Basel 1908) ist es aber vertreten. Jauslins Beitrag bestand darin, die beiden Beobachter aus dem Hintergrund ganz in den Vordergrund mit dem Rücken zum Bildbetrachter und im Gespräch mit der Gruppe gestellt zu haben. – Frei von jeglichem Vorbild ist das 1910 in Auftrag gegebene Wandgemälde eines Zuger Stadthauses am Kolinplatz: Es zeigt sieben Männer (zum Teil mit Brille) mit den Gesichtszügen von zeitgenössischen Mitgliedern der sog. «Abendglockengesellschaft». 1980 entbrannte eine Kontroverse um die Frage, ob bei Instandstellungsarbeiten diese historistische Arbeit restauriert oder die ursprüngliche Barockmalerei wieder nachgemalt werden soll. Vgl. etwa Zuger Tagblatt Nr. 59 vom 5. März 1980.

Kalenderblätter von 1835/36 bis zu den nach 1870 erschienenen Blättern eine kontinuierlich wachsende Verbreitung stattgefunden hat. Dieser Zuwachs dürfte nicht nur den neuen Möglichkeiten, sondern auch neueren oder intensivierten Bedürfnissen entsprochen haben. Die entfremdende Seite der Modernisierung verstärkte insbesondere das Bedürfnis nach Verankerung bzw. nach historischen Gegenwelten etwa in Form von Historienbildern, aber auch von historisierenden Artefakten anderer Art (Neo-Architektur, Museen, Jubiläen, Festspielen etc.).[49] Mit dem Bedürfnis nach Verankerung oder Verwurzelung verband sich ein weiteres, anderes und doch ähnliches Bedürfnis nach Harmonie, nach Gemeinschaft, nach Überbrückung bzw. Entschärfung der grösser gewordenen sozialen Gegensätze. Auch dazu eignete sich das Motiv des historischen Versöhnungsmahls in besonderer Weise.

Wie wird die Kappeler Milchsuppe in unseren Tagen rezipiert? Einiges dazu ist bereits eingangs gesagt worden. Fassen wir «unsere Tage» etwas weiter und dehnen sie auf unser Jahrhundert aus, so kann man im Bereich der populären *Fachliteratur* feststellen: Theodor Müller-Wolfer präsentiert 1925 in der *Schweizer Kriegsgeschichte* die Kappeler Milchsuppe als «sprechenden Beweis» dafür, dass noch nicht aller Brudersinn unter den hadernden Eidgenossen erstorben sei.[50] Emanuel Dejung verweist 1927 in seinem Beitrag für das *Historisch-Biographische Lexikon der Schweiz* ohne Einschränkung auf die Milchsuppe als Ausdruck des gemeineidgenössischen Geistes.[51] Und Ernst Oberländer referiert 1930 in seiner sehr volkstümlichen Schweizergeschichte die Episode mit der einleitenden Bemerkung, dass sie «für die schöne Gesinnung unserer Alten Zeugnis ablegt»[52]. Peter Dürrenmatt weist in seiner um 1963 erschienenen und stark verbreiteten *Schweizer Geschichte* zwar auf die Episode hin, er vermittelt sie jedoch, ohne sie zu referieren, nicht als Realgeschichte, sondern als «Sinnbild» für gesamteidgenössisches Bewusstsein.[53] 1981, im Jahr der 450. Wiederkehr der zweiten Schlacht von Kappel – bzw. des Todestages von Zwingli als des offenbar wichtigeren Bezugspunktes –, wurde mit Hinweis auf das «populäre» Bild der Kappeler Milchsuppe daran erinnert, dass sich im ersten Kappeler Krieg die beiden Seiten bereits versöhnt hatten, bevor die Friedensverhandlungen zum Abschluss kamen. Die Geschichte aus der Epoche der Konfessionskriege wurde ganz in der Tradition der aufklärerischen und historistischen Unterweisungsliteratur angesichts «zunehmender Polarisierungstendenz» als warnendes Exempel für die fatalen Folgen gesellschaftlicher Zwistigkeiten in Erinnerung gerufen.[54] Die in grosser Auflage 1987 auf den Markt gebrachte *Chronik*

49 Zum Vergangenheitsbedarf der Fortschrittswelt: Georg Kreis, Der Mythos von 1291. Zur Entstehung des schweizerischen Nationalfeiertages. Basel 1991. S. 81ff.

50 Theodor Müller-Wolfer, Das Jahrhundert der Glaubenstrennung. Schweizer Kriegsgeschichte. H. 5. Bern 1925. S. 17ff.

51 HBLS. Bd. 4. S. 455.

52 Ernst Oberländer, Das Schweizerland im Wandel der Zeiten. Bd. 1. Basel 1930. S. 182.

53 Peter Dürrenmatt, Schweizer Geschichte. Zürich um 1963. S. 207. Unverändert in der Ausgabe von 1976. Bd. 1. S. 304.

54 Die von den Herausgebern, dem Kirchenrat des Kantons Zürich und dem Lions Club Knonauer Amt unterzeichnete Einleitung zu: Helmut Meyer, Der Zweite Kappeler Krieg. Glattbrugg 1981. S. 12.

der Schweiz vermittelt mit Text und Bild die Geschichte erwartungsgemäss als tatsächliches Ereignis. Die Bildlegende: «Während des Waffenstillstandes verkehren die feindlichen Truppen friedlich miteinander und machen sich über die gemeinsame Milchsuppe her.»[55] Auch die 1988 erschienene Gemeindegeschichte von Bernhard Schneider nimmt die Anekdote wieder auf, gibt ihr aber – wahrscheinlich aus Unkenntnis der alten Bedeutung – einen völlig neuen Sinn: Die ausgehungerten Innerschweizer hätten sich gegen eine kräftige Mahlzeit zum Rückzug bereit erklärt![56]

Halb Fachbuch, bereits halb Schulbuch sind die chronikalischen Nachschlagewerke: Während Dändlikers und Bandles *Auszug* in seiner Ausgabe von 1969 die Milchsuppe als Realereignis wie andere aufgeführten Begebenheiten behandelt, finden wir in der jüngsten Ausgabe von Schaffers *Abriss* den Hinweis auf die Kappeler Milchsuppe nur noch mit doppelter Reserve verzeichnet, d.h. in Klammern und in Anführungszeichen.[57]

Auch in den *Schulbüchern* nimmt die Kappeler Geschichte wegen ihres Unterweisungscharakters alles in allem erwartungsgemäss einen wichtigen Platz ein.[58] Sie erfährt dabei jedoch keine einheitliche Behandlung, wenn auch die Tendenz festgestellt werden kann, auf die grössere Friedfertigkeit des breiten Volkes hinzuweisen. Beispielsweise in einem Solothurner Lesebuch von 1875: «Doch herrschte der Hass mehr zwischen den Vorgesetzten als den gemeinen Soldaten; denn die Vorposten beider Heere unterhielten sich scherzend miteinander und zeigten ächt eidgenössische Freundschaft.»[59] Oder in einer französischen und späteren Variante aus dem Jahre 1936: «Pendant que les magistrats discutaient, les soldats en présence ne tardèrent pas à entrer en relations.»[60] Die Behandlung in den St. Galler Lesebüchern zeigt stellvertretend für andere die wechselnde Beachtung der Geschichte: 1888 wird sie erzählt und illustriert, 1911 und 1924 kommt die Suppe nicht vor, 1939 taucht sie wieder mit einer kurzen Erwähnung auf, und 1949 wird sie breiter erzählt.[61] Die Lehrmittel anderer Kantone folgen aber nicht diesem Muster. 1911 zum Beispiel wird die Geschichte in

55 Chronik der Schweiz. Dortmund/Zürich 1987. S. 230.

56 Bernhard Schneider, Von den Klostergütern zur selbständigen Gemeinde. Kappel am Albis im Wandel der Zeit. Zürich 1988. S. 118. Unter Berufung auf Sigg, vgl. Anm. 11.

57 Karl Dändliker und Max Bandle, Auszug aus der Schweizergeschichte. Zürich [3]1969. S. 70. – Fritz Schaffer, Abriss der Schweizer Geschichte. Frauenfeld [15]1992. S. 82.

58 Zur allgemeinen Problematik vgl. René Anliker und Victor Schmid, Politische Identität im Schweizer Geschichtsbuch der Volksschule. Zürich 1980 (Sondernummer des Bulletins des Soziologischen Instituts der Universität Zürich). – Pietro Scandola, «Geschichte und Vaterland». Zur Geschichte des Unterrichts in den deutschsprachigen Primarschulen des Kantons Bern. 3 Teile. Bern 1986 (Diss.). – Die von der Schweizerischen Gemeinnützigen Gesellschaft 1889 eingesetzte «Kommission zur Pflege des nationalen Sinns» könnte sich ebenfalls mit dem Kappeler Motiv befasst haben. Zu deren Tätigkeit vgl. Bea Mesmer, Nationale Identität – einige methodische Bemerkungen. In: Auf dem Weg zu einer schweizerischen Identität 1848–1914. Freiburg 1987. S. 18ff.

59 Lesebuch für die mittlern Klassen (4. und 5. Schuljahr). Solothurn 1875. S. 159.

60 W. Rosier, Histoire illustrée de la Suisse. Lausanne 1936. S. 113.

61 Diese und andere Angaben zur Behandlung in Schulbüchern verdankt der Vf. Barbara Helbing-Gloor (Dokumentation vom 12. Juni 1993). Zur gesamten Problematik vgl. die im Rahmen des

einem Innerschweizer Lehrmittel durchaus und sogar mit einer Illustration berücksichtigt.[62]

Ein Glarner Lehrmittel von 1909 geht dagegen auf die Episode gar nicht ein, verzichtet aber aus verständlichen Gründen nicht auf eine ausführliche Schilderung des Vermittlungsversuchs des Glarner Landammanns Aebli.[63] In den Lehrbüchern der Suisse romande ist das Motiv offenbar nicht weniger präsent.[64]

Lässt sich in der jüngsten Zeit feststellen, dass der Geschichte weniger Bedeutung eingeräumt wird? In den sechziger und siebziger Jahren kann die Geschichte wohl mit grosser Selbstverständlichkeit ihren Platz behaupten.[65] Ende der achtziger Jahre werden die Verhältnisse uneinheitlich: Im Falle etwa des nordwestschweizerischen Lehrmittels kann man tatsächlich bemerken, dass das Motiv an Boden bzw. an Raum verliert;[66] im Falle des entsprechenden Berner Lehrmittels ist beides, Text und Bild, auch in der Ausgabe von 1989 wie eh und je vertreten.[67]

In der *Bilderwelt* kommt es ebenfalls zu weiteren Bearbeitungen, einmal bei den Schulbuchillustrationen, die in den sechziger und siebziger Jahren eine etwas frischere Heimatstil-Ästhetik entwickeln; zum anderen durfte das Kappeler Motiv in der 1982 von Flavio Bozzoli als *bandes dessinées* gestalteten Schweizergeschichte natürlich nicht fehlen.[68]

Im Bereich der *schönen Literatur* ist einerseits auf die zwei bereits erwähnten Zwingli-Romane von Wilhelm Schäfer (1926) und Emanuel Stickelberger (1931) und andererseits auf ein kleines Drama hinzuweisen, das 1931 zur 400. Wiederkehr der zweiten Schlacht von Kappel geschrieben und aufgeführt worden ist. Das zur Einweihung einer kleinen Gedenkstätte um den alten Marchstein auf der Rüteliweid bei Ebertswil entstandene Stück klagt zunächst (auf hochdeutsch) über die Schrecken des Krieges und die besonderen Schrecken des Bürgerkrieges, es spricht dann (immer noch

NFP 21 erarbeitete Studie von Barbara Helbling, Eine Schweiz für die Schule. Nationale Identität und kulturelle Vielfalt in den Schweizer Lesebüchern seit 1900. Zürich 1994.

62 Fünftes Schulbuch für Primarschulen. Benziger Einsiedeln 71911. S. 301ff.

63 Obligatorisches Sprachlehrmittel für die Primarschulen. Glarus 1909. S. 47.

64 Vgl. etwa die Angaben oben in Anm. 61.

65 Vgl. Konrad Bächinger, Joseph Fisch, Ernst Kaiser, Streit des Glaubens wegen. Die Kappeler Milchsuppe. St. Gallen 1967 (Heft 12 der Serie «Lasst hören aus alter Zeit»). – Franz Meyer, Wir wollen frei sein. Bd. 2. Luzern/Aarau 1971. S. 244.

66 Die Weltgeschichte im Bild, Bd. 7, von 1978 (2. Aufl.) referiert die Episode, allerdings knapp, im laufenden Text in Verbindung mit Ankers Holzschnitt (S. 116). In der 5. Aufl. von 1989 ist nur noch Ankers Ölgemälde abgebildet und dieses mit der distanzierenden Bildlegende versehen: «Die ‹sagenhafte› Kappeler Milchsuppe» (S. 123). Im Gegensatz zum schlichten Umschlag der 2. Aufl. erscheint auf der Collage des Umschlages der 5. Aufl. auch ein Ausschnitt aus dem Milchsuppenbild.

67 Geschichte. Bd. 6. Bern 1989. S. 92.

68 Die Schweizergeschichte. Unter der Leitung von Jean-René Bory. Französische, deutsche und italienische Ausgabe. Bd. 3. Delachaux et Niestlé. Neuenburg 1982. Flavio Bozzoli, Initiant und Zeichner, kam als Italiener bei seiner Vorbereitung auf die Einbürgerungsprüfung mit der Schweizergeschichte in Berührung und verstand sein Werk z.T. auch als Dank an die Schweiz.

auf hochdeutsch) von den guten alten Zeiten, da die Eidgenossen noch Mann an Mann gekämpft hätten und durch die Bande eines gemeinsamen Glaubens verbunden gewesen seien. Es folgen dann (in Mundart) die Gespräche um die Milchsuppe und abschliessend (wiederum in hochdeutsch) ein kleiner Exkurs zum zweiten Krieg («Zum Kampfe ziehen die Krieger/der Pflicht und harter Fron gehorchend ...») sowie ein Gruss an die «Gefallenen von hüben und drüben».[69]

In der *Tagespresse* oszilliert die Beurteilung, sofern man dem Thema überhaupt Beachtung schenkt, zwischen direkter Übernahme und relativierender Würdigung. Dazu die Beispiele aus der *Neuen Zürcher Zeitung:* 1931 reflektierte sie zum Teil sogar auf der Inlandseite die Feierlichkeiten zum 400. Jahrestag nicht des Ersten, sondern des Zweiten Kappeler Kriegs. Darin nahm aber, vielleicht dem zeittypisch verstärkten Bedürfnis nach «Volksgemeinschaft» entsprechend, die Milchsuppe (in Verbindung mit dem eben vorgestellten kleinen Festspiel) einen wichtigen Platz ein. In dieser Geschichte, heisst es, lebe die schöne Tatsache weiter, dass auch in den trüben Tagen der Alten Eidgenossenschaft das Gefühl der Zusammengehörigkeit nicht erloschen gewesen sei.[70] 1979 rückte das gleiche Blatt im Lokalteil einen Beitrag ein, der anlässlich des 450. Jahrestages von der Kappeler Milchsuppe sagte, man wisse nicht so recht, ob sie stattgefunden habe, sie sei aber ein Symbol für helvetische Kompromissbereitschaft und habe die Spielregeln unseres heutigen politischen Lebens wohl stärker geprägt als der vielbesungene Blutdampf und Heldenstreit aus alter Zeit.[71] Fünf Jahre später drang bei der Beschreibung des entsprechenden Motivs an der Zwingli-Türe des Grossmünsters – selbst in der Form des Nicht(mehr)wissens – wiederum die positivistische Auffassung durch: «An einer Stelle, die nicht mehr ausgemacht werden kann, kam es zur Kappeler Milchsuppe.»[72]

Die aktuelle Position der Metapher des Versöhnungsmahls ist, sofern man sich nicht mit geographischen Koordinaten und Meereshöhenmetern begnügt, schwer zu ermessen. Ein Kommentator wiederum der *NZZ* bezeichnet 1993 einen bundesrätlichen Kompromissvorschlag zur Frage der Milchpreisgestaltung sinnigerweise als «Kappeler Milchsuppe», und er kann bei der Leserschaft seines Blattes wohl damit rechnen, dass die Anspielung verstanden wird.[73] Im Freiburger Grossen Rat wurde in der Debatte um den neuen Sprachenartikel die gesamte Milchsuppen-Geschichte rekapituliert.[74] Dies war nötig, weil der Redner nicht das Versöhnungsmoment hervorheben, sondern weil er mit der Wiedergabe des Dialogs im Löffelstreit das für das

69 Er. Gut, Die Milchsuppe bei Kappel. In: Zuger Kalender 78, 1933. S. 78/79. Berichte in der Neuen Zürcher Zeitung Nr. 1881 und 1885 vom 5. Oktober 1931.

70 Vgl. oben Anm. 69.

71 Neue Zürcher Zeitung vom 16./17. Juni 1979, Kantonalteil. Autor: Helmut Meyer, vgl. oben Anm. 61.

72 Neue Zürcher Zeitung vom 4. Mai 1984, Kantonalteil, S. 51.

73 Neue Zürcher Zeitung vom 27. April 1993, Inlandteil, S. 23.

74 Uli Windisch, Les relations quotidiennes entre romands et suisses allemands. Teil I. Lausanne 1992. S. 111. Grossratsdebatte vom 7. Februar 1990.

schweizerische Territorialitätsprinzip wichtige *«Iss uf dim erdrych!»* unterstreichen wollte. Einige dürften um diese Rekapitulation ganz froh gewesen sein, weil die Geschichte seit den frühen Primarschuljahren verblasst war. Andere dürften sie überhaupt zum ersten Mal gehört haben.[75]

Der Mythos von Kappel ist am Verblassen. Bei jüngeren Leuten jedenfalls bildet, wie Stichproben zeigen, die Geschichte um die Milchsuppe keinen geläufigen Bezugspunkt mehr. Im Erosionsprozess, dem die nationalen Mythen trotz aller Zählebigkeit ausgesetzt sind, erweisen sich die individualisierten Bilder von Tell, Winkelried und Bruder Klaus als resistenter.

75 Nachtrag von 2003: Die Symbolszene bleibt in «Gebrauch». So wurde die im Eidg. Finanzdepartement (Bernerhof) ausgehandelte Verständigung zwischen Wirtschaft und Politik auf eine bestimmte Anzahl von Flugzeugen und Flugzeugtypen als «Kappeler Milchsuppe» bezeichnet (Sx. in NZZ vom 27./28. Oktober 2001). Inzwischen hat sich des Themas nochmals angenommen Christian Klemm, Albert Ankers *Kappeler Milchsuppe* – ein demokratisches Historienbild. In: Horizonte. Beiträge zu Kunst und Kunstwissenschaft. 50 Jahre Schweizerisches Institut für Kunstwissenschaft. Zürich 2001. S. 133–140.

Schlussapotheose im Festspiel von 1886 zur Erinnerung an die Schlacht von Sempach von 1386: Alle Gegensätze werden aufgehoben, diejenigen von Vergangenheit und Gegenwart, von Schauspielern und Publikum, von Reich und Arm (Karl Jauslin, Foto: F. Borer. Die Schlacht von Sempach im Bild der Nachwelt. Ausstellungskatalog, Luzern 1986. S. 178).

Das Festspiel – ein antimodernes Produkt der Moderne

Festspiele sind in der Regel Historienspiele. Der folgende Beitrag geht von dieser einfachen Feststellung aus und versucht zu erklären, warum das so ist.[1] Die Vergangenheitsorientierung könnte man freilich schnell mit einer weiteren Feststellung zu erklären versuchen: dass nämlich Festspiele in der Regel Jubiläumsspiele sind, dass sie eben zur Vergegenwärtigung bestimmter historischer Vorgänge verfasst und aufgeführt werden. In der Tat: Festspiele sind zumeist Geburtstagsspiele, ob sie nun die Gründung einer Stadt[2], eines Vereins[3], eines Bundes[4], einer Firma[5] oder das Überstehen be-

1 Dieser Beitrag verzichtet auf eine Wiederholung oder Zusammenfassung der gültigen Analysen der Festspielkultur der Jahre vor 1914, die kürzlich veröffentlicht worden sind. Vgl. dazu Martin Stern, Die Festspiel-Integration um den Preis scheinhafter Identität. In: Auf dem Weg zu einer schweizerischen Identität 1848–1914. Freiburg 1987. S. 309–335 (Kolloquium der SAGW 1985). Ebenda Hellmut Thomke, Patriotische Dramatiker des ausgehenden 19. Jahrhunderts, der junge Rudolf von Tavel und Arnold Ott. S. 337–352.

2 Das bekannteste Spiel in Erinnerung an eine Stadtgründung ist das 1891 in Bern aufgeführte. Vgl. Anm. 22. 1957 wurde in Basel ein Festspiel zum (angeblich) 2000jährigen Bestehen der Stadt inszeniert, 1986 zum gleichen Anlass eines in Vindonissa. Die Basler Vereinigungsfeier von 1892 gehört auch in diese Kategorie. In diesen Tagen ist bekanntgegeben worden, dass 1992 zum gleichen Anlass wieder ein Festspiel aufgeführt werden soll (vgl. Basler Zeitung vom 29. September 1987).

3 1922 wurden zum 100jährigen Bestehen der Solothurner Stadtschützengesellschaft und 1924 zum 400jährigen Jubiläum des ersten Eidgenössischen Schützenfestes in Aarau Festspiele aufgeführt (vgl. Cäsar von Arx, Werke III. Festspiele 1914–1949. Bearbeitet von Rolf Röthlisberger. Olten 1987).

4 Die Bundesfestspiele sind zusammen mit den Schlachtfestspielen die häufigsten. Aufführungen wurden gegeben 1891 zum 600jährigen Bestehen der Eidgenossenschaft, 1898 zur 100jährigen «Zugehörigkeit» der nachmaligen Kantone Thurgau und Neuenburg, 1901 zur 400jährigen Bundeszugehörigkeit von Basel und Schaffhausen, 1903 zur 100jährigen Bundeszugehörigkeit der Waadt, des Aargaus und St. Gallens, 1914 das 100jährige Jubiläum der Genfer «fête de juin», um nur die Bundesjubiläen der Zeit vor dem Ersten Weltkrieg aufzuzählen.

5 Schweizerische Festspiele zu Firmenjubiläen des 19. Jahrhunderts sind mir keine bekannt. Hingegen kann auf ein deutsches Beispiel verwiesen werden: 1862 erhielt Rudolf Löwenstein, Redaktor des Kladderadatsch, von der Berliner Maschinenbau-Anstalt Borsig den Auftrag, zu ihrem 25jährigen Jubiläum ein Festspiel zu verfassen. Das Spiel stellt in einem mythologischen Götterreigen die Figur des Hansdampf als die alles bewegende Macht der Neuzeit vor. Vgl. den Katalog Literatur im Industriezeitalter. Eine Ausstellung des Deutschen Literaturarchivs im Schiller-Nationalmuseum. Bd. 1. Marbach am Neckar 1987. S. 63ff. In diesem Buch findet man ebenfalls die Abbildung eines allegorischen Festumzuges, der 1858 von der gleichen Firma anlässlich der Fertigstellung der 1000. Lokomotive veranstaltet wurde. Beides, Spiel und Umzug, soll ein historisierendes Gegengewicht zur Gegenwart bilden. Dabei besteht dieses Gegengewicht nicht aus einem beliebigen «Quantum» Geschichte, sondern aus einem säkularen Entwicklungspanorama, das in diesem Fall gewissermassen mit der Erdgeschichte beginnt, das heisst die Gegenwart auf den ersten Schöpfungsakt zurückführt. – Als schweizerisches Beispiel kann man für das 20. Jahrhundert die Festveranstal-

stimmter Schlachten (als Gründungsmomente kollektiver Heldentaten) feiern.[6] Diese Erklärung führt jedoch nur zu einer Verschiebung der Fragestellung, sie führt uns aber zur zentralen Frage nach den Ursachen dieses allgemeinen Erinnerungsbedürfnisses und nach den Funktionen dieses vielfältigen Erinnerungskultes. Und vor dieser Frage nimmt das Festspiel keine Sonderstellung ein, es ist ein Medium neben anderen und lebt zum Teil von diesen anderen Medien: von der Architektur, den Denkmälern und Museen, der Malerei und ihren Reproduktionen, der Literatur und dem Liedgut.

Wir können die Frage nach dem Erinnerungsbedürfnis anthropologisch, das heisst mit einem Hinweis auf das bestehende Grundbedürfnis des Menschen nach ritualisierter Pflege der Vergangenheit erklären. Ein solches Bedürfnis mag permanent gegeben sein. Wir können aber gerade an der Geschichte des Festspiels leicht feststellen, dass es nicht zu jeder Zeit gleich intensiv ist. Fragen wir uns nach den Faktoren, welche zu einer Intensivierung des Festspielkultes führen, sollten wir auch eine Antwort auf die Frage nach der Funktion dieses Kultes erhalten. Darum sei zunächst vor allem von der Zeit die Rede, die nach übereinstimmender Meinung als die hohe Zeit der Festspielkultur bezeichnet wird: die Zeit des ausgehenden 19. Jahrhunderts.[7]

tung nennen, die 1958 von der Basler Chemiefirma J. R. Geigy AG zu ihrem 200jährigen Bestehen inszeniert worden ist. Die offizielle Feier wurde mit der Aufführung eines Musikwerkes eröffnet, das zur Zeit der Firmengründung entstanden ist (eine Sinfonie von Johann Stamitz). Den Schluss bildete ein Auftragswerk der Jubilarin: das von Rolf Liebermann komponierte *Geigy Festival Concerto.*

6 Wenn man von gewissen Vorläufern absieht (J. T. Zimmermann 1779 zu Sempach, J. J. Hottinger 1811 zu Morgarten, W. Bion 1844 zu Schwaderloh und A. von Salis 1876 mit einer Kantate zu Murten), setzen die Schlachtfestspiele 1886 mit H. Weber zu Sempach ein. Es folgen Spiele 1899 zu Schwaderloh, Calven und Dornach, 1905 zur Schlacht am Stoss, 1912 zu St. Jakob an der Birs (kein Jubiläum, Eidg. Turnfest), 1926 zu Murten, 1939 zu Laupen, 1949 zu Schwaderloh und Dornach, 1965 zu Morgarten, 1986 zu Sempach. – Vgl. auch Guy P. Marchal, Geschichtsbild im Wandel 1782–1982. Historische Betrachtungen zum Geschichtsbewusstsein der Luzerner im Spiegel der Gedenkfeiern zu 1332 und 1386. Luzern 1982. – Die Erinnerung an andere, friedliche «Schlachten» wurde ebenfalls mit Festspielen gefeiert: zum Beispiel Stans 1781, 1881, 1981 oder der Gotthardtunnelbau 1932 (50 Jahre), ferner zum Durchbruch der Reformation (eventuell zum Geburtstag von Reformatoren, z.B. Zwingli 1794, 1904). – Eine letzte Kategorie bilden die Festspiele zu Denkmaleinweihungen (z.B. 1895 in Altdorf, 1908 zum Zuger Morgartendenkmal), zu den Landesausstellungen von 1896, 1914, 1939. Die vor dem «Take-off» der Festspieleuphorie von 1886 (Sempach) 1883 durchgeführte erste Landesausstellung kam ohne Festspiel aus. Desgleichen die in voller Hochkonjunktur (vgl. die Bemerkungen zum Krisenkonnex im Nachwort) durchgeführte Landesausstellung von 1964.

7 Paul Lang (Bühne und Drama der deutschen Schweiz im XIX. und beginnenden XX. Jahrhundert. Zürich 1924. S. 129) analysiert diese Frage nicht und übernimmt unkritisch Josef Nadlers Meinung: «Ein Volk, das so ausschliesslich geschichtlich denkt und denken kann, weil es die Entwicklungen später Jahrhunderte vorweggenommen hat und also von ihnen nicht überholt werden kann, ein solches Volk kann nur ein Schrifttum von geschichtlichem Geist erzeugen» (Von Art und Kunst der deutschen Schweiz. Leipzig 1922. S. 91). Diese Erklärung übersieht den epochaltypischen Charakter des Historismus, der auch bei Erzeugnissen anderer «Völker» zum Ausdruck kommt. Lang erklärt das Phänomen des Historismus historisch, wenn er schreibt: «Die durch die Historie gegebenen Tatsachen leuchteten in goldener Glut und lockten zur Gestaltung ...» (ebenda. S. 130).

Bevor wir die aufgeworfenen Fragen weiterverfolgen, soll zunächst ein 1895 veröffentlichtes Festspiel kurz vorgestellt werden. Das wenig bekannte Spiel ist vom ziemlich bekannten Festspielautor Pfarrer Heinrich Weber verfasst worden und trägt den Titel «Helvetia».[8] Aus welchen Anlässen und von wem es aufgeführt wurde, ist unbekannt und für unsere weitere Analyse auch nicht wichtig, obwohl die Funktion solcher Spiele doch eigentlich eher anhand ihrer Rezeption studiert werden sollte. Das Spiel ist insofern auch kein typisches Festspiel, als es offenbar nicht zu einem bestimmten Jubiläumsanlass verfasst worden ist. Doch gerade dieser Umstand zeigt, dass sich die Vergangenheitsorientierung nicht einfach aus den Jubiläen erklären lässt, dass vielmehr hinter diesen Anlässen ein bestimmter Historismus steckt, der erklärt werden muss.[9]

Das Stück bietet nicht wie die klassischen Festspiele eine längere Reihe von «tableaux», und dennoch weist auch es die für diese Gattung typische Bilderbogenstruktur auf, ohne einheitliche Handlung und innere Dramatik. Der erste Teil zeigt zuerst die Tagsatzung von 1481 in Stans und dann ein Treffen personifizierter Laster gleichsam in der Unterwelt. Der zweite Teil bildet in jeder Beziehung das Gegenstück: Er spielt in der Gegenwart, er spielt nicht gerade im Himmel, aber in dessen Vorhof, nämlich in einer «anmutigen Alpengegend». Der Genius der Freiheit präsentiert der verängstigten Helvetia als Gegenstück zu den vier Lastern aus der Schweizergeschichte fünf vorbildliche Persönlichkeiten und überlässt Helvetia das Schlusswort an das Publikum. Die Botschaft des Stücks: Sie besteht im Appell an die Zuschauer, die durch Neid, Rauflust, Herrschsucht und Fanatismus genährte Zwietracht, wie sie zu Beginn des Tages zu Stans geherrscht hatte, zu überwinden und sich an den Idealen der Tapferkeit, Selbstlosigkeit, Enthaltsamkeit, Friedfertigkeit, Wahrhaftigkeit und Barmherzigkeit zu orientieren.

Ob diese Art von Schauspiel einen eigenen, erst in der zweiten Hälfte des 19. Jahrhunderts geschaffenen Typus bildet oder in der Tradition der Reformationsspiele und der Jesuitendramen steht, muss uns nur bezüglich des Historisierungsgrades der dra-

8 Von Heinrich Weber (1821–1900), Pfarrer in Höngg, stammen vor allem die Texte für «Die Schlacht bei Laupen. Epische Dichtung in neun Gesängen» von 1853, das Sempacher Festspiel von 1886 und für das Schwyzer Festspiel von 1891, aber auch die Schauspiele «Zürichs Frauen im Sommer 1292» von 1876, «Zwingli» von 1883 und «Waldmann» von 1899. «Helvetia» ist 1895 bei Sauerländer in Aarau erschienen.

9 Zum Begriff des Historismus und den verschiedenen Schulen am besten: Karl Heussi, Die Krisis des Historismus. Tübingen 1932. Heussi schliesst sich weitgehend Ernst Troeltsch (Der Historismus und seine Probleme. Tübingen 1922) an, d. h. einer Auffassung, die den Historismus als konsequente Anwendung der Kategorien des geschichtlichen Werdens und Gewordenseins und damit als Denken des Relativierens im Gegensatz zum Spekulieren auf prinzipielle Erkenntnismöglichkeiten versteht, analog zum Naturalismus, der die gesamte Körperwelt nach den allgemeinen naturwissenschaftlichen Prinzipien der Naturkausalität erforscht. Vgl. auch Friedrich Nietzsche, Vom Nutzen und Nachteil der Historie für das Leben (1873/74), und Friedrich Meinecke, Die Entstehung des Historismus. 2 Bde. (1936). Aus jüngerer Zeit: W. Götz, Historismus. Ein Versuch zur Definition des Begriffs. In: Zeitschrift des Deutschen Vereins für Kunstwissenschaft XXIV, 1970. – Thomas Nipperdey, Historismus und Historismuskritik heute. In: ders., Gesellschaft, Kultur, Theorie. Göttingen 1976. S. 59–73.

matischen Botschaft interessieren. Webers «Helvetia»-Stück von 1895 ist ohne Zweifel eine direkte Weiterentwicklung des Barockstückes «Eidgnossisches Contrafeth» von Johann Caspar Weissenbach aus dem Jahre 1673.[10] Der wesentliche Unterschied besteht darin, dass in der Adaptation des 19. Jahrhunderts nur die Laster ihre allegorisch-zeitlose Gestalt behalten, die propagierten Tugenden dagegen mit Auftritten von Winkelried, Zwingli, Schultheiss Wengi und Pestalozzi historisiert werden.

Im Bereich der bildenden Kunst ist der Vorgang der Historisierung noch deutlicher zu fassen. An Stelle der zeitlosen Idealfiguren traten, wie beispielsweise die Mutation des Zofinger Brunnenstockes zeigt, historische Realfiguren, die aber ebenfalls Idealcharakter haben. Die 1590 geschaffene Zofinger Justitia wurde 1893 durch eine Gestalt mit scheinbar historischer Authentizität ersetzt. Fortan prangte nämlich als Ausdruck für Tapferkeit und Selbstlosigkeit der Schultheiss Nikolaus Thut auf dem Brunnenstock. Von Thut heisst es, er habe in der Schlacht von Sempach von 1386 das Banner seiner Stadt gerettet, indem er, zu Tode verwundet, es sich in den Mund gesteckt habe.[11] Die Fortitudo in der Gestalt eines Thut oder eines Winkelried, die Caritas in der Gestalt eines Pestalozzi und später eines Dunant, die Temperantia in der Gestalt eines Dufour – diese Fleischwerdungen, diese erneute Geschichtswerdung der Idealwelt gilt es zu erklären.[12]

Historisierungen von Idealen sind allerdings kein Phänomen des 19. Jahrhunderts. Die hohe Wertschätzung, die der Antike stets entgegengebracht worden ist, bildet ebenfalls eine Art von Vergangenheitsorientierung. Zudem werden Tell, Winkelried und Bruder Klaus schon im 17. und 18. Jahrhundert als historische Vorbilder propagiert. Die Antike hat aber weniger die Bedeutung einer bestimmten historischen Epoche als vielmehr einer universalen und letztlich auch zeitlosen Instanz. Und was die schweizerischen Vorbilder im Zeitalter des Barock betrifft, sie blieben unpersönliche und darum ahistorische Figuren, auch wenn sie wie die meisten nicht rein allegorischen Idealgestalten von ihren Anhängern nur mit Hilfe eines historischen Diskurses erfasst und geglaubt werden können. (Auch die Bibel kommt nicht ohne Geschichten aus.) Mit dem Beginn des 19. Jahrhunderts setzt aber ein anderer Zugriff auf die Vergangenheit ein. Man kann das an der einfachen Tatsache ablesen, dass in diesem Jahrhundert «historische Daten» Anlässe zu grossen Festen bilden, während die gleichen Tage (wenn man von den schlichten Schlachtjahrzeiten absieht) zuvor weitgehend unbeachtet geblieben sind. Geschichte ist in diesem Fall (wie in den meisten Fällen) nicht als Nachleben von Vergangenheiten zu verstehen, sondern als Produkt eines aktuellen Bedürfnisses, das für eine bestimmte Gegenwart mit Hilfe historischer und pseudohistorischer Motive einen benötigten Sinn herstellen will.

10 Johann Caspar Weissenbach, Eidgnossisches Contrafeth auff- und abnemmen der Jungfrauen Helvetia. Zug 1673.

11 Felix Staehelin, Bericht über das 75. Jubiläum des Zofinger-Vereins. Basel 1894.

12 Auch Eckart Vancsa sieht diesen Vorgang, allerdings ohne ihn zu erklären, wenn er von der Historienmalerei sagt, sie ersetze die idealisierende Überhöhung durch «Steigerung der Unmittelbarkeit, das heisst durch Kostüm- und Porträttreue» (Überlegungen zur politischen Rolle der Historienmalerei des 19. Jahrhunderts. In: Wiener Jahrbuch für Kunstgeschichte XXVIII, 1975. S. 149).

Der Historismus des 19. Jahrhunderts pflegt die Geschichte gewiss, wie dies zuvor schon der Fall gewesen ist, als *magistra vitae*.[13] Seine Vergangenheitsorientierung ist jedoch in doppelter Hinsicht neu: Der Historismus des 19. Jahrhunderts lebt zum Teil vom Bestreben, die Welt der Ideen parallel zum Ausbau der Naturwissenschaften ebenfalls faktisch, also historisch zu untermauern. Diesem Bestreben kommt die wachsende Verfügbarkeit historischer Kenntnisse entgegen.[14] Das ist die eine, die positivistische Seite des neuen Historismus; sie hat die Etablierung der Geschichtswissenschaft als scheinbar autonome Disziplin ermöglicht. Daneben gibt es die religiöse Seite; sie ist vor allem durch die Kunst und – soweit dies zu separieren ist – durch das Festwesen gepflegt worden. Die Bezeichnung «religiös» ist mit Bedacht gewählt; diese Spielart des Historismus praktiziert eine säkularisierte Religiosität, stellt Verbindung mit einer entfernten, halb physischen, halb metaphysischen Welt her. Heisst das aber auch, dass sie nur als zivile Fortsetzung eines permanenten Grundbedürfnisses an höherer Sinngebung zu verstehen sei? Auch in der religiösen Variante erhält die Pflege der Geschichte eine neue Bedeutung: Der Historismus ist ein antimodernes Ergebnis der Moderne. Diese Formulierung klingt paradoxer, als sie ist, drückt doch «anti» nicht einfach das Gegenteil aus. Dieses Präfix bedeutete ursprünglich auch «dem Gegenstück entsprechend». So ist der Historismus gegen die Moderne gerichtet und unterstützt diese zugleich, indem er mit seinem ausgleichenden Antimodernismus die Moderne erträglich macht.[15] Geschichtlichkeit gewinnt offensichtlich in dem Masse an Gewicht, als Technik und Industrialisierung das herkömmliche Leben verändern. Mit Odo Marquard können wir davon ausgehen, dass die Menschen einen Grundbedarf an Farbigkeit, Vertrautheit und Sinngebung in sich tragen, dass die Moderne dagegen farblos macht und entzaubert, dass sie versachlicht und denaturiert, dass sie desorientiert und (proportional?) zur Wandlungsbeschleunigung die Illusionsbereitschaft erhöht.[16] Die Geschichten aber, die in Form von Geschichte zelebriert werden, bieten einen

13 Reinhart Koselleck, Historia Magistra Vitae. Über die Auflösung des Topos im Horizont neuzeitlich bewegter Geschichte. In: ders., Vergangene Zukunft. Zur Semantik geschichtlicher Zeiten. Frankfurt a.M. 1979. S. 38–66. – Vgl. ferner: Vom Sinn und Unsinn der Geschichte. Hrsg. von Oskar Köhler. Freiburg i.Br. 1986 (Christlicher Glaube in moderner Gesellschaft. Quellenband 4).

14 Ekkehard Mai spricht von einer «enormen Steigerung des Wissens und seiner Vermittlungsformen» und von einem «Bewusstseinsrausch von Bildung, die mit Stolz errungenen Besitz versprach» (Ein ‹neuer Historismus›? Von der Gegenwart der vergangenen in der jüngsten Kunst. Phänomene und Symptome. In: Das Kunstwerk XXXIV, 3. 1981. S. 4).

15 Eine genaue Definition des Begriffs der Moderne wird in der Fachliteratur meist umgangen. Gemeint sind damit gesellschaftliche Verhältnisse, die im Gegensatz zum eher statischen Leben des Feudalzeitalters einem starken permanenten Wandel ausgesetzt sind. Die Moderne setzt grosso modo mit der Industrialisierung ein. Zur allgemeinen Orientierung Günter Wiswede und Thomas Kutsch, Sozialer Wandel. Zur Erklärungskraft neuerer Entwicklungs- und Modernisierungstheorien. Darmstadt 1978.

16 Odo Marquard, Von der Unvermeidlichkeit der Geisteswissenschaften! In: Neue Zürcher Zeitung vom 8./9. März 1986. Vgl. auch Marquards Beitrag des Kolloquiums zum 60. Geburtstag von Hermann Lübbe, Wandlungsbeschleunigung und Illusionsbereitschaft, zusammengefasst in der Neuen Zürcher Zeitung vom 21./22. Februar 1987. Zur gleichen Problematik: Hermann Lübbe, Fortschritt als Orientierungsproblem. Freiburg i.Br. 1975.

Ersatz für das Ermangelte: Sie vermitteln – wenn auch nur zum Schein – Farbigkeit, Verzauberung, Beharrungsvermögen, Orientierung, Sinn.

Die historisierende Reaktion auf die Moderne ist schon als Fluchtbewegung gedeutet worden.[17] Dies stimmt nur teilweise, haben doch die meisten Zeitgenossen zur Idee des zivilisatorischen Fortschritts selbst ein positives Verhältnis. Die spätbürgerliche Gesellschaft schafft indessen mit der Kultivierung eines historischen Gartens, gemäss der auch in anderer Hinsicht praktizierten Segmentierung des Lebens, eben ein romantisches Gegengewicht zu einer eingestandenermassen unromantischen rauhen Gegenwart.[18] Die zivilreligiöse Dimension des Historismus des 19. Jahrhunderts ist aus einem weiteren Umstand zu erklären: Geschichte wird in dem Masse ein selbständiges und darum als eigene Grösse gepflegtes Element, als die Gesellschaft ihre Traditionsverbundenheit verliert, wie die Natur vor allem dann zum Thema und einem schützenswerten Objekt wird, wenn die ursprüngliche Einbettung in sie verlorengegangen ist.[19]

Dazu zwei Beispiele, beide entstammen nicht der Festspielkultur, sind aber wie diese als Produkte historisierender Sinnstiftung zu verstehen. In einem Beispiel werden die Fabrik und Tunnelarbeiter des ausgehenden 19. Jahrhunderts gerne als die Krieger der modernen Schweiz besungen. Das Heldentum der Ahnen sei ins Blut der Arbeiterschaft übergegangen. Aus harten Fäusten seien aber kluge Hände geworden, man würde jetzt mit anderen Waffen und auf anderen Bahnen kämpfen. Die industriellen Leistungen seien patriotische Heldentaten, auf die man sogar stolzer sein könne als auf Morgarten und Murten. Diese Gleichsetzung erschien besonders sinnvoll, wenn es wie beim Bau des Gotthardtunnels auf dem «Schlachtfeld der Moderne» immer wieder Tote gab.[20] Im zweiten Beispiel nimmt 1891, wenige Tage nach dem Eisenbahnunglück von Münchenstein, in dem 73 Menschen den Tod fanden, der offizielle Redner der St.-Jakobs-Feier eine ähnliche Gleichsetzung vor: «Die 1444 an der Birs

17 Günter Hess sagt vom Bildgedächtnis des Historismus um 1880, es sei «auch als Fluchtbewegung zu analysieren, die auf politische, wirtschaftliche und soziale Veränderungen, vor allem aber auf die mit den Gründerjahren geradezu explosiv expandierende Technisierung und Industrialisierung aller Lebensbereiche reagiert» (Allegorie und Historismus. Zum ‹Bildgedächtnis› des späten 19. Jahrhunderts. In: Verbum et Signum. Festschrift für Friedrich Ohly. Bd. 1. München 1975. S. 583).

18 Bea Mesmer, Die Gesellschaft im späten 19. Jahrhundert. Porträt und Familienbild. In: Damals in der Schweiz. Frauenfeld 1980. Speziell S. 64, wo von der Nutzungsdifferenzierung der Räume die Rede ist.

19 Das Heraustreten aus der historischen Kontinuität kann man am Beispiel etwa des Schlosses Chillon erkennen: Das Schloss wurde mit einer gewissen Selbstverständlichkeit bis 1887 als Gefängnis verwendet, dann aber in ein historisches Monument umgewandelt, über dessen Pflege ein eigens dazu gegründeter Verein wachte. Vgl. die soeben erschienene Erinnerungsschrift von Jacques-David Chausson, Montreux.

20 Vgl. etwa Conrad Ferdinand Meyers Festgedicht zur Eröffnung der Landesausstellung von 1883 oder die Interpretationen des dort ausgestellten Entwurfes von Vincenzo Velas Relief «Le vittime del lavoro». Im offiziellen Band zur Landesausstellung von 1896 lesen wir: «Ce Palais contient les trophées des plus grandes victoires que la Suisse ait remportées et dont nous pouvons nous énorgueillir plus que de Morgarten ou Morat. (...) Il semble que l'héroïsme et la fougue de nos ancêtres aient passé dans les veines de nos ouvriers» (L'Exposition nationale suisse. Genf 1896. S. 123). Zu Vela vgl. den entsprechenden Beitrag in diesem Band.

gefallenen Eidgenossen haben unsere Unabhängigkeit, die dieses Jahr daselbst durch ihren Tod Vielen unter uns das Leben gerettet.» Die Eisenbahntoten wurden darum als patriotische Opfer gedeutet, weil es offenbar ihres Todes bedurfte, um das heutige Menschengeschlecht von der Höhe seiner Selbstüberschätzung herunterzuholen.[21]

Wir sehen, Geschichte soll Bewältigungshilfe bieten; im Normalfall beim Verrichten der Industriearbeit, im Unglücksfall bei der Trauerarbeit. Es ist eine säkularisierte Bewältigungshilfe aus dem Geschichtsbuch statt der anspornenden oder tröstenden Worte aus der Heiligen Schrift.

In den Historienspielen wird nicht auf irgendeine Geschichte verwiesen. Bilder aus der älteren Geschichte werden als Vorbilder oder als romantische Gegenbilder bevorzugt. Im Berner Jubiläumsspiel von 1891 spielt – was den Bezugsraum betrifft – kein einziges Bild im 19. Jahrhundert.[22] In archaischen Zeiten angesiedelte Bilder sind offenbar besonders geeignet, den in der irritierenden Moderne gesuchten Halt zu gewähren, können sie doch mit der Veranschaulichung der Anfänge zugleich das scheinbar Wesentliche und noch Unverdorbene sichtbar machen und mit der Re-Inszenierung der Pionierzeit den damaligen Impetus neu entfachen.

Dass je nach Zeitumständen in unterschiedlicher Weise auf die Geschichte zurückgegriffen wird, lässt sich eigentlich nicht feststellen. Wo dennoch Varianten auftreten, sind die Abweichungen vielleicht unerheblich. Zuweilen macht man aber auch die Beobachtung, dass die Stoffauswahl ziemlich unwichtig sein kann. Wichtig ist einfach, dass Geschichte produziert bzw. Vergangenheit rekonstruiert wird, mit möglichst viel Aufwand, aber auch mit dem Ziel, ausser dem oberflächlichen Sinneskitzel auch die Gemüter so zu bewegen, dass das Festspielpublikum gemeinsam einen Hauch Tiefsinn und eine Prise bürgerlicher Ekstase erlebt. Die allgemeine Erfahrung von etwas Höherem (oder Tieferem) gehört wie die prächtigen Kostüme und die Reiterparaden zu den Erinnerungswerten des Spektakels.

In allen Schlussszenen wird bekanntlich ein Zusammenfallen von Geschichte und Gegenwart und von Schauspielern und Zuschauern angestrebt und erreicht (Regieanweisung: «Das ganze Personal»). Mit den Historienspielen wird Integration vorgeführt und zugleich vorübergehend auch hergestellt. Sie haben sicher über den Moment hinaus die nationale Kohäsion gefördert, soweit sie bereits bestand oder *noch* bestand. Dies in dreifacher Hinsicht: Sie stellten ein Ritual zur Verfügung, mit dem die Kantone ihre Selbstdarstellung im Rahmen des nationalen Bundes zelebrieren konnten; sie veranschaulichten die aus anderen Gründen eingetretene Versöhnung zwischen den Bürgerkriegsparteien von 1847; und sie inszenierten die scheinbare Verschmelzung von Hirten- und Bauernkultur mit der Industriekultur der Moderne.[23]

21 National-Zeitung Nr. 201 vom 28. August 1891. Die Rede hielt der Gerichtspräsident Albert Huber. Das Eisenbahnunglück vom 14. Juni 1891 (im Zusammenhang mit einem Sängerfest!) forderte 73 Tote und 131 Verletzte und war mit Abstand das bisher schwerste Unglück in der europäischen Eisenbahngeschichte. Den Hinweis auf Hubers Rede verdanke ich Max Burckhardt, Basel.

22 Der Festspieltext stammt wiederum von Heinrich Weber (vgl. Anm. 8).

23 Stern, op. cit. S. 326.

Ist die Hochkonjunktur der Historienspiele in den Jahren 1885–1914 auch als Reaktion auf die Desintegration zu verstehen, die infolge der sich verschärfenden sozioökonomischen Gegensätze gerade in diesen Jahren in wachsendem Masse drohte? Das Bürgertum setzte den vaterländischen Kult mitunter tatsächlich ein, um die von der sozialistischen Opposition in Frage gestellte Einheit der Nation zu demonstrieren und die Opponenten als Zerstörer der nationalen Gemeinschaft und Schänder eines historischen Werkes zu disqualifizieren. Im Zusammenhang mit Festspielen sind solche Ausgrenzungen zwar nicht vorgekommen, weil die Arbeiterbewegung dazu kaum Anlass gab und weil dies die gerne hochgehaltene Fiktion der nationalen Einheit beeinträchtigt hätte. Wie man den Sozialismus mit patriotischen Bekenntnissen bekämpfte, können wir beispielsweise den Reden entnehmen, die 1893 zum 75jährigen Bestehen des Zofingervereins gehalten wurden. Der bereits erwähnte Bannerherr Nikolaus Thut wurde als Pendant zu Arnold Winkelried und beide wurden als Vorbilder der Selbstlosigkeit vorgestellt, welche die Devise «Einer für alle» treu erfüllt hätten. Diesen Tugendfiguren wurde die Lasterbewegung gegenübergestellt, welche sich nur die Devise «Alle für einen» zunutze machen wolle. Die Schweiz werde von neuen Gefahren bedroht, im Innern durch eine egoistische Interessenpolitik und von aussen durch das blutrote Banner der internationalen Sozialdemokratie. Es erging die Klage, der «Grütli»-Verein habe das Wort «vaterländisch» aus seiner Bezeichnung gestrichen und sich der internationalen Arbeiterbewegung angeschlossen. Ein schweizerischer Führer dieser Bewegung habe die verächtliche Bemerkung fallenlassen, der Patriotismus stehe «auf gleicher Stufe wie der Kultus des Vitzliputzli in Mexico». Was die Bezeichnung «Arbeiter» betreffe, dürfe sie nicht nur von einem Bruchteil des Volkes beansprucht werden; es sei die Pflicht aller, fürs gemeinsame Wohl zu arbeiten, darum sei «Arbeiter» ein Ehrenname, «auf den jeder Bürger mit Recht und Stolz Anspruch erheben will und darf». Es erging aber auch der Appell, Verständnis für die Not des Ärmsten zu zeigen, damit dieser sich nicht in seiner Verzweiflung «dem fremden Schmeichler, der mit eitlen Vorspiegelungen und täuschenden Luftgebilden ihn an sich lockt, in die Arme wirft».[24]

Diese Äusserungen fallen in den zeitlichen Kontext des Bundesfeierspiels von 1891, des Berner Gründungsfestspiels von 1891, der Basler Vereinigungsfeier von 1892, des Festspiels zur Einweihung des Telldenkmals in Altdorf 1895 und der Genfer Landesausstellungskantate von 1896 und zahlreicher anderer patriotischer Manifestationen. Sie stehen aber auch im Kontext der erfolgreichen Gründung einer schweizerischen Sozialdemokratischen Partei 1888, der erfolgreichen Durchführung der Zweiten Sozialistischen Internationale 1889, der ersten 1.-Mai-Feier 1890, der Lancierung und Ablehnung der Initiative «Recht auf Arbeit» 1893/94, der Nationalratswahlen von 1893, die erstmals den Charakter von Klassenkämpfen annahmen[25], und der sich häu-

24 Vgl. Anm. 11. Reden von Nationalrat Paul Speiser, Gerichtspräsident Jean Berthoud, Professor Albert Burckhardt-Finsler, Pfarrer G. Ris.

25 Die Wahlen in den Schweizerischen Nationalrat 1848–1919. Bd. 1. Hrsg. v. Erich Gruner. Bern 1978. S. 732.

fenden Arbeitskonflikte, zu deren Bewältigung mitunter sogar Truppen der Schweizer Armee eingesetzt wurden: 1899 in Bern und Basel, 1896 in La Chaux-de-Fonds, 1889 in Luzern.

Die These, dass das Bürgertum mit dem patriotischen Kult im allgemeinen und mit dem Festspiel im besonderen die antibürgerliche Dissidenz entweder verhindern oder überspielen wollte, muss insofern etwas relativiert werden, als die vaterländischen Veranstaltungen von der organisierten Arbeiterschaft zunächst gar nicht abgelehnt wurden, wie man aufgrund des Vitzliputzli-Diktums annehmen müsste (vgl. Anhang). Wahrscheinlich ging es aber weniger darum, mit den vaterländischen Historienspielen potentielle oder aktuelle Dissidenz einzubinden oder ganz zu vermeiden, es ging vielmehr darum, sich gleichsam der eigenen Zuversicht zu vergewissern: einer Zuversicht, die ja nicht nur wegen der sozialdemokratischen Agitation beeinträchtigt war. Ebenso irritierend waren andere Erscheinungen der Moderne. 1893 stellte man sich in Zofingen, um bei diesem Beispiel zu bleiben, die bange Frage, ob die «aufs denkbar höchste gesteigerte Technik des Abendlandes» die Selbständigkeit der kleinen Schweiz bedrohe – «unsere Grenzsteine als eitle Hindernisse im gewaltigen Völkerverkehr verrückt». Oder die Frage, ob nicht die Wissenschaft, einem entfesselten Ballon gleich, über die engen Grenzen der Länder hinausführe und die einzelnen Völker zusammenschrumpfen lasse wie vor dem Bundesstaate der Schweiz die Souveränität der einzelnen Kantone.[26] Die Hochkonjunktur der Festspiele fiel zudem mit einem massiven Anstieg des ausländischen Bevölkerungsanteils zusammen.

Die Festspielkultur des ausgehenden 19. Jahrhunderts ist verschiedentlich einer kritischen Beurteilung unterzogen worden. Martin Stern ebnet mit seiner Frage, ob die Festspiele eine zeitgemässe Identität zum Ausdruck brächten, der Auffassung den Weg, die Eidgenossen von damals seien einem falschen Bewusstsein verfallen gewesen.[27] Und Hellmut Thomke sagt von einem Historiendrama, es habe kaum einen Beitrag zur Lösung der damaligen politischen Probleme beigetragen.[28] Diesen Einschätzungen kann man sich anschliessen. Nach dem bisher Gesagten muss man aber beifügen, dass das Festspiel des späten 19. Jahrhunderts gar nicht die Funktion hatte, die Gegenwart in einem modernen Sinn nüchtern zu analysieren. Es ging ihm eben darum, mit seinem Antimodernismus einen Ausgleich zur Moderne zu bilden.

Die Auseinandersetzung speziell mit den Festspielen des ausgehenden 19. Jahrhunderts ist eingangs damit gerechtfertigt worden, dass deren Funktion in der Blütezeit besonders deutlich in Erscheinung trete. Die These vom modernitätsbedingten Bedürfnis, mit Historienspielen einen benötigten Lebenssinn zu gewinnen, könnte auch für andere Zeiten gelten. Für die Zeit, die der beschleunigten Modernisierung vorausgeht, müssten nach dem bisher Gesagten keine Entsprechungen gesucht und geprüft werden. Dennoch könnte unsere Erklärung auch für die erste Festspielkonjunktur Geltung haben, sagt doch Hellmut Thomke vom Bürgerspiel des 16. Jahrhunderts, es

26 Vgl. Anm. 11.
27 Stern, op. cit. S. 326.
28 Thomke, op. cit. S. 342.

habe «in politisch und geistig bewegter Zeit der dramatischen Vergegenwärtigung politischer Kräfte und Ideen und der Selbstfindung am Beispiel der vaterländischen und der römischen Geschichte» gedient.[29] Könnte nicht ähnliches auch von der zweiten kleineren Festspielkonjunktur der zweiten Hälfte des 18. Jahrhunderts gesagt werden? Carl Victor von Bonstettens Wort von 1786, dass nur Nationalspiele die Wunden der alten Zwietracht heilen könnten, scheinen dieser Annahme recht zu geben.[30] Eine Bestätigung erhalten wir sodann durch die vierte Konjunktur der Zwischenkriegszeit (nach der *dritten Konjunktur* von 1885–1914). Sie brachte eine Wiederbelebung der Festspielkultur und führte unter anderem dazu, dass Paul Lang, der 1924 diese Art Schauspiel totgesagt hatte, 1944, wie bereits Martin Stern bemerkt hat, sein Urteil revidierte.[31]

Die allgemeine Krisenhaftigkeit der Zwischenkriegszeit des 20. Jahrhunderts muss hier nicht weiter dargelegt werden. Hingegen sei an zwei Beispielen illustriert, wie eng Festspielproduktionen mit dem Erlebnis von Modernitätskrisen zusammenhängen können. 1924 kam es in Stein am Rhein zur Erstaufführung des Festspiels «No e Wili» (Noch ein Weilchen). Die Bevölkerung setzte gemeinsam ein Stück in Szene, das die im 15. Jahrhundert angesiedelte Legende von der Vertreibung eines autoritären und mit dem Ausland konspirierenden Stadtregimes durch die mutige Bürgerschaft zum Inhalt hat. Ihren Sieg verdankt das Bürgertum in diesem Stück unter anderem der Aufmerksamkeit eines einfachen Bäckergesellen. Die Aufführung fand vor dem Hintergrund des Bankrotts der Spar- und Leihkasse Stein am Rhein statt und soll in dieser Situation einiges zur Erholung des angeschlagenen Selbstbewusstseins dieses Städtchens beigetragen haben.[32]

1974 wollten die Bewohner des oberen Hinterrheintales (Rheinwald) unter Berufung eines heute in Mailand aufbewahrten Schwörbriefes von 1274 eine 700-Jahr-Feier durchführen und beauftragten durch die Vermittlung des Dorfpfarrers von Splügen die Schriftstellerin und Ordensschwester Silja Walter mit der Ausarbeitung eines Festspiels. Das Jubiläum kam aus verschiedenen Gründen nicht zustande. Der Festspieltext «Das Walserschiff» blieb aber in Erinnerung, 1982 wurde er von jungen Lehrern wieder hervorgeholt und so bearbeitet, dass er vier Jahre später, diesmal mit Bezug auf eine Pachturkunde aus dem Jahr 1286, als Jubiläumsspiel realisiert werden konnte. Das Beispiel zeigt, dass der historische Bezugspunkt sekundär, das kollektive Selbstdarstellungsbedürfnis das primäre Bedürfnis ist. Dieses Bedürfnis bedient sich des historischen Vorwandes und regeneriert das brüchig gewordene Selbstbewusstsein einer

29 Thomke, op. cit. S. 339.

30 Zit. nach Stern, op. cit. S. 315.

31 Stern, op. cit. S. 321. – Paul Lang, Das Schweizer Drama 1914–1944. Elgg 1944.

32 Festspielautor war Heinrich Waldvogel, der Stadtschreiber von Diessenhofen und spätere Kustos des Klostermuseums St. Georgen. 1930 wurde die Aufführung ein erstes Mal wiederholt, 1957 ein zweites Mal anlässlich der 500-Jahr-Feier des Loskaufs aus der Herrschaft der Klingenberger, 1986 sodann ein drittes Mal. Der unerwartet grosse Erfolg ermuntert die Veranstalter, eine weitere Aufführung bereits für 1991 ins Auge zu fassen. Vgl. das Festspielbuch No e Wili. Hrsg. vom Festspielverein Schaffhausen. Schaffhausen 1987.

Talschaft, die heutzutage mit der schleichenden Krise der Abwanderung und der kulturellen Verarmung konfrontiert ist. Der aktuellen Problematik wird im Spiel ein historisches Beispiel eines anderen – erfolgreich bestandenen – Kampfes gegen eine andere Krise gegenübergestellt: Die Bewährungsgeschichte spielt aber nicht im Mittelalter, sondern in den Jahren 1930–1946, und die Gegner sind nicht korrupte Stadtregenten, sondern Lobbyisten der Elektrizitätsindustrie, welche das Tal mit einem Stauwerk unter Wasser setzen wollen. In diesem Ringen um Sein oder Nichtsein wird den materiellen Lockungen ein ideelles Bekenntnis zur Heimat entgegengehalten.[33]

Wir haben in den letzten Jahren eine weitere Festspielrenaissance erlebt und können dieses Phänomen mit dem seit Mitte der siebziger Jahre sich verschärfenden Krisengefühl in Zusammenhang bringen. Das Festspiel befindet sich überhaupt nicht in einer Krise, weil sich die Gesellschaft in verstärktem Mass in einer Krise befindet. Wenn trotzdem vernehmbar von einer Krise des Festspiels die Rede ist, hat das seinen Grund darin, dass die Zahl derjenigen grösser geworden ist, die diese vielleicht hilfreiche, aber unkritische Art momentaner Scheinbewältigung ablehnen. Heute wünschen wir uns eine andere, qualifiziertere Art des Ausgleichs; ein Reagieren auf Modernisierung, das diese nicht bloss als autonomen Prozess erträglich macht, sondern auf den Wandel prägend zurückwirkt; eine gestaltete Wechselwirkung statt einer gefährlichen Segmentierung von Lebenswelten.

Anhang: Die Pressestimmen der Basler Sozialdemokraten zu den patriotischen Festen der Jahre 1891–1901

Die sozialdemokratische Presse beurteilte die patriotischen Feste, die in den Jahren zwischen dem Fest zum sechshundertjährigen Bund der Urschweiz von 1891 und dem Fest zum vierhundertjährigen Bund der Basler von 1901 veranstaltet wurden, sowie ihre konkrete Durchführung grundsatzlich positiv.[34] Die vaterländischen Feste wurden immer als wahre Volksfeste gepriesen im Gegensatz zu nicht näher bezeichneten

33 Theater in Rheinwald. Das Walserschiff von Silja Walter. o.O. 1984. Die gleiche Autorin hat das Stück «Die Jahrhunderttreppe» zur 500-Jahr-Feier von Solothurn 1981 verfasst. «Das Walserschiff» wurde von Gian Gianotti inszeniert.

34 Zur allgemeinen Entwicklung: Wilfried Haeberli, Die Geschichte der Basler Arbeiterbewegung von den Anfängen bis 1914. Bd. 1. Basel 1986 (164. Neujahrsblatt der GGG). – Systematisch berücksichtigt wurden die Presseäusserungen zu den jährlich wiederkehrenden St.-Jakobs-Feiern, zu den Novemberfeiern des Grütli-Vereins, zu den 1.-August-Feiern von 1891 und 1899, zur Basler Vereinigungsfeier von 1892 und zum Basler Bundesjubiläum von 1901. – Vgl. auch Hans Trümpy, Die «Novemberfeiern» der Grütlianer. In: Gesellschaft und Gesellschaften. Festschrift für Ulrich Im Hof. Bern 1982. S. 341–368. Sowie Beat Junker, Die Bundesfeier als Ausdruck nationalen Empfindens in der Schweiz um 1900. In: Geschichte und Politische Wissenschaft. Festschrift für Erich Gruner. Bern 1975. S. 19–32.

Herrenfesten, die wesentlich kostspieliger seien.[35] Die junge Opposition drängte aus heute einsichtigen Gründen[36] sogar auf eine aktive Teilnahme an diesen Festen, und zwar in «imposanter Zahl».[37] Dann und wann wurde daran erinnert, dass das Leben nach den Festen weitergehe und sich im Alltag die wahren Verhältnisse zeigten. Einmal fiel auch der Vorschlag, das patriotische Fest mit einem guten Zweck zu verbinden, gemeint war die Unterstützung eines Altersasyls oder eine andere Form sozialer Hilfe. Die Feste wurden tout simplement als «frohe Abwechslung» begrüsst, und dazu gehörte auch das ungestörte Verhältnis zu den historischen Kostümen, dem «malerischen Plunder», der den prosaischen Umzug der Zivilisten etwas auflockere.[38] Die an diesen Festen kultivierten Bilder der alten Schweizergeschichte beeinträchtigten offenbar in keiner Weise den Kampf für die sozialdemokratischen Parteiziele, im Gegenteil. Im Rahmen der Novemberfeier von 1891 wurde einerseits die Überführung von Grund und Boden in den Besitz der Gesamtheit gefordert und andererseits, wie der Bericht betonte, «in verdankenswerter Weise» von Mitgliedern des Arbeiterinnenvereins ein lebendiges Bild zum Thema «Helvetia und die 22 Kantone» aufgeführt.[39] 1894 wurden zum 50jährigen Bestehen des lokalen Grütlivereins zwei lebendige Bilder gegeben: Eines zeigte Ueli Rotach, den legendären Helden vom Stoss, der, von zwölf Feinden umgeben, deren fünf erschlägt und erst überwältigt werden kann, nachdem seine Hütte in Brand gesteckt worden ist. Das andere Bild veranschaulichte den «Sieg der Arbeit».[40] 1896 wurde anlässlich der St.-Jakobs-Feier die alteidgenössische Geschichte im *Vorwärts* als glorreiche Zeit des Heldenkampfes gegen die Tyrannen in Erinnerung

35 Der Basler Arbeiterfreund sprach sich 1891 dagegen aus, dass die St.-Jakobs-Feier wegen des Eisenbahnunglücks von Münchenstein abgesagt werden solle: «Wir sind mit der Verminderung der Festanlässe an sich sehr einverstanden, glauben aber, die Verminderung sollte bei den kostspieligen Festen gesucht werden und nicht gerade bei einem solch' einfachen, den Geldbeutel kaum in Anspruch nehmenden Feste wie die St. Jakobs-Feier» (Ausgabe vom 1. August 1891).

36 Nach den neuesten sozialwissenschaftlichen Erkenntnissen erstaunt die Teilnahme der jungen Sozialdemokratie an den vaterländischen Veranstaltungen nicht: Zunächst periphere Bewegungen neigen weniger dazu, die Institutionen des etablierten Zentrums zu beseitigen als sie zu belassen, aber zu okkupieren und auf diese Weise ihre eigene Existenz zu bekräftigen. Vgl. etwa S. N. Eisenstadt, Tradition, Wandel und Modernität. Frankfurt a.M. 1979 (dt. Übersetzung).

37 «Die Genossen selbst sollen nicht, wie dies leider schon oft zum Schaden unserer Sache der Fall gewesen, Zuschauer, sondern Theilnehmer des Zuges sein. Wenn Alle nur den Festzug anschauen wollen, dann gibt es keinen Festzug! Also seien die Genossen ihrer Pflicht eingedenk!» (Basler Arbeiterfreund vom 1. August 1891). Unmittelbar darunter erklärte das Blatt dagegen, der Arbeiterbund beteilige sich seit zwei Jahren nicht mehr an der offiziellen St.-Jakobs-Feier und werde es auch inskünftig nicht tun, solange er nicht Satisfaktion erhalte für das Unrecht, 1889 «in frivoler Weise» wegen seiner roten Fahne angegriffen worden zu sein. Zu einem ähnlichen Vorkommnis anlässlich der St.-Jakobs-Feier 1868 vgl. Wilfried Haeberli, Der erste Klassenkampf in Basel (Winter 1868/69) und die Tätigkeit der Internationalen Arbeiter-Association (1866–1876). In: Basler Zeitschrift für Geschichte und Altertumskunde 64, 1964. S. 145f.

38 Zum Beispiel Basler Vorwärts vom 28. August 1897 (Der Vorwärts ist seit 1893 das Nachfolgeorgan des Basler Volksfreundes).

39 Basler Arbeiterfreund vom 14. November 1891.

40 Vorwärts vom 22. August 1894.

gerufen, um dann dem Leser, das heisst dem «um Lohn arbeitenden Schweizer», zu erklären, die Vögte und Gessler seien von ihren Burgen ins Tal gestiegen und würden dort als Kapitalisten mit rücksichtsloser Gewalt herrschen. Die Sozialdemokratische Partei wird als die einzige Kraft bezeichnet, die jedes Aufpflanzen eines Gesslerhutes mit aller Energie zu verhindern suche. Das Schweizervolk solle sich seiner Vorfahren würdig zeigen und wie diese die Fesseln sprengen.[41] Noch 1899 rekapitulierte der *Vorwärts* lang und breit die Geschichte von der Schlacht bei St. Jakob; er gab sie mit der Lektion an die Leser weiter, «dass auch ein kleines Häuflein, wenn es mutig und entschlossen ist und auf seine gute und gerechte Sache vertraut, Grosses zu leisten vermag». Die sozialdemokratischen Kämpfer dürften sich in einer analogen Situation gesehen haben. Darum war es für sie kein Problem, mit den Worten des freisinnigen Historikers Karl Dändliker zu bekennen, dass man sich als Nachkommen von Helden glücklich fühlen dürfe.[42]

Auch die von den bürgerlichen Festrednern gehaltenen *Ansprachen* wurden weitgehend gebilligt. Das musste allerdings nicht schwergefallen sein, pflegten diese Redner doch Formulierungen, die leicht auf allgemeine Zustimmung stiessen. 1894 erntete der freisinnige Regierungspräsident und nachmalige Bundesrat Ernst Brenner vom Redaktor des *Vorwärts* einiges Lob speziell für die folgenden Passagen, die auch darum nochmals zitiert seien, weil in ihnen die Harmonisierungsfunktion der vaterländischen Manifestationen deutlich zum Ausdruck kommt. Brenners Rede kulminierte in der Aufforderung: «Und wenn die Wogen der socialen und politischen Kämpfe hoch gehen in der Welt und die Brandung derselben auch uns ergreift, so wollen wir getrost die alte Schweizerfahne hochhalten als einen Hort der Freiheit und der Ordnung, als einen Schutz der Schwachen und Gedrückten, als ein Wahrzeichen der Brüderlichkeit und der Gerechtigkeit. In diesem Zeichen wollen wir nicht bloss andächtig schwärmen,

41 Vorwärts vom 26. August 1896, «Gedankenspähne bei Anlass der St. Jakobs-Schlachtfeier, den schweizerischen Lohnarbeitern gewidmet», J. M. – Gute zwei Jahrzehnte später unterzog Robert Grimm diese Rückgriffe einer rigorosen Kritik, weil er in ihnen weniger einen Stimulus für neue Freiheitskämpfe und eher eine einschläfernde Droge sah: «So gelingt es, eine Tradition grosszuziehen, die einer schmetternden Freiheitsfanfare gleicht, das Geschichtsbild mystisch verklärt, es mit dem Hauch der Gottähnlichkeit umgibt und im biderben Schweizer Patrioten jenes berauschende Selbstgefühl weckt, das ihn die Unfreiheit und Knechtschaft der Gegenwart in dem Masse vergessen lässt, als er sich in die ersten Freiheitskämpfe der Vergangenheit versenkt und sein staatsbürgerliches Glück in demutsvoller Ehrfurcht vor den Altvordern statt im eignen Wohlergehen» (Geschichte der Schweiz in ihren Klassenkämpfen. Bern 1920. Neuauflage: Zürich 1976. S. 8).

42 Basler Vorwärts vom 26. August 1899; Leitartikel, der zunächst ausführlich die Schilderung von Wilhelm Wackernagel aus dem Jahr 1844 wiedergibt und dann abschliessend eben Karl Dändliker das Wort überlässt. – Daneben gab es freilich schon früh auch das Bestreben, den personalistischen Heldenkult abzubauen. Vgl. etwa Karl Bürklis Artikelserie «Unsere fingierten Helden» (Tagwacht 1874), die das Volk als den wahren Helden feierte, aber einen alten durch einen neuen Mythos ersetzte. Die alteidgenössischen Mythen wurden nicht nur von sozialdemokratischer Seite in Frage gestellt. Bürkli zum Beispiel konnte sich mit seiner 1886 erschienenen Arbeit «Der wahre Winkelried» auf Vorarbeiten bürgerlicher Historiker abstützen.

sondern unsere Pflicht thun und den Glauben an den kommenden Völkerfrühling in Gewitternacht und Grauen allezeit bewahren.»[43]

Diese sehr allgemeine Festrhetorik wurde offenbar auch von der Arbeiterpresse weit mehr geschätzt als konkrete Bezugnahmen auf die Tagespolitik, und dies nicht nur aus der berechtigten Befürchtung, dass diese Bezüge nicht in ihrem Sinn hergestellt würden. Erwartet wurden Gedanken, «die vor allem das Volksgemüt ausspannen nicht nur aus dem Wagen der Tagespolitik, sondern auch aus seinen Sorgen». Reden an kantonalen und eidgenössischen Festen dürften und sollten, wird in einem Artikel aus dem Jahr 1894 erklärt, nationale Begeisterung wecken. «Aber es gilt zu diesem Zwecke, denn doch nicht an der Oberfläche des politischen, faden Tagesgeschwätzes zu bleiben, sondern tiefere, gemeinsame Saiten anzuschlagen und einzugehen auf den in der Geschichte angesprochenen Genius der Eidgenossenschaft wie der einzelnen Kantone und Ortschaften.» Der eidgenössische Geist wurde allerdings vor allem angerufen, weil sich daraus die Mahnung zur Brüderlichkeit, zur Solidarität mit der «niedrigen Volksklasse» ableiten lasse.[44]

Wie wurden nun aber die beiden Basler Festspiele beurteilt? Das Spiel zur Vereinigung von *Gross- und Kleinbasel im Jahre 1392* kündigte der *Basler Volksfreund* im Juni 1892 als Schauspiel an, wie es Basel noch nie gesehen habe; als einen Genuss für Auge und Ohr, wie nur etwas ganz Seltenes es bieten könne. Es wurde einzig kritisiert, dass selbst der dritte Platz (zu 3 Franken) für den grössten Teil der Arbeiterschaft viel zu teuer sei und zudem auch diese Plätze von den Mitwirkenden und Zünften allesamt aufgekauft würden. Das Blatt forderte darum ausser den beiden vorgesehenen eine dritte Aufführung zu stark ermässigten Preisen. Nur unter diesen Umständen würde die Vereinigungsfeier statt eines Herrenfestes ein Volksfest werden.[45]

Die zweite Voranzeige griff, was die Bewertung des Anlasses betrifft, weniger hoch und war im Gegenteil eher bestrebt, die Begeisterung etwas zu dämpfen. Die Vereinigung von Gross- und Kleinbasel sei keine «heroische That» gewesen, nur ein Geldgeschäft. Das Blatt bemängelte, dass Basels Geschichte überhaupt an heroischen Zügen nicht gerade reich sei, und es beanstandete, dass Basel keinen autochthonen Festwillen in sich trage: «Ohne die grossen Feste vom Vorjahr in Schwyz und Bern und ohne den

43 Vorwärts vom 28. August 1894, Eugen Wullschleger. – Eher ungnädig wurde dagegen die Festrede von Pfarrer Rothenberger aufgenommen, weil sie sich gegen das «gottentfremdete Evangelium einiger atheistischer Propheten» wandte. Dem an beide Seiten des Klassenkampfes gerichteten Anruf, mehr Vertrauen und gegenseitiges Entgegenkommen zu zeigen, hielt das Blatt die Bemerkung entgegen: «Gerednert, gesungen und verklungen. Die Thaten werden uns dies demnächst wieder lehren» (Vorwärts vom 28. August 1896). Und fünf Jahre später, als Bundespräsident Brenner am eidgenössischen Schützenfest erneut vom sozialen Ausgleich sprach, den herbeizuführen des neuen Jahrhunderts vornehmste Aufgabe sei, konnte man im Basler Vorwärts vom 11. Juli 1901 die Bemerkung lesen: «Es ist gut, dass wir noch Feste haben, um hie und da das Verdingkind ‹Social-reform› sonnen zu können.»

44 Vorwärts vom 15. August 1894, ein aus dem Bündner Volksmann übernommener Artikel.

45 Basler Arbeiterfreund vom 25. Juni 1892. – Vgl. auch: Basler Vereinigungsfeier 1892. Offizieller Festbericht. Basel 1892.

Mangel anderer allgemeiner Feste (abgesehen vom St. Jakobs-Fest) wäre der Gedanke an diese Feier auch schwerlich aufgetaucht.»[46] Zwar wurde anerkannt, dass öfter durchgeführte Volksschauspiele einem allgemeinen Bedürfnis entsprächen, dem unmittelbar bevorstehenden Fest wurde als möglicher Hauptgewinn jedoch nur zugebilligt, es könnte dazu beitragen, dass auch die Feste der Arbeiter besser respektiert und insbesondere der Feier des im Vorjahr erstmals begangenen 1. Mai keine Hindernisse mehr in den Weg gelegt würden.[47] Die Veranstaltung selbst wurde nach wie vor positiv beurteilt. Aufgrund von Probeeindrücken wurden die Pracht der Kostüme und der Wohllaut des Gesanges als «seltene Augen- und Ohrenweide» gepriesen. Auch der Text des Festspiels, der wegen der ungenügenden Stimmbildung der Schauspieler die meisten Zuschauer zwar nicht erreichen werde, erhielt eine gute Note; er pflege eine markige Sprache und halte sich ziemlich frei «von dem süsslichen, fälschlich als ‹patriotisch› sich ausgebenden Gedudel, das uns bei den meisten Festen auf Schritt und Tritt verfolgt».[48] Beanstandet wurde noch immer die Kostenseite des Unternehmens, obwohl inzwischen drei Aufführungen geplant und ausser den 6500 Sitzplätzen 3000 Stehplätze zu 1 Franken eingerichtet worden waren. Der Artikel machte darauf aufmerksam, dass eine Anzahl Personen auch ausserhalb des Zuschauerraumes etwas vom Festspiel gratis erhaschen könne, und stellte in Aussicht: «Erst das sozialistische Gemeinwesen wird Feste für Alle kennen.» Das Blatt hiess denn auch folgerichtig den von bürgerlicher Seite gemachten Vorschlag gut, dass der Staat das prächtig gelegene Festspielgelände kaufe, damit dort öfter solche Spiele durchgeführt werden könnten. Kritisiert wurde dagegen das Selbstdarstellungsbedürfnis der Behörden, für die ein offizieller Aufzug im Rahmen der Festlichkeiten vorgesehen war: Volksfeste sollten keine Behörden, sondern nur Bürger kennen.[49]

Auch der Rückblick vermittelte einen zwiespältigen Eindruck. Gesamthaft wurde das Fest als «vortrefflich» beurteilt. Es habe «ein weitaus demokratischeres Gepräge» gehabt als die meisten sogenannten Volksfeste. Die vorgängigen Reklamationen des *Arbeiterfreundes* hätten doch gefruchtet. Das Festspiel sei an den verschiedenen Hauptproben wie an den Festtagen jeweils Tausenden gratis zugänglich gewesen. Das Spiel sei von den Gratisplätzen teilweise sogar besser zu sehen gewesen als von den privilegierten. «Praktisch hat sich somit die Klasseneintheilung überlebt; sie dürfte beim nächsten Anlass füglich ganz beseitigt werden.» Halb mit Genugtuung, halb mit

46 Wenn das Fest von 1892 durch die Feste von 1891 massgeblich angeregt worden ist, dann bereits durch die Vorbereitungen auf das gesamtschweizerische Jubiläum. Der Gedanke, 1892 eine Vereinigungsfeier zu begehen, wurde erstmals öffentlich im Februar 1890 ausgesprochen, eine erste Sitzung fand auf Veranlassung des Verkehrsvereins im März 1891 statt.

47 Georg Kreis, Der Triumph des 1. Mai. Zur Offizialisierung des Arbeiter-Feiertages im Jahre 1923. In: Basler Zeitschrift für Geschichte und Altertumskunde 84, 1984. S. 207–236.

48 Festspielautor war der damalige Regierungsratssekretär und spätere Staatsarchivar Rudolf Wackernagel, Halbbruder des im Zusammenhang mit der St.-Jakobs-Feier von 1844 erwähnten Wilhelm Wackernagel. Er verfasste auch die Festspieltexte zur Arnold-Böcklin-Feier von 1897 und zur Bundesfeier von 1901.

49 Basler Arbeiterfreund vom 9. Juli 1892.

Bedauern wurde von der patriotischen Dimension der Veranstaltung gesagt, sie sei fast ganz in den Hintergrund getreten. Das Fest sei (bloss) eine Äusserung heiterer Lebensfreude gewesen. Das Volk, das sich trotz des Mangels an ästhetischer Bildung am Schönen erquicken wolle, sei auf seine Rechnung gekommen. Nochmals erhielt der Festspielautor Dank dafür, «dass er sich nicht von jenen ‹patriotischen› Dichterlingen anstecken liess, die unsere Vorfahren, aller historischer Wahrheit zuwider, übermässig verherrlichen und so unser Volk mehr einschläfern als zum Guten anspornen». Damit sich die sozialdemokratischen Freunde und die bürgerlichen Festspielveranstalter keinen Illusionen hingäben, hält der *Arbeiterfreund* abschliessend kategorisch fest, dass man mit vaterländischen Festen keine soziale Harmonie herstellen könne: «Von einer Aussöhnung der Klassen, von der einzelne, aufrichtige oder berechnende Optimisten sprachen, sind wir freilich nach wie vor recht weit entfernt. Die sozialen Gegensätze sind zu gross, die Geister zu gespalten; erst werden Stürme brausen, bis wieder Friede herrschen kann im Lande!»[50]

In der Beurteilung des *Bundesjubiläums von 1901,* mit dem die 400jährige Zugehörigkeit Basels zur Eidgenossenschaft gefeiert wurde, nahm der *Vorwärts* dieselbe zwiespältige Haltung ein wie der *Arbeiterfreund* im Jahre 1892: Einerseits hiess er Feierlichkeiten gut; er unterstützte sie mit der Veröffentlichung der über sechs Wochen beinahe täglich an die Stadtbevölkerung gerichteten Bekanntgaben über das Festprogramm, den Parcours des Festumzuges, die Zugordnung, die Dekoration der Strassen, die Festwirtschaften, den Billettvorverkauf, den Fortgang der Probearbeiten usw. Andererseits stellte das Blatt – vor allem im Rückblick – bitter fest, dass das Fest die sozialen Missstände des Alltages nicht behoben habe.

Den offiziellen Pressetext zum Festspiel druckte es brav in seiner vollen Länge ab. Aus parteipolitischer Sicht wäre dagegen auch gar nichts einzuwenden gewesen, betonte doch die Ankündigung, das Festspiel werde nicht mächtige Einzelgestalten oder einen hervorragenden Helden auf die Bühne stellen, sondern «gewissermassen die ganze Volksgemeinschaft».[51] Aufgrund eines Leserbeitrages wurde wie 1892 wieder darauf hingewiesen, dass die Eintrittspreise «für die sogenannte untere Schicht des Volkes» zum Teil unerschwinglich und die Plätze ohnehin weitgehend ausverkauft seien. Wenn schon der Staat im Namen des ganzen Volkes das Festspiel mit 100 000 Franken subventioniert habe, solle eine zusätzliche Aufführung zu ermässigten Preisen angeboten und der Verkauf dieser Billette den Arbeitervereinen überlassen werden. Von redaktioneller Seite wurde noch beigefügt, schliesslich hätten die Arbeiter von einst und jetzt indirekt sehr viel zu Basels Wohlstand beigetragen.[52] Die Aufführung selbst wurde, wie einem Hauptprobebericht zu entnehmen ist, ausgesprochen positiv beurteilt: Die Bilder seien recht packend und malerisch, die Kostüme ein Hoch-

50 Basler Arbeiterfreund vom 16. Juli 1892.

51 Basler Vorwärts vom 1. und 2. Juni 1901. – Vgl. auch: Offizieller Fest-Bericht der Basler Bundesfeier 1901. Basel (1901).

52 Basler Vorwärts vom 9. und 10. Juni 1901. Eine spezielle «Volksaufführung» scheint nicht durchgeführt worden zu sein.

genuss; einzig die Aufführungsdauer sei etwas lang, drei Stunden würden genügen, den 4. Akt hätte man kürzen können. «Sonst sind wir vom Festspiel vollkommen befriedigt.»[53]

Die gespaltene Haltung kam in der Gestaltung der Titelseite zum eigentlichen Festtag deutlich zum Ausdruck. Einerseits wurde an erster Stelle und in grossen Lettern ein kurzes Gedicht veröffentlicht, das den sozialdemokratischen Standpunkt markieren sollte und im zweiten Teil folgende Verse enthielt: «Nicht alle Volksbedränger sind besiegt, Nicht alle Burgen sind gefallen, Drum, vorwärts Volk! bis auch die letzte Burg in Trümmer liegt, Der schöne Kampf, er gilt den Volksgenossen allen!» Andererseits wurde lang und breit ein historischer Überblick entfaltet, in dem bürgerliche Autoritäten wie der «Herr Professor» Andreas Heusler und ein weiterer Professor, nämlich Albert Burckhardt-Finsler, zu Worte kamen. Gegenüber Heuslers Ausführungen muss der Redaktor doch gewisse Vorbehalte gehegt haben. Er ging aber nicht näher darauf ein und begnügte sich mit der Bemerkung: «Wenn man auch nicht überall gleicher Meinung sein konnte, so spornte doch die Fülle reicher Gedanken mächtig zu ernstem Nachdenken an, was im Hinblick auf die festlichen Tage nicht unerfreulich ist.» Dieser versöhnlichen, aber auch (wie der Tag es gebot) etwas verschwommenen Haltung ging ein klares Bekenntnis zum angesetzten Fest voraus: «Die Klage über eine allgemeine Festseuche darf uns jedoch nicht abhalten, die Bundesfeier froh und heiter zu begehen, denn historische Feste sind immer von bleibendem Werte.»[54]

Über den Festverlauf veröffentlichte das Blatt eine durch und durch anerkennende Berichterstattung: Alles war sehr eindrucksvoll, effektvoll, geschmackvoll, prunkvoll, gewaltig, prächtig, vorzüglich, ja auch herrlich![55]

Der sozialpolitische und klassenkämpferische Standpunkt kam in der Frage der Feiertagsregelung und der vorgeschlagenen Amnestie zum Ausdruck. Das Blatt sprach sich für eine Begnadigung von Häftlingen mit kürzeren Freiheitsstrafen und für eine Rehabilitierung von unschuldig in Konkurs geratenen Bürgern aus. Das von bürgerlicher Seite vorgebrachte Argument, dass der Vorschlag zu spät komme, liess es nicht gelten. Und auch nach der Feier bedauerte der *Vorwärts*, dass ausser dem schönen Fest nicht die Amnestie als konkrete Tat in Erinnerung bleiben könne. Er hob vor allem die Schwierigkeiten hervor, denen die entlassenen Häftlinge begegneten, und beklagte, dass es immer noch «zweierlei Eidgenossen» gebe.[56]

Klagen darüber, dass gewisse Arbeitgeber ihren Betrieb trotz des Festes weiterführten, mithin den Arbeitnehmern nicht freigeben wollten, und dass andere Patrons ihre Geschäfte zwar schlossen, ihren Arbeitern und Angestellten jedoch nur einen un-

53 Basler Vorwärts vom 12. Juli 1901. Die Freude an den schönen Kostümen verband sich mit einem Bedauern, dass die heutigen Kleider trotz der hochentwickelten Färberei so prosaisch seien.

54 Basler Vorwärts vom 13. Juli 1901. Der erste Teil des von W. Arnold verfassten Gedichts lautet: «Der Kranz der Schweizer Eidgenossen ist geschlossen, Die Marken sind gesteckt mit vielen bunten Pfählen, Doch harret jenseits ein grosses Heer noch von Genossen, Von Freiheitsdrang beseelt – wer wollte es verhehlen?»

55 Basler Vorwärts vom 16. Juli 1901.

56 Basler Vorwärts vom 22. Juni und 17. Juli 1901.

bezahlten Urlaub gaben, solche Klagen waren schon vor dem Fest zu vernehmen, aber in Verbindung mit ebenfalls namentlichen Nennungen von vorbildlichen Firmen (z.B. Geigy), die bezahlte Arbeitspausen anordneten.[57] Die nach den Festlichkeiten veröffentlichten Klagen waren besonders bitter. Nicht einmal eine kleine Vergütung sei von der Maschinenfabrik A. Burckhardt «für die zwei aufgezwungenen patriotischen Feiertage» gegeben worden, hiess es in einer Veröffentlichung vom 23. Juli 1901. Und weiter: «Keiner für alle heisst die Losung der Protzen hinterm Champagnerglas, und wir Arbeiter mussten wieder einmal die Staffage am St. Margrethen-Hügel bilden, um die Bezeichnung ‹Volksfest› zu rechtfertigen.»[58] Eine weitere Zuschrift bemerkte im Zusammenhang mit der Salärfrage sarkastisch, es seien wirklich «herrliche» Feiertage gewesen.[59]

Vielleicht war der Redaktor – vom Alltag eingeholt – selbst wieder nüchterner geworden, vielleicht glaubte er einer allzuhoch gestiegenen Festeuphorie im Kreise seiner Leserschaft entgegenwirken zu müssen – jedenfalls ertönten nach dem Bundesjubiläum Stimmen, wie man sie aufgrund der vorfestlichen Publizistik nicht für möglich gehalten hätte. Am 26. Juli 1901 erschien auf der Titelseite ein Text von Leo Tolstoi, in dem der Patriotismus als Sklaverei, als grausames Erbe einer überlebten Zeit und als Waffe der herrschenden Klasse im Dienste ihrer selbstsüchtigen Ziele bezeichnet wird. Am 28. Juli 1901 übernahm die Redaktion einen Artikel des *Grütlianers,* der nochmals auf die Verweigerung der Amnestie zurückkommt und zum Fest selbst bemerkt: «Alle Prachtentfaltung der Besitzenden konnte denn auch das Gefühl, dass man es mit einer engherzigen, kalt berechnenden egoistischen Gesellschaft zu thun habe, nicht verwischen.» Auch das staatliche Geburtstagsgeschenk, das alle am Heinrichstag Geborenen erhielten, wurde jetzt kritisiert. Das neue Zwanzigfrankenstück sei eine gar zu knausrige Noblesse einer Gesellschaft, die in ihrer Mitte mehrfache Millionäre zu Dutzenden zähle. Und am 31. Juli 1901 schliesslich konnte man lesen: «Das Volk wird weiter ausgebeutet – das geniert die Herren nicht, die patriotische Feier zu veranstalten, Tausende und Tausende von Franken werden an einem Tag herausgeschmissen. Das Volk applaudiert selbst noch dazu! Das gleiche Volk, welchem erklärt wurde, es gebe kein Geld für das Volkshaus. Tausende Franken werden herausgeschmissen! Macht nichts! Wir werden auch Franken wieder aus dem Volksblute und Schweiss auspressen.»[60] Inzwischen war aber – auch im Blatt der organisierten Arbeiterschaft bereits – wieder das bevorstehende St.-Jakobs-Fest angekündigt worden.

Der letzte Artikel unterschied sich allerdings in einem wesentlichen Punkt von den anderen Äusserungen: Zunächst wurde nur über das Fest an sich berichtet und allenfalls die Frage gestellt, wie es aus sozialdemokratischer Warte zu beurteilen sei. Jetzt bildete eine sozialpolitische Fragestellung (bzw. die allgemeine These von der Ausbeu-

57 Zum Beispiel Basler Vorwärts vom 12. und 13. Juli 1901.

58 Basler Vorwärts vom 23. Juni 1901. Der Artikel schloss mit dem Aufruf: «Ihr Gerupften, seht, wie es gemeint ist, haltet zusammen mit euern Arbeitsbrüdern, tretet in die Organisation!»

59 Basler Vorwärts vom 2. August 1901.

60 Verfasser: N. Allmend.

tung durch das Kapital) den Ausgangspunkt des Artikels, und das Fest bildete lediglich einen Referenzpunkt, den man im Dienste der eigenen Argumentation einsetzen konnte. Wie sich das vaterländische Fest von 1901 auf die Anhängerschaft der sozialdemokratischen Opposition auswirkte, ob von ihm eine aus der Sicht der Parteiaktivisten unerwünschte Versöhnungswirkung ausging, kann aufgrund der eingesehenen Unterlagen nicht gesagt werden. Auf der Ebene der offiziellen Parteiargumentation führte das Basler Bundesjubiläum eher zu einer stärkeren Abgrenzung (vielleicht aus Furcht vor der Vereinnahmung) und das heisst zu einer Verschärfung des Gegensatzes zwischen den bürgerlichen Regierungsparteien und der sozialdemokratischen Oppositionspartei.

Ist in dem Jahrzehnt zwischen 1891 und 1901 eine Evolution in der sozialdemokratischen Haltung gegenüber vaterländischen Feiern zu beobachten? Die etwas schärferen Beanstandungen, die im Zusammenhang mit dem Fest von 1901 festgestellt werden können, rechtfertigen die Annahme, dass es der sozialistischen Opposition in diesen Jahren gelungen sei, sich vom vaterländischen Kult der Bürgerlichen etwas zu lösen, ohne sich allerdings ganz von ihm zu distanzieren. Dies bestätigen die beiden Haltungen zum Bundesjubiläum vom 1. August 1891 und zur ersten offiziellen Jahresfeier vom 1. August 1899. 1891 veröffentlichte der *Arbeiterfreund* einen begeisterten Aufruf zur Beteiligung am Bundesjubiläum. Die Leserschaft wurde sogar aufgefordert, die Gesinnungsgenossen aus dem benachbarten Ausland (Baden und Elsass) und natürlich auch aus dem Baselland aufzubieten. Eine eigene Festrede, eine venezianische Nacht, die Aufführung lebender Bilder, Musik- und Gesangsvorträge wurden in Aussicht gestellt. Das Blatt sprach den Wunsch aus: «Mögen alle Arbeiter an der einfachen Feier ihre Freude finden und auf diese Weise ohne Pracht und hochtönende Phrasen ihren mit unverfälschtem Freiheitsdrang erfüllten Herzen Luft machen.»[61]

1899 sucht man vergeblich nach einer entsprechenden Ankündigung. Es fiel nicht einmal eine zustimmende Bemerkung zur schlichten Offizialisierung der 1.-August-Feier durch den Bundesrat. Hingegen findet man in drei Ausgaben je eine kritische Äusserung im Zusammenhang mit dem neu eingeführten Nationalfeiertag. Zunächst wurde der Vorschlag gemacht, am Tag der Bundesfeier verurteilte Wehrmänner zu begnadigen, und dies mit der schnippischen Bemerkung verknüpft: «Wir haben uns nicht zu schämen, wenn wir dem Auslande auch diesen Usus nachahmen.» Wenige Tage später folgte die Bekanntgabe: «Eine höhere Weihe erhielt die Bundesfeier durch den Rücktritt des eidg. Bundesanwalts, der auf diesen Tag fiel.» Und als dritte Äusserung erging der Hinweis darauf, in Lugano sei ein wenig gestreikt worden. Die Spitalkirche habe nicht zum 1. August geläutet, weil der freisinnige Bürgermeister damit gegen die Haltung des Bundesrates im sogenannten Kirchenstreit habe protestieren wollen.[62] Ein Vergleich mit 1891 ist allerdings problematisch, weil es 1899 keinen runden Geburtstag zu feiern gab und allgemein die Begeisterung nicht sehr gross war.

61 Basler Arbeiterfreund vom 1. August 1891.
62 Basler Vorwärts vom 26. Juli, 4. und 11. August 1899.

Zusammenfallen von Geschichte und Gegenwart: 1941 schwören Eidgenossen auf dem Rütli, wie – angeblich – schon 1291 geschworen worden ist. Dazwischen das 1804 von Friedrich Schiller geschriebene und um 1941 besonders oft aufgeführte Tellen-Drama (Foto: E. Steimle, Zürich).

Schwören in der Schweiz[1]

Noch immer wird in der Schweiz geschworen, nicht nur in Festspielaufführungen, sondern auch bei Amtsantritten, Beförderungen und Einbürgerungen. Noch vor wenigen Wochen wurde in der Presse bekanntgegeben, dass ein Prozess im Falle eines dreifachen Mordes möglicherweise neu aufgerollt werde, weil eine Laienrichterin nicht formgerecht vereidigt worden sei. Der Gedanke ist naheliegend, dass in der *Eid-Genossenschaft* die *Eid-Rituale* besonders wichtig sein könnten. Die Schweiz könnte aus zwei Gründen einen besonderen Fall bilden: Erstens wird ihre Gründung mit einem als historisch einmalig bezeichneten Schwurakt in Verbindung gebracht, und zweitens wurden die alteidgenössischen Bündnisse immer wieder mit Schwören erneuert.[2]

Geschichtliche Tradition

Wie sich in späteren Bündniserneuerungen schwörende Repräsentanten der Orte gerne auf die drei Eidgenossen vom *Rütli* beriefen, könnte beim gewöhnlichen Mann ebenfalls die Meinung bestanden haben, dass er mit seiner Eidesleistung das Urbekenntnis der Rütlieidgenossen nachvollziehe. Die politischen Eide, die von ihm verlangt wurden, unterschieden sich aber kaum von den *gewöhnlichen Bürgereiden,* wie man sie auch ausserhalb der Schweiz abzunehmen und zu leisten pflegte. Es handelte sich nicht um spontane, revolutionäre und konspirative, sondern um reguläre, disziplinierende und offizielle Eide. Mit stets erneuerungsbedürftigen «coniurationes reiteratae» wurden bereits bestehende Ordnungen und der darin gefasste Land- bzw. Stadtfriede bestätigt. Auch die Eidrituale der *Helvetischen Republik* waren alles andere als revolutionärer Natur. Den Bürgern wurden, ohne dass man deren Meinung wirklich erkunden wollte, in durchaus traditioneller Weise Gehorsamseide auf die Revolutions-

1 Zur Einführung: Ernst Friesenhahn, Zur Problematik des politischen Eides. In: Zeitschrift für Schweizerisches Recht NF 99, 1980. S. 1–29. Zu den schweizerischen Verhältnissen findet man erste Auskünfte auch bei Alois Riklin, Politische Ethik. Basel 1987. S. 21–26 (Vorträge der Aeneas-Silvius-Stiftung an der Universität Basel).

2 Georg Kreis, Un plébiscite de tous les jours? Renouvellement formel et informel de la Confédération helvétique. In: Actes du colloque sur les mythes fondateurs: Histoire et belles histoires de la Suisse, Université de Lausanne, mai 1988. Basel 1989. S. 53–61 (Itinera Bd. 9). Le rite du serment, une tradition suisse? In: Devenir Suisse. Adhésion et diversité culturelle des étrangers en Suisse. Textes réunis par Pierre Centlivres. Genf 1990. S. 169–185.

verfassung abverlangt. Dies geschah aber wie im Falle der bekannten französischen Revolutionsfeiern in der Meinung, dass es nun eine freie Gesellschaft sei, die sich im Sinne des *«contrat social»* verbinde.

Der Schwur als ein Gott in die Erklärung einbeziehendes Versprechen dürfte in der heutigen Schweiz kaum wichtiger als in anderen vergleichbaren Gesellschaften sein.[3] Eine spezielle schweizerische Eidkultur kommt möglicherweise bei den Eidesleistungen zum Ausdruck, die bei der Ausübung von *Berufen von öffentlichem Interesse* verlangt werden, etwa von den Kuh- und Ziegenhirten, Bieneninspektoren, Heumessern, aber auch von Lehrern, Geistlichen, Notaren etc.

Vielfalt und Einheit der Eidkultur

Wir können zwei Grundtypen von Eidesleistung unterscheiden: den *assertorischen Eid*, der in gerichtlichen oder gerichtsähnlichen Verfahren zur Bekräftigung von Wahrheitsbehauptungen eingesetzt wird, und den *promissorischen Eid*, der – wie der Terminus sagt – in privaten und öffentlichen Angelegenheiten zur Bekräftigung von Versprechen eingesetzt wird. Im Bereich der promissorischen Eide können wir den Privateid, den Examens- und Berufseid und den politischen Eid unterscheiden. An politischen Eiden sind in einem weiteren Unterteilungsschritt der *Amtseid*, der *Bürgereid* und eben der *Einbürgerungseid* zu unterscheiden.

So klar diese Unterscheidungen scheinen mögen – das gesamte Eidwesen bildet insofern doch ein Ganzes, als es von der gleichen Grundeinstellung getragen wird: vom Glauben, dass durch den Schwur einerseits das Seelenheil des Schwörenden in verbindlicher Weise aufs Spiel gesetzt, verpfändet werde und dass andererseits mit der Anrufung Gottes aber auch dessen Beistand bei der Erfüllung der übernommenen Verpflichtung erworben werde. Eine Ganzheit ist es im weiteren auch darum, weil die Schwurpraxis der einen die Schwurpraxis der anderen Kategorien stützt und legitimiert und weil man von anderen die Erfüllung der Eidesleistungen erwarten kann, wenn man selbst sie zu erbringen bereit ist. Besonders deutlich ist dies dort, wo Amtseide und Bürgereide durch ein gemeinsames Ritual miteinander verbunden waren. Sowohl im *Ancien régime* wie zur Zeit der Helvetischen Republik und zum Teil auch später hatte zuerst die *Bürgerversammlung* den *Amtsinhabern* zu schwören, worauf diese ihrerseits einen Schwur gegenüber den Bürgern ablegten.

3 Friesenhahn 1980, S. 5, 21 und speziell S. 10: «In der glücklichen Schweiz mit ihrer ungebrochenen jahrhundertealten republikanischen Verfassung und mit ihrer politischen Tradition, mit ihrem gesunden, auf das ganze Wohl gerichteten Bürgersinn konnten die politischen, rechtlichen und gewissensmässigen Probleme des politischen Eides nie die Bedeutung gewinnen wie in Deutschland mit seinen vielen Verfassungswechseln.»

Frühe Infragestellungen

Obwohl die Schwörkultur ein Ganzes bildete, waren und sind die einzelnen Eidtypen unterschiedlich stark der Erosion durch die fortschreitende Verweltlichung ausgesetzt. Der *Bürgereid* oder *Regimentseid* wurde bis in die Zeit der Helvetischen Republik sowohl von den Vollbürgern als auch von den Untertanen entweder an festgelegten Kalendertagen oder – in Krisenzeiten – auch ausserhalb des Jahresrhythmus verlangt. Bereits in der zweiten Hälfte des 18. Jahrhunderts wurde er aber als leere Formalität kritisiert. Allen voran ging offenbar der Basler Ratsschreiber *Isaak Iselin* in einer anonym publizierten Schrift von 1755. Er beanstandete, dass die Eidpraxis über das tatsächliche und zuweilen höchst fragwürdige Verhalten hinwegtäusche und zugleich den Eid entwerte. Etwa zur gleichen Zeit veröffentlichte der Berner Pfarrer *Johann Friedrich Stapfer* – unbeirrt von aufklärerischen Zweifeln – in seiner 1758 in Zürich erschienenen Schrift *Unterricht von dem Eide* ein konservatives Plädoyer, in dem er den Eid als «eine der feierlichsten Handlungen der Religion» pries.

Ein anderer Berner Geistlicher, *Beat Herbort,* wagte es dagegen, in einer 1766 anonym in Biel erschienenen Schrift die herrschende «Eidsucht» zu kritisieren. Er wertete den politischen Eid, mit dem die schweizerischen Regierungen ihre Autorität festigten, als Missbrauch. Die *Berner Obrigkeit* reagierte trotz des hohen Alters des Autors und trotz dessen Zugehörigkeit zum Berner Patriziat mit ungedämpfter Härte. Sie liess die Bücher konfiszieren und verbrennen, sie auferlegte dem 74jährigen Verfasser einen Hausarrest von sechs Jahren und ein striktes Redeverbot und sprach ihm überdies den «Charakter» eines Geistlichen ab. Die heftige Reaktion der Regierung, die sich durch die Infragestellung der Eidpraxis im Nerv getroffen fühlte, macht die grosse Bedeutung des politischen Eides deutlich. Der Eid symbolisierte – und tut es zum Teil auch heute noch – die *metaphysische Verankerung des Staates* und stand in der alten Ordnung am Angelpunkt von Religiösem und Weltlichem, Kirche und Staat und Gott.[4]

Rudolf Fetscherin, ein weiterer Berner Pfarrer, nahm in einer Schrift von 1831 (im Zuge der liberalen Revolution) Herborts Kritik wieder auf und verurteilte, um so den ernsthaften Eid vor Abnutzungen zu schützen, seinerseits die «Herabwürdigung des Eides zur sinnlosen Ceremonie». Als obligatorische Bestätigung der bürgerlichen Loyalität geriet der Bürgereid im Laufe des 19. Jahrhunderts ausser Gebrauch. Geblieben sind, wenn man vom *Fahneneid* in Kriegszeiten absieht, die informellen und wenig verbindlichen Schwüre in besonders pathetischen Momenten etwa im Rahmen eines Festspiels.

4 Hans Utz, Ein Opfer der bernischen Zensur. Pfarrer Herborts Buch «Versuch über wichtige Wahrheiten zur Glückseligkeit des Menschen», 1766. In: Archiv des Historischen Vereins des Kantons Bern 44, 1958. S. 101–136.

Weitere Erosion der Schwurtradition

Auch die *Jungbürgereide*, die noch im 18., zum Teil wohl auch im frühen 19. Jahrhundert eine zwingende Vorbedingung für die Erlangung der Mündigkeit waren, werden heute in der Regel nicht mehr verlangt. Eine Ausnahme bildet die *DDR*, die in obligatorischen Jugendweihen von Vierzehnjährigen ein «Gelöbnis» auf die materialistisch-atheistische Weltanschauung des Staates verlangt, bevor sie sie «in die Reihe der Erwachsenen» aufnimmt. Im übrigen hat aber die nach 1945 immer stärker um sich greifende Nüchternheit und versachlichte Einstellung gegenüber Angelegenheiten des Staates im allgemeinen und staatsbürgerlichen Ritualen im besonderen sogar dazu geführt, dass ein Grossteil der Jungbürgerfeiern überhaupt aufgehoben worden ist. Die restaurative Tendenz der achtziger Jahre hat zwar manche der – fakultativen – Jungbürgerfeiern wiedererstehen lassen, die Restauration wird aber kaum so weit gehen, auch den Eid wieder einzuführen.

Die Versachlichung hat nicht im gleichen Masse auch das Prozedere und die Rituale der *Neubürgeraufnahmen* erfasst. In den Kantonen Schwyz, Tessin, Waadt, Wallis, Genf und Jura werden von den Neubürgern noch immer formelle Eidesleistungen erwartet. Die geringere Erosion im Bereich dieser speziellen Eideskategorie erklärt sich wohl daraus, dass diese Mitmenschen wegen ihrer fremden Herkunft als besonders «suspekt» eingestuft werden (jedenfalls als suspekter denn die im eigenen Lande aufgewachsenen Jungbürger) und dass die Loyalitätsbeweise deshalb rituell besonders ausgestaltet werden müssen. Den Eid, den die Neubürger noch heute ablegen, könnte man als Nachvollzug des Eides, den die sagenhaften Gründungsväter auf der Rütliwiese geleistet haben, verstehen beziehungsweise missverstehen. Der Neubürgereid muss wohl, wenn man von seiner formalen Funktion im *«rite de passage»* absieht, vielmehr als nachträglicher Eintritt in eine der gewöhnlichen Schwurgemeinschaften verstanden werden – dies unabhängig von der Frage, ob sich die Schweiz überhaupt noch als eine solche Schwurgemeinschaft versteht und angesichts der Gleichgültigkeit und der Divergenzen noch verstehen kann.

Die Schwörverpflichtung ist beim Typus des *Amtseides* noch stärker erhalten geblieben. Der Repräsentanteneid des Staatsoberhauptes, des Regierungsmitgliedes und des Deputierten ist in unserem Bewusstsein stark verankert, zumal er als Bildeindruck mit den Reportagen der Medien immer wieder in Erinnerung gerufen wird. Sowohl auf Bundesebene als auch auf kantonaler Ebene ist die Einsetzung in die genannten politischen Funktionen noch selbstverständlich mit dem Eidritual verbunden; einzige Ausnahme bildet der Kanton Basel-Stadt, der den Eid in der neuen Verfassung von 1875 abgeschafft hat. An den *Landsgemeinden,* in denen alle Teilnehmer gewissermassen «im Amt» sind, wird ebenfalls geschworen.

Gelübde statt Eid

Auf Bundesebene wurde das Schwurobligatorium, weil unvereinbar mit der in der Bundesverfassung von 1848 garantierten *Glaubens- und Gewissensfreiheit,* bereits 1849 dahingehend gelockert, dass statt des Eides auch ein Gelübde geleistet werden kann. In jedem Fall musste aber das Versprechen in der einen oder anderen Form abgelegt werden, damit man überhaupt an den Verhandlungen teilnehmen konnte.

Diese Regelung wurde in den Kantonen nur nach und nach übernommen, zum Teil auf Veranlassung des Bundes. So wurde 1875 der *Kanton Luzern* im Rahmen des Verfassungsgewährleistungsverfahrens darauf aufmerksam gemacht, dass er die Ablegung des Eides nicht zur Pflicht machen könne. Kurz zuvor war – auch dies zeigt die Ganzheit des Eidkultes – ein analoger Entscheid bezüglich des Prozesseides und des Fahneneides gefällt worden. Und kurz danach – wiederum ein Hinweis auf die vielfältigen Wechselwirkungen im System der Eidrituale – nahm die *Thurgauer Regierung* eine starke Abschwächung der promissorischen Inpflichtnahme vor, indem sie den Schwur durch das «einfache Gelübde» ersetzte und an die Stelle des erneuerungsbedürftigen jetzt das einmalige Versprechen setzte. Schon 1877 kam es – und damit haben wir ein drittes Beispiel für die wechselseitige Abhängigkeit – im Thurgau zu einem Streitfall, weil ein Bürger in einem Zivilprozess unter Berufung auf die Glaubensfreiheit den Eid verweigerte. Das Obergericht ging insoweit auf den Rekurs ein, als es die Formulierungen «bei Gott dem Allwissenden» und «so wahr ich bitte, dass mir Gott helfe» strich, die schwörende Versicherung als solche aber beibehielt. Der Bundesrat stützte in weiteren Verfahren das Obergericht, indem er sich auf den Standpunkt stellte, dass die reduzierte Formel «ich schwöre» keine religiöse Handlung, sondern nur eine feierliche Angelobung, ein rein prozeduraler Akt sei, den man von jedem Bürger verlangen dürfe.

Der Widerstand gegen die sakrale Inpflichtnahme durch den Staat dürfte sich in den Jahren des *Kulturkampfes* wegen der damals speziell gespannten Verhältnisse zwischen (katholischer) Kirche und Staat verstärkt haben. Dass die Eidtradition in der zweiten Hälfte des 19. Jahrhunderts auch andernorts einen weiteren Erosionsschub erlebte (nach dem bereits erörterten in der zweiten Hälfte des 18. Jahrhunderts), zeigt die Kontroverse um die Eidespflicht der *britischen Unterhausabgeordneten:* 1880 wurde sie offenbar erstmals ernsthaft in Frage gestellt, und 1888 wurde nach heftigen Konflikten doch die Möglichkeit eingeräumt, statt des «oath» eine «affirmation» abzugeben.

Kantonale Unterschiede

Auf Kantonsebene wird der politische Eid noch höchst unterschiedlich geregelt und praktiziert. Zum Teil werden seine Stellung und sein Wortlaut wie im Falle des Kantons Bern auf Verfassungsstufe bestimmt, zum grösseren Teil aber auf der Reglementsebene. In den meisten Fällen wird gemeinsam geschworen, in gewissen Kantonen einzeln unter Namensaufruf. Unterschiede bestehen in der Regelung der Frage, wer den Eid abnimmt oder das Eidritual gewissermassen präsidiert, und in der Frage, ob zuerst die Exekutive oder die Legislative den Eid ablegt. Unterschiedlich wird sodann die Frage geregelt, ob der Eid bei jeder Wiederwahl erneuert werden muss oder ob eine einmalige Eidesabgabe genüge. Wichtig ist ferner die Örtlichkeit: In mehreren Fällen findet der Schwurakt in der *Kirche* statt, zum Beispiel in den Kantonen Schwyz, Zug und Genf. In Neuenburg praktiziert man einen obligatorischen Kirchgang, geschworen wird aber im Amtshaus. Obwohl die Kantone durch Bundesrecht gezwungen sind, bei der Inpflichtnahme neben dem Eidritual auch ein Gelübderitual anzubieten, kennen die Landsgemeindeordnungen für die Vereidigung des Volkes und des Landammannes nur die traditionelle Eidesformel. Andere Kantone sehen nur die Gelübdeformel vor; möchte jemand gerne einen Eid ablegen, könnte er es nicht tun. In den meisten Fällen sind aber wie auf Bundesebene beide Möglichkeiten vorgesehen, unter Umständen an verschiedenen Örtlichkeiten. So wird in Schwyz der Amtseid in der Kirche, das Amtsgelübde im Rathaus abgelegt.

Die Regelung des Bundes

Auf Bundesebene ist im Nationalrat 1973 bei der Revision des Geschäftsreglementes eine interessante Änderung eingetreten. Nationalrat *Franco Masoni* (fdp., Tessin) schlug vor, die Eides- und Gelübdeleistungen zu einem gemeinsamen Ritual zusammenzufassen. Nach der Lektüre der beiden Textvarianten sollen alle (wie bisher übrigens auch die Besucher auf der Tribüne) stehend, die einen aber mit erhobenen Schwurfingern, gleichzeitig entweder «Ich schwöre es» oder «Ich gelobe es» sagen. Bemerkenswert ist die Begründung: Die zuvor für das Gelübde geltende, 1903 eingeführte Ordnung der *schriftlichen Erklärung* wollte offenbar den provokativen Charakter dieser Variante dämpfen, indem sie das Gelübde der Öffentlichkeit entzog. Masoni erklärte nun, dass heute niemand mehr in der Eidverweigerung eine Kriegserklärung gegen die etablierten Konfessionen sehe und dass man für die Gewissensprobleme der anderen noch mehr Verständnis aufbringe. Es gelte nun, mit Eid und Gelübde «den selbstverständlichen Schritt zu machen und auch formell zu anerkennen, dass im Moment, in welchem sich die einen von uns auf die höchsten Werte des göttlichen Bekenntnisses, die andren sich auf die höheren Werte des Gewissens berufen, alle Ratsmitglieder die gegenseitige Achtung und Anerkennung gleichzeitig verdienen und bekunden, die den verschiedenen Ausdrucksweisen der Verbundenheit zu den höheren Werten des Gewissens gebührt».[5]

5 Sitzung vom 26. September 1973. Der Antrag wurde mit 77:8 Stimmen angenommen.

Speziell bemerkenswert ist, dass der Antragsteller beim Abschreiben der Eidesformel versehentlich die Schlussformel «... so wahr mir Gott helfe» weggelassen hatte und Nationalrat *Franz Muheim* (cvp., Uri) den Verzicht auf diese «Floskel» als Vereinfachung bezeichnete, die durchaus annehmbar wäre. Masoni hatte indessen nicht die Absicht, auch den Text zu ändern. Die traditionelle Formel wurde darum in der neuen Ordnung *tel quel* übernommen. Was hingegen die Form betrifft, ging die in der Folge eingeführte Neuordnung nicht ganz so weit, wie Masoni es hätte haben wollen: Das zuvor nur schriftlich abgelegte Gelöbnis wurde ebenfalls in das Ritual aufgenommen. Die Ratsmitglieder hatten aber nicht gleichzeitig ihr Pflichtbekenntnis abzulegen. Zuerst wurden die Eide, danach die Gelöbnisse abgenommen.

Der Eides- oder Gelübdetext lautet für die gesamten obersten Behörden gleich: für die National- und Ständeräte, die Mitglieder des Bundesrats, die Bundesrichter und den Bundeskanzler. Unterschiedlich ist dagegen die Praxis. Während die Bundesräte und die Nationalräte zu Beginn jeder Legislaturperiode neu vereidigt werden, begnügt man sich im Ständerat damit, die neu hinzugekommenen Mitglieder der kleinen Kammer in die Pflicht zu nehmen. Es wäre interessant zu wissen, wie viele Nationalräte jeweils von der Möglichkeit, statt des Eides ein Gelübde abzulegen, Gebrauch gemacht haben. Die Zahlen gäben eventuell einen Hinweis auf die fortschreitende Säkularisierung.

Neue Ernsthaftigkeit

Eidverweigerung darf freilich nicht automatisch mit Ablehnung oder Leugnung der metaphysischen Dimension gleichgesetzt werden. Es gibt auch Verweigerer, die den Eid ablehnen, weil ihnen *das Sakrale zu wichtig* ist, als dass sie es mit säkularen Dingen vermischen wollten. Wie auch immer: Die Zahlen der Schwörenden und Gelobenden haben sich in den letzten Jahrzehnten nicht so entwickelt, dass sie einen deutlichen Trend in Richtung einer weiteren Säkularisierung markieren.[6] Einzelne Signale lassen jedoch vermuten, dass das Eidritual «im Volk» neuerdings stärker in Frage gestellt wird. So wurde 1978 im Kanton Glarus der allerdings chancenlose Antrag gestellt, den Landsgemeindeeid abzuschaffen. Und 1987 reichte ein anderer Bürger beim Nationalrat eine Petition ein, mit der er eine entsprechende Änderung des Geschäftsreglements forderte, weil das Schwurzeremoniell «Jahr für Jahr lächerlicher» werde und das Gelübde ein «Akt der Unaufrichtigkeit» sei. Das Zeremoniell war sicher nicht «lächerlicher» geworden, sondern gleichgeblieben, aber es wurde und wird vielleicht als immer lächerlicher empfunden. Die nationalrätliche Petitions- und Gewährleistungskommission sprach sich gegen die Aufhebung dieser Institution aus; sie erklärte sich indessen bereit, auf eine andere Forderung einzutreten, welche eine *Änderung des geltenden Eides- und Gelübdetextes* forderte.

6 Von der Möglichkeit, ein Gelöbnis statt eines Eids abzulegen, machten Gebrauch 1971 31, 1975 41, 1979 51, 1983 38 und 1987 47. Die Zahlen früherer Vereidigungen sind nicht mehr feststellbar.

Mit dem Aufkommen eines neuen Fundamentalismus, einer neuen Ernsthaftigkeit und grundsätzlicher (alternativer) Oppositionsbewegungen gewann die Eidesfrage gegenläufig zur Säkularisierungstendenz während der achtziger Jahre offenbar wieder an Bedeutung. *Ursula Bäumlin* (sp., Bern) nahm als neugewählte Nationalrätin Anstoss an gewissen Passagen des traditionellen Textes und schlug im Dezember 1987 mit einer parlamentarischen Initiative eine neue Formulierung vor. Die Parlamentarierin strebte damit nicht eine Abwertung an, sie wollte im Gegenteil der Eides- und Gelübdeformel «für unsere Zeit neues Gewicht» geben. Sie empfand die Verpflichtung, «die Rechte des Volkes und seiner Bürger zu schützen und zu schirmen», als unannehmbar exklusiv und unzeitgemäss, müssten doch auch die *Bürgerinnen,* aber auch die *Ausländer(innen),* auch die *Asylbewerber(innen)* in den Schutz einbezogen, ja sogar speziell einbezogen werden, weil sie auch speziell des Schutzes bedürften. Sie will das Versprechen so formuliert wissen, dass *«die Rechte aller Menschen»* zu schützen seien, und, da Tiere, Pflanzen und die Umwelt insgesamt immer stärker bedroht seien, auch die Verpflichtung einführen, sich für die «Erhaltung der Schöpfung» einzusetzen. Im weiteren müsste der Begriff «Vaterland» durch «Land» ersetzt und Frieden und Gerechtigkeit ebenfalls als Ziel des politischen Wirkens explizit genannt werden. Mittlerweile hat sich die nationalrätliche Petitions- und Gewährleistungskommission im Prinzip hinter die Initiative gestellt und dem Nationalrat beantragt, eine Neuformulierung in Auftrag zu geben, welche der heutigen Zeit entspreche und mehr Aussagekraft habe.

Verbindlichkeit des Eides

Rechtlich gesehen bedeutet der promissorische Eid heutzutage nur eine Bestärkung religiös-moralischer Natur und ist, im Gegensatz zu früher, *ohne juristischen Eigenwert.* Der Eidbruch hat denn auch (anders als im Bereich des assertorischen Eids, wo man das strafverschärfende Delikt des Meineides kennt) keine rechtlichen Sanktionen zur Folge; bestraft werden die konkreten und als solche proskribierten Pflichtverletzungen.[7] Neben dem Rückgang der verbindlichen Religiosität ist der Ausbau des *kodifizierten Rechts* ein wichtiger Grund für den Bedeutungsschwund, den der Eid erlebt. Weil die fortschreitende Verrechtlichung eine immer höhere Regeldichte entwickelt, ist der Eid als pauschales Versprechen zur Rechtschaffenheit immer entbehrlicher geworden. Trotzdem dürfte, was *Carl Christoph Burckhardt* 1894 über die Bedeutung des Eides sagte, im grossen und ganzen auch heute noch gelten: Er vergleicht

7 1933 führte der Nationalrat im Falle von Léon Nicole vorübergehend das Delikt des politischen Eidbruches ein. Vgl. Stenographisches Bulletin vom 8. Juni 1933. S. 301–314. Der vor allem von der Zürcher SVP praktizierte national-konservative Populismus ist ebenfalls gegenüber der Landesregierung recht schnell mit dem Vorwurf des Verrats an der Verfassung zur Hand, auf die man geschworen habe.

den Eid mit einer «alten Ruine aus früheren Jahrhunderten, die man, teils aus Scheu vor dem Überkommenen, teils weil die neue Wohnung doch nicht auszureichen scheint, stehen lässt und weiter benutzt»[8]. Wenig später, nämlich 1900, meinte *Georg Jellinek,* dass politische Eide mit der Zeit deshalb immer bedeutungsloser geworden seien, weil sie «gerade da am meisten gefordert wurden, wo sie sich am wenigsten wirksam erwiesen haben». Die Entwertung mag zusätzlich durch zu häufigen und sinnwidrigen Gebrauch gefördert worden sein, sie muss aber in erster Linie durch den allgemeinen Verlust an metaphysischer Sensibilität erklärt werden. Anderseits ist das Eidritual bei den Amtsstellen doch noch so selbstverständlich, dass unsere Umfrage, ob der Eid «noch» praktiziert werde, teils Verwunderung, teils gar Entrüstung ausgelöst hat.

Verknüpfung von Staat und Gott

Ähnlich wie die metaphysische Dimension des Amtsversprechens durch das Alternativritual des einfachen Gelübdes relativiert wurde, diskutierte man in den siebziger Jahren bei der Ausarbeitung einer *neuen Bundesverfassung,* ob in der *Präambel* weiterhin Gott angerufen werden solle. *Alois Müller* von der Theologischen Fakultät Luzern neigte zur Meinung, dass sich ein pluralistischer Staat «kultischer Kundgebungen» enthalten und die letzte Sinngebung für das Dasein dem einzelnen überlassen müsse, und er wies dabei auf eine gewisse Parallelität in der Handhabung des Amtseides hin. Anderseits könnte sich sogar ein kritischer Geist wie *Adolf Muschg* mit der Beibehaltung der Worte «Im Namen Gottes des Allmächtigen» abfinden, indem er diese Formel als «Gemeingut säkularisierter Humanität» auslegte. Der nie zur Abstimmung vorgelegte Verfassungsentwurf von 1977 modifizierte den Text der Präambel, hielt aber am traditionellen Ingress fest.[9]

8 Carl Christoph Burckhardt, Eid, Staat und christliches Gewissen. In: Schriften und Vorträge. Basel 1917. S. 238. Der Rechtsgelehrte befasste sich 1894 mit dieser Frage, weil zuvor «in einer Behörde unseres Landes» ein Mitglied den vorgeschriebenen Amtseid verweigert und dies «in weiten Kreisen einen Sturm des Unwillens» hervorgerufen hatte.

9 Hugo Bütler, Bericht über eine Boldern-Tagung. In: NZZ vom 22. September 1975. – Stellungnahmen der Theologen in der Zeitschrift Reformatio vom Januar 1976. – Bericht der Expertenkommission für die Vorbereitung einer Totalrevision der Bundesverfassung. Bern 1977. S. 18ff. – Muschgs Vorschlag lautete allerdings: «In der Überzeugung, dass vor Gott nur bestehen kann, was der Würde des Menschen dient ...» Sein trotzdem zustimmender Kommentar zur vorgeschlagenen Fassung in der NZZ vom 1. Juli 1977.

Nachtrag von 2003: Inzwischen ist erschienen: André Hollenstein, Seelenheil und Untertanenpflicht. Zur gesellschaftlichen Funktion und theoretischen Begründung des Eides in der ständischen Gesellschaft. In: Peter Blickle (Hrsg.), Der Fluch und der Eid. Die metaphysische Begründung gesellschaftlichen Zusammenlebens und politischer Ordnung in der ständischen Gesellschaft. Berlin 1993. S. 11–63.

Heutzutage werden manche die Verknüpfung von Staat und Gott, ob in der Verfassung oder im politischen Versprechen, als etwas Unverhältnismässiges, vielleicht auch Überholtes verstehen. Der Eid hat zwar insofern eine wichtige Eigenschaft verloren, als er nicht mehr von allen Gesellschaftsmitgliedern gleich ernst genommen wird, kein verbindliches Verständigungsmittel mehr ist. Er ist aber aus zwei Gründen keineswegs überholt: erstens, weil ein Teil der Gesellschaftsmitglieder ihn in der ursprünglichen Bedeutung hochhält; und zweitens, weil er in *Krisenzeiten* schneller eine breite Bedeutung wiedererlangen könnte, als wir uns dies zur Zeit vorzustellen vermögen; er bildet so etwas wie eine *rituelle Reserve,* auf die man auch inhaltlich zurückgreifen kann, wenn Bewältigungsstrategien dies erfordern.

Die Eidesformel für Mitglieder von Bundesbehörden

«Ich schwöre vor Gott, dem Allmächtigen, die Verfassung und die Gesetze des Bundes treu und wahr zu halten; die Einheit, Kraft und Ehre der schweizerischen Nation zu wahren; die Unabhängigkeit des Vaterlandes, die Freiheit und die Rechte des Volkes und seiner Bürger zu schützen und zu schirmen und überhaupt alle mir übertragenen Pflichten gewissenhaft zu erfüllen, so wahr mir Gott helfe.»

Nachtrag von 2003: Ein Rudiment dieser Tradition klang im Aufruf von Bundesrat Samuel Schmid an, als er am 14. September 2003 am Brienzersee des 650jährigen Bündnisses zwischen Bern und den Urkantonen gedachte und von der Notwendigkeit sprach, den seit 25 Generationen bestehenden Vertrag von 1353 immer wieder zu erneuern.

Aus der Originalbildlegende: «(Zürcher Stadträtin) Monika Weber hilft (Bundesrat) Samuel Schmid beim Absingen der Landeshymne». Tages-Anzeiger vom 2. August 2003. Die Kopfhaltungen des Publikums zeigen, wer auf die Textvorlage angewiesen ist (Foto: Beat Marti, Tamedia AG).

Die Schweiz und ihre Landeshymnen

Von National- oder Landeshymnen nimmt man – in den meisten Fällen wohl zu Recht – an, dass diese eine exklusive und einzigartige Sache seien: ein Land, ein Volk, eine Hymne. Dies entspräche dem Gebot des kollektiven Wiedererkennens in Melodie und Text wie in anderen Elementen der nationalen Symbolik: in der Flagge, im Regierungsgebäude, in den Heldenvätern, im Geld, im Nationalfeiertag u.a.m. Die Stoffe, aus denen der Nationalismus gemacht ist, sollten eigentlich der Abgrenzung und Unterscheidung dienen und sind sich paradoxerweise doch sehr ähnlich. Helvetia zum Beispiel kann man nur dank ihren Attributen von ihren deutschen, französischen, italienischen Schwestern unterscheiden. So störte es lange Zeit überhaupt nicht, dass die schweizerische Hymne eine britische war und diese noch anderen Nationen als Vorlage diente. Melodien waren überhaupt leichter übertragbar, entstanden doch des öfteren neue Texte, die nach alten, von anderen Texten bereits «beanspruchten» Melodien gesungen werden sollten. «Freut Euch des Lebens» war zum Beispiel eine derartige Mehrfachmelodie. Ein 1989 privat lancierter Hymnen-Wettbewerb konzentrierte sich denn auch auf einen neuen Text und empfahl die Genfer Hymne «Cé qu'é laino» als geeignete musikalische Vorlage (vgl. unten).

Für die Schweiz ist es aus mehreren Gründen angemessen, von Landeshymnen im Plural zu reden: zum einen, weil es eine sonderbare Konkurrenz zwischen zwei Hauptvarianten gibt und die Suche nach der «besseren» Hymne stets neue ins Spiel gebracht hat. Und zum anderen, weil – echt föderalistisch – die kantonalen oder regionalen Hymnen einen wichtigen, vielleicht sogar wichtigeren Platz im öffentlichen Leben einnehmen. Vom «O Thurgau, Heimat, wie bist du so schön» über «Le vieux chalet» bis zum «Sacra terra del Ticino» handelt es sich mehrheitlich um Preislieder auf die landschaftliche Schönheit und die Tugenden der hier ansässigen Menschen.[1]

In dieser bunten Vielfalt konnte lange keines der Lieder weder offiziell noch faktisch den Rang einer nationalen Hymne einnehmen. Die schwache Position der Landeshymne entsprach der Schwäche des erst spät (1899) eingeführten und in seiner Popularität hinter den traditionellen Lokalfesten (ob Sechseläuten oder Escalade) rangierenden 1. August. Und sie entsprach auch der diesbezüglich schwachen Stellung der Bundesregierung, die zwar für die Bereiche der Armee und der Diplomatie Regelungen treffen konnte, aber insbesondere gegenüber den Kantonen keine Weisungsbefugnisse hatte und besonders auf die Zustimmung der mächtigen Vereine – vom

1 Christine Burckhardt-Seebass u.a., «... im Kreise der Lieben». Eine volkskundliche Untersuchung zur populären Liedkultur in der Schweiz. Basel 1993 (Reihe des NFP 21).

Schweizerischen Blasmusikverband bis zur Schweizerischen Chorvereinigung – angewiesen war.

Das 1811 entstandene und aus der Tradition der Kriegslieder hervorgegangene «Rufst Du, mein Vaterland?» (Text von J. R. Wyss, Melodie nach «God save the King») hatte während über eines Jahrhunderts den Status einer inoffiziellen Landeshymne. Seit etwa 1900 machte sich aber die Konkurrenz des «Schweizerpsalms / Trittst im Morgenrot daher» stärker bemerkbar (Text von Leonhard Widmer, Zürich 1841, und Melodie von Alberich Zwyssig, Bauen/Uri 1843).[2] Da die beiden Hauptvarianten nur mässig überzeugten, hielt man nach besseren Lösungen Ausschau. Doch Ende der 1920er Jahre lautete der leicht resignierte Befund: «Trotz zahlreicher Wettbewerbe und unzähliger Zeitungsartikel blieb man bisher beim Alten.»[3] An weiteren Varianten waren ins Spiel gebracht worden etwa Gottfried Kellers und Wilhelm Baumgartners «O mein Heimatland», Otto Barblans «Heil dir, mein Schweizerland», Hermann Suters «Vaterland, hoch und schön».

In den 1960er und 1970er Jahren hielten die Bundesbehörden es für nötig, mit Sondierungen und schliesslich mit Entscheiden eine Regelung für die offene Situation zu finden. Am 12. September 1961 erklärte der Bundesrat im Sinne eines befristeten Versuchs den «Schweizerpsalm» für die Armee sowie für das diplomatische Protokoll zur offiziellen Landeshymne und damit indirekt wohl auch für das Zeremoniell in der Welt des Sports. Gleichzeitig wurden die Kantone «eingeladen», diese Lösung in ihrem Zuständigkeitsbereich zu übernehmen. Gegen die ältere Hymne sprach, dass ihre Melodie eben mit derjenigen der englischen Hymne identisch war und der Text als zu kriegerisch empfunden wurde: «... stehn wir, den Felsen gleich, nie vor Gefahren bleich, froh noch im Todesstreich, Schmerz uns ein Spott»[4].

Am 13. Juli 1965 wurde diese Lösung nach einer Umfrage bei den Kantonen und bei interessierten Organisationen (insbesondere bei den Gesangsvereinen) jetzt ohne Befristung weiterhin als Provisorium verlängert. Am 20. August 1975 fasste die Landesregierung in dieser Sache einen weiteren Beschluss, sie hob das Provisorium auf, führte deswegen aber noch kein Definitivum ein, sondern beauftragte das EDI, für die deutsche Variante einen neuen Text zu entwickeln. Ernst W. Eggimann, Redaktor des *Schweizer Bauern*, Präsident der Vereinigung schweizerischer Chorverbände und des bernischen Kantonalgesangsvereins, schrieb zum Entscheid von 1975, den er als «Landeshymnenbefehl» kritisierte, es sei eine «böse Erfahrung», dass man für ein Mehrkulturen- und ein Vier-Sprachen-Volk keine Lösung finde, die allen Leuten gefalle.[5]

2 Französischer Text von Charles Chatelanat, der italienische Text von Camillo Valsangiacomo und rätoromanische Varianten von Alfons Tuor und Gion Antoni Bühler. Vgl. Ernst Lichtenhahn, Artikel «Landeshymne» im Historischen Lexikon der Schweiz (HLS), noch unveröffentlicht.

3 Pfarrer E. Platzhoff-Lejeune, Artikel «Nationalhymne» im Historisch-Biographischen Lexikon der Schweiz (HBLS), Bd. V, Neuenburg 1929.

4 Zit. nach dem *Zivilverteidigungsbüchlein* von 1969. Dort an 2. Stelle nach dem Schweizerpsalm plaziert, während im vorangegangenen *Soldatenbuch* (o. D.) die Reihenfolge noch umgekehrt ist.

5 Weltwoche Nr. 34 vom 27. August 1975, «Trittst (definitiv) im Morgenrot daher».

Nach 1975 waren beim Bund etwa 50 Vorschläge für einen neuen deutschen Text, entworfen «vom einfachen Bauern bis zum Universitätsprofessor», eingereicht worden, doch überzeugte offenbar keiner. Das so entstandene Dossier enthielte Material für eine interessante Studie. Am 1. April 1981 erhob der Bundesrat schliesslich den bereits bestehenden Text definitiv zur offiziellen Hymne.

Als ob die Frage nicht geregelt wäre, ging die kritische Auseinandersetzung mit der Landeshymne weiter und wurden die bevorstehenden Jubiläen von 1991 und 1998 zum Anlass genommen, um dem Land endlich zu einer befriedigenden Landeshymne zu verhelfen.[6] Im Genfer Blatt *La Suisse* wurden 1989 selbsternannte Hymnensucher aktiv, sie warfen den Behörden vor, in der Hymnenfrage uneinig und insbesondere auch nicht in der Lage zu sein, den Dichter zu finden, der eine geeignete Lösung vorlegen könnte. Das Blatt schrieb deshalb einen Wettbewerb aus und stellte dem Autor der künftigen Nationalhymne 10 000 Franken in Aussicht.[7] Zwei Jahre später ergab die grosslancierte PR-Aktion nur gerade ein paar Zeilen in der umfangreichen Jubiläumsausgabe vom 1. August 1991: Von den 42 Einsendungen habe man keine prämieren können. Den in Aussicht gestellten Betrag werde man der Schweizerischen Chorvereinigung nach Zürich schicken, damit diese neue Chorlieder herausgeben und so die Liedkultur des Landes bereichern könne. Aus dem Versuch, die Superhymne zu lancieren, wurde wohl nicht ohne Zufall ein Sponsoring der Liedervielfalt.

Eine weitere Aktion ging aus einer kleinen Stammtischrunde im Wirtshaus «Winkelried» von Wettingen (AG) hervor. Ein anfänglich hoffnungsvoller und zugleich völlig hoffnungsloser Versuch, dem Land zum 150-Jahr-Jubiläum von 1998 zu einer neuen Landeshymne zu verhelfen. Stumpenfabrikant Villiger (der Bruder des Bundesrats) engagierte sich als Pioniersponsor. Die neue Melodie, im marschfähigen Viervierteltakt und nicht wie der «Schweizerpsalm» im Dreivierteltakt der Masurka, wurde von Fachleuten als «melodisch dürftig», «rhythmisch flach» bezeichnet und für «musikalische Analphabeten» geschaffen, mit dem einzigen Vorzug, die Qualität des alten «Schweizerpsalms» ins helle Licht zu setzen.[8] Der Text? «Mit aller Kraft will ich dem Lande nützen, vor keinen fremden Richtern je gebeugt ...» Solche Formulierungen passten zwar zum «Winkelried», waren aber auch bei Viervierteltakt nicht gegenwarts- und schon gar nicht zukunftstauglich. Radio DRS wurde von Villiger angegangen und wäre grundsätzlich bereit gewesen, über den Sender eine öffentliche Debatte und schliesslich auch eine «Volksabstimmung» zu lancieren. Nach Anhören der Produktion und Anhörung der Musik-Experten wurde aber bald klar, dass dies keine taugliche Vorlage war, welche eine ernsthafte Auseinandersetzung am Medium gerechtfertigt hätte. Die Stiftung Pro CH 98, welche mit einem grossdimensionierten

6 Zum Beispiel in den Obersee-Nachrichten vom 26. Juli 1990: «Tritt ein neuer Song daher – ohne Alpenglühen» mit einer ausführlichen Stellungnahme des Bundesamtes für Kultur (BAK). Oder das Blatt des Radio-Basilisk-Trägervereins Nr. 4/1990: «Ist unsere Nationalhymne noch beliebt?»

7 La Suisse vom 1. und 8. August 1989.

8 Sigfried Schibli, Villigers Hymne. In: Basler Zeitung vom 3./4. Oktober 1998.

Vertrieb von CDs, Videos und Musikuhren die neue Hymne lancieren wollte, musste im Sommer 1999 Konkurs anmelden. Ein Verein «Freunde der Hymne CH 98» unternahm einen Rettungsversuch, inzwischen ist es um das Projekt jedoch still geworden.

Auch wenn man Hymnen gerne aus der Geschichte ableitet, sind sie doch einmal als Gegenwartsprodukt eingeführt worden, allerdings meistens in den Aufbruchphasen des *nation building*.[9] Die Schweiz scheint den günstigen Moment für die Bereitstellung einer guten Hymne verpasst zu haben. Dies sieht mindestens aus deutschschweizerischer Sicht so aus, die anderen Landesteile tun sich weit weniger schwer mit ihren Varianten. Die Funktion solcher zivilreligiöser Hymnen besteht darin, dass sie einen Akt der Hingabe (auch in physischer Hinsicht) ermöglichen oder diesen auch abverlangen können. Das gemeinsame Singen macht Gemeinsamkeit erfahrbar, es manifestiert Einheit über die symbolische wie reale Einstimmigkeit.[10] Die Hingabe kann sich auch darauf beschränken, dass man sich wenigstens gemeinsam erheben muss. Dies wird übrigens zum Teil auch bei kantonalen Hymnen, etwa beim «Baselbieterlied», je nach politischer Couleur der Beteiligten so gehalten. Die gesellschaftlichen Gegebenheiten der Nach-68er-Ära entsprechen aber nicht mehr so recht dieser Einstimmigkeitsvorstellung. Hinzu kommt im Fall von Neukreationen die grösser gewordene Kluft zwischen dem künstlerischen Schaffen und dem sogenannten Volksempfinden einerseits und zwischen Staat und Bürgern andererseits. Hymnen sind dem affirmativen Bekenntnis verpflichtet, die Kunstschaffenden dagegen haben in der Regel ein kritisches Verhältnis zum Staat. Selbst die zuständige Bundesstelle empfand es als Zielkonflikt, dass der Text gut und zugleich patriotisch sein sollte.[11] Zu Recht stelle ein Kommentar zum CH-98-Projekt fest: «Der Anspruch, den eine neue Schweizer Nationalhymne erfüllen muss, ist unerreichbar.»[12]

In der Landeshymne kommt eine sonderbar oszillierende Mischung von Gegebenheiten zusammen: Sie ist ein breit bekannter und zugleich doch wenig populärer Referenzpunkt; sie fristet eine klägliche Randexistenz und muss, wie wir noch sehen werden, doch ständig vorhanden sein; sie steht für erhabene Vaterlandsgefühle und wird, wie *La Suisse* und Villiger gezeigt haben, wie IKEA belegt[13] und an der FDP noch belegt werden wird, zu niederen Werbezwecken mehr oder weniger schamlos

9 Zu den verschiedenen Entstehungsprozessen: Ulrich Ragozat, Die Nationalhymnen der Welt. Ein kulturgeschichtliches Lexikon. Freiburg i.Br. 1982.

10 Benedict Anderson, Die Erfindung der Nation. Zur Karriere eines erfolgreichen Konzepts. Frankfurt a.M. 1988 (amerik. Version 1983). S. 146.

11 Berichte der Depeschenagentur in der National-Zeitung vom 30. Juli 1976 und in der Basler Zeitung vom 27. Juli 1978 mit Stellungnahmen von G. M. Schuwey vom Bundesamt für Kultur (BAK), O. Böni vom Schweizerischen Schriftsteller-Verband und H. Mühlethaler von der Gruppe Olten. Ferner Hans Rudolf Dörig (Vizedirektor des BAK) an Georg Kreis, 7. März 1980.

12 Beat Grossrieder, Kein schöner Lied für dieses Land. In: Weltwoche vom 27. Juli 2000.

13 Bei der Abklärung nach der Medienpräsenz der Landeshymne im Tessin stösst man auf den wohl auch in anderen Landesteilen verbreiteten TV-Werbespot, in dem IKEA die Wiedergabe der Landeshymne zum Ausgangspunkt für die Aussage macht, dass das schwedische Möbelunternehmen in der Schweiz gut eingebürgert sei (Mitteilung Yvonne Pesenti).

eingespannt. Man sollte aber zwei Dinge auseinanderhalten, obwohl sie am Schluss vielleicht wieder zusammenfallen: Das eine ist die fehlende Popularität und Akzeptanz der Landeshymne, das andere die grösser gewordene Nüchternheit und Distanz gegenüber Hymnen im allgemeinen. Ersteres ist ein spezifisch deutschschweizerisches Phänomen, letzteres eine transnationale Erscheinung postnationaler Gesellschaften. Es gab bekanntlich Zeiten, da waren Hymnen besser verankert und das Gesangswesen allgemein noch stärker verbreitet. Es ist allerdings überhaupt nicht auszuschliessen, dass Hymnen – wie das Nationale – wieder einmal bessere Zeiten erleben werden.

Die Schweiz braucht wie jedes Land eine Landeshymne. Die meisten Schweizer und Schweizerinnen werden aber nur am Nationalfeiertag mit ihr konfrontiert, weil dann – theoretisch – von ihnen erwartet wird, dass sie die Hymne aktiv mitsingen, während sie sie unter dem Jahr nur passiv im Rahmen von Sportanlässen wahrnehmen, wo man sich zudem auf das Abspielen der Melodie beschränkt. Abspielen: Für das aktive Mitmachen gibt es das sonderbare Wort «Absingen», das die feierlich-formelle Seite der Handlung hervorhebt, zugleich aber anklingen lässt, dass es sich um eine nicht sehr innige Formalität handelt.

Ähnlich passiv wird die Landeshymne nach einem langen Tag um 24 Uhr auf Schweizer Radio DRS 1 zur Kenntnis genommen, die französische und die italienische Schweiz kommen offenbar ohne diese Usanz aus.[14] Das Abspielen der Hymne erinnert ein wenig an die Zeiten der «Geistigen Landesverteidigung», war und ist aber auch bei anderen Nationalsendern üblich, in Deutschland und Österreich sogar zeitweise beim Fernsehen. Mit der Einführung von Nachtprogrammen 1981 fiel der Sendeschluss und damit – vorübergehend – auch die Landeshymne weg. Ein Teil des Radiopublikums nahm dies als weiteren Hinweis auf den mangelnden Patriotismus der subversiv angehauchten Radiomacher und reagierte mit heftigen Protesten. Einen weiteren Beleg dafür, dass man beim Radio nicht die richtige Einstellung zur Landeshymne habe, lieferte eine von Zeit zu Zeit eingespielte, bei einem Jubiläumsanlass (der Sendung «Musikbox») als Eigenproduktion entstandene Dixieland-Version. Die Aufnahme der regulären Version wurde von der Berner Polizeimusik gespielt, nicht zu schnell, nicht zu langsam, in einer Sequenz von ca. 90 Sekunden. Als 1983 das dritte Programm eingeführt wurde, ergab sich die Möglichkeit, ohne weitere Probleme die Landeshymne vor den Mitternachtsnachrichten wieder in den Äther zu schicken – ausser freitags, weil da eine bis 1 Uhr dauernde Blocksendung (der «Nachtexpress») zu stark auseinandergerissen würde.[15]

Das hohe Pathos der Hymne und die dürftige Hymnenkenntnis der Bürger und Bürgerinnen bilden einen eklatanten Gegensatz, der von den Medien im Vorfeld des Nationalfeiertages gerne thematisiert wird. Wer vor dem 1. August eine Repräsentativumfrage zu den Kenntnissen in Sachen Landeshymne macht, wie das 2003 wieder geschehen ist, kann damit rechnen, dass er – mit entsprechender Werbewirkung – von

14 Im einen Fall lautete die Antwort «oui à l'époque», im anderen Fall «oggi non più».

15 Auskunft Heinrich von Grünigen, 1983–2001 Programmleiter Radio DRS, vom 1. September 2003.

den anderen Printmedien und, noch wichtiger, auch von den elektronischen Medien zitiert wird. Nur gerade 4% der Befragten, konnte man da zur Kenntnis nehmen, würden alle vier Strophen kennen, gleich viele seien es, die über Kenntnis von zwei Strophen verfügten, 18% könnten bei der ersten Strophe mitsingen, 41% würden sich nur an den Textanfang erinnern und 30% die Hymne überhaupt nicht kennen.[16] Solche Umfrageresultate überraschen wohl niemanden, sie bestätigen lediglich, was man schon weiss oder schon ahnt, sofern es überhaupt interessiert. Der Reiz der Sache besteht darin, dass man's wieder einmal schwarz auf weiss vorgelegt bekommt. Die freisinnige Staatsgründerpartei ist weit davon entfernt, sich über diesen Zustand zu empören, sie beeilt sich vielmehr, sich das weitverbreitete Nichtkönnen der Landeshymne zunutze zu machen, indem sie den Text der vier Strophen in einem Wahlinserat veröffentlicht und dazu auffordert, ihn an die 1.-August-Feier mitzunehmen.[17] Es ist keine patriotische Schande, man steht dazu, man richtet sich darauf ein. Sogar in Appenzell Innerrhoden werden seit Jahren Zettel mit dem Landsgemeindelied verteilt, und wenn holländische Landsleute im Ausland versammelt an der Königin Geburtstag die Hymne auf ihre Königin anstimmen, dann tun sie es ebenfalls mit einem Zettel in der Hand und unterstützt durch die Wiedergabe einer begleitenden Musikaufnahme.

Punkto Nationalhymne bildet die Schweiz insofern einen «Sonderfall», als manche ein etwas gestörtes Verhältnis zu ihrer Hymne haben, nicht weil man sie nicht für wichtig hielte, sondern gerade weil sie den Patrioten wichtig ist.[18] Zugleich ist es in dem Land, in dem alle wissen, worin jeweils die einzig richtige Lösung bestünde, schwierig, eine in Text und Melodie mehrheitsfähige Hymne sozusagen auf dem Reissbrett zu entwerfen. Hinzu kommt nun die in den postnationalen Gesellschaften waltende Erosion, welche die Distanz zur ohnehin nie recht geliebten und schon gar nicht als von der Geschichte angeliefert, einfach selbstverständlich hinzunehmenden Landeshymne vergrössert.

16 Coop Zeitung Nr. 31 vom 30. Juli 2003. Befragt wurden vom Link-Institut für Markt- und Sozialforschung 680 Personen zwischen 15 und 74 Jahren in der deutschen und französischen Schweiz. Kommentar des Tessiner Fernsehens: Ein Einbezug der Tessiner hätte die Werte sicher gehoben.

17 Zum Beispiel in NZZ vom 31. Juli 2003, S. 17.

18 Die rechtsextremen Patrioten markieren ihre Dissidenz mit der Verwendung der älteren Hymnenversion «Heil Dir, Helvetia» zum Beispiel an der 1.-August-Feier auf dem Rütli.

Eine vielleicht etwas atypische Helvetia, 1847, umworben und zugleich nicht ganz ernstgenommen im Widerstreit zwischen Konservativen und Liberalen/Radikalen (Postheiri 19, 1847).

Umworben und ausgelacht: Helvetia vor und nach 1848

Von einem historischen Aufsatz über die Gestalt der Helvetia erwartet man – zu Recht – eine fundierte Auskunft über den Ursprung dieser Figur. Zu Unrecht glaubt man aber auf diese Weise einen abschliessenden Aufschluss über das Wesen dieser Gestalt zu bekommen.[1]

Wie alt ist Helvetia? Diese Frage nimmt die für eine personalisierende Repräsentationsfigur naheliegende Frage nach Geburtsjahr und Lebenslauf auf. Die Helvetia hat aber keine Biographie. Dagegen hat die Verwendung der Helvetia eine Geschichte. Und diese Geschichte zeigt: Die Figur der Helvetia wurde – natürlich – auch in der Zeit um 1848 verwendet, erstaunlicherweise aber eher mit zurückhaltendem Gestus, andererseits jedoch ziemlich nachhaltig.

Die Helvetia ist aber kein Produkt von 1848 und auch kein schweizerisches Produkt. Die Helvetia ist viel älter, und sie ist eine universale, jeder Nation zur Verfügung stehende, sie ist eine variable und dennoch gleichbleibende Figur.[2] Ihre Universalität oder Internationalität entspricht zwar dem universalen Geist und Internationalismus der damals noch jüngeren liberalen Bewegung von 1848. Später werden Helvetia und ihre ausländischen Schwestern aber auch zum Protektionismus und Chauvinismus des ausgehenden 19. Jahrhunderts passen.

Die Vorläuferinnen

Vorläuferinnen der Helvetia finden wir auf Titelblättern geographischer Werke des schillernden und zugleich blassen, weil zuwenig bekannten 17. Jahrhunderts. Im Gedanklichen sind es Produkte des Humanismus, im Formalen Produkte des Barock: Allegorien des Landes oder Landstrichs Helvetien, mit wenig staatlichen Attributen versehen, meistens auf die antike Mauerkrone beschränkt, zuweilen noch

1 Eine breiter angelegte Gesamtdarstellung findet sich in Georg Kreis, Helvetia. Im Wandel der Zeiten. Die Geschichte einer nationalen Repräsentationsfigur. Zürich 1991. 185 S. 165 Abb.

2 Zu den antiken Vorbildern vgl. Marie-Louise Schaller, Helvetia antiqua et nova. Antike Vorbilder für eine Integrationsfigur der Schweiz. In: helvetia archaeologica 26, H. 101/102, 1995. S. 2–62, zur französischen Variante Maurice Agulhon, Marianne au combat. L'imagerie et la symbolique républicaine de 1789 à 1880. Paris 1979, sowie ders., Marianne au pouvoir. L'imagerie et la symbolique républicaine de 1880 à 1914. Paris 1989, und zur deutschen Variante Lothar Gall, Germania. Eine deutsche Marianne? Bonn 1993. Im weiteren gäbe es natürlich eine reiche Literatur zur französisch-amerikanischen Freiheitsstatue, die 1886 im Hafen von New York errichtet worden ist.

mit einem Richtschwert ausgestattet und mit der Waage der *Justitia,* ansonsten aber eher eine *Ceres* mit den Naturprodukten des Landes, Milch, Käse, Getreide, Früchte, und in dieser Dimension ausbaufähig fürs 19. Jahrhundert, in dem sie dann insbesondere im Zusammenhang mit Gewerbeschauen und Landesausstellungen häufig in Kombination mit Figuren auftreten wird, welche Handel und Industrie repräsentieren.

Eine zweite Kategorie von Vorläuferinnen bildet sich im Laufe des 18. Jahrhunderts heraus. Diese ist politischer, ist stärker auf Repräsentation ideeller Werte, insbesondere der Idee der Freiheit, ausgerichtet. Neu sind allerdings auch diese Figuren nicht, und sie wollen es gar nicht sein und noch viel weniger als diejenigen des 17. Jahrhunderts. Sie werden sogar explizit als antike Figuren gefasst, ein wenig als *Veritas* und *Victoria,* zur Hauptsache aber als *Libertas,* zuweilen mit den antiken Attributen des Pileus und der Phrygenmütze sowie dem republikanischen Symbol des Liktorenbündels ausgestattet. Zu harmonisierenden Repräsentationen der *Concordia* und der *Unitas* werden diese Figuren erst im Laufe des 19. Jahrhunderts.

Die staatliche und nationale Dimension

Den meisten frühen Repräsentationsfiguren geht die staatliche und nationale Dimension ab. Während die Figuren des 17. Jahrhunderts wohl national im apolitischen, eben bloss geographischen Sinn sind, sollen die Figuren des 18. Jahrhunderts die universalen Werte ausdrücken, von denen sich Gesellschaften und Herrschaften im allgemeinen leiten lassen sollen.

Die modernen Repräsentationsfiguren bedienen sich zwar der personalisierenden Darstellungsweise, sie wollen aber ausgesprochen apersonal sein, weil nicht mehr an das persönliche Regiment einer feudalen Obrigkeit gebunden. Persönliche Herrschaften waren und sind zumeist mit der Heraldik oder/und dem Porträt des Herrschers dargestellt. Im 18. Jahrhundert gibt es aufschlussreiche Kombinationen dieser verschiedenen Repräsentationsmethoden: der persönliche Regent im Dialog mit der Frauengestalt, welche das Land repräsentiert, und umgeben, assistiert oder protegiert von Tugendallegorien. In dem Masse, als die persönlichen Regime an Bedeutung verlieren und an ihre Stelle die apersonale Herrschaft tritt, die über die Einbindung der vormaligen Untertanen als Staatsbürger legitimiert wird, werden auch die unpersönlichen, aber doch figürlichen Repräsentationen wichtig: neben der Helvetia die Germania, Francia (Marianne), Italia, Britannia etc.

Mit einem – allerdings nur bedingt anwendbaren – genealogisch-morphologischen Verständnis kann man die im Laufe des 19. Jahrhunderts immer wichtiger werdenden staatlichen und nationalen Repräsentationsfiguren als eine Kombination, als ein Amalgam der beiden älteren Bild- und Denktraditionen verstehen. Die Landesallegorien und die Werteallegorien verschmelzen nicht zu Allegorien, sondern zu Symbolen der Nation und des Staates. Das heisst: Mit der Verschmelzung geht die klare, aber auch kühle Begrifflichkeit des Allegorischen verloren und wird das Repräsentierte emotional aufgeladen und zugleich diffus.

Symbolische Inhalte und emotionale Intensität lassen sich nachträglich schwer einschätzen. Symbole sind nur, was die Symbolgemeinden angesichts des gemeinsamen Codes empfinden, und bleiben darum Aussenstehenden weitgehend verschlossen. Nach heutigen Empfindungsmustern werden die nationalen Repräsentationsbilder erst in der zweiten Hälfte des 19. Jahrhunderts mit immanenter Emotionalität aufgeladen. Vorher wirken sie mit ihrer Bildsprache, dies gilt auch für die Figuren von 1848, auf uns eher unbeholfen, nüchtern und spröde, können aber auch mit dieser Qualität Katalysatoren, ja sogar Auslöser für bestehende Emotion gewesen sein.

Erste Repräsentationsfiguren der Eidgenossenschaft

Die wahrscheinlich früheste nationale Repräsentationsfigur ist im schweizerischen Fall die auf einem anonymen und in der Zeit um 1650 entstandenen Ölgemälde, das eine stehende Frauengestalt, umgeben von sechs Männergestalten, zeigt.[3] Die Bildbotschaft wird durch einen Text unterstützt, den der Maler auf der Schürze der Dame untergebracht hat. In diesem Text lässt er die Hauptfigur sich selber dem Betrachter als «das wunderschöne Schweizerland» vorstellen, als Jungfrau in «alter Keuschheitstracht» und als der «werthesten Freiheit höchste Zier». Die Frauengestalt trägt eine Art Krone, auf der die Wappen der kantonalen Bundesgenossen und der zugewandten Orte angebracht sind. Im Text heisst es, sie habe von Gott eine «Fryheits Kron» geschenkt erhalten.

Die sechs Männer repräsentieren, was mit den über den Köpfen angebrachten Wappen verdeutlicht wird, bestimmte Mächte: Venedig, Frankreich, das Deutsche Reich, Savoyen-Piemont, eventuell Österreich und Preussen. Die Männer treten als umwerbende Freier beziehungsweise als Verführer auf.

Das Bild vermittelt zwei zentrale Botschaften: Zum einen wird betont, dass die Schweiz auf gleichem Fuss wie ihre Nachbarn stehe, also den «Königreichen gleich» sei. Zum anderen enthält es einen beinahe dramatischen Appell, angesichts der Lockungen, «des Frömden Golden Scheins», die Einigkeit nicht zu verlieren: «Einigkeit mein Atem war, Einigkeit soll immerdar seyn mein Wachsthum, Schirm und Schutz ...»

Wahrscheinlich bezieht sich das Bild auf gegensätzliche Interessen in der damaligen Söldnerpolitik der verschiedenen Kantone und regierenden Familien. Der entscheidende *nationale* Punkt dieser Manifestation liegt in der Zusammenfassung divergierender Tendenzen in einer einzelnen Figur und im Auftritt mit einer Stimme.

3 Anonym, Personifikation der Schweiz, um 1650. Öl auf Leinwand. Schweizerisches Landesmuseum, Zürich.

Zur gleichen Problematik haben wir, ebenfalls mit der Metapher der bedrängten Jungfrau, eine genauer datierte Radierung von 1676.[4] Im Unterschied zur anderen Darstellung ist hier nur ein einziger zudringlicher Liebhaber abgebildet. Wen er darstellt, bleibt offen. Vor dem Hintergrund des zeitgenössischen Ölgemäldes würde manches dafür sprechen, dass es sich um das «Ausland» handle, um die fremden Fürsten in globo, und dass es weniger um die Herrschaftsansprüche der einheimischen Aristokratie geht.[5] Die Repräsentationsfigur wird als «Eydgnossische Dam» und zugleich als Jungfrau vorgestellt, ihr Kranz ist ebenfalls ein Freiheitskranz. Der Ritter hält in der einen Hand lockende Goldstücke, zugleich greift er mit der anderen Hand nach einer Blume im Kranz, er hält aber auch die Ketten für die Gefangenschaft (am rechten Bildrand) bereit, während die erschrockene Helvetia nach den Waffen und dem Schild mit den eidgenössischen Orten (am linken Bildrand) greift.

Ohne damit die Wirksamkeit eines direkten Einflusses behaupten zu wollen, sei auf das 1672 in Zug aufgeführte und 1773 veröffentlichte Spiel von Johann Caspar Weissenbach «Eydgnossisches Contrafeth Auff- und Abnehmernder Jungfrauen Helevetiae» hingewiesen. Die offenbar zeittypische Gemeinsamkeit besteht in der Auffassung, dass die Eidgenossenschaft als Person begriffen wird, die vom richtigen Weg abkommen kann.[6]

Die Umworbene

Das Verführungsmotiv in Verbindung mit der aus der Heraklessage und anderen Geschichten bekannten Vorstellung vom richtigen und falschen Weg findet sich auch in der Darstellung des *Postheiri* aus dem Jahr 1847.[7] Hier geht es eindeutig um einen innergesellschaftlichen Konflikt. Der Zeichner nimmt allerdings nicht für die eine oder andere Seite Partei und präsentiert die mit einem Kantonsrock gekleidete, aber auch mit einem Schweizerkreuz geschmückte Eidgenossenschaft nicht als mädchenhafte

4 Jakob Wuhrmann, Buhlschaft der sich representierenden Eydgnossischen Dam. 1676. Radierung von F. M. Universitätsbibliothek Basel.

5 Guy P. Marchal, der diese Darstellung zutage gefördert hat, deutet den Ritter als Ausdruck «selbstherrlicher Ansprüche der Aristokratie» (Die «Alten Eidgenossen» im Wandel der Zeiten. Das Bild der frühen Eidgenossen im Traditionsbewusstsein und in der Identitätsvorstellung der Schweiz vom 15. bis 20. Jahrhundert. In: Innerschweiz und frühe Eidgenossenschaft. Jubiläumsschrift 700 Jahre Eidgenossenschaft. Bd. 2. Hrsg. v. Historischen Verein der Fünf Orte. Olten 1990. S. 309–403. S. 335). Mit der «gross tirannei wie vor der Zyt» ist doch eher die Herrschaft der habsburgischen Vögte gemeint. Die beiden Deutungen finden sich aber in der Vorstellung der – einheimischen oder auswärtigen – «Fremdherrschaft» wieder.

6 Georg Kreis, Das Festspiel – ein antimodernes Produkt der Moderne. In: Das Festspiel: Formen, Funktionen, Perspektiven. Schweizer Theaterjahrbuch Nr. 49, 1988. Hrsg. v. Balz Engler und Georg Kreis. Willisau 1988. S. 186–208.

7 Anonym, «Wie kommen wir heraus». In: Postheiri 19, 1847 (Georg Kreis, Helvetia. Zur Geschichte einer nationalen Repräsentationsfigur. Zürich 1991. S. 136).

Jungfrau, sondern als ältliche Jungfer, die schon 1815 volljährig geworden sei und darum «nicht mehr die erste Jugendfrische» habe. Das Frauenzimmer wird obendrein als etwas dümmlich dargestellt, heisst es doch von ihm, es habe sich von den beiden Rivalen, dem älteren Konservativen und dem jüngeren Liberalen, in eine «Pfütze» – in die innenpolitische Krise mit drohendem Bürgerkrieg – hineinführen lassen und sei jetzt schnupfengefährdet.

Auch spätere Darstellungen zeigen die Helvetia als umworbene Person. 1910 lässt der *Nebelspalter* nach dem Staatsbesuch des französischen Präsidenten und vor der Inspektionsvisite des deutschen Kaisers die Bedrängte sagen: «Ich danke Ihnen, meine Herren, Ihre Anträge ehren mich, aber ich bleibe ledig!»[8]

Die Herrschende

Die vielleicht häufigste Pose ist die einer herrschenden Königin als Personifikation des herrschenden Prinzips oder wenigstens des Prinzips, das herrschen sollte. 1848 wird zur Erinnerung an das Inkrafttreten der Bundesverfassung ein Gedenkblatt veröffentlicht, auf dem die Helvetia an zentraler Stelle eine thronende Position erhält und von einem historischen Eidgenossen zu den Fanfarenklängen eines Triumphengels mit einem Siegeskranz bedacht wird.[9] Pikanterweise ist diese figürliche Projektion liberaler Verehrung nichts anderes als – seitenverkehrt – eine noch ganz dem absolutistischen Geist verpflichtete Darstellung von 1780.[10]

Im Unterschied zum Vorbild aus dem späten 18. Jahrhundert ist diese Darstellung aus der Mitte des 19. Jahrhunderts nicht bloss mit unechtem Volk bevölkert, mit Allegorien (der *Veritas* und *Clio*) und zahlreichen sich tummelnden Putten (nackte Engelchen), sondern mit veritablem Männervolk, das den Souverän verkörpert, auf der einen Seite in seiner zivilen Variante mit Wirtschaftsprodukten (neben der Milch jetzt auch Textilwaren), auf der anderen Seite in der wehrhaften Variante. Beide Seiten sind bewegt, das heisst beseelt von der gemeinsamen Nationalidee. Ein Maximum an Bewegtheit drücken die Bilder zum Neuenburg-Konflikt von 1846 aus. Hier wird die aufgebrachte und aufbrechende Schar der Männer von einer modernen Jeanne d'Arc im Stile von Delacroix' «Liberté guidant le peuple» angeführt beziehungsweise animiert.[11]

Das entsprechende Blatt zum Bundesvertrag von 1815 kam ebenfalls noch ohne Volk aus, da thronte Helvetia im Wolkenhimmel, umgeben von den Nationalheiligen

8 Nebelspalter 34 vom 20. August 1910 (vgl. Abb. in diesem Band).
9 Bundesverfassung der Schweizerischen Eidgenossenschaft. 1848 (C. Studer, Winterthur, Schweiz. Landesbibliothek, Bern).
10 Beat Fidel Anton von Zurlauben, Tableaux topographiques. 1780, mit Titelblatt von J. M. Moreau. Vgl. Kreis 1991, S. 86.
11 Kreis 1991, S. 96ff.

Winkelried und Tell. Nach 1848 verschwand das Volk wieder, machte den Kindern Platz, welche die oft untereinander streitenden Kantone repräsentierten.

Helvetia mit und ohne Volk – ähnliche Phasenwechsel kann man bei den Rütli-Darstellungen beobachten: Lange Zeit beschränkten sie sich auf das allegorische, beinahe heraldische Trio der drei Urschweizer, 1830 brachte Martin Disteli auch das Volk ins Bild, das heisst die nach der Überlieferung längst bekannten, von jedem Führer mitgebrachten 30 Gefolgsleute, später konzentrierten sich die Darstellungen wieder vermehrt auf die inzwischen zu einem Symbolkern aufgeladenen Schwurhelden.

Die herrschende Helvetia: Beinahe selbstverständlich wurden die ersten Einheitsmünzen 1851 und die ersten figürlichen Einheitsmarken 1854 mit dem Helvetia-Motiv ausgestattet; beidemal mit thronenden Figuren, im Falle der Münze die Figur selber mit halb gebieterischer, halb segnender Geste, sitzend aber auf einem heute etwas sonderbar anmutenden, aus dem 18. Jahrhundert übernommenen Sitz, nämlich einem Pflug. Sosehr die Promotoren des jungen Staates mit der Massenverbreitung dieser Figur die Bundesstaatsidee propagieren wollten und die Grundidee wohl weitgehend akzeptiert wurde[12], die Ausführung selber provozierte manche Kritik, speziell beim Münzbild, und zeitigte bemerkenswert unbefangene Kommentare über die zuweilen als komisch empfundenen Erscheinungen der neuen Landesmutter.[13]

Die Wachsame

Die Herrscherin war zugleich Wächterin, anfänglich möglicherweise mehr Wächterin gegen aussen, später aber auch mehr und mehr gegen innen. Eine Darstellung aus dem Jahr 1848 zeigte das Innen und Aussen allerdings in gefährlicher Interaktion: einen Jesuiten und einen Politiker (wahrscheinlich Konstantin Siegwart-Müller), die den als Löwen dargestellten österreichischen Nachbarn gegen die Schweiz aufhetzen.[14] Helvetia thront unerreichbar auf dem Bergesgipfel und ist mit Schild und Liktorenbündel ausgerüstet, Schutz und Beschütztes in einem. In einer anderen Darstellung aus dem Jahr 1853 erscheint das Ausland wesentlich gefährlicher, weil das eigene Land jetzt von mehreren Mächten des konservativen Europa bedrängt wird; die Situation selber ist aber nicht gefährlicher, weil die Helvetia, die unter dem Schweizerkreuz wie unter einem guten Stern steht, als Landesmutter für die nötige Sicherheit der Kinder bürgt.[15]

12 Die Massenverbreitung wurde gegen Ende des 19. Jahrhunderts zu einem Selbstläufer in Form der Postkarte, mit einer typischen Wechselwirkung von Kundenbedürfnis und Kommerzangebot. Vgl. die im Januar 1997 eröffnete Ausstellung des Bernischen Historischen Museums «Helvetia. Patriotische Ansichtskarten zwischen 1900 und 1920».

13 Kreis 1991, S. 41, 128ff.

14 Postheiri 20, 1848 (Kreis 1991, S. 120).

15 «Der geneigte Leser wird ersucht, selber herauszubringen, was dieses Bild darstelle.» In: Postheiri 7, 1853 (Kreis 1991, S. 157).

Die Trauernde

Es erstaunt nicht, dass es neben der häufigeren Triumphvariante in selteneren Fällen auch Trauervarianten gibt, insbesondere im Zusammenhang mit dem Ableben von Nationalhelden. Dem majestätischen Grundcharakter der Figur entsprechend, ist Helvetia in der Regel allerdings mehr Tröstende denn Trauernde. Ein früher Beleg einer am Grab eines grossen Dichters trauernden Helvetia aus dem Jahr 1778 ist darum von besonderem Interesse, weil zur Darstellung innerhalb des antikisierenden Musters (mit der über das Haupt gezogenen Toga) ein im 19. Jahrhundert dann sehr oft verwendeter und die nationalstaatliche Dimension der Figur veranschaulichender Wappengurt eingesetzt wird.[16]

Die Lächerliche

Insofern als man unter Karikatur eine Darstellung mit einer distanzierten Bezugnahme und einer kritischen, den Sachverhalt verschärfenden Optik verstehen kann, dürfte es sich bei der Zeichnung von 1847 um eine der frühesten Helvetia-Karikaturen handeln.[17] Andere Darstellungen aus der gleichen Zeit, etwa diejenige von 1855 zur hemmungslosen Missachtung des Verbotes der Söldnerwerbung[18], lassen die Vermutung aufkommen, dass die Helvetia in den ersten Jahren des Bundesstaates noch nicht mit dem Tabu einer zivilreligiösen Sakralfigur ausgestattet ist. Die lächerlichen Darstellungen werden dann allerdings schnell zurückgehen und erst wieder gegen Ende des Jahrhunderts erneut häufiger auftreten.

Heute ist die Karikatur die häufigste Art der Helvetia-Darstellungen. Dies schliesst aber nicht aus, dass sie immer wieder auch in durchaus positiver, eine direkte und starke Identifikation anstrebender Weise reproduziert wird. Die Helvetia hat, wie gesagt, keinen eigenen Inhalt, sie ist immer nur das, was man aus ihr macht. Was einigermassen gegeben ist, das sind die Formen, die Attribute, die einzelnen Elemente einer Bildsprache, mit denen in variierender Kombination nach Bedarf, Wille und Können ein Ausdruck geschaffen wird.

16 Titelblatt zu einer Elegie auf Albrecht von Haller. Bern 1778 (Beleg von Angela Stercken).
17 Anm. 7.
18 Postheiri Nr. 28, 1855 (Kreis, 1991, S. 136).

Nachtrag von 2003: Inzwischen zum Thema erschienen: Thomas Maissen, Von wackeren alten Eidgenossen und souveränen Jungfrauen. Zu Datierung und Deutung der frühesten «Helvetia»-Darstellungen. In: Zeitschrift für schweizerische Archäologie und Kunstgeschichte (ZAK) 56 (1999), S. 265–302. Ders., Die Schöpfung der Helvetia in der bildenden Kunst und in der Dichtung. In: Stefan Hess/Thomas Lochmann (Hrsg.), Basilea. Ein Beispiel städtischer Repräsentation in weiblicher Gestalt. Basel 2001, S. 84–101.

1948: Die Verfassung wird in der weltlichen Prozession im Bundesbern wie eine alttestamentliche Bundeslade mitgetragen (Berner Woche Nr. 26 vom 25. Juni 1948). 1936 gab es anlässlich der Einweihung des Bundesbriefarchivs die gleiche Inszenierung mit alteidgenössischen Kriegern und mit dem Bundesbrief in Schwyz (Staatsarchiv Schwyz).

Das Verfassungsjubiläum von 1948

1941 hatte man mit Bezug auf den alteidgenössischen Bundesbrief das 650jährige Bestehen der Eidgenossenschaft gefeiert. 1948 bot sich Gelegenheit, eine analoge Feier zum 100jährigen Bestehen der modernen Schweiz zu begehen. Die beiden Gedenkanlässe hätten, ihren unterschiedlichen Bezugspunkten entsprechend, in unterschiedlicher Weise begangen werden können und wiesen denn auch gewisse Eigenheiten auf. Andererseits erstaunt es nicht, wenn wir auch beträchtliche Gemeinsamkeiten feststellen und insbesondere bemerken, dass der alteidgenössische Bezugspunkt von 1291 auch im Jubiläum zu 1848 eine wichtige Position einnimmt. Dies erklärt sich aber nicht einzig aus der Tatsache, dass die 1941 unter speziell berührenden Umständen durchgeführten Feiern zum alteidgenössischen «Ursprung der Nation» noch in lebhafter Erinnerung waren. Die Dominanz von 1291 erklärt sich insbesondere aus der archaischen Qualität des Bezugspunktes und aus der Tatsache, dass sich die 1848er nicht wie etwa in Frankreich die 1789er zum Anfang einer neuen Ära gemacht, sondern sich bewusst in eine grosse Kontinuitätslinie gestellt haben.

Die 1848er haben keinen neuen Gründungsmythos geschaffen und verständlicherweise nicht «1848» zu ihrem historischen Bezugspunkt machen können. Auch sie haben sich zur Legitimierung ihres eigenen Gründungsprojekts auf die Imagerie der Welt von «1291» oder «1307» gestützt und so dazu beigetragen, dass noch heute der alteidgenössische Bezugspunkt wichtiger ist und 1991 mit mehr Verve gefeiert wurde als 1998. In Verlängerung der alteidgenössischen Heldenmythen, die im übrigen auch von den aufklärerischen Helvetikern kultiviert worden waren, betrieb und begünstigte auch die Gründungsgeneration von 1848 den auf die alteidgenössische Frühzeit bezogenen Erinnerungskult. Beinahe einem rationalen Kalkül entsprechend, stellten sie sich in die ganz grosse Tradition und schufen sich auf der emotionalen Ebene zugleich ein verankerndes Gegengewicht zu ihren modernisierenden Ambitionen. In einer einfachen Unterscheidung könnte man sagen, dass mit dem 1291er Jubiläum eher das Herz, beim 1848er Jubiläum eher der Kopf angesprochen wurde.

Mit der Jubiläumsfeier von 1941 wurde eine 1891 begründete Tradition fortgeführt. 1948 dagegen konnte kein älteres Jubiläum neu aufgelegt werden. Die auf den modernen Ursprung bezogenen Vergegenwärtigungsbemühungen schufen zudem keine grundsätzlich neue, eigene Festkultur. Gewiss, es gab etwas weniger Hellebarden und Hirtenhemden, etwas mehr Soldatenuniformen aus dem 19. Jahrhundert. Das Rütli kam jetzt als Austragungsort nicht in Frage[1], jetzt konnte die Berner Bundeshauptstadt den Genius loci mit gutem Grund für sich in Anspruch nehmen. Wohl neu und entsprechend originell war die Ehrung von 13 Bürgerinnen und Bürgern, die mindestens so alt waren wie die Bundesverfassung.[2] Hingegen spielten wiederum die grossen eidgenössischen Vereine, insbesondere der Sängerverein, eine tragende Rolle, wiederum gab es ein Festspiel und einen Festumzug nach den Grundmustern der Zentenarkultur, wie sie im 19. Jahrhundert entwickelt worden war. Neu war hingegen, dass ein mit öffentlichen Geldern geförderter Film zum Verfassungsjubiläum produziert wurde.[3]

1898 war «1848» in mehrfacher Hinsicht zuwenig historisch. Zwar wäre im zentenarfreudigen Klima des Fin de siècle nichts näherliegend gewesen, als dass man 1898 mit einer grossen Feier auch das 50jährige Jubiläum begangen hätte. 1898 fanden wohl gewisse Feierlichkeiten statt, sie waren aber kaum von grösserer Ausstrahlung. Die Bundesversammlung führte eine ausserordentliche Sitzung[4] durch, und Bern gedachte mit lokalpatriotischem Stolz seiner Ernennung zur Bundeshauptstadt.

Bern spielte immer wieder eine ganz entscheidende Rolle: Etwas zugespitzt könnte man sagen, dass es ohne Berns Initiative kein «1891» gegeben hätte[5]; dass es Bern zu verdanken ist, dass «1898» wenigstens zu einem kleinen Evenement wurde und dass die Verfassungsfeier von 1948, wie wir noch sehen werden, im Grund auch nur ein Element war, das in ein grösseres Berner Fest «eingebettet» worden war.

Ganz kurz zu 1898: Der Berner Gemeinderat wandte sich im September 1898 an den Bundespräsidenten, um ihm ein bereits weitgehend festgelegtes Programm mitzuteilen, den Bundesrat zur Teilnahme einzuladen und die Terminfrage zu klären.[6] Beabsichtigt sei eine «würdige Feier der Gründung des neuen Bundes und der Wahl der Stadt Bern als Bundesstadt». Richtigerweise, das heisst der Motiv- und Interessenpriorität entsprechend, hätten die Zweckbestimmungen eigentlich in umgekehrter Reihenfolge genannt werden müssen: zuerst das Stadtfest und dann das Bundesfest. Zum Vormittagsprogramm heisst es:

1 Der Schweizerische Vaterländische Verband, der seit 1937 auf dem Rütli jeweils öffentliche 1.-August-Feiern durchführte, setzte sich am 26. Mai 1948 mit Bundesrat Etter in Verbindung und fragte an, ob der Bund nicht «zufolge des Jubiläums der Bundesverfassung von 1848» wie 1941 auf dem Rütli eine offizielle Feier durchführen wolle. Etter bemerkte, dass der Bundesrat diese Absicht nicht habe (BAr: 3003 [B] 2 Bd. 99).

2 BAr: 3003 (B) 2 Bd. 98.

3 Der von der Gloria-Film produzierte und vom Bund mit 60 000 Fr. subventionierte Film «Hundert Jahre Bundesstaat» hatte am 22. Dezember 1948 in Bern im Beisein von sechs Bundesräten und General Guisan Premiere und wurde von der Presse mit sehr unterschiedlichen Urteilen bedacht. Vgl. auch unten Anm. 12.

4 Ausserordentliche Sitzung der Bundesversammlung (BAr: E 4/257).

5 1891 wollte man «1291» zunächst in Bern begehen, musste dann aber das Jubiläum an die Innerschweiz abtreten. Vgl. Georg Kreis, Der Mythos von 1291. Zur Entstehung des schweizerischen Nationalfeiertags. Basel 1991; sowie den Beitrag in diesem Band.

6 Der Berner Stadtpräsident an den Bundespräsidenten, 16. September 1898, Bundesratsbeschluss vom 20. September 1898 (BAr: E 4/257). Die Hinweise auf die Vorgänge von 1898 verdanke ich Daniel Bourgeois.

«Vor allem möchten wir eine Feier für alle unsere städtischen Schulen, um der heranwachsenden Jugend die hohe Bedeutung der Ereignisse von 1848 in Geist und Seele möglichst tief einzuprägen. Wir nehmen hiefür die Kirchen in Aussicht mit Gesangvorträgen der Schüler selbst als Einrahmung eines geschichtlichen Rückblickes mit einer möglichst lebendigen Schilderung der Ereignisse von 1848 und der durch dieses Ringen um ein höheres politisches Ideal erzielten neuen Gestaltung unserer vaterländischen Institutionen.»

Am Nachmittag war ein Bankett der städtischen, kantonalen und eidgenössischen Behörden vorgesehen und am Abend ein Volksfest mit Fackelumzug und bengalischer Stadtbeleuchtung. Als Termin wurde der schliesslich auch so festgelegte Donnerstag, 27. Oktober 1898, vorgeschlagen. Am Montag zuvor würden die städtischen Schulen ihren Unterricht wieder aufnehmen. «Drei Tage, um die durch die Schüler vorzutragenden Lieder zu üben, sind nicht zuviel.» Auch in der Frage, ob dieser Tag ein arbeitsfreier Feiertag sein soll, ging Bern voran: Das Berner Bundesfeier-Komitee (nicht Verfassungsfeier-Komitee!) teilte dem Bundesrat mit, dass die Schulen den ganzen Tag und die kantonale Verwaltung einen halben Tag frei erhalten habe, und regte an, man solle für die Bundesverwaltung eine analoge Lösung finden, um ebenfalls etwas dazu beizutragen, dass «in der Bevölkerung eine der Bedeutung der Feier entsprechende Stimmung auch wirklich zur Geltung» komme.[7]

Das Programm wurde wie vorgesehen durchgeführt, es fand wahrscheinlich nur einen bescheidenen Niederschlag in der Presse; Bundespräsident Rüffy verglich, wie man einer kurzen Notiz der *Neuen Zürcher Zeitung* entnehmen konnte, in seiner Bankettrede die beiden Jahrhunderthälften zwischen 1798 und 1848 und 1898 und qualifizierte die eine als stürmisch und bewegt und die andere als Friedenswerk und im Zeichen des Staatsausbaus stehend.[8] Offenbar dominierte 1898 im offiziellen Milieu der Konsensdiskurs, die Beziehungen zwischen den Nachfahren der Konfliktparteien von 1847/48 könnten damals sogar besser gewesen sein als 50 Jahre später.

Die Bezugsdaten 1291 und 1848 unterschieden sich in einem ganz wesentlichen Punkt: 1291 konnte völlig unproblematisch als Datum der Einheit gefeiert werden,

7 Bundesfeier-Komitee an Bundesrat, 17. Oktober 1898; Bundesratsbeschluss vom 19. Oktober 1898 im Sinne der Anregung (BAr: E 4/257).

8 Neue Zürcher Zeitung Nr. 299 vom 28. Oktober 1898. – In den Tagen um den 12. September 1898 finden sich in der NZZ keine Hinweise auf eine 50-Jahr-Feier. Dagegen findet man als Kombination von zentenarem und jahrzeitlichem Denken einen sechsteiligen Beitrag über die «Nidwaldner Septembertage» (Nr. 251–256 vom 10.–15. September 1898). Die NZZ veröffentlichte auch einen grossen dreiteiligen Beitrag «Vom Staatenbund zum Bundesstaat». Diese Artikel erschienen aber in der Zeit um den 1. August (der damals allerdings noch nicht regelmässig gefeiert wurde). Einleitend heisst es in diesem Text, es seien in diesen Tagen 50 Jahre her, seit die Arbeiten für die 1848er Verfassung zu Ende geführt worden seien. Der Verfasser wollte aus «patriotischer Pflicht» jene «hervorragende Epoche unserer vaterländischen Geschichte» nachzeichnen und verwies auf die 1891 (!) erschienene Schrift von Carl Hilty, Die Bundesverfassungen der schweizerischen Eidgenossenschaft (NZZ Nr. 209, 210 und 213 vom 30. und 31. Juli und 3. August 1898).

weil dieser Zusammenschluss nicht mit einer Ausgrenzung anderer und einer Repression innerer Gegnerschaft verbunden war. Problematisch hätte bloss die Tatsache sein können, dass dieser historische Bezugspunkt zunächst nur ein deutschschweizerischer war. Die französische und die italienische, aber auch die rätoromanische Schweiz hatte aber nie ein Problem damit. Ganz im Gegenteil, die Rezeption beziehungsweise Präsenz des Urschweizer Mythos war in diesen Landesteilen sogar kräftiger als in der deutschen Schweiz.[9]

1848 dagegen ist an sich kein Datum der Einheitsstiftung, sondern das Datum eines Sieges beziehungsweise einer Niederlage nach einem Bürgerkrieg, und es ist insofern ein Parteidatum, als eine politische Gruppierung den Status einer Gründungspartei für sich in Anspruch nehmen konnte. Das Hauptinteresse einer historischen Analyse des Jubiläums von 1948 dürfte sich demnach auf die Frage konzentrieren, welche Haltung die verschiedenen politischen Kräfte zu diesem Jubiläum und zu seinem Gegenstand – der Bundesverfassung – eingenommen haben. Die Frage also, inwiefern William Rappard mit seiner Aussage von 1848 recht hatte:

«Die Einigung ist so vollständig gelungen, dass es uns Schweizern von heute schwer fällt zu verstehen, dass wir die Nachkommen von ehemals feindlichen Brüdern sind. Und wir können es fast nicht mehr glauben, dass unsere Grossväter 1847 in Waffen gegeneinander angetreten sind.»[10]

1948 gab es beides zugleich, den parteipolitisch geprägten Diskurs wie auch den nationalen Diskurs. Letzterer dürfte sogar dominiert haben (etwa in den offiziellen

9 Georg Kreis, Die besseren Patrioten. Nationale Idee und regionale Identität in der französischen Schweiz vor 1914. In: Auf dem Weg zu einer schweizerischen Identität 1848–1914. Hrsg. v. François de Capitani und Georg Germann. Freiburg 1985. S. 55–83.

10 Deutsche Ausgabe (vgl. unten), S. 431. Der Historiker Rappard, vom Dez. 1943 bis Dez. 1944 auch Nationalrat des Landesrings der Unabhängigen (LdU), war 1946 auf Veranlassung von Bundesrat Philipp Etter (KK) von Pro Helvetia-Präsident Paul Lachenal (FDP) beauftragt worden, auf das Jubiläum von 1948 eine moderne Verfassungsgeschichte zu schreiben. Das Buch wurde aus dem Prägegewinn des Verfassungstalers subventioniert, an alle Teilnehmer der Verfassungsfeier, an alle Kantonsregierungen und die schweizerischen Gesandtschaften im Ausland abgegeben. Vgl. Bundesratsbeschlüsse vom 2. März und 25. Mai 1948. Weitere Korrespondenz dazu im BAr 3001 (B) 2 Bd. 99. Das Ergebnis: William E. Rappard, La constitution fédérale de la Suisse 1848–1948: ses origines, son élaboration, son évolution. Budry 1948. / Die Bundesverfassung der Schweizerischen Eidgenossenschaft 1848–1948. Zürich 1948. – Der nachfolgende Aufsatz beschränkt sich auf die Zeitungspublizistik und einige kleinere Druckschriften und sieht bewusst davon ab, auch die zum Anlass erschienenen grösseren Publikationen einzubeziehen und zu analysieren. Immerhin sei hier auf Edgar Bonjours Jubiläumsbeitrag verwiesen: Die Grundzüge des Schweizerischen Bundesstaates. Basel 1948. Im weiteren auf das von der Stiftung Schweizerhilfe herausgegebene, als Gabe für die Schweizerjugend bestimmte und als «äusserst gediegen» gewürdigte Büchlein «Vom Bundesbrief zur Bundesverfassung» von Ulrich Im Hof. Ferner auf das Jubiläumswerk: Schweizerische Demokratie. 1848–1948. Das Jubiläumswerk zum hundertjährigen Bestehen des eidgenössischen Bundesstaates. Beiträge von prominenten Persönlichkeiten der Politik, Wirtschaft, Wissenschaft, Kunst und Armee. Redaktion Arnold H. Schwengeler. Murten 1948 (mit Beiträgen u.a. der Bundesräte Celio, Etter, Petitpierre, Nobs, von General Guisan und alt Bundesrat Minger, aber auch – als einziger Frau – von Ida Somazzi zur Frage der politischen Gleichberechtigung).

Reden vom 20. Juni 1948 in Bern, insbesondere derjenigen des Ständeratspräsidenten Andreas Iten, vgl. unten), doch kamen, dem Anlass entsprechend, manche parteipolitische Bemerkungen in der Gestalt der nationalen Besorgtheit daher. Die Aufforderung, sich anlässlich dieses Jubiläums daran zu erinnern, «dass unsere vornehmste Aufgabe darin besteht, ohne Ansehung von Parteizugehörigkeit und Konfession das Gemeinwohl von Volk und Heimat zu wahren und zu fördern», hätte aus jeder Parteiposition verkündet werden können, sie passte aber besonders gut ins Mittelfeld der bürgerlichen Parteien.[11]

Die Austragung konfessioneller Differenzen war 1948 im Vergleich mit den Diskursen von 1998 noch bemerkenswert stark, sie blieb aber doch weit hinter den damaligen Markierungen der parteipolitischen Unterschiede zurück. Insbesondere dem offiziellen Jubiläumsfilm wurde von protestantischer und laizistischer Seite vorgeworfen, zu sehr auf die katholische Welt ausgerichtet zu sein.[12] Umgekehrt wurde auf katholischer Seite, allerdings in zurückhaltender Formulierung, angetönt, die bessere Religiosität zu haben. Zudem wurde mit deutlichen Worten das Fortbestehen der konfessionellen Ausnahmeartikel beanstandet. Trotzdem war es offenbar problemlos möglich, eine gemeinsame Feier mit religiösem Charakter im Berner Münster abzuhalten.[13]

Ebenfalls von Interesse ist die Frage, wie sich das Jubiläum im zeitgenössischen Kontext situierte, welche Funktion es in der damaligen Zeit hatte. Wenn man weiss, dass in unserem Jahr die Koinzidenz von 1848 mit dem vorangegangenen 1798 ein Thema ist, wird man sich im weiteren fragen, ob und wie vor 50 Jahren auch der Helvetischen Revolution gedacht worden sei. Das heute insbesondere von den Alleingangbefürwortern hochgespielte Jubiläumsdatum von 1648 spielte 1948 auf gesamtschweizerischer Ebene offenbar keine Rolle.[14] Die folgenden Ausführungen ver-

11 Regierungs- bzw. Standespräsident Meuli-Mini (Dem., heute SVP) an der Bündner Verfassungsfeier, Neue Bündner Zeitung vom 24. November 1948.

12 Die Basler Nachrichten würdigten den Film als gelungen, Sinn und Gehalt von Verfassung und Staat seien an sich ja ein trockenes Thema (Nr. 547 vom 23. Dezember 1948). Die National-Zeitung meldete grössere Vorbehalte an und beanstandete insbesondere, dass das Universitätswesen nur am Beispiel Freiburgs gezeigt werde, wo ein bekannter katholischer Jurist Nonnen und Studenten eine Vorlesung über Föderalismus halte (Nr. 596 vom 23. Dezember 1948). Die Neue Berner Zeitung kritisierte: «Wenn im Bilde der Riten katholischer Kantone gedacht wird, so wäre es ein Gebot eidgenössischen Brudersinns gewesen, auch die evangelischen gebührend dabei zu würdigen» (Nr. 354 vom 24. Dezember 1948). Der Vorwurf der konfessionellen Einseitigkeit wurde mehrfach erhoben. Das von Siegfried Frey (vgl. unten Anm. 19) präsidierte Initiativkomitee sah sich veranlasst, eine Erklärung abzugeben, dass alle Komitee-Mitglieder und alle Mitwirkenden der Produktionsgesellschaft Protestanten seien. Dem Oltener Tagblatt schrieb das Komitee am 24. Dezember 1948, die Schlussszene mit dem Schwur sei lediglich ohne konfessionelle Absicht nur symbolisch zur Erinnerung an den Schwur von 1291 gemeint gewesen. Weitere Materialien zum Film vgl. BAr 3001 (B) 2 Bd. 75.

13 Vgl. unten bei Anm. 85.

14 In Basel gedachte die Rebleutenzunft ihres grossen Zunftbruders und veranstaltete ein Wettstein-Festspiel.

suchen, aufgrund von einigen Äusserungen der Presse und des weiteren Schriftguts einen ersten Überblick über den parteipolitischen Jubiläumsdiskurs von 1948 zu geben und festzustellen, inwiefern innerhalb der gesamteidgenössischen Concordia doch eine parteipolitische Discordia recht eigentlich kultiviert wurde.[15]

Der freisinnige Jubiläumsdiskurs

Freisinnige Redner betonten aus naheliegenden Gründen besonders gerne, dass das Werk der freisinnigen Vorfahren mittlerweile «grösste» und «ungeteilte» Anerkennung gefunden habe. Sie werteten dies als Bestätigung der politischen Weisheit ihrer Vorväter und damit indirekt auch der eigenen Position. Im allgemeinen übte der freisinnige Diskurs jedoch grosse Zurückhaltung im Hervorheben des parteipolitischen Gesichtspunktes.[16] Eine Parteischrift der FDP hob im Gegenteil hervor, wie sehr es gelungen sei, die früheren Gegner in den neuen Staat zu integrieren. Alle drei Präsidenten, die in der offiziellen Verfassungsfeier den Staat repräsentierten, seien Nachfahren der im Jahre 1848 Unterlegenen gewesen: der katholisch-konservative Bundespräsident Enrico Celio, der katholisch-konservative Ständeratspräsident Alphons Iten und der protestantisch-konservative Nationalratspräsident Albert Picot (dessen «Partei» 1847/48 die Rolle einer dritten Kraft spielte).[17]

Bundesrat Rodolphe Rubattel würdigte in der Bundesverfassungsfeier des St. Galler Freisinns die Bundesverfassung von 1848 als ein Produkt der Toleranz, der Mässigung und des Weitblicks und betonte, dass diese ausserordentlichen Werte nie hoch genug geschätzt werden könnten.[18] Auch Siegfried Frey, Direktor der Schweizerischen Depeschenagentur und von der FDP mit dem Abfassen einer Jubiläumsschrift betraut, rühmte die «gereifte Einsicht», die «grosse Mässigung», den «Geist des Ausgleichs» und betonte, dass diese Haltung um so bemerkenswerter sei, als diese Männer in den Jahren zuvor mehrheitlich in einem bitteren Ringen gestanden hätten.[19]

15 Die Abklärungen beschränken sich auf die drei grossen Bundesratsparteien, die wegen der erhöhten Aufmerksamkeit für Positionen extremer Kleingruppen gerne übersehen werden. Von besonderem Interesse wäre allerdings die Haltung der PdA. – Die Ausführungen beruhen zu einem grösseren Teil auf einer von Patrick Eichenberger zusammengestellten Pressedokumentation. Sie profitieren im weiteren von einer von Claude Spiller, Basel, verfassten Seminararbeit, die in überarbeiteter Form in der Schweizerischen Zeitschrift für Geschichte 4, 1998, erscheinen wird.

16 Das ist offenbar auch Marcel Beck aufgefallen. In seinem bekannten ersten Angriff von 1951 auf die schweizerische Mythenwelt erklärt er die beobachtete Vorsicht und Rücksicht der Nachfahren des einstigen liberalen Radikalismus vor allem mit den vielen liberal-katholisch zusammengesetzten kantonalen Regierungsmehrheiten. Vgl. Der Mythos der Schweiz im Schatten zweier Kriege. In: Gymnasium Helveticum 5, H. 4, Oktober 1951. S. 166–177.

17 Vgl. unten bei Anm. 88.

18 St. Galler Tagblatt Nr. 101 vom 1. März 1948.

19 Siegfried Frey, Hundert Jahre schweizerische Eidgenossenschaft. Ein Abriss der schweizerischen Verfassungsgeschichte. Solothurn 1948. Frey sprach auch an der Verfassungsfeier des Zürcher Freisinns, vgl. NZZ Nr. 710 und 714 vom 5. April 1948.

Ernst Schürch, ehemaliger Chefredaktor des *Bunds,* schlug ähnliche Töne an, pries die «sehr starke Zurückhaltung im Ausnützen des Sieges» und die «weise Selbstüberwindung nach dem Sieg».[20]

Einen schärferen Ton schlug *NZZ*-Chefredaktor Willy Bretscher an, diese Akzentuierung fand aber nicht im Rahmen einer Jubiläumsfeier, sondern eines im luzernischen Kampfgebiet durchgeführten Parteitages gegen Ende des Jubiläumsjahres statt. Zum Anlass schreibt Eugen Dietschi in seiner Geschichte der FDP nicht ohne Stolz, dass sich 15 000 freisinnige Männer zum Jubiläumsumzug zusammengefunden hätten, in dem der Arbeiter mit dem Bauern, dem Angestellten und dem Arbeitgeber Schulter an Schulter marschiert sei, und bemerkt, dass wohl selten zuvor der Begriff Freisinnig-demokratische Volkspartei in so augenfälliger Weise dokumentiert worden sei. Zugleich muss aber auch festgestellt werden, dass dieser Umzug in Luzern durchgeführt und sogar die historische Freischarenfahne mitgeführt wurde.[21]

Bretscher erinnerte in seinem Parteitagsreferat daran, dass der Freisinn die jetzt vielgepriesene Staatsordnung geschaffen und der Freisinn darum auch jetzt noch eine wichtige Rolle als «staatstragende» Partei zu spielen habe. «Ein grosser politischer Denker hat gesagt, dass ein Staat nur durch die Kraft erhalten werden könne, die ihn geschaffen habe.» Er warnte vor der Illusion zu glauben, dass die Grundsätze von 1848 jetzt und für immer anerkannt und gesichert seien. Zur Sicherung der liberalen Ordnung brauche es noch immer eine liberale Partei: «Hüterin und Garantin einer liberalen Verfassung kann nur eine liberale Partei sein, die mit dem Wesen und Sinn des auf dieser Verfassung ruhenden Staates verwachsen ist.» Bretscher sprach denn auch in Richtung der beiden grossen Konkurrenzparteien wesentliche Vorbehalte aus: Den Katholisch-Konservativen warf er vor, sie profitierten von der liberalen Ordnung, könnten aber nicht über den Schatten ihrer prinzipiell antiliberalen Staats- und Gesellschaftslehre springen; und den Sozialdemokraten machte er den Vorwurf, durch ihre planwirtschaftlichen Bestrebungen die politische Freiheit des Bürgers zu gefährden. Bretscher rief im übrigen warnend in Erinnerung, dass 1948 noch eines weiteren «Jubiläums» zu gedenken sei, nämlich desjenigen des 30 Jahre zuvor die Schweiz erschütternden Landesstreiks.[22]

Aus den leiseren Tönen der bundesrätlichen Ausführungen konnte man ebenfalls abgrenzende Formulierungen heraushören. Rubattel bemerkte, man habe immer wieder versucht, der Entwicklung Gewalt anzutun und «fremde Ideologien» in «unsere Verfassung» einzuführen. Damit konnten ständestaatliche Konzepte der katholisch-

20 Ernst Schürch, Der neue Schweizerbund. In: Schweizerische Lehrerzeitung Nr. 24 vom 18. Juni 1948. S. 477–482.

21 Eugen Dietschi, 60 Jahre eidgenössische Politik. Ein Beitrag zur Parteigeschichte des schweizerischen Freisinns. Bern/Olten 1979. S. 229ff. Die FDP gedachte bereits am 12. Oktober 1947 an ihrem ausserordentlichen Parteitag in Zürich mit einem Vortrag des ehem. Chefredaktors des *Bunds,* Ernst Schürch, des Jubiläums.

22 Willy Bretscher, Liberale Gedanken. Referat am Parteitag der Luzerner Liberalen. Spannungsfeld Kalter Krieg. Zürich 1991. S. 60–66. – Vgl. auch Katharina Bretscher-Spindler, Vom heissen zum Kalten Krieg. Vorgeschichte und Geschichte der Schweiz im Kalten Krieg 1943–1968. Zürich 1997.

konservativen Seite, aber vor allem etatistische Vorlagen der sozialdemokratischen Seite gemeint sein. Zur grossen Entwicklung und zur Anpassung der Verfassungsordnung an diese Entwicklung (eine Anpassung, die sich als Verdienst vor allem die Sozialdemokraten gutschreiben wollten) vermittelte der freisinnige Bundesrat das Bild einer natürlichen, organischen, nach der freisinnigen Initialzündung sozusagen von alleine voranschreitenden Entwicklung. Er sprach einerseits vom gleichgebliebenen Grundriss beziehungsweise von den «Grundfesten» und andererseits von Änderungen, die eintreten, wenn ein Bauernhof von einer Generation in eine andere übergehe. Nur völlig selbstgesteuert wollte er diesen Prozess aber auch nicht verstehen, er deutete die jeweiligen Reformen doch als Resultat «reiflicher Überlegung» und politischer Tatkraft. Mit alt Bundesrat Walther Stampfli stand ihm dafür ein ideales Exemplum zur Verfügung, konnte er doch das 1947 endlich auch gesetzlich geregelte AHV-Obligatorium als sein Werk präsentieren.[23] Beharren und Wandel – aus freisinniger Optik schloss sich dies nicht gegenseitig aus und drückte sich in der beispielsweise von Siegfried Frey benutzten Formel der «Kontinuität ohne brüske Wendungen» aus. Es sei allerdings zuzugeben, dass, da alles auf der Welt seinen Preis habe, die evolutionäre Kontinuität mit einer «unverkennbaren» Langsamkeit verbunden sei und dies auch zur Lethargie führen könne.[24] Der emeritierte Zürcher Staatsrechtler Max Huber stimmte in einer Veranstaltung der Neuen Helvetischen Gesellschaft sogar ein Loblied auf den Konservativismus und das zähe Festhalten am Überkommenen an. Diese Eigenschaft führe zwar mitunter dazu, dass Neuerungen im ersten Anlauf misslängen: Dies möge der Politiker bedauern, der Staatsrechtler und der Historiker sehe darin aber nichts Nachteiliges.[25]

Es entspricht Jubiläumsdiskursen, dass sie glauben, um so mehr Anerkennung erheischen zu können, je älter das Bezugsdatum ist. Indessen scheint unabhängig von dieser Tendenz ein zeitbedingter Konservativismus am Werk gewesen zu sein, der sich – wörtlich – damit rühmte, als einziger Staat im ganzen kontinentalen Europa eine vor 100 Jahren geschaffene Ordnung zu haben, eine ruhige Entwicklung erlebt zu haben ohne jede eigentliche Zäsur, ohne die Wellenberge und Wellentäler, wie sie für eine grosse Zahl anderer europäischer Staaten kennzeichnend gewesen seien.[26] Dazu passte die offizielle Botschaft der Basler Regierung: Sie betonte, dass das staatliche Leben der Neuzeit nicht mit einem Sieg auf einem Schlachtfeld oder mit einer Revolution begonnen habe, sondern mit einer geistigen Tat – eben der Verfassungsgebung.[27]

Während die meisten Deklarationen das Bewährungsmoment herausstrichen und sich dabei sehr staatsmännisch gaben, erklangen bei den Basler Radikal-Demokraten, die ebenfalls zur freisinnigen Grossfamilie zu zählen sind, schrillere Töne. Parteipräsident Alfred Schaller nutzte jedoch die Jubiläumsfeier, um indirekt (und unausgespro-

23 St. Galler Tagblatt Nr. 101 vom 1. März 1948.

24 Frey, S. 37ff.

25 Basler Nachrichten Nr. 70 vom 16. Februar 1948.

26 Frey, S. 39.

27 Basler Nachrichten Nr. 234 vom 7. Juni 1948.

chen) auch das von ihm wesentlich mitgetragene Projekt der Jungliberalen Bewegung der Schweiz für eine Totalrevision[28] zu propagieren: Man dürfe nie vergessen, dass die Schaffung der Bundesverfassung von 1848 eine revolutionäre Tat gewesen sei. Neben der Treue zu den Grundprinzipien der Verfassung müssten die heutige Generation und die Generation von morgen die Verfassungsgrundlagen ständig neu gestalten:

> «Unsere Generation zeigt sich des revolutionären Elans, der staatspolitischen Weitsicht und des idealen Glaubens unserer Väter würdig, wenn sie diese Aufgaben der Gegenwart und der Zukunft mit frischem Mut meistert.»[29]

Das Revolutionsjahr von 1798 und die daraus hevorgegangene Helvetik erfuhren im freisinnigen Diskurs in der Regel eine negative Bewertung.[30] So erklärte Siegfried Frey, die Helvetik stelle «nicht die aus eigener Initiative und Kraft gesuchte und gefundene Lösung innenpolitischer Schwierigkeiten» dar und sei der Schweiz von aussen aufgezwungen worden. Im Gegensatz zur Tendenz des katholisch-konservativen Diskurses wurde aber auch die Alte Eidgenossenschaft mit negativen Qualifikationen bedacht: Sie sei ein «innerlich morscher Baum» gewesen und an der «viel zu starren Konservierung von Anschauungen und Grundsätzen» zugrunde gegangen.[31]

1848 hätte als etwas völlig Neues gefeiert werden können. Indessen waren die Freisinnigen 1948 mindestens so sehr wie bereits 100 Jahre zuvor darauf bedacht, die ganz grosse Kontinuität zu betonen und die moderne Schweiz als die natürliche und logische Fortführung der Alten Eidgenossenschaft zu würdigen. Siegfried Frey stellte die innere Verwandtschaft zwischen der alten und der neuen Zeit her, indem er nicht die neue an die alte Zeit heranrückte, sondern umgekehrt die Modernität der Frühzeit betonte. Zunächst räumte er ein: «Auf den ersten Blick erscheint der neue Bundesstaat als Gegensatz zum Bund von 1291.» Dann aber argumentierte er, dass analog zur Abtretung von kantonalen Souveränitätsteilen 1848 an den Bundesstaat schon 1291 ein Verzicht von «völlig talschaftlicher Ungebundenheit» zugunsten der «umfassenderen Genossenschaft» stattgefunden habe. Die liberalen Bundesgründer seien demnach die Fortsetzer der Eidgenossen aus der Gründungszeit.[32]

28 Zur Totalrevisionsbewegung um 1945 vgl. Georg Kreis, Die Lancierung der Totalrevision der Bundesverfassung in den 1960er Jahren. In: Dynamisierung und Umbau. Die Schweiz in den 60er und 70er Jahren. Zürich 1998. S. 22ff.

29 National-Zeitung Nr. 231 vom 24. Mai 1948.

30 Obwohl es beim radikal-demokratischen Adolf Gasser vor allem um das Hochhalten der Idee der Gemeindeautonomie ging, ist seine Helvetik-Kritik doch auch ein Beleg für die freisinnige Distanz zum helvetischen Zentralstaat. Vgl. Adolf Gasser, Irrweg der Helvetik. In: Zeitschrift für Schweizerische Geschichte 27, 1947.

31 Frey, S. 6ff.

32 Frey, S. 41.

Der katholisch-konservative Jubiläumsdiskurs

Im katholisch-konservativen Diskurs[33] dominierten eindeutig die positiven Bewertungen des Bundesstaates und seiner weiteren Entwicklung. Dies war aber nicht zwangsläufig mit einer harmonisierenden oder gar einebnenden Einschätzung der Parteihaltungen verbunden. Es bestand zwar die Tendenz, der Schöpfung von 1848 die Parteietikette zu nehmen. In einer Jubiläumskundgebung der Neuen Helvetischen Gesellschaft beteuerte der Solothurner Peter Jäggi, Ordinarius für Privatrecht an der Universität Freiburg und Sohn eines KK-Nationalrats, die Bundesverfassung sei zwar das Erzeugnis einer einzigen, nämlich der freisinnigen Partei, gewesen, sie habe aber von Parteigeist freigehalten werden können, habe der inneren Verfassung des Schweizervolkes entsprochen und sei deshalb lebensfähig gewesen.[34]

Die positive Bewertung der Bundesverfassung hatte neben der affirmativen zugleich auch eine ausgesprochen kontestative Seite.[35] Der zustimmende Diskurs betonte die Wichtigkeit des Föderalismus und der Wahrung der föderalistischen Struktur und schrieb dies dem Umstand zu, dass die Katholisch-Konservativen treu und kontinuierlich ihr «Wächteramt» wahrgenommen hatten. So pries Bundespräsident Enrico Celio in seiner Luzerner Parteitagsrede neben dem ernsten Willen, der göttlichen Idee zu dienen, den Föderalismus als den zweiten Richtstein der katholisch-konservativen Politik; die Katholisch-Konservativen seien damit die eigentlichen Verteidiger der ethnischen, sprachlichen und konfessionellen Minderheiten des Landes. Parteipräsident Josef Escher, der zwei Jahre später in den Bundesrat gewählt werden sollte, erklärte in der gleichen Jubiläumskundgebung, dass der rein unitarische Staat nur dank des «durch Blut besiegelten Widerstandes der katholischen Kantone» verhindert worden sei, nur deswegen hätten sich die gemässigten Elemente innerhalb der radikalen Bewegung durchsetzen können und sei die Verfassung das Werk politischer Mässigung und grosser Weisheit geworden.[36]

Die *Schweizer Rundschau* hatte schon im Vorjahr zum Sonderbund-Datum eine Sondernummer herausgebracht, in der «1848» positiv bewertet und von «1847» insofern ein halbwegs ausgewogenes Bild gezeichnet wurde, als beide Seiten negative Qualifikationen erhielten: Der konservativen Rechten wurde in einem schonungsvollen Attest «vormärzliche Erstarrung» zugeschrieben, den linken Liberalen, also den Radikalen, in einem schonungslosen (und zu scharfen) Urteil Anarchie, Machtgier und

33 Die damals gültige Parteibezeichnung lautete Schweizerische Konservative Volkspartei. Zum Hintergrund: Urs Altermatt, Die Stimmungslage im politischen Katholizismus der Schweiz von 1945. In: Victor Conzemius, Martin Greschat und Hermann Kocher (Hrsg.), Die Zeit nach 1945 als Thema kirchlicher Zeitgeschichte. Göttingen 1988. Ferner Martin Zenhäuser, Die Schweizerische Konservative Volkspartei in den 1940er Jahren. In: Schweizer Katholizismus im Umbruch 1945–1990. Freiburg 1993.

34 Basler Nachrichten Nr. 70 vom 16. Februar 1948.

35 Claude Spiller (vgl. Anm. 15) spricht von zwei Geschichtserzählungen, einer Leidensgeschichte und einer Emanzipationsgeschichte.

36 Vaterland Nr. 52 vom 2. März 1948. Oder Basler Volksblatt Nr. 51 vom 1. März 1948.

Skrupellosigkeit. Das Produkt von 1848 erhielt in diesem Spannungsfeld eine mittlere Position eingeräumt: «Diese ist, bei allen Mängeln, ein Werk politischer Vernunft, der Mitte und bester demokratischer Instinkte.»[37]

Die kritisch-oppositionelle Dimension in der Rolle der Katholisch-Konservativen kam in der Forderung nach Abschaffung der konfessionellen Ausnahmeartikel (Art. 51/52 BV) zum Ausdruck.[38] Parteipräsident Escher forderte explizit die Ausmerzung dieser ungerechten Bestimmungen. In einer Erklärung aller Parteien zugunsten einer derartigen «Säuberung unseres Staatsgesetzes» hätte er einen Höhepunkt des Jubiläumsjahres und eine Krönung des Zentenariums gesehen. Leonhard Haas sprach ebenfalls sehr entschieden die Erwartung aus, dass die künftige Verfassung diese Bestimmung zum Verschwinden bringen werde.[39] Aber auch der Bundespräsident sprach die Überzeugung aus, dass diese Bestimmungen «eines Tages, der nicht mehr fern ist, von selbst dahinfallen» werde.[40]

Die Haltung gegenüber den eigenen Vorläufern, also den Katholisch-Konservativen von 1847/48, war gekennzeichnet durch Respekt in Verbindung mit ein klein wenig Distanziertheit. Letzteres kam in der Bemerkung zum Ausdruck, dass die für die Ideale der Partei streitenden Vorkämpfer mitunter geirrt und in den Mitteln nicht immer das Richtige getroffen hätten. Das Wichtige sei aber gewesen: ihre Lauterkeit und ihr Patriotismus. Dann die Energie derjenigen, die nach 1847, ohne den Kopf zu verlieren, die Partei dahin geführt hätten, wo sie heute stehe.[41] Leonhard Haas, damals Adjunkt des Bundesarchivars, legte Wert darauf zu unterscheiden, was mit 1848 auf der Strecke blieb und was weiterhin Gültigkeit beanspruchen könne: Untergegangen sei die «romantische» Staatsauffassung einer strikten konfessionellen Zweiteilung der Schweiz, die konservative Staatskonzeption als solche habe aber keine schwerwiegende Einbusse erlitten. Zum einen seien die liberal-radikalen Machthaber, wenn sie erfolgreich sein wollten, gezwungen gewesen, altkonservative Grundsätze der Staatsverwaltung, etwa denjenigen der Sparsamkeit, anzuwenden. Zum anderen habe sich trotz der Niederlage des Sonderbundes der «unserer Art inhärente Konservativismus» durchgesetzt.[42]

37 Siegfried Streicher im Editorial zum Sonderheft der Schweizer Rundschau 47, H. 4/5, Juli/August 1947. S. 241.

38 Christoph Flury, Die Diskussion um die konfessionellen Ausnahmebestimmungen der Bundesverfassung 1945–1955. In: Schweizerischer Katholizismus im Umbruch 1945–1990. Freiburg 1993. S. 170ff. In der Zeit selbst sollte aufklärend wirken Ferdinand Strobel, Zur Jesuitenfrage in der Schweiz. Zürich 1948. Vom gleichen Verfasser in der Sondernummer der Schweizer Rundschau vom Juli/August 1947: Die Jesuitenfrage zur Sonderbundszeit (S. 269–282). Um die Absetzung einer Radiopredigt des Jesuiten Hans Urs von Balthasar war schon im Vorjahr eine Diskussion entbrannt. Das reformierte Kirchenblatt (3, Februar 1947. S. 37) begrüsste ganz entschieden die Durchsetzung der einschränkenden Bestimmungen, die Jesuiten seien noch immer eine «gefährliche Truppe».

39 Vgl. unten Anm. 42.

40 Vgl. oben Anm. 36.

41 KK-Parteipräsident Josef Escher, Vaterland Nr. 51 vom 1. März 1948.

42 Leonhard Haas, Hundert Jahre schweizerische Bundesstaatlichkeit. In: Schweizer Rundschau 48, H. 4/5, Juli/August 1948. S. 404–413. Haas war 1954–1973 Bundesarchivar.

Der katholisch-konservative Diskurs suchte vor allem die Abgrenzung gegenüber der Linken, der bürgerlichen Linken (dem Radikalismus) sowie der sozialistischen Linken. Zuweilen positionierte er sich (schon damals) auch in der Mitte, sah sich in einer Position, die, wie Bundespräsident Celio sich ausdrückte, auf der einen Seite von «der Macht und dem Ansehen» des Freisinns und auf der anderen Seite durch «den Ansturm und die Versprechungen» der Sozialdemokratie symmetrisch bedrängt war.[43] In den Ausführungen von Leonhard Haas erschien die sozialistische Linke allerdings wiederum als spezielle Gegenspielerin, weil sie mit den Verfassungen von 1848 und 1874 «weniger verwachsen» sei.[44]

Anders als bei den Freisinnigen war für die Katholisch-Konservativen 1798 ein nicht weniger wichtiges Gedenkjahr zur Vergegenwärtigung des Innerschweizer Widerstandes gegen die französischen Invasoren, zunächst bei Rothenthurm und Schindellegi[45], dann in Nidwalden.[46] Die beiden Gedenkmomente verschmolzen in der Nidwaldner Feier unter dem Motto «Einheit und Einigkeit» zu einem einzigen. 1848 war in diesem Verständnis eine Art von Gewähr dafür, dass sich 1798 nicht wiederholen werde. 1798 stehe nicht nur für die Heldentaten der Nidwaldner, sondern auch für Verrat und für mangelnde Solidarität. Mit dem Wort des Verrats erneuerte Landammann Remigius Joller in der offiziellen Feier vor dem Schlachtdenkmal am Allweg den Vorwurf, Obwaldner hätten den Angreifern den Weg übers Grossächerli gezeigt und so zur Niederlage der Nidwaldner beigetragen. Zudem hätten die Bundesgenossen sie im Stich gelassen. «Der Zerrissenheit und Uneinigkeit der Eidgenossenschaft ward der blutige Tribut gezollt ...» Die Verfassung von 1848 habe wohl gewisse Spannungen gebracht, aber auch die Einheit gefestigt. Diese Einheit sei im vergangenen Krieg von höchster Wichtigkeit gewesen und gerade jetzt wieder dringend nötig.[47]

In der Gedenknummer des *Vaterland* wurde die Funktion der Verrats-These noch etwas deutlicher. Es ging, wie die Ausführungen von Paul Betschart zeigen, darum, der anderen (z.B. von Siegfried Frey vorgebrachten) These entgegenzutreten, dass nämlich die Alte Eidgenossenschaft habe untergehen müssen, weil sie morsch, faul und überlebt gewesen sei. Der Sekundarlehrer aus Einsiedeln: «Die alte Schweiz war nicht untergangsreif. Nein, sie wurde verraten und sie wurde überfallen!»[48]

Es überrascht nicht, dass katholisch-konservative Redner dem liberalen 1848 gleichsam als eigenes und wichtigeres Datum 1291 entgegenhielten. Als Beleg für diese naheliegende Wertung ist hier allerdings keine Äusserung aus dem Jahr 1948, aber eine von 1939 zur Hand. Oskar Vasella, Ordinarius für Schweizer Geschichte an der Uni-

43 Vgl. Anm. 36.

44 Vgl. Anm. 42.

45 Vgl. auch den Vorschlag «Gedenkfeier in der Geschichtsstunde» in der Schweizer Schule 35, H. 5, Juli 1948. S. 139ff. (hrsg. vom Kath. Lehrerverein).

46 Das *Vaterland* erinnerte schon im Frühjahr 1948 in einer Sonderbeilage an die beiden Widerstandsaktionen, vgl. Vaterland vom 1. Mai 1948.

47 Vaterland Nr. 215 vom 14. September 1948. Vgl. auch unten Anm. 59 und 64.

48 Ebenda.

versität Freiburg, wehrte sich gegen die Auffassung, dass die moderne Demokratie in nuce bereits im Bunde von 1291 beschlossen und dass das Ergebnis der neueren Geschichte nur eine Ausweitung damaliger Prinzipien gewesen sei. In einer kritischen Besprechung von schweizergeschichtlichen Gesamtdarstellungen bemerkte er, gerade der «totale Anspruch des Staates», wie ihn der schweizerische Radikalismus im 19. Jahrhundert vielfach zur Geltung gebracht habe, sei dem genossenschaftlichen Charakter und dem alteidgenössischen Gedanken der Autonomie diametral entgegengesetzt gewesen.[49]

Noch 1948 wurden die Radikalen des 19. Jahrhunderts von katholisch-konservativer Seite gerne mit dem zeitgenössischen Etikett des Totalitären abqualifiziert und wurde von ihnen mit Bezug auf die Vorgänge in der sowjetischen Einflusssphäre gesagt, sie könnten «volksdemokratischen Charakter» annehmen.[50] Die stärkste Diffamierung dieser Art findet sich in einem Text vom Sommer 1947, in dem es heisst, die Radikalen wären heutzutage «vielfach in den Fünften Kolonnen unserer nazistischen und bolschewistischen Erneuerer zu suchen», sofern die Geschichte derartige Parallelen überhaupt dulde.[51]

Etwa gleichgewichtig finden sich im katholisch-konservativen Diskurs auch Interpretationen der schweizergeschichtlichen Entwicklung, welche die Kontinuität betonen. So erklärte Bundesrichter Jakob Strebel in der katholisch-konservativen Zentenarfeier:

> «Die Überführung des eidgenössischen Staatenbundes in den Bundesstaat erfolgte nicht, um das Ergebnis der Entwicklung der Jahrhunderte zu zerstören und die geschichtliche Linie abzubrechen, sondern, wie in der Präambel feierlich betont ist, in der Absicht, die alten Bünde zu festigen und die bereits bestehende Einheit und die alte Kraft der schweizerischen Nation zu fördern. Die Männer von 1848 haben Dauerndes und Taugliches geschaffen, weil sie in Ehrfurcht vor der Tradition auf dem Hergebrachten aufbauten und unter Ablehnung revolutionärer Ideen in weiser Mässigung das historisch Gewordene schonten, soweit sie es ohne Nachteil für das Ganze tun zu können glaubten.»[52]

49 Oskar Vasella, Zur Beurteilung der neueren Schweizer Geschichte. In: Zeitschrift für Schweizerische Kirchengeschichte 33, 1939. S. 338. Zit. nach Claude Spiller.

50 G. Boner, Die eidgenössischen Verfassungen von 1798 bis 1874. In: Schweizer Schule 35, H. 20, Februar 1949. S. 590.

51 Vgl. oben Anm. 37.

52 Vaterland Nr. 51 vom 1. März 1948.

Der sozialdemokratische Jubiläumsdiskurs

Der sozialdemokratische Diskurs war am stärksten darauf bedacht, den parteipolitischen Aspekt hervorzuheben. Diese Tendenz ging sogar so weit, den von anderen parallel dazu geführten Diskursen eine Haltung zu unterstellen, wie sie – mindestens graduell – nicht manifestiert wurde. Werner Stocker, Oberrichter und Mitglied des Stadtzürcher Gemeinderates, warf schon im April des Jubiläumsjahres gewissen bürgerlichen Festrednern vor, sie hätten der Arbeiterschaft und der Sozialdemokratie die Legitimation abgesprochen, auch ihrerseits dieses Gedenkjahr festlich zu begehen. «Nur der Freisinn, so könnte man meinen, nur die liberalistische Weltanschauung und Weltauffassung hätten dieses Jubiläumsrecht.» Von dieser den spezifisch sozialdemokratischen Diskurs legitimierenden Prämisse ausgehend, konnte Stocker erklären, dass die Sozialdemokraten keine Mühe hätten, sich zum früheren Liberalismus des 19. Jahrhunderts zu bekennen – zum «kämpferischen, schöpferischen und revolutionären Liberalismus», und dass sie sich im weiteren ohne Vorbehalte zur Bundesverfassung bekennen könnten, weil sie den Sozialisten die Möglichkeit gebe, ihre Ziele weiterzuverfolgen. Nicht die Sozialdemokraten müssten ihre Position revidieren (etwa in einem weiteren Bekenntnis zur gegebenen Staatsordnung), sondern die Liberalen und die Konservativen müssten umlernen, und zwar in dem Sinne, dass sie den Gang der Zeit und dessen innere Notwendigkeit begreifen müssten. Die soziale und die ökonomische Entwicklung würde sich nämlich im Sinne und in der Zielrichtung des Sozialismus bewegen: «Sie sagt uns, dass nicht wir grundsätzlich umlernen, dem Sozialismus abschwören müssen, wenn wir auf dem Boden unserer Bundesverfassung und unserer Tradition unseren Tageskampf kämpfen und unser Endziel erstreben.»[53]

In einer Kombination von grundsätzlicher Anerkennung der liberalen Leistung und einem Betonen des eigenen Beitrages äusserte sich ein Jubiläumsartikel des Zürcher *Volksrechts*. Da wurde einerseits «grosse Dankbarkeit» gegenüber der damals politisch tätigen Generation ausgesprochen, «denn die von ihr entworfene Bundesverfassung hat sich als ein wertvolles Grundgesetz erwiesen». Andererseits sei dann aber «zum Unterschied von früherer Auffassung» die Eidgenossenschaft zu einem demokratischen Sozialstaat ausgebaut worden: «Wir haben das damals aus der Taufe gehobene Werk schon längst in wesentlichen Punkten geändert und erweitert ...»[54]

53 Werner Stocker, Sozialdemokratie und Bundesverfassung. Lehren des hundertjährigen Bundesstaates für die schweizerische Arbeiterschaft. Nach einem Vortrag am Parteitag der SPS vom 17./18. April 1948 in Bern. In: Rote Revue, Mai 1948. S. 161–172.

54 Alfred Stähli, Wie unsere Verfassung entstand. In: Volksrecht Nr. 68 und 69 vom 20. und 21. März 1948. In einem weiteren Artikel werden die affirmativen Ausführungen noch verstärkt. Der nicht gezeichnete Artikel präsentierte die erste Landesregierung von 1848, betonte, dass die Regierungsmitglieder alle eine «bescheidene», nämlich mittelständische Herkunft und eine schwere Aufgabe gehabt hätten. Insbesondere hätten die Kantone ihrer «althergebrachten Selbstherrschaft» entwöhnt und mit der neuen einheitlichen Staatsgewalt vertraut gemacht werden müssen (100 Jahre Bundesstaat. In: Volksrecht Nr. 110 und 111 vom 13. und 14. Mai 1948).

Das sozialdemokratische Lob auf die Bundesverfassung beschränkte sich in der Regel auf die Würdigung der Tatsache, dass das liberale Verfassungswerk den Sozialdemokraten gestattete, den nötigen Ausbau vorzunehmen. Nicht ganz auf diesen Punkt zugespitzt, aber in diese Richtung gehend, erklärte SP-Nationalrat und Geschichtslehrer Valentin Gitermann, dank der Elastizität der Bundesverfassung sei es möglich geworden, ohne Freischarenzüge, Bürgerkriege und doktrinäre Experimente «mit den Veränderungen der Welt» Schritt zu halten.[55] Der oppositionelle Kontinuitätsdiskurs in verschiedenen Variationen um die Idee vom verlassenen, von den Liberalen aufgegebenen, vielleicht sogar verratenen und von den Sozialdemokraten weitergeführten Erbe findet sich wieder in der Berichterstattung über die offizielle Berner Verfassungsfeier. Das *Volksrecht* rezitierte zur Eröffnung des auf der Frontseite plazierten Artikels das Wort von Genosse Stocker vom letzten SPS-Parteitag, «Die Erben von 1848 sind wir», und schloss den Bericht – nach dem Verweis auf die Landeshymne – mit dem Aufruf: «Nun geht es vorwärts in das zweite Jahrhundert des Schweizerischen Bundesstaates, um seinen Ausbau zur sozialen Demokratie!»[56]

Von gewerkschaftlicher Seite wurde betont, dass die fortschrittlichen Kräfte diesen Kampf schon im 19. Jahrhundert aufgenommen hätten und das Werk von 1848 keineswegs vollkommen gewesen sei. Auch diese Stimme glaube eine Korrektur zum allgemeinen Jubiläumsdiskurs vornehmen zu müssen. Im Übereifer, das grosse Werk von 1848 zu feiern, seien so viele Tatsachen unerwähnt geblieben, dass dieses Versäumnis hart an Geschichtsklitterung grenze. Es müsse nämlich auch gesagt sein, dass die Schöpfer des Bundesstaates sich «gröbliche Unterlassungen» zuschulden hätten kommen lassen, die sogar ihrem eigenen Werk hätten zum Verhängnis werden können: «Ganz in der Lehre des Wirtschaftsliberalismus befangen, erblickten sie ihre einzige Aufgabe darin, möglichst alle Hindernisse zu beseitigen, die sich der freien Entfaltung von Wirtschaft und Handel in den Weg stellten.»[57] Diese Haltung sei erst mit der Verfassungsrevision von 1874 ein erstes Mal revidiert und, nachdem die Arbeiterschaft selber auf den Plan getreten sei, mit dem Fabrikgesetz von 1877 weiter eingeschränkt worden.

55 Zit. nach Frey, S. 33. Gitermann, vom März 1944 bis Juni 1965 Zürcher SP-Nationalrat, war der Verfasser einer Geschichte der Schweiz (Thayngen/Schaffhausen ²1941).

56 O. P., Hundert Jahre Bundesstaat. In: Volksrecht Nr. 143 vom 21. Juni 1948. Zum Hintergrund Felix Müller und Jakob Tanner, «... im hoffnungsvollen Licht einer besseren Zukunft.» Zur Geschichte der Fortschrittsidee in der schweizerischen Arbeiterbewegung. In: Solidarität, Widerspruch, Bewegung. 100 Jahre Sozialdemokratische Partei der Schweiz. Zürich 1988. S. 325–367.

57 Eduard Weckerle, Hundert Jahre Bundesstaat. In: Gewerkschaftliche Rundschau, November 1948. S. 333–340.

Der internationale und der gesellschaftspolitische Kontext

Im Diskurs zur Verfassungsfeier dominierte aus naheliegenden Gründen die Auseinandersetzung mit inneren Ordnungsfragen. Die Frage der militärischen Landesverteidigung wurde bemerkenswerterweise kaum thematisiert. Die geringe Bedeutung dieser Dimension in den Jubiläumsäusserungen stand in auffallendem Kontrast zur visuellen Präsenz des Militärischen insbesondere in der nationalen Verfasssungsfeier (vgl. unten). Die aussenpolitische Problematik – und da vor allem die Neutralität – wurde dagegen hin und wieder angesprochen. Am häufigsten geschah dies in der Form, dass man den stärkeren Zusammenschluss des 19. Jahrhunderts als wichtige Voraussetzung wertete, um den Gefahren des 20. Jahrhunderts begegnen zu können. In der Einladung des Bundesrates zur Jubiläumsfeier wurde betont: «Während die Welt ringsum wiederholt in Kriegen erbebte, blieb uns der äussere und innere Friede geschenkt ...»[58] Selbst der konservative Nidwaldner Landammann bekannte:

> «Nur dieser feste Bau, nur diese Einheit und Einigkeit konnte, mit der Hilfe und dem Segen des allmächtigen Gottes, unseres höchsten Bundesgenossen, die Schweizerische Eidgenossenschaft durch alle Gefahren, durch alle Gewalttätigkeiten besonders der letzten Jahrzehnte führen und unsere Freiheit und Wohlfahrt retten und erhalten. Namenloses Unglück hätte uns treffen können, wären wir nicht geeint und gefestigt in bewaffneter Neutralität der brutalen Macht gegenübergestanden.»[59]

In der Bundesverfassungsfeier des St. Galler Freisinns wurde ein sehr direkter Bezug zur internationalen Szene hergestellt, zunächst mit ein paar Bemerkungen des kantonalen Parteipräsidenten, dann mit einer einstimmig angenommenen Resolution zu «den katastrophalen politischen Vorgängen» in der Tschechoslowakischen Republik. Der Appell rief alle «freiheitlich gesinnten Menschen zur geistigen und moralischen Abwehr gegen diese ernsthafte Bedrohung der Demokratie und des Weltfriedens» auf und verurteilte aufs schärfste die Haltung linksextremer Sympathisanten im eigenen Lande.[60]

Die alarmierenden und eine Abgrenzung zum Ausland suchenden Bemerkungen zum Zeitgeschehen findet man vor allem in den bürgerlichen Jubiläumsäusserungen, den liberalen sowie den katholisch-konservativen. Bundesrat Rubattel verkündete in seiner St. Galler Rede: «Wir leben in einer stürmischen Welt, in einem kritischen Augenblick unserer Geschichte» – um dann die Zuhörer aufzufordern, die «ehernen Grundsätze» nicht zu vergessen, die es der Schweiz ermöglicht hätten, in einem entfesselten Europa unversehrt durchzuhalten.[61] In diesem Zusammenhang erging immer

58 Einladung vom 27. Mai 1948 (BAr: 3001 [B] 2 Bd. 98).
59 Vaterland Nr. 215 vom 14. September 1948.
60 St. Galler Tagblatt Nr. 101 vom 1. März 1948.
61 Ebenda.

wieder die Warnung vor «fremden Ideologien», womit in erster Linie der kommunistische, zugleich aber auch der nationalsozialistische Totalitarismus gemeint war.

Willy Bretscher verwies ausser auf den Prager Putsch auch auf die Reaktivierung der kommunistischen Internationale und auf den Konflikt um Berlin und sprach von der Gefahr eines dritten Weltkrieges. Im Rahmen dieses Bildes einer wirren Gegenwart nehme sich die politisch geordnete, sozial befriedete und wirtschaftlich blühende Schweiz wie eine «anachronistische Idylle» aus. Bretscher war in diesem Falle die Gegenläufigkeit der Schweiz sehr recht, und er wandte sich gegen die Leute, die meinten, die Schweiz müsse endlich in Übereinstimmung mit der Umwelt gebracht oder – im Wortschatz der Geistigen Landesverteidigung ausgedrückt – «angepasst» werden.[62]

Es war eine völlig unproblematische Selbstverständlichkeit, die Schweiz als positiven Kontrapunkt zur Welt beziehungsweise Umwelt zu verstehen und zu schildern. Der Basler Regierungspräsident Peter Zschokke (Mitglied der LDP) bemerkte, die Schweiz habe, während andere Staaten zur Lösung ihrer Probleme unter dem Deckmantel nationaler Schlagworte den Weg zur Gewalt beschritten hätten, im Schutze verfassungsmässiger Ordnung und in der Sicherheit des Rechts ohne zerstörende Erschütterungen einen Teil der Spannungen zu lösen vermocht. Zschokke rühmte sein Land als ein spezielles Stück Erde: «Der Boden unseres Landes ist zwar steinig, und die Pflanzen fremder Ideologien vermögen in ihm kaum Wurzeln zu schlagen, und der Samen der Diktatur kann bei uns kaum zum Keimen kommen.» Ohne Wachsamkeit und Anstrengung war allerdings auch dieses Land nicht vom weltweiten Übel gefeit: «Unkraut wächst überall! Wir wollen dafür sorgen, dass es beizeiten gejätet wird.»[63]

Eine gleichartige Abgrenzung zwischen innen und aussen nahm der Nidwaldner Landammann Joller in seiner Gedenkrede auf 1798 vor: «Ein neuer, uns wesensfremder Geist umbrandet auch heute wieder wie anno 1798 und 1939 unsere Grenzen, pocht mächtig an unsere Tore und fordert gewalttätig Einlass.» Und in ähnlicher Weise warnte auch er vor dem inneren Feind, dem verlängerten Arm des Auslandes: «Judasse im eigenen Land stellen sich in den Dienst eines Ideengutes, das zum Untergang unserer persönlichen und staatlichen Freiheit und Ordnung führen müsste ...»[64]

Der Präsident der Katholisch-Konservativen schloss seinen Auftritt am Jubiläumsparteitag mit einem beschwörenden Hinweis, gegenüber der unheimlichen Entwicklung im Osten auf der Hut zu sein. Es stelle sich die Frage, ob man nicht wieder im Jahr 1939 stehe. Man solle nicht in Pessimismus machen, aber auch keine Vogel-Strauss-Politik betreiben, sich weder von Drohungen noch von Versprechungen beeindrucken lassen. Freiheit und Unabhängigkeit dürften nicht geopfert werden, die Liebe und Treue müsse der christlichen und demokratischen Heimat gelten.

62 Vgl. oben Anm. 22.
63 Basler Nachrichten Nr. 234 vom 7. Juni 1948.
64 Vaterland Nr. 215 vom 14. September 1948.

Der Sondercharakter der Schweiz wurde auch in der Rekapitulation der Geschichte hervorgehoben. Siegfried Frey betonte, die schweizerische Leistung von 1848 sei, obwohl der Liberalismus natürlich keine schweizerische Spezialität sei, «nicht der nachhinkende Ableger einer gemeineuropäischen Erscheinung».[65]

Während der internationale Kontext eher Parolen produzierte, welche zu einer Verteidigung des Status quo der schweizerischen Verhältnisse aufriefen, waren die Äusserungen über Zustand und Bedarf der Gesellschaft auf weitere Verbesserung, auf Reform, ja auf grundlegende Neuerung ausgerichtet. Der Parteipräsident der Katholisch-Konservativen verwies auf die erste und einzige Totalrevision von 1874, er verschwieg die von der Partei geförderte Totalrevisionsbewegung von 1934/35, meinte aber, es sei heute unbestritten, dass sich eine «weitgehende» Revision der Verfassung aufdränge und die Katholisch-Konservativen dann, ihrer Sendung entsprechend, Staat und Gesellschaft organisch weiterbauen würden. In der gleichen Feier sprach sich Bundesrichter Jakob Strebel allerdings gegen die gleitende Nachführung über Partialrevisionen aus; der Verfassungsgedanke würde dadurch geschwächt und das Grundgesetz, wie schon Karl Hilty bemerkt habe, in einen flüssigen Aggregatzustand gebracht.[66]

Im Gegensatz zur katholisch-konservativen Position hielten die Sozialdemokraten eine Totalrevision für unnötig. Werner Stocker erklärte in seiner Berner Jubiläumsrede vom April 1948: «Wir bedürfen keiner Verfassungsreform, um als Sozialisten in diesem Staate legal für unsere Ziele zu kämpfen; wir bedürfen nur der Teilrevisionen in den einzelnen Sachgebieten, um das Ziel und die Aufgabe unserer Verfassung zu vollenden.»[67]

Die auf dem linken Flügel des Freisinns angesiedelten Jungliberalen waren dagegen entschiedene Befürworter einer Totalrevision. Dies kam auch in gewissen Jubiläumserklärungen zum Ausdruck. Alfred Schaller, radikal-demokratischer Parteipräsident in Basel, freisinniger Nationalrat und ehemaliger Präsident der Jungliberalen der Schweiz, sprach 1948 zwar nur von einer «ständigen Neugestaltung» der verfassungsrechtlichen, zugleich forderte er aber eine «umfassende» Regelung der staatlichen Gemeinschaft, damit «neue Elemente, welche das moderne Leben bestimmend beeinflussen (Wirtschaft, soziale Einrichtungen)» integriert werden könnten.

«Die neuen Auffassungen von der Stellung des Schaffenden in der Wirtschaft, die Erkenntnis von der untrennbaren Verbundenheit und Abhängigkeit zwischen Wirtschaft und Staat, bieten gewaltige Verfassungsprobleme.»[68]

Solchen Meinungen hielt alt Bundesrat Walther Stampfli im Rahmen der Generalversammlung der Ludwig von Rollschen Eisenwerke eine indirekte Antwort entgegen, indem er seine Rede über die Bedeutung des Bundesstaates in der Feststellung

65 Frey, S. 31.

66 Vaterland Nr. 51 vom 1. März 1948.

67 Werner Stocker, Sozialdemokratie und Bundesverfassung. Lehren des hundertjährigen Bundesstaates für die schweizerische Arbeiterschaft. Nach einem Vortrag am Parteitag der SPS vom 17./18. April 1948 in Bern. In: Rote Revue, Mai 1948. S. 161–172.

68 National-Zeitung Nr. 231 vom 24. Mai 1948.

gipfeln liess, dass man «unter der Herrschaft der Privatwirtschaft» die günstigsten Lebensbedingungen habe.[69]

Bemerkenswerterweise schloss sich sogar der liberal-konservative Basler Regierungspräsident Peter Zschokke einige Wochen später in der offiziellen Verfassungsfeier mit Hinweis auf den entsprechenden Beschluss des Grossen Rates vom Mai 1946 mit einem engagierten Bekenntnis dem Ruf nach Totalrevision an. Das Gedenken an die Männer von 1848 könne man am schönsten ehren, wenn man mit mutiger Entschlossenheit deren Werk erneuere «im Sinne ihres grossen Vermächtnisses und in Erfüllung der Aufgaben, die uns eine neue Wirklichkeit stellt».[70] Auch der dem Zürcher Freisinn nahestehende Staatsrechtler Werner Kägi machte sich im Rahmen einer Jubiläumsveranstaltung der Neuen Helvetischen Gesellschaft zum entschiedenen Befürworter der Totalrevision. «Eine genaue Analyse der Verfassung ergibt, dass eine totale Revision – was nicht heisst totale Änderung! – unseres Grundgesetzes nötig ist.» Abschwächend fügte er jedoch bei, ob diese totale Revision in der Form einer Totalrevision oder einer Reihe von Partialrevisionen durchgeführt werde, sei nicht das Entscheidende; es scheine, dass nur Partialrevisionen in Frage kämen, diese müssten aber nach einem klaren Gesamtplan durchgeführt werden.[71] Erstaunlicherweise blieb in den Äusserungen zur Validität der alten Verfassung weitestgehend unerörtert, dass die Verfassungsordnung noch immer durch das kriegsbedingte Notrecht partiell ausser Kraft gesetzt und deswegen unter dem Titel «Rückkehr zur direkten Demokratie» eine Initiative hängig war, über die im folgenden Jahr abgestimmt werden sollte.

Erwartungsgemäss wurde das Verfassungsjubiläum zum Anlass genommen, um im Kampf um die Gleichstellung der Frau einen Terraingewinn zu erzielen. Lotti Ruckstuhl schreibt, die an der Verfassungsfeier anwesenden Frauen hätten ihre Zurückversetzung besonders gespürt, als von offizieller Seite verkündet wurde: «Der stolzeste Ausdruck unserer persönlichen Freiheit ist der Stimmzettel.»[72] Der Frauenstimmrechts-Verband war nicht sicher, ob die in Aussicht gestellte Abgabe von Bundesverfassungen für alle Bürgerinnen und Bürger gedacht oder auf den mit politischen Rechten ausgestatteten Teil der Bevölkerung beschränkt war, und richtete darum eine entsprechende Anfrage an die Bundesverwaltung. Von dort erhielt sie den Bescheid, der Bundesrat habe «schon vor mehreren Wochen» beschlossen, die Jubiläumsausgabe der Bundesverfassung auch den volljährigen Schweizerbürgerinnen abzugeben.[73]

Das Schweizerische Aktionskomitee für Frauenstimmrecht führte am 2. Mai 1948 an der Universität Bern und nicht im Nationalratssaal, dessen Benützung ihm untersagt worden war, eine öffentliche Kundgebung, eine Art von Frauenparlament, durch

69 Abgedruckt in den Basler Nachrichten Nr. 224 vom 31. Mai 1948.

70 Basler Nachrichten Nr. 234 vom 7. Juni 1948.

71 Neue Zürcher Zeitung Nr. 342 vom 17. Februar 1948.

72 Lotti Ruckstuhl, Frauen sprengen Fesseln. Hindernislauf zum Frauenstimmrecht in der Schweiz. Bonstetten o.J. S. 57ff.

73 Anfrage von E. Vischer-Alioth vom 28. Oktober, Antwort der Bundeskanzlei vom 8. November und Rückantwort von E. Vischer-Alioth vom 11. November 1948 (BAr: 1010 [A] 1970 Bd. 266).

und verabschiedete eine Resolution zuhanden des Bundespräsidenten. Diese forderte in einem längeren, eingehend bearbeiteten und äusserst sorgfältig formulierten Text, «dass die in den meisten Staatsverfassungen der Welt beseitigte Diskriminierung, die im Ausschluss der Frauen von Stimm- und Wahlrecht liegt, endlich auch in der Schweiz beseitigt werde ...» Die Forderung wurde menschenrechtlich, verfassungsrechtlich, gesellschaftspolitisch und sicherheitspolitisch begründet. In menschenrechtlicher Hinsicht erklärten die Frauen, sie seien immer weniger gewillt, «sich bevormunden zu lassen und staatliche Massnahmen anzunehmen, die ohne frauliche Mitbestimmung und Mitarbeit getroffen werden ...» In verfassungsrechtlicher Hinsicht wurde darauf hingewiesen, dass mit der Ausdehnung der Staatstätigkeit immer mehr Bereiche berührt würden, «die die Frauen mitbetreffen oder gar besonders betreffen und die ohne ihre Mitarbeit nicht zu lösen sind». In gesellschaftspolitischer Hinsicht wurde die Bedeutung des «nicht zu entbehrenden Beitrages» insbesondere im Hinblick auf Familie, Kind und heranwachsende Jugend hervorgehoben. In sicherheitspolitischer Hinsicht schliesslich empfahlen sich die Frauen als wichtige Partnerinnen in der Abwehr der «neuen politischen Kampfmethoden der Infiltration und der Massensuggestion, von welcher Seite sie auch kommen mögen ...»[74]

Die Vorkämpferinnen für die Rechte der Frauen begnügten sich aber nicht mit der Durchführung von «Alternativ»-Veranstaltungen und der Verabschiedung von Resolutionen. Schon im November 1947 hatte sich das Schweizerische Frauensekretariat erkundigt, ob eine offizielle Feier stattfinde und welche Organisationen zur Mitwirkung beigezogen würden. Nach dem Fest bedankte sich die gleiche Stelle dafür, dass sie zur Feier – «cette manifestation mémorable» – eingeladen worden sei.[75]

Die Jubiläumsfeierlichkeiten

Die Jubiläumsfeierlichkeiten boten Gelegenheit – ja, sie nötigten mit ihrem allgemein anerkannten Status recht eigentlich dazu –, die je eigenen und damit auch unterschiedlichen Vorstellungen von der Bedeutung des gemeinsamen Bezugspunktes zu formulieren, diese im Wettbewerb der öffentlichen Deutungen zu proklamieren und in ihrer Wirkung zu prüfen. Neben der bisher ausgewerteten verbalen, deklaratorischen Seite solcher Jubiläen gab es freilich auch eine inszenierende Regie, die im Rahmen gegebener Formen Gemeinschaft demonstrierte und erfahrbar machte. Auch in dieser Dimension waren zugleich ein partikulares, konkurrenzielles und ein nationales, konsensuales Moment im Spiel. Mit den Feiern zum Jubiläum würdigte man wohl den

74 Resolution vom 2. Mai 1948. In der Bundesratssitzung vom 4. Mai 1948 zur Kenntnis genommen. Die Resolution beschränkte sich nicht auf die politischen Rechte, sondern äusserte sich zur weiteren Postulation betr. die Staatszugehörigkeit und die zivilrechtliche Stellung der verheirateten Frauen, die Arbeit berufstätiger Frauen, den Versicherungsschutz etc. (BAr: 4110 [A] 1969 Bd. 161).

75 Frauensekretariat an EDI, 13. November 1947, und Frauensekretariat an Bundespräsidenten, 26. Juni 1948 (BAr: 3003 [B] 2 Bd. 99 und Bd. 98 [sic]).

Jubilar, man zelebrierte zugleich aber auch sich selber, als Kanton, als Partei, als Kirche[76], Verein[77], Schule[78], Unternehmen[79] etc., dies zumeist nach der Formel «schlicht, aber würdig» auf öffentlichen Plätzen, in Grossratssälen und Hauptkirchen, in Theatern, Tonhallen und anderen Sälen und zu höchst unterschiedlichen Zeitpunkten im Jubiläumsjahr. Der Kanton Basel-Stadt zum Beispiel feierte am 6. Juni, der Kanton Schwyz am 1. Juli, der Kanton Luzern am 18. Oktober, der Kanton Graubünden am 23. November.[80] Der Bundesrat hatte in seiner Sitzung vom 2. März 1948 ein Kreisschreiben an die «getreuen, lieben Eidgenossen» beschlossen, in dem er die Kantone über die eidgenössische Feier orientierte und (nochmals) erklärte, dass die Durchführung kantonaler und anderer Jubiläumsfeiern dem freien Ermessen der jeweiligen Organisatoren überlassen bleibe.[81]

Aus dieser Vielfalt wollte (und sollte) die nationale Verfassungsfeier vom Sonntag, 20. Juni 1948, eine besondere Bedeutung erlangen.[82] Warum die Feier gerade auf diesen Tag gelegt worden ist, erklärt sich aus den Gegebenheiten des Eidgenössischen Sängerfestes, das gleichzeitig abgehalten wurde – und schon 1891 ein treibender Faktor für die damaligen Jubiläumspläne gewesen war.[83] Die Spur der Vorbereitungsverhandlungen führt bis ins Jahr 1945 zurück: OK-Präsident Nationalrat Arnold Seematter und der Berner Stadtpräsident Ernst Bärtschi hatten sich drei Jahre vor dem Jubiläumstermin wegen der allfälligen «Einbettung» einer allfälligen Verfassungsfeier in das Programm des bereits feststehenden Eidgenössischen Sängerfests mit Bundes-

76 Vgl. etwa Urs Dietschi, Die Kirche im Bundesstaat. In: Der Katholik 41/42, 1948. S. 290–308 (eine christkatholische Darstellung).

77 Auf die Veranstaltung beispielsweise der Neuen Helvetischen Gesellschaft ist mehrfach verwiesen worden. Die NHG widmete ihr Jahrbuch 1948 selbstverständlich ebenfalls dem Verfassungsthema. Dieser Band wurde durch einen Beitrag des Historikers Hans Nabholz eingeleitet.

78 Vgl. etwa die Schrift: Gedenkworte zum hundertjährigen Bestehen des schweizerischen Bundesstaates von Hans Pallmann, Charly Clerc, Karl Schmid und Giuseppe Zoppi. Zürich 1948. Die Universität Basel hielt am 29. April 1948 mit einem Festreferat von Edgar Bonjour eine «kurze Besinnungsstunde» ab. Vgl. auch die von Adolf Gasser an der Verfassungsfeier des Humanistischen Gymnasiums Basel gehaltene Ansprache «Vom griechischen zum schweizerischen Bundesstaat» (Schweizerische Lehrerzeitung Nr. 30 vom 30. Juli 1948).

79 Vgl. etwa die Generalversammlung der Firma von Roll mit einer Rede von alt Bundesrat Stampfli (Basler Nachrichten Nr. 224 vom 31. Mai 1948) oder die Delegiertenversammlung des Verbandes Schweizerischer Konsumvereine (Schweiz. Konsum-Verein Basel Nr. 31 vom 31. Juli 1948).

80 Die Staatskanzlei von Basel-Stadt fragte schon am 21. März 1947 nach der eidgenössischen Zentenarfeier, weil man selber eine kantonale abhalten möchte. Das Departement des Innern antwortete am 27. März 1947, die Durchführung kantonaler oder gemeindlicher Zentenarfeiern sei dem vollständigen Ermessen der betreffenden Behörden überlassen (BAr: 3001 [B] 2 Bd. 99). In diesem Karton finden sich auch kantonale Regierungserklärungen an die eigene Kantonsbevölkerung, z.B. des Aargaus vom 1. Juli und der Waadt vom 27. August 1948.

81 BAr: Bundeskanzlei E 1/Bd. 102.

82 Eine Sammlung von inländischen und ausländischen Pressestimmen zur Verfassungsfeier findet sich in BAr: 3001 (B) 2 Bd. 99.

83 Vgl. oben Anm. 5.

rat Philipp Etter in Verbindung gesetzt.[84] Im Unterschied zum 1291er Jubiläum, das auf den1. August fixiert ist, war das 1848er Jubiläum offensichtlich nicht an den 12. September, den Tag der Validierung der kantonalen Abstimmungsergebnisse zur Bundesverfassung durch die abtretende Tagsatzung, gebunden.

Der Festtag begann um 8 Uhr mit drei Gottesdiensten in der reformierten Heiliggeistkirche, der katholischen Dreifaltigkeitskirche und der Christkatholischen Kirche. Um 9 Uhr läuteten die Glocken in der ganzen Stadt, die offiziellen Teilnehmer besammelten sich in der blumengeschmückten Kuppelhalle des Parlamentsgebäudes und zogen dann, angeführt von einem Dragonerschwadron, durch die reichbeflaggten Hauptstrassen der Stadt nach dem Münster, wo eine Kompanie Infanterie ein Spalier bildete. An der Spitze des Zuges marschierte die Landesregierung, die amtierenden sowie die ehemaligen Bundesräte, General Guisan, dann die National- und Ständeräte, die Mitglieder des Bundes- und Versicherungsgerichts, die aktiven und die zur Disposition gestellten Heeres-Einheitskommandanten und die Abteilungschefs des Militärdepartementes. Es folgten die Spitzen des Internationalen Komitees vom Roten Kreuz, die schweizerischen Gesandten, die Delegationen der Kantonsregierungen mit ihren Standesweibeln[85], die bernischen Behörden, die Vertreter der Landeskirchen (in der Berichterstattung wurden die Bischöfe besonders hervorgehoben), der Universitäten (ebenfalls speziell erwähnt die Rektoren, «würdig in ihren weitfallenden Talaren und pelzverbrämten Hüten»), der wirtschaftlichen Spitzenverbände, der Bundesverwaltung, der Auslandschweizer und des Sängerfest-Komitees. Die beiden anderen grossen eidgenössischen Vereine waren aber ebenfalls zugegen, war doch die Eidgenössische Sängerfahne eskortiert von den Bannern des Eidgenössischen Turn- und Schützenvereins. Die ausländischen Diplomaten hatten bereits im Münster Platz genommen. Nachdem der Münsterchor Beethovens «Die Himmel rühmen» vorgetragen hatte, sprachen vor rund 800 Zuhörern Bundespräsident Enrico Celio, Nationalratspräsident Albert Picot, Ständeratspräsident Alphons Iten und der Berner Stadtpräsident Ernst Bärtschi.[86]

Bundespräsident Celio verband Geschichte und Gegenwart und verkündete angesichts des von der Sowjetunion ausgehenden Drucks auf Europa, die Schweiz sei geeinter und gefestigter denn je. «Jeglicher Diktatur gegenüber bleibt die helvetische Gemeinschaft fest wie ihre Felsen. Das gilt für gestern, heute und immer.» Ständeratspräsident Iten gab als Sprecher mit einer Herkunft aus dem ehemaligen Sonderbundsgebiet zwei bemerkenswerte Erklärungen ab. Zum einen betonte er die Differenz in der

84 Bundesrat Etter an Nationalrat Seematter, 10. Dezember 1945, mit Bezug auf eine Besprechung vom 19. November 1948 (BAr: Bundeskanzlei E 1/Bd. 102). Das Sängerfest nahm dann den grössten Teil des aus dem Prägegewinn bereitgestellten Jubiläumskredits.

85 In den Akten finden sich Schreiben, mit denen die Kantonsregierungen ihre Teilnahme bestätigen. Für den Stand Uri z.B. das Schreiben des Kanzleidirektors Friedrich Gisler vom 9. Juni 1948, in dem überdies «ein guter, eindrucksvoller Verlauf der Feierlichkeiten» gewünscht wird (BAr: 3001 [B] 2 Bd. 98).

86 Texte der Reden im Bestand des BAr: Bundeskanzlei E 1/Bd. 102.

Gemeinschaft beziehungsweise die Gemeinschaft trotz der Vielfalt, indem er bemerkte: «Jetzt sind wir in diesem erhabenen Gotteshaus versammelt, um über alle Unterschiede der Konfessionen hinweg Zeugnis abzulegen für den gemeinsamen Willen aller Eidgenossen, trotz der Verschiedenheit der Religion, der Sprache und den völkischen Eigenarten weiter zu arbeiten für das Wohl aller Miteidgenossen.»

Zum anderen bekannte er freimütig, «dass der Übergang vom Staatenbund zum Bundesstaat zur Erhaltung unseres Vaterlandes notwendig war». Damit äusserte er einen Gedanken, den man im Verlaufe dieses Jahres aus dem Munde auch anderer Konservativer, zum Beispiel des Nidwaldner Landammanns Joller, ebenfalls hörte.[87] Der liberale Genfer Föderalist Picot sagte als dritter Redner ähnliches, wenn er erklärte, dass mit der Übertragung der Aussenpolitik an den Bund die «grössten Leiden Europas» (1870/71, 1914–1918 und 1939–1945) vom Lande ferngehalten worden seien. Im übrigen pries er gleich mehrfach das politische Gleichgewicht zwischen Bund und Kantonen. Seine Schlussworte gipfelten in einem Treuebekenntnis gegenüber den beiden als gleich wichtig präsentierten «historischen Konstanten» – dem Bund von 1291 und der Verfassung von 1848.[88]

Auf die Münsterfeier folgten ein Bankett im Kasino, ein Festumzug vorbei an den Ehrentribünen vor dem Bundeshaus nach dem Wankdorfstadion. Die öffentliche Verfassungsfeier musste wegen des schlechten Wetters allerdings in einem Festzelt stattfinden. Der Festzug war nach der Tradition der Umzüge des 19. Jahrhunderts zusammengestellt worden.[89] Einerseits hatte er ein stilisiertes Abbild der Gesellschaft zu sein, andererseits ein Thema darzustellen. Ersteres wurde vor allem dokumentiert mit den 3000 Gemeindefahnen (welche die Zeitgenossen nachgewiesenermassen an den Höhenweg der Landi von 1939 erinnerten), aber auch mit den 2000 Trachtenleuten aus allen Gegenden der Schweiz. Die erste Sektion stellte unter der Devise «Freiheit und Ordnung» die historische Entwicklung dar («vom Posthorn zur Ätherwelle»), die zweite unter dem Titel «Volk und Staat» geführte Sektion führte abgesehen vom erwähnten kommunalen Fahnenwald eine 18köpfige Familie vor (die Familie Joseph Gisler-Bürgler aus Flüelen). Für diese hatte wohl ebenfalls zu gelten, was ein Berichterstatter von den anderen Teilnehmern sagte: «Der Arbeiter, der Eisenbahner und der Pöstler, der Bauer, der Soldat, sie alle spielten nicht eine Rolle, sie bekundeten nur ihr Dasein als Bürger eines glücklichen Staates.»[90] Zu dieser Sektion gehörte auch die Gruppe «Die Schweiz und die Welt», in der Schweizerkinder mit «fremden Kindern» Hand in Hand marschierten und die Schweizer Spende mit ein paar Lastwagen mitfuhr. Der dritte und letzte Zugteil zeigte unter dem Motto «Bewaffnete Neutralität»

87 Vgl. oben Anm. 59 und 64.

88 Zit. nach der ausführlichen Berichterstattung in der Basellandschaftlichen Zeitung Nr. 143 vom 21. Juni 1948.

89 Theo Gantner, Der Festumzug. Ein volkskundlicher Beitrag zum Festwesen des 19. Jahrhunderts in der Schweiz. Basel 1970.

90 Basellandschaftliche Zeitung Nr. 143 vom 21. Juni 1948.

Elitetruppen und neuere Rüstungsgüter. Der Umzug wurde auch in verschiedenen Formationen von einer Zwölferstaffel von Militärflugzeugen überflogen.

An der mit gesanglichen Darbietungen angereicherten öffentlichen Verfassungsfeier sprachen: Regierungsrat und Nationalrat Arnold Seematter als Präsident des Organisationskomitees des Eidgenössischen Sängerfestes, Nationalrat Hermann Häberlin, Zürich, Nationalrat Robert Grimm, Bern, Bundesrichter Louis Couchepin, Lausanne, der Tessiner Regierungspräsident (und spätere Bundesrat) Nello Celio und für die rätoromanische Schweiz ETH-Professor Reto Bezzola.[91]

Am Vorabend hatte als Auftakt zur sonntäglichen Verfassungsfeier das offizielle Festspiel seine Premiere in Anwesenheit zahlreicher Ehrengäste vom Bundespräsidenten bis zum General.[92] Das vom, wie es im Vorwort des Textbuches heisst, jungen Berner Gymnasiallehrer Emil Wächter verfasste Festspiel «Jahr der Besinnung» war aus einem breitangelegten Selektionsprozess, der bereits im März 1946 mit einer öffentlichen Wettbewerbsausschreibung eingeleitet worden war, erkoren und zum «offiziellen Festspiel» erhoben worden.[93] Die Ausschreibung erwartete ein Spiel, das die Kontinuität von der alten zur neuen Zeit darlege: «Ein Bundesstaat wurde anstelle des Staatenbundes geschaffen, aber nicht durch radikalen Bruch, sondern durch organische Entwicklung des Bestehenden.» Im weiteren musste ganz im Stile der Festspiele des 19. Jahrhunderts, ja sogar nach dem Muster der barocken Vorbilder des 17. Jahrhunderts der Kampf zwischen Zwietracht und Eintracht dargestellt, musste gezeigt werden, wie nach 1848 der alte Glaubenshader «entgiftet» worden und die früheren Feindschaften «überbrückt» worden seien.[94] In Wächters Spiel steht denn auch das «Volk» im Spannungsfeld zwischen den «bösen» und den «guten Geistern», und in der Schlussapotheose schlägt sich das Volk auf die gute Seite – «Musik und Gesang schwellen an zu einem gewaltigen Schlussakkord. Dann fällt der Vorhang.» Das Vorwort sagte vom Stoff, dass er an sich «spröde» sei, und erläuterte dies mit der Bemerkung: «Die

91 Auf den Bericht in der «Casa Paterna», in der offiziellen Verfassungsfeier würde nur in drei Landessprachen gesprochen werden, reagierte Gion Caprez (Bern) am 27. April 1948 mit einem Brief an Bundesrat Etter: «An einer solchen Feier sollten doch die vielen Sitten und Gebräuche unseres Vaterlandes deutlich hervorgehoben werden. Das Romanische ist dem Untergang geweiht. Tatschaft [?] und Talschaft spricht immer mehr Deutsch. Helfen Sie mit, Graubünden vor der totalen Verdeutschung zu bewahren! Sie an Ihrer Stelle können sich doch sicher gut für ‹ein Stück echte Schweiz› einsetzen und würden damit helfen, die Romanen im Kampfe gegen den Germanismus anzuspornen.» Etter veranlasste das Sekretariat zu antworten, man habe das Romanische nicht vergessen, es werde in Lied und in der Rede zu Wort kommen (BAr: 3001 [B] 2 Bd. 99).

92 Zum Auftritt des Generals: «Kaum hatte er die Festhalle betreten, da erhoben sich alle Zuschauer spontan, standen auf die Sitzbänke und jubelten Henri Guisan minutenlang zu!» (Der Bund Nr. 283 vom 21. Juni 1948).

93 Neben dem offiziellen Festspiel wurden noch mehrere andere Spiele entworfen und wohl auch aufgeführt, zum Beispiel von Albert J. Welti «Der Pass» (Volksverlag Elgg) oder von Iso Keller «Erneuerung des Bundesschwurs. Ein kleines Festspiel für vaterländische Feiern» (Rex-Verlag Luzern).

94 Zur Geschichte des Festspiels vgl. Das Festspiel: Formen, Funktionen, Perspektiven. Hrsg. v. Balz Engler und Georg Kreis. Willisau 1988.

Geschichte der letzten 100 Jahre der Schweiz darf im Vergleich zu den früheren Zeiträumen in der Schweizergeschichte als ereignisarm angesprochen werden.» Die Berichterstattung war dann aber voll des Lobes, sie erging sich in Superlativen, das Spiel sei «auf das sorgfältigste» vorbereitet worden, die Realisation verdiene «höchste Anerkennung», die Musik ergänze das Spiel in «glücklichster Weise», die in jeder Hinsicht «meisterhafte Inszenierung» verdiene, besucht zu werden etc.[95]

Obwohl 1948 die Differenzen der verschiedenen Positionen etwas deutlicher zum Ausdruck gebracht wurden als bei anderen vaterländischen Anlässen, kulminierte auch dieses Jubiläum in einer grossen nationalen Feier, in der die politischen und sozialen Unterschiede auf das Ständische und Folkloristische reduziert und zu einer vielfältigen Einheit verschmolzen wurden.

Damit ist über die Wirkung dieser Feierlichkeiten freilich nichts gesagt. Der 1948 freigesetzte vaterländische Enthusiasmus wird sich, im Vergleich mit vorangegangenen Jubiläen, in engen Grenzen gehalten haben. Zu einem prägenden Generationenerlebnis dürften die Feiern von 1948 wohl nicht geworden sein.[96] Vielleicht sind sie unter anderem auch deshalb in der Literatur bisher kaum thematisiert worden. Es gibt aber, wie diese kleine Studie zu zeigen versucht hat, eine Reihe interessanter Gesichtspunkte, die es sehr wohl rechtfertigen, sich auch mit diesem Jubiläum auseinanderzusetzen. Im Sinne eines Epilogs oder eines Postskriptums sei abschliessend noch auf eine Kontroverse um ein spezielles Vorkommnis, die Zürcher Helmhaus-Ausstellung, hingewiesen.

Streit um eine Ausstellung

Die im Auftrag des Zürcher Stadtrates erarbeitete Jubiläums-Ausstellung «Der Weg der Schweiz» wurde im wesentlichen von Konrad Farner konzipiert und wies ein Profil auf, das von den Publikumserwartungen mit traditionellen Geschichtsvorstellungen erheblich abwich, zugleich aber von Fachhistorikern entweder explizit gutgeheissen oder durch deren Arbeiten indirekt gestützt wurde. Die Ausstellung und die gegen sie erhobenen Proteste wurden zu Gegenständen einer öffentlichen Kontroverse und insbesondere auch einer Debatte im Zürcher Gemeinderat.

Aufgebracht wurde die Sache durch Redaktor und Gemeinderat Ernst Bieri mit einem ganzseitigen Artikel in der Sonntagsausgabe der *NZZ* vom 29. Februar 1948. Hier werde nicht der Weg der Schweiz, sondern der Weg der marxistischen Geschichtsauffassung gezeigt. Der rote Stadtrat habe zu verantworten, «dass hier die robuste

95 Der Bund Nr. 283 vom 21. Juni 1948. Im Spiel wirkten namhafte Schauspieler mit, wie Leopold Biberti, Alfred Schlageter, Ellen Widmann, Erwin Kohlund etc.

96 Wie zu erwarten, taucht das Jubiläum von 1948 in der Jahres-Hitliste der sogenannten Medienereignisse nicht auf. Eine Ausnahme bildet Bundespräsident Celios Luzerner Parteirede vom 28. Februar 1948 zum Jesuiten-Verbot, die es im «Vaterland» noch auf den 8. Platz schaffte. Vgl. die Dokumentation von Esther Kamber. In: Konkordanz und Kalter Krieg. Analyse von Medienereignissen in der Schweiz der Zwischen- und Nachkriegszeit. Hrsg. v. Kurt Imhof u.a. Zürich 1996. S. 269.

Hand eines konsequenten Marxisten am Werk gewesen ist, der unserer vaterländischen Geschichte den Stempel seiner Parteivorurteile aufgedrückt hat». Mit allgemeinen Steuergeldern sei eine Sache finanziert worden, die eindeutig auf die Werbung für eine bestimmte Ideologie ausgehe. Bieri beanstandete neben zahlreichen Einzelpunkten vor allem das Grundverständnis, das einer materialistischen Betrachtungsweise verfallen sei und den Marxismus in eine Linie zum Liberalismus stelle. Die von Marx verbreitete Lehre des engen Zusammenhangs zwischen Ökonomie und Politik sei nicht von vornherein falsch, aber sie negiere oder unterschätze zum mindesten die Eigenständigkeit geistiger und individueller Kräfte. «Fast scheint es, als ob wir nur wegen der Spinn- und Webmaschine das hundertjährige Jubiläum des Bundesstaates feiern können. Die politischen Forderungen und die geistige Zielsetzung des Liberalismus kommen in der auf ökonomische Betrachtungsweise zugeschnittenen Ausstellung zu kurz.» Es gehe nicht an, dass sich Leute zu Erben des Liberalismus aufwerfen, die vom unverhohlenen Kampf gegen die tragenden Elemente der Umwälzung von 1848 lebten. Man könne die marxistische Revolution nicht ohne weiteres mit der Parallele der bürgerlichen Revolution rechtfertigen.

«Die liberale Umwälzung hat den Menschen befreit und ihm die Freiheit garantiert; sie setzte sich selbst Grenzen der Volkssouveränität und der Staatsmacht. Der Marxismus hingegen beseitigt alle Schranken und jagt die Völker in den Rachen des totalen Staates, der Diktatur und der Demokratie. Es ist deshalb ungehörig, die proletarische Revolution als logische Fortsetzung der bürgerlichen Revolution auszugeben.»[97]

Hier werde mit öffentlichen Mitteln eine «von der Mehrheit des Volkes und auch von einem starken Teil der Sozialdemokratie» abgelehnte Ideologie propagiert. Wenn sich der rote Stadtrat gerne von einem halbkommunistischen «Brain Trust» umgebe, sei das seine Sache. Er solle aber die Öffentlichkeit mit den historischen Eskapaden einer Clique verschonen, «die es wagt, Marx, Lenin und Trotzki in die Ahnengalerie des schweizerischen Patriotismus aufzunehmen».[98]

Auf die in der *NZZ* veröffentlichte Kritik reagierte das *Volksrecht* mit einer langen Replik, in der es argumentierte, dass Ernst Bieri mit seiner Kritik genau das mache, was er der Ausstellung vorwerfe, dass er mit halben Wahrheiten und ganzen Unwahrheiten leichtfertige und verantwortungslose Kritik betreibe und sich auf diese Weise böse «Verzerrung und Verfälschung» zuschulden kommen lasse:

97 Ernst Bieri, «Der Weg der Schweiz» in marxistischer Geschichtsauffassung. Zur Jubiläumsausstellung im Helmhaus. In: NZZ Nr. 432 vom 29. Februar 1948. Weitere Proteste der FDP Schweiz und der FDP der Stadt Zürich (in Nr. 470 vom 4. März 1948) oder von J. E. wegen der ausgebliebenen Würdigung der freiwilligen Frauenarbeit (Nr. 581 vom 17. März 1948). Kritische Beurteilung auch durch Otto Weiss in den Schweizer Monatsheften. Bekanntlich lancierte Ernst Bieri 1956 in den aufgeregten Tagen nach dem Ungarnaufstand einen weiteren Angriff auf Konrad Farner.

98 NZZ Nr. 432 vom 29. Februar 1948.

«Wir zweifeln keinen Augenblick daran, dass jeder objektive, jeder anständige Besucher des Helmhauses eindeutig selbst die Antwort geben wird, auf was die von diesem Hasskritiker der Ausstellung gewidmeten Beiwörter – ‹ungehörig›, ‹taktlos›, ‹missraten› – zutreffen: auf die Gedenkschau im Helmhaus und ihre Gestalten oder auf Herrn Dr. Ernst Bieri selbst und sein bösartiges, schäbiges Produkt.»[99]

Stadtpräsident Adolf Lüchinger (SP) musste im Gemeinderat zu den von Ernst Bieri (FDP) auch in einer Interpellation aufgeworfenen Fragen Stellung nehmen.[100] Grundsätzlich begrüsste er es, dass im Jubiläumsjahr 1948 eine kulturpolitische Diskussion über unterschiedliche Geschichtsverständnisse stattfinde. Er berief sich auf Ernst Gagliardi, für den der Kampf um die Neugestaltung der Schweiz ebenfalls weitgehend ein Kampf um ökonomische Fragen sei. Der als Beirat beigezogene Eduard Fueter habe die Ausstellung nie als unsachlich oder tendenziös kritisiert. Lüchinger konnte sogar einen Gratulationsbrief von Jean Rodolphe von Salis verlesen, in dem von gutschweizerischem Bemühen, von echt demokratischer Tradition, von Fortsetzung der Landi-Bemühungen mit bescheidenen Mitteln die Rede war. Später konnte er dazu die zustimmende Äusserung von Dr. Witz vom Artemis-Verlag nachreichen, der von Salis' Auffassung «voll und ganz» teile, sowie einen anerkennenden Brief von Prof. Hunziker, Rektor des Literargymnasiums.

Über Dr. Konrad Farner sagte er, er sei als Herausgeber der Buchreihe *Mensch und Gesellschaft* im Berner Verlag Francke bekannt, durch verschiedene wissenschaftliche und künstlerische Ausstellungen ausgewiesen, habe schon 1938 im Auftrag der Universität Basel für Studierende der Staats- und Wirtschaftswissenschaften Vorträge über die «Geschichte der Schweiz in den letzten hundert Jahren» gehalten. Auf Bieris Vorwurf, Farner habe bei der Partei der Arbeit Baselland für den Landrat und den Nationalrat kandidiert, erklärte Lüchinger, «um die politische Einstellung Farners haben wir uns nicht gekümmert», Farner sei vielleicht einmal Kommunist gewesen, gehöre heute aber nicht der PdA an. Zum verantwortlichen Grafiker G. Honegger-Lavater führte er aus, dieser habe auch schon für die FDP, für die Zentrale für Handelsförderung und für die Schweizerische Kreditanstalt gearbeitet. Der Maler Hans Erni sei zum Zug gekommen, weil die beiden ebenfalls kontaktierten Zürcher Künstler dessen Überlegenheit anerkannt hätten.[101] Gewisse Korrekturen habe er vor Bekanntwerden der Kritik selber veranlasst: Alfred Eschers Abqualifizierung als

99 -rr, Herostratos Bieri. In: Volksrecht Nr. 65 vom 17. März 1948. Der Basler Vorwärts hatte schon in der Nr. 52 vom 2. März 1948 eine Entgegnung publiziert (A., Goethe, Herr Bieri und die Revolution im «Helmhaus»).

100 Berichte über die beiden Sitzungen in NZZ Nr. 906 und 1178 vom 29. April und 3. Juni 1948.

101 E. Jaeckle (LdU) kritisierte den Beizug von Künstlern, die keine Künstler mehr seien, und stufte Ernis Wandbild als «übelste Gebrauchsgrafik» ein. Sowohl Farner wie Erni hatten an der Landesausstellung von 1939 mitgewirkt.

«Schaffer und Raffer» sei entfernt und die Porträts von Lenin und Trotzki seien redimensioniert worden.

In der anschliessenden Debatte lief die Kontroverse vor allem zwischen den Freisinnigen und den Sozialdemokraten. Ein Sprecher der Katholisch-Konservativen (J. Kappeler) erklärte, er habe die Ausstellung nicht so schlecht gefunden, sie wecke auf alle Fälle das Interesse an der Heimat! Ein kommunistischer Gemeinderat (F. Heeb) gratulierte dem Stadtpräsidenten im Namen seiner Fraktion zur «glücklichen Hand» bei der Auswahl seines Mitarbeiterstabs, was auf der rechten Seite Heiterkeit auslöste. Ein freisinniger Redner (H. Blattner) bezeichnete es als eigenartig, dass die Sozialdemokraten gerade in dieser Sache wieder Arm in Arm mit den Kommunisten gingen, und zitierte britische Labour-Stimmen, die besagten, dass man von den Kommunisten keine Belehrungen über Demokratie nötig habe. Zuvor hatte ein anderer freisinniger Gemeinderat (N. Rappold) der Ausstellung die Absicht nachgesagt, sie wolle eigentlich den Glauben an die Grundlagen des Bundesstaates erschüttern. In diesem Votum zeigte sich, worin jenseits von parteipolitischen Gegensätzen die grundsätzliche Divergenz bestand. Rappold ging davon aus, dass die Ausstellung den gleichgebliebenen und unverändert gültigen «Geist» der Bundesverfassung von 1848 hätte darstellen sollen. Das Ausstellungsthema sei eigenmächtig abgeändert, es seien «nur 150 Jahre Schweizergeschichte» dargestellt worden. Nach der Erwartung des traditionellen Jubiläumsverständnisses hätte nicht der Fortgang der Geschichte, sondern deren Erfüllung im Erreichen von 1848 und damit das Ende der Geschichte thematisiert werden sollen. «Mit 1848 wurde in der Schweiz der Revolutionsgeist überwunden; die Ausstellung hätte also nicht den Revolutionsgeist, sondern dessen Überwindung preisen sollen.»[102]

102 NZZ Nr. 1178 vom 3. Juni 1948.

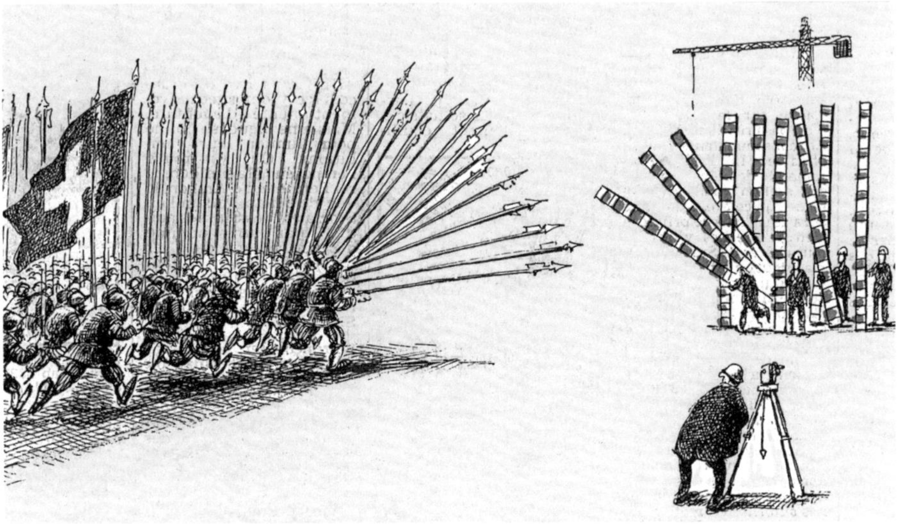

Eine Schlacht um das Schlachtfeld: Prägemünzen und Traditionalismus gegen den Immobilienkapitalismus der expandierenden Moderne (24 heures vom 1. März 1989, Zeichnung: Burki).

Das Schlachtfeld von Marignano aufkaufen?

Das Schlachtfeld von Marignano wird von Überbauungen bedroht. Darum hat ein nationalrätliches Postulat den Bundesrat aufgefordert zu prüfen, ob das Gelände erworben oder mit andern Mitteln geschützt werden könne.[1] Der Vorschlag, den die Landesregierung zu prüfen bereit gewesen ist, steht in einer langen Tradition:

Schon 1859 verhinderte die Schweizerische Gemeinnützige Gesellschaft einen auf der Rütliwiese projektierten und in Anfängen bereits realisierten Hotelbau, indem sie die «heilige Stätte» für 55 000 Fr. aufkaufte und die Erwerbung mit einer gesamtschweizerischen Kollekte finanzierte.[2] 1934/35 veranlassten das Verlagshaus *Ringier* und Bundesrat Philipp Etter die Wiederherstellung der Küssnachter Hohlen Gasse. Sie finanzierten die Aktion, welche die Geschichtlichkeit des Tell hätte beweisen sollen, mit einer bei der Schweizer Schuljugend durchgeführten Sammlung, die schliesslich 102 910 Fr. erbrachte.[3] Während in diesem Fall die Entwicklung der Moderne – konkret: die baulichen Anpassungen an die Bedürfnisse des motorisierten Strassenverkehrs – rückgängig gemacht bzw. umgeleitet wurde, ging es im dritten Fall darum, den «Fortschritt» gar nicht fortschreiten zu lassen: Sensibilisiert durch die 650-Jahr-Feierlichkeiten, wollte man 1965 dafür sorgen, dass das Terrain der Schlacht am Morgarten nicht mit Ferienhäuschen überbaut würde. Erneut wurde eine «Selbsthilfeaktion» der Schweizer Schuljugend in Gang gesetzt. Der Kinderkreuzzug gegen die Bodenspekulation erbrachte 215 566 Fr.[4] In allen drei Fällen wurde die Jugend zur symbolischen Besitzerin der erworbenen Stätten und wurden Schulkinder in die mit nationalpädagogischen Absichten inszenierten Übernahme- und Einweihungsrituale einbezogen.

1 Postulat von Nationalrat Konrad Basler (SVP/ZH) vom 15. Dezember 1988, auf den Prägegewinn-Beschluss des Bundesrates vom 7. Oktober 1988 verweisend. Das Postulat wurde am 13. Februar 1989 vom Bundesrat entgegengeommen. Die Sache verlief dann im (Bundes-)Sand: Im Geschäftsführungsbericht des Bundesrates für das Jahr 1990 heisst es, man habe sich mit der Stiftung «Pro Marignano» und dem Generalkonsul in Mailand in Verbindung gesetzt und festgestellt, dass alles zu teuer sei. Zudem sei der Prägegewinn der 700-Jahr-Feier bereits vollständig zur Organisation der Feier vergeben. Das Geschäft wurde in der Sommersession 1991 mit der Genehmigung des Berichts abgeschrieben.

2 Vgl. etwa Josef Wiget, Rütli. Zürich 1986.

3 Peter Utz, Die ausgehöhlte Gasse. In: Tages-Anzeiger-Magazin Nr. 16, 1984. Unter dem gleichen Titel, aber auf die allgemeine Wirkungsgeschichte von Schillers «Wilhelm Tell» erweitert, publizierte Utz im gleichen Jahr seine 1982 angenommene Dissertation in leicht überarbeiteter Version.

4 Maria Schnitzer, Die Morgartenschlacht im Werden schweizerischen Nationalbewusstseins. Diss. Zürich 1969. S. 123ff.

Diese drei Vorfälle oder Vorbilder sind aber keine ausreichende Begründung dafür, dass jetzt auch «Marignano» noch aufgekauft werden sollte. Warum also, so müssen wir uns trotzdem fragen, warum also der Einsatz für «Marignano» und warum gerade jetzt? Letzteres lässt sich wohl leichter beantworten, und im Gerade-jetzt liegt ein Grossteil der Erklärung für das Warum: Vaterländische Tage stehen bevor, die 700-Jahr-Feier mit vaterländischen Erinnerungsmünzen, die einen guten Prägegewinn abwerfen und die Finanzierung manch guter Werke gestatten werden. Warum also nicht auch einen Einsatz für «Marignano»?

Eine zweite Erklärung dafür, dass gerade jetzt dieser Einsatz nötig sei, liegt in Norditalien: Die fortschreitende Industrialisierung und Urbanisierung hat auch dieses Schlachtfeld erreicht. Das geschah freilich nicht über Nacht, und von einer unmittelbaren Überbauungsgefahr ist nichts bekannt. Es ist vielmehr das allgemeine längerfristige Schicksal unserer Gesellschaft, dass dort, wo Urahnen auf Matten und in Büschen blutig aufeinander eingeschlagen haben, heute der befriedete Kampf um profitable Wirtschaftsabschlüsse und das kleine Glück im Einfamilienhaus geführt wird.

Für «Marignano» hätte man sich schon vor Jahren einsetzen können. Dass es gerade jetzt geschieht, erklärt sich drittens aus dem Umstand, dass sich bestimmte Menschen durch die Problematik haben ansprechen lassen. Doch worum geht es denjenigen, welche heute für «Marignano» kämpfen wollen? Der Postulant verzichtete ausdrücklich auf eine Begründung, und auch der Bundesrat sah sich nicht veranlasst, seine Eintretensbereitschaft zu erläutern. Mithin die Selbstverständlichkeit eines intakten Verhältnisses zur eigenen Geschichte, das keiner Erklärung bedarf? Es wäre doch gut zu wissen, welche Inhalte mit der Erinnerung an «Marignano» verknüpft werden, zumal man ausgerechnet den Moment einer Niederlage fassbar konservieren möchte.

«Marignano» ist allerdings als siegreiche Niederlage in die Geschichte eingegangen, ähnlich wie St. Jakob an der Birs von 1444. «Marignano» wird als eine entscheidende Wende der Schweizergeschichte verstanden, als das Ende der territorialen Expansionspolitik und der aktiven Grossmachtpolitik, als Anfang der – selbstgewollten oder auferlegten – Kleinstaatlichkeit, als Geburtsstunde der Neutralität. Was wir heute als Staat seien, wurzle gewissermassen im Boden von «Marignano». Wäre die Schlacht anders ausgegangen, der Weg der Schweizergeschichte wäre möglicherweise ebenfalls ein anderer gewesen: Die Schweiz hätte sich als weit grösserer Staat keine Neutralitätspolitik, keinen Föderalismus und keine direktdemokratischen Entscheidungsstrukturen leisten können, sie wäre zum Beispiel an den Weltkriegen beteiligt gewesen und – schon heute – Mitglied der EG.

Man wird sich – selbst bei unterschiedlicher Akzentsetzung – darauf einigen können, dass «Marignano» in der Tat ein wichtiger Moment der Schweizergeschichte ist. Kann man, muss man daraus ableiten, dass auch der reale Ort dieses Momentes wichtig ist? Wichtiger als der Ort im Gelände ist freilich der Ort in unserem Bewusstsein. Um «Marignano» zu verstehen, sollten wir eigentlich kein reales Grundstück nötig haben. Und wollten wir dennoch ein Stück Erde, hätten wir Mühe, den Ort der Tat auszumachen. Ein anderer Vorbehalt könnte dahin gehen, dass die Gedenkaktion ein Tribut an ein überholtes Geschichtsbild sei, dass statt nur oder vorwiegend kriegerischer und alteidgenössischer auch zivile und neuzeitliche Ereignisstätten als Gedenkorte gepflegt werden sollten. «Marignano» hat an einem 14. September stattgefunden. Der 12. September (allerdings nicht 1515, sondern 1848) ist der Geburtstag unseres Bundesstaates. Was ist uns die Räumlichkeit wert, in der die alte Tagsatzung den «historischen Moment» ritualisierte, indem sie die (neue) Bundesverfassung für angenommen erklärte?

Wie bei den meisten Schauplätzen besteht auf dem Feld in der Poebene eine starke Diskrepanz zwischen der grossen Bedeutsamkeit des inzwischen verflüchtigten Ereignisses und der Banalität des zurückgebliebenen Ortes. Alt Bundesrat Georges-André Chevallaz reagierte auf die Frage, ob man das Schlachtfeld von Marignano retten sollte, mit der bezeichnenden Gegenfrage, ob der Ort genügend pittoresk sei.[5] Die heutige Erscheinung des Geländes verfügt offenbar nicht über spezielle Reize, die eine Rettung nahelegen würden. Eine gepflegte Grünzone wäre den Bewohnern der Gegend von Melegnano, Mezzano, Zivido und San Giuliano in jedem Fall recht, auch wenn sie zu dieser Schlacht zwischen fremden Kräften (Franzosen, Deutschen, Schweizern, Spaniern und Venezianern) keine persönliche Beziehung haben. Das in Frage kommende Terrain von 15 ha (das gesamte Schlachtgelände dürfte 10 km^2 umfasst haben) ist bereits als unbebaubare Zone klassiert. In unmittelbarer Nähe hat sich die «Schweiz» schon eingekauft, ist doch die multinationale Sandoz AG Besitzerin von anderen 15 ha der benachbarten Industriezone!

Die Presse reagierte zum grösseren Teil belustigt und rief nach Leserstimmen. Ein guter Medienknüller. *La Suisse* vom 1. Februar 1990 meinte, eine schweizerische Enklave in Marignano könnte doch einen 24. Kanton bilden, und bemerkte abschliessend: «Les voies de l'Histoire sont impénétrables ...» Während den politischen Exponenten der Region von Marignano die Vorstellung, dass die Schweiz das ehemalige Schlachtfeld aufkaufen könnte, keineswegs unsympathisch ist, haben schweizerische Kommentare zum Teil Bedenken angemeldet und den Kaufvorschlag als zweiten Kampf um Marignano interpretiert und als Versuch missverstanden, mit den modernen Waffen des Kapitals eine späte Revanche anzustreben.[6] Das Geld spielt beim Vorschlag, sich in irgendeiner Weise des Feldes von Melegnano anzunehmen, gewiss eine wichtige Rolle. Doch wer Geld hat, sollte auch Geist haben. Bei der gegenwärtigen Lage will es zwar scheinen, dass wir mit materiellen Ressourcen besser ausgestattet sind als mit ideellen. Dies spricht aber nicht gegen, sondern für eine vorsorgliche Sicherstellung eines Raumes, den künftige Generationen vielleicht mit einer überzeugenden Sinngebung ausstatten werden.[7]

5 G.-A. Chevallaz: «Tout dépend du lieu. Est-il pittoresque? (...) si on ne voit qu'une morne plaine divisée par un canal, je ne vois guère ce qu'on pourrait en faire» (24 heures vom 1. März 1990).

6 Chappatte zeichnete in «La Suisse» vom 23. Februar 1989 eine Phalanx von bebrillten Bankern mit Akten- bzw. Geldkoffern im Anmarsch, angeführt von einer Berner Diplomatenlimousine, und einen perplexen Dorfjungen, der nach hinten ruft: «Ils sont de retour!»

7 2003: Eine wichtige inzwischen erschienene Publikation stammt von François Walter, Marignan, 1515. Traces de la mémoire d'une bataille de géants. In: Festschrift Louis Binz SHAG. Genf 1995.

Die Schlacht von 1515 gewann in der Tat gegen Ende des 19. Jahrhunderts im kollektiven Bewusstsein die Qualität eines zentralen Moments der schicksalshaften Erfahrung nationaler Bestimmung. Ausdruck dieses Moments ist Ferdinand Hodlers dreiteiliges Fresko für die Waffenhalle des Landesmuseums, «Der Rückzug von Marignano» (1900), und dessen Rezeption. – Die um 1960 einsetzende Intensivierung in der Auseinandersetzung mit der Rolle der Schweiz im Zweiten Weltkrieg drehte sich vor allem um die Frage, ob und inwiefern die Schweiz neutral geblieben sei. Ohne Zusammenhang mit dieser Hauptdebatte wurde nebenbei und sozusagen jubiläumsbedingt auch die Idee vom «Ursprung» der schweizerischen Neutralität kultiviert.

Nachtrag von 2003: 1965 wurde nicht nur an «Morgarten» erinnert (vgl. oben), es wurde auch zum 450. Jahrestag der Schlacht von Marignano vor Ort ein Denkmal gesetzt. Dies geschah aus einer Fortschreibung der historistischen Tradition des späten 19. Jahrhunderts heraus, aber auch aus dem aktuellen Bedürfnis, das drei verschiedene Komponenten aufwies: Zum einen ging es um die Bekräftigung der traditionellen Neutralitätsvorstellung, nachdem die Schweiz wegen ihrer Rolle im Zweiten Weltkrieg 1960/61 ins Gerede gekommen und deswegen der Bonjour-Bericht in Auftrag gegeben worden war. Zum anderen ging es mit der Betonung der angeblich 1515 einsetzenden Entwicklung als von Europa fortan getrennt lebender neutraler Kleinstaat darum, den 1962/63 drohenden «Anschluss» an die EWG abzuwehren. Schliesslich sollte mit einem versichernden Zeichen aus der alten Geschichte ein Gegengewicht zu den entfremdenden Effekten der Hochkonjunktur geschaffen werden. Die *Fondazione Pro Marignano* liess 1965 bei der Kirche von Zivido einen mächtigen Grantitblock aufstellen, der auf der Vorderfront in einer von Josef Bisa gestalteten Reliefdarstellung einen Kämpfer zeigt, der seinen sterbenden Kameraden schützt. Darüber steht die Inschrift: Ex clade salus (aus der Niederlage das Heil). Georg Thürer, zur Zeit der nationalsozialistischen Bedrohung der historische Vordenker der «Geistigen Landesverteidigung», rief damals die hohe staatspolitische Bedeutung der Wende von 1515 in Erinnerung (Georg Thürer, Die Wende von Marignano. Zürich 1965). Einige Jahre später folgte Emil Usteris quellennahe Rekonstruktion der Vorgänge in den «Schicksalsjahren» von 1515/16. Das Baudenkmal und die beiden Buchdenkmäler waren vom «Komitee zur Würdigung der Schlacht von Marignano und ihrer Konsequenzen» initiiert und finanziert worden. Dieses Komitee setzte sich zusammen aus Grössen der schweizerischen Wirtschaft, Werner Oswald war sein Präsident – und Christoph Blocher war als Student dabei. Für ihn war «Marignano» 1992 ein Schlüsselbegriff im Kampf gegen den EWR. Dass man Marignano durchaus auch europafreundlich deuten konnte, zeigt damals eine Stellungnahme in der *NZZ*.[8] Der Militärhistoriker Walter Schaufelberger

S. 479–503. – Andreas Suter, Die Entdeckung von Marignano. Die Tradition der neutralen Schweiz als Erfindung des 19. Jahrhunderts. In: NZZ vom 13./14. Februar 1999. Bereits ausgeführt in: Eine kleine Geschichte der Schweiz. Frankfurt a.M. 1998. S. 133ff.

8 Hanno Helbing, Von Morgarten bis Marignano. In: NZZ Nr. 3749 vom 1. September 1965.

setzte später in seinem Beitrag von 1993 ebenfalls einen eher europafreundlichen Akzent, indem er betonte, dass die Niederlage weniger mit der veralteten Kampftaktik als mit dem Fehlen eines einheitlichen übergeordneten Kommandos zu erklären sei. Das konnte man als indirekte Befürwortung der seit 1990 von Bundesbern befürworteten internationalen Zusammenarbeit im Bereich der europäischen Sicherheitspolitik verstehen.[9]

«Marignano» bleibt ein Topos in der schweizerischen Selbstverständigung. Darum kann eine Zeitung unter dem Titel «Mit Swissair zurück nach Marignano» die mit dem Debakel der schweizerischen Fluggesellschaft sich stellende Frage ansprechen, «wie die Schweiz nach diesem modernen Marignano ihre europäische Isolation zu überwinden vermöge».[10]

9 Walter Schaufelberger, Marignano. Strukturelle Grenzen eidgenössischer Militärmacht zwischen Mittelalter und Neuzeit. Frauenfeld 1993. S. 12 u. 88.

10 NZZ vom 5. Oktober 2001.

Ambivalentes Schweizerkreuz veranschaulicht Glanz und Elend einer nationalen Airline in globalisierten Verhältnissen (Neue Zürcher Zeitung vom 24. Oktober 2001, Zeichnung: Patrick Chappatte).

Das Schweizerkreuz

Das Schweizerkreuz, das weisse Kreuz im roten Feld, ist ein Erkennungs- und Wiedererkennungszeichen. Form und Farben werden der Schweiz zugeordnet und von der Schweiz in Anspruch genommen. Heutzutage dürfen wir davon ausgehen, dass das einfach so ist, sogar gesetzlich geregelt und international anerkannt ist.

Es ist freilich ein Zustand mit Varianten, rund um die 1889 offiziell festgelegte Form, die ein frei schwebendes Kreuz vorsieht aus vier nicht an die Ränder durchgehenden, leicht verschlankten, um ein Sechstel längeren als breiten Armen. 1890 forderte eine Petition ein Kreuz aus fünf Quadraten, fand beim Parlament aber kein Gehör. Trotzdem gibt es Kreuzvarianten, vor allem in der Werbung und in der Welt der Karikatur, vom durchlöcherten Emmentalerkreuz bis zu Anspielungen ans Hakenkreuz.

Wie das meiste hat auch das Schweizerkreuz eine Geschichte – von den sogenannten Anfängen bis zum erwähnten Bundesbeschluss vom 12. November 1889 und danach. Diese Geschichte kann man rekonstruieren, dokumentieren, analysieren und nacherzählen. Was aber hat man, wenn man die Geschichte kennt und hat? Die Antwort auf die an sich naheliegenden Fragen nach dem Woher und dem Seit-wann kann keinen Ursprung benennen, aus dem sich alles Weitere sozusagen automatisch ergeben hätte. Das Schweizerkreuz ist das, was es geworden ist.[1]

Die Geschichte des Erkennungszeichens bietet andererseits aber mehr als nur eine heraldische Genese. Sie vermittelt Einsichten in zwei Seiten ein und desselben Prozesses: einmal des Vorgangs des Zusammenschlusses zu einer nationalen Gemeinschaft und zum anderen der gemeinsamen Abgrenzung von einem schliesslich als Ausland definierten Umfeld. Dieser doppelte Prozess setzte gegen Ende des 15. Jahrhunderts ein, er verlief aber nicht linear und erhielt nach 1815 eine neue Qualität.

Das Zeichen selber ist indessen älter als der an ihm sich abzeichnende, an ihm und mit ihm gedeihende Vorgang. Schon im 14. Jahrhundert, insbesondere in der Schlacht von Laupen (1339), sollen die Berner und der Zuzug aus der Innerschweiz – wohl aus gekreuzten Leinenstreifen – als praktisches Unterscheidungsmerkmal dieses Zeichen aufgenäht haben, während die gegnerischen Habsburger ein rotes Kreuz getragen hätten.[2]

1 Zu den allgemeinen Fragen der schweizerischen Heraldik vgl. Louis Mühlemann, Wappen und Fahnen der Schweiz. Luzern 1977.

2 Helmut Maurer, Schweizer und Schwaben. Ihre Begegnung und ihr Auseinanderleben am Bodensee im Mittelalter. Konstanz 1983 (2., erw. Aufl. 1991). S. 24 u. 41.

Das Zeichen wurde im Verlaufe des 15. Jahrhunderts nun nicht nur auf den Kleidern, sondern auch auf Bannern der gemischten, zum Teil ad hoc sich bildenden Truppen verwendet, weil Kantonsautoritäten mit ihren Zeichen für diese keine Verantwortung trugen; es handelte sich da aber nicht – wie später – um ein übergeordnetes, sondern eher um ein minderwertiges Zeichen.

Spätestens hier stellt sich die naheliegende Frage nach dem Verhältnis von Schwyzerkreuz und Schweizerkreuz. Das Schwyzer Standesbanner war ursprünglich (und vielleicht da bereits mit Bezug auf die Leiden Christi) ein bildloses rotes Tuch. Später wurde es angereichert durch ein Eckquartier bzw. Zwickelbild, das mit dem Kruzifix und den Marterinstrumenten die Passion Christi veranschaulicht. Nochmals später, das heisst 1480, erhielten die Schwyzer für diesen Gebrauch von Papst Sixtus IV. eine explizite Autorisierung.[3]

Auch andere Kantone führten ähnliche Eckquartiere als zusätzliche Elemente, und Schwyz führte zusätzlich das gemeineidgenössische Erkennungskreuz. Dies festzustellen ist darum wichtig, weil es zeigt, dass das Erkennungskreuz, wie Josef Wiget vom schwyzerischen Bundesbriefarchiv festhält, keine stilisierende Ableitung aus dem Marterkreuz ist, sondern eine eigene Herkunft hat.

Unter Bezugnahme auf das Schwyzer Marterkreuz wurde aber, wie der Luzerner Historiker Guy Marchal, der beste Kenner dieser Fragen, 1989 dargelegt hat, das praktische Zeichen in der zweiten Hälfte des 15. Jahrhunderts sekundär symbolisch aufgeladen und als christliches Heilszeichen gesehen und kultiviert. Marchals These von der retroaktiven Umdeutung eines praktischen Zeichens hat ältere Theorien zurückgestellt, welche eine evolutive Herleitung aus dem Kreuz des St. Mauritius oder St. Ursus oder gar aus der Reichsfahne angestrebt hatten. Wie auch immer, der Rekurs auf die christliche Symbolik ist in jedem Fall keine schweizerische Exklusivität, auch England, Schottland, Irland, die nordischen Staaten u.a. führten und führen das Kreuz als nationales Symbol.

Der religiöse und magische Charakter der Fahnen kann nicht hoch genug eingestuft werden. Analog zur Legende vom frühchristlichen Kaiser Konstantin, der dank der Zuhilfenahme des christlichen Kreuzes im Jahre 312 eine Schlacht vor Rom gewonnen haben soll, wurde den mit Heilszeichen angereicherten eidgenössischen Bannern Schutz und Siegeswirkung zugeschrieben. Die religiöse Dimension des weltlichen Zeichens appellierte an den einzelnen und stützte das Kollektiv in der lange Zeit gepflegten Vorstellung der Eidgenossen, ein auserwähltes Volk Gottes zu sein.[4]

3 Guy P. Marchal, De la «Passion du Christ» à la «Croix suisse»: quelques réflexions sur une enseigne suisse. In: Histoire et belles histoires de la Suisse. Basel 1989. S. 107–131 (Itinera 9).

4 Nachtrag von 2003: An die «Heiligkeit» des Schweizerkreuzes erinnerten sich einige Patrioten, die sich im Dezember 2002 über den Umschlag des Eizenstat-Buches mit der Kombination von Schweizerkreuz und Hakenkreuz ärgerten. Dagegen erscheint es unproblematisch, wenn der läppische Patriotismus zur Verbreitung von Türvorlagen bzw. Fussmatten mit Schweizerkreuz führt (Typ: Shoemax Cross 75×45 cm), so dass das man seine Schuhe gedankenlos am «heiligen» Emblem reinigen kann. Bereits 1997 hatten Aktivdienst-Veteranen im Hinblick auf die Schlussredaktion der neuen Bundesverfassung eine Petition lanciert, welche der Flagge zu einer eigenen Verfassungsbe-

Die Tagsatzung als die alteidgenössische Ständeversammlung schrieb das durchgehende Kreuz 1480 als Emblem der schweizerischen Söldnertruppen sozusagen in der gemeinsamen Aussenvertretung vor, und im Schwabenkrieg, der ansatzweise die Züge eines nationalen Abgrenzungskrieges hatte, soll 1499 ein gemeineidgenössisches «wyss crütz» als persönliche Markierung vorgeschrieben und auf einem Banner im Einsatz gewesen sein.

Das auch innerlich angenommene Zeichen wurde zur Zierde, auf Waffen und weiterer Ausrüstung, und breitet sich nach und nach vom Militärischen ins Zivile aus. Die militärischen Aufmärsche und Auszüge erfolgten aber bis ins 19. Jahrhundert unter den kantonalen Zeichen – den heraldischen Tieren, Schlüsseln und anderen Zeichen (etwa dem Baslerstab!) oder den bloss zweiflächigen Emblemen (etwa dem Zürcher Wappen). Nur für den Kampf heftete man weisse Kreuze an die Ortsfahnen – die «crux helvetica», die seit dem 16. Jahrhundert ein stehender Begriff war.

Im 17. und 18. Jahrhundert wurde das schlanke durchgehende Schweizerkreuz zu einem festen Bestandteil der in den kantonalen Farben geflammten Truppenfahnen. Die 1798 geschaffene Einheitsrepublik der Helvetik hätte aus dieser Kombination die kantonale Farbenskala verbannen und sich ganz nur auf das Einheitssymbol konzentrieren können. Dieses erschien den republikanischen Erneuerern aber als zu traditionell, sie wählten in Anlehnung an die französische Mutterrepublik eine fortschrittliche Trikolore (Grün, Rot, Gold).

Die Schweiz, das war – auch heraldisch ausgedrückt – bis 1848 ein Bund der Orte beziehungsweise der Kantone, also eine bunte Vielfalt von Kantonsfahnen. Erst 1814/15 wurde sozusagen als gleichwertiges Element das von den Kantonswappen umgebene Schweizerkreuz zum offiziellen Tagsatzungssiegel. Die Fahnenbäume der Schützenfeste wiesen denselben Dualismus auf. Nach 1848 überwog dann die Nationalsymbolik, die kantonalen Farben verschwanden beinahe vollständig in der Armee. Im 20. Jahrhundert erhielt die Fahnenwelt – zeittypisch – eine unterfütternde Ergänzung durch das in der Landi 39 präsentierte Ensemble der 3000 Gemeindewappen, die zum Teil, weil gar nicht vorhanden, ad hoc dafür fabriziert werden mussten.

Den kräftigsten Beitrag zur Popularisierung des Schweizerkreuzes leistete in der Aufbauphase des *nation building* die Schweizer Armee, zunächst mit der 1815 geschaffenen roten Armbinde mit dem weissen Kreuz für die Wehrmänner mit den noch immer verschiedenen Kantonsuniformen, sodann – u.a. auf Betreiben des späteren Generals Henri Dufour – mit der 1841 schliesslich für alle kantonalen Truppen eingeführten Schweizerfahne. Der Aargau hatte bereits 1833 als erster Kanton das eidgenössische Banner für seine Bataillone eingeführt.[5] In dieser Zeit dürften neue Gasthäuser

stimmung verhelfen sollte. Dabei ging es offenbar nicht um eine bestimmte Form, sondern darum, mit dem Mittel der Verfassung die Wichtigkeit der nationalen Symbolik und damit der Nation zum Ausdruck zu bringen. Die ständerätliche Kommission beschied, dass nur das «wirklich Notwendige» in einen Verfassungstext und die Nationalflagge nicht dazu gehöre (NZZ vom 27. März 1998).

5 Hauptmann Charles Borgeaud, Die Schweizerfahne. In: Schweizer Kriegsgeschichte. H. 10. Bern 1917. S. 85–107.

mit der Bezeichnung «Weisses Kreuz» entstanden sein. Diese hatten in der Regel nicht die Würde der älteren, die sich «Bären» oder wie immer nannten.

Seither ist das Kreuz (neben der naturalistischen Helvetia) gewissermassen das abstrakte «Logo» der staatlichen und gesellschaftlichen Einheit Schweiz. Nach aussen eher nüchtern, verwendet an Zollämtern und Grenzsteinen, im Krieg als grossflächige, wie das Rote Kreuz völkerrechtlichen und humanitären Respekt gebietende Markierung. Im Innern zum Teil ebenfalls nüchtern verwendet sozusagen als amtliches Gütesiegel in den Briefköpfen der Bundesverwaltung, aber auch in Verbindung mit positiven und negativen Gefühlsbezügen, hauptsächlich visuell, aber auch verbal, oft mit selbstkritischer Tendenz: «Das Kreuz mit uns Schweizern»[6].

Das weisse Kreuz im roten Feld prangt noch immer an der Schwanzflosse der u.a. nach der 7. Freiheit lechzenden *Swissair.*[7] Und auf dem Papier erscheint das singulär-solitäre Kreuz recht oft im Gegensatz zu den gemeinschaftlichen Sternen Europas.

6 Das Kreuz mit uns Schweizern. Ergebnis einer Umfrage, kommentiert von Werner Catrina. Zürich 1991.

7 Nachtrag von 2003: Ende Januar 2002 erhielt die (viel zu grosse) Flotte der neuen «Swiss» auch eine neue Bemalung der Schwanzflossen, für gutes Geld entworfen vom kanadischen Stardesigner Tyler Brulé. Es stellte sich aber heraus, dass die Kreuzbalken noch schmäler als in der offiziellen Version waren. Belehrung, Protest und Spott setzten ein, man sprach vom «magersüchtigen Kreuz». Die Swiss-Geschäftsleitung gab nach und liess verlauten: «Es ist uns enorm wichtig, was die Menschen hier zu Lande sagen und empfinden.»

Einerseits rang die Arbeiterbewegung dem bürgerlichen Kalender einen neuen Feiertag ab, andererseits stellte sie die patriotischen Muster in den Dienst ihrer Kampagnen (Zeitungskopf des «Grütlianer» vom Januar 1907; Grütli ist eine ältere und in der französischen Sprache noch weitergeführte Variante von Rütli).

Der Triumph des 1. Mai

Zur Offizialisierung des Arbeiter-Feiertages im Jahre 1923

Die Darstellungen, die sich mit dem 1. Mai befassen, konzentrieren sich darauf, Sinn und Ursprung dieses Feiertages zu erläutern.[1] Den Fragen aber, wie der 1. Mai nach seiner Proklamation im Jahre 1889 tatsächlich praktiziert wurde und wie er sich nach und nach zu einem offiziell anerkannten Feiertag durchsetzte, ist bisher wenig oder gar keine Beachtung geschenkt worden. Die folgenden Ausführungen rufen einleitend nochmals den Ursprung und die Zielsetzungen des 1. Mai kurz in Erinnerung und wenden sich dann – vorwiegend am Beispiel Basels – dem bisher vernachlässigten Problem der Offizialisierung zu.[2]

Die Zweite Sozialistische Internationale, die sich 1889 anlässlich der Weltausstellung in Paris versammelte, griff mit ihrem 1.-Mai-Beschluss bekanntlich auf amerikanische Vorläufer zurück. In den USA, wo der 1. Mai «moving day», das heisst ein gängiger Zügel- und Vertragsabschlusstermin war, hatte sich bereits vor 1889 die Tradition entwickelt, auf diesen Tag Arbeiterdemonstrationen anzusetzen. Mit dem Beschluss von 1889 war der 1. Mai natürlich noch keineswegs gleich auch durchgesetzt und anerkannt. Der Weltfeiertag der Arbeiterbewegung lebte im Gegenteil zu einem beträchtlichen Teil vom Umstand, dass er eben kein allgemeiner Feiertag war: Er wurde als Kampftag geschaffen, als – wie wir heute sagen würden – alternative Veranstaltung, als Gegenmanifestation, die sich von den üblichen Feiertagen der bürgerlichen Gesellschaft abheben sollte. Damit waren die folgenden, sich letztlich weitgehend deckenden Zielsetzungen verbunden:

1 Friedrich Giovanoli, Die Maifeierbewegung. Ihre wirtschaftlichen und soziologischen Ursprünge und Wirkungen. Karlsruhe 1925. – Werner Stocker, 50 Jahre Kampf um die Freiheit. Gedenkwort zur fünfzigsten Maifeier. Zürich 1939. – Maurice Dommanget, Histoire du 1er Mai. Paris 1953. – Alfred Cattani, 1. Mai zwischen Feier- und Kampftag. Wochenendbeilage der Neuen Zürcher Zeitung Nr. 100 vom 30. April/1. Mai 1977. – Udo Achten, Illustrierte Geschichte des 1. Mai. Oberhausen 1979. – Ders., Zum Lichte empor. Mai-Festzeitungen der Sozialdemokratie 1891–1914. Berlin/Bonn 1980.

2 Zur Geschichte der Basler Arbeiterbewegung: Markus Bolliger, Die Basler Arbeiterbewegung im Zeitalter des Ersten Weltkrieges und der Spaltung der Sozialdemokratischen Partei. Basel 1970, und die dort aufgeführten und im Basler Stadtbuch 1964 und 1970 publizierten Arbeiten von Wilfried Haeberli. Bei beiden Autoren liegt der 1. Mai ausserhalb deren Abklärungsbereiche. Und Paul Burckhardt (Geschichte der Stadt Basel. S. 336) datiert fälschlicherweise die erste Basler 1.-Mai-Feier mit 1894 statt mit 1890. – Eduard Hoffmann-Krayer widmet den Maifesten einen längeren Abschnitt und registriert den 1899 eingeführten 1. August – die von 1890 an in der Schweiz regelmässigbegangenen 1.-Mai-Feiern erwähnt er hingegen nicht (Feste und Brauchtum des Schweizervolkes. Zürich 1913. S. 153–159, 165. Ebenso in der überarbeiteten Ausgabe von 1940).

1. Der 1. Mai sollte das *proletarische Selbstwertgefühl* steigern und der Arbeiterschaft deren eigene Möglichkeiten stärker bewusstmachen. Darum der selbstgefasste Entschluss, die Arbeit demonstrativ vorübergehend einzustellen, nach dem Motto: «Alle Räder stehen still, wenn Dein starker Arm es will.» Die Forderung nach Arbeitsruhe orientierte sich zunächst also weniger am Vorbild der bürgerlichen und insbesondere kirchlichen Feiertagsvorstellungen. Sich selbst und der übrigen Welt sollte die Wichtigkeit der Arbeiterschaft für den Wirtschaftsprozess demonstriert werden. In diesem Sinne stellte beispielsweise der *Basler Vorwärts* 1902 triumphierend fest, in Grenchen hätten am 1. Mai bis auf ein Unternehmen, in dem allerdings auch nur vormittags gearbeitet worden war, alle Fabriken ihren Betrieb eingestellt.[3]
2. Damit aufs engste verknüpft war ein gewisses *Organisations- und Mobilisationstraining.* Der eher skeptische *Grütlianer* hob 1890, nachdem der 1. Mai zum ersten Mal gefeiert worden war, die «imponierende Disziplin» des Arbeiterstandes hervor und frohlockte: «In vollster Ordnung haben in Nord und Süd, in West und Ost unseres Kontinents und auch überm Ozean die Manifestationen der Hunderttausende und Millionen von Arbeitern für den Achtstundentag sich abgewickelt.»[4] Die 1.-Mai-Demonstrationen werden immer wieder als Heerschau und die Arbeiterzüge als Exerziereinheiten gedeutet: «Dumpf dröhne der Massenschritt der Arbeiterheere am 1. Mai hinauf zu den Sälen der Herren, um so eindringlicher sie mahnend an das Ende ihrer Herrschaft, je geordneter, ruhiger und sicherer die Bataillone einherschreiten.»[5]
3. Indem man den 1. Mai weltweit gleichzeitig beging, wollte man die *internationale Verbundenheit* der Arbeiterschaft demonstrieren und dem einzelnen Arbeiter die Möglichkeit geben, sich als Teil eines grossen Ganzen zu fühlen. Im Appell, der 1894 beispielsweise an die Genossen der Innerschweiz erging, kommt diese Funktion deutlich zum Ausdruck: «Auch die zugerische Arbeiterschaft bildet einen Teil dieser weltbefreienden Schar. Darum, werte Mitbrüder und Mitschwestern, die Ihr mit des Lebens Not zu kämpfen habt und unter dem Joche des Kapitalismus seufzt, auch an Euch ergeht der Appell, an diesem Tag Eure Stimme nach einer besseren Gesellschaftsordnung in dem millionenstimmigen Rufe des gedrückten Proletariates der ganzen Erde ertönen zu lassen.»[6]

3 Basler Vorwärts 103 vom 4. Mai 1902 (Der «Vorwärts», ab 1892 Nachfolger des «Basler Arbeiterfreundes», wird ab 1. Juli 1897 zum «Basler Vorwärts»; vom 21. Februar 1921 an ist es ein kommunistisches Blatt, während das Organ der Basler Sozialdemokraten von nun an «Arbeiter-Zeitung» heisst.).

4 Grütlianer 37 vom 7. Mai 1890. Zwei Jahre später stellte das gleiche Blatt fest: «Die Arbeiterbewegung hat ihre Leute gut geschult» (52 vom 5. Mai 1892).

5 Schweizerischer Sozialdemokrat 18 vom 29. April 1892. Das Mitführen schwarzer Anarchisten-Fahnen wurde entsprechend als Disziplinlosigkeit und aufreizendes Gebaren missbilligt (Grütlianer 51 vom 5. Mai 1894).

6 Grütlianer 49 vom 28. April 1894 (Aufruf des Vorstandes des Arbeiterbundes Zug). Das gleiche Blatt beschwor am folgenden Tag die Verbundenheit mit der weiten Welt bis nach Kalifornien und Australien (50 vom 30. April 1894).

4. Anlässlich der 1.-Mai-Kundgebungen konnten Parteien und Gewerkschaften *neue Mitglieder werben.* Die Feiern sollten nicht nur die bereits organisierten Genossen neu motivieren, sie sollten auch auf die nichtorganisierte Arbeiterschaft mobilisierend wirken. Ein Aufruf aus dem Jahre 1894 visiert diesen Zweck an, wenn er vom Arbeiter-Feiertag sagt, er sei die beste Gelegenheit, «den Lauen ins Gewissen zu reden und die Trägen in den Strom der Bewegung zu ziehen»[7]!
5. Die 1.-Mai-Feiern sollten der Arbeiterschaft eine *Perspektive* bzw. der bereits vorhandenen Perspektive fassbare Gestalt geben. Was war da besser geeignet als ein Marsch, der an einem bestimmten Tag den grossen Marsch des sozialistischen Fortschritts veranschaulichte? Im Zusammenhang mit dem 1. Mai ist viel vom unaufhaltsamen Siegeslauf und vom Rad der Zeit die Rede, das nicht zurückgedreht werden könne.[8] Und was konnte besser sein als ein Fest zu einem Zeitpunkt, da sich die Natur anschickte, nach dem Winterschlaf das Fest ihrer Wiedergeburt zu begehen? Als der 1. Mai zum «Fest der Festlosen» erklärt wurde, bestand zunächst nicht die Absicht, sich an ältere Frühjahrskulte anzulehnen und ein neues Regenerationsfest zu initiieren. Nachträglich kam es aber zu einer penetranten Analogisierung von erwachendem Proletariat und Wiedergeburt der Natur. Der 1. Mai wurde zum Fest des Weltfrühlings: «Der Maitag ruft! Heran, heran, die Reihen neu zu schliessen!/Es will die junge Zukunftssaat empor zum Lichte spriessen.»[9] Jeder neue Frühling wurde als Schritt zum ganz grossen Frühling verstanden. Im Zusammenhang mit dem 1. Mai ist auch viel vom Licht die Rede, das die Nacht verdränge. Man strebt der Sonne entgegen oder versteht sich selbst als aufgehende Sonne.[10] Kurz: Der 1. Mai ist eine Brücke in die Zukunft.

7 Grütlianer 50 vom 1. Mai 1894.

8 Der Grütlianer schreibt beispielsweise, die herrschenden Klassen müssten begreifen, «dass das Recht des vierten Standes im unaufhaltsamen Siegeslauf begriffen ist. Da gibt's kein ‹Halt› mehr» (37 vom 7. Mai 1890). Zwei Jahre später schreibt das gleiche Blatt: «Das Rad der Zeit spottet derer, die ihm in die Speichen fallen wollen» (50 vom 30. April 1892). Wiederum zwei Jahre später: «Jede Maifeier ist eine Etappe unseres siegreichen Vormarsches, zeigt uns den Zuwachs unserer Macht, beseelt uns mit neuen Hoffnungen und neuem Mut!» (50 vom 30. April 1894). Nochmals einige Jahre später: «Wir leben in der Überzeugung, dass in der Tat der Arbeit die Zukunft gehört. Die Arbeit hat ja schon bisher die Völker Schritt um Schritt, Stufe um Stufe gehoben» (99 vom 1. Mai 1907). – Klaus Tenfelde stellt den Zusammenhang her zwischen den 1.-Mai-Feiern und gewissen Zeremonien des Mittelalters und des Barock. Seiner Meinung nach handelt es sich um abgesunkene Traditionen von Amtsantritten und um einen Beleg dafür, wie nachhaltig das Bildgedächtnis nachwirkt, selbst wenn sich die Inhalte des Zeremoniells verflüchtigt haben (Adventus. Zur historischen Ikonologie des Festumzugs. In: Historische Zeitschrift 235, 1982. S. 45–84).

9 Basler Vorwärts 101 vom 1. Mai 1898. Im Vorwärts ist ebenfalls davon die Rede, dass die Kampfgenossen auf der ganzen Erde alljährlich das «Fest des Weltfrühlings» feierten (99 vom 29. April 1894). Der Frühlingscharakter wurde auch durch die Festausstattung (Kränze, Girlanden) unterstrichen.

10 1899 gibt der Basler Vorwärts, gestützt auf ein «eigenes Observatorium», den folgenden Witterungsbericht für den 1. Mai: «Morgenrot, bewölkte Philister-Fassaden und etwelche Depressionen im St. Albanquartier. Ober dem Landhof heiter, herrliches Frühlingswetter» (101 vom 30. April 1899). Vgl. auch Postkartenmotive mit der «Rettung verheissenden Sonne».

6. Ein weiterer Zweck bestand natürlich darin, die eigene Siegesgewissheit der *breiteren Öffentlichkeit* mitzuteilen und mit einem symbolischen Triumphmarsch die gläubig erwartete gesamtgesellschaftliche Umwälzung anzukündigen. Insofern ist der Tag der Arbeit ein säkularisierter Palmsonntag und zugleich ein mit Trommeln und Trompeten eröffnetes Vorspiel zum Jüngsten Gericht: «Völker, höret die Signale ...»[11] Die irdische Heilsbotschaft von der glücklicheren Zukunft verband sich in den 1.-Mai-Manifestationen in der Regel mit einer Rekapitulation der Heilsgeschichte, die 1889 ihren Anfang genommen hatte, als – wie bereits ausgeführt – zum hundertsten Geburtstag der Grossen Revolution aus aller Welt die Delegationen der Zweiten Sozialistischen Internationale in Paris zusammengeströmt waren.[12]

Der Tag der Arbeit war Feiertag und zugleich Kampftag. Die symbolischen Mai-Streiks verfolgten hingegen weniger die Absicht, die Unternehmerschaft mit konkreten Forderungen unter Druck zu setzen. Die Forderung nach dem 8-Stunden-Tag gehörte zwar zu jeder Mai-Demonstration. Dieses Postulat wurde aber erklärtermassen als Fernziel verstanden und bewusst als utopische Forderung gestellt. Als Nahziel strebte man zunächst die Durchsetzung des 10-Stunden-Tages an, und zwar, wie ausdrücklich betont wurde, über den Weg der gesetzlichen Einführung.[13]

Im folgenden wollen wir uns dem eigentlichen Thema unserer Untersuchung zuwenden und der Frage nachgehen, wie sich der 1. Mai in der Schweiz und insbesondere in Basel durchgesetzt hat. Wer dem 1.-Mai-Aufruf von 1889 folgte und die Arbeit niederlegte, nahm zum mindesten einen Lohnausfall hin. Bei den schwierigen Existenzbedingungen der damaligen Zeit bedeutete dieser Einkommensverzicht ein erhebliches Opfer. In den ersten Jahrzehnten zogen sich Teilnehmer der 1.-Mai-Feiern zudem wegen unerlaubten Fernbleibens vom Arbeitsplatz Strafmassnahmen zu: Bussen, temporäre Aussperrungen, sogar Entlassungen.

11 Die Säkularisierung von Sakralem oder Sakralisierung von Säkularem kommt etwa in der Feststellung zum Ausdruck: «... über dem Arbeiter-Weltfeiertag [lagert] eine, frei von allem konfessionellen Hader, aller kirchlichen Engherzigkeit, allem dogmatischen Wust, im besten Sinne des Wortes religiöse Weihe, sich gründend auf dem unerschütterlichen Glauben an den Fortschritt, an eine schönere Zukunft des Menschengeschlechts» (Vorwärts 102 vom 1. Mai 1896). Oder in der Formulierung: «Wir wollen wahrhaft den Himmel auf Erden gründen helfen ...» (Basler Vorwärts 100 vom 1. Mai 1900). Zur Bezeichnung «heilig» vgl. Anm. 31.

12 Der Leitartikel des Vorwärts 101 vom 1. Mai 1895 stellte explizit den Zusammenhang zum Bastillesturm des 14. Juli her. Zur Zähltradition ein Beleg aus dem Grütlianer 52 vom 5. Mai 1892: «Die dritte Maifeier liegt hinter uns. Und sie hat wiederum der Welt imponiert durch ihre Grösse und Ruhe.» Zur zwölften Maifeier vgl. Anm. 32.

13 Basler Arbeiterfreund 17 vom 25. April 1891. Die Forderung nach dem 8-Stunden-Tag behalf sich des Musters: 8 Stunden Arbeit, 8 Stunden Musse, 8 Stunden Freizeit. Zur schweizerischen Situation: 1877 war die tägliche Maximalarbeitszeit auf 11 Stunden festgelegt worden. 1914 brachte das zweite eidgenössische Fabrikgesetz den 10-Stunden-Tag. Infolge des Krieges trat das Gesetz aber erst 1917 in Kraft.

Wollten die Veranstalter der 1.-Mai-Feiern der Arbeiterschaft dieses Opfer nicht zumuten, mussten sie die Feiern entweder auf den Abend des 1. Mai oder auf den ersten Mai-Sonntag ansetzen. Da die *englischen und die deutschen Arbeiterorganisationen* offiziell die Sonntags-Variante wünschten und nur diese durchzuführen sich imstande erklärten, musste die Internationale ihre Aufrufe mit dem Zugeständnis versehen, dass Arbeitsniederlegungen nur durchzuführen seien, «soweit dies durch die Zeitumstände nicht unmöglich gemacht wird»[14]. So feierten 1890 die einen am 1. Mai, die anderen am ersten Mai-Sonntag, das heisst am 4. Mai. Die Demonstration der weltweiten Solidarität, die in der weltweiten Gleichzeitigkeit ihren Ausdruck hätte finden sollen, erlitt dadurch freilich eine gewisse Beeinträchtigung. Einheitlich war das Auftreten bloss 1893, als der 1. Mai auf einen Sonntag fiel. Aber gerade damals machte sich auch der Nachteil bemerkbar, dass diejenigen, die zum Proteststreik angetreten wären, schlecht von denjenigen unterschieden werden konnten, die nicht den Willen hätten aufbringen können, eine Kampfmassnahme zu unterstützen.[15] Mit den Mai-Abzeichen konnten die Militanten dann allerdings trotz des allgemeinen Ruhetages ihre Gesinnung dokumentieren. Allein, auch in den folgenden Jahren wurde noch mancherorts der Tag der Arbeit nicht an einem Arbeitstag und somit nicht als Streiktag, sondern am ersten Sonntag im Mai begangen.

Auch in der Schweiz wurden die Mai-Feiern nicht von Anfang an einheitlich durchgeführt. Der *Grütlianer* lehnte das Ruhegebot zunächst als «Beiwerk» ab und sprach sich dafür aus, dass man sich auf die Durchführung von Abendkundgebungen konzentriere, zumal man mit solchen Veranstaltungen grössere Beteiligungen erzielen könnte.[16] Das Blatt stellte sich gerne einem aargauischen Genossen zur Verfügung, damit dieser erklären konnte: «Die Lösung der sozialen Frage marschiert gleichwohl, ob man am 1. Mai arbeitet oder nicht.»[17]

Das schweizerische Exekutivkomitee des Internationalen Sozialistischen Arbeiterkongresses von Paris nahm in der Frage der Arbeitsniederlegung eine flexible Haltung ein. In seinem Aufruf vom 17. April 1890 ordnete es an: «Wo es ohne grosse Schwierigkeiten die Arbeiter durchsetzen können, zu diesem Zwecke während des ganzen Tages oder einiger Stunden die Arbeit ruhen zu lassen, da möge es geschehen. Und wo die Arbeiterorganisationen stark genug, um öffentliche Umzüge, Festlichkeiten usw. abzuhalten, da kann es der Sache nur förderlich sein. Wo jedoch weder das Eine noch das Andere thunlich, da möge man zum Mindesten eine öffentliche Ver-

14 Resolution der im August 1891 in Brüssel tagenden Internationale. Giovanoli, op. cit. S. 15.

15 Der Grütlianer erklärte das Festhalten des Brüsseler Kongresses an werktägigen 1. Mai-Feiern damit, dass «er eine Klassen-, eine ausschliessliche Arbeiter-Demonstration haben will, nicht vermischt mit Elementen aus andern Volkskreisen». Als Anhänger der Sonntags-Variante fügte er bei, man solle sich dann künftig aber nicht über zu geringe Beteiligung aufhalten (101 vom 29. August 1891).

16 Grütlianer 8 vom 25. Januar 1890. Wie sehr ihm der zum Teil utopische Charakter dieser Feiern fremd war und wie ausgesprochen pragmatisch seine Haltung war, zeigt der im gleichen Artikel zu lesende Satz: «Man muss die Verhältnisse nehmen, wie sie sind, nicht wie man sie sich wünschen möchte.»

17 Grütlianer 34 vom 26. April 1890.

sammlung einberufen, in der über die Bedeutung des Tages gesprochen und eine den Kongressbeschlüssen entsprechende Resolution gefasst werden soll.»[18]

Während in den grossen städtischen Zentren die härtere Linie – der Feiertag als Streiktag – verfolgt werden konnte, musste man sich in den ländlichen Regionen noch lange mit der flexiblen Lösung – dem Feiertag am vorangehenden oder folgenden Sonntag – zufriedengeben. Noch 1899 setzte sich der Zentralpräsident des Grütlivereins für die Sonntagslösung ein, als er im bernischen Langnau an einer «1.-Mai-Feier» sprach, die am 30. April, einem Sonntag, veranstaltet wurde.[19]

In Basel nahmen 1890 am Nachmittagsprogramm der ersten 1.-Mai-Feier gegen 700 Personen teil; sie zogen, an zahlreichen Schaulustigen vorbei, mit 15 Sektionsfahnen zum Petersplatz und hörten sich Reden von Eugen Wullschleger, Grossrat und Redaktor, und Wilhelm Arnold, ebenfalls Grossrat und Präsident des Arbeiterbundes, an. Am Abend versammelten sich etwa 2000 Personen in der Burgvogtei; sie stimmten einer Resolution zu, die zuhanden des Bundesrates und der Bundesversammlung den 10-Stunden-Tag forderte.[20] Die Polizei übte Zurückhaltung. Alexander Mangold, Chef des Polizeikorps, hatte angeordnet: «Auf den Strassen sollen sich keine Polizisten zeigen und überhaupt sich nirgends einmischen. Während der Nacht nicht zu streng auftreten und ein Auge zudrücken, um die Arbeiter nicht zu reizen.»[21] Die *National-Zeitung* stellte fest: «Dass die öffentliche Ordnung gestört werden könnte oder wollte, galt bei uns von vornherein als gänzlich ausgeschlossen.» Und auf die gesamte Schweiz bezogen, bemerkte sie mit sichtlicher Genugtuung: «Die schweizerischen Arbeiter haben gestern die Gelegenheit benutzt, um sich ein Zeugnis republikanischer Mündigkeit und Mässigung auszustellen.»[22] Die Mai-Feiern der folgenden Jahre wickelten sich etwa im ähnlichen Rahmen ab. Das Schwergewicht des Programmes lag jeweils auf der Abendveranstaltung, die mit Fackeln und Lampions begangen

18 Grütlianer 33 vom 23. April 1890. Der von K. Bürkli, O. Lang, K. Manz, A. Merk und E. Wullschleger unterzeichnete Aufruf hob hervor, dass in der Schweiz der 8-Stunden-Tag, abgesehen von volkswirtschaftlichen Überlegungen, auch aus staats- und verteidigungspolitischen Gründen zu begrüssen sei: «Die Interessen der Landesvertheidigung erheischen gebieterisch, dass der Staat der Körper und Geist ruinierenden Ausbeutung der menschlichen Arbeitskraft einen kräftigen Damm setze. Und nicht minder nothwendig ist dem Arbeiter eine vermehrte Mussezeit, damit er frischen Geistes die öffentlichen Fragen reiflich prüfen und mit Verständnis an deren Lösung sich betheiligen kann.»

19 Basler Vorwärts 102 vom 3. Mai 1899.

20 National-Zeitung 103 vom 3. Mai 1890 und Basler Nachrichten 118 vom 3. Mai 1890. Eine detaillierte Übersicht über die ersten 1.-Mai-Feiern in der Schweiz gibt der Grütlianer 37 vom 7. Mai 1890. Unter anderem stellt er fest: «Vom Wellenschlag der Zeit sind selbst unsere Gebirgskantone, wo man doch in solchen Dingen sonst immer später aufzustehen pflegt, nicht unberührt geblieben.»

21 Staatsarchiv Basel-Stadt, Handel und Gewerbe, J 5. Staatlich anerkannte Feiertage (Ostermontag, Pfingstmontag, Stephanstag, 1. Mai) 1886–1919. In diesem Bestand finden sich auch einige Spitzelberichte über befürchtete Umtriebe der Anarchisten, zum Beispiel für 1894, und weitere Polizeirapporte über den Verlauf der Feierlichkeiten, zum Beispiel für 1896, als festgehalten wurde: «Der Tag und Abend sind ausserordentlich ruhig verlaufen, keine Händel und wenig Betrunkene.»

22 Auch die Basler Nachrichten berichteten, die Maifeier sei so ruhig und so ordnungsgemäss verlaufen, «wie man es ja nicht anders erwarten konnte». Vgl. Anm. 20.

und mit musikalischen Darbietungen (Blasmusik und Männerchöre) angereichert wurde. 1895 soll sich nach Angaben der Veranstalter die Teilnehmerzahl der Nachmittagsveranstaltung auf das Doppelte der früheren Jahre, nämlich auf 1400 Mann belaufen haben.[23]

Selbst wenn die städtischen Feiern als Kampffeiern auch an Werktagen durchgeführt wurden – die Hauptveranstaltung fand in der Regel erst am Nachmittag statt, damit auch diejenigen teilnehmen konnten, die am Morgen noch arbeiten wollten beziehungsweise arbeiten mussten. Die 1.-Mai-Programme erstreckten sich allerdings über den ganzen Tag. Sie begannen um 6 Uhr mit einer Tagwacht (eben den Trommeln und Trompeten) und zogen sich mit geselligen Veranstaltungen bis in den späteren Abend hinein. Somit waren verschiedene Stufen der Beteiligung möglich. Die parteieigene Berichterstattung unterschied zum Beispiel für 1895 in Zürich 400 «Tagesfeiernde» und 3000 Personen, die an der Abendveranstaltung teilnahmen.[24] Eugen Wullschleger mahnte indessen 1901 die Basler Genossen, sie sollten nicht bloss feiern, sondern auch marschieren. «Nur mit den Demonstrationszügen kann man Freund und Feind imponieren.» Die Nichtbeteiligung am Umzug bezeichnete er als «Unterlassungssünde», mit der man den Feinden einen Gefallen erweise.[25] Bereits 1898 hatte der *Basler Vorwärts* erklärt: «Es gibt keine einzige Entschuldigung, sich diesen ersten Pflichten eines organisierten Arbeiters zu entziehen.»[26]

Wie sich die Arbeiter zu verhalten hatten, ist damit dargelegt. Welche Haltung sollte indessen der Staat einnehmen? Selbstverständlich hatte er das Demonstrationsrecht zu gewähren. Dies wurde auch im Prinzip – und im Gegensatz zu Anordnungen, die da und dort im Ausland erteilt wurden – nicht in Frage gestellt. 1892 fand beispielsweise in Liestal die Versammlung mit der Bewilligung des Gemeinderates und des Kommandanten der Rekrutenschule auf dem «Gitterli» statt. Die Weigerung, die Versammlung auf einem bestimmten Schulareal zuzulassen, wollte man zunächst als feindseligen Akt verstehen; man nahm dann aber stolz zur Kenntnis, dass der zunächst vorgesehene Ort nicht bewilligt worden war, weil die Behörden befürchteten, er würde «durch das Zusammenstromen starker Volksmassen» zu sehr in Anspruch genommen.[27]

Die Veranstalter der 1.-Mai-Feiern strebten nicht von Anfang an eine allgemein verordnete Arbeitsruhe an. Dies wäre im Widerspruch zur Auffassung gewesen, dass

23 Vorwärts 102 vom 3. Mai 1895. Zur zweiten Maifeier von 1891 wurde berichtet: «In Basel hatte man der Feier am meisten Schwierigkeiten in den Weg gelegt. Viele Arbeitsherren bedrohten ihre Arbeiter mit Strafe und Entlassung. Andere traktierten sie mit Bier und Wurst, damit sie ja nicht feierten. Dazu kam noch der allgemeine Charakterzug der Basler Bevölkerung, an einer neuen Bewegung so lange nicht teilzunehmen, bis eine Achtung gebietende Zahl sich auswärts und hier ihr angeschlossen hat» (Basler Arbeiterfreund 19 vom 9. Mai 1891).

24 Vorwärts 104 vom 5. Mai 1895.

25 Basler Vorwärts 99 vom 28. April 1901.

26 Basler Vorwärts 94 vom 23. April 1898.

27 Grütlianer 53 vom 7. Mai 1892.

die Maifeier ein Willensakt der Arbeiter sein müsse.[28] Die Arbeiterpresse machte sich vorerst dafür stark, dass diejenigen, die diesen Willensakt erbringen wollten, nicht schikaniert würden und dass sie das Recht erhielten, auf eigene Kosten einen halben oder ganzen Freitag zu nehmen. Den Arbeitern des Basler Baudepartementes wurde dieses Recht schon 1891 zugestanden. Die öffentlichen Betriebe nahmen in dieser Frage offenbar von Anfang an eine sehr flexible Haltung ein. So konnte der *Grütlianer* im gleichen Jahr mitteilen, das Berner Gas- und Wasserwerk, die eidgenössische Waffenfabrik und die Jura-Simplon-Bahn würden ihren Arbeitern den 1. Mai freigeben.[29] Solche Haltungen hoben die Blätter der Linken gerne als vorbildlich hervor, wie sie auch diejenigen Unternehmen und Verbände, die sich gegen die Freigabe des 1. Mai sträubten, gerne der Verachtung der Leserschaft preisgaben.[30] Von 1899 an musste sich der Basler Regierungsrat mehrfach mit Gesuchen befassen, in denen der Staatsarbeiterverband für den 1. Mai eine Freigabe des Nachmittages ohne Lohnabzug beantragte. Der Staat, wurde argumentiert, müsse mit dem guten Beispiel vorangehen. Die Regierung stellte sich aber jedesmal auf den Standpunkt, dass den ständigen Angestellten dieser Nachmittag als bezogener Urlaub anzurechnen sei und die nicht ständigen Angestellten einen Lohnabzug in Kauf nehmen müssten.[31]

Zu Recht verstand die Arbeiterschaft die Schaffung des 1.-Mai als ihr Werk. Mit unverhohlenem Stolz stellte der *Basler Vorwärts* 1898 fest, die Mai-Feier sei durch die Anerkennung der Arbeiterorganisationen der ganzen Welt heiliggesprochen worden.[32] Drei Jahre später betonte er wiederum die gleichsam private Urheberschaft, indem er

28 Das Flugblatt, das die Basler Arbeiterunion 1892 verteilte, betonte: «Nur dadurch, dass die Arbeiterschaft kraft eigenen Willens einen Tag oder doch mindestens einen halben Tag im Jahre ihrer hohen Sache weiht, vermag sie auch jenen Zweck zu erreichen. *Die Maifeier muss ein Willensakt der Arbeiter sein!*» (letzter Satz im Original fettgedruckt) (Staatsarchiv Basel-Stadt, Handel und Gewerbe, J 5).

29 Grütlianer 99 vom 28. April 1891. Der Basler Arbeiterfreund meldete den gleichen Sachverhalt unter dem Titel «Ehrenmeldung». Die Mitteilung, der Handwerkerverein Biel habe sich für Freizügigkeit in dieser Sache ausgesprochen, kommentierte er: «Das sind Männer, urchige Schweizer, welche diesen Beschluss gefasst!» Dem Basler Handwerker- und Gewerbeverein wurde hingegen attestiert, ihm gehe der republikanisch-schweizerische Freiheitssinn entschieden ab (18 vom 1. Mai 1891). Der Basler Vorwärts stellte die Mitteilung, die Lorraine habe wie andere Berner Schulkommissionen den Nachmittag des 1. Mai freigegeben, unter den Titel «Basel nachmachen» (102 vom 3. Mai 1902).

30 Zum Beispiel den Schreinermeister Anklin aus der Nauenstrasse, weil er einen Gesellen wegen dessen Teilnahme am 1. Mai bzw. wegen des Fernbleibens von der Arbeit entlassen habe (Vorwärts 102 vom 5. Mai 1894). Oder den Spenglermeister Barruschky wegen der gleichen Massnahme (Basler Vorwärts 101 vom 3. Mai 1900).

31 Regierungsbeschluss vom 26. April 1899. Am 24. April 1901 wird diese Haltung bekräftigt. Zuvor ist eine Umfrage durchgeführt worden, die darüber Auskunft gibt, wie viele Arbeiter der öffentlichen Werke von diesem Urlaubsrecht Gebrauch gemacht haben. Weitere Bekräftigung der 1899 eingenommenen Haltung am 16. April 1918 und 16. April 1920; letztere als Antwort auf eine Petition der Arbeiterunion, welche die Einstellung sämtlicher Staatsbetriebe während des ganzen Tages forderte (Staatsarchiv Basel-Stadt, Handel und Gewerbe, J 5 sowie FD-Reg 2/9-1).

32 Basler Vorwärts 101 vom 1. Mai 1898. Die Qualifikation «heilig» findet sich in zahlreichen anderen Aufrufen, zum Beispiel auch im Schweizerischen Sozialdemokraten 18 vom 29. April 1892.

vom Proletarier-Weltfeiertag sagte, er sei von keinem Papst und keinem Kaiser sanktioniert worden.[33]

Nachdem sich aber die Mai-Feier als eigene Klassen-Manifestation gewissermassen institutionalisiert hatte und auch die individuellen Behinderungen weitgehend beseitigt worden waren, strebte die Arbeiterbewegung in einer *zweiten Phase* doch die Offizialisierung ihres Feiertages an. Dabei ging es weniger um die Frage der Lohneinbussen und auch nicht so sehr darum, die Anhängerschaft vor den seltener gewordenen Sanktionen zu schützen. Auch die Erklärung, es sei immer das Bestreben der Arbeiterklasse gewesen, die im Kampf errungenen Erfolge gesetzlich festzulegen und damit alle daran teilhaben zu lassen, berührte in diesem Fall nicht das Hauptanliegen.[34] Es ging vielmehr darum, dem bürgerlichen Kalender einen Arbeiter-Feiertag – im wörtlichen wie im übertragenen Sinn einen «red-letter day» – aufzudrängen. Eine sehr frühe, aber keineswegs energisch vorgebrachte Forderung nach Offizialisierung des 1. Mai stammt aus dem *Grütlianer* des Jahres 1894. Sie wurde eher zufällig erhoben, weil der 1. Mai zwischen einen Sonntag und den Auffahrtstag zu liegen kam. Der Vorschlag lautete, man könnte doch die Auffahrt als staatlichen Feiertag abschaffen und dafür den 1. Mai zum allgemeinen Feiertag erklären.[35]

Bewegungen, die grundsätzliche Veränderungen durchsetzen wollen, richten ihren Veränderungswillen auch gegen den geltenden Kalender. Das bekannteste Beispiel dafür ist, wenn wir von den verschiedenen religionsbedingten Zeitrechnungen absehen, die 1792 in Frankreich eingeführte Revolutionszählung. Die Durchsetzung der republikanischen Ordnung erschien als so wichtig, dass man die vorangegangenen Jahre monarchischer Herrschaft als nicht mitzuzählende Vorzeit (als Prähistorie) behandelte und die Jahre völlig neu zu zählen begann. Bekanntlich wurden auch neue Monatsnamen und neue Festtage geschaffen.[36] Die Arbeiterbewegung beschränkte sich auf die Schaffung eines neuen Festtages. Dieser Schöpfungsakt wurde immerhin zum Ausgangspunkt für eine inoffizielle Zählung, die in den ersten Jahrzehnten bei jedem 1. Mai in Erinnerung rief, zum wievielten Mal dieser Tag nun bereits gefeiert werde. Es konnte zudem vorkommen, dass der 1. Mai als «Neujahrstag» bezeichnet und damit als Auftakt für das Arbeiterjahr verstanden wurde.[37]

33 «Der internationale Proletarier-Weltfeiertag feiert im Jahre 1901 seinen zwölften Geburtstag. Kein Papst und kein Kaiser sanktionierte diesen Feiertag, wie dies üblich, und doch ist er da ...» (Basler Vorwärts 101 vom 1. Mai 1901).

34 Zum letzten Argument vgl. Basler Vorwärts 151 vom 2. Juli 1923.

35 Grütlianer 48 vom 26. April 1894. Der Schreiber befürchtete durch die Massierung der Feiertage eine Beeinträchtigung der 1.-Mai-Feiern.

36 Mona Ozouf, La fête révolutionnaire 1789–1799. Paris 1976. Die Pariser Commune nahm nach dem Sturz Napoleons III. den Revolutionskalender wieder auf und bezifferte das Jahr 1870/71 als das Jahr 79 republikanischer Zeitrechnung. Im Kalendarium der Linken nahm lange Zeit auch der 18. März als Tag der Proklamation der Commune eine wichtige Stellung ein. Diese Feiern verschmolzen mit denjenigen, die man zur Erinnerung an die deutsche März-Revolution von 1848 beging (Mitteilung von Prof. Erich Gruner).

37 Zum Beispiel Basler Vorwärts 101 vom 1. Mai 1898, Leitartikel «Das Arbeiter-Neujahr».

Die bürgerlichen Feiertage wurden von den Promotoren des sozialistischen Festtages grundsätzlich nicht in Frage gestellt.[38] Die bestehenden Feiertage dienten im Gegenteil als willkommenes Argument: Das Bürgertum könne ruhig seine Feste feiern, doch solle man auch der Arbeiterschaft ein offizielles Fest zugestehen.[39] Wenn von bürgerlicher Seite der Einwand kam, die Offizialisierung des 1. Mai würde eine unzulässige Einschränkung des individuellen Arbeitswillens bedeuten, wurde natürlich prompt darauf hingewiesen, dass man gleiches auch von christlichen Feiertagen sagen könne. Dagegen wurde wiederum eingewendet, bloss überkonfessionelle Feiertage (Weihnachten, Ostern, Auffahrt, Pfingsten) würden als verbindliche Ruhetage geregelt, nicht aber beispielsweise Fronleichnam. Auf das Argument, es gebe bereits zu viele Feiertage, reagierten die Anhänger des 1. Mai zuweilen doch auch mit dem Vorschlag, man solle einen als weniger wichtig empfundenen christlichen Feiertag (Auffahrt oder Karfreitag) zugunsten des 1. Mai aus der Reihe der gesetzlichen Feiertage entlassen.[40]

Das Proletarierfest der Internationale hat übrigens bei der Schaffung des schweizerischen Nationalfeiertages (eines Tages, an dem nach guter Schweizer Manier normal *gearbeitet* werden sollte) als Geburtshelfer gewirkt. Die Einführung des 1. August, die im Juli 1899 in Form einer bundesrätlichen Empfehlung an die Kantone erfolgte, am Abend des 1. August im ganzen Land die Glocken läuten zu lassen, hatte natürlich noch andere Gründe: An erster Stelle stand der Wunsch der Auslandschweizer, wie die Angehörigen anderer Nationen einen Nationalfeiertag begehen zu können. Bis zu einem gewissen Grad verdankt die Bundesfeier dennoch ihre Existenz der Abneigung gegenüber dem 1. Mai: Das Bürgertum empfand die 1.-Mai-Feiern als Provokation und Absage an alles Vaterländische und war auch deshalb geneigt, mit einer betont nationalen Veranstaltung ein Bekenntnis zum Schweizertum abzulegen.[41] Auf seiten der Arbeiterschaft wurden die patriotischen Feiern in den 90er Jahren noch nicht als ausgesprochen bürgerliche Feiern verstanden. Der Basler Arbeiterbund bewahrte beispielsweise den St.-Jakobs-Feiern lange seine Sympathie, und dies obwohl er um 1888 in «frivoler Weise» angegriffen worden war, weil er im vaterländischen Umzug eine rote Fahne mitgetragen hatte.[42] Hans Trümpy bestätigt in seinem Aufsatz über die

38 1898 beispielsweise wurde nicht gegen die kirchlichen Maiandachten polemisiert, jedoch dagegen protestiert, dass von kirchlicher Seite gegen die weltlichen Maifeiern polemisiert wurde (Basler Vorwärts 104 vom 5. Mai 1898).

39 Zum Beispiel: «Bedenkt man, wie viele Feiertage uns von den Ausbeutern aufgezwungen werden, warum sollte denn die Arbeiterschaft nicht auch einen so hohen Feiertag wie den 1. Mai begehen?» (Vorwärts 98 vom 28. April 1894).

40 Vgl. etwa unten das Votum Mäglin 1923.

41 Beat Junker, Die Bundesfeier als Ausdruck nationalen Empfindens in der Schweiz um 1900. In: Geschichte und Politische Wissenschaft. Festschrift für Erich Gruner zum 60. Geburtstag. Bern 1975. S. 23.

42 Der Hinweis auf den bereits zwei Jahre dauernden Boykott der St.-Jakobs-Feier im Basler Arbeiterfreund 31 vom 1. August 1891. Noch 1891 wäre man bereit gewesen, sich an dieser patriotischen Feier zu beteiligen, wenn für «jenen Schimpf» Satisfaktion erteilt würde. Der Zwischenfall, auf den dieser Artikel hinweist, wurde in der unmittelbaren Presseberichterstattung offenbar nicht regi-

Rütlischwur-Feiern die Langlebigkeit des patriotischen Brauchtums im Arbeitermilieu.[43] Mit den Jahren setzte sich in der Arbeiterpresse dennoch die gegensätzliche Typisierung durch: hier die 1.-Mai-Veranstaltungen als würdige und echte Volksfeste – dort die patriotischen Veranstaltungen als lärmige und inhaltsarme Herrenfeste.[44]

In dem Masse, wie der 1. Mai die Züge einer offiziösen Feier annahm und sein Kampfcharakter verblasste, verliehen sich die Veranstalter selbst eine gewisse Offizialität. Die Behörden, eher als mögliche Widersacher empfunden, denen man die Feier abtrotzen müsse, wurden zum Partner. 1893 wurde beispielsweise mit sichtlicher Befriedigung aus Zürich berichtet, man werde den Sanitätsdienst selbst betreiben und habe von der städtischen Polizei das dazu benötigte Material geliehen erhalten.[45] 1896 brachten Verhandlungen mit dem Basler Polizeidepartement die Regelung, dass die Strassenbahn halten müsse, wenn sie mit dem Festzug zusammentreffe. Auch das war eine Etappe auf dem Siegesmarsch des 1. Mai: Nicht der Marsch der Arbeiter wurde gestoppt, sondern der öffentliche Verkehr. Diese Siegesmeldung wurde mit der Aufforderung verbunden, möglichst zahlreich zu erscheinen, damit man im nächsten Jahr mit noch mehr Recht die vollständige Einstellung des Tramverkehrs verlangen könne.[46] Parallel dazu entwickelte sich auch eine gewisse Formalisierung im Umgang mit Arbeitgebern: Man gelangte mit Eingaben an sie und ersuchte mit vorgedruckten Zirkularen um Dispensation von der Arbeitspflicht.[47]

striert. – Bereits zwei Jahrzehnte zuvor war es zu einem ähnlichen, jedoch weit gravierenderen Zwischenfall gekommen: In der St.-Jakobs-Feier von 1868 wurde den über 1000 Angehörigen des Internationalen Arbeitervereins die Teilnahme am Festumzug in letzter Minute untersagt, weil die Veranstalter der patriotischen Feier die Beteiligung als Demonstration der Macht der Internationale verstanden und zudem nicht gestatten wollten, dass die nationale Gedenkfeier durch Ausländer «verunreinigt» würde. Wilfried Haeberli, Der erste Klassenkampf in Basel (Winter 1868/69) und die Tätigkeit der Internationalen Arbeiter-Association (1866–1876). In: Basler Zeitschrift für Geschichte und Altertumskunde 64, 1964. S. 145f.

43 Hans Trümpy, Die «Novemberfeiern» der Grütlianer. In: Gesellschaft und Gesellschaften. Festschrift für Ulrich Im Hof. Bern 1982. S. 341–368.

44 «Wie alle Arbeiterfeste, verlief auch die Feier des 1. Mai überaus ruhig und würdig. Von Völlerei und Unfug, wie sie bei den Herrenfesten an der Tagesordnung, keine Spur» (Basler Arbeiterfreund 19 vom 9. Mai 1891). «Während die herrschenden Klassen in prunkvoller Weise die Vergangenheit feiern und durch ihre Thaten das Andenken der von ihr äusserlich verehrten Freiheitskämpfer schänden, feiert das arbeitende Volk in einfacher, dafür aber um so erhebenderer Weise die Zukunft und ehrt durch seine vielen Opfer für den Fortschritt der Menschheit das Andenken der Freiheitskämpfer aller Zeiten! Dort die Volksverhetzung und die Barbarei, hier die Völkerverbrüderung und die Kultur!» (Basler Arbeiterfreund 18 vom 30. April 1892). «Die Maifeier soll den ganzen Ernst der Zeit abspiegeln und die frohe Zuversicht, die an diesem Zukunftsfeste die Herzen aller Arbeiter schwellt, soll nicht in jenen gedankenlosen Festrummel ausarten, der die Schützen- und Sängerfeste derBourgeoisie kennzeichnet» (Vorwärts 102 vom 5. Mai 1894 und ähnlich im Vorwärts 102 vom 1. Mai 1896).

45 Grütlianer 49 vom 29. April 1893.

46 Vorwärts 99 vom 28. April 1896. Das Gesuch des Arbeiterbundes vom 22. April 1896 betonte: «Die Maifeier hat sich im Laufe der Jahre zu einem wirklichen Volksfest gestaltet, welches jedem anderen Fest an die Seite gestellt werden kann» (Staatsarchiv Basel-Stadt, Handel und Gewerbe, J 5).

47 Vorwärts 101 vom 30. April 1896 und 94 vom 23. April 1897.

Es erweist sich als ziemlich schwierig, sich einen Überblick über die offiziellen Anerkennungen des 1. Mai in den verschiedenen Staaten, Ländern, Kantonen und Gemeinden zu verschaffen. In der *Schweiz,* wo diese Frage letztlich kantonal geregelt wird, konnte sich der 1. Mai nur teilweise und – wenn man von Basel absieht – relativ spät als offizieller Feiertag durchsetzen.[48] In *Deutschland* sorgten die Sozialdemokraten im April 1919 dafür, dass noch vor der Verabschiedung der Verfassung der Weimarer Republik der 1. Mai wenigstens provisorisch als offizieller Tag des Weltfriedens, des Völkerbundes und des nationalen Arbeiterschutzes gefeiert wurde. Eine andere Form der Offizialisierung sollte der 1. Mai bekanntlich 1933 unter Hitlers Kanzlerschaft erfahren. Auch in *Österreich* und *Italien* wurde nach dem Ersten Weltkrieg der 1. Mai als Feiertag anerkannt. Mussolini liess ihn allerdings wieder aus dem Kalender streichen. In *Frankreich* blieb dem Arbeitertag die offizielle Anerkennung verwehrt. Selbst unter der Volksfrontregierung von 1936/37 erfolgte keine Offizialisierung; man begnügte sich damit, den Arbeitnehmern das Recht auf Beurlaubung zu garantieren. In *Russland* hingegen erfuhr der 1. Mai, nachdem die Bolschewisten die Macht übernommen hatten, im Jahre 1920 eine erste staatliche Regelung – allerdings zunächst nicht in Form einer allgemein verbindlichen Ruhetagsordnung, sondern im Gegenteil als Aufruf zur freiwilligen Fronarbeit. Der Tag der Arbeit wurde in den Dienst der Aufbau- und Kollektivierungspläne gestellt.

In *Basel* erfolgte die Offizialisierung des 1. Mai im Rahmen der Neuregelung des Ruhetaggesetzes, die am 11. Januar 1923 in zweiter Lesung gegen den Widerstand der bürgerlichen Parteien im Grossen Rat verabschiedet wurde.[49] Die auf bürgerlicher Seite vorgebrachten Einwände machten geltend: Es wäre ein Terrorakt, wenn denjenigen, die arbeiten wollten, am 1. Mai die Arbeit verboten würde. Heutzutage sollte man überhaupt froh sein, Arbeit zu haben (Zgraggen, kath.). Wenn man diesen Klassenfeiertag zum Ruhetag erkläre, könnten andere mit gleichem Recht ihren Feiertag fordern (Rapp, lib.). Die nichtsozialistische Arbeiterschaft würde einem gewissen Zwang ausgesetzt (Jezler, rad.). Basel wäre die erste Stadt in der Schweiz, die den 1. Mai als Feiertag aufoktroyiert bekäme. Diese Zwängerei würde das ganze Ruhetagsgesetz gefährden (Bertsch, gew.).

Auf der befürwortenden Seite wurde der 1. Mai als der höchste Feiertag gepriesen, den die Arbeiterschaft habe. Zudem brauche der Arbeiter hie und da eine Insel der Erholung (Baumgartner, soz.). Man habe jetzt schon öffentliche Demonstrationstage für das Vaterland und für die Kirche, warum sollte nicht auch die Arbeiterschaft das Recht haben, für ihre Ideale zu demonstrieren (Belmont, komm.). Wenn es zu viele Feiertage gäbe, wäre die Verschiebung des Karfreitags auf den Samstag eine praktische Lösung (Mäglin, komm.). Abschliessend plädierte Regierungsrat Friedrich Schneider, Sozialdemokrat des radikalen Flügels, nochmals für die Annahme der Vorlage und warf

48 Vgl. Annex.

49 Die erste Auskunft zu diesem Vorgang verdankt der Verfasser dem Staatsarchivar Prof. Andreas Staehelin. Bei den Zeitungsrecherchen war Brigitta Kaufmann behilflich.

den Bürgerlichen vor, es gehe ihnen bloss darum, in einer für sie günstigen Zeit eine Machtprobe anzustreben.[50] In der namentlichen Abstimmung boten beide Blöcke ein geschlossenes Bild: Der Block der Linken siegte mit 63 Stimmen gegen die 56 Stimmen der Rechten. Im Grossen Rat, wo die Linke über die absolute Mehrheit verfügte, konnten die Bürgerlichen keine Machtprobe bestehen.[51] Die Machtprobe hätte nur in einer Volksabstimmung gesucht werden können. Sonderbarerweise wurde aber das Referendum nicht ergriffen, obwohl in der Grossratsdebatte damit gedroht worden war. Diese Unterlassung sollte in der Folge die Position der Bürgerlichen erheblich belasten.

Nachdem die Wahlen vom Frühjahr 1923 eine Verschiebung der Kräfteverhältnisse zugunsten des Bürgertums gebracht hatten, kam ein bürgerliches Komitee auf die 1.-Mai-Frage zurück und erwirkte, jetzt auf dem Initiativweg, eine Volksabstimmung: Obwohl die Bürgerlichen im Kantonsparlament jetzt die Mehrheit bildeten, erhielt die Initiative keine Unterstützung durch den Grossen Rat. Bei Stimmengleichheit von 61:61 Stimmen wurde sie am 24. Mai 1923 durch Stichentscheid des Grossratspräsidenten Arnold Jeggli-Stehmann (soz.) zur Ablehnung empfohlen.[52] In der Volksabstimmung vom 30. Juni/1. Juli 1923 sprach sich der Souverän mit 9507 gegen 6359 Stimmen gegen die Initiative und damit für die Belassung des 1. Mai im neuen Ruhetagsgesetz aus. Wenige Jahre nach den bürgerkriegsähnlichen Auseinandersetzungen im Generalstreik von 1919 erlangte die als «Umsturzpartei» gebrandmarkte Linke mit Hilfe eines Teils des Bürgertums einen glänzenden Sieg.

Den Argumenten der bürgerlichen Parteien fehlte offensichtlich die Stosskraft, die nötig gewesen wäre, um einen Verzicht auf den bereits gewonnenen und in der Zwischenzeit bei herrlichem Frühlingswetter genossenen Ruhetag zu erwirken. Hinzu kam, dass viele nicht einsahen, warum ein Ruhetagsgesetz bloss fünf Monate nach seiner Inkraftsetzung wieder revidiert werden sollte. Von bürgerlicher Seite wurde im Abstimmungskampf vorgebracht, dieser freie Tag bedeute eine praktische Erleichterung und eine moralische Unterstützung der sozialistischen Agitation. «Sollen schon die Schulkinder durch diesen freien Tag auf die Idee kommen, es sei doch etwas Hohes und Edles um den Sozialismus; soll die ganze Öffentlichkeit unter diesem Eindruck stehen? Denn vor welcher anderen Partei verneigt sich der Staat in dieser demonstrativen Weise? Warum macht er gerade gegenüber dem Umsturz diese ehrende Ausnahme? (...) Wollen wir uns vor der ganzen Eidgenossenschaft blamieren? Wollen wir der roten Minderheit zu einem billigen Triumph verhelfen?»[53] Auch auf die ungünstige

50 Presseberichterstattung in Basler Nachrichten 18 und 19 vom 11. und 12. Januar 1923, National-Zeitung 18 und 19 vom 11. und 12. Januar 1923, Basler Volksblatt 11 vom 14. Januar 1923 und Basler Arbeiter-Zeitung 10 vom 12. Januar 1923.

51 Bei 130 Sitzen 63 Sozialdemokraten und Kommunisten und 4 Grütlianer. Zu den politischen Verhältnissen jener Zeit vgl. Andreas Staehelin, Basel in den Jahren 1905 bis 1945. In: Das politische System Basel-Stadt. Geschichte, Strukturen, Institutionen, Politikbereiche. Basel 1984.

52 Basler Arbeiter-Zeitung 119 vom 26. Mai 1923, National-Zeitung 236 vom 25. Mai 1923.

53 Basler Nachrichten 295 vom 28. Juni 1923.

Massierung von Feiertagen (Ostermontag, Pfingstmontag, Auffahrtstag) wurde hingewiesen. Die Wirtschaft solle nicht mit einem neuen Servitut belastet werden. Die Parteien des Bürgerblocks engagierten sich nicht alle gleich stark in diesem Kampf. Der Aufruf, dem die obigen Zitate entnommen sind, wurde nur von der Gewerbepartei, den Liberalen und der Katholischen Volkspartei unterzeichnet.[54] Die Radikal-Demokraten hielten sich – wohl aus Rücksicht auf die Angestelltenschaft – eher im Hintergrund.[55]

Auf seiten der Linken wurde in der Abstimmungsdebatte an den vergangenen 1. Mai erinnert, den man dank dem neuen Gesetz als Ruhetag habe geniessen können: «Was gab es Schöneres, als an diesem prachtvollen Frühlingstag den Staub der Werkstätte, den Dunst der Bureaus und das Getöse der Fabriken zu verlassen und nach dem langen Winter einen Tag frei, ein wirklicher Mensch zu sein?»[56] Den Bürgerlichen wurde vorgeworfen, sie gönnten dem Staatspersonal und den Angestellten den bezahlten Frei-Tag nicht. Ferner wurde betont, dass der Tag der Arbeit auf jeden Fall, auch gegen den Willen der Unternehmer, gefeiert würde. «Ein Sieg der Zwänggrinde trifft also nicht die klassenbewussten Arbeiter.» Dagegen bringe die gesetzliche Arbeitsruhe tatsächlich den Vorteil, dass der Arbeitgeber die politische Gesinnung des einzelnen weniger gut ausschnüffeln könne.[57]

Die *Basler Nachrichten* interpretierten die Niederlage als Folge der Sorglosigkeit, die nach den Erfolgen der Frühjahrswahlen eingetreten sei. Zudem hätten breite Kreise des Bürgertums es nicht über sich gebracht, freiwillig auf einen freien Tag zu verzichten – «selbst wenn er einem von der berüchtigten ‹roten Mehrheit› seinerzeit aufgezwungen worden ist». Im weiteren rügte das Blatt der Liberalen die mangelnde Unterstützung der «Freisinnsleute» und deren Presse.[58] Diese hielten ihrerseits – in der *National-Zeitung* – nicht mit dem Vorwurf zurück, rechtsbürgerliche Kreise hätten eine vorschnelle Aktion gestartet.[59]

Das *Basler Volksblatt,* Organ der Katholischen Volkspartei, betonte, das Abstimmungsergebnis sei weniger ein Sieg der Linken als ein honettes Geschenk des Bürgertums. Der offizielle Ruhetag bringe immerhin den Vorteil, dass die ungebundenen Arbeiter nicht mehr den Schikanen der organisierten Arbeitskollegen ausgesetzt seien

54 Die Aufrufe der Liberalen und der Katholischen Volkspartei führten eine besonders scharfe Sprache. Die Liberalen erklärten: «Der 1. Mai ist der Tag, an dem Sozialisten und Kommunisten den Umsturz predigen» (Basler Nachrichten 297 vom 29. Juni 1923). Und die Katholische Volkspartei stellte sich auf den Standpunkt: «Es handelt sich ganz einfach darum, ob es einer Partei, die Revolution und Diktatur auf ihr Banner geschrieben hat, gestattet sein soll, den werktätigen Bürgern einen politischen Feiertag aufzuzwingen» (Basler Volksblatt 148 vom 30. Juni 1923).

55 Die National-Zeitung, das Organ der Radikal-Demokraten, sprach sich immerhin ebenfalls gegen die Offizialisierung des 1. Mai aus, damit «ein reiner Parteitag» nicht zum Staatsfeiertag werde (299 vom 1. Juli 1923).

56 Basler Arbeiter-Zeitung 146 vom 27. Juni 1923.

57 Basler Arbeiter-Zeitung 148 vom 29. Juni 1923.

58 Basler Nachrichten 300 vom 2. Juli 1923.

59 National-Zeitung 300 vom 2. Juli 1923.

und kein Konflikt mehr bestehe zwischen der Arbeitspflicht und dem Willen der «roten Radaubrüder».[60]

Auf der anderen Seite gab die Arbeiterpresse nach dem errungenen Sieg ihrem Triumphgefühl freien Lauf. Die *Basler Arbeiter-Zeitung* stellte mit Genugtuung fest: Übermütig habe das erstarkte Bürgertum die Errungenschaften des Proletariates antasten wollen. Hochmut komme aber vor dem Fall! Die «Zwänggrinde» hätten eben ihre Lektion bekommen müssen. Auch ein Teil der Stimmabstinenz (51% waren zu Hause geblieben) wurde als Nein zur bürgerlichen Initiative interpretiert: Vielen sei es zu blöd gewesen, wegen der Zwängerei der Bürgerblockpolitiker an die Urnen zu gehen.[61] Der *Basler Vorwärts,* nun als Blatt der jungen Kommunistischen Partei, trieb zu neuen Siegesläufen an: Da man jetzt am 1. Mai die Kräfte nicht mehr für die Stillegung der Betriebe einsetzen müsse, könne sich die Agitation darauf konzentrieren, «gerade an diesem Tag grössere Kreise von Arbeitern und Angestellten in unsere Reihen zu bringen».[62]

Die 1.-Mai-Veranstalter waren beseelt von der Vorstellung, dass jede Mai-Feier eine Etappe auf dem Weg zur grossen und endgültigen Selbsterlösung sei. Der wachsende Zulauf der Mai-Feiern und schliesslich die offizielle Anerkennung nährten diese Siegesgewissheit. Das Triumphgefühl hatte einen unüberbietbaren Höhepunkt erlebt, als am 1. Mai 1923 der erste gesetzliche Arbeitersonntag hatte eingeläutet werden können: «Wie der Gott der Bibel den Menschen geboten hat, sechs Tage zu arbeiten und den siebenten zu ruhen, so ruft das klassenbewusste Proletariat der Arbeiterschaft der ganzen Welt zu: Feiere den Festtag, den das Proletariat selbst geschaffen! Aber feiere ihn nicht wie die Festtage der Kirche und des nationalen Staates. Diese Festtage sind zu blossen Scheinen herabgesunken, zu inhaltslosen Ruhetagen, die uns Proletariern nichts zu sagen und nichts zu bieten haben. Verwelkt sind die Ideale, mit denen der Staat und die Kirche einst ihre Feste zu umgeben wussten. Sie bieten nichts mehr dem Herzen und dem Geiste des Proletariats, wie sie auch von den breiten Schichten der Bevölkerung überhaupt nur rein formell begangen werden. Dagegen fühlt sich das Proletariat am Tage seines Festes als der zukünftige Schöpfer einer neuen Gesellschaftsordnung, als der Titan, dem die Geschichte die hehre Aufgabe zugewiesen hat, die Menschheit von der von den Nutzniessern der gegenwärtigen Ordnung und der Unwissenheit als ewig proklamierten Last der Armut und des Elends zu befreien.»[63]

Dass der 1. Mai als Ausdruck höheren Wollens vielleicht auch nur während einer bestimmten Zeitspanne eine historische Mission habe, dass er sich aber auch zu Tode siegen und wie die anderen Feste zu einem «blossen Scheinen» herabsinken könnte – das sich vorzustellen war damals nicht der Moment.

60 Basler Volksblatt 150 vom 3. Juli 1923.
61 Basler Arbeiter-Zeitung 150 vom 2. Juli 1923.
62 Basler Vorwärts 151 vom 2. Juli 1923.
63 Basler Arbeiter-Zeitung 99 vom 30. April 1923.

Annex: Der 1. Mai in der Schweiz[64]

10 Kantone mit öffentlicher Ruhetags-Regelung[65]
(in der Reihenfolge der Einführung)

BS	1	11.1.1923	Grosser Rat
			Volksabstimmung
SO	1/2	24.5.1964	Kantonsrat
FR	1/2	1967	statt des halben Fasnachttages
BL	1	26.9.1968	Volksabstimmung
			diverse Vorstösse im Landrat nach 1945, eventuell für Birseck statt 1. Mai zusätzlicher Kirchenfeiertag
TI	1	11.11.1968	Grosser Rat
			«Ai giorni festivi è aggiunto il Primo maggio, ormai generalmente riconosciuto come festa del lavoratori» (Botschaft v. 19.1.1968).
ZH	1	24.3.1971	gleichzeitig mit 1. August
SH	1	1.9.1972	Volksabstimmung
			1. Volksabstimmung 11.2.1963 knapp abgelehnt. – 1. August wird am 14.11.1965 öffentlicher Ruhetag. – Seit 1970 freier Tag für Staatspersonal. Befürwortende Empfehlung: «... sei es mit voller Überzeugung, sei es aus Toleranz gegenüber einem lange gehegten Wunsch der Werktätigen, oder sei es im Willen, alle gleich zu behandeln, wenn schon der tatsächliche Zustand sich so weit entwickelt hat, dass es ein Zurück in alte Kampfpositionen im Grunde genommen gar nicht mehr gibt und das auch von niemandem gewünscht wird» (Botschaft v. 12.6.1972).
JU	1	26.10.1978	Verfassungsrat
			Zunächst in Konkurrenz zum 23 juin (Tag der Unabhängigkeit). «En rendant cette fête officielle, le Canton mettra un peu d'ordre dans ces différentes attitudes et revalorisera cette fête ouvrière» (Minderheitsantrag 20.10.1977).
TG	1	10.3.1980	Grosser Rat
			Volksabstimmung
			1972–1977 mit 1. August je ein halber Tag
GL	1/2	1982	Landsgemeinde

64 Gemäss Umfrage in den kantonalen Kanzleien.

65 Das Bundesgesetz über die Arbeit in Industrie, Handel und Gewerbe vom 13. März 1964 ermächtigt in Art. 18 die Kantone, acht Feiertage im Jahr den Sonntagen gleichzustellen. Dies ist indessen nicht verbindlich, haben doch SO, BL, SH, OW und NW neun, SZ und GL zwölf, UR und AI dreizehn und TI sogar fünfzehn Feiertage.

16 Kantone ohne öffentliche Ruhetags-Regelung
(in der üblichen Reihenfolge)

BE	seit 30.4.1954 für Maifeier-Teilnehmer der öffentlichen Dienste halber Tag frei[66]
LU	keine Vorstösse bekannt
UR	keine Vorstösse
SZ	keine Vorstösse bekannt
NW/OW	keine Vorstösse
ZG	1974 erfolgloser Vorstoss im Kantonsrat
AI/AR	keine Vorstösse bekannt
SG	Aufteilung eines Feiertages auf zwei Nachmittage (1. Mai und 1. August) widerspräche einer sinnvollen Arbeitsgestaltung sowohl in Betrieben als auch in der öffentlichen Verwaltung. Bei der heutigen Personalknappheit muss alles vermieden werden, was geeignet ist, den Arbeitsablauf zu stören. (...) Es wird darauf hingewiesen, dass der 1. Mai den Charakter eines politischen Feiertages habe und dass er deshalb von weiten Kreisen der Bevölkerung abgelehnt werden dürfte. – Initiative vom August 1972 am 23.9.1973 mit 50 063:11 690 Stimmen abgelehnt. – Grossratsverhandlungen vom 8.5. und 21.10.1974.
GR	Motion Martin Jaeger vom September 1980 noch pendent. Begründung vom 19.11.1980: «Es liegt an der heutigen Zeit, dass nicht mehr nur konfessionelle, sondern auch weltliche Feiertage als öffentliche Ruhetage bezeichnet werden.» Beantwortung durch Regierungsrat Largiadèr: «Es ist mehr als fraglich und wenig sinnreich, ausgerechnet den Tag der Arbeit beschäftigungslos zu verbringen und zu feiern.» Überweisung mit Stichentscheid bei 38:38 Stimmen.
AG	Seit 16.8.1946 für Maifeier-Teilnehmer der öffentlichen Dienste ein halber Tag frei. – 24.3.1964 Motion Fürst für gesetzlichen Feiertag. – Seit 24.4.1969 für Staatspersonal allgemein ein halber Tag frei. 20.5.1973 Ablehnung des neuen Ruhetaggesetzes durch das Volk. 29.5.1973 Motion Zehnder und Taeschler. – 24.2.1975 neuer Gesetzesentwurf mit 1. Mai, ohne 1. August, aber mit 1. November (Nichteintreten). – 2.3.1982 Motion Bernhart (Nichtüberweisung).
VD	Halber Tag für Maifeier-Teilnehmer der öffentlichen Dienste.
VS	Seit 12.11.1982 halber Tag für Staatspersonal.
NE	Seit 14.7.1982 ganzer Tag für Staatspersonal.
GE	Halber Tag für Staatspersonal. – 1961 Vorstoss Burtin, Kommissionsberatung, Vertagung.

66 Diese scheinbare Privilegierung muss in Verbindung mit dem Umstand gesehen werden, dass der 1. Mai in den meisten Gesamtarbeitsverträgen der Privatindustrie als freier Tag behandelt wird.

2. Oktober 1984, ein historischer Moment: Elisabeth Kopp, erste Bundesrätin, legt ihren Amtseid ab (Foto: Keystone).

Ein Schweizer Museum fürs nächste Jahrtausend

Was sollten wir, was müssten wir vom 20. Jahrhundert aufbewahren? Eine gute Frage, eine anregende, eine bewusstseinsbildende Frage! Und natürlich auch eine praktische Frage. Ich hoffe, dass man sich die Frage in den Museen nicht erst angesichts der Jahrhundertwende, sondern schon früher gestellt hat.

In einer ersten Stellungnahme hier meine *allgemeinen* Überlegungen. Nicht (mehr) originell, aber immer noch nötig ist es zu betonen, dass sich Sammlungen nicht auf die schönen Objekte beschränken, sondern auch triviales Kulturgut einbeziehen, dass sie nicht nur kunsthistorisch, sondern wirklich historisch sein sollten. Dann dürfte klar sein, dass jedes Museum das regionalspezifische Kulturgut seines Umfeldes konservieren sollte. Die beiden Postulate – das Sammeln von Alltagsobjekten und das Sammeln von Regionalspezifischem – geraten freilich schnell in Konflikt miteinander, hat doch Alltagskultur in vielem eine geringe regionalspezifische Prägung. Es macht wenig Sinn, Cola-Flaschen in allen Kantons-, Bezirks- und Ortsmuseen aufzubewahren bzw. auszustellen. Da solche Objekte kaum in Dauerausstellungen gezeigt, für Sonderausstellungen unter Umständen aber sehr wohl gebraucht werden, wäre es sinnvoll, man würde in diesem Punkt den helvetischen Partikularismus überwinden und einen gemeinsamen *Pool* von Objekten bilden.

Noch immer im Rahmen des Allgemeinen kommt man nicht darum herum zu bemerken, dass angesichts der schier grenzenlosen Möglichkeiten des Abbildens und Verteilens und andererseits der stark begrenzten Möglichkeiten des Präsentierens und Magazinierens von Objekten eine weitere Verlagerung des Engagements zugunsten der neuen technischen Möglichkeiten des Abbildens stattfinden wird. Die Frage nach den Ausstellungsobjekten des 20. Jahrhunderts ist zugleich eine Frage nach der Funktion der Museen des 21. Jahrhunderts. Wir dürfen und sollten allerdings davon ausgehen, dass die Objekte ihre Bedeutung bewahren, ihren Reiz, ihre Ausstrahlungskraft als Materialisierung von Bedeutungen.

Sammeln sollte man Gegenstände, die mit der Geschichte verbunden sind und dadurch Bedeutung erlangen, auch wenn sie als solche ziemlich banal sind. So ist 1989 auch General Guisans **Képi** für zwei Tage (!) zur Verfügung gestellt und in der Zürcher Bahnhofstrasse vorübergehend in einer Ausstellung, die wesentlich länger dauerte, ausgestellt worden. Zu schaffen wäre also ein gesamtgesellschaftliches *musée sentimental,* wie es bereits von Daniel Spoerri inszeniert worden ist.

Dieses Rezept setzt jedoch voraus, dass Geschichte überhaupt stattgefunden hat in Form von Bewegungen, die über gewisse Verschiebungen in Tabellen und Grafiken hinausgehen und Gesellschaft mitzugestalten versuchten. In diesem Lande dürfte dies allerdings ein etwas schwierigeres Unterfangen als in anderen Ländern sein.

In einer zweiten Runde sollen nun ein paar ziemlich zufällige, aber konkrete und wenigstens chronologisch angereihte *Beispiele* zeigen, was man zur schweizerischen Zeitgeschichte der Nachwelt weiterreichen kann:

- die **Füllfedern**, mit denen 1937 das Friedensabkommen unterzeichnet worden ist;

- einer der vier brauchbaren **Flab-Scheinwerfer**, mit denen 1939 der Himmel nach fremden Flugzeugen abgesucht worden ist;

- ein **Aschenbecher**, den Winston Churchill während seines Schweizer Aufenthaltes 1946 benutzt hat;

- eine **Tomate**, die 1953 in der Bauernrevolte von Saxon im Einsatz war;

- eine **Fackel**, die 1956 an einer Solidaritätskundgebung gegen die Unterdrückung des Volksaufstandes in Ungarn mitgetragen worden ist;

- ein **Karabiner**, mit dem 1958 der letzte Gewehrgriff exerziert worden ist;

- ein **Koffer**, mit dem einer der Fremdarbeiter eingereist ist, welche nach 1960 zur Überschreitung der Marke des Ausländeranteils von 10% geführt haben;

- eine (leere) **Tetra-Milchpackung**, gegen die 1962 traditionelle Milchverteiler Sturm gelaufen sind;

- ein **Megaphon**, mit dem die Student(inn)en nach 1968 die braven Bürger/-innen erschreckt haben;

- das **Zivilverteidigungsbüchlein** von 1969 ...;

- die erste Postkarte des 1978 eröffneten Freilichtmuseums **Ballenberg**;

- der **Kopf** der in der Nacht vom 1. auf den 2. Juni 1984 erstmals zerstörten und inzwischen völlig verschwundenen «Sentinelle» von Les Rangiers;

- das königsblaue **Kleid**, das Elisabeth Kopp als erste Bundesrätin der bald 150jährigen Geschichte des Bundesstaates am 2. Oktober 1984 bei ihrer Vereidigung getragen hat;

- die **Sonnenbrille**, mit der Claude Nicollier 1992 in die weite Welt geblickt hat;

- **Originalton**, mit dem Christoph Blocher vor dem 6. Dezember 1993 über Morgarten und Marignano geredet hat;

- eine (gesperrte?) **Kreditkarte** von Werner K. Rey;

- die **Sonnenbrosche** von Christiane Brunner, nachdem diejenige von Ruth Dreifuss bereits im Berner Historischen Museum liegt;

- **Bücher**, die Bischof Haas gelesen und mit Strichen versehen hat, und vielleicht auch ein wichtiges Buch, nach dem man in seiner Bibliothek vergeblich suchen wird;

- eine **Aktie** der Swissair aus der Zeit, da sie noch ein selbständiges Unternehmen war (2003: so 1994 geschrieben);

- dann gewiss das Unikat **«Spirit of Biel/Bienne»** neben dem Massenprodukt **«Swatch»** und *last but not least* ein ausgestopftes **Schwein**, das letzte eines in der Mittellandagglomeration untergegangenen Bauerndorfes, neben einem **Igel**, der es geschafft hatte, heil an das natürliche Ende seiner Tage zu kommen, ohne überfahren zu werden.

Teil 2
Die Schweiz als Verständnisproblem

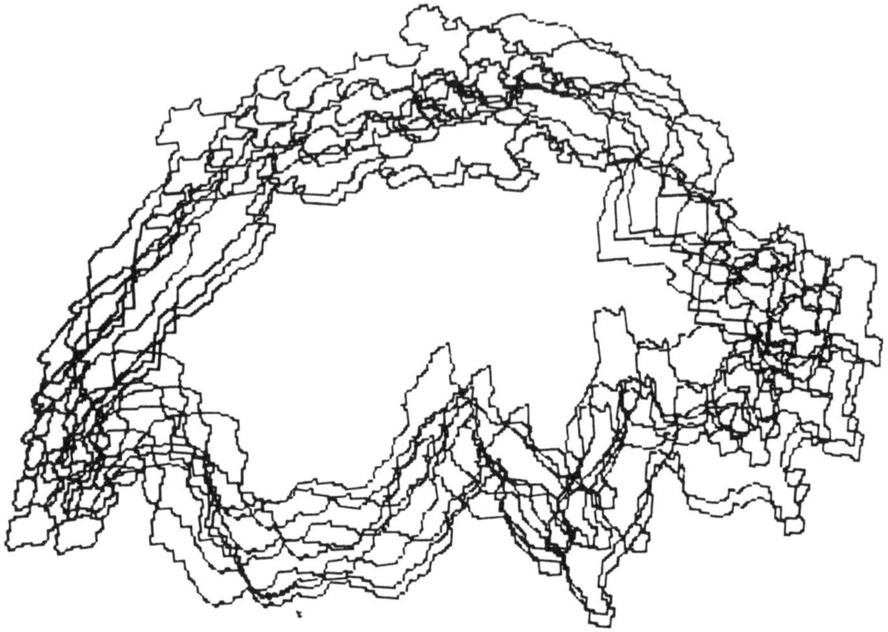

Klärende oder verunklärende Verschiebungen von Geschichtsbildern? In jedem Fall ist ein Abklären der Standpunkte und ein genaueres Hinsehen nötig. Pro Helvetia wollte 1989 im Jahr ihres 50jährigen Jubiläums intensiver hinschauen und ging von der zutreffenden Annahme aus, «dass die gleiche Sache immer wieder ein neues Gesicht zeigt» (Buchumschlag zu «Suchbild». Pro Helvetia, Zürich/ Lausanne/Bern 1989. Gestaltung: Werner Maurer).

Die neuere «Schweizergeschichte» neu schreiben?

Zur Mutation und Transformation des nationalen Geschichtsbildes

Welches ist die beste Formel, einen sinnvollen und informativen Überblick über die jüngste Entwicklung der schweizergeschichtlichen Historiographie zu vermitteln? Man könnte drei wichtige Felder benennen und betrachten: 1. die in letzter Zeit herausgekommenen Kantonsgeschichten, 2. der zum Jubiläum von 1991 (zur vermeintlichen Gründungsurkunde) und zum Doppeljubiläum von 1998 zur Helvetischen Revolution von 1798 und zur Bundesstaatsgründung von 1848 produzierte Ausstoss an historischen Schriften und 3. schliesslich die aus der Debatte um die Rolle der Schweiz während des Zweiten Weltkrieges hervorgegangenen Publikationen. Es gibt allerdings noch eine andere Möglichkeit, den Entwicklungstendenzen nachzugehen und sich zu fragen, wie der gesellschaftliche Wandel in der schweizerischen Historiographie seinen Niederschlag gefunden hat. Dies erfordert aber ein weitergefasstes Ausholen in einer Skizze, die mit den 1970er Jahren einsetzt. Die nachfolgenden Ausführungen folgen diesem Parcours, sie referieren in eher aufzählender Weise die drei genannten Publikationsfelder, um dann zur Hauptfrage zu gelangen, inwiefern die Schweizergeschichte in den letzten Jahren wichtige Paradigmenwechsel erfahren hat.

Kantonsgeschichten

Ein zwar diskutables, aber trotzdem bestehendes Verständnis behauptet, dass die Geschichte der föderal strukturierten Schweizer in hohem Masse die Summe von Kantonsgeschichten sei. Jedenfalls nehmen die Kantonsgeschichten einen wichtigen Platz ein zwischen den zahlreichen Orts- und Regionalgeschichten und den auf bestimmte Aspekte fokussierten oder den eher seltenen integralen Geschichten des gesamten Landes. Nach einem neueren Verständnis sollten die Kantonsgeschichten nicht bloss eine (von einer Person verfasste) Synthese aus bereits vorliegenden Monographien sein, sondern eine eigene (von einem Team entwickelte) Forschungsleistung erbringen, welche einerseits gewisse «Lücken» füllt, jedoch vor allem eine neue kohärente Gesamtschau erarbeitet. Man ist versucht, von einer Welle der Erneuerung kantonaler Geschichten zu sprechen, wobei die professionellen Geschichtsverständnisse, die den Arbeiten zugrunde liegen, sich ähnlicher sind als die verschiedenen Muster der organisatorischen Durchführung und die stark variierenden Volumen der zur

Verfügung stehenden Kredite. In der Mehrheit der Fälle ist ein sogenanntes Bundesjubiläum (bezogen auf die Aufnahme des Kantons in den Bund) der Anlass solcher Publikationen.[1]

Jubiläumspublizistik

Jubiläen erweisen sich, das ist bereits im Falle der Kantonsgeschichten festgestellt worden, als historiographische Pumpstationen, welche manches ermöglichen, was im Alltag der historischen Publizistik nicht möglich ist. Im Falle des Jubiläums zu «1291» befanden sich die Historiker allerdings im Dilemma, dass sie einen Bezugspunkt nutzten, den sie als Fachleute nicht gelten lassen konnten, weil das Pergament von 1291 keine Gründungsurkunde ist.[2] Im Falle des Jubiläums zu «1798» artikulierte sich die Tendenz, die sogenannte «Helvetik», die in der schweizerischen Historiographie wegen ihrer zentralistischen Struktur als der Schweiz nicht angemessen beurteilt worden war, zu rehabilitieren und als engagierten Modernisierungsversuch zu würdigen. Die unterschiedlichen Erfahrungen der Kantone führten zu entsprechend unterschiedlichen Einschätzungen der Helvetischen Revolution: Was in den früheren Untertanenlanden, etwa in der Waadt und im Aargau, als Befreiung gewürdigt wurde, erschien in der Innerschweiz, wo im selben Vorgang die «alteidgenössische Freiheit» verlorenging, als Repression.[3] Zur Bundesstaatsgründung von 1848 erschien eine schwer über-

1 Zunächst die Geschichte des Kantons Zürich. 3 Bde. Zürich 1994–1996. Sodann die Storia del Cantone Ticino. 3 vol. (Ottocento/Novecento, später Cinquecento-Settecento). Hrsg. v. Raffaello Ceschi. Bellinzona 1998/2000. Das Handbuch der Bündner Geschichte. 4 Bde. und eine CD-ROM mit 50 Quellen. Chur 2000. Aus Anlass des Bundeseintritts von 1501 die Geschichten der beiden Basler Halbkantone: Basel. Geschichte einer städtischen Gesellschaft. Hrsg. v. Georg Kreis und Beat von Wartburg. Basel 2000; sowie: Nah dran, weit weg. Geschichte des Kantons Basel-Landschaft. 6 Bde. Liestal 2001. Zum ebenfalls 1501 Bundesmitglied gewordenen Kanton Schaffhausen: Schaffhauser Kantonsgeschichte des 19. und 20. Jahrhunderts. Schaffhausen 2001. Zur Zeit wird an einer Glarner Kantonsgeschichte gearbeitet. Interessante Beispiele neuerer Ortsgeschichten sind Frauenfeld und Kreuzlingen. Die Problematik der Kantonsgeschichten. In: Themenheft der Schweizerischen Zeitschrift für Geschichte 43, 1993. S. 477–602.

2 Georg Kreis, Der Mythos von 1291. Zur Entstehung des schweizerischen Nationalfeiertages. Basel 1991. Übernommen in: Die Entstehung der Schweiz. Vom Bundesbrief 1291 zur nationalen Geschichtskultur des 20. Jahrhunderts. Schwyz 1999. S. 43–102. – Wichtig für die alteidgenössische Geschichte ist das aus gegebenem Anlass zustande gekommene zweibändige Werk: Innerschweiz und frühe Eidgenossenschaft. Jubiläumsschrift 700 Jahre Eidgenossenschaft. Hrsg. v. Historischen Verein der Fünf Orte. Olten 1990. – Der Jubiläumsbeitrag der Allgemeinen Geschichtsforschenden Gesellschaft bestand in einem Band mit Literaturberichten zu den verschiedensten schweizergeschichtlichen Forschungsbereichen: Geschichtsforschung in der Schweiz. Bilanz und Perspektiven – 1991. Basel 1992.

3 Holger Böning, Der Traum von Freiheit und Gerechtigkeit: Helvetische Revolution und Republik (1798–1803). Die Schweiz auf dem Weg zur bürgerlichen Demokratie. Zürich 1998 (1. Ausgabe 1985). Revolution im Aargau: Umsturz – Aufbruch – Widerstand 1798–1803. Aarau 1997. Vgl. auch die verschiedenen von Christian Simon herausgegebenen Bände von «Dossier Helvetik» (Basel 1995ff.).

blickbare Vielzahl von Publikationen. Viele nahmen «1848» allerdings nur zum Anlass, um entweder eine Gesamtdarstellung der «letzten 150 Jahre» zu lancieren[4] oder einen speziellen Aspekt zu beleuchten.[5] Die Frage aber, unter welchen Umständen der Bundesstaat entstand, wurde bemerkenswerterweise kaum angegangen, wie auch die Zeit zwischen 1815 und 1848 weiterhin stark unterbelichtet ist. Nur gerade ein Beitrag befasste sich mit der wichtigen Frage, inwiefern die Schaffung eines gesamtschweizerischen Raumes eher auf wirtschaftliche Bedürfnisse oder eher auf politische Reformvorstellungen zurückzuführen ist.[6] Dass dann nachgeschoben auch noch ein 350-Jahr-Jubiläum, bezogen auf «1648», ins Spiel kam, ist vor allem auf politische Bemühungen zurückzuführen. Gegner einer stärkeren Integration der Schweiz in die Europäische Union verdächtigten die Promotoren des Jubiläums von «1798», mit ihren Aktivitäten indirekt den «Anschluss» der Schweiz an Grosseuropa zu propagieren, und hielten ihnen mit 1648 das Datum der schweizerischen Exemption vom Hl. Römischen Reich Deutscher Nation als angebliche Geburtsstunde der schweizerischen Souveränität entgegen.[7]

Beide Jubiläen, das von 1991 wie das von 1998, hatten im übrigen auch zur Folge, dass die Schweiz wieder einmal Gegenstand externer Betrachtungen wurde.[8] Die beste nichtschweizerische Arbeit über die Schweiz entstand aber völlig unabhängig von Jubiläumsanlässen: Die von David Birmingham, einem Afrikanisten (!), verfasste Geschichte von Château-d'Oex verbindet Ortsgeschichte und Nationalgeschichte und will letztere aus der Perspektive der ersteren beleuchten – «to illuminate the central themes of Switzerland's history from the local, rural perspective».[9] Das Gesamtschweizerische oder an andern Orten der Schweiz sich Zutragende

4 Jean-François Aubert, Die schweizerische Bundesversammlung von 1848 bis 1998. Basel 1998. Etappen des Bundesstaates. Staats- und Nationsbildung der Schweiz, 1848–1998. Hrsg. v. Brigitte Studer. Zürich 1998. Ferner: Die Schweiz 1798–1998. Bd. 1 (vor 1848), Bd. 2 (30er Jahre), Bd. 3 (60er Jahre), Bd. 4 (Konstruktion einer Nation 18.–20. Jh.). Zürich 1998.

5 Lynn Blattmann/Irene Meier, Männerbund und Bundesstaat. Über die politische Kultur der Schweiz. Zürich 1998.

6 Margrit Meier in: Im Zeichen der Revolution. Der Weg zum schweizerischen Bundesstaat 1798–1848. Hrsg. v. Thomas Hildebrand und Albert Tanner. Zürich 1997. S. 91–112.

7 Ohne diese politische Absicht: 1648. Die Schweiz und Europa. Aussenpolitik zur Zeit des Westfälischen Friedens. Hrsg. v. Marco Jorio. Zürich 1999. – Ein Heft der Schweizerischen Zeitschrift für Geschichte (4, 1998) ist speziell den (bzw. einigen) Publikationen zu 1648, 1798 und 1848 gewidmet. Zur Gedächtniskultur: Geschichte(n) für die Zukunft. Vom Umgang mit Geschichte(n) im Jubiläumsjahr 1998. Hrsg. v. Albert Tanner. Basel 1999 (Itinera, Fasc. 23).

8 James H. Hutson, The Sister Republics. Washington 1991. Schweizerische Ausgaben (deutsch/französisch) dieser im Zusammenhang mit einer Ausstellung im Jubiläumsjahr «700 Jahre Schweiz» entstandenen kleinen Schrift: Bern 1992. Dieser Jubiläumsanlass hat auch an anderen Orten zu externen Betrachtungen geführt, zum Beispiel an der University of Southern California. Aus dieser Veranstaltung ging die Schrift hervor: Nicolas Bouvier, Gordon A. Craig, Lionel Gossman, Carl E. Schorske, Geneva, Zurich, Basel. History, Culture & National Identity. Princeton 1994. Zur von Hettling 1998 herausgegebenen Geschichte der Schweiz vgl. unten Anm. 42.

9 David Birmingham, Switzerland. A village history. London 2000.

erscheint genau so peripher, wie es eben aus der für einmal zentralen Position der Peripherie ist.[10]

Rolle der Schweiz im Zweiten Weltkrieg

Die Jahre 1933–1945 nehmen in der schweizerischen Historiographie seit längerer Zeit einen wichtigen Platz ein und sind wesentlich besser «erschlossen» als etwa die 1920er Jahre. Im Zentrum des Interesses standen aber innenpolitische und staatspolitische Fragestellungen; die Frage etwa, inwiefern die Schweiz ihren demokratischen Prinzipien treu geblieben ist oder sich dem Nationalsozialismus «angepasst» hat, oder die Frage, wie weit die Schweiz ihre Unversehrtheit dem militärischen Verteidigungswillen und der Neutralitätspolitik zu verdanken hat. Erst in jüngerer Zeit wurde – mit entsprechendem externen Druck – die Frage wichtig, was die Haltung der Schweiz für die am Krieg beteiligten Mächte bedeutet hat – darum jetzt der Titel: die «Rolle» der Schweiz.[11] Es mag zwar, zumal in einer Demokratie, kollektive Verantwortung geben, doch sollte diese Kategorie nicht zu früh ins Spiel gebracht und vielmehr gefragt werden, wie sich einzelne Institutionen (die Nationalbank, die Bundesbahnen, die Elektrizitätswerke, die Privatbanken, die chemischen Unternehmen, die Uhren- und Maschinenindustrie) verhielten, und man sollte selbst in den einzelnen Branchen nach einzelnen Unternehmen und in den einzelnen Unternehmen nach einzelnen Akteuren unterscheiden. – Im Dezember 1996 reagierten Regierung und Parlament auf die von aussen an die Schweiz herangetragenen Anschuldigungen (Horten oder Kassieren von «nachrichtenlos» gebliebenen Guthaben von Holocaust-Opfern, Handel mit Totengold, kriegsverlängernde Belieferung der Achsenmächte, neutralitätswidriger Alpentransit, Generierung von Kriegsprofiten) durch die Schaffung einer international zusammengesetzten «Unabhängigen Expertenkommission Schweiz – Zweiter Weltkrieg» (UEK), die mit einem unbegrenzten Archivzugang (auch bei Privatunternehmen!) und 22 Mio. SFr. ausgestattet wurde und binnen fünf Jahren Bericht zu erstatten hatte.[12] Wie bereits der externe Druck zu einer grösseren Zahl von Publikationen zum Thema geführt hatte, wurden von privater Seite parallel zu den Arbeiten der UEK, zum Teil auch in Konkurrenz zu ihr, Studien in Auftrag gegeben und publiziert.[13] Da

10 Zu den seit 1945 herausgekommenen nichtschweizerischen Beiträgen zur Geschichte der Schweiz vgl. Georg Kreis, Schweizergeschichte nur als Nationalgeschichte? Wie aus dem Käfig der nationalen Historiographie ausbrechen. In diesem Band S. 373–392.

11 Bezüglich der nachrichtendienstlichen Problematik war die «Rolle» des Nachrichtenzentrums Schweiz schon vorher thematisiert worden.

12 Zum Aufgabenverständnis des Kommissionspräsidenten Jean-François Bergier vgl. in der Schweizerischen Zeitschrift für Geschichte 1997 (Anm. 13). Zum ursprünglichen Forschungskonzept vgl. Jacques Picard in der Publikation Sarasin/Wecker von 1998 (Anm. 14). Der Autor dieses Artikels war ebenfalls Mitglied der UEK.

13 Im Sinne einer Bestandesaufnahme zur Ausgangslage wurde 1997 ein umfassender Literaturbericht zusammengestellt, der in der Schweizerischen Zeitschrift für Geschichte 4, 1997. S. 449–808, und

die Fragen mit grösstem Nachdruck aufgeworfen und mit entsprechender Betroffenheit diskutiert wurden, wollte man nicht zuwarten, bis eine offiziell eingesetzte Kommission ihre Befunde vorlegen wird.[14] So erlebte die Historiographie zur Schweiz im Zweiten Weltkrieg nach den ersten Bearbeitungen in den unmittelbaren Nachkriegsjahren, nach der zweiten Welle in den 1960/70er Jahren und der dritten Welle der 1980er Jahre in den letzten sechs Jahren einen vierten *peak.*[15] Die grosse Synthese, in der die *summa* gezogen würde, steht allerdings noch aus. Die UEK hat 25 Bände mit Spezialstudien und schliesslich eine breitangelegte Gesamtdarstellung veröffentlicht, sie hatte aber nicht die Kraft und als recht heterogenes Organ auch nicht die Möglichkeit, eine weitere Verdichtung der Erkenntnisse vorzunehmen.[16] Unabhängig davon stellt sich zudem die Frage, wie sehr sich die in der Ausgangslage aufgeworfenen Fragen überhaupt kurz und bündig, wenn möglich mit Ja/Nein-Befunden und quantifizierten Befundvarianten, beantworten lassen. Auf eine Haupterkenntnis, welche aus der Auseinandersetzung mit der Problematik herausspringen kann, sei am Schluss dieses Beitrags hingewiesen.

Revisionen der Geschichtsbilder

Die eben vorgestellten und die vielen in letzter Zeit ebenfalls erschienenen Publikationen kann man als Akkumulation von Erkenntnissen und Einsichten begreifen. Es ist aber nicht so, dass Neues stets nur additiv hinzukommt. Neue Arbeiten können das Geschichtsbild auch verändern, wie gesellschaftliche Veränderungen zu neuen Arbeiten führen. Geschichte unterliegt einer permanenten Revision (im Sinne von *redesigning*), gewiss nicht immer gleich die ganze Geschichte und gewiss nicht gleich in fun-

zugleich als separater Band und später auch in englischer Übersetzung erschienen ist. Switzerland and the Second World War. Hrsg. v. Georg Kreis. London 2000.
Für den unmittelbaren Gebrauch insbesondere im Ausland wurde von der Kulturstiftung Pro Helvetia eine Gesamtdarstellung in Auftrag gegeben und in vier Sprachversionen publiziert. Vgl. Georg Kreis, Die Schweiz im Zweiten Weltkrieg. Ihre Antwort auf die Herausforderungen der Zeit. Zürich 1999. – Switzerland in the Second World War. Responding to the Challenges of the Time. Zürich 1999. Italienische und französische Version: Zürich 2000.

14 Hier sind insbesondere drei Publikationen von Vortragsserien zu nennen, die aus dem unmittelbaren Auseinandersetzungsbedarf hervorgegangen sind: Fluchtgelder, Raubgut und nachrichtenlose Vermögen. Bundesarchiv Dossier 6. Bern 1997. – Raubgold, Reduit, Flüchtlinge. Hrsg. v. Philipp Sarasin und Regina Wecker. Zürich 1998. – Gedächtnis, Geld und Gesetz. Vom Umgang mit der Vergangenheit des Zweiten Weltkrieges. Hrsg. v. Jakob Tanner und Sigrid Weigel. Zürich 2002.

15 Zur bisher kaum wahrgenommenen dritten Welle vgl. Georg Kreis, Zurück in den Zweiten Weltkrieg. Zur schweizerischen Zeitgeschichte der 80er Jahre. In: Schweizerische Zeitschrift für Geschichte 1, 2002. S. 60–68. In diesem Band S. 333–342.

16 Gesamtdarstellung in vier Sprachen und auf dem Internet. Die 25 zumeist in deutscher Sprache verfassten Bände sind beim Chronos Verlag Zürich erschienen, sie wurden unter den Namen der UEK-Mitarbeiter in der Sprache der jeweiligen Autoren publiziert und umfassen insgesamt etwa 6000 Seiten.

damentaler Weise – und dennoch. Revisionen werden in den selteneren Fällen nötig, weil neue Funde, wie man meinen könnte, neue Deutungen aufdrängten. Nachträglich bekanntgewordene Fakten lassen sich gewiss bis zu einem gewissen Grad in bestehende Vorstellungen einbauen, und Vergangenheitsvorstellungen können aufgrund steter Nachführung gewiss auch eine sanfte und evolutive Renovation erfahren.

Der gängigere Prozess verläuft allerdings anders: Plötzlich oder mindestens schubartig erscheinen (unter Umständen auch längst bekannte) Elemente der Vergangenheit in einem neuen Licht, das heisst: sind einem neuen Interesse ausgesetzt, das seinerseits einem neuen Verständnis, einer neuen Sensibilität verpflichtet ist. Es sind also die aus neuen Problemlagen und neuen Interessen entwickelten neuen Fragestellungen, die neue Blicke auf die Vergangenheit und entsprechend neue Befunde und neue Vergangenheitsbilder entstehen lassen. Die neuen Problemlagen und neuen Interessen können sich aus dem schlichten Wandel der Zeit (beziehungsweise der Gesellschaft) und/oder aus anderen Sensibilitäten neuer Generationen ergeben. Das Neue muss freilich nicht vollständig neu sein, es kann auch schon zuvor vorhanden, aber nicht dominant gewesen sein.

Die Funktionen der Geschichtsschreibung sind bekanntlich vielfältig. Seit der *nation-building*-Phase im 19. Jahrhundert bis in die 70er Jahre des 20. Jahrhunderts bestand eine Hauptfunktion – nicht nur der schweizerischen, sondern wohl jeder Nationalgeschichte – darin, eine positive Deutung der eigenen, nationalen Vergangenheit zu vermitteln. Im Falle der Schweiz vollzog sich dies in der Würdigung der Schweiz als Land und Gesellschaft der Freiheit und Freiheitsliebe, der Wehrhaftigkeit und der Unabhängigkeit, der Demokratie und des Konsenses im konstruktiven Kompromiss, sodann der Gerechtigkeit, des Minderheitenschutzes, der Tüchtigkeit und Humanität, der physischen Kleinheit und ideellen Grösse und in alledem der vorbildlichen Andersartigkeit im Vergleich mit dem Rest der Welt, kurz: in Würdigung des positiven Sonderfalls.

Nach der Konsensgeschichte die Konfliktgeschichte

Als Produkte eines gesamtgesellschaftlichen Umbruchs[17] meldeten sich im Laufe der 1970er Jahre, zunächst vereinzelt, dann etwas häufiger, Stimmen, welche sich dafür stark machten, dass statt der bisherigen vor allem dem liberalen Geschichtsbild zugeschriebenen Pflege der Konsensgeschichte mit ihren Idealisierungen von der Kappeler Milchsuppe von 1529 über den Arbeitsfrieden von 1937 bis zur Zauberformel von 1959 vermehrt ein Zugang gesucht werde, der die Konfliktgeschichte von den alten Bauernkriegen des 16. Jahrhunderts über den Sonderbundkonflikt von 1847 bis zum Landes-

17 Aufkommen einer Neo-Linken neben der traditionellen Linken sowie parteiunabhängiger Positionen des Widerspruchs oder des Einspruchs. Die seit 1981 erscheinenden Hefte «Widerspruch» sind ein Spätprodukt dieser Dynamik.

streik von 1918 sichtbar mache. Eine Konfliktgeschichte mit Fokus auf Auseinandersetzungen, die auch oder gerade in der Schweiz zuhauf bestehen, entlang der Konfliktlinien zwischen Konfessionen, Regionen bzw. Landesteilen, Stadt und Land, Zentrum und Peripherie, Reich und Arm, oben und unten, hinten und vorne.[18]

Im Folgenden sollen uns nun die wichtigsten Revisionspunkte beschäftigen, die in den letzten drei Jahrzehnten schubartige Revisionsvorgänge ausgelöst haben: Zwei Punkte betrafen die Sozialgeschichte und zwei andere die Nationalgeschichte. Und wie die beiden sozialgeschichtlichen und die beiden nationalgeschichtlichen Punkte je unter sich verbunden waren, bestand auch zwischen beiden Kategorien selbstverständlich eine Verbindung. Die Aufwertung des Sozialgeschichtlichen und die Abwertung des Nationalgeschichtlichen waren zwei Seiten ein und desselben grösseren Revisionsvorgangs.

Die beiden nationalgeschichtlichen Revisionspunkte betrafen die Gründungsgeschichte der Eidgenossenschaft und die Geschichte der Schweiz im Zweiten Weltkrieg. In beiden Bereichen ging Max Frisch als progressiver Wegbereiter publizistisch voran: 1971 mit seinem *Wilhelm Tell für die Schule* und 1974 mit seinem *Dienstbüchlein*.[19] In beiden Fällen ging es darum, den selbstgefälligen Mythos von der überlegenen Schweiz zu attackieren und wenn möglich zu demolieren. Gewiss konnte sich Frisch seinerseits auf Vorleistungen abstützen, im Falle des alteidgenössischen Mythos auf Marcel Beck und seine Schule, insbesondere auch auf Otto Marchis *Schweizergeschichte für Ketzer*; und im Falle des Zweiter-Weltkrieg-Mythos auf die Debatte um den 1970 erschienenen Bonjour-Bericht, auf Alfred A. Häsler, auf Niklaus Meienberg u.a.

In den beiden sozialgeschichtlichen Punkten ging es um die historiographische Aufwertung oder gar eigentliche Entdeckung von zwei sozialen Gruppen, die zuvor ausgeblendet oder nur am Rande und unter der Perspektive der herrschenden Kräfte

18 Die Frage, ob die Schweiz ein Land des Konsenses sei, wurde eben wieder in der jüngsten Nummer von «traverse», der «alternativen» Revue der Schweizer Historiker/-innen, aufgegriffen: La Suisse: Pays du consensus? Die Schweiz: Land des Konsenses? Hrsg. v. Sébastien Guex und Albert Schnyder (traverse 8, 3, 2001). Das Heft der aus dem Protest gegen die «Diamant»-Feiern von 1989 hervorgegangenen Zeitschrift vertrat die Meinung, dass der Konsensanteil noch immer überschätzt und der Konfliktanteil entsprechend unterschätzt werde, dass aber die Schweiz weder ein Modellland des politischen Konsenses noch ein Land mit aussergewöhnlicher Konflikthäufigkeit sei, dass eine Tendenz zur politischen statt zur gerichtlichen Konfliktlösung beobachtet werden könne, aber noch viel Forschung nötig sei, bevor man «abschliessende Antworten» geben könne. Zugleich fällt aber auf, wie stark sich das Verständnis der Herausgeber dieser Nummer auf frühe politologische Thesen aus dem Jahr 1974/75 stützen, die – ganz «1968» verpflichtet – zum Beispiel behaupten, «dass der Konsens in Wirklichkeit die gelungene Form des Zwangs» sei. Berufung auf François Masnata/Claire Rubattel, Le pouvoir suisse. Séduction démocratique et répression suave. Lausanne 1975 (2. Aufl. 1995). Zum Hintergrund der «traverse» vgl. Bea Schumacher, Mehr als ein Dutzend Köpfe – eine Zeitschrift. «traverse». Zeitschrift für Geschichte. Revue d'histoire. In: Schweizerische Zeitschrift für Geschichte 50, 4, 2000. S. 375–481. Ferner Editorial der ersten regulären Nummer 1, 1994.

19 Zu den zeitgenössischen Reaktionen auf das Tellenbüchlein und auf das Dienstbüchlein vgl. Urs Bircher, Mit Ausnahme der Freundschaft. Max Frisch 1956–1991. Zürich 2000. S. 161ff. und 178ff.

betrachtet worden waren: zunächst die Arbeiter und die Arbeiterbewegung, dann die Frauen und die Frauenbewegung.

Arbeitergeschichte

Zunächst zur Arbeitergeschichte: Es ist Zufall und doch nicht zufällig, dass zwei signifikante Werke, Erich Gruners *Geschichte der Arbeiter im 19. Jahrhundert* und Willi Gautschis *Geschichte des Landesstreiks von 1918*[20], beide 1968 erschienen sind, in einem Jahr also, das inzwischen – zu Recht oder zu Unrecht – als gesellschaftliches Aufbruchsjahr in die Geschichte eingegangen ist. «1968» fand in der Schweiz allerdings erst zu Beginn der 1970er Jahre statt.

Auf die 68er-Frühprodukte eher konventionellen Zuschnitts von Gruner und Gautschi folgte als Spätprodukt der 68er-Welle der 1975 nach einer aufsehenerregenden Verlagsodyssee herausgekommene Dokumentenband zur schweizerischen Arbeiterbewegung. Als zu marxistisch eingestuft, liessen die Verlage Huber Frauenfeld und Suhrkamp Schweiz das «heisse» Manuskript fallen und gaben damit den Anstoss zur Wiederbelebung der mittlerweile aus der helvetischen Landschaft kaum mehr wegzudenkenden Limmat Verlagsgenossenschaft Zürich.[21] Es war dieser Verlag, der ein Jahr später, 1976, nicht zufällig Robert Grimms *Geschichte der Schweiz in ihren Klassenkämpfen* von 1920 neu herausbrachte.[22]

Das 68er Buch zur Arbeiterbewegung wies abgesehen von seiner politischen Stossrichtung zwei formale Merkmale auf, die für das Unternehmen typisch waren: *Erstens* war es das Produkt eines rund 40köpfigen Autorenkollektivs[23], das nicht in

20 Nachträglich fällt es schwer, den tatsächlich gegebenen Revisionscharakter von Gautschis Landesstreikdarstellung wahrzunehmen. Gautschis 1978 erschienener 3. Band der Aargauer Geschichte wurde noch als Machwerk eines linken Agitators angegriffen, mit der 1989 erschienenen Biographie von General Henri Guisan konnte Gautschi in den Kreis der patriotischen Konsenshistoriker aufgenommen werden.

21 Das «neolinke» Projekt geht auf zwei Impulse zurück, die 1972 von «altlinken» Institutionen kamen, einerseits vom Schweizerischen Sozialarchiv und zum anderen von der marxistischen Arbeiterschule des Buchhändlers Theo Pinkus. Beste Darstellung dieser Geschichte durch Rea Brändli, Gründliche Historiker und ein Eclat. In: Tages-Anzeiger vom 8. August 2001 (Teil 6: Zürcher Kulturskandale). Gemäss dieser Darstellung hat nicht nur der konservative Geschichtsprofessor Hans Conrad Peyer, sondern der in seinem eigenen Bereich als Mythenzertrümmerer aktive Marcel Beck beim Huber-Verlag gegen das Vorhaben interveniert.

22 1920 im Verlag der Unionsdruckerei Bern erschienen. Der «Landesstreikgeneral» Robert Grimm verfasste diese Darstellung 1919 auf Schloss Blankenburg, wo er seine sechsmonatige Haft gegen die militärische Autorität absass. Grimm wandte sich gemäss Vorwort mit seinem Buch gegen das mystisch verklärte Geschichtsbild und wollte diesem eine mit der «Sonde des historischen Materialismus» arbeitende Geschichte der «gesellschaftlichen Zusammenhänge» und (was die Tendenz der Gegenverherrlichung in sich trug) des Kampfes der Arbeiterbewegung entgegenstellen.

23 Dem Kollektiv gehörten unter anderem an: Josef Estermann, Peter Hablützel (vgl. Anm. 37), Mario König, Heidi Witzig/Schäppi (vgl. Anm. 26), später auch der etwas jüngere Jakob Tanner.

«einsamen Gelehrtenstuben» arbeitete, eine «alternative Arbeitsweise» praktizierte und die «Vereinzelung» aufbrechen wollte, von der man im täglichen Leben bedroht sei. Und *zweitens* wollte es als Dokumentenband das «Selbststudium» und die Erarbeitung «eigener Erkenntnisse» ermöglichen. Inhaltlich wollte es ein Defizit beheben und ohne Objektivitätsanspruch ein Gegenbild schaffen. Also eine Lücke füllen und der im Vorwort bemängelten Tendenz entgegenwirken: «Das Wenige, das in den Geschichtsbüchern geschrieben steht, erschien (zudem) vielfach in der mehr oder weniger unverhüllten Absicht, gegen die Arbeiterbewegung zu polemisieren und sie zu diffamieren.»[24]

Frauengeschichte

Die zweite Gruppe – sie bildet, wenn auch wiederum verschiedenen anderen Gruppen angehörend, mindestens die Hälfte der Gesellschaft –, das sind, wie angedeutet, die Frauen. Bereits in den 1970er Jahren da und dort in einzelnen Untersuchungen zur erkenntnisleitenden Kategorie der Geschichtsschreibung geworden, 1978/79 erstmals in der Schweiz zu einem Thema universitärer Lehrveranstaltungen gemacht, erlangte die Frauengeschichte in der Schweiz mit einer leichten provinziellen Verspätung erst im Laufe der 1980er Jahre nach und nach den Organisationsgrad einer «Schule», einer Forschungsrichtung, einer Disziplin. Seit 1983 wurden regelmässig schweizerische Historikerinnentreffen durchgeführt. Bea Mesmer, Bern, präsentierte kurz darauf die Beiträge der ersten Tagung als «erste Sondierbohrungen in historische Schichten, deren systematische Exploration noch aussteht».[25]

Inzwischen sind erste Lehrstühle, nicht nur für Frauengeschichte und nicht nur für die historische Disziplin, sondern für interdisziplinäre *gender studies* eingerichtet worden. 1986 erschien, wiederum beim Limmat-Verlag sozusagen als zeitverschobenes Parallelwerk, ein Dokumentenband nun auch zur Frauengeschichte.[26] Und eine Art von historiographischem Verbindungsstück zwischen den in der 80er Jahren erarbeiteten Studien zur Frauengeschichte und dem Aufbruch von «1968», von dem auf die Frauenemanzipation indirekt ein starker Impuls ausgegangen ist, bildet die 1974 bei Huber Frauenfeld erschienene, in diesem Fall aber durch keine Intervention sabotierte

24 Schweizerische Arbeiterbewegung. Dokumente zu Lage, Organisation und Kämpfen der Arbeiter von der Frühindustrialisierung bis zur Gegenwart. Zürich 1975. 3., erweiterte Aufl. 1980. S. 23ff.

25 Bea Mesmer, In Sachen Frauengeschichte. In: Schweizerische Zeitschrift für Geschichte 34, 3, 1984. S. 327. Vgl. auch Vorwort zu Bea Mesmer, Ausgeklammert – Eingeklammert. Frauen und Frauenorganisationen in der Schweiz des 19. Jahrhunderts. Basel 1988. Ausführlich und in den grösseren Zusammenhang gestellt: Regina Wecker, Frauengeschichte – Geschlechtergeschichte. In: Geschichtsforschung in der Schweiz. Bilanz und Perspektiven –1991. Basel 1992. S. 157–168.

26 Frauengeschichte(n). Dokumente aus zwei Jahrhunderten zur Situation der Frauen in der Schweiz. Hrsg. v. Elisabeth Joris und Heidi Witzig. Zürich 1986. Heidi Witzig hatte bereits beim Band mit den Dokumenten zur Arbeitergeschichte mitgewirkt.

soziologische Untersuchung über die Stellung der Frau in der Schweiz von Thomas Held und René Levy.[27]

Aufwertung der Arbeiter- und der Frauengeschichte: Die beiden Revisionen sind natürlich aufs engste verknüpft mit der sozialen Aufwertung der entsprechenden gesellschaftlichen Gruppen, wobei nicht eindeutig auszumachen ist, wie weit die Historiographie ein Produkt eines vorangehenden politischen Prozesses ist oder wie weit sie diesen pionierhaft gefördert oder gar erst ermöglicht hat. Sozusagen unvermeidlich gehörte dazu, dass die Innovation in doktrinärer Überspitzung daherkam und dass sie – nicht nur der Überspitzung wegen – anfänglich heftigem Widerstand begegnet ist, einer Ablehnung, die man wenig später kaum mehr verstehen kann.

Eine dritte Bewegung, diejenige zum Schutze der Umwelt, verschaffte sich nicht in gleich penetranter Weise einen Platz in der Geschichtsschreibung, obwohl auch sie zur Bildung eines neuen Forschungsbereiches führte. Die erste Gesamtdarstellung dazu stammt von François Walter, sie erschien 1990 und war aus universitären Lehrveranstaltungen hervorgegangen.[28] Als Reflex auf diese neue Sensibilität erschienen zahlreiche Spezialstudien, die vor 1970 kaum denkbar gewesen wären; etwa zur Energie- und Verkehrsgeschichte, zur Geschichte der chemischen Industrie[29] oder zum Ernährungsverhalten.[30]

Hier ein Nachtrag zur Frage, wo innovative Thematisierungen und Themenbearbeitungen auftreten. In der Regel nicht in den grösseren Synthesewerken, sondern punktuell zunächst und gewissermassen «am Rande»; und sie fliessen naheliegenderweise erst sekundär in die Gesamtdarstellungen ein.

Neue «Schweizergeschichten»

Im letzten halben Jahrhundert sind zahlreiche integrierte Gesamtdarstellungen der Geschichte der Schweiz oder der «Schweizergeschichte», wie der in der Schweiz gängige Kollektivsingular lautet, herausgekommen.[31] Zwei müssen kurz genannt werden, ob-

27 Thomas Held und René Levy, Die Stellung der Frau in Familie und Gesellschaft. Eine soziologische Analyse am Beispiel der Schweiz. Frauenfeld 1974.

28 François Walter, Les Suisses et l'environnement. Une histoire du rapport à la nature du 18e siècle à nos jours. Genf 1990. 1996 in deutscher Übersetzung in Zürich erschienen. Im gesamtschweizerischen Literaturbericht findet sich eine Gesamtdarstellung von Christian Pfister und Anton Schuler mit dem aufschlussreichen Titel: Historische Umweltforschung – eine neue, fächerverbindende Aufgabe für Natur- und Sozialwissenschaften. In: Geschichtsforschung in der Schweiz. Basel 1992. S. 169–187.

29 Zum Beispiel David Gugerli (Hrsg.), Allmächtige Zauberin unserer Zeit. Zur Geschichte der elektrischen Energie in der Schweiz. Zürich 1994.

30 Jakob Tanner, Fabrikmahlzeit. Ernährungswissenschaft, Industriearbeit und Volksernährung in der Schweiz 1890–1950. Zürich 1999. Oder: Peter Haenger, Das Fleisch und die Metzger: Fleischkonsum und Metzgerhandwerk in Basel seit der Mitte des 19. Jahrhunderts. Zürich 2001.

31 Weitere frühe Darstellungen: diejenige des Chefredaktors der «Basler Nachrichten» und späteren LDP-Nationalrates Peter Dürrenmatt, Schweizer Geschichte. Bern 1957. Und dasjenige des SP-Na-

wohl sie keine tiefgreifenden Neudeutungen anstrebten. Sie vermittelten ohne spezielle Positionsbezüge, was man den neuesten Stand der Kenntnisse nennt, und nahmen in je unterschiedlicher Weise einen wichtigen Platz ein: erstens die seit 1974 vorliegende (und bis 1997 in 6. Aufl. erschienene) Taschenbuch-*Geschichte* des Berner Professors für Schweizergeschichte Ulrich Im Hof[32] und zweitens der von Hanno Helbing, Feuilletonchef der *Neuen Zürcher Zeitung,* nach längeren Verzögerungen 1977 publizierte 2. Band des *Handbuches der Schweizer Geschichte.*[33]

Zwei andere Werke müssen nun aber besonders interessieren, weil sich an ihnen die weitere historiographische Entwicklung ablesen lässt. Das eine ist die 1982 erstmals erschienene *Geschichte der Schweiz und der Schweizer.* Ihr lag ohne Zweifel ein entschiedener Wille zur Lancierung eines neuen Verständnisses zugrunde.[34] Die von einer Gruppe gut etablierter, aber für damalige Verhältnisse bemerkenswert progressiver Universitätsprofessoren[35] konzipierte, lancierte und patronierte Darstellung sollte eine *neue* Sicht auf die Geschichte der Schweiz vermitteln; neu im Sinne der «Nouvelle Histoire» der französischen Schule der *Annales,* die sich für die Lebensver-

tionalrates Valentin Gitermann, Geschichte der Schweiz. Schaffhausen 1941/Zürich 1959. Dürrenmatt schrieb 1957, man lebe in einer Zeit des tiefgreifenden Wandels, ja der Zeitenwende, um mit der Zukunft besser fertig zu werden, brauchten «wir heutige Schweizer» eine «klare Beziehung zur Vergangenheit unseres Landes». Die nur bis 1918 reichende Darstellung von Gitermann wollte gemäss Vorwort «ohne beschönigende Retouchen auskommen» und ihre Aufmerksamkeit vor allem Epochen widmen, «in denen die Schweiz gezwungen war, sich geistig, politisch und wirtschaftlich mit Erschütterungen der Umwelt, mit europäischen Krisen auseinanderzusetzen» (2. Aufl. Büchergilde Zürich 1959). – Und spätere Darstellungen: das im Silva-Verlag im Anschluss an einen Bucherfolg zu «1291» lancierte 2bändige Werk «Die Schweiz in der Geschichte» (1995: 700–1700, von Werner Meyer, und 1997: 1700 bis heute, von Georg Kreis). Und schliesslich das 1998 von sechs Autoren im Zürcher Lehrmittelverlag herausgegebene Buch «Die Schweiz und ihre Geschichte», das gemäss Anzeige dem wegen der Debatte um die Rolle der Schweiz während des Zweiten Weltkrieges und wegen der verschiedenen historischen Jubiläen gewachsenen historischen Interesse eine Darstellung zur Verfügung stellen wollte.

32 Ulrich Im Hof, Geschichte der Schweiz. Stuttgart 72001. 1984 auch in Küsnacht/Zürich in einer leicht illustrierten Ausgabe erschienen. Die jüngste Ausgabe schliesst mit der Feststellung, dass sich immer mehr «zwei Eidgenossenschaften» abzeichnen würden: eine zukunfts- und raumoffene und eine rückwärtsgewandte, auf die Eigenart bedachte (S. 151).

33 Der Beitrag des vom inzwischen verstorbenen Hans von Greyerz verfassten Teils zur jüngsten Geschichte musste von Hans Ulrich Jost, damals Oberassistent an der Universität Bern, überarbeitet und ergänzt werden. Bd. I war 1972 erschienen. Hanno Helbing hatte vorweg eine kleine «Schweizer Geschichte» (Zürich 1963) publiziert, die im ersten Satz indirekt die später noch stärker werdende Infragestellung der traditionellen Geschichtsbetrachtung ankündigt: «Die Zeit der Nationalgeschichte sei abgelaufen, so hört man» (S. 7). Weitere Handbuchbeiträge, in diesem Fall der seit 1968 erschienenen Schweizer Kapitel im Handbuch der europäischen Geschichte, sind zusammengefasst 1991 als dtv-Taschenbuch erschienen.

34 Geschichte der Schweiz und der Schweizer. Basel, Lausanne, Bellinzona 1983, in einer deutschen, französischen und italienischen Ausgabe; deutsch 1997 auch einbändig broschiert erschienen.

35 Die wichtigsten Mitglieder des Herausgeberkomitees waren Jean-Claude Favez (Universität Genf), Ulrich Im Hof (Universität Bern), Markus Mattmüller (Universität Basel) und Bea Mesmer (Universität Bern).

hältnisse der breiteren und breitesten Bevölkerungsschichten, für soziale Strukturen und Alltag interessierte.[36] Darum der Titel «... der Schweiz und der Schweizer». In diesem Titel kommt pikanterweise nicht nur das Fortschrittliche, sondern, gemessen am wenig später Geltung erlangenden Geschlechter- oder *gender*-Paradigma, auch das Altmodische zum Ausdruck: Wohl hatte man im Titel neben dem Land oder Staat auch den Menschen angepeilt, aber, was bereits in den späteren 1980er Jahren störend wirkte, nur in der männlichen Form. Nicht weniger störend dürfte ferner die Tatsache gewesen sein, dass unter den 12 Autorschaften keine einzige weibliche war.

In diesem etwas objektiver als beabsichtigt daherkommenden Handbuch wurden die Autorschaften der als politisch besonders wichtig eingestuften letzten beiden Jahrhunderte ausser nach fachlicher Kompetenz auch nach politischen Kriterien ausgewählt. Einer der Herausgeber erklärte unumwunden, im 19. Jh. seien die Katholiken die Opfer der freisinnigen Repression gewesen, darum habe man diese Kapitel an Autoren vergeben, die dieser Opfergruppe nahestünden; und im 20. Jahrhundert seien die Sozialdemokraten die Opfer des Freisinns gewesen, darum habe man diesen Teil von Sozialdemokraten schreiben lassen.[37] Am meisten Anstoss erregte Hans Ulrich Josts Darstellung der Jahre 1939–1945 insbesondere wegen der Feststellungen, dass die Schweiz faktisch in den deutschen Wirtschaftsraum eingegliedert, dass sie ein wichtiger Goldumschlagplatz auch für Opfergold aus Konzentrationslagern, dass den Verantwortlichen die Raubgoldproblematik «durchaus» bewusst gewesen sei, dass man (wie Niklaus Meienberg bereits betont hatte) auch naive Verführte als Landesverräter erschossen habe, derweil andere «für eine weit grössere, aber sich in den gesellschaftlichen Oberschichten versteckt haltende Schuld» ungestraft geblieben seien, dass es einen «helvetischen Totalitarismus» gegeben habe etc. Als den infamsten Angriff auf die erbrachten Leistungen und die kollektive Erinnerung empfand man die Aussage, es habe in Deutschland weder bei der militärischen noch bei der politischen Führung «jemals ernsthaft die Absicht einer Eroberung der Schweiz» gegeben.[38] Fünfzehn Jahre später, 1998, publizierte Jost zu den gleichen Fragen ein Buch, das in seiner Kritik ei-

36 Das Herausgebergremium nannte sich auch in der deutschen Version «Comité pour une Nouvelle Histoire de la Suisse». In der knappen Einleitung sprach sich das Unternehmen gegen eine «selbstbewusste Verherrlichung der Vergangenheit» und für die Berücksichtigung der «modernen Sozial- und Wirtschaftsgeschichte, der historischen Demographie und die Mentalitätsforschung» aus. Man nahm damit *grosso modo* wieder auf, was Eduard Fueter mit seiner Geschichte «Die Schweiz seit 1848» (Zürich 1928) bereits einbezogen hatte.

37 Markus Mattmüller zu G. K. Das 19. Jh. bearbeiteten Georges Andrey und Roland Ruffieux, die erste Hälfte des 20. Jahrhunderts Hans-Ulrich Jost (SP), die zweite Hälfte des 20. Jahrhunderts Peter Gilg (um 1975 nach 20jähriger Mitgliedschaft u.a. wegen Dissenses in der Zivildienstfrage aus der Berner FDP ausgetreten) und Peter Hablützel (SP).

38 Bd. III. S. 168–175. Heftige Angriffe kamen z.B. von alt Historiker und alt Bundesrat Georges-André Chevallaz (L'Illustré Nr. 21 vom 25. Mai 1983 und in: Devrions-nous supprimer l'armée. Frauenfeld 1988) und von Professorenkollege Andé Lasserre (L'Hebdo vom 27. Juli 1989) sowie vom liberalen Nationalrat Jacques-Simon Eggly mit dem bezeichnenden Titel «Notre histoire malmenée» (Gazette de Lausanne Nr. 90 vom 16. April 1984).

niges weiter ging als die Kurzdarstellung von 1983, aber weit weniger Empörung auslöste, weil ein Teil davon in der Zwischenzeit eben bereits in das allgemeine Geschichtsbild integriert war.[39]

Eigentlich hätte aus gutbürgerlicher Betrachtungsweise das von Peter Gilg und Peter Hablützel verfasste Kapitel der Zeit nach 1945 nicht weniger heftige Poteste auslösen müssen. Die Nachkriegszeit war aber für die Identität der damals die öffentliche Meinung bildenden Kräfte nicht von Bedeutung. Da ist vom «erstaunlichen Wiederaufstieg des Kapitalismus», von der «sogenannten freien Welt», von «privater Aneignung von Profiten» die Rede[40] und wird den Protestbewegungen (vom Globus-Krawall über die Soldatenkomitees bis zu den Anti-AKW-Protesten) auch im Bildteil hohe Beachtung geschenkt.

Verärgerung kam hingegen – analog zur erstgenannten Publikation von Max Frisch – auch noch wegen eines anderen Kapitels auf: Das von Guy P. Marchal verfasste Kapitel über die Gründung der Eidgenossenschaft entsprach gar nicht dem traditionellen Geschichtsbild, insbesondere weil da ein gewisser Wilhelm Tell nicht mehr vorkam und die Bedeutung des angeblichen «Bundesbriefs» von 1291 indirekt relativiert wurde. Es ist also nicht so, dass nur die neuere und neueste «Schweizergeschichte», weil noch nicht gefestigt, besonderen Kontroversen ausgesetzt gewesen wäre, sondern auch die ältere oder älteste, weil in besonderem Masse mythologisch durchsetzt.[41]

Das andere Werk ist die zum Bundesstaatsjubiläum von 1998 erschienene «kleine Geschichte» der Schweiz.[42] Das aus Beiträgen oder «Essays» von fünf Autoren (noch immer ein reiner Männerklub) komponierte Bändchen will kritische Blicke auf das sogenannte «Modell Schweiz» werfen und dabei ohne «durchgehenden chronologischen Faden» die «Grundelemente» dieses Modells vorstellen. Die gegenwartslastige Geschichte beginnt mit einem Beitrag über die Geschichte der Schweiz im 20. Jahrhundert, die sich auf die Formel bringen liesse: «viele Konflikte, wenig Reformen». Manfred Hettling, deutscher bzw. Bielefelder Kollege mit viel Anfangsbegeisterung für die schweizerische Bürgerlichkeit, Initiant dieser zusammen mit vier Schweizern (Mario König, Martin Schaffner, Andreas Suter und Jakob Tanner)[43] realisierten Publikation, möchte die Formel «viel Konflikt, wenig Reformen» aber nicht nur negativ interpretiert wissen. Sie indiziere nicht nur «Veränderungsträgheit», sondern auch eine «Flexibilität und Anpassungskraft» des politischen und gesellschaftlichen Systems. Seit den

39 Hans Ulrich Jost, Politik und Wirtschaft im Krieg. Die Schweiz 1938–1948. Zürich 1998.

40 Bd. III. S. 196–198.

41 Guy P. Marchal, Das Meisterli von Emmenbrücke. In: Schweizerische Zeitschrift für Geschichte 34, 1984. S. 521ff. Reaktion auf einen Artikel des Tages-Anzeigers vom 18. Dezember 1982, der seinerseits auf die neueste Schweizergeschichte reagierte.

42 Manfred Hettling u.a., Eine kleine Geschichte der Schweiz. Der Bundesstaat und seine Traditionen. Frankfurt a.M. 1998.

43 Jakob Tanner hatte früher und Andreas Suter hat zur Zeit einen Lehrauftrag an der Reformuniversität Bielefeld.

1980er Jahren sei die Schweiz aber in die Krise geraten, und die Ursachen des vergangenen Erfolges seien jetzt zu Krisenfaktoren geworden. Stabilität habe in Starrheit und Reformunfähigkeit umgeschlagen. Das Buch hat unvermeidlicherweise auch eine entmystifizierende Tendenz, es will dafür sorgen oder dazu beitragen, dass die kritische Auseinandersetzung mit der krisenhaften Gegenwart nicht «falsche historische Voraussetzungen» als Bezugspunkte pflegte, zum Beispiel mit mystifizierten Vorstellungen von Demokratie und Neutralität.[44]

Neues Verständnis für Vorgänge der Kriegsjahre

Das 98er-Büchlein ist auch eine Reaktion auf die Krise, die im Vorjahr – 1997 – mit der Rückkehr ungelöster und unverarbeiteter Probleme aus der Zeit des Zweiten Weltkrieges eingetreten war. Damals protestierten über 3000 in der Schweiz lebende Menschen mit dem sogenannten «Manifest vom 21. Januar 1997» gegen die von Bundesrat Jean-Pascal Delamuraz erhobene Anschuldigung, es würde mit den von jüdischer Seite erhobenen Wiedergutmachungsansprüchen ein Lösegeld erpresst. Das Manifest forderte, «dass die jüngere Schweizergeschichte (...) von Entstellungen und Beschönigungen befreit und mit mehr Wahrhaftigkeit neu geschrieben wird».[45] Es war sicher nicht die Meinung, dass das Vergangenheitsbild wie im Orwellschen *1984* mit manipulativen Eingriffen an die politische Tagesopportunität angepasst werden sollte. Die Initianten erwarteten, dass das heutige Bild von der Geschichte der Schweiz während des Zweiten Weltkrieges von «mythenbildenden Einstellungen und Beschönigungen» befreit werden soll.[46] Zum Beispiel vom Klischee vom «neutralen Kleinstaat», der wegen Neutralität und Kleinstaatlichkeit vermeintlicherweise keine Verantwortung für die Vorgänge «draussen in der Welt» hat und haben kann und darum stets unschuldiger daherkommt, als er in Wirklichkeit ist.

Hier sind wir bei der Kontroverse um die divergierenden, ja kontrastierenden Deutungen der Rolle der Schweiz während des Zweiten Weltkrieges angelangt; bei einem Punkt, der ein Thema für sich wäre, hier aber bewusst in den grösseren Zusammenhang gestellt sei. Die Deutungskollision wurde in diesem Fall als Konflikt zwischen Zeitgenossen und Spätgeborenen, also zwischen Alt und Jung, aber auch als Konflikt zwischen rechts und links und zwischen Profi und Laien, Historikern und Bürgern gedeutet. Da die Kontroverse von aussen an die Schweiz herangetragen wurde, kam noch das Gegensatzpaar drinnen und draussen hinzu, und dies führte zum Vorwurf, dass Junge und Linke und von Steuergeldern bezahlte Historiker als innere Geg-

44 Zitierte Begriffe aus der Einleitung Hettlings, S. 7–20, und aus dem Vorspann zum Buch.

45 Manifest erschien in verschiedenen Inseraten, z.B. in der NZZ vom 31. Januar 1997. Vgl. auch die gleichnamige, im WoZ-Verlag erschienene und von Madeleine Dreyfus und Jörg Fischer herausgegebene Schrift.

46 Madeleine Dreyfus an GK, 9. April 1997, mit Bezug auf einen vom Schreibenden verfassten Artikel: Vom Um- und Weiterschreiben der Geschichte. In: NZZ vom 7. April 1997 (vgl. Anm. 2).

ner mit dem äusseren Feind zusammenarbeiteten («kollaborierten»). Die sogenannten «Junghistoriker», 1999 in der «Schweizerzeit» auch als «Lausbuben» qualifiziert[47], sind heute allerdings gegen 60 oder wie im Falle von Hans Ulrich Jost, dem wir 1983 begegnet sind, 60 vorüber, haben mittlerweile aber auch Nachwuchs von 30jährigen, zum Beispiel dem Bündner/Berner Historiker Sacha Zala.[48]

1997 hat man sich die berechtigte Frage gestellt, ob in der Aufarbeitung der Kriegsjahre die Geschichtswissenschaft und die Medien ihre Aufgaben gemacht oder ob sie versagt hätten – nicht in der akuten Krise, sondern in den Jahren zuvor.[49] François Gross, ehemaliger Chefredaktor der Freiburger *Liberté,* zeigte 1997 im Rahmen eines zu dieser Frage durchgeführten Kolloquiums auf, wie heftig die Reaktionen 1985 zum Beispiel auf eine leicht kritische Korrektur am strahlenden Heldenbild von General Guisan ausfiel und wie massiv die Ablehnung war.[50] Das gleichzeitig erschienene Buch von Werner Rings über den Goldhandel dagegen fiel eher ins Leere, löste weder speziell positive oder negative Reaktionen aus und insbesondere auch nicht die Frage, ob in umfassender Weise ein neues Verständnis der Rolle der Schweiz im Zweiten Weltkrieg entwickelt werden müsse.

Auf letzteres drängte dann aber die Armeeabschaffungsbewegung, welche das Unversehrtbleiben der Schweiz nicht mit dem militärischen Verteidigungspotential, sondern mit der wirtschaftlichen Kooperationsbereitschaft erklärte.[51] In der Debatte von 1997 bemerkte Bruno Lezzi, der Militärredaktor der *NZZ,* im Sinne einer Selbstentschuldigung, die Kampagne für die Armeeabschaffung habe in den späten achtziger Jahren eine vorurteilslose Auseinandersetzung «noch schwieriger, ja sogar fast unmöglich» gemacht.[52]

1989 wurde erstmals das Wirtschaftsverhalten von Privatunternehmen in die Diskussion einbezogen.[53] Den Anfang machte eine Recherche zum Aufkauf einer süd-

47 Ulrich Schlüer in der Schweizerzeit vom 2. Dezember 1999.

48 Sacha Zala, «Wir kennen nur eine einzige Wissenschaft, die Wissenschaft der Geschichte». Unzeitgemässe Betrachtungen eines «Junghistorikers». In: traverse 1, 2001. S. 19–28. Vgl. auch vom gleichen Autor: Geschichte unter der Schere politischer Zensur. Amtliche Aktensammlungen im internationalen Vergleich. München 2001.

49 Warum wird ein Thema von gesellschaftlicher Bedeutung nicht zum öffentlichen Thema? Kolloquium der Schweizerischen Unesco-Kommission vom 25. September 1997. Bern 1998.

50 Ebenda. S. 29–33.

51 Wie der Titel des folgenden Werkes zeigt, kaprizierte man sich nicht auf eine monokausale Erklärung: Markus Heiniger, 13 Gründe, warum die Schweiz im Zweiten Weltkrieg nicht erobert wurde. Zürich Limmat Verlag (!) 1989. Heiniger präsentierte keine eigenen Forschungsergebnisse, sondern verarbeitete Studien, die seit den 1970er Jahren veröffentlicht worden waren.

52 Bruno Lezzi, Versäumnisse der Medien bei der Aufarbeitung der schweizerischen Geschichte im Zweiten Weltkrieg. In: op. cit. in Anm. 41. S. 23.

53 Die 1981 im Limmat Verlag (!) erschienene «Bührle-Saga» (Festschrift zum 65. Geburtstag des letzten «aktiven Familiensprosses in einer weltberühmten Waffenschmiede») ist keine typische und auch keine speziell auf die Problematik des Zweiten Weltkrieges ausgerichtete Firmengeschichte. Dieser Typus wird erst zwei Jahrzehnte später erscheinen mit den Studien von Hans Ulrich Wipf über die Georg Fischer AG 1930–1945 (Zürich 2001) und von Joseph Jung u.a. über die Banken der Credit Suisse Group (Zürich 2001).

deutschen Tabakfirma im Zuge der Arisierung durch die Firma Villiger. Bundesrat Kaspar Villiger, damals Chef des Eidg. Militärdepartements, hatte in einer Rechtfertigung der «Diamant»-Feierlichkeiten zur 50. Wiederkehr der Generalmobilmachung von 1939[54] erklärt: «Wir glauben auch, dass die Jungen einen gewissen Anspruch auf eine sachliche und ehrliche Information über diese Zeit haben.» Ein Team von Radio-Journalisten nahm ihn sozusagen beim Wort und durchleuchtete auch diesen Aspekt der Vergangenheit.[55] Später folgten die Debatten um Zwangsarbeiter in schweizerischen Tochterfirmen in Deutschland, schliesslich die Diskussionen um die «nachrichtenlosen» Vermögen.

Damit trat eine überfällige Erweiterung der historischen Fragestellung ein: Man fragte jetzt nicht mehr einzig nach den kollektiven Anstrengungen zur Sicherung der nationalen Existenz, man wollte jetzt auch wissen, wie die Schweiz mit den Opfern der NS-Verfolgung umging und wie weit die wirtschaftliche Kooperation mit dem Dritten Reich ging. Auch wenn man die an diesen Fragen arbeitenden Historiker (wie die antiken Boten) gerne gleich auch als die Verantwortlichen für die unerfreulichen Meldungen sieht, muss doch betont werden, dass nicht sie es gewesen sind, welche die Situation von 1996/97 geschaffen haben.

Damals wurde die bisher vor allem als Musterknabe wahrgenommene Schweiz in der internationalen Presse zum Prügelknaben gemacht. Gewisse Kritiken schossen weit übers Ziel hinaus, das heisst an der Realität vorbei. Es tat sich aber auch innerhalb des Landes ein starker Graben zwischen Positionen auf, welche im einen Fall am überlieferten Selbstbild festhalten und im anderen Fall die seit längerem angemahnte Revision vornehmen wollten. Dieser Disput ergab sich nur zum kleineren Teil aus einer Generationenkonstellation. Dennoch nahm er schnell die Züge eines Gegensatzes zwischen «Dabeigewesenen» und «Nichtdabeigewesenen» an. Interessant ist, dass sich jetzt zwei Seiten der gleichen Generation, die in den 1960er Jahren noch in distanziertem Verhältnis zueinander standen, nun vereint in der Ablehnung der nächstnachrückenden Generation die Hand reichen konnten: In der *NZZ* nutzte der ehemalige stv. Chefredaktor und Haushistoriker Alfred Cattani die Gelegenheit, die ihm die Geburtstagseloge auf den 80jährigen Willi Gautschi bot, um im Januar 2000 über «eine jüngere Generation von Historikern» herzuziehen, die sich, man beachte auch diese Formulierung, «aufgemacht» habe, um «mit bisweilen fast fanatischer Akribie die dunklen Punkte der jüngeren Schweizer Geschichte auszuloten».[56] Gautschi habe die

54 Simone Chiquet, Der Anfang einer Auseinandersetzung: Zu den Fakten, Zusammenhängen und Interpretationen in der Debatte um die «Übung Diamant» 1989. In: Jubiläen der Schweizergeschichte 1798–1848–1998. Zeitschrift des Schweizerischen Bundesarchivs, Nr. 24. Bern 1998. S. 193–227.

55 Rita Schwarzer, Toni Ladner und Peter Métraux, «z.B.»: Die Villiger-Firmengeschichte. Gratwanderung zwischen Wirklichkeit und Wunsch. Radio DRS, Sendedaten 23. und 28. März 1989. Vgl. auch Urs Thaler, Unerledigte Geschäfte. Zur Geschichte der schweizerischen Zigarrenfabriken im Dritten Reich. Zürich 1998.

56 Willi Gautschi publizierte nicht nur seinen Guisan (1989), sondern auch die beiden Artikelsammlungen (1994 und 2001) im Buchverlag der NZZ.

«Versäumnisse» der damaligen Zeit bereits dargestellt, aber nicht mit der «heute in Mode gekommenen einseitig anklägerischen Weise», er sei bemüht, die Geschichte als Ganzes zu sehen und sie in ihren Zusammenhängen darzustellen, was sich wohltuend vom «Zerrbild» abhebe, das sozusagen opportunistisch in einem «günstigen Augenblick» unter die Leute gebracht worden sei.[57]

Zum Schluss sei nochmals die Frage aufgeworfen: Sollen die Erfahrungen der jüngsten Zeit und vielleicht auch die inzwischen erarbeiteten Kenntnisse uns veranlassen, die neuere Geschichte der Schweizer neu zu schreiben? Und müsste nicht wenigstens das jüngste Kapitel der schweizerischen Schulbücher neu geschrieben werden?[58] In den speziellen Fragen zu den Kriegsjahren liegt tatsächlich eine allgemeinere Problematik, die für die ganze neuere «Schweizergeschichte» wichtig ist: nämlich das Verhältnis von nationaler Autonomie oder Autarkie und internationaler Abhängigkeit. An den Untersuchungen dieser Dualität ist die allgemeine Unhaltbarkeit eines Geschichtsbildes deutlich geworden, das nur die Abgrenzung vom ausländischen Umfeld betont und nicht eingesteht, dass die gleiche Schweiz gleichzeitig mit dem gleichen Umfeld hochgradig verstrickt und über diese transnationale Verstrickung auch mitverantwortlich ist für Vorgänge jenseits des Zauns, den manche im Politischen nicht zu weit gesteckt sehen möchten.

57 Alfred Cattani, Schweizer Geschichte – unbestechlich präzis. In: NZZ vom 15./16. Januar 2000. Die Vermutung, dass die NZZ 1968 bei Erscheinen des von Gautschi (immerhin SP-Mitglied) verfassten Landesstreikbuchs kritisch oder kühl reagiert habe, bewahrheitete sich nicht. Die ganzseitige, nicht namentlich gezeichnete Besprechung vom 15. Juli 1968 (Nr. 429. S. 15) ist des Lobes voll. Der NZZ-Autor zog sich in eine Position der symmetrischen Vorbehalte zurück, indem er bemerkte, «dass wohl in beiden damals beteiligten Lagern simplifizierende Wertungen und Urteile im Umlauf gewesen sind und ihre Spuren hinterlassen haben, dass jedoch die Vorstellung einer sozusagen allgemeinen Mythologisierung der Ereignisse falsch wäre». Zuspruch fand auch die Deutungsoffenheit des Werkes: Es sei Gautschi bewusst, dass «manches eine Frage der Auslegung bleibt» und bei der Betrachtung und Bewertung die Akzente verschieden gesetzt werden können.

58 Dazu und zur entsprechenden Interpellation der SP-Nationalrätin Vreni Müller-Hemmi vgl. auch Stefan von Bergen, Bergier-Bericht. Widerwillige Verjüngung der Nationalgeschichte. Zeitung im Espace Mittelland vom 1. Dezember 2001. Die deutschschweizerischen Schulbücher sind bemerkenswert früh, d.h. in den 1970er Jahren, dazu übergegangen, ein kritisches Bild der Schweiz im Zweiten Weltkrieg zu vermitteln.

Ein nationaler Schrein für Akten der Nation. Das Bundesarchiv 1899 in der letzten Bauphase (Foto: Bundesarchiv).

Geschichte zwischen Archiv und Gesellschaft

Zum 200jährigen Bestehen des Bundesarchivs

Geht man davon aus, dass am Anfang einer Sache (in Gründungsmomenten) meistens etwas Wesentliches und sogar Richtiges gesagt wird, dann könnte man hier, wenn man die Funktion des Bundesarchivs klären will, auf das zurückgreifen, was die Vorväter (ohne Vormütter) 1798 bei der Schaffung des ersten Nationalarchives verkündet haben: Ein derartiges Archiv sei, heisst es hier aufklärerisch-optimistisch, eine wertvolle Quelle der Belehrung für Zeitgenossen und Nachgeborene. Die eigene Erfahrung könne an diesem «Schatz» überprüft und das eigene Wissen dabei vermehrt werden. Im Entwurf des Dekrets von 1798 ist allerdings nur von der Nützlichkeit eines solchen Depots für die «législateurs» die Rede, also für die Herren (nicht die Damen) Parlamentarier. Diese Herren waren es ja auch, die in erster Linie von der Brauchbarkeit des Projekts überzeugen werden mussten, weil sie die Sache zu bewilligen hatten. Heute würde man gerne beifügen, dass es nichts schaden täte, wenn sich auch die «exécuteurs» der Verwaltung am Born des Bundesarchivs laben würden.

Bei der allgemeinen Überlastung dürfte allerdings weder die eine noch die andere Kategorie von Volks- und Bundesdiener/-innen von dieser schönen Möglichkeit viel Gebrauch machen, sofern die Geschichte sie nicht, wie in den Fällen der unqualifizierten Bürger/-innen-Fichierung, dem Kinderraub auf schweizerischen Landstrassen, der nachrichtenlos gelassenen Vermögen, aktiv einholt. In der Regel (oder im besten Fall) nimmt «Bern» das zur Kenntnis, was von dritter Seite aufbereitet worden ist.

So ruht die ganze Hoffnung auf den Historiker/-innen! Zum Teil vielleicht auch auf den Geistlichen, Philosophen, pensionierten Diplomaten und Generälen, Schriftstellern, Journalisten, Politikern und anderen Amateuren, die sich schon immer mit Geschichte befasst haben und es auch inskünftig tun werden. Zur Hauptsache aber gelten die Erwartungen doch der Spezies, die es als Berufsgattung noch gar nicht lange, nämlich erst seit etwa 100 Jahren, gibt. Es sind dies, wenn man von den wenigen Professoren absieht, die ihr Wissen trotz ihrer Arriviertheit noch verbessern wollen, heute meistens die Jung- und Jüngsthistoriker/-innen, die für ihre akademische Qualifikationsarbeit mitunter das nationale Hauptarchiv in Bern aufsuchen.

Was da so kommt – zuweilen sogar aus dem Ausland kommt –, scheint den Wächtern des Archivs jedoch nicht auszureichen. Darum nehmen sie zum Nutzen der Nation in wachsendem Mass gleich selbst gewisse Auswertungen der gespeicherten Bundesaktivitäten vor. Das ist gut so, zumal die (übrigens in wachsender Zahl mit Frauen durchsetzte) Mannschaft des Bundesarchivs ja ebenfalls weitgehend aus historischen Fachkräften besteht und man im übrigen, wie es schon im Alten Testament (5. Mos. 25) heisst, dem dreschenden Ochsen das Maul nicht verbinden soll.

Ich meine zu wissen, dass es aus der Sicht eines jeden Archivs, aber (da das Bundesarchiv ein ganz spezielles Archiv ist) ganz speziell aus der Sicht des Bundesarchivs, zwei sich konkurrenzierende Alpträume gibt. Horrorszenario Nr. 1: Man hat gute Dokumente, und keiner interessiert sich dafür (und schreibt die Geschichte am Archiv vorbei). Horrorszenario Nr. 2: Die Leute kommen zuhauf, überschwemmen die ruhigen Hallen, überfordern die Kapazitäten und wollen sogar Dinge, die man nicht zeigen darf.

Die schweizerische Geschichtsschreibung hat sich nicht zu jeder Zeit gleich intensiv für die Schätze des Bundesarchivs interessiert, und sie muss sich, dies sei ausdrücklich festgehalten, auch nicht in jedem Fall dafür interessieren. Auch wenn das Bundesarchiv seine Äste gerne in den privaten Bereich ausgreifen sieht, das Bundesarchiv ist primär ein Staatsarchiv. Somit ist es vor allem für diejenige Historiographie interessant, die sich mit nationaler Staatstätigkeit befasst: für die Geschichte der offiziellen Aussenkontakte, der Zollpolitik, der Landesverteidigung, der inneren Sicherheit, der sozialstaatlichen Dimension, des grassierenden Subventionswesens, des staatlichen Anteils an der Energie- und Verkehrspolitik, seit den 1960er Jahren auch der Hochschulpolitik, der Medienordnung, der Flüchtlingspolitik nicht nur von vorgestern, sondern auch von gestern und morgen etc.

Apropos nationale Staatstätigkeit: Bekanntlich besteht die Schweiz aus mittlerweile 26 Teilstaaten und über 3000 Gemeinden. Darum gibt es teilstaatliche Aktivitäten, die in lokalen Staatsarchiven erfasst werden müssen. Die historiographische Konjunktur (man kann auch von Mode reden) suchte seit den siebziger Jahren einerseits die Distanz zu den, wie man sagte, Haupt- und Staatsaktionen der offiziellen Geschichte und andererseits die Nähe zum Alltag, zum Privaten (als dem massgebenden Politischen) und damit zum Örtlichen.

Aus der Perspektive der territorialen Mikrogeschichte erschien der Weg nach Bern weit. Die Alternative, einen Privatnachlass im nahen Hinterland der Universitätsmetropole oder Staatspapiere in der fernen Bundeshauptstadt zu bearbeiten, war darum eigentlich keine Alternative. Inzwischen hat der Wind aber wieder etwas gedreht, und man ist sogar bereit, die 1973 lancierte Edition der *Diplomatischen Dokumente der Schweiz,* damals als altmodisch abgetan, in ihrem Wert anzuerkennen – und zu benutzen.

Mit der wachsenden Bedeutung des Bundesstaates beziehungsweise der wachsenden Staatsquote auf Bundesebene werden gewiss auch die Bestände des Bundesarchivs immer wichtiger, das heisst immer aussagekräftiger für weiteste Bereiche des gesellschaftlichen Lebens, zumal dieses Archiv natürlicherweise nicht nur die vom Staat produzierten Papiere hat, sondern auch die vielen Papiere, die Private im Kontakt mit dem stets wichtiger werdenden Leistungs- und Steuerungsstaat produzieren.

Auch wenn 1798 bei der Schaffung des ersten Nationalarchivs die Bedeutung eines derartigen Depots für die Funktionäre der Nation im Vordergrund stand, verstand man die «trésors accumulés» auch als Studienobjekt der späteren Generationen, ob der Staatsdiener/-innen oder der gewöhnlichen Staatsbürger/-innen. Die Existenz des Bundesarchivs ist in der Tat die elementare Voraussetzung für die Erfassung der Geschichte des Bundesstaates überhaupt und dann für die Reflexion über die Geschichte des Bundesstaates.

Gerade heutzutage, da sozusagen weltweit Historikerkommissionen eingesetzt und von diesen (fälschlicherweise) abschliessende Worte zu schwierigen Abschnitten der Vergangenheit erwartet werden, kommt man nicht darum herum, die Bedeutung der Geschichte für Gesellschaft und Staat kurz anzusprechen. In Verbindung mit der (Bundes-)Archivproblematik müssen da zwei Aspekte betont werden:

Erstens, dass Inhaber/-innen von Staatsfunktionen, wenn auch zumeist nicht mehr zu Lebzeiten, sondern posthum, nochmals (d.h. nach der oft nur theoretischen Kontrolle durch das Parlament) Rechenschaft ablegen müssen. Diesbezüglich wäre es wünschenswert, wenn sich Akteure bewusst wären, dass es später einmal nicht ein Tribunal der Geschichte, aber doch eine kritische Auseinandersetzung mit ihrem Tun durch die Geschichte geben wird.

Und zweitens, dass die Nachgeborenen sich darüber Rechenschaft geben, was Vorangegangene im guten wie im schlechten getan haben. Geschichte in Form von Geschichtsbewusstsein und von diskutierbaren Geschichtsbildern ist, das haben 1798 auch die Exponenten der Helvetik gewusst, von existentieller Bedeutung für die Demokratie. Geschichte ist zwar permanent anfällig für Ideologie; zugleich ist sie aber, sofern man zum Beispiel mit direktem Archivzugang Instrumente zur eigenen Überprüfung hat, ein gutes Mittel gegen Ideologie.

Aus der Sicht der Historiker/-innen und der diesbezüglich nicht anderen Sicht der Staatsbürger/-innen erwartet man von den Hüter/-innen des Staatsarchivs, dass sie sich zum Anwalt dieser demokratischen Interessen machen. Sie sind zwar auf der Seite des Staates (von dem man immer gerne sagt, dass wir alle er seien) und müssen sich im Rahmen der von den Volksvertreter/-innen bestimmten Gesetze und den von der Verwaltung aufgestellten Ordnungen bewegen. Es gibt aber wie überall Spielräume, und diese sollen zugunsten der Forschung, die stets auf der schwächeren Seite steht, genutzt werden.

Die Haltungen der letzten drei Generationen von Bundesarchivaren zeigen eine erfreuliche Entwicklung in dieser Richtung auf. Während noch in den 1950er Jahren sich der oberste Wächter über die Bundesakten (wie man aus inzwischen freigegebenen Akten weiss!) als Verhinderer von unbequemer Forschung engagierte und in der 1970er Jahren (wie selber schmerzlich erfahren) das Bundesarchiv nur eine «boîte à lettres» für die einigermassen neutrale Weiterleitung von Gesuchen an die davon betroffenen Bundesstellen war, fühlt man sich heute in seiner Erschliessungsarbeit stärker gestützt.

Für die Akten aus jüngster Zeit gilt bekanntlich eine Sperrfrist. Sie ist 1973 von 50 auf 35 und 1997 auf 30 Jahre herabgesetzt worden und liegt jetzt einigermassen im internationalen Durchschnitt. Dennoch ist sie für die Geschichtsschreibung, was sie offenbar sein muss, nämlich hinderlich. Die Historiker/-innen haben ihre ursprünglich grössere Zurückhaltung gegenüber der Zeitgeschichte abgebaut und bearbeiten zusammen mit Politolog(inn)en auch die unmittelbare Vorgeschichte der Gegenwart; Zeiträume, die zwar nahe sind, wegen der Beschleunigung der gesamten Entwicklung aber doch schon weit zurückliegen.

Wer eine weitere Verkürzung der Sperrfrist fordert, tut dies u.a. mit dem Argument, dass die Erforschung von Vorgängen erst dann ermöglicht würde, wenn die Fragen, weil von heisser Gegenwart zu abgekühlter Geschichte geworden, niemanden mehr interessierten. Dem ist entgegenzuhalten, dass allzu schnelle Offenlegungen die Neigung zur Vernichtung von Dokumenten erhöhen und Verantwortungsträger noch mehr dazu verleiten würden, durch Vermeidung von verantwortungsvollen Entscheiden darauf zu achten, dass man nicht persönlich verantwortlich gemacht werden kann. Die Sperrfristen können aber für Geschichte kein ernsthaftes Problem sein. Geschichte kann in sehr vielen Fällen mit der nötigen Gelassenheit warten und veraltet dabei – wenn sie sich wichtiger Fragen annimmt – nicht.

Obwohl hier die Bedeutung des Bundesarchivs erörtert wird, muss man im Zusammenhang mit der Problematik der Aufbewahrung und Zugänglichkeit kurz ein Wort auch über gewisse Privatarchive verlieren. Karikaturisten haben anlässlich der jüngsten Grossfusionen ein kleines Bundeshaus im Schatten grosser Gebäude mächtiger Konzerne gezeigt. Angesichts dieser Proportionen und in Anbetracht der wachsenden gesamtgesellschaftlichen Bedeutung grosser Unternehmungen ist immer weniger einzusehen, warum für den Staat geltende Bestimmungen nicht auch für gewisse Kategorien von «privaten» Institutionen gelten sollen, die alle ihre Akten bereits nach zehn Jahren vernichten können und im übrigen keinem Bürger, keiner Bürgerin Einsicht geben müssen, obwohl solche Institutionen in ähnlicher Art wichtig sind wie die Welt des Staates.

Das Bundesarchiv wird von den Leuten dieser ehrenwerten Institution, aber auch ausserhalb gerne als «Gedächtnis der Nation» bezeichnet. Man kann verstehen, wie es zu einer solchen Formel kommt, aber: Träger des Gedächtnisses, das sind noch immer die Menschen, die etwas wissen und dieses Wissen (durchaus in Verbindung mit emotionellem Engagement) einbringen, wenn sie es für nötig halten. Ein Archiv ist und bleibt da nur ein Instrument, eine unerlässliche Voraussetzung. Und die Geschichtsschreibung, sie steht in der Mitte zwischen den Dokumenten und der Gesellschaft, höchst bedingt autonom, weitgehend von beiden geprägt. Auch sie ist mit ihrer professionellen Bearbeitungskapazität eigentlich nur Voraussetzung. Den wesentlichen Rest nämlich, den kritischen Einbezug dieses Erfahrungsschatzes ins Bewusstsein, den müssen die Angehörigen der Gesellschaft schon selber machen.

Unter geregelten Verhältnissen hineintragen, aufbewahren und wieder hinaustragen. Zeichnung «Bausteine für die Zukunft» von Martial Leiter, 1998 (Festschrift 200 Jahre Schweizerisches Bundesarchiv. Bern 1998).

Die Sperrfristen – Überlegungen und Erfahrungen eines Forschers[1]

Die Errichtung von Sperrfristen für abgelegte, also an sich verfügbare Akten entspricht einer allgemeinen Usanz. Sowohl der Staat als auch private Archivbesitzer oder Aktengeber verfügen zum Schutze bestimmter Werte solche Fristen. Im Falle der Privaten dominiert der Schutz der persönlichen und unternehmerischen Interessen, im Falle der öffentlichen Stellen ist es einerseits das ebenfalls den Persönlichkeitsschutz einschliessende, aber vor allem auch die Staatsinteressen wahrende Amtsgeheimnis. Das Reglement des Bundesarchivs von 1957 spricht bezeichnenderweise nur von «Landesinteressen» und noch nicht vom Personenschutz.[2] Erst das Reglement von 1966 fügte dem öffentlichen Interesse vorab des Staatsschutzes auch ein privates Interesse bei.[3] Und der Persönlichkeitsschutz kam unter dem Titel Datenschutz erst zu Beginn der 1980er Jahre in die oberen Ränge der politischen Agenda.[4] Jetzt ist man in Anpassung an diese Priorität geneigt, eher von Schutz- als von Sperrfristen zu sprechen. Im folgenden sollen in 14 Punkten spezielle Aspekte der Sperrfristproblematik erörtert werden.

1. Schutz der Handelnden

Mit schützenswerten Privatinteressen sind weniger die Handlungen von leitenden Personen im Staatsdienst gemeint. Wenn deren Handeln nicht gleich der öffentlichen Beurteilung ausgesetzt wird, so geht es ebenfalls um Pflege von Staatsinteressen, hat doch der Staat kein Interesse daran, dass sich seine Diener bewusst oder unbewusst veranlasst sehen, wie der erfahrene Bundeshausredaktor und Historiker Hermann Böschenstein es 1967 formulierte, «bei jeder Niederschrift ihre Aufmerksamkeit weniger auf die wahrheitsgetreue Wiedergabe der Ereignisse und ihre sachliche Beurteilung als vielmehr darauf zu richten, wie sie das Risiko ausschliessen könnten, relativ bald einmal, vielleicht noch während ihrer Amtszeit, vor der Öffentlichkeit in einem ungün-

1 Die Schilderungen der persönlichen Erfahrungen werden in eigener Verantwortung weitergegeben und engagieren nicht das herausgebende Bundesarchiv.

2 AS 1957 915, Art. 6, Abs. 1. Hier taucht auch erstmals in einem Reglement die Bezeichnung «Sperrfrist» auf.

3 AS 1966 916, Art. 8, Abs. 1.

4 Vgl. Christoph Graf, Datenschutz als Herausforderung für Historiker und Archivare. In: Studien und Quellen. Bd. 8. Bern 1982. S. 75–93.

stigen Lichte zu erscheinen.»[5] Dieser nachvollziehbaren Argumentation kann man aber entgegenhalten, dass es Akteuren auch guttäte, wenn sie sich vermehrt bewusst wären, dass sie einmal beurteilt werden.[6] Im Falle der Staatsgeheimnisse (und dies betrifft nicht nur Akte der Verwaltung, sondern z.B. auch Protokolle von parlamentarischen Kommissionen) geht es u.a. darum, dass Akteure in Verhandlungen ihre Meinung äussern können, ohne sogleich auf ungute Art dem breitesten Publikum rechenschaftspflichtig zu sein. Ähnlich verhält es sich übrigens mit Verhandlungen und Dokumenten zu solchen Verhandlungen zwischen Sozialpartnern um Lohn-, Ferien- und Versicherungsfragen im Rahmen der Prozeduren zur Wahrung des Arbeitsfriedens.

2. Schutz der Akten

Neben dem Schutz von persönlicher, unternehmerischer oder staatlicher Sphäre geht es um den Schutz der Akten selbst. Es gibt die bis zu einem bestimmten Grad einleuchtende These, dass Akten, wenn ihnen eine zu schnelle Freigabe bevorstünde, der Ablieferung entzogen und vernichtet würden. Vor der Alternative, entweder gar keine Dokumente oder die Dokumente erst in der nächsten Generation zu haben, wird man sich als Historiker wohl fürs letztere entscheiden müssen. Zugleich darf man sich keine Illusionen darüber machen: Vernichtet wird allemal, oder es wird in heiklen Fällen vorweg dafür gesorgt, dass erst gar keine Spuren entstehen, die man nachträglich tilgen muss.[7] Die Sperrfristen rechtfertigen sich im übrigen zuweilen auch durch den Umstand, dass die Akten vor jeder Benutzung zuerst erschlossen beziehungsweise inventarisiert werden müssen.

3. Warten auf Desinteresse

Die Sperrfrist geht grundsätzlich davon aus, dass mit zunehmendem Abstand zur Gegenwart die Brisanz von Dokumenten abnimmt, jedenfalls aus der aktualitätsbezogenen, oft auch als *politisch* bezeichneten Debatte herausfällt und dann eher nur noch von akademisch «geläutertem» Interesse ist. Niklaus Meienberg, der sich verbal stets für Zugänglichkeit von Akten stark gemacht, in der Praxis aber weniger die schrift-

5 Hermann Böschenstein, Geschichtsforschung und Staatsgeheimnis. In: Festgabe Hans von Greyerz. Bern 1967. S. 11–20. Zit. S. 18.

6 Der Vf. hat im Januar 1967, ein wenig im 68er Jargon, geschrieben: «Es kann jedenfalls nicht im Interesse des Staates liegen, seinen Beamten gleichsam lebenslänglich Tarnkappen für ihre Tätigkeit ‹im Dienste› zu garantieren.» Begleitschreiben zur Petition vom Januar 1973, vgl. unten Anm. 21.

7 Dies ist sicher bei bewusst nur telefonisch übermittelten Entscheiden zu sog. Sicherheitsüberprüfungen von suspekten Personen durch die Bundespolizei der Fall gewesen. Vgl. Georg Kreis, Staatsschutz in der Schweiz. Die Entwicklung von 1935–1990. Eine multidisziplinäre Untersuchung im Auftrag des schweizerischen Bundesrates. Bern 1993. S. 578.

liche als die mündliche Überlieferung ausgewertet hat, wies immer wieder auf den Widerspruch hin, dass Akten, solange sie noch interessieren, gesperrt und, wenn sie dann nicht mehr interessieren, endlich zugänglich seien.[8]

4. Regeln des Auslandes

In der Debatte um die Sperrfrist spielt die Frage eine gewisse Rolle, ob die Schweiz (in erster Linie der Bund, weniger die ebenfalls wichtige Praxis der Kantone) rückständiger oder fortschrittlicher als das Ausland sei. Die Vorkämpfer für eine Liberalisierung, etwa Erich Gruner, neigten dazu, die Schweiz restriktiver darzustellen, als sie war.[9] Frankreich lag diesbezüglich hinter der Schweiz, es konnte allerdings die kriegsbedingten Missstände in seinen Archiven als bequemes Argument geltend machen; später passte es sich mehr oder weniger der internationalen Norm an und ging von einer 30jährigen Sperrfrist aus. Es blieben aber trotzdem noch so viel Akten gesperrt, dass Premierminister Jospin 1997 in der Debatte um den systematischen Einsatz der Folter im Algerienkrieg (bis 1962) erklären konnte, dass er die Freigabe der entsprechenden Akten nun veranlassen werde.

Deutschland stellte einen Spezialfall dar, weil die Akten des Verliererstaates als Beuteakten behandelt und, was die Vorkriegs- und Kriegszeit betraf, schon in den 1950er Jahren veröffentlicht wurden. Die schweizerischen Behörden versuchten zwar, dem Editionsunternehmen der Alliierten für Akten, welche die Schweiz betrafen, die schweizerische Sperrfrist von 50 Jahren aufzuerlegen, und erklärten in bemerkenswert dezidierten Demarchen ein allfälliges Nichtbeachten dieses Wunsches als «Unfreundlichkeit». Auf diese Weise gelang es ihnen, die Publikation eines Dokumentes, welches die Glaubwürdigkeit der schweizerischen Neutralität berührte, um vier Jahre hinauszuzögern.[10] In den 1960er Jahren konnten die Forscher jedoch mit Hinweis auf die Zugänglichkeit zu deutschen Dokumenten auf die eigenen Institutionen Druck ausüben mit den beiden Argumenten, dass erstens wichtige Vorgänge bereits bekannt seien und man nur noch Ergänzungen oder Verifikationen anstrebe und dass es zweitens nationalpolitisch wenig erwünscht sei, wenn nationale Geschichte aufgrund «fremder» und nicht «eigener» Dokumente geschrieben werde.

Grossbritannien, das 1958 noch seine 50-Jahr-Sperrfrist bekräftigt hatte, reduzierte mit dem Public Record Act von 1967 diese Sperre, sofern es sich nicht um

8 Niklaus Meienberg, Aufforderung zur seriösen Erforschung der jüngsten schweizerischen Vergangenheit (1939–1945): Lesehilfe zum «Bonjour-Bericht». In: Die Schweiz. Jahrbuch der NHG 43, 1972. S. 168–178.

9 Erich Gruner, Sind die schweizerischen Archive der zeitgeschichtlichen Forschung verschlossen? In: Basler Nachrichten vom 24. Juni 1958 (wohl im Nachgang zum Flüchtlingsbericht von Carl Ludwig).

10 Sacha Zala, Geschichte unter der Schere politischer Zensur. Amtliche Aktensammlungen im internationalen Vergleich. München 2001. S. 308ff.

Geheimdienstakten handelt, auf 30 Jahre; 1972 machte ein spezieller Beschluss seine Archive bis 1945 zugänglich. Die gleitende Freigabe hat zur Folge, dass Londoner Korrespondenten jeweils im ersten Monat des neuen Jahres die Neuigkeiten an ihre Blätter weitergeben, die sie den eben freigegebenen Akten des Public Record Office entnehmen konnten.[11]

In Washington hängt die Freigabe stark vom Fortschritt der offiziellen Editionsunternehmen ab, hingegen werden die *Presidential Papers* relativ schnell nach den jeweiligen Rücktritten zugänglich, allerdings nur mit den amerikanischen Passagen, die dokumentierten Äusserungen und Haltungen anderer Mächte werden abgedeckt. Die leichtere Zugänglichkeit von Dokumenten im sogenannten «Westen» hatte in Kombination der mit von bestimmten Milieus ausgehenden Grundbereitschaft zur Kritik des eigenen Lagers zu einer asymmetrischen Aufarbeitung der Ära des Kalten Krieges geführt. Nach 1989 gingen die Staatsarchive der ehemaligen Sowjetunion vorübergehend etwas auf und wurden unter bestimmten, vor Ort zu klärenden Bedingungen teilweise zugänglich; später erfuhren sie jedoch wieder eine stärkere Abschottung.

5. Dauer der Sperrfristen

Wie lange die Sperre dauern soll, lässt sich objektiv schwer festlegen. In gewissen Fällen sind Lebenszeiten der direkt Betroffenen oder ihrer unmittelbaren Nachkommen das Kriterium.[12] Generell lässt sich eine Tendenz zur Verkürzung der Fristen feststellen. Als der französische Historiker und spätere Politiker Gabriel Hanotaux um 1878 in den Archiven des Quai d'Orsay arbeitete, war es alles andere als selbstverständlich, dass man Zugang zu Dokumenten aus dem frühen 17. Jahrhundert, der Regentschaft Richelieus, erhielt.[13] Das britische Public Record Office war den fran-

11 Zum Beispiel Dr. Johann Wolfgang Brügel, Londoner Korrespondent der SP-Presse.

12 Das Archiv für Zeitgeschichte (AfZ), eine wichtige Sammelstelle für Privatnachlässe, vereinbart mit den Aktengebern jeweils nach variablen Modellen die Fristen. Auf Verlangen der Vertragspartner/-innen werden Gesuche an diese zur Entscheidung oder auch nur zur Information weitergeleitet (wird nur bei schätzungsweise 10% der Privatbestände gewünscht); für einzelne Dossiers können zum Schutz privater Interessen Sperrfristen vereinbart werden; für Mischdossiers, die Unterlagen mit amtlichem Charakter enthalten, richtet sich das Archiv nach dem Archivierungsgesetz des Bundes. Das AfZ ist im Archivierungsbereich aber auch Vertragspartner verschiedener Dachorganisationen (economiesuisse/ehem. Vorort, Schweizerischer Israelitischer Gemeindebund, Schweizerische Flüchtlingshilfe, VSJF u.a.). Bei den institutionellen Beständen gehen die Übernahmevereinbarungen zumeist davon aus, dass Gesuche weitergeleitet, aber ausserhalb der Sperrfrist nach EU-Regel von 30 Jahren bewilligt werden, während Gesuche innerhalb der Sperrfrist stets einen Entscheid der Vertragspartner erfordern. Vorbehalten bleiben die Bestimmungen des Datenschutzes, die – bestehen keine anderen Vereinbarungen – gemäss Archivierungsgesetz des Bundes gehandhabt werden. Vgl. auch: Das Archiv für Zeitgeschichte und seine Bestände. Hrsg. v. Klaus Urner u.a. Zürich 1999. S. 11ff.

13 Gabriel Hanotaux, Mon temps. Bd. I. Paris 1933. S. 327. Seine Richelieu-Biographie erschien dann erst 1896. In den Memoiren führt Hanotaux zur damaligen historiographischen Strömung weiter

zösischen Verhältnissen in der Entwicklung etwas voraus, es erhielt 1870 immerhin Akten des Aussenministeriums aus der Zeit vor 1810. In Frankreich wurde die Sperrfrist für diplomatische Akten 1874 auf 100 Jahre angesetzt, das heisst eine Zugänglichkeit bis 1775 festgelegt; 1909 wurde die Frist auf etwa 60 Jahre reduziert, wobei nicht eine dezimale Grösse, sondern eine historische Zäsur, nämlich das Jahr 1848, bestimmend war.[14]

Waren Staatsakten anfänglich für Externe im Grundsatz überhaupt nicht zugänglich, bestand ein gewisser Fortschritt darin, dass mit der Zeit 100- oder 50jährige Sperrfristen überhaupt eingeführt und mit der Schaffung von «salles de lecture» für Externe die nötige Infrastruktur eingerichtet wurde.[15] Zuvor dürfte, sofern sich jemand für die neuere Zeit interessierte, die Freigabe von den persönlichen Beziehungen und der Vertrauenswürdigkeit des Benutzers abgehängt haben.[16] Zugang oder «communication», wie man im Französischen sagt, setzt freilich voraus, dass in den Archiven eine benutzertaugliche Ordnung gegeben war. Im Archiv des französischen Aussenministeriums wurden im Hinblick auf die vermehrte Benutzung durch externe Forscher neue Klassierungsarbeiten erst im Februar 1880 in Auftrag gegeben. Die bereits 1874 geschaffene Archivkommission wurde ebenfalls um 1880 ausgebaut und war zuständig für die Einsichtsbewilligungen und für die Edition von Dokumenten, die für die nationale Geschichte von Bedeutung sind.[17]

aus: «Le devoir s'imposait donc de remonter au fait lui-même, à la pièce authentique, à la décision écrite que l'intérêt des responsables, le calcul des partis ou la négligence des narrateurs avait tenue caché, mais qui devait être arraché à la nuit froide des archives. L'heure était venue de vérifier le connu par l'inconnu, le dit par l'inédit» (Mon temps. Bd. II. Paris 1938. S. 6). Hanotaux führt weiter aus, dass seit 1825 (Villemain) die Zugänglichkeit für «travailleurs offrant de sérieuses garanties» gefordert worden sei, aber «Monsieur le bureau» über Jahrzehnte den Widerstand aufrechterhalten konnte. Ausländische Forscher (insbesondere die Engländer und die Deutschen) seien privilegiert gewesen, weil sie über deren diplomatische Vertreter beim Aussenministerium Spezialbewilligungen erlangen konnten. So habe der grosse Historiker Heinrich von Sybel dank Fürst Bismarcks Fürsprache den Zugang zu (sogar nur etwas mehr als 100 Jahre zurückliegenden) Dokumenten aus den Jahren 1758–1762 erhalten, während Franzosen, die ohne derartige Fürsprecher seien, leer ausgingen (ebenda. S. 11ff.).

14 Les affaires étrangères et le corps diplomatique français. t. II: 1870-1980. Paris 1984. S. 89ff. (Histoire de l'administration française). Der Vf. hat in Verbindung mit seiner Habilitationsschrift an diesem Werk mitgearbeitet; deshalb auch die Privilegierung des französischen Beispiels und der diplomatischen Akten. Die Regelungen des Archives nationales wären noch abzuklären.

15 Hanotaux zitiert den Archiv- und Kanzleidirektor Prosper Faugère, der im Zuge der republikanischen Wahlsiege um 1879 schliesslich abgesetzt wurde, mit einer Äusserung im «l'Univers», wonach dieser auf die Kritik an der Archivpolitik des Aussenministeriums gesagt haben soll: «Le dépôt des archives n'est pas à l'usage du public; il n'est destiné qu'au service intérieur du ministère» (ebenda. S. 12). Das Archiv wird von Hanotaux als «cathédrale» und dessen Türe als «porte de bronze» bezeichnet (ebenda. S. 23 und 32).

16 Im Archiv des französischen Aussenministeriums wurden in den sieben Jahren zwischen 1867 und 1873 immerhin 45 von 48 Anfragen positiv beantwortet, aber als «faveurs particuliers» und «contraire au règlement» (vgl. Anm. 14).

17 Ebenda. S. 91. Ferner Hanotaux. t. 2, S. 46ff.

6. Bewegung nach 1970

Das erste Reglement des Bundesarchivs von 1864 kam ohne Regelung der Sperrfrist aus. Erst die revidierte Fassung von 1957 sprach von einer Sperrfrist von 50 Jahren.[18] Mit der Erteilung des zeitgeschichtlichen Auftrages an Edgar Bonjour im Juli 1962[19] wuchs der Druck auf die Behörden auch bezüglich der Lockerung der Sperrfrist. Noch wenige Monate zuvor, im Januar 1962, hatte sich Leonhard Haas, der damalige Bundesarchivar, ganz entschieden für die Aufrechterhaltung der Sperrfrist ausgesprochen: «Die Wahrung des Aktengeheimnisses ist nicht weniger wichtig für ein Land wie die Schweiz als das Bankengeheimnis für unser Kredit an Vertrauen in der Welt.»[20] Der liberale Genfer Nationalrat und Universitätsprofessor in Gräzistik, Olivier Reverdin, hatte dagegen im März 1962 ein Zugangsprivileg für die wissenschaftliche Forschung im allgemeinen gefordert (also nicht nur für den drei Monate später vom Bundesrat beauftragten Einzelberichterstatter). Weder dieser Vorstoss noch seine Zweitauflage 1965 bewirkten etwas. Erst nach der Publikation des Bonjour-Berichts von 1970, als der Ruf nach Überprüfung oder Vertiefung der nun publizierten Texte laut wurde, begann sich eine gemischte Arbeitsgruppe (mit Erich Gruner als Vertreter der Geschichtswissenschaft) mit der Eventualität einer Fristverkürzung zu beschäftigen. Eine Petition, die aus dem 9. (von Peter Gilg, Erich Gruner und Beat Junker organisierten) Treffen für schweizerische Zeitgeschichte vom 15. Januar 1972 hervorgegangen und zuhanden der Eidgenössischen Räte verabschiedet worden war, dürfte den mühsam angelaufenen Liberalisierungsprozess beschleunigt haben.[21] Die Allgemeine Geschichtforschende Gesellschaft der Schweiz AGGS (damals unter dem Präsidium von Louis-Ed. Roulet aus Neuchâtel) musste im März 1973 allerdings nochmals nachfassen, bis der Bundesrat dann im Oktober 1973 ein neues Archivreglement mit einer bloss 35jährigen Sperrfrist verabschieden konnte.[22] Das Archivierungsgesetz vom 26. Juni 1998 (in Kraft getreten am 1. Oktober 1999) sieht in Art. 9 jetzt eine Sperr- und Schutzfrist für gewöhnliche Akten von 30 Jahren vor.[23]

18 AS VIII 143–151. Walter Meyrat, Das Schweizerische Bundesarchiv von 1798 bis zur Gegenwart. Bern 1972. S. 102.

19 Bundesratsbeschluss Nr. 1196 vom 6. Juli 1962 (BAR: E 1004.1).

20 Zit. nach Zala, op. cit. S. 320.

21 Die Petition wurde von den 42 Anwesenden unterzeichnet, z.B. von Hermann Böschenstein, Erich Gruner, Ulrich Im Hof, Hans Ulrich Jost, Markus Mattmüller, Klaus Urner. Sie wurde vom Vf. dieses Artikels, der bereits seit 1970 für die Arbeit an seiner Dissertation über die Zensurpolitik einen privilegierten Archivzugang genossen und im Dezember 1972 diese Arbeit abgeschlossen hatte, initiiert und formuliert. Parallel zur Eingabe an die Bundesversammlung publizierte er einen Artikel mit den Petitionsforderungen in der NZZ Nr. 41 vom 25. Januar 1973. Vgl. auch Daniel Stapfer, Zeitgeschichtliche Forschung und Recht in der Schweiz. Zur Entwicklung des Akteneinsichtsrechts 1944–1993. Liz.-Arbeit Zürich 1993. S. 77ff.

22 AS 1973 1591 Art. 7 Abs. 1.

23 Art. 11 BGA sieht eine verlängerte Schutzfrist von 50 Jahren für schützenswerte Personendaten vor und Art. 12 ebenfalls eine Verlängerung, falls ein überwiegendes schutzwürdiges öffentliches oder privates Interesse besteht, für Kategorien von Archivgut auf maximal 50 Jahre und in Einzelfällen ohne bestimmte Dauer.

Damit wurde das Prinzip der gleitenden Freigabe, Jahr nach Jahr, bestätigt. Im Begleitschreiben zur Petition vom 15. Januar 1973 wurde allerdings auch die blockweise Freigabe als an sich bessere, weil ganze Zeiteinheiten freigebende Lösung genannt. Vorgeschlagen wurde eine gemischte Kommission aus historischen Fachleuten und Beamten, welche die jeweils freizugebenden Segmente festzulegen hätte. Nach dieser Paketmethode wurde im Vorfeld von 1968 verfahren, als die von Willi Gautschi erarbeitete Publikation zum 50. Jahrestag des Landesgeneralstreiks vorbereitet wurde.[24]

Mittlerweile ist der Umgang mit staatsrelevanten Daten zweifelsohne noch liberaler, die Bundeskanzlei hat sogar «Glasnost» zum Prinzip erhoben und den Grundsatz umgekehrt: Es wird nicht mehr festgelegt, was freigegeben wird, sondern innerhalb der grundsätzlichen Zugänglichkeit wird definiert, was dennoch nicht zugänglich sein soll.[25] Nachdem lange Zeit in erster Linie das sog. Staatsgeheimnis als schützenswertes Gut verteidigt wurde, ist, wie oben ausgeführt, in den letzten zwei Jahrzehnten der Personenschutz an die erste Stelle der Schutzproblematik gerückt.

7. Privilegierter Zugang für Wissenschafter?

Die Fristen variieren zum Teil nicht nur in ihrer Dauer, es können auch bezüglich des Benutzerkreises Abstufungen vorgenommen werden.[26] Das Reglement von 1966 privilegierte explizit die wissenschaftlich arbeitenden und mit «vertrauenswürdiger Empfehlung» ausgestatteten Personen, die Gewähr dafür böten, «dass sie die ihnen zur Einsicht überlassenen Akten nicht missbräuchlich verwenden werden» (Lit. c). So kam es in den späten 60er Jahren zu Diskussionen, ob in öffentlichen Archiven der wissenschaftliche Gebrauch gegenüber dem journalistischen Gebrauch privilegiert werden soll. Auch das Reglement von 1973 beschränkte die spezielle Freigabe der Akten der Periode 1938–1945 für die Benutzung «zu wissenschaftlichen Zwecken» (Art. 11a, Abs. 1). Die Statuierung einer derartigen Unterscheidung wäre heute nicht mehr denkbar, und sie wird in der Praxis wohl auch nicht mehr gehandhabt. Das Archivierungs-

24 Gautschi dankt im Vorwort Bundesrat H. P. Tschudi; die Bewilligung des Bundesrates verkürzte die 50jährige Sperrfrist um etwa zweieinhalb Jahre. Vgl. den Beschluss des Gesamtbundesrates vom 6. Mai 1966 (BAR E 1004.1/1 Bd. 709.1).

25 Zur Zeit arbeitet man an einem Öffentlichkeitsgesetz; eine externe Vernehmlassung dazu ist zu Beginn des Jahres 2001 abgeschlossen worden. Der EU-Vertrag von Amsterdam (1997) verankerte das im Dienste grösserer Bürgernähe statuierte Recht von Aussenstehenden auf Zugang zu internen EU-Dokumenten. Schweden als führendes Mitglied der «Transparenz-Fraktion» hat seine Präsidentschaft dazu genutzt, im April 2001 eine entsprechende Verordnung zu verabschieden, die für Kommission, Ministerrat und Parlament gleichermassen gilt.

26 Selbstverständlich ist oder wäre, dass die Beamten der Bundesverwaltung, insbesondere auch die Archivare, selber sich an die Restriktionen halten und ihre Situation nicht nutzen, um sich als Forscher Vorteile zu verschaffen. Dies ist von früheren Leitern des BAR im Fall von Lenin-Briefen und im Falle des Guisan-Nachlasses sowie vom früheren Leiter der Militärbibliothek im Fall der sowjetischen Internierten (siehe Stapfer, op. cit. S. 76, 80ff. und 87) nicht so gehalten worden.

gesetz vom 26. Juni 1998 hat denn auch das Archivprivileg für Wissenschafter fallengelassen. Die momentane Privilegierung führt wie im Falle des Bonjour-Berichts oder im Falle des UEK-Berichts automatisch zum legitimen Wunsch, dass die unter Monopolbedingungen geleistete Arbeit von Dritten überprüft werden kann.[27]

8. Vertrauen gegen Verpflichtung

Im Verhältnis zwischen akademischen Forschern und den Behörden und privaten Archivinhabern ist allerdings die Schaffung eines Vertrauensverhältnisses tatsächlich möglich. Dieses besteht darin, dass der Forscher unter Umständen auch Segmente zu sehen bekommt, die ausserhalb des bewilligten Gegenstandes liegen und darum unbeachtet bleiben sollen, oder dass er Namen zur Kenntnis nimmt, die nachträglich anonymisiert werden. Das Verfahren funktioniert, weil die akademischen Bearbeiter entweder mit ihrer Arbeit eine akademische Qualifikation (Liz., Diss., Habil.) erwerben oder ihren Ruf nicht aufs Spiel setzen wollen und weil sie anders als Medienleute nicht den schnellen Newseffekt erzielen müssen. Diese Art von Kollaboration bedeutet keine Preisgabe der intellektuellen Unabhängigkeit. Das Verständnis der Vorgänge, die Deutungen und Einordnungen, die argumentative Kapazität bleibt durch solche Prozedere uneingeschränkt. Dasselbe gilt für die von Forschern eingegangene Verpflichtung, vor der Publikation das Manuskript den Inhabern der Aktenhoheit zur Einsichtnahme zur Verfügung zu stellen, wie es noch in Art. 19 Abs. 3 der Verordnung zum Bundesgesetz über die Archivierung vom 8. September 1999 von der Behörde verlangt werden kann. In der langjährigen Erfahrung als Forscher und Betreuer von Forschungsarbeiten habe ich es noch nie erlebt, dass dieser Mechanismus dafür verwendet worden wäre, auf den Inhalt ungebührlich Einfluss zu nehmen. Dies schliesst nicht aus, dass die für die Erteilung des «nihil obstat» zuständigen Experten der Bundesverwaltung im Gespräch ihre unter Umständen abweichende Interpretation vorbringen. Es ist dann an den akademischen Forschern und Forscherinnen zu entscheiden, ob und in welchem Masse sie den allenfalls auch bereichernden Kommentaren dieser Art Rechnung tragen wollen. Nach dem gleichen Muster laufen die den Publikationen vorgeschalteten Gesprächen zwischen der UEK und den Unternehmen: Die Aktengeber erhalten Gelegenheit, ihre Sicht der Dinge darzulegen, die Kommission bleibt dabei frei in der Festlegung des definitiven Textes.

27 Vgl. etwa Jörg Fisch, Die Illusion der abschliessenden historischen Wahrheit. Ein problematischer Bundesbeschluss. In: NZZ Nr. 261 vom 8. November 1996. Vom gleichen Autor: Der Staat und die historische Wahrheit. In: Archive und Geschichtsschreibung. Bern 2001 (Zeitschrift des Schweizerischen Bundesarchivs Bd. 27). S. 151–164.

9. Privat ist nicht öffentlich

Inhaber von Privatarchiven können, ob sie die Papiere noch selber besitzen oder in einem öffentlichen Archiv deponiert haben, frei entscheiden, wem sie Einsicht geben wollen. Dies wurde (hier muss nochmals auf Niklaus Meienberg hingewiesen werden) etwa bezüglich des Familienarchives der Familie Wille schlecht begriffen.[28] Auch eine extrem öffentliche Person wie ein General hat eine Privatsphäre. Darum sind Briefe, die der Oberkommandierende der Armee seiner Gattin geschrieben hat, Privatdokumente, deren Zugänglichkeit von Privatentscheiden abhängt. Andererseits hat der Bundesrat – nachvollziehbar – beschlossen, dass «private» Notizen eines Mitgliedes des Bundesrats zu Bundesratssitzungen (konkret im Falle von Markus Feldmann) nicht privat seien, deren Zugänglichkeit mithin offiziell geregelt werden müsse.[29] Am Umgang mit diesem Bestand lässt sich der fundamentale Wandel ablesen, der nach «1968» langsam, aber stetig in der Frage der Geheimhaltung eintrat: Während es für das Bundesarchiv 1959 eine dringend gebotene und statthafte Haltung war, dass niemand auch nur vom Vorhandensein des Bestandes im Bundesarchiv Kenntnis erhalten und auch in keinem Geschäftsbericht davon die Rede sein dürfe, und seine Leitung sich noch 1973 energisch für den Verschluss der Magistratspapiere aussprach, unterstützte das Bundesarchiv 1991/92 den Sohn Hans Feldmanns im Bestreben, dem von ihm im Bundesarchiv deponierten Bestand den Status von privaten und nicht staatlichen Dokumenten zu verleihen.[30] Im Falle des privaten und bisher der Forschung nicht zugänglichen Tagebuches von Bundesrat Ernst Wetter präsentierte sich die Problematik wiederum von der anderen Seite, das heisst mit der Frage, ob die Inhaber von Privatpapieren durch den Bundesratsbeschluss vom Dezember 1997 (vgl. unten) verpflichtet werden könnten, diese der UEK zur Verfügung zu stellen.[31]

Die Tendenz, offizielle Akten wie Privatakten zu behandeln, ist durch mindestens zwei prominente Fälle belegt: Der eine betrifft den Nachlass von Bundesrat Marcel Pilet-Golaz, der andere das Archiv von General Henri Guisan. Im Falle Pilet-Golaz sind offenbar Ende 1944 offizielle Papiere in der Absicht mit nach Hause genommen

28 Niklaus Meienberg, Die Welt als Wille & Wahn. Elemente zur Naturgeschichte eines Clans. Zürich 1987.

29 Bundesratsbeschluss vom 12. März 1973.

30 Zur Geschichte und den Zulassungsrestriktionen dieses Bestandes vgl. die Einleitung zu: Markus Feldmann, Tagebuch 1923–1958. Bearbeitet von Peter Moser u.a. Bern 2001 (Quellen zur Schweizergeschichte. Hrsg. von der AGGS, NF, III. Abt. Bd. XIII). Zunächst wollte man nicht, dass mit der Zugänglichkeit dieses Schlüsselbestandes die 50jährige Sperrfrist unterlaufen wird. 1973 wurde dem Depositär Hans Feldmann und dem mit anderen Bundesratsbiographien hervorgetretenen Hermann Böschenstein im Sinne eines Entgegenkommens angeboten, stellvertretende Abklärungen vorzunehmen; ein Angebot, dem man im Zusammenhang mit Sperrfristen immer wieder begegnet: Es wurde gestattet, Fragen zu stellen, und das Archiv hätte sie dann, wenn sie sich als unproblematisch erwiesen, beantwortet.

31 Diese Frage stellte sich erst drei Jahre nach der Publikation des Zwischenberichts der UEK über die Frage der Goldtransaktionen, in der unbeanstandet aus dem Wetter-Tagebuch zitiert worden war.

worden, eine Rechtfertigungsschrift zu verfassen. Diese Papiere («zwei Koffer») wurden in den 1960er Jahren von einem Sohn des Bundesrates via Edgar Bonjour dem Bundesarchiv zurückerstattet.[32]

10. Der Fall Guisan

Der Fall Guisan liegt etwas komplizierter: 1947 erteilte der vormalige Oberkommandierende der Schweizer Armee zwei ihm nahestehenden Mitarbeitern (Oberstleutnant Bernard Barbey und Major Mario Marguth) den Auftrag, seine in der Kaserne Lausanne untergebrachten Privat- und Dienstakten fünf Jahre nach seinem Tod zu vernichten. 1965 hätte diese rechtlich höchst fragwürdige Anweisung verwirklicht werden müssen. Statt dessen gelangten die Papiere 1966 auf abenteuerliche Weise[33] doch ins Bundesarchiv; zwischen dem Archiv und Oberst Marguth wurde ein Depot-Vertrag abgeschlossen, der eine 50jährige Sperrfrist vorsah und dem Depositär das Recht gab, individuelle Einsichtnahmen zu gestatten. Dieser Fall ist hier insofern von Bedeutung, als er zwei bisher nicht angesprochene Probleme illustriert: erstens das Problem der Zugänglichkeit der Archivverzeichnisse und zweitens das Problem der zu langen Dauer der Bewilligungsfristen.

11. Öffentliche Registratur

Die heute selbstverständliche Transparenz der Verzeichnisse garantiert, dass die Benutzer wissen, welche Akten ihm wegen Sperrfristen vorenthalten werden und welche Akten, weil als nicht überlieferungswürdig eingestuft, vernichtet worden sind. Der Nachlass Guisan, obwohl er schon acht Jahre im Archiv und seit 1973 sogar erschlossen war, figurierte (wie zuvor der Feldmann-Nachlass) in keinem Verzeichnis und wurde als inexistent behandelt und im übrigen auch Edgar Bonjour stillschweigend vorenthalten.[34] Erst als der Verfasser dieses Artikels nach mehrmonatigem Zuwarten erklärte, er würde nun selber den Nachlass im Waadtland suchen gehen, möchte aber doch darum bitten, dass man ihn diese Recherche nicht machen lasse, wenn sich die Akten sozusagen im Nebenraum befänden, kam der damalige Bundesarchivar nicht mehr darum herum, dessen Vorhandensein im Bundesarchiv einzugestehen. Er tat es

32 Edgar Bonjour, Erinnerungen. Basel 1983. S. 234. Von Bundesrat Philipp Etter wird ebenfalls gesagt, er habe nach seinem Rücktritt offizielle Papiere nach Hause genommen.

33 Der Abwart der Kaserne Lausanne wollte den Raum, in dem der Nachlass aufbewahrt war, geräumt haben. Das Archiv nutzte die Gunst der Stunde und liess die Papiere in einer Blitzaktion mit einem Lastwagen holen.

34 Jede von Bonjour benutzte Schachtel wurde ohne sein Wissen mit einem Zeichen versehen.

mit der Bemerkung: «Je ne peux pas vous montrer des poires auxquelles vous ne pouvez pas toucher.»[35]

Da die Akten für meine Arbeit wichtig waren, wollte ich doch wissen, wer für die Bewilligung zuständig sei. Es wurde Marguth genannt und zugleich erklärt, dass er todkrank und darum nicht ansprechbar sei. Marguth erwies sich dann doch als etwas gesünder als dargestellt, und er erteilte sogar eine Einsichtsgenehmigung. Nachdem die Bewilligung vorlag, hiess es dann aber plötzlich, dass sie nicht massgebend sei. Das EMD erklärte in einem formellen Entscheid, dass die Akten gesperrt bleiben. Mittlerweile war rund ein Jahr vergangen. Der Bundesarchivar verstand sich in dieser Sache als völlig neutrale Zwischenstelle («une boîte aux lettres»), in Wirklichkeit stand er aber, wie seine Informationspolitik zeigte, auf der Seite der verweigernden Behörde.[36] Da die Forscher in einem derartigen Konflikt auf der schwächeren Seite stehen, wäre es seine Aufgabe gewesen, auch deren Anliegen zur Geltung zu bringen. Zu jenem Zeitpunkt, im Frühjahr 1975, wäre ich, schon halbwegs resigniert, bereit gewesen, den Entscheid hinzunehmen, wenn sich die involvierten Stellen mit ihrer Haltung wenigstens der Öffentlichkeit gestellt hätten. Ich machte den Vorschlag, dass in einer öffentlichen Veranstaltung der AGGS Hans-Rudolf Kurz, der für die Benutzungspraxis zuständige Beamte des EMD, seine ablehnende Argumentation hätte darlegen sollen; ich hätte die Gründe für die Freigabe vorgebracht, und Bundesarchivar Oscar Gauye, der zugleich als Oberstleutnant Chef des sogenannten Armeearchivs[37] war, hätte den Bestand umschrieben. Da beide eine derartige Veranstaltung ablehnten, reichte ich beim Gesamtbundesrat am 25. April 1975 Beschwerde gegen die EMD-Verfügung ein, und am 22. Oktober 1975 erhielt ich, nachdem auch noch das Bundesgericht konsultiert worden war, gegen den erneuten, unter Berufung auf «objektive Gründe der Staatsräson und höherer Pietät» geforderten EMD-Antrag auf Abweisung schliesslich vollumfänglich recht.[38] Der gesamte Vorgang spielte sich ohne Einschaltung der Medien ab.[39]

35 Der Verfasser war damals zusammen mit Antoine Fleury mit einer Machbarkeitsstudie zum Projekt der DDS betraut und hatte darum im Bundesarchiv eine halbe Insiderposition.

36 Oscar Gauye wollte schon damals selber einen Aufsatz über Guisan schreiben, der dann 1985 (nicht 1984) auch erscheinen und einiges Aufsehen erregen sollte, vgl.: «Au Rütli, 25 juillet 1940». Le discours du général Guisan: nouveaux aspects. In: Studien und Quellen. Bd. 10. Bern 1984. S. 5–56.

37 Dabei handelt es sich um die Sonderbestände der Mobilisationszeiten (vor allem Truppentagebücher), die ebenfalls im Bundesarchiv aufbewahrt werden.

38 Der Fall ist noch etwas ausführlicher auch bei Stapfer nachzulesen, op. cit. S. 80ff.

39 Im Vorwort der entsprechenden Studie habe ich lediglich darauf hingewiesen, dass bei der Aktenfreigabe «da und dort ernsthafte Bedenken überwunden werden» mussten, vgl. Auf den Spuren von La Charité. Die schweizerische Armeeführung im Spannungsfeld des deutsch-französischen Gegensatzes 1936–1941. Basel 1976. S. 6.

12. Zu lange Bewilligungsverfahren

Hiermit dürfte auch deutlich geworden sein, was mit dem Problem der Bewilligungsfristen gemeint ist. Sieht man von den ersten Monaten des informellen Hinhaltens ab, so verbleiben noch immer anderthalb Jahre, die es bedurfte, um den Zugang zu den benötigten Papieren zu erhalten. Unter normalen Umständen, den bei akademischen Qualifikationsarbeiten laufenden Fristen oder den für private Berufspublizistik geltenden Effizienzregeln, hätte man längstens aufgeben müssen. Daniel Studers Urteil trifft die Sache: «Von effektivem Rechtsschutz kann hier wohl nicht die Rede sein, dafür aber von qualifizierter Forschungsbehinderung.»[40] Die heutigen Verfahren sind wesentlich speditiver.

13. Verzicht auf jede Sperrfrist

Abschliessend noch einige Ausführungen zur völligen Aufhebung von Sperrfristen, wie sie in den Fällen des vom Bundesrat in Auftrag gegebenen Staatsschutzberichts und des von der Bundesversammlung in Auftrag gegebenen Berichts zu Vorgängen in der Zeit des Zweiten Weltkriegs vorgenommen worden sind. Die totale Aufhebung des Amtsgeheimnisses, aber auch im zweiten Fall der privaten Geheimsphäre ist vor allem Ausdruck des Auftraggebers, nichts verbergen und vollumfängliche Abklärungen (die «ganze Wahrheit») ermöglichen zu wollen. Die Beauftragten hatten in beiden Fällen uneingeschränkten Einblick in den Bereich des Amtsgeheimnisses, sie waren zugleich aber an dieses gebunden und bleiben es auch nach Abschluss der Arbeit. In beiden Fällen musste bzw. muss der Bericht den Behörden vor der Publikation vorgelegt werden. Im Falle des Staatsschutzberichts wurde, wie zuvor beim Bonjour-Bericht, keine einzige Änderung verlangt (derartiges zu verlangen wäre auch undenkbar gewesen)[41]; und im Falle des UEK-Berichts dürfte dies nicht anders verlaufen. Akteure in niedrigen Chargen wurden anonymisiert, Leute in höherer Verantwortung hingegen namentlich genannt.

40 Stapfer, op. cit. S. 83. Der Vf. hatte die Beschwerde als Laie bzw. Normalbürger ohne Zuhilfenahme eines Anwalts eingereicht, und er erhielt auch keine Verfahrensentschädigung.

41 Bonjour schreibt im Vorwort zum Bericht, an dem der Landesregierung vorgelegten Text sei «nicht das Geringste retouchiert worden» (Geschichte der schweizerischen Neutralität. Bd. IV. Basel 1970. S. 13). Im ersten Dokumentenband (Bd. VII. S. 11. Basel 1974) beklagte sich Bonjour dann allerdings über die «Zensur» des Eidgenössischen Politischen Departements, das ihm mindestens ein Drittel der Dokumente weggestrichen habe. Die ebenfalls ausgesprochene Erwartung, diese Dokumente in den folgenden Bänden doch noch publizieren zu können, sollte sich vollständig erfüllen. Vgl. Edgar Bonjour, Erinnerungen. Basel 1983. S. 243. Hilfreich war gewiss auch, dass der Berner Historikerkollege Walther Hofer im Nationalrat dazu am 10. Juni 1974 eine Kleine Anfrage lancierte. Zur Zensur oder vielmehr Selbstzensur in Bd. IX vgl. Sacha Zala, Gebändigte Geschichte. Amtliche Historiographie und ihr Malaise mit der Geschichte der Neutralität 1945–1961. Bern 1998. S. 135. Bundesarchiv Dossier 7. – Ders., op. cit. S. 321.

Im Falle des Staatsschutzberichts kamen die Beauftragten insbesondere in zweierlei Hinsicht an die Grenzen des Abklärbaren: einmal, wie bereits erwähnt, im Bereich der zum Teil wichtigen Telefonate und zum anderen im Bereich der nicht in der offiziellen Registratur erfassten und nur mit Durchsuchungsbefehlen allenfalls erfassbaren persönlichen Dokumentationen einzelner Mitarbeiter. Ähnliche Grenzen erlebte die Arbeit der UEK: Bei grossen Unternehmen mit etablierten Firmenarchiven war der Zugang durchaus gesichert; bei einzelnen Akteuren, Advokaten, Treuhändern, Kunsthändlern konnte man nur mit deren Mitwirkung an allfälliges Material kommen. Der Beschluss der Bundesversammlung hatte hier nur die Funktion, die Leute von der Geheimhaltungspflicht zu entbinden – sofern diese entbunden sein wollten.

Es blieb unklar, inwiefern der Bundesbeschluss vom 13. Dezember 1996 mit dem Art. 5 über die «Pflicht zur Gewährung von Akteneinsicht» Private tatsächlich hätte zwingen können, relevantes Material herauszugeben.[42] Was relevant gewesen wäre, hätte der Bundesrat im Zuge eines Beschwerdeverfahrens entscheiden müssen. Die UEK hätte dann die Relevanz argumentativ darlegen müssen und nicht autoritär bestimmen können.[43] Es kam in keinem Fall soweit. Andererseits konnte man in den Diskussionen um die Zugänglichkeit von privaten Akten die klassischen Argumente hören, dass a) bereits genug darüber publiziert worden sei, die Zusatzrecherchen sich demnach erübrigten, dass b) das Ersuchen um Zugang inhaltlich zu begründen sei, also nur nach Prüfung der Begründung und nicht automatisch gewährt werde, wobei man in manchen Fällen erst nach Einblick in das gesperrte Material die nötige Begründung hätte liefern können, und dass c) die angegangenen Stellen selber für einen die Abklärung vornehmen und dann punktuell Auskunft geben wollten.

Ob man solche Abwehrbarrieren überwinden kann, hängt oft vom persönlichen Geschick der Forschenden ab. Einmal im Besitz der «freiwillig» überlassenen Dokumente, besteht auf der Forscherseite die Tendenz, dem Besitzer ein gewisses Mitspracherecht in der Art der Verwendung der Papiere einzuräumen, zumal wenn man die Tatsache honorieren möchte, dass bei unbekannten Papieren die Besitzer diese ja nicht hätten herausrücken müssen. Zu allem bleiben am Schluss im Falle des Zitierens noch die urheberrechtlichen Bestimmungen des Privatrechts, wonach über Texte nicht beliebig verfügt werden darf.

42 Art. 5 bestimmte in Abs. 1, dass die in Art. 1 erwähnten Personen und Institutionen sowie ihre Rechtsnachfolger, Behörden und Amtsstellen verpflichtet seien, «den vom Bundesrat bestimmten Mitgliedern der Expertenkommission und den von ihnen beigezogenen Forscherinnen und Forschern Einsicht in alle Akten zu gewähren, die der Untersuchung dienlich sein könnten». Abs. 2 hielt zudem fest: «Diese Pflicht geht jeder gesetzlichen und vertraglichen Geheimhaltungspflicht vor.» Als besonders in die Pflicht genommene Personen und Institutionen etc. waren gemäss Art. 1 zu verstehen: Banken, Versicherungen, Anwälte, Notare, Treuhänder, Vermögensverwalter und «andere natürliche und juristische Personen oder Personengemeinschaften», die mit der zentralen Fragestellung zu Umfang und Schicksal der fraglichen Vermögenswerte im Zusammenhang standen.

43 Bei der Behandlung der Beschwerde hätten allenfalls die in den Vorberatungen der parlamentarischen Kommissionen zum Bundesbeschluss vom 13. Dezember 1996 abgegebenen Voten konsultiert werden müssen.

Unterschiedliche Auffassungen zeigten sich in der Auslegung der durch den Bundesbeschluss von 1996 gewährten «Akteneinsicht». Bedeutete dies bloss Lektüre (mit oder ohne Tisch und Stuhl, mit oder ohne handschriftliche Notizen), oder bedeutete dies ein weiteres Verfügungsrecht unter Einschluss des Fotokopierens, des integralen Edierens von Dokumenten (transkribiert oder faksimiliert) und – last but not least – des separaten Archivierens der so gewonnenen Dokumentation? Bei allem Verständnis für die konkreten Sorgen und die prinzipiellen Haltungen der Privaten erschien es der UEK und der neuen Schweizerischen Gesellschaft für Geschichte (SGG) eine Selbstverständlichkeit zu sein, dass die Dokumentation der UEK *integral* und mit irgendwelchen Schutzklauseln versehen ans Bundesarchiv abgeliefert werden soll. Die sogenannte «Nachwelt» hat ein Anrecht auf die Möglichkeit, die Arbeit der UEK zu überprüfen. Eine Bundesratsmehrheit hat nun aber auf Druck des Schweizerischen Vororts (economiesuisse) am 3. Juli 2001 entschieden, dass die Kopien von Privatpapieren, sofern dies gewünscht wird, zurückgegeben werden müssen. Damit wird die Dokumentation der UEK leider auseinandergerissen, und spätere Forscher haben keine Gewähr, die zurückgegebenen Kopien einsehen zu können. Welche Sperrfristen für die restlichen UEK-Papiere gestaffelt zur Anwendung kommen, wird der Bundesrat im August 2001 entscheiden.[44]

14. Eine Schlussbemerkung

So begrüssenswert aus der Sicht der Historiker/-innen der möglichst ungehinderte Quellenzugang ist, so muss doch davor gewarnt werden, übertriebene Erwartungen von der Aufhebung von Sperrfristen zu hegen. Zudem ist daran zu erinnern, dass die Hauptleistung der Historiographie nicht im Freibekommen und Aufspüren bisher unerschlossener Geheimbestände, sondern in der klugen, innovativen, kreativen und subtilen Analyse der oft zuhauf frei zugänglichen Materialien liegt.

44 Nachtrag von 2003: Eine unheilige Allianz von nationalkonservativen Kräften, welche vor allem die Kommission durchleuchten und vom Hauptthema ablenken wollten, und von linken Kräften, die traditionell immer für Transparenz sind, sofern es um die Papiere der anderen geht, drängte auf eine sofortige Freigabe der gesamten Kommissionsakten spätestens auf Ende 2002. Die damit verbundene Proskription war aber nicht vorgesehen für Akten aus der Umgebung der UEK, z.B. des EDI oder der *Taskforce* des EDA: Nur entschiedenste Gegenwehr konnte dieses Vorhaben stoppen. Sodann war bis Mitte 2002 ein Entscheid vorgesehen, wie es in dieser Sache gehen soll. Das Bundesarchiv liess sich einen Kredit von 1 Mio. Franken geben, um den Nachlass der UEK in Ordnung zu bringen. Darauf zirkulierte der Vorwurf, die UEK habe auch diese Unkosten verursacht, nachdem sie bereits 22 Mio. Franken gekostet habe. Inzwischen liegt mit einem Jahr Verspätung ein Vorschlag vor, der zwischen fünf Kategorien differenziert: 1. Akten mit dem 50jährigen Personenschutz, 2. die von der Kommission produzierten Akten mit der üblichen 30-Jahr-Sperrfrist, 3. die Manuskriptentwürfe der Kommission, die sogleich freigegeben werden, 4. die historischen Akten, die – wenn keine anderen Bestimmungen zur Anwendung kommen – ebenfalls sogleich freigegeben werden, und 5. die Kopien aus anderen Archiven, deren Bestimmungen zu berücksichtigen sind.

15. Panik wegen Südafrika

2003: Im Herbst 1999 war der Bundesrat infolge der wiederholten parlamentarischen Vorstösse bereit, das vor dem Abschluss stehende Nationale Forschungsprogramm 42 über die schweizerische Aussenpolitik unter der Bezeichnung NFP 42+ um ein Modul «Schweiz – Südafrika» zu erweitern.[45] Der Schweizerische Nationalfonds erhielt im Frühjahr 2000 den Auftrag, nach den üblichen Verfahrensweisen ein Programm zur Untersuchung der Beziehungen der Schweiz zu Südafrika in den Jahren der Apartheid (insbesondere seit den 1960er Jahren) durchzuführen und dafür 2 Mio. SFr. zur Verfügung zu stellen.[46] Ursprünglich stellte der Nationalfonds den «uneingeschränkten Zugang zu den relevanten Dokumenten der Bundesverwaltung, der Nationalbank und der Eidgenössischen Bankenkommission» (inkl. AC-Zentrum Spiez, Rüstungsbetriebe etc.) als Vorbedingung für die Übernahme des Mandats.[47] Der Bund verpflichtete seine Stellen aber nur zu «konstruktiver» Zusammenarbeit und gewährte bloss eine «liberale Einsichtspraxis» innerhalb der 30-Jahr-Sperrfrist. Hingegen wurde, anders als im Fall der UEK, kein Zugang zu Akten im Privatbereich gewährt; zudem waren die Akten des Schweizerischen Nachrichtendienstes ausdrücklich ausgenommen. Nur widerwillig liess sich der Nationalfonds auf diese Rahmenbedingungen ein.

Bei amerikanischen Gerichten eingereichte Sammelklagen, welche auch schweizerische Unternehmen betrafen[48], hatten zur Folge, dass schweizerische Amtsstellen (insbesondere das *Seco* und das Finanzdepartement) ihre liberale Zugangspraxis zunächst gegenüber einzelnen Gesuchen aufgaben und dann mit einem Bundesratsentscheid vom 16. April 2003 eine vollständige Schliessung aller Bundesarchiv-Bestände «welche die Apartheid-Zeit betreffen», durchsetzten. Die Einsichtsbewilligungen betreffs Akten zu den in den Jahren 1974–1991 bewilligten Kapitalexporten hatten die Bundesbehörden bereits seit dem Herbst 2002 beschäftigt. Auf Anfrage des EDA erstellte das Bundesamt für Justiz ein Rechtsgutachten zur Frage, inwiefern das Bundesgesetz über die Archivierung vom 26. Juni 1998 durch die Vorschriften des Bankengesetzes bzw. durch das Bankgeheimnis eingeschränkt sei. Das amtliche Gutachten kam zum Schluss, dass die Vorschriften des Bankengesetzes keinen Vorrang gegenüber den Vorschriften des Archivgesetzes beanspruchen könnten.[49] Ein privates Gegengutachten machte sich darauf für eine gegenteilige Einschätzung stark.

Der Entscheid annullierte die im Mai 2000 gegenüber dem SNF schriftlich fixierten Rahmenbedingungen, die für dessen Mitwirkung massgebend sowie im öffent-

45 Bundesratsbeschluss vom 20. September 1999.

46 Bundesratsbeschluss vom 3. Mai 2000; Bundesrätin Ruth Dreifuss an Präsidentin des Nationalen Forschungsrates vom 12. Mai 1999.

47 Präsidentin des Nationalen Forschungsrates an Staatssekretariat des EDI, 16. November 1999.

48 Von Michael Hausfeld sind im Nov. 2002 die UBS und die Credit Suisse eingeklagt worden, von Ed Fagan sind es Holcim, Unaxis (ex Oerlikon-Bührle) und Ems Chemie. Genannt werden auch Nestlé und Roche.

49 Vertrauliches Gutachten vom 4. Dezember 2002 in Beantwortung der Fragen vom 8. Oktober 2002.

lichen, vom Bundesrat am 25. Oktober 2000 genehmigten Ausführungsplan auch gegenüber den Forscher/-innen festgehalten worden waren. Der Bund ist bei dieser Annullierung nicht auf die Idee gekommen, dem Beauftragen gegenüber seinen neuen Entscheid ordnungsgemäss mitzuteilen. Die Änderungen der Arbeitsbedingungen rechtfertigt der Bund mit dem Hinweis, dass sich mit der Eingabe der Sammelklagen die Verhältnisse geändert hätten. Dass solche Klagen eingereicht würden, hatte man freilich im Mai 2000 bereits gewusst. Die Bundesbehörden standen offenbar unter starkem Druck und stellten sich im Spannungsfeld zwischen economiesuisse und SNF eindeutig an die Seite der Wirtschaft, die, anders als die Wissenschafter, im Falle von Schädigung mit Verantwortlichkeitsklagen drohen konnte.

Dieser Entscheid ist unter mehreren Gesichtspunkten höchst bedenklich:

1. Der Entscheid widerspricht diametral dem im Mai 2000 erteilten Auftrag. Statt Abklärung und Aufklärung zu fördern, betreibt die Landesregierung jetzt Geheimhaltung und weitere Vertuschung. Damit nährt sie den Verdacht, dass es eine Vergangenheit gibt, über die man nicht Bescheid wissen soll.
2. Der Entscheid drückt eine Geringschätzung der bisher geleisteten und plötzlich gestoppten Arbeit aus. Er verletzt Treu und Glauben und gefährdet die Ergebnisse von zwei Jahren engagierten Arbeitens. Wie sehr man bereit ist, den Arbeiten das Fundament zu entziehen, zeigt eine Aussage, dass auch bisherige Bewilligungen u.U. rückgängig gemacht würden.[50]
3. Der Entscheid zeigt, dass der Bundesverwaltung die Erwartungen der organisierten Wirtschaftsinteressen wichtiger sind als der Respekt vor den Forschungsleistungen und dem dahinterstehenden öffentlichen Interesse. Die Wirtschaftsvertreter hätten mit ihren eigenen Mitteln ihre Interessen schützen können, es ist nicht Aufgabe der Bundesverwaltung, diesen antizipierend Rechnung zu tragen und sich selbst wie eine Partei zu verhalten.
4. Der Entscheid ist rechtlich fragwürdig, inhaltlich wenig durchdacht und formal nicht eines Rechtsstaats würdig. Er ist rechtlich fragwürdig, weil er zentrale Verfahrensgrundsätze verletzt, kein rechtliches Gehör eingeräumt, keine begründete Eröffnung zur Verfügung gestellt und damit keine Beschwerdemöglichkeit geschaffen hat. Der Entscheid ist wenig durchdacht, weil er, was die Akten betrifft, die älter als 30 Jahre sind, offensichtlich in Widerspruch zum Archivierungsgesetz vom 26. Juni 1998 steht. Er ist eines Rechtsstaats nicht würdig, weil er gegenüber den direkt Betroffenen und gegenüber der Öffentlichkeit nur in Form einer unverbindlichen Medienmitteilung daherkommt.[51]

50 Das Bundesarchiv teilte einem der Forscher (Peter Hug) am 17. März 2003 mit, das EDA behalte sich ausdrücklich vor, für bereits freigegebene Akten rückwirkend neue Auflagen zu formulieren. («Comme pour les autres chercheurs du PNR 42+, le DFAE se réserve le droit, selon la décision que prendra le Conseil fédéral, d'imposer des conditions d'exploitation supplémentaires, même avec effet rétroactif.») Dieser Vorbehalt wurde in der Besprechung vom 2. Mai 2003 zurückgenommen.

51 Ähnliche Einschätzungen der Forscher/-innen des NFP 42+ in einem Schreiben vom 29. April 2003 an den Vf. sowie in einem Schreiben der Schweiz. Gesellschaft für Geschichte an den Bundesrat

Man kann noch beifügen, dass der Entscheid eine verharmlosende und heuchlerisch wirkende Seite hat: Man kann nicht sagen, dass man «nach wie vor eine liberale Einsichtspraxis unterstützt», und zugleich den Aktenzugang sperren. Zur Beschönigung der damit eingetretenen Lage wird sie als bloss «vorübergehend» bezeichnet, es wird eine «Lockerung» in Aussicht gestellt, «sobald die Umstände es erlauben», und es wird die Prüfung von Optionen in Aussicht gestellt, «wie das laufende NFP 42+ möglichst ungehindert abgeschlossen werden kann» (Pressemitteilung vom 17. April 2003). Die Arbeiten müssten in einem halben Jahr abgeschlossen sein. Unter diesen Umständen kommt eine momentane Sperre einer Sperre für das Programm gleich.

In einer Besprechung vom 2. Mai 2003 legte Alexander Karrer namens des Eidgenössischen Finanzdepartements dar, dass es sich beim Bundesratsbeschluss vom 16. April 2003 nicht, wie missverständlich kommuniziert, um einen Pauschalbeschluss, sondern um einen Grundsatzbeschluss handle, dass das gewählte Vorgehen die Rechtsstaatlichkeit in keiner Weise tangiere, erst die aufgrund des Bundesratsentscheids getroffenen Verfügungen müssten den genannten Bedingungen entsprechen. Man habe mit dem Beschluss zur Rechtssicherheit beigetragen, weil die von Freigaben betroffenen Unternehmen bis ans Bundesgericht gehen könnten und dadurch die Lage für die Forscher unklar gewesen wäre. Unklar blieb, ob und warum die Unternehmen über die Freigabe von Bundesakten zu informieren wären, die sie in irgendeiner Weise betreffen könnten. Und unausgesprochen blieb, dass der Bund mit diesem Beschluss angesichts der angedrohten Verantwortlichkeitsklagen auch sich selber schützen wollte. Die innerhalb der neuerlichen Restriktion angebotene Freizügigkeit besteht nun darin, dass a) die Akten vor 1970 doch zugänglich seien, dass b) Akten, in denen die Bewilligung des Finanzexportes und anderer Exporte nicht «Hauptgegenstand» sei, mit den üblichen Auflagen (späterer Anonymisierungspflicht) möglich würden und dass c) man die z.T. seit Monaten hängigen Gesuche bereits in der nächsten Woche prüfen und entscheiden würde. Die Leitung des NFP 42+ hat beim SNF eine Verlängerung des Programms um ein halbes Jahr und eine Aufstockung der Mittel um eine halbe Mio. SFr. beantragt, damit die durch die Restriktionen eingetretene Beeinträchtigung aufgefangen werden kann.

vom 1. Mai 2003. Vgl. auch Tages-Anzeiger vom 3. Mai 2003. Vgl. auch die Stellungnahme des Verfassers im Organ des SNF: Abgewürgte Forschung. In: Horizonte 58, September 2003. S. 12.

Entdeckung eines Schicksals und seines gesellschaftlichen Kontextes: Junger Mann im weissen Hemd, 1942 als 23jähriger wegen militärischen Landesverrats erschossen (Niklaus Meienberg, Die Erschiessung des Landesverräters Ernst S. Luchterhand, Darmstadt und Neuwied 1974/77).

Niklaus Meienberg nach 25 Jahren: ein Kommentar zu einem Kommentar

Der 1976 uraufgeführte Film über «Die Erschiessung des Landesverräters Ernst S.» – und bezeichnenderweise nicht die schon vorliegenden Papierversionen dazu von 1973 und 1975 – ist als zeitgeschichtliches Monument mittlerweile selbst historisch und 20 Jahre danach – 1996 – von nahestehender Seite mit sympathischer Gedenkaufmerksamkeit versehen worden.[1] Mit dem Film sind bei dieser Gelegenheit auch einige kritische Kommentare zum kritischen Beitrag in den Genuss dieses Nachruhms gekommen; Nachruhm in diesem Fall freilich weniger positiver als negativer Art.[2] Spätestens seit 1996 hat man mich immer wieder auf meine damalige Kritik an Meienberg angesprochen, teils um mich an eine «Jugendsünde» zu erinnern, teils um zu erfahren, ob ich mich als inzwischen doch etwas «aufgeschlossenerer» Historiker von der damaligen Beurteilung distanziere.[3] Das vorliegende Themenheft von *traverse* ist nun

1 WoZ-Dossier «20 Jahre ‹Ernst S.›» vom 13. 9. 1996 mit einem Interview mit Richard Dindo und einem Text von Jakob Tanner. – Walter Ruggle, Die Scheu vor der Vergangenheit. In: Tages-Anzeiger vom 20. 9. 1996. – hm, Mut und Feigheit. «Ernst S.», zwanzig Jahre danach. In: Basler Zeitung vom 20. 9. 1996.

2 Marianne Fehr, Meienberg. Lebensgeschichte des Schweizer Journalisten und Schriftstellers. Zürich 1999, S. 206 u. 237. Zu dieser bemerkenswert unvoreingenommenen Darstellung ist, bezogen auf unsere engere Thematik, einzig zu korrigieren, dass die von mir lancierte und auf der ganzen Linie erfolgreiche Petition zur Verkürzung der Sperrfrist für die Bestände des Bundesarchivs vom 15. Januar 1972 keineswegs eine Folge von Meienbergs Artikel im NHG-Jahrbuch war (Fehr, 174), sondern der Absicht entsprang, die individuell erkämpften Archiv-Privilegien für die Abfassung meiner Dissertation zu einer allgemeinen Benutzungsregel zu erweitern. Vgl. Daniel Stapfer, Zeitgeschichtliche Forschung und Recht in der Schweiz. Zur Entwicklung der Akteneinsichtsrechte 1944–1993. Zürcher Lizentiatsarbeit 1993. S. 77–84. Vgl. dazu auch meinen Artikel in der Neuen Zürcher Zeitung vom 25. 1. 1972.

3 Zum Beispiel Hanspeter Sch. aus Winterthur am 1. 12. 1996: «Es würde mich riesig interessieren, ob Sie, der angesehene (etc. etc.) Historiker mit dem Abstand von 20 Jahren nicht einräumen können/müssen, Sie hätten damals mit Ihrer vernichtenden Kritik etwas gar schwarz(-weiss) gemalt.» Es handelt sich im wesentlichen um drei Stellungnahmen: «Selbstgefällige Selbstanklage» in den Basler Nachrichten vom 7. 7. 1975; dieser Artikel war es wohl, der mir eine Einladung in die von Alphons Matt geleitete Fernseh-Debatte «Tatsachen und Meinungen» vom 5. 6. 1977 einbrachte, zusammen mit Walter Allgöwer auf der «gegnerischen» und Heinrich Buchbinder und Beat Kappeler auf der «befürwortenden» Seite. An diesem meinem ersten Fernsehauftritt hat mich vor allem geärgert, dass Buchbinder, wie er vor der Sendung offen einräumte, den Film gar nicht gesehen hatte und die beiden «Alten» (Allgöwer und Buchbinder) unmittelbar neben dem Moderator sassen und so einen direkten Zugriff auf diesen hatten, während die beiden «Jungen» sozusagen unten am Tisch teilnehmen durften. Kappeler, obwohl auf der Gegenseite plaziert, fühlte ich mich näher als den beiden anderen. Nach dem misslungenen Fernseh-Auftritt wollte ich geordnet nochmals meine Meinung darlegen – so kam es zum Artikel «Geschichtsschreibung mit Film und Klassenkampf» in der Neuen Zürcher Zeitung vom 7. 7. 1977.

der gegebene und willkommene Anlass, den damaligen Vorgang als Beteiligter zu reflektieren.

Zunächst sei uneingeschränkt eingestanden, dass Niklaus Meienberg und später mit ihm Richard Dindo eine Pionierleistung erbrachten und ich dies damals nicht angemessen würdigte. Ich habe zwar von «fruchtbarer Verunsicherung» und «begrüssenswerter Diskussion» gesprochen und damit vor allem die Debatte um die damals vollzogenen Todesstrafen gemeint. Dass mit diesem Beitrag aber eine wichtige Bresche in das vermauerte und wenig selbstkritische Selbstverständnis der sogenannten Aktivdienst-Generation und – mehr noch – der Nachkriegs-Generation geschlagen wurde, habe ich nicht in seiner positiven Bedeutung gewürdigt. Obwohl ich mich ebenfalls schon 1973 für eine distanziertere Betrachtung der «Zweiten Generation» stark gemacht habe[4], erkannte ich erst um 1989/90 im retrospektiven Überblick, dass das schweizerische Geschichtsbild in den Jahren 1970–1976 an zwei signifikanten «Fronten» (in der alteidgenössischen Geschichte und in der Geschichte der Jahre 1933–1945) eine nötige Infragestellung erfuhr und dass in diesem wichtigen Revisionsprozess die ersten Impulse von Schriftstellern (Christoph Geiser, Max Frisch, Hans Rudolf Hilty, Hans-Rudolf Lehmann und – eben – Niklaus Meienberg) ausgegangen waren.[5] Die Anerkennung der Tatsache, dass Schriftsteller bei der Hinterfragung des bestehenden Geschichtsbildes und bei der Entwicklung neuer, bisher ausgeblendeter Gesichtspunkte einbeziehender Deutungsangebote eine zentrale Rolle gespielt haben, würde Meienberg allerdings nicht zufriedenstellen. Denn Meienberg wollte nicht bloss Schriftsteller sein und die Einordnung nicht hinnehmen, die ihm, wie Edgar Bonjour dies wiederholt tat, freundlich, aber bestimmt die Fachkollegenschaft absprach.[6] Meienberg, mit einem Historikerdiplom der Universität Freiburg ausgestattet, verstand sich wohl als der beste Historiker unter den schweizerischen Schriftstellern, er wollte aber auch vor allem der beste Schriftsteller unter den schweizerischen Historikern sein.[7]

4 Vortrag um 1973 in der Tagungsstätte Boldern zusammen mit Werner Möckli, der mit seiner Studie von 1973 über die «Landi 39» den ersten kritischen Hochschulbeitrag zum schweizerischen Selbstverständnis der Kriegsgeneration geleistet hat. Als kritischen, das heisst mit den frühen Revisionsversuchen gleichlaufenden Beitrag ist mein Aufsatz «Helvetischer Totalitarismus» im Basler Magazin vom 27. 1. 1979 zu nennen.

5 Georg Kreis, Die Schweiz der Jahre 1918–1948. Geschichtsforschung in der Schweiz. Bilanz und Perspektiven – 1991. Basel 1992. S. 378ff. Dieser Literaturbericht wurde unter der Fragestellung verfasst, inwiefern die zeitgeschichtliche Historiographie mit ihrer dekonstruierenden Funktion zu einem fortschreitenden Verlust des überlieferten bürgerlichen Selbstverständnisses geführt hat. 1997 habe ich anerkennend festgehalten, dass sich Meienbergs frühe Kritik als bemerkenswert «zeitbeständig» erwiesen habe, vgl. Georg Kreis, Vier Debatten und wenig Dissens. Schweizerische Zeitschrift für Geschichte 4, 1997. S. 468.

6 Vgl. etwa Interview in den Luzerner Neuesten Nachrichten vom 16. 7. 1977, zit. in Ruggle (vgl. Anm. 8), S. 76.

7 Bezeichnend für diese Haltung war Meienbergs Kritik an Otto F. Walters historischem Roman «Zeit des Fasans» (1988), vgl. Fehr, S. 394. Zu Meienbergs auch literarischen Vorbehalten gegen Walter vgl. neuerdings Reto Caluoris Beitrag im Band Nachfragen und Vordenken. Intellektuelles Engagement bei Jean Rudolf von Salis, Golo Mann, Arnold Künzli und Niklaus Meienberg. Zürich 2000.

Wie sehr Meienberg in der engeren Fragestellung der Sanktionierung von Landesverrat durch die Todesstrafe seiner Zeit sozusagen voraus war, zeigt die Tatsache, dass diese im alten Militärstrafgesetz vorgesehene Sanktion 1992 schliesslich durch die Eidgenössischen Räte beseitigt wurde. Die Angemessenheit der Todesstrafe oder die Glorifizierung des nationalen Geschichtsbildes waren in der Debatte um den Film jedoch nicht die zentralen Diskussionspunkte. Zentral waren vielmehr die Thesen von der Klassenjustiz und der Klassenkollaboration sowie der überlegene Wahrheitsanspruch und die manipulativen Wahrheitsbelege, mit denen die engagierte Darstellung daherkam. Es ging nicht um Toleranz gegenüber einer «anderen Meinung» und Duldung eines «ausdrücklich subjektiven Versuchs»[8] und auch nicht darum, dass kritische Geschichtsbetrachtung in diesen Jahren per se als «Landesverrat» eingestuft wurde.[9] Eine nationale Angelegenheit war (abgesehen von der leidigen Frage, was am nationalen Fernsehen gezeigt werden dürfe) die Kontroverse nur insofern, als man eine Gleichsetzung von Schweiz und schweizerischem Bürgertum vornahm. Die Attacke zog wohl schweizerisches Selbstverständnis in Mitleidenschaft, zielte aber jenseits der nationalen Problematik auf das Verhalten der «herrschenden Schicht».[10]

Den Vorwurf der Klassenjustiz liessen die meisten als allgemeine Tendenz gelten. Auch Edgar Bonjour erinnerte, als er die Aufnahmegeräte abgestellt wähnte, an die alte Erfahrung, dass man die Kleinen fange und die Grossen laufen lasse.[11] Auch ich hätte gegen eine Analyse des klassenspezifischen Verhaltens überhaupt nichts einzuwenden gehabt: Hingegen war mir wichtig zu zeigen, dass Geschichte nicht gemäss ideologischen Schemata funktioniert. Andererseits sei im Rückblick eingeräumt, dass man (der Schreibende eingeschlossen) Meienbergs Kritik hätte stärker gelten lassen und zugeben müssen, dass der Tatbestand eines über Gesetzesvorschriften nicht erfassbaren «inneren» und nur mangels Gelegenheit nicht umgesetzten Landesverrates ein wichtiger Teil der Vergangenheitsverarbeitung wäre.[12]

Meienberg rekapitulierte den Vorwurf der Klassenjustiz in seiner Reaktion auf meine erste Presseäusserung von 1975: «... ich versuche, das Funktionieren einer Klassengesellschaft zu zeigen. (...) Geschichte von unten oder von oben, das ist die Frage

8 Walter Ruggle, Geistlose Landesverteidigung. Wirkungsgeschichte des Dokumentarfilmes «Die Erschiessung des Landesverräters Ernst S.» In: Biederland und die Brandstifter. Niklaus Meienberg als Anlass. Hrsg. v. Martin Durrer und Barbara Lukesch. Zürich 1988. S. 58, 62 u. 75.

9 Fehr 1999, S. 237.

10 Meienberg hatte schon in seinem Kommentar zum Bonjour-Bericht bemängelt, dass das Klassenverhalten nicht untersucht worden sei, vgl. Bonsoir, Herr Bonjour. In: Zürcher AZ vom 30. 4. 1971.

11 Zu diesem Sprichwort hatte der Nebelspalter bereits im Juni 1943 eine Karikatur mit dem Kommentar «Strafe trifft verführte Toren / Hintermann bleibt ungeschoren!» veröffentlicht, die in Walter Wolfs Frontismus-Studie von 1969 auf 375 reproduziert wurde und die direkten Anstifter zu strafbaren Handlungen und nicht etwa bestimmte Exponenten der schweizerischen Bürger anvisierte. Der Strafrechtler Peter Noll hielt es indessen aufgrund seiner Studie für nicht erwiesen, dass Klassenjustiz betrieben worden sei. Vgl. Peter Noll, Landesverräter. 17 Lebensläufe und Todesurteile. Frauenfeld 1980. S. 47. Meine Besprechung dazu in Basler Zeitung vom 8. 7. 1980.

12 Diesen Punkt hat mir Dr. theol. Hans Heinrich Brunner, Sohn von Emil Brunner, in einem fünfseitigen engbeschriebenen Brief vom 25. 7. 1977 ausgeführt.

Siebzehn Tote sind siebzehn Tote. Die Strukturen, welche sie getötet und die Grossen konserviert haben, existieren noch.»[13]

Im Zentrum stand aber nicht der Vorwurf der Klassenjustiz, sondern der Klassenkollaboration, das heisst des Landesverrats der «herrschenden Klasse». Mit meinem Einspruch bin ich gegen diese in den 1970er Jahren lautstark vertretene These von der philo-faschistischen Haltung der Bourgeoisie angetreten und – was mindestens so wichtig war – auch gegen die Art angetreten, *wie* diese These «verifiziert» wurde. In diesem Punkt urteile ich heute noch weitgehend wie damals: Die Grenzen zwischen den verschiedenen Haltungen in gesellschafts- und aussenpolitischen Fragen seien weniger *entlang* der Gesellschaftsschichten als vielmehr *quer* durch diese verlaufen. «Gerade im Fall der Schweiz stimmt die These nicht, wonach Grossbürgertum, Finanzkapital etc. allein schon aufgrund ihrer Interessenlage Parteigänger des Dritten Reiches gewesen seien. Die Dicke des Portefeuilles war nicht ausschlaggebend für die Einstellung gegenüber dem Faschismus.»[14] Walter Ruggli hat derartige Erwiderungen als Teil einer «gezielten Diffamierungsarbeit» und nicht die Botschaft des Filmes, sondern die *NZZ*-Reaktionen als klassenkämpferisch gedeutet.[15] Christof Stillhard gibt, was die Rolle der *NZZ* betrifft, meines Erachtens aber das zutreffendere Bild, wenn er die Deutung vom gezielten Vorgehen dieses Blattes anzweifelt, jedoch zum Schluss kommt, dass eine starke Leitwirkung von ihm ausgegangen sei.[16]

Was die Machart betraf, würde ich noch heute kritisieren, dass manche Befragungen suggestiv im Sinne der erwarteten Antworten geführt wurden.[17] Ich habe dem Film zugebilligt, dass er «extrem einseitig» sein dürfe, dass er dann aber nicht mit dem Anspruch daherkommen könne, eine unvoreingenommene und wahrheitsgetreue Dokumentation zu sein. In diesem Punkt hat sich, wie meine Vorbehalte gegen Daniel Monnats Film «L'honneur perdu de la Suisse» zeigen[18], mein Standpunkt nicht geändert. So wehre ich mich nach wie vor gegen einen Umgang mit Geschichte, der einzig auf Bestätigung einer vorgefassten These setzt, und gegen Historiker, die – wie ich mich damals ausdrückte – darum als «unerbittliche Denker» auftreten, weil sie gewisse Dinge «unerbittlich nicht denken».[19]

13 Schreiben an die Basler Nachrichten vom 30. Juni 1975, veröffentlicht zusammen mit meiner Entgegnung am 11. 8. 1975.

14 G. K. in NZZ vom 7. 7. 1977.

15 Ruggle, S. 64.

16 Christof Stillhard, Meienberg und seine Richter. Vom Umgang der Deutschschweizer Presse mit ihrem Starschreiber. Zürich 1992. S. 33ff. u. 79ff.

17 Zu Meienbergs Neigung, suggestive Fragen zu stellen, vgl. die bestätigenden Bemerkungen von Alexander J. Seiler und Richard Dindo bei Fehr 1999, S. 200 und 210.

18 Georg Kreis, ‹Wahrheitsfindung› – zweite Runde. In: traverse 1, 2000. S. 150–154. Vgl. auch Entgegnung von Daniel Monnat, Historien, expert ou censeur? In: traverse 2, 2000. S. 127–130. Das Bundesgericht hat im November 2000 – sozusagen in der «dritten Runde» – den UBI-Entscheid der Konzessionsverletzung bestätigt, d. h. die Rekurse von SRG, Daniel Monnat und Hans-Ulrich Jost abgelehnt. Nun wird erwogen, eine «vierte» Runde in Strassburg anzugehen, vgl. Le Temps vom 16. 12. 2000.

19 NZZ vom 7. 7. 1977.

Unschön und ziemlich unnötig war es allerdings, Meienbergs und Dindos Methoden in die Nähe der NS-Propaganda zu rücken.[20] Ohne damit die Verantwortung für Gesagtes relativieren zu wollen, verstehe ich meine damalige Bemerkung als Reaktion, die einer polarisierenden Dynamik erlag und in der Abwehr selber eine ähnliche Radikalität entwickelte wie diejenige, gegen die man antreten wollte. In seinen Auseinandersetzungen mit meiner Gegenpolemik hat sich Meienberg übrigens nie nur auf seine spitze Feder in den ihm zur Verfügung stehenden Medien verlassen, sondern immer wieder massiv mit Gerichtsklagen gedroht.[21]

Mein Kommentar in der *Neuen Zürcher Zeitung* von 1977 ist als «verheerend» bezeichnet worden.[22] Wenn dem nicht eine Überschätzung solcher Stellungnahmen zugrunde liegt und diese allenfalls nicht ohne Wirkung blieben, dann waren sie eher verheerend für den Kommentator als für das Kommentierte. Ich habe nie verstehen können und dies Meienberg in persönlichen Gesprächen[23] auch mehrfach gesagt, dass man nicht einerseits, gekonnt und viele Vorteile geniessend, die Rolle des *enfant terrible* praktizieren könne, andererseits aber als *enfant gâté* höchst empfindlich reagiere, wenn man im gleichen Stil gegenkritische Reaktionen hätte einstecken müssen. Verständlicherweise, aber auch widersprüchlicherweise wollte Meienberg eben beides sein: einsamer Dissident und Verkünder breitakzeptierter Botschaften.

20 «Mit einer Unverfrorenheit, wie man sie vor allem aus der nationalsozialistischen Propaganda kennt, wird der nachgewiesene Fall einer wirklichen Kollaboration verharmlost (...) und werden zugleich ‹die Herrschenden› mit unbelegten Behauptungen einer imaginären Kollaboration verdächtigt» (G. K. in NZZ vom 7. 7. 1977).

21 Rechtsanwalt Bernhard Gehrig erklärte mit Schreiben vom 15.7.1977 an die NZZ, dieser Artikel habe die berufliche Ehre von Richard Dindo und Niklaus Meienberg verletzt, und forderte ein Gegendarstellungsrecht etwa im gleichen Umfang. «Damit könnte auch verhindert werden, dass die Auseinandersetzung meiner Mandanten mit Herrn Kreis an einem Ort ausgetragen würde, welcher sich grundsätzlich dafür wenig eignet.» Anwalt der NZZ wäre, wenn's zum Streit gekommen wäre, Nationalrat (und nachmaliger Bundesrat) Rudolf Friedrich, Winterthur, gewesen. Gemäss Meienberg sollen von der NZZ gerade 13 Zeilen zugestanden worden sein, worauf man auf eine Entgegnung verzichtete (N. M. an G. K., 14.1.1983). – Wenig später, am 12.7.1977, fand am Zürcher Bezirksgericht eine Verhandlung zur Frage statt, ob Meienberg untersagt werden dürfe, Korpskommandant Ulrich Wille (II) einen Landesverräter zu nennen. Meienbergs Anwalt, Gemeinderat (und späterer Bundesrat) Moritz Leuenberger, könnte, wenn man sich an der Berichterstattung von Jürg Frischknecht in der Basler Zeitung vom 13. 7. 1977 orientiert, in seinem Plädoyer aus der Tatsache, dass ich (schon damals) freien Zugang zum Wille-Archiv hatte, geschlossen haben, dass ich mit meinem Buch «Auf den Spuren von La Charité-sur-Loire» (1974) Hofgeschichtsschreibung betrieben hätte. Ich begnügte mich mit einem Leserbrief in diesem Blatt vom 25. 7. 1977, und in einem schliesslich nicht abgesandten Schreiben vom 29. 7. 1977 stellte ich Leuenberger die Frage, ob man aus dem freien Zugang zum Archiv von Henri Guisan ebenfalls schliessen könne, dass ich auch in diesem Fall im Sinne des Gegenspielers Hofgeschichtsschreibung betrieben hätte, und bat den Anwalt nun meinerseits, falls er mich hätte ehrenrührig angreifen wollen, doch seine Erfahrung in Ehrbeleidigungsverfahren zur Verfügung zu stellen. – Später, 1992/93 bei der Erarbeitung des Staatsschutzberichts, war die Konstellation eher umgekehrt, d.h., es gab mehr Divergenzen mit alt Bundesrat Friedrich und mehr Übereinstimmung mit dem nationalrätlichen GPK-Mitglied Leuenberger.

22 Vgl. Anm. 3.

23 1973/74 unterhielten wir in Basel, Zürich und Paris (rue Ferdinand Duval mit der zuweilen uner-

Irgendwo muss in diesem Kommentar auch noch die folgende Facette der Geschichte zur Sprache kommen: Parallel zur Fernseh-Debatte vom 5. Juni 1977, zu der Dindo und Meienberg nicht zugelassen waren, fand in einem Zürcher Privathaus, aber über die Medien selbstverständlich bekanntgemacht, eine «alternative» Debatte über den Landesverräter-Film statt. Deren prominentester Teilnehmer war der Schriftsteller Max Frisch, der seit den Anfängen dieser Geschichte mit Meienberg in regem Kontakt gestanden hatte.[24] Ein paar Jahre zuvor, 1968/69, hatte ich mich in längeren Gesprächen mit Frisch u.a. auch über die Rolle der Schweiz im Zweiten Weltkrieg auseinandergesetzt. Frisch interessierte sich für den jungen Historiker, der über die Pressezensur im Zweiten Weltkrieg arbeitete und dem er am Filmfestival von Locarno zufällig begegnet war. Zensur gebe es noch immer in diesem Lande, auch er sei im Schweizer Fernsehen zensuriert worden. Allerdings dürfte ich Frischs Erwartungen nicht ganz entsprochen haben, war ich doch nur in beschränktem Mass ein Verteter der «Protestgeneration». Wie Marianne Fehr zeigt, erhielt Frisch vier Jahre später von Meienberg mit dessen Artikel über Ernst S. die Anregung, seine Erinnerungen an die Aktivdienstzeit, das 1974 erschienene *Dienstbüchlein,* niederzuschreiben.[25] Frisch bemerkte, nachdem er der Landesverräter-Geschichte begegnet war: «Und nun ging's wie mit einer alten Schublade, wenn man etwas nachsehen will, und da fällt die ganze Schublade heraus ...»[26] Nüchtern muss ich einräumen, dass ich diese Anregung dem von mir geschätzten Schriftsteller (leider) nicht geben konnte.[27]

träglich schlecht behandelten Freundin Ilusion Portales) gute persönliche Beziehungen, später beschränkten sich die Kontakte auf in später Nacht unerwartet hereinbrechende und sehr kontrovers geführte Telefonate, wobei nie klar war, wie Niklaus Meienberg diese auf seine Art journalistisch auswerten würde. Gegenüber gewöhnlichen Historikern etwa der gleichen Generation (beispielsweise mir oder Klaus Urner, dem Leiter des Archivs für Zeitgeschichte und «konkurrierenden» Bearbeiter des Themas des Hitler-Attentäters Bavaud) hatte Niklaus Meienberg fast nur Geringschätzung übrig. Für meine Kritik von 1977 hat er sich dann 1982/83 mit einer heftigen Polemik revanchiert (vgl. WoZ vom 22. 10. 1982 und Fehr 1999. S. 296). Dabei beschaffte er sich auf die ihm eigene Art (mit Hilfe einer der legendären Töffahrten, die er einem ambitiösen Scriptgirl angeboten hatte) die provisorischen und internen Drehbuch-Manuskripte der TV-Sendung «Der Weg zur Gegenwart» und unterstellte mir zum Beispiel, ich hätte es für besser gehalten, 1798 hätte die Befreiung durch die Franzosen nicht stattgefunden. Wie ich mich bei der WoZ gegen die unfaire Abqualifizierung zur Wehr setzte, zog ich mir von Meienberg eine der berüchtigten Beschimpfungen zu. Er schrieb in seinem Brief vom 14. 1. 1983 u.a.: «Man kann heute gar nicht unbegabt genug sein, um in irgendeiner Form an die Macht zu kommen.» Der Historiker Thomas Buomberger, zu dem ich heute in einem Verhältnis der guten Kollegialität stehe, übernahm Meienbergs Vorwürfe und verschärfte sie teilweise sogar; vgl. TR 7 Nr. 7 vom 10. 2. 1983; meine Gegendarstellung in Nr. 9 und Meienbergs Stellungnahme in Nr. 14. Beide, Meienberg und Buomberger, hielten mir in diesen Texten meine damalige Vizepräsidentschaft in der Basler FDP vor.

24 Vgl. etwa den illustrierten Bericht in der TAT vom 6. 6. 1977. Weiterer «Promi» dieses Treffens war der Landesring-Nationalrat Franz Jaeger.

25 Fehr, S. 192ff.

26 Bemerkung zu Uwe Johnson, zit. nach Urs Bircher, Mit Ausnahme der Freundschaft. Max Frisch 1956–1991. Zürich 2000. S. 171ff.

27 Zu den Reaktionen auf das «Dienstbüchlein» vgl. die bereits im Titel voneinander abweichenden

Meienberg genoss weitgehend die Sympathien der tonangebenden Geschichtsstudent/-innen und der in der Zeitgeschichte arbeitenden Dozierenden.[28] Ich dagegen war – u. a. wegen der Kritik an Meienberg, aber auch wegen anderer in die gleiche Richtung gehender Stellungnahmen – im eigenen Universitätsmilieu eher verfemt, wurde mit Boykottmassnahmen bedacht und in zwei Berufungsverfahren als Vertreter eines «falschen Geschichtsverständnisses» angeschwärzt. Meienberg, der selber mehrfach unter «Arbeitsverhinderungen» zu leiden hatte, war über diese berufliche Ausgrenzung sichtlich erfreut und sah darin eine Bestätigung seines Urteils.[29] Dieser kurze Exkurs in die eigene Biographie ist hier vor allem darum nötig, weil es (selbst bei einem Nationalrat, der sich als Historiker bezeichnet) die irrige Meinung gibt, dass der Widerspruch gegen Niklaus Meienberg in den 1970er und 1980er Jahren karrierefördernd gewesen und darum auch zu diesem Zwecke betrieben worden sei, wie im übrigen meine heutige Haltung ebenfalls nur durch billigen Opportunismus bestimmt sei.[30] Erstaunlicherweise werden Haltungen, mit denen man nicht einverstanden ist, auch dann immer wieder als opportunistisch bezeichnet, wenn sie in Wirklichkeit quer zu vorherrschenden Strömungen stehen.[31]

Mittlerweile haben sich zwei Dinge massiv geändert: Zum einen haben sich die Gegensätze in der kleinen akademischen Historikerwelt entweder aufgelöst oder eine andere Qualität angenommen. Und zum andern stehen ausserhalb der Fachwelt die radikalen Gegner, vereinfacht gesagt, nicht mehr links, sondern rechts. Die erste Entwicklung erklärt sich aus einer Pluralisierung der Historiographie, das heisst einer Zurücknahme des materialistischen Deutungsansatzes zugunsten eines psychologisierenden und kulturalisierenden Problemverständnisses und eines wachsenden Interes-

Besprechungen dieses historisch in mehrfacher Hinsicht interessanten Werkes: Niklaus Meienberg im Tages-Anzeiger vom 9. 3. 1974, Heute «wütend über seine blöde Geduld von damals», und Georg Kreis in den Basler Nachrichten vom 21. 9. 1974, Der Reiter auf dem Bodensee. Zum Quellenwert von Max Frischs «Dienstbüchlein».

28 Eine Frucht dieser Sympathie war zum Beispiel die 1980 publizierte und mehrheitlich von Zürcher Studierenden verfasste Aufsatzsammlung, vgl. Anm. 8. Im übrigen kam Niklaus Meienbergs Grundverständnis der Landesverräter-Problematik sozusagen 1:1 über Hans-Ulrich Jost in das zentrale und stark verbreitete Referenz-Werk zur Schweizergeschichte. Vgl. Geschichte der Schweiz und der Schweizer. Bd. III. Basel 1983. S. 175.

29 «Bei den Studenten ist er recht unbeliebt (Lehrauftrag an der Uni Basel; die Erklimmung eines Lehrstuhls blieb ihm versagt).» Dies in Verbindung mit dem Vorwurf, meine Bücher hätten winzige Auflagen, würden sich an ein spezialisiertes Publikum wenden und hätten einen garstigen Stil (WoZ vom 22. 10. 1982) . In einem Brief vom 8. 3. 1983 wünschte er mir Erfolg bei der Bewerbung um die Nachfolge von Walther Hofer in Bern, «da Du Dich dann hauptberuflich mit dem studentischen Milieu, welches Dich nicht schätzt, herumschlagen müsstest; und also in den Medien keine Verheerungen mehr anrichten könntest».

30 Christoph Mörgeli, Historiker als Zeitgeistsurfer. In: metropol vom 19. 6. 2000; Replik von Georg Kreis, Historiker als Zeitgeistsurfer II. In: metropol vom 20. 6. 2000.

31 So wurde beispielsweise auch Max Frischs «Dienstbüchlein» vom Nebelspalter vom 10. 4. 1974 als opportunistisch abqualifiziert: «Es liege ja im Zuge der Zeit, dass man an nichts einen guten Faden lässt.» Vgl. auch oben Anm. 25.

ses an der Gender-Problematik sowie aus einer partiellen Rehabilitierung der Geschichte der internationalen Beziehungen.

Was die zweite Entwicklung betrifft: Auch die gesellschaftliche Befindlichkeit und mit ihr die Formationen der radikalen Kleingruppen haben sich mittlerweile stark verändert. In den 1970er und 1980er Jahren prägten radikale Kräfte des linken Flügels die gesellschaftliche Szene, während heutzutage eher extreme Positionen auf dem rechten Flügel den politischen Diskurs okkupieren. Wenn sich in meinem Fall die Kontrahenten, die man in öffentlichen Auftritten und Funktionen immer hat, zur Zeit hauptsächlich auf dem rechten Flügel befinden, so ist das in erster Linie eben dem Wandel des Kontextes zuzuschreiben. Diese bis zu einem gewissen Grad gewiss zutreffende Deutung ist insofern allerdings fragwürdig, als sie ausschliesslich sich selber zum Massstab nimmt und davon ausgeht, dass man, während sich die ganze Welt verändert hat, nur sich selber treu geblieben und – in diesem Fall bloss – dem geraden Weg des liberalen Denkens gefolgt sei.

Es ist nicht nur nicht auszuschliessen, sondern auch zu hoffen, dass es in diesem Gesamtprozess jedoch auch individuelle Entwicklungen gegeben hat. Als Beinahe-68er halte ich es diesbezüglich mit Bert Brecht, dessen Schaffen – Suhrkamp sei Dank – einen wichtigen Anteil an der Formierung der persönlichen und vielleicht generationentypischen Wertordnung hatte. Brecht lässt in einer seiner Keuner-Geschichten den Protagonisten vor Schrecken erbleichen, wie ihm jemand das Kompliment machte, dass er sich «gar nicht» verändert habe.[32] Es gibt bei aller liberalen Kontinuität doch auch innerhalb dieser Position erhebliche Entwicklungsmöglichkeiten. Für mich selber würde ich diese so sehen: Um 1970 zwar ebenfalls an der Einleitung einer neuen Einschätzung der schweizerischen Vorgänge der Jahre 1933–1945 beteiligt, bin ich durch die Abwehr des linksradikalen Deutungsanspruchs mehr auf die rechte Seite gerutscht, als es meiner Grund(dis)position entsprach und als mir lieb war. Dabei bekam ich plötzlich Applaus von der falschen Seite, erhielt Zustimmung von Leuten, die ich in jüngster Zeit als Gegner wiederfinden sollte.[33] Die damalige Abwehrhaltung habe ich – mehr im Sinne einer Rückkehr zu alter als einer Hinwendung zu neuer Liberalität – teilweise abgestreift, teilweise aber noch immer in mir, wie eben die Kritik an Monnats Film und – in der entgegengesetzten Richtung – am J-Stempel-Revisionismus zeigt. Schon 1975/77 hätte ich mir vorstellen können, mit Niklaus Meienberg je nach Sachfrage dann und wann auf der gleichen Seite der Barrikade zu stehen. Ihm schwebte, wie ich ihn erlebt habe, dieser Gedanke oder Wunsch allerdings weniger vor, zumal ich

32 Bertolt Brecht, Gesammelte Werke. Bd. 12. Frankfurt a.M. 1967. S. 383.

33 Bei der Konsultation meiner Dossiers war ich überrascht, ein anerkennendes Schreiben von Max Keller vom 8. 7. 1977 vorzufinden. Bezogen auf den NZZ-Artikel, heisst es darin: «Ihre Überlegungen (...) haben mir sehr gut gefallen. Es war höchste Zeit, dass endlich einmal die Verhältnisse mit deutlicher Sprache klargestellt wurden.» In einem um den 21. 7. 1977 veröffentlichten NZZ-Leserbrief bezeichnet Keller meinen Artikel als «grossartig». In der 1998/99 ausgetragenen Kontroverse um den J-Stempel von 1938 trennte uns indessen ein tiefer Graben. Vgl. meine Ausführungen in: Die Rückkehr des J-Stempels. Zur Geschichte einer schwierigen Vergangenheitsbewältigung. Zürich 1999. S. 142ff.

weder Raymond Broger noch François Mitterrand war. Aber heutzutage würde sich dies – ohne gegenseitige Anbiederung – wohl durchaus machen lassen. Leider ist der Tatbeweis umständehalber nicht zu erbringen.

Am 25. Juli 1960 wurde zum 20. Jahrestag ein «zweiter Rütlirapport» mit seinerzeitigen Teilnehmern durchgeführt. 1980 fand, angeführt von Georges-André Chevallaz, damals gerade Bundespräsident und Chef des Militärdepartements (EMD), eine weitere Reinszenierung des Rapports statt. Beide Veranstaltungen gingen aus bestimmten Kontexten hervor. Für 1960 ist, abgesehen vom Tod des 86jährigen Generals wenige Wochen zuvor, das Einsetzen von historischen Kontroversen insbesondere um die Armee zu nennen, die 1962 schliesslich dazu führten, dass Edgar Bonjour mit der Abfassung eines Berichts beauftragt wurde. Für 1980 findet man die Erläuterungen im nachstehenden Aufsatz (Foto: Keystone).

Zurück in den Zweiten Weltkrieg (Teil I)

Zur schweizerischen Zeitgeschichte der 1980er Jahre

Vergangenheit ist zu einem wichtigen Teil nicht von Anfang an da, sie muss zuerst in Form von Geschichtsbildern (wieder-)hergestellt werden. Dieser Prozess verläuft einerseits kontinuierlich, andererseits aber auch in Schüben als temporär verdichtete Auseinandersetzungen mit einem bestimmten Teil der Vergangenheit. Was die Geschichte des Zweiten Weltkrieges betrifft, vermag man einigermassen deutlich den Schub der 1960er Jahre zu erkennen, der als grosses Referenzwerk den Bonjour-Bericht und, diesen flankierend oder ihm sogar vorauseilend, zahlreiche andere Publikationen gebracht hat. Dem Schub der 1960er Jahre ging bekanntlich die Berichterstattung der unmittelbaren Nachkriegsjahre voraus, und es folgten ihm, wie man ebenfalls weiss, die mit dem Erinnerungsmoment von 1989 verbundene Verdichtung – und dann, sozusagen als letzte Welle, die 1996/97 erneut intensivierte Auseinandersetzung mit den «Schatten des Zweiten Weltkrieges».

1989 brachten die Erinnerungsfeiern zum 50. Jahrestag der Generalmobilmachung von 1939 für ein grösseres Publikum eine Rückkehr der Kriegsjahre. Dieser Moment wird zu Recht als wichtiger Wendepunkt und in einem gewissen Sinn als Aufbruch in eine neue Phase der Auseinandersetzung der 2.-Weltkrieg-Vergangenheit verstanden. Damals wurde in Verbindung mit der anstehenden Armeeabschaffungsinitiative die grosse Diskussion geführt, ob von der Armee tatsächlich die Abhaltewirkung ausgegangen war, wie dies von den 1950er Jahren an behauptet worden ist. Und damals kamen massiv die Gegenargumente ins Spiel, welche zahlreiche andere Gründe dafür aufführten, dass die Schweiz von ihrem mächtigen Nachbarn eben doch nicht «geschluckt» wurde.

Die Bedeutung von «1989» ist einigermassen bekannt. Unklar ist jedoch, wer damals die Debatte angerissen hatte und vor allem auf welchen Voraussetzungen sie beruhte. Die naheliegende Erklärung, dass sich der Kriegsausbruch 1989 eben zum 50. Mal jährte, genügt nicht. Wirft man einen Blick in die vorangegangenen 1980er Jahre, gewinnt man nämlich den Eindruck, dass 1989 eher der Kulminationspunkt einer über Jahre sich aufbauenden Diskussion ist und nicht so sehr ein Startpunkt in eine neue Phase. Der Kulminations- und Wendepunkt ergab sich aus einer nicht vorhersehbaren Konstellation, in der sich nationalgeschichtliche und weltgeschichtliche Entwicklungen sowie eher wissenschaftliche und eher politische Verständnisse ineinander verschränkten.

Bisher wurden die 1980er Jahre aber als Phase behandelt, zu der uns wenig einfällt und über die folglich wenig zu berichten ist. Eine Besichtigung dieses Dezenniums zeigt nun, wie stark die «Vorläuferleistungen» sind und dass «1989» nicht bloss mit dem runden Jahrestag erklärt werden kann. Diese Beobachtung wirft allerdings die neue Frage auf, wie sich denn die lange vor der Fälligkeit des grossen Jubiläumstermins eingetretene Wiederkehr der Vergangenheit erklärt.

Den dezimalen Erinnerungsritualen gehorchend, waren die runden Daten bereits lange vor 1989 zu Anlässen genommen worden, alte Schlüsseldaten zu rekapitulieren: 1959 und 1969 den Kriegsausbruch zwanzig beziehungsweise dreissig Jahren zuvor; 1965 und 1975 das Kriegsende in den gleichen Zeitabständen. Dann auch die Termine zwischen Anfang und Ende, zum Beispiel der Rütli-Rapport im Juli 1940, das Wirtschaftsabkommen mit NS-Deutschland im Juli 1941, die Grenzschliessung im August 1942, der Einzug der SP in den Bundesrat im Dezember 1943, die Bombardierung von Schaffhausen im April 1944 etc.

Kein Abschied vom Aktivdienst

Zwischen der dezimalen Rekapitulation von 1969 bis 1975 und dem nächsten Zyklus von 1979–1985 besteht ein merklicher Unterschied. Der erste Durchgang war zwar geprägt vom 1970 veröffentlichten Bonjour-Bericht. Sonderbarerweise war aber die «Erinnerungsarbeit» der Medien im zweiten Durchgang der 1980er Jahre wesentlich intensiver. Die Kriegsjahre waren in der ersten Hälfte der 1980er Jahre derart präsent, dass der Schreibende, als man 1985 am Schluss dieses Rekapitulationszyklus angelangt war, glaubte die Aufforderung lancieren zu müssen, man möge doch endlich von dieser Zeit Abschied nehmen und sich vermehrt dem Niemandsland des stets grösser werdenden Zeitraumes zwischen 1945 und der Gegenwart zuwenden.[1]

Das Phänomen beschränkte sich im übrigen nicht auf die Schweiz: So wurde im Falle der Invasion in der Normandie einerseits nicht schon 1974 eine grosse Erinnerungsfeier inszeniert und andererseits auch nicht bis 1994 gewartet, sondern 1984 mit dem US-Präsidenten, der britischen Queen, dem französischen Staatspräsidenten etc. der 40. Jahrestag aufwendig begangen. Desgleichen ein paar Monate später mit dem Kriegsende: Ronald Reagan markierte dessen 40. Wiederkehr mit einem Besuch des KZ Bergen-Belsen und des Soldatenfriedhofs Bitburg. Den Willen, bereits aus dem vierten Dezennium einen grossen Erinnerungsmoment zu machen, konnte man übrigens kürzlich auch im Zusammenhang mit dem Bau der Berliner Mauer von 1961 sehen.

Warum diese Intensivierung zwischen 1979 und 1985? Handelte es sich um eine Spätwirkung des Bonjour-Berichts? Oder entsprang das wachsende Interesse einer bestimmten gesellschaftlichen Entwicklung? Es ist schwierig, die Ursachen für den Aufbruch in eine neue historiographische Phase auszumachen. Alles bildet so etwas

1 Georg Kreis, Plädoyer für eine zeitgemässe Zeitgeschichte. In: NZZ Nr. 189 vom 17./18. August 1985. Die Rekapitulationen gingen nach 1985 weiter, 1988 zum Beispiel wurden prominent die Konferenz von Evian und die Einführung des J-Stempels in Erinnerung gerufen.

wie ein Kontinuum, reiht sich ans Vorhergehende und ist zugleich Vorläufer des Nachfolgenden. So bezog das 1974 erschienene *Dienstbüchlein* von Max Frisch einerseits Impulse aus den vorangegangenen Publikationen von Häsler und Meienberg und aus der Debatte um den Bonjour-Bericht, wie es andererseits in die 1980er Jahre hineinwirkte.

Stets nur Fortsetzung der 60er Jahre

Die akademische Forschung hatte zum zweiten Aufbruch (nach demjenigen der 1960er Jahre) allerdings wenig beigetragen. Vorgespurt von Bonjour, stand die Neutralitätsfrage vorläufig immer noch im Vordergrund. Dies zeigen das von Louis-Edouard Roulet 1983 abgehaltene internationale Kolloquium über die neutralen Staaten und die 1985 schweizerischerseits von Hans Rudolf Kurz geleitete Vergleichsstudie zwischen den Neutralen Schweiz und Schweden.[2] Bis zu einem gewissen Grad noch traditionell in der Thematisierung, führten manche Beiträge immerhin zu neuen Befunden. Klaus Urner beispielsweise rückte 1985 explizit von Bonjour ab, wenn er sagte, dessen Feststellung, die Schweiz hätte die Neutralitätspflichten nicht verletzt, liesse sich «in dieser Absolutheit» nicht aufrechterhalten.[3]

Die zu Beginn der 1980er Jahre zu unserem Thema verfassten Dissertationen hatten ihre Wurzeln ebenfalls weitgehend in der vorangegangenen Periode: die 1983 erschienene Arbeit von Robert Vogler über die schweizerisch-deutschen Wirtschaftsverhandlungen wie die 1985 herausgekommenen Arbeiten von Marco Durrer über die schweizerisch-amerikanischen Finanzbeziehungen, von Jürg Fink über die deutsche Einschätzung der Schweiz und von Peter Maurer über die Anbauschlacht.[4] Die Spätwirkungen der Welle der 1960er Jahre manifestierten sich auch im 1980/81 herausgekommenen Film von Markus Imhoof «Das Boot ist voll», der stark auf Alfred A. Häslers Buch von 1967 abstellte. Wie stark die 1980er Jahre auf den 1960er Jahren ruhten, zeigen ebendie von Häsler ausgegangenen, dann von Imhoof übernommenen und schliesslich von Yvette Z'Graggen 1981/82 verarbeiteten Impulse[5]. Die 1984 abge-

2 Les Etats neutres européens et la Seconde Guerre mondiale. Neuenburg 1985. – Schwedische und schweizerische Neutralität im Zweiten Weltkrieg. Schweizerischerseits hrsg. von Rudolf L. Bindschedler und Hans Rudolf Kurz. Basel 1985.

3 Klaus Urner, Neutralität und Wirtschaftskrieg: Zur schweizerischen Aussenhandelspolitik. In: Schwedische und schweizerische Neutralität. Basel 1985. S. 284.

4 Robert Urs Vogler, Die Wirtschaftsverhandlungen zwischen der Schweiz und Deutschland 1940 und 1941. Zürich 1983. – Marco Durrer, Die schweizerisch-amerikanischen Finanzbeziehungen im Zweiten Weltkrieg. Von der Blockierung der schweizerischen Guthaben in den USA über die «Safehaven»-Politik zum Washingtoner Abkommen (1941–1946). Bern 1984. – Jürg Fink: Die Schweiz aus der Sicht des Dritten Reiches 1933–1945. Zürich 1985. – Peter Maurer: Anbau-Schlacht. Landwirtschaftspolitik, Plan Wahlen, Anbauwerk 1937–1945. Zürich 1985.

5 Yvette Z'Graggen: Les années silencieuses. Vevey 1982.

schlossene und 1986 publizierte Dissertation von Jakob Tanner (vgl. unten) brachte dagegen eine neue Art des Problemverständnisses und der Reflexion zum Ausdruck.

Einen wichtigen Akzent hatte Hans-Ulrich Jost bereits 1982/83 in seinem Beitrag der *Geschichte der Schweiz und der Schweizer* gesetzt. In dieser auch für das breitere Publikum gedachten allgemeinen Darstellung war etwa zu lesen, dass die Schweiz faktisch in den deutschen Wirtschaftsraum eingegliedert, dass sie ein wichtiger Goldumschlagplatz auch für Opfergold aus Konzentrationslagern gewesen sei, dass sich die Verantwortlichen der Raubgoldproblematik «durchaus» bewusst gewesen seien, dass man auch naive Verführte als Landesverräter erschossen habe, derweil andere «für eine weit grössere, aber sich in den gesellschaftlichen Oberschichten versteckt haltende Schuld» ungestraft geblieben seien, dass es einen «helvetischen Totalitarismus» gegeben habe etc. Als besonders infamen Angriff auf die erbrachten Leistungen und die kollektive Erinnerung empfand man die Aussage, es habe in Deutschland weder bei der militärischen noch bei der politischen Führung «jemals ernsthaft die Absicht einer Eroberung der Schweiz» gegeben.[6] Diese Einschätzung stand in krassem Gegensatz zu der Vorstellung, die, seit den 1950er Jahren vor allem durch den Militärhistoriker und EMD-Sprecher Hans Rudolf Kurz aufgebaut[7], an Vorstellungen über die Schweiz als Objekt von Invasionsszenarien das schweizerische Geschichtsbild beherrscht hatte und nicht von ungefähr 1986 nochmals festgeschrieben wurde.[8]

Die Goldgeschichte war bereits im Frühjahr 1980 von Peter Utz in einem grösseren Magazinbeitrag öffentlich gemacht worden, nachdem er im Rahmen einer bei Professor Walther Hofer an der Universität Bern verfassten Seminararbeit 1978/79 im Schweizerischen Bundesarchiv auf entsprechende Hinweise gestossen war.[9] Auch hier kann man wiederum die Dynamik der vorangegangenen Phase erkennen.

Mit dem richtigen Timing, das heisst zur 40. Wiederkehr des Endes des Zweiten Weltkrieges, brachte Werner Rings, Autor der zu Beginn der 1970er Jahre produzierten Fernsehreihe «Die Schweiz im Krieg», 1985 sein Buch über die «Golddrehscheibe» Schweiz heraus. Trotzdem war es ein ziemlich unzeitgemässes Buch, denn es fiel mit seinen potentiellen Skandalbefunden – trotz breitangelegter *Weltwoche*-Serie – ziemlich ins Leere. Die *NZZ*-Besprechung würdigte zwar die Arbeit: Das Urteil bleibe

6 Hans-Ulrich Jost, Bedrohung und Enge (1914–1945). In: Geschichte der Schweiz und der Schweizer. Basel 1983. Bd. III, S. 168–175.

7 Von H. R. Kurz zunächst in der Schriftenreihe des Schweizerischen Unteroffiziersverbandes Nr. 5/1957 verbreitet, in seinen «Dokumenten des Aktivdienstes» (1965, mithin während der ersten Welle) wiederaufgenommen und in der vierten Welle erneut breit unter die Leser gebracht durch Treumund E. Itin, Separatdruck einer Artikelserie im «Schweizer Soldaten», Mai– Dezember 1997. Dazwischen differenzierter 1990 bei Urner, vgl. unten Anm. 23.

8 Werner Roesch, Bedrohte Schweiz, die deutschen Operationsplanungen gegen die Schweiz im Sommer/Herbst 1940 und die Abwehrbereitschaft der Armee im Oktober 1940. Frauenfeld 1986. Wenig später vom gleichen Autor, dessen juristische Dissertation 1943 (!) erschienen war, die Schrift: Die Armee bleibt unentbehrlich. Zürich 1988.

9 Peter Utz, Goldfingers merkwürdige Machenschaften. In: Tages-Anzeiger-Magazin vom 19. April 1980.

sachlich, differenziert und zurückhaltend, die Untersuchung gelte einem «lange verdrängten Geschehen», das Geschehen selbst wurde dann aber als bloss «marginale Episode» eingestuft.[10] Im November 1989, als eine von Thomas Buomberger erarbeitete Fernsehauswertung der Studie ausgestrahlt wurde, hätte man meinen können, dass die Thematisierung Teil einer breiter gewordenen Auseinandersetzung mit den Jahren 1939–1945 geworden wäre. Interessanterweise schloss der Film aber mit der Feststellung: «Heute ist es stiller geworden um das Raubgold in der Schweiz.» Auch der Film selber vermochte diese Stille (noch) nicht zu durchbrechen.[11] Die Filmversion wurde nun – 1989 – in der *NZZ* nicht zufällig sehr kritisch beurteilt, doch insbesondere wurde das Verhalten der Nationalbank jetzt wortreich gerechtfertigt. Die Schweiz habe sich im «Würgegriff» befunden, «Konzessionen» seien nötig gewesen, die Alliierten hätten 1944 mehr Verständnis für die Schweiz aufgebracht «als einige Schweizer Historiker unserer Tage»[12].

Neuer Kontext in den 80er Jahren

Alles bildete, wie gesagt, ein Kontinuum, alles reihte sich ans Vorhergehende und war zugleich Vorläufer des Nachfolgenden – und trotzdem: 1980 erhielt die Rekapitulation des stets Gleichen vorübergehend nicht nur eine stärkere Intensität, sondern auch eine neue Qualität. Beleg für das Neue ist Bundespräsident und EMD-Chef Georges-André Chevallaz' Gang aufs Rütli am 25. Juli 1980. Die Vergangenheit wurde in dieser Manifestation heraufbeschworen und reinszeniert: das gleiche Schiff, die gleiche Fahne des Urner Bat. 87, die gleichen Mannen der Fahnendelegation, 20 Offiziere von damals, dies alles, um dafür zu sorgen, dass – wie in der Rede zum Ausdruck gebracht – in der gleichen Situation die gleichen Konsequenzen zur Wahrung der Unabhängigkeit gezogen würden, der gleiche Verteidigungswille, der gleiche Zusammenhalt, die gleiche Entschlossenheit etc.

Zehn Jahre zuvor, da hatte es dergleichen nicht gegeben. Warum dieser ganze Aufwand nun zu einem Jahrestag, der nur bedingt ein runder und jedenfalls nicht runder war als derjenige von 1970? Liegt die Antwort bei der Persönlichkeit des Bundesrates, der immerhin Waadtländer wie der Rütli-Dramaturg von 1940 und zudem Historiker und Schulbuchautor (letzte Aufl. 1962) war? Oder war von Bedeutung, dass – schon damals – mit dem Näherrücken des Lebensendes der sich erst jetzt formierenden «Aktivdienstgeneration» der Wille zur Rekonstruktion wichtiger Erfahrungen intensiver wurde? Die Hauptursache lag anderswo, das zeigt der Inhalt der Rütli-Rede von 1980. Chevallaz ging als EMD-Chef aufs Rütli, und er wählte diesen historischen Ort,

10 A(lfred) C(attani), NZZ Nr. 88 vom 17. April 1985. Andere, ähnliche Besprechungen im Nachlass von Werner Rings im Archiv für Zeitgeschichte, Zürich.

11 Der Film wurde am 30. Oktober 1996 nochmals ausgestrahlt, vgl. Kommentar von Thomas Maissen in der NZZ vom 1. November 1996.

12 Ra(ming), NZZ Nr. 280 vom 1. Dezember 1989.

um sich hier möglichst wirksam für eine starke Armee stark zu machen und – noch mehr – um gegen die Armeefeinde ins Feld zu ziehen: «Es sind nicht die Anhänger der Gewaltlosigkeit, die Apostel der einseitigen Abrüstung und die Dienstverweigerer, die ein glückliches und freies Land bewahren werden.»[13]

Bei diesem Engagement ging es nicht darum, eine verblassende oder wegen kritischer Deutung gefährdete Vergangenheit zu konservieren, hier ging es – und dies nahm «1989» bereits vorweg – vielmehr darum, eine starke Vergangenheit zum Schutze einer prekären Gegenwart und unsicheren Zukunft beizuziehen. Von den Dampferfreunden gestiftet, wurde übrigens bei diesem Anlass auf der «Stadt Luzern» eine grosse Gedenktafel zum Rütli-Rapport angebracht. Diese war nun aber, abgesehen vom Vermarktungsaspekt, wirklich eine Demarche gegen das Vergessen.

Kontraproduktive Anleihen bei der Geschichte

Die erste Hälfte der 1980er Jahre war doppelt geprägt einerseits von einem Rückfall in den Kalten Krieg (Einmarsch der Sowjetarmee in Afghanistan und Nato-Doppelbeschluss) und andererseits von erhöhter gesellschaftlicher Unrast. Auf die Jugendunruhen folgten die grossen Friedensdemonstrationen, Militärdienstverweigerer schienen die gesellschaftliche Akzeptanz dieser Position ausweiten zu können, im November 1981 wurde die *WoZ* gegründet, im Frühjahr 1985 von der *GSoA* nach längerer Vorbereitung die Armeeabschaffungs-Initiative lanciert und der Anschluss an die UNO (1986) gesucht – alles lange vor der sogenannten «Wende» von 1989. Die Wende von 1989 mag einiges ausgelöst haben, sie war aber nicht nur Faktor, also Wirkung auf anderes; sie war zu einem grossen Teil auch Produkt, also eine von mehreren, sozusagen parallel auftretenden Wirkungen. Ohne damit gleich von einer globalen Aufbruchstimmung auszugehen, könnte man zum Beispiel in den Pekinger Tiananmen-Demonstrationen einen Parallelvorgang (allerdings mit dramatisch anderem Ausgang) vor dem gemeinsamen, seit 1985 sich bildenden Perestroika-Hintergrund sehen.

Die seit 1980 stärker werdende Infragestellung der Landesverteidigung hat gemäss *Année politique* in militärischen Kreisen zunächst noch keine Beunruhigung aufkommen lassen. Gegenbewegung gab es trotzdem. Ein folkloristisches Element dieser Reaktion war das projektierte Armeemuseum (Postulat Augsburger 1981); eine staatsbürgerliche Variante der gleichen Reaktion bestand im Vorschlag, Armeedienste vermehrt in anderen Sprachgebieten durchzuführen (Postulat Wyss 1981).

1989 kam der Erinnerungsmoment zum 50. Jahrestag der Generalmobilmachung von 1939 wie ein grosses Zufallsgeschenk, um dem langsam erodierenden militärischen Verteidigungswillen doch den Anstrich eines unbestrittenen nationalen Wertes zu geben und zugleich einen Damm gegen die am 26. November des gleichen Jahres zur Abstimmung gebrachte Armeeabschaffungs-Initiative zu errichten. Welches die inter-

13 Bericht der NZZ Nr. 172 vom 26./27. Juli 1980.

nen Vorüberlegungen der offiziellen Intendanten der «Diamant»-Feier waren, bleibt einstweilen im dunkeln.[14] Nicht dass das Projekt völlig voraussetzungslos in der Regierungszentrale ausgeheckt worden wäre. Es gab offenbar das Vorhaben von Armeeveteranen und Kantonen, welche dezentrale Erinnerungsfeiern durchführen wollten. Dieses wurde dann von EMD-Chef Arnold Koller zu einer zentralen Angelegenheit gemacht.

Für unser Thema ist die Frage von einigem Interesse, wer 1989 in der Debatte um die gegenwärtige und künftige Bedeutung der Schweizer Armee auf die Geschichte zurückgegriffen und zur Stärkung der eigenen Position tatsächliche oder vermeintliche historische Evidenz in Anspruch genommen hat. Entgegen der bisher vorherrschenden Meinung ist beim gegenwärtigen Stand davon auszugehen, dass die Historisierung der Sicherheitsdebatte von Armeebefürwortern und nicht von Armeegegnern ausgegangen ist. Im Februar 1989 wurde durch Indiskretion bekannt, dass das EMD mit Informationen «über die Situation unserer Heimat vor 50 Jahren» der Bevölkerung die Bedeutung der bewaffneten Neutralität auch für die Zukunft nahebringen wolle.[15]

Wie stand es aber um das Geschichtsbild, das 1989 mobilisiert wurde? Das traditionelle Geschichtsbild von den Bedrohungs- und Bewährungsjahren war nicht mehr ganz dasjenige von 1980. Die damit verbundenen Grundüberzeugungen waren mittlerweile nicht unerheblich relativiert worden. Ein frühes Dokument des in den 1980er Jahren langsam Boden gewinnenden neuen Verständnisses der Rolle der Schweiz im Zweiten Weltkrieg ist Friedrich Dürrenmatts bekannter und über *Die Weltwoche* einer grösseren Öffentlichkeit vermittelter Aufsatz von 1981 über die «Schändliche Unschuld»[16]. Dürrenmatt leitet seine Ausführungen zwar explizit aus 68er-Diskussionen ab. Offenbar brauchte er aber eine Inkubationszeit, bis er mit seinen diesbezüglichen Gedanken an die Öffentlichkeit gelangte. Dürrenmatt wies in diesem Text den 68er-Anspruch der Linken zurück, dass nur ihre Seite Widerstand gegen das Hitler-Regime entwickelt habe, denn auch die bürgerliche Seite habe – sogar mehrheitlich – den Nationalsozialismus abgelehnt. Indirekt kritisierte er aber auch und insbesondere die bürgerliche Seite wegen des nachträglichen Feierns ihres oder – auf die Schweiz be-

14 Bundesratsbeschluss vom 22. Februar 1989 zu einem Nachtragskredit von 6,5 Mio. Franken (vgl. NZZ Nr. 45 vom 23. Februar 1989).

15 Simone Chiquet, Der Anfang einer Auseinandersetzung: Zu den Fakten, Zusammenhängen und Interpretationen in der Debatte um die «Übung Diamant» 1989. In: Jubiläen der Schweizer Geschichte 1798–1848–1998. Studien und Quellen. Zeitschrift des Schweizerischen Bundesarchivs Nr. 24. Bern 1998. S. 195.

16 Die Weltwoche Nr. 35 vom 26. August 1981. Parallelveröffentlichung zur Buchpublikation von «Stoffe I–III». Der Text wurde vielleicht schon vorher verfasst, er wurde aber jetzt publiziert und für den Abdruck im Wochenblatt für geeignet befunden. Später wurden dazu zwei Leserbriefe veröffentlicht. Der eine wehrte sich dagegen, dass der Geheimnisverrat der exekutierten Landesverräter belanglos gewesen sei (9. September 1981), und der andere wollte nicht gelten lassen, dass die «sauberen Hände» schuldig geworden seien, und hielt dem Negativbefund mit einem bemerkenswerten und nicht untypischen Argumentationsbruch entgegen, dass er als Soldat die Einigkeit des Landes gespürt habe (16. September 1981).

zogen – «unseres Heldentums». Man müsse vielmehr eingestehen, dass man in einer schändlichen Zeit zu einer «schändlichen Unschuld» gezwungen gewesen sei. Worin bestand diese? «Nicht ohne schlechtes Gewissen, spürte man doch unwillkürlich, dass man für Hitler eher nützlich als bedrohlich war. Man arbeitete für ihn, man stellte ihm unsere Tunnel zur Verfügung ...» Für Dürrenmatt war spätestens 1981 klar, dass der Zweite Weltkrieg «Abbild unserer Schwäche, nicht unseres Heldentums» sei.

Von Hans-Ulrich Josts kritischer Darstellung von 1982/83 ist bereits die Rede gewesen. 1985 kam eine Studie heraus, welche am überaus positiven Bild des Generals wegen dessen nachgewiesenen Antiparlamentarismus, Antiliberalismus und Antisemitismus einige Abstriche nahelegte.[17] Die davon ausgehende Wirkung sollte indessen weder überschätzt noch unterschätzt werden. Nicht überschätzt, weil die Korrektur von der überwiegenden Mehrheit derjenigen, die sich für solche Fragen überhaupt interessierten, als Produkte kritiksüchtiger Historiker abgetan wurde. Und nicht unterschätzt, weil Bilder «heiler Welten» eigentlich nur ganz oder gar nicht bestehen können und mit ersten Relativierungen das Wesentliche, nämlich ihren angeblichen Vollkommenheitscharakter, verlieren.[18] Jetzt wehrte sich übrigens derselbe Georges-André Chevallaz, der 1980 aus einem akuten Gegenwartsbedürfnis die Vergangenheit mobilisierte, dagegen, dass «à un demisiècle de distance» aus einer ganz anderen Gegenwart eine kritische Beurteilung abgegeben werde.[19]

Ein Teil der schweizerischen Historiographie blieb zudem nicht völlig unberührt von den internationalen Entwicklungen der Geschichtsschreibung. Der auf erste Äusserungen von 1980 zurückgehende und 1986 seinen Höhepunkt erlebende deutsche Historikerstreit um die Einzigartigkeit der nationalsozialistischen Judenvernichtung dürfte das auf der wissenschaftlichen Seite bestehende Bemühen gefördert haben, sich von der rein nationalen Betrachtungsweise zu lösen und ein transnationales Verständnis der Dinge auch international zu diskutieren. Das herausragende Beispiel dieser Bestrebungen ist Jakob Tanners finanzsoziologische Dissertation von 1986, in der u.a. die Problemverständnisse eines Rudolf Goldscheid und eines Arthur Marwick miteinander verknüpft werden und – weniger intendiert als sozusagen unvermeidlich – am Rande auch die Bedeutung der Armee relativiert wird. Tanners Kritik an der «ideologischen Prädominanz» des militärisch-dissuasiven über das wirtschaftlich-kooperative Element stellte indirekt das traditionelle Verständnis der Rolle der Schweiz im Zweiten Weltkrieg in Frage.[20] Dieser spezifische «Ertrag» einer breiter angelegten Ab-

17 Oscar Gauye: «Au Rütli, 25 juillet 1940». Le discours du général Guisan: nouveaux aspects. In: Studien und Quellen. Vol. 10. Bern 1984. S. 5–56. Vgl. auch Georg Kreis, Henri Guisan – Bild eines Generals. Glanz und Elend einer Symbolfigur. In: Schweizer Monatshefte, Mai 1990. S. 413–431.

18 Zu den Reaktionen auf die Kratzer am Bild des Generals vgl. auch François Gross, ehemaliger Chefredaktor der Freiburger «Liberté», in: Warum wird ein Thema von gesellschaftlicher Bedeutung nicht zum öffentlichen Thema? Kolloquium der Schweizerischen Unesco-Kommission vom 25. September 1997. Bern 1998. S. 29–33.

19 Gazette de Lausanne vom 30./31. März 1985, zit. nach Gross, S. 32.

20 Jakob Tanner, Bundeshaushalt, Währung und Kriegswirtschaft. Eine finanzsoziologische Analyse der Schweiz zwischen 1938 und 1953. Zürich 1986. S. 307.

klärung wurde dann allerdings von Markus Heiniger in den Kontext der nationalen Politik zurückgeholt und an die Leserschaft der *Friedenszeitung* weitergereicht.[21]

Das Aufkommen kritischer Befunde und alternativer Deutungen bedeutete nicht, dass nicht auch die ältere Sicht kräftig weiter gepflegt wurde. Reaktionen von 1989 wie der bereits zitierte Kommentar zu Buombergers Raubgold-Film zeigen im Vergleich mit 1985, dass auf der Seite der Verteidiger der schweizerischen Vergangenheit sogar eine Verhärtung eingetreten war. Die etwas zufällig erscheinende, aber doch einen bestimmten Diskurs der Zeit wiedergebende Mahnung des *NZZ*-Kommentators lautete, die Nachgeborenen sollten gefälligst, statt zu kritisieren, die Ereignisse aus der Zeit verstehen. Zur Fortsetzung des Bisherigen: Damals erschien, vom neuen Kritikbedürfnis weitgehend unberührt, als Frucht jahrelanger Arbeit das von Willi Gautschi zusammengestellte dicke Buch über den General und fand eine bemerkenswert grosse Käuferschaft.[22] Und Klaus Urner hielt 1990 ebenfalls mit grossem Erfolg und einer alsbaldigen Übersetzung ins Französische der an Boden gewinnenden Vorstellung von der Bedrohungslosigkeit eine minutiöse Studie über die doch bestehenden Angriffspläne der Wehrmacht entgegen.[23]

Die Armeegegner, welche ihre Abrüstungs- und Abschaffungsforderungen alles in allem kaum historisch begründet hatten, reagierten auf die historischen Argumentationshilfen der Armeefreunde kurzerhand mit der Verbreitung eines historischen Gegenbildes, indem sie betonten, dass sich das Verschontbleiben der Schweiz nicht mit dem militärischen Verteidigungspotential, sondern mit der wirtschaftlichen Kooperationsbereitschaft erklärte. Markus Heinigers *Dreizehn Gründe. Warum die Schweiz im Zweiten Weltkrieg nicht erobert wurde*[24] war in dieser Gegenoffensive sozusagen die publizistische Haubitze. Interessanterweise sagten die «Diamant»-Opponenten in ihrem Gegenblatt, dem *Klunker*, von der nur sekundär ins Spiel gebrachten historischen Gegenvorstellung, dass sie «in den letzten zwei Jahrzehnten» entstanden sei.[25]

Aus der Kontroverse mit den «Diamant»-Leuten ging das Gegenbild gestärkt hervor und nahm in der Folge im historischen Bewusstsein der schweizerischen Gesellschaft einen wichtigen Platz ein. Die «Diamant»-Kontroverse stärkte auf der einen Seite den Willen zur kritischen Aufarbeitung, im Fernsehen war die Schaffung des Sendegefässes «Spuren der Zeit» eine Frucht der Erfahrung von «1989». Und im Printbereich wurde aus dem Bestreben, den traditionellen Helvetozentrismus, wie er nach

21 Markus Heiniger, Igel im Krieg – ein Trugbild. In: Friedenszeitung Nr. 61 vom September 1986.

22 Willi Gautschi, General Henri Guisan. Die schweizerische Armeeführung im Zweiten Weltkrieg. Zürich 1989 (Totalauflage 15000 Expl.).

23 Klaus Urner, «Die Schweiz muss noch geschluckt werden!» Hitlers Aktionspläne gegen die Schweiz. Zwei Studien zur Bedrohungslage der Schweiz im Zweiten Weltkrieg. Zürich 1990.

24 Markus Heiniger, Dreizehn Gründe. Warum die Schweiz im Zweiten Weltkrieg nicht erobert wurde. Zürich 1989. Besprechung von G.K., In: Eingebunkerte oder offene Schweiz. NZZ Nr. 29 vom 5. Februar 1990.

25 Klunker (1989). Vgl. auch Friedenszeitung Nr. 97 vom September 1989: 1939 – Rettete uns die Armee?

1989 mit dem 700-Jahr-Jubiläum von 1991 noch eine Steigerung erfuhr, die seit 1994 regelmässig erscheinende Zeitschrift *traverse* gegründet.

Auf der anderen Seite wurde die Reform des Geschichtsbildes nicht mitgemacht und nur die 1989 miterzeugten Gegenthesen thematisiert. 1997 sollte dann die Agitation der Armeeabschaffer indirekt für die versäumte Aufarbeitung der dunklen Stellen der Vergangenheit mitverantwortlich gemacht werden. Bruno Lezzi, der Militärredaktor der *NZZ*, erklärte, die Kampagne für die Armeeabschaffung habe eine vorurteilslose Auseinandersetzung «noch schwieriger, ja sogar fast unmöglich» gemacht.[26]

Neu war 1989, dass das Wirtschaftsverhalten eines Privatunternehmens in die Auseinandersetzungen einbezogen wurde. Bundesrat Kaspar Villiger, damals Chef des Eidgenössischen Militärdepartements, hatte in einer Rechtfertigung der noch in der Ära seines Vorgängers Arnold Koller eingeleiteten «Diamant»-Feierlichkeiten erklärt: «Wir glauben auch, dass die Jungen einen gewissen Anspruch auf eine sachliche und ehrliche Information über diese Zeit haben.»[27] Ein Team von Radio-Journalisten nahm Villiger auf seine Weise beim Wort und durchleuchtete den Aufkauf einer süddeutschen Tabakfirma im Zuge der Arisierung durch die Firma Villiger.[28] Hiermit wurde, abgesehen von früheren Thematisierungen im Falle des Waffenfabrikanten Bührle, erstmals das Verhalten von Schweizer Firmen während des Zweiten Weltkrieges erörtert.[29] Erst viel später folgten auf der Ebene von Einzelunternehmen die Debatten um Exporte nach dem Dritten Reich, um Einsatz von Zwangsarbeitern in schweizerischen Tochterfirmen in Deutschland, schliesslich die Diskussionen um die «nachrichtenlosen» Vermögen.

1989 als Abschluss oder Anfang eines historiographischen Bogens? Natürlich ist beides gegeben. Der Unterschied zwischen davor und danach könnte darin bestehen, dass wir die 1980er Jahre als Implementierungsphase verstehen könnten und die 1990er Jahre als Phase der etablierten Auseinandersetzung. Die 1996/97 einsetzende Debatte sollte allerdings eine radikale Verschiebung der Fragestellung bringen, und dies in einem Masse, dass es – wie Anhänger des älteren Geschichtsbildes verbittert bemerken – heutzutage kaum mehr möglich ist, die traditionellen Fragen der militärischen Landesverteidigung wieder in die Diskussion zurückzuholen.

26 Bruno Lezzi, Versäumnisse der Medien bei der Aufarbeitung der schweizerischen Geschichte im Zweiten Weltkrieg. In: Warum wird ein Thema von gesellschaftlicher Bedeutung nicht zum öffentlichen Thema? Unesco-Kolloquium vom 27. September 1997. Schlussbericht. Bern 1998. S. 23.

27 Vor dem Nationalrat, 6. März 1989, zit. nach Chiquet, op. cit. S. 197.

28 Rita Schwarzer, Toni Ladner und Peter Métraux, «z.B.»: Die Villiger-Firmengeschichte. Gratwanderung zwischen Wirklichkeit und Wunsch. Radio DRS, Sendedaten 23. und 28. März 1989.

29 Die 1981 erschienene «Bührle Saga» (Festschrift zum 65. Geburtstag des letzten «aktiven Familiensprosses in einer weltberühmten Waffenschmiede») ist keine typische und auch keine speziell auf die Problematik des Zweiten Weltkrieges ausgerichtete Firmengeschichte. Dieser Typus wird erst zwei Jahrzehnte später erscheinen mit den Studien von Hans Ulrich Wipf über die Georg Fischer AG 1930–1945 (Zürich 2001) und von Joseph Jung u.a. über die Banken der Credit Suisse Group (Zürich 2001).

Im Namen der Vergangenheit beliefert Schang Hutter die Schweiz ungefragt mit einem Shoah-Denkmal. Nach einem ersten Auftritt vor dem Bundeshaus gelangt es auf den Zürcher Parade- oder Bankenplatz (Foto: Keystone).

Zurück in die Zeit des Zweiten Weltkrieges (Teil II)

Zur Bedeutung der 1990er Jahre für den Ausbau der schweizerischen Zeitgeschichte

In der kleinen Studie zur Historiographie der 1980er Jahre über die Schweiz während des Zweiten Weltkrieges wird eingangs festgehalten, dass Vergangenheit zu einem wichtigen Teil nicht von Anfang an da sei und dass sie zuerst in Form von Geschichtsbildern (wieder-)hergestellt werden müsse. Dieser Prozess verlaufe einerseits kontinuierlich, andererseits aber auch in Schüben.[1] Die nach wie vor zentrale historiographische Frage lautet, welche gesellschaftlichen Umstände jeweils welchen historischen Thematisierungen in dem Masse Schubkraft verleihen, dass sie grössere gesellschaftliche Aufmerksamkeit erlangen, eine sich selber verstärkende Qualität bekommen und in den Rang einer grossen öffentlichen Debatte gelangen.

Im folgenden wird der Weg der Auseinandersetzung mit der Geschichte der Schweiz im Zweiten Weltkrieg in die 1990er Jahre weiterverfolgt. Dabei geht es um die Frage, wann, wodurch und in welchem Masse der Entzug (im weitesten Sinn) von Vermögen von Holocaust-Opfern oder deren Angehörigen angesprochen wurde, bevor er gegen Ende 1996 als ganz zentrales Thema schliesslich akzeptiert wurde. Bis zu einem gewissen Grad war die judenfeindliche Flüchtlingspolitik schon längst zuvor ein Thema gewesen. Bereits 1989 wurde auch das Motiv der Rückkehr einer nicht zur Ruhe gekommenen Vergangenheit thematisiert: Eine Karikatur zeigte, wie sich das Totenheer abgewiesener Flüchtlinge am schweizerischen Schlagbaum meldet und als nicht geladene Gäste mit Bezug auf die Jubiläumsfeier fragt: «Dürfen wir diesmal reinkommen?»[2]

Eine wichtige Frage der hier angestrebten Abklärungen betrifft sodann das Verhältnis zwischen der noch weitgehend aus innergesellschaftlichen Diskussionen resultierenden Aufmerksamkeit von 1995 und der von aussen an die Schweiz herangetragenen Thematisierung von 1996. Dabei ist von Interesse, inwiefern die Erörterungen von 1995 als Schlusspunkt verstanden wurden und inwiefern sie tatsächlich – wenn auch bloss für eine kurze Zeitspanne – einen Abschluss bildeten. Schliesslich ist noch

1 Teil I, vgl. S. 333–342 in diesem Band. Nachträglich sei hier noch auf eine Publikation hingewiesen, die wegen ihrer Substanz, aber auch wegen ihres Signalcharakters in einem Überblick über die 1980er Jahre nicht hätte unerwähnt bleiben dürfen: Jean Claude Favez, Une Mission impossible? Le CICR, les déportations et les camps de concentration nazi. Payot 1988 (1989 in deutscher Übersetzung erschienen). Diese unter Mitarbeit von Geneviève Billeter entstandene Publikation ist eine indirekte Spätfrucht der Holocaust-Fernsehserie von 1979. Damals mit der Thematik konfrontiert, stellte das IKRK fest, dass es diesbezüglich seine Vergangenheit aufarbeiten müsse. 1983 erging dann auf der Grundlage eines uneingeschränkten und exklusiven Archivzugangs der Auftrag an Favez (Mitteilung Favez vom 10. August 2002).

2 Karikatur von EFEU, Nebelspalter Nr. 12, 1989.

zu fragen, inwiefern die oft gehörte These zutrifft, dass die Schweiz nur oder vor allem darum an ihre Vergangenheit erinnert werden musste, weil sie sich nicht selber in genügender Weise mit ihr auseinandergesetzt, mit anderen Worten die «Hausaufgaben» in Geschichte schludrig gemacht hatte. Ein besonderer Reiz dieser Auseinandersetzungen besteht im übrigen darin, mit dem Rückblick auf die unmittelbare Vergangenheit das klarer zu sehen, woran man selber teilhatte, ohne zu wissen, worauf es hinauslief.[3]

Die Rekonstruktion beschränkt sich auf den Zeitraum bis zur Einsetzung der Unabhängigen Expertenkommission Schweiz – Zweiter Weltkrieg (UEK) im Dezember 1996, und sie konzentriert sich auf den historiographischen Kern, sieht also von einem Einbezug der in den 90er Jahren sich für die Schweiz verschärfenden aussen- und sicherheitspolitischen Problemlagen ab, obwohl diese ebenfalls einen wichtigen, ja mindestens gleich wichtigen Anteil an der Entwicklung eines neuen Vergangenheitsverständnisses hatten.[4] Hingegen ist ein Blick auf die ausserhalb der Schweiz geführten Auseinandersetzungen mit den Fragen unserer Thematik unerlässlich.

Es ist nicht erstaunlich, dass die gesellschaftlichen und die akademischen Debatten zum Zweiten Weltkrieg in den direkt betroffenen Ländern lange Zeit intensiver und weiter fortgeschritten waren als in der nur indirekt betroffenen Schweiz. Darüber hinaus ist aber festzustellen, dass sich die verschiedenen Vergangenheitsdebatten hauptsächlich im nationalen Rahmen bewegten. Das schloss nicht aus, dass sie darüber hinaus (zum Beispiel auch in der Schweiz) zur Kenntnis genommen wurden, doch man verstand sie bloss als Problem des jeweiligen Herkunftslandes und fragte sich nicht, ob Analoges im eigenen Land zu diskutieren wäre. So geschehen in der Waldheim-Affäre um 1988 in Österreich oder im seit 1982 über Jahre sich hinziehenden Verfahren gegen Maurice Papon in Frankreich oder in der vor allem Deutschland aufwühlenden Goldhagen-Debatte von 1996. So geschehen auch in der seit 1985 in Deutschland themati-

3 Der Vf. nahm in den hier rekonstruierten Vorgängen bloss eine Randstellung ein, er beteiligte sich im Mai 1995 an den üblichen Rekapitulationen und gab 1996 erste Auskünfte zu den erneut wichtig werdenden Fragen. Zu 1995: Diverse Artikel in der Basellandschaftlichen Zeitung vom 15. April, im Brückenbauer vom 26. April, im St. Galler Tagblatt vom 1. Mai, in der Basler Zeitung und in der Luzerner Zeitung vom 6. Mai, Interviews und Stellungnahmen im Bund vom 2. Mai, im Tages-Anzeiger vom 5. Mai, in der Luzerner Zeitung und im Landboten vom 6. Mai, im Israelitischen Wochenblatt vom 12. Mai. Zur 1996 sich aufbauenden Problematik: Georg Kreis, Ein umstrittener Sieg über die Sieger. Das Washingtoner Abkommen vom 25. Mai 1946 und die Frage der Holocaust-Gelder. In: NZZ vom 25./26. Mai 1996. Ferner: Debatte um Holocaust-Gelder in Raten. Fehlende historische Rechenschaftsberichte. In: NZZ vom 28. Mai 1996.

4 Matthias Kunz und Pietro Morandi erklären ebenfalls, dass die Abkehr vom traditionellen Geschichtsbild nicht einzig aus historischer Kritik hervorgehen muss, sondern auch durch neue Zukunftsdeutungen von politischen und wirtschaftlichen Verantwortungsträgern bestimmt sein kann, die dann sekundär mit den professionellen Geschichtsbild-Kritikern unabhängig voneinander am gleichen Strick ziehen (Die Schweiz und der Zweite Weltkrieg: zur Resonanz und Dynamik eines Geschichtsbildes anhand einer Analyse politischer Leitmedien zwischen 1970 und 1996. Bern 2000. Nr. 41 der Synthesenserie des NFP 42. S. 34ff.). Zu den Rückwirkungen der gegenwarts- und zukunftsbezogenen Problemverständnisse auf das Geschichtsbild publiziert der Vf. demnächst eine grössere Studie über die Neutralitätsdebatten seit 1945.

sierten Zwangsarbeiterfrage[5], die zu Beginn der 1990er Jahre zwar den süddeutschen Raum erfasste[6], nicht aber die Schweiz, obwohl schweizerische Unternehmen in Tochterunternehmen in diesem Raum Zwangsarbeiter beschäftigt hatten. Zu einer ersten schweizerischen Bearbeitung kam es erst 1996/97 mit den Filmen von Frédéric Gonseth[7] und den verschiedenen Publikationen von Sophie Pavillon.[8] Allerdings war bereits 1989 in der Kontroverse um die Geschäftspolitik der Firma Villiger neben der zentralen Arisierungproblematik die allfällige Beschäftigung von Zwangsarbeitern wenigstens am Rande ein Thema gewesen.[9]

Die mediale Welt ist allerdings trotz der nationalen Grenzen ein System kommunizierender Röhren. Die in den USA geführte und auch in Europa mit einzelnen Beiträgen[10] immer wieder angeschobene Auseinandersetzung mit dem Holocaust vermochte die Schweiz, die sich gemäss ihrem Grundverständnis von diesen Fragen nicht direkt angesprochen fühlte, zunächst nicht wirklich zu erreichen. Mit den Jahren

5 Klaus-Jörg Siegried, Rüstungsproduktion und Zwangsarbeit im Volkswagenwerk 1939 bis 1945. Frankfurt a.M. 1986. Dazu eine weitere Publikation des gleichen Autors 1988. – Hans Pohl, Die Daimler-Benz AG in den Jahren 1933 bis 1945. Stuttgart 1986. – Barbara Hopmann u.a., Zwangsarbeit bei Daimler-Benz. Stuttgart 1994 (Zeitschrift für Unternehmensgeschichte, Beiheft 78). – Hans Mommsen/Manfred Grieger, Das Volkswagenwerk und seine Arbeiter im Dritten Reich. Düsseldorf 1996. – Zu den früheren Bemühungen vgl. Benjamin B. Ferencz, Less than Slaves. Jewish Forced Labor and the Quest for Compensation. Cambridge, Mass. 1979. – Zur Veränderung der deutschen Sensibilität vgl. Rüdiger Gottschalk, Vergangenheitsbewältigung macht vor dunklen Punkten nicht mehr halt. In: Handelsblatt vom 20. Juni 1991.

6 Wolfgang Bocks/Manfred Bosch, Fremd und nicht freiwillig. Zwangsarbeit und Kriegsgefangenschaft in Rheinfelden-Baden und Umgebung 1940–1945. Rheinfelden/Baden 1992. – Bernd Boll, «Das wird man nie mehr los ...» Ausländische Zwangsarbeiter in Offenburg 1939 bis 1945. Pfaffenweiler 1994. – Roland Peter, Rüstungspolitik in Baden. Kriegswirtschaft und Arbeitseinsatz in einer Grenzregion im Zweiten Weltkrieg. München 1995. – Wilhelm Waibel, Schatten am Hohentwiel. Zwangsarbeit und Kriegsgefangene in Singen am Hohentwiel. Konstanz 1995.

7 Frédéric Gonseth, «Esclaves d'Hitler» (Dokumentar), «La montagne muette» (Fiktion und Dokumentar), beide 1997. Am Anfang dieser Aufarbeitung stand ein 1990 produzierter und aus familiären Verbindungen entstandener Dokumentarfilm über Geschichte und Gegenwart in der Ukraine, in dessen Folge 1993 ein ukrainischer Chor in die Schweiz kam und im süddeutschen Singen ebenfalls einen Auftritt hatte. Wichtiges Bindeglied war Wilhelm Waibel, der bei Georg Fischer und Maggi gearbeitet hatte (vgl. Anm. 6). Vgl. Frédéric Gonseth, Du côté de l'histoire à l'ombre du pouvoir. In: Pouvoir et puissance. L'érotisme de l'histoire (traverse 1, 2001. S. 45–50). Gonseth arbeitet inzwischen am Thema der Ärztemission an der Ostfront und am Grossprojekt Archimob, das Aussagen von Zeitzeugen aufzeichnet.

8 Ausführlichste Version: Sophie Pavillon, Trois filiales d'entreprises suisses en Allemagne du Sud et leur développement durant la période nazie. In: Armement et économie de guerre. Bern 1997. S. 209–254. Etudes et Sources. Revue des Archives Fédérales Suisses Nr. 23. Erste Publikation im Juni 1996 (vgl. ebenda. S. 222). Pavillon hat ihre ersten Recherchen für Gonseth unternommen (Mitteilung Pavillon 4. August 2002).

9 Vgl. Teil I und Urs Thaler, Unerledigte Geschäfte. Zur Geschichte der schweizerischen Zigarettenfabriken im Dritten Reich. Zürich 1998.

10 S. beispielsweise den Film «Shoah» (1984) des französischen Publizisten Claude Lanzmann (mit dem gleichnamigen Buch, 1986 in deutscher Fassung) oder das Buch «Writing and the Holocaust». Hrsg. v. Berel Lang. New York 1988.

konnte jedoch auch sie sich dem nicht entziehen, was Peter Novick als Amerikanisierung des Holocaust beschrieb.[11] Das Jahr 1993 brachte mit der Eröffnung des U.S. Holocaust Memorial Museum in Washington, mit den Erstaufführungen des Films «Schindlers Liste» von Steven Spielberg und mit Deborah Lipstadts Buch *Denying the Holocaust: The Growing Assault on Truth and Memory* u.a.m. eine Intensivierung des Erinnerns an den Holocaust.

Wir würden aber die bereits vor 1995 gesetzten Akzente wie den seit 1995 sich gegen die Schweiz aufbauenden Druck nicht richtig verstehen, wenn wir von einfachen Kausalitätsketten ausgingen. Die Vorstellung dagegen von einer zunächst nur wenig voneinander abhängigen, aus verschiedenen «Ursprüngen» genährten, aber etwa gleichzeitig einsetzenden und sich sekundär dann vernetzenden Hinwendung dürfte der Realität eher entsprechen. Von den verschiedenen schweizerischen Vorläufern, die ihrerseits je eigene Hintergründe hatten, seien hier die wichtigsten genannt:

Archivaufarbeitung: 1992 wandte sich die Holocaust-Dokumentationsstätte Yad Vashem, Jerusalem, an die Schweizer Behörden, um über die Namen weggewiesener jüdischer Flüchtlinge ihre Dokumentation der in den Vernichtungslagern ermordeten Juden vervollständigen zu können. Diese Anfrage führte zu einer umfassenden Aufarbeitung der Flüchtlingsdossiers, ferner zu der einen entsprechenden Themenband des Bundesarchivs eröffnenden Darstellung von Guido Koller über die behördliche Praxis in der Flüchtlingspolitik sowie schliesslich zum 1999 publizierten Inventar.[12] Listen weggewiesener Flüchtlinge und mikroverfilmte Unterlagen wurden 1995 und 1998 Yad Vashem und dem Holocaust Memorial Museum (Washington) übergeben. Die mit einem Kredit von 300 000 Franken finanzierte Arbeit wurde 1994 begonnen und führte zu Fachkontakten mit anderen Forschern und Forscherinnen dieses Bereichs; Kontakte, welche der Aktenaufbereitung zugute kamen, aber auch die externe Forschung stärkten.[13]

Ein Buch und eine Bewegung: Am meisten Beachtung fand Stefan Kellers 1993 erschienenes Buch über Paul Grüninger.[14] Diese Publikation war das Produkt einer

11 Peter Novick, Nach dem Holocaust. Der Umgang mit dem Massenmord. Stuttgart 2001. Nowick deutet den rasanten Bedeutungszuwachs des Erinnerns an den Holocaust aus einem doppelten Vorgang: auf jüdischer Seite als Folge und Mittel zugleich der in den 1970er Jahren allgemein verstärkt auftretenden Selbstethnisierung (dem Film «Holocaust» von 1978 ging 1977 der Film «Roots» voraus) und dem Willen, Israel offen beizustehen; und auf christlicher Seite als Bedürfnis nach Orientierung in Zeiten verstärkter moralischer Relativität (S. 297, 352). Vgl. auch Dominick La Capra, Representing the Holocaust. History, Theory, Trauma. Ithaca 1996. – Saul Friedländer, Memory, History and the Extermination of the Jews of Europe. Bloomington/Indianapolis 1993.

12 Die Schweiz und die Flüchtlinge 1933–1945. Bern 1996. Studien und Quellen. In: Zeitschrift des Schweizerischen Bundesarchivs 22. – Flüchtlingsakten 1930–1950. Thematische Übersicht zu Beständen im Schweizerischen Bundesarchiv. Bern 1999. Flüchtlingsakten 1930–1950 II. Bern 2001.

13 Mitteilung Guido Koller vom 12. August 2002. – Pressekonf. des Bundesarchivs über die fehlenden Akten wird verschoben (Loebell 20. Oktober 1995). Bericht am 7. November 1995.

14 Stefan Keller, Grüningers Fall. Geschichten von Flucht und Hilfe. Zürich 1993 (nachträglich, 1996, als Basler Dissertation angenommen / Heiko Haumann). 1994 französische Ausgabe mit einem Vorwort von Ruth Dreifuss. Deutsche Ausgabe in 4. Aufl. 1998.

Bewegung, die, frühe Impulse von 1968/69/70 (also der ersten um den Bonjour-Bericht entstandenen Verarbeitungswelle) aufnehmend, sich bereits 1991 organisiert und diese Studie in Auftrag gegeben hatte. Es war, wie man dem Überblick im Nachwort des Bandes entnehmen kann, das Ergebnis des sechsten Rehabilitierungsversuchs, allerdings, wie man beifügen kann, des am breitesten angelegten und hartnäckigsten. Direkter Vorläufer war ein erster parlamentarischer Vorstoss von Paul Rechsteiner von 1984. Den eigentlichen Start bildete aber ein Vorstoss des ebenfalls sozialdemokratischen Kantonsrats Hans Fässler im Jahr 1989. Das ist insofern wichtig, als man in diesem vielleicht singulären Fall eine direkte Kontinuität zwischen den Vorgängen um «1989» und der Vorbereitung auf «1995» beobachten kann. Über verschiedene Etappen gelang es, den zuerst verfemten, dann vergessenen, dann doch, aber nur unverbindlich gewürdigten Flüchtlingshelfer im November 1995 in aller Form zu rehabilitieren.[15] Grüninger gelangte schliesslich sogar in die Hitliste der Anerkennung: Im Dezember 1999 erkoren Leser der *Coop-Zeitung* Hauptmann Grüninger hinter dem erstpositionierten General Guisan zum zweitpopulärsten «Jahrhundert-Schweizer»![16] Zu der Singularität dieser Verbindungslinie zwischen 1989 und 1995 gehören die Publizistik und die dahinterstehende Grundhaltung der *WoZ* in der schweizerischen Geschichtsbildproblematik sowie eine locker gefügte Gruppe von sich gegenseitig stützenden Autoren.[17]

Zwei Fernsehfilme: Sozusagen parallel zur Arbeit am Grüninger-Buch arbeitete die Fernsehjournalistin Irene Loebell an Dokumentarfilmen über nicht aufgenommene, sondern über abgewiesene Flüchtlinge. Ihr war seit der Kindheit die Diskrepanz zwischen dem, was sie aus familiärer Überlieferung wusste, und dem vorherrschenden Selbstbild der Schweiz aufgefallen, aber es bedurfte des Schubeffekts der frühen 1990er Jahre und des entsprechenden Interesses der Programmverantwortlichen, dass die Filme «Die Schweiz und die Juden» und «Von der Schweiz nach Auschwitz» zustande

15 Mitteilung Keller vom 25. Juli 2002. Die einzelnen Etappen dieses Vorgangs werden in den stets erweiterten Nachworten der Neuauflagen des Buches eingehend nachgezeichnet. Die Revision stärkte die Bewegung und führte so über 1996/97 hinaus zu weiteren «Produkten», die ihrerseits weiterwirkten. In diesem Sinne ging eine verlängernde und verstärkende Wirkung von Richard Dindos im November 1997 uraufgeführtem Grüninger-Film aus. Im Mai 1998 sprach das St. Galler Parlament eine Wiedergutmachungssumme von 1,3 Mio. Franken, die wenig später zur Errichtung einer Stiftung mit wiederkehrenden Preisverleihungen führte (vgl. NZZ vom 6. Mai 1998).

16 Coop-Zeitung vom 5. Januar 2000.

17 Die WoZ (Wochenzeitung) unterstützte die Recherchen im Fall Grüninger finanziell und durch die Freistellung ihres Mitarbeiters Stefan Keller; im Herbst 1992 erschien der Buchtext als Vorabdruck in der WoZ. Keller stand das Manuskript von Picard (vgl. Anm. 21) zur Verfügung, wie Loebell (vgl. Anm. 21) dann Kellers Manuskript zur Verfügung stand. Keller und Picard lernten sich durch die Vermittlung von Niklaus Meienberg kennen (Mitteilung Keller vom 1. August 2002). Ein wichtiges Mitglied dieser informellen Gruppe war Jakob Tanner, der sich als Historiker 1989 mit seiner Reduit-These an der Debatte um «Diamant» und GSoA beteiligt hatte (vgl. Teil I, Schweizerische Zeitschrift für Geschichte 1, 2002. S. 60–68).

kamen, die am 8. Juni und am 27. Juli 1994 ausgestrahlt wurden.[18] Im Zuge ihrer Recherchen wandte sie sich auch ans Bundesarchiv und erhielt dort Einblick in die Dossiers der beiden «Fälle» Sonabend und Feingold. Mit anderen Schicksalen schilderte sie auch diese Fälle im *Weltwoche*-Artikel «Über Bern nach Auschwitz» vom 9. November 1995. Diese Publikation bekam der in London lebende Charles Sonabend zu sehen und gab dem Flüchtlingskind von 1942 einen Teil seiner Geschichte zurück, wie der dann zustande gekommene Kontakt mit Irene Loebell und Stefan Mächler weiteres zur Rekonstruktion des «Falles» beitrug.[19] Wie die zitierten Titel es zum Ausdruck bringen, wird in diesen Recherchen, und dies ist erstmalig, die schweizerische Abwehrhaltung direkt und am lebendigen Wesen mit Auschwitz in Verbindung gebracht.

Die Presse: Die Presse ist immer ein Faktor, wenn Veränderungen unterwegs sind. Hier sei bloss auf das gleiche Phänomen aufmerksam gemacht, das wir bereits im Jahrzehnt zuvor hatten: Aus dezimaler Aktualität wurde 1992 wie 1982 die Grenzschliessung von 1942 mit einer substantiellen Publizistik in Erinnerung gerufen. 1992 brachte auch die Gedenkmünze zur «Flüchtlingsmutter» Gertrud Kurz (vgl. unten). Stellvertretend für andere sei hier ein besonders markanter Artikel von Stefan Mächler zitiert. Mächler hatte an der Universität Zürich bereits eine Lizentiatsarbeit über die bürokratischen Bedingungen der schweizerischen Asylpolitik im Zweiten Weltkrieg verfasst und sollte später, 1996, zum Autor des *Falles Sonabend* werden (vgl. unten). Das für unsere Entwicklungsperspektive Besondere dieses rückblickenden Gedenkbeitrages ist die die künftige Sensibilität vorwegnehmende Hervorhebung des Antisemitischen an der schweizerischen Flüchtlingspolitik, die unabhängig von der damals gegebenen Kriegsproblematik die Abwehr von Juden aus gesellschaftshygienischen Gründen betrieb.[20]

Dissertationen und Erinnerungsschriften: 1994 erschien Jacques Picards Buch *Die Schweiz und die Juden*, es wurde ein wichtiges Arbeitsinstrument für eine im gleichen Jahr entwickelte Ausstellung und bildete eine der Grundlagen für zwei parlamentarische Vorstösse vom Dezember 1994 und vom Februar 1995.[21] Ebenfalls 1994

18 Mitteilung Loebell vom 24. Juli 2002. Vgl. auch Filmbesprechung in der NZZ vom 10. Juni 1994. Im ersten Film Statements von Herbert Herz, Saul Friedländer, Buddy Elias, Fred Wander und Robert Bernheim, dessen Schwester, weil Französin geworden, der Deportation ausgesetzt war. Im zweiten Film: der Historiker Jacques Picard und die Zeitzeugen Fred Wander, Herbert Herz, Theodor Bergmann, Eric und Fée Goldfarb, Saul Friedländer. Zum Gedenken an das Kriegsende wurde im folgenden Jahr, am 4. Mai 1995, in Radio DRS 2 eine 30minütige Sendung mit Fred Wander, Irene Loebell und Hans Ulrich Probst zur gleichen Problematik ausgestrahlt.

19 Dazu weitere Vermittlungen von Loebell in der Sendung von Fernsehen DRS «10 vor 10» vom 10. Juli 1996 und in der Weltwoche vom 11. Juli 1996.

20 Stefan Mächler, Als das Boot für die Juden voll war. In: Tages-Anzeiger vom 29. August 1992.

21 Jacques Picard, Die Schweiz und die Juden. Zürich 1994 (Berner Dissertation/Beatrix Mesmer). Besprechungen von Hanno Helbing in der NZZ vom 26. Mai 1994 und von Wolfgang Benz in der «Zeit» Nr. 13, 1995. S. 47. Eine Vorstudie dazu erschien 1989 als Dokumentation im Band von E. R. Wiehn, Judenfeindschaft. Für die grosse Beachtung und schnelle Rezeption stehen die beiden Radio-Beiträge von Martin Heule im DRS 2 vom 1. und 2. September 1994.

erschien die Arbeit, in der Gaston Haas systematisch der punktuell bereits mehrfach erörterten Frage nachging, was man von wann an in der Schweiz über die Judenverfolgungen wusste.[22] Die im gleichen Jahr erschienene Erinnerungsschrift der Flüchtlingsbetreuerin Charlotte Weber muss ebenfalls als Teil einer breiten Thematisierungskonjunktur verstanden werden.[23] In Anbetracht der für Buchpublikationen nötigen Vorlaufzeiten müssen die genannten Arbeiten, die alle quer standen zum traditionellen, weitgehend selbstgefälligen Geschichtsbild, zu Beginn der 1990er Jahre an die Hand genommen worden sein. Picard schreibt beispielsweise, einen ersten Impuls zu seiner Arbeit 1989 (aber nicht aus der «Diamant»-Kontroverse) erhalten zu haben.[24] Auch erst später erschienene Werke müssen ihren Ursprung in der Zeit vor 1995 haben.[25]

Eine Ausstellung: Nachdem sich die Debatte um das Verhalten «der» Schweiz im Zweiten Weltkrieg im Laufe der 1980er Jahre sukzessive aufgebaut und um die «Diamant»-Feier von 1989 ihren Höhepunkt erreicht hatte, wurden die Verhältnisse, wenigstens an der Oberfläche und vorübergehend, in den Jahren nach 1989 wieder derart ruhig, dass man geneigt ist, von einem Abklingen des öffentlichen Interesses zu sprechen. Für 1994 kann man ein Wiederansteigen der Erinnerungsintensität feststellen. Im April 1994 wurde die Ausstellung «Die Welt der Anne Frank» auf Schloss Lenzburg eröffnet, die schon im ersten Monat 25 000 Besuche verzeichnen konnte und anschliessend bis 1997 an 14 verschiedenen Orten der Schweiz gezeigt wurde.[26] Zielsetzung dieser Aktion war es, die bekannte Geschichte Anne Franks in den schweizerischen Kontext zu stellen und aufzuzeigen, was diese Geschichte mit der Schweiz zu

22 Gaston Haas, «Wenn man gewusst hätte, was sich drüben im Reich abspielte ...». 1941–1943. Was man in der Schweiz von der Judenverfolgung wusste. Basel 1994 (Zürcher Dissertation / Rudolf von Albertini).

23 Charlotte Weber, Gegen den Strom der Finsternis. Als Betreuerin in Schweizer Flüchtlingsheimen 1942–1945. Zürich 1994. Diese Publikation bildete einen der Impulse für eine 50minütige Dokumentationssendung von Otmar Hersche für DRS 1 über Flüchtlingslager in der Schweiz mit dem Historiker Jürg Stadelmann und mit Zeitzeugen wie Otto Zaugg u.a. (22. September 1994).

24 Auf eine Nebenlinie kann hier nicht näher eingegangen, doch soll sie hier wenigstens erwähnt werden – die Aufarbeitung der Vergangenheit bezüglich der Zwangsadoptionen von Kindern der Fahrenden: 1972/73 wurden diese zu einem öffentlichen Thema, im Oktober 1986 forderte ein Postulat von Angeline Fankhauser eine Studie, 1990 sprach sich Bundesrat Flavio Cotti in der Öffentlichkeit für eine «umfassende Abklärung» aus, ein entsprechender Auftrag wurde aber erst – möglicherweise unter dem Eindruck der Vorgänge im Bereich der «nachrichtenlosen» Vermögen – im September 1996 erteilt. Vgl. Walter Leimgruber, Thomas Meier, Roger Sablonier, Das Hilfswerk für die Kinder der Landstrasse. Bundesarchiv Dossier 9. Bern 1998.

25 Zum Beispiel Hermann Kocher, Rationierte Menschlichkeit. Schweizerischer Protestantismus im Spannungsfeld von Flüchtlingsnot und öffentlicher Flüchtlingspolitik der Schweiz 1933–1948. Zürich 1996.

26 Hans Ulrich Glarner, Leiter des Stapferhauses und Initiant der Ausstellung: «Die höchste Beachtung fand sie im Stadthaus Zürich, im Kornhaus Bern, an der Uni Basel und vor allem in Genf (...). Insgesamt zählte die Ausstellung rund 100 000 Besucher» (Mitteilung vom 16. Mai 2001). Der Rundschau-Beitrag des Fernsehens DRS von Irene Loebell gab der Ausstellung eine weitere Resonanz.

tun hat.[27] An der Vorgeschichte dieses Projekts kann man die zunächst fehlende und ausgebliebene, dann aber schnell aufkommende Resonanz für die Holocaust-Problematik ablesen. Die Anne-Frank-Ausstellung war in ihrer internationalen Version (ohne Bezug zur Schweiz) während etwa zehn Jahren schweizerischen Stellen immer wieder angeboten worden, stiess aber auf geringes Interesse, weil das Thema mit der Schweiz, wie man glaubte, nichts zu tun habe. Ein Zufallskontakt führte dann im Sommer 1992 zu einer Interessensbekundung von schweizerischer Seite.[28] Für die schweizerischen Veranstalter war klar, dass die Ausstellung nur mit einem Bezug zur Schweiz gezeigt werden sollte. Sie erarbeiteten darum aufgrund der bereits vorliegenden Studien und insbesondere von Picards Dissertation als zusätzlichen Teil das «und wir»-Element der Anne-Frank-Ausstellung.[29] Die Aufmerksamkeit für die Ausstellung war, wie die Ausstellungsverantwortlichen bemerken, durch den vorangegangenen Film «Schindlers Liste» von Steven Spielberg stark gefördert worden.

Skulpturen: Schang Hutters Name dürfte im März 1998 auch einer ganz breiten Öffentlichkeit für einen kurzen Moment zu einem Begriff geworden sein, als sein Shoah-Denkmal in einer Überraschungsaktion vor dem Bundeshaus deponiert wurde. Damals trug in einem gewissen Sinn Früchte, was lange vorher angelegt und künstlerisch erarbeitet worden war. Als Student seit 1954 mehrere Jahre in München, hatte er die Nachbeben des Krieges und der Judenverfolgungen wie wenige Schweizer direkt wahrgenommen. Diese Erfahrungen prägten sein ganzes Schaffen nachhaltig. 1973 entstand ein Holzmodell des späteren Shoah-Kubus, 1986 fand es Eingang in einen Wettbewerbsvorschlag für den Berliner Deportationsbahnhof Grunewald, und 1996 schuf er, als er Gelegenheit erhielt, in Solothurn bei einem stillgelegten Eisenbahngeleise ein Werk auszustellen, den jetzigen Kubus, noch immer Bild und Ton von Lanzmanns Shoah-Film von 1984 im Kopf. Im Frühjahr 1998 gelangte diese Skulptur dann aus ganz anderem Anlass, nämlich im Rahmen einer Gedenkveranstaltung für die Berner Grauholz-Niederlage von 1798 (!), vors Bundeshaus, sie wurde in der allgemeinen Wahrnehmung aber sogleich von diesem Kontext in den anderen, wesentlich aktuelle-

27 Die Ausstellung war eine Adaptation der internationalen Version «Die Welt der Anne Frank». Die Buchversion wurde durch die finanzielle Unterstützung der Irene Bollag-Herzheimer Stiftung ermöglicht. Zur Reaktion auf die Ausstellung vgl. etwa Mario Poletti, Briefwechsel entlarvt judenfeindliche Flüchtlingspolitik. In: Basler Zeitung vom 2. April 1994. Zum Anne-Frank-Mythos vgl. Wolfgang Benz, Bilder vom Juden. Studien zum alltäglichen Antisemitismus. München 2001. S. 86–95.

28 Anfrage des Stapferhauses vom 6. August 1992 bei der Anne-Frank-Stiftung in Amsterdam. Der Zufallshinweis ergab sich aus der Tatsache, dass Hans Ulrich Glarner und Vincent Frank, ein Nachkomme der Anne F., damals beide dem Vorstand der Schweizerischen Gesellschaft für Aussenpolitik angehörten.

29 Der schweizerische Teil wurde zur Hauptsache von Glarners Stellvertreter Beat Hächler, ebenfalls Historiker, erarbeitet. Ein von der Presse (z.B. ganzseitig im Tages-Anzeiger vom 3. Mai 1995) stark rezipiertes Dokument, der Brief der Rorschacher Schulklasse von 1942, war zum Beispiel einer Fussnote der Picard-Studie entnommen.

ren transferiert.[30] Die Hintergründe dieses Vorgangs zeigen, wie die Holocaust-Thematik auf ganz langem Weg im geeigneten Moment gleichsam ausbrechen konnte. Was aber hat dies mit dem unmittelbaren Vorfeld von «1995» zu tun? Die Lenzburger Ausstellungsverantwortlichen wussten von Hutters Schaffen und stellten, obwohl dieses breiter angelegt ist und generell dem machtlosen und geschundenen Menschen gilt, einen Bezug zum Ausstellungsthema her. So stand, von Armeehelikoptern eingeflogen, neben kleineren auch die grosse 1975 entstandene «Gruppenfigur, 60fach, in Ketten gebunden» im Schlosshof der Lenzburg – und war so etwas wie ein Vorbote der anderen Skulptur, die im März 1998 die Öffentlichkeit erreichen sollte.[31]

Die im Umfeld der Lenzburger Veranstaltung und im Vorfeld der Eidgenössischen Abstimmung um den Beitritt zur Antirassismuskonvention vom 25. September 1994[32] erreichte Intensität an Auseinandersetzung mit der Holocaust-Thematik wurde in den Gedenkfeiern von 1995 nicht wieder erreicht und kam erst 1996/97 erneut zustande. Regierungsrat Ulrich Siegrist erklärte im April 1994 in seiner Ansprache zur Eröffnung der Ausstellung, es gehe nicht um einen Rückblick auf eine abgeschlossene Phase der Geschichte und auf einen längst überwundenen Geist, sondern sie zeige eine Geschichte, die noch nicht zu Ende geführt ist. Er referierte zugleich aber auch die Gegenmeinung, die, was er nicht wissen konnte, sich sogar in dem Masse noch verstärken sollte, als man die verbindliche Präsenz des Vergangenen betonte: «Und da gibt es bei uns noch Leute, die sagen, man solle jetzt endlich diese historische Phase vergessen, diese Vergangenheit sei hinter uns, und man solle sich nicht künstlich eine ‹unbewältigte Vergangenheit› aufbauen ...»[33] Die von Siegrist markierte Position geriet 1995 etwas in den Hintergrund und gewann erst 1996 wieder an Boden.

30 Mündliche Mitteilung vom 27. Juli 2002. Vom Schlachtort Grauholz bis zum Bundeshaus wurde ein Skulpturenweg geschaffen. Hutters Werk nahm die zweitletzte Station vor dem Bundeshaus ein, Bettina Eichins Menschenrechtsdenkmal die letzte Station innerhalb des Bundeshauses. Obwohl dieses Gedenken an «1798» als unmilitärische Angelegenheit verstanden wurde, sprach VBS-Chef Adolf Ogi an der Ausstellungseröffnung.

31 Die Shoah-Skulptur hätte während der ganzen Frühjahrssession dort bleiben dürfen, wurde aber von der rechtsnationalen Autopartei entfernt und an den Künstler zurückgeschickt. Hutters «Shoah» konnte dann vorübergehend auf dem Zürcher Bankenplatz bzw. Paradeplatz aufgestellt werden und gelangte noch an andere Orte der Schweiz. Die «Gruppenfigur, 60fach, in Ketten gebunden» hätte im Jahr 2000 vor der schweizerischen Botschaft in Berlin aufgestellt werden sollen. Das Projekt konnte aus verschiedenen Gründen nicht verwirklicht werden, u.a. weil Botschafter Thomas Borer das Motiv der Skulptur als Einmischung in eine Problematik des Gastlandes empfand. Diese und andere Skulpturen legten dennoch den Weg vom Alternativen zum Offiziellen zurück: Sie wurden im Jahr 2001 während längerer Zeit vom Bundesamt für Flüchtlinge ausgestellt.

32 Die Vorlage wurde nach heftigem Abstimmungskampf mit 54,9 % angenommen.

33 Buchausgabe, S. 17ff. Im Stapferhaus gibt es eine grössere Sammlung von empörten Leserbriefen.

Das Gedenken von 1995

Herausragender Moment des Gedenkens von 1995 war zweifellos die Rede von Bundespräsident Kaspar Villiger in der Sondersession vom 7. Mai mit der förmlichen Entschuldigung für das an jüdischen Verfolgten begangene Unrecht.[34] Es ist hier nicht möglich, abschliessend zu klären, wie die bundespräsidiale Erklärung vom Mai 1995 durch verschiedene vorbereitende Vorgänge – offizielle wie nichtoffizielle – zustande kam.[35] Wie man weiss, wurde die Sondersession vom 7. Mai 1995 nur durchgeführt, weil Regierung und Parlament durch die Ankündigung der Feier der Christlich-Jüdischen Arbeitsgemeinschaft (CJA) im Berner Münster dazu gedrängt worden waren.[36] Verschiedene parlamentarische Vorstösse – alle von der Linken – hatten im Vorfeld auf die Entwicklung eines neuen Verhältnisses zur Vergangenheit gedrängt. Im Dezember 1993 hatte Nationalrat Paul Rechsteiner (SP/SG) wegen der Entlassung von Polizeihauptmann Grüninger eine Anfrage eingebracht, die im Juni 1994 zu einer grundsätzlich positiven Beantwortung durch den Bundesrat und insbesondere zur erstmaligen förmlichen Anerkennung der amtlichen Fehlleistungen in der Flüchtlingspolitik führen sollte[37]; im Februar 1995 reichte Nationalrat Helmut Hubacher (SP/BS) ein Postulat wegen des J-Stempels ein und etwa gleichzeitig Nationalrat Andreas Gross (SP/ZH) eine Anfrage wegen eines zu errichtenden Holocaust-Denkmals. Alle drei Vorstösse hatten «bloss» indirekte Folgen: Im Falle Grüningers half die Antwort, den Weg zur kantonalen Rehabilitierung im November 1995 zu ebnen, im Falle des J-Stempels kam die indirekte Antwort mit der Erklärung vom 7. Mai; im Falle des Holocaust-

34 Text im Amtl. Bulletin und 1997 unter dem Titel «Auch die Schweiz hat Schuld auf sich geladen» in einer NZZ-Publikation nochmals veröffentlicht. Die NZZ vom 9. Mai zitierte Villigers Pressesprecher Eckmann, der die Tragweite der Entschuldigung einschränkte, indem er erklärte, sie gelte nur für den J-Stempel und beziehe sich «nicht generell auf die Flüchtlingspolitik».

35 Villiger hatte zum Beispiel im Vorjahr auch die Lenzburger Ausstellung besucht. Er verstand seine Rede nicht als Antwort auf das Postulat Hubacher, er gab den selbstverfassten Text Walther Hofer und Jürg Stüssi-Lauterburg zur Gegenlektüre. Vgl. Georg Kreis, Die Rückkehr des J-Stempels. Zürich 2000. S. 120.

36 Nachdem anfänglich überhaupt nichts dergleichen vorgesehen war, fasste der Bundesrat am 20. März 1995 einen ersten Beschluss, dass er in corpore an der von der Christlich-Jüdischen Arbeitsgemeinschaft auf den Sonntagabend des 7. Mai im Berner Münster angesetzten Feier teilnehmen werde. In einem zweiten Schritt kam dann auf Drängen von Parlamentariern – Judith Stamm (CVP) und Andreas Gross (SP) – eine Sondersession zustande, die am Sonntagnachmittag durchgeführt wurde. Die CJA baute anderthalb Jahre später ihre Präsenz mit ihrer am 5. September 1996 im Nationalratssaal durchgeführten 50-Jahr-Feier noch weiter aus, an der u.a. Bundesrätin Ruth Dreifuss und der ehem. Auschwitz-Häftling und polnische Aussenminister Wladyslaw Bartoszewski sprachen. Letzterer wurde drei Monate später Mitglied der 9köpfigen Unabhängigen Expertenkommission Schweiz – Zweiter Weltkrieg (UEK). Zu den Parallelen der Befindlichkeit von 1945 und 1995 vgl. Mario König, Befangenes Gedenken. Die Schweiz im Rückblick auf den Zweiten Weltkrieg, 1945 und 1995. In: Bulletin der Schweizerischen Akademie der Geistes- und Sozialwissenschaften 1, 1995. S. 27–32.

37 Der Bundesrat wertet die «gegen Juden gerichteten Vorkehren» ausdrücklich als «unhaltbare rassistische Diskriminierung» (bundesrätliche Beantwortung von 13. Juni 1994).

Denkmals verschanzte sich die Regierung zwar hinter dem Argument, die Problematik der schweizerischen Flüchtlingspolitik sei «zu komplex», als dass sie einfach durch eine Skulptur dargestellt werden könnte, dies müsse vielmehr mit Lehrmitteln und Quelleneditionen geschehen, damit eine derartige Skulptur überhaupt «lesbar» würde; den Vergleich mit Denkmälern und Denkmalprojekten in Deutschland und von Deutschland besetzten Gebieten wollte sie nicht gelten lassen, weil es in jenen Fällen um die Darstellung von unermesslichem Leid gehe, das – offenbar im Gegensatz zum schweizerischen Fall – «in aller Offenheit und Direktheit erzeugt worden ist».[38] Drei Jahre später erhielt Bundes-Bern dann aber, wie gezeigt, doch noch wenigstens ein temporäres Denkmal.

Die offizielle Entschuldigung vom 7. Mai 1995 wurde, wie einige Zeitungskommentare belegen, da und dort erwartet. So griff der *Bund* die Frage schon am 2. Mai 1995 auf und titelte «Entschuldigung angebracht»[39], und *Le Nouveau Quotidien* schrieb am 5. Mai 1995 über die «souffrances infligées aux juifs qui ont vainement cherché refuge dans notre pays» und forderte: «... la Suisse doit des excuses solennelles, trop longtemps esquivées». Die Suisse romande war übrigens in diesen Angelegenheiten entweder expliziter oder engagierter oder beides zugleich. Doch auch in der «Arena»-Sendung von Fernsehen DRS vom 5. Mai 1995 wurde, insbesondere von Nationalrat Helmut Hubacher, die Erwartung ausgesprochen, dass jetzt eine offizielle Entschuldigung erfolge. Die von Hubacher bereits im Februar 1995 geforderte Entschuldigung war Gegenstand einer weiteren Fernsehsendung gewesen.[40]

Die noch vor der Villiger-Rede produzierten Erinnerungsbeilagen der Schweizer Presse spiegeln die Übergangssituation, in der sich der öffentliche Vergangenheitsdiskurs damals befand. Seit längerem bekannte unerfreuliche Themen wurden durchaus selbstkritisch erörtert, die Themen der künftigen Kritik aber noch nicht oder nur teilweise angesprochen. Repräsentativ dürfte die Darstellung der *Neuen*

38 Einfache Anfrage Gross vom 3. Februar und Antwort vom 20. März 1995; Interpellation Gross vom 24. März und Antwort vom 12. Juni 1995. Im letzteren Fall wurde eine Debatte mit 72 gegen 56 Stimmen abgelehnt. Der Bundesrat würdigte in seiner Stellungnahme den Ludwig-Bericht von 1957 als Grundlage für eine Auseinandersetzung mit der Flüchtlingspolitik, von der aus die Problematik weiter erhellt werden könne. Andreas Gross, Politologe und Historiker, schlug den in Paris lebenden Maler Gottfried Honegger als Gestalter eines derartigen Mahnmals vor, weil Honegger dem Schriftsteller Max Frisch ein bewegendes Erlebnis einer Abweisung geschildert hatte. Frisch verwendete diese Schilderung in seinem in den Dienst der Armeeabschaffungs-Initiative gestellten Stück «Schweiz ohne Armee? Ein Palaver» (Zürich 1989): Ein Leutnant der Schweizer Armee sei einem bei Basel über den Rhein kommenden jüdischen Flüchtling mit dem Stiefelabsatz «auf die vier klammen Finger» getreten, so dass dieser vom rettenden Ufer wieder weggeschwemmt worden sei (S. 32). – 1997 sollte dann das Parlament – allerdings unbestellt – ein privates Denkmal zu dieser Thematik vor das Bundeshaus doch noch geliefert erhalten. Vgl. oben Anm. 30/31. – Im Dezember 1998 wurde in Genf ein anderes Denkmal errichtet: das von ehemaligen Internierten als Zeichen des Dankes gestiftete Monument «Flügel des Friedens». Vgl. NZZ vom 14. Dezember 1998.

39 Aufgrund eines grösseren Interviews mit dem Vf. dieses Artikels.

40 Sendung «Bundesplatz» vom 2. März 1995 mit den Nationalräten Helmut Hubacher und François Loeb.

Zürcher Zeitung sein: Alfred Cattani hielt es für «unentschuldbar», dass die Schweiz 1942 mit der Grenzschliessung die Staatsräson über die Gebote der Menschlichkeit gestellt hatte. Für ihn war es auch klar, dass sich die Informationen über die Endlösung damals «längst» konkretisiert hatten. Eine weitere Seite der «Schattenseiten» war der als «unverzeihlich» bezeichnete Transfer von Gold, über dessen kriminelle Herkunft «kaum Zweifel» bestehen konnten. Eine entproblematisierende Beurteilung erfuhren dagegen die Aussenhandelsbeziehungen mit dem Dritten Reich: Die Schweiz sei «gezwungen» gewesen, «gegen ihren Willen und entgegen den Grundsätzen einer strikten Neutralität ihre Ressourcen in überwiegendem Mass nur der einen Kriegspartei zur Verfügung zu stellen». Hier also die Thematisierung des Nazi-Golds, jedoch ebenfalls kein Wort über das Verhalten von Banken und Versicherungen, aber auch nichts über schweizerische Tochterfirmen im Reich und deren Nutzung von Zwangsarbeitern.[41]

Ein paar wenige Präsentationen versuchten, die 1993/94 neu entwickelte Sensibilität ins Gesamtbild zu integrieren. Das auflagenstarke Konsumentenblatt *Wir Brückenbauer* zeigte auf dem Titelblatt zwar noch als Ikone der Veteranenwelt ein Bild von der Fahnenabgabe vom 19. August 1945, im Innern des Heftes wurde aber die andere Seite der Vergangenheit präsentiert: Bruno Schläppi schöpfte aus Picards Buch und berichtete in einem längeren und um einen Beitrag von Alfred A. Häsler ergänzten Artikel über das (aus dem Loebell-Film von 1994 bekanntgewordene) tragische Schicksal eines abgewiesenen Flüchtlings mit Bild und Namen.[42] Die Flüchtlingsgeschichte über Emmanuel Herz hatte in dieser Präsentation aber noch nicht die Dichte und Durchschlagskraft der später einer breiten Öffentlichkeit zur Kenntnis gebrachten Rückweisungsdramen der Familie Sonabend und des Ehepaars Feingold, über die erst 1996 berichtet wurde.[43] Ansätze einer grösseren Bereitschaft, sich mit der Rolle

41 A. C., Mit Neutralität durch den Krieg. In: NZZ vom 6./7. Mai 1995. Auch in dem die Literaturbeilage eröffnenden Artikel von Georg Kohler über die «Jahrhundertlektion» ist zwar vom Kampf für Freiheit und Menschenwürde die Rede, auch vom Kampf gegen den Rassismus, nicht aber von den Unterlassungen im Feld der Wiedergutmachung. Ferner ein Beitrag von Mario König zur Situation am Kriegsende 1945 sowie Bilder aus dem militärischen Alltag, wie sie im späteren Bildband von 1998 wieder verwendet wurden.

42 Brückenbauer vom 26. April 1995. Editorial von Rolf C. Ribi in dieser Nummer, der gleiche Verfasser aber auch schon in der Ausgabe vom 15. Februar 1995. Im weiteren war die Rede vom ausgebliebenen Protest gegen antisemitische Diskriminierung eigener Bürger in NS-Deutschland und Vichy-Frankreich, aber auch vom landeseigenen Antisemitismus. Neben dem Schwerpunkt zur Flüchtlingspolitik fanden in diesem Blatt auch die Goldkäufe und Waffenlieferungen eine Erwähnung.

43 Irene Loebell stellte die Geschichte der Familie Sonabend in der «Weltwoche» vom 11. Juli 1996 vor. Stefan Mächler, Ein Abgrund zwischen zwei Welten. Zwei Rückweisungen jüdischer Flüchtlinge im Jahre 1942. In: Die Schweiz und die Flüchtlinge. Bern 1996. S. 137–232. Insbesondere Anm. 6. Studien und Quellen, Zeitschrift des Schweizerischen Bundesarchivs 22. Das Schicksal der Gebrüder Spring wurde erst 1998 infolge der breit geführten Vergangenheitsdebatte bekannt. Von Paul Rechsteiner vorgebrachtes Schadenersatzbegehren vom 26. Januar 1998. Darin heisst es, dass sich der in Australien lebende 70jährige Joseph Spring aufgrund von Medienberichten über die Errichtung eines schweizerischen Holocaust-Fonds im Februar 1997 in der Schweiz gemeldet habe.

der Schweiz im Holocaust zu befassen, waren schon 1995 vorhanden. Diese wurden gestärkt durch die Konfrontation mit persönlich bezeugten Einzelschicksalen, die als leibhaftige Geschichte viel zur Rekonkretisierung der Vergangenheit beitrugen. Eine frühe Begegnung dieser Art schilderte schon Stefan Keller: Im Juni 1993 erzählte Bernhard Mehl in einer persönlichen Aussprache mit Vertretern des St. Galler Regierungsrats, dass seine Eltern an der Grenze bei Hohenems abgewiesen worden und schliesslich in Auschwitz umgebracht worden seien.[44] Erika Rothschild nahm an der Thuner Veranstaltung vom 8. Mai teil, nachdem sie bereits am 24. Januar 1995 im «Zischtigsclub» aufgetreten war.[45] Dann und wann war bereits früher von Abgewiesenen die Rede gewesen. Das bekannteste Schicksal des jungen Paares, das eine Nacht auf dem jüdischen Friedhof von Bern verbracht hatte, war von Hermann Böschenstein bereits 1942 in der Presse bekanntgemacht und 1967 von Alfred A. Häsler zum Ausgangspunkt seines vielbeachteten Buches gemacht worden.[46] Die von Saul Friedländer über die Abweisung seiner Eltern durchgeführte und schon Ende der 1970er Jahre publizierte Enquete fand zwar grosse Beachtung, hatte aber noch keine unmittelbare Breitenwirkung.[47] Weitere Schicksale wurden erst später bekannt, im Frühjahr 1997 etwa dasjenige von Eli Carmel.[48]

Noch stärker auf den Holocaust ausgerichtet war die Beilage der *Luzerner Zeitung:* Bereits auf der ersten Seite thematisierte sie die Verbrechen des NS-Regimes, und auf der letzten Seite wurde von den leidvollen Erinnerungen jüdischer Überlebender der Nazi-Verfolgung berichtet; in beiden Fällen aber ohne direkten Bezug zur Schweiz (abgesehen von der Tatsache, dass es sich um jetzt in der Schweiz wohnhafte Überlebende handelte). Bedeutsam für das Verständnis des uns speziell interessierenden Vorgangs ist, im letzteren von Ronald Goldberg verfassten Artikel die Auswirkungen des Kriegsendes auf die Opfer und deren Angehörige belegt zu finden: Nach der langen Gratwanderung zwischen Verdrängen und Aufarbeiten habe bei den Überlebenden das Pendel in jüngster Zeit zugunsten der Vergangenheitsbewältigung ausgeschlagen. Halbwegs verheilte Wunden seien wieder aufgebrochen.

Am nächsten beim Bild, das nach 1996 entstand, war die Beilage des Winterthurer *Landboten:* Eine gestützt auf die Werke von Picard und Haas zusammengestellte

Weiter rekonkretisiert wurde das Schicksal der Geschwister Sonabend im eindrücklichen Film «Closed Country» (1999?) von Kaspar Kasics und Stefan Mächler.

44 Keller, op. cit. S. 227.

45 Das Fernseh-Gespräch vom Januar 1995 stand im Zusammenhang mit dem 50. Jahrestag der Befreiung der Häftlinge eines der Vernichtungslager.

46 Von diesem Paar war auch in der Radiosendung von DRS 1 vom 29. Mai 1995 wieder die Rede, die Otmar Hersche mit Böschenstein zu dessen 90. Geburtstag machte.

47 Saul Friedländer, Quand vient le souvenir. Paris 1978. Deutsche Erstausgabe: Wenn die Erinnerung kommt. Stuttgart 1979.

48 Eli Carmel (ehem. Hans Weinberg) meldete sich aufgrund der Publizität um den Fall Grüninger bei Paul Rechsteiner, dieser informierte Stefan Keller, der dann verschiedene Recherchen unternahm und mehrere Artikel dazu publizierte. Vgl. etwa WoZ vom 14. März, 29. August und 10. Oktober 1997.

Doppelseite war der Verfolgungs- und Flüchtlingsproblematik sowie dem damaligen Informationsstand der Schweiz gewidmet.[49] Auf einer anderen Doppelseite erörterte Jakob Tanner die enge wirtschaftliche Zusammenarbeit mit Deutschland und die Käufe von Raubgold, «auch solchen von Vernichtungslagern». Nationale Sicherheitsüberlegungen und unternehmerische Gewinninteressen hätten sich in idealer Weise ergänzt. Nach dem Krieg habe man diese Kooperation aber ausgeblendet, und das «geschönte kollektive Gedächtnis» habe sich gegen die seit den 70er Jahren langsam anlaufende geschichtswissenschaftliche Kritik als erstaunlich resistent erwiesen.[50]

Die *24 heures* zeichneten ein ausgesprochen kritisches Bild: Neben einem Beitrag über das tragische Ende des schweizerischen Hitler-Attentäters Maurice Bavaud wurde André Béguin, dem «Capitaine romand pronazi», ein Beitrag gewidmet, der im Wauwilermoos misshandelte amerikanische Internierte Dan L. Culler wurde auf einer ganzen Seite vorgestellt, Francine Brunschwig verfasste über die abgewiesenen Flüchtlinge Louis Bloch und Emmanuel Herz einen grossen Artikel; André Lasserre, der Lausanner Spezialist der Flüchtlingsgeschichte, leistete ebenfalls einen Beitrag[51], und Nicolas Willemin schrieb, gestützt auf Sébastien Guex, über das Raubgold und am Rande auch über die konfiszierten Judenvermögen. Daneben kam aber auch Georges-André Chevallaz mit einem traditionalistischen Beitrag zu Wort, der die These verfocht, dass sich die schweizerische Neutralität mit der Unterstützung der Vorsehung («providence») bewährt habe.

Die Freiburger *Liberté* liess in ihrer Wochenendbeilage den Freiburger Doyen der Historiker, Roland Ruffieux, über die Verhältnisse bei Kriegsende schreiben, der Lausanner Kollege Lasserre sprach sich auch hier kritisch über die Haltung in der Flüchtlingsfrage aus, Patrice Borcard widmete dem Freiburger Bundesrat Musy und seiner Rolle in der Freikaufsaktion zur Rettung von 1200 Juden einen Artikel, und José Ribeaud suchte in seinem Kommentar einen Mittelweg, lehnte die Glorifizierung wie die Selbstgeisselung ab und zitierte den CVP-Bundesrat Cotti mit dem Wort: «Nous ne pouvons ni ne devons nier que la Suisse a été mêlée à l'innommable barbarie de

49 Auf zwei weiteren Seiten wurde die Fluchtbewegung der benachbarten Grenzbevölkerung bei Kriegsende und das Leben der polnischen Internierten, insbesondere deren Hochschulausbildung in Winterthur, geschildert.

50 Jakob Tanner, Der verlässlichste neutrale Wirtschaftspartner des Dritten Reichs und sein gesäubertes Gedächtnis. In: Der Landbote vom 6. Mai 1995.

51 Das von Lasserre 1995 publizierte Buch «Frontières et camps. Le refuge en Suisse de 1933 à 1945» ist das Produkt einer mindestens seit 1989 intensivierten Beschäftigung mit dem Thema «ein halbes Jahrhundert danach». Es rückt die alltäglichen Lebensbedingungen der Flüchtlinge vermehrt ins Zentrum, will aber, im Gegensatz zur später von der UEK angewandten Methode, keine Individualschicksale aufzeigen. Es will ausgesprochen kritisch sein, ist aber insofern noch weitgehend an die herkömmliche Betrachtungsweise gebunden, als es einerseits vom balancierten Konzept der «pages d'ombres et de lumière» ausgeht, anderseits sich in die Zeit zurückversetzt, «où le combat pour la solidarité nationale prime sur la solidarité humaine», und die schweizerische Haltung nicht im Kontext des Holocaust betrachtet. Entsprechend wenig betont wird das Jüdischsein der Flüchtlinge und das Antisemitischsein der Flüchtlingsabwehr.

l'époque.» Auf ein paar wenigen Zeilen wurde auch auf die Motion des Freiburger Ständerats Piller (vgl. unten) zu den «nachrichtenlosen» Vermögen hingewiesen.

Die später wichtig werdenden Themen blieben, abgesehen von einer knappen Bemerkung in den *24 heures* und einem kurzen Hinweis auf die Motion Piller in der *Liberté,* noch völlig unerwähnt: die «nachrichtenlosen» Vermögen, die Veräusserung von Versicherungen, die Arisierungen, der Handel mit Raubkunst (der immerhin 1993 in einem Fernsehfilm von Thomas Buomberger breit thematisiert worden war)[52], ferner die Beschäftigung von Zwangsarbeitern, der verbreitete Antisemitismus.

Die Art, wie die Sondersession vom 7. Mai durchgeführt wurde, provozierte verschiedene Unmutsbekundungen. Niemand kritisierte indessen, dass man nicht schon jetzt auf das einging, was erst 1996 zu einem Topthema werden sollte. Eine besonders distanzierte Haltung nahm die Sozialdemokratische Partei ein, die am Morgen des 7. Mai im Berner Kino «Jura» mit dem Schriftsteller Adolf Muschg und den Historikern Jakob Tanner und Jacques Picard eine Alternativveranstaltung durchführte.[53] Am folgenden Tag nahm auch die SP-Bundesrätin Ruth Dreifuss an einer Veranstaltung in Thun eine Akzentuierung vor, indem sie betonte, der J-Stempel sei eine nicht zu rechtfertigende Ungeheuerlichkeit, und zu den Wirtschaftsbeziehungen mit dem Dritten Reich bemerkte: «Einige machten auch Geschäfte mit Fluchtgeld, Raubgold von KZ-Opfern und Waffen.» Dabei denke sie nicht in erster Linie an die fanatisierten Fröntler, «sondern an Vertreter bürgerlicher Eliten». Weiter fügte sie bei: «Dass ihre Haltung auch im Bundesrat stark vertreten war, soll uns stets wachsam erhalten.»[54] Auf bürgerlicher Seite wurde dies als partei- und wahlpolitische Manifestation abgetan.

Die Art, wie die offizielle Autorität ihre Erinnerungsfeier schliesslich durchführte, bedeutete eine Abwendung vom militärischen Veteranenkult, der 1989 in den «Diamant»-Feierlichkeiten kulminiert hatte. Verbal gab es zwar auch 1995 anerkennende Worte in dieser Richtung, obwohl man sich oder gerade weil man sich alles in

52 Am 16. Juni 1993 in der Reihe «Spuren der Zeit». Besprochen von A. C., Nazi-Raubgut für Schweizer Kunstsammler. In: NZZ vom 19./20. Juni 1993. Bemerkenswert ist die Formulierung des Rezensenten, der die Schweiz und den schweizerischen Kunsthandel als verantwortliche Subjekte ausblendet, dafür das NS-Regime zum Täter macht, indem er sagt, die Darstellung sei ein «Musterbeispiel der Verstrickungen in Schuld und Verhängnis» (...), «welche der Unrechtsstaat des Dritten Reiches auch über den Kunsthandel gebracht hat».

53 Zeitgleich erschien in der «SonntagsZeitung» vom 7. Mai 1995 in einer gekürzten Version die in dieser Veranstaltung gehaltene Rede von Adolf Muschg. Die Alternativveranstaltung wurde durchgeführt, weil das Rednerritual (Nationalrats-, Ständerats- und Bundespräsident plus Frauenvertreterin [Josi Meier, CVP] und Historiker [André Lasserre, LDP-nahe]) der Sondersession mehr oder weniger zufällig keinen SP-Sprecher vorsah. Die SP glaubte nicht an die «Fiktion von neutralen Rednern» und erwog zunächst, die Feier zu boykottieren. Gemäss Annemarie Huber, Generalsekretärin der Bundesversammlung, sei die SP zuvor damit einverstanden gewesen, von Fraktionssprechern abzusehen, um die Feier nicht zu einer parteipolitischen Veranstaltung verkommen zu lassen. Vgl. auch NZZ vom 24. April 1995: «Geschichtsaufarbeitung im Proporz?»

54 AP-Meldung, NZZ vom 9. Mai 1995. In der Thuner Veranstaltung sprach auch eine Auschwitz-Überlebende über ihre persönlichen Erfahrungen. Erika Rothschild berichtete unter anderem, dass bei einem Spitalaufenthalt eine Krankenschwester ihre eintätowierte KZ-Nummer gesehen und nicht verstanden bzw. als Telefonnummer missverstanden habe.

allem doch davon abwandte. Gegenstück zu dieser Abwendung war die Hinwendung zu einem zivilen Kult des Gedenkens an Verfolgungsopfer.[55] Diese Hinwendung zeichnete sich schon vor dem Mai 1995 ab, durch die erwähnte Aufwertung des Polizeihauptmanns Paul Grüninger oder durch die ebenfalls posthume Ehrung der «Flüchtlingsmutter» Gertrud Kurz 1992 im Erinnerungsjahr der Grenzschliessung vom August 1942[56] oder durch die Würdigung, die Carl Lutz im April 1995 durch Bundesrat Flavio Cotti erfuhr.[57]

Alles in allem stiess Villigers Erklärung auf beinahe uneingeschränkte Zustimmung. Massive Kritik an der Entschuldigung des Bundespräsidenten sollte erst 1996/97 ertönen, als der externe Druck als vermeintliche Folge dieser «weichen» Haltung spürbar wurde.[58] Die *Neue Zürcher Zeitung* druckte die ganze Rede ab, ihr grundsätzlich positives Urteil war aber, dem gedämpften Stil des Blattes entsprechend, verhalten: Villiger habe sich nicht «gescheut», in die nationale Vergangenheit hineinzuleuchten, die Rede sei von «persönlicher Reflexionskraft» geprägt gewesen.[59] Auch die *Basler Zeitung* gab sich zurückhaltend, Villiger habe eine «kluge und selbstkritische» Rede gehalten und sich «mit Anstand aus der Affäre» gezogen.[60] Der Berner Kor-

55 Gegenläufig zu dieser Abwendung erlebte der 1988 als Reaktion auf die Armeeabschaffungs-Initiative gegründete und 1995 um 6000 Mitglieder zählende Verband Schweizerischer Armeeveteranen einen starken Zulauf. – Mario König verweist auf die Übereinstimmung der Gedenkhaltung von 1945 und 1995, vgl. Die Verlegenheit vor dem Frieden. Vom schweizerischen Umgang mit dem Ende des Zweiten Weltkrieges. In: Supplement zu den traversen 2, 1995. S. 11–16.

56 Auch in diesem Fall besteht ein enger Zusammenhang mit «1989»: Die Herausgabe einer derartigen Münze war am 8. Juni 1989 in der Kreditberatung zur Mobilisationsfeier von der Grünen Nationalrätin Rosmarie Bär als Ergänzung oder Gegenstück zur General-Guisan-Münze beantragt worden. Finanzminister Otto Stich erklärte sich bereit, den Vorschlag aufzunehmen, aus organisatorischen Gründen könne dies nicht mehr im laufenden Jahr geschehen, doch würde sich dazu auch das Jahr 1990 anbieten, weil dann der 100. Geburtstag der prominenten Flüchtlingsmutter begangen werde (NZZ vom 9. und 13. Juni 1989).

57 Cotti erklärte im Rahmen der Gedenkstunde zum 100. Geburtstag am 3. April 1995, Verständnis für die schwierige Situation des «umzingelten» Landes dürfe uns nicht dazu verführen, manche «schwere Versäumnisse und Schwächen» zu entschuldigen. «Ich denke hier nicht zuletzt an unsere Politik gegenüber den von den Nazi-Schergen gnadenlos verfolgten Juden. Es ist nötig, es ist gut und heilsam, wenn wir diese Schwächen und Versäumnisse selbstkritisch aufarbeiten und zur Diskussion stellen.» Bereits im März 1994 hatte Rita Schwarzer dem Wirken Lutz' eine Radiosendung gewidmet, wohl in Erinnerung an die 50 Jahre zuvor durchgeführte Rettungsaktion. In der NZZ kommentierte A. C., der 1945 gegenüber Lutz ausgesprochene Tadel sei «ein nur schwer zu überbietender Missgriff bürokratischer Borniertheit» gewesen (12./13. März 1994). – Die Entschuldigungsreihe wurde Ende Mai von Cornelio Sommaruga mit der Aussage fortgesetzt, «dass das heutige IKRK mögliche Versäumnisse und Irrtümer der Vergangenheit nur bedauern könne» (vgl. Tagespresse vom 31. Mai 1995).

58 So warf der damals noch der FDP angehörige Nationalrat Luzi Stamm dem FDP-Bundesrat vor, er habe mit dieser Erklärung der Schweiz «enormen Schaden» zugefügt (L. Stamm, Der Kniefall der Schweiz. Zofingen 1998. S. 95).

59 Bericht des Bundeshauskorrespondenten lts. in NZZ vom 8. Mai 1995.

60 Christof Wamister, Nach 50 Jahren die Entschuldigung. In: Basler Zeitung vom 8. Mai 1995. Das Blatt berichtete ausführlich auch über die Alternativveranstaltung mit der Rede von Adolf Muschg.

respondent des *Corriere del Ticino* sprach von einem «discorso equilibrato e nel contempo coraggioso».[61] In der französischen Schweiz lautete das Urteil mehrheitlich deutlich positiver. Im *Le Nouveau Quotidien* stelle Jacques Pilet fest: «Le Président de la Confédération a trouvé les mots justes. Le Conseil fédéral s'est montré à la hauteur des circonstances. Trouvant le courage de formuler des excuses pour certains agissements.» Denis Barrelet befand in den *24 heures,* Villiger habe das Nötige gesagt – «les mots qu'il fallait». Und Georges Plombins Kommentar in der *Liberté* war gar enthusiastisch, bezeichnete er doch die Entschuldigung als «le plus beau choc de la journée», um dann beizufügen: «Ce geste tant attendu ... Du coup, on respire mieux.» Gemäss *Le Nouveau Quotidien* seien auch SP-Parlamentarier wie Jean-Nils de Dardel positiv überrascht gewesen. Hingegen liess sich der freisinnige alt Bundesrat Georges-André Chevallaz von diesem Blatt mit einer kritischen Beurteilung zitieren: «On va trop loin dans les excuses.» In Frankreich denke auch niemand, sich für die Napoleonischen Feldzüge zu entschuldigen. Der Pressespiegel vom folgenden Tag hielt fest: «L'autocritique annoncé dimanche s'est prolongée hier dans toute la Suisse.»[62] Auch die *Basler Zeitung* blieb am folgenden Tag noch beim Thema und brachte zwei speziell interessante Stimmen: von der linken Seite den Kommentar von Peter Bodenmann (SP/VS), der als einer der ganz wenigen auch das «künftige» Bankenthema ansprach: «Die Gelder ermordeter Nazi-Opfer auf den Konten der Schweizer Banken waren Kaspar Villiger keinen Nebensatz wert.» Und auf der rechten Seite die Stimme von Sigmund Widmer (LdU/ZH) mit der Feststellung, die «schweizerische Selbstbezichtigung» käme Deutschland entgegen, ihm sei hochoffiziell bescheinigt worden, keineswegs allein den Juden gegenüber schuldig geworden zu sein. Widmer räumte ein, in der NS-Zeit gewissen Pressionen nicht tapfer widerstanden zu haben. Gleichzeitig nahm er eine sonderbare Parallelisierung vor, indem er erklärte, man werde sich in 50 Jahren fragen, «wieso unsere Regierung so weit ging und wieso sie den heutigen Pressionen nicht tapfer mehr Widerstand entgegengesetzt hat».[63]

Mit Entschuldigungen verbindet sich die Vorstellung, dass eine Sache durch einen reinigenden und entlastenden Akt zum Abschluss gebracht werden könne. Wer die Entschuldigung als eine Konzession an «ewige Stürmi» verstand, konnte der Meinung sein, dass mit dem 7. Mai die Angelegenheit erledigt sei. Der Kommentar in den *24 heures* dürfte eine breite, aber – wie sich herausstellen sollte – unzutreffende Einschätzung wiedergegeben haben, als er bemerkte: «Tout a été dit, sur l'horreur de cette guerre et sur nos propres ombres, ainsi aussi sur nos responsabilités pour demain. Un peu comme après l'orage l'air est plus léger. On peut avancer d'un pas plus ferme.»[64]

Andere hier schwer dokumentierbare, aber mit den Akzenten der Zeit vor 1995 in Verbindung stehende Personen sahen im gleichen Vorgang bloss den Anfang einer

61 Giuseppe Rusconi am 8. Mai 1995.
62 Le Nouveau Quotidien vom 9. Mai 1995.
63 Basler Zeitung vom 9. Mai 1995.
64 24 heures vom 8. Mai 1995.

Selbstkritik, die noch weiter gehen sollte. Aber es meldeten sich bereits jetzt auch Stimmen gegenläufiger Natur. Chevallaz war eine von ihnen. Auch Alfred Cattani versuchte in der *Neuen Zürcher Zeitung* Gegensteuer zu geben. Er distanzierte sich zwar von der «überholten Art des Heroisierens», in der sich nach dem Krieg viele Angehörige der Aktivdienstgeneration «allzulange» gefallen habe, er vertrat aber auch die Meinung, die negativen Seiten seien in diesem Gedenkmoment zu ausschliesslich betrachtet und dabei die positiven Seiten zuwenig gewürdigt worden: «... eine unangenehme Wahrheit ist nur eine halbe Wahrheit. Zum Gesamtbild der Schweiz im Zweiten Weltkrieg gehören Gutes und Schlechtes, Helles und Dunkles.» Cattani erklärte, nicht «unvergleichbare Dinge» gegeneinander aufrechnen zu wollen, tat es aber trotzdem und zählte auf, wer sich in jenen Jahren alles verdient gemacht habe: Presseleute, Theologen, die Frauen, die Unterhändler der harten Wirtschaftsverhandlungen mit Deutschland. Er sprach mehrfach von dunklen Punkten im Plural, nannte aber nur gerade die Grenzschliessung im Sommer 1942. Der ganze Geschäftsbereich wurde ausgeblendet beziehungsweise nur als Gegenstand erwähnt, der unzutreffend und somit unberechtigt kritisiert würde – «als habe eine Klassenherrschaft mit Hilfe von Lohnsklaven der Industrie kaltherzig die Geschäfte des Dritten Reichs besorgt, angeführt von der profitgierigen Wirtschaft und gedeckt durch eine willfährige Regierung». Die hier behauptete Einseitigkeit des Bildes wird durch die Durchsicht der Presse nicht bestätigt und könnte als Eindruck vielleicht durch die Wahrnehmung der SP-Gegenveranstaltungen entstanden sein. Aufschlussreich ist, dass schon damals eine «Kluft zwischen den Generationen» festgestellt und in Erinnerung gerufen wurde, «was die Angehörigen der von Weltwirtschaftskrise und Krieg geprägten Generation ihr Leben lang bedrückt hat».[65]

Dezidiert negativ äusserte sich sodann Eduard Stäuble gegen die «Gedenkfeierei», die ihn 1989 noch gar nicht gestört hatte. Jetzt aber wollte der Kolumnist möglichst schnell zur Tagesordnung übergehen: «Das Volk kennt das Problem. Es weiss, dass und wie damals gefehlt wurde. Aber müssen wir uns denn noch immer täglich und noch jahrelang Asche aufs Haupt streuen?» Ob er das «Problem» wirklich erkannt hatte, ist zweifelhaft, hielt er doch den bedrängenden Befunden gleichzeitig die verwedelnde Argumentation entgegen, man müsse «auch einmal» dran denken, dass die Schweiz damals («im Würgegriff der Achsenmächte») noch andere Probleme hatte. Die von der Schweiz praktizierte «Schlauheit» sei zwar nicht immer ganz «stubenrein» gewesen, von der «Schaukelpolitik» hätten aber auch die jüdischen Flüchtlinge profitiert. Stäuble tat Alfred A. Häslers (sich schliesslich bewahrheitende) Prognose, dass die Aufarbeitung der Schuld der Schweiz erst begonnen habe, als abwegige Behauptung ab. Er meinte, es sei an der Zeit, zu vergeben und sich zu versöhnen und die Freundschaft zu pflegen. Die immer gleichen alten Vorwürfe und Anklagen könnten sich mit der Zeit höchst kontraproduktiv auswirken.[66]

65 A. C., Gedanken über das Gedenken zum Kriegsende. Viele dunkle Punkte – aber es gab auch anderes. In: NZZ vom 13./14. Mai 1995.

66 Eduard Stäuble, Die «Gedenkfeierei». In: Badener Tagblatt vom 20. Mai 1995. Ein paar Wochen zuvor hatte er Nationalrat Helmut Hubachers Forderung nach einer Entschuldigung als «Gag» ab-

An Eduard Stäuble kann man einerseits die Linie zurückverfolgen in eine Zeit mit liberaleren Haltungen in unbequemen Vergangenheitsfragen; anderseits kann man die Linie in die spätere Zeit der Verhärtung bereits bestehender Abwehrhaltungen weiterverfolgen. Zu den früheren Jahren: 1990 thematisierte Stäuble von sich aus den «Fall Grüninger» (vgl. oben), er betonte gerne, dass er 1970 zu Grüninger einen Fernsehbericht in Auftrag gegeben habe, der von der Presse als «Denkmal» bezeichnet wurde. Er hätte eine weitere Bearbeitung des Falls gewünscht, aber nicht von einem «aktendurchstöbernden Historiker», sondern von einem «grossen Dichter oder Schriftsteller» und ohne «ideologische Vergangenheitsbewältigung» und «kleinkarierte parteipolitische Zänkereien».[67] Drei Jahre später reagierte Stäuble auf Stefan Kellers Buch ungnädig und unwirsch: Alles Wesentliche sei seit 1968 bekannt, der Ruf nach Rehabilitierung sei völlig überflüssig, Grüninger sei längst rehabilitiert, man wolle nur Geld («Hunderttausende von Franken»), und es gehe nur um asylpolitische Propaganda. Mit den guten journalistischen Verbindungen würde ein «Medienspektakel» inszeniert, was dazu führe, dass gleich ein «einstimmiges Getrommel durch den Medienbusch» gehe.[68]

Nun zu den späteren Jahren: Eduard Stäuble schrieb im November 1996, die ihm zuvor nicht bekannte, jedenfalls unerwähnte Problematik der «nachrichtenlosen» Vermögen in die einigermassen bekannte Sache mit den Raubgoldgeschäften einpackend, das alles sei doch «kalter Kaffee», man kenne das hierzulande längst, es sei seit fünfzig Jahren ein «alter Hut». Erneut griff er zu den Gegenargumenten, die Schweiz habe sich in einer «verteufelt verzwickten Lage» befunden. Als ob dies in den Absichten enthalten gewesen wäre, hob er hervor, dass die Schweiz mit ihrer «geschickten Weise» auch zahlreiche jüdische Flüchtlinge und die «nachrichtenlosen» Vermögen vor Hitlers Zugriff bewahrt habe.[69]

Die Verschiebung der eingenommenen Haltungen ergab sich einerseits durch die Veränderungen des Kontextes, andererseits zum Teil aber auch dadurch, dass die Leute in ein Alter kamen, in dem Verarbeitung der Vorgänge in zunehmendem Mass Mühe bereitete. So muss man mit einer gewissen Überraschung feststellen, dass der ausgesprochen liberale Hans Tschäni zuletzt unter die 1997 sich formierenden und zum Widerstand antretenden National-Konservativen geriet: In einem Text, der zwischen «seiner» und der «heutigen» Generation unterschied, verwahrte er sich dagegen, dass die Schweiz stärker kritisiert werde als andere Länder, dass man «leichtfertig» den Vorwurf des Antisemitismus erhebe, dass man in nationaler Selbstzerfleischung mache etc. Dem Vorwurf der «heutigen» Generation, man zelebriere unablässig den Sonderfall, hielt er trotzig die Bemerkung entgegen: «Sicher ist, dass wenigstens uns Alten die

getan: Die Entschuldigung. In: Badener Tagblatt vom 29. April 1995. Stäuble war Leiter der Abteilung Kultur beim Fernsehen DRS.

67 Badener Tagblatt vom 8. Dezember 1990.

68 Badener Tagblatt vom 29. Januar 1994.

69 Eduard Stäuble, Offener Brief an Alfons D'Amato. In: Aargauer Zeitung vom 16. November 1996. Aufgenommen in die Leserbriefsammlung von Paul Rothenhäusler, Leuchtturm in der Wüste. Stäfa 1997.

Schweiz immer noch am Herzen liegt.»[70] Wie anders hatte es nur zwei Jahre zuvor noch getönt! In seiner Stellungnahme von 1995 zum Kriegsende gab es zwar Berührungspunkte, wenn er schon da bemerkte, dass er «Selbstanklagetransparente» zu Begehungs- und Unterlassungssünden als Aktivdienstler mit über 800 Diensttagen als Zumutung empfinde. Aber er räumte doch ein: «Es gilt auch, nach unserem Verhalten in jener Zeit, nach unseren politischen und humanitären Leistungen und Unterlassungen zu fragen.» Und der Hauptakzent lag auf der Selbstkritik, dass «wir» nach 1945 die grossen Ideen nicht umgesetzt hätten.[71] Diese kritische Sicht hätte sich der 1996/97 aufkommenden Kritik anschliessen können, bestand doch ein Zusammenhang zwischen dem Versickern und Austrocknen des «idealistischen Herzblutes» und dem Ausblenden von unerfreulichen Seiten der Vergangenheit. Doch Tschäni konnte mit dieser Kritik auch in temperierter Form nicht mehr mithalten, ihm «reichte es», wie er treffend feststellte.

Der neue Schub von 1996

Wie sich «1995» über wegbereitende Manifestationen angebahnt hatte, machte sich auch «1996» über Vorläufersignale früh bemerkbar; Signale, die sogar schon vor der Gedenkphase von 1995 einsetzten und die man im Rückblick anders und besser zu lesen weiss als in der Zeit selber. «1996» hat eine grössere Vorgeschichte, die in die 1960er Jahre mit der ungenügenden Abwicklung des «Meldebeschlusses» zurückreicht, und ein sich über anderthalb Jahre vor dem Kulminationspunkt der Jahreswende von 1996/97 hinstreckendes unmittelbares Vorfeld. Die beste Quelle zur Rekonstruktion des politischen Vorgangs, der schliesslich zu einem weiteren Schub in der Historiographie führen sollte, ist die Darstellung des Basler Wirtschaftsjournalisten Pierre Weill.[72] Dieser Darstellung zufolge hatte das, was sich 1996 zu einer ganz grossen Affäre entwickeln sollte und als Produkt einer konzertierten Weltverschwörung dämonisiert wurde, recht unkoordiniert begonnen. In der Mischung von Zufälligkei-

70 Hans Tschäni, Mir reicht's. Undatierter Beitrag in der Sammlung Rothenhäusler (vgl. Anm. 69), S. 17ff.

71 Hans Tschäni, 1945–1995: Die Schweiz 2000 erfinden – eine Vision. In: Traverse, Supplement zu Nr. 2, 1995. S. 7–10.

72 Pierre Weill, Der Milliarden-Deal. Holocaust-Gelder – wie sich die Schweizer Banken freikauften. Zürich 1999. Im weiteren Thomas Maissen, Die Schweiz und die nationalsozialistische Hinterlassenschaft. Anlass, Phasen und Analyse einer neuen Debatte. In: Der Zweite Weltkrieg und die Schweiz. Reden und Analysen. Hrsg. v. Kenneth Angst. Zürich 1997. S. 119–142. Insbes. S. 131ff. Ebenfalls von Maissen, aber stärker auf die Zeit nach 1996 bezogen: Die Schweizer Weltkriegsdebatte: Ein erster Rückblick. In: Europäische Rundschau 2, 2000. S. 63–72. Ferner Adam LeBor, Hitler's Secret Bankers. The Myth of Swiss Neutrality During the Holocaust. Secaucus, N.J. 1997. Die UEK-Studie über die «nachrichtenlosen» Vermögen (Bd. 15. Zürich 2001) befasst sich mit der älteren Vorgeschichte (u.a. dem Meldebeschluss von 1962), sie enthält aber keine Darstellung der unmittelbaren Vorgeschichte.

ten und strukturell bestimmtem Verhalten ergab sich etwa die folgende, unter der Oberfläche der Öffentlichkeit verlaufende Entwicklungslinie: 1987 durch eigene Leute in Bewegung gesetzt, versuchte die Jewish Agency of Israel in den Jahren 1989–1994 mit der Methode der «stillen Diplomatie» bei den schweizerischen Behörden und Banken eine Lösung für die «nachrichtenlosen» Vermögen zu erwirken.[73] Aus einer informellen Nebeninitiative entstand 1992/93 eine Studie zur Frage der «nachrichtenlosen» Vermögen in der Schweiz, sie zeitigte zunächst aber keine direkten Weiterungen.[74]

Die zielgerichteten, die Schweiz speziell ins Auge fassenden, sich aber in keiner Weise auf sie beschränkenden Bestrebungen erhielten durch mehrere Umstände, die zusammen eine günstige Konstellation bildeten, starken Auftrieb: *erstens* durch die mit dem Zusammenbruch des kommunistischen Machtapparates in Osteuropa einsetzenden privaten Restitutionsforderungen, *zweitens* durch die beinahe schlagartig einsetzende und sich gegenseitig verstärkende Bereitschaft überlebender Holocaustopfer oder ihrer nächsten Angehörigen, angesichts des sich zu Ende neigenden Lebens über lange verdrängte Schreckens- und Unrechtserfahrungen zu reden, und *drittens* durch die eingangs bereits skizzierte Intensivierung der Vergegenwärtigung des Holocausts. Entgegen der verbreiteten Meinung kann aber die vermeintliche Zugänglichkeit zu neuen Quellen etwa infolge einer *Declassification* von Archivbeständen in den USA kein auslösender Faktor gewesen sein.[75] Man ging allerdings davon aus, dass in den verschiedenen Archiven «noch einiges an Sprengstoff» liege. Das alles verband sich zudem mit der generellen Aufwertung menschenrechtlicher Ansprüche und mit der verstärkten Tendenz zur Monetarisierung von Benachteiligungen bzw. Schäden irgendwelcher Art.

Aus dem nichtöffentlichen Bereich ergingen dann vier Impulse, die insgesamt dazu führten, dass die Frage der «nachrichtenlosen» Vermögen 1995/96 zu einem Topthema gedieh. In der chronologischen Reihenfolge waren dies:

1. Nicht weiter spezifizierte «ausländische Presseberichte» veranlassten Ständerat Otto Piller (SP/FR), am 6. Dezember 1994 eine kleine Anfrage zu den «herrenlosen» Vermögenswerten (nicht ausgerichtet auf jüdische Konteninhaber) zu lancieren, was allerdings nichts zu bewegen vermochte und sich insbesondere auf die Thematisierung vom Mai 1995 nicht auswirkte.[76] Am 12. Juni 1995 fasste Piller

73 Weill, S. 21ff. Rechtsanwalt und ehem. SP-Nationalrat Andreas Gerwig in Verhandlungen mit dem Eidgenössischen Justiz- und Polizeidepartement und mit der Schweizerischen Bankiervereinigung.

74 Vgl. unten Anm. 78.

75 Einschätzung von Thomas Maissen, der zusammen mit Eric Dreifuss eine grössere Publikation zur Schweizer Weltkriegsdebatte und den «nachrichtenlosen» Vermögen (1992–2002) vorbereitet.

76 Piller, generell an Fragen der globalen (Un-)Gerechtigkeit interessiert, bezog die Anregung zu diesem Vorstoss aus einem während einer Flugreise in einer ausländischen, wohl deutschen Zeitung (Spiegel oder Die Zeit) gemachten Zufallsfund; er hatte nicht speziell Ansprüche jüdischer Konteninhaber vor Augen, sondern dachte an liegengebliebene Gelder jeglicher Art, die nicht den Banken überlassen bleiben, sondern dem Staat zu einem gemeinnützigen Zweck überführt werden sollten (Mitteilung vom 20. Juni 2002). Pierre Weill nennt «Die Zeit»; diese aber nimmt erst 1996 das Thema

mit einer Motion nochmals nach; diese wurde dann am 20. Dezember 1995 kurz besprochen, führte aber ebensowenig zu einer neuen Einschätzung der Lage.[77]

2. Ein Artikel der *SonntagsZeitung* vom 5. März 1995. Der Wirtschaftsjournalist Beat Balzli wies in diesem Beitrag auf «gravierende Mängel» bei der Behandlung von Konten von Holocaust-Opfern hin. Balzli war bei Recherchen zur Schwarzgeldproblematik im Archiv für Zeitgeschichte zufällig auf eine von Jacques Picard bereits 1993 verfasste Studie über die Vermögen von Verfolgten gestossen, die zunächst bloss den Status eines internen Arbeitspapiers hatte.[78] Das Blatt konnte auch Bankenstimmen zitieren, welche erstmals die Existenz von Holocaust-Geldern nicht kategorisch dementierten. Doch auch diese Publikation führte noch nicht, wie die Gedenkartikel vom Mai 1995 zeigen, zu einer breiten Wahrnehmung der Problematik. Und der Sprecher des Schweizerischen Israelitischen Gemeindebundes (SIG) rechnete zu jenem Zeitpunkt überhaupt nicht mit

auf, zuerst bezüglich des Nazi-Golds mit Roger de Weck (Nr. 29) und Frey Gsteiger (Nr. 40), erst sekundär zu den Bankkonten mit Oliver Schumacher (Nr. 38) und Wolfgang Gehrmann/Stefan Willeke (Nr. 42).

77 Da Piller nicht mehr dem Ständerat angehörte, vertrat Gian-Reto Plattner (SP/BS) am 20. Dezember 1994 den Vorstoss. Er zitierte Piller, der ihm gesagt hatte, keiner seiner Vorstösse in den 16 Jahren seiner Amtstätigkeit habe je soviel Resonanz gefunden wie dieser. Plattner fügte bei, dass es ihm genau gleich gehe und diese Verhandlung vom japanischen Fernsehen verfolgt würde. Die Motion wurde gegen den Willen des Antragstellers mit 6:4 Stimmen und mit dem Argument, dass die Banken inzwischen das Nötige vorgekehrt hätten, in ein weniger verbindliches Postulat umgewandelt.

78 Jacques Picard, Switzerland and the Assets of the Missing Victims of the Nazis. Manuskript 1993 (deutsche Version: Die Vermögen rassisch, religiös und politisch Verfolgter in der Schweiz und ihre Ablösung von 1946 bis 1973. Die Schweiz und die Vermögen verschwundener Nazi-Opfer. Bern 1993). Zehn Exemplare wurden an verschiedenen Orten hinterlegt und öffentlich zugänglich gemacht (z.B. in der Schweizerischen Landesbibliothek Bern, im Archiv für Zeitgeschichte Zürich, in der Kongress-Bibliothek Washington). Geringfügig überarbeitete Fassungen erschienen in englisch als selbständige Schrift 1995 und in deutsch in: Die Schweiz und die Flüchtlinge 1933–1945. Studien und Quellen. Bd. 22. Bern 1996. S. 233–269. – Weill, S. 13ff. Auftraggeber war gemäss Weill der britische Wirtschaftsjournalist Lawrence Lever. Finanziert wurde die Studie von Akiva Lewinsky, der (was Picard nicht wusste) für die Jewish Agency arbeitete. Picard am 13. Juli 2002: «Nicht Lewinsky hat mein Papier finanziert, sondern es war die englische Zeitung und BBC. Die Jewish Agency wollte dann, als darüber kurz berichtet wurde, offensichtlich bei Lever das Papier kaufen und versuchte mich deshalb zu bezahlen. Eine zweite Bezahlung, von welcher Seite auch immer, habe ich abgelehnt und statt dessen das Papier sofort in den besagten 10 Archiven deponiert und frei zugänglich gemacht. Auch die Bankier-Vereinigung wollte mich damals bezahlen, um das Papier ihrerseits haben und nachdrucken zu können; ich habe das Papier zum Nachdruck freigegeben (was später auch geschah), aber auch hier eine Bezahlung abgelehnt. Mein Motiv war: Das Papier ist eine Vorstudie, in 4 bis 5 Wochen hergestellt inkl. Quellenforschung. Es hatte den deklarierten Status einer ‹Vorstudie› aufgrund der zahlreichen Forschungsfragen, die am Ende aufgelistet sind, und es war meiner Meinung nicht opportun, damit ‹Verkäufe› zu tätigen. Dass diese Zurückhaltung und Neutralität politisch wichtig werden könnte, war mir zwar bewusst, erschien mir aber damals nicht bedeutsam; rückblickend ist sie es geworden.» Balzli publizierte 1997 das Buch «Die Schweiz und die Treuhänder des Reichs», ohne aber auf die Vorgeschichte einzugehen.

einem Erfolg der neuerlichen Aktualisierung der alten Ansprüche, weil man in den meisten Fällen keine «klaren Beweise» vorlegen könne.[79]

3. Ein Artikel der israelischen Wirtschaftszeitung *Globes* in der Holocaust-Gedenknummer vom 14. April 1995, in dem Itavar Levin, stellvertretender Chefredaktor des Blattes, der ursprünglich über Antisemitismus in der schweizerischen Tourismusindustrie hatte recherchieren wollen und schon 1994 in der Schweiz im Gespräch mit Betroffenen auf das Bankenproblem gestossen war, die phantastische und falsche Zahl von 6,7 Mia. Dollar an «nachrichtenlosen» Vermögen nannte.[80]
4. Ein Artikel im *Wall Street Journal* vom 22. Juni 1995. Peter Gumble griff die Problematik auf und illustrierte sie offenbar mit dem individuellen Schicksal von Greta Beer. Eine Woche zuvor hatte die Jewish Agency das weitere Vorgehen beraten.[81] Stuart Eizenstat, bereits im Januar 1995 in seiner Eigenschaft als Botschafter bei der EU von Richard Holbrooke, damals Unterstaatssekretär für European Affairs, mit dem Zusatzauftrag versehen, sich als Sondergesandter um die Restitutionsfrage in Mitteleuropa zu kümmern, sah diesen Artikel und liess sich ermächtigen, auch in dieser Sache aktiv zu werden.[82]

Was folgte, ist einigermassen bekannt.[83] Im Parlament wurde die Problematik nach der Veröffentlichung der *SonntagsZeitung* schnell aufgegriffen.[84] Die Haltung der schweizerischen Medien soll hier nicht im einzelnen rekonstruiert und dargestellt werden. Zusammenfassend stellt die Analyse des Leitmedien-Diskurses von Kunz/Morandi fest: «Was 1995 mit einer von der Presse nicht sonderlich beachteten Kritik begann, fegte 1996 wie ein Sturm durch den helvetischen Blätterwald und brachte die Vergangenheitsbewältigung wieder in die Schlagzeilen zurück, wo sie sich als skandalisierungsfähiges Thema mehr als zwei Jahre zu etablieren vermochte.»[85]

79 Interview mit Martin Rosenfeld, Generalsekretär des SIG, in der gleichen Ausgabe der SonntagsZeitung vom 5. März 1995.

80 Weill, S. 26ff.

81 Weill, S. 31.

82 Interview mit Stuart Eizenstat, NZZ am Sonntag vom 24. März 2002.

83 Ausser Weill vgl. etwa den stark auf die Pressionen des WJC konzentrierten Angelo M. Codevilla, La Suisse, la guerre, les fonds en déshérence et la politique américaine. Genf 2001. Engl. Originalausgabe: Between the Alps and a hard place (2000). Frühestes Dokument (abgesehen von den beliebten Tacitus-Zitaten und Machiavelli-Hinweisen) ist der Presseartikel von Nathaniel C. Nash, Swiss Raise Hope of Tracing Lost War Deposits. In: New York Times vom 3. August 1995.

84 Einfache Anfrage von Jean Ziegler (SP/GE) vom 7. März 1995, Parlamentarische Initiative von Verena Grendelmeier (LdU/ZH) vom 24. März 1995 und Motion von Otto Piller (SP/FR) vom 12. Juni 1995. Die «Antwort» bestand dann in der Schaffung der UEK mit Bundesbeschluss vom 13. Dezember 1996.

85 Kunz/Morandi, 2000, S. 35ff. Eine weitere ausführliche Analyse der Publizistik ab 1. Januar 1996 gibt die ebenfalls im Rahmen des NFP 42 durchgeführte Studie von Peter Meier, Umkämpfte Geschichte: der ‹neue› Mediendiskurs über die Rolle der Schweiz während der Nazizeit als Folge der Debatte über die nachrichtenlosen Vermögen. Bern 2000 (Serie der Kurzsynthesen 40).

Die schweizerischen Historiker und Historikerinnen leisteten, wie dargelegt, wichtige Vorarbeiten und waren in der Lage, auf die von aussen an die Schweiz herangetragenen Fragen kompetent und schnell zu reagieren, doch auch sie haben die «neuen» Themen nicht etwa vorausgesehen oder selber lanciert. Der erste historische Forschungsbeitrag kam, als Mischprodukt aus Zufall und struktureller Tendenz, erst im Sommer 1996 zustande: Der Berner Historiker Peter Hug, an einem halb privaten, halb professionellen Anlass von der Fernsehjournalistin Irene Loebell angefragt, ob er nicht Abklärungen zur Problematik der «nachrichtenlosen» Vermögen in den Archiven vornehmen könnte, ging im Schweizerischen Bundesarchiv der Sache nach. Er erhielt dann vom Archiv den Auftrag, dazu ein Quelleninventar zusammenzustellen, und fasste seine Erkenntnisse in einem Presseartikel zusammen. Das amtliche Freigabeverfahren zog sich über Wochen hin und kam erst zu einem positiven Abschluss, als die *NZZ*, die den Artikel publizieren wollte, im Bundeshaus intervenierte. Ironie der Geschichte: Das spätestens seit dem 10. Oktober 1996 auf den Bürotischen liegende und ungelesen gebliebene Manuskript hätte die Informationen über den angeblichen Geheimvertrag zwischen der Schweiz und Polen von 1949 enthalten, welche die Schweiz im zweiten Senats-Hearing vom 16. Oktober 1996 benötigt hätte.[86] Damals war es schon seit mehreren Wochen eine ausgemachte Sache, dass die eidgenössischen Räte eine Historikerkommission zur Abklärung der verschiedenen Vorwürfe einsetzen werden. Mit einer Einmütigkeit, wie sie nur gerade bei Kriegsausbruch 1939 bestanden hatte, beschloss die Bundesversammlung am 13. Dezember 1996 die Schaffung der «Unabhängigen Expertenkommission Schweiz – Zweiter Weltkrieg» (UEK). Dieser Beschluss gab auch der nicht offiziell mandatierten Forschung Auftrieb und leitete nach dem Schub der 1980er Jahre die dritte Phase intensivierter Auseinandersetzung mit der Geschichte der Schweiz im Zweiten Weltkrieg ein.

Warum diese späte Reaktion?

Wie ist nun im Lichte dieses Überblicks die Auffassung zu beurteilen, dass der Schweiz Ende der 1990er Jahre manches erspart geblieben wäre, wenn sie zu einem früheren Zeitpunkt ihre «Hausaufgaben» erledigt hätte? Damit könnte das konkrete Handeln in bestimmten Fragen, aber auch das den aufgeworfenen Problemen gegenüber bestehende Bewusstsein gemeint sein; im einen Fall die Möglichkeit etwa, das 1946 am Rande der Washingtoner Verhandlungen abgegebene Versprechen, auf die privaten Entschädi-

86 Weill, S. 113ff. Mitteilung Hug vom 11. Mai 2002. Hugs Artikel erschien am 23. Oktober 2002 unter dem Titel «Verhandlungspoker um nachrichtenlose Vermögen. Schweizerisch-polnischer Briefwechsel kein Einzelfall». Noch im gleichen Monat wurden Peter Hug und Marc Perrenoud offiziell beauftragt, mit kurzfristigen Abklärungen diesen Bereich historisch zu durchleuchten. Die noch vor Weihnachten 1996 präsentierten Ergebnisse wurden publiziert im Dossier 4 des Bundesarchivs unter dem Titel «In der Schweiz liegende Vermögenswerte von Nazi-Opfern und Entschädigungsabkommen mit Oststaaten» (Bern 1997).

gungsansprüche von Einzelpersonen einzugehen, oder die Möglichkeit, im Rahmen des «Meldebeschlusses» von 1962 bessere Arbeit zu leisten. Und im anderen Fall die Möglichkeit, die Signale der ersten Hälfte der 1990er Jahre ernst zu nehmen. Kontrafaktische Erwägungen rühren an das Grundverständnis von Geschichte und führen zur allgemeinen Frage, ob wir und inwiefern wir meinen, dass der Gang der Geschichte in kleineren wie grösseren Varianten anders hätte verlaufen können, als er es tat. Man kann sich der Argumentation anschliessen, die sagt, dass der effektiv eingetretene Verlauf keine Zufälligkeit, dass er wohl das Produkt von Kontingenz, zugleich aber auch das Produkt einer Kombination von eben stärker gewesenen Faktoren verschiedenster Art gewesen sei. Andererseits muss man aber auch offen sein für die Überlegung, dass es offensichtlich schwächere und «unterlegene» Möglichkeiten gab, die nicht realisiert wurden.

Von seiten der schweizerischen Geschichtsschreibung ist einiges erarbeitet und zur Verfügung gestellt worden, was hätte ermöglichen können, schon 1995 ein Geschichtsbild zu haben, das den Bedürfnissen der Gegenwart besser entsprach. Aber auch die Profis der Vergangenheitsverarbeitung blieben, das zeigen deren Wortmeldungen zum Gedenkmoment von 1995, weitgehend in der herkömmlichen, und das heisst nationalen, Geschichtsschreibung verhaftet. Bis 1995 dominierte die nationale Fragestellung, die schon zur Zeit des Bonjour-Berichts die Leitfrage war und noch 1991 vom Neuenburger Historiker Philippe Marguerat zur zentralen Frage gemacht wurde: Wie hat es die Schweiz geschafft, den Krieg unversehrt zu überstehen? Es ging um das nationale Überleben – «la survie de la Suisse comme Etat indépendant face au Reich».[87] Das lange dominierende und stark auf das Jahr 1940 fokussierte Paradigma des nationalen Überlebenskampfes und der demokratischen Bewährung wurde nach 1996 nicht gerade abgelöst, aber überdeckt durch eine neue, zentrale Bedeutung erheischende Frage nach der Rolle der Schweiz im Kampf für die internationale Solidarität und die Respektierung der Menschenrechte. Dieses neue Paradigma war als Gegenposition zu den manifesten Verbrechen gegen die Menschlichkeit bereits in der Kriegszeit entwikkelt worden. Es war nach dem Scheitern des Völkerbundes 1942 mit der Verkündung der Atlantik-Charta lanciert, mit der Gründung der UNO 1945 konkretisiert und 1948 mit der Menschenrechtserklärung ausgebaut worden. Die Schweiz machte diesen Aufbruch aber nicht mit, sie dispensierte sich mit Verweis auf Kleinstaatlichkeit, Neutralität und apolitische Humanität von verbindlicher Solidarität und blieb mental, konzeptionell, «weltanschaulich» bis in die 1990er Jahre in der Vor-1942-Ära stecken. Darum blieb, sofern es nicht um das IKRK und die Guten Dienste ging, die internationale Dimension ihres Seins und Tuns stark unterbelichtet, wie man zum Beispiel in der Frage der Zwangsarbeiterbeschäftigung in schweizerischen Tochterfirmen gesehen hat. Desgleichen waren die beiden letzten Kriegsjahre im Vergleich zum Heldenjahr

87 Philippe Marguerat, La Suisse face au IIIe Reich. Réduit national et dissuasion économique, 1940-1945. Lausanne 1991. Das Buch ist ein Spätprodukt der Debatte von 1989 um die Frage, ob die Schweiz ihr Überleben der Armee oder der Wirtschaft verdankt habe. Marguerat ist u.a. auch durch die Herausgabe des 1992 erschienenen 15. Bandes der Diplomatischen Dokumente der Schweiz (1943–1945) mit den Akten der Zeit vertraut.

von 1940 kaum ein Thema. Die von der Schweiz insgesamt beanspruchte Sonderposition und die daraus resultierende Selbstisolation hat auch dem Schaffen der schweizerischen Historiographie enge Grenzen gesetzt.

Die 1996/97 sich zuspitzende neue Vergangenheitsdebatte befasste sich an vorderster Stelle mit den schweizerischen Verhältnissen, doch sie war ein transnationales Phänomen und galt und gilt noch immer auch anderen Ländern. Sie hat aber, weil die Schweiz derart lange im Selbstverständnis einer vom «Rest der Welt» abgehobenen Sonderposition verharrte, diesem Land, wenn auch nicht einen radikalen Paradigmenwechsel, so doch eine wichtige zusätzliche Dimension in die Vergangenheitsdebatte gebracht. Bei der Begehung des Vorfeldes von 1996 sind wir einigen Signalen der sich anbahnenden Erweiterung der Fragestellungen begegnet. Es gab noch andere, die bisher unerwähnt geblieben sind. Etwa die 1992 publizierte Basler Dissertation von Linus von Castelmur über das Washingtoner Abkommen von 1996[88] oder Peter Kambers 1993 erschienenes Buch über das höchst fragwürdige schweizerische Verhalten gegenüber Flugzeugen der Alliierten in den beiden letzten Kriegsjahren.[89] Während sich Castelmurs Buch eher in den klassischen Bahnen der «relations internationales» bewegte, war Kambers Buch – wie sich später herausstellen sollte – zwar ein Vorläufer, im Moment seines Erscheinens aber ein «unzeitgemässes» Buch mit entsprechend geringer Wirkung.[90] Geschichtsschreibung kann offenbar Entwicklungen nicht vorwegnehmen. Ende 1996 suchte man unter dem Druck einer gezielt geführten Kampagne die rückhaltlose Aufdeckung der Vergangenheit, weil die Geschichte die Gegenwart doppelt belastete: zum einen wegen der damit verbundenen Vorwürfe und zum anderen schlicht wegen der damaligen Undurchschaubarkeit der Vergangenheit. Die zentrale Aufgabe des historiographischen Arbeitens konnte und kann nicht in der Früherkennung dessen bestehen, was sich anbahnt; sie besteht im allgemeinen, wie man immer wieder bescheiden feststellen muss, vor allem in der nachträglichen Analyse und Einordnung der von den Gegenwartsdebatten aufgeworfenen Probleme.

88 Linus von Castelmur, Schweizerisch-alliierte Finanzbeziehungen im Übergang vom Zweiten Weltkrieg zum Kalten Krieg: Die deutschen Guthaben in der Schweiz zwischen Zwangsliquidierung und Freigabe (1945–1952). Zürich 1992.

89 Peter Kamber, Schüsse auf die Befreier. Die «Luftguerilla» der Schweiz gegen die Alliierten 1943–1945. Zürich 1993.

90 Diese Publikation hatte einen Teil ihrer Wurzeln im «Diamant»-Jahr: Kamber hatte bereits im Tages-Anzeiger vom 15. Dezember 1989 einen Beitrag zu diesem Thema. Auch damals gab es heftigen Widerspruch, z.B. von einem Althistoriker mit der Bemerkung, das Buch müsse leider der «zeitgeschichtlichen Tendenzliteratur» zugerechnet werden, «die allerdings seit einiger Zeit im Rahmen der schweizerischen ‹Vergangenheitsbewältigung› mehr und mehr in den Vordergrund gerückt ist» (Basler Zeitung vom 11. März 1994, Reaktion auf eine Besprechung durch Jakob Tanner vom 12. März 1994). In der Nähe dieser Thematik war die von Kamber bearbeitete Geschichte über den 1944 internierten US-Sergeanten Dan Culler, Alptraum Schweiz. In: Magazin Nr. 42, 1995. S. 53–59. Sowohl vorher als auch nachher befasste sich Kamber aber auch mit Schicksalen verfolgter Juden: Geschichte zweier Leben. Zürich 1990 (das Ehepaar Wladimir Rosenbaum und Aline Valangin, Opfer des helvetischen Antisemitismus). Und: Der Verrat von Vittel. Basler Magazin vom 24. April 1999 (Rettungsversuche mit fiktiven Pässen).

Die Schweiz ist keine historiographische Insel. Gesamtdarstellungen der schweizerischen Geschichte werden dennoch fast ausschliesslich von Schweizern geschrieben. Postkarte von 1914 (Schweizerisches Landesmuseum, Zürich/Prangins).

Schweizergeschichte nur als Nationalgeschichte?

Wie aus dem Käfig der nationalen Historiographie ausbrechen?

Dass die Geschichte der Schweiz beinahe ausschliesslich von Schweizer Historikern und Historikerinnen bearbeitet wird, erscheint in der Schweiz und dort vor allem in historischen Fachkreisen als unbefriedigend.[1] Um aber nicht gleich bei Beginn dem – typischen? – Helvetismus zu erliegen, der darin besteht, das meiste, was einem in diesem kleinen Land auffällt, gleich für typisch zu halten, sei darauf aufmerksam gemacht, dass die Frage, unter welchen Voraussetzungen nationale Geschichte geschrieben wird, auch andernorts beschäftigt.[2] Das genannte Unbefriedigtsein mag auf den ersten, vielleicht auch auf den zweiten Blick berechtigt erscheinen; es geht aber, wie es mit seinem Problemverständnis zum Ausdruck bringt, von der falschen Annahme aus, dass nationale Zugehörigkeit die Art des Denkens in hohem Masse und sozusagen zwangsläufig determiniert.

Vorweg muss darauf hingewiesen werden, dass die Resultate historischer Bearbeitung in Form von Buchpublikationen zumeist Ergebnisse komplexer Entstehungsvorgänge sind, die sich aus einer Mehrzahl von Faktoren und Entscheiden zusammensetzen. Im Falle der hier vor allem interessierenden Gesamtdarstellungen ist der Rolle der Verlage beziehungsweise deren Einschätzungen des Marktes (des Bedarfs und der Verbreitungsmöglichkeiten) und deren Entscheid für einen bestimmten Autor von grösster Bedeutung. Zu fragen ist, ob schweizerische Verlage schweizerische Themen und Autorschaften pflegen oder, falls nichtschweizerische Verlage eine Publikation zur Schweiz lancieren wollen, den Auftrag im eigenen Land oder im besprochenen Land vergeben. Für die Wahl des Autors (in diesem Bereich ist die Historiographie tatsächlich noch vollständig männlich) sind in gewisser Hinsicht die unabhängig davon erbrachten punktuellen (Vor-)Leistungen wichtig. Wie die Bereitschaft, das Interesse und die Fähigkeit, eine Gesamtdarstellung zu verfassen, eher eine Gegebenheit der zweiten Lebenshälfte ist, werden auf der Verlagsseite eher bereits eingeführte Spezia-

1 Hans Ulrich Jost hat sich am prononciertesten gegen die Sonderfall-Geschichtsschreibung für das Postulat ausgesprochen, «de rappeler l'impact souvent primordial du cadre international» (Pour une histoire européenne de la Suisse. In: traverse 3, 1994. S. 19–39, Zit. S. 20). Die Bezeichnung schweizerisch wird hier verstanden als in der Schweiz aufgewachsen, lebend und entsprechend mit ihr vertraut. In diesem Beitrag wird der Terminus «Ausländer» bewusst vermieden.

2 Die Nation schreiben. Geschichtswissenschaft im internationalen Vergleich. Hrsg. v. Conrad/Conrad. Frankfurt a.M. 2002. Und insbesondere der Beitrag von Gabriele Lingelbach. Hinweis von Olaf Blaschke (Deutschland) in Gesprächen während eines Studienaufenthaltes in Cambridge (England). Der Vf. hatte im übrigen die Gelegenheit, die Fragestellung mit Thomas Maissen zu diskutieren;er verdankt ihm manche Anregung, will ihn aber mit diesem Dank nicht für das schliesslich hier vorgelegte Ergebnis mitverantwortlich machen.

listen, also Kenner der Materie, aber auch mit einem gewissen Bekanntheitsgrad ausgestattete Personen mit dem Verfassen von Gesamtdarstellungen betraut.[3] Dies schliesst freilich nicht aus, dass sich auch Publizisten, deren Stärke weniger das Spezialwissen als die gute «Feder» ist, in diesem Genre bewegen. Im Falle von Gesamtdarstellungen ist die Frage wichtig, für welche Leserschaft geschrieben und publiziert wird.

Monographien dagegen entstehen unter völlig anderen Bedingungen. Hier hat der individuelle Entscheid des Autors ein wesentlich stärkeres Gewicht. Da stellt sich die Frage, warum sich ein nichtschweizerischer Autor für ein spezielles Thema aus der Geschichte der Schweiz interessiert und dazu sogar ein publizistisches Mitteilungsbedürfnis entwickelt. Wenn wir davon ausgehen, dass das Thema nicht erst geschaffen werden muss, sondern bereits eingeführt ist, müsste man in jedem einzelnen Fall ausmachen, ob die Anziehungskraft des Themas oder die Hinwendung des Autors zur grenzüberschreitenden Auseinandersetzung geführt hat. Und einmal das Werk aus dieser Kombination geboren, müsste noch festgestellt werden, wie es sich zu anderen, bereits vorliegenden Publikationen – bewusst oder ohne entsprechendes Wissen – situiert. Und *last but not least,* in welcher Auflage und zu welchem Preis die Bücher vertrieben werden.[4]

Der nachfolgende Exkurs kann nicht die Ambition haben, allen diesen Fragen systematisch und vertieft nachzugehen. Er möchte sich vielmehr unter Beizug einiger Beispiele von den folgenden sechs Fragen leiten lassen: 1. Was ist gemeint, wenn von Schweizergeschichte die Rede ist? 2. Trifft es zu, dass «Schweizergeschichte» nur von Schweizern bearbeitet wird, und wenn ja, warum ist dies so? 3. Bildet die Schweiz diesbezüglich eine Ausnahme, und wenn nein, warum ist dies so? 4. Was ist schweizerisch an Schweizer Historikern und Historikerinnen? 5. Was wäre anders, wenn sich vermehrt Nichtschweizer oder Nichtschweizerinnen mit der Schweiz befassen würden? 6. Braucht es überhaupt noch Nationalgeschichten, und wenn ja, wie sollen diese aussehen?

1. Was ist gemeint, wenn von Schweizergeschichte die Rede ist?

Gegenüber dem Terminus «Schweizergeschichte» werden zuweilen Vorbehalte angebracht, weil dieser Kollektivsingular die irreführende Vorstellung begünstigt, dass die Schweiz eine durch «Volk und Nation» präexistierende Grösse sei und darum eine vor-

3 Der Vf. dieses Aufsatzes ist zu Beginn der 1980er Jahre in dieses Genre hineingerutscht, weil er von der SRG angefragt worden war, eine grössere Fernsehserie zur Schweiz im 19. Jahrhundert zu verfassen (s. den in drei Sprachen erschienenen Begleitband: Der Weg zur Gegenwart. Die Schweiz im 19. Jahrhundert. Basel, Lausanne, Locarno 1986). Vielleicht deswegen kam die weitere Anfrage, einen zweiten Teil (ab 1700) zu einem bereits festgelegten Projekt beizutragen (vgl. Anm. 9).

4 Die am Schluss vorgestellte exzellente «Schweizergeschichte» von David Birmingham, ein Büchlein von 225 S., ist in einer für britische Verhältnisse kleinen Auflage von etwa 600 Exemplaren erschienen und kostet den enormen Preis von 50 £ oder etwa 120 SFr. Vgl. Anm. 62. Eine französische Ausgabe ist in Vorbereitung.

gegebene Geschichte habe, die von der Historiographie mit der richtigen Erkenntnis bloss noch freigelegt werden müsse. Aus der Sicht dieses Vorbehaltes würde man den älteren, von Johannes von Müller noch gegen Ende des 18. Jahrhunderts in Anlehnung an sein antikes Vorbild verwendeten Plural der «Schweizergeschichten» begrüssen.[5] Insofern wäre eine Formulierung zu bevorzugen, welche zum Ausdruck brächte, dass Schweizergeschichte ein Kompositum aus Teilgeschichten ist.

Der Zusammenzug zu einem einzigen Wort ist offenbar eine schweizerische Eigenheit, seine Verwendung sagt aber nur wenig aus über die damit verbundene Haltung. Einerseits kann es offenbar passieren, dass jemand, der mit seinen Beiträgen gegen das Sonderfalldenken anschreibt, selber von Schweizergeschichte spricht.[6] Andererseits haben diejenigen Historiker, welche um 1900 die historische Vorstellung vom schweizerischen Sonderfall popularisiert haben, ihren Werken «korrekte» Titel wie *Geschichte der Schweiz* oder *Geschichte der Schweizerischen Eidgenossenschaft* gegeben.[7] Selbst ein Ernst Gagliardi hat seine unter dem Eindruck von Krise und Krieg verfasste, explizit als Geschichte eines Volkes verstandene Gesamtdarstellung mit dem Titel *Geschichte der Schweiz seit den Anfängen bis zur Gegenwart* (1920–1934) versehen. Auch die *Vier-Männer-Geschichte* (Nabholz, von Muralt, Feller, Bonjour) von 1932 wird als «Geschichte der Schweiz» präsentiert; im Vorwort des Verlages ist aber mehrmals von «Schweizergeschichte» die Rede und heisst es, diese sei vor allem für die Hand des Geschichtslehrers gedacht, was als Hinweis verstanden werden kann, dass dieser Terminus vor allem im Schulunterricht seine Bedeutung hat.[8] «Schweizergeschichte» wird auch als Studienfach gelehrt und gelernt, in Bern und Genf gibt es sogar schweizergeschichtliche Lehrstühle. Dabei geht es aber kaum um die Vermittlung einer integrierten nationalen Gesamtschau, sondern vielmehr um Anwendung des historischen Metiers auf Themen, die mit dem Territorium der heutigen Schweiz in Verbindung gebracht werden können und in der Summe schliesslich eine lockere Gesamtheit bilden. Dieses Fach pflegt heutzutage aber sicher nicht (mehr) die Vorstellung einer teleologischen Entwicklung vom Rütlibund bis zur angeblichen Vollendung durch die Schaffung des Bundesstaates. Der Begriff «Schweizergeschichte» wird, tatsächlich zumeist (zu) gedankenlos, als *terminus technicus* ohne spezifische Semantik verwendet. Erst in neuester Zeit kann man ein Abweichen von dieser selbstverständ-

5 Johannes von Müller, Der Geschichten Schweizerischer Eidgenossenschaft erster und zweyter Teil. 1. Bd. 1778. Vgl. Richard Feller / Edgar Bonjour, Geschichtsschreibung der Schweiz vom Spätmittelalter zur Neuzeit. Bd. I und II. Basel [2]1979. S. 634ff. und 644ff. Der Plural könnte als Verneigung vor dem Vorbild Tacitus und dessen Hauptwerk «Historiae» und darüber hinaus auch als Anspruch auf reflektierte (im Gegensatz zur bloss erzählten) Geschichte interpretiert werden (E-Mail-Korrespondenz mit Werner Rihm, Verfasser einer J.-v.-M.-Dissertation, Freund und Kollege, vom 29. Januar 2002).

6 Hans Ulrich Jost, Über die Unabhängigkeit und die Freiheit der Schweiz. In: Autarkie und Anpassung. Hrsg. von H. Büchi und M. Huppenbauer. Opladen 1996.

7 Vgl. Sascha Buchbinder, Der Wille zur Geschichte. Schweizer Nationalgeschichte um 1900 – die Werke von Wilhelm Oechsli, Johannes Dierauer und Karl Dändliker. Zürich 2002.

8 Geschichte der Schweiz. 2 Bde. Zürich 1932/38.

lichen Praxis beobachten: Auf die Publikation *Die Schweiz in der Geschichte* (1995/97) folgte *Die Schweiz und ihre Geschichte* (1998).[9]

In diesem Aufsatz wird der Terminus «Schweizergeschichte» in doppelter Weise verwendet: Einerseits ist damit die spezielle Form der integrierten Gesamtdarstellung (zum Teil auch nur bestimmter Epochen) gemeint; andererseits wird bei der «Fahndung» nach Autoren, welche sich mit «schweizergeschichtlichen» Fragen beschäftigen, auch ein etwas breiteres, auch Monographien einbeziehendes Verständnis angewendet. Zudem ist es angebracht, zwischen verschiedenen Arten von Teilgeschichten zu unterscheiden: Während der fraktionelle Plural im Falle Johannes von Müllers wahrscheinlich vor allem die verschiedenen Episoden vor Augen hat, versteht man traditionellerweise unter Teilgeschichten kantonale und kommunale Regionalgeschichten, welche für sich ein kleines, partikulares Ganzes bilden, sich zugleich aber – sozusagen föderalistisch – zu einem harmonischen Ganzen zusammenfügen lassen oder mindestens auch einen Bezug zur nächsthöheren Ebene haben.[10] Daneben gibt es ein etwas neueres Verständnis von Teilgeschichten, das sich kaum an staatlichen Strukturen orientiert, das sich auf ein bestimmtes soziales Segment beschränkt und bestimmte perspektivierende Positionen zum Ausdruck bringt. Für diesen Beitrag naheliegende Beispiele zur Illustration dieser Variante sind Urs Altermatts Arbeiten über das katholische Milieu.[11] Diese Teilgeschichten sind weitgehend resistent gegenüber der Kategorie des Nationalen und darum auch im internationalen Dialog ohne weiteres anschlussfähig.

2. Trifft es zu, dass «Schweizergeschichte» nur von Schweizern bearbeitet wird, und wenn ja, warum ist dies so?

Auf das Risiko hin, dass insbesondere aus dem 19. Jahrhundert[12] gewisse Ausnahmen ins Feld geführt werden könnten, welche aber nur die Regel bestätigen, sei der nicht erstaunliche Umstand festgehalten, dass die meisten der integralen «Schweizer-

9 Die Schweiz in der Geschichte. Zürich 1995/97. Bd. I: 700–1700, von Werner Meyer; Bd. II: 1700 bis heute, von Georg Kreis. – Die Schweiz und ihre Geschichte. Zürich 1998. Mit Beiträgen von Pierre Felder, Helmut Meyer, Claudius Sieber-Lehmann, Heinrich Staehelin, Walter Steinböck, Jean-Claude Wacker.

10 Bekanntestes Produkt dieser Art ist Fritz René Allemanns «25mal die Schweiz» (München 1965), nach der Schaffung des Kantons Jura «26mal die Schweiz» (1985/88). Auch Feller/Bonjour (op. cit.) präsentieren ihre «Geschichtsschreibung der Schweiz» in kantonalen Kapiteln.

11 Urs Altermatt, Der Weg der Schweizer Katholiken ins Ghetto. Zürich 1972/1995. – Ders., Katholizismus und Moderne. Zürich 1989.

12 Eine spezielle Kategorie bilden die «schweizergeschichtlichen» Darstellungen von Immigranten wie Heinrich Zschokke oder Peter Feddersen. Sodann haben wir die Variante der sogenannten «zweiten Generation», zum Beispiel Berthold van Muyden, dessen zweibändige Geschichte «La Suisse sous le pacte de 1815» (Lausanne/Paris) 1890 erschienen ist. Muydens Vater ist aus Utrecht eingewandert, Muyden selber ist gegen Ende des 19. Jh. Syndic von Lausanne und 1900–1912 Präsident der Société d'histoire de la Suisse romande.

geschichten» schweizerische Verfasserschaften haben.[13] Übereinstimmung von Gegenstand und Zugehörigkeit lässt sich auch auf der Stufe der kantonalen Geschichten feststellen; die meisten Kantonsgeschichten sind von Bürgern des jeweiligen Kantons verfasst. Um nicht das in diesem Beitrag naheliegende Beispiel der Freiburger Geschichte von 1981 zu zitieren, sei dies mit Verweisen auf die jurassische Geschichte, auf Paul-Otto Bessire (1935) und die verschiedenen Autoren der *Nouvelle Histoire du Jura* (1984), belegt.[14]

Da in internationalen Werken die Länderkapitel aus Gründen der besseren Vertrautheit jeweils Spezialisten der betreffenden Länder anvertraut sind, werden die Kapitel zur schweizerischen Entwicklung auch da wiederum von Schweizern verfasst: Im *Handbuch der europäischen Geschichte* (seit 1968) stammen alle die Schweiz betreffenden Kapitel von Schweizer Historikern.[15] Im *Lexikon zur Geschichte der Parteien in Europa* (1981) ist Erich Gruner der Autor des Schweizer Kapitels. Im *Handbuch der europäischen Wirtschafts- und Sozialgeschichte* (Bd. 5. 1985) schrieb der schweizerische Wirtschaftshistoriker Hansjörg Siegenthaler den die Schweiz betreffenden Abschnitt.[16] Auch in der binationalen Zeitschrift *relations internationales* ist die Aufteilung nach dem Prinzip der nationalen Selbstabklärung offensichtlich: Sofern in dieser Zeitschrift «schweizergeschichtliche» Themen abgehandelt werden, sind die Verfasser der Abhandlungen in der Regel schweizerischer Herkunft. Überdies funktionieren viele internationale Kolloquien und ihre Folgepublikationen nach dem Muster, wonach man die Ländervertreter zu einem gemeinsamen Thema über ihr Land referieren lässt.[17]

13 Wollte man à tout prix ausländische Herkunft bei Autoren ausmachen, müsste man Beispiele bemühen, die schnell sichtbar machen, wie fragwürdig die sogenannte Herkunftsfrage an sich ist: nämlich den 1883 in New York geborenen und darum mit etwas amerikanischem Hintergrund ausgestatteten William Emmanuel Rappard oder den 1900 im ukrainischen Uman geborenen, seit 1907 aber in der Schweiz lebenden Valentin Gitermann. Rappard studierte u.a. in Genf, wo er bereits 1910 auch unterrichtete, er war 1941–1943 für den LdU im Nationalrat, er publizierte 1912 eine innovative Studie über «Le facteur économique dans l'avènement de la démocratie moderne en Suisse»; die 1945 veröffentlichte Studie über das alteidgenössische Bündnissystem und die zum 100jährigen Jubiläum des Bundesstaates entstandene Verfassungsgeschichte von 1948 waren hingegen eher traditionellen Zuschnitts. Gitermann, 1923 Dr. phil., Lehrer an der Zürcher Töchterschule, 1943 (als Nachfolger von Ernst Nobs) SP-Nationalrat, Verfasser einer «Geschichte der Schweiz» (Schaffhausen 1941/Zürich 1959), vgl. Volksrecht Nr. 143 und 146 vom 22. und 25. Juni 1965 anlässlich seines Todes.

14 Im Falle der sogenannten Jurafrage ist allerdings zu bemerken, dass wichtige Arbeiten durch das Interesse und den Blick von aussen, und zwar von Deutschland und nicht von Frankreich aus, entstanden sind. Es sind dies die Arbeiten von Hans Peter Henecka (Meisenheim am Glan 1972), Hans Joachim Harder (Frankfurt a.M. 1978) und Christian Ruch (Bern 2001).

15 1991 zusammengefasst als dtv-Taschenbuch erschienen. Die Autoren: Guy P. Marchal, Hans von Greyerz, Erich Gruner und Peter Stadler.

16 Dies gilt auch für den Band «Mythen der Nationen» (vgl. unten Anm. 19), für den der Beitrag zur Schweiz von einem Schweizer, nämlich dem Autor dieses Artikels, verfasst wurde.

17 Ein Beleg dafür ist in diesem Rahmen die Publikation von Marchal (1993), vgl. Anm. 25.

Während in den eben genannten Fällen, wie gesagt, die bessere Vertrautheit der sachliche Grund für die Beauftragung dieser Autoren ist, können in den anderen Fällen noch andere Gründe im Spiel sein. Wohl ist zu unterscheiden zwischen der als Normalfall zu verstehenden Selbstmandatierung (man bearbeitet, wofür man sich interessiert) und der doch die Ausnahme bildenden eigentlichen Mandatierung durch Dritte (Beauftragung durch historische Vereine, politische Behörden, Schulverlage etc.). Im Falle der selbstentwickelten Thematik dürften das Bedürfnis, sich mit dem eigenen Erfahrungsraum zu befassen und für ein Publikum wiederum des eigenen Erfahrungsraumes zu schreiben, sowie die bei dieser Beschränkung leichtere Quellenzugänglichkeit bestimmend sein. Im Falle der Mandatierung ist, abgesehen von der angenommenen Vertrautheit mit dem Thema infolge von Vorleistungen, auch die staatsbürgerliche Zugehörigkeit (auf nationaler, kantonaler oder kommunaler Ebene) im Spiel. Das unausgesprochene Prinzip lautet, dass von einem Angehörigen verfasst werden soll, was für das Kollektiv von Bedeutung ist. Es wäre wohl undenkbar gewesen, wenn der Bundesrat 1962 statt Edgar Bonjour einem Nichtschweizer den bekannten Abklärungsauftrag zu den Jahren 1939–1945 erteilt hätte (wie wohl auch eine andere Übereinstimmung, nämlich diejenige von Zeitraum und Zeitgenossenschaft, erwünscht war). Vor diesem Hintergrund ist zu würdigen, dass in die Kommission, welche 1996 von Bundesrat und Bundesversammlung wiederum zur Abklärung zentraler Fragen des Zweiten Weltkrieges eingesetzt worden ist, weniger aus fachlichen Überlegungen, sondern um die Bereitschaft zur unabhängigen und unparteilichen Abklärung auch symbolisch zu manifestieren, mehrere Nichtschweizer gewählt wurden.[18]

Ein grosser Teil der Geschichtsschreibung ist eine – mitunter auch wenig reflektierte – Art von Selbstreflexion. Dies wird auch in der nachfolgenden Beantwortung der zweiten Frage bestätigt werden. Dieses Prinzip gilt aber nicht nur für die nationalen Geschichten, sondern in einem hohen Mass auch für die sozial determinierten Teilgeschichten: Ehemalige Diplomaten schreiben Diplomatiegeschichte, Militärs Militärgeschichte, Geistliche Kirchengeschichte, Juden jüdische Geschichte, Betriebsangehörige Betriebsgeschichten. Die Identität von Subjekt und Objekt bildet auch eine Grundlage der Frauengeschichte. Im Falle der nationalen Gesamtdarstellung haben wir es freilich mit einer besondern Form von Identität zu tun. Während man sich einigermassen vorstellen kann, dass ein Angehöriger einer sozialen Gruppe für sich und seinesgleichen eine historische Selbstdarstellung verfasst, welche Authentizität beanspruchen kann, ist Analoges bei nationalen Geschichten alles andere als gesichert: Da schreibt jemand mit grosser Wahrscheinlichkeit aus einer spezifischen Position für alle (alle mit gleicher Staatszugehörigkeit), ein Protestant auch für die Katholiken, ein Angehöriger des Bürgertums auch für die Arbeiterschaft, ein Städter auch für die Bauern,

18 Der neunköpfigen Kommission (die ursprünglich von Urs Altermatt hätte präsidiert werden sollen) gehörten vier Nichtschweizer an. Die Schweiz bildete diesbezüglich eine Ausnahme. Analoge Abklärungen von privaten Unternehmen wurden dagegen ebenfalls mit international zusammengesetzten Kommissionen durchgeführt.

ein Deutschschweizer auch für die französische und italienische Schweiz. Es waren denn auch primär Exponenten des freisinnig-protestantisch-deutschschweizerischen Bürgertums, welche gegen Ende des 19. Jahrhunderts in der Phase der nationalen Konsolidierung mit der Konstruktion und Kultivierung eines gemeinsamen Geschichtsbildes eine wichtige Grundlage für nationale Identität und soziale Integration schufen.[19] Mit der im Laufe des 19. Jahrhunderts eintretenden Nationalisierung von Politik, Bildung und zum Teil auch des Alltages wurde selbstverständlich auch die Landesgeschichte weiter nationalisiert, sofern sie nicht seit Renaissance, Aufklärung und Vorromantik bereits nationalisiert war.[20]

3. Bildet die Schweiz diesbezüglich eine Ausnahme, und wenn nein, warum ist dies so?

Ein Blick in die Landesgeschichten anderer Länder zeigt, dass die Schweiz diesbezüglich keine Ausnahme ist.[21] Auch in anderen Ländern ist die Geschichte vor allem Landesgeschichte und sind die landesgeschichtlichen oder nationalen Darstellungen mehrheitlich von Landsleuten verfasst. Obwohl dieser Aspekt nicht explizit angesprochen wird, geht aus Christian Simons Aufsatz über die Bedeutung der Geschichte in Frankreich eindeutig hervor (und wird mit dem in den zitierten Texten selbstverständlich verwendeten «nous» belegt), dass die Autoren der herkömmlichen Varianten der «Histoire de France» alles Franzosen sind.[22] Doch auch in der kritischen Historiographie zu Frankreich dürften wiederum die Franzosen dominieren.

Während in den meisten Ländern über andere Länder (oft sogar in Serien) Gesamtdarstellungen *(textbooks)* herauskommen, die nicht von Historikern des beschriebenen Landes, sondern von Angehörigen des eigenen Leserkreises verfasst sind, kommt es im Monographischen zu echten Grenzüberschreitungen, das heisst aussernationalen Beiträgen zu nationaler Forschung und Publizistik. Dies ist allerdings unterschiedlich ausgeprägt der Fall, was zu entsprechend unterschiedlichen Konstellationen führt. Während französische Historiker grösstenteils nur über Frankreich arbeiten, weil dies die am besten honorierte Art der beruflichen Qualifizierung zu sein scheint, ist es in Grossbritannien eher möglich, sich mit ausserbritischen Studien zu

19 Georg Kreis, Nationalpädagogik in Wort und Bild. In: Mythen der Nationen. Ein europäisches Panorama. Hrsg. v. Monika Flacke. München/Berlin 1998. S. 446–475.

20 Im weitesten Sinn dazu: Die Konstruktion einer Nation. Nation und Nationalisierung in der Schweiz, 18.–20. Jahrhundert. Hrsg. v. Urs Altermatt, Catherine Bosshart-Pfluger und Albert Tanner. Zürich 1998.

21 Hier wird der Terminus Landesgeschichte bewusst im verwendeten Sinn eingesetzt. Es besteht im Deutschen allerdings die Praxis, zwischen traditioneller, obrigkeitsorientierter Landesgeschichte und fortschrittlicher, basisorientierter Regionalgeschichte zu unterscheiden.

22 Christian Simon, Identität durch Geschichte im Nationalstaat. Zum Geschichtsbedarf in Frankreich. In: Erfundene Schweiz. Konstruktionen nationaler Identität. Hrsg. v. Guy P. Marchal und Aram Mattioli. Zürich 1992. S. 103–120.

qualifizieren, was dazu führt, dass die Franzosen mehr britische Beiträge zu ihrer Geschichte erhalten als die Briten französische.[23]

Die Bemerkungen zu Frankreich und Grossbritannien betreffen zwei Länder von etwa der gleichen Grösse und Bedeutung. Spielt die Grösse (und das damit verbundene Format des Lesermarktes) sowie die historische Bedeutung des Landes eine Rolle für das ihm von aussen entgegengebrachte Interesse? In gewisser Hinsicht ist dies sicher der Fall. Es wäre nicht erstaunlich, wenn die Häufigkeit aussernationaler Beiträge im Fall der Schweiz unter anderem deswegen seltener wäre als im Falle grösserer und darum von Dritten als bedeutsamer eingestufter Länder. Jedenfalls werden die Pariser *Archives Nationales* oder der *Quai d'Orsay* oder das *Bundesarchiv* in Koblenz sowie das *Archiv des Deutschen Auswärtigen Amtes* von nichtfranzösischen und nichtdeutschen Forschern wesentlich stärker in Anspruch genommen als das Bundesarchiv in Bern von nichtschweizerischen.

Doch jenseits von der äusserlichen Kategorie der Grösse hängt die Auseinandersetzung auch von der übernationalen Bedeutung ab, welche bestimmte Phasen im guten oder – noch öfter – im schlechten für die übrige Staatengemeinschaft gehabt haben. Die international sehr breit abgestützte Auseinandersetzung mit NS-Deutschland ist dafür ein naheliegendes Beispiel. Und im Falle der Geschichte Russlands dürfte ausser der objektiven Bedeutung des Landes die Selbstisolation und die Ausgrenzung der Sowjetunion zu einer wahrscheinlich besonders hohen Anzahl externer Darstellungen geführt haben.[24]

Demnach hinge die Aufmerksamkeit der nichtschweizerischen Historiographie für «schweizergeschichtliche» Teilthemen von der Bedeutung ab, die diese partikulare und zum Teil an der Weltgeschichte bewusst nicht partizipierende Geschichte für die europäische oder globale Geschichte gehabt hat oder ihr gegeben wird und als professioneller Leistungsausweis anerkannt wird. Mit der Frage nach der ausserschweizerischen Bedeutung der «Schweizergeschichte» sind wir in der Nähe von Montesquieus Diktum «Les peuples heureux n'ont pas d'histoire». Keine Geschichte? Gut, keine militärische Eroberungsgeschichte, aber die Entwicklung und Erhaltung einer vom Ausland mitunter mehr als im Lande selber geschätzten politischen Kultur. Und darüber hinaus kulturgeschichtliche Einzelleistungen von übernationaler Bedeutung; Leistun-

23 An grösseren britischen Auseinandersetzungen mit Frankreich sind zu nennen: Theodore Zeldin, France 1848–1945. 2 Bde. Oxford 1973/77. – Eugen Weber, Peasants into Frenchmen. The modernization of rural France 1870–1914. London 1979. – Robert Tombs, France 1814–1914. London 1996 (Teil einer Serie von Longmans: History of France). Frankreich hat Entsprechendes nicht vorzuweisen. Vielleicht gilt dies auch für das Verhältnis zwischen deutschen und französischen Arbeiten. Die Frage ist, ob es etwas Entsprechendes in Frankreich gibt wie Gilbert Ziebura, Frankreich 1789–1870. Geschichte einer nationalen Gesellschaftsformation. Frankfurt a.M. 1979. – Das Pendant, doch als seltene Ausnahme, ist Etienne François, derzeit wohl der beste französische Kenner der deutschen Geschichte, zuletzt Herausgeber des dreibändigen Werkes «Deutsche Erinnerungsorte» (München 2001).

24 Vgl. zum Beispiel die Publikation des Basler/Freiburger Osteuropa-Historikers Heiko Haumann, Geschichte Russlands. München 1996.

gen von Einzelpersonen, die jedoch nur bedingt als «schweizerisch» zu verstehen sind: Jean Calvin, Jean-Jacques Rousseau, Jacob Burckhardt etc.

4. Was ist schweizerisch an Schweizer Historikern und Historikerinnen?

Das Nationale ist im allgemeinen stärker auswechselbar, als man wegen der Betonung der nationalen Eigenart und Einigkeit annimmt.[25] Sascha Buchbinder hat gezeigt, dass die ersten modernen Nationalgeschichten von Dändliker, Dierauer und Oechsli in gewisser Hinsicht nur nachholende Nachbildungen deutscher Vorbilder gewesen sind.[26] Demnach wäre das Schweizerische eigentlich nur, was das Deutsche in Deutschland oder das Britische in Grossbritannien ist etc. Und das Gleichartige bestünde vor allem darin, dass die inneren Differenzen in der Wahrnehmung ausgeblendet oder homogenisiert und das angeblich Eigene gegenüber dem externen – ebenfalls angeblich – anderen zumeist mit positiven Selbstzuschreibungen abgegrenzt wird. National ist ferner die Annahme, dass das Wesentliche selbst generiert und nicht in Verschränkung mit anderen hervorgebracht wird.[27]

Die Art des historischen Arbeitens hängt allerdings in hohem Masse von der Funktion ab, die man der Geschichte geben will und – zeitbedingt – geben kann.[28] Während gemäss dem praktizierten Selbstverständnis seit dem ausgehenden 19. Jahrhundert die Hauptaufgabe der Geschichtsschreibung darin bestanden hatte, das bisher Geschehene affirmativ mit nationalem Sinn auszustatten, hat seit den 1970er Jahren eine gegenläufige Tendenz stark an Terrain gewonnen: Gegen das traditionelle, von übergeordneten Kategorien (insbesondere des Nationalen) geprägte Geschichtsverständnis werden nun der Mensch und sein Alltag zugunsten einer emanzipatorischen Auseinandersetzung mit sich und seinen Lebensbedingungen ins Zentrum der historischen Abklärungen gestellt. Die mittlerweile in Fachkreisen weitgehend etablierte kritische Haltung gegenüber dem Nationalen ist keineswegs auf die Schweiz beschränkt, aber – sofern man überhaupt eine generelle Tendenz ausmachen kann – da vielleicht besonders stark ausgeprägt.

25 Dies gilt insbesondere für die Entwürfe der Frühgeschichte. Vgl. Guy P. Marchal, Nationalgeschichte im Vergleich. Das Mittelalter in Frankreich, Deutschland und der Schweiz. In: Die Erfindung der Schweiz 1848–1998. Zürich 1998. S. 146–157 (Begleitband einer Ausstellung des Schweiz. Landesmuseums). Bereits früher vom gleichen Autor: Les traditions nationales dans l'historiographie de la Suisse. In: Visions sur le développement des états européennes. Théories et historiographies de l'état moderne. Rom 1993. S. 271–296 (Tagungsband der Ecole française). Vgl. auch Monika Flacke in der Einleitung zu: Mythen der Nationen. Ein europäisches Panorama. München/Berlin 1998.

26 Buchbinder, op. cit. S. 65, 93, 201.

27 Nachgewiesen im schweizerischen Fall durch Jost (vgl. Anm. 6).

28 Zur schweizerischen Historiographie zur Zeit der «Geistigen Landesverteidigung» vgl. Hans Ulrich Jost, L'historiographie contemporaine suisse sous l'emprise de la «défense spirituelle». In: Archivio Storico Ticinese 100, Dezember 1984. S. 299–306.

5. Was wäre anders, wenn sich vermehrt Nichtschweizer oder Nichtschweizerinnen mit der Schweiz befassen würden?

Was anders wäre, wenn die «Schweizergeschichte» vermehrt aus einer wirklich anderen, sich nicht in weitgehend am bereits festgeschriebenen Geschichtsbild der Schweiz orientierenden Sicht betrachtet würde, das kann sich – logischerweise – ein mit der «Schweizergeschichte» einigermassen vertrauter Historiker schwerlich vorstellen. Aus schweizerischer Sicht interessiert vor allem, ob die Aussensicht kritischer oder unkritischer ist, wobei man sich als Schweizer selbstverständlich vorbehält zu entscheiden, was «kritisch», was «unkritisch» ist. Es geht aber nicht einfach darum, den externen Beitrag an dem zu messen, was man an durchdachten Vorstellungen glaubt bereits entwickelt zu haben. Von kritischen Betrachtungen würde jedenfalls eine in der Summe vielfältige Wahrnehmung erwartet, während die unkritische Betrachtung nur die bestehenden Klischees bekräftigt. Da die Frage, ob etwas «unkritisch» oder «kritisch» sei, bereits in hohem Mass zur schweizerischen Selbstreflexion gehört, wäre es wünschbar, die externen Deutungen würden sich gar nicht an diesen Kategorien messen lassen, sondern diese schlicht unterlaufen und einfach eine völlig andere Darstellung geben. David Birminghams Zugangsweise dürfte dies im Ansatz leisten.[29]

Theoretisch lässt sich formulieren, was die Aussensicht bieten könnte: das, was man leichthin (ohne weitere Reflexion) einen «unbestechlichen Blick» nennt, was die blinden Flecken der eigenen Sicht ortet und in die Auseinandersetzung einbezieht. Denkbar wäre ferner, dass die Aussensicht zu einer nüchterneren Betrachtung führen und die Reproduktion von nationalen Stereotypen eher vermeiden würde. Das Wünschbarste wäre indessen, man würde die nationalen Grenzen nicht zu einer unadäquaten Trennlinie von innen und aussen machen, die das «Gute» (im schweizerischen Fall zum Beispiel die «Freiheitsliebe») nur sich selber zuschriebe, das «Böse» hingegen (zum Beispiel das «Undemokratische» oder den «Faschismus») als externes Phänomen taxieren, das im schlimmsten Fall den eigenen gesunden Körper ansteckt. Hinzu käme der Wunsch, das Land weniger autark dargestellt zu bekommen – nicht nur materiell durch Aussenhandel, sondern auch mental und spirituell vom «Rest der Welt» abhängig, nicht als inferiore, völlig fremdbestimmte Grösse, sondern als Partner, als Modul, als ordentliche Variante, als gewöhnlicher Teil der Welt. Erfahrungsgemäss dominiert allerdings die gegenläufige Tendenz: die Idealisierung der Schweiz durch den externen Blick und die Entzauberung der Schweiz durch die «Eingeborenen».[30]

29 Vgl. Anm. 62.

30 Obwohl gerade das folgende Beispiel zeigt, dass auch der Charakter der Forscherpersönlichkeit eine wichtige Determinante ist, kann man sich fragen, ob es dieser Tendenz zur Selbstdemontage einerseits und zur freundlichen Schonung andererseits entspricht, wenn der gerne Dissidenz markierende und doch zutiefst «dazu-»gehörende Zürcher Mediävist Roger Sablonier die Einmaligkeit der alteidgenössischen Urkunde von 1291 (den «Bundesbrief») stärker in Zweifel zieht als der später hinzugekommene Berner Kollege Peter Blickle. Vgl. Buchbinder, op. cit. S. 268, Anm. 145. Zuvor war es allerdings der «Ausländer» Harry Bresslauer, der 1895 die Einmaligkeit der Urkunde in Frage stellte, vgl. Buchbinder, S. 282, Anm. 53.

In den gesammelten Worten über die Schweiz[31] oder in der Aussenwahrnehmung der in der Schweiz tätigen Auslandskorrespondenten[32] dominieren die freundlichen Urteile. Doch nicht nur deswegen besteht in der Schweiz ein gewisser Hang, die eigene, vielleicht als prekär empfundene Existenz dadurch bestätigen zu lassen, dass man externe Stimmen über sich selbst sammelt oder andere sogar speziell dazu einlädt, über die Schweiz nachzudenken. Es ist kein Zufall, dass das grosse doppelbändige Werk, das die Koordinationskommission für die Präsenz der Schweiz im Ausland – beinahe jubiläumsgerecht – 1992 herausgegeben hat, mindestens gleichgewichtig neben einem eigenen Band mit der Selbstsicht auch einen Band *Mit den Augen der anderen* herausgegeben hat.[33] Mit historischer Forschung hatte dies freilich wenig zu tun.

Historische Beiträge aus der Aussenwelt können zwar von guter Qualität, aber doch nur beiläufiger Art sein. Sie bringen auch im Fall der Spezialstudien weniger einen «neuen Blick» als eine nationale Befriedigung darüber, dass Teile der eigenen Geschichte sogar «draussen in der Welt» einer Auseinandersetzung für wert befunden werden. Beispiele dafür können die Werke von *Emmanuel Le Roy Ladurie* über die Familie Platter im 16./17. Jahrhundert[34] oder von *Lionel Gossman* über Basels Geistesleben im ausgehenden 19. Jahrhundert sein sowie die Aufnahme dieser Werke in der Schweiz.[35]

Historische oder politologische Beiträge, welche die «Essenz» des Schweizerischen anpeilen, siedeln sich vor allem im Themenfeld «Demokratie» (inklusive Plurikulturalität) an; hinzu kommen, aber in bedeutend geringerer Zahl, Abhandlungen zur Neutralität[36] und – von der Attraktivität exotischer Stereotypen ist bereits die Rede gewesen – schliesslich zur Alpenwelt.[37] Hier nun im Folgenden ein kurzer, chronolo-

31 Umgang mit der Schweiz. Nichtschweizer über die Schweiz und ihre Erfahrungen mit ihr. Hrsg. v. Charles Linsmayer. Frankfurt a.M. 1990.

32 Georg Kreis, Stereotypen. Das Bild von sich selbst und das Bild der anderen. In: Handbuch der Schweizerischen Volkskultur. Bd. III. Zürich 1992. S. 1259–1273. Oder etwa die Voten der ausländischen Referenten am Kongress «La Suisse à l'aube d'un nouveau siècle» vom Oktober 1991 in Lugano (Schlusstage der 700-Jahr-Feier).

33 Die Schweiz. Mit den Augen der anderen. Bern/Zürich 1992 (2 Bde., 12 Autoren aus 5 Kontinenten).

34 Emmanuel Le Roy Ladurie, Le siècle des Platter, 1499–1628. Paris 1995. Und als Hrsg. des Tagebuchs Le voyage de Thomas Platter. Paris 2000. Am Zustandekommen dieser Publikationen war in hohem Mass die in Basel aufgewachsene Francine-Dominique Liechtenhan, chargé de recherches au CNRS, beteiligt.

35 Lionel Gossman, Basel in the age of Burckhardt. A Study in Unseasonable Ideas. Chicago 2000. Gossman ist emeritierter Romanist aus Princeton; er hat sich insbesondere wegen Johann Jacob Bachofen mit Basel beschäftigt und sich dabei vor allem auf die Arbeiten von Werner Kaegi und Philipp Sarasin abgestützt. Vgl. auch die Vorversion von 1994 in Anm. 45.

36 Zum Beispiel: Marko Milivojevic and Pierre Maurer (Hrsg.), Swiss Neutrality and Security. Armed Forces, National Defence, und Foreign Policy. New York 1990.

37 Zum Beispiel: Paul P. Bernard, Rush to the Alps. The Evolution of Vacationing in Switzerland. New York 1978. – Robert Netting, Balancing on Alp: ecological change and continuity in a Swiss mountain community. Cambridge 1981. Letzterer, ein Afrikanist wie Birmingham (vgl. Anm. 62), wollte allerdings ein Gegenbild zeichnen zum vorherrschenden internationalen Bild «as a land of vacation-

gisch geordneter Überblick über einige Beiträge, welche sich mit der schweizerischen Demokratie befassen und die folgenden Verfassernamen tragen: Siegfried, Herold, Hughes, Deutsch, Steinberg, Craig, Hutson, Remak, Head, Mooser und Hettling.[38]

1947 pries der französische Politologe *André Siegfried,* angesehener Wissenschafter, Professor am Collège de France und Mitglied der Académie, die Schweiz als positiven Sonderfall und «paradis perdu», wie dies die meisten Schweizer im stillen möglicherweise ebenfalls dachten, aber so direkt nie ausgesprochen hätten: «... ce petit pays, grand par la place qu'il tient dans le monde, exprime au maximum l'essence de notre civilisation européenne.»[39] 1948 versprach der Amerikaner *J. Christopher Herold* zwar eine Porträtierung der Schweiz ohne Heiligenschein, die Präsentation geriet aber zu einer höchst idealen Darstellung, die ausführt, was im Vorwort als «spectacle of harmony, stability, and integration» und, bezogen auf die Wirtschaft, als «a work of art – if art is defined as the creation of something out of nothing» angekündigt wird.[40] Die Schweiz habe gewiss «exemplariness», trotzdem soll sie nicht wie ein «guinea-pig» seziert werden, um ein Heilmittel für die Unordnung der Welt zu finden, zumal dieser Welt kaum weitere fünf Jahrhunderte zur Verfügung stünden, um bis zur «Swiss solution» zu gelangen. 1975 holte der britische Staatsrechtler *Christopher Hughes* (Leicester) zu einer Gesamtdarstellung aus, welche die Qualität des politischen Systems und das Hegen des sozialen Friedens lobte.[41] 1976 deutete *Karl Wolfgang Deutsch,* Politologe in Harvard, die Schweiz – nach Harold und Hughes nicht sehr originell – als «paradigmatischen Fall politischer Integration» und stellte damit, wenn auch in Verbindung mit der Mahnung, sich für die Innovation und nicht für einen neuen Konservatismus zu entscheiden, ein dem schweizerischen Selbstverständnis schmeichelndes und entsprechend gut aufgenommenes Bild zur Verfügung.[42] Im gleichen Jahr, 1976, zeichnete der amerikanische Historiker *Jonathan Steinberg* eine Schweiz, die mit ihrer kommunal strukturierten Basisdemokratie und ihrer entspre-

ing», und er gab einen ähnlichen Grund an wie Birmingham, dass gewisse Probleme seiner Afrikastudien nur gelöst werden könnten «trough study of an existing little community with a minutely documented pas». In diesem Fall war es Törbel im Oberwallis, auf das ihn der Schweizer Anthropologe Jean-Claude Muller in Nigeria aufmerksam gemacht hatte. Netting hielt sich 1970/71 und nochmals für kürzere Zeit 1974 und 1977 im Wallis auf. Er bezog sich auf Le Roy Laduries Konzept der historischen Anthropologie.

38 Diese Liste erhebt nicht den Anspruch auf Vollständigkeit und ist auch nicht das Ergebnis einer systematischen Selektion. Ausser dem bekannten, weil auch in der Schweiz reproduzierten George Mikes fehlen viele andere. Im übrigen ist die Grenze zwischen «Schweizergeschichten» und historischen Beiträgen einerseits und Sachbüchern über die Schweiz mit einigen historischen Ausführungen schwer zu ziehen.

39 André Siegfried, La Suisse démocratie témoin. Vorwort von 1947. Neuenburg ^{4}1969.

40 J. Christopher Herold, The Swiss Without Halos. New York 1948. S. 3ff.

41 Christopher Hughes, Switzerland. London 1975. Wurde wohl aufgrund seiner Vorarbeiten (vgl. unten Anm. 54) eingeladen, den entsprechenden Band in der Serie «Nations of the Modern World» zu verfassen. Im Vorwort werden als Zielgruppen genannt: travellers, readers, students.

42 Karl W. Deutsch, Die Schweiz als ein paradigmatischer Fall politischer Integration. Bern 1976. Dem Vorwort ist zu entnehmen, dass Deutsch gemeinsam mit dem Historiker Hermann Weilenmann seit Jahren an einem Werk über die Schweiz gearbeitet habe.

chend kleinteiligen Verkammerung ein ideales Gegenbild zu den grossflächigen und die Massen bewegenden USA abgab.[43]

Im Falle *Gordon A. Craigs* war es nicht die zeitlose Demokratie und nicht die Demokratie der Gegenwart, sondern die demokratische Kultur einer ganz spezifischen Zeit, die er als mustergültig pries. Der Fachmann für die gesamteuropäische Geschichte des 19./20. Jahrhunderts und insbesondere für die deutsche Geschichte war mit seinem einzigen und auf Zürich fokussierenden Schweizerbuch bestrebt, die von den meisten Schweizern selber vergessenen oder zuwenig gewürdigten Verdienste des schweizerischen Liberalismus der Jahre 1830–1848 in Erinnerung zu rufen, Verdienste auch als Vorbild für die liberalen Bewegungen anderer Gesellschaften. Besonders gewürdigt wurde der Mittelweg zwischen dem «utopischen Radikalismus» und dem «reaktionären Konservativismus» und die gelungene Synthese von «Geld und Geist» Der optimistische liberale Glaube an den Fortschritt durch Freiheit sei damals «noch nicht» von den Enttäuschungen einer späteren Ära angekränkelt gewesen, und der Materialismus habe sich in dieser Gesellschaft als mit einem hohen Grad an kultureller Vitalität und Vielfalt vollkommen vereinbar erwiesen.[44]

James H. Hutsons Traktat von 1991 über die «Schwesterrepubliken» war sozusagen als Jubiläumsgeschenk der Kongressbibliothek in Washington bereits seinem Typus nach auf Idealisierung angelegt.[45] Und *Joachim Remaks* Vergleich von 1993 zwischen dem «very civil» ausgetragenen Sonderbundkrieg von 1847 und dem brutal und total geführten amerikanischen Bürgerkrieg von 1861–1865 ergab bereits aus der Anlage einen positiven Befund für die schweizerische Seite. In der Originalfassung gab Remak in einem einleitenden Kapitel als erklärenden Hintergrund ein äusserst positives Bild der Schweiz im allgemeinen, ohne dieses allerdings argumentativ mit dem genauer ausgeführten Spezialthema zu verbinden. Remak hob die «paucity of natural resources» hervor und die daraus abzuleitenden kollektiven Eigenheiten: «One is to accept deprivation as a way of life; the other is to develop the ingenuity to cope with it.»[46] *Randolph*

43 Jonathan Steinberg, Why Switzerland? Cambridge 1976/1996.

44 Gordon A. Craig, Geld und Geist: Zürich im Zeitalter des Liberalismus, 1830–1869. München 1988. – The Triumph of Liberalism: Zurich in the Golden Age, 1830–1869. New York 1989. Vgl. auch Kurzfassung von 1994 in Anm. 45. Craig schreibt in der Einleitung, man staune, weshalb schweizerische Historiker die gesamteuropäische Bedeutung des schweizerischen Liberalismus bisher kaum zur Kenntnis genommen hätten. Die Ausnahme, die er zitiert, nämlich William L. Langer (wohl mit: The revolutions of 1848. New York 1971), ist auch kein Schweizer.

45 James H. Hutson, The Sister Republics. Switzerland and the United States from 1776 to the Present. Washington 1991. Schweizerische Ausgaben (deutsch/französisch) dieser im Zusammenhang mit einer Ausstellung im Jubiläumsjahr «700 Jahre Schweiz» entstandenen kleinen Schrift: Bern 1992. Dieser Jubiläumsanlass hat auch an anderen Orten zu externen Betrachtungen geführt, zum Beispiel an der University of Southern California. Aus dieser Veranstaltung ging die Schrift hervor: Nicolas Bouvier, Gordon A. Craig, Lionel Gossman, Carl E. Schorske, Geneva, Zurich, Basel. History, Culture & National Identity. Princeton 1994.

46 Joachim Remak, A very civil war. Oxford 1993. S. 3. Der «Swiss approach», statt zu zerstören, mit Aufmärschen auszumanövrieren, so heisst es im Vorwort, habe zu einer Gefallenenrate (bezogen auf Kombattanten) von nur 1:24 000 geführt, während sie im Falle des amerikanischen Bürgerkriegs

C. Head sucht nicht den Vergleich, sondern leistet mit seiner Studie eine aus der schweizerischen Binnensicht kaum zu leistende Einordnung. In seiner Arbeit über das politische System des Bündner Freistaates der frühen Neuzeit klärt er ab, inwiefern die beobachteten Vorgänge nicht nur formal, sondern auch in der Substanz noch der mittelalterlichen Basisdemokratie entsprachen oder dem neuzeitlichen Stil des Absolutismus folgten.[47] Zugleich ging er der Frage nach, wie weit die Bündner Herrschaftsordnung einen Sonderfall darstellte oder gesamteuropäischen Tendenzen folgte. Die Resultate können uns hier nicht im einzelnen interessieren, festgehalten werden kann hier jedoch, dass im Formellen der Sonderfall erhalten blieb, im Materiellen die Dinge aber der allgemeinen Entwicklung entsprachen.

1997 führte *Josef Moosers* «fremder Blick» auf «Schweizergeschichtliches» in der Auseinandersetzung mit dem Phänomen der Geistigen Landesverteidigung zu einer fruchtbaren Differenzierung schweizerischer Einschätzung. Diese führte nun aber, da jetzt nicht mehr die Idealisierung der Geistigen Landesverteidigung aus national-konservativer Sicht, sondern die sehr kritische, ja überkritische Deutung der Geistigen Landesverteidigung aus antinational-liberaler Sicht das dominierende Deutungsmuster ist, zu einem differenzierten und die Negativbefunde relativierenden Urteil.[48] *Manfred Hettling* schliesslich, der vormalige Bielefelder und jetzt in Halle lehrende Historiker, sieht in seiner in den 90er Jahren entstandenen Habilitationsarbeit über Vergesellschaftungsprozesse in der zweiten Hälfte des 19. Jahrhunderts die zum Vergleich beigezogene Schweiz als Beispiel erfolgreicher, weil politisch gebliebener Verbürgerlichung, während er die deutsche Variante als gescheitert beurteilt, weil diese in einer starken Hierarchie aufging.[49] Hettling gelangte auch als Initiant der im Verbund mit schweizerischen Kollegen auf den Jubiläumstermin von 1998 herausgebrachten *Kleinen Geschichte der Schweiz* zu einer positiven Beurteilung der schweizerischen Demokratie. Immerhin diagnostizierte er «viel Konflikt, wenig Reformen», er wollte dies aber nicht

1:50 betragen habe. – Im 150. Gedenkjahr erschien diese Schrift auch in einer schweizerischen Ausgabe unter dem Titel «Bruderzwist nicht Brudermord» (Zürich 1997). Das Buch des in Kalifornien beheimateten, aber zu Archivreisen in die Schweiz gereisten Autors stützt sich stark auf die Vorarbeiten von Erwin Bucher.

47 Randolph C. Head, Early modern democracy in the Grisons: social and political language in a Swiss mountain canton 1470–1650. Cambridge 1995. – Demokratie im neuzeitlichen Graubünden. Gesellschaftsordnung und politische Sprache in einem alpinen Staatswesen, 1470–1620. Zürich 2001.

48 Josef Mooser, Die «Geistige Landesverteidigung» in den 1930er Jahren. Profile und Kontexte eines vielschichtigen Phänomens der schweizerischen politischen Kultur in der Zwischenkriegszeit. In: Schweizerische Zeitschrift für Geschichte 47, 1997. S. 685–708. Eine Besprechung vermerkte Moosers Aussensicht, indem sie vom fremden Blick des nüchternen (?) Bayern sprach; letzteres wohl, um die Bezeichnung Deutscher zu vermeiden. Dies gibt uns die Gelegenheit, mit Einbezug von Hettlings süddeutscher Provenienz darauf aufmerksam zu machen, dass wir mit «deutsch», «französisch», «britisch» Kollektiv-Stereotypen pflegen, die, wenn wir die Angehörigkeit zu staatlich definierten Räumen und Territorien für determinierend halten, mindestens regional differenziert werden müssten.

49 Manfred Hettling, Politische Bürgerlichkeit. Die Bürger zwischen Individualität und Vergesellschaftung in Deutschland und in der Schweiz von 1860 bis 1918. Göttingen 1999.

nur negativ interpretiert wissen. Die schweizerische Gesellschaft trage nicht nur «Veränderungsträgheit» in sich, sondern auch eine «Flexibilität und Anpassungskraft» des politischen und gesellschaftlichen Systems. Seit den 1980er Jahren sei die Schweiz allerdings in eine Krise geraten, und die Ursachen des vergangenen Erfolges seien jetzt zu Krisenfaktoren geworden. Stabilität habe in Starrheit und Reformunfähigkeit umgeschlagen.[50] Die Kritik besteht in diesem Fall darin, dass die Schweiz nicht mehr dem ursprünglichen Ideal entspricht und dem Ausland als Vorbild beziehungsweise positives «Modell» abhanden zu kommen droht.

Damit es zur Auseinandersetzung mit einem anderen Land (zumal einem kleinen wie der Schweiz) kommt, braucht es für Externe doch ein Motiv. Während bei Schweizern bzw. Schweizerinnen deren Landeszugehörigkeit als simples Motiv genügen könnte, braucht es bei Nichtschweizern mehr: zumeist ein über persönliche Beziehungen geprägtes positives Verhältnis mit entsprechender Verklärungstendenz. Um mit einem noch nicht präsentierten Autor zu beginnen: *George Soloveytchik,* der 1954 mit einem Schweizerbuch aufwartet, sagt von sich selber, und dies deutet bereits auf ein gewisses Alter hin, er habe die Schweiz während seines ganzen Lebens gekannt: in seiner glücklichen Kindheit vor 1914, als er dort manche Ferien verbrachte, sodann durch Gouvernanten und Hauslehrer («mostly from Neuchâtel or Yverdon») in seiner Heimatstadt St. Petersburg, schliesslich durch zahlreiche Besuche in der Zwischenkriegszeit und später seit 1946.[51] Und um ein Beispiel aus der Gegenwart beizufügen: Michael Heafford, Cambridge, arbeitet zur Zeit an einer Dissertation über die britischen Reisenden nach der Schweiz im frühen 19. Jahrhundert und ist unter anderem deshalb auf sein Thema gekommen, weil seine Mutter schweizerischer Herkunft ist.[52]

Was nun die Schreibsituation und -motivation der bereits genannten Autoren betrifft: Siegfried war in den 1920er Jahren als Völkerbundsfunktionär in Genf tätig gewesen, ein grosser Alpenfreund und Verehrer der insbesondere im Lötschental wahrgenommenen Gemeindeautonomie. 1946, ein Jahr vor Erscheinen seines Buches über die Schweiz, nahm er, bereits über 70jährig, in Genf eine Gastprofessur an.[53] Unter den Verfassern analoger Werke findet sich im übrigen eine auffallend grosse Zahl älterer Herren. Von Soloveytchiks Alter ist bereits die Rede gewesen. Hughes muss aufgrund

50 Manfred Hettling u.a., Eine kleine Geschichte der Schweiz. Der Bundesstaat und seine Traditionen. Frankfurt a.M. 1998.

51 George Soloveytchik, Switzerland in Perspective. Oxford 1954. Der Verfasser will kein abstraktes Bild, sondern die realen Verhältnisse zeigen, er spricht aber von «outstanding qualities» und würdigt, dass die herrschenden Orte in der absolutistischen Phase ihre Macht gegenüber den Untertanen nie so missbraucht hätten, wie es die meisten anderen Souveräne getan hätten. Als «of greater interest» und bisher seines Wissens noch nie dargestellt bezeichnet er die Fremdenindustrie. Im übrigen erklärt er: «I claim no new discoveries of any kind. All I have tried to do is to put the Swiss in a certain historical, social, economic, and human perspective.»

52 Sein britischer Vater kam als Lehrer nach Villars und lernte in Château d'Oex seine künftige Frau kennen.

53 Zu Siegfried (1875–1959) vgl. A. Martin-Siegfried, André Siegfried et la Suisse. In: Revue économique et sociale 34, 2, Mai 1976. S. 71–79.

seines Œuvre ebenfalls im fortgeschrittenen Alter gewesen sein, Deutsch war 64jährig, Remak publizierte seinen Beitrag zur «Schweizergeschichte» mit 73 Jahren, nachdem er zuvor drei Bücher zu einem völlig anderen Gebiet veröffentlicht hatte. Craig hatte ebenfalls zahlreiche andere Werke publiziert und war als Jahrgang 1913 bereits 75jährig, als sein Schweizerbuch herauskam. Die «Schweizergeschichte» – ein Freizeitthema im letzten Lebensabschnitt ohne absorbierende Berufsverpflichtungen? David Birmingham, der am Schluss speziell vorgestellt werden soll, gehört ebenfalls in die Altersgruppe der Sechzigjährigen. Und auch die weiter oben erwähnten Autoren Le Roy Ladurie und Gossman verfassten ihre Beiträge zur «Schweizergeschichte» als Alterswerke.

Über Herolds Zugang zum Thema ist nichts in Erfahrung zu bringen gewesen; jedenfalls muss er sich (vielleicht im Zusammenhang mit dem Krieg) in der Schweiz aufgehalten haben. Hughes' Gesamtdarstellung von 1975 war nur die Krönung einer bereits ein Vierteljahrhundert zuvor begonnenen Auseinandersetzung mit der Schweiz. Zu Beginn der 1950er Jahre verbrachte der Glasgower Staatsrechtler einen Forschungsurlaub in der Schweiz und wollte mit seinem Beitrag ein Mittelding zwischen den zu kurz ausgefallenen britischen und den zu ausführlichen deutschen Studien zur schweizerischen Staatsordnung verfassen. In einer für Aussenstehende nicht untypischen Vorsicht bemerkte er, dass er ein wenig kritisch sein werde, aber nur so kritisch wie gegenüber jeder Regierung, zudem würde er die Lokalbehörden der Schweiz sehr hoch einschätzen («to rate very highly»). Im übrigen: «It is my special hope that no words I have used give offence in Switzerland.»[54] Seine spezielle Motivation bestünde darin abzuklären, inwiefern die Schweiz den Briten – «my own people» – ein gutes Beispiel sein könne. «This is why I have been so much interested in the relationship of the ethos of the Swiss system to its practice, in the part played by resolute leadership, and in Swiss social peace and the operation of trade unions, as well as in the constructive role of traditional values.»[55] Deutschs Äusserungen wiederum sind aus einem Gastvortrag hervorgegangen. Das aus einer Vortragstranskription entstandene Schriftchen sei, schrieb Daniel Frei 1976 einleitend, von einem «Freund der Schweiz» verfasst, die Liebe habe aber ausnahmsweise nicht blind gemacht. Jonathan Steinberg kam aufgrund seiner Verwandtschaft beziehungsweise der Verheiratung mit der Tochter eines Auslandschweizers zu seinem Thema. Wie Remak zu seinem Thema kam, muss offenbleiben; Ausgangspunkt war wahrscheinlich die Kriegsgeschichte. Der Autor bemerkte, es gebe massenweise Bücher über den amerikanischen Bürgerkrieg, aber keines – in englischer Sprache – über den schweizerischen Bürgerkrieg, und erklärte dies so: «because of the tendency of not taking small countries quite seriously».[56] Randolph C. Head, heute in Kalifornien lehrend, war ebenfalls durch familiäre Bedingungen konditioniert (die Mutter stammte aus dem Thurgau), es war aber

54 Christopher Hughes, The Federal Constitution of Switzerland. Oxford 1954. – Ders., The Parliament of Switzerland. London 1962. Für Touristen.

55 Hughes, op. cit. 1975, S. 9ff.

56 Remak, op. cit. S. XIII.

ein 1618 in alle Welt verschicktes und in Harvard gefundenes Dokument, mit dem die Bündner Protestanten ihre Siegerjustiz über die Katholiken rechtfertigten, das in ihm fern von der Schweiz das Interesse an seinem künftigen Thema weckte.[57] Im Falle von Manfred Hettling, mit Jahrgang 1956 der Jüngste im Bunde, könnte, wenn man von anregenden Elternberichten absieht, das in seiner Herkunftsregion Süddeutschland mit der fruchtbaren Mischung von Ähnlichkeit und Andersartigkeit besonders lebendige Interesse an Fragen der demokratischen Partizipation und der Praxis in der benachbarten Schweiz im Spiel gewesen sein.[58] Und im Falle Josef Moosers, der von der Universität Bielefeld an die Universität Basel berufen worden war, ergab sich die Auseinandersetzung mit der Schweiz aus dem angetretenen Lehrauftrag.

Neben der bei den meisten der bisher aufgeführten Werke festzustellenden besonderen Wertschätzung kann gewiss auch eine besonders kritische Haltung der Ausgangspunkt eines externen Interesses sein. Diese Variante bekam die Schweiz 1996/97 zu spüren, als sich Nichtschweizer wegen der Frage der «nachrichtenlosen» Konten und des Handels mit NS-Gold plötzlich der schweizerischen Vergangenheit zuwandten. Die Publikationen von *Tom Bower*[59] oder von *Isabel Vincent*[60] sind Beispiele dafür, aber auch das Buch von *Angelo Codevilla,* das dazu die Gegenposition entwickelte.[61]

Nochmals: Was kann man aufgrund dieser Erfahrungen von nichtschweizerischen Beiträgen erwarten? Zunächst sei betont, dass das «Nichtschweizerische» wie das «Schweizerische» für die Art des Beitrages wesentlich weniger bestimmend ist als die Persönlichkeit. Sodann muss festgehalten werden, dass ein Teil der externen Betrachtung die Schweiz genauso stark und auf nicht weniger fragwürdige Weise vom Rest der Welt separiert und als Sonderfall idealisiert. Aus schweizerischer Sicht könnten diejenigen Arbeiten, welche wie die monographische Studie Hettlings einen Vergleich anstreben oder wie die ebenfalls monographisch gehaltene Studie Heads eine Einordnung in die grösseren Entwicklungszusammenhänge vornehmen, die nützlichsten sein – und zeigen, was auch von schweizerischer Seite angestrebt werden sollte.

In der wesentlich problematischeren Kategorie der Gesamtdarstellungen stammt der interessanteste externe Beitrag der jüngsten Zeit von *David Birmingham* (Jg. 1938), einem Afrikanisten (!).[62] Das Originelle am Birminghamschen Ansatz besteht darin,

57 Mitteilung von Georg Jäger, Chur, vom 10. Februar 2002.

58 Mitteilung von Manfred Hettling, Halle, vom 31. Januar 2002.

59 Vgl. etwa Tom Bower, Blood Money. The Swiss, the Nazis, and the Looted Billions. London 1997.

60 Isabel Vincent, La Suisse, les avoirs juifs et le secret bancaire. Paris 1997. Im gleichen Jahr auch in einer amerikanischen und einer deutschen Version erschienen. Im Englischen mit dem zugespitzten Titel «Hitler's silent partner» (New York 1997).

61 Angelo Codevilla, Between the Alps and a hard place. Switzerland in World War II and moral blackmail to day. Washington 2000. Zuvor: Paul Alexis Ladame, Defending Switzerland. Delmar/New York 1999. Diesen externen Beiträgen aus jüngster Zeit gingen ältere voraus, die sich mit den Namen Jon Kimche (1961), Pierre Accoce/Pierre Quet (1966) und Werner Rings (1974) verbinden und auf die hier nicht weiter eingegangen werden soll.

62 David Birmingham, Switzerland. A village history. London 2000. Der Verfasser verweist u.a. auf einen Kollegen, den Kenter Politologen Clive Church, dem er einen für ihn wichtigen Aufsatz über

dass er, von Château-d'Oex ausgehend, Ortsgeschichte und Nationalgeschichte miteinander verbindet und letzteres aus der Perspektive des ersteren beleuchten will – «to illuminate the central themes of Switzerland's history from the local, rural perspective».[63] Das Lokale ist allerdings nicht nur Mittel für die Beleuchtung des Nationalen als des vermeintlichen Hauptgegenstandes. Das Gesamtschweizerische oder an andern Orten der Schweiz sich Zutragende erscheint genauso peripher, wie es eben aus der für einmal zentralen Position der Peripherie ist. So gibt es zu den Jahren 1917/18 längere Ausführungen zur örtlichen Ernährungssituation und zu den gesundheitlichen Verhältnissen am Ort, der Landesgeneralstreik dagegen wird nur ganz kurz erwähnt als Anlass für ein weiteres Militäraufgebot und ein neues Ansteigen der Grippeepidemie. Wichtig sind dem Autor ferner die «two train loads» an britischen Internierten, die ins Dorf kamen und mit zwanzig «Château-d'Oex brides» wieder von dannen zogen.[64] Man stösst auf erfrischend unvertraute Wortbildungen zu bekannten Phänomenen, wenn etwa von «mythmakers» oder von «highland farmers» die Rede ist – das Gesamtresultat bringt für das Gesamtverständnis der «Schweizergeschichte» jedoch kaum Neues.

Der jetzt an der Universität von Kent lehrende Historiker war eingestandenermassen in doppelter Weise vom «Blick» der Einheimischen abhängig. Auch er hat einen biographischen Konnex zur Schweiz, schon als Zehnjähriger hütete er dort Ziegen, fünf Jahre (1949–1954) verbrachte er in der Grundschule von Château d'Oex, dem Fokus seiner ein halbes Jahrhundert später verfassten «Schweizergeschichte». Nach einem kurzen Aufenthalt in Lausanne kehrte er dann wieder nach Afrika zurück, wo seine Eltern lebten und er sich zum Historiker ausbildete.[65] Mit seiner Arbeit verfolgte er drei Ziele: Erstens wollte er eine agrargeschichtliche Studie verfassen, zumal sie im Fall von Château d'Oex besser dokumentiert sei als in seinen früheren afrikanischen Studien; zweitens wollte er eine revidierte «Schweizergeschichte» schreiben («to put (it) into the context of the revisionist national history which professional Swiss historians have presented since the 1980s»); und drittens wollte er die «Schweizergeschichte» der nichtschweizerischen Aussenwelt vermitteln («to make (it) live among readers for whom Switzerland might not be an obvious case-study for the thematic analyses of historical process»).[66] Das dritte Motiv ist ein äusserst verbreitetes, das

die Schweiz in «History Today» verdankt. Vgl. auch Clive H. Church, Switzerland in Anglo-Saxon Eyes: True Portraits or Reflections in a Mirror? In: Unsere Nachbarn am Weg der Schweiz. Einfluss – Austausch – Wandel. Jahrbuch der NHG. Aarau 1996. S. 96–110. Der Aufsatz befasst sich zur Hauptsache mit dem Mythos Schweiz, er enthält auch einen kurzen Abriss über die schweizerisch-britischen Beziehungen, will aber kein Beitrag zur «Schweizergeschichte» sein.

63 Birmingham, op. cit. S. X. Die Besonderheit liegt in der Verknüpfung mit dem nationalen Rahmen und führt über das hinaus, was Netting, sozusagen analog zu Le Roy Laduries «Montaillou» (1976), im Falle von Törbel (VS) getan hat (vgl. Anm. 37).

64 Birmingham, op. cit. S. 186ff.

65 Ergänzend zu den Ausführungen im Buch erklärte Birmingham, dass er wegen seiner Schwester, die an Asthma litt, in die Schweiz kam (Mitteilung vom 30. Januar 2002).

66 Birmingham, op. cit. S. 202.

zweite hingegen ist wenig geläufiges, es zeigt aber, wie sehr selbst oder gerade der externe Blick auf interne Vorarbeit angewiesen ist. Damit sollte auch klar werden, was mit dem doppelten «Blick» gemeint war. Den einen, den älteren Blick, hatte er als Schulkind aufgenommen. Er sei, räumt er im Rückblick ein, in der Schweiz derart akkulturiert gewesen, dass er gar nicht gemerkt habe, «that the history lessons received were informed by a powerful strain of Swiss patriotism».[67] Als er sich in Afrika mit den von den Bauern dort praktizierten lokalen Wirtschaftsstrategien beschäftigte, sei er nie auf die Idee gekommen, «that the seminal themes of African history were also the seminal themes of an Alpine history that my schooling had neglected».[68] 1981 habe er dann bei seiner Wiederbegegnung mit der Schweiz ein völlig anderes Land vorgefunden, ein Land mit «rebellious voices», die ihr eigenes Land der Fremdenfeindlichkeit, der Schnüffelmentalität und dunkler Bankgeschäfte bezichtigten. Das alte Schweizerbild aus der Kinderzeit habe sich unter dem, was hier als zweiter «Blick» bezeichnet wird, aufgelöst, «it became a fascinating intellectual challenge to understand the new view of Swiss history».[69] Es ging also um das externe Verstehen von etwas Neuem, das im Lande bereits entwickelt worden ist. Aus einem Ferienbesuch wurde ein Forschungsaufenthalt, dem weitere folgten und aus dem schliesslich dieses unter anderem auf Auswertungen des örtlichen Archivs beruhende (aber nicht mit Nachweisen ausgestattete) Buch hervorging. Thomas Maissen würdigte die bereichernden Einblicke in die alpine Wirtschaft und das vormoderne Alltagsleben, und er sprach, unter Verwendung der zur Qualifizierung externer Beiträge nicht untypischen Adjektive, bilanzierend davon, dass man «diesen ebenso wohlwollenden wie kritischen Blick von aussen» auch dort mit Gewinn lese, wo man nicht ganz einverstanden sei.[70]

6. Braucht es überhaupt noch Nationalgeschichten, und wenn ja, wie sollen diese aussehen?

Man kann dem Nationalen entgehen, indem man, wie unter dem 1. Punkt dargelegt, sozialgeschichtliche Monographien erarbeitet. Dies würde in letzter Konsequenz heissen, dass man die integrierten Gesamtdarstellungen als historiographische Gattung sozusagen aussterben liesse. Brauchen wir überhaupt noch Nationalgeschichten? Was wir sicher nicht perpetuieren sollten, ist eine nationale Geschichte, welche die eigene Entität einmaliger, autonomer und autarker versteht und darstellt, als sie ist. Hingegen ist es durchaus erwünscht, dass von Zeit zu Zeit auch integrale Gesamtdarstellungen entworfen werden und dieses «Gesamt» mitunter das Nationale ist, wobei dieses als System und Funktion und nicht als Substanz verstanden sei. Denn zum einen verdienen es die zahlreichen monographischen Studien, auch in diesen umfassenderen Zusammenhang gestellt und auf diese Weise dem vorwiegend an einer Gesamtsicht inter-

67 Birmingham, op. cit. S. 201.
68 Birmingham, op. cit. S. 202.
69 Ebenda.
70 Thomas Maissen, Die Schweiz aus der Dorfperspektive. In: NZZ vom 24. Oktober 2001.

essierten Publikum vermittelt zu werden. Und zum anderen sind die einzelnen Länder mit ihrer staatlichen Struktur und ihrer nationalen Dimension trotz allen inter- und supranationalen Regelungsmechanismen, transnationalen Trends und grenzüberschreitenden Solidaritäten weiterhin wichtige Einheiten der Politikgestaltung, in denen politisches Personal selektioniert, in denen über den Einsatz von Steuermitteln bestimmt wird und in denen Rahmenbedingungen für unser Handeln festgelegt werden. Und was in der Gegenwart und Zukunft als wichtig erachtet wird, bedarf immer auch der historischen Tiefe.

Will man vermeiden, dass die nationale Geschichte nationalistisch angegangen wird, kann die Lösung nicht darin bestehen, dass man für die Hauptarbeit historiographische «Fremdarbeiter» zu Hilfe nimmt. Diese Lösung ist aus den dargestellten Gründen nicht praktikabel, sie setzt sich überdies dem Verdacht aus, dass in dieser Art, das Nationale überwinden zu wollen, uneingestandenermassen selbst etwas Nationales steckt, nämlich der Wunsch, dass es nicht nur von einem selbst abhängt, dass man historiographisch existiert, und dass «andere» die Schweiz mit ihrer Aussenwahrnehmung bereichern sollen, kurz: Man ruft nach Entnationalisierung mit der geheimen Absicht der Renationalisierung.

Die Befreiung aus dem Käfig der nationalen Historiographie muss man schon selber leisten, indem man sich ausserhalb des eigenen Landes aus- und weiterbildet und temporär berufstätig ist, indem man an der internationalen Debatte um historiographische Fragen teilnimmt, indem man die entsprechenden Publikationen verfolgt und mit nichtschweizerischen Kollegen und Kolleginnen das Gespräch pflegt. Ist man auf diese Weise international verknüpft, reduziert sich das Risiko beträchtlich, dass man beim Entwerfen von Landesgeschichten das Nationale durch die Bearbeitung gewissermassen verdoppelt. Es ist nicht zu bestreiten, dass langjährige Einflüsse des gesellschaftlichen Umfeldes (also auch nationale Selbstverständnisse) Wahrnehmung und Verständnis prägen können. Doch sollte es – auch in der Geschichte – kaum von der Staatsbürgerschaft abhängen, wie Wissenschafter, Mitglieder der transnationalen Zivilgesellschaft, über ein Problem nachdenken.

Genfer Nationaldenkmal, zum 50jährigen Bundesbeitritt geplant, von Robert Dorer entworfen, 1869 eingeweiht (Dokumentation Kreis).

Die besseren Patrioten

Nationale Idee und regionale Identität in der französischen Schweiz vor 1914

Man sollte nicht über die Romandie reden, weil es sie als solche nicht gibt; weil die internen Unterschiede etwa zwischen Genf und der Waadt, zwischen dem Wallis und Neuenburg, zwischen Freiburg und dem Jura unter Umständen grösser sind als allfällige Unterschiede zwischen Genf und Basel, Freiburg und Bern, der Waadt und dem Aargau etc. und weil wir in allen diesen Kantonen regionale Unterschiede feststellen können, in der Waadt zum Beispiel zwischen der Côte und dem Pays d'Enhaut, in Genf zwischen Pâquis, Plainpalais und Carouge, im Nordjura zwischen Pruntrut und Delsberg; weil aber auch die Zugehörigkeit zu einer bestimmten sozialen Schicht das Bewusstsein zuweilen stärker prägt als die Zugehörigkeit zu einem bestimmten staatlichen Raum.[1] «Cela dit» – muss man trotzdem feststellen, dass es gewisse Gemeinsamkeiten gibt, nicht nur die der Hochsprache, auch die eines kollektiven Bewusstseins, der gemeinsamen Vorstellungen, die man von sich und anderen hat. Hier soll es nun aber nicht darum gehen, einmal mehr die zum Teil fragwürdigen, aber nicht nur unzutreffenden Typisierungen zu erörtern.[2]

Uns soll die *Zugehörigkeitsproblematik* interessieren, das heisst die allen Teilen der französischen Schweiz ziemlich gemeinsame Frage, wie sie ihre Zugehörigkeit zur Schweiz verstanden. Diese Frage ist nicht nur wegen der Anderssprachigkeit und der Minorität eine Frage, sondern wegen des relativ späten Eintritts in die Eidgenossenschaft und der damit verbundenen Aufgabenstellung, sich mit einer Nationalgeschichte zu identifizieren, die im Grunde nicht die eigene ist. Diese Frage ist darum von einiger Bedeutung, weil wir für die Jahre vor 1914 feststellen können, dass sich tonangebende Kräfte der französischen Schweiz nicht nur vollständig mit der Schweiz identifizierten, sondern sich zu eigentlichen Wächtern des nationalen Erbes emporschwangen. Darum der Titel «Die besseren Patrioten». Unter besser ist also nicht etwa ein besserer Inhalt zu verstehen; in diesem Fall geht es einzig um eine engagiertere Vertretung eines nicht weiter diskutierten, allerseits anerkannten Inhalts.[3] Den Kern dieses Inhalts bildet die

1 Alain Pichard, La Romandie n'existe pas. Lausanne 1978. Siehe auch die Kantonsporträts von Otto Frei, Die Waadtländer zwischen Selbstgefühl und Selbstzweifel. In: Neue Zürcher Zeitung Nr. 177 vom 3./4. August 1985, und Zwei Gesichter des Genfers. In: Neue Zürcher Zeitung Nr. 255 vom 28./29. September 1985.

2 Zu den Auto- und den Heterostereotypien vgl. Hardi Fischer und Uri P. Trier, Das Verhältnis zwischen Deutschschweizern und Westschweizern. Eine sozialpsychologische Untersuchung. Bern 1962, und Vergleichsstudie für 1982. In: Schweizerische Zeitschrift für Psychologie 43, 3, 1984. S. 177–193.

3 Zum Sendungsgedanken ausführlicher, als der Titel vermuten lässt: Daniel Frei, Neutralität – Ideal oder Kalkül. Zweihundert Jahre aussenpolitisches Denken in der Schweiz. Frauenfeld 1967. –

alteidgenössische Befreiungsgeschichte. Sie ist auch für die französische Schweiz die historische Inkarnation klassischer Tugenden wie Libertas, Fortitudo, Iustitia, Concordia, Modestia und ein wenig auch der Industria. Dass diese sehr allgemeinen Werte und die sie vertretende Geschichte ein Referenzsystem für Bewegungen mit verschiedensten Zielsetzungen sein können, muss nicht weiter ausgeführt werden. Hingegen sei betont, dass der eidgenössische Patriotismus und der kantonale (regionale und lokale) Patriotismus entweder problemlos nebeneinander bestehen können, obwohl sie sich unter Umständen und gerade im Fall der französischen Schweiz gegenseitig ausschliessen müssten, und dass sie sich zuweilen sogar gegenseitig stützen. Die in einem grossen Gefühlszusammenhang zustande kommende Verbundenheit selbst an sich unverbundener Elemente scheint ein Grundzug des Patriotismus zu sein. Ein Major Davel lässt sich als Verkörperung des Freiheitswillens, der Tapferkeit, des Gerechtigkeitsempfindens problemlos in das Wertsystem der alteidgenössischen Geschichten integrieren. Desgleichen die Reine Berthe als Verkörperung der Rechtschaffenheit, der Häuslichkeit, des Fleisses.[4] Es ist denkbar, dass selbst bei engster Verschmelzung zwischen nationalem und kantonalem Patriotismus gerade im Falle der französischen Schweiz etwas Drittes entsteht. Nicht dies soll uns jedoch interessieren, sondern die bemerkenswert intensive Pflege des eidgenössischen Patriotismus durch die Romands. Unsere Aufmerksamkeit gilt zunächst der Frage, wie die Schweizergeschichte zu einem integralen Teil der französischschweizerischen Identität wurde.

Die Rezeption der alteidgenössischen Geschichte in der französischen Schweiz

Die Innerschweizer Saga dürfte zur gleichen Zeit in der französischen Schweiz eine breitere Trägerschaft erhalten haben, als der Patriotismus auch in der deutschen Schweiz mit der Propagierung, der Proklamation und der partiellen Verwirklichung der *Volkssouveränität* zu einer Angelegenheit nicht nur der gebildeten Elite, sondern breiterer Kreise wurde. Von der Oberschicht war sie freilich schon früher rezipiert worden. Belege dafür finden sich zum Beispiel im 1714 erschienenen vierbändigen Reiseführer *Les Délices de la Suisse,* dessen Titelblatt mit Bildern aus der Gründungsgeschichte geschmückt ist. Es ist wohl kein Zufall, dass der Autor dieser Darstellung, Pfarrer Abraham Ruchat, aus der bernischen Waadt stammt, die – wie das Beispiel zeigt

Ulrich Im Hof, Das schweizerische Selbstverständnis im Wandel der Zeiten. In: Schaffhauser Beiträge zur Geschichte 59, 1982. S. 7–17.

4 Philippe Kaenel, Le Mythe de la Reine Berthe au XIXe siècle Suisse Romande. In: Unsere Kunstdenkmäler 33, 1982. S. 404–410. Auch Kaenel stellt fest: «(...) l'image de Berthe cautionne à la fois les aspirations cantonalistes et nationalistes des nouveaux confédérés.» Der Artikel ist wieder abgedruckt in: Renaissance médiévale en Suisse romande (Broschüre zur Wanderausstellung). Zürich 1983. S. 50–56.

– in der französischen Schweiz so etwas wie einen Brückenkopf der deutschen Schweiz bildete.[5] Ebensowenig ist es Zufall, dass weitere wichtige Vermittler der alteidgenössischen Geschichte alles ebenfalls Pfarrherren der Waadt sind: der bekannte Philippe Sirice Bridel, der um 1800 in diesem Sinne tätig war, und die um die Jahrhundertmitte wirkenden Charles Monnard und Louis Vulliemin.[6]

Diese oberschichtliche Rezeption kann man als Teil eines *Akkulturationsprozesses* verstehen, wie er als Folge von Kulturkontakten zwischen dominierenden und dominierten Gesellschaften zu beobachten ist.[7] Mit dem Eingehen des neuen Kulturgutes in die unterschichtliche Überlieferung erfährt der Akkulturationsvorgang seine Vollendung. Unser Beleg für diesen Prozess sei das Geschichtsbuch, das seit 1905 als offizielles Lehrmittel in den Grundschulen der Waadt, Neuenburgs und Genfs benützt wurde und der Jugend die Botschaft vermittelte, dass die Urkantone eine grosse Rolle gespielt hätten «dans l'histoire de *notre* pays», dass der Bund von 1291 «l'origine de *notre* indépendance et de nos libertés» sei; das Schulbuch räumte ein, dass es sich zum Teil um Legenden handle, zugleich stellte es aber fest: «Ces traditions *nous* sont chères.»[8]

Es wäre nun aber verfehlt, die Rezeption der alteidgenössischen Geschichte einzig mit der Akkulturation zu erklären. Von Akkulturation kann man ohnehin nur in dem Masse reden, als eine Gesellschaft ihrer ursprünglichen Kultur entfremdet wird. Nun wird aber immer wieder betont, dass die Kulturen der beiden Landesteile schon in den sogenannten «Anfängen» so unterschiedlich gar nicht gewesen seien. Ein Jean Rodolphe von Salis unterstreicht die Gemeinsamkeit der beiden Gesellschaften. Sie habe darin bestanden, dass auf beiden Seiten der Saane Bürgerschaften mit viel Zähigkeit ihre lokale Autonomie und ihre Privilegien verteidigt hätten, auf beiden Seiten gegen «Herzöge» gekämpft worden sei, gegen österreichische hier, gegen savoyische dort und gegen den burgundischen hier wie dort.[9] Demnach wäre Anpassung gar nicht erst nötig gewesen, weil innere Übereinstimmung schon weitgehend bestand.

5 Zu Ruchat: Richard Feller und Edgar Bonjour, Geschichtsschreibung der Schweiz. Basel ²1979. S. 528ff.

6 Zu Monnard und Vulliemin: Ebd. S. 588ff. und 593ff. Zu Bridel: Maurice Moeckli-Cellier, La Révolution française et les écrivains suisses-romands 1789–1815. Neuenburg 1931. S. 212–231. Ferner: Gonzague de Reynold, Histoire littéraire de la Suisse au XVIIIe siècle. Bd. 1. Lausanne 1909.

7 Nathan Wachtel, L'acculturation. In: Faire de l'histoire. Paris 1974. S. 124–146. – Die Vermittler standen jeweils unter dem Einfluss deutschschweizerischer Vordenker. Im Falle Ruchats war es der Basler Johann Heinrich Gleser (Feller/Bonjour [wie Anm. 5], S. 480), im Falle Monnards und Vulliemins war es Johannes von Müller.

8 W. Rosier, Histoire illustrée de la Suisse à l'usage des écoles primaires. Lausanne 1905. S. 37ff. Ähnlich: Alfred Schütz (Maître au collège de Genève), Leçons et récits d'histoire suisse. Genf 1899. Zur Analyse solcher Werke: René Anliker und Victor Schmid, «Frei und auf ewig frei!» Politische Identität im Schweizer Geschichtsbild der Volksschule. In: Sondernummer des Soziologischen Instituts der Universität Zürich. Zürich 1980.

9 Jean Rodolphe von Salis, Die geschichtliche Bedeutung der französischen Schweiz. In: ders., Schwierige Schweiz. Zürich 1969. S. 40–52.

Denkbar wäre, dass die Übernahme der alteidgenössischen Geschichtstradition im Sinne einer Anpassung durch die deutschschweizerische Immigration gefördert wurde. Möglicherweise bestand in solchen Zuwandererkreisen – wie in Auslandschweizerkolonien – ein besonderer Hang zum patriotischen Kult. Ist nicht der 1838 in Genf von Appenzellern gegründete und von Glarnern und Ostschweizern mitgetragene Grütliverein ein Beleg dafür?[10] Ein Zwang zur Anpassung konnte von diesen Kreisen freilich nicht ausgehen, handelte es sich doch in der Regel um Angehörige der unteren Mittelschicht.

Neben der Akkulturation haben wir als andere Rezeptionsform die kulturelle Usurpation, die Inbeschlagnahme alteidgenössischer Patriotismen, die zum Teil schon von der französischen Aufklärung, dann von der französischen Revolutionspropaganda ausging und von der französischen Schweiz mitvollzogen wurde. Auch hier handelte es sich zunächst um einen oberschichtlichen Vorgang. Mit der helvetischen Revolution und den ihr vorausgegangenen Protestbewegungen dürfte er allerdings schnell vulgarisiert worden sein. Wir kennen Rousseaus Loblied auf die Eidgenossenschaft[11], bekannt ist auch das Denkmal, das der Franzose (diesmal ein Abbé) Guillaume-Thomas Raynal 1783 zu Ehren der «optimi cives» Stauffacher, Fürst und Melchtal 1783 am Vierwaldstättersee errichten liess[12], bekannt ist auch das 1798 durch den französischen Gesandten Mengaud verteilte Flugblatt mit dem Vaterunser, in dem Guillaume Tell als «fondateur de notre liberté» angerufen wird.[13] Hinweise auf weniger Bekanntes, etwa auf Duport Du Tertres Schilderung aus dem Jahr 1754 oder Lemierres in der Comédie française aufgeführtes Tellen-Drama aus dem Jahr 1766, finden wir in Ricco Labhardts Dissertation.[14] 1798 konnte dann der Waadtländer Louis Secrétan die Taten der Innerschweizer Bauern völlig problemlos als «patrimoine de gloire et d'honneur de nos ancêtres» besingen, wurde doch der aktuelle Befreiungskampf als Renaissance des alten Freiheitswillens verstanden. Zuweilen griffen diese Projektionen noch weiter zurück, siedelten ihre Vergleichsstücke in der Antike an und stellten wie François-Jacques Durand die alten Helvetier, die Hirten des 13./14. Jahrhunderts und die neuen Helvetier in die gleiche Tradition einer säkularen Freiheitsbewegung.[15] Im Bannkreis der alteidgenössischen Geschichte lag damals bereits auch

10 J. Vogelsanger, Der Schweizerische Grütliverein, dessen Entstehung, Geschichte und Thätigkeit. St. Gallen 1883.

11 Vgl. Ulrich Im Hof, Aufklärung in der Schweiz. Bern 1970. S. 40ff.

12 Anatole Feugère, Raynal et son Monument de Guillaume Tell. In: Revue de Fribourg 8, 1909. S. 562–589.

13 Johannes Strickler (Hrsg.), Aktensammlung aus der Zeit der Helvetischen Republik. Bd. 1. Bern 1886. S. 197.

14 Ricco Labhardt, Wilhelm Tell als Patriot und Revolutionär 1700–1800. Wandlungen der Tell-Tradition im Zeitalter des Absolutismus und der französischen Revolution. Basel 1947.

15 Daniel Frei, Die Förderung des schweizerischen Nationalbewusstseins nach dem Zusammenbruch der Alten Eidgenossenschaft 1798. Zürich 1964. S. 56, 60. Frankreich wusste auch die antihabsburgische Tradition in seine antiösterreichische Politik einzuspannen. Ebd. S. 70ff.

Neuenburg, wie die Analyse der Mitgliedschaften der Helvetischen Gesellschaft[16] sowie die 1797 und später entstandenen, von Abraham Girardet und Henri Courvoisier geschaffenen Stiche und Aquatintablätter zur Tell-Geschichte zeigen.[17] In den dreissiger und vierziger Jahren des 19. Jahrhunderts griff die liberal-radikale Bewegung, an der die Waadt und Genf grossen Anteil hatten, erneut auf die alten Eidgenossen zurück und forderte von ihren Zeit- und Gesinnungsgenossen den gleichen Freiheitswillen und Kampfesmut. Henri Druey zum Beispiel situierte 1834 die alteidgenössischen Befreiungskämpfe und die liberale Bewegung in ein und dieselbe Linie, wie es die helvetischen Patrioten am Ende des 18. Jahrhunderts getan hatten.[18]

Eine dritte Erklärung für die leichte Übernahme der alteidgenössischen Tradition ergibt sich aus dem einfachen Abgrenzungsbedürfnis, das trotz und gerade wegen der Kulturverwandtschaft gross ist – so gross, wie der sprachlich-kulturelle Abstand klein ist. Die Abgrenzungstendenz unserer Tage ist durch eine umfassende Studie belegt[19], ihre historische Dimension dagegen wäre noch abzuklären. Beim bereits vorgestellten Waadtländer Abraham Ruchat können wir jedenfalls ein bezeichnendes Zusammengehen von ausgesprochener Abneigung gegen Frankreich und Pflege der alteidgenössischen Geschichte feststellen. Und ist der markante Helvetismus der Genfer nicht eine Folge der permanenten Überfremdungs- und Annexionsgefahren, denen dieser Stadtstaat ausgesetzt war?[20]

Die Erschliessung des nationalen Raumes

Anfänglich handelte es sich um Identifikationen mit Idealen, mit imaginären Vorgängen ohne konkrete Verortung im topographischen und kalendarischen Raum. «Le Grütli» war nirgendwo wie überall, die gesamte Schweiz war seit eh und je Rütli – «berceau de la liberté».[21] So sah es auch der Genfer Maler Jean-Léonard Lugardon, der 1826 und 1833 das Rütli-Motiv bearbeitete.[22] Konkrete Raumvorstellungen entwickelten sich erst im Laufe des 19. Jahrhunderts: durch die sich ausdehnende und weitere

16 Ulrich Im Hof und François de Capitani, Die Helvetische Gesellschaft. Spätaufklärung und Vorrevolution in der Schweiz. Frauenfeld 1983. Bd. 1, S. 106ff.; Bd. 2, S. 49.

17 Franz Zelger, Heldenstreit und Heldentod. Schweizerische Historienmalerei im 19. Jahrhundert. Zürich 1973. S. 49. Abbildungen in: Lilly Stunzi, Tell. Werden und Wandern eines Mythos. Bern 1973. S. 87.

18 André Lassere, Henri Druey. Lausanne 1960. S. 89.

19 Daniel Frei, Werner Meier, Ulrich Saxer, Die Schweiz und ihre Nachbarn. Aarau 1983 (Pädagogische Rekrutenprüfungen).

20 Zelger erklärt die in Genf feststellbare Begeisterung für die alteidgenössische Geschichte damit, dass die Republik im Gegensatz zur Waadt kein Untertanenland gewesen ist: Zelger (wie Anm. 17), S. 46.

21 In Sauniers Hymne wird das Rütli zu einem mythischen Berg: «Grutly! que ton nom reparoisse, Mont si cher aux Helvétiens!» (Vgl. Frei [wie Anm. 15], S. 79).

22 Zelger (wie Anm. 17), S. 46.

Kreise erfassende Reisetätigkeit, wie sie der Doyen Bridel 1798 mit seinem *Essai sur la manière de faire voyager utilement les jeunes Suisses dans leur patrie* vorgeschlagen und ein halbes Jahrhundert später Rodolphe Töpffer mit den *Voyages en Zigzag* zum Teil auch ironisiert hat[23]; sodann durch die Militärdienste und die Entwicklung der Kartographie, an der noch vor dem bekannten Obersten Guillaume Henri Dufour ein anderer Genfer, Léonard Gaudin (Topographe et Membre de la Société des beaux arts), mit einem Relief der Schweiz (von ca. 7 auf 5 m) Anteil hatte, das 1822–1835 im Pâquis bei Genf ausgestellt war[24]; schliesslich auch durch die gesamtschweizerischen Vereinsaktivitäten des jungen Liberalismus, der sich mit seinen nach dem Vorortsprinzip an wechselnden Orten durchgeführten Veranstaltungen die Schweiz erschloss. Diese Anlässe wurden von Romands besucht, sie strahlten über die Medien der Zeit (Zeitungen, Abbildungen, Abzeichen, Erinnerungsschriften) in die französische Schweiz ein und fanden zum Teil auch dort statt. Die räumliche Erschliessung wurde durch die in den Jahren 1821–1829 an verschiedenen Schlachtorten durchgeführten Feiern des Sempacher-Vereins eingeleitet.[25] Dies war aber eine rein deutschschweizerische, von deutschschweizerischen Studenten süddeutscher Hochschulen initiierte Bewegung. Die gesamtschweizerische Vereins- und Festbewegung des 19. Jahrhunderts war von der deutschen Schweiz ausgegangen und hatte ihr Zentrum in der deutschen Schweiz, doch waren die Miteidgenossen der französischen Schweiz ziemlich von Anfang an dabei.[26] Studenten der französischen Schweiz lasen Schillers *Tell* in der

23 Zu Bridels Schweizerreise vgl. Im Hof/de Capitani (wie Anm. 16), Bd. 1, S. 172ff. Töpffers Ausgabe von 1844 umfasst Berichte über folgende Reisen: Gotthard, Misox, Via Mala, Glarus, Schwyz, Chamonix, Berner Oberland, Rigi, Vierwaldstättersee.

24 Ein erstes gesamtschweizerisches Relief ist in den letzten Jahren der Alten Eidgenossenschaft in Aarau entstanden und aufgrund dieser Vorarbeit in den Jahren 1796–1802 ein Schweizer Atlas, in dem das Hochgebirge zum ersten Mal «mit einiger Ähnlichkeit» dargestellt wurde. Vgl. Rudolf Wolf, Geschichte der Vermessungen der Schweiz. Zürich 1879. S. 123ff.

25 Die alteidgenössischen Jahrzeitfeiern, die den neuen Schlachtfeiern vorausgingen, mobilisierten jeweils nur eine lokale Teilnehmerschaft.

26 Ulrich Im Hof und Nicolai Bernard, Les relations des communautés linguistiques au sein des associations nationales suisses avant la création de la nouvelle Confédération de 1848. In: Union et divison des Suisses. Les relations entre Alémaniques, Romands et Tessinois aux XIXe et XXe siècles. Hrsg. von Pierre du Bois. Lausanne 1983. S. 9–24. – Die Impulse für solche Vereinsbildungen gingen grösstenteils von der deutschen Schweiz aus und hatten in der Regel deutschschweizerische Gründungsorte:

1806 Zofingen: Schweizerische Künstlergesellschaft
1810 Zofingen: Wiederbelebung der Helvetischen Gesellschaft
1810 Zürich: Schweizerische Gemeinnützige Gesellschaft
1811 Bern: Schweizerische Geschichtsforschende Gesellschaft
1815 Genf: Schweizerische Naturforschende Gesellschaft
1819 Zofingen: Schweizerischer Zofingerverein
1824 Aarau: Schweizerischer Schützenverein
1832 Aarau: Eidgenössischer Turnverein
1833 Winterthur: Eidgenössische Militärgesellschaft
1842 Aarau: Eidgenössischer Sängerverein
1863 Olten: Schweizer Alpenklub.

Originalfassung, pilgerten nach Zofingen und huldigten dort vor dem «autel de la patrie» dem gemeinsamen Freiheitsideal.[27] Von den rund 3500 Mitgliedern, die der Eidgenössische Schützenverein 1830 zählte, stammte immerhin knapp die Hälfte aus der französischen Schweiz.[28] Schon das dritte Schützenfest wurde 1828 in Genf, das vierte 1829 in Freiburg und das achte 1836 in Lausanne durchgeführt.

Solche Veranstaltungen hatten eine weitere Bestätigung und Popularisierung des Nationalgedankens auch in der französischen Schweiz zur Folge. Wenn ein Oberst Guillaume Henri Dufour am Schützenfest in Freiburg dazu aufrief, das wertvolle Erbe der Väter (le précieux héritage de nos pères) zu verteidigen und sich den berühmten Gründern der Eidgenossenschaft (illustres fondateurs de notre confédération) würdig zu erweisen, dann hörten das nicht nur Teilnehmer des Schützenfestes, dann wurde diese Botschaft auch in den Zeitungen der französischen Schweiz gelesen.[29]

Stark vorangetrieben wurde die Erschliessung des nationalen Raumes natürlich durch die Schaffung des Bundesstaates, durch die damit bezweckte Vereinheitlichung des Wirtschaftsraumes, durch die Bestellung der eidgenössischen Räte, deren Wirken über die Presse ebenfalls ins Land ausstrahlte.

Zur Erschliessung des nationalen Raumes gehörte auch die Begegnung mit den grossen Persönlichkeiten, den grossen Söhnen, die das Land hervorgebracht hatte, gehörte die Möglichkeit, sich mit einer Nationalfamilie zu identifizieren. Die 1868/71 erschienene *Galerie berühmter Schweizer der Neuzeit,* die diesem Bedürfnis entgegenkam (und ihm zugleich entsprungen war), wurde sogleich ins Französische übersetzt und, nicht genug, mit einer weiteren *Galerie suisse* (1873, 1876, 1880) ergänzt. Ihr Autor, Eugène Secretan, hatte schon 1859 als Zofinger eine «littérature nationale» gefordert.[30]

Die jungen Kantone übernahmen nicht nur anstandslos, sondern offensichtlich mit etwelcher Begeisterung das nationale Erbe des sie aufnehmenden Bundes. Vielleicht entwickelte sich in der französischen Schweiz nicht erst im Jahrzehnt vor 1914, sondern schon wesentlich früher ein stärkeres Nationalgefühl, als es in der deutschen Schweiz verbreitet war. Wie kommt es zum Beispiel, dass Genf bei der Namensgebung der Strassen die alteidgenössischen Helden Tell und Winkelried bereits 1834 berück-

Anders als beim Schützenverein dauerte es in einigen Vereinen wesentlich länger, bis sie eine kräftige Mitträgerschaft aus der französischen Schweiz gewannen und dort auch ihre gesamtschweizerischen Anlässe durchführen konnten. Die 1810 entstandene Schweizerische Gemeinnützige Gesellschaft tagte erst 1830 in Lausanne, 1837 in Genf, 1842 wieder in Lausanne. Im Eidgenössischen Sängerverein muss die Beteiligung der Romands auch eher bescheiden gewesen sein; ein erstes und einziges Mal während der ersten 50 Jahre wurde das Fest 1870 in Neuenburg durchgeführt. Ulrich Im Hof zufolge hatte man allerdings kaum Mühe mit der gegenseitigen Adaptation des Liedgutes.

27 Ulrich Beringer, Geschichte des Zofinger Vereins. 2 Bde. Basel 1907. – Der Schweizerische Zofingerverein 1819–1969. Bern 1969.

28 Beat Henzirohs, Die Eidgenössischen Schützenfeste 1824–1849. Altdorf 1976. S. 14.

29 Journal de Genève 27 vom 2. Juli 1829.

30 Trudi Greiner, Der literarische Verkehr zwischen der deutschen und welschen Schweiz seit 1848. Bern 1940. S. 60ff.

sichtigte, während Analoges in der deutschen Schweiz erst ein halbes Jahrhundert später (in Basel 1873/74, in Zürich 1881/83) geschah?[31]

Die Romands als die Promotoren des Helvetismus

Wir können davon ausgehen[32], dass die Nationalbegeisterung der französischen Schweiz Konjunkturen aufwies. Trudi Greiner unterscheidet in ihrer kenntnisreichen Arbeit über die literarischen Beziehungen zwischen den beiden grossen Landesteilen mehrere Phasen: Die Jahre 1848–1870 fasst sie als Phase des erwachenden Nationalgefühls zusammen, und auf drei Jahrzehnte der Ruhe und des Umbruchs lässt sie mit 1900 eine neue Aufschwungphase einsetzen: die des Helvetismus.[33] In dieser Ära ist nun die vorherrschende Grundhaltung der französischen Schweiz eindeutig nationaler als die der deutschen Schweiz. Es ist kein Zufall, dass die Initiative zur Herausgabe einer umfassenden Geschichte der Schweiz im 19. Jahrhundert von ihr ausging (d.h. von Otto Barblan, Fritz Payot und Paul Seippel) und jene «Nouvelle Histoire» unter dieser Ägide als *gesamt*schweizerisches *Gemeinschaftswerk* konzipiert wurde.[34]

Die Propagierung des Helvetismus war vor allem eine Angelegenheit der Künstler (vorab der Literaten, aber auch der Architekten) und der Politiker. 1887 gründeten Schriftsteller der französischen Schweiz den «Foyer romand» als Ausdruck ihrer nationalen Eigenständigkeit. Und in den Jahren 1893–1910 entstanden die bekannten Zeitschriften, die sich in den Dienst einer eigenständigen Kultur stellten und den verschiedenen Anfechtungen der Zeit einen «caractère suisse» entgegenhielten.[35]

Der Helvetismus ist ein bekanntes Phänomen, das als solches hier nicht mehr vorgestellt werden muss. In den meisten Darstellungen erscheint er richtigerweise, aber

31 Ausser von Strassennamen könnten wir auch von Dampfschiff- und Wirtshausnamen Hinweise beziehen.

32 Auch hier: Die Konjunkturen wiesen auch regionale Schwankungen auf. In Genf z.B. erlebte sie Höhepunkte 1864 mit dem 50jährigen Bundesjubiläum und 1869 mit der Einweihung des aus diesem Anlass geschaffenen Nationaldenkmals. In diese Zeit fällt auch die Preisausschreibung des Institut national von 1866, die die Auseinandersetzung mit der Tell-Sage fördern wollte. Vgl. auch die Publikationen von Albert Rilliet: Feller/Bonjour (wie Anm. 5), S. 693ff.

33 Greiner (wie Anm. 30), S. 104–175. Wie aus meinen Ausführungen hervorgeht, ist es fraglich, ob die Zäsur von 1900 richtig ist; meines Erachtens müsste man mindestens die neunziger Jahre einbeziehen. Fritz Ernsts kleine Schrift Der Helvetismus. Einheit in der Vielheit (Zürich 1954) beschränkt sich auf die Zeit vor 1850.

34 Die Schweiz im 19. Jahrhundert. 3 Bde. Bern 1900. Gleichzeitig französisch in Lausanne erschienen. Zu Seippel: Hans Marti, Paul Seippel 1858–1926. Basel 1973.

35 Semaine littéraire 1893–1927, Revue helvétique 1901–1902, Voile latine 1904–1910, die von der französischen Schweiz inspirierte Zeitschrift Wissen und Leben 1907–1926, Les Feuillets. Revue mensuelle de culture suisse 1911–1913. Hierher gehören auch die 1914 gegründeten Cahiers vaudois mit der typischen lokal-nationalen Mischung. Vgl. zum ganzen Komplex das enzyklopädische Werk von Alfred Berchtold, La Suisse romande au cap du XXe siècle. Lausanne 1964. – Einen ähnlichen Vorgang können wir im Tessin bei Francesco Chiesa und dessen Rückzug auf die «piccola patria» feststellen.

zumeist nicht explizit als eine Bewegung, die vor allem von der französischen Schweiz getragen wurde. Warum dem so ist, diese Frage wurde bisher allerdings nicht gestellt. Mit der Genfer Exposition nationale von 1896, mit dem Neuenburger Cinquantenaire de la République von 1898, mit den Waadtländer Centenaires 1898 der Unabhängigkeit, 1903 des Bundeseintritts lässt sich das Aufblühen der Nationalidee nicht erklären; nicht weil es sich hier bloss um kantonale Nationalismen handelte (der Transfer von einer auf die andere Ebene bot keine Probleme), sondern weil wir nicht als Ursache bezeichnen können, was selbst bloss Wirkung war.

Trudi Greiner, die sich allerdings auf das Literarische beschränkte, erklärte den Helvetismus der französischen Schweiz damit, dass deren Literatur in Frankreich nicht so erfolgreich war wie die deutschschweizerische Literatur in Deutschland.[36] Eine bloss indirekte, aber für unser Verständnis wichtige Erklärung gibt Paul Seippel im Schlusskapitel des eben genannten Werks, wenn er sagt, die «germanische Schweiz» habe aus dem durch Deutschlands Siege geschaffenen Aufschwung des deutschen Nationalgefühls Nutzen ziehen können, die «romanische Schweiz» dagegen leide unter der moralischen Krisis, welche gegenwärtig die französische Nation durchzumachen habe.[37] Was meinte Seippel mit «Krisis»? Die Niederlage von Sedan, die ministerielle Instabilität der III. Republik, den Schul- und Kirchenkampf, die Arbeitskämpfe, die Affären? Manches jedenfalls machte es den Romands in dieser Zeit schwerer, sich an den französischen Nachbarn anzulehnen. Mithin erklärt sich die Zuwendung zum Helvetischen, nach bereits erwähntem Muster, zum Teil aus einer Abwendung vom Gallischen.

Der Helvetismus hat aber tiefere Wurzeln: Er ist ein Produkt des mit sozialdarwinistischen Überlebenstheorien durchsetzten Zeitgeistes und muss als Reaktion auf das im Zuge dieser Bewegung aufgekommene rassistische Nationalverständnis verstanden werden. Nachdem in Deutschland und Frankreich die Vorstellung an Boden gewonnen hatte, dass biologische Grundeigenschaften die wichtigsten gesellschafts- und staatenbildenden Urkräfte seien, entwickelte sich in der Schweiz eine Nationalbewegung, die diese Vorstellungen ablehnte und zugleich übernahm. Die Ablehnung ergab sich aus dem Umstand, dass die Schweiz, deren Bevölkerung nach damaligen Vorstellungen zum mindesten zwei Rassen – die germanische und die lateinische – umfasste, durch solche Vorstellungen in ihrem Fortbestand bedroht war. Die Übernahme der teilweise abgelehnten Vorstellung bestand im Versuch, eine wenn schon nicht körperliche, so doch geistige Eigenart der Schweizer (der «homines alpini») als existent oder wenigstens als notwendig zu erklären.[38] Damit ist aber nicht gesagt, warum die französische Schweiz auf das rassistische Nationalverständnis stärker reagierte, hätte sich doch die deutsche Schweiz ebensosehr angesprochen fühlen können.

36 Greiner (wie Anm. 30), S. 104.

37 Vgl. Anm. 34, Bd. 3, S. 568.

38 Vgl. dazu beispielsweise den Artikel von Ernest Bovet, Réflexions d'un Homo alpinus. In: Wissen und Leben 3, 1908/09. S. 296–299. Zum Autor: Georges Büttiker, Ernest Bovet 1870–1941. Basel 1971.

Die Hauptursache liegt eben anderswo. Sie liegt im *Inferioritätsgefühl,* das manche Romands mit Frankreich teilten und das sich als Folge der im Alltag konkret erfahrenen wirtschaftlichen Überlegenheit Deutschlands und der deutschen Schweiz gegen Ende des 19. Jahrhunderts entwickelte und in den Jahren bis 1914 verstärkte. Das Inferioritätsgefühl ergab sich zwar aus einem Vergleich mit den stärkeren und dynamischeren Nachbarn, es entsprang aber einer tieferen Ablehnung eines gesellschaftlichen Wandels, dem gewisse Schlüsselregionen der französischen Schweiz ausgesetzt waren, durch den Massenzustrom ausserkantonaler und ausländischer Bevölkerung, durch städtebauliche Veränderungen (Zerstörung historischer Bausubstanz), neue Wirtschaftsformen (z.B. Warenhäuser), beschleunigte Interaktionen (Zunahme der wechselseitigen Benachrichtigungen durch Presse, Telegramm und Telefon sowie Zunahme der Pendlerbewegungen, der Bau der «Tramways» als deren Folge und Ursache), sodann durch die Kapitalisierung der Natur (durch den Bau von Bergbahnen und Hotels) etc.[39] Dies alles gab es in anderen Landesteilen freilich auch. In der deutschen Schweiz jedoch dürfte dieser Wandel zu Recht weniger als Folge einer Fremdbestimmung empfunden worden sein. Umgekehrt dürfte in der französischen Schweiz der Anteil der artikulationsfähigen und darum meinungsbildenden Bürger grösser gewesen sein, die sich – teilweise ebenfalls zu Recht – als Opfer dieses Wandels fühlten. Der Kult des Vaterländischen hatte auch in der deutschen Schweiz die Funktion eines Gegengewichts zum entfremdenden Alltag. Während es sich in der deutschen Schweiz aber eher um ein komplementäres Element handelte, trug der Patriotismus der französischen Schweiz auch antagonistische Züge und war entsprechend intensiver: Der Materialismus wurde nicht nur mit Patriotismus ausgeglichen, er wurde mit Patriotismus bekämpft.

In einer ersten Phase beschränkte sich der Patriotismus der französischen Schweiz ebenfalls auf die *komplementäre Funktion.* Schon 1893 finden wir in der *Semaine littéraire* die Vorstellung einer Funktionsteilung zwischen den Kulturen der beiden Landesteile. Der Ausgangspunkt jener noch ressentimentfreien Überlegung war bezeichnenderweise die Feststellung, dass man ohnehin dem germanischen Einfluss ausgesetzt sei und deshalb von romanischer Seite ebenfalls etwas bieten sollte.[40] Zu diesem Etwas gehörte vorab die Kunst und sollte später auch der Patriotismus gehören. Vielleicht war auch die allgemeine Entwicklung an der Akzentverschiebung beteiligt, dennoch müssen wir es als Leistung der Romands verstehen, dass in der Genfer Landesausstellung von 1896 der Palais des Beaux-Arts einen Ehrenplatz erhielt, während 1883 in Zürich die schönen Künste abseitig untergebracht waren.[41] Die Betonung der

39 Ausführlicher zu diesem Vorgang: Georg Kreis, Die Beziehungen zwischen der deutschen und der französischen Schweiz in den Jahren 1870–1914 (Manuskript).

40 «Si nous devons fatalement être un peu germanisés, ce qui n'est pas un grand mal (les Francs étaient des Germains), il faut que nos confédérés de la Suisse allemande se romanisent aussi un peu, grâce à nous» (Semaine littéraire vom 16. Dezember 1893).

41 Hermann Büchler, Drei Schweizerische Landesausstellungen. Zürich 1883, Genf 1896, Bern 1914. Zürich 1970. S. 80ff. Diese Darstellung wurde jüngst ergänzt durch Peter Martig, Die schweizeri-

Kultur, der anspruchsvollen Ästhetik wie der Folklore, bildete in Genf ein starkes Gegengewicht zur technischen Leistungsschau der deutschen Schweiz. Es hätte freilich nicht dem Geist der Zeit entsprochen, wären das Schöne und das Nützliche, Kunst und Industrie, Geist und Materie antagonistisch präsentiert worden. Alles wurde zwar stark segmentiert dargeboten, aber als harmonisches Ganzes aufgefasst: die Bijouterie, Emaillerie, Orfèvrerie, Horlogerie der französischen Schweiz und die (schwere) Maschinenindustrie, die chemische Industrie und die Elektroindustrie der deutschen Schweiz. Dass das wirtschaftliche Übergewicht der deutschen Schweiz die französische Schweiz zu erdrücken drohte, das festzustellen, war die Landesausstellung nicht der Ort.

Die Künste wurden in Genf nicht als «l'art pour l'art», sie wurden als *schweizerische* Kunst gepflegt. Die Kunstausstellung war eine Huldigung gegenüber dem (mit einer Statue veranschaulichten) «Génie suisse». Die Gesamtpräsentation verhalf dem konzeptionell bereits um die Jahrhundertmitte entwickelten Chalet-Stil als typisch schweizerisch sein wollender Architektur zum Durchbruch.[42] In Genf nahm auch die schweizerische Tradition des «Village suisse» als historisch-folkloristisches Anschauungsmodell ihren Anfang.

Im Alltag konnte das Schöne und Gute und das notwendige Übel nur beschränkt (gleichsam in separaten Pavillons) nebeneinander unterhalten werden. Da musste die schmerzliche Diskrepanz zwischen der Moderne und den archaischen Bedürfnissen der Menschen überwunden oder wenigstens verringert werden. Der Patriotismus in seiner harmonisierenden Variante sollte diese Synthese möglich machen. «Concilier le présent avec le passé, l'art avec la vie», so lautete bezeichnenderweise die Zielsetzung einer der erwähnten helvetischen Zeitschriften.[43]

Die radikale Variante des französischschweizerischen Patriotismus, die sich erst seit 1910 artikulierte, entwickelte eine defensive Militanz gegen die Veränderung der Zeit. Im Kampfe gegen die Auswüchse des zivilisatorischen Fortschritts finden wir Romands an vorderster Front. Die *Semaine littéraire* lancierte schon 1895 einen Appell für die Erhaltung der schönen Gebäude und Landschaften.[44] Wollen wir wissen, wie sich in der französischen Schweiz eine Identität gesamtschweizerischer Dimension entwickelt hat, ist es wichtig festzustellen, in welchem Masse sich aus den lokalen

sche Landesausstellung in Bern 1914. In: Berner Zeitschrift für Geschichte und Heimatkunde 46, 1984. S. 163–179. Genfs Bewerbung für die Landesausstellung entsprang nicht dem neueren Helvetismus; erste Projekte stammen aus den Jahren 1868 und 1879. Vgl. Suisse, mon beau village. Regards sur l'exposition nationale de 1896 (Katalog des Musée d'ethnographie). Hrsg. von Bernard Crettaz und Christine Detraz. Genf 1983. – Inventar der neueren Schweizer Architektur 1850–1920. Bd. 4. Bern 1982. S. 294ff.

42 Jacques Gubler, Nationalisme et Internationalisme dans l'architecture moderne de la Suisse. Lausanne 1975. Das Chalet wurde bereits 1853 propagiert. Von seinem Giebel wurde gesagt: «(...) il rappelle le fronton du temple grec, sans l'avoir copié» (S. 24). Der Schweizerhüsli-Stil prägte bereits das Antlitz der Landesausstellung von 1883. Vgl. auch Othmar Birkner, Bauen und Wohnen in der Schweiz 1850–1920. Zürich 1975. S. 169ff.

43 Wissen und Leben 2, 1908. S. 264.

44 Semaine littéraire 104 vom 28. Dezember 1895, zit. nach Büchler (wie Anm. 41).

Umweltschutzbewegungen ein nationales Engagement entwickelt hat. 1905 wurde auf Anregung der Waadtländer Künstlerin Marguerite Burnat-Provins die Ligue pour la conservation de la Suisse pittoresque (Schweizerische Vereinigung für Heimatschutz) gegründet, die in der Ligue pour la beauté eine Vorläuferin hatte. Im Bereich des Naturschutzes ging die Initiative für ein gesamtschweizerisches Engagement nicht von der französischen Schweiz aus, doch war sie mit ihrem lokalen Engagement eine kräftige Wegbereiterin. 1865 entstand im Neuenburgischen der Club Jurassien, der zur Bewahrung des Creux-du-Van das erste schweizerische Naturschutzreservat schuf. 1867 wandte sich der Genfer Geologe Alphonse Favre an das Schweizervolk und appellierte an dessen Patriotismus, verglich das vaterländische Gefühl mit einem grossen Baum, der seine Zweige in die verschiedensten Richtungen strecke. Man könne diesen Baum auf mehrere Arten pflegen: «L'histoire militaire nous retrace les sacrifices immenses faits par nos ancêtres pour développer, dans notre sol, ses larges et fortes racines.» Nach dieser Hommage an die Vergangenheit wandte er sich der Gegenwart zu: «Des actions moins éclatantes peuvent favoriser le développement des feuilles les plus éloignées de ce tronc; par leurs effort réunis les Suisses ont su donner à cet arbre une apparence remarquable.»[45] 1886 wurde in Genf die Société pour la protection des plantes gegründet, 1907 ging wiederum von Genf, d.h. von der kantonalen Société de Physique et d'Histoire naturelle, der Widerstand gegen den Bau einer Bergbahn am Matterhorn aus. Dieser Eingriff in die Natur konnte indessen nur mit Hilfe des Bundesrates verhindert werden. Schon im Kampf um die Erhaltung des Bloc des Marmettes bei Monthey (VS) hatten die Bundesbehörden beigezogen werden müssen. Dieser Kampf war denn auch 1906 der Anlass für die Schaffung einer Schweizerischen Naturschutzkommission in der Schweizerischen Naturforschenden Gesellschaft als der Vorläuferin des 1909 gegründeten Schweizerischen Bundes für Naturschutz (Ligue suisse pour la protection de la nature).

Die These vom konservatorischen Pioniergeist der französischen Schweiz findet allerdings keine Bestätigung in der Volkskunde:[46] Die Initiative zur Gründung einer gesamtschweizerischen Gesellschaft ging von Basel aus. Ein Zusammenhang mit der im gleichen Jahr – 1896 – in Genf durchgeführten Landesausstellung besteht offenbar

45 Alphonse Favre, Conservation des blocs erratiques. In: Verhandlungen der Schweizerischen Naturforschenden Gesellschaft 50, 1866. S. 44: «(...) ce sentiment qu'on nomme patriotisme, qui semblable à un grand arbre, étend ses puissants rameaux en Suisse dans les directions les plus variées. Il y a bien des manières de cultiver cet arbre, et si l'histoire militaire de notre pays nous retrace les sacrifices immenses faits par nos ancêtres pour développer, dans notre sol, ses larges et fortes racines, des actions moins éclatantes peuvent favoriser le développement des feuilles les plus éloignées de ce tronc; par leurs efforts réunis les Suisses ont su donner à cet arbre une apparence remarquable.»

46 Jacques Tagini gibt in seiner, allerdings sehr kurzen, Darstellung keinen solchen Hinweis (Historique, structure et activités de la Société suisse des Traditions populaires. In: Par-dessus les frontières linguistiques [Akten der Waldegg-Tagung vom Oktober 1982]. Basel 1984). Vgl. auch Hans Trümpy, Volkskundliche Forschung und Lehre an den deutschschweizerischen Universitäten und die Schweizerische Gesellschaft für Volkskunde. In: Mitteilungen des Instituts für Gegenwartskunde 12. Wien 1983.

nicht. Eine Bestätigung der These ist dagegen die 1911 gegründete und von Gonzague de Reynold präsidierte Société de l'art domestique.

Der nach 1900 in der französischen Schweiz besonders engagiert geführte Kampf gegen die negativen Auswirkungen des Zivilisationsfortschritts darf freilich nicht isoliert, muss in den weiteren Dimensionen von Zeit und Raum betrachtet werden. Der sich national gebende Widerstand war Teil einer transnationalen Reaktion, die in den internationalen Heimatschutzkongressen von 1909 in Paris und 1912 in Stuttgart ihren Niederschlag fand. Der gegen den deutschen Einfluss gerichtete Widerstand könnte überdies (wie dies beim heutigen Antiamerikanismus der Fall ist) selbst in der kontestativen Form ein Produkt dieses Einflusses gewesen sein. Der 1904 gegründete Deutsche Bund Heimatschutz stand an der Spitze der Bewegung und führte seine erste Kampagne 1905 gegen das Kraftwerkprojekt von Laufenburg.[47]

Wir dürfen allerdings das besondere Naturschutzengagement mancher Romands nicht nur aus der Zeit der Jahrhundertwende verstehen. Der französische Teil der Schweiz stellte nicht nur mit Horace Bénédict de Saussure gleichsam den Ahnherrn der Naturschutzbewegung – der einzige gesamtschweizerische Verein von Gewicht, der in der französischen Schweiz entstand, war die 1815 auf dem Mont Salève bei Genf gegründete Société Helvétique des Sciences Naturelles. Die Pflege der Natur, vor allem des Alpenraumes, wurde als patriotischer Dienst verstanden. Ihr Gründer, der Genfer Apotheker Henri Albert Gosse, sagte von den naturwissenschaftlichen Interessen, «que (...) nous puissions les rendre utiles à notre commune patrie».[48] Fritz Ernst hat mit Hinweis auf Bridel und de Saussure schon vor Jahrzehnten erklärt, dass die Schweizer Alpen «die eigentliche Seelenheimat des Welschlands» geworden seien.[49]

Der Patriotismus in seiner intensivierten Form des Helvetismus hatte die Funktion einer *Schutzideologie.*[50] Er sollte einen Damm bilden gegen die Universalisierungstendenz des Industriesystems, die der französischen Schweiz den Stempel der als deutsch, jedenfalls als fremd empfundenen Modernität aufdrückte. Dieser patriotische Widerstand war die konservative Variante des gegen Ende des 19. Jahrhunderts

47 Rolf Peter Sieferle, Fortschrittsfeinde? Opposition gegen Technik und Industrie von der Romantik bis zur Gegenwart. München 1984. S. 166ff. – Auch Büchler (wie Anm. 41) stellt fest, dass die englische und vor allem deutsche Heimatschutzbewegung als Vorbilder gedient hätten. Zur französischen Bewegung: I. Mieck, Die Anfänge der Umweltschutzgesetzgebung in Frankreich. In: Francia 9, 1981. S. 331–367.

48 Johann Jakob Siegfried, Geschichte der Schweizerischen Naturforschenden Gesellschaft. Zürich 1865. S. 5. Zur Naturschutzbewegung: Wilhelm Vischer, Naturschutz in der Schweiz. Schweizerische Naturschutzbücherei. Bd. 3. Basel 1946.

49 Fritz Ernst, Naturgefühl und Vaterlandsliebe. Zur schweizerischen Ideengeschichte des 18. Jahrhunderts. In: ders., Späte Essais. Zürich 1963. S. 81–92 (Vortrag von 1944). Zur patriotischen Naturbegeisterung des 18. Jahrhunderts siehe auch Marc Eigeldinger, Le paysage suisse vu par Rousseau, und Ulrich Im Hof, Das neue schweizerische Nationalbewusstsein im Zeitalter der Vorromantik; beide in: Vorromantik in der Schweiz? (6. Kolloquium der Schweizerischen Geisteswissenschaftlichen Gesellschaft). Freiburg 1982. S. 109–121 und S. 191–215.

50 Erich Bayer versteht in seinem Wörterbuch zur Geschichte (Stuttgart 1965. S. 392) generell den Patriotismus als defensives Nationalgefühl in Unterscheidung zum offensiven Nationalismus.

stärker werdenden Antikapitalismus. Während die Gesellschaftskritik der Linken fortschrittsgläubig einer noch moderneren Zukunft zustreben wollte, wollte die konservative Zivilisationskritik der in der französischen Schweiz den Ton angebenden Rechten hinter die Gegenwart zurückgehen und heile Vergangenheiten restaurieren.[51]

An der Genfer Landesausstellung waren die industriellen Leistungen der deutschen Schweiz als patriotische Heldentaten gefeiert worden. Auf sie könne man sogar stolzer sein als auf Morgarten und Murten, das Heldentum der Ahnen sei in das Blut der Arbeiterschaft übergegangen.[52] Im Alltag aber, ausserhalb der pathetischen Ausstellungswelt, wurden nach der Jahrhundertwende in zunehmendem Mass gerade die treibenden Kräfte von Industrie und Wirtschaft zu doppelten Vaterlandsfeinden erklärt, weil sie erstens die vertraute Umwelt zerstörten und zweitens dies im Solde fremder Mächte täten, das heisst als Handlanger des wirtschaftlich tatsächlich dominanten Deutschen Reiches.[53] Durch den allgemeinen Zivilisationsprozess bedingte Entfremdung erschien als Produkt fremder Mächte.

Weil die französische Schweiz im Bereich der technischen und wirtschaftlichen Entwicklung nicht die gleiche Dynamik wie Deutschland und die deutsche Schweiz aufbringen konnte oder wollte, wurde nun vom ursprünglich bloss ergänzenden Kompensationselement behauptet, es sei der essentiellere und überlegenere Teil. Aus Inferioritätsgefühlen wurde ein Superioritätsanspruch: Die französische Kultur wurde zum Inbegriff der Kultur, das Germanentum wurde gleichgesetzt mit Barbarentum.[54] Die Promotoren des Helvetismus neigten zu dieser elitären Auffassung, ohne sie direkt gegen die deutsche Schweiz auszuspielen. Sie – die Herren de Reynold, de Traz, de tel et tel – begnügten sich damit, eine allgemeine «aristocratie morale» zu predigen und für sich in allgemeiner Weise in Anspruch zu nehmen.[55] Dieser elitäre Patriotismus blieb gerade auch in der Romandie nicht unwidersprochen, was uns in Erinnerung ruft, wie problematisch Generalisierungen sind. Die Gegner argumentierten aber ihrerseits ebenfalls national und helvetisch, bezeichneten sie doch diese Art von Nationalkult als Nationalgefahr.[56]

51 Sieferle (wie Anm. 47), S. 157ff.

52 «Ce Palais contient les trophées des plus grandes victoires que la Suisse ait remportées et dont nous pouvons nous énorgueillir plus que de Morgarten ou Morat. (...) Il semble que l'héroïsme de la fougue de nos ancêtres aient passé dans les veines de nos ouvriers» (L'Exposition nationale suisse. Genf 1896. S. 123). Die Beteiligung der grossen Industrieunternehmungen, die auf eine Teilnahme an einer Landesausstellung nicht angewiesen waren, wurde als patriotische Tat gewürdigt: «Unsere bedeutendsten Fabrikanten, die keiner Reklame mehr für ihre Erzeugnisse bedürfen, haben sich aus Patriotismus für den nationalen Wettbewerb angemeldet» (Journal officiel illustré de l'Exposition nationale suisse 6 vom 15. Dezember 1895).

53 Am deutlichsten Paul Berger, Après la Grande Débâcle. Le Partage de la Suisse. Lausanne 1914.

54 Hans-Peter Müller, Die schweizerische Sprachenfrage von 1914. Eine historische Untersuchung über das Verhältnis zwischen Deutsch und Welsch bis zum Ersten Weltkrieg. Wiesbaden 1977. S. 92ff. Siehe auch Ulrich Im Hof, Die Viersprachigkeit der Schweiz als Minoritätenproblem des 19. und 20. Jahrhunderts. In: Festschrift für Erich Gruner. Bern 1975. S. 57–76.

55 In diese Linie gehört auch ein Georges de Montenach mit seiner Schrift Pour le visage aimé de la patrie (Lausanne 1909).

56 Zum Beispiel: André Allaz, Helvétisme péril national. Freiburg 1914.

Dass die engagierten Patrioten der französischen Schweiz eher konservative Geister waren, erstaunt nach dem bisher Gesagten nicht. Erstaunlich ist dagegen, dass die Propagandisten des «Helvétisme» zum grösseren Teil ausgesprochene Föderalisten waren. Dies muss aber kein Widerspruch sein. Lokale oder regionale Artikulationen geben sich dem äusseren Anspruch nach gerne national. Diese Tendenz beschränkt sich nicht auf die französische Schweiz, sondern lässt sich beispielsweise an innerschweizerischen Manifestationen deutlich aufzeigen.[57] Auch in der französischen Schweiz schlossen sich kantonale und nationale Patriotismen nicht gegenseitig aus. Die Pflege der kleinräumigen Identität war zum mindesten Vorstufe, wenn nicht sogar Voraussetzung für die Pflege der nationalen Identität. Es ist kein Zufall, dass in den Jahren, die dem Helvetismus vorausgehen, Philippe Godet und Virgile Rossel ihre Literaturgeschichten der französischen Schweiz publizieren[58] und Louis Gauchat die Gründung des *Glossaire des patois de la Suisse romande* veranlasst.[59] Diese Unternehmen sind als Bekräftigungen der regionalen Identität zu verstehen, sie grenzten die französisch-schweizerische Eigenart nicht gegen die deutsche Schweiz ab, sondern gegen Frankreich und bildeten eben die Vorstufe zum Helvetismus. Warum aber die Ausweitung zum Nationalen? Sie ist weitgehend das Produkt eben der regionalen Verunsicherung. Die Anreicherung mit übergeordneten Identifikationselementen sollte die eigene Position stärken und die Selbstbehauptung gegenüber der übergeordneten Grösse erleichtern.

Der Kampf dieses Patriotismus kulminierte in der Kampagne gegen den Gotthardvertrag von 1909. Die Streiter der französischen Schweiz traten in dieser Schlacht als die Wächter und Verteidiger des nationalen Erbes auf, zugleich aber auch als entschiedene Gegner eben des unheilvollen Materialismus. Horace Micheli schrieb im *Journal de Genève* zum 1. August 1912: «Les envahisseurs d'aujourd'hui se prèsentent les mains pleines d'or, et, aux lèvres, le sourire le plus engageant.»[60] Nun wurde die alteidgenössische Modestia in Erinnerung gerufen, wünschte man sich auch eine Mässigung der Industria, weil deren Masslosigkeit die Libertas gefährde. In der zur Landsgemeinde stilisierten Protestkundgebung vom März 1913 gegen den Gotthardvertrag erinnerte der Waadtländer Kantonsrat Oscar Rapin die versammelte Menge,

57 Georg Kreis, Der Teil und das Ganze. Zum partikularen Charakter schweizerischer Nationaldenkmäler. In: Unsere Kunstdenkmäler 35, 1984. S. 10–22.

58 Philippe Godet, Histoire littéraire de la Suisse française. Neuenburg 1890. – Virgile Rossel, Histoire littéraire de la Suisse romande des origines à nos jours. 2 Bde. Genf 1889/1891. Auch Gonzague de Reynold bezeichnete seine Beschäftigung mit der französischschweizerischen Literatur als Vorstufe für sein gesamtschweizerisches Engagement: «Jusqu'à hier, je ne croyais qu'à la possibilité d'une littérature romande: je crois, avec lui, aujourd'hui à la possibilité d'une littérature suisse» (Revue Helvétique vom November 1901).

59 Schon Bridel, der Ahnherr des französischschweizerischen Helvetismus, regte die Schaffung eines solchen Glossaire an. Vgl. Pierre Knecht, Le Glossaire des patois de la Suisse romande et de la tradition culturelle de la Suisse romande. In: Die Schweizerischen Wörterbücher (4. Kolloquium der Schweizerischen Geisteswissenschaftlichen Gesellschaft). Freiburg 1979. S. 219ff.

60 Journal de Genève 210 vom 3. August 1912.

die zuvor ihre gemeinsame Beunruhigung und Kampfbereitschaft mit dem gemeinsamen Gesang der schweizerischen Nationalhymne (des «Cantique suisse») und des «Roulez, tambours!» manifestiert hatte, an die Heldentaten von Morgarten, Laupen, Sempach, Näfels, Giornico, St. Jakob an der Birs, Grandson und Murten, um alsdann die Frage zu stellen, ob diese Blutopfer nicht sinnlos gewesen seien, wenn man nun die Schweizer Eisenbahnen dem deutschen Zugriff ausliefere.[61] Schon im Vorjahr hatte sich der bereits genannte Genfer Horace Micheli auf den Patriotismus gesamtschweizerischer Prägung berufen, um seine doch stark durch regionale Gegebenheiten genährte Sorge wegen der Überfremdungsgefahr auszudrücken. Anlässlich des 1. August 1912 sprach er von der die gesamte Schweiz verbindenden Dankbarkeit – der «reconnaissance envers Dieu qui, pendant plus de six siècles, a protégé notre patrie». Bei solchen Formulierungen handelt es sich nicht um Versuche, über die Saane hinweg die Miteidgenossen der deutschen Schweiz anzusprechen, sondern um Elemente eines echten Binnendialogs der französischen Schweiz; auch dann, wenn von Zeiten die Rede ist, «où nos ancêtres repoussaient avec leurs hallebardes et leurs *morgenstern* le choc des barons autrichiens».[62]

Eine überwältigende Mehrheit der französischen Schweiz wehrte sich 1912/13 gegen die Ratifikation eines Vertrages, von dem behauptet wurde, er bringe die Schweiz in eine fatale Abhängigkeit vom Deutschen Reich. Sich gegen diesen Vertrag zu wehren wurde vor allem in der französischen Schweiz zur patriotischen Pflicht erklärt. Sosehr aber die französische Schweiz als besonders national gesinnt erschien, in diesem Fall waren die patriotischen Streiter gar nicht darauf aus, ihren Landesteil als besonders vaterländisch zu präsentieren. Sie wollten im Gegenteil vermeiden, die Romandie in einer Sonderrolle erscheinen zu lassen, und betonten darum gerne, dass der Kampf der französischen Schweiz bloss Teil eines gesamtschweizerischen Kampfes sei. Objektiv war es aber doch ein Kampf vor allem der Romandie.

Man könnte den in der französischen Schweiz besonders akzentuierten Widerstand gegen Deutschlands wirtschaftlichen, kulturellen und politischen Einfluss aus dem allgemeinen deutsch-französischen Gegensatz erklären, wie dies stark vereinfachend mit der «Graben»-Problematik der Jahre 1914–1917 geschehen ist. Dieser Widerstand bezog jedoch einen grossen Teil seiner Kraft aus der Ablehnung, wenn nicht der Moderne, so doch der schmerzlichen Folgen der Moderne.

Auf eine kurze Formel gebracht, führten die Schwierigkeiten, den sozialen Wandel zu bewältigen, dem dieser Landesteil in beschriebener Weise unterworfen war, zu einer kollektiven Identitätskrise, und diese führte ihrerseits zu dem ebenfalls beschriebenen nationalen Engagement. Letztlich beruht die Entstehung der im Februar 1914 offiziell gegründeten, aber schon 1912 vom Freiburger Gonzague de Reynold, dem

61 La Landsgemeinde vaudoise. In: Gazette de Lausanne 79 vom 22. März 1913. Zur Gotthard-Frage: Sibylle Wegelin-Zbinden, Der Kampf um den Gotthardvertrag. Schweizerische Selbstbesinnung am Vorabend des Ersten Weltkrieges. Schriften der NHG 16. Horgen 1974.

62 Vgl. Anm. 60.

Waadtländer Robert de Traz und dem Genfer Alexis François entworfenen Neuen Helvetischen Gesellschaft auf diesen Voraussetzungen.[63]

Das Thema (und der Titel) dieses Beitrages stand bereits fest, als eine Zeitschrift der französischen Schweiz in grossen Lettern kurz und bündig erklärte: «Romands – les plus Suisses des Suisses». Die in diesem Fall von einem französischschweizerischen Blatt zu verantwortende Generalisierung stützte sich auf eine Umfrage zum 1. August und insbesondere auf den Befund, dass 45 Prozent der Romands – dagegen nur 27,2 Prozent der Deutschschweizer – an den offiziellen 1.-August-Feiern teilnähmen. Man kann wohl kaum von dieser Teilnahmefreudigkeit direkt auf die Qualität des Patriotismus schliessen. Bei den Romands könnte – jenseits aller Vaterlandsproblematik – eine stärker entwickelte Festfreudigkeit den Befund beeinflusst haben. Der Kommentar zu dieser Umfrage sprach die Vermutung aus, dass die Festinhalte der patriotischen Feiern eben nicht die gleichen wären: In der deutschen Schweiz würde der 1. August eher mit Tell, Rütli und Aktivdienst in Verbindung gebracht, in der französischen Schweiz würde es sich eher um ein Verbrüderungsfest nach dem Vorbild des *Quatorze Juillet* handeln.[64] Die vorangegangenen Ausführungen haben jedoch gezeigt, dass die französische Schweiz eine starke Tradition eines sehr schweizerischen Patriotismus in sich trägt, und sie haben dafür eine Erklärung angeboten, die zum Teil vielleicht auch auf die heutigen Verhältnisse zutrifft.

63 Peter Wegelin, Als die Neue Helvetische Gesellschaft jung war. In: Jahrbuch der NHG, 1964. S. 9–42.

64 L'illustré 31 vom 31. Juli 1985 (sondage exclusif); Beteiligung der Tessiner 22,7 %. Kommentar von Marcel Schwander (Tages-Anzeiger). Auf die Frage, ob man Umzüge veranstalten solle, antworteten mit Ja: 48,5 % der Romands, 38,5 % der Tessiner, 28 % der Deutschschweizer. Die Veranstaltung von Bällen wurde begrüsst von 69 % der Romands, 61,5 % der Tessiner, 43 % der Deutschschweizer.

«Ich danke Ihnen, meine Herren, Ihre Anträge ehren mich, aber ich bleibe ledig!»
In Wirklichkeit war die Schweiz vor 1914 nicht allen Nachbarn gegenüber in gleicher Weise unabhängig (Nebelspalter 34 vom 20. August 1910).

Krisenreaktionen in der französischen Schweiz vor 1914

Ist von grösseren Krisen in der Schweiz der Jahre 1910–1930 die Rede, denkt man schnell auch an den sog. «Graben», der sich wegen der frankophilen Haltung der *Romands* und der germanophilen Haltung der *Alémaniques* im Herbst 1914 zwischen der französischen und der deutschen Schweiz aufgetan haben soll.[1] Dieser Konflikt ist bisher als plötzlich aufgetretener, als symmetrischer und als politischer, ja ideologischer Konflikt und sogar als von aussen an die Schweiz herangetragener Konflikt verstanden worden.[2] Bei näherem Hinsehen erweist er sich aber als Kulminationspunkt eines älteren Konflikts, als asymmetrischer und, was sein Ausmass und seine Grundsätzlichkeit betrifft, als primär durch sozioökonomische Vorgänge bedingter und darum endogener Konflikt.

Richtig ist, dass sich noch genauer zu definierende Kräfte der französischen Schweiz als *reagierende* Kräfte bemerkbar machten, dies aber nicht erst 1914, sondern in gewisser Hinsicht bereits etwa seit der Jahrhundertwende und in anderer Hinsicht etwa seit 1910. Der Befund stützt also eine Periodisierung, die nicht im Jahr 1914, sondern im Jahr 1910 einen Wendepunkt sieht. Es wird allerdings zu zeigen sein, dass in der französischen Schweiz dem Jahr 1910 ein wichtiges Krisenvorfeld vorangeht. Im übrigen ist es fraglich, ob für die französische Schweiz eine Periodisierung taugt, die (u.a. doch am Landesstreik orientiert) in 1918 den Kulminationspunkt sieht.[3] An dieser Fallstudie mag deutlich werden, dass die Erklärungskraft der Theorie der Krisenzyklen auf die in der Regel stark regional determinierten Kommunikationsgemein-

1 Zur ideellen Seite des Konflikts: Markus Mattmüller, Leonhard Ragaz und der religiöse Sozialismus, Bd. II. Zürich 1968. S. 53-88. Ferner: Pierre du Bois, Le mal Suisse pendant la Première Guerre Mondiale. In: Revue européenne des sciences sociales et Cahiers Vilfredo Pareto XVIII, 53, 1980. S. 43–66. – Ders., Mythe et réalité du fossé pendant la Première Guerre mondiale. In: Union et Division des Suisses. Les relations entre Alémaniques, Romands et Tessinois aux XIXe et XXe siècles. Hrsg. v. Pierre du Bois. Lausanne 1983. S. 65–91.

2 Eher auf die Einwirkungen von aussen ausgerichtet: Rutger Jan Rutgers, Les rapports entre la Suisse alémanique et la Suisse romande de 1848 à 1895. Freiburg 1984 (Diss.). S. 78–90. Und vorgängig: Adolf Lacher, Die Schweiz und Frankreich vor dem Ersten Weltkrieg. Diplomatische und politische Beziehungen im Zeichen des deutsch-französischen Gegensatzes 1883–1914. Basel 1967 (Diss.).

3 Zur schwachen Resonanz des Landesstreiks in der französischen Schweiz vgl. Willi Gautschi, Der Landesstreik 1918. Zürich/Einsiedeln 1968. S. 288ff. – Es ist beinahe unmöglich, für die französische Schweiz einen endogenen Krisenkulminationspunkt auszumachen. Am ehesten könnte man im Bundesratsrücktritt des germanophilen freisinnigen St. Gallers Arthur Hoffmann vom Juni 1917 und der Wahl des frankophilen liberalen Genfers Gustave Ador eine Zäsur sehen, doch ist diese auf exogene Umstände zurückzuführen.

schaften beschränkt und deshalb von einer Mehrzahl von regional unterschiedlichen Krisenverläufen auszugehen ist.

Welche Krisenvorstellung liegt der folgenden Studie zugrunde? Krise kann hier nur bedingt als Verlust des Regelvertrauens verstanden werden.[4] Hier geht es zwar ebenfalls um den Verlust eines vertrauenerweckenden Zukunftshorizontes, die Entwicklung wird aber nicht als offen und unsicher wahrgenommen, sondern als negativ determiniert durch den drohenden Verlust bzw. die Schmälerung von Existenzgrundlagen. Darum stehen auch nicht offene, exploratorische Reaktionen im Vordergrund, sondern ebenfalls determinierte Haltungen, die sich an drei Dingen orientieren: 1. an dem drohenden Zukunftsbild, das aus einer Extrapolation negativer Gegenwartserfahrung gewonnen wird, 2. an herkömmlichen Positionen, die durch die gleiche Gegenwartserfahrung in Frage gestellt werden, und 3. an der Überzeugung, dass das Unheil der Dekadenz und Deklassierung bzw. der kulturellen und materiellen Enteignung durch den Gang der Geschichte zwar droht, ja immanent ist, aber durch Gegenaktionen noch abgewendet werden könnte, sofern nur der nötige Wille aufgebracht würde und zuvor die erweckende Klarsicht eingetreten sei.

Aus dem bisher Gesagten kann man schliessen, dass es sich um Verlustängste und entsprechende Protestreaktionen eines sozialen Segmentes handelt, das noch identifiziert werden muss. Die Reaktionen dieser Gruppe kommen aber nicht als Gruppenreaktion, sondern als gesamtgesellschaftliche Reaktionen daher. Es gelingt ihnen auch bis zu einem gewissen Grad, Anhängerschaft jenseits ihrer eigenen Interessenstandpunkte zu mobilisieren. Aus der Ansprechbarkeit auf Krisenappelle kann man, wie dies die Untersuchungen von Hanspeter Kriesi zu den Aktivierungsereignissen nach 1945 tun[5], vielleicht auch auf eine gesamtgesellschaftliche Krisensituation schliessen. Beim derzeitigen Stand der Theorie und des konkreten Wissens ist es freilich nicht möglich, den Zusammenhang zwischen den besonderen Motiven der Mobilisateure, der allgemeinen Disposition der Mobilisierbarkeit und der in einer bestimmten Phase eine besondere Herausforderung bildenden Modernisierung stringent nachzuweisen. Die empirischen Feststellungen decken sich aber mit dem Grundverständnis, wonach «die Krise» als Folge von Modernisierungsprozessen, mithin von endogenen Vorgängen zu interpretieren sei und bestehende gesellschaftliche Strukturen im Wachstumsprozess durch Umverteilung von Besitz destabilisiert würden.[6]

Die hier vorgestellten Überlegungen situieren sich auf verschiedenen Ebenen und bewegen sich in verschiedenen Zeiträumen. Sie befassen sich (muss dies betont werden?) nur mit einem Teil der gesellschaftlichen Realität, sie präsentieren Fragmente, wollen aber über die aufzuzeigenden Wirkungszusammenhänge doch ein Ensemble bilden. Es geht auch nicht darum, die französische Schweiz als homogene Einheit zu begreifen. In der sogenannten «Romandie»[7] sind wie in jedem anderen Landesteil die

4 Grundlegend dazu Hansjörg Siegenthaler, Regelvertrauen, Prosperität und Krisen. Tübingen 1993.

5 Politische Aktivierung in der Schweiz 1945–1978. Hrsg. v. Hanspeter Kriesi u. a. Diessenhofen 1981.

6 Kolloquiums-Einladung vom 8. April 1994.

7 Besonders problematisch ist der Begriff, wenn er als pseudoethnische Einheit (etwa analog zur

lokalen und sozialen Gegensätze in der Regel stärker als «teilnationale» Gemeinsamkeiten, wie etwa hier das Faktum des sprachlich-kulturellen Minderheitenstatus.

Die Reaktionen auf den wachsenden Vertrautheitsverlust

Bei den ältesten Krisenreaktionen, die für unseren Zusammenhang wichtig sind, besteht noch kein offensichtlicher Zusammenhang mit dem Konfliktbild von 1914. Die Reaktionen auf den wachsenden Vertrautheitsverlust bilden als längerfristiger Prozess gewissermassen den Teppich für die anderen Vorgänge. Kürzlich haben Aram Mattioli und Alain Clavien und vor ihnen auch schon François Walter aufgezeigt, dass in der französischen Schweiz der Vorkriegsjahre starke Irritationen über die rasante Modernisierung auftreten und diese zu natur- und heimatschützerischen sowie historistisch-nationalistischen Gegenbewegungen führen.[8] Eigene Beobachtungen können dies bestätigen.[9] Sie konzentrieren sich allerdings auf das urbane Milieu, auf zentrale Orte, wo sich Modernisierung und die durch sie provozierten Gegenbewegungen am besten fassen lassen.

Ein eindrückliches Beispiel ist Lausanne, dessen Bevölkerung sich in den Jahren 1890–1914 verdoppelt und dessen Industrie, Gewerbe und Handel im gleichen Zeitraum rasant expandieren. Lausanne erlebte in den Jahren 1890–1914 mehrfache Veränderungen, die sich alle in gleicher Weise (und insbesondere auf ein bestimmtes noch zu identifizierendes soziales Segment), nämlich entfremdend auswirken mussten: Veränderungen insbesondere des Lebensstils, der Zusammensetzung der Bevölkerung und des Stadtbildes. Die Mobilität nimmt gewaltig zu (ab 1896 fahren die *tramways*); desgleichen der Anteil der Nichteinheimischen (ab 1893 erscheint das *Journal des Etrangers*)[10]; desgleichen die Bautätigkeit, die zu massiven Eingriffen in das vertraute Stadtbild führt: Die Stadt erhält einen Justizpalast (1886), einen Universitätspalast (1898–1906), einen Postpalast (1896–1900), einen Eisenbahntempel (1911–1916), ein palastartiges *Casino des étrangers* (1909), mehrere Bankpaläste, zahlreiche

Normandie) verstanden wird. Der Begriff wird aber auch der kantonalen Partikularität gerecht. Alain Pichard hat 1978 (analog zu Fritz René Allemanns «24mal die Schweiz» von 1965/77) seine ersten Porträts der Kantone der französischen Schweiz unter dem Titel «La Romandie n'existe pas» herausgebracht. Die Formel wurde in der gleich gemeinten, aber missverstandenen Anwendung von Ben Vautier «La Suisse n'existe pas» bekannt durch die Kontroversen um den Schweizer Pavillon der Weltausstellung von Sevilla 1992.

8 Aram Mattioli, Zwischen Demokratie und totalitärer Diktatur. Gonzague de Reynold und die Tradition der autoritären Rechten in der Schweiz. Zürich 1994. S. 16–23, 72–90. – Alain Clavien, Les Helvétistes. Intellectuels et politique en Suisse romande au début du siècle. Lausanne 1993. Insbes. S. 217ff. – François Walter, Les Suisses et l'environnement. Genf 1990. Insbes. S. 132ff.

9 Vgl. Georg Kreis, Die besseren Patrioten. Nationale Idee und regionale Identität in der französischen Schweiz vor 1914. In diesem Band S. 395–411.

10 Die ausländische Wohnbevölkerung nimmt bis 1910 (!) permanent zu und geht dann wieder leicht zurück, desgleichen der Anteil der ausserkantonalen Schweizer/-innen. Zusammen machen sie über 50 % aus, während der an sich schon schwache Teil der Stadtbürger/-innen ebenfalls laufend abnimmt und etwa bei 4 % liegt.

Hotelpaläste, wovon sich allerdings nur einer «Palace» nennen konnte (1911, ehem. *Beau-Site*) und dieser den Namen mit dem «Palace» von Caux (1902) und dem «Palace» von Montreux (1906) teilen musste. Hinzu kamen die neuartigen Konsumpaläste, 1897 «Frères Bonnard» als erstes «Grand Magasin», 1907/1908 die sog. «Galeries», 1912 der Neubau der «Innovation».[11]

Dies entstand alles auf Kosten von Freiräumen und alter Bausubstanz. Nachdem man bereits das mittelalterliche Kloster St. François beseitigt hatte, wurde 1900 erwogen, auch die dazugehörige Kirche abzubrechen. Die Anhänger des Fortschritts mussten sich dann allerdings damit begnügen, dass 1913 auf dem Kirchplatz (an Stelle eines älteren) ein moderner *Kiosque des Tramways* errichtet wurde. Dieser steht – Ironie der Geschichte – heute unter Denkmalschutz.[12]

Die rasante Modernisierung provozierte antimodernistische restaurative Gegenbewegungen. Stellvertretend für andere seien hier bloss zwei Artikulationsformen dieser Strömung genannt:

Einmal die Denkmal- und Heimatschutzbewegung, die, in Lausanne 1898 einsetzt, 1902 zur Gründung der *Association du Vieux-Lausanne,* 1910 zur Bildung einer Waadtländer Sektion der 1905 vom Lausanner Ernest Bovet ins Leben gerufenen Schweizerischen Vereinigung für Heimatschutz und 1918 zur Gründung eines Museums für das Alte Lausanne führt.[13]

Und zum anderen der Neo-Helvetismus, der sich vor allem im literarischen Schaffen manifestiert. Dazu als Beleg zum Lausanner Kontext ein paar Sätze aus einem Aufsatz des Schriftstellers Charles Ferdinand Ramuz. Im Mai 1914 schrieb er: «On s'étonnait de ces nouvelles rues où l'incohérence et l'inconvenance devenait un système, le contradictoire une règle ...» Besonders stark missfiel ihm der erwähnte Universitätspalast, der Palais de Rumine: «La où se tient encore le marché (...), où se vendent les pommes et les pommes de terre, ils avait imaginé de bâtir je ne sais quoi florentin, ayant éventré à cette intention la belle colline. Ailleurs, c'était Munich imité ou c'était l'oignon moscovite.» Dem Dichter des «terroir vaudois» war, wie den meisten der konservativen Zeitgenossen, auch der kunterbunte Touristenstrom ein Ärgernis, den die in Lausanne und Umgebung stark erblühte Fremdenindustrie anlockte: «Le parvenu qu'on héberge impose ses goûts; à trop le fréquenter, on devient parvenu soi-même.» Der Zeitpunkt werde kommen, da man zwischen dem Geld und sich selbst werde wählen müssen.[14]

11 Die beste Dokumentation im Inventar der neueren Schweizer Architektur 1850–1920. Bd. 5. Bern 1990. S. 225–383. Ferner: Histoire de Lausanne. Hrsg. v. Jean Charles Biaudet. Toulouse/Lausanne 1982.

12 Die Modernisierung kam in vielen Fällen historistisch, d.h. mit unechter Reaktivierung älterer Ausdrucksformen daher, um mit einer neuen Verzauberung die selber betriebene Entzauberung der Welt (Max Weber) erträglich zu machen. Zu diesem Kompensationsprozess vgl. auch meinen Aufsatz von 1987 (Anm. 9).

13 Diana le Dink, Le Heimatschutz, une ligne pour la beauté. Lausanne 1992.

14 Charles Ferdinand Ramuz, Raison d'Etre. In: Cahiers Vaudois 1, März 1914. Ähnlich Paul Berger 1914 (vgl. Anm. 20) gegen die Münchner Architekturschule und den «style germano-oriental» und

Wer wurde in dieser helvetischen Elegie für das Abhandenkommen der vertrauten Umgebung verantwortlich gemacht? Ramuz beklagte Untaten, nannte aber keine Täter. Als verantwortliche Kräfte erschienen in der öffentlichen Debatte weniger die einheimischen Profiteure, die mit dem Fremden ihr Geld machten. Verantwortlich erschien vielmehr das Fremde selbst. Darum entwickelte sich das Entfremdungsgefühl leicht als Überfremdungsgefühl.

Die Reaktionen auf die wachsende Präsenz deutscher Unternehmen

Hier nähern wir uns für einen Moment dem Konfliktbild von 1914, allerdings mit einer wesentlichen Verlagerung der Problematik: Die wachsende Aversion gegen das Deutsche ist zunächst mehr wirtschaftlich als politisch motiviert. Die Deutschen erschienen als Stosstrupps des bedrohlichen Fortschritts und des mit diesem Fortschritt bedrohlich stark gewordenen Germanentums. Wie die Zahlen der Volkszählung von 1900 gewisse Deutschschweizer aufgeschreckt hatten[15], wirkten die jährlich bekanntgegebenen Zahlen der Aussenhandelsstatistik alarmierend in der französischen Schweiz. Das starke Ansteigen der deutschen Importe wurde als Beleg für die wachsende Germanisierung verstanden, als Indiz für die gefährliche Verschiebung im subtilen Gleichgewicht der mehrseitigen Verbundenheit und Abhängigkeit der Schweiz. Und die Deutschschweizer, sie erschienen – soweit man ihnen überhaupt eine eigene Kategorie zugestand und sie nicht leichthin mit den Deutschen gleichsetzte – als Repräsentanten der vom Deutschen Reich kolonisierten und unterworfenen deutschen Schweiz, die ihrerseits die französische Schweiz kolonisierte und unterwarf, nicht weil sie an sich den grösseren Landesteil ausmachte, sondern weil sie wirtschaftlich überlegen war. Das Ganze wurde als schleichender, darum kaum wahrgenommener und deswegen besonders gefährlicher Vorgang empfunden. Zudem wurde angenommen, dass es sich um einen systematisch betriebenen und auch deshalb gefährlichen Vorgang handle, der am besten mit dem Wort der «invasion sournoise et perfide» umschrieben sei.[16]

für die «harmonie élégante et logique, la clarté de l'esprit latin, en opposition à la brutalité orgueilleuse» (S. 21ff.). Ähnlich im weiteren Gonzague de Reynold: «Un matérialisme bête – vous savez, les fameuses ‹questions économiques›! – envahit tout. Notre tradition, on la méprise; notre passé, on le fausse; nos gloires, on les ignore. L'étranger nous ronge à chaque bout, et l'on fait tout pour lui. ‹L'industrie hôtelière› – autre expression singulièrement avilissante, – défigure nos villes et nos paysages, démoralise notre peuple, sans profit ...» (Le besoin de l'ordre. In: La Voile latine, Januar 1910. S. 11).

15 Vgl. Hans-Peter Müller, Die schweizerische Sprachenfrage vor 1914. Eine historische Untersuchung über das Verhältnis zwischen Deutsch und Welsch bis zum Ersten Weltkrieg. Wiesbaden 1977. Insbes. S. 17ff.

16 Paul Berger (vgl. Anm. 20), S. 25; an anderer Stelle spricht der Vf. von «infiltration» (S. 17).

Die wirtschaftliche Überlegenheit, beim ersten Blick auf eine (leider inexistente) Industriekarte sogleich ersichtlich, müsste in ihrer konkreten Auswirkung auf die französische Schweiz noch abgeklärt werden. Wir dürfen aber schon jetzt feststellen: Wenn beispielsweise die in Basel domizilierte vormals deutsche Annoncenagentur Haasenstein & Vogler (später unter dem für Romands akzeptableren lateinischen Namen Publicitas) in der französischen Schweiz Fuss fasste; wenn die deutsche Allgemeine Elektrizitätsgesellschaft (AEG) zunächst in Basel und von dort aus zum Beispiel in Lausanne, Genf, Neuenburg und La Chaux-de-Fonds Filialen errichtete und der Direktor dieser Filialen die Leitung des im Juni 1908 eröffneten deutschen Konsulates in Lausanne übernahm; wenn der stark von deutschem Kapital abhängige Schweizerische Bankverein 1912 in Lausanne die *Banque d'escompte et de dépôts* übernahm und diese Vorgänge bloss Varianten eines grösseren Vorgangs waren, dann musste sich dies auf das kollektive Bewusstsein auswirken.[17]

Das aufkommende Inferioritätsgefühl führte wie in Frankreich, wo man sich ebenfalls nach Jahrhunderten der Überlegenheit dem erst kürzlich gegründeten Deutschen Reich nicht gewachsen und darum der Dekadenzgefahr ausgesetzt fühlte, zu einer sonderbaren Form defensiver Militanz, die vehement die eigene Schwäche beklagte, den Anschluss an die Moderne aber nicht suchte und sich im Gegenteil ausgerechnet an das Traditionelle klammerte, in dem die Unterlegenheit ja weitgehend begründet lag. Einerseits riefen diese Warner zum Widerstand auf gegen die leise, aber systematisch vorangetriebene ökonomische Invasion, die viel gefährlicher sei als die militärische. Anderseits verharrten sie in ideologisierter Unbeweglichkeit, treu der Parole: «Nous aimons mieux vivre dans une pauvreté couronnée de toutes parts de libertés, que de devenir plus riches et de vivre dans la servitude.»[18] Als ob nicht gerade eine bestimmte «pauvreté» die Ursache der befürchteten Knechtschaft gewesen wäre.

Die wirtschaftliche Unterlegenheit begünstigte wie in Frankreich einen Kompensationsmechanismus, der angesichts der wirtschaftlichen Hegemonie der Gegenspieler für sich wenigstens die kulturelle Überlegenheit in Anspruch nahm. Die französische Kultur, «la civilisation», wurde dem deutschen Materialismus, der «Barbarei», als rassenspezifische Gegebenheit gegenübergestellt. Dies hinderte den liberalen Publizisten Albert Bonnard nicht, am Vorabend des Ersten Weltkrieges zu klagen, die Romands seien in einer «croyance dévotieuse en une supériorité absolue de la race

17 Die Errichtung des Konsulats in Lausanne ging auf eine Petition der deutschen Kolonie vom Januar 1908 zurück, an der sich 2480 Reichsbürger beteiligt hatten. Erster Honorarkonsul war Richard Filsinger, Direktor der AEG-Filialen in Lausanne, Genf, Neuenburg und La Chaux-de-Fonds. Das Konsulat hatte neben der Betreuung der Kolonie für die deutschen Transitreisenden zur Verfügung zu stehen, deren Zahl nach der Eröffnung der Simplonlinie stark zugenommen hatte. Hinzu kamen die zahlreichen Elternbesuche wegen der 120 Mädchenpensionate und 12 Knabeninstitute der Stadt Lausanne (Auskunft des Auswärtigen Amtes vom 14. November 1984). – Der Auftrag der waadtländischen Lokalbahn Aigle–Les Diablerets für die elektrische Einrichtung und das Rollmaterial wurde an die AEG vergeben (vgl. Wegelin, Anm. 43, S. 121).

18 Journal de Genève vom 21. März 1913. Aufruf zu einer Protestveranstaltung gegen den Gotthardvertrag (vgl. unten).

germanique» verstrickt, um dann seinen Mitbürgern zuzurufen: «Redressons-nous, que diable!»[19]

Bonnard war nicht der einzige, der glaubte, seine Mitbürger wachrütteln zu müssen. Im Mai 1914 lancierte Paul Berger, ein unbekannter Lausanner Publizist[20], eine Streitschrift mit alarmierenden Hinweisen auf die gefährliche Deutschlandabhängigkeit, in der sich die deutsche Schweiz und damit auch die französische Schweiz befände: Die Banken seien zum grossen Teil in deutschen Händen, die Maschinenindustrie von Winterthur verdanke ihre Existenz deutschem Kapital, die Aufnahme des Güterverkehrs auf dem Rhein fördere den Bezug von Kohle und Getreide von und über Deutschland, dies zum Nachteil der französischen Kohle und des über Frankreich gelieferten russischen Getreides; die einheimische Elektrizitätswirtschaft würde durch die deutsche Konkurrenz ruiniert wie auch der schweizerische Kleinhandel durch die mit deutschem Geld errichteten Warenhäuser, die überall Waren aufkauften und zu billigen Preisen verschleuderten. Besonders stark sei die deutsche Präsenz in der deutschen Schweiz und am stärksten in Zürich, wo über 60 000 in Vereinen straff organisierte Reichsbürger wohnten[21]; umheimlich präsent erschienen die Deutschen aber auch in der französischen Schweiz: Deutsche Studenten, Professoren und Geistliche würden sich in der französischen Schweiz so betragen, als wären sie bei sich zu Hause.

Die Schrift klagte die kantonalen und eidgenössischen Behörden an, dass sie nicht energische Abwehrmassnahmen ergriffen, zum Beispiel mit einer stärkeren Besteuerung der Warenhäuser. Der Bundesrat sei aktiver Agent des Pangermanismus. Die radikale Regierungspartei des Kantons Waadt begünstige das Vordringen der deutschen Sprache, indem sie sich in Wahlkampfaufrufen in deutscher Sprache an die deutschsprachigen Zuwanderer richte. Die Vorwürfe gingen aber auch an die Privatadresse derjenigen Bürger, die sich – und hier sind wir wieder bei Ramuz – durch das fremde Geld korrumpieren liessen. Wichtig ist uns diese Schrift, weil sie die typische Abwehrhaltung aufzeigt, die in einer Kombination von Antimodernismus und Antigermanismus einen antikapitalistischen und nebenbei auch antisozialistischen, einen antigouvernementalen und doch eminent patriotisch-nationalen Standpunkt einnahm.

19 Albert Bonnard, Sur le rôle de la Suisse française. In: Semaine littéraire vom 30. Mai 1914.

20 Paul Berger, Le Partage de la Suisse. Après la Grande Débâcle. Lausanne (Mai) 1914. Situierung des Vf. dieser Schrift durch Pierre du Bois (1980, S. 55). Man kann sich freilich fragen, ob es sich nicht um ein Pseudonym handle.

21 Vgl. Klaus Urner, Die Deutschen in der Schweiz. Frauenfeld 1976.

Die Reaktionen der konservativen Besitzstandsverteidiger

Bisher haben wir uns mit der Frage befasst, wie und worauf reagiert wurde, dagegen noch kaum mit der Frage, wer die reagierenden Kräfte waren. Es ist die schwierigste und bisher noch kaum angegangene Frage. Grundsätzlich ist zwischen denjenigen zu unterscheiden, welche die Modernisierung vorantrieben und von ihr profitierten, und denjenigen, die sich als ihre Opfer sahen. In dieser Gegenüberstellung fallen weniger die Grundschichten des Agrar- und Industriesektors sowie deren Vertreter, die Bauern- und Arbeiterpolitiker, in Betracht als das bürgerliche Milieu. In unserem Fall ist es wichtig, zwischen zwei bürgerlichen Lagern zu unterscheiden: einerseits dem unternehmungsfreudigen und -freundlichen sowie fortschrittsgläubigen Bürgertum und andererseits dem konservativen und den Besitzstand verwaltenden Bürgertum, d.h. dem Hauptteil des freisinnigen Lagers einerseits und dem liberal-konservativen und katholisch-konservativen Lager andererseits.

Krisenanalysen können in der Verschärfung klassenkämpferischer Spannungen und insbesondere in offenen Arbeitskonflikten wichtige Krisensymptome erblicken. Gerade in der französischen Schweiz ist, wie die Untersuchungen von Hans Hirter zeigen, eine Häufung solcher Spannungen zu beobachten.[22] Diese dürften das bürgerliche Milieu insgesamt gewiss irritiert haben. Beim Unternehmerbürgertum dürfte dies aber primär als Störung der Unternehmensaktivitäten wahrgenommen worden sein; das Besitzstandsbürgertum dagegen sah darin einen vom unternehmerischen Flügel des Bürgertums verursachten Konflikt. Die Infragestellung des Bürgertums durch die sozialistische Agitation ist, was die Krisenreaktion betrifft, wahrscheinlich von sekundärer Bedeutung, d.h. im Grunde bloss eine Variante von etwas, was man generell als Fremdheit wahrnahm und wofür die Verlierer protestantisch- und katholisch-konservativer Provenienz, wie gesagt, die ertragssüchtige unternehmerische Seite des Bürgertums verantwortlich machten.[23]

Zur Erhärtung dieser These benötigten wir weitere Abklärungen. Immerhin belegen die Vorgänge um die Zusammensetzung der Waadtländer Regierung in eindrücklicher Weise, dass die Spannungen zwischen den beiden bürgerlichen Parteien grösser sind als zwischen den tiefen, aber akzeptierten Gegensätzen zwischen den Bürgerlichen und den Sozialisten. Ende 1912 verweigerten die Radikalen, die im 200köpfigen Parlament 150 hochdisziplinierte Gefolgsleute hatten, zum fünften Mal den 1892 zwar feierlich versprochenen, aber nie eingelösten zweiten liberalen Regierungssitz, und

22 Hans Hirter, Die Arbeitskämpfe in der Schweiz von 1880 bis 1914. Bern 1989.

23 Hans Ulrich Jost (Die reaktionäre Avantgarde. Die Geburt der neuen Rechten in der Schweiz um 1900. Zürich 1992) nimmt eine völlig konträre Interpretation vor. Er geht von einer Schwächung der an «inneren Widersprüchen» leidenden Position der Freisinnigen aus und nimmt an, dass sich daraus ein Bedarf einer Koalition mit der äusseren Rechten, ja eine eigene Positionsverschiebung in dieser Richtung ergeben habe (S. 27, 44), obwohl auch er die Gegensätze zwischen Liberalen und Radikalen wahrnimmt und von den ersteren sagt, sie sähen in den Sozialisten nur ein «schädliches Nebenprodukt» der Radikalen (S. 35, 73). Was unter «schleichender Krise» (S. 21) oder «innerem Widerspruch» (S. 28) des Freisinns zu verstehen sei, wird nicht weiter ausgeführt.

dies, obwohl die Liberalen einen ausgezeichneten Kandidaten hatten (Max de Cérenville) und die Radikalen einen der Ihrigen (Alfred Dubuis) zur Übernahme des Amtes geradezu nötigen mussten. P.-A. Bovard, der sich mit der Geschichte der Regierung der Waadt befasst hat, kommentiert: «Les libéraux sont furieux. Mais incapables depuis vingt ans d'autre chose que perdre peu à peu de leurs forces dans les cercles, qu'ont-ils à se plaindre?»[24] Nicht genug: Die Radikalen verweigerten ihnen neun Mal das Parlamentspräsidium und alle wichtigen Verwaltungsstellen. Der einzige liberale Regierungsrat (R. Cossy) sass zwar bereits seit zwei Jahrzehnten auf seinem Sessel, erschien aber als schwache Figur – als «gestionnaire affable, non un chef».[25]

Ein von Alain Clavien vermittelter Disput zwischen Genfer Liberalen und Genfer Radikalen zur sog. «Ausländerfrage» zeigt, dass die Verhältnisse in Genf zwar nicht bezüglich der Mandatsverhältnisse, aber bezüglich der grundsätzlichen Differenzen ähnlich waren.[26] Nachdem die Liberalen die Ausländer-Problematik zur «question nationale» erklärt hatten und sie deswegen von den Radikalen im Herbst 1909 nicht ohne Seitenblick auf bevorstehende Wahlen als nationalistisch angeprangert worden waren, sah sich das Blatt der Liberalen zur folgenden Erklärung veranlasst: «Les chefs du gouvernement [radical] ont commencé leur campagne électorale. Leur principal effort tend à faire croire à leurs partisans que nous sommes des ennemis du rapprochement entre les nations, que notre politique est hostile aux étrangers, et que nous sommes des adversaires de l'expansion économique et commerciale de notre canton. [Cela est faux, mais] Genève doit conserver sa personnalité morale. Or il est incontestable que des efforts considérables sont faits pour la lui ôter. L'envahissement d'idées, de coutumes, d'habitudes qui sont prises non parmi les qualités, mais parmi les défauts d'autres nations, la menace.»[27] Ahnlich lauten die bereits zitierten Vorwürfe eines Paul Berger an die Adresse der freisinnigen Regierungspartei des Kantons Waadt. Und der Streit um den Gotthard-Vertrag, von dem im nächsten Abschnitt noch ausführlicher die Rede sein wird, war unter anderem eben auch eine Kampagne der liberalen Opposition gegen Freisinnige mit Regierungsverantwortung.[28]

24 P.-A. Bovard, Le gouvernement vaudois de 1803 à 1962. Morges 1982. S. 213.

25 Ebenda. S. 206, vgl. auch S. 190. In der Waadt liegen die starken Zeiten der Sozialisten (mit 12 von 200 Mandaten) in den Jahren 1897–1901. In Vevey entsteht damals in Verbindung zwischen den Radikalen und Sozialisten sogar eine die Liberalen dominierende Mehrheit. 1905 wird für die Sozialisten ein Jahr des Misserfolges. Die Streiks, insbesondere derjenige von 1907, bringen keine Erschütterung der Machtverhältnisse. 1913 ist die Machtverteilung eindeutig: 141 FDP, 54 LDP, 9 SP, 2 andere. Vgl. Roland Ruffieux, Les élections au Grand Conseil Vaudois de 1913 à 1966. Lausanne 1974.

26 Was die Kräfteverhältnisse im Genfer Parlament betrifft: Die Liberalen bildeten mit steigender Tendenz bei 34–38 Sitzen die stärkste Fraktion. Die Freisinnigen hatten die besseren Zeiten von 1898 und 1901 mit je 51 Sitzen hinter sich und mussten sich 1910 und 1913 mit 40 bzw. 35 Sitzen begnügen. Die Sozialisten stagnierten oder wurden gar schwächer zwischen 1904 und 1913 mit 14, 10, 8 und 10 Sitzen. Vgl. dazu Le pouvoir législatif à Genève à travers les siècles. Genf 1985. S. 20ff.

27 Clavien (vgl. Anm. 8), S. 173.

28 Wegelin (vgl. Anm. 43), S. 80, 114, 174.

Der binnenbürgerliche Gegensatz sei hier speziell hervorgehoben, weil er wegen des «grossfamilialen» Zusammenhangs leicht übersehen wird.[29] Andererseits ist es aber eine längst bekannte Tatsache, dass die Altliberalen schon in der Mitte des vergangenen Jahrhunderts den katholischen Konservativen aus einleuchtenden Gründen oft näherstanden als die radikalen Emporkömmlinge. Als Beleg für die Übereinstimmung in der Deutung der aktuellen Problematik sei als katholisch-konservative Stimme diejenige eines Georges de Montenach zitiert. 1909 beschwor der Freiburger Aristokrat anlässlich eines Auftritts in der Innerschweiz die Gefahr des Heimatverlusts. Aus Unachtsamkeit könnte man heute leicht verlieren, was die Urväter unter Einsatz ihres Lebens am Morgarten gewonnen hätten: «Vous abandonnez vos traditions séculaires, vos fêtes charmantes et simples, et, au nom du progrès, vous vous attachez parfois aux nouveautés les plus folles et les plus décevantes ...»[30]

In den Krisenreaktionen der französischen Schweiz vor 1914 kann man wenig Bereitschaft zu fundamentalem Lernen finden und überhaupt kein exploratorisches, sondern nur strategisches Reden. Die Freisinnigen könnten, da sie sich im Einklang mit der sozioökonomischen Entwicklung sahen, weniger Veranlassung zur Verbalisierung ihrer Position gehabt haben, während die Liberalen als die aufbegehrenden Kräfte mehr Äusserungen produzierten. Siegenthaler unterscheidet drei idealtypische Arten der Beteiligung an krisenbedingten Auseinandersetzungen.[31] Die *radicaux* könnte man der ersten Kategorie zuordnen, welche Krisenphänomene in ihr Bild der Welt zu integrieren vermögen. Die *libéraux* und *conservateurs* entsprächen der zweiten Kategorie, die in identitätsverstärkender Abgrenzung macht. Die hartnäckigen Versuche dieses gesellschaftlichen Segments zur Rekonstruktion der alten Welt sind unübersehbar. Die dritte Kategorie, welche das eigentliche Krisenprodukt ist und ein neues Verständnis sucht, ist im Krisenkontext der französischen Schweiz vor 1914 schwer zu finden. Die bereits positionierten Sozialisten werden es nicht sein. Möglicherweise sind es die Kräfte, für welche die bekannten Persönlichkeiten Ernest Bovet und Paul Seippel stehen.

Die Kulminationsphase der Irritation

Vom wachsenden Vertrautheitsverlust ist bereits gesagt worden, dass er wahrscheinlich eher schleichende Reaktionen provozierte, und dies nur bei einem Teil der Bevölkerung. Die wachsende deutsche Prädominanz dürfte eine ähnliche Entwicklung gefördert haben. Wir können uns ferner vorstellen, dass dies speziell beim alteingesessenen gehobeneren Bürgertum und in kleinbürgerlichen Kreisen zu wachsender

29 Zur «freisinnigen Grossfamilie» vgl. Erich Gruner, Die Parteien in der Schweiz. Bern 1977. S. 73ff.

30 Georges de Montenach, Les morts qui parlent. Rede am Morgarten vom 24. August 1909. In: Pensées et prévisions politiques. Freiburg 1916. S. 11–15 (posthum erschienene Textsammlung). Ähnlich schon Jahre früher in: L'art et le peuple. Freiburg 1903.

31 Siegenthaler (vgl. Anm. 4), S. 187ff.

Unzufriedenheit und damit zu wachsender Instabilität führte. Diese könnte die Wahrscheinlichkeit für plötzliches und heftigeres Reagieren erhöht haben. Hinzu kam eine Konditionierung und Kanalisierung der Wahrnehmung: Man rezipierte nur, was das von Befürchtungen genährte Vorurteil bestätigte, und akkumulierte so eine wachsende Zahl von erdrückenden «Beweisen».

Das Bedrohungsgefühl wurde beispielsweise durch das im März 1912 herumgebotene Gerücht genährt, die AEG gedenke in der Bundeshauptstadt eine Filiale zu errichten, um sich den Auftrag zur Elektrifizierung der Gotthardbahn zu sichern. Diese Befürchtung muss vor dem Hintergrund der Tatsache gesehen werden, dass 1912 der Auftrag für den Bau des Hauenstein-Basistunnels einem Berliner Unternehmen erteilt worden war und der Bau des zweiten Simplontunnels an eine Mannheimer Firma vergeben werden sollte. Letzteres wurde nachweisbar durch die antigermanische Protestbewegung im Juli 1912 sozusagen «in letzter Minute» doch noch verhindert.[32]

Es ist kein Zufall, dass diese Beispiele aus dem Jahr 1912 stammen. Betrachten wir noch etwas genauer die *Chronologie* dieser Reaktionen. Noch 1908 war die Abneigung gegen Deutschland beziehungsweise die Furcht vor einer geistigen, materiellen, ja physischen Unterwerfung durch das übermächtige Deutschland bemerkenswert gering. Die Affäre Kuhlenbeck, ein im Mai 1908 an der Universität Lausanne ausgebrochener Streit unter deutschen Professoren, belegt dies deutlich.[33] Auf der einen Seite blieb die Haltung der Einheimischen gegenüber der deutschen Kolonie sehr positiv. Auf der anderen Seite solidarisierten sich die deutschen Studenten und Dozenten mit der einheimischen Universitätsleitung. Man stelle sich vor: Die Studentenverbindung «Germania» zog 1908 im Rahmen dieser Unterstützungskampagne mit ihrer Fahne unter freudigem Applaus der Einheimischen durch Lausannes Strassen. Der Gegensatz etwa zur sog. Fahnen-Affäre vom Januar 1916 könnte nicht stärker sein.[34] 1908 konnte ein Edouard Secrétan, liberaler Nationalrat und Chefredaktor der *Gazette de Lausanne,* bei einem Anteil ausländischer Studenten von ca. 69% sogar frohlocken, dass die Affäre einen verstärkten Zulauf deutscher Studenten gebracht und sich darum für die Universität Lausanne günstig ausgewirkt habe.[35]

Wann sich diese positive Einstellung ins Negative wendet, ist beim derzeitigen Kenntnisstand schwer zu sagen. Die Jahre 1908–1911 könnten ein Vorfeld zur Krise bilden, die sich 1912–1914 in ihrer akuten Phase manifestiert.[36] Allerdings muss es

32 Auskunft der SBB-Generaldirektion vom 7. November 1984 aufgrund einer Einsicht der Akten der Kreisdirektion I in Lausanne.

33 Vgl. Urner (Anm. 21), S. 501–514. Ferner: Gazette de Lausanne vom 21. April, 8. Mai und 18. Juli 1908.

34 Pierre du Bois, Lausanne, le 27 janvier 1916: l'affaire du drapeau allemand. In: Revue historique vaudoise LXXXVIII, 1980. S. 113–146.

35 Gazette de Lausanne vom 18. Juli 1908.

36 Man könnte (und müsste vielleicht) sogar noch weiter zurückgehen. In der Sprachenfrage und der Kulturpolitik tritt Krisenhaftigkeit bereits früher auf, etwa in den Jahren 1905/07. Vgl. Müller (Anm. 15). – Ferner Pierre du Bois, Welsch, Deutsch, Schweizerdeutsch. In: Schweizer Monatshefte, Februar 1989. S. 793–804.

bereits 1908 im Zusammenhang mit Deutschlands Subventionen auf seine Mehlexporte[37] zu ersten Reaktionen der beschriebenen Art gekommen sein.[38] Die 1909 sodann in der französischen Schweiz besonders intensiv geführte Debatte um die «question des étrangers» zeigte einerseits die diesbezüglich besondere Ansprechbarkeit und führte andererseits zu einer weiteren Verstärkung des Krisenbewusstseins.[39] In dieser Debatte kamen auf konservativer Seite die bereits zitierten Haltungen zum Vorschein, wie man sie 1912/13 im Zusammenhang mit der Gotthard-Frage wiederfinden wird. 1910 schliesslich zeigten die öffentlichen Dispute um den Staatsbesuch des französischen Präsidenten Fallières, dass die Animositäten in den Beziehungen zwischen dem deutschen und dem französischen Landesteil bereits stark ausgebildet waren.[40] Die bekannten Kaiser-Manöver[41] vom September 1912 schliesslich brachten keinen neuen Aspekt, sondern nur eine Bestätigung dessen, was man seit längerem geahnt und was sich schon vor diesem Spektakel zur Gewissheit verdichtet hatte: Die Schweiz erschien einmal mehr nicht nur als wirtschaftliche Filiale, sondern als Provinz des Deutschen Reiches.

Störungen des Verhältnisses zur deutschen Schweiz und zu dem hinter ihr stehenden Deutschen Reich könnten, abgesehen von den Vorgängen im Landesinnern, auch durch externe Vorgänge gefördert oder sogar herbeigeführt worden sein. Vielleicht erklärt sich die wachsende Irritation auch aus der Zweiten Marokko-Krise von 1911 oder aus der Zunahme der Spannungen im Elsass. Letzteres hat die Art, die eigenen Konflikte zu deuten, mit Sicherheit beeinflusst.[42]

Ein eigentlicher Irritationsschub setzt jedoch 1911/12 in der Auseinandersetzung um den 1909 abgeschlossenen Gotthard-Vertrag ein.[43] Die Reaktionen der französischen Schweiz auf den Vertrag waren zwar noch durchaus positiv. Der Liberale Edouard Secrétan, der 1908 in der Affäre Kuhlenbeck mit einer gelassenen Stellungnahme aufgefallen war, glaubte im April 1909 das Verhandlungsergebnis immerhin mit

37 Vgl. Diplomatische Dokumente der Schweiz (DDS). Bd. 5. Bern 1983.

38 Clavien (Anm. 8), S. 232.

39 Ausgelöst wurde die Debatte durch eine Schrift des Bundesamtes für Statistik, welche bezüglich der Ausländeranteile einen Vergleich zwischen 1850/1900 anstellte und für 1910 eine weitere Erhöhung des Ausländerbestandes in Aussicht stellte. Vgl. Clavien (Anm. 8), S. 169ff.

40 Georg Kreis, Die Schweizerreise des französischen Präsidenten Fallières und die deutsch-französischen Rivalitäten in den Jahren vor dem Ersten Weltkrieg. In: Cinq siècles de relations franco-suisses. Hommage à Louis-Edouard Roulet. Neuenburg 1984. S. 233–244.

41 Erstaunlicherweise gibt es dazu einzig den kleinen Aufsatz von Hans Rudolf Kurz, Der deutsche Kaiserbesuch in der Schweiz (1912). In: Allgemeine Schweizerische Militärzeitung 128, 1962. S. 489–496. Vgl. auch Urner, S. 558–568 (Anm. 21).

42 Bei Paul Berger (vgl. Anm. 20) finden wir z.B. einen Hinweis auf die Zabern-Affäre von 1913/14 (S. 21). Ebenda: «La Suisse souffrit le sort de l'Alsace ...» (S. 39).

43 Felix Bosshard, Der Gotthard-Vertrag von 1909. Zürich 1973 (Diss.). Der Vertrag gestattete der Schweiz die Verstaatlichung der Gotthardbahn und gewährte im Gegenzug Deutschland sowie Italien zur Abgeltung früherer Leistungen beim Bau dieser Bahn bestimmte Tarifvergünstigungen und andere Entgegenkommen. Zu den Kontroversen: Sibylle Wegelin-Zbinden, Der Kampf um den Gotthard-Vertrag. Horgen 1974.

folgenden Worten würdigen zu können: «Le Conseil fédéral a fait des concessions, mais seulement dans les limites de l'intérêt du réseau national et du pays.»[44] Die ersten Vorbehalte kamen gar nicht aus der französischen, sondern aus der deutschen Schweiz, und zwar – nach dem bisher Gesagten – bezeichnenderweise aus dem liberal-konservativen Lager. Im März 1910 gingen die liberal-konservativen *Basler Nachrichten* voran, im April 1910 folgte dann die liberal-konservative *Gazette de Lausanne*. Jetzt schrieb der gleiche Edouard Secrétan: «... dans sa forme actuelle, la convention est inacceptable»[45]. Führende Figur der im Herbst 1910 sich konstituierenden Bewegung gegen den Gotthard-Vertrag wurde der Rechtsbürgerliche Gustav Beck, Redaktor des liberal-konservativen *Berner Tagblattes*. 1912/13 sollte der Vertrag dann aber insbesondere für die Romands zu einem erstrangigen Aktivierungsereignis (im Sinne von Hanspeter Kriesi) werden. Anfänglich wirkten auch Sozialdemokraten im Komitee gegen den Gotthard-Vertrag mit; wie aber die Bewegung stark nationalistische Züge annahm, gingen sie auf Distanz.[46] Die *Neue Zürcher Zeitung*, Parteiblatt des deutschschweizerischen Freisinns, spürte etwas Richtiges, wenn sie den Liberalen der französischen Schweiz vorwarf, sie würden versuchen, aus der Kontroverse um den Gotthard-Vertrag parteipolitischen Profit zu ziehen.[47]

Die im Zuge dieses Prozesses eintretende Verschiebung im politischen Gefüge lässt sich an den Erfahrungen ablesen, denen Felix Bonjour, der in Lausanne domizilierte freisinnige Nationalrat, Chefredaktor der freisinnigen *Revue* und seit 1912 Präsident der FDP Schweiz, ausgesetzt war: In den Erneuerungswahlen von 1911 hatte er in seinem Wahlkreis noch ein Spitzenresultat erzielt, 1914 dagegen landete er, nachdem er im April 1913 für die Ratifikation des Vertrages gestimmt hatte, auf dem letzten Platz.[48] Die gegen ihn geführte Kampagne ging von einem kleinbürgerlichen Hinterbänkler der eigenen Partei aus.[49] Manche Vertragsbefürworter waren in dieser Sache und in diesen Zeiten in unüblich heftiger Weise persönlichen Attacken ausgesetzt. Bei den zwei Genfer Mandaten profitierten 1914 die Konservativen davon, dass man zwei freisinnigen Volksvertretern vorwerfen konnte, sie hätten als «Verräter» für die «schändliche Kapitulation» gestimmt. Der Freisinnige M.-Eugene Ritzchel, 1913 sogar Vizepräsident des Nationalrates, mithin vorgesehen für das «höchste Amt» der Eidgenossenschaft, aber befürwortender Kommissions-Berichterstatter zum Gotthard-Ver-

44 Gazette de Lausanne vom 21. April 1909 (zit. nach Clavien, S. 231).

45 Gazette de Lausanne vom 2./4. April 1910 (zit. nach Clavien, S. 231).

46 Wegelin, vgl. Anm. 43, S. 85, 197, 164.

47 Neue Zürcher Zeitung vom 3. März 1913.

48 Sidney Schopfer, sein Herausforderer, Advokat, Kantonsrat, Mitglied der gleichen Partei, unterlag zwar, aber in Lausanne überflügelte er den bisherigen Mandatsinhaber. Vgl. Du Bois (1980), S. 119. Zu einem anderen typischen Fall einer FDP-internen Ausmarchung bei einer Nachwahl im Februar/März 1913: G. Amiguet-Massard, Gemeindeammann und Hotelier in Gryon, Gotthard-Vertrag-Befürworter und Promoter einer von den damaligen «Grünen» bekämpften Diablerets-Zahnradbahn, unterlag als offizieller Nationalratskandidat gegen den Landwirt und Gotthard-Vertrags-Gegner Alfred Pilliod (Wegelin, Anm. 43, S. 140).

49 Vgl. Felix Bonjour, Souvenirs d'un journaliste. Bd. 2. Lausanne 1931. S. 100–118, 179ff.

trag, musste seinen Platz dem Liberalen Horace Micheli abtreten, einem Initianten der Gegenbewegung und Verfasser nationalistischer Aufrufe (vgl. unten). Gleiches Schicksal ereilte aus gleichem Grund den Freisinnigen Victor M. Charbonet, der 1914 durch den Liberalen Albert Ed. Maunoir ausgewechselt wurde.[50]

Die grösste Protestdemonstration gegen den Gotthard-Vertrag im besonderen und gegen die deutsche Gefahr im allgemeinen fand bezeichnenderweise in der französischen Schweiz und dort bezeichnenderweise in Lausanne statt, und zwar auf der *Place de la Riponne,* also dort, wo der neue Kulturpalast die scheusslich-schöne Kulisse für Ramuz' Gemüse und Obsthändler bildete. Über 12000 Menschen strömten im März 1913 bei schlechtem Wetter in dieser «Landsgemeinde», wie man die Versammlung explizit nannte, zusammen; Menschen, wie man ebenfalls hervorhob, verschiedenster Parteien und Klassen, verbunden durch die Gemeinsamkeit, patriotische Romands und zugleich Gegner einer wirtschaftlichen «Überfremdung» zu sein. Zeitgenössischen Berichten zufolge muss ausser dem patriotischen Hochgefühl auch Furcht geherrscht haben. «La note dominante était une sorte d'angoisse.»[51] Dem besonders irritierten konservativen Milieu war es, etwas überspitzt formuliert, offenbar gelungen, seine Ängste und Anliegen zu denjenigen breiterer Kreise zu machen. Hans Ulrich Jost weist zu Recht auf den inneren Widerspruch dieses populistischen Konservativismus hin.[52] Liberale Zeitgenossen haben diesen Widerspruch offenbar selber gespürt. Die *Gazette de Lausanne* gab im Frühjahr 1913 zu bedenken: «[Un mouvement populaire] s'alimente de sa propre indignation. Celui-ci peut aller loin. Il peut faire du mal, détériorer l'équilibre des institutions fondamentales de notre république.»[53]

In der Kampagne gegen den Gotthard-Vertrag finden wir wiederum – wie bei Ramuz – die Warnung vor dem fremden Geld. «Les envahisseurs d'aujourd'hui», schrieb der liberale Publizist Horace Micheli zum 1. August 1912, «se présentent les mains pleines d'or, et aux lèvres, le sourire le plus engageant.»[54] Das Gold war in diesem Kontext bloss eine Metapher für den generellen Materialismus, dem höhere Werte wie die kulturelle Eigenständigkeit, die Pflege überlieferter Lebensformen, der Natur- und Heimatschutz geopfert würden.

50 Im Herbst 1911 war es dagegen nicht gelungen, den liberaldemokratischen Alfred Georg, Sekretär der Genfer Handelskammer, mit dem Hinweis auf seine Ablehnung des Gotthard-Vertrages durch die Erneuerungswahl zu bringen. Sein Sitz wurde von Jean C. Sigg, Arbeitersekretär und Sozialdemokrat, übernommen (Wegelin, vgl. Anm. 43, S. 114).

51 Journal de Genève vom 23. März 1913, S. 1.

52 «Die Mobilisierung der Massen und die Förderung der modernen Vergesellschaftung, die letztlich eine soziale Emanzipation und Partizipation des Volkes in öffentlichen Angelegenheiten erfordern, widersprechen grundsätzlich dem autoritären Geist und den hierarchischen Ordnungsprinzipien der konservativen Eliten. Der Appell an die Moderne, verbunden mit der beständigen Evokation der alten, sogenannten vorrevolutionären Werte, führt zu einem ideologisch widersprüchlichen Amalgam» (Jost, S. 45).

53 Gazette de Lausanne vom 31. März 1913.

54 Journal de Genève vom 1. August 1912.

Bei den Reaktionen auf den Gotthard-Vertrag war der alte antizentralistische Reflex gegen die «Messieurs de Berne» und deren bundesstaatliche Bürokratie im Spiel.[55] Dieser verband sich jetzt aber mit einem neuen Reflex, der sich gegen das bedrohliche Ausland und gegen die deutschschweizerischen Kräfte richtete, welche die Schweiz dieser Bedrohung aussetzten.[56] Im Grunde aber war es eine Auflehnung gegen Modernisierungsvorgänge, von denen man aus altbürgerlicher und sekundär dann wohl auch mittelständischer Position und als Romand mehr Nachteile als Vorteile erwartete. Die französische Schweiz wurde durch das Mobilisationsereignis «Gotthard-Vertrag» vorübergehend und in diesem Punkt nun doch sozusagen eine Einheit. Ihr Kampf gegen diesen Vertrag fiel mit dem Kampf gegen die sie bedrängende Modernisierung zusammen. Romands empfanden die Entwicklung der wirtschaftlichen Beziehungen zwischen dem Deutschen Reich und der Schweiz darum als besonders bedrohlich, weil sie die wirtschaftliche Entwicklung der Zeit als Bedrohung insbesondere der französischen Schweiz empfanden. Und sie warnten deshalb energisch vor der Preisgabe der nationalen Souveränität, weil sie ihre partikulare Identität in Frage gestellt sahen. Hiermit wären wir über einen längeren Problemparcours wieder beim Problembild, das wir vom «Graben» von 1914 kennen.

55 Pierre du Bois, Der Zentralismus und die Welschen. In: Schweizer Monatshefte 69, Februar 1989. S. 123-134.

56 Aus dieser Bewegung ging die 1913 eingereichte Volksinitiative hervor, die 1921 zur Einführung des Staatsvertragsreferendums führte. Der Vf. hat dieser Verfassungsreform im Rahmen des Genfer Kolloquiums «Les origines de la démocratie directe en Suisse» vom April 1995 eine spezielle Studie gewidmet.

Nicht **so**

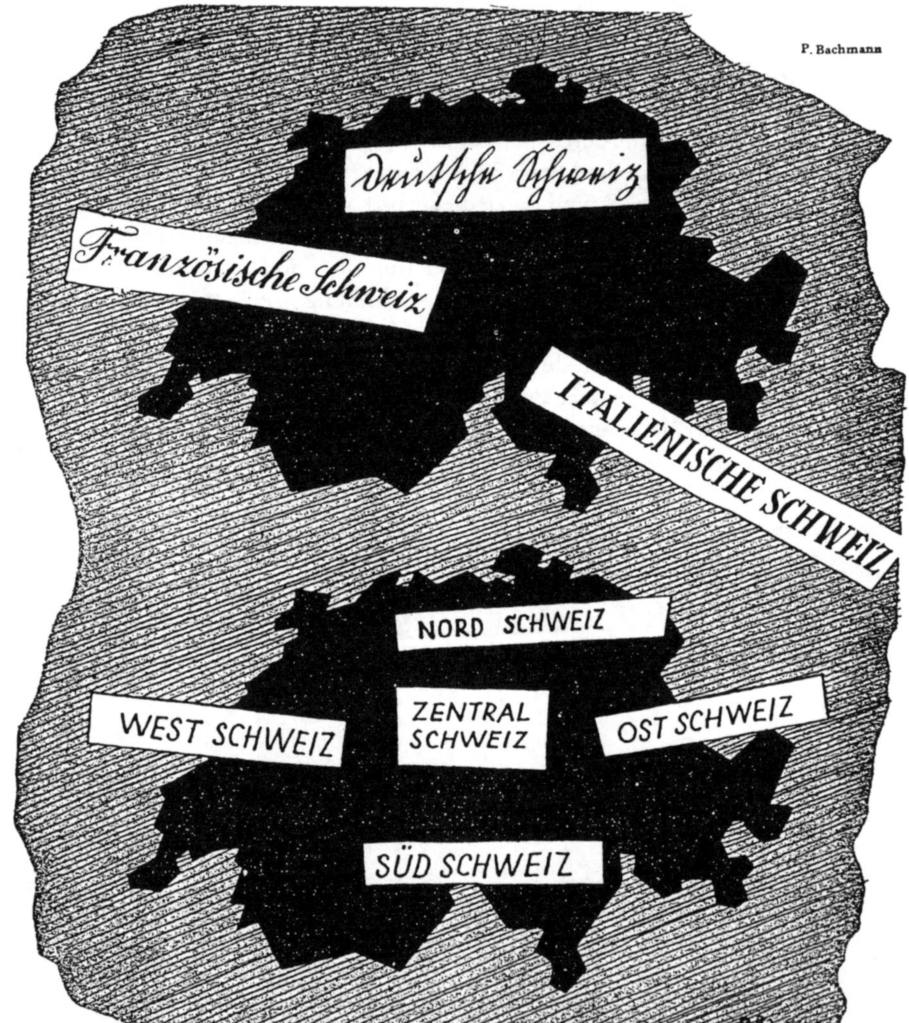

sondern **so!**

Reaktion auf Annexionsgefahr: Sprachregelungen zur Neutralisierung der kulturellen Unterschiede (Nebelspalter Nr. 30 vom 26. Juli 1940).

Kein «fossé» in den Kriegsjahren 1939–1945

Abklärungen zu einem Topos und seinem Realitätsgehalt

Die Schweiz der Kriegsjahre 1939–1945 wird als national gefestigte Schweiz verstanden. Anders als 1914, da die schweizerische Nation für einen kurzen Moment auseinanderfiel, weil das Trennende, das heisst germanophile und frankophile Sympathien, stärker erschien als das Verbindende, das Gemeineidgenössische, gab es während der Aktivdienstjahre keinen einzigen Moment einer analogen Situation.[1] Die am Rande dann und wann trotzdem interessierende Frage, ob es unter der Decke des nationalen Konsenses doch stärkere oder schwächere Bruchlinien gab, gilt vor allem sozialen und nicht sprachlich-kulturellen Differenzen: etwa der Frage, wie weit sich der von 1943 an empfindlich spürbare Reallohnverlust auf Lebensqualität, auf sozialen Frieden und schliesslich auf parteipolitische Optionen ausgewirkt habe. Was Ständerat Robert Schöpfer (SO/FDP) in der Vollmachtendebatte bei Kriegsbeginn verkündete, dass man in der Schweiz nur noch eine Farbe, das Weiss-Rot im Schweizerbanner, und nur noch ein Zeichen, das weisse Kreuz im roten Feld, kenne und alle «Unterschiede der Klassen, der Sprachen, Parteien und Konfessionen» verschwunden seien, das war Programm, es entsprach zugleich aber auch in hohem Masse der Realität des unter äusserer Bedrohung zustande gekommenen nationalen Schulterschlusses.[2] Nationalratspräsident Henry Vallotton (VD/FDP) hatte sich wenige Monate zuvor beim offiziellen Besuch der Landesausstellung in auffallend ähnlicher Weise geäussert: Hier gebe es weder Deutschschweizer noch Romands, sondern nur Schweizer.[3]

Wenn es auch keinen sogenannten «Graben» oder «fossé» gab, könnte es trotzdem latente oder sogar akute Bruchstellen gegeben haben, die sich aus Vorstellungen einer negativ bewerteten Andersartigkeit des anderen Landesteils ergeben. Ob solche Bruchlinien bestanden, lässt sich überprüfen an der Debatte um die gesamtschweizerische Kulturpolitik vom März 1939 und an der Aufnahme der Landesausstellung von 1939; sodann an der Generalswahl vom 30. August 1939 und an der sogenannten Pilet-Rede vom 25. Juni 1940; an den sieben eidgenössischen Volksabstimmungen, die es trotz des Vollmachtenregimes während des Krieges gegeben hat; an den vertraulichen

1 Dem Verfasser ist es allerdings wichtig, das sogenannte Grabenphänomen nicht auf 1914 und nicht nur auf die aussenpolitische Dimension beschränkt zu sehen, sondern die vorangegangenen Jahre und die sozioökonomischen Bedingungen einzubeziehen. Vgl. Georg Kreis, Krisenreaktionen in der französischen Schweiz vor 1914. In diesem Band S. 413–427.

2 Sten. Bull. SR 1939, 30. August 1939. S. 546.

3 Büchi, vgl. unten Anm. 5, S. 237. Vgl. auch die Presseberichte vom 15. Juni 1939. Bemerkenswert ist, wie Vallotton die vier Landesteile umschrieb: Das waren die Tessiner, die Bündner, «les Welsches» und «les Confédérés».

Stimmungsberichten, die in der Armee in den ersten Monaten systematisch und später gelegentlich zusammengestellt wurden; an den fünf Bundesratsersatzwahlen dieser Jahre sowie an der Akzeptanz zentral angeordneter Massnahmen des Mehranbaus und der Lebensmittelrationierung sowie an den Diskussionen um die Radioprogramme.

Dass dies die Fragen zur Operationalisierung der Thematik sein könnten, lässt sich aus den allgemeinen Kenntnissen der Verhältnisse jener Jahre ableiten. In der Forschungsliteratur werden, das zeigt zum Beispiel die Untersuchung von André Lasserre deutlich, in der Regel die Problemverständnisse der Zeit reproduziert. Für unseren Zeitraum wird also in erster Linie die Frage der nationalen Kohäsion und der Verteidigungsbereitschaft thematisiert, ohne dass auf unsere Frage eingegangen wird. Zur hier thematisierten Fragestellung gibt es einige Auskünfte in den zwei Gesamtdarstellungen von Pierre du Bois[4] und Christophe Büchi[5] sowie in zwei Spezialstudien, dem Aufsatz von Jean-Claude Favez[6] und der Arbeit von Hans Amstutz.[7] Im weiteren beruhen die folgenden Ausführungen auf zwei Arten von Materialien: einerseits auf den über die Jahre zusammengetragenen Zufallsfunden zum Thema (z.B. aus der Memoirenliteratur[8] oder den Abhandlungen über bestimmte Sachbereiche wie Anbauschlacht oder Radioprogramme) und andererseits auf gezielten Abklärungen, die speziell für diese Präsentation vorgenommen wurden (z.B. zu den Bundesratswahlen und Volksabstimmungen). Es versteht sich beinahe von selbst, dass hiermit das Thema nicht abschliessend behandelt werden kann. An weiteren Untersuchungen könnten von besonderem Interesse sein: die aufgrund von Truppentagebüchern abzuklärende Frage, ob und inwiefern die 1939–1945 geleisteten Militärdienste in anderen Landesteilen alte Stereotypen bestätigen oder, von diesen ausgehend, neue Erfahrungen möglich gemacht haben. Oder die Frage, ob es in der französischen Schweiz ähnlich wie im fran-

4 Pierre du Bois, Alémaniques et Romands entre unité et discorde. Histoire et actualité. Lausanne 1999.

5 Christophe Büchi, «Röstigraben». Das Verhältnis zwischen deutscher und französischer Schweiz. Geschichte und Perspektiven. Zürich 2000. Franz. Version: Mariage de Raison. Genf 2001. Bisher beste Gesamtdarstellung der Problematik.

6 Jean-Claude Favez, «Tu m'as dit d'aimer, j'obéis ...» Quelques remarques sur les relations entre Alémaniques, Romands et Tessinois durant la Seconde Guerre mondiale. In: Union et Division des Suisses. Les Relations entre Alémaniques, Romands et Tessinois aux XIXe et XXe siècles. Hrsg. von Pierre du Bois. Lausanne 1983. S. 93–112. Favez ging es darum aufzuzeigen, wie angesichts der äusseren Bedrohung trotz bestehender Divergenz so etwas wie eine nationale Gemeinschaft entstand.

7 Hans Amstutz, Das Verhältnis zwischen deutscher und französischer Schweiz in den Jahren 1930 bis 1945. Aarau 1996. Amstutz ging es darum, anhand des Diskurses der beiden Landesteile die unterschiedlichen Interessen und Wahrnehmungen sichtbar zu machen. Die hier präsentierten Ausführungen verfolgen ebenfalls diesen Kurs, sie gehen auf weitere Abklärungsmomente ein und versuchen zudem, der Quellenlage besondere Beachtung zu schenken.

8 In Bernard Barbeys «P. C. du Général» (Neuenburg 1948) finden sich keine Aussagen zum Thema, doch handelt es sich auch um eine purgierte Edition. Im August 1941 spricht er vom Bund der Rütli-Eidgenossen – «l'union des trois Suisses» – und hält diesem den «désaccord actuel des chefs» entgegen, er vermeidet aber wie immer den Eindruck, dass die Konfliktlinie zwischen Deutsch und Welsch verlaufe. – Im weiteren zum Beispiel Feldmann, vgl. auch Kelly, Anm. 56.

zösischsprachigen Berner Jura – als Reaktion auf die Zeit der kriegsbedingten Entbehrung und Selbstdisziplinierung – in den Nachkriegsjahren zu einem Aufbruch mit einer verstärkten Forderungshaltung gekommen ist.

Kulturförderung und Landesausstellung

Die Botschaft zur Schaffung einer gesamtschweizerischen Stiftung für Kulturwahrung und Kulturwerbung von 1938 bekannte, ein wichtiges Wesensmerkmal der Schweiz sei, dass ihre einzelnen Landesteile «zu drei grossen geistigen Lebensräumen des Abendlandes» gehörten.[9] Dies ist um so bemerkenswerter, als damals auch die Tendenz bestand, diese Zugehörigkeit in den Hintergrund zu drängen. Trotz der in der bundesrätlichen Kulturbotschaft von 1938 explizit gutgeheissenen Verbundenheit aufgrund der jeweiligen grossen Kulturverwandtschaft mit dem benachbarten Ausland erging die Mahnung, die Bezeichnung deutsche, französische und italienische Schweiz zu vermeiden und zum Beispiel von der Westschweiz und der Südschweiz zu sprechen.[10] Die Botschaft von 1938 wurde in der Suisse romande trotz des markanten Bekenntnisses zum kulturellen Pluralismus mit Skepsis aufgenommen. In der die Plenumsdebatte vorbereitenden Kommissionsberatung forderte Nationalrat Maurice Troillet (VS/CVP) aus Sion sozusagen im Namen des antizentralistischen Lagers die Einfügung eines Passus, der die Berücksichtigung der föderalistischen Landesstruktur zusätzlich gewährleiste.[11] Im Ständerat, der in besonderem Masse die Anliegen der Kantone wahrzunehmen hat, waren es in erster Linie die beiden Romands Norbert Bosset (VD/FDP) von Lausanne und Joseph Piller (FR/CVP) von Cormanon, welche die kulturelle Minderheitenposition vertraten.[12] Bosset wollte in der Vorlage an Stelle des offenbar zu «unitaristisch» klingenden Begriffs der Schweiz den echt föderalistischen Begriff der Eidgenossenschaft verwendet sehen, und er regte an, an Stelle eines einzigen Stiftungsrates, den vier Sprachräumen entsprechend, vier Stiftungsgremien zu schaffen. Bosset erinnerte ferner mit Bitterkeit an eine frühere Beratung, da jemand die Romands als «Schweizer Sudeten» verunglimpfte, als er einige der

9 Botschaft des Bundesrates an die Bundesversammlung über die Organisation und die Aufgaben der schweizerischen Kulturwahrung und Kulturwerbung vom 9. Dezember 1938 (Bundesblatt Nr. 50 vom 14. Dezember 1938. S. 985–1035). Eine für unsere Problematik zentrale Formulierung lautet: «... wenn wir auch mit den Kulturen unserer Nachbarländer natürlicherweise enge Beziehungen unterhalten, so sind wir doch weder Deutsche noch Franzosen, noch Italiener, sondern Schweizer ...» (S. 1001). Die Botschaft wurde aus der deutschschweizerischen Position verfasst, darum findet sich in ihr auch die Formel der «welschen Miteidgenossen» (S. 998). Die welsche Entsprechung lautete «Confédérés».

10 Nebelspalter Nr. 30 vom 26. Juli 1940.

11 Der als Ziff. 8 Abs. 2 eingebrachte Passus wurde im Nationalrat mit 85:23 Stimmen angenommen.

12 Der französischsprachige Berichterstatter Albert Malche (GE/FDP) hielt es dagegen nicht für nötig, speziell den Minderheitenstandpunkt zu vertreten.

Traditionen und Prinzipien der Suisse romande schützen wollte.[13] Das Votum blieb nicht unbestritten. Oskar Wettstein (ZH/FDP) bemerkte, der Begriff Schweiz sei doch mehr als nur ein geographischer und der Begriff Schweizervolk nicht nur ein vager ethnographischer Begriff; das Schweizervolk habe ein einheitliches Empfinden, und die Schweiz sei die «höchste Verkörperung des gemeinsamen Vaterlandes».[14]

Im Nationalrat kam dann nochmals die Sorge der Romands wegen der Gefahren einer zentralstaatlich gelenkten Kulturpolitik zum Ausdruck. Während der Urner Karl Muheim (UR/FDP) den St. Gotthard als den «Zentralpunkt der Eidgenossenschaft» pries und Rudolf Schmutz (BE/SVP) langatmig für Romands kaum verständliche Dialektgedichte rezitierte, liess Troillet den Partikularismus hochleben: «L'unification est contraire d'ailleurs à la nature même de nos cantons, dont la diversité se manifeste dans le paysage lui-même, dans les coutumes, les langues, les croyances et tant d'autres particularités auxquelles leurs populations restent fermement attachées.»[15] Als sich gegen den von ihm eingebrachten zusätzlichen Föderalismus-Paragraphen leichte Opposition meldete, trat Troillet nochmals an und verlangte ausnahmsweise nicht Rücksicht auf die Kantone und lokalen Eigenheiten, sondern für einmal auch Rücksicht auf einen ganzen Landesteil, indem er die rhetorische Frage stellte, ob in einem Moment, da man eine *Union sacrée* aller nationalen Kräfte schaffen wolle, es der richtige Moment sei, «de refuser cette satisfaction à une partie du pays, qui au point de vue ethnique et linguistique, vous demande de considerer (...) également la structure fédérative»[16]. Der zweite Sprecher der Suisse romande, Nationalrat Charles Albert Gorgerat (VD/LDP) aus Château d'Oex, meldete ebenfalls «hésitations» und «réserves» an, er erklärte sich aber bereit, das zentrale Förderprojekt als das im Vergleich mit der Wehrlosigkeit gegenüber dem Ausland geringere Übel zu akzeptieren. Aber er betonte: «C'est en défendant les particularités ethniques et linguistiques de notre pays que nous défendrons de la meilleure manière le patrimoine intellectuel de la Suisse.»[17]

Vielen Romands war, wie in den parlamentarischen Voten vom März 1939 ansatzweise bereits sichtbar geworden ist, die von der deutschen Schweiz ausgehende und dort in Abgrenzung zum deutschen Nachbarn besonders stark gepflegte Idee der «schweizerischen Eigenart» als verkappter Zwang zur intellektuellen und emotionalen Einförmigkeit suspekt. Charles-Ferdinand Ramuz witterte diese Tendenz und opponierte schon 1937 in seiner bekannten Stellungnahme in der Pariser Kulturzeitschrift

13 Sten. Bull. SR, 21. März 1939. S. 105–134. Zit. 115. Piller zur Notwendigkeit der Dezentralisierung, S. 120. Bundesrat Etter erklärte sich bereit, bei der Ausarbeitung der Stiftungsstatuten Regionalkommissionen konsultativer Natur vorzusehen. Die Vorlage wurde schliesslich einstimmig gutgeheissen.

14 Ebenda. S. 117.

15 Sten. Bull. NR, 23. und 28. März 1939. S. 169–172 und 189–217. Zit. 191. Troillet an anderer Stelle nochmals: «... laissez à nos cantons leurs mentalités propres; n'effacez pas le caractère particulier de chacun d'eux par une centralisation exagérée» (S. 192).

16 Ebenda. S. 215.

17 Ebenda. S. 202. Die Vorlage wurde schliesslich mit 132 Stimmen einstimmig angenommen.

Esprit gegen sie, indem er schlicht leugnete, dass es einen «esprit suisse» gebe.[18] Die Infragestellung der Kernidee der «Geistigen Landesverteidigung» wurde vor allem in der deutschen Schweiz als Sakrileg gewertet und in die Nähe des geistigen Landesverrats gerückt.[19] Wie weit in den rund 160 Stellungnahmen in über 90 Zeitungen das Bild des «Grabens» thematisiert oder selber ein Bild des «Grabens» dargeboten wurde, ist bisher nicht näher abgeklärt worden.[20] Immerhin ordnete Felix Moeschlin, der Präsident des Schweizerischen Schriftsteller-Verbandes (SSV), die Affäre in die Problematik der Beziehungen zwischen den beiden Landesteilen ein: Er sprach sogar von einem sich offenbarenden «Abgrund» und warf zweimal die Frage auf, ob Republik und Bürger im «nächsten Krieg» geeint wären. Er dankte Ramuz für die Offenbarung des fehlenden Zusammengehörigkeitsgefühls (oder «geistiger Nähe») und rief zu einem stärkeren Austausch von Ferienkindern, Schulklassen, Journalisten und Militärdiensten auf.[21]

Dass das Bild des «Grabens» zur kollektiven Vorstellungswelt gehörte, zeigt eine Karikatur des *Nebenspalters:* Mit einem nur in der schweizerdeutschen Umgangssprache funktionierenden Wortspiel sprach sie von der «Kluft» zwischen deutschen und welschen Eidgenossen.[22]

Es gab wohl – wie eh und je – ein separates Kulturleben. Die in der Zeit vom Sommer 1940 bis zum Dezember 1945 erschienene Zeitschrift *Traits,* welche während der Okkupation Frankreichs eine wichtige Stimme der französischen Résistance bildete, dürfte in der deutschen Schweiz kaum zur Kenntnis genommen worden sein, wie sich umgekehrt die Germanisten der deutschen Schweiz, sofern sie nicht eine neutralistische Haltung einnahmen, vor allem mit dem Schaffen der Kollegen im Reich auseinandersetzten.[23] Wenn es, wie üblich, separate Kulturfelder gab, richteten sie sich wenigstens nicht gegeneinander. Dass man je eigene, den anderen zwar nicht erreichende, für sich selber aber wichtige Brückenschläge entwarf, etwa nach dem Muster von Bolo Mäglins *Füsilier Wipf,* ist in Ansätzen bekannt, aber nicht wirklich geprüft.[24]

18 C. F. Ramuz, Une Province qui n'est pas une (Esprit 61/1, Okt. 1937. S. 4–10), ausführlich zitiert in Schütt. Vgl. unten.

19 Julian Schütt, Germanistik und Politik. Schweizer Literaturwissenschaft in der Zeit des Nationalsozialismus. Zürich 1996. S. 114ff.

20 Weitere allgemeine Darstellungen: Gérard Froidevaux (Hrsg.), Ich bin Ramuz – nichts weiter. Zürich 1987. S. 157ff. Vgl. auch Félicie Reymond, Ramuz. Esprit et la défense spirituelle de la Suisse. In: La Suisse romande entre les deux guerres. Lausanne 1986.

21 Felix Moeschlin, Deutsche Schweiz und welsche Schweiz. In: Die Nation Nr. 47 vom 18. November 1937. Moeschlin sprach mitunter auch von «Westkantonen» und «Ostkantonen».

22 In einer Serie von Vorschlägen, was man an der Landesausstellung alles präsentieren könne, zeigt die Karikatur unter einem Emblem, das demjenigen des Kantons Waadt ähnlich ist, einen Kleideranzug – eben eine «Kluft» mit dem entsprechenden, auf den Gegensatz zwischen den beiden Landesteilen hinweisenden Untertitel (Nebelspalter Nr. 18 vom 5. Mai 1939).

23 Vgl. die Arbeit von Schütt, Anm. 19.

24 Vgl. den Beitrag von Rémy Charbon. Mäglins «Füsilier Wipf» erfuhr nicht zufällig 1939 eine neue und erweiterte Ausgabe und wurde 1941 das Sujet eines sehr erfolgreichen Filmes von Hermann Haller und Leopold Lindtberg. Auf die von der deutschen Schweiz dominierte Filmszene kann hier nicht näher eingegangen werden.

Aufschlussreich wären genauere Kenntnisse über das Binnenleben des Schweizerischen Schriftsteller-Verbandes (SSV). Die jüngste Geschichte dieser gesamtschweizerischen Berufsorganisation thematisiert die Frage nicht. Das stark auf NS-Deutschland ausgerichtete Führungsduo Felix Moeschlin (Präsident) und Karl Neaf (Sekretär) erregte bei den Romands keine fassbare Ungehaltenheit. 1942 übernahm der Genfer Henri de Ziegler, langjähriger Vizepräsident des SSV, formell das Präsidium. Da Genf aber «zu weit weg» war, wurde in Bern eine eigene Zentrale eingerichtet.[25] 1944 wurde der führende Westschweizer Schriftsteller C. F. Ramuz, der, wie oben dargelegt, in den Vorkriegsjahren die Idee kritisiert hatte, dass die Schweiz etwas kulturell Eigenes sei, vom SSV – allerdings erfolglos – zum gesamtschweizerischen Kandidaten für den Nobelpreis erhoben.

Wie wurde die Zürcher «Landi 39» in der französischen Schweiz aufgenommen? In der Vorbereitungsphase gab es Klagen wegen der Untervertretung in der grossen Ausstellungskommission, wo 1936 von 199 Sitzen nur gerade deren 9 von Romands eingenommen wurden.[26] Die Hauptklage richtete sich aber dagegen, dass von den Architekten 23 Zürcher, 3 weitere sonstige Deutschschweizer seien und nur 1 nicht in Genf geborener Genfer und dass gewisse «milieux d'outre-Sarine» durchblicken liessen, «que les concepts architecturaux de Suisse allemande contrastent de par trop avec ceux des Romands». Man praktiziere einen «véritable abus de pouvoir et un manquement caractérisé à la solidarité fédérale». Wenn es doch in Zürich auf beiden Ufern je einen Ausstellungsteil gebe, könnte je einer für eine der beiden Schulen zur Verfügung stehen.[27] Die schliesslich realisierte Präsentation der Landesteile gab offenbar zu keinen Beanstandungen Anlass, die Würdigung der kulturellen Leistungen war – wie in der Kulturbotschaft von 1938 – ausgewogen, auch wenn im «Weiheraum der Dichtung» der Deutschschweizer Jeremias Gotthelf den prominentesten Platz eingeräumt erhielt. Die Romands konnten jedenfalls in der «Landi» auch ihre Schweiz wiedererkennen. Der erste Kantonaltag war derjenige der Waadtländer, und Zeitungsberichten zufolge strömten diese zu Tausenden nach Zürich.[28] Wie in der deutschen Schweiz begeisterte vor allem die Sektion «Peuple et Patrie». Die Uhrensektion wurde in der Presse als «pavillon bien romand» vorgestellt.[29] Anlässlich der Präsentation des Landi-Films kam ein welscher Kommentator zum Schluss: «L'Exposition nationale est une magnifique synthèse du génie suisse. Elle n'est au service d'aucun intérêt particulier.»[30] Und im

25 Literatur geht nach Brot. Die Geschichte des Schweizerischen Schriftsteller-Verbandes. Zürich 1987. S. 68.

26 Gazette de Lausanne Nr. 40 vom 10. Februar 1937, eine Information des Curieux weitergebend. Das Missverhältnis wurde korrigiert. Im eigentlichen Organisationskomitee sei die französische Schweiz nur durch einen unechten Romand vertreten, nämlich durch M. Cottier, der in der deutschen Schweiz zur Welt gekommen und Direktor eines deutschschweizerischen SBB-Arrondissements sei.

27 Ebenda.

28 La Liberté und La Suisse vom 15. Mai 1939.

29 La Liberté Nr. 130 vom 6. Juni 1939.

30 W. in La Suisse Nr. 147 vom 27. Mai 1939.

unmittelbaren Rückblick würdigte der Waadtländer Pädagoge Louis Meylan 1942 die «Landi» als «inoubliable démonstration de la réalité de la Suisse, une dans sa diversité».[31]

Die Generalswahl

Bekanntlich waren beide offiziellen Kandidaten der Generalswahl vom 30. August 1939 Romands: Neben dem vom Bürgerblock getragenen Waadtländer Henri Guisan stand der von der Linken favorisierte Neuenburger Jules Borel zur Wahl. Guisan erhielt 204, Borel 21 Stimmen. Der Vorbehalt gegen Guisan war nicht durch Landesteilzugehörigkeit bestimmt, sondern durch politische Vorbehalte von Sozialdemokraten gerade aus der französischen Schweiz.[32] Offenbar war es eine ausgemachte Sache, dass bei der Besetzung der beiden anderen Spitzenpositionen die anderen Landesteile berücksichtigt werden sollten: Generalstabschef wurde der Deutschschweizer Jakob Labhart und Generaladjutant der Tessiner Ruggero Dollfus. In den beiden vorangegangenen Mobilisationsdiensten war der Regionalproporz nicht beachtet worden.[33] Der General wirkte in der gesamtschweizerischen Öffentlichkeit als starke Integrationsfigur, im Kader der Armee hingegen konnte beziehungsweise wollte er diese Rolle nur bedingt spielen. Guisan scharte in seinem persönlichen Stab eine Gruppe von Offizieren mit stark französischer Ausrichtung (ergänzt um einzelne Deutschschweizer) um sich und schaltete zugleich den offiziellen, von deutschschweizerischen Offizieren geleiteten Generalstab in wesentlichen Fragen aus.[34]

Die Pilet-Rede

Die bundespräsidiale Rede vom 25. Juni 1940 wurde zunächst eher als Rede des Gesamtbundesrates verstanden, erst sekundär, nach der Affäre der Frontistenaudienz vom September 1940, und noch später mit den wachsenden Vorbehalten gegenüber Pilet er-

31 Louis Meylan, Helvétisme et réforme scolaire en Suisse romande. In: Jahrbuch der NHG 1942. S. 193. Siehe ferner, wenn auch sehr allgemein und nur im Rückblick, Georges-André Chevallaz, Les Romands et la Landi. In: Die Landi. Vor 50 Jahren in Zürich. Erinnerungen – Dokumente – Betrachtungen. Stäfa 1989. S. 140–142.

32 Willi Gautschi, General Henri Guisan. Die schweizerische Armeeführung im Zweiten Weltkrieg. Zürich 1989. S. 73. Ulrich Wille jun. setzte sich noch am Tag der Wahl mit der Frage auseinander, warum Guisan und nicht er zum General gewählt wurde. Vgl. Georg Kreis, Auf den Spuren von «La Charité». Die schweizerische Armeeführung im Spannungsfeld des deutsch-französischen Gegensatzes 1936–1941. Basel 1976. S. 179.

33 1914 waren alle drei Positionen von Deutschschweizern besetzt. 1870 wurde wenigstens die dritte Charge ausdrücklich aus Rücksicht auf die französische Schweiz mit einem Romand, dem Neuenburger Jules Philippin, besetzt (vgl. Emil Rothpletz, Militärische Erinnerungen 1847–1895. Zürich 1917. S. 135).

34 Kreis, op. cit. S. 173ff.

schien die sogenannte «Anpasserrede», an der am Rande auch die Bundesräte Philipp Etter und Rudolf Minger sowie Theodor Gut mitgewirkt hatten, als das Werk des Waadtländer Magistraten.[35] Die Rede wurde in der deutschen nicht anders als in der französischen Schweiz aufgenommen.[36] Edgar Bonjour, der in seinem Dokumententeil nur kritische Stimmen reproduziert, zeigt, dass die Kritik vor allem von sozialdemokratischer und liberaldemokratischer Seite kam. Für beide kann er aber sowohl deutsch- als auch französischschweizerische Stimmen zitieren.[37] Es ist aber wohl kaum Zufall, dass der schon wenig später formulierte Vorwurf, Pilet betreibe eine «geradezu idiotische Nachäfferei Pétains», von deutschschweizerischer Seite stammt, nämlich vom Berner Markus Feldmann.[38] Erwin Bucher machte aber darauf aufmerksam, dass dieser Vorwurf nicht stichhaltig sei, weil Pétains Rede, welche Pilets Vorbild gewesen sein soll, erst nach Pilets Rede gehalten worden sei.[39] Im Ansatz haben wir hier insofern das «Grabensyndrom», als von einem Deutschschweizer (M. F.) einem Miteidgenossen (M. P.) vorgeworfen wird, sich am fremden Nachbarn des gleichen Kulturkreises zu orientieren. Während Feldmann diesen Vorwurf 1940 nur im engsten Kreis aussprach, wiederholte er ihn 1943 bezeichnenderweise gegenüber weniger nahestehenden Politikern.[40] Pilet war nicht der einzige, der ein Regime mit mehr Autorität für nötig hielt, sein freisinniger Parteikollege Henry Vallotton vertrat mit seinem Ruf nach einem gesamtschweizerischen Landammann eine ähnliche Grundposition.[41] Auch der Editorialist der *Gazette de Lausanne* wäre für einen «homme hors du rang» zu haben

35 Der 6. Wochenbericht sprach, sich auf die Präsentation in den drei grossen Landessprachen beziehend, ebenfalls von der «Rede der drei Bundesräte». Meinungsberichte des sog. «Büros 1» der Abteilung Presse und Funkspruch (Bundesarchiv EDI 51/52). Ein Schreiben vom 9. September 1940 hält fest, dass die Berichte nicht fortgeführt würden. Die letzten Berichte wurden nicht mehr Bundespräsident Pilet zugestellt, weil sie als erklärungsbedürftig angesehen wurden. Der 15. Bericht vom 27. August–2. September 1940 (von Schenck) hielt u.a. fest, bezüglich Pilet bestehe die Meinung, er sei «disposé à faire une politique pro-allemande».

36 Erwin Bucher, Zwischen Bundesrat und General. Schweizer Politik und Armee im Zweiten Weltkrieg. Zürich [2]1993. S. 550.

37 Edgar Bonjour, Geschichte der schweizerischen Neutralität. Bd. VII. Basel 1974. S. 163ff.: für die SP die «Sentinelle», das «Volksrecht» und die «Berner Tagwacht», für die LDP die «Basler Nachrichten» und das «Journal de Genève».

38 Markus Feldmann, Tagebuch 1939–1941. Eintrag 23. Juli 1940. Gespräch mit dem Berner Bundesrat und Parteikollegen Rudolf Minger. Bd. XIII/2. Basel 2001. S. 257 (Gespräch mit Bundesrat Rudolf Minger bezüglich Pilets Neigung, eine Revision der Bundesverfassung einzuleiten). Zit. auch bei Bucher, op. cit. S. 554.

39 Bucher, op. cit. S. 549. Bucher berücksichtigt nicht, dass es auch vor Pétains Verlautbarungen eine «Pétainsche Phraseologie» gab. In den von ihm stets als massgebende Quelle behandelten Wochenberichten (vgl. Anm. 35) wird auch bereits am 1. Juli vermerkt, gerade in der welschen Schweiz bemerke die Kritik, «Pétainsche Töne» seien nicht angebracht, weil es keine «Blum-Flandinsche Schweiz» gebe (6. Wochenbericht, verfasst von Karl Weber).

40 Feldmann, Tagebuch 1942–1945. Eintrag 11. Juni 1943, Gespräch mit dem Berner FDP-Nationalrat und Präsidenten der Aussenpolitischen Kommission Ernst Bärtschi. Bd. XIII/3. Basel 2001. S. 282. Zit. auch bei Bucher, op. cit. S. 554.

41 Henry Vallotton, Suisse de demain. Lausanne 1940. S. 41ff.

gewesen und meinte es nicht negativ, wenn er – übrigens mit dem sonderbaren Possessivpronomen «notre» – meinte: «... nous aurions quelque chose comme notre maréchal Pétain.»[42]

Die Volksabstimmungen

Heute lebt das Bild vom «fossé» vor allem in den Kommentaren zu gesamtschweizerischen Volksabstimmungen weiter. Diese Schnellanalysen beruhen, wie Hans Amstutz in seiner Auseinandersetzung mit der Frage zu Recht kritisiert, auf der fragwürdigen Annahme der politischen Einheitlichkeit der Sprachregionen.[43] Um den Gegensatz zu entschärfen, machte Bundespräsident Johannes Baumann im Juli 1938 nach dem Abstimmungssieg zum neuen Strafgesetz ebenfalls darauf aufmerksam, dass es doch auch eine «stark annehmende Mehrheit» im Welschland und «stark verwerfende Minderheiten» in der deutschen Schweiz gegeben habe; dies würde die Theorie vom Vorhandensein eines «Grabens» längs der Sprachgrenze des Landes entkräften.[44] Die wenige Wochen vor Kriegsausbruch durchgeführte Volksabstimmung zu einem Mammutkredit von 415 Mio. Franken, der einerseits dem Ausbau der Landesverteidigung und andererseits der Bekämpfung der Arbeitslosigkeit dienen sollte, zeigte eine unter dem Gesichtspunkt des nationalen Konsenses bedenkliche Diskrepanz zwischen der französischen und der restlichen Schweiz: Während in der Suisse romande mit nur 43,3 % Ja-Stimmen keine zustimmende Mehrheit zustande kam, stimmten in der restlichen Schweiz 76,3 % zu.[45] Damals fielen von seiten der Romands erstaunlich giftige Worte: Der Kredit sei «d'inspiration nettement hitlérienne», und die Schweiz habe sich in den «moulin totalitaire» begeben.[46]

Die am 4. Juli 1939 entstandene Differenz von 33 Prozentpunkten zwischen dem kleinen Ja von 43,3 % und dem grossen Ja von 76,3 % war allerdings nicht die grösste jener Jahre: 1931 betrug die Differenz in der Abstimmung zum Annahmeverbot ausländischer Orden sogar 41,1 Prozentpunkte, und die bereits erwähnte Abstimmung über die Vereinheitlichung des Strafgesetzes vom Juli 1938 war mit 28,7 Prozentpunkten ebenfalls beträchtlich.[47] Bemerkenswert ist der Siegerkommentar der *NZZ* zu dieser Abstimmung, weil er – wie Bundespräsident Baumann – ausdrücklich die Existenz eines «Grabens» verneinte und diejenigen, welche die Gefahr eines «Grabens»

42 P. G. in Gazette de Lausanne Nr. 241 vom 29. August 1940.

43 Amstutz, op. cit. S. 66.

44 NZZ Nr. 1196 vom 4. Juli 1938.

45 In Anlehnung an Hans Amstutz, der die Struktur des Statistischen Jahrbuchs geltend macht, werden die Kantone Freiburg und Wallis trotz ihrer deutschsprachigen Minderheiten ganz zur Suisse romande gezählt; dafür wird in Bern die französischsprachige Minderheit im Jura dem «Rest» zugeschlagen.

46 Gazette de Lausanne vom 31. Oktober 1938 und 6. Juni 1939; zit. nach Amstutz, op. cit. S. 90ff.

47 Zum Streit um das Strafgesetzbuch vgl. auch Amstutz, op. cit. S. 70–78.

beschworen hatten, des Leichtsinns und der Verbreitung einer Unwahrheit bezichtigte.[48] Dazu ist anzumerken, dass die Differenz – oder der «Graben» – von der Mehrheit in der Regel weniger stark empfunden wird als von der Minderheit.[49] Noch Monate später war der Groll über diese «Vergewaltigung» durch die deutsche Schweiz nicht verflogen. Nationalrat Maurice Troillet rief im März 1939 bei der Beratung der Botschaft zur Kulturförderung nochmals in Erinnerung: «(La majorité) a imposé au minorité une loi qui était une erreur psychologique et une faute politique.» Und er sah darin eine wiederkehrende Situation: «L'un des malaises dont nous souffrons est que les minorités sont souvent majorisées, sans nécessité sur les points qui leur sont les plus chers.»[50] Aus deutschschweizerischer Sicht hätte man dazu bemerken können, dass Romands offenbar eine Art von Vetorecht glaubten ausüben zu dürfen, selbst wenn dabei Fragen auf der Strecke blieben, die der Mehrheit sehr wichtig waren.

Bei den sieben während des Krieges durchgeführten Volksabstimmungen bewegten sich die Differenzen nur noch zwischen 7,6 und 13,2 Prozentpunkten. Dies bestätigt grosso modo die von Hans Amstutz gezeichnete Entwicklung, wonach 1938 die besonders heftige Kontroverse um das neue Strafgesetz der Kulminationspunkt gewesen sei und ein retardierender Reflex auf die frühen 1930er Jahre und insbesondere auf den Versuch von 1933, eine spezielle Weinsteuer einzuführen. Noch im Juni 1939 sprach sich die *Gazette de Lausanne* gegen eine Konsenspolitik aus, die nur der äusseren Bedrohung entsprungen sei, bloss dem «établissement d'une unité née de la peur»[51]. 1939 muss schliesslich eine Annäherung eingetreten sein, die bis 1941, der 650-Jahr-Feier der Eidgenossenschaft, noch weiter gedieh. Der Konsens entstand in diesem Fall weitgehend über eine Anpassung der Romands an die Deutschschweizer. Die in der deutschen Schweiz entwickelten Erklärungen der Diskrepanz der 1930er Jahre nehmen keine symmetrische Analyse vor, sondern gehen von der deutschen Schweiz aus und betonen dann die Differenz, das heisst den markanteren Föderalismus und den vehementeren Antisozialismus der Romands.

48 Anonymer Abstimmungskommentar der NZZ Nr. 1190 vom 4. Juli 1938. Darin hiess es weiter: «Die Legende, dass die welsche Schweiz wie ein Mann gegen das Schweizerische Strafgesetz aufstehen werde, fand in der deutschen Schweiz keinen Glauben mehr, nachdem in jedem der welschen Kantone achtbare Männer und Gruppen mutig sich zum neuen Recht bekannt hatten.»

49 Während die «Gazette de Lausanne» nach der Niederlage mit der Mehrheit der Confédérés haderte und daran festhielt, dass es bei dieser Abstimmung um das köstlichste Erbe und den Daseinsgrund der Eidgenossenschaft gegangen sei, gab sich das «Journal de Genève» versöhnlicher und betonte insbesondere die vorbeugende Wirkung des Widerstandes auf andere Zentralisierungsbestrebungen; es würdigte dabei den Widerstand, den man auch in der deutschen Schweiz, vor allem in den landwirtschaftlichen Gegenden, geleistet habe («Nachlese», Pressespiegel der NZZ Nr. 1196 vom 4. Juli 1938).

50 Vgl. oben Anm. 15, S. 192.

51 Zit. nach Amstutz, op. cit. S. 127.

Die Stimmungsberichte

Der Ende Mai 1940 erstmals erstellte Bericht über die Haltung der Bevölkerung stellte fest, dass das «Sekuritätsbewusstsein» in der französischen Schweiz wegen der geographischen Lage viel ausgeprägter sei als im Norden des Landes und manche (wohl in Parallele zum Marne-Wunder von 1914) davon ausgingen, dass das «miracle» auch diesmal nicht ausbleiben werde.[52] Die französische Schweiz, insbesondere die schöne Gegend am Genfersee, war damals auch für Deutschschweizer, die sich stärker exponiert fühlten und sich der akuten Bedrohung entziehen wollten, in der Tat eine Sicherheitszone.

In diesem Bericht und in den folgenden wurde immer wieder auf Stimmungsunterschiede hingewiesen, jedoch stets ohne gleich die Grabenproblematik von 1914 zu beschwören. Im weiteren Verlauf des Frankreich-Feldzuges muss in der französischen Schweiz dann ein spezifischer Stimmungsumschwung eingetreten sein, der gemäss den beobachtenden Stellen einen Hassreflex gegen die französische Linke (Volksfront, Kommunisten) und gegen die französische Rechte (mit den Schlagwörtern «Plutokratie» und «200 familles») gebracht habe, der vorübergehend sogar stärker gewesen sei als die Abneigung gegen die Achsenmächte.[53] Anfang Juli 1940 bemerkte man einen bedeutsamen Sympathiewechsel, wie es heisst, «vornehmlich in der französischen Schweiz». Die Disziplinlosigkeit der französischen Militärinternierten habe diesen Trend dann noch verstärkt.[54] Gegen Ende August 1940 heisst es, in der «Westschweiz» seien sowohl die Arbeiterschaft als auch das Bürgertum sich darin einig, dass man sich mit der deutschen Überlegenheit abfinden müsse. «Auch die national zuverlässigen Kreise denken offenbar an eine politische Umbildung im Sinne der Pétainschen Verfassung.»[55]

Man kann dem Berichteten gegenüber skeptisch sein. Die Berichterstattung beruhte zwar wohl auch auf Informationen aus der französischen Schweiz, letztlich war sie aber ein Produkt der deutschen Schweiz. Eine zwar nicht unparteiische, aber ausserschweizerische Stimme bestätigt indessen das Bild. Der britische Botschafter David Kelly hielt in seinen Memoiren fest: «The German Swiss» hätten die Nazi gehasst und den Briten gegenüber eine «outspoken sympathy» gezeigt. Dagegen hätten «the French Swiss» instinktiv mit Pétain sympathisiert und sehr ungern von ihm, dem Briten, eine Einladung zu einem Essen angenommen. So habe ein bekannter Journalist ihn nur in einem Café zu einem Bier treffen wollen.[56]

52 1. Wochenbericht vom 21.–28. Mai 1940 (Autoren Weber/von Schenck).

53 4. Wochenbericht vom 12.–17. Juni 1940 (von Schenck/Weber/Sn.). Ähnlich wieder im (5.) Wochenbericht vom 16.–22. Juni 1940 (anonym). Die stärkere Polarisierung zwischen rechts und links wird auch von Favez, op. cit. bestätigt, S. 97 und 109.

54 7. Wochenbericht vom 1.–7. Juli 1940 (Weber), auch im folgenden 8. Bericht.

55 14. Wochenbericht vom 20.–26. August 1940 (von Schenck).

56 David Kelly, The ruling few. London 1952. S. 269.

Die vom Romand Jacques Meurant verfasste Pressestudie über die Haltung der Presse der Suisse romande der Jahre 1939–1941 zeigt, dass in diesem Landesteil alles in allem anfänglich die Einschätzung Hitlers und des Projekts eines «Neuen Europa» paradoxerweise positiver war als in der deutschen Schweiz, die dem Dritten Reich direkter ausgesetzt war und sich über den Charakter des NS-Regimes weniger Illusionen machte. Wenn es 1940/41 eine gewisse Differenz in der Grundbefindlichkeit der beiden Landesteile gab, dann nicht nach dem Muster des «fossé» von 1914, sondern wegen der unterschiedlich entschiedenen Abgrenzung gegenüber dem deutschen Nachbarn.[57] Der deutschschweizerische Zeitzeuge Hermann Böschenstein bemerkte in den 1970er Jahren dazu: «Im Welschland war man auch eher bereit, den Ermahnungen und Drohungen der Pressekontrolle Folge zu leisten. Diese Verschiedenheit führte indessen glücklicherweise nicht zu inneren Spannungen, und als einmal die erste Hälfte der unseligen Zeit vorüber war, ergab sich hüben wie drüben eine Klärung und Angleichung der Auffassungen.»[58] Dem ist beizufügen, dass die unterschiedlichen Wahrnehmungen und Einschätzungen kaum miteinander verglichen und, was ja erst zum «fossé» geführt hätte, insbesondere nicht gegeneinander ausgespielt wurden. Im Rückblick spricht Hans Amstutz zwar von der «politischen Einäugigkeit der welschen Bourgeoisie» und gibt implizit zu verstehen, dass die deutsche Schweiz vor allem dank der Sozialdemokratie (die anders als Léon Nicoles Sozialisten sich nicht am Hitler-Stalin-Pakt orientierten) die bessere Einschätzung vorgenommen habe.[59]

Nicht weniger wichtig als das Berichtete sind für unser Thema aber die zeitgenössischen Berichte und die ihnen zugrundeliegende Betrachtungsweise selber. Es sind, wenn man von einem Annex absieht, alles deutschschweizerische Berichte, die unausgesprochen von einem deutschschweizerischen Durchschnitt ausgehen und von da aus mit der Definitionsmacht der Mehrheit die angebliche Besonderheit ausmachen; es ist nicht vom Mittelland, nicht von Zürich, Aargau, Solothurn die Rede, im Grunde auch nicht von Bern, aber von der Ostschweiz und der Innerschweiz, von Basel und vom Tessin und dann eben von der französischen Schweiz, stets als von *einer* Region, zwar mit sozialen, aber nicht mit kantonalen Unterschieden.[60] Die Folge davon, dass man eben festhält, dass man sich in der «Romandie» vor der Volksfront fürchtet und dass man vorübergehend auf ein «Marne-Wunder» hoffte, während analoge Befindlichkeiten, vielleicht die Hoffnung, dass sich das Hitler-Regime normalisiert, oder die Furcht

57 Jacques Meurant, La presse et l'opinion de la Suisse romande face à l'Europe en guerre 1939–1940. Neuenburg 1976. Von Hans Amstutz übernommen und bestätigt, S. 100ff.

58 Vgl. die Buchbesprechung der Meurant-Dissertation von Hermann Böschenstein, Gefährliches Wunschdenken. In: Der Landbote vom 6. Oktober 1976 und Basler Nachrichten vom 4. Dezember 1976.

59 Amstutz, op. cit. S. 102.

60 Der 14. Wochenbericht umfasst einen Nachtrag aus Genf «mit gemeingültigen Ausblicken für die Westschweiz». Im 15. Wochenbericht vom 27. August–2. September 1940 gibt es ausnahmsweise einen Annex in französischer Sprache aus Neuenburg mit der Feststellung, dass es «dans notre région» einige Hitler-Verehrer gebe.

vor einem Umgehungsangriff durch die Nordwestschweiz nicht thematisiert und nicht mit dem Deutschschweizersein in Verbindung gebracht wird.

Der Romand André Lasserre wertete für seine Analyse der «années sombres» ebenfalls die zitierten Armee-Berichte aus sowie weitere Berichte des Dienstes «Heer und Haus/Armée et Foyer». Er empfand diese aber offensichtlich nicht als «deutschschweizerisch» besetzte Quellen, wie auch seine Studie insgesamt dem Verhältnis zwischen den beiden Landesteilen keine besondere Beachtung schenkte. Wenn es um «volonté de l'union nationale» ging, dann stets in Form einer Überbrückung von Klassengegensatz und nicht von Kulturdifferenz. Die beiden Landesteile waren zwar immer wieder mal Vergleichskategorien, um zu sagen, dass dies oder das leicht anders sei «au delà de la Sarine» – mehr aber nicht.[61] Und in den zeitgenössischen Alltagsartikulationen konnte man selbstverständlich immer diese Vergleiche vorfinden, aus der Perspektive des Sprechenden oder Schreibenden mal in anerkennendem, mal in tadelndem Sinn für den eigenen oder für den anderen Landesteil. Eine Manifestation dieser Art war beispielsweise die Bemerkung eines Jacques Freymond im *Jahrbuch* der Neuen Helvetischen Gesellschaft auf das Jahr 1942: «Si les partisans de réformes sont nombreux en Suisse romande, les Suisses allemands ne sont pas acquis, dans leur majorité, au désir de changement.»[62]

Die Bundesratsersatzwahlen

Kommentare zu Bundesratswahlen enthalten stets aufschlussreiche Hinweise auf die regionale Befindlichkeit.[63] So ist es naheliegend, die vier beziehungsweise fünf Bundesratswahlen der Kriegsjahre auf das Verhältnis der beiden grossen Landesteile hin zu untersuchen, zumal die Suisse romande 1934 ihre Zweiervertretung verloren hatte und bis 1948 nur mit einem Sitz vertreten war. Beim ersten Termin vom 18. Juli 1940 leuchtete allen Beteiligten ein, dass der Solothurner Hermann Obrecht in Ermangelung überzeugender Kandidaten der Suisse romande durch den exzellenten Solothurner Walter Stampfli ersetzt wurde.[64] Die nichtdeutschschweizerische Schweiz musste sich mit dem Waadtländer Marcel Pilet und dem Tessiner Enrico Celio einstweilen als genügend vertreten betrachten. 1934, als der Zuger Philipp Etter auf den Fribourgeois Jean-Marie Musy folgte, hatte Nationalrat Henry Valloton im Namen der Romands gefordert, bei nächster Gelegenheit die Zweiervertretung wiederherzustellen. 1935, nach Edmund Schulthess' Demission, bestand eine gewisse Möglichkeit, diese Erwar-

61 André Lasserre, La Suisse des années sombres. Courants d'opinion pendant la Deuxième Guerre mondiale 1939-1945. Lausanne 1989. Eine wichtige Quelle aus der französischen Schweiz war für ihn der Bericht von Robert Moulin zum Jahr 1941.

62 Jacques Freymond, Réforme des institutions. In: Die Schweiz. NHG-Jahrbuch 1942. S. 50.

63 Zur allgemeinen Frage der Vertretung der französischen Schweiz im Bundesrat vgl. Urs Altermatt (Hrsg.), Die Schweizer Bundesräte. Ein biographisches Lexikon. Zürich 1991. S. 56.

64 Vgl. Pierre du Bois, op. cit. S. 95. Der Genfer Albert Picot erhielt 6 Stimmen.

tung zu erfüllen. Der freisinnige *Bund* vertrat damals die Auffassung, dass jetzt der Anspruch des welschen Landesteils vor allfälligen Parteiansprüchen zu berücksichtigen sei: «Die welschen Parlamentarier sollen eine gemeinsame Landesteilkandidatur nennen.» Sie mögen sich doch in einem der vielen Sitzungszimmer des Bundeshauses versammeln und dann praktisch sagen, was die welsche Schweiz fordere. Wenn sie dies nicht täten, dürfe nachher kein Mensch über die «Vergewaltigung durch die deutsche Mehrheit» jammern.[65] Dieser wohlwollende Berner Kommentar machte unbewusst und entsprechend ungerührt auf die Grundproblematik aufmerksam, dass Minderheiten sich besser organisieren müssen, wenn sie etwas bekommen wollen, was die Mehrheit auch ohne Extraaufwand in Anspruch nehmen kann.

Bei der Doppelersatzwahl vom 10. Dezember 1940 (für Rudolf Minger und Johannes Baumann) wurde der Anspruch auf den «deuxième siège romand» wiederum angemeldet. Der 62jährige Neuenburger Regierungsrat und Ständerat Ernest Béguin, anfänglich als «candidat unique de la Suisse romande»[66] propagiert, wurde, weil zu schwach, kurz vor der Wahl zugunsten des Walliser Advokaten Camille Crittin fallengelassen. Der neue Kandidat erzielte dann aber nur 98 Stimmen, während der Sieger, der St. Galler Karl Kobelt, 117 Stimmen erhielt. Es gab zwar bittere Bemerkungen, insbesondere weil man, wie René Payot klagte, einen mediokren Mann einer Reihe von ausgezeichneten Persönlichkeiten wie Picot, Logoz und Du Pasquier vorgezogen hatte. Alles in allem wurden aber nicht die «Confédérés» beschuldigt, sondern wurde – in für Minderheiten nicht untypischer Weise – mit Selbstvorwürfen das unkoordinierte und inkohärente Vorgehen der Romands kritisiert. Trotzdem ertönte aber auch die milde Klage mit dem aufschlussreichen «einmal mehr»: «Une fois de plus, la Suisse romande sort bernée de cette aventure. Elle méritait mieux que cela ...»[67] In der Wahl vom 15. Dezember 1943, die auf den Zürcher Ernst Wetter den Zürcher Ernst Nobs und damit insbesondere endlich den Einzug der Sozialdemokraten in die Landesregierung brachte, stand die Repräsentation der Landesteile überhaupt nicht zur Diskussion. Und bei der Ersatzwahl vom 14. Dezember 1944 für den abtretenden Pilet war die regionale Herkunft insofern keine Frage, als der Anspruch der französischsprachigen Schweiz völlig unbestritten war und nur Kandidaten dieses Landesteils zur Verfügung standen. Fazit: Die Ausgänge der Bundesratswahlen belasteten nicht in eigener Weise das Verhältnis zwischen den beiden Landesteilen, und die Debatten um sie herum machten nicht ein besonders belastetes Verhältnis sichtbar. Im Dezember 1947

65 Der Bund Nr. 116 vom 11. März 1935 (anonym). Im Vordergrund standen damals die Kandidaturen Crittin, Béguin und Lachenal: Mit dem Vorentscheid, dass es keinen Departementswechsel geben werde, es also um die Besetzung der Vakanz des EVD gehe, habe man die Berücksichtigung der welschen Schweiz unmöglich gemacht (Journal de Genève vom 28. März 1935), vgl. Reber, Anm. 2, 3 und 4 zur Wahl vom 4. April 1935. Vgl. auch du Bois, op. cit. S. 95.

66 La Revue vom 25. November 1940; zit. nach Arthur Fritz Reber, Der Weg zur Zauberformel. Schweizer Bundesratswahlen 1919–1959. Bern 1979. S. 208.

67 René Payot im Journal de Genève vom 12. Dezember 1940; vgl. Reber, op. cit. S. 220 und Anm. 84 zum 10. Dezember 1940.

wurde, als Bundesrat Stampfli ersetzt werden musste, mit der Wahl des Waadtländers Rodolphe Rubattel die Zweiervertretung der Romands wiederhergestellt.

Lebensmittelrationierung, Mehranbau und Radioprogramm

Die nationalen Verteidigungsanstrengungen waren zu einem grossen Teil zentral organisiert. Sie förderten damit den von den Minderheiten speziell beargwöhnten und abgelehnten Zentralismus, weil dieser als solcher die überlegene Mehrheit noch dominanter machte. Es ist kein Zufall, dass nach 1945 der erste Impuls für den etwas lange auf sich warten lassenden Abbau des Vollmachtenregimes mit der Volksinitiative «Rückkehr zur direkten Demokratie» von den welschen Föderalisten kam.[68] Den im Oktober 1942 veröffentlichten Protest gegen die «Besetzung» oder «Kolonisierung» der Waadt durch Deutschschweizer und insbesondere die Berner (was einem alten Topos entsprach) kann man, wie Pierre du Bois es tut, als Indikator für das allgemeinere Malaise deuten, welches das Vollmachtenregime verdächtigte, einen alten unerwünschten Trend zu begünstigen.[69] Das Blatt der Waadtländer Ultraföderalisten polemisierte gegen die «circulaires rédigées à Berne» und protestierte konkret gegen die theoretische Möglichkeit, dass das Eidgenössische Kriegswirtschaftsamt unter Berufung auf die Arbeitsdienstpflicht Waadtländer sozusagen zur Zwangsarbeit in die Ostschweiz (ver-)schicken könnte, wie es umgekehrt «blonde Emmentalerkinder» (!) zum Landdienst in die Waadt abkommandieren könnte. Die Hauptaussage ging dahin, dass die Waadt jetzt eine günstige Gelegenheit hätte, von der industriellen Konjunktur zu profitieren, aber von der deutschen Schweiz, die diesen Kanton als Agrargebiet behalten wolle, daran gehindert werde, insbesondere wenn industrielle Unternehmen der deutschen Schweiz ihrer Pflicht zum Mehranbau nachkämen, indem sie dafür Land in der französischen Schweiz verwenden würden.[70] Insofern als das Vollmachtenregime die Stellung der Wirtschaftsverbände stärkte und diese Verbände weitgehend von der deutschen Schweiz dominiert waren und die Schweiz als einen einzigen Wirtschaftsraum behandelten, hatte der Genfer Liberale Albert Picot sicher recht, wenn er sich 1941 aus der Minderheitensicht darüber beunruhigt zeigte, dass diese Verbände nicht mehr auf die Gegebenheiten einzelner Kantone Rücksicht nahmen.[71]

68 Tobias Senn, Die «demokratische» Rückkehr der Antidemokraten. Die zwei Volksinitiativen «Rückkehr zur direkten Demokratie» der Ligue vaudoise und deren Unterstützung in der Deutschschweiz. (Liz. Arbeit, Basel 2000).

69 Vgl. du Bois, op. cit. S. 76 und schon vorher S. 31 und nachher nochmals S. 124 (Anm. 45, 164 und 281).

70 Alphonse Morel, Le Pays de Vaud devient une colonie alémanique. In: La Nation (Organ der Ligue Vaudoise), Oktober 1942.

71 Albert Picot, L'autorité de l'Etat et la force des associations. In: Gazette de Lausanne vom 6. Mai 1941. Vgl. du Bois, op. cit. S. 76.

Während des Krieges hätten die zentral organisierte Lebensmittelrationierung und der planwirtschaftliche Mehranbau die regionalen Gepflogenheiten beeinträchtigen können. Man ist der Frage noch nicht systematisch nachgegangen. Peter Maurer verdanken wir den Hinweis auf «geharnischte Reaktionen» der Westschweiz, weil im Frühjahr 1942 die verschärfte Käserationierung gewisse Präferenzen der welschen Küche härter traf.[72] Der bereits in anderem Zusammenhang zitierte Artikel aus dem Blatt der Ligue Vaudoise klagte im Oktober 1942, dass die welsche Schweiz massenweise Eier in die grossen Städte der deutschen Schweiz (Basel und Zürich) liefere, dies aber bei der Käsezuteilung unberücksichtigt bleibe: «Nos rations de fromage n'en sont pas augmentées pour autant ...» Noch schlimmer als die Mengenfrage war aber nicht die Frage der Qualität: «... on oblige nos ménagères d'acheter, au lieu de notre Jura ou du vrai Gruyère, disparus on ne sait où, l'insipide fromage en boîte dit Gruyère d'Emmental!»[73] Weitere Abklärungen könnten die Vorstellung von dieser Problematik noch präzisieren. Dabei ist die Möglichkeit einzuräumen, dass ein soziales Malaise allgemeinerer Art gewissermassen stellvertretend an der Sprache oder der Kultur abgehandelt wird.

Die Verstösse gegen die Lebensmittelkontrollen beziehungsweise der Schwarzhandel könnten in der französischen Schweiz häufiger gewesen sein. André Lasserre bezeichnet dies zwar nur als eine in der deutschen Schweiz vorhandene Vorstellung, im eigenen Zwischentitel spricht er aber trotzdem von «spécialité romande»[74]. Die kleine Revolte von Bulle vom November 1944 mit Ausschreitungen gegen eidgenössische Kontrolleure bildete allerdings keine welsche Spezialität. Was man vorschnell als typisch welsche Unbotmässigkeit zu deuten geneigt ist, war ein auch in anderen antietatistischen Rückzugsgebieten der bäurischen Schweiz anzutreffender Ungehorsam: Zu einem grösseren Aufstand dieser Art war es bereits im September 1942 in Schwyz (Steinen)[75] gekommen, und im Januar 1945 war das Tessin an der Reihe. Mit Hans Amstutz muss davor gewarnt werden, Volksmeinungen, in diesem Fall deutschschweizerische Volksmeinungen, leichtfertig als zutreffende Beschreibungen zu nehmen. Dies gilt auch für die Darstellung der sozialdemokratischen *Berner Tagwacht* vom Frühjahr 1941: «Westwärts der Saane, wo (...) die eidgenössischen Gesetze, aber nicht die eidgenössischen Subventionen aufhören, soll es punkto Lebensmittel- und Mahlzeitenkarten noch recht lustig zugehen ...»[76]

Die Gestaltung der Radioprogramme scheint keine grundsätzlichen Probleme gebracht zu haben. Die 1931 geschaffene Schweizerische Rundspruchgesellschaft liess

72 Peter Maurer, Anbauschlacht. Landwirtschaftspolitik, Plan Wahlen, Anbauwerk 1937–1945. Zürich 1985. S. 102, 197. Die ebenfalls verschärfte Milchrationierung traf indessen wegen anderer Konsumgewohnheiten stärker die deutsche Schweiz.

73 Vgl. Anm. 69.

74 Lasserre, op. cit. S. 306ff.

75 Lasserre, op. cit. S. 202ff. Vgl. auch den Fall des Innerschweizer Bauern in Meinrad Inglins «Schwarzem Tanner».

76 Berner Tagwacht vom 24. April 1941, zit. nach Amstutz, op. cit. S. 91.

genug Spielraum für regionale Autonomie, auch wenn bereits 1937 eine starke Zentralisierung einsetzte und bei Kriegsbeginn 1939 die Konzession wieder an den Bundesrat fiel. Die Gegensätze zwischen den Landesteilen dürften nicht grösser gewesen sein als die Gegensätze innerhalb der Landesteile, zum Beispiel zwischen Genf und Lausanne in der Orchesterfrage. Allerdings muss ein spürbarer Unterschied in der Promotion der Geistigen Landesverteidigung bestanden haben: Die Studios der deutschen Schweiz und dasjenige im Tessin hätten diese Aufgabe äusserst ernst genommen, in der Westschweiz sei man dagegen von deren Notwendigkeit nicht sonderlich überzeugt gewesen.[77] Im Sommer 1940 wurde die Jazz-Musik (Hot Jazz) von der Generaldirektion mit einem Sendeverbot belegt wie in Deutschland bereits seit 1935. Radio Sottens beachtete dieses Verbot jedoch nicht sonderlich, in der französischen Schweiz war Jazz besonders beliebt, weil er erstens ein Gefühl von grosser Welt vermittelte und ein Instrument gegen den deutschschweizerischen Kulturimperialismus der «jodels» und der «musique champêtre» war.[78]

Summa summarum

Die verschiedenen Sondierungen haben gezeigt: Es ist eine realistische Annahme, wenn man das Verhältnis zwischen den beiden Kulturräumen als nicht nur harmonisch versteht. Es gab berechtigte oder verständliche Eigenheiten, welche in der Kombination zu Spannungen führte. Diese konfliktuelle Normalität ist bis nahe an den Krieg heran zu beobachten und wird dann durch den nationalen Schulterschluss doch überlagert.[79] Der häufigste Ausdruck dieser Spannung war die Klage der Minderheit über die Übermacht der Mehrheit, und die häufigste Verteidigungsfigur bestand darin, den kantonalen Föderalismus und nicht die Landesteilproblematik ins Spiel zu bringen. Der kriegsbedingte Uniformitätsdruck war (dies ist allerdings ein Befund eines Historikers der deutschen Schweiz) nie so stark, dass er die starke Minderheit daran gehindert hätte, sich zur Wahrung ihrer guten Rechte zu wehren. Dies ging aber, ohne das warnende Bild vom «Graben» zu bemühen.

77 Marc Reymond, Das Radio im Zeichen der Geistigen Landesverteidigung, 1937–1942. In: Radio und Fernsehen in der Schweiz. Geschichte der Schweizerischen Rundspruchgesellschaft SRG bis 1958. Baden 2000. S. 102. Diese Darstellung ist vor allem an den organisatorischen Fragen orientiert und sagt wenig aus über die Programminhalte.

78 Theo Mäusli, Jazz und Geistige Landesverteidigung. Zürich 1995. S. 142ff. Bereits in der Debatte von 1938 über die Kulturförderung (vgl. oben Anm. 15) äusserte sich Nationalrat Troillot leicht ironisch über Radioprogramme «qui braillent des chansons de folklore». Vgl. auch den Nebelspalter Nr. 48 vom 29. November 1940, der sich über die modische Beliebtheit des Jodels in den Städten lustig macht. Nicht speziell auf das Verhältnis der beiden grossen Sprachgemeinschaften ausgerichtet: Edzard Schade, Sprachföderalismus und demokratische Meinungsbildung beim Schweizer Rundfunk. Das Radio im Dienste der Geistigen Landesverteidigung. In: Krisen und Stabilisierung. Die Schweiz in der Zwischenkriegszeit. Hrsg. v. Sébastien Guex u.a. Zürich 1998. S. 197–210.

79 Der Nebelspalter (Nr. 41 vom 8. Oktober 1942) thematisiert die Eintracht zwischen Genf und Zürich als etwas Besonderes.

Moderne Verkehrswege verdrängen traditionelles Gewerbe: Auf der oberen Rampe der Gotthard-Südseite noch zwei Saumtiere, auf der unteren Rampe rollt bereits das neue Gefährt (Bild: Archivio Cantonale, Bellinzona).

Das Tessin und die beiden Anläufe von 1798 und 1848

Der Zufall des Kalenders gestattet es, 1998 zwei Jubiläen in einem zu feiern, ein zweihundert- und ein hundertfünfzigjähriges. Es ist naheliegend, sich zu fragen, wie diese beiden zueinander stehen, ob sie auch durch eine inhaltliche Nähe miteinander verbunden sind. Die Annahme einer derartigen Verbundenheit ist naheliegend und nicht einmal ganz unzutreffend: 1798 als Präludium für den Hauptakt von 1848.

Die doppelte Schwäche dieser Sinngebung ist allerdings, dass einerseits die Helvetik nicht als eigenständige Phase in der Geschichte, sondern nur im Lichte der später reüssierten «zweiten Auflage» von 1848 betrachtet und dass andererseits das 1848 zustande Gekommene nur als Vollzug eines vorgegebenen Programmes gesehen wird. Eine weitere Schwäche ist, dass die gesamte Zwischenzeit zwischen 1798 und 1848 als Nichtzeit oder bestenfalls als Wartezeit gesehen wird, als unbedeutendes Intermezzo zwischen zwei für die nationale Heilsgeschichte wichtigen Stationen.

Den Deutungen von 1798 und 1848 liegt eine für beide Vorgänge je separate Gültigkeit beanspruchende Vorstellung von politologischer Zwangsläufigkeit zugrunde: Wer es versäumt, rechtzeitig die nötigen Reformen durchzuführen, der setzt sich dem Zwang ruckartiger Anpassungen – oder eben von Revolutionen – aus. Die Kritik der versäumten Anpassung trifft im einen Fall die «Gnädigen Herren» der Alten Eidgenossenschaft und im anderen Fall die Sonderbundkantone des halbwegs restaurierten Ancien Régime der alteidgenössischen Schweiz. Im Falle von 1798 handelte es sich eindeutig um eine Reformverweigerung der herrschenden Schicht, im Falle von 1847/48 ging der Widerstand gegen Reformen jedoch von ganzen (kantonalen) Gesellschaften aus.

Nötige Reformen: Es wäre wohl zu einfach anzunehmen, dass es einen festen Fortschrittsplan gebe, der den Weg vorzeichne und dem die Zeitgenossen nur zu folgen bräuchten. Rückblickend gewinnt man allerdings schon den Eindruck, dass es so etwas wie objektive Notwendigkeiten oder Zwänge gab (und gibt) und die Aufgabe der Zeitgenossen vor allem darin bestand (und besteht), nicht die Richtung, sondern die für die direkt Betroffenen relevante Art der Umsetzung und Verwirklichung zu gestalten. Zum Beispiel beim bekannten Maschinensturm von Uster von 1832 oder etwas früher bei der auf den Tessiner Transitwegen einsetzenden Umstellung von Säumertransporten auf Fuhrbetrieb.

Nötige Reformen – man kann da auch von Modernisierung reden. Modernisierung findet immer statt, sie vollzieht sich aber nicht immer gleich schnell und entwickelt sich oft in Schüben. 1798 bestand Modernisierung, etwas vereinfachend ausgedrückt, einerseits im Abbau des mittelalterlichen, stark auf unverrückbaren

Personalbeziehungen und auf statischer Institutionenabhängigkeit beruhenden Feudalsystems und andererseits im Aufbau eines dynamischen, auf Entwicklung und Effizienz bedachten Staatswesens.

1798 wurden die (später vorübergehend allerdings wieder eingeführten) Binnenzölle aufgehoben, welche den Handel stark eingeschränkt hatten. Im weiteren wurde die Gewerbefreiheit eingeführt, eine Einheitswährung geschaffen, die Schaffung von Einheitsmassen beschlossen, die Kalenderrechnung vereinheitlicht, erste gesamtschweizerische Datenerhebungen durchgeführt, eine nationale Universität, eine Landesbibliothek und ein Landesmuseum geplant, ein gesamtschweizerisches Bürgerrecht, eine gesamtschweizerische Gesetzessammlung eingeführt, eine Bundeshauptstadt mit einem Regierungskollegium, ein separater Oberster Gerichtshof u.a.m. geschaffen.

Modernität drückt sich nicht nur ökonomisch und administrativ aus, sie hat auch eine grundrechtliche und menschenrechtliche Seite, setzt mit den Anstrengungen im öffentlichen Erziehungswesen ein und geht vom allgemeinen Wahlrecht und dem Prinzip der gleichen Besteuerung über die Religionsfreiheit bis zur Laizität der Eheabschlüsse und dem Folterverbot. Die Premiere einer gesamtschweizerischen Volksabstimmung fällt in die Zeit der Helvetik – 1802 – und betraf einen Verfassungsvorschlag und eine erste gesamtschweizerische Volksabstimmung.

Gewiss: Einiges blieb Papier, und vieles konnte wegen der inneren Zerstrittenheit nicht umgesetzt werden. Später erschien das Projekt «Helvetik» insgesamt als diskreditiert, weil es den Schutz der französischen Bajonette nötig hatte und bis zu einem gewissen Grad vom Ausland inspiriert war.

Auch wenn die Auswirkungen der physischen Anwesenheit des *Auslandes* in Form der französischen Besatzer und der gegen sie kämpfenden Österreicher und Russen nicht unterschätzt werden sollen – das Ausland war auch in den folgenden Phasen für die Geschicke der Schweiz in hohem Masse bestimmend. Vom Ausland kam 1803 Napoleons segensreiche Einsicht, dass die Schweiz doch ein föderalistisches Gebilde sei.[1] Dem Ausland ist es zu verdanken, dass 1815 nicht ernsthaft versucht wurde, die alten Untertanenverhältnisse wiederherzustellen – etwa die Urner Herrschaft in der Leventina. Völlig im Einklang mit dem konservativen Ausland, das heisst mit Metternichs Europa, und von diesem sogar nachhaltig unterstützt, behielt das Regiment der sogenannten Restauration bis 1830 und in gewissen Kantonen sogar bis 1847 die Macht. Auch Landammann G. B. Quadri meinte 1830 mit einem Appell an Metternich, sein Regime halten zu können. Und die liberale Gegenbewegung schliesslich, welche 1830 erste Erfolge erzielte und 1847/48 den Durchbruch schaffte, verstand sich ebenfalls als

1 Nachtrag von 2003: Während das Helvetik-Jubiläum eine reiche Zahl von historischen Publikationen hervorgebracht hat, sind dergleichen im Zusammenhang mit dem Mediations-Jubiläum ausgeblieben. Auffallende Ausnahme bildete das Tessin mit einer vom Staat herausgegebenen Publikation von Padre Callisto Caldelari, Napoleone e il Ticino. (Bellinzona) 2003. Die Studie behandelt die zeitgenössischen Kommentare zu Napoleon und unterscheidet den «rapporto costruttivo» und den «rapporto difficile».

integraler Bestandteil einer internationalen Bewegung, gewissermassen als nationale Sektion des «jungen Europa» im Sinne Giuseppe Mazzinis.

Ein Widerspruch bestand zwischen dem konservativen Regiment der 1820er Jahre und der von ihm begünstigten wirtschaftlichen Modernisierung. Die Restauration von 1815, politisch am Status quo festhaltend, ja den Status quo ante suchend, hatte im Wirtschaftlichen die Modernisierung halb selber betrieben, halb hatte sie sie mit sich geschehen lassen, so dass sie einerseits die Voraussetzungen ihres konservativen Regimes selber unterminierte und andererseits die Voraussetzungen für die Einführung eines liberalen Regimes aufkommen liess.

Die merkantile Mobilität wurde erleichtert durch die Verbesserung der *Verkehrswege,* zum Beispiel mit dem Bau der Moeasabrücke bei Lumino 1824 oder der Einführung eines Fährbetriebs zwischen Melide und Bissone. In dieser Zeit, das heisst 1827–1830, entstand beispielsweise das imposante Kunstwerk der mit grossen Kutschen befahrbaren Tremolastrasse. Zu einer leistungskräftigen Verkehrsachse wurde der Gotthard aber erst, nachdem auf der Nordseite der Widerstand der Säumer und der Schifferkorporation des Vierwaldstättersees (gegen die neuen Dampfschiffe) aufgegeben worden war. Dass dies überhaupt möglich war, erklärt sich zu einem wichtigen Teil aus der mit der Bernardino-Route gegebenen Konkurrenzierungsmöglichkeit. Der Tessiner Ingenieur und vormalige Staatsrat Francesco Meschini wurde schliesslich sogar (was doch sehr modern erscheint) von kantonalen Regierungen nördlich des Gotthards beauftragt, die Strassen vom Reusstal bis Basel auszubauen.

Eine starke Modernisierung erlebten auch die *agrarischen wie industriellen Produktionsverhältnisse.* Mit der Mechanisierung der Feldarbeit (z.B. durch den Einsatz von Sämaschinen) und der Düngung der Böden konnten Ertragssteigerungen erzielt werden. Ein Teil der Alpkäsereien wurde ins Tal transferiert, wo günstiger produziert werden konnte. Die weitere Mechanisierung der Textilindustrie führte zu zentralen Fabrikstandorten und zur Entwicklung einer eigenen Maschinenindustrie. Die wirtschaftliche Entwicklung trug eine Sprengkraft in sich, die sich gegen das Korsett der auf statische Verhältnisse ausgerichteten sozialen und politischen Ordnung richten *musste.* Die wirtschaftlichen Innovationen kollidierten aber nicht nur mit den äusseren Bestimmungen, sie brachten auch Bewegung in der Mentalität der Menschen.

Zwei wichtige Institutionen nahmen gewissermassen eine Mittelstellung zwischen Politik und Wirtschaft ein und waren nach beiden Seiten wichtig: Einmal die *Presse,* die man, allerdings noch ohne Inseratenwesen, als wirtschaftliche Unternehmen verstehen muss und die insofern eine politische Institution war, als sie die für eine moderne Demokratie unerlässliche ... Öffentlichkeit sicherte. So konnte sich die Tessiner Reformbewegung von 1830 auf den *Osservatore del Ceresio* und den *Ancora* stützen. Beim letzteren Blatt kann man insofern sogar eine Kontinuitätslinie zu 1798 erkennen, als es in der vormals helvetischen Druckerei von Capolago gedruckt wurde.

Die *Schule* sollte einerseits das für die politische Partizipation in Demokratien unerlässliche minimale Bildungsniveau sicherstellen (Grundfähigkeiten in Lesen, Schreiben und Rechnen), sie sollte aber auch – über die praktischen Fertigkeiten hinaus – die junge Generation zu brauchbaren Arbeitskräften erziehen, brauchbar für die zum industriellen Aufschwung ansetzende Wirtschaft. Dazu gehörte die Gewöhnung an geregelte Arbeitszeiten, an Disziplin und Pünktlichkeit, an Leistungsbewertung durch Noten und Diplome. Im Tessin war schon 1804 beschlossen worden, dass jede Gemeinde eine Volksschule haben sollte. Die Verwirklichung dieses Vorhabens zog sich jedoch bis in die 1830er und 1840er Jahre hin. Stefano Franscinis Schrift *Della pubblica istruzione nel Cantone Ticino* von 1828 zeigt beides: sowohl das Ausmass der Versäumnisse der Regierung im Bildungsbereich als auch den mit Franscini verkörperten Willen, diese Missstände zu beseitigen.

Die von der Helvetik angestrebten Ideale der «guten Regierung» und «guten Verwaltung» behielten auch nach der kleinen Restauration von 1803 und der grossen Restauration von 1814 ihre Gültigkeit und wurden gleichsam auf halbem Weg zwischen 1798 und 1848 gerade mit Tessiner Beiträgen von gesamtschweizerischer Bedeutung umgesetzt. Beide Idealen strebten – auch das eine Eigenschaft von Modernität – Berechenbarkeit und Transparenz an. Im Regierungsbereich sollte dies durch *Verfassungen* auf kantonaler und nationaler Ebene gewährleistet sein. Für das Tessin ging der wichtigste Impuls von der von Franscini verfassten, aber anonym 1829 in Zürich erschienenen Schrift *Della riforma della Costituzione ticinese* aus. Und für den gesamtschweizerischen Verfassungsgebungsprozess war der Verfassungsentwurf von grösster Bedeutung, den der in Carrara geborene, vorübergehend in Genf und dann in Paris tätige Tessiner Rechtsprofessor Pellegrino Rossi 1832 vorlegte. Zur Verbesserung von Regierung und Verwaltung gehörte die von den Liberalen 1830 geforderte und durchgesetzte ... Öffentlichkeit der Geschäftsführung des Staatsrates, aber auch der Parlamentsverhandlungen (mit entsprechenden Tribünen, die wir heute für eine Selbstverständlichkeit halten). Im weiteren mussten auch die Entscheidungsgrundlagen verbessert und insbesondere die elementaren Daten zusammengetragen werden. Dazu leistete Franscinis Pionierwerk *Statistica della Svizzera* von 1828 einen wesentlichen Beitrag.

Eine wichtige Etappe zwischen 1798 und 1848 bildeten die Jahre *1830/1832.* Auf kantonaler Ebene führte sie da und dort zur Etablierung liberaler Ordnungen. Bekanntlich auch im Tessin, wo mit der Verfassung vom 4. Juli 1830 das Prinzip der Gewaltentrennung zwischen Exekutive und Legislative sowie eine Amtszeitbeschränkung eingeführt und die Presse- und Petitionsfreiheit gewährleistet wurden. Bemerkenswerterweise hatten die Tessiner Liberalen noch vor den Pariser Juli-Unruhen das konservative Regime weggefegt; daran kann man eine gewisse Eigenständigkeit der schweizerischen Vorgänge ablesen. Noch heute erinnert im Palazzo Civico von Lugano ein Denkmal an diesen historischen Moment. Die Inschrift lautet: «Die Herrschaft der wenigen räumt den Platz der Gleichheit, der Missbrauch weicht vor der Ordnung und dem Gesetz, und die besiegte Diktatur unterwirft sich der Volkssouveränität.»

Dass die Beratungen zur neuen Bundesverfassung 1848 erstaunlich schnell über die Bühne gingen, erklärt sich aus den Vorarbeiten von 1830 in den liberalen Kantonen und von 1832 auf Bundesebene. Der Aufbruch von 1830/32 kam jedoch seinerseits auch nicht aus dem Nichts. Über diese Vorgeschichte sind wir aber bemerkenswert schlecht informiert. Die Schweiz hat ein höchst bescheidenes Interesse für diese «Nichtzeit» zwischen 1798 und 1848, zumal sie ihre Gründungsgeschichte eben gar nicht in dieser Zeit, sondern im sagenhaften 13./14. Jahrhundert ansiedelt.

Hinter dem Aufbruch von 1830 steht das Engagement liberaler Theoretiker, wie etwa dasjenige des in Jena und Wien ausgebildeten Luzerners Ignaz Paul Vital Troxler mit seiner progressiven Zeitschrift mit dem konservativen Titel *Schweizer Museum* (1816) oder dasjenige des in Erlangen, Edinburgh und Paris ausgebildeten Lausanners Benjamin Constant mit seinen *Cours de politique constitutionelle* (1817–1829), oder die Aktivitäten des deutschen Emigranten Ludwig Snell mit seinem *Schweizerischen Republikaner*. Diese Theoretiker wussten die vagen Vorstellungen des ländlichen und kleinstädtischen Bürgertums in staats- und verfassungsrechtliche Forderungen umzusetzen und diese mit Rückgriffen auf das Naturrecht und die Prinzipien der Französischen Revolution zu legitimieren.

Etwas mehr wissen wir über die Frage, warum der Versuch von 1832/33 scheiterte, der aus den kantonalen Aufbrüchen von 1830 ohne grossen Verzug auch einen Bundesaufbruch machen wollte. Die einfache, aber unbefriedigende Antwort lautet, die Zeit sei eben noch nicht reif gewesen. Das könnte z.B. heissen, dass der wirtschaftliche Reformdruck noch nicht stark genug, die entsprechende Anpassung im Politischen noch nicht weit genug gediehen war. Andererseits könnte sich auch der starke Kompromisscharakter negativ ausgewirkt haben: Den einen ging der Entwurf zu weit, den anderen ging er nicht weit genug.

Zudem wäre es eine Illusion zu meinen, die Entwicklung der Verhältnisse sei eine Einbahnstrasse in Richtung fortschreitender Liberalisierung. Das erfuhren 1839 die Zürcher und 1841 die Luzerner und im gleichen Jahr auch die Tessiner, die eine allerdings missratene Gegenrevolution der Gemässigten erlebten. Volksrechte – das sollte man auch später, zum Beispiel nach der Einführung des Referendums 1891, erleben – konnten eben nach allen Richtungen genutzt werden.

Das Moderne an den liberalen Staatsmodellen war ihre Entwicklungsfähigkeit. Die staatsrechtliche Basis der gesamtschweizerischen Ordnung, der Bundesvertrag von 1815, war ein ziemlich statisches Gebilde ohne expliziten Revisionsartikel, implizit im alten Stil auf «ewig» abgeschlossen. Das Gebilde von 1848 sollte ein dynamisches, revidierbares, anpassungsfähiges sein. Die Bundesverfassung setzte geradezu voraus, dass aus Reformbedarf soziale Bewegungen entstünden, die den Revisionsprozess betreiben würden. Darum in Art. 111 die Bestimmung, dass die Eidgenössischen Räte oder mindestens 50 000 Stimmbürger (etwa ein Achtel) eine Volksabstimmung zur Grundsatzfrage der Wünschbarkeit einer Verfassungsreform herbeiführen konnten. Das Verfassungsprojekt von 1832 sah noch eine Revision erst nach einer Karenzzeit von 12 Jahren vor.

Hauptmotiv für die Schaffung des Bundesstaates war das Bestreben, einen gesamtschweizerischen Binnenmarkt, gewissermassen einen CH-WR zu schaffen, ohne Binnenzölle, mit einheitlicher Währung, einem gesamtschweizerischen Postbetrieb etc. – alles wie zur Zeit der Helvetik, wobei, soviel wir wissen, nicht mit der diskreditierten Helvetik als dem Goldenen Zeitalter, sondern mit den realen Zwängen und Notwendigkeiten argumentiert wurde.

Schon der bekannte «Zuruf» des Luzerner Juristen Kasimir Pfyffer von 1831 bemängelte, «dass die Industrie in den engsten Spielraum eingeschlossen, der Handel überall gehemmt» sei. Und 1832 sprach sich die liberale Tagsatzungskommission dafür aus, dass der nationale Reichtum «in einer grossen Werkstätte» ausgebeutet werden solle, statt in «zwey und zwanzig kleinen Werkstätten».

Inwiefern waren die wirtschaftlichen Bedürfnisse das hauptsächliche Movens bei der Schaffung eines gesamtschweizerischen (Wirtschafts-)Raumes? Noch vor wenigen Jahren hat man unter dem Einfluss des marxistisch-materialistischen Geschichtsverständnisses die strukturellen Notwendigkeiten und ökonomischen Zwänge herausgestrichen, den Druck der einen grösseren Markt erheischenden Produktionskräfte. Heute hingegen neigt man aufgrund einer differenzierten wirtschaftsgeschichtlichen Betrachtungsweise zur Auffassung, dass von der wirtschaftlichen Problematik keine klar programmierende Kraft ausging. Es bestand kein gesamtschweizerisches Interesse an einem freien Binnenmarkt, und es fehlte auch der weitgehende Konsens im Bereich der Aussenhandelsbeziehungen. Die Wirtschaftsinteressen erhöhten wegen der regionalen Differenzen sogar das Konfliktpotential und erschwerten die Verwirklichung der Verfassungsrevision eher, als sie zu fördern. Das gilt unter anderem auch für das Tessin, das aus politischen Gründen für den liberalen Nationalstaat, aus wirtschaftlichen Gründen aber gegen die nationale Zollpolitik war.

Es brauchte offenbar – und dies ist ein Kerngedanke des Liberalismus – den auf keinen weiteren Faktor zurückführbaren, im verantwortungswilligen Bürger produzierten politischen Willen zur Tat, den Willen zum Nationalstaat als Vehikel zur Verwirklichung des gesellschaftlichen Aufbaus. Die liberalen Pioniere wollten den progressiven Prozess des *nation building* vorantreiben durch die Schaffung eines zentralisierten Regierungswesens, eines modernen Zollwesens, Armeewesens, Münz- und Rechnungswesens, Verkehrs- und Postwesens etc.[2] Der Wille konnte sich aber nicht auf die Regelung einzelner Sachbereiche beschränken, er musste auch ein Zusammengehörigkeitswille sein, der einerseits seine regionalen Interessen im nationalen Rahmen am besten gewahrt sah, andererseits sich aber auch mit anderen Regionen zu solidarisieren bereit war. Wie das Tessin der Vogteien nach 1798 erst noch zu einem Kanton zusammenwachsen musste, musste die Schweiz der souveränen Kantonalstaaten vor und nach 1848 erst noch zu einer Nation gedeihen.

Für die Liberalen war Wirtschaft und Politik im übrigen (noch) eine Einheit. Mit ihrem fortschrittsgläubigen Pioniergeist verfolgten sie zugleich materielle und ideelle Ambitionen. Die Ganzheitlichkeit des liberalen Programmes zeigt sich, wie gesagt, ganz deutlich an der Schulpolitik, die im Dienste des wirtschaftlichen sowie geistigen

2 Nachtrag von 2003: Man sieht es auch an den heutigen Erweiterungs- bzw. Beitrittskriterien: In den neuen Ländern muss nicht nur die Wirtschaft, sondern auch die Verwaltung und die Justiz stimmen.

Fortschritts stand und alles in allem nichts weniger als eine Bildungs- und Gesellschaftsrevolution einleitete. Inskünftig sollte weniger Herkunft und Stand als Bildung und Fleiss für die soziale Stellung ausschlaggebend sein.

Man kann die kantonalen Regenerationsbewegungen von 1830 als Reformprozesse verstehen, die wichtige Impulse von unten erhalten haben. Der Abschluss der Reformphase im Jahre 1848 war dagegen eindeutig ein Werk von oben. Die wichtigsten Akteure waren, wie schon in der Helvetischen Revolution, Anwälte, Fürsprecher, Notare mit einem Elternhaus aus der oberen Mittelschicht, d.h. mit Vätern, die ebenfalls Anwälte oder Gastwirte, Kaufleute oder, wie im Falle des ersten Bundespräsidenten Jonas Furrer, Handwerksmeister (Schlosser) waren.

In den Volksabstimmungen von 1848 warf die Verfassungsvorlage im allgemeinen keine hohen Wellen, 1900000 Stimmbürger und 15½ Kantone stimmten zu, 290000 und 6½ Kantone waren dagegen – unter ihnen das Tessin. Im Grossen Rat war die Ablehnung mit 41 zu 39 Stimmen weniger deutlich als in der Volksabstimmung vom 3. September 1848, in der 4266 Nein 1652 Ja gegenüberstanden. Grund für die Ablehnung war die zu niedrig angesetzte Entschädigung für die an den Bund abgetretenen Zoll- und Posteinnahmen und die Nichtsubventionierung des Unterhaltes des grossen Tessiner Strassennetzes. Die liberalen Tessiner beeilten sich zu beteuern, dass sie überhaupt nichts gegen den Bundesstaat hätten. Die stärkere Integration der Kantone in den Bundesstaat und die Kämpfe um die Verteilung der Bundesmittel haben die Identität der Tessiner gestärkt und nicht geschwächt. Analoges kann man im übrigen auch im Verhältnis zwischen nationaler und supranationaler Ebene bei den Mitgliedern der Europäischen Gemeinschaft und wird man dereinst auch bei der Schweiz feststellen.

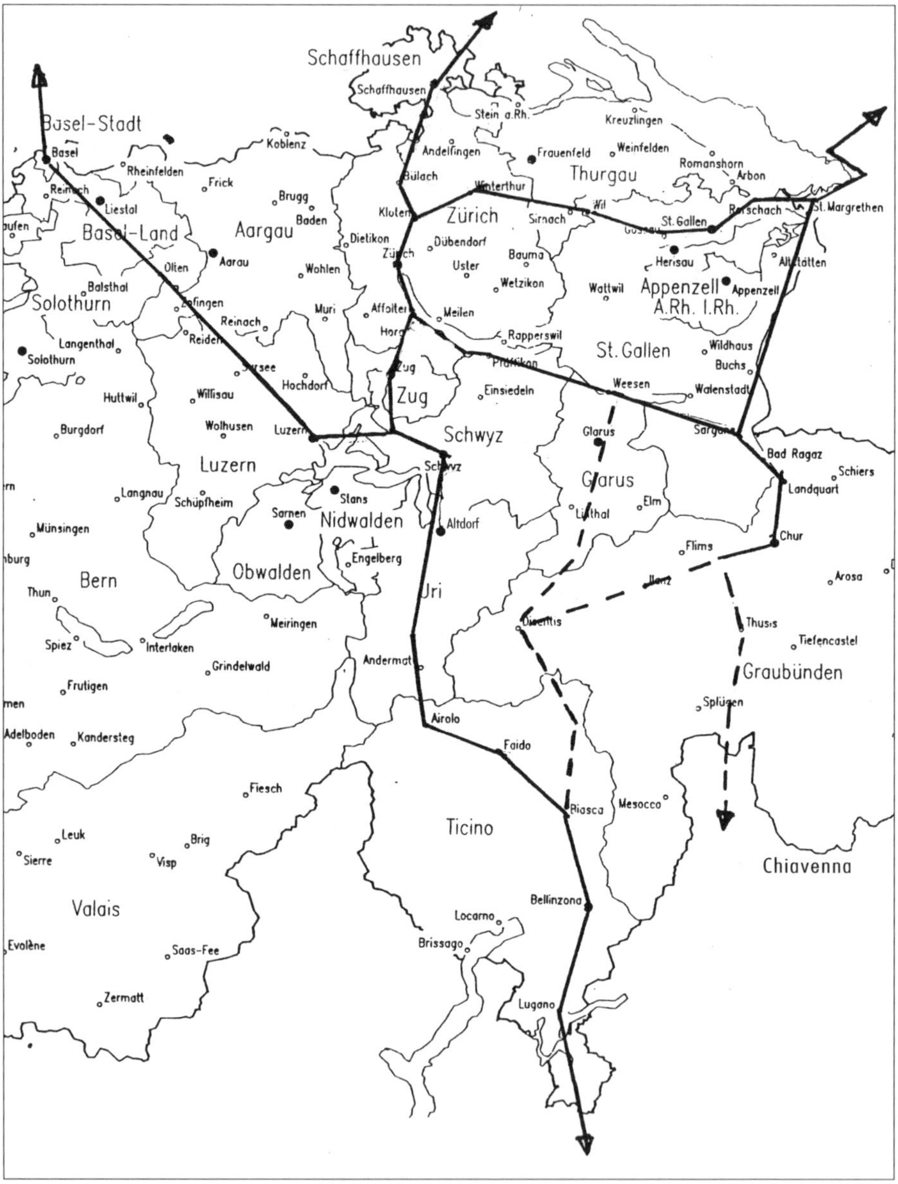

Welches ist die beste Nord-Süd-Verbindung für die «Überschienung» der Alpen?
Das Ostalpenprojekt war aus verschiedenen Gründen zum Scheitern verurteilt (Karte: Kreis).

Gotthard kontra Splügen

Zur Geschichte der Ostalpen-Bahnprojekte[1]

Gotthard kontra Splügen? In der gegenwärtigen Diskussion um den Bau eines *Gotthard-Basistunnels* lautet die Frage eigentlich umgekehrt: Sollte nicht eher eine Splügen-Bahn statt ein weiterer Ausbau der Gotthard-Bahn angestrebt werden? Der Gotthard ist die vorgegebene Lösung, wogegen nun die Ostalpen-Variante ins Spiel gebracht wird. Anfänglich jedoch lautete die Frage tatsächlich so, wie wir sie stellen. In den sechziger Jahren des vergangenen Jahrhunderts verdrängte das jüngere Zentralalpen-Projekt das ältere Ostalpen-Projekt. Und nachdem sich der Gotthard gegen den Splügen durchgesetzt hatte, wirkte sich auch die Existenz der Gotthard-Linie gegen die dennoch weiterbestehenden Ostalpen-Pläne aus. Zweifach also: Gotthard kontra Splügen.

Unsere Auseinandersetzung mit den historischen Hintergründen der Ostalpen-Projekte verfolgte nicht die Absicht, bestimmte Argumente für die gegenwärtige Debatte herauszuarbeiten, obwohl auf seiten der Splügen-Befürworter in der stark zukunftsorientierten Diskussion unter anderem auch mit einem historischen Argument, nämlich dem sogenannten Ostalpen-Versprechen von 1872, gefochten wird. Im Folgenden soll lediglich untersucht werden, warum die zunächst im Vordergrund stehende Ostalpen-Lösung nicht verwirklicht wurde und welche Verantwortung dem Bund für den Verlauf dieser Entwicklung zukommt.

Bevor die erste «Talbahn» Zürich–Baden eröffnet wurde, war in den Jahren 1838/39 das erste Projekt einer «Überschienung» der schweizerischen Alpen aufgetaucht: Der Comasker Zanino Volta wollte sich von der Bündner Regierung ein hundertjähriges Privileg für eine Splügen-Bahn geben lassen. Während in der ersten Phase der Ostalpen-Bewegung der Splügen als kürzeste Verbindung zwischen dem Comer- und dem Bodensee die vorherrschende Variante war, wurde in den Jahren 1845 bis 1869 die Lukmanier-Variante, die ebenfalls das tief in die Alpen hineinreichende Rheintal benützen konnte, als die günstigere bevorzugt. Günstiger war sie in mehrfacher Hinsicht: Die Lukmanier-Route verband den Norden mit dem sardischen Piemont, von dessen Seite finanzielle Unterstützung zu erwarten war; sie hätte aber auch die weniger interessierte österreichische Lombardei bedienen können, und sie mündete ebenfalls in einen verkehrstechnische Vorteile bietenden See, den Lago Maggiore; ihre Südrampe hätte – was aus Tarifgründen zu begrüssen gewesen wäre – ebenfalls über Schweizer Boden geführt und überdies auch dem Tessin eine Bahnverbindung mit dem Norden gebracht. Für den Lukmanier sprachen ferner verschiedene bautechnische

1 Dieser Text entstand als Nebenprodukt der Arbeiten am 5. Band der «Diplomatischen Dokumente der Schweiz» in Zusammenarbeit mit Franz Egger.

Aspekte, zum Beispiel die um 200 Meter tiefer liegende Scheitelhöhe. Im weiteren verzichten wir darauf, die bautechnischen Aspekte der einzelnen Varianten und deren finanzielle Konsequenzen mitzureferieren.[2]

Der private Realisationswille

Die Frage, ob der Splügen oder der Lukmanier oder schliesslich gar der Gotthard vorzuziehen sei, wurde nicht durch staatlichen Machtspruch entschieden. Der Entscheid hing in hohem Masse vom Unternehmerwillen privater Trägerschaften und von der Beteiligung ausländischer Geldgeber ab. Der Staat war nicht Auftraggeber, er war lediglich Konzessionsgeber und sekundär auf kantonaler Ebene auch Geldgeber. Als 1845 in der sardisch-piemontesischen Hauptstadt Turin eine Aktiengesellschaft zum Bau der Lukmanier-Linie gegründet wurde, bestand die staatliche Leistung darin, dass die Kantone St. Gallen, Graubünden und Tessin 1847 mit dem Königreich Sardinien eine Konvention abschlossen, gemäss welcher man sich auf schweizerischer Seite verpflichtete, die Baubewilligungen und Steuerfreiheit zu gewähren, und von italienischer Seite eine finanzielle Unterstützung zugesagt wurde.

Vom privaten Realisationswillen ging der erste Impuls aus – von ihm hing auch die eigentliche Verwirklichung ab. Nachdem es den Unternehmern des Lukmanier-Projektes nicht gelungen war, das nötige Baukapital aufzubringen, und die zugesprochenen Vorrechte ungenutzt geblieben waren, nahmen die Kantone ihre Konzessionen und zog Sardinien seine Subventionszusage 1853 wieder zurück. Ein weiterer Anlauf – in einer Zusammenstellung figuriert er bereits als vierte Lukmanier-Übereinkunft – scheiterte 1861 trotz den vorliegenden Konzessionen und Subventionsversprechen, weil die geforderte Kautionssumme zwei Tage zu spät hinterlegt wurde. Ob sich der Bau eines für seine Zeit gigantischen Unternehmens verwirklichen liess, war eine von zahlreichen Faktoren abhängige Konstellationsfrage, und innerhalb des Konstellationsgefüges war kein Faktor so stark, dass er die Willensrichtung der anderen hätte determinieren können. Dies galt auch für die staatlichen Wunschvorstellungen, sofern sie vorhanden waren.

Neutralisierung des Bundes

Vor 1848 hätte der Bund ohnehin nicht in die «inneren Angelegenheiten» der kantonalen Einzelstaaten eingreifen können. Mit der Gründung des Bundesstaates verband sich allerdings die Erwartung, dass dem politischen Zusammenschluss auch eine Ver-

2 Auskünfte dieser Art findet man in den beiden folgenden Werken: Robert Bernhardt, Die schweizerische Ostalpenbahn in historischer, technischer und kommerzieller und volkswirtschaftlicher Beleuchtung. Zürich 1903. – Hans Schmidlin, Die Ostalpenfrage. Zürich 1916. – Die zitierten Akten stammen aus dem Bundesarchiv Bern.

einheitlichung des Wirtschaftsraumes folgen werde. Art. 21 der Bundesverfassung hätte die Grundlage für eine eidgenössische Eisenbahnpolitik bilden können, räumte er doch dem Bund die Kompetenz ein, «im Interesse der Eidgenossenschaft oder eines Teils derselben auf Kosten der Eidgenossenschaft öffentliche Werke zu errichten oder die Errichtung derselben zu unterstützen». In der Folge schuf der Bundesrat denn auch ein dem Post- und Baudepartement angegliedertes «Eisenbahnbüro» und beauftragte 1849 die Engländer R. Stephenson und H. Swinburne, zum allfälligen Bau eines schweizerischen Eisenbahnnetzes eine Expertise auszuarbeiten. Der Bundesrat erwartete eine Begutachtung auch der Frage, ob ein Übergang über die Alpen mittels eines Schienenweges «mit Rücksicht auf das Verhältnis der Kosten zu dem mutmasslichen Ertrag» ausführbar sei, und wünschte im weiteren ausdrücklich: «Sie werden zu diesem Zwecke das Lukmanierprojekt näherer Prüfung unterstellen und mit Benutzung der vorhandenen Materialien untersuchen, ob nicht ein anderer Übergang mit mehr Vorteil bewerkstelligt werden könnte.»

Mit diesem Auftrag und der Ausarbeitung einer Botschaft zuhanden der Räte fand die eidgenössische Eisenbahnpolitik, bevor sie begonnen hatte, vorläufig ein Ende. Der 1852 im Parlament gefällte Entscheid, Bau und Betrieb von Eisenbahnen den Kantonen beziehungsweise der Privattätigkeit zu überlassen, reduzierte die Bundeskompetenz auf ein Minimum: Der Bund konnte bloss negativ wirken, konnte lediglich den von den Kantonen zu erteilenden Konzessionen die Genehmigung verweigern, falls militärische Interessen beeinträchtigt würden. Die Ostschweizer Kantone sprachen sich damals ebenfalls für Privatbahnen aus, setzten also nicht auf eine staatliche Verwirklichung des Ostalpen-Projektes. Nachdem sich der Bundesrat in seiner Botschaft vom 7. April 1851 die Auffassung der englischen Experten zu eigen gemacht hatte, wonach die notwendigen Ausgaben für eine Alpenbahn keineswegs durch die zwischen dem Norden und Süden bestehenden Handelsverhältnisse gerechtfertigt würden, wäre das Lukmanier-Projekt ohnehin nur noch privat zu verwirklichen gewesen.

Während der Bund stillhalten musste, entwickelte sich etappenweise ein nach kantonalen und regionalen, nicht aber nach nationalen Gesichtspunkten gebautes Eisenbahnnetz; der Kantönligeist aus der Zeit des lockeren Staatenbundes lebte in Fragen der Eisenbahnpolitik auch in der zweiten Hälfte des 19. Jahrhunderts weiter.

Als 1853 die Südostbahn-Gesellschaft als neue Trägerin des Lukmanier-Projektes um Genehmigung der kantonalen Konzessionen nachsuchte, konnten oder mussten sich die Bundesinstanzen erneut mit der Alpenbahn-Frage auseinandersetzen. Die Genehmigung erfolgte, obwohl Bundesrat Ochsenbein als Chef des Militärdepartementes für deren Verweigerung eingetreten war. Seinem Antrag vom 6. Oktober 1853 entnehmen wir, dass ihm die Grenznähe dieser Alpentransversale, das heisst deren Lage im Einwirkungsbereich von Österreichs Kanonen, bedenklich schien. Der Verfasser hatte offenbar die Druckversuche, denen die Schweiz in den Jahren der Restauration ausgesetzt gewesen war, und die Gefahr einer österreichischen Intervention während des Sonderbundkrieges noch vor Augen, als er schrieb: «Es wäre diese in der Hand des absoluten Österreich eine furchtbare Waffe, von der es, wie die Erfahrung lehrt, nicht zurückschrecken würde, Gebrauch zu machen, wenn es sich darum handelt, die Schweiz unter seinen Willen zu bringen und ihre Unabhängigkeit und Selbständigkeit ohne blutigen Kampf zu entwinden.» Zum Schluss wies Ochsenbein darauf hin, dass mit einer Eisenbahn über den Gotthard diese Nachteile nicht verbunden wären.

Verstärkte Umfahrungsangst

Der Bund verstand die Verpflichtung zur innenpolitischen Neutralität zunächst nicht als Verpflichtung zur Gleichbegünstigung, sondern zur Inaktivität, wobei die ablehnende Haltung der englischen Experten ihm anfänglich recht zu geben schien, bis die Weiterentwicklung der technischen Möglichkeiten und insbesondere die ausländischen Alpenbahnprojekte eine aktivere Politik dringend nahelegten. 1854 wurde die Semmering-Linie (Triest–Wien) eröffnet, und schon damals war der Bau der 1867 eröffneten Brenner-Linie (Venedig–Innsbruck) und der 1871 eröffneten Mont Cenis-Linie (Turin–Lyon) geplant. Angesichts dieser Entwicklung verstärkte sich die Befürchtung, die Schweiz könnte umfahren werden und somit ihre Stellung als Transitland verlieren.

Diese Bedenken fanden ihren Niederschlag in einem Antrag, den Bundespräsident Jakob Stämpfli, der grosse Vorkämpfer der Staatsbahn-Idee, am 30. November 1859 dem Bundesrat unterbreitete: Der Bund solle, ohne sich für eine bestimmte Route jetzt schon zu entscheiden, die Initiative für eine Alpenbahn ergreifen, die erforderlichen Studien anordnen, die nötigen Unterhandlungen mit dem Königreich Sardinien einleiten und die Verhandlungen mit den Kantonen und Gesellschaften pflegen. Die drohende Umfahrung der Schweiz mit allen ihren Folgen stehe unmittelbar vor der Türe. Die Schweiz werde bald die verödetste Kette der Alpen bilden. Mit der bisherigen Haltung der Bundesbehörde sei die Verwirklichung einer schweizerischen Alpenbahn unmöglich. Selbst die Zentralbahn, sollte sie den Gotthard im Auge haben, würde für sich allein nichts Ernstes leisten können. Solange die schweizerischen Gesellschaften zusammengenommen nicht einmal den Umfang einer einzigen ausländischen Gesellschaft, etwa der Paris-Lyon-Gesellschaft, erreichen und nicht von ihren kleinlichen Rivalitäten abstehen würden, solange jede Gesellschaft und jeder Kanton nur seinen eigenen Standpunkt im Auge habe, so lange würde die Schweiz keine Alpenbahn besitzen. Es sei an der Zeit, die passive Politik der Behörde zu verlassen und aktiv zu werden. Der Bundesrat beschloss jedoch, das Geschäft mit dem Auftrag, weiteres Material zu dieser Frage zu sammeln, an das Post- und Baudepartement zurückzuweisen. Der Mehrheit der Kantone war die bundesrätliche Enthaltsamkeit offenbar recht; jedenfalls lehnte der Ständerat am 24. Januar 1863 die Motion ab, womit der Waadtländer Ständerat Eytel den Bundesrat zu einer aktiveren Haltung in dieser Frage einladen wollte.

Dennoch unternahm Karl Schenk, nachdem er Bundesrat Stämpflis Nachfolge angetreten hatte, einen weiteren Versuch, die Landesregierung zu einer aktiveren Alpenbahn-Politik zu bewegen. In seinem Vorstoss vom 29. Februar 1864 wies Schenk auf die grossen Alpenbahn-Projekte der Nachbarschaft hin. Bald zögen Lokomotiven über Brenner und Mont Cenis, die Schweiz würde ihre Stellung als Transitland verlieren, die schweizerische Eisenbahn zu blosser Lokalbedeutung herabsinken. Von der grossen Einigkeit und Konzentration der Kräfte, wie sie für einen Alpendurchstich nötig wären, sei nichts ersichtlich. «So hat denn der ganze Zeitraum seit Anlegung der Eisenbahnen in der Schweiz bezüglich der Verbindung mit dem Süden zu nichts anderem geführt als zur Trennung der Kantone in drei verschiedene Lager, zu Verträgen im Osten, zu Konventionen im Westen, zu Übereinkünften im Zentrum, zu gegenseitiger Befehdung im Inland und Ausland und zu einer Reihe von Versuchen zur Bildung von Gesellschaften für den Bau dieses oder jenes Alpenpasses, welche samt und sonders missglückt sind.» Bei neutraler Stellung des Bundesrates bestehe keine Aussicht auf Verwirklichung einer Alpenbahn.

Es sei peinlich, führte Schenk weiter aus, wenn bald Delegierte des Lukmanier-Komitees, bald Delegierte des Gotthard-Komitees an den Turiner Hof pilgerten, beide ausgestattet mit Empfehlungen des Bundesrates. «Nun hat die schweizerische Nation an dem neuen Bunde gerade das mit Freuden begrüsst, dass er die Schweiz nach aussen als einiges Ganzes hinstellte, dass er dem separaten, oft sehr unpatriotischen und selbstsüchtigen Verhandeln einzelner Kantone mit auswärtigen Regierungen ein Ende machte, dass er für die Zukunft die traurige Erscheinung von schweizerischen Abgeordneten, welche an fremden Höfen gegeneinander intrigierten, gänzlich zu verbannen schien.» Die Haltung des Bundesrates habe diesem Treiben Vorschub geleistet. Es handle sich aber nicht nur um die Ehre des Landes, sondern auch um die Wohlfahrt. Das Laisser-faire der Landesregierung begünstige die ausländischen Interessen. Dabei sei das System der Passivität gar nicht bis ans Ende durchführbar, denn der Bundesrat werde schliesslich doch reden müssen, wenn es um den Abschluss von Staatsverträgen gehe; er solle sich darum offiziell zu einem bestimmten Projekt bekennen und Verhandlungen mit fremden Staaten aufnehmen. Selbst eine finanzielle Beteiligung des Bundes an einer Alpenbahn wäre analog zu den Subventionen von Alpenstrassen und Flusskorrektionen nicht auszuschliessen. Schenk, der mit diesem Vorstoss zugleich das Gotthard-Projekt zur offiziellen Variante erheben wollte, setzte sich nicht durch.

Durchbruch am Gotthard

Bis 1851 sah man bloss in der Grimsel-Variante eine Konkurrentin zum Lukmanier. Vom Gotthard war ernsthaft erst von 1852 an die Rede. Am 21. September 1853 wandte sich Luzern als Vertreterin der Gotthard-Interessenten mit der Forderung an den Bundesrat, die für den tessinischen Abschnitt der Lukmanier-Bahn vorliegende Konzession nicht zu bewilligen, weil mehr Schweizer Bürger an einer Gotthard-Bahn als an einer Lukmanier-Bahn interessiert wären. Die Landesregierung wies dieses Begehren jedoch entschieden zurück; sie habe nicht zu untersuchen, ob diese oder jene Linie im grösseren Interesse der Eidgenossenschaft liege. Auch 1861 noch verhielt sich der Bundesrat gegenüber den rivalisierenden Varianten, wie eine Instruktion an den schweizerischen Gesandten in Turin zeigt, strikte neutral: «... cherchez à éviter avec soin tout ce qui pourrait vous attirer le reproche de vouloir influer en faveur de telle ou telle ligne, puisque, ainsi que cela s'est déjà vu, il ne peut en résulter que des jalousies que l'on doit prévenir à tout prix.»

Trotzdem hatte inzwischen im Bundesrat ein Meinungsbildungsprozess eingesetzt, der, unter dem Druck ausländischer Vorstösse, schliesslich doch in eine bescheidene Alpenbahn-Politik ausmünden sollte. Bundesrat Knüsel, Chef des Handels- und Zolldepartementes, wies am 23. August 1860 in einer Vernehmlassung zu einer Note der sardischen Regierung auf die Notwendigkeit hin, die Linie in jedem Fall durch das Tessin zu legen. Diesen Grundsatz, an dem man auch später festhielt, hätten sowohl Lukmanier- als auch Gotthard-Variante erfüllt. Der Luzerner Knüsel sprach sich jedoch entschieden für den Gotthard aus: Das Tessin würde mit einer Gotthard-Bahn noch fester an die Schweiz geknüpft; eine Lukmanier-Bahn könnte überdies Deutschland veranlassen, seinen Verkehr nicht über Basel nach Rorschach, sondern auf seinem Gebiet über Stuttgart nach Rorschach zu leiten.

Das war Knüsels Meinung. Im Sommer 1863 hingegen liess sich die Landesregierung – wiederum in einer Reaktion auf eine italienische Demarche – vernehmen, dass der Verbindung mit dem Tessin Priorität einzuräumen sei. Diese Stellungnahme und die Betonung seiner alleinigen Kompetenz, mit dem Ausland Verträge abzuschliessen, zeugen für das stärker werdende Engagement der Bundesbehörde in der Frage der Alpenbahnen.

Als die Gotthard-Kantone im Herbst 1863 den Bundesrat ersuchten, ihre Übereinkunft dem Ausland weiterzuleiten, protestierte die Ostschweiz, aber auch die Westschweiz, wo man auf eine Verwirklichung der Simplon-Linie hoffte, gegen die mit dem Eisenbahngesetz von 1852 unvereinbare Monopolisierung eines einzigen Übergangs. Von Monopolisierung oder Favorisierung durch den Bund konnte zu jenem Zeitpunkt freilich keine Rede sein; Schenks Antrag vom Februar 1864 führte lediglich zum Beschluss, keinen definitiven Beschluss fassen zu wollen und den amtlichen Verkehr der Gotthard- wie der Lukmanier-Kantone mit dem Ausland zu vermitteln und – womit der Bund bei gleichgebliebener Rechtslage sein Engagement nochmals ein wenig verstärkte – an Vorverhandlungen mit einem Beobachter teilzunehmen.

Inzwischen war innenpolitisch die entscheidende Wende zugunsten des Gotthards ohne Zutun des Bundesrates bereits eingetreten. 1862/63 schwenkte das finanzstarke Zürich unter Alfred Eschers Führung von der Ostalpen-Gruppe zur Zentralalpen-Gruppe. Verschiedene Überlegungen können dabei im Spiel gewesen sein. Gerade 1862 hätte man das Lukmanier-Projekt als gescheitert betrachten können, war doch im Vorjahr nach der verspäteten Hinterlegung der Kaution das italienische Subventionsversprechen wieder zurückgezogen worden. Zudem konnte man neben der inzwischen beschlossenen Brenner-Linie nicht mehr mit dem ursprünglich erwarteten Verkehrsaufkommen aus dem Raume Bayern rechnen. Möglicherweise hielt man auch die innenpolitischen Realisationschancen, nachdem auch das Tessin auf den Gotthard eingeschwenkt war, für besser und wollte im richtigen Zug sitzen (Bern gab das Grimsel-Projekt auf). Jedenfalls waren die anfänglich geringen Realisationschancen des Gotthard-Projektes durch die technischen Fortschritte, wie die Arbeiten am Mont-Cenis-Tunnel zeigten, erheblich gestiegen, und dies entwertete wiederum die besonderen Vorzüge der Linienlegung über den Lukmanier. Vielleicht spielte schliesslich die Befürchtung eine Rolle, im Falle einer Verwirklichung des Lukmanier-Projektes zuviel Verkehr an das St. Galler Rheintal abtreten zu müssen. Wie dem auch sei: Die gemeinsame Befürwortung des Gotthards durch die beiden Gesellschaften der Nordost- und der Zentralbahn sicherte dem jüngeren und schwierigeren Projekt den Vorrang und schliesslich die Verwirklichung. Die Verantwortung des Bundesrates bestand lediglich darin, dass er, wie das Eisenbahngesetz von 1852 es vorschrieb, diese Wende passiv hinnahm und nicht die Initiative für den Bau einer schweizerischen Ostalpen-Bahn ergriff, der dem Bau der Brenner-Linie zuvorgekommen wäre.

Der äussere Entscheid für den Gotthard und gegen den Lukmanier kam 1866 von Italien beziehungsweise von dessen Subventionsbereitschaft. Da jedoch Italien aus innenpolitischen Gründen seine Absichtserklärung nicht weiterverfolgen konnte, tat auch der Bundesrat weiter nichts, obgleich er sich im Geschäftsbericht für das Jahr 1867 offiziell nun ebenfalls für den Gotthard aussprach.

Am 12. April 1868 liess Bismarck den Bundesrat deutsch und deutlich wissen: «Solange man nicht im Stande ist, sich über die Rivalitäten der Kantone hinaus zu einem gemeinsamen Plan zu vereinigen, wird man das Interesse der Nachbarländer fruchtlos anrufen und weiter nichts erreichen als den Verlust des gewinnreichen Transitverkehrs zwischen Deutschland und Italien. (...) Aufgabe der Eidgenossenschaft sollte es jetzt sein, für dasjenige Projekt, welches bei dem geringsten Kostenaufwand am schnellsten ausgeführt werden kann, die Interessen der Schweiz zu vereinigen und, wenn dies gelungen ist, das Interesse des Auslandes in Anspruch zu nehmen.» Auch diese Aufforderung blieb zunächst ohne Wirkung. Es bedurfte der formellen, von Italien, dem Norddeutschen Bund, Baden und Württemberg ausgehenden Aufforderung, die Schweiz möge die Initiative ergreifen, bis der Bundesrat die Gotthard-Konferenz einberief, aus der schliesslich der Gotthard-Vertrag vom 15. Oktober 1869 hervorging.

Die Ostalpen-Versprechen

Die bevorstehende Verwirklichung der Zentralalpen-Lösung hätte, da die Schweiz nun den längst fälligen Übergang in Aussicht hatte, die Ostalpen-Frage als gänzlich überholt erscheinen lassen können. Allein, die Gotthard-Linie verdrängte keineswegs die Ostalpen-Idee, sondern nur deren Lukmanier-Variante und verhalf der älteren Splügen-Variante zu neuem Leben. Nach der Einigung Italiens hatte die vormals in österreichisches Territorium (in dem bereits der Brenner lag) mündende Splügen-Linie ohnehin erheblich an Attraktivität gewonnen. Die italienische Verlautbarung vom 27. Februar 1866 hielt denn auch fest, dass wohl der Gotthard Priorität geniesse und der Lukmanier bloss die dritte Position einnehme, dass aber in zweiter Linie und «mit sehr geringem Unterschied» zur ersten Position der Splügen in Betracht zu ziehen sei. Nachdem der Gotthard 1869 beschlossen und 1882 in Betrieb genommen worden war, konnte die Lukmanier-Route, die bei Biasca in die Gotthard-Route mündete und darum nur Zubringerfunktion gehabt hätte, als zusätzliche Bahntransversale nicht mehr in Frage kommen. Eine zweite Transversale hätte nur noch weiter östlich angelegt werden können: am Splügen.

Obwohl die Gotthard-Lösung 1869 den Status eines nationalen Projektes erlangte, erhielten die Träger der Ostalpen-Idee sechs Tage nach der Unterzeichnung des Gotthard-Vertrages die gewünschte Splügen-Konzession. Bemerkenswert ist im Rückblick auf Ochsenbeins Beurteilung von 1853 und im Hinblick auf Theophil Sprechers Einschätzungen von 1906 und 1913 das damalige Urteil der Generalstabsabteilung, wonach das Splügen-Projekt vom militärischen Gesichtspunkt aus konzessionierbar sei.

Als 1872 das Privatbahnprinzip zwar belassen, die Eisenbahnhoheit hingegen von den Kantonen an den Bund übertragen wurde, sahen die Anhänger des Ostalpen-Projektes – für sie war Bundespolitik identisch mit Gotthard-Politik – die Verwirklichung ihres Projektes erneut gefährdet. Art. 3 dieses Gesetzes sollte darum diese Befürchtungen zerstreuen und bestimmte deshalb: «Der Bund wird im allgemeinen die Eisenbahnverbindungen zu entwickeln und zu vermehren suchen, insbesondere den Bestrebungen, im Osten, Zentrum und Westen der schweizerischen Alpen die Verkehrsverbindungen der Schweiz mit Italien und dem mittelländischen Meere zu verbessern, möglichste Förderung angedeihen und dabei namentlich keine Ausschlussbestimmungen gegenüber der einen oder anderen dieser Bestrebungen eintreten lassen.»

Mit diesem Gesetz trat eine völlig neue Situation ein: Dem zuvor zur Passivität verurteilten Bund wurde nun ein Förderungsauftrag überbunden, ein Auftrag, in dem die Freunde der Ostalpen-Bahn ein erstes Versprechen erblickten und noch heute erblicken.

Ein zweites Ostalpen-Versprechen wurde der Landesregierung 1878 abgerungen, als das Parlament für die Gotthard-Bahn eine Nachsubvention von 4,5 Mio. Franken bewilligen musste. Die Gotthard-Verträge von 1869/71 hatten die finanzielle Beteiligung folgendermassen aufgeteilt: Italien 45 Mio., Deutschland 20 Mio. und die Schweiz 20 Mio. Letztere mussten durch die Gotthard-Kantone und aus privaten Mitteln aufgebracht werden; die Eidgenossenschaft war lediglich Bürge. Während nun der bundesrätliche Subventionsantrag von 1878 zunächst bloss eine Unterstützung der Zentralalpen-Bahn vorsah, wollten andererseits die Ostschweizer Kantone St. Gallen und Graubünden zusammen mit den Westschweizer Kantonen Freiburg, Waadt, Wallis und Genf diese Subvention gänzlich ablehnen. Wieder tauchte die Frage auf, ob eine Alpenbahn ein «öffentliches Werk» im Sinne des bereits erwähnten Art. 21 BV (seit 1874 Art. 23) sei.

Das Subsidiengesetz von 1878 war ein Kompromiss und der Kompromiss das Ergebnis einer vierzehntägigen Redeschlacht im Nationalrat. In Art. 5 finden wir das zweite der sogenannten Ostalpen-Versprechen: «Eine Subvention vom gleichen Betrag, wie die den in Art. 1 bezeichneten (Gotthard-)Kantonen gewährte, nämlich von je 4½ Millionen, wird ein für allemal auch je für eine dem Art. 3 des Eisenbahngesetzes vom 23. Christmonat 1872 entsprechende Alpenbahn im Osten und Westen der Schweiz denjenigen Kantonen zugesichert, welche sich an einer solchen finanziell beteiligen werden. Die Bundesversammlung wird seinerzeit die näheren Bedingungen dieser Subvention endgültig festsetzen.» Das Subsidiengesetz wurde in der eidgenössischen Volksabstimmung vom 19. Januar 1879 mit überwältigendem Mehr gutgeheissen.

Eine dritte Zusage erhielt die Ostschweiz anlässlich der Verstaatlichung der Eisenbahnen. In der Botschaft vom 25. März 1897 bekundete der Bundesrat die Überzeugung, «dass der Bund im Falle der Verstaatlichung der schweizerischen Hauptbahnen die Bestrebungen der Ostschweiz zur Erreichung eines Alpenüberganges im Osten in gleicher Weise fördern wird, wie er dies dem Simplonunternehmen gegenüber zu tun beabsichtigt». Die Binnenerschliessung des Bündnerlandes stand jetzt allerdings im Vordergrund: 1890 war eine Schmalspur von Landquart nach Davos angelegt, 1896 diese Linie von Landquart über Chur nach Thusis verlängert worden. Die Botschaft von 1897 unterstrich denn auch diesen Aspekt: «Das schweizerische Bahnnetz kann so lange nicht als abgeschlossen betrachtet werden, als nicht die Täler Graubündens in rationeller Weise an dasselbe angeschlossen sind.» Dieses Wort wurde bereits im folgenden Jahr mit einer Bundessubvention von 8 Millionen für die Albula-Strecke, d.h. die Verbindung des Engadins mit der Schweiz, eingelöst. Diese Subvention und die 1907 bewilligte Subvention von 5 Mio. Franken für die Linien nach Schuls und nach Disentis erfolgten aus staatspolitischen, militärischen und postalischen Überlegungen – jedoch nicht in der Meinung, damit das Ostalpen-Versprechen eingelöst zu haben. Pikant ist immerhin, dass die Bündner Regierung ihr Gesuch unter anderem auf den mehrfach erwähnten Art. 23 BV abstützte, dessen Anwendbarkeit sie im Zusammenhang mit der Gotthard-Nachsubventionierung in Abrede gestellt hatte.

Uneinige Ostschweiz

Paradoxerweise gerieten die regionalen Bestrebungen der Ostschweiz gerade dann ins Stocken, als auf eidgenössischer Ebene mit den Gesetzen von 1872 und 1878 die Voraussetzungen besser denn je waren, obwohl inzwischen die nicht unwesentliche Belastung hinzugekommen war, die Notwendigkeit und damit die Rentabilität einer zweiten Alpenbahn nachweisen zu müssen. Die Ostalpen-Idee erhielt erst 1898 wieder Auftrieb durch ein Tessiner Vorhaben, das die Lukmanier-Linie wieder in den Vordergrund rückte – und damit die Anhänger der Splügen-Variante ebenfalls wieder mobilisierte. In den Jahren bis zum Kriegsausbruch von 1914 wurden die Ostalpen-Bestrebungen belebt und zugleich gelähmt durch die Rivalitäten unter verschiedenen ostschweizerischen Gruppierungen. Mit Pressepublikationen und Volksversammlungen lieferte man sich einen heftigen Propagandakrieg.

Das Tessin, das Bündner Oberland und die Halbkantone Appenzell kämpften für die Lukmanier-, oder wie man sie jetzt nannte: Greina-Variante. Glarus unterstützte ebenfalls diese Variante, wollte sie aber mit der Tödi-Subvariante verbinden, weil diese eine direkte Verbindung zwischen Ziegelbrücke und dem Vorderrheintal hergestellt und die Umfahrung Churs ermöglicht hätte. Die Mehrheit der Bündner hingegen war – nicht zuletzt wegen der befürchteten Tödi-Variante und weil man in der Greina-Variante lediglich eine Zufahrt zur Gotthard-Linie erblickte – für die Splügen-Variante und bekräftigte dies am 2. März 1908 in einer kantonalen Volksabstimmung. Ein Kompromissvorschlag sah die Lösung in der Bernardino-Variante, die einen Teil der Splügen-Variante berücksichtigt hätte, dann aber – wie das Greina-Projekt – in das Tessin eingemündet wäre, nur nicht durch das Bleniotal, sondern durchs Misox. Zürich, Schaffhausen, Thurgau und St. Gallen schwankten zwischen den beiden Hauptvarianten. 1910 warf schliesslich der Basler Ingenieur R. Gelpke einen weiteren Vorschlag in die Debatte: die Silvretta-Variante, die durchs Unterengadin und Südtirol den Weg nach dem Süden – und dem Orient – gesucht hätte. Diesem Projekt war die Fern-Ortler-Variante verwandt, die auf der Südseite dem Veltlin gefolgt wäre.

Im Herbst 1906 hatten die Verfechter der beiden Hauptvarianten gleichzeitig beim Bundesrat ihre Konzessionsbegehren deponiert. Die sieben Ostschweizer Kantone unterstützten – ohne sich für die eine oder die andere Variante stark zu machen – beide Begehren mit einem offiziellen Memorial, worin sie den Hohen Bundesrat mahnten: «Einzig der Ostalpendurchstich, früher stets in erster Linie genannt als der kürzeste und geradeste Weg durch die Schweiz, harrt immer noch seiner Ausführung.» Wenn trotzdem in den folgenden Jahren weder die Greina- noch die Splügen-Variante die begehrte Konzession erhielt – muss man den Grund für das Nichtzustandekommen der Ostalpen-Bahn in der Uneinigkeit der Ostschweiz erblicken?

Der Bundesrat hätte wohl auch dann die Konzessionserteilung verweigert oder aufgeschoben, wenn ein einziges Projekt vorgelegen hätte. Seine Haltung war weitgehend durch die Interessen der Schweizerischen Bundesbahnen bestimmt, und darum wollte er nicht ein Projekt unterstützen, dessen Verwirklichung eine Verkehrseinbusse der auf 1909 zu verstaatlichenden Gotthard-Bahn zur Folge gehabt hätte. Die SBB machten denn auch 1908 dem Bundesrat den Vorschlag, innert acht Jahren ein Gesetz vorzulegen, das den Bau der Ostalpen-Bahn durch die SBB vorsehe.

Italienische Pressionen

Die Landesregierung trat auch dann nicht auf die Konzessionsbegehren ein, als die Splügen-Freunde aus der italienischen Nachbarschaft Unterstützung erhielten. Als der Bund sich anschickte, die Gotthard-Bahn zurückzukaufen, wollte Italien das Mitspracherecht, das es sich durch die Mitsubventionierung des Bahnbaus erworben hatte, nur gegen die Zustimmung zu einer Splügen-Bahn abtreten. Schweizerischerseits war man jedoch in keiner Weise bereit, auf diesen Vorschlag einzugehen. Bundespräsident Müller schrieb am 18. Mai 1907 dem schweizerischen Gesandten in Rom: «Mit Bezug auf den Splügen sind wir noch weit davon entfernt, eine Vorlage an die Bundesversammlung machen zu können. Die Frage, ob Splügen oder Greina, ist noch nicht abgeklärt, und andere Fragen nehmen das Eisenbahndepartement so vollständig in Anspruch, dass noch geraume Zeit vergehen dürfte, bevor die Splügen-Greinafrage ernstlich angepackt werden kann. Auch hat Italien unsere Anfrage betreffend den Rückkauf der Gotthard-Bahn bis zur Stunde nicht beantwortet, und dieser Rückkauf wird nun doch wohl in erster Linie in Angriff genommen werden müssen.»

In Italien sprachen sich die Regionen von Venedig bis Genua für die Splügen-Variante aus; lediglich Turin und Novara traten für die Greina-Variante ein. Den innenpolitischen Druck in Rechnung stellend, unternahm die italienische Regierung mehrfach den Versuch, ihre Einwilligung zum Rückkauf der von Italien mitsubventionierten Gotthard-Bahn davon abhängig zu machen, ob man sich schweizerischerseits zum Bau der Splügen-Bahn verpflichte. Die Greina-Befürworter befürchteten, der Bundesrat könnte den italienischen Pressionen nachgeben. Am 9. März 1909 drohte der Tessiner Staatsrat hochoffiziell mit dem Referendum gegen eine allfällige Splügen-Konzessionierung und fügte vielsagend bei: «Lo Spluga, fuori di coloro che si trovano nella sua zona, ha pochissimi amici in Svizzera ...» Von der anderen Seite wurde die Landesregierung durch ein Schreiben des Kleinen Rates des Kantons Graubünden vom 25. Oktober 1910 gedrängt, das Konzessionsbegehren für den Splügen «nun endlich» der Bundesversammlung vorzulegen. «Den Umstand, dass der neue Gotthard-Vertrag noch nicht erledigt sei, können wir nicht länger als Grund weiterer Verzögerungen gelten lassen.» Doch für den Bundesrat war, wie aus dem Geschäftsbericht für das Jahr 1910 hervorgeht, die Voraussetzung für ein Eintreten auf das Begehren erst nach der allseitigen Ratifikation des Gotthard-Vertrages von 1909 gegeben.

Blockierte Situation

Gegen das Splügen-Projekt waren inzwischen auch wieder militärische Bedenken laut geworden. Der Bündner Theophil Sprecher, Chef der Generalstabsabteilung, erblickte in der Tatsache, dass das Südportal des Splügen-Tunnels auf italienischen Boden zu liegen gekommen wäre, eine Gefährdung der Schweiz. Er befürwortete deshalb die Greina-Lösung oder hätte zum mindesten die Verlegung des Splügen-Südportals ins schweizerische Bergell zur Bedingung gemacht. Letztere Lösung hätte ihn aber auch nicht befriedigt, weil sie auf italienischer Seite zur Befestigung des Talkessels von Chiavenna geführt und damit Sprechers Pläne, welche im Kriegsfall eine grenzüberschreitende Offensive an der Südfront vorsahen, beeinträchtigt hätte. Am 1. September 1913 sprach er sich «noch entschiedener» als im Jahre 1906 gegen jede Durchtunnelung der Ostalpen aus, die auf italienischen Boden ausmünden sollte.

Während der St. Galler Ständerat Hoffmann vom «dreifach verbrieften Recht» auf eine Ostalpen-Bahn sprach, mochte Bundesrat Forrer 1914, nachdem der Gotthard-Rückkaufvertrag am 4. Oktober 1913 in Kraft getreten und damit die Ostalpenfrage wieder in den Vordergrund gerückt war, dieses Anrecht nicht bestätigen. Er begnügte sich mit der Feststellung, die Frage sei umstritten. Das Versprechen bezog sich jedenfalls nicht auf den Bahnbau, sondern auf dessen Subvention. Die Westschweiz hatte für das ebenfalls von privaten und kantonalen Initiativen ausgegangene und 1898–1906 in der Staatsbahnära verwirklichte Simplon-Unternehmen die ihr versprochenen 4,5 Mio. Franken erhalten. Ob sich das Versprechen auf diesen Subventionsbetrag beschränkte, war für die Ostschweiz zum mindesten fraglich. In ihrem Memorial von 1906 erklärte sie nämlich dem Bunde, die Konzessionserteilung sei nur eine der erwarteten Massnahmen: «Die nächste einem ernsthaften Erfüllungswillen entsprechende Massnahme wird sodann eine jetzt schon beginnende und allmählich sich steigernde Bereitstellung von Geldmitteln sein müssen, damit eine schweizerische Ostalpenbahn auf alle Fälle gesichert erscheint.» Dieses Postulat hätte sich auch nur auf die 4,5 Mio. Franken beziehen können, denn als 1899 die Lukmanier-Konzession zur Diskussion stand, erklärte das Eisenbahndepartement, von einem östlichen Alpendurchstich könne schon deswegen keine Rede sein, weil der Bund zur Zeit nicht in der Lage wäre, die Subvention von 4,5 Mio. Franken zu leisten.

In den Jahren vor 1914 tauchte als weiteres Argument für den Bau einer Splügen-Bahn die Annahme auf, Österreich könnte neben dem Brenner eine weitere Transversale (den Fern-Ortler) bauen lassen und dadurch nicht nur eine schweizerische Ostalpen-Lösung überflüssig werden lassen, sondern sogar dazu führen, dass – wie Felix Calonder in einem Schreiben an Bundesrat Forrer vom 19. Februar 1910 darlegte – «auf ewige Zeiten ein grosser Teil des internationalen Verkehrs von der Schweiz abgelenkt würde». Ein weiteres Argument erhoffte man sich aus dem Ausbau der Rhein-Bodensee-Schiffahrt, wodurch eine Verbindung zwischen diesem nördlichen Wasserweg und dem südlichen Gewässernetz besonders sinnvoll geworden wäre.

Ständerat Calonder – von Forrer als Spiritus rector des Splügens bezeichnet – gelang es nicht, seinem Kanton die Konzession zu verschaffen, die nach Calonders Formulierung den Bündnern «von Gottes- und Rechtswegen» gehört hätte. Dies änderte sich auch nicht, als Felix Calonder am 12. Juni 1913 als zweiter Bündner in die Landesregierung einzog und das Departement des Innern übernahm. Noch wenige Wochen vor Kriegsausbruch war zwar von der Landesregierung ein «unvoreingenommener» Bericht auf Herbst 1914 in Aussicht gestellt worden. Allein, solange der Krieg dauerte, konnte von einer zusätzlichen Bahnverbindung zwischen den verfeindeten Nachbarn der Schweiz ohnehin keine Rede sein. Calonder war bereits nicht mehr Bundesrat, als der Kleine Rat 1925 wie schon um die Jahrhundertwende nicht aus eigenem Antrieb, sondern weil das Tessin, unterstützt von Zürich, die Greina-Idee wiederaufleben liess, erneut den «Rechtsanspruch» der Ostschweiz auf eine selbständige Alpenbahn anmeldete.

Kommen wir auf die eingangs gestellte Frage zurück: Warum wurde die zunächst im Vordergrund stehende Ostalpen-Lösung nicht verwirklicht, und inwiefern ist der Bundesrat verantwortlich für das Scheitern der Ostalpen-Bemühungen? Die Gotthard-Bahn war mit einer beträchtlichen Subvention von seiten Italiens und nur dank dieser Subvention gebaut worden. Die gleiche Unterstützung hätte Italien natürlich, als es um den Bau einer ersten Alpenbahn ging, auch dem Splügen-Projekt zukommen lassen. Da der Splügen aber nicht die erwünschte Verbindung zwischen dem Tessin und dem Norden geschaffen hätte, erwies sich der Gotthard innenpolitisch als das stärkere Projekt. Die Vielfalt der Varianten der ostschweizerischen Linienführung und die damit verbundenen Parteiungen könnten die Realisationschancen einer Ostalpen-Bahn beeinträchtigt haben.

Den Bund trifft insofern Verantwortung, als er – gesetzeskonform – keine Initiative ergriff, so dass Österreich der Schweiz mit dem Bau der Brenner-Bahn zuvorkommen konnte. Liessen sich Privatbahnprinzip und Wahrung nationaler Eisenbahninteressen tatsächlich nicht miteinander verbinden? Immerhin, die Gotthard-Lösung, die 1869 trotz Passivität der Landesbehörde und mit minimalster Bundesbeteiligung zustande kam, entsprach den nationalen Interessen. In den Jahren 1900 bis 1914, als die zweite grössere Anstrengung für eine Ostalpen-Bahn unternommen wurde, spielte der Bundesrat eine ganz andere Rolle: Nun war er Schirmherr der Staatsbahnen und trat für eine Unterordnung regionaler Interessen unter die nationalen Interessen ein. Darum «opferte» er in den Verhandlungen um den Gotthard-Rückkauf (1907–1909) den Splügen, indem er die italienischen Interessen für diesen Tunnel nicht in ein Vertragswerk aufnahm, wie er dies 1869 im Falle des Gotthard-Projekts getan hatte. Italien stellte damals allerdings keine Subventionen in Aussicht, sondern hoffte, die ehemalige Gotthard-Subvention (die man schweizerischerseits als *à fonds perdu* auffasste) einfach auf das Splügen-Projekt umlegen zu können. Für den Bundesrat stand damals der Rückkauf der Gotthard-Bahn im Vordergrund. Dafür wollte er seine Mittel einsetzen, und als der Rückkauf eingeleitet war, wollte er die Gotthard-Bahn, solange sie nicht ausgelastet war, nicht einer zusätzlichen und erst noch von ihm subventionierten Konkurrenz aussetzen.

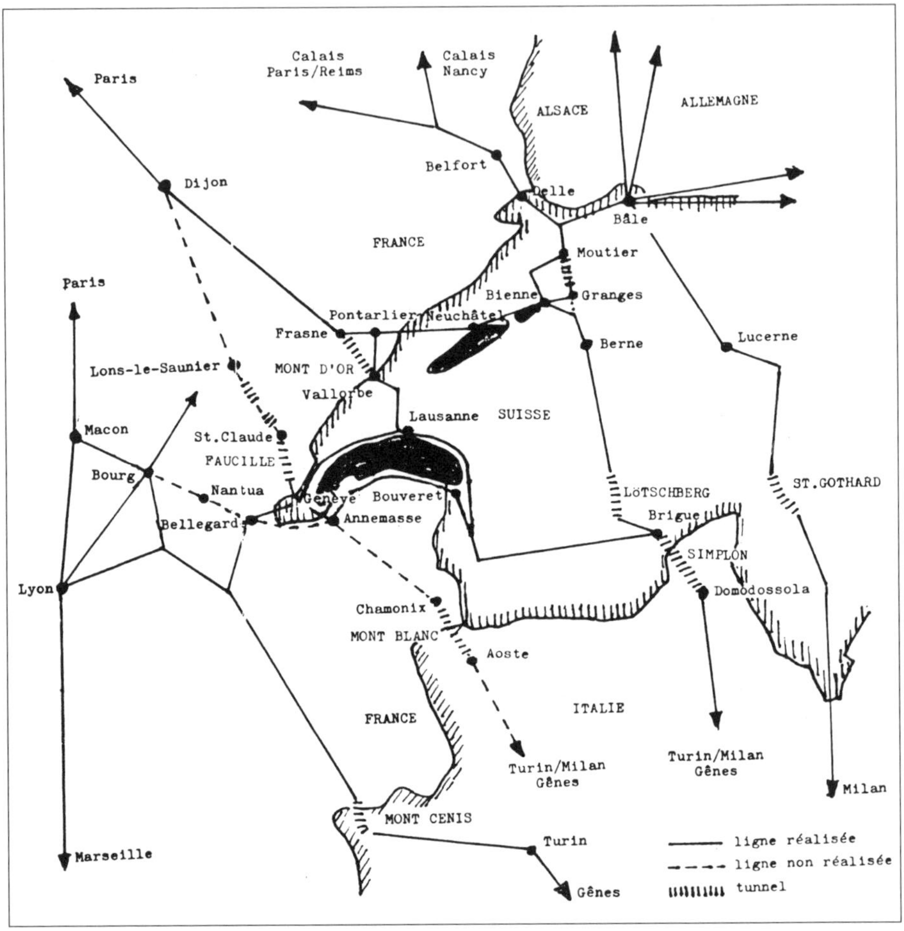

Sich selbst mit einem Projekt im Nachbarland konkurrenzieren? Die Alpentransversalen warfen betriebsökonomische Fragen auf, sie waren aber auch ein internationales Politikum (Karte: Kreis).

De la concurrence à la coopération

La France et le chemin de fer du Simplon avant 1914[1]

Contrairement à l'espérance des pionniers du chemin de fer, ce nouveau moyen de transport et de communication ne ressortissait pas des valeurs cosmopolites et panphilanthropiques. La construction des lignes de chemin de fer ne conduisait pas à un affaiblissement des régionalismes et des nationalismes. Comment aurait-il pu en être autrement: le développement du réseau des chemins de fer dépendait avant tout de l'esprit de compétition, mettant en jeu soit l'intérêt privé des entrepreneurs engagés, soit l'intérêt collectif des communautés.

C'est précisément cet esprit de compétition qui détermina la position de la France sur la question du percement des Alpes. La France était hostile à tout projet qui reviendrait à concurrencer sa ligne originale de transit vers la Méditerranée – celle de la vallée du Rhône vers Marseille. C'est ainsi que la ligne du Mont-Cenis, achevée en 1871, qui reliait Lyon à Turin et Gênes, fut construite non par la France, mais par le Piémont-Sardaigne. Quant à la ligne du Saint-Gothard, terminée en 1882 et subventionnée par l'Italie et l'Allemagne, elle se construisit sans que la France y participât. Rien là de bien extraordinaire si l'on songe aux données géographiques, mais le fait apparaît cependant paradoxal au regard de la méfiance que la France professait pour cette entreprise qu'on disait dominée par la finance allemande.

La position officielle de la France sur le projet de transversale par le Simplon était la même: l'esprit de compétition conduisait à un refus de la coopération. En marge de

1 Il n'est pas question de donner une exposition complète de ce sujet. Adolf Lacher, Die Schweiz und Frankreich vor dem Ersten Weltkrieg. Diplomatische und politische Beziehungen im Zeichen des deutsch-französischen Gegensatzes 1883–1914. Bâle 1967 (Thèse), nous en donne, pp. 311–417, le récit général est assez complet. Mais il ne thématise pas l'aspect qui nous semble central: l'aspect de la concurrence et celui de la coopération. Cet ouvrage mis à part, on peut mentionner encore trois publications: Felix Bonjour (député et conseiller national), Le Percement du Simplon. Lausanne 1906, développe le point de vue vaudois, proposant la voie d'accès au Simplon par Frasne–Vallorbe. Jean Duparchy, Le Percement des Alpes Bernoises. Antécédents généraux et conséquences économiques du tunnel du Lötschberg. Paris 1913 (Thèse), n'est pas sans engagements personnels pour l'entreprise décrite, engagement d'ailleurs facile à constater par le dédicace à son oncle Alexis Duparchy, entrepreneur mêlé à la réalisation du tunnel du Lötschberg. – Gérard Benz, Genève, vient de terminer sa thèse «Le Simplon – 50 ans de négociations»; ce manuscrit n'a pas encore pu être consulté. Pourquoi notre texte? Nous dirigeons les travaux d'édition pour le 5e volume des *Documents Dipomatiques Suisses* (DDS), qui couvre les années 1904–1914, période pendant laquelle les longues tractations sur la question des voies d'accès au Simplon aboutirent à une entente entre les parties engagées. A ses origines, cet exposé avait la fonction d'établir pour ces travaux éditoriaux une esquisse du déroulement de l'affaire et de saisir sa problématique. – Les références des documents suisses indiquent à partir de 1904 les cartons des *Archives Fédérales Suisses* (AFS).

la position officielle perçait l'envie latente de s'engager dans le projet du Simplon, envie motivée par la volonté de combattre l'influence allemande.[2] Dès lors, l'idée d'entrer en concurrence avec l'Allemagne pouvait mener à une coopération avec la Suisse. Cependant, les partisans d'une telle orientation restèrent longtemps minoritaires.

Après la décision du Parlement de l'Allemagne du *Nord* de subventionner la ligne du Saint-Gothard, le *Corps législatif* du Second Empire finissant fut saisi, le 21 juin 1870, d'un projet de loi qui prévoyait le subventionnement, à hauteur de 40 millions, de la construction d'une ligne du Simplon. Cette initiative, motivée par le désir de coopérer avec la Suisse et de concurrencer l'Allemagne, fut réduite en cendre par l'éclatement du conflit franco-allemand. Mais la même idée refit surface trois ans plus tard: Soutenus par quelques banquiers – surtout Hentsch du *Comptoir d'Escompte* –, des députés républicains proposèrent en 1873 un crédit de quatre millions par an pour une durée de douze ans, affecté aux travaux de percement du Simplon. Au lendemain de la défaite de 1871, la France aurait dû manifester un regain d'intérêt pour cette ligne, dont «la valeur s'est accrue de l'intérêt qu'a la France à rechercher plus que jamais, après ses malheurs, des compensations dans une influence plus grande sur les questions économiques d'un intérêt général, et notamment sur la direction du grand courant commercial européen».[3]

La ligne du Simplon n'avait pas pour seul avantage de raccourcir de 7% le trajet de Paris à Milan: elle devait aussi attirer les trafics anglais, belge et hollandais dont on pensait qu'ils feraient partie du futur réseau du Saint-Gothard. Mais la Chambre se rangea à l'avis du rapporteur, Louis-Joseph-Ernest Cézanne, député des Hautes-Alpes, qui mit l'accent sur la concurrence franco-suisse: «Ce nouveau passage, situé hors de France, s'exercerait principalement au détriment de la vole plus française du Mont-Cenis.»[4] L'idée de concurrencer la ligne «allemande» du Saint-Gothard ne joua aucun rôle à cette époque. Par contre, le refus de la ligne du Simplon se nourrissait encore d'une autre crainte: celle que le tunnel du Simplon pouvait offrir aux troupes italiennes, soutien potentiel de l'Allemagne, une voie d'accès commode vers la France. Certes, on pouvait défendre par ses propres moyens l'entrée du Mont-Cenis, mais le passage du Simplon était par contre de la compétence territoriale de l'armée suisse, dont

2 Certes, il y a toujours une autre motivation: placer de l'argent n'importe où à condition que l'entreprise soit considérée rentable.

3 Proposition de loi relative à une subvention annuelle de quatre millions à partir de 1873 pour la traversée du Simplon. AN N° 1776/77, 5 avril 1873, déposé par Bergnon et Lepère et 121 cosignataires. Cette proposition reprenait aussi des arguments du projet de loi de 1870: «Le Gouvernement français doit-il renoncer aux avantages que promet la communication directe des ports de la Manche à ceux de l'Adriatique? Peut-il hésiter à suivre l'exemple qui lui est donné, ne pas engager résolument la lutte sur le terrain pacifique et fécond où elle est portée, et ne pas conserver à la France sa part légitime dans cet immense courant économique? Pour sauvegarder ces intérêts, il suffit de relier les lignes italiennes et les lignes françaises par le percement du Simplon et d'ouvrir au commerce du monde la ligne la plus courte et la plus directe, entre le sud de l'Italie et Londres, comme points extrêmes.» – L'autre banque intéressée était la Banque de Paris et des Pays-Bas.

4 Rapport Cézanne, AN N° 2405, 28 mai 1874.

l'opinion française se défiait. Conclusion: «L'intérêt français exigerait qu'il ne fût ouvert au travers des Alpes aucun passage, sinon ceux dont la France garderait au moins une porte.»[5] Renvoyée aux Ministères des travaux publics et des finances, la motion de 1873 resta dans les cartons.

La troisième tentative de faire participer la France au projet du Simplon date du 21 novembre 1880. Soutenu par 108 députés, Léon Renault proposa d'allouer pendant dix ans un crédit annuel de cinq millions. Emile Loubet, premier rapporteur et représentant les intérêts de la Drôme, combattit cette motion et avança, dans le seul but peut-être de faire échec au projet du Simplon, une nouvelle solution: un passage par le Mont-Blanc.[6] Gambetta, alors Président de la Chambre, se prononça vainement une fois encore en faveur du Simplon, non dans un esprit nationaliste, mais dans un esprit revanchard au sens large du terme: «On ne voulait pas comprendre, constata-t-il, l'intérêt de premier ordre qu'avait la France au Simplon, que c'était une question européenne, l'équilibre fait au Gothard et à l'influence allemande en Suisse.»[7]

L'ouverture, en 1882, de la ligne du Saint-Gothard relança l'esprit de compétition. Par là même, les chances de voir un jour une ligne traverser la Suisse romande auraient dû théoriquement s'accroître. Mais, dans la pratique, l'existence de la ligne du Saint-Gothard hypothéquait la rentabilité d'une seconde ligne. En 1883, la question revint cependant une quatrième fois sur le tapis, grâce alors à des ouvertures diplomatiques à la Suisse. David Raynal, ministre des Travaux publics à l'époque, réagit à ces ouvertures en reprenant la conception de Gambetta selon laquelle il fallait coopérer avec la Suisse pour combattre l'influence allemande: «... nous désirons donner à la Suisse ce témoignage de sympathie, et l'aider à faire ce que d'autres l'ont aidée à faire au centre des Alpes.»[8] Malheureusement, ce «nous» ne recouvrait pas grand monde. Ni le gouvernement, ni le parlement, ni les chemins de fer ne partageaient son avis. Le «Vosgien» Ferry, Président du Conseil de 1883 à 1885, voyait d'un bon œil le projet de Sadi Carnot qui, comme représentant de la Côte-d'Or, avait envisagé de développer la ligne Belfort-Delle pour rallier le réseau «allemand» du Saint-Gothard! Bien que cette solution eût favorisé la *Compagnie de l'Est,* le *Paris-Lyon-Méditerranée* (P.L.M.) refusa de soutenir l'autre terme de l'alternative: la solution simploniste. Raynal pensait que le *P.L.M.* pourrait assurer dix à douze millions des cinquante millions de crédit prévus par la France. Mais le *P.L.M.* estima que la ligne du Simplon nuirait non seulement à la ligne du Mont-Cenis, mais aussi à celle de Marseille, port concurrent de Gênes. De plus, il déclara, par la bouche de son directeur Noblemaire, que c'était l'Etat qui devrait payer lorsqu'il voulait réaliser, à des fins politiques, des lignes que l'intérêt économique ne justifiait pas.[9] Pour parler du rôle du Parlement, donnons la

5 Rapport Cézanne, op. cit. Cet avis fût partagé par les ministres de la Guerre Farre, Duclerc et Billot.

6 Déjà en 1875 une Commission spéciale d'inspecteurs généraux des Ponts et Chaussées, nommée par Eugène Caillaux, se prononça pour le Mont-Blanc (Duparchy, op. cit. p. 92).

7 Cité d'après Bonjour, op. cit. p. 15.

8 Rapport Lardy du 7 mai 1883 (Lacher, op. cit. p. 320).

9 Rapport Lardy du 21 mai 1883 (Lacher, op. cit. p. 321).

parole au directeur du Commerce extérieur, Marie: «... la commission du budget et la Chambre ne faisaient pas de politique à longue échéance, ne s'occupaient pas des grands intérêts du commerce extérieur, attachaient beaucoup plus d'importance à un chemin mocal qu'à un grand débouché européen ou américain.»[10]

Raynal n'était pourtant pas tout seul. Du côté des financiers, le *Comptoir d'Escompte* de Paris s'intéressait toujours au projet du Simplon. En 1887, son directeur Edouard Hentsch réussit même à signer une convention avec la *Compagnie des chemins de fer de la Suisse Occidentale et du Simplon* (S.O.S.), aux termes de laquelle le banquier parisien pouvait, en l'absence d'offres allemandes, imposer des conditions onéreuses. Mais, deux ans plus tard, cette combinaison périssait dans la faillite du *Comptoir d'Escompte.* En juin 1889, le Gouvernement français et les deux grandes compagnies, le *P.L.M.* et la *Compagnie de l'Est,* prirent soudainement intérêt au projet du Simplon. En effet, ils avaient eu vent que la S.O.S. était passée sous le contrôle de banquiers allemands[11], qu'on préparait, sous égide allemande, la fusion de la S.O.S. avec la Compagnie *Jura-Berne-Lucerne,* et que la nouvelle Compagnie Jura-Simplon (J.S.) envisageait très sérieusement de percer le Simplon. Ce qu'écrivait *Le Figaro* du 20 juin 1889 reflétait très fidèlement l'opinion des milieux français concernés: «Si on n'y prend garde, nous verrons le Simplon percé avec l'aide des capitaux italo-allemands et peu à peu, sans que nous nous en apercevions, notre frontière du côté de la Suisse et nos débouchés sur l'Italie seront entre les mains des Allemands.»

Cependant, quelles sont les mesures concrètes qui furent prises? Le Gouvernement français suggéra le rachat de ces compagnies privées par l'Etat suisse et offrit d'y prêter son concours financier. Eugène Spuller, ministre des Affaires étrangères, donna des instructions à son représentant à Berne: «Faites entendre avec discrétion, mais pourtant avec la netteté suffisante, que si, en vue de faciliter ce rachat, le concours de la finance française paraissait utile, le gouvernement de la République userait certainement de son influence pour faciliter ce concours.»[12] La Suisse aurait fait bon accueil à ces capitaux français qui auraient contrebalancé les engagements allemands, mais la France avait grand-peine à convaincre ses propres financiers. Au cours d'un entretien avec Charles Lardy, représentant de la Suisse à Paris, Spuller avoua: «Je suis désolé de voir combien nos financiers montrent peu d'empressement et de patriotisme à s'intéresser à une affaire où il n'y a pas de risque à courir et où l'intérêt d'un pays neutre et ami est engagé. Nous avons tout à gagner, nous Français, à contribuer à seconder les efforts de la Suisse pour empêcher ses chemins de fer de tomber entre les mains de spéculateurs capables de vendre leurs titres au premier venu ...»[13] Finalement, le directeur de la *Banque de Paris et des Pays-Bas,* Charles Sautter, accepta de s'engager dans cette affaire, mais le niveau de ses offres resta inférieur à celui de ses concurrents allemands.

10 Rapport Lardy du 27 octobre 1883 (Lacher, op. cit. p. 320).

11 Parcus de la *Bank für Handel und Industrie* de Darmstadt et Goldberger de la *Internationale Bank* de Berlin.

12 Spuller à Arago, 23 juillet 1889 (AMAE, t. 609. p. 214).

13 Rapport Lardy du 5 octobre 1889 (Lacher, op. cit. p. 336).

Cependant, il faut bien voir que cette décision n'avait pas pour but de s'engager vraiment dans l'entreprise du Simplon et d'apporter à la réalisation de ce projet le secours de capitaux français au lieu de capitaux allemands; il s'agissait simplement d'apporter des subsides français pour empêcher la réalisation du projet! Grâce à son importante contribution, la France aurait pu mener de front une double stratégie: éliminer la concurrence allemande et éviter la création en Suisse d'une ligne concurrente.

Seul le premier élément de cette double stratégie purement négative connut la réussite. Mettant à profit les difficultés des financiers allemands, Sautter parvint enfin en 1890 à prendre pied sur le marché suisse en souscrivant trente-huit millions des quarante millions de l'emprunt d'Etat lancé en faveur des chemins de fer dans leur ensemble, et en prenant une participation minoritaire dans les actions du *J.S.*, Arago, ambassadeur de France à Berne, constatait en septembre 1890: «Ainsi, peu à peu, les capitaux allemands se retirent (...). Il y a un an, ils paraissaient tout-puissants; et si malgré nos efforts persévérants, malgré l'aide officieuse du Conseil fédéral, nous n'avons pu, dès le mois de décembre, par suite des hésitations si fâcheuses de la finance française, substituer notre influence à l'influence allemande, nous avons, du moins maintenant, la grande satisfaction de constater que la compagnie *J.S.* a cessé d'être sous la domination des capitaux allemands.»[14]

En revanche, pour le deuxième élément de cette double stratégie, ce fut l'échec. La France ne put empêcher le percement du tunnel du Simplon: la Suisse et l'Italie signèrent un contrat le 25 novembre 1895. A la toute dernière minute, le Gouvernement souhaita engager les capitaux français dans cette entreprise. Gabriel Hanotaux, ministre des Affaires étrangères, s'aperçut qu'il valait mieux cesser de se montrer hostile à une entreprise dont la réussite ne pouvait plus être contrecarrée: «On est amené à se demander si, au lieu de rester complètement étranger à cette entreprise, il ne serait pas préférable de laisser nos banques lui prêter leur concours. L'influence qui reviendrait ainsi à nos capitalistes dans le Conseil d'administration de la Compagnie Concessionnaire nous mettrait peut-être en mesure de sauvegarder, en quelques circonstances, les intérêts du commerce français et même, s'il est possible, ceux de la défense nationale.»[15] Mais en fin de compte, la question d'une participation ne se posa même pas: l'entreprise fut financée presqu'entièrement par des souscripteurs suisses.[16]

La ligne du Simplon aurait pu raffermir la position de la France et la ramener, dans une certaine mesure, à son niveau d'avant 1882, date à laquelle l'ouverture du Saint-

14 Arago à Ribot, 30 septembre 1899 (AMAE, t. 610. p. 335).

15 Hanotaux à Zurlinden, 19 mars 1895 (AHAT 111/34).

16 Pour couvrir les frais de construction de 70 millions, le *J.S.* disposait d'un emprunt garanti par l'Etat de 60 millions signé par les banques cantonales de Berne, Vaud, Neuchâtel, Zurich et Soleure, et, en plus, d'actions de subvention de 20 millions dont 12 millions souscrits en Suisse (Confédération, Cantons, Communes et Corporations), 4 millions en Italie (Gouvernement, Provinces, Communes et Corporations) et 4 millions en valeurs de «droits de retour» des cantons de Fribourg, Vaud, Neuchâtel et Genève.

Gothard l'avait affaiblie.[17] Encore eût-il fallu pour cela que la France eût disposé de bonnes lignes d'accès au Simplon. La question des voies d'accès fut discutée bien longtemps avant l'ouverture de la ligne du Simplon en 1906, et même avant qu'on entreprit en 1898 les travaux du plus long tunnel du monde.

Quand on parle de voies d'accès au Simplon, on pense en général seulement aux lignes qui sillonnent la région du lac Léman, après avoir traversé le Jura par le Mont-d'Or ou par la Faucille. En plus de ces accès par l'ouest, il existait dès le début un accès par le Nord qui, parti de Berne, passe par le Lötschberg. Wilhelm Teuscher, avocat bernois et promoteur zélé du chemin de fer du Lötschberg, rendit public en 1889 un projet qui avait vu le jour en 1881, estimant le moment favorable, car il croyait la réalisation du tunnel du Simplon enfin certaine. Evidemment, Teuscher voulait avant tout doter son canton très peuplé de sa propre «Alpenbahn», surtout que Berne eût renoncé en 1866 à son projet du Grimsel en faveur du projet du Gothard. Cependant, ses arguments insistaient aussi sur la dimension internationale de son projet: la ligne Calais–Belfort–Milan serait «considérablement» plus courte si elle passait par le Lötschberg au lieu du Saint-Gothard, et même «un peu plus courte que la ligne Calais–Pontarlier–Milan».[18]

La ligne du Lötschberg se réalisait peu à peu: en 1898, Teuscher présentait son troisième et dernier plan; en 1901, la section inférieure Spiez–Frutigen fut mise en service; en 1902, le peuple bernois votait un crédit de dix-sept millions et demi; en 1903, la Confédération donnait la concession du tunnel; commencés en 1906, les travaux du tunnel s'achevaient en 1913.[19] Comme nous le verrons plus loin, l'entreprise fut financée par des capitaux français, quoique les milieux officiels français la considérassent comme préjudiciable aux intérêts de la France! Préjudiciable d'un double point de vue: d'abord, parce qu'elle favorisait la pénétration économique et politique de l'Allemagne; ensuite, parce qu'elle facilitait les communications entre les alliés de la Triple Alliance. C'est pour ces raisons que Du Moriez, Attaché militaire à Berne, exprima en 1898 sa conviction qu'il fallait empêcher la réalisation de cette ligne d'accès au Simplon.[20] Avec le Lötschberg, le Simplon risquait de devenir un deuxième Saint-Gothard. L'intérêt de la France pour les voies d'accès par l'ouest n'avait d'autre raison que la crainte de voir la ligne du Simplon, «ligne virtuellement française», devenir une «ligne allemande». Quand les Genevois prirent en 1886 l'initiative d'étudier la construction d'un tunnel par la Faucille, ils ne provoquèrent aucune réaction du côté français, puisqu'il n'était pas

17 La position de la France n'était pas seulement affaiblie par la ligne du Saint-Gothard. Les marchandises transportées par navires étaient – au détriment des ports méditerranéens – dirigées de plus en plus vers les ports de l'Atlantique du Nord. En 1870, Marseille avait occupé encore le troisième rang après Londres et Liverpool; en 1900 elle fut dépassée par Hambourg, Anvers, Rotterdam et Le Havre, et elle se trouva en septième position (Andreas Leuzinger, Die Bedeutung der Schweizerischen Alpenbahnen für den internationalen Güterverkehr. Zurich 1950 (Thèse). p. 71.

18 Wilhelm Teuscher, Eine Lötschbergbahn als Zufahrtslinie zum Simplon und direkte Verbindung Berns mit Wallis mittels Durchstichs des Lötschbergs. Berne 1889.

19 Robert Bratschi, 50 Jahre Lötschberg Bahn 1913–1963. Berne 1963.

20 Du Moriez à Billot, 14 avril 1898 (AHAT 1/5).

encore question du projet du Lötschberg, et parce qu'on croyait pouvoir saboter le tunnel du Simplon en ne construisant pas les voies d'accès. Mais une fois le Lötschberg en cours de réalisation, la France commença à étudier sérieusement le projet de la Faucille. Le but de cette opération était clair: créer en toute hâte l'accès par l'ouest afin que la ligne du Lötschberg devînt superflue, non rentable, et ne fût donc pas construite. Le 25 août 1898, Du Moriez écrivit à Paris: «... je trouve profondément regrettable d'avoir à constater que, du côté franco-suisse, les communications ne se développent pas (...) Nous restons dans le statu quo pendant que les autres progressent: donc nous perdons du terrain.»[21] Le refus de 1898 de coopérer avec la Suisse ne se transforme en volonté de coopération que par la nécessité de combattre l'influence allemande. Mais le directeur du *P.L.M.*, Noblemaire, refusa catégoriquement en novembre 1898 de soutenir ce projet qu'il considérait comme trop onéreux et inapte à concurrencer sérieusement le Saint-Gothard. En mars 1899, le projet de la Faucille fut également abandonné par le Ministère de la guerre qui avait étudié une solution pour venir prestement à bout d'une éventuelle attaque que l'Italie aurait conduite en passant par le Simplon.[22]

Dire «non» à la Faucille, c'était en quelque sorte dire «oui» au passage par le Mont-d'Or. Puisque l'intérêt régional avait incité Berne à se lancer dans la réalisation du Lötschberg et Genève dans celle de la Faucille, Lausanne accorda dès 1889 tout son soutien à la solution du Mont-d'Or, solution qui mettait à profit des lignes déjà existantes et qui ne visait en fait seulement qu'à raccorder le trajet Vallorbe–Frasne en évitant Pontarlier. Tandis que la ligne de la Faucille avec ses trente-trois kilomètres de tunnel aurait coûté de quatre-vingt à cent cinquante millions, le coût de la ligne du Mont-d'Or, avec un seul tunnel de six kilomètres, aurait été compris, selon les estimations, entre vingt et un et vingt-six millions seulement. La question qu'on se pose sur ce point est de savoir pourquoi cette solution n'a pas été immédiatement retenue, et pourquoi, une fois retenue, il fallut attendre mai 1915 pour qu'elle soit réalisée, donc avec un grand retard sur le Lötschberg.

Il est vrai que le *P.L.M.* et le *J.S.* s'étaient mis d'accord dès 1899 pour construire la ligne Frasne–Vallorbe. Mais c'était le Conseil fédéral qui hésitait à ratifier le traité qui prévoyait que la Suisse assumerait un tiers du coût de la construction. Certes, les chemins de fer suisses étaient encore à cette époque-là des sociétés privées, mais le Gouvernement suisse, après le vote populaire de 1898 qui jetait les bases d'une nationalisation des chemins de fer, se sentait déjà responsable de la totalité des chemins de fer de la Suisse. Le Conseil fédéral désirait que le passage du Mont-d'Or se fît, mais il ne voulait pas qu'il se fît avec de l'argent suisse, dont on avait besoin pour le rachat des lignes existantes.

Du côté français, il n'y avait aucun consensus: Théophile Delcassé, influencé par Barrère et Regnault qui voulaient lier plus étroitement Genève à la France, était favorable au projet de la Faucille; Krantz, ministre des Travaux publics, puis ministre de la

21 Du Moriez à Cavaignac, 25 août 1898 (AHAT 1/5).

22 Freycinet à Krantz, 31 mars 1899 (AHAT 111/35).

Guerre, était favorable au projet du Mont-d'Or; Gallifet et André, tous deux ministres de la Guerre, n'inclinaient ni pour l'un, ni pour l'autre. Quant à Baudin, ministre des Travaux publics et citoyen de Nantua, son cœur électoral pencha pendant un certain temps pour une troisième solution: la ligne Dijon–Saint-Amour–Nantua (!)–Bellegarde–Annemasse, ligne qu'on aurait pu prolonger ensuite vers le Simplon par la rive sud du lac Léman. Elle aurait satisfait les Savoyards, et restreint le trajet sur les rails helvétiques – et donc les revenus des chemins de fer suisses! – à la section valaisanne de Bouveret à Brigue.

En 1902, les deux compagnies de chemins de fer, le *P.L.M.* et la *J.S.*, parvenaient à conclure un nouvel accord qui prévoyait que le *P.L.M.* construirait également la section de la ligne qui se trouvait en territoire suisse. Comme la convention disposait que l'ensemble des frais serait supporté par la France (dix millions à la charge du *P.L.M.* et environ onze millions à la charge de l'Etat français), le Conseil fédéral donna évidemment son accord à cette solution. Encore fallait-il que la France accordât la subvention prévue. De ce fait, cette solution rencontrait une vive opposition. Camille Barrère, ambassadeur de France à Rome et architecte de l'entente secrète entre la France et l'Italie, œuvrait en faveur de la Faucille et envisageait, comme prolongement naturel à cette ligne, une correspondance directe avec l'Italie, ceci grâce à une ligne vers Chamonix et un tunnel sous le Mont-Blanc.[23] De même, Georges Trouillot, ministre du Commerce dans le cabinet Combes, pesait de toute son influence pour la ligne de la Faucille, qui aurait traversé Lons-le-Saunier, ville dont il était le député à la Chambre.

Quand, en décembre 1902, la Suisse exigea une décision, la France soumit son acceptation de la ligne du Mont-d'Or à la condition que la Suisse améliorât la ligne Vallorbe–Bussigny et qu'elle donnât son accord à une éventuelle construction de la ligne de la Faucille. En mars 1904, le Conseil fédéral, ayant la certitude que l'une des voies d'accès au Simplon – en l'occurrence celle du Lötschberg – serait construite, repoussa cette exigence, et la situation resta bloquée jusqu'en janvier 1907.

L'année 1905 vit pourtant une nouvelle tentative de promouvoir l'idée d'une ligne la Faucille–Mont-Blanc. Le promoteur de cette tentative était Armand Elzéar Gauthier, nouveau ministre des Travaux publics et beau-père d'Emile Cère, lui-même député de Saint-Claude, un des terminus de la ligne de la Faucille. Gauthier s'exprima ainsi devant Lardy: «On peut donc se demander si l'intérêt général français n'est pas d'abandonner entièrement le Simplon à son sort, de construire une ligne complètement

23 Il y avait aussi des Genevois qui sympathisaient avec le projet d'une ligne du Mont-Blanc. Quant au projet de la Faucille, presque tout Genève en était partisan. Pour les intérêts genevois, qui ne sont pas le sujet de notre exposé, voir: Theodore Turrettini, Les voies d'accès au Simplon à travers le Jura. La solution nationale. Genève 1902. De Regnault, qui était consul général à Genève de 1898 à 1904, M. Dervillé, président du P.L.M., disait: «M. Regnault a parlé pendant deux heures en partisan fanatique de la Faucille, non pas au point de vue économique mais au point de vue politique, comme étant le moyen d'enlacer les Genevois et de les attirer à la France. Ce but politique vaut plus dans la pensée de M. Regnault que tous les millions que la Faucille pourra coûter. Il faut donc empêcher une action de M. Regnault sur M. Revoil et de M. Revoil sur M. Bourgeois!» (Rapport Lardy du 13 mars 1906, AFS dossier 1902/06).

franco-italienne, et pour cela, de déboucher à Bellegarde et non pas dans le pays de Gex, puis de contourner le canton de Genève pour aboutir à Chamonix, percer le Mont-Blanc et déboucher dans la vallée d'Aoste. On arrive ainsi à Novarre et à Milan aussi vite que par le Simplon; on donne satisfaction au *P.L.M.* dont le réseau sera emprunté sur la totalité du parcours jusqu'à la frontière italienne; on donne satisfaction aux Marseillais qui se prétendent moins lésés par un tunnel plus rapproché de leur ville; on donne satisfaction aux Savoyards, on étend l'attraction du tunnel du côté du centre de la France. Quant au coût, c'est l'affaire de 200 millions; la France payerait la totalité du tunnel, cent millions, plus les 100 millions pour la ligne Lons-le-Saunier à Bellegarde; c'est une affaire de 20 millions pendant 10 ans.»[24]

En refusant de coopérer, Gauthier et ses partisans croyaient neutraliser efficacement les concurrences suisse et allemande. A propos de la ligne du Mont-Blanc, *Le Matin* faisait le raisonnement suivant: «Cette immense artère annihilerait presque fatalement ou, en tout cas, amoindrirait considérablement les deux artères parallèles du Gothard et du Simplon, (...) qui menacent de détourner, qui détournent déjà, au profit de la Suisse allemande et de l'Allemagne rhénane, une grande partie du trafic international.»[25] Mais, au cabinet Rouvier, Gauthier était assez isolé: le Président du Conseil, désireux de se faire une opinion qui ne devrait rien à son ministre, demanda un rapport personnel et confidentiel à Picard, Président de la Section des travaux publics au Conseil d'Etat et autorité incontestée en matière de chemin de fer. Selon ce que Lardy rapporte à Berne, Picard aurait exprimé l'avis «qu'on se trouve en présence d'un Ministre des Travaux Publics buté, qui a fait de la Faucille ‹la grande pensée du règne›, qui en a fait sa chose, pour lequel c'est devenu ‹une affaire de famille›, et qui s'en ira plutôt que de changer d'idée. Dans ces conditions, M. Picard croit que la politique à suivre consiste à traîner jusqu'au remplacement de M. Gauthier, à vivoter via Pontarlier pendant quelques mois et à reprendre l'affaire du Frasne–Vallorbe avec le successeur de M. Gauthier.»[26]

24 Rapport Lardy du 7 avril 1905 (AFS dossier 1902/06). Gauthier ne se bornait pas à agir discrètement dans des entretiens diplomatiques; il militait publiquement dans des interviews et des discours. Felix Bonjour le cite dans la phrase suivante: «Il s'agit de continuer la Faucille par le percement du Mont-Blanc, qui ferait passer par Genève la plus grande route commerciale de l'Occident et annihilerait totalement les deux artères parallèles du Gothard et du Simplon» (op. cit. p. 61). Rouvier disait des actions de Gauthier: «Tout cela s'est fait derrière mon dos» (Rapport Lardy du 4 novembre 1905, AFS dossier 1902/06). Et trois mois plus tard il ajouta: «... j'ai dû prier les personnes dont il s'agit de mettre un terme à leurs communiqués de presse et à leur guerre de journaux» (Rapport Lardy du 7 février 1906, AFS dossier 1902/06).

25 Le Matin du 12 juin 1905.

26 Rapport Lardy du 15 juin 1905 (AFS dossier 1902/06). Emile Loubet, Président de la République, se prononça aussi en faveur de l'accès par le Frasne: «Je connais à fond l'affaire de Vallorbe et de la Faucille; j'ai là dans le tiroir de droite de mon bureau les brochures et les cartes qui établissent que Vallorbe nous donne tous les avantages de la Faucille sans exception pour cent ou cent vingt millions de moins et qui établissent que le bassin de la Faucille est sans aucune importance, Pontarlier nous assurant déjà le bénéfice de la plus courte distance. Jeter cent millions et plus dans la Faucille, c'est de la folie furieuse; c'est contraire aux intérêts français. Même si la Suisse donnait cinquante ou

Gauthier était encore en fonction quand Rouvier jeta en février 1906 les bases d'une entente future. D'une part, il se prononça résolument «pour la ligne la moins chère et dont la construction sera la plus rapide» – donc pour la solution du Mont-d'Or –, d'autre part, il souhaita, pour amadouer les partisans de la Faucille, engager une discussion sur les autres itinéraires possibles, «sans inquiétude sur l'issue finale».[27] Mais c'est seulement le 18 décembre 1906 que Paul Révoil, nouvel ambassadeur de France à Berne, présenta au nom de son Gouvernement un projet d'entente dans lequel la France se déclarait d'accord pour que de nouveaux pourparlers portent «d'abord» sur la question de la voie d'accès au Simplon par Vallorbe. En contrepartie, l'accord prévoit que le Conseil fédéral se déclarera simultanément disposé à examiner, au cours des mêmes pourparlers, de concert avec le Gouvernement français, les diverses questions concernant les voies ferrées entre la France et la Suisse et notamment l'amélioration des communications entre les deux pays.[28]

Révoil était convaincu qu'un percement du Mont-Blanc serait plus préjudiciable au tunnel du Mont-Cenis qu'à celui du Simplon auquel le tunnel du Lötschberg assurerait un drainage de la clientèle. Pour lui, la ligne Simplon–Lötschberg ne devait pas être considérée comme nuisible aux intérêts de la France, d'autant qu'elle pouvait même amener au réseau de la *Compagnie de l'Est* le trafic vers l'Angleterre, la Belgique, la Hollande. Pour lui enfin, il fallait voir dans la ligne du Mont-d'Or la solution la plus rapide et la moins onéreuse pour mettre en relation l'ouest et le nord-ouest de la France, mise en relation éminemment souhaitable pour la France également. Devant Stephen Pichon, ministre des Affaires étrangères, qui, en tant que représentant du département du Jura, inclinait plutôt en faveur de la solution de la Faucille, Révoil plaida la cause de la façon suivante: «La Suisse tend à devenir de plus en plus le nœud du trafic trans-européen. L'Allemagne, l'Autriche-Hongrie, l'Italie, non seulement ont accepté qu'elle prenne cette place mais encore l'ont aidée à l'occuper et travaillent à ce que cette situation se fortifie et s'agrandisse. Leur participation au développement économique du pays confédéré s'en accroit d'autant: les derniers traités de commerce qu'elles lui ont consentis, le traité allemand surtout, procède d'une politique qui vise manifestement à attirer la Suisse dans le giron de l'Europe centrale, à exercer sur elle une influence progressivement prépondérante, en donnant satisfaction à ses intérêts ou en les solidarisant avec ceux des puissances germaniques voisines.» D'après Révoil les raisons suivantes exigeaient des mesures énergiques: «... notre frontière commune d'une grande étendue et qui crée entre les deux pays une solidarité d'intérêts incontestable; la clientèle importante que notre commerce national trouve en Suisse; les relations plus spé-

soixante millions, ce serait de la folie de la part de la France que de faire la Faucille. Je puis vous dire que Rouvier est entièrement d'accord avec moi, et, si j'ai un conseil à vous donner, remettez-lui sans délayage copie des instructions que votre Président vous a données et que vous venez de me montrer» (Rapport Lardy du 4 novembre 1905, AFS dossier 1902/06).

27 Rapport Lardy du 7 février 1906 (AFS dossier 1902/06).

28 Cité d'après la note provisoire que Révoil présenta au Conseil fédéral avant sa démarche officielle (procès-verbal du 4 janvier 1907, AFS 1004 vol. 27).

ciales qui lient nos départements voisins à ce pays; enfin la nécessité de faire contrepoids aux influences européennes rivales et d'éviter une rupture d'équilibre qui, en cas de complications, pourrait nous porter le plus grave préjudice.»[29]

Malgré ce plaidoyer, on était encore loin d'une entente. Au Sénat, la Commission du budget – présidée par Gauthier! – avait repris l'idée du Mont-Blanc. Et d'après Louis Barthou, ministre des Travaux publics depuis le 14 mars 1906, la ligne Pontarlier–Neuchâtel–Lötschberg–Simplon constituait un accès suffisant aux besoins de la France. C'est la France qui prit en 1907 l'initiative de mettre un terme à la controverse toujours vive sur l'accès occidental au Simplon; cette initiative déboucha en janvier 1908 sur des préliminaires qui furent acceptés par les deux parties; on fixa la date du début des négociations au 16 mars 1908. La France avait appelé cette conférence de ses vœux, bien qu'elle ne fût pas particulièrement intéressée à la réalisation de la ligne du Mont-d'Or. Quant à la Suisse, elle concéda que la ligne de la Faucille serait également incluse dans le programme des négociations: c'était prendre peu de risques, d'autant que les préliminaires prévoyaient expressément que l'admission de ce principe n'impliquait pas l'exécution simultanée de ces deux lignes. Mais du côté français, on n'était pas intéressé non plus par la ligne de la Faucille. Et le fait de demander le raccordement, à Genève, de la gare Cornavin à celle des Eaux-Vives ne constituait en fait qu'une condition accessoire.[30] La véritable concession qu'on voulait arracher à la Suisse en contrepartie de la réalisation de la ligne du Mont-d'Or, c'était la construction d'un tunnel entre Moutier et Granges, pour raccourcir la voie d'accès au Lötschberg. Ce raccourci était déjà envisagé par Wilhelm Teuscher, et le Parlement fédéral avait déjà accordé en novembre 1903 la concession correspondante. Il faut se demander pourquoi la France s'employa subitement à l'amélioration de la ligne du Lötschberg, elle qui jusqu'ici avait voulu en empêcher la construction.

Le 2 juin 1906 – quelques jours après l'ouverture du tunnel du Simplon –, le comité bernois de promotion, après s'être vu refuser tout soutien des *Chemins de fer Fédéraux* (C.F.F.) et des banques cantonales, arrêta à Paris avec la banque *J. Loste & Cie* un programme de financement de la ligne du Lötschberg. Loste avait déjà fait une première offre en août 1904. Sur une créance totale de quarante-cinq millions, Loste souscrivit cette fois, en 1906, pour onze millions d'actions privilégiées, et la *Société Centrale du Syndicat des Banques de Provence* pour sept millions. En plus, les deux banques souscrivirent la plus grande partie des quarante-quatre millions d'obligations. Huit des vingt-sept membres du conseil d'administration de la *Compagnie Berne-Lötschberg-Simplon* (B.L.S.) représentèrent les capitaux français. J. Loste devint deuxième vice-président et, avec C. Petit, membre du comité de direction. La construction de la ligne Frutigen–Brigue fut confiée à *l'Entreprise Générale du chemin de fer des Alpes Bernoises,* consortium entièrement composé d'entrepreneurs français. Le percement du tunnel du Lötschberg, inauguré en juin 1913, fut commencé en octobre 1906.

29 Révoil à Pichon, 23 février 1907 (AMAE, NS 13, p. 5).
30 Pour la question des gares de Genève, voir Lacher, op. cit. p. 386.

Cet engagement explique, au moins dans une large mesure, l'exigence présentée à la conférence de mars 1908 d'une amélioration de l'accès au Lötschberg. Dervillé, Président du conseil d'administration du *P.L.M.*, supposa qu'il s'agissait moins de l'amélioration de l'accès au réseau de la *Compagnie de l'Est*, que des intérêts des gros actionnaires français qui étaient partie prenante au Lötschberg: «La maison Loste a derrière elle, comme actionnaires, de gros entrepreneurs français qui ont réussi à intéresser un ministre à leurs actions du Lötschberg.»[31] Joseph Caillaux, ministre des Finances, reconnaissait ces intérêts, mais il replaçait les exigences françaises dans leur contexte général et permanent: la concurrence franco-allemande. La coopération avec la Suisse devait permettre d'enlever à l'Allemagne le trafic anglais et de le canaliser de Calais par Delle–Lötschberg–Simplon. A Paris, il chargea le ministre suisse de la mission suivante: «Dites bien au Conseil fédéral que nous attachons le plus grand prix au Granges–Moutier. La ligne par Vallorbe est intéressante, mais elle n'ajoute rien au trafic des chemins français. Le Granges–Moutier au contraire, attirera sur les rails français du trafic belge, qui gagne aujourd'hui le Gothard par le Luxembourg et l'Alsace-Lorraine. Il existe à cet égard des tableaux graphiques très suggestifs. – En outre, d'importants capitaux français sont engagés dans le Lötschberg et nous désirons leur apporter du trafic alors qu'il n'y a pas de capitaux français engagés dans le Gothard. (...) Le Granges–Moutier est pour nous bien plus important que le Frasne–Vallorbe, parce qu'il attirera du trafic nouveau sur les rails français, ce que ne fait pas l'autre ligne. Ne manquez pas de dire tout cela à Berne.»[32]

La délégation suisse repoussa fermement l'exigence de dernière minute du percement d'un tunnel Granges–Moutier.[33] Le 23 mars 1908, on interrompit les négociations pour quelques semaines; elles ne reprirent que l'année suivante – du 1er au 10 juin 1909 –, bien que la France eût voulu reprendre les discussions beaucoup plus rapidement, et l'eût exprimé avec force en plusieurs occasions. L'ambassadeur D'Aunay attira vigoureusement l'attention du Conseil fédéral sur le fait que la ligne Delle–Moutier–Granges–Berne–Lötschberg–Simplon se réaliserait de toute façon, que le Conseil fédéral pourrait, mais seulement dans la phase actuelle, remporter la ligne du Mont-d'Or en échange de son soutien au projet Granges–Moutier, et que le Lötschberg, liaison la plus courte avec l'Italie, gagnerait une guerre des tarifs avec le Saint-Gothard.[34] A Paris, Barthou, devenu entre temps le champion du tunnel de Granges et qui voulait donc bien s'accommoder du Mont-d'Or, pressa ainsi le représentant suisse: «Je ne fais pas de phrases diplomatiques. Je désire la construction rapide du Frasne–Vallorbe; la Fau-

31 Rapport Lardy du 8 avril 1908 (AFS dossier E 53/113).

32 Idem. Voir aussi le rapport du 10 mars 1908 (AFS dossier E 53/113). Le 14 mars 1908 la Berner Alpenbahn-Gesellschaft déposa une demande dans le même sens.

33 La délégation française demanda non seulement la concession de la ligne de Moutier à Granges, et de son développement vers Lyss, mais aussi «des partages équitables de trafic» qui faciliteraient l'exécution et l'exploitation de cette ligne. Le Conseil fédéral considéra cependant cette question comme une affaire intérieure qui ne pouvait pas être objet d'un traité international (procès-verbal du 20 mars 1908, AFS 1004 vol. 231).

34 D'Aunay à Pichon, 2 février 1909 (AMAE, NS 14, p. 10).

cille est déraisonnable et ne se fera pas; elle est enterrée aujourd'hui et probablement pour toujours. D'autre part, il me faut la ligne Moutier–Granges–Lötschberg aussi directe que possible, pour donner satisfaction à l'Est et attirer en France une partie du trafic qui passe actuellement par le Luxembourg et l'Alsace.»[35]

En mars 1909, le Conseil fédéral accorda finalement au *B.L.S.* la concession du tunnel de Granges, et le 3 juin 1909, les *C.F.F.* donnèrent – à contrecœur – leur accord sur le partage du trafic qui déroutait 70% de la circulation, pour laquelle la ligne Moutier–Granges serait plus avantageuse, par la ligne semi-privée du Lötschberg–Simplon, au lieu d'emprunter la ligne fédérale du Saint-Gothard. Après tous ces accommodements, la conférence proprement dite n'était presque plus qu'une formalité. Certes, la France voulut au début faire adopter un autre raccourci entre Granges et Lyss, mais cette exigence fut repoussée en prenant argument de la ville de Bienne qui ne voulait pas être contournée. Le résultat de la conférence fut consigné dans le traité des 29 et 30 décembre 1909. Le projet de la Faucille, bien que le Conseil fédéral en eût levé tous les obstacles au cours de la deuxième conférence, ne fut pas réalisé. Par contre, la ligne Granges–Moutier et la ligne Frasne–Vallorbe furent toutes deux mises en service en 1915 et furent construites exclusivement avec de l'argent français.[36]

On peut conclure que la ligne Frasne–Vallorbe doit sa réalisation en grande partie à l'intérêt de la France pour la ligne Granges–Moutier–Delle, et que l'intérêt pour cette ligne fut éveillé par la construction initialement combattue du tunnel du Simplon et de sa voie d'accès par le Lötschberg. Cet intérêt, qui était nourri par l'intention de concurrencer le trafic allemand, effaça l'esprit de concurrence et aboutit à la volonté de coopérer[37], et aux raccourcis des lignes vers Dijon (par Vallorbe) et vers Belfort (par Delle). Et pourtant, quand l'Alsace-Lorraine revint à la France en 1918, les lignes par Vallorbe et par Delle perdirent de l'importance, et c'est Bâle qui redevint le principal passage du trafic ferroviaire franco-suisse.

35 Rapport Lardy du 14 avril 1908 (AFS dossier E 53/111). La solution visée par la France tenait compte d'une certaine symétrie intérieure: pour le P.L.M. le Frasne–Vallorbe, pour la Cie de l'Est le Moutier–Granges.

36 En 1911, la Société France-Suisse de construction, ligne Moutier–Longeau, Prud'homme, Rothpletz et Cie, presqu'identique avec le consortium français, qui était engagé au Lötschberg, se déclara prêt à construire le tunnel Granges–Moutier, pour 18,5 millions. J. Loste et Cie en participat avec sa nouvelle société Crédit Français, la Compagnie de l'Est souscrit des actions pour 10 millions. En ce qui concerne la ligne Frasne–Vallorbe: en 1910, le coût de la construction était calculé à 29 millions. Le canton de Vaud y participa avec 2 millions (Felix Bonjour, Les Souvenirs d'un journaliste, 1904. Lausanne 1931. t. II, p. 73).

37 Louis Eisenmann, chargé de cours à la Faculté de lettres de Dijon, avait exprimé cette volonté déjà avant la reprise des délibérations par les phrases suivantes: «On a signalé plus d'une fois, et sans bienveillance, la singularité de cette situation: la Suisse réclamant à la France Frasne–Vallorbe, ligne française, la France exigeant de la Suisse Moutier–Granges, ligne suisse; chacun des deux pays tenant – ou croyant tenir – bien moins à la ligne qui est chez lui qu'à celle qui est chez le voisin. Ne doit-on pas plutôt voir dans cette formule qui semble paradoxale, le symbole de l'étroite et profonde solidarité qui, dans toute cette affaire du Simplon, unit, confond les intérêts de la France et ceux de la Suisse?» (Revue Politique el Parlementaire, avril 1909. p. 23).

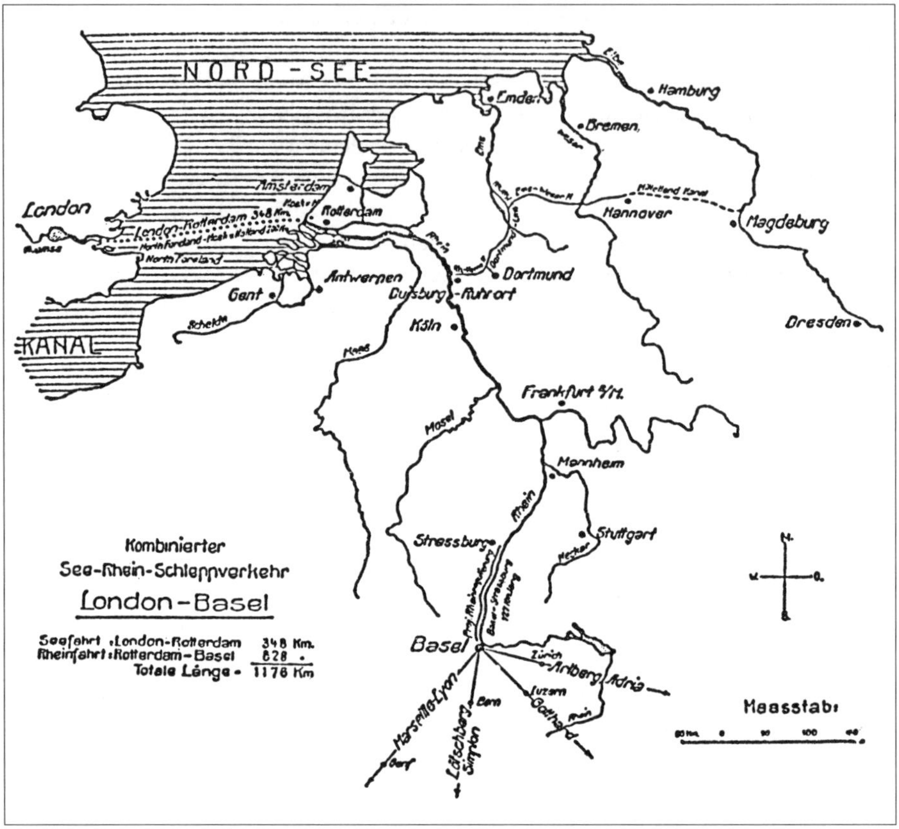

Man kann, wie mit dieser Karte, die kontinentale Erschliessung betonen, man kann aber auch – gemäss der Formel «das Tor zur Welt» – die entgegengesetzte Verkehrsrichtung hervorheben (Karte: Die Rheinquellen, Oktober/Dezember 1918. S. 153).

L'accès à la mer: le cas de la Suisse

Par accès à la mer, on pense dans le cas de la Suisse avant tout à l'accès fluvial, plus précisément par le Rhin, un accès qu'il fallut assurer aussi bien par des moyens juridiques que techniques. L'aménagement et l'exploitation proprement dits de la voie fluviale ne représentent qu'un aspect de la problématique. Si l'on comprend par «accès à la mer» aussi la possibilité pratique d'utiliser les mers comme voies de communication, la question s'élargit considérablement: la Suisse devait et doit entretenir sa propre flotte si elle ne veut pas dépendre de celles d'autres nations.

La littérature existante permet aisément de se faire une opinion sur les développements qu'ont connus ces deux domaines: l'utilisation du Rhin et celle des mers. Quelles recherches pourrait-on entreprendre encore qui iraient au-delà de ces travaux? Quelles sont les questions à traiter pour approfondir nos connaissances? Celles que nous allons pouvoir aborder ne nous rapprochent pas de la mer mais au contraire nous en éloignent. Elles nous ramènent en premier lieu à la diplomatie suisse et à l'esprit d'entreprise privé: dans quelle mesure et de quelle façon ont-ils défendu les intérêts de la Suisse? Puis elles pourraient avoir trait à un domaine plus général, celui du développement du droit international de la navigation fluviale et maritime, et de son respect ou non-respect. L'utilisation libre des ports maritimes étant un aspect particulier (mais aussi important pour l'accès à la mer) ne peut pas être traité dans le cadre de cet article.

La navigation sur le Rhin

Théoriquement, la Suisse dispose de quatre voies d'accès à la mer, que les documents officiels rappellent volontiers: du Rhin, du Rhône, du Pô (par le Tessin) et du Danube (par l'Inn). En pratique, seul le Rhin a joué et joue un rôle, si l'on excepte l'accès modeste par le système des canaux français. Au cours des premières décennies de notre siècle, il était pourtant sérieusement question de rendre également le haut Rhône entre Genève et Lyon accessible à la grande navigation.[1] Après la Première Guerre mondiale, la Suisse caressait même l'espoir que les Américains financent ce projet, dans l'idée (propagée par la Suisse) qu'un tel raccordement resserrerait les liens entre la Suisse et

1 Une partie de la liaison entre le lac de Neuchâtel et le lac Léman a été construite au XVIIe siècle déjà sous le nom de canal d'Entreroches. En 1983 encore, le désir a été formulé en Suisse romande que ce canal transhelvétique soit aménagé définitivement. – Jürgen Zimmermann, Canal d'Entreroches – ein Stück Schweizer Binnenschiffahrtsgeschichte. Dans: Strom und See. Zeitschrift für Schiffahrt und Weltverkehr, April/Mai 1988. pp. 39–41.

la France et que la Suisse ne dépendrait plus uniquement du Rhin, donc de l'Allemagne.[2] Pour la Suisse, l'accès à la mer n'est pas un cadeau tombé du ciel ou offert par la terre. La nature et la géographie ont évidemment créé les conditions minimales mais il revenait à la Suisse de les mettre en valeur et de les exploiter judicieusement avec les moyens typiques dont dispose un petit état, c'est-à-dire l'esprit d'entreprise, la défense acharnée de son point de vue juridique et l'habileté diplomatique.

L'histoire de la navigation suisse sur le Rhin commença au Moyen Age déjà, mais la grande navigation fluviale ne fut introduite sur le haut Rhin qu'après 1900.[3] Elle prit son origine tout d'abord dans l'esprit d'entreprise commercial et ne fut portée qu'ensuite par des arguments politiques et relevant du droit des gens. La Suisse ne s'intéressa pas aux premières réglementations du statut du Rhin au niveau du droit des gens. L'intérêt suscité par le libre accès à la mer ne s'éveilla qu'au moment où les marchés s'élargirent et les moyens de transport s'améliorèrent. C'est pourquoi elle ne songea pas à devenir partie prenante dans les règlements de 1814–1815 qui jetèrent les bases juridiques de la navigation fluviale rhénane moderne. Il est en revanche plus difficile à comprendre pourquoi en 1869, au moment de la révision de la réglementation de la navigation de 1831, la Suisse omit apparemment de demander à être reconnue officiellement comme Etat riverain et admise au sein de l'autorité de surveillance, la Commission centrale. Cette attitude demeure d'autant plus incompréhensible que des bateaux à vapeur pour le transport des voyageurs et des marchandises circulaient depuis 1832 sur le haut Rhin jusqu'à Bâle et que l'Etat fédéral créé en 1848 poursuivait une politique extérieure mieux structurée que la Confédération d'Etats ne l'avait fait jusqu'alors.

En 1903, lorsque la navigation à vapeur fut reprise sur le trajet Strasbourg–Bâle après une interruption de plus d'un demi-siècle, la Suisse s'efforça d'obtenir son admission dans le groupe des Etats riverains du Rhin. L'Allemagne, de son côté, tenta d'em-

2 En septembre 1918, le ministre de Suisse à Washington fut chargé de rappeler aux Américains ce qui suit: «Comme suprême argument, et pour obtenir une promesse efficace, vous pourriez rappeler au chef du Gouvernement américain que, dans le passé, la Suisse a offert aux Etats-Unis la liberté de la pensée en lui donnant le calvinisme et qu'aujourd'hui sa patrie, qui a progressé grâce à ce don inestimable, est en mesure d'acquitter une partie de sa dette en donnant à son tour à la Suisse la liberté des mers qui est indispensable à ce pays pour continuer à vivre» (DDS, vol. 7.1, n° 85, annexe). Voir aussi DDS, vol. 6, n° 448.

3 Pour l'histoire générale: Paul Koelner, Die Basler Rheinschiffahrt vom Mittelalter zur Neuzeit. Bâle 1918. – Hansrudolf Schwabe, Die Entwicklung der Schweizerischen Rheinschiffahrt 1904–1954. Bâle 1954. – Littérature juridique: J. Valloton, La Suisse et le droit de libre navigation sur les fleuves internationaux. Lausanne 1914. – Rudolf Baumgartner, Die Freiheit der Rheinschiffahrt. Ein Beitrag zur Rechtsgeschichte des internationalen Stromschiffahrtsrechtes. Berne 1926 (Thèse). – Pierre Albert Chiesa, Le régime international du Rhin et la participation de la Suisse. Montreux 1952 (Thèse Genève). – Charles-Antoine Ferrier, La liberté de navigation sur le Rhin de Bâle à la mer. Winterthur 1955 (Thèse Berne). – Herbert Kraus et Ulrich Scheuner, Rechtsfragen der Rheinschiffahrt. Questions juridiques relatives à la navigation du Rhin. Francfort 1956. – Walter Müller, Die Freiheit der Rheinschiffahrt in Gefahr. Grundsätzliche Betrachtungen zum Kampf um die Freiheit der Rheinschiffahrt und zur Stellung der Schweiz als Rheinuferstaat. Bâle 1953 (supplément de Strom und See, décembre 1953). – Lucius C. Caflisch, Land-locked states and their access to and from the sea. Dans: The British Year Book of International Law. 1978. pp. 71–100.

pêcher toute réactivation de la grande navigation sur le haut Rhin. La ville de Strasbourg, allemande à cette époque, ne voulait pas que son port perde son statut de dernière étape et les chemins de fer allemands craignaient que la navigation fluviale ne leur fasse perdre une partie du transport des marchandises, d'autant plus qu'il n'était pas à exclure qu'au cours des années le transport fluvial serait développé jusqu'au lac de Constance. Aux environs de 1850, les lignes de chemin de fer construites de part et d'autre du Rhin, plus rapides et meilleur marché, entraînèrent la disparition des bateaux à vapeur. Ce ne fut qu'avec l'apparition du transport de grande envergure des biens de masse (plus spécialement du charbon du bas Rhin pour la production de gaz et d'électricité du haut Rhin) que la Suisse s'intéressa à nouveau aux possibilités de transport par le Rhin.

A la même époque où les grands fleuves internationaux gagnèrent en importance pour la grande navigation, ils devinrent intéressants aussi pour le marché de l'énergie électrique. Les nouvelles possibilités de transporter à grande distance de l'énergie électrique à haute tension firent que l'on s'intéressa à l'exploitation des forces hydrauliques aussi ou tout spécialement des grands fleuves internationaux. Ce mode d'exploitation, pourtant, aurait entravé la navigation fluviale par les constructions qu'il nécessitait. Au moyen de canaux et l'aménagement d'écluses, il aurait été possible – sur le plan technique – de résoudre le conflit de manière à rendre possible les deux modes d'exploitation. C'est pourquoi on projeta d'ailleurs peu après 1900 la construction d'un large canal latéral sur le trajet Strasbourg–Bâle. Une telle solution aurait également permis le contournement du seuil d'Istein situé sur le lit naturel. Un projet combiné de canal et d'usine hydroélectrique avait déjà été élaboré de 1909–1912 à l'époque du régime allemand, puis repris en automne 1918. Selon l'article 358 du Traité de Versailles de 1919, l'Allemagne fut tenue de remettre tous ses plans à la France à son tour désireuse de réaliser le même projet.

La Suisse n'aurait eu aucune objection à formuler contre cette solution si deux conditions avaient été remplies. Premièrement un tel canal devait jouir, à l'instar du lit naturel, d'un statut international et, deuxièmement, l'utilisation de la voie de déviation ne devait pas être plus onéreuse. Comme pourtant la garantie de ces deux conditions semblait incertaine, la Suisse fit valoir la Convention de Vienne de 1815 en défendant jusqu'en 1921 son droit d'utiliser le cours naturel du fleuve.

Les démarches entreprises de 1904 à 1918 auprès de l'Allemagne échouèrent, bien que la Suisse se basât sur les dispositions relevant du droit des gens et le principe de bon voisinage.[4] Le Reich fondait son opposition à l'entrée de la Suisse dans le groupe des Etats riverains sur l'argument que cette question ne relevait pas de la compétence

4 Les documents les plus importants se trouvent dans: Documents diplomatiques suisses (DDS). vol. 5. 1904–1914. Berne 1983. Publ. par Herbert Lüthy et Georg Kreis. – Ouvrage contemporain: Johann Frei, Die wirtschaftliche Bedeutung der Rheinschiffahrt für die Schweiz und die Gründung einer schweizerischen Rhein-Handelsflotte. Frauenfeld 1914 (Thèse Berne). – Au vue de l'opposition allemande, la Suisse adopta le point de vue que le Traité de Vienne de 1815 lui accordait le droit à la libre navigation même si elle n'avait pas participé aux contrats de 1831 et 1868. Pour la période de la guerre: DDS. vol. 6. Berne 1981. Publ. par Jacques Freymond et autres.

de l'Empire allemand nouvellement créé en 1871, mais des Etats signataires de la Convention de Mannheim de 1868, c'est-à-dire Bade, la Bavière, la Hesse, la Prusse et la Hollande (la France fut exclue en 1871). En réalité, l'Allemagne craignait que la Suisse et la Hollande ne deviennent prépondérantes au sein de la Commission centrale.[5]

Au contraire, les démarches entreprises de 1919 à 1922 auprès de la France et de ses alliés furent fructueuses[6] et la Suisse admise dans la Commission centrale où l'article 355 du Traité de Versailles lui accordait deux sièges[7], à la condition toutefois qu'elle accepte les droits concédés à la France par l'article 358, soit premièrement de «prélever l'eau sur le débit du Rhin, pour l'alimentation des canaux de navigation et d'irrigation construits ou à construire, ou pour tout autre but», et deuxièmement «d'aménager le fleuve pour produire de l'énergie hydraulique». Initialement, la Suisse avait l'intention de rejeter tout le projet de canal car les huit paliers munis d'écluses risquaient de perturber par trop le trafic et l'irrigation prévue pour l'agriculture alsacienne pouvait entraîner des conséquences difficilement estimables. Finalement, grâce à ses efforts diplomatiques, elle réussit à obtenir de la France trois concessions importantes. Cette dernière acceptait que le canal latéral prévu sur le territoire alsacien, donc français, soit soumis, comme le cours naturel du fleuve, au régime international, c'est-à-dire à la Commission internationale du Rhin; que l'utilisation du canal ne soit pas plus onéreuse que celle du Rhin, donc gratuite; que la construction du canal s'accompagne, voire soit précédée de travaux de régularisation et d'amélioration du lit naturel. Après que la France eût donné son accord, la Suisse fut prête elle aussi à accepter les conditions prévues par le Traité de Versailles. Ce ne fut qu'à ce moment qu'elle adhéra comme membre régulier à la Commission centrale où, en raison de ses réserves, elle n'avait pu ou voulu participer jusque-là qu'en qualité d'observatrice.

Comment expliquer ce succès remarquable de 1921–1922? Plusieurs raisons peuvent être évoquées. Tout d'abord, ce résultat réjouissant pour la Suisse fut le fruit d'une diplomatie attentive, habile et tenace. Attentive notamment parce qu'en novembre 1918, quatre jours seulement après l'armistice franco-allemand, le Conseil fédéral décida de soumettre la question de la libre navigation sur le Rhin à la Conférence de la paix. Cette rapidité de décision tranchait avec l'indolence qui, en 1868, fit que l'on laissa passer la conclusion de l'Acte de Mannheim. Habile parce que l'on ne s'était pas contenté de développer seulement le point de vue juridique mais qu'on s'était démarqué de façon plutôt opportuniste de l'Allemagne en déclarant que la liberté de naviga-

5 W. J. M. van Eysinga, La Commission centrale pour la navigation du Rhin. Leyde 1935.

6 Les documents les plus importants sont dans DDS. vol. 7.1, 7.2 et 8. Berne 1979. 1984 et 1988. Publ. par Antoine Fleury et autres. – En complément et avec un historique substantiel: Antoine Fleury, Le statut du Rhin et les relations franco-suisses après la Première Guerre mondiale. Dans: Aspects des rapports entre la France et la Suisse de 1933 à 1939. Neuchâtel 1982. pp. 137–153. – Ouvrages contemporains: De la Suisse à la mer, édition spéciale de la revue Schweizerland, septembre 1920. – Feuille fédérale 11, 1922. pp. 997–1065. – Jean Richard Frey, Die Rheinschiffahrt nach Basel. Zurich 1926.

7 La France et l'Allemagne obtinrent quatre sièges chacune; la Grande-Bretagne, l'Italie, la Belgique et les Pays-Bas chacun deux sièges; les Pays-Bas purent s'en ménager un troisième par la suite.

tion sur le Rhin délivrerait la Suisse des griffes de l'Empire allemand pour la conduire dans les bras de la France[8], qu'outre le Rhin le Rhône allait être utilisé aussi comme voie de liaison, ce qui favoriserait les échanges commerciaux avec l'Afrique du Nord française, etc. ... Autre preuve de l'habileté diplomatique: les tentatives d'atteindre son but par l'intermédiaire d'autres puissances occidentales telles que la Grande-Bretagne et les Etats-Unis, mais qui demeurèrent sans résultats car les alliés, considérant que cette question relevait uniquement de la France, se montrèrent peu enclins à s'en mêler. Finalement, une preuve de ténacité: la Suisse ne se contenta pas d'adhérer à la Commission centrale aux conditions proposées, préférant même y renoncer tant que les différents points litigieux ne seraient pas réglés dans le sens souhaité.

Ce résultat réjouissant pour la Suisse trouve également son explication dans la disposition de la France à reconnaître des conditions relevant clairement du droit de gens. Si le Reich était sorti vainqueur de la guerre, ni l'attention, ni l'habileté, ni la ténacité n'auraient suffi pour obtenir gain de cause. En effet, comme nous l'avons relevé plus haut, l'Allemagne avait manifesté avant 1914 déjà son opposition aux revendications suisses. La garantie de la liberté de navigation fixée dans les contrats de 1814–1815 se maintint avec une vigueur étonnante. Elle acquit la valeur d'un principe général du droit des gens pouvant être revendiqué en tout temps par chacun à l'égard de chacun; un principe, donc, que la Suisse pouvait faire valoir même si elle n'avait participé ni à son élaboration ni à son ancrage conventionnel. Sur ce point précis, les contrats de 1814–1815 avaient élevé le «libéralisme» du siècle des Lumières – tel qu'il apparaît en 1792 dans les déclarations du Président américain Jefferson ou du Conseil exécutif français – au rang de principe du droit des gens.[9] La foi dans le progrès, tel qu'il se développera très fortement au cours du XIXe siècle, trouve son expression déjà dans le Contrat de Paris de mai 1814, l'article 5 relevant qu'il s'agit «de faciliter les communications entre les peuples et les rendre toujours moins étrangers les uns aux autres». Il s'agissait, en fait, tout d'abord qu'aucun Etat ne soit écarté pour des raisons d'ordre politique, que tous les utilisateurs du Rhin jouissent du même statut et que (ainsi que le prévoit l'Acte de Mannheim de 1868 dans son article 30) les Etats riverains n'entravent pas la navigation par la construction de ponts et de moulins. Ces dispositions se-

8 Le mémoire de janvier 1918 (DDS 7.1, n° 85, annexe) mentionne par exemple: «Une large utilisation de la voie navigable du Rhin pour les échanges de la Suisse avec l'Europe septentrionale et occidentale fournira à ce pays un moyen simple et pratique devant lui permettre d'échapper à l'emprise de l'Allemagne. L'Entente a donc un intérêt marqué à favoriser l'essor des relations de la Suisse avec le reste de l'Europe par ce mode de locomotion.» – Avant la guerre, en 1914, l'argumentation était plus neutre: «L'importance remarquable du Rhin en tant que route commerciale internationale réside dans le fait que le Rhin représente la meilleure voie de communication entre les zones d'influence des ports hollandais et belges de Rotterdam, Amsterdam et Anvers et le port méditerranéen de Gênes, qu'il touche des régions industrielles et minières hautement développées, qu'il établit la liaison la plus rapide possible avec la riche Italie, l'Orient et le canal de Suez» (Frei, voir note 4, p. 10.)

9 Arrêt du Conseil exécutif du 16 novembre 1792: «... Une nation ne saurait, sans injustice, prétendre au droit d'occuper exclusivement le canal d'une rivière et d'empêcher que les peuples voisins qui bordent les rives supérieures ne jouissent des mêmes avantages.»

ront également étendues plus tard aux usines hydroélectriques. Au reste, le Traité de Vienne ne devint pas seulement l'acte fondamental de la navigation sur le Rhin, il constitua également la base pour la réglementation de la navigation sur le Danube en 1856 et pour le Niger et le Congo en 1885. Le droit du libre accès aux mers fut repris par Wilson en 1917 dans son programme politique. La Suisse ne manqua pas de s'en prévaloir pour étayer son argumentation, en avançant que le Président américain avait appuyé le principe de la navigation libre.[10]

Enfin, un grand avantage pour la Suisse résulta du fait que le projet de canal français n'était pas réalisable sans entraîner un remous touchant le territoire suisse. Ce remous, qui aurait pu provoquer des inondations à Bâle en cas de hautes eaux, pesa d'un poids considérable dans la balance des tractations et fortifia la position plus faible en de nombreux points de la Suisse. Cette dernière avait encore pour elle son haut niveau de connaissances techniques (une caractéristique qui apparaît fréquemment), de sorte que la France se rendit compte qu'au-delà de tout contentieux juridique il était plus profitable pour elle de favoriser la coopération plutôt que de rechercher la confrontation.[11] L'accord de principe de 1921–1922 ne supprima évidemment pas toutes les controverses. Dans la poursuite de pourparlers, la Suisse se rapprocha à nouveau de son voisin allemand dans une alliance des deux faibles contre le plus fort.[12] C'est ainsi que les parties ne réussirent que difficilement à s'entendre si par internationalisation il ne fallait entendre que la surveillance internationale ou l'exploitation par une société internationale. Pour les questions de financement aussi le consensus devait encore être trouvé. La construction du canal de Kembs, le premier des huit biefs du grand canal d'Alsace, qui permet le contournement de la barre rocheuse d'Istein, fut achevée en 1932.

La navigation en haute mer

En 1914, on pouvait lire dans un ouvrage suisse que «l'arme offensive principale» pour faire reconnaître son droit à la libre navigation sur le Rhin serait pour la Suisse la création de sa propre flotte rhénane.[13] Une même remarque pourrait être valable pour la

10 En janvier 1919, la Suisse rappela aussi à l'intention de la France «... des promesses publiées au cours de la guerre par les défenseurs victorieux des principes de justice et de liberté, quand ils ont proclamé nettement les droits des petites comme des grandes nations et le libre accès de tous les peuples à la mer» (DDS, vol. 7.1, n° 129). – Concernant la situation pendant la guerre: en 1914–1916, le cours supérieur du Rhin fut fermé à toute navigation civile; en 1917–1918, la navigation put être rétablie. Pendant la Deuxième Guerre mondiale, il y eut des fermetures en 1939–1940 puis 1944–1946. Hansrudolf Schwabe (voir note 3) constate: «[Der Rhein] konnte damit seine Dienste für die Versorgung unseres Landes mit lebenswichtigen Rohstoffen und Konsumgütern gerade in einer Zeit, da er am nötigsten gewesen wäre, nicht erfüllen» (p. 190).

11 Fleury (voir note 6), pp. 152s.

12 On trouve les documents les plus importants dans DDS. vol. 9 (1925–1929). Berne 1980. Publ. par Walther Hofer et Beatrix Mesmer.

13 Frei (voir note 4), p. 46.

navigation en haute mer aussi. Pourtant les premiers bateaux battant pavillon suisse ne sillonnèrent les mers qu'à partir de 1941, non pas que la Suisse n'aurait jusque-là pas disposé de bateaux ou que d'autres puissances s'y seraient opposées. Ainsi, par exemple, au XIXe siècle déjà, un agent d'émigration et armateur de Saint-Gall exploitait à Anvers une compagnie de navigation «White-Cross-Line», mais sa flotte forte de trente bateaux à voile et à vapeur battait pavillon belge.[14] Bien que la Première Guerre mondiale ait déjà fait apparaître la nécessité pour la Suisse de disposer de sa propre flotte pour assurer et garantir ses transports d'outre-mer, elle n'en tira pas les conséquences nécessaires. L'utilité d'un pavillon ne lui paraissait pas assez grande et l'avis prévalait que si le besoin se faisait sentir, celui-ci ne serait qu'occasionnel et pourrait dès lors être couvert par des bâtiments affrétés auprès de compagnies étrangères. La Suisse ne disposait pas de législation maritime et ne voulait pas établir de codification pour des situations d'exception, partageant sans doute cet avis dépassé selon lequel les Etats non côtiers disposant de leurs propres bateaux étaient dans l'impossibilité d'entretenir valablement le contact avec ceux-ci et les ports.

Cette attitude de refus était si marquée que même en 1939 les autorités suisses ne jugèrent pas nécessaire d'entrer en discussion sur une proposition avantageuse émanant d'une entreprise privée. Ce n'était pas le fruit du hasard si cette proposition émanait d'une compagnie de navigation bâloise qui disposait d'une importante flotte naviguant sur le Rhin et de deux bâtiments battant pavillon hollandais qui faisaient du cabotage jusqu'en Pologne. Les autorités se cantonnèrent dans l'idée d'affréter des bâtiments auprès d'un Etat neutre qui promettrait formellement de ne pas nationaliser les bateaux en cas de guerre. Etant donné qu'aucun accord dans ce sens ne put être obtenu d'un pays scandinave, la Suisse s'entendit avec la Grèce. En septembre 1939, l'Office des transports de guerre suisse conclut un contrat avec un armateur grec par l'intermédiaire d'un courtier londonien et portant sur l'affrètement temporaire de quinze bateaux.

Lorsqu'en octobre 1940 la Grèce eut été entraînée dans la guerre par l'agression italienne, ses bateaux furent interdits de navigation en Méditerranée et ne purent plus accoster dans les ports italiens. La Suisse eut la possibilité d'acquérir une partie de ces navires et de les faire naviguer sous son pavillon. Encore lui manquait-il une loi nationale de navigation maritime. On évalua à nouveau la possibilité (comme en 1917) de reprendre intégralement la loi hollandaise[15], pour préférer finalement élaborer une législation particulière. Sous la pression des événements, une base légale fut mise sur pied en deux semaines à peine, alors que l'on avait prétendu jusque-là qu'un tel travail exigerait un trop grand investissement. La décision du Conseil fédéral du 9 avril 1941

14 Alfred Erhart, Die schweizerische Seeschiffahrt. Zurich 1950. – Le même: Die Schweizer Flagge zur See. Dans: Basler Jahrbuch 1947. pp. 168–191. – Charles Keller, Die Schweizerflagge zur See 1941 bis 1952. Bâle 1955. – Ouvrage populaire: Walter Zürcher, Schweizer Flagge zur See. Die Geschichte der schweizerischen Hochseeschiffahrt. Berne 1986.

15 Eduard His, Rechtsgrundlagen einer schweizerischen Gesetzgebung über die Grossschiffahrt auf internationalen Gewässern besonders auf dem Rhein. Zurich 1922.

constitua l'acte de naissance de la flotte maritime suisse.[16] L'Office suisse de la navigation maritime, soumis au Département des affaires étrangères, fut domicilié à Bâle, de même que l'Office du registre des navires suisses soumis au Département de justice et police. Bâle, la ville située sur le Rhin, «le cordon ombilical du droit des gens», devint ainsi le port d'attache de tous les bâtiments de haute mer de la Suisse. La reconnaissance par l'étranger ne sembla poser aucun problème.[17] La même année encore, la Suisse acquit trois bâtiments, un autre s'y ajouta plus tard. Elle affréta également des navires suisses privés, étant donné que la Grande-Bretagne avait interdit le passage de Gibraltar aux transports privés. A la fin de la guerre, la Confédération se débarrassa de tous les bateaux et quitta le cercle des armateurs. Le registre des bateaux et le pavillon suisse cependant demeurèrent. En 1952–1953, la base légale extraordinaire fut transformée en une loi régulière sur la navigation, acceptée ensuite par les deux Chambres.[18]

La situation actuelle

Après la guerre, la flotte maritime suisse ne cessa de s'agrandir. En 1952, elle comptait 36 bateaux d'une capacité de 210 000 t. En 1983, le nombre avait légèrement baissé à 33, mais avec une capacité augmentée à 551 000 t. Au début de 1989 il passa même à 22. Les surcapacités, la concurrence des Jumbo et des équipages à bas salaires ont contraint la Suisse à réduire sa flotte. Comme par le passé, l'avis prévaut que la Suisse doit entretenir sa propre flotte pour pouvoir garantir son approvisionnement. Contrairement à leurs concurrents étrangers, les armateurs suisses ne touchent pas de subventions; ils bénéficient uniquement de cautions de l'Etat pour l'achat de bateaux. La part de la Suisse au tonnage mondial s'élève à environ 0,07%. Cependant sa flotte est la plus grande de celles des Etats non côtiers (environ 30 au total) et occupe le 77e rang (1983: 64e rang) des flottes commerciales du monde entier.

La disposition stipulant que la moitié au moins de l'équipage doit être composée de Suisses s'avère être la plus difficile à respecter. Les Suisses ne représentent aujourd'hui plus que les 18% de l'équipage, 50,6% sont Yougoslaves, 11,9% Italiens, 8,3% Chiliens, 4,4% Polonais et 4,2% Espagnols. Dans le but de s'approcher à nouveau du contingent prévu le Conseil fédéral a adressé le 22 février 1989 un message aux Chambres en leur demandant d'accorder de 1990 à 1994 un montant annuel de 4 millions de francs sous forme d'aide financière aux marins suisses qui sont prêts à servir sur un na-

16 La décision se base sur l'article 24ter de la Constitution fédérale, introduit en 1919 et qui remet à la Confédération le soin de légiférer sur la navigation. Une autre base est constituée par la loi fédérale du 1er avril 1938 concernant le transport de marchandises en cas de menace pour l'approvisionnement du pays.

17 En 1921, la Conférence internationale des transports réunie à Barcelone avait assuré que tous les Etats participants «reconnaissent le pavillon des navires de tout Etat qui n'a pas de littoral maritime lorsqu'ils sont enregistrés en un lieu unique, déterminé, situé sur son territoire». Ce principe fut codifié en 1958 et 1982 par des accords complémentaires.

18 Détails dans l'ouvrage de Charles Keller, note 14.

vire suisse, dans le but de compenser la différence entre leur salaire et ceux de la concurrence étrangère qui sont sensiblement plus bas.[19]

La navigation sur le Rhin connaît une très forte surcapacité. Fin 1988, 12 500 navires commerciaux de toutes catégories naviguaient sur le Rhin. La plus grande partie, soit 7000 bâtiments, est exploitée par des Hollandais. Avec ses 241 bateaux qui ont une capacité de 432 797 t (3,5% du trafic rhénan), la Suisse dispose de la plus petite flotte. D'ailleurs seulement 63 sont de «vrais» bateaux suisses, c'est-à-dire de propriété suisse. Dans un protocole additionnel à la Convention de Mannheim de 1868 qui demeure toujours applicable, il a été décidé récemment de réduire la surcapacité en versant des primes pour la mise à la casse de bateaux et en faisant dépendre l'octroi de permis de navigation pour de nouvelles unités de la mise à la casse d'un tonnage de même valeur.[20] Malgré les tendances qui apparaissent à l'intérieur de la Communauté européenne pour supprimer l'Acte de Mannheim dans le but de soumettre la navigation fluviale aussi à son contrôle, le maintien intégral du statut international dans le cadre fixé de cet Acte de Mannheim reste particulièrement important pour la Suisse, étant donné que les autres voies de communication (route, rail, air) seront réglementées à l'avenir par des mesures de la Communauté européenne. La flotte suisse aussi devra se soumettre à une réduction qui permettra de réaliser une amélioration subséquente des gains en réduisant la lutte effrenée des prix entre les armateurs. La Suisse a intérêt à limiter sa capacité parce qu'elle est le seul pays à ne pas offrir de soutien public à sa flotte, ce que d'autres Etats pratiquent couramment, par exemple par la garantie d'un volume de transport couvrant les frais pour la navigation de cabotage, voire par la couverture de déficits.

Quand même, en Suisse, les avis convergent en principe pour le maintien d'une flotte sur le Rhin. Les principaux arguments sont les suivants:

1. 40% du trafic des importations, exportations et du transit passeraient par Bâle, dont plus d'un tiers environ par le Rhin. Comparée aux autres possibilités de transport, la navigation fluviale serait plus avantageuse et permettrait à l'économie suisse de réaliser des économies de 200–500 millions de francs.
2. Le Rhin constitue pour la Suisse la seule voie d'accès aux mers qui lui est assurée par le droit des gens. Cet aspect va donc gagner encore en importance puisque la Suisse n'est pas membre de la C.E. Pour pouvoir rester membre de la Convention de Mannheim de 1868, il faut qu'elle continue à entretenir une flotte sur le Rhin.
3. La navigation sur le Rhin constituerait de loin le moyen de transport le plus respectueux de l'environnement. Si le facteur de consommation de carburant pour le transport d'une tonne de marchandise est de 1,0, il se situe à 1,5 pour le rail et à 5,5 pour la route. De plus, le transport par bateau de marchandises dangereuses serait plus sûr.

19 Message du Conseil fédéral du 22 février 1989. Les marins suisses doivent, quand ils touchent la subvention, s'engager à un service minimal de six mois et à rester à disposition pendant cinq ans pour une mobilisation éventuelle en cas de crise ou de guerre.

20 Message du Conseil fédéral du 16 août 1989.

Il faut compléter ces indications concernant la situation actuelle par le renvoi à un autre problème devenu de plus en plus aigu au cours de ces dernières années: l'utilisation abusive du Rhin comme canal d'évacuation des eaux usées. Le déversement régulier et irrégulier de déchets chimiques toxiques par des entreprises suisses et allemandes, mais aussi de sels potassiques (engrais) par des entreprises françaises en Alsace a pris des dimensions qui exigent la mise sur pied urgente d'une solution sur le plan international. La même remarque est valable pour les autres fleuves et pour les mers. Il me paraît nécessaire de renvoyer aussi à cette problématique dans le cadre d'un colloque sur «La mer et la politique internationale».

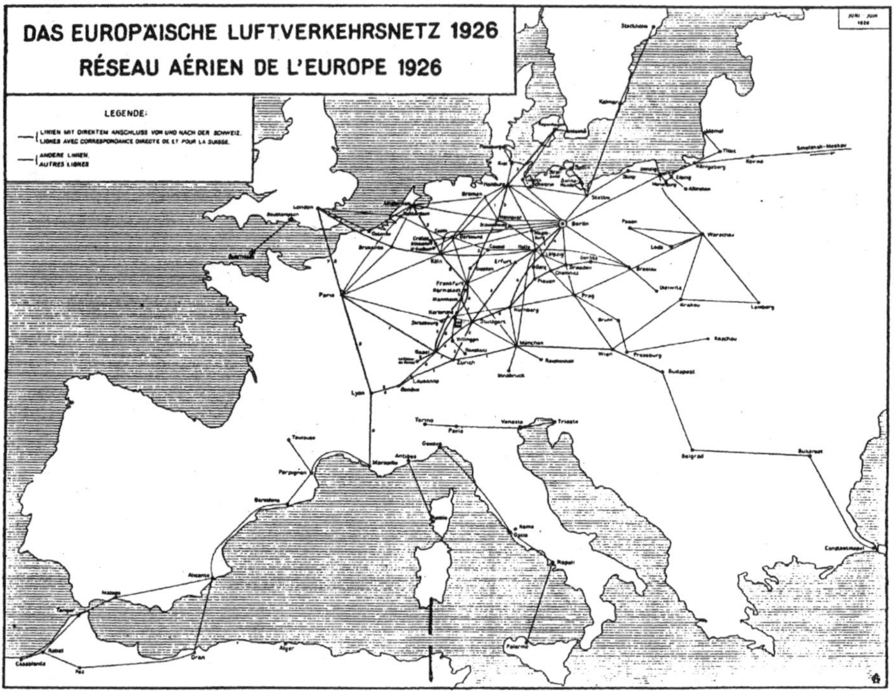

Auffallende Konzentration von Luftverbindungen im nordalpinen und kleinstaatlichen Europa (inklusive der Schweiz) sowie entlang der Meeresküsten (zeitgenössische Karte).

Die Anfänge des internationalen Luftverkehrs

Die Aviatik-Literatur insbesondere der ersten Generation ergeht sich gerne in der Darlegung der technischen und betrieblichen Entwicklung des Flugwesens. Sie folgt dem Muster der Pionier-, Ausbau- und Erfolgsgeschichten, sie zeigt, dass die Apparate immer besser werden und die Betriebe immer mehr leisten, und verkündet das Hohelied von der völkerverbindenden Qualität dieses neuen Vehikels.[1]

Einem anderen, weniger linearen Ansatz folgend, könnte man darlegen, dass die Entwicklung des Flugwesens von mehreren Komponenten abhing und in ihm eine Mehrzahl von Faktoren zusammenkamen, dass insbesondere von zwei Interessenkategorien gewisse Wirkungen ausgingen: 1. von den individuellen wirtschaftlichen Interessen einzelner Unternehmer und Lobbygruppen, die einen bestehenden Bedarf zu decken und einen weiteren Bedarf zu erzeugen suchten; und 2. von kollektiven, eher politischen Interessen, die von der ersten Kategorie meistens als identisch bezeichnet wurden und den Staat veranlassen sollten, für das lokale und nationale Flugwesen möglichst gute Bedingungen zu schaffen. Im Falle der Schweiz wurde da auf die Konkurrenzfähigkeit des schweizerischen Exportes, die Wichtigkeit des Handels- und Bankenverkehrs, die Interessen der Tourismusindustrie, ja sogar auf die Pflicht als Gastgeberin internationaler Büros in Bern, des Völkerbunds in Genf, der Bank für Internationalen Zahlungsausgleich hingewiesen.[2]

Im Folgenden sei, unseren akademischen Interessen entsprechend, in einem dritten *approche* versucht darzulegen, wie sich um das Flugwesen herum nationale und internationale Strukturen gebildet, diese das Flugwesen gewiss gefördert, zugleich aber auch eingeschränkt, eben strukturiert haben.

Der Luftverkehr wurde in der Pionierzeit gerne als grundsätzlich unbegrenzt dargestellt, unabhängig von Fahrbahnen und behindernder Topographie, aber auch unabhängig von nationalen Grenzen und Souveränitäten, frei wie die Weltmeere. Das Institut de droit international erklärte 1906 in seiner Session von Gand die Telegrafie betreffend: «L'air est libre.» Dass die Staaten in dieser neuen Domäne nicht einfach auf die Geltendmachung ihrer traditionellen Hoheitsrechte verzichten würden, war aller-

1 Einen vollständigen Überblick über die disparate Literatur gibt ein von Mathias Weichelt zusammengestelltes zweibändiges Kompendium der Schweizerischen Landesbibliothek. Bern 1990 (BH 797.50). Bereits etwas ältere, inzwischen aber durch nichts Besseres ersetzte Gesamtdarstellung von Erich Tilgenkamp, Schweizer Luftfahrt. Bd. II. Zürich 1941/42. Hrsg. vom Aero-Club der Schweiz.

2 A. Isler und W. Dollfus, Der Dritte Weg. Ein Beitrag zur Entwicklungsgeschichte der Zivilluftfahrt mit besonderer Berücksichtigung der Schweiz. Oerlikon/Zürich 1933. S. 95ff.

dings abzusehen. Die Aviatik-Freunde wünschten sich diese wenigstens so liberal wie möglich. Darum äusserte die Fédération aéronautique de France an ihrem Kongress von Nancy 1909 den Wunsch: «... que les états, renonçant aux mesures prohibitives, s'entendent pour réglementer la circulation aérienne dans un sens libéral».[3]

Es stellt sich die Frage, ob und inwiefern die Internationalisierung der Reglementierung des Luftverkehrs im Fazit zu mehr Liberalisierung oder zu mehr Restriktionen führte. Dabei ist allerdings noch zwischen der staatlichen und der privaten Reglementierungsebene zu unterscheiden und zu bedenken, dass entgegen der naheliegenden Annahme die private Reglementierung restriktiver sein kann als die staatliche.

Die Anfänge des europäischen Flugwesens entwickelten sich in drei Phasen: 1. in der sehr freien Phase bis 1914 mit exploratorischen Vorschlägen zur Reglementierung, 2. der sehr restriktiven Phase der Kriegsjahre 1914–1918 und 3. der Phase der Schaffung einer internationalen Ordnung nach 1918. Im Folgenden sind noch ein paar Bemerkungen zur Phase vor 1914 anzubringen, das Hauptaugenmerk soll jedoch der Phase nach 1918 gelten.

Die Phase vor 1914

Nachdem es möglich geworden war, mit Flugzeugen nicht nur 200 m oder gar ganze 1000 m, sondern wie Blériot 1909 mit seinem Flug über die Manche grössere Strecken zurückzulegen, stellte sich schnell die Frage der internationalen Kodifizierung dieses neuen Phänomens. Schon bald machten sich das erwähnte *Institut de Droit international* und ein *Comité juridique international de l'Aviation* an die Arbeit (5 Bde.). 1910 kam in Paris eine Conférence internationale chargée d'élaborer le nouveau droit aérien zusammen. Die am 18. Mai eröffnete Konferenz vertagte sich allerdings am 29. Juni wieder, ohne verbindliche Beschlüsse gefasst zu haben. Vor allem die grossen Staaten wollten die Kompetenz wahren, jederzeit ohne besondere Erklärung fremden Flugzeugen den Zugang zum eigenen Luftraum versperren zu können. Unbestritten war hingegen die Erwartung, dass jeder Staat dafür zu sorgen habe, dass «seine» Flugzeuge mit gut sichtbaren Erkennungszeichen ausgestattet würden. Ein anderes Comité, Herausgeber der *Revue juridique internationale de la Locomotion aérienne,* führte in den Vorkriegsjahren jährliche Kongresse durch, 1911 in Paris, 1912 in Genf, 1913 in Frankfurt – die für September 1914 in Monaco geplante Zusammenkunft konnte nicht mehr stattfinden.

3 Vgl. einleitende Ausführungen von Pittard (Anm. 8).

Die Phase nach 1918

Es überrascht nicht, dass 1918 nicht einfach das Bestreben dominierte, eine ausgewogene internationale Ordnung einzuführen. Die Sieger des Ersten Weltkrieges waren vielmehr darauf bedacht, die Ordnung so zu richten, dass sie mit den Prinzipien von Versailles übereinstimmte. Die Convention Internationale de la Navigation Aérienne (CINA) vom 13. Oktober 1919 nahm als Rahmenabkommen in vielen Belangen eine apolitische, den sachlichen Problemen entsprechende Regelung vor; sie enthielt aber auch diskriminierende Bestimmungen, welche die Flugzeugindustrie der Besiegten einschränkten. Die Schweiz und die nordischen Staaten blieben aus neutralitätspolitischen Gründen dieser multilateralen Konvention zunächst fern. Die Neutralen trafen sich mehrmals (erstmals am 10./11. Dezember 1919) zu Beratungen von Luftverkehrsfragen in Kopenhagen. Die Fédération Aéronautique Internationale hatte als Dachverband der nationalen Aero-Clubs in einer ausserordentlichen Konferenz vom Mai 1919 auf Frankreichs Antrag (mit Enthaltungen der Schweiz und der Niederlande) den Ausschluss der Clubs der besiegten Zentralmächte beschlossen.

1926 trat zwischen Frankreich und Deutschland in diesem Bereich eine gewisse Verständigung ein. Im Juni 1929 wurde eine Konferenz zur Revision der Konvention von 1919 nach Paris einberufen. Im gleichen Jahr kam am 12. Oktober 1929 das Warschauer Abkommen zum internationalen Lufttransportrecht zustande, das die Schweiz am 9. Mai 1934 ratifizierte. Im gleichen Jahr trat die Schweiz auch dem revidierten CINA von 1919 bei. Dabei musste sie das CH (für Confoederatio Helvetica) aufgeben, weil diese Abkürzung im Funkverkehr schon an Chile vergeben war, und durch HB ersetzen.

Ebenfalls 1919, am 25. August, wurde, aber ohne Beteiligung Frankreichs, im Haag die private International Air Traffic Association (IATA) gegründet, der je eine Fluggesellschaft der sechs Staaten England, Deutschland, Holland, Dänemark, Schweden und Norwegen angehörte. Das Kriegsende hatte den Weg geebnet für zahlreiche Gesellschaftsgründungen. Noch im Krieg war die «Deutsche Luftreederei» gegründet worden. Der Dynamik der Gründerphase entsprechend, gab es zahlreiche Gründungen, Liquidationen und Fusionen, bis aus diesem Prozess nationale Monopolbetriebe hervorgingen, in England die «Imperial Airway Ltd.», in Deutschland ab 1. Januar 1926 die «Deutsche Lufthansa». 1919 entstanden, vor allem für die Bedienung der Strecke Paris–London, zwei englische und zwei französische Gesellschaften: die «Holt Thomas Aerial Transport Company» und die «Handley Page Company» sowie die «Compagnie des Messageries Aériennes» und die «Compagnie Générale Transaérienne». Etwa gleichzeitig entstand die «Koninklijke Luchtvaart Maatschappij» (KLM). 1919 kam es auch in der Schweiz zum Take-off des schweizerischen Luftverkehrs: Verschiedene Gesellschaften wurden gegründet, insbesondere die Zürcher «Ad Astra» und die Genfer «Avion-Tourisme». Die «Balair» entstand erst 1925 und fusionierte 1931 mit

«Ad Astra» zur «Swissair».[4] Das Verhältnis zwischen einheimischen und auswärtigen Fluggesellschaften kann hier nicht weiter thematisiert werden, doch scheint es, zumal verschiedene Linien im Pool gemeinsam betrieben wurden, eher kooperativ als konkurrenziell gewesen zu sein.

Im Sommer 1920 wurde die erste wirklich internationale Verkehrslinie in Betrieb genommen, nämlich die Strecke Kopenhagen–Malmö–Warnemünde–Hamburg–Bremen–Amsterdam–London. Die erste globale Linie kam auf Initiative des französischen Flugzeugindustriellen *Latécoère* zustande und führte von Toulouse über Casablanca nach Dakar und später nach Südamerika. In der Anfangsphase entwickelten die kleineren Staaten (Holland, Belgien, Dänemark, die Schweiz) überproportional starke Aktivitäten. Gemäss einer Statistik des Luftamts gehörte die Schweiz 1929 zu den flugfreudigsten Gegenden Mitteleuropas. Je 100 000 Einwohner nahm Basel mit 4,7 Linienpassagieren die Spitzenstellung ein, gefolgt von Zürich mit 4,0, Frankfurt mit 3,3, Stuttgart mit 2,6 und Genf mit 2,5. Wichtige Orte wie Amsterdam, München, Hamburg, Kopenhagen, Warschau folgten weit später.[5]

Frankreich und England trafen 1919 im Rahmen der multilateralen noch nicht in Kraft getretenen Entente-Konvention eine provisorische bilaterale Vereinbarung und gelangten an andere Staaten, z.B. die Schweiz, mit dem Vorschlag, eine analoge bilaterale Übereinkunft abzuschliessen. Derartige Verträge wurden am 6. November mit England und 9. Dezember 1919 mit Frankreich abgeschlossen und traten auf den 1. März 1920 in Kraft. Weitere analoge Abkommen kamen zustande: am 14. September 1920 mit Deutschland, am 20. September 1922 mit Belgien, 1925 mit den Niederlanden. Diese bilateralen Vereinbarungen beruhten auf folgenden Prinzipien:

1. Es gilt das nationale Souveränitätsprinzip. Flugzeuge und Passagiere unterstehen dem Recht des überflogenen Staates. Der Staat kann aus Gründen der militärischen und der öffentlichen Sicherheit Einschränkungen vornehmen.
2. Es gilt, auf die Friedenszeit beschränkt, das Prinzip der Freiheit des Lufttransits für Flüge, die einen *innocent/inoffensif* Charakter haben. Es werden aber Luftstrassen errichtet, die Flugzeuge haben die Grenzen an bestimmten Stellen zu traversieren. Fremde Militärflugzeuge bedürfen in jedem Fall einer Genehmigung.
3. Landungen müssen im Prinzip auf Zollflugplätzen (aéroports douaniers) geschehen. Ist dies nicht möglich, muss sogleich die Polizei informiert werden. Ausser Wasser- und Sandballast dürfen keine Gegenstände abgeworfen werden.
4. Die Flugzeuge müssen registriert und mit Bordpapieren ausgestattet sein, sie müssen ein gut sichtbares Abzeichen tragen, die Piloten müssen ein Brevet besitzen, und auf den Flugplätzen sind alle Flugzeuge gleich zu behandeln.

4 Über die Basler Anfänge, die bereits 1920 einsetzten, vgl. Eugen Dietschi, 50 Jahre Basler Luftverkehr. In: Stadtbuch 1975. S. 199–208.

5 Tilgenkamp, Bd. II, S. 360.

Die schweizerischen Überlegungen zur Frage zeigen vielleicht eine spezifische Einfärbung auf, sie dürften aber den Überlegungen entsprechen, die auch andere angestellt haben. Das für die Aussenbeziehungen zuständige Politische Departement erklärte in einem Schreiben vom 23. September 1919, der vertragslose Zustand sei unhaltbar geworden und müsse so schnell wie möglich verschwinden, andernfalls würde die Schweiz bei Einrichtung des grossen internationalen Luftverkehrs auf die Seite gestellt. «Der internationale Luftverkehr verlangt seiner Natur nach eine annähernd gleichartige Regelung in den verschiedenen Ländern und vor allem muss die Schweiz wegen ihrer centralen Lage und der Kleinheit ihres Gebietes ihr Luftrecht demjenigen der Nachbarstaaten anpassen.»[6] Den gewerbsmässigen Luftverkehr im Innern des Landes wollte sie vor der ausländischen Konkurrenz schützen und von Konzessionserteilungen abhängig machen. Die Transitfreiheit wurde als besonders wichtig gewertet: «Für die Schweiz hat dieser Grundsatz um so grössere Bedeutung, als ihre Bewegungsfreiheit infolge ihrer Lage als Binnenland sehr stark eingeschränkt ist und ihr jede Möglichkeit, sich selbständig dem grossen Weltverkehr anzuschliessen, von grösster Wichtigkeit sein muss.»[7]

Zunächst musste die Schweiz jedoch ihre internen Kompetenzfragen regeln. Im September 1919 lag die Rechtssetzungskompetenz in Sachen Luftverkehr – theoretisch – noch bei den 22 Kantonen der Confédération! Aufgrund der andauernden Kriegsvollmachten und der Veranlassung des Eidgenössischen Militärdepartements hatte der Bund am 18. Juli 1919 eine provisorische Ordnung erlassen. Ein erster Versuch, polizeirechtliche Kompetenz (le droit d'édicter des prescriptions de police) im Fahrrad- und Autoverkehr sowie Gesetzgebungskompetenz im Flugverkehr zu erhalten, war 1910/11 am föderalistischen Widerstand gescheitert.[8] Beide Kompetenzen wurden (als Art. 37bis und 37ter BV) in der Volksabstimmung vom 22. Mai 1921 problemlos gutgeheissen. Noch 1940 konnte man aber die Klage hören, dass auf den Verfassungsartikel keine Gesetzgebung folgte und darum weiterhin aufgrund des Notrechts von 1920 mit Vollziehungsvorschriften operiert wurde.[9]

Die ersten Regelungen waren, wie dargelegt, 1919 vom Militärdepartement ausgegangen. Mit Bundesratsbeschluss vom 27. Januar 1920 wurde mit Wirkung auf den 1. April 1920 ein spezielles Luftamt geschaffen und dieses dem Post- und Eisenbahndepartement zugeteilt. Das Luftamt führte spätestens ab 1925 jährliche Luftfahrtkonferenzen durch, an denen Vertreter der Bundesverwaltung (inklusive der Postdienste), der kantonalen und städtischen Behörden, aber auch der Handelskammern, der privaten Fluggesellschaften und die Schweizerische Verkehrszentrale beteiligt waren. Diese

6 Antrag an den Bundesrat vom 23. September 1919 (BAr: 2001 [B] Bde. 1–6).

7 Bericht des Bundesrates vom 9. Februar 1920, Bundesblatt 1920/I. S. 258.

8 Botschaft März 1910, Zurückweisung durch den Ständerat im Oktober 1911. Vgl. Edmond Pittard: Principes d'une législation fédérale sur la Circulation aérienne. Verhandlungen des Schweizerischen Juristenvereins 1919. 1. H. Basel 1919.

9 Vortrag des Zürcher Rechtsprofessors und Herausgebers des Archivs für Luftrecht, Hans Oppikofer, vgl. Neue Zürcher Zeitung Nr. 468 vom 30. März 1940.

Treffen dienten dem Informations- und Meinungsaustausch und sollten insbesondere eine minimale Koordination sicherstellen in der Linienführung, der Sicherstellung der Anschlüsse zwischen Flügen, aber auch der Einschaltung von Zwischenlandungen. In der Konferenz von 1926 zeichneten sich, was weiter nicht erstaunlich ist, zwei gegenläufige Tendenzen ab: Die eine wollte vor allem die Anschlüsse an den internationalen Verkehr sichern, die andere strebte vor allem den Ausbau des lokalen Verkehrs an. Dabei standen sich gegenüber auf der einen Seite Basel, Zürich und Genf im Bunde mit den nationalen Instanzen und auf der anderen Seite die «Binnenorte» Bern, Lausanne, La Chaux-de-Fonds und St. Gallen. Dieser Zielkonflikt wurde auch in der Konferenz von 1930 nochmals eingehend erörtert. Bern machte einmal mehr seinen Status als Bundeshauptstadt geltend und führte den Anschluss an die Lötschberg-Simplon-Linie als weiteres Argument ins Feld.[10] Der Luftamtsdirektor verwies auf das Prinzip der Reziprozität: Würde man fremde Linien zu Zwischenlandungen in der Schweiz zwingen, dann würden auch die schweizerischen Linien im Ausland zu Sekundärlinien herabgedrückt. Der deutsche Transit durch die Schweiz nach Spanien habe es der Schweiz gestattet, durch Deutschland hindurch Transitlinien nach Holland, der Tschechoslowakei und Österreich zu betreiben. «Wir können nicht das allgemeine Interesse des Landes an den Grossdistanzlinien zugunsten von lokalen Aspirationen einzelner Städte opfern.»[11] Auch für Balair-Direktor Balz Zimmermann war es völlig logisch, dass sich die internationalen Luftverbindungen auf die «Brennpunkte» der Wirtschaft konzentrierten. Mit der Seeschiffahrt vergleichend, bemerkte er, dass die Ozeanriesen auch nicht jeden Hafen anlaufen würden, und es mache wirklich keinen Sinn, bis zu 180 km/h fliegende Maschinen zu besitzen und dann damit «Hupferlinien» zu betreiben.[12]

Die Absprachen beruhten in einem hohen Mass auf Selbstorganisation, der Bund aber behielt doch die Autorität des Konzessionserteilers und Subventionsgebers. Die Bundessubventionen waren aber höchst bescheiden: insgesamt Fr. 150 000.– für 1927, was nur wenig mehr war als die Fr. 120 000.–, welche die «Balair» allein an Versicherungsprämien jährlich ausgab. 1923 wurde zur Fortführung der Fluglinie Manchester–London–Paris nach Basel und Zürich ein Subventionsbedarf von Fr. 92 000.– genannt, der mit je Fr. 37 000.– auf Basel und Zürich und mit Fr. 18 000.– auf die PTT verteilt werden sollte.[13] Die lokalen Subventionen durch die öffentliche Hand dürften wesentlich grösser gewesen sein. 1930 wurde die Durchführung der nationalen Luftverkehrskonferenz dem Schweizerischen Aero-Club übertragen. In dieser Übertragung zeigte sich die in der Schweiz besonders ausgeprägte Kooperationsstruktur zwischen einem bewusst auf wenige Kernfunktionen (Aufsicht und Strukturentscheide) beschränkten Staat und den sich beinahe korporativistisch selbstverwaltenden Verbänden. Sozusagen verklammert waren beide Seiten durch gemeinsame Dienste in der Armee. Arnold

10 Der Bund vom 25. Mai 1930.

11 Neue Zürcher Zeitung Nr. 1016 vom 25. Mai 1930.

12 National-Zeitung Nr. 234 vom 25. Mai 1930.

13 National-Zeitung vom 21. November 1923.

Isler, der Kommandant der Fliegertruppe der Jahre 1918/19 (zunächst mit Grad eines Majors, dann dem eines Obersten) war 1920–1941 der erste Direktor des Eidgenössischen Luftamts. Balz Zimmermann war bis 1925 Fliegerinstruktor, bevor er Direktor der «Balair» und dann der «Swissair» wurde. Zentralpräsident des Schweizerischen Aero-Clubs war Oberst E. Messner, Vizepräsident war Major Edgar Primault, der zugleich Leiter der Eidgenössischen Flugplatzdirektion und ein Mitarbeiter von Oberst Isler war.

An den internationalen Konferenzen war die Schweiz meistens in dieser Dualität vertreten, einerseits durch offizielle Beamte, andererseits durch private Vertreter und Experten.[14] 1924 befasste sich die VI. Internationale Luftfahrtrechtskonferenz in Rom unter anderem auch mit dem Luftkriegsrecht. In der Vorberatung obsiegte dank dem schweizerischen Wirken die Auffassung, dass die Neutralen im Kriegsfalle zwar das Recht hätten, ihre Grenzen für den Luftverkehr von und nach den Ländern der Kriegführenden zu sperren, dass sie aber nicht gezwungen wären, dies zu tun. Der Direktor des Eidgenössischen Luftamtes hielt fest: «Wir sind der Ansicht, dass wir im Kriegsfalle ebensowenig verhindert sein wollen, nach einem kriegführenden Land zu fliegen wie den Bahnverkehr usw. dorthin zu benützen. Darin liegt u.a. der grosse Wert des Luftverkehrs, dass man mit dem Flugzeug ungehindert durch die infolge des Krieges gestörten Bodenkommunikationen mit den kriegführenden und über diese weg nach andern Ländern verkehren kann.» Die Abteilung für Auswärtiges sah es genau gleich und bestärkte das Luftamt in seiner Auffassung: «Angesichts der Bedeutung, die bekanntermassen selbst den für die Regierungen unverbindlichen Vorberatungen über neue Rechtsprobleme zukommt, halten wir es für angezeigt, dass der schweizerische Delegierte mit allem Nachdruck den Standpunkt der prinzipiellen Freiheit des Luftverkehrs der Neutralen auch in Kriegszeiten vertreten sollte.»[15] Die Erfahrungen, welche die Schweiz 1939–1945 machen sollte, zeigten, dass dies vielleicht ein durchaus legitimes, zugleich aber auch etwas naives Wunschdenken war.[16]

14 Am 1. Congrès International de Navigation Aérienne, der im November 1921 gleichzeitig mit dem Salon de l'Aéronautique in Paris durchgeführt wurde, nahmen neben je 2 Vertretern des Luftamts und des Militärdepartementes 3 Vertreter des Aéro-Clubs teil, wobei einer, Prof. Edmond Pittard, zugleich Rechtsberater des Luftamts und Mitglied (1924 Präsident) des Comité international de droit aérien war.

15 Isler an Politisches Departement vom 22. März 1924; nicht unterzeichnete Kopie einer Rückantwort vom 7. April 1924 (Bar: 2001 [B] Bd. 6).

16 Zur zeitgenössischen Beurteilung vgl. Ed. Steck, Neutralität im Luftraum. Diss. Bern 1941.

Stadt und Land im Spiegel eidgenössischer Volksabstimmungen

Entwicklung des Stadt-Land-Konflikts in der Deutschschweiz

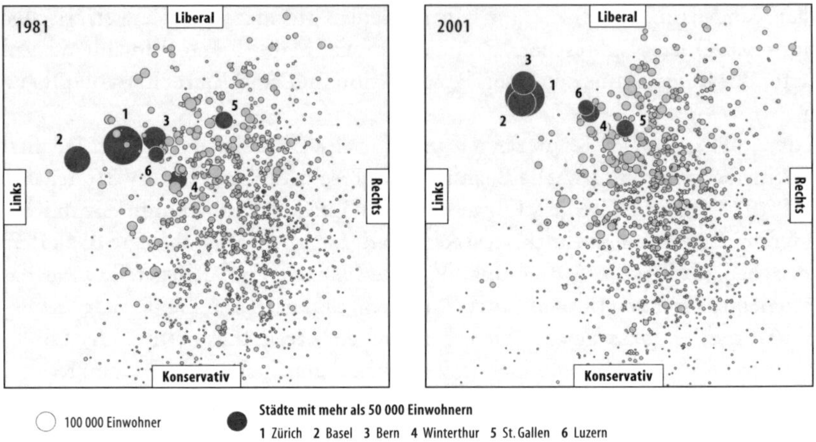

Weltoffenes und reformorientiertes Abstimmungsverhalten in den 1990er Jahren

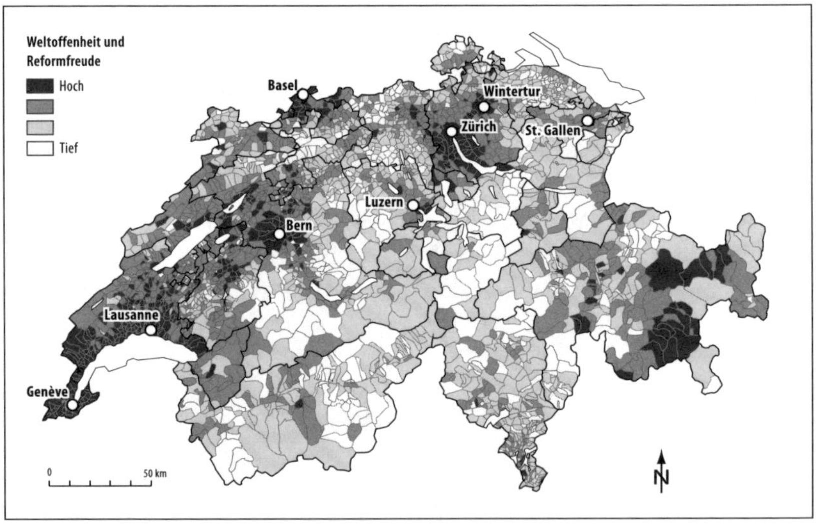

Die Grossstädte bilden heute (vgl. Abb. oben) einen eigenständigen, linksliberalen Pol in der politischen Landschaft. Bei der horizontalen Dimension geht es um die Themen sozialer Ausgleich, Wirtschaft und Sicherheit, bei der vertikalen Dimension geht es um Modernisierung von Wirtschaft, Gesellschaft und Staat sowie Öffnung gegen innen und aussen. Die topographische Karte unten zeigt die Differenzierung zwischen Stadt und Land auf der vertikalen Modernisierungsachse.
Quelle: Gruppe sotomo am Geographischen Institut der Universität Zürich, M. Hermann und H. Leuthold. Soeben erschien ihr Atlas der politischen Landschaften. Ein weltanschauliches Porträt der Schweiz. vdf-Verlag, Zürich 2003.

Der säkulare Stadt-Land-Gegensatz

Ein Blick auf historische Hintergründe

Das uns noch immer beschäftigende Abstimmungsergebnis vom 6. Dezember 1992 ist auf den ersten Blick als Resultat wahrgenommen worden, das einen Gegensatz zwischen «welsch» und «deutsch» sichtbar mache. Beim zweiten Hinsehen hat man dann freilich schnell auch einen Gegensatz zwischen «Stadt» und «Land» feststellen können. In einer dritten Phase würde man nun gerne wissen wollen, ob es sich beim letzteren Gegensatz um einen säkularen Antagonismus handle, der im Verlaufe der Schweizergeschichte immer wieder Spannungen erzeugt und zuweilen sogar zu handfester Konfliktaustragung geführt habe.

Man könnte die Schweizergeschichte in der Tat so lesen und dabei etwa die folgenden wichtigen Momente ausmachen: den 1481 im Stanser Verkommnis beigelegten Konflikt zwischen den ländlichen und städtischen Orten u.a. um die Frage der Aufnahme weiterer städtischer Bundesgenossen; wenig später auf «kantonaler» Ebene 1489 den Waldmann-Handel mit der Erhebung des Zürcher Landvolkes; um 1530 den konfessionellen Konflikt, der mit den Burgrecht-Bündnissen reformierter Städte einerseits und der Vereinigung der Fünf Inneren Orte andererseits dem Muster des Stadt-Land-Gegensatzpaares zu entsprechen scheint; sodann die sog. Bauernkriege um die Mitte des 17. Jahrhunderts und später die von der Landbevölkerung mitgetragenen Bewegungen: die Helvetische Revolution von 1798, die Liberale Revolution von 1830 und die Demokratische Bewegung um 1860; schliesslich der Landesstreik von 1918, bei dem die städtische Empörung über eine Milchpreiserhöhung einen wichtigen Hintergrund bildete und zur Disziplinierung der protestierenden Stadtbevölkerung vorwiegend Landtruppen eingesetzt wurden.

Es ist – auch für die angesprochene Seite – frustrierend, aber auch nicht aussergewöhnlich, dass Fachleute zunächst plausibel erscheinende Laienmeinungen nicht, wie erwartet, bestätigen können, sondern im Gegenteil deren Gültigkeit mit vielen Wenn und Aber eher in Frage stellen müssen. Eine solche Infragestellung ist auch im Falle der eben präsentierten Aufzählung aus mehreren Gründen angezeigt. Im vergangenheitsbezogenen Diskurs haben wir dasselbe Problem wie in der gegenwartsbezogenen Auseinandersetzung: Die Kategorien von «Stadt» und «Land» sind, wie der Berner Geograph Georges Grosjean bereits vor einigen Jahren betont hat, höchst unklar; dennoch reden alle so, als ob sie wüssten, was man damit meint und was andere darunter verstehen.[1] Diese Feststellung will freilich nicht besagen, dass man – endlich

1 Einleitung zu: Stadt und Land. Die Geschichte einer gegenseitigen Abhängigkeit. Hrsg. v. Maja Svilar. Bern 1988 (Collegium Generale der Universität Bern 1986/87).

gewissermassen – eine gültige und allgemein brauchbare Definition nachholen müsse, sind doch Präzisierungen nur fallweise sinnvoll und möglich.

Eine gewisse Klarheit wäre bereits gegeben, wenn es gelänge, die beiden Ebenen auseinanderzuhalten: einerseits die Ebene der materiellen Realitäten (insbesondere der wirtschaftlichen Gegebenheiten und der Siedlungsstruktur) und andererseits die Ebene der immateriellen Realitäten (der Mentalitäten und der Vorstellungen). Dabei würde man feststellen, dass die dominanten Vorstellungen stark verunklärend wirken. Die Schweiz ist schon immer ländlicher dargestellt und entsprechend gesehen worden, als sie in Wirklichkeit war. Bereits die tonangebenden bzw. bildbestimmenden und eher städtisch angesiedelten Kräfte der frühen Eidgenossenschaft haben, um sich und ihre Gesellschaft gegen das «aristokratische» Ausland abgrenzen zu können, die Schweiz als «Bauernstaat» ideologisiert.[2]

Die Grundlagen für den modernen Bauernmythos sind aber im letzten Jahrzehnt des 19. Jahrhunderts gelegt worden: zum einen von den Produzenten von Agrargütern, die im Kampf um die Zolltarife mit ihren protektionistischen Bestrebungen gegen die freihändlerischen Fabrikanten von Industriegütern Front machten[3]; zum andern von der industrialisierten Schweiz, welche als nostalgisches Gegenstück zum rasanten Fortschritt dem Bauerntum – aber weniger demjenigen der Gegenwart als demjenigen der Vergangenheit – staatspolitische Bedeutung fundamentaler Art zuschrieb. Die Neigung, die Schweiz als ein einzig Volk von Bauern zu verstehen, erlebte in der Zeit der Geistigen Landesverteidigung und der Anbauschlacht weitere, z.T. bis heute nachwirkende Impulse.[4]

Während auf der imaginären Ebene die Schweiz ländlicher erscheint, als sie ist und war, zeigt ein Blick auf die Ebene der materiellen Strukturen, dass die Schweiz in gewisser Hinsicht städtischer war und ist, als wir gerne annehmen. Obwohl die Herrschaftsstruktur und die Siedlungsstruktur bis ins 19. Jahrhundert hinein mit ihren klaren Trennungen der beiden Bereiche die Unterscheidung bis zu einem gewissen Grad rechtfertigen, kann man, muss man betonen, dass der ländliche Raum bezüglich der Herkunft seiner Bewohner und der Siedlungsstruktur stets auch städtische Elemente umfasste. Landstädte (wie Liestal, Olten, Winterthur, Le Locle, Payerne, Moudon, Nyon) bildeten im Verbund mit der Landbevölkerung eine Interessengemeinschaft und Gegenposition zu den kantonalen Herrschaftszentren, den Stadtstädten (wie Basel, Solothurn, Zürich, Neuenburg, Lausanne). Die Schweiz war auch darum

2 Vgl. die bei Roger Sablonier entstandene Dissertation von Matthias Weishaupt, Bauern, Hirten und «frume edle puren». Bauern- und Bauernstaatsideologie in der spätmittelalterlichen Eidgenossenschaft und der nationalen Geschichtsschreibung der Schweiz. Basel 1992. Sowie Ulrich Im Hof, Mythos Schweiz. Identität – Nation – Geschichte. 1291–1991. Zürich 1991. S. 42ff.

3 Werner Baumann, Bauernstand und Bürgerblock. Ernst Laut und der Schweizerische Bauernverband 1897–1918. Zürich 1993.

4 Peter Maurer, Anbauschlacht. Landwirtschaftspolitik, Plan Wahlen, Anbauwerk 1937–1945. Zürich 1985. Vgl. auch die Einleitung zu: Die Bauern in der Geschichte der Schweiz. Hrsg. v. Albert Tanner und Annelise Head-König. Zürich 1992. Und neuerdings Peter Moser, Der Stand der Bauern. Bäuerliche Politik, Wirtschaft und Kultur gestern und heute. Frauenfeld 1994.

«städtischer», als wir annehmen, weil auch in den alten «Landkantonen» ein Machtgefälle zwischen den «Flecken» oder «Orten» und deren Untertanengebiet bestand (etwa zwischen Schwyz und der March oder zwischen Altdorf und der Leventina).

Das dichotomische Begriffspaar «Stadt» und «Land» beruht auf der Fiktion von zwei grundsätzlich verschiedenen Wesen oder Wesenheiten und verknüpft diese auf zwei verschiedene Arten miteinander: entweder als gegensätzliches oder als komplementäres Paar. Mit historischen Beispielen könnte man für beide Verständnisse Belege finden. Die Gegensätzlichkeit manifestiert sich in der Herrschaftsproblematik: zunächst in der Dominanz der Stadt über das Land, später in der Vorherrschaft des Landes über die Stadt. Die Komplementarität zeigt sich in der gegenseitigen Abhängigkeit und den beidseitigen Nutzen, wie sie etwa in den Begriffen der zentralen Örtlichkeit und des Erholungsraumes benannt werden.

Ob gegensätzlich oder komplementär – die Paare können im grossräumigen Kontext problemlos eine Einheit bilden, wenn es darum geht, regionale Interessen (Verkehrspolitik, Standorte überregionaler Institutionen, Vertretungen im Bundesrat etc.) geltend zu machen, wie umgekehrt die Städte durchaus in konkurrierenden Gegensätzen zueinander stehen können.

In der Geschichtswissenschaft steht heute weder das Konkurrenz- und Kontrastmodell noch das Komplementaritätsmodell im Vordergrund. Man löst die Stadt-Land-Dichotomie begrifflich zwar nicht auf, stellt aber die scharfe Abgrenzung der Raumvorstellungen in Frage und spricht von einem Kontinuum. So wird aus historischer Sicht betont, dass es nicht nur, wie bereits ausgeführt, Städtisches im ländlichen, sondern auch Ländliches im städtischen Raum gibt, etwa bezüglich der Herkunft seiner Bewohner und der Selbstversorgung mit Nahrungsmitteln.[5]

Für die wissenschaftliche Debatte unserer Tage ist ein im NHG-Jahrbuch von 1934 erschienener und von Emil Dürr, Professor für Geschichte an der Universität Basel und Präsident der NHG-Redaktionskommission, verfasster Aufsatz über «Urbanität und Bauerntum» noch immer von einiger Bedeutung.[6] Einerseits fördert seine Darstellung, wie schon der Titel des Beitrages zeigt, die Vorstellung von der Gegensätzlichkeit der beiden Kategorien, andererseits enthält sie insbesondere mit den Erörterungen der in der Schweiz sich dezentral entwickelnden Industrialisierung Hinweise auf Gemeinsamkeiten der beiden Räume. In Dürrs Vorstellung hat sich im «fast säkularen Prozess der aktiven Auseinandersetzung zwischen Bauerntum und

5 Inzwischen liegt vor: Stadt und Land in der Schweizer Geschichte: Abhängigkeiten – Spannungen – Komplementaritäten. Hrsg. v. Ulrich Pfister. Basel 1998 (Itinera 19). Mit Forschungsüberblicken von Hans-Jörg Gilomen, Martin Körner und Bruno Fritzsche. Pfister warnt in seiner Einleitung ebenfalls davor, von einem «einfachen Gegensatz» und einer «eindimensionalen Erscheinung» auszugehen. Er stellt aber auch fest: «Soweit die Stadt-Land-Beziehungen ein wichtiges Element sozialer Differenzierung und Ungleichheit sind, stellen sie ein relevantes Thema zukünftiger historischer Forschung dar» (S. 9).

6 Emil Dürr, Urbanität und Bauerntum in der Schweiz. In: NHG-Jahrbuch 1934. S. 140–182.

Städtertum» gegen Ende des 19. Jahrhunderts die «alte urban-rustikale Antithese» zu verwischen und verschleiern begonnen, weil infolge der Massenabwanderung in die Stadt ein grosser Teil der Landbevölkerung zu städtischer Unterschicht geworden sei und diese zusammen mit dem «Rest des Bauerntums» eine gemeinsame Front gegen das «spezifische städtische Produkt», nämlich das Geld und das Kapital und die dahinterstehende Gesellschaft, bilde. Diese an einer angeblichen Gemeinsamkeit ökonomischer Interessen orientierte Deutung weist zeittypische Züge auf und lässt sich ein wenig vom Wunsch nach Wiederherstellung der Volksgemeinschaft und von der Abneigung gegen die Anonymität wirtschaftlicher Mächte leiten. In Wirklichkeit waren die ökonomischen Interessenlagen, wie schon in den Jahren des Ersten Weltkrieges, stark vom Gegensatz geprägt, der wegen der schwachen Kaufkraft der Stadtbevölkerung zwischen den ländlichen Produzenten und städtischen Konsumenten von Agrarprodukten bestand.

Emil Dürrs Beitrag ist für uns darum von besonderem Interesse, weil er auch die Mentalitätsproblematik erörtert. In seiner Gegenüberstellung finden wir die klassischen Stereotypen: Der Städter sei das bewegliche Element, «weltoffen, auf grössere geographische Räume, ja international eingestellt, alles im Gegensatz zum Bauern». Weitere Eigenschaften der Städter seien, dass sie auf Zusammenleben eingestellt seien, auf gegenseitiges Entgegenkommen, auf freiwilligen oder durch Konvention erzwungenen Ausgleich.

Dürr musste sich in seiner Zeit auch mit der Frage befassen, wie sich diese Mentalitäten mit der damals noch dominanten Migrationsvariante der «Landflucht» konservierten bzw. modifizierten. Seines Erachtens brachte der Zug nach der Stadt nur eine beschränkte Verstädterung der Mentalität, nur eine «unvollkommene Urbanisierung». Dies bedeute insbesondere, dass die bäuerliche, d.h. auf Schutz von Boden und Besitz ausgerichtete, einem konservativen Freiheitsbegriff verpflichtete Mentalität in die neugewonnene städtische Existenz mitgenommen würde. Deswegen, aber auch wegen der Tatsache, dass die städtische Bevölkerung noch vor kurzem nur einen kleinen Teil ausmachte (um 1800 erst etwa 6%), erscheint bei Dürr, wiederum zeittypisch, sozusagen die ganze Schweiz als eine Bauerngesellschaft. «Die überwältigend grosse und daher sozial und geistig bestimmende Quote des Schweizertums war bis weit in das 19. Jahrhundert hinein bäuerlicher Art und ist es unter mannigfacher Verkleidung und Umhüllung heute noch. Damit darf der Satz gewagt werden, dass das eigentliche Wesen des Schweizers das des Bauern ist.»

Zum Glück geht es hier nicht darum, abschliessend zu entscheiden, ob es auch zutrifft, was Dürr generalisierend über «Schweizertum» und «eigentliches Wesen» geschrieben hat. Wir können uns indessen fragen, wie Dürr mehr als ein halbes Jahrhundert später die Verhältnisse beurteilt hätte. Inzwischen ist auf die Landflucht die Stadtflucht gefolgt und hat der ländliche Raum eine Agglomerierung und, unabhängig von der Ausdehnung der grossen Zentren, eine agrarfremde Zersiedlung erlebt. Auf der Mentalitätsebene könnte man mit Dürr sagen, dass die Stadtflüchtlinge dazu neigen müssten, entweder ihre städtischen Eigenschaften abzustreifen oder ihre alten ländlichen Eigenschaften neu zu entfalten. Möglicherweise haben wir jetzt in den grossflächigen Gebieten zwischen den eigentlichen Zentren und den immer schmäler werdenden Peripheriezonen eine dem Anschein nach städtische, indessen wie im Falle der Bauern vor allem in sich selber ruhende und nicht in ein leit- und tragfähiges Gesellschaftsnetz integrierte Bevölkerung, die in der Schweiz mit dieser Befindlichkeit in einem hohen Mass das politisch Mögliche oder Unmögliche entscheidet.

Was wirklich vorliegt und geschieht, lässt sich freilich erst sagen, wenn entsprechende Abstimmungsanalysen vorliegen, welche das Stimmverhalten von Agglomerationsregionen über einen grösseren Zeitraum untersuchen.[7] Es ist aber nicht auszuschliessen, dass mit der sogenannten Verstädterung der Schweiz keine entsprechenden Terraingewinne dessen einhergehen, was Emil Dürr mit Urbanität umschrieben hat. Vielleicht könnte man sogar eine gegenläufige Entwicklung feststellen: einen Rückgang der Urbanität mit dem Fortschreiten der sogenannten Verstädterung, bringt diese doch in neuem Gewande eine Restauration der alten Boden- und Besitzhaltung.

Unser Selbstbild wie das Fremdbild ist bekanntlich noch immer das eines vom Primärsektor lebenden Volkes von Hirten und Bauern, derweil wir schon längst industrialisiert und tertialisiert sind. Umgekehrt müssen wir aber auch – insbesondere angesichts gewisser Abstimmungsergebnisse – feststellen, dass wir als Angehörige einer Industrie- und Dienstleistungsgesellschaft wohl meinen, städtisch zu sein, zugleich aber – nicht als unausweichliches Schicksal, aber als steuerbare Neigung – eine Agrarmentalität noch in uns tragen.

Nachtrag von 2003: Die Überlegungen zu den allfälligen Unterschieden zwischen Stadt und Land beziehungsweise dem Urbanen und dem Agrarischen seien noch etwas verlängert. Der Zürcher Germanist Karl Schmid meinte, im Schweizer unabhängig davon, ob er in der Stadt oder auf dem Land wohne, einen bäuerlichen Charakterzug zu erkennen, und er meinte damit insbesondere, dass er eine tiefsitzende Abneigung gegen die offene Zukunft hege. «Der Schweizer liebt die Geschichte, die hinter ihm liegt; in ihr kann man sich bergen. Die Zeit aber und die Zukunft reissen uns heraus. Ihr muss man sich aussetzen, ohne sich bergen zu können.» Gewiss sehe sich auch der Bauer der Zeit ausgesetzt, dies sei aber nicht eine lineare, sondern eine zyklische Zeit mit ihren nur leicht variierenden Wiederholungen saisonaler Art. Schmid: «Solch zyklische Zeit hat mit der geschichtlichen Zeit, mit einer leeren Zeit, die vor uns liegt und die wir durch Handlungen zu erfüllen hätten, nichts zu tun.»[8]

Das Zyklische läuft nach dem «Tausendjährigen Kalender»: Wenn's schneit an Ostern, dann etc. Das idealtypische Gegenstück sind die Verhaltensmuster und Lebensregeln des urbanen Milieus, wo man nicht die ewige Natur, sondern auf engstem

7 Zu den komplexen Raumstrukturen, welche die Abstimmungsgeographie aufweist, vgl. neuerdings die Arbeiten der Geographen der Universität Zürich, Michael Hermann und Heiri Leuthold, etwa in NZZ vom 25. Juli 2001, sowie die Illustration zu diesem Beitrag.

8 Karl Schmid, Schweizerisches Selbstverständnis heute. In: Standortmeldungen. Zürich 1973.

Raum die aus verschiedenster Beschaffenheit zusammengesetzte, in ihrer Zusammensetzung sich auch vergleichsweise schnell verändernde, agile und vibrierende Menschheit zum Partner hat, wo man sich zwangsläufig situativ verhalten und stets neu auszuhandelnde Verständigungen suchen muss. In der Konsequenz bedeutet dies, dass politische Entscheide, die in bekannten Mustern und nach bekannten Kriterien gefällt werden und als Weiterführung der Vergangenheit präsentiert werden können, es in diesem Land leichter haben, während andere politische Lösungen, die man auch als erfrischend neu verstehen und darum als besonders unterstützungswürdig präsentieren kann, es möglicherweise besonders schwer haben. Nach der Vorstellung einer Mehrheit müsste die Schweiz ihre Aussenpolitik eher nach dem agrarischen als nach dem urbanen Muster gestalten. Das «Ausland», das wäre demnach aus der Sicht des Hofbauern so was wie die Natur und nicht wie eine aus Mitbewohnern des gleichen Hauses, der gleichen Strasse, des gleichen Quartiers sich bildende Grösse.

Urbanität ist aber lernbar. Wenn man sich der Erfahrung aussetzt und ein entsprechendes Sozialtraining über sich ergehen lässt, wächst die Fähigkeit, Partnerschaften mit Ungleichartigen einzugehen, sich einzuordnen, ohne sich deswegen preiszugeben, Normen als selbstgemachte Artefakte zu verstehen, sie kooperativ und mit Verhandlungen zu entwickeln und situativ umzusetzen, ausgehend vom eigenen Standort agil den grösseren Raum als Bezugsgrösse frei zu wählen. Dies im Gegensatz zur Mentalität, die statisch den eigenen Hof ins Zentrum des Kosmos stellt, Kooperation nur unter gleichartigen Interessen für möglich und die Regeln für naturgegeben und darum gleichbleibend hält.

Die psychologische Erklärung muss darauf aufmerksam machen, dass «bäurisches Denken» offenbar die Funktion eines Freizeitausgleichs zum «städtischen Tun» im Tagesgeschäft hat und man sich mit einem folkloristischen Gegengewicht innere Stabilität in der wenig heimeligen Moderne verschafft. Solche Gegenstrategien mögen unumgänglich und vielleicht sogar heilsam sein, sie sollen aber nicht dazu führen, dass die stets wichtiger werdenden Aussenbeziehungen dem folkloristischen Teil unserer Lebenswelt zugeschlagen werden; die politisch-staatliche Dimension der Aussenbeziehungen, wohlverstanden, denn im Privaten hat man ja kein Problem, sich mit weltweiten Geschäften, mit Ferntourismus und universellen Konsumgewohnheiten «modern» zu verhalten.

Im schweizerischen Diskurs über Flüchtlingspolitik kommt es immer wieder zu einer Vermengung von Kategorien: Geht es um temporäre Aufnahme (wie hier abgebildet), oder geht es um Dauerasyl? (Bundesfeier-Postkarte von 1915).

Schweizerische Asylpolitik in Vergangenheit und Gegenwart

In den Erörterungen der Asylpolitik ist man in der Schweiz wie vermutlich auch andernorts schnell mit dem Wort von der *humanitären Aufgabe* zur Hand. In der tatsächlich praktizierten Asylpolitik schwingt die Dimension des Humanitären und Karitativen gewiss auch mit, zugleich wird die Haltung gegenüber Asylsuchenden in hohem Masse aber auch von anderen Faktoren bestimmt.[1] Aufgabe dieses Beitrages ist es, abgesehen von der Vermittlung eines allgemeinen (keine Vollständigkeit beanspruchenden) Überblicks, diese anderen Faktoren aufzuzeigen und die Zeitbedingtheit der Asylpraxis sichtbar zu machen. Wie bei den meisten Studien steht die Zulassungsfrage im Vordergrund, die Frage der Aufenthaltsbedingungen wird nur am Rande erörtert.

Asylpolitik als staatenbildender Faktor

1888 erklärte Bundesrat Numa Droz vor dem Nationalrat: «Eines der wertvollsten Souveränitätsrechte ist das Asylrecht.» Die Aufnahme von Asylsuchenden sei seit 1815 sozusagen die einzige Frage gewesen, derentwegen es permanent zu Schwierigkeiten mit den Nachbarstaaten gekommen sei. Namens der Regierung gab er aber weiter bekannt: «Wir haben uns immer fest an dieses unser Souveränitätsrecht gehalten und gedenken es auch ferner zu tun.»[2] Die Flüchtlingspolitik hat bei der Konstituierung der modernen Schweiz in der Tat eine wichtige Rolle gespielt. In vielen Fällen ging es darum, mit der Asylgewährung bzw. der Ablehnung von Auslieferungsbegehren den *Souveränitätsanspruch* des jungen und kleinen Staates gegenüber den mächtigen Nachbarn zu demonstrieren.

1837, mithin fünfzig Jahre vor der eben zitierten Erklärung, wäre die Schweiz sogar bereit gewesen, die Souveränität in der Asylfrage militärisch zu verteidigen, als Frankreich die Ausweisung des künftigen Napoleon III. (Louis Napoleon) forderte.[3] Auch bei anderen Asylgewährungen war die Absicht der Souveränitätsdemonstration im Spiel: Im Falle etwa des deutschen Emigranten Georg Herwegh bestand 1843 die

1 An kurzgefassten Gesamtdarstellungen sind zu empfehlen: Marc Vuilleumier, Flüchtlinge und Immigranten in der Schweiz. Ein historischer Überblick. Zürich 1989 (aus dem Französischen 1987). – Werner Haug, Asylpolitik im historischen Rückblick. In: Asylpolitik gegen Flüchtlinge. Hrsg. v. Heinz Däpp und Rudolf Karlen. Basel 1984. S. 127–175.

2 Bericht Ludwig (vgl. Anm. 22), S. 22.

3 Zu diesem Fall, aber auch zu anderen Aspekten der Flüchtlingspolitik: Edgar Bonjour, Geschichte der schweizerischen Neutralität. Bd. 1. Basel ^{2}1965. S. 274ff.

Demonstration des jungen revolutionären Kantons Baselland (bzw. der Gemeinde Augst) darin, dass man ihm umgehend das Bürgerrecht verlieh und so Ausweisungsforderungen obsolet werden liess.

Asylrecht wurde und wird auch heute nicht als Recht des Flüchtlings auf Asyl, sondern als Recht des Staates eben auf souveräne Asylpolitik verstanden. Diese Souveränität betraf die Aufnahme wie die Wegweisung. In der Verfassung wurde allerdings nur das Wegweisungsrecht explizit genannt: 1848 in Art. 57, 1874 in Art. 70, wobei als Wegweisungsgrund die Gefährdung der inneren oder äusseren Sicherheit des Landes genannt wird. Entsprechend wurde von Flüchtlingen erwartet, dass sie sich politischer Tätigkeit enthielten und die Schweiz nicht zum Ausgangspunkt für die Fortsetzung des politischen oder gar militärischen Kampfes gegen das Herkunftsland machten.

Offenbar bestand schon zur Zeit der Gründung des Bundesstaates die Auffassung, dass auch der Fremde ein Recht auf Asyl habe. 1849 klagte der für die schweizerischen Aussenbeziehungen zuständige Bundesrat Jonas Furrer, dass in dieser Beziehung sogar von Kantonsregierungen eine «wahre Abgötterey» betrieben würde.[4] Die ursprüngliche Souveränität im Flüchtlingswesen sollte (wenn man von der Internierungspflicht bezüglich Militärpersonen gemäss Haager Konvention von 1907 absieht) erst nach dem Zweiten Weltkrieg freiwillig, aber bindend eingeschränkt werden, insbesondere durch den Beitritt zur Genfer Flüchtlingskonvention von 1951 und zum Zusatzprotokoll von 1967 sowie zur Europäischen Menschenrechtskonvention (1974). Damit erhielten die Gesuchsteller Anrecht auf die Einhaltung eines bestimmten Verfahrens und sehr weitgehende Rekursmöglichkeiten.

Konstitutiv wirkte die Asylpolitik für den jungen Staat nicht nur gegen aussen, sondern auch gegen innen. Sie wurde als vermeintlich einmaliges Wesensmerkmal zu einem Bestandteil der *kollektiven Identität*. Im schweizerischen Selbstverständnis ist die Schweiz ein Land, das speziell häufig und speziell intensiv als Asylland – als temporäres Transitland oder als definitives Destinationsland – aufgesucht wurde. Dies könnte für die Frühzeit eine durchaus zutreffende Vorstellung sein. Die Schweiz könnte aus drei Gründen ein von Flüchtlingen besonders häufig anvisiertes Land gewesen sein: 1. wegen ihrer kontinentaleuropäischen Zentralität (welche die Schweiz aber mit Österreich teilt), 2. wegen der Neutralität und 3. wegen der föderalistischen Struktur des schweizerischen Staates und des plurikulturellen Charakters der schweizerischen Gesellschaft.

Wahrscheinlich wirkte die *Neutralität*, wenn man von den militärischen Flüchtlingen (Deserteuren, Refraktären, entwichenen Kriegsgefangenen) absieht, nicht sonderlich attraktiv auf Asylsuchende, denn diese versuchten aus naheliegenden Gründen sogar eher Gesellschaften anzusteuern, die offen mit ihnen sympathisierten. Die Neutralität wirkte aber begünstigend auf die Aufnahmebereitschaft der Schweiz.[5] Dies

4 Diplomatische Dokumente der Schweiz. Bd. 1. Bern 1990. Nr. 44.

5 Vgl. auch Daniel Frei, Neutralität – Ideal oder Kalkül? Frauenfeld 1967. S. 46ff.: «Eine Sendung im Unpolitischen: das humanitäre Wirken».

zeigt die folgende, wohl aus der Zeit des Ersten Weltkrieges stammende Verlautbarung der Bundesregierung: «Helfen zu dürfen ist dem neutralen Schweizer ein Vorrecht; indem er es ausübt und sich damit zu Menschheitsidealen bekennt, befreit er sich von dem seelischen Druck, wie er auf dem Neutralen lastet. (...) Die nationale Enge der Eidgenossenschaft braucht als Komplement die internationale Weite. (...) Neutralität bedeutet dann nicht mehr nur ein kaltes Nein der Abwehr gegenüber dem Ausland, sondern ein warmes Ja des Bekennermusters und des Helferwillens.»[6] Asylgewährung war lange Zeit eine der Rechtfertigungen für die offenbar rechtfertigungsbedürftige Neutralität und zugleich eine Kompensation für den ansonsten mit wenig Bedeutung ausgestatteten Kleinstaat.

Am Selbstbild der Schweiz als klassisches Asylland hatte das *Fremdbild des Auslandes* im übrigen einen kräftigen Anteil. Die Vorstellung, dass die helvetische Alpenrepublik ein Hort der Freiheit sei, hat die Annahme gefördert, dass sie zugleich ein Hort für verfolgte Freiheitskämpfer sein müsse. Das Missverständnis besteht aber in der falschen Gleichsetzung der tatsächlich wichtigen Idee der kollektiven Freiheit des Kleinstaates und der keineswegs besonders hoch rangierten Individualfreiheit der Bevölkerung, der Einheimischen wie der Zugezogenen.[7] Die Vorstellung vom klassischen Asylland Schweiz schliesst freilich nicht aus, dass z.B. England, unabhängig von den Grössenverhältnissen, möglicherweise auch im 19. Jahrhundert ein weit wichtigeres Asylland war als die Schweiz.[8]

Asylpolitik aus Parteiverbundenheit

Im bereits zitierten Diktum von 1888 findet sich noch eine weitere Bemerkung: «Von jeher haben wir den politischen Flüchtlingen unser Haus in liberalster Weise geöffnet, meist nicht aus Sympathie für ihre Person oder ihre Lehren, sondern aus Menschlichkeit.» Diese Aussage entspricht nicht der Wirklichkeit. Auch wenn, wie wir noch sehen werden, die humanitäre Mission tatsächlich zu einer Leitidee wurde und dieser Umstand die Flüchtlingspolitik sogar etwas mitbestimmte – die Aufnahme konfessioneller und politischer Flüchtlinge ist in erster Linie aus den Sympathien für die Hilfesuchenden zu erklären. Sympathien waren dann vorhanden, wenn man sich mit den Flüchtlingen in einer grenzübergreifenden Glaubens- und Kampfgemeinschaft fühlte, wenn Gleichgesinnte vorhanden waren, die für Asylsuchende im Asylland so etwas wie *Brückenköpfe* bildeten.

6 Zit. nach Haug, S. 140.

7 Schiller bewegt sich ebenfalls auf diesem Pfad, wenn er in seinem Tellen-Drama von 1804 den «falschen Tyrannenmörder» Johannes Parricida an den Herd des schweizerischen Freiheitshelden führt.

8 Erste Ansätze zur Beantwortung dieser Frage finden wir in den Beiträgen des Sammelbandes «Zuflucht Schweiz». Der Umgang mit Asylproblemen im 19. und 20. Jahrhundert. Hrsg. von Carsten Goehrke und Werner G. Zimmermann. Zürich 1994. Vgl. insbesondere den Beitrag von Sandra Scheu.

Dieser Mechanismus funktionierte im 17. Jahrhundert im Falle der rund 140 000 Hugenotten insbesondere bei den reformierten und französischsprachigen Kantonen[9], er funktionierte im Falle der französischen Monarchisten nach 1792 bei den aristokratischen Kantonen insbesondere der französischen Schweiz, er funktionierte im Falle der griechischen Freiheitskämpfer nach 1820 beim liberal-bürgerlichen Milieu der Schweiz, im Falle der rund 10 000 deutschen Freiheitskämpfer, die nach den gescheiterten Revolutionen von 1848/49 bei den Gleichgesinnten der deutschen Schweiz Zuflucht suchten[10], und er funktionierte vor und nach 1848 zwischen den italienischen Revolutionären und einem Teil der Tessiner Bevölkerung wie im übrigen nach 1992 bezüglich der italienischen Faschisten.

Weniger eindeutig war die Affinität zwischen dem Aufnahmemilieu und den Polen, die 1830/31 und insbesondere 1863/64 in grösserer Zahl ins Land kamen. Beim zweiten Polen-Aufstand reisten rund 2500 Flüchtlinge ein, es blieben aber nur etwa 600, die anderen zogen weiter. Dass erstmals in grösserer Zahl Flüchtlinge nicht aus einem direkten Nachbarland, sondern von entfernter gelegenen Gebieten in der Schweiz Schutz suchten, wurde als Positivum gewertet, weil dies die Möglichkeit einer direkten Einmischung des Herkunftslandes ausschloss. Die positive Grundeinstellung gegenüber der zweiten polnischen Flüchtlingswelle ist bemerkenswert, weil sie in wirtschaftliche Krisenjahre fiel. In der Schweiz wurden anerkennende Worte aus Polen zitiert: «Das Opfer ist um so grösser, als das Ländchen selbst arm ist und seine Söhne in die Welt nach Arbeit hinausschicken muss; aber hier wie überall geben die Armen verhältnismässig mehr als die Reichen.»[11]

Als in Deutschland 1878 die Sozialistenverfolgungen einsetzten, konnte sich mancher Angehörige dieser «neuen Linken» (nach derjenigen der liberalen Republikaner von 1848/49) nach der Schweiz absetzen, weil sich im Asylland die organisierte Arbeiterschaft und der linke Flügel des Bürgertums dafür einsetzten. 1871 konnten dank dem Engagement einheimischer Pressionsgruppen sogar 200 Angehörige der Pariser Kommune bis zu ihrer Amnestie in der Schweiz Unterschlupf finden. Einzig die Anarchisten waren ziemlich ungedämpft den Ab- und Ausweisungstendenzen ausgesetzt, weil sie – naturgemäss – keine Lobby auf ihrer Seite hatten.

9 Dies bei einer Bevölkerung von rund 1,4 Mio. Von den 140 000 zogen 120 000 weiter. Vgl. Dominique Quadroni, Le passage des réfugiés huguenots et vaudois à Neuchâtel au XVIIe siècle. In: Schweizerische Zeitschrift für Geschichte 3, 1986. S. 313–345. Mit «Vaudois» sind nicht die Waadtländer, sondern die im kollektiven Gedächtnis weniger gegenwärtigen Waldenser gemeint, die ebenfalls im 17. Jh. aus Norditalien in die Schweiz kamen, im allgemeinen aber weniger freundlich aufgenommen wurden.

10 Jürg Frei, Die Schweizerische Flüchtlingspolitik nach den Revolutionen 1848/49. Diss. Zürich 1977.

11 Zitat aus Dziennik Poznański in: Neue Zürcher Zeitung vom 4. August 1864. Vgl. Marianne Ludwig, Der polnische Unabhängigkeitskampf von 1863 und die Schweiz. Basel 1968. – Zur Asylpolitik gegenüber Osteuropäern vgl. Asyl und Aufenthalt. Die Schweiz als Zuflucht und Wirkungsstätte von Slaven im 19. und 20. Jahrhundert. Hrsg. v. Monika Bankowski, Peter Brang, Carsten Goehrke und Werner G. Zimmermann. Basel 1994.

Die territorial abgestützte gesellschaftliche Vielfalt der Schweiz, die jeweils eigenen Flüchtlingspolitiken der lange Zeit autonomen Kantone, die Koexistenz von Katholiken und Protestanten, von Aristokraten und Bürgerlichen, von Liberalen und Sozialisten innerhalb des schweizerischen Staatsverbandes führte zu einer entsprechenden Vielfalt von Flüchtlingskategorien der verschiedenen Kultur- und Sprachräume, Konfessionen und politischen Strömungen. Dies ergab in der Summe auch ohne Traditionswillen eine ziemlich kontinuierliche Aufnahmepraxis. Die Brückenkopf-Theorie impliziert, dass die privaten Kräfte massgebend waren und diese sich, sofern sie in der Rollenkumulation nicht mit diesen identisch waren, bei den staatlichen Instanzen durchsetzen konnten.

Die Phasen der schweizerischen Asylpolitik

Die Flüchtlingspolitik lässt sich bezüglich der massgebenden Leitvorstellungen in fünf Phasen unterteilen. Zu unterscheiden sind: 1. die weitgehend schon vorgestellte Phase der privat-lokalen Aufnahmepraxis, die auch in späteren Jahren, dann aber in Kombination mit anderen Determinanten, weiterlebt; 2. die um 1830 einsetzende und ebenfalls bereits erörterte Phase der nationalen Souveränitätsdemonstration; 3. die Phase der ideologischen Überhöhung in den Jahren 1870 bis 1939; 4. die mit 1945 einsetzende Phase mit ihrem Versuch einer verbindlicheren Festschreibung der Asylgewährung als Staatsmaxime; und 5. nach 1980 die Phase der administrativen und sozialfürsorglichen Problembewältigung im westeuropäischen Kontext.

Zur *1. Phase* ist bloss nachzutragen, dass sich in der Frühzeit ausser der Grossgruppe der Hugenotten auch Klein- und Kleinstgruppen von Flüchtlingen in der Schweiz niederliessen: Wegen Ketzerei verfolgte Italiener werden in noch katholischen Städten wie Zürich und Basel aufgenommen, griechische Flüchtlinge kommen nach dem Fall von Konstantinopel in Luzern unter, 1662 nimmt Bern drei englische Richter auf, die unter Cromwell am Todesurteil gegen Karl I. beteiligt gewesen sind, etc.

Zur *2. Phase* ist noch zu bemerken: Die Souveränität war zunächst zwischen den Kantonen und dem Bund geteilt. In den ersten Jahren kam es deswegen wiederholt zu Differenzen einerseits zwischen radikalen Kantonsregierungen mit grösserer Aufnahmebereitschaft (natürlich gegenüber radikalen Asylsuchenden) und andererseits der gemässigten Bundesregierung.[12] Der Souveränitätsanspruch manifestierte sich in der Schweiz wie in anderen Ländern bis zum Ersten Weltkrieg nicht oder kaum in Grenz- und Aufenthaltskontrollen. Deshalb ist es z.T. schwierig, die ausländische Wohnbevölkerung zu erfassen und deren Aufenthaltsgründe zu kennen bzw. die gewöhnliche Arbeitsmigration von der aussergewöhnlichen Fluchtmigration zu unterscheiden.

Die staatliche Autorität griff nach 1914 mehr und mehr regelnd in das Flüchtlingswesen ein, zunächst mit verschiedenen Verordnungen kriegsnotrechtlicher Natur

12 Dieser Aspekt wird besonders hervorgehoben bei Haug, S. 139.

und 1919 mit der Schaffung einer Eidgenössischen Zentralstelle für Fremdenpolizei. 1925 wurde mit Art. 69ter die Verfassungsgrundlage und 1931 das entsprechende und noch heute gültige Gesetz geschaffen, das ANAG (Bundesgesetz über Aufenthalt und Niederlassung der Ausländer), ein Rahmengesetz mit grossem Handlungsspielraum, so dass man den jeweils aktuellen politischen und wirtschaftlichen Bedürfnissen Rechnung tragen kann. Im weiteren setzte eine auch in anderen Bereichen beobachtbare Entwicklung in Richtung einer Konzentration der Entscheidungsbefugnisse und einer Dezentralisation des Vollzugs ein.[13]

Die Kulminationsphase der Ideologisierung der Asyltradition

In der *3. Phase* förderten die italienische und deutsche Nationenbildung und die Verschärfung der nationalstaatlichen Mächterivalität die Tendenz, die überparteiliche Humanität zu einem zentralen Element des kleinstaatlichen Selbstverständnisses zu machen, dies parallel oder sogar vorgängig zur Gründung des Roten Kreuzes 1863/64. Noch vor Henri Dunants Solferino-Bericht würdigte 1859 eine Parlamentskommission während des italienischen Unabhängigkeitskrieges die auf alle Seiten gleich grosszügige, wahrhaft humanitäre, d.h. von Sympathien und Antipathien abstrahierende Bereitschaft der Bevölkerung, militärische Flüchtlinge aufzunehmen. Dies sei «ein erfreulicher Beweis der sehr fortgeschrittenen politischen Urteilsreife unseres Volkes».

Noch deutlicher als in der Reaktion auf die Kriege in Italien lässt sich dies im Deutsch-Französischen Krieg von 1870/71 fassen. Der Bundesrat stellte bei Kriegsbeginn nicht nur Neutralität des Staates in Aussicht, sondern auch «thätige Theilnahme an den Leiden ihrer Nachbarvölker», da über aller «Racenverschiedenheit» doch die gemeinsame Menschennatur stehe.[14] Den Worten folgten auch Taten: Damals wurden Zivilisten aus dem bombardierten Strassburg evakuiert und in Basel untergebracht. Die über den Neuenburger Jura in die Schweiz gekommenen rund 87 000 Bourbaki-Soldaten wurden interniert und auf die ganze Schweiz verteilt. Ohne die damaligen Leistungen herabmindern zu wollen, muss man die grosse Hilfsbereitschaft, die spontan von der gesamten Bevölkerung ausging, mit dem Bedürfnis in Verbindung bringen, an den temporär auf Hilfe angewiesenen Soldaten eines grossen Nachbarlandes sich und der Umwelt die innere, seelische Grösse des eigenen Landes zu beweisen. Im übrigen liess man sich diese Liebestätigkeit auf Franken und Rappen bezahlen. Frankreich beglich Pensionskosten in der Höhe von 12 154 396 Franken und 90 Rappen.[15]

13 Helga Noe Aeschbach, Die Entwicklung der fremden- und asylrechtlichen Grundlagen seit dem Ersten Weltkrieg. In: Zuflucht Schweiz. S. 219–255.

14 Botschaft zur Wahrung der Neutralität vom 8. Dezember 1870, Bundesblatt 1870 III, S. 826ff.

15 André Meyer und Heinz Horat, Bourbaki. Episoden und Erlebnisse aus der Internierungszeit der Bourbaki-Armee 1871. Bern 1981. – Peter R. Jezler, Elke Jezler und Peter Bosshard, Der Übertritt der Bourbaki-Armee in der Schweiz 1871. Asyl für 87 000. Zürich 1986.

Das Selbstbestätigungsmotiv trat im Zürcher Bettagsmandat von 1871 völlig unverhüllt zutage, wird doch in dieser Erklärung mit Gottfried Kellers Formulierung festgehalten, der Übertritt der Bourbaki-Armee habe nur (!) dazu gedient, «unsere öffentlichen Einrichtungen zu erproben und den werkthätigen Sinn unseres Volkes wach zu halten und zu erhöhen». Die Vision von der völlig selbstlosen Flüchtlingspolitik war freilich die häufigere, und sie festigte nun die Vorstellung von einer seit jeher praktizierten humanitären Asylpolitik. 1874 verkündete der Berner Pfarrer Gottlieb Friedrich Ochsenbein in seinem (in Hexametern gehaltenen) Bourbaki-Epos: «Aller Verfolgten Asyl, besonders der armen Verfolgten / War ja seit Tells Zeit die Schweiz / und Ruhm soll ihr auch bleiben.»

Das Bild der Schweiz als Hort der Humanität erfuhr durch den Ersten Weltkrieg eine weitere Bestätigung. Die Schweiz wurde, vor allem auch auf Postkarten, als eigentliche Friedensinsel inmitten des gewaltigen Wellenschlages wildesten Schlachtengetümmels dargestellt und das humanitäre Engagement als Abgeltung dafür verstanden, dass sich die Schweiz in diesem Ringen nicht engagierte. Pfarrer E. Nagel verkündete 1916, es sei das grosse Vorrecht des Schweizer Volkes, «da zu lieben, wo andere hassten, da zu versöhnen, wo andere zerrissen, da zu heilen, wo andere verwundeten und bluteten».[16]

Im Ersten Weltkrieg wurde die Ernsthaftigkeit der schweizerischen Humanitätsparole nur halbwegs auf die Probe gestellt. Die Schweiz nahm zwar vorübergehend immerhin etwa 500 000 Zivilisten auf, die aus Kampfgebieten zwangsevakuiert worden waren und über den in der Regel nur wenige Stunden dauernden helvetischen Transit repatriiert werden konnten. Sie erleichterte den Heimtransport von Kriegsverletzten (etwa 68 000), sie internierte, wie das Völkerrecht es vorschrieb, die Kriegsteilnehmer, die sich im Laufe des Krieges auf neutralen Boden begeben hatten, und liess sogar die dazu Befähigten an schweizerischen Universitäten weiterstudieren.

Als nicht unproblematisch erschien die Aufnahme der zahlreichen Deserteure und Refraktäre, weil deren Fahnenflucht ein Gesetz brach, das auch in der Schweiz galt. Dieser Kategorie von Flüchtlingen gewährte man aus «sittlichen» Bedenken keinen formellen Asylschutz. Man nahm sie dennoch auf, weil eine Rückweisung den sicheren Tod bedeutet hätte. Im April 1916 waren erst etwa 700 militärische Flüchtlinge verzeichnet, bis Kriegsende stieg dann aber die Zahl rapid auf rund 20 000 und nahm in den ersten Nachkriegsmonaten sogar weiter zu. Im November 1917 reagierten die Behörden auf die wachsende politische Unruhe und begannen im Falle von anarchistischen und antimilitaristischen Umtrieben Ausweisungen vorzunehmen.[17] Die Zurückhaltung gegenüber Deserteuren blieb: Während des Vietnamkrieges war die Schweiz weit weniger grosszügig als Schweden. Noch heute gilt, wie vor allem an Fällen von singhalesischen Deserteuren deutlich wird, dass Dienstverweigerung kein Asylgrund ist. Eine Ausnahme gilt zur Zeit für Dienstpflichtige aus den Kriegsgebieten von Ex-Jugoslawien.

16 E. Nagel, Die Liebestätigkeit der Schweiz im Weltkriege. 2 Bde. Basel 1916.

17 Bettina Durrer, Auf der Flucht vor dem Kriegsdienst. In: Zuflucht Schweiz. S. 197–216.

Die Barmherzigkeit der Jahre 1914–1918 (Stichwort: Sanitätsfestung)[18] wurde durch den Umstand erleichtert, dass man sie ausgewogen praktizieren konnte. Eine Schrift vom Dezember 1915 hebt hervor, im hundertfach mit Deutschland verbundenen Schaffhausen seien rückreisende Franzosen genauso herzlich aufgenommen worden wie in Genf die deutschen Kriegsverletzten – um dann verkünden zu können: «Gesegnet sei dieses Walten der Liebe und der vorurteilslosen reinen Menschlichkeit; hell möge es strahlen über das Land der Eidgenossen und in alle Welt hinaus als Wahrzeichen dafür, dass die neutrale Schweiz ihren wahren Beruf erkannt hat und übt.»

Während des Ersten Weltkrieges beherbergte die Schweiz auch eine grössere Zahl politischer Emigranten, wiederum vor allem aus der linken Opposition: Lenin (1900 mit Unterbrüchen bis zum April 1917), Ernst Bloch, die deutschen Pazifisten Alfred Fried, Prinz Hohenlohe, General Graf Montgelas, um nur einige zu nennen. Deren Anwesenheit wurde offenbar weder von den Behörden noch von der breiteren Öffentlichkeit als grosse Belastung empfunden.

Der Untergang der Donau-Monarchie blieb – man kann sagen: selbstverständlich – nicht ohne Auswirkungen auf die Schweiz. Schon am 20. November 1918 wurde die schweizerische Visumsstelle in Wien vorgewarnt, Adlige würden in grosser Zahl nach der Schweiz kommen wollen, man müsse sie darauf aufmerksam machen, dass man keinerlei Intrige oder politische Propaganda tolerieren würde.[19] Die Schweiz nahm mit geringer Begeisterung, aber mit der informellen Zustimmung der Entente, den vertriebenen Habsburger Kaiser Karl I. auf.[20] Die Familie lebte vom April 1919 bis März 1921 am Genfersee auf Schloss Prangins. Von dort aus wurde der erste Versuch unternommen, die ungarische Krone wiederzuerlangen. Nach seiner Rückkehr in die Schweiz verweigerte ihm der liberale Kanton Waadt (wo er vorher wohnhaft war) eine neuerliche Aufenthaltsgenehmigung, die katholisch-konservativen Kantone Freiburg und Luzern hiessen den Ex-Monarchen dagegen willkommen. Wir sehen hier erneut den Brückenkopf-Effekt. Nach dem zweiten Restaurationsversuch konnte der gestürzte Kaiser bekanntlich nicht mehr in die Schweiz zurückkehren, sondern musste sich auf Anordnung der Briten auf Madeira niederlassen.

Hier ist der Moment, auf einen anderen wichtigen Aspekt einzugehen: auf die Frage nämlich, was sich die Schweiz ihre Humanität kosten liess. Schon in früheren Zeiten, etwa bei der Aufnahme der Hugenotten, war eine gewisse Zurückhaltung gegenüber mittellosen Flüchtlingen und zusätzlicher wirtschaftlicher Konkurrenz zu bemerken. Und im Falle der erwähnten Einbürgerung des Emigranten Herwegh konnten die Behörden die beruhigende Feststellung machen: «Seine Stellung ist derart, dass sein ökonomisches Fortkommen auf völlig selbständigem Fuss beruht.» Auf die Rückerstattung der Internierungskosten von 1871 ist bereits hingewiesen worden.

18 Roland Gysin arbeitet z.Z. an einer Zürcher Dissertation mit dem Titel: «Sanitätsfestung Schweiz» – Über das Erheben der Stimme der Menschlichkeit. Internierte fremde Militärpersonen in der Schweiz, 1916–1919.

19 Diplomatische Dokumente der Schweiz. Bd. 7,1. Nr. 22. Bern 1979.

20 Ebenda die Dok. Nr. 44, 49, 244 und 250.

Im Ersten Weltkrieg sah man davon ab, Deserteure und Refraktäre zu internieren, weil man nicht damit rechnen konnte, dass die Herkunftsstaaten für diese Kosten aufkämen. So zog man, zumal ein Bedarf an Arbeitskräften bestand, es vor, dieser Flüchtlingskategorie zivile Selbständigkeit einzuräumen.[21]

Im allgemeinen gilt: Die Flüchtlinge durften nicht zur Last fallen und keine unerwünschte Erscheinung auf dem Arbeitsmarkt sein. Die Liberalen und die Sozialisten als die beiden bedeutendsten Flüchtlingskategorien des 19. Jahrhunderts waren ein ausgesprochenes Aktivum in der schweizerischen Gesellschaftsbilanz: Sie brachten mehr, als sie bezogen; sie verstärkten die schmale Bildungsschicht des Entwicklungslandes Schweiz. Insgesamt profitierte die Schweiz sehr von den Verfolgungen der geistigen Eliten der Nachbarländer. Der Unterricht an den 1833/34 gegründeten Universitäten von Zürich (wo übrigens auch Georg Büchner 1836/37 lehrte) und Bern wurde grösstenteils von deutschen Emigranten bestritten. In Zürich waren anfänglich sogar sämtliche Lehrstellen mit Deutschen besetzt. Ähnlich gross war die Bedeutung der Emigranten in der deutschen und italienischen Schweiz für die Lehrerseminarien, Volksschulen und z.T. auch für das Pressewesen. Die Flüchtlinge, die während des Zweiten Weltkrieges in der Schweiz Zuflucht suchten, bedeuteten ebenfalls eine kulturelle Stärkung des schweizerischen Lebensraumes, insbesondere in der Publizistik, im Theater- und im Musikleben, soweit der Konkurrenzneid der Alteingesessenen diese Entfaltung überhaupt zuliess. Zu den in der neuesten Zeit doch beträchtlichen Aufwendungen aus öffentlicher Hand vgl. die Angaben im letzten Kapitel.

Die Asylpolitik im Zweiten Weltkrieg

Obwohl die Jahre des Zweiten Weltkriegs nur den Schluss der 3. Phase bildeten, sei ihnen ein spezieller Abschnitt gewidmet. Sie führen zu einem unerträglichen Widerspruch zwischen Idee und Wirklichkeit und zum Kollaps der Ideologie von der humanitären Mission. Am Vorabend des Zweiten Weltkrieges wurde das im Ersten Weltkrieg gefestigte Bild von der wohltätigen Schweiz ein letztes Mal ohne kritisches Hinterfragen reproduziert. Auf dem Höhenweg der Landesausstellung von 1939 stiess der Besucher auf die ihm ziemlich geläufige Botschaft: «Die Schweiz als Zufluchtsort Vertriebener, das ist unsere edle Tradition. Das ist nicht nur unser Dank an die Welt für den Jahrhunderte langen Frieden, sondern auch besonderes Anerkennen der grossen Werte, die uns der heimatlose Flüchtling von jeher gebracht.»[22]

21 Bettina Durrer, Auf der Flucht vor dem Kriegsdienst. In: Zuflucht Schweiz. S. 197–216.

22 Zur Flüchtlingspolitik während des Zweiten Weltkrieges vgl. insbesondere: Carl Ludwig, Die Flüchtlingspolitik der Schweiz seit 1933 bis zur Gegenwart. Bericht an den Bundesrat. Bern 1957. – Alfred A. Häsler, Das Boot ist voll ... Die Schweiz und die Flüchtlinge 1933–1945. Zürich 1967. – Jacques Picard, Die Schweiz und die Juden 1933–1945. Zürich 1994. – Hermann Wichers, Im Kampf gegen Hitler. Deutsche Sozialisten im Schweizer Exil 1933–1940. Zürich 1994. Zu den Lebensbedingungen der Aufgenommenen sind jüngst erschienen: Edith Dietz, Freiheit in Grenzen. Meine

Im Zweiten Weltkrieg wurde die traditionelle Humanitäts- und Asylpolitik zwar weitergeführt, die Schweiz war nun aber mit einer völlig neuen Situation konfrontiert: nämlich mit der Massenflucht der im Machtbereich des Nationalsozialismus verfolgten Juden. Dies war eine Herausforderung, die in quantitativer, aber auch in qualitativer Hinsicht den Rahmen des Bisherigen sprengte, die mit dem geistigen Instrumentarium der über allen Parteien stehenden Barmherzigkeit nicht zu bewältigen war und doch gewissermassen den humanitären Ernstfall bedeutete. Humanitäres Verhalten hätte einen Akt der Parteilichkeit gegen das zutiefst inhumane Dritte Reich bedeutet. Und zu dieser Parteinahme, wir wissen es, mochte sich die Schweiz nicht recht aufraffen. Sie geriet somit in den Gegensatz zur eigenen Ideologie beziehungsweise zur kurz vor Kriegsausbruch nochmals bekräftigten Parole von der «edlen Tradition».

Es wäre allerdings verfehlt zu meinen, der Umsetzung des humanitären Ideals wären nur wegen exogener Faktoren engste Grenzen gesetzt gewesen. Auch endogene Faktoren (der hausgemachte Antisozialismus und Antisemitismus) bestimmten das Mass des Möglichen bzw. Unmöglichen. Das humanitäre Wirken wurde in dem Masse eingeschränkt, als man glaubte, dass mit der Hilfe eine Selbstgefährdung verbunden sei: eine Beeinträchtigung des Arbeitsmarktes, der Ernährungslage, der guten Beziehungen zum Nachbarn, der inneren Sicherheit, der sogenannten Eigenart etc. Es ist nicht Aufgabe eines historischen Rückblicks zu erklären, dass solche Rücksichten nicht zu gelten hätten. Hingegen gehört es zu seinen Aufgaben zu zeigen, dass die herrschenden Angstgefühle die verschiedenartigen Gefährdungen überschätzten und dass man, wie ein prominenter Publizist im September 1942 warnte, «auf Vorrat» grausam war.[23]

1938 drängte man schweizerischerseits, als nach dem Anschluss Österreichs der Flüchtlingsstrom stark zunahm, auf eine Markierung der Pässe der deutschen «Nichtarier» mit einem «J», damit man diese erkennen und deren Möglichkeiten prüfen konnte, die erwünschte Weiterreise zu finanzieren. Im Sommer 1942 wurde mit der Schliessung der Grenzen gegenüber Menschen, die «nur aus Rassegründen» bedroht waren, eine weitere vom Dritten Reich in Extremform vorgelebte, aber auch in der eigenen Gesellschaft angelegte diskriminierende Zweiteilung der Menschheit vorgenommen und die Juden von der Humanität ausgeklammert. Im Falle der jüdischen Flüchtlinge funktionierte der erläuterte Brückenkopf-Mechanismus nur in beschränktem Mass: Die schweizerischen Juden erbrachten enorme Fürsorgeleistungen für die Verfolgten ihrer Glaubensgemeinschaft, sie konnten aber kaum Einfluss auf die Behörden ausüben.[24]

Internierungszeit in der Schweiz 1942–1946. Frankfurt a.M. 1993. – Charlotte Weber, Gegen den Strom der Finsternis. Als Betreuerin in Schweizer Flüchtlingsheimen 1942–1945. Zürich 1994. Aus jüngster Zeit die umfassende Forschungsstudie von André Lasserre, Frontières et camps. Le refuge en Suisse de 1933 à 1945. Lausanne 1995.

23 Albert Oeri, Chefredaktor der «Basler Nachrichten», liberaldemokratischer Nationalrat, in der Flüchtlingsdebatte vom 22./23. September 1942.

24 Gaston Haas, «Wenn man gewusst hätte, was sich drüben im Reich abspielte ...». 1941–1943. Was man in der Schweiz von der Judenvernichtung wusste. Basel 1994. S. 202ff.

Die restriktive Aufnahmepraxis dieser Jahre hat zwei Arten von Kritiken auf sich gezogen: den Vorwurf der Einschränkung überhaupt und den Vorwurf lediglich der zu eng gefassten Restriktion. Ersteres muss hier nicht weiter diskutiert werden. Der Moment, da die Aufnahmekapazität erschöpft gewesen wäre und die Grenzen hätten geschlossen werden müssen, wäre mit Bestimmtheit einmal eingetreten. Das Bild vom «kleinen Rettungsboot mit beschränktem Fassungsvermögen» (Bundesrat von Steiger im August 1942) war an sich nicht falsch. Es wurde aber in einem Moment zur Rechtfertigung einer Aufnahmesperre eingesetzt, als lediglich 10 000 Zivilflüchtlinge und 12 000 Militärinternierte in der Schweiz weilten. Schon im folgenden Jahr sollte die Zahl der Aufgenommenen beider Kategorien auf rund 70 000 und bis Kriegsende auf rund 115 000 ansteigen.

Die Schweiz nahm während des Zweiten Weltkriegs keine einheitliche Haltung ein. Zwischen den Extrembeurteilungen, die auf der einen Seite eine ganze Generation und auf der anderen Seite ein paar wenige Beamte und Magistraten für schuldig erklären, könnte ein differenziertes Verantwortlichkeitsbild gezeichnet werden. Hier muss die Feststellung genügen, dass entgegen anderslautenden Behauptungen die Bevölkerung über die Flüchtlingspolitik genügend informiert war. Die Presse trug (wenn auch in gedämpfter Form) das Problem an die Bürger heran und vermittelte umgekehrt den Behörden die öffentliche Meinung. Über die behördlicherseits doch bestehende Repressionstendenz gibt eine Affäre vom September 1942 Aufschluss: Als sich eine Rorschacher Schulklasse (u.a. unter dem Eindruck eben von Pressemeldungen) in einem Brief an die Bundesregierung über die «herzlose Flüchtlingspolitik» beklagte, reagierten die Behörden sogleich mit einer Untersuchung durch die Sicherheitspolizei.[25]

Im grossen Feld der schweizerischen Mehrheit bestand eine funktionsbedingte Spannung zwischen den Verwaltern einer abstrakten Staatsräson, die sich zu Recht als Vollzieher des Volkswillens verstehen konnten, und den privaten Hilfswerken, die an der humanitären Front konkreten Schicksalen in die Augen blickten. Darin ist eine sinnvolle Arbeitsteilung zwischen nötiger Unbarmherzigkeit und wünschbarer Barmherzigkeit gesehen worden, zwischen angeblicher Verantwortungsethik und Gesinnungsethik, als ob das Engagement für eine liberalere Aufnahmepraxis nicht ebenfalls Verantwortungsethik für sich in Anspruch nehmen könnte. Es ist einzelnen Bürgerinnen und Bürgern zu verdanken, dass die offizielle Unbarmherzigkeit nicht noch grössere Ausmasse angenommen und die Schweiz ihre humanitäre Mission wenigstens teilweise erfüllt hat.

Anlässlich der Gedenkfeiern zum 50. Jahrestag des Kriegsendes sprach die Bundesregierung die von vielen erwartete, letztlich aber auch niemanden in Verlegenheit bringende offizielle Entschuldigung für die Flüchtlingspolitik während des

25 Dossier Nr. 257 des Bestandes 4001 (C) 1 des Schweiz. Bundesarchivs Bern. – Bericht von Karl-Iversen Lapp im Tages-Anzeiger vom 3. Mai 1995.

Zweiten Weltkrieges aus.[26] Bundespräsident Kaspar Villiger (FDP) erklärte in der Sondersession vom 7. Mai 1995: «Es steht für mich ausser Zweifel, dass wir mit unserer Politik Schuld auf uns geladen haben. Mit der Einführung des sogenannten Judenstempels kam Deutschland einem Anliegen der Schweiz entgegen. (...) Wir haben damals im allzu eng verstandenen Landesinteresse eine falsche Wahl getroffen. Der Bundesrat bedauert das zutiefst, und er entschuldigt sich dafür, im Wissen darum, dass solches Versagen letztlich unentschuldbar ist.»[27] Die SP-Bundesrätin Ruth Dreifuss wurde in einer separaten Rede noch etwas deutlicher, indem sie den J-Stempel mit dem schweizerischen Antisemitismus in Verbindung brachte und im übrigen auf die geringere Immunität der «bürgerlichen Elite» gegen die Verlockungen des Faschismus hinwies.[28]

Offizielle Aufwertung der Flüchtlingsfreundlichkeit nach 1945

Nach Bekanntwerden unangenehmer (den erwähnten J-Stempel betreffender) Akten aus dem Jahre 1938 erklärte die Landesregierung 1957 in einem formellen Beschluss, die Asylgewährung sei nicht bloss Tradition, sondern eine staatspolitische Maxime.[29] Die Maxime fand jedoch in der *4. Phase* der Geschichte der Flüchtlingspolitik keinen ihrer Bedeutung angemessenen Ausdruck in der Gesetzgebung.[30] Immerhin wurde so viel aus der Vergangenheit gelernt, dass das Asylgesetz von 1979/81 die ursprünglich auf das Politische beschränkte Anerkennung auf andere Fluchtmotive ausdehnte: insbesondere auf die Gefährdung wegen Religions- und Rassenzugehörigkeit.

Appelle zugunsten einer grosszügigeren Aufnahmepolitik knüpfen gerne an das negative Beispiel der Kriegsjahre an, riskieren aber die Replik, dass sich die Problematik inzwischen grundlegend geändert habe. Die Möglichkeit, an das allerseits eingestandene Versagen während des Zweiten Weltkrieges erinnert zu werden, erschwert heute – ein wenig – die Durchsetzung rigoroser Fernhaltepolitik. Wie die Schweiz in den achtziger Jahren dazu überging, die Pässe abgewiesener Ausländer (nicht in erster Linie Asylbewerber) mit einem roten R (für *refoulement*) zu stempeln, wurden in der Presse sofort Vergleiche mit dem J-Stempel von 1938 angestellt. Die Behörden erklär-

26 Seit einigen Jahren kämpft eine Gruppe um die Rehabilitierung eines St. Galler Polizeihauptmannes, der gegen geltende Bestimmungen Flüchtlinge über die Grenze liess und deswegen entlassen wurde. Dem inzwischen Verstorbenen ist von offizieller Seite kürzlich eine moralische Rehabilitierung zuteil geworden, eine rechtliche Revision wird dagegen als unmöglich dargestellt. Vgl. dazu die Sympathisantenschrift von Stefan Keller, Grüningers Fall. Geschichten von Flucht und Hilfe. Zürich 1993.

27 Integral veröffentlicht in Neue Zürcher Zeitung vom 8. Mai 1995.

28 Auszüge aus der Thuner Rede vom 8. Mai 1995 im Tages-Anzeiger vom 11. Mai 1995. Sprecher bürgerlicher Parteien bezeichneten diese Äusserungen als vorgezogenen Wahlkampf.

29 Grundsätze für die Handhabung des Asylrechtes in Zeiten erhöhter internationaler Spannungen und eines Krieges vom 1. Februar 1957 (Bericht Ludwig, S. 404ff.).

30 Helga Noe Aeschbach in: Zuflucht Schweiz. S. 236.

ten aber ungerührt, dass diese «Handarbeit» eben nötig sei, solange das computerisierte Fahndungsnetz «Ripol» noch nicht in Betrieb sei.[31]

Solidaritätsgruppen insbesondere aus dem kirchlichen Milieu legitimieren ihre auch anders begründbaren Gegenaktionen (Asylgewährungen in Kirchen, Verstecke in Privatwohnungen) unter anderem mit dem leichten Hinweis, dass die Behörden 1938–1945 schon einmal versagt hätten, dass sie die Notwendigkeit der Zeit erneut verkennen würden und darum keine Autorität beanspruchen könnten.

Auch in der 4. Phase spielte jeweils der Brückenkopf-Mechanismus eine Rolle, d.h. die innere Affinität zwischen Aufnahmegesellschaft und Asylsuchenden; jetzt allerdings nicht mehr auf einzelne Kantone und Gesellschaftssegmente beschränkt, sondern getragen von einer überwiegenden Mehrheit: bei der Aufnahme von rund 10 000 Ungarn 1956 sowie von rund 12 000 Tschechoslowaken 1968. Ähnlich verhielt es sich mit den nach 1959 als erste aussereuropäische Gruppe aufgenommenen rund 1700 Tibetern, welche in der Schweiz die grösste Diaspora-Kolonie ausserhalb Asiens bilden und unter Wahrung der Bindungen an die alte Heimat in ihrer zweiten Heimat ausgezeichnet integriert sind. Möglicherweise wurden sie, wenn man vom gemeinsamen Antikommunismus absieht, darum mit besonderer Sympathie aufgenommen, weil man zwischen sich und den Angehörigen des kleinen, von einer Übermacht bedrohten Gebirgsvolkes eine gewisse Übereinstimmung annahm.

Die Bedeutung des Sympathiereflexes kann man auch dort erkennen, wo er nicht oder nur schwach spielt: Die zweite grössere Gruppe aussereuropäischer Flüchtlinge (wenn man von den kaum zur Kenntnis genommenen Algeriern der Jahre 1958–1961 absieht) bilden die 1973 auch in die Schweiz geflohenen Chilenen. Sie wurden mit grösserer Zurückhaltung aufgenommen, weil sie nicht Opfer des Kommunismus, sondern Sozialisten und als solche Opfer eines von den USA unterstützten rechtsextremen Militärregimes waren. Nach anfänglichen Widerständen wuchs die Zahl dann doch auf rund 2000. Im übrigen könnte auch der Rezessionsschock von 1973/74 die Aufnahme erschwert haben. Die südvietnamesischen Boat people, von denen in den Jahren 1975–1983 rund 8200 bis in die Schweiz gelangten, konnten – wenigstens anfänglich – wiederum vom antikommunistischen Bonus profitieren. Desgleichen die rund 1800 Polen, die 1981 nach dem Militärputsch in die Schweiz kamen. Von den rund 1700 Personen, die nach dem Militärputsch von 1980 in der Türkei nach der Schweiz zu gelangen versuchten, erhielten dagegen die wenigsten Asyl.[32]

Von Ausländern, ob es Flüchtlinge oder Arbeitseinwanderer waren, wurde seit jeher politische Abstinenz erwartet. Die neutrale Schweiz sollte nicht zur Plattform für Agitation gegen die Herkunftsländer der Ausländer werden. In der Ära des Kalten Krieges waren öffentliche Reden von Ausländern bewilligungspflichtig. Die Behörden schritten jedoch seit den achtziger Jahren kaum mehr zu Verboten.[33] Indessen

31 Tages-Anzeiger vom 22. Januar 1988 und Basler Zeitung vom 20. Februar 1988.

32 Heinz Däpp, Bankrott einer staatspolitischen Maxime. In: Asylpolitik gegen Flüchtlinge. Hrsg. v. Heinz Däpp und Rudolf Karlen. Basel 1984. S. 217.

33 Staatsschutz in der Schweiz. Hrsg. v. Georg Kreis. Bern 1993. S. 177ff.

kommt gegenläufig zu dieser in den letzten Jahren eingetretenen Liberalisierung bei volkstümlich sein wollenden Politikern des rechten Flügels immer wieder die Meinung auf, Ausländer hätten sich in ihrem Gastland jeglicher politischer Tätigkeit zu enthalten und insbesondere auch keine Strassendemonstrationen durchzuführen. Man zielt da wahrscheinlich weniger auf die 800 Exiltschechoslowaken, die im November 1989 mit einem Fackelumzug die Befreiung ihres Herkunftslandes feierten, oder auf die rund 150 Exiltibeterinnen, die im März 1994 gegen das chinesische Regime in Tibet protestierten, sondern gegen Manifestationen von Ex-Jugoslawen, Albanern, Türken und Kurden. Der Zürcher Kantonsrat hat aber, um nur dieses erfreuliche Beispiel zu nennen, im Februar 1993 mit einem deutlichen Stimmenverhältnis von 113:6 Stimmen ein Demonstrationsverbot für Ausländer abgelehnt.

Sozialfürsorgliche Administration im westeuropäischen Kontext

Während die Zahlen der Asylgesuche in den siebziger Jahren zwischen 1000 und 1300 pro Jahr schwankten, kam es in den achtziger Jahren zu einem starken Anstieg: 1984: 7435, 1985: 9703, 1986: 8546, 1987: 10 913, 1988: 16 726, 1989: 24 425, 1990: 35 836, 1991: 41 600, 1992: 18 000, 1993: 24 739, 1994: 16 134. Wegen der beträchtlichen Zunahme der Asylgesuche und der schwachen Kapazität der seit 1972 unter Personalstopp stehenden Verwaltung entstand bis Ende 1990 ein Berg von rund 55 000 unerledigten Gesuchen. Von Regierungsseite wurde um 1985 zur Bewältigung dieser Pendenzen die sogenannte Globallösung, d.h. die Annahme aller bis 1984 eingereichten Gesuche, ins Auge gefasst, obwohl die Anerkennungsquote unter 5% lag.[34] Das Parlament lehnte diese Lösung 1986 jedoch ab. Mit einer Aufstockung des Personalbestandes konnte der Pendenzenberg inzwischen weitgehend abgetragen werden.

Die Verwaltungsstruktur wurde in den achtziger Jahren gestärkt. Es herrscht aber eine verwirrende und nicht sehr effiziente Vielfalt von Zuständigkeiten. 1985 wurde die Stelle eines Delegierten des Bundesrates für das Flüchtlingswesen und 1990 ein von diesem Delegierten geleitetes und vorübergehend auf einen Maximalbestand von 500 Mitarbeiter/-innen angewachsenes Bundesamt für Flüchtlinge (BFF) geschaffen. Neben diesem Amt ist für den Bereich der Arbeitseinwanderung das Bundesamt für Industrie, Gewerbe und Arbeit (BIGA) zuständig. Dazwischen steht das eher bescheidene, 1993 etwas aufgewertete Bundesamt für Ausländerfragen (BFA). In Fragen der inneren Sicherheit hat auch die Bundespolizei ein Wort mitzureden, in Fragen der Aussenbeziehungen ist es ein Koordinator des EDA im Botschafterrang. Er steht auch mit der Direktion für Entwicklungszusammenarbeit und humanitäre Hilfe (DEH) in Verbindung. Hinzu kommt eine interdepartementale Arbeitsgruppe des Bundes «für ausserordentliche Lagen im Flüchtlingsbereich». Mit Fragen der Arbeitseinwanderung befasst sich auf Bundesebene seit 1970 zudem eine Kommission für Ausländerpro-

34 Tiefststand 1991 bei 3%, 1994 bei 10,7%.

bleme (EKA). Sie wirkt als Drehscheibe zwischen Bund und Kantonen, Arbeitsmarkt- und Fremdenpolizeibehörden, Sozialpartnern, Kirchen und Ausländerorganisationen. Als wissenschaftliche Institution soll sodann das in Neuenburg domizilierte Schweizerische Forum für Migrationsstudien (SFM) seine Tätigkeit im Herbst 1995 aufnehmen.

Nicht nur die Zahl der Asylbegehren und der in diesem Verwaltungsbereich geschaffenen Institutionen, auch die Zahl der Bestimmungen und der Flüchtlingskategorien hat stark zugenommen, so dass die Verhältnisse ziemlich unübersichtlich geworden sind.

Das im Rahmen des ANAG von 1931 bestehende Asylgesetz von 1979/81 musste den stets sich ändernden Verhältnissen entsprechend mehrfach, z.T. sogar auf dem Dringlichkeitsweg revidiert werden (1983, 1987, 1990). Selbst auf wohlmeinender Seite wird heute die zu starke Verrechtlichung des Problems beklagt, es erleichtere den Missbrauch und lähme sinnvolle Lösungen, die politischer Natur sein müssten.[35] Gegen die Lähmung durch die Verrechtlichung gibt es paradoxerweise offenbar nur ein Mittel, nämlich die Produktion weiterer Rechtsbestimmungen, zum Beispiel der Zwangsmassnahmen gegen abgewiesene Asylbewerber, die das Schweizervolk in der Volksabstimmung vom 4. Dezember 1994 mit überwältigendem Mehr gutgeheissen hat.

Zur Vielzahl von Flüchtlingskategorien: Da eine quantitative Beschränkung grundsätzlich als unvermeidlich und eine pauschale Zulassung eines bestimmten Maximalbestandes (eines Kontingentes oder einer Quote) als nicht ideal erscheint, wird in jedem Einzelfall mit mehreren Befragungen abgeklärt, ob Humanität, und wenn ja, nach welcher Kategorie, angebracht sei oder nicht. Das Total von rund 120 000 Menschen Ende 1994 setzt sich aus den folgenden 4 Kategorien zusammen, die z.T. nochmals in Unterkategorien unterschieden werden: 1. aus anerkannten Flüchtlingen (27 248), 2. aus vorläufig aus humanitären oder anderen Gründen Aufgenommenen (48 626), 3. aus abgewiesenen Asylbewerbern ohne Wegweisungsverfügung und Aufenthaltsregelung (15 695), 4. aus Asylbewerbern mit erst- oder zweitinstanzlich hängigen Gesuchen (27 248). Dazu kommen die auf 50 000–100 000 geschätzten beschäftigten Schwarzaufenthalter, die gar nicht erfasst worden sind.

Der Strategiebericht von 1989 und der Bericht zur Ausländer- und Flüchtlingspolitik vom 15. Mai 1991 sollte die nötige Klärung in diesem Politikbereich herbeiführen. Die gleichen Erwartungen werden jetzt in ein Migrationsgesetz und ein Migrationsamt gesetzt.[36] Ein im März 1995 veröffentlichter und von der Landesregierung in Auftrag gegebener Bericht hat inzwischen ein weiteres Mal eine Auslegeordnung der

35 Helga Noe Aeschbach in: Zuflucht Schweiz. S. 249.

36 Die Motion der Ständerätin Rosemarie Simmen (CVP) vom 2. März 1992 beauftragt den Bundesrat, ein Migrationsgesetz auszuarbeiten, «das die Grundlage darstellen soll für den Umgang mit Problemen, wie sie aus der weltweiten Völkerwanderung auch für die Schweiz entstehen»; sie wurde im Ständerat am 7. Oktober 1992, im Nationalrat am 7. Juni 1993 überwiesen.

Migrationsproblematik vorgenommen.[37] Dieser Bericht bedeutet insofern einen Fortschritt, als er die schweizerische Problematik in den europäischen Kontext stellt, das Migrationsphänomen nicht negiert, sondern sogar eine Zunahme des Ausländeranteils auf 22–30% bis zum Jahre 2010 prognostiziert, eine «aktive» Integrationspolitik fordert und sich u.a. für das Ausländerstimmrecht ausspricht. Der Bericht ist andererseits selbst problematisch, weil er unter dem gemeinsamen Begriff der Migration die beiden gewiss schwer auseinanderzuhaltenden Formen der Flüchtlingsmigration und der Arbeitsmigration zusammenfasst, ohne deren Verhältnis zueinander zu diskutieren.

Die Verhältnisse sind nämlich aus einem weiteren Grund unübersichtlich geworden. Auf der einen Seite haben wir eine Einwanderung, die über den Arbeitsmarkt reguliert wird, d.h. über die Saisonnierskontingente (rund 61 000), die sich gelegentlich in Jahresaufenthalter (rund 345 000) und Niedergelassene (rund 938 000) umwandeln.[38] Auf der anderen Seite haben wir eine Einwanderung, die über das Asylverfahren läuft und nach dreimonatiger Sperrfrist zu dem wird, was sie zum Teil von Anfang an war, d.h. ebenfalls zur Arbeitseinwanderung. Die tamilische Immigration aus Sri Lanka geriet beispielsweise in dieses Zwielicht: Einerseits sind die Tamilen sehr geschätzte Billigarbeitskräfte (insbesondere in der Gastronomie), andererseits werden sie von vielen als sogenannte «Wirtschaftsflüchtlinge», «Scheinasylanten» und «Asyltouristen» eingestuft. Eine weitere Belastung erfährt das Asylwesen durch den Umstand, dass das Asylrecht vom organisierten Verbrechen, d.h. dem Drogenhandel, vorsätzlich missbraucht wird. Die Aktivitäten gewisser Libanesen und Albaner führen schnell zu einer Diskreditierung und Pauschalverurteilung sämtlicher Flüchtlinge dieser Herkunft.

Die für die Flüchtlingsbetreuung nötigen Strukturen und Mittel sind sozusagen automatisch vorhanden. Die Betreuungsaufgabe liegt auf staatlicher Seite bei den Kantonen und Gemeinden und auf der privat-halbprivaten Seite bei den vom Bund anerkannten Hilfswerken und bei weiteren Organisationen. Für die elementare Betreuung der rund 120 500 Flüchtlinge werden die für 1995 budgetierten 833 Mio. Franken nicht ausreichen, für 1996 rechnet man mit Aufwendungen in der Höhe von 915 Mio. Franken. Nur 16% davon entfallen auf anerkannte Flüchtlinge. 84% sind für die Asylsuchenden der verschiedensten Kategorien. Diese Fürsorgeleistungen wecken den Neid bei gewissen Einheimischen. Das Geld kommt aber nicht nur den Flüchtlingen zugute. Es schafft auch Arbeitsplätze für Einheimische, es verhilft Unternehmen zu Aufträgen, bringt Hausbesitzern Mieterträge etc.

Die Einstellung gegenüber den Flüchtlingen hat sich in den letzten Jahren alles in allem verschlechtert. Dies zeigt sich an den in breiten Kreisen des «anständigen» Milieus geäusserten Vorbehalten, die sich unter anderem in einer für ungültig erklärten Volksinitiative für eine restriktivere Flüchtlingspolitik geäussert haben; und es zeigt sich an den seit Ende der achtziger Jahre vom schmalen rechtsextremen Milieu ausge-

37 Bericht über eine schweizerische Migrationspolitik. Bern 1995. Der Verfasser ist Peter Arbenz, der erste Delegierte und Direktor des BFF, inzwischen mit speziellen Aufgaben betraut.

38 Stand: Oktober 1994. Hinzu kommen noch etwa 154 000 Grenzgänger als tägliche Pendler.

henden Ausschreitungen gegen einzelne Asylbewerber oder gegen Asylunterkünfte. Sofern die in der Schweiz lebenden Ausländer überhaupt Anlass und Auslöser für ablehnende Reaktionen sind, ergeben sich diese allenfalls aus dem hohen Bestand der Arbeitsimmigration von über 18% (ohne Asylsuchende) – die Fremdenfeindlichkeit richtet sich aber insbesondere gegen die Asylsuchenden, die nur rund 1,4% der Wohnbevölkerung ausmachen. Die wachsende Fremdenfeindlichkeit hat ihre hauptsächlichen Ursachen aber gar nicht in der Zahl weder der einen noch der anderen Kategorie von ausländischen Mitbewohnern, sondern in autochthonen Verelendungsängsten, in der hausgemachten Perspektivlosigkeit und in der eigenen Schwierigkeit, Modernisierungsprozesse zu verarbeiten.

Warum wollen mittelständische Kräfte in den 1860er Jahren «plötzlich» eine neue Verfassung? (Postheiri, 14. November 1868).

Totalrevisionen als soziale Bewegungen

Zu den fünf Verfassungsphasen der neueren Schweizergeschichte

Keine umfassende Auseinandersetzung mit Verfassungsfragen ohne mindestens einen eingehenden Blick auf die Verfassungsgeschichte. Dieser Blick kann besonderen Gesichtspunkten gewidmet sein, wie beispielsweise der Gleichstellungsproblematik[1] oder dem anthropologischen Griff nach Politik.[2] Wenn der Blick der schweizerischen Bundesverfassung in ihrer Gesamtheit gilt, dann bieten sich zunächst vor allem drei Zugangsweisen an: 1. das Interesse für die nach und nach hinzugekommenen Einzelbestimmungen durch Partialrevisionen in Verbindung mit der Frage, welche gesellschaftlichen Probleme verfassungsrechtlich wann wie geregelt worden sind[3]; 2. das ideengeschichtliche Interesse für die genealogische Entwicklung, für die «Grundlinien», für Kontinuitäten und Brüche im Verfassungsverständnis[4]; 3. das Interesse für die konstitutionstechnischen, eher formalen Aspekte der Verfassungsschöpfungen (Fragen der Ausführlichkeit, der Länge, Sprache und Struktur etc.).[5]

Zuweilen wird auch die Frage aufgeworfen, inwiefern die Verfassungsentwicklung ein Spiegel der Gesellschaftsentwicklung sei. Der folgende Beitrag geht mit einem vierten Ansatz in diese Richtung. Der Zusammenhang zwischen Gesellschaft und Verfassung wird allerdings nicht per Rückschluss vom Verfassungsprodukt auf die gesellschaftlichen Verhältnisse betrachtet, sondern es wird in der entgegengesetzten Richtung gefragt, welche gesellschaftlichen Befindlichkeiten den *Wunsch nach Verfassung* beziehungsweise nach deren grundlegender Überarbeitung aufkommen lassen.

Bürgerinnen und Bürger interessieren sich, wenn man von gewissen Beamten und Professoren absieht, nicht für die Verfassung an sich. Sie wollen allenfalls einen bestimmten Sachbereich mit Hilfe der Verfassung auf eine bestimmte Art geregelt haben, sie interessieren sich aber für etwas, das ausserhalb der eigentlichen Verfassungsproblematik im engeren Sinn liegt, nämlich die materielle Regelung eben einer bestimmten Sachfrage.[6]

1 Vgl. Brigitte Studer, Alle Schweizer sind vor dem Gesetze gleich. Verfassung, Staatsbürgerrechte und Geschlecht. In: Herausgeforderte Verfassung. Die Schweiz im globalen Kontext. Freiburg 1999. S. 63–84.

2 Vgl. Martin Schaffner, Demokratiegeschichte, Globalisierungserfahrung, politische Ethik. In: Herausgeforderte Verfassung. Die Schweiz im globalen Kontext. Freiburg 1999. S. 199–208.

3 Vgl. dazu Ruffieux 1983 und Rappard 1948.

4 Vgl. für die Zeit vor 1848 vor allem Kölz 1992, 1992a und allgemein Mohnhaupt und Grimm 1995.

5 Vgl. etwa Aubert 1991 und Eichenberger 1991.

6 Aubert zeigt in seiner Publikation «So funktioniert die Schweiz» (Bern 1980) die Abläufe in der verfassungsrechtlichen Behandlung einzelner Sachfragen.

Die grundlegende und umfassende Auseinandersetzung mit der Verfassungsfrage ist dagegen etwas anderes. Wie kommt sie zustande? Man könnte sich vorstellen, dass bei einer Häufung von Bedürfnissen nach Detailregelungen der Wunsch nach einer neuen Gesamtregelung auftaucht. Man kann sich aber auch vorstellen, dass eine bestimmte gesellschaftliche Gesamtbefindlichkeit zum Bedürfnis führt, mit Hilfe eines umfassenden Verfassungsgebungsprozesses die Gesellschaft in ihrem Zusammenhalt und ihrer Ausrichtung auf Gemeinsames zu stärken, und dass der laufende Prozess dann nur sekundär genutzt wird, um bei dieser Gelegenheit gewisse Einzelfragen auch noch zu regeln. Verfassungsbewegungen können auch von einer schwer durchschaubaren Kombination beider Motive leben. Der nachfolgende Beitrag unternimmt es, in einem ersten, chronologischen Teil die Entstehungsbedingungen der Totalrevisionsbewegungen zu skizzieren und in einem zweiten, systematischen Teil die gesammelten Beobachtungen nach ausgewählten Gesichtspunkten etwas zu strukturieren. Die Skizze kann keine vertiefte Auseinandersetzung mit den jeweiligen Verfassungsbewegungen leisten, sie will vielmehr aufzeigen, dass im Phänomen der sozialen Bewegung ein noch weiter zu klärender Zusammenhang zwischen gesellschaftlicher Befindlichkeit und Verfassungsdebatte besteht.

Der erste Durchgang unterscheidet mehrere grosse Verfassungsphasen. Mit Verfassungsphasen seien Zeitabschnitte gemeint, in denen die Verfassung als Ganzes mit einer gewissen Intensität und Kontinuität diskutiert, das heisst in der Agenda der öffentlich debattierten Themen relativ weit oben angesiedelt wird. Wenn wir von der Helvetik absehen, können die folgenden fünf Zeiträume als Verfassungsphasen verstanden werden: 1830–1848, 1863–1874, 1918–1941, 1942–1960 und 1960–1998.

1. Die erste Verfassungsphase: 1830–1848

Die zur Erarbeitung der ersten Bundesverfassung benötigten berühmten 207 Tage zwischen dem 17. Februar und dem 12. September 1848 waren nur die Zielgerade eines längeren Marathonlaufes oder – zutreffender formuliert – eines Hindernislaufes. Die Verfassung von 1848 verwirklichte, nachdem der Widerstand der Konservativen militärisch gebrochen worden war, auf Bundes- bzw. gesamtschweizerischer Ebene Staatsgrundsätze, die zuvor um 1830 in den regenerierten Teilstaaten auf kantonaler Ebene eingeführt worden waren: Liberalisierung der Wirtschaft und der privaten Lebensbedingungen, Aufhebung von Diskriminierungen, Investition ins Bildungswesen, Schaffung eines politischen Instrumentariums für eine geordnete Dynamisierung der Politik im Sinne einer Anpassung an eine bereits sehr dynamische und weiter expandierende Wirtschaft.

1830 wird als Aufbruchjahr verstanden. Dieser Aufbruch kam allerdings auch nicht aus dem Nichts. Verfassungsdebatten muss es schon vorher gegeben haben, wir sind über diese Vorgeschichte aber bemerkenswert schlecht informiert.[7] Etwas mehr wissen wir über die Frage, warum der Versuch von 1832/33 scheiterte, die kantonalen Aufbrüche von 1830 ohne grossen Verzug auch zu einem Bundesaufbruch gedeihen zu lassen. Die einfache, aber unbefriedigende Antwort lautet, die Zeit sei eben noch nicht *reif* gewesen. Das könnte z.B. heissen, dass der wirtschaftliche Reformdruck noch nicht stark genug, die entsprechende Anpassung im Politischen noch nicht weit genug gediehen war. Andererseits könnte sich auch der starke Kompromisscharakter negativ ausgewirkt haben, wie er übrigens in der weder Bundesvertrag noch Bundesverfassung sein wollenden Bezeichnung «Bundesurkunde» zum Ausdruck kam.

Hauptmotiv für die Schaffung des Bundesstaates war das Bestreben, einen gesamtschweizerischen Binnenmarkt, nicht einen E-WR, sondern einen CH-WR zu schaffen, ohne Binnenzölle, mit einheitlicher Währung, einem gesamtschweizerischen Postbetrieb etc. Schon Kasimir Pfyffers bekannter «Zuruf» von 1831 bemängelte, «dass die Industrie in den engsten Spielraum eingeschlossen, der Handel überall gehemmt» sei.[8] Und 1832 sprach sich die liberale Tagsatzungskommission dafür aus, dass der nationale Reichtum «in einer grossen Werkstätte» ausgebeutet werden solle statt in «zwey und zwanzig kleinen Werkstätten».[9]

Man kann die kantonalen Regenerationsbewegungen von 1830 als Reformprozesse verstehen, die wichtige Impulse von unten erhalten haben. Der Abschluss der Reformphase im Jahre 1848 war dagegen eindeutig ein Werk von oben. Die wichtigsten Akteure waren Anwälte, Fürsprecher, Notare mit einem Elternhaus aus der oberen Mittelschicht, d.h. mit Vätern, die ebenfalls Anwälte oder Gastwirte, Kaufleute oder, wie im Falle des ersten Bundespräsidenten Jonas Furrer, Handwerksmeister (Schlosser) waren. Die Verfassungsarchitekten gingen derart abgehoben vor, dass man die in der Verfassungskommission abgegebenen Voten im Protokoll anonymisierte, damit die Volksvertreter nicht von ihrer Basis zur Rechenschaft gezogen werden konnten. In der anschliessenden Volksabstimmung schlug die Verfassungsvorlage keine hohen Wellen, an der ersten Wahl des Nationalrates beteiligten sich etwa die Hälfte der Stimmberechtigten, die geringste Beteiligung verzeichnete Bern mit 19 Prozent.

Die Restauration von 1815, politisch am Status quo festhaltend, ja den Status quo ante suchend, hatte im Wirtschaftlichen die Modernisierung halb selber betrieben, halb hatte sie sie mit sich geschehen lassen, so dass sie einerseits die Voraussetzungen ihres konservativen Regimes selber unterminierte und andererseits die Voraussetzungen für die Einführung eines liberalen Regimes aufkommen liess.

7 Im Rahmen eines Projekts der Allgemeinen Geschichtsforschenden Gesellschaft der Schweiz (AGGS) zum Jubiläum von 1998 hat eine Arbeitsgruppe die Erschliessung dieses Zeitraumes etwas vorangetrieben. Vgl. Revolution und Innovation. Die konfliktreiche Entstehung des schweizerischen Bundesstaates von 1848. Hrsg. v. Andreas Ernst u.a. Zürich 1998.

8 Kasimir Pfyffers Zuruf an den Vorort Luzern bei der Übernahme der Leitung der Bundesangelegenheit auf Neujahr 1831 (Oechsli Quellenbuch, 1909, Nr. 1818).

9 Rappard 1948, S. 80.

Die staatsrechtliche Basis der gesamtschweizerischen Ordnung, der Bundesvertrag von 1815, war ein ziemlich statisches Gebilde ohne expliziten Revisionsartikel, implizit im alten Stil auf «ewig» abgeschlossen. Immerhin verzichtete man auf das Einstimmigkeitsprinzip, für Krieg und Bündnisse war eine Dreiviertelmehrheit nötig, in anderen Geschäften die absolute Mehrheit. Das Gebilde von 1848 sollte ein dynamisches, revidierbares, anpassungsfähiges sein. Die Bundesverfassung setzte geradezu voraus, dass aus Reformbedarf soziale Bewegungen entstünden, die den Revisionsprozess betreiben würden. Darum in Art. 111 die Bestimmung, dass die Eidgenössischen Räte oder mindestens 50 000 Stimmbürger (etwa ein Achtel) eine Volksabstimmung zur Grundsatzfrage der Wünschbarkeit einer Verfassungsreform herbeiführen konnten. Das Verfassungsprojekt von 1832 sah noch eine Revision erst nach einer Karenzzeit von 12 Jahren vor.

2. Die zweite Verfassungsphase: 1863–1874

Auch in dieser Phase sind es wiederum eindeutig gewisse Kantone, welche mit der Reformarbeit vorangehen, allen voran 1863 Basel-Landschaft.[10] Zürich führte 1865 die Verfassungsinitiative ein und 1869 die Gesetzesinitiative, das Referendum und die Direktwahl der Regierungsräte – eben das, was wir Direkte Demokratie nennen. Die sogenannte Demokratische Bewegung, fassbar auch im Thurgau und im Aargau, in Bern, Solothurn und Luzern, ist aber nicht einfach aus einem abstrakt-idealistischen Engagement für bessere Verfassungen hervorgegangen, sondern aus sozial definierbaren Interessen eines Mittelstandes, der in den boomenden fünfziger Jahren des Bahnbaus und der Börsengeschäfte wirtschaftlicher Modernisierungsverlierer war und mit den neuen politischen Instrumenten auf die Politik Einfluss nehmen und den grossbürgerlichen Herren, wie zeitgenössische Karikaturen belegen, den Meister zeigen wollte.[11]

Folgerichtig sollten die gleichen Prinzipien auch auf Bundesebene verwirklicht werden. 1866 kam es zunächst zu einem Vorbeben: Von neun Partialrevisionsvorschlägen wurde zwar nur einer angenommen, andere erzielten aber respektable Minderheiten. Hier ist daran zu erinnern, dass anfänglich nur Totalrevisionen vorgesehen waren und man mit einer kleinen Kumulation von Partialrevisionen dieser ursprünglichen Vorstellung entsprechen wollte. Hier finden wir auch Anklänge an das Muster, wonach eine Häufung von partiellen Reformen zu einem umfassenden Reformwillen führen kann. Ob es wirklich einen über zwanzig Jahre aufgestauten Reformdruck gegeben hat, müsste noch überzeugend nachgewiesen werden, aus der unmittelbaren Vorzeit gab es jedoch ohne Zweifel einen gewissen «Rückstau».[12]

10 Vgl. Blum 1977.

11 Vgl. Gilg 1951 und Schaffner 1982.

12 Die Reformdruck-These findet sich zum Beispiel bei Schweizer 1996.

Der eigentliche Anlauf setzte 1869 ein: Der Lausanner Industrieanwalt Louis Ruchonnet, der im Sinne der Demokratischen Bewegung 1867 für seinen Kanton eine «Caisse populaire» gegründet und nach 1868 als Waadtländer Erziehungsdirektor das Primarschulwesen reformiert hatte, lancierte 1869 eine Motion mit der klassischen, letztlich aber nicht sehr aussagekräftigen Forderung, es sei «die Bundesverfassung mit den Zeitbedürfnissen in Einklang zu bringen».[13]

Zeitbedürfnisse? Wir müssten nach Revisionsinteressen fragen. In der 1870 einsetzenden Verfassungsbewegung sind drei Revisionsmotive auszumachen: 1. die erwähnten Demokratisierungsbestrebungen, 2. die Zentralisierungs- bzw. Vereinheitlichungsbestrebungen und 3. die Laizisierungsbestrebungen. Das erste Motiv ist bereits erläutert worden. Auf Bundesebene sollte es 1874 das fakultative Gesetzesreferendum, 1891 die Verfassungsinitiative bringen, nicht aber die Direktwahl der Landesregierung. Das zweite Motiv betrieb aus verschiedenen Gründen staatliche Modernisierung. Zum Teil artikulierten sich auch in dieser Hinsicht spezifische Standesinteressen: Der Glarner Handwerks- und Gewerbeverein forderte den Ausbau der Niederlassungsfreiheit, der Schweizerische Juristenverein forderte Rechtsvereinheitlichung. Die Gründung des Deutschen Kaiserreichs 1871 gab den nationalstaatlichen Tendenzen weiteren Auftrieb, das Heerwesen sollte stärker zentralisiert werden.[14] Das dritte Motiv kann man positiv, wie gesagt, mit Laizisierung z.B. des Primarschul- und des Zivilstandswesens umschreiben. Die negative Seite, der Antiklerikalismus, war jedoch stärker. Sie konnte am Konfessionskonflikt der vierziger Jahre anknüpfen, sich an den deutschen Kulturkampf anlehnen und sich durch den Ultramontanismus der katholischen Kirche bestätigt sehen.[15]

Bekanntlich waren die aus dem zweiten Motivbereich hervorgegangenen Vorschläge nicht mehrheitsfähig. In der Zweitauflage nahm man darum die Vereinheitlichung im Rechtswesen und im Heereswesen wieder etwas zurück. Andererseits verschärfte man aber den Antiklerikalismus (weitere Einschränkung der Jesuiten, Bewilligungspflicht für Bistümer und neue Klöster). Die alles andere als harmoniesüchtigen Verfassungsstrategen betrieben einerseits eine bewusste Einbindung der einen Gegenspieler, nämlich der Föderalisten der französischen Schweiz, und andererseits eine bewusste Ausgrenzung der anderen Gegenspieler, nämlich der (politischen) Katholiken – und machten damit das Revisionsprojekt zu einer Angelegenheit nicht des «Schweizervolkes», sondern der liberal-radikalen Basis.

Die Rechnung ging auf: Der zustimmende Anteil, der 1872 nur 49,5 % der Volksstimmen ausgemacht hatte, stieg 1874 auf 63,2 %.[16] Ob damit eine Steigerung der Stimmbeteiligung einherging, ist offen. Gewisse Indizien weisen darauf hin, dass die

13 Bonjour 1936.

14 Vgl. Häberli 1949.

15 Vgl. die Gesamtdarstellung von Stadler 1984/1996, insbesondere S. 316–336, und die wichtige Monographie von Fäh 1974.

16 Neuerdings: Verfassungsrevisionen 1872 und 1874. In: Historischer Strukturatlas der Schweiz. Hrsg. v. Bruno Fritzsche u.a. Baden 2001. S. 176f.

Sieger der ersten Runde davon ausgingen, dass sie in der zweiten Runde die Verlierer sein werden, und bis zu einem gewissen Grad resignierten.[17] Noch kaum erörtert ist die Frage, wie die Bürger es hinnahmen, dass eine Abstimmung zum gleichen Geschäft schon nach zwei Jahren wiederholt wurde. Während die kantonalen Revisionen der sechziger Jahre als Bewegung von unten stark geworden waren, gelang es der 1872er Bewegung zunächst nicht recht, Volksnähe zu entwickeln und populär zu werden. Der Genfer James Fazy, ein Reformgegner, stellte 1871 fest, dass sich das Volk überhaupt nicht für diese Reform interessiere.[18] Das anfänglich ausgebliebene Interesse sollte sich wegen des Engagements der politischen Kader und seiner zum Teil auch demagogischen Agitation erst in der zweiten Runde einfinden.

3. Die dritte Verfassungsphase: 1918–1941

Im Zentrum der dritten Verfassungsphase steht 1935 der gescheiterte Versuch der Frontisten und verwandter Gruppierungen, über eine Volksinitiative eine Totalrevision in Auftrag zu geben. Am Anfang dieser Phase meldeten sich zunächst aber nicht die Stimmen der Rechten, sondern die der Linken zu Wort. Die Kriegsjahre von 1914–1918 waren schlecht und recht mit ausserordentlichem Notrecht bewältigt worden. Die Durchführung einer ordentlichen Verfassungsreform wurde erst mit dem Näherrücken des Kriegsendes erneut zu einem Thema. Schon am 25. März 1918 liessen sich, repräsentiert durch Nationalrat Joseph Anton Scherrer-Füllemann (FDP/SG), die gleichen Kräfte wieder vernehmen, die bereits 1904/05 nach einer Totalrevision gerufen hatten.

In Klammern: Diese Vorkriegsdebatte würde es vielleicht verdienen, als eigenständige «Verfassungsphase» gewürdigt zu werden. Damals gab es im Rahmen der intensiven Debatte um die Reorganisation des Bundesrates Meinungen, welche eine umfassende Verfassungsrevision für bald kaum mehr vermeidbar hielten.[19]

1918 sprachen sich auch die schweizerischen Parteitage der Konservativen und der Demokratischen Partei für die Totalrevision aus. Und im Landesstreik vom November 1918 erhob die Linke eine Reihe von Forderungen, deren Erfüllung einer Totalrevision gleichgekommen wäre. Auch bürgerliche Politiker wünschten, wie die Motionen des Ständerates Paul Usteri (FDP/ZH) vom 5. Dezember 1918 und des freisinnigen Fraktionspräsidenten Nationalrat Robert Forrer (SG) vom 7. Februar 1919 zeigen, eine umfassende Revision. Man begnügte sich aber damit, dem dringendsten Reformbedarf mit Partialrevisionen zu entsprechen.[20]

17 Vgl. Fricker 1997.
18 Vgl. Fazy 1871, S. 27.
19 Vgl. etwa Neue Zürcher Zeitung Nr. 307 vom 4. November 1908. Vgl. auch Schüepp 1969.
20 Der ständerätliche Vorstoss wurde am 29. Januar 1919 erheblich erklärt (Sten. Bull. 1919, S. 32), und die nationalrätlichen Vorstösse wurden es am 13. Februar 1919 (Sten. Bull. 1919, S. 295).

Das Postulat der Totalrevision wurde zu Beginn der dreissiger Jahre zunächst von den Jungliberalen wiederaufgenommen. Mit ihrer Reformpolitik verfolgten sie zwei Ziele: Einmal wollten sie mit einer neuen Verfassung die durch die Weltwirtschaftskrise verschärften sozialen Gegensätze überwinden, die auseinanderbrechende Gesellschaft zusammenhalten oder, je nach Einschätzung, die bereits auseinandergebrochene Gesellschaft wieder zusammenbinden. Das andere Ziel: Mit der Parole «Totalrevision heisst Totalvision» wollten die mehrheitlich jugendlichen Aktivisten, was Ausdruck einer gewissen Radikalisierung ist, gegen die angeblich «grundsatzlose Hand-ins-Maul-Politik» und «widerspruchsvolle Zickzack-Politik» der Väter antreten.[21] Eine wichtige Stimme dieses Lagers war übrigens der damals 30jährige Berner Staatsrechtler Hans Huber.[22]

Schon bald bemächtigten sich aber die Frontisten des Reformpostulates und lancierten eine Volksinitiative für eine Totalrevision. Diese wurde 1935 jedoch mit 72,3% deutlich abgelehnt.[23] Der Bundesrat versprach gleich nach dem Abstimmungswochenende, die Frage der Verfassungsrevision schon bald wiederaufzunehmen. Dass die Reformidee nicht nur von der Rechten und extremen Rechten getragen wurde, zeigt die vom sozialdemokratischen Nationalrat Johannes Huber (SG) 1937 eingereichte Motion für eine umfassende Staatsreform. Auch die eher linksbürgerliche «Neue Helvetische Gesellschaft» sprach sich im gleichen Jahr für eine Totalrevision aus. Der Freisinnige Walo von Greyerz prägte damals, anknüpfend an die Ablehnung von 1935, die Formel: «La révision est morte, vive la révision!»[24]

Die vom Eidgenössischen Justiz- und Polizeidepartement erarbeitete Antwort auf Johannes Hubers Vorstoss bejahte uneingeschränkt sowohl die Notwendigkeit als auch die Möglichkeit einer Totalrevision. Man müsse das Eisen schmieden, solange es heiss sei. Der zur Zeit nicht weiter identifizierbare Bericht vom 14. Dezember 1937 ging davon aus, dass die Nationalratswahlen vom Herbst 1939 im Zeichen der dann bevorstehenden Verfassungsarbeit stehen werden. Andererseits rechnete er aber doch mit einem längeren Prozess, möglicherweise mit einem Gelingen nicht auf ersten Anhieb.[25] Wie der Gesamtbundesrat auf die Präsentation dieses Vorhabens reagierte, ist nicht bekannt. Bundesrat Eduard von Steiger erklärte später, das Projekt sei darum nicht weiterverfolgt worden, weil der dafür als Einzelredaktor vorgesehene Walter Burckhardt im Oktober 1939 gestorben sei.[26]

21 Gebert 1981, S. 98ff.

22 Hans Huber verfasste für das NHG-Jahrbuch von 1933 einen Aufsatz über die durch die damalige Dringlichkeitspolitik eingeschränkte Gewerbefreiheit.

23 Vgl. Stadler 1969.

24 Greyerz 1937.

25 BAr E 4110 (B) 1982/163: Bd. 1. Das Geschäft gedieh offenbar nicht weiter. Ein Bundesratsbeschluss dazu ist nicht aufzufinden.

26 Erklärungen anlässlich der Behandlung des Postulates Oeris von Bundesrat von Steiger im Nationalrat vom 14. Dezember 1943 (Sten. Bull. 1943, S. 322).

Der Kriegsausbruch rückte das Vorhaben ohnehin in den Hintergrund. Hinzu kam, dass ein grosser Teil der etablierten Kräfte, insbesondere der Freisinn, eine Totalrevision nach wie vor ablehnte. Antiliberale Kräfte des Landes versuchten aber weiterhin bis 1941/42 mit rückwärtsgewandtem Blick, die ihnen günstigen Zeitumstände zu nutzen, um mittels einer grundlegenden Verfassungsrevision eine ihrem konservativen Gesellschaftsverständnis entsprechende Staatsform einzuführen.[27]

4. Die vierte Verfassungsphase: 1942–1960

Die Chronik der Revisionsbewegung läuft lückenlos weiter: Ebenfalls 1942 unternahm der Basler Liberale Albert Oeri, allerdings mit vorwärtsgewandtem Blick, einen Vorstoss und forderte im Hinblick auf die bevorstehende Nachkriegszeit die Schaffung eines Verfassungsrates.[28] In der 1943 einsetzenden Diskussion um die Nachkriegsordnung erschien die Revisionsidee wiederum eher in Verbindung mit fortschrittlichen Gesellschaftsauffassungen. 1945 meldeten sich die Jungliberalen wieder mit der alten Forderung nach Totalrevision, ihr Reformwille hatte diesmal aber eher planwirtschaftlichen als ständestaatlichen Einschlag. Gefordert wurde u.a. eine Wirtschafts- und Sozialpolitik mit Existenz- und Arbeitsplatzsicherung, Ausbau der Bildungsmöglichkeiten und der Sozialversicherung, Wirtschaftsplanung und Verstaatlichung von gewissen Wirtschaftszweigen, eine Finanzpolitik mit einer Revision des Finanzausgleichs zwischen Bund, Kantonen und Gemeinden, eine Neuverteilung der Steuerlasten und eine Vereinheitlichung der Steuerveranlagung. Im Mai 1946 wurde eine Totalrevision in diesem Sinne vom Basler Grossen Rat zur Standesinitiative erhoben.

Die Standesinitiative von 1946 verschwand zunächst in den Schubladen des Bundeshauses. Der Bundesrat liess sich 13 Jahre Zeit, bis er 1959, im Jahr der Zementierung der Konkordanzdemokratie durch die bundesrätliche «Zauberformel», mit einem ablehnenden Antrag zu diesem Vorstoss Stellung nahm. Sicher behagte die Stossrichtung nicht, wahrscheinlich missfiel das Reformvorhaben aber auch aus grundsätzlichen Einschätzungen.[29] Dass der Bundesrat derart spät reagierte, wurde damit gerechtfertigt, dass damals mit der Vorlage der Wirtschaftsartikel ein vordringliches Revisionsbegehren ja bereits umgesetzt worden war und Revisionen auch bezüglich der Dringlichkeitsklausel, der Finanzreform und des Frauenstimmrechts weiterverfolgt worden seien. Eine Totalrevision sei aussichtslos gewesen und hätte nur die Teilrevisionen behindert.

27 Zum Beispiel Lorenz 1941. Vgl. auch Kreis 1991. Auf der Scheidelinie, d.h. zwischen der dritten und vierten Reformphase, liegt die 1941 abgeschlossene und 1945 publizierte Arbeit von Werner Kägi: Die Verfassung als rechtliche Grundordnung des Staates. Untersuchungen über die Entwicklungstendenzen im modernen Verfassungsrecht. Kägi war wie Dürrenmatt (vgl. unten) schon in den 30er Jahren ein Befürworter der Erneuerung.

28 Der liberale Nationalrat hatte sich schon in der vorgegangenen Phase zur Problematik geäussert; vgl. Oeri 1934.

29 Bericht des Bundesrates vom 27. November 1959, BBl 1959/11, S. 1300.

Beide Räte übernahmen im folgenden Jahr, 1960, die bundesrätliche Einschätzung und stoppten so die 1945/46 lancierte, aber gar nie richtig angelaufene Totalrevisionsbewegung. Die Ablehnung war im Ständerat einstimmig (29:0) und im Nationalrat grossmehrheitlich (111:20). Sie beruhte auf der Meinung, dass es einerseits keine zwingenden Gründe gebe, andererseits ein Risiko bedeute, dass ferner vieles bereits verwirklicht oder überholt und für den Rest der Weg der Partialrevisionen der bessere sei.[30] Selbst Johannes Huber, 1937 noch Promotor der Totalrevision, wandte sich aus mehreren Gründen gegen das Vorhaben, unter anderem auch wegen seiner Aussichtslosigkeit. Der Vorstoss von 1945/46 hätte dem Sozialdemokraten eigentlich sympathisch sein müssen, er qualifizierte die Initiative aber als ein typisches Produkt «wirrer» Zeiten.[31]

5. Die fünfte Verfassungsphase: 1960–1998

Noch bevor die Nachkriegsinitiative 1960 zu Grabe getragen worden war, regte sich bereits eine weitere Reformbewegung. Frühester Beleg dieser neuen Welle war Max Imbodens Verfassungsentwurf von 1959. Imbodens Argumentation beschränkte sich allerdings darauf, die Notwendigkeit einer redaktionellen Überarbeitung zu betonen. Mit keinem Wort ist von einem materiellen Reformbedarf und von Reformrückständen die Rede, er verweist im Gegenteil auf die zahlreichen seit 1945 vorgenommenen Reformen, um zu sagen, dass gerade deswegen eine Überarbeitung nötig sei.[32]

Wir wissen wenig über die Verfassungsdebatte, die mit Sicherheit, obwohl wahrscheinlich mit geringer Intensität, auch in den Jahren 1960 bis 1965 stattgefunden hat. 1961 dürfte im Abstimmungskampf um die massiv abgelehnte Einführung der Gesetzesinitiative eine Art Verfassungsdebatte stattgefunden haben. Nach dem Mirage-Debakel führte 1964/65 zu einer intensiven Diskussion um den Ausbau der Verwaltungskontrolle. 1965 erlebte die Debatte um das Verhältnis von Bund und Kanton einen Höhepunkt. Und wohl in der gesamten Zeit sind andere Reformvorschläge im öffentlichen Gespräch: Vergrösserung des Bundesrates, Einführung eines Kabinettschefs für den Bundespräsidenten, Subventionen für die Fraktionen, die Grösse des Nationalrates u.a.m.

Was führte nun aber dazu, dass die Exekutive wie die Legislative 1965 als wünschenswert und nötig beurteilten, was fünf Jahre zuvor als wenig erwünscht und unnötig bezeichnet worden war? Wir sollten zwischen drei Erklärungsebenen unterscheiden: der Ebene der persönlichen Initiativen, der Ebene der Vorkommnisse, welche die Reformnotwendigkeit offenbarten, und schliesslich der Ebene der allgemeinen Stimmung.

30 Berichte z.B. in den Basler Nachrichten vom 10. März und vom 9. Juni 1960 über die Entscheide vom Vortag im Ständerat und im Nationalrat.

31 Zitiert nach Basler Nachrichten vom 9. Juni 1960.

32 Vgl. Imboden 1959.

Auf der Ebene der persönlichen Initiativen können wir drei grössere Vorstösse verzeichnen: denjenigen von Max Imboden und die beiden bekannten parlamentarischen Vorstösse von Ständerat Karl Obrecht und Nationalrat Peter Dürrenmatt.[33] Der personalistische Ansatz ist insofern berechtigt, als es sich um ein Projekt des politischen Kaders handelte, das aufgrund seiner (normalen) Gesellschaftsbeobachtung zum Schluss kam, dass das Volk eine Revisionsdebatte und die Verfassung selber eine Revision nötig hatten, wobei man den Zustand des «Schweizervolkes» für reformbedürftiger hielt als den Zustand der Verfassung. Der Reformimpuls war jedenfalls kein Produkt einer Grundwelle.

Hauptträger des Reformgedankens waren, wenn wir die Protagonisten als repräsentativ annehmen, das liberale, aus staatsbürgerlicher und gesellschaftspolitischer Sorge mobilisierte, aber (auch wenn das bei Obrecht nicht ganz aufgeht) nicht in die Privatwirtschaft stark eingebundene Bürgertum. Von der CVP und der SP gingen offensichtlich keine fassbaren Impulse zu einer Gesamtreform aus. Auch die Wirtschaftsverbände waren ganz offensichtlich keine Triebkräfte. In seiner Motionsbegründung räumte Dürrenmatt ein, dass in Wirtschaftskreisen erhebliche Abneigungen gegen die Totalrevision bestünden, weil man an das Problem der Beziehungen zwischen Staat und Wirtschaft nicht rühren möchte – «quieta non movere».[34] In allen Zeugnissen der Zeit erscheint aber nicht die Jugend als treibende Kraft, sondern als eine eher desinteressierte Altersgruppe, die mit Hilfe eines Reformprojektes aktiviert werden könne. Eine Pressestimme vom Sommer 1965 klagte beispielsweise darüber, dass die junge Generation an der kleinlichen Politik wenig Gefallen finde, und fügte bei: «Auch unter diesem Gesichtspunkt erweist sich eine Totalrevision der Verfassung als notwendig. Grosse Aufgaben wecken neue Kräfte!»[35]

Welches waren nun die fassbaren Vorkommnisse, welche nach einer Totalrevision riefen oder diese mindestens als bedenkenswertes Anliegen erscheinen liessen? Wenn man von kantonalen Revisionsdebatten und der Diskussion um eine europäische Verfassung absieht, könnten gewisse Vorkommnisse den Wunsch nach einer breiter angelegten Revision erzeugt oder mindestens verstärkt haben.

Die von der Landesausstellung von 1964 ausgehenden Ermunterungen zu einer etwas grundsätzlicheren Auseinandersetzung mit Gesellschaft und Staat betrafen auch die Verfassungsproblematik. Der Schweizerische Juristenverein nahm jedenfalls die Expo 64 zum Anlass, um in einer speziellen Festschrift über verschiedene Fragen der Rechtsordnung öffentlich nachzudenken. Der Zürcher Staatsrechtler Werner Kägi, der sich an dieser Schrift beteiligte, klagte damals über die aktuelle «Verfassungskrise und

33 Das sind die Vorstösse der damaligen Prominenz. Etwa gleichzeitig meldete sich auch der damalige Nachwuchs, zum Beispiel Prof. Kurt Eichenberger im Sommer 1965 mit seiner Antrittsvorlesung zum Thema «Staatsreform und Regierungsbildung in der Schweiz» (vgl. etwa Basler Nachrichten vom 18. Juni 1965).

34 Dürrenmatt in: Obrecht et al. 1967, S. 45.

35 Ungezeichneter Artikel: Totalrevision der Bundesverfassung? In: Basellandschaftliche Zeitung vom 15. Mai 1965 und Basler Woche vom 28. Mai 1965.

Verfassungsdämmerung» und das herrschende Desinteresse gegenüber konstitutionellen Fragen.[36]

Der bereits kurz erwähnte Mirage-Skandal von 1964 dürfte einiges an Reformbereitschaft generiert haben. Bloss von einer Minderheit als einmaliger Betriebsunfall abgetan, führte die schmerzliche Erfahrung der totalen Überforderung von Parlament und Verwaltung bei Geschäften dieser Grössenordnung und Komplexität bei der Mehrheit der politischen Akteure zum Wunsch nicht gerade nach einer Totalrevision, aber nach gleichzeitig mehreren Reformen (Stärkung der Verwaltungskontrolle, Ausbau der Parlamentsdienste, Vergrösserung des Bundesrates, Aufwertung des Bundeskanzlers) und zu einer Aufwertung der allgemeineren staatspolitischen Fragen. Peter Dürrenmatt spricht von «Zusatzarbeit», die in ein «ausgetüfteltes und durchorganisiertes Spiel» plötzlich eingebrochen sei.[37]

Die Erfolge der Europäischen Gemeinschaft wirkten sich ebenfalls ganz offensichtlich auf den Reformwillen aus. Jedenfalls gingen selbst konservative Politiker mit grösster Selbstverständlichkeit davon aus, dass die Schweiz in eine engere Verbindung mit der EG treten werde, aber als ebenso selbstverständlich erschien es, dass das Mitspracherecht der Bürger dabei gesichert sein müsse. Mit beinahe erstaunlicher Selbstverständlichkeit erklärte Bundesrat von Moos in seiner Stellungnahme von 1966, «äussere Entwicklungen wie Ziele und Formen des internationalen Zusammenlebens» könnten zu Strukturproblemen führen, die gelöst werden müssen.[38]

Was schliesslich die allgemeine Stimmung betrifft, kann man auf wenig Präzises verweisen. Es dürften sich aber die Äusserungen gehäuft haben, welche die vorherrschende Stimmung als Krisenstimmung definierten. Obrecht erklärte, dass im Schweizervolk eine «bedauerliche politische Unzufriedenheit» um sich greife. Und für Dürrenmatt war klar, dass sich «Dimensionen» auf die Schweiz zubewegten, denen sie ohne Reformen wahrscheinlich nicht gewachsen sein werde. Er verglich die sechziger Jahre mit der Endphase des Ancien régime, als den politischen Verantwortlichen die Kraft gefehlt habe, den alten Bund an Haupt und Gliedern zu erneuern.[39] Der vorgeschlagene Kraftakt sollte einen unhaltbaren und sich rasant verschlimmernden Zustand für lange Zeit sanieren. Die Problemlösungsmethode der Partialrevision verglich er mit einem Kampf gegen eine vielköpfige Hydra, der für jeden abgeschlagenen Kopf mehrere neue nachwüchsen. «Wir verlören uns in einer hoffnungslosen, sich zum Chaos ausweitenden Stümperei.»[40] Aus Dürrenmatts Sicht bestand das Hauptproblem in der Schwäche des Staates, auf der exekutiven Seite die Handlungsschwäche und auf der legislativen Seite die Aufsichtsschwäche.[41]

36 Kägi 1964. Besprechung von Emil Kirschbaum in der National-Zeitung vom 10. September 1964 (vgl. Anm. 42). Kirschbaum sagt, das Recht, «eine der drei Säulen unserer Staatsgewalt und ein wichtiger Teil des sozialen Lebens», werde in der Expo nur gestreift.

37 Basler Nachrichten vom 19./20. Juni 1965.

38 Obrecht et al. 1967, S. 25, 54.

39 Vgl. Obrecht et al. 1967, S. 42.

40 Obrecht et al. 1967, S. 46.

41 Obrecht et al. 1967, S. 44ff.

Es ist eine Zeit, in der man oft von «Grundübeln der Zeit» sprach. Nehmen wir einen kritischen und moralisch engagierten Zeitgenossen wie Emil Kirschbaum, Redaktor bei der *National-Zeitung,* so bestand das Grundübel aus einem doppelten Umstand: dass erstens eine klare Rangordnung der Werte fehle, mit den immateriellen Werten an der Spitze und den materiellen («Wirtschaft und Technik») am Schluss, und dass zweitens das «aggiornamento» auf sich warten lasse. Gemeint waren der soziale Staat und der von Kennedy geforderte und von Goldwater bekämpfte Aufbruch zu den «new frontiers».[42]

Das herrschende Krisenbild kann hier nicht im einzelnen nachgezeichnet werden. Immerhin sei darauf hingewiesen, dass sich ein Teil des Reformwillens gegen die technokratische Expertenherrschaft richtete. Diese Tendenz erscheint zum Beispiel in einem Pressekommentar von 1965, der in einem Votum für die Totalrevision statt einer Reihe von Partialrevisionen vom «Zeitgeist der Spezialisierung» und der «ausschliesslichen Betrachtung von Teilgebieten» spricht und vom Hang, den Spezialarzt zu konsultieren, so dass nur einzelne Organe unter die Lupe genommen, jedoch die Wechselwirkungen und Gesamtbefindlichkeiten ausser acht gelassen würden.[43]

Niemand wollte einen Verfassungsrat. Zugleich war aber auch niemand der Meinung, dass eine neue Verfassung, wie das 1872/74 geschehen ist, von den Parlamentariern selber erarbeitet werden könne. Man war sich einig, dass angesichts der starken Beanspruchung des Parlaments durch die Tagesfragen von einem extraparlamentarischen Organ substantielle Vorarbeiten geleistet werden müssten. Obrecht dachte an einen Delegierten oder an ein Kollegium, Dürrenmatt an eine «nicht zu umfangreiche Delegation von geeigneten Persönlichkeiten». Damit verband sich die Meinung, dass nicht das – überlastete – Parlament und auch keine parlamentarische Kommission die Vorarbeiten vornehmen sollte. Dürrenmatt erwartete, dass diese Delegation ein positives Vorurteil gegenüber dem Revisionsprojekt habe und sich darum aus Persönlichkeiten zusammensetzte, die an die Dringlichkeit der Aufgabe glaubten. Wer dem Vorhaben ablehnend gegenüberstehe, werde nämlich die Inopportunität einer Revision leicht nachweisen können.

Und alle waren sich einig, dass der Revisionsvorgang in zwei Etappen anzulegen sei: Zunächst müsse eine erste Etappe des allgemeinen Sichtens vorausgehen, dann sei zu entscheiden, ob in einer zweiten Etappe ein neuer Verfassungsentwurf ausgearbeitet werden solle. Obrecht sprach sich für eine grosse Bestandesaufnahme aus, wie er im gleichen Votum die Meinung vertrat, es würde sich lohnen, einmal Grundlagenforschung über das helvetische Malaise zu betreiben.

Welche Zeitpläne hatte man vor Augen? Während Dürrenmatt 1966 erwartete, dass der Revisionsprozess innert acht Jahren, das heisst bis zum 100jährigen Jubiläum der Totalrevision von 1874, als «würdige politische Tat» abgeschlossen werden könne, wollte Obrecht keinen Termindruck aufkommen lassen. Man müsse «nüchtern» damit

42 Verfassungsdämmerung in der Schweiz. In: National-Zeitung vom 10. September 1964.
43 Werner Schmid in der Zürcher Woche vom 20. August 1965.

rechnen, dass die Sache möglicherweise nicht im ersten Anlauf gelinge. Es wäre nichts Neues im Schweizerlande, wenn man mehr als einmal ansetzen müsste. «Auch die letzte Totalrevision hat einen zweiten Anlauf erfordert. Auch ein misslungener Versuch war politisch nie verloren.» Dürrenmatt gab etwas nach, er hätte zwar gerne ein verbindliches Datum gehabt, meinte aber, eine neue Verfassung zwei oder drei Jahre nach 1974 sei ihm noch früh genug. Wichtig war ihm, «an der Schwelle zum 21. Jahrhundert» eine neue Verfassung zu haben.

Wie das Parlament 1959/60 die Position der Regierung übernommen hatte, schloss sich die Regierung 1965/66 der Auffassung des Parlamentes an. Der Bundesrat stimmte aber auch nur einer Überprüfung und nicht einer Revision der Institutionen zu. Er konnte um so leichter zustimmen, als mit dem vorgesehenen Prozedere der Bestandesaufnahme noch gar nichts entschieden war. Er wollte weder einen einzelnen Delegierten noch ein umfangreiches Expertenkollegium, sondern eine «kleinere Gruppe» – und sich im übrigen auch nicht auf den Termin 1974 festlegen.[44]

Der Rest ist bekannt: 1967 wurde die Arbeitsgruppe Wahlen mit einer umfassenden Bestandesaufnahme beauftragt. Im gleichen Jahr widmete die NHG ein über 300 Seiten umfassendes Jahrbuch dem Thema der Staatsreform. In der Einleitung stellte Théo Chopard fest, das Land werde sich mit jedem Tag stärker bewusst, dass die Kluft zwischen der Dynamik des gesellschaftlichen Wandels und dem Immobilismus der Institutionen immer grösser werde. «C'est un débat général qui doit s'ouvrir pour repenser le pays dans son ensemble.»

Bis die bestellte Auslegeordnung von der Gruppe Wahlen vorgenommen worden war, hatte sich das Reformklima wieder verflüchtigt. Der Ölschock von 1973 und der auch ohne diesen Einschnitt eingetretene Konjunkturumschwung führten 1974 zu einem rapiden Klimawechsel. Die im Mai 1974 von Bundesrat Kurt Furgler eingesetzte Expertenkommission arbeitete bereits unter neuen Rahmenbedingungen, sie tat es aber noch im Geiste der vorangegangenen Reformphase. Die 1977 vorgeschlagenen Regelungen der Sozialordnung, der Eigentumsfrage, der Wirtschaftspolitik, des Ständemehrs, der Bundeszuständigkeit waren weit davon entfernt, mehrheitsfähig zu sein. Eine Volksdiskussion fand indessen nicht statt, musste ja auch nicht, da das Geschäft auf keinen Abstimmungskalender gesetzt worden war. Hingegen kam es wiederum zu einer breiten Diskussion im redaktionellen Teil der Medien.

Der Entscheid des Bundesrates von 1983, mit der Zustimmung der Eidgenössischen Räte die Totalrevision fortzusetzen, sowie die Resonanz auf den *NZZ*-Artikel von Kurt Eichenberger vom 12. Mai 1986 und der entsprechende Bundesbeschluss vom Juni 1987 könnten kleinere Produkte eines weiteren, allerdings schwächeren Reformschubes gewesen sein.[45]

Inzwischen ist beinahe ein weiteres Jahrzehnt verstrichen. Man muss sich fragen, ob das gegenwärtige Reformprojekt noch etwas zu tun hat mit demjenigen von

44 Vgl. Obrecht et al. 1967, S. 57.
45 Vgl. Ehrenzeller 1995 und Koller 1995.

1966/77. Inhaltlich besteht nicht die enge Verbindung wie im Falle der Kombinationen von 1830/1848 und 1872/1874. Eichenbergers «Zuruf» von 1986 erklärte, eine Totalrevision müsse sich «in unserer Zeit» auf eine sogenannte Nachführung verlegen.

Peter Dürrenmatt erklärte 1965, es brauche keine populäre Leitidee, es sei eine Legende zu meinen, es sei 1848 und 1874 darauf angekommen. Damals habe es zwar sehr wohl «Theoretiker zur Rechten und zur Linken» gegeben, die über «ideell durchkomponierte Konzeptionen» verfügten; die Revisionen seien aber darum zustande gekommen, weil es einen politischen Willen, einen Willen auch zum Kompromiss gegeben habe.[46] Diese Einschätzung vermengt aber zwei komplementär wirkende Prozesse zunächst des Anschubs und dann der Verwirklichung. Ob in den kommenden Jahren das gegenwärtige Reformprojekt die nötige Unterstützung findet, hängt nicht nur vom objektiven Reformbedarf, von der Qualität des Reformvorschlags und von der Reformbereitschaft der Elite ab, sondern auch davon, ob und inwiefern «unsere Zeit» im entscheidenden Moment eine Reformzeit sein und damit eine minimale «Grundwelle» im Volk ermöglichen wird.

6. Vorbedingungen für Verfassungsrevisionen

Eine verständliche Erwartung gegenüber der Verfassungsgeschichte besteht darin, dass man sich eine Antwort auf die Frage erhofft, unter welchen Umständen lancierte Verfassungsprojekte gelingen oder scheitern. Oder man erwartet sogar einen Einblick in die Vorbedingungen, die beinahe zwangsläufig zu substantiellen Verfassungsrevisionen führen müssen. Von einiger Bedeutung ist die Vorstellung von der «Reife», und zwar in der einen Variante, dass nichts zu machen sei, wenn die Situation nicht reif sei; und in der anderen Variante, dass bei einer gewissen Reife die Frucht von alleine in die ausgebreitete Schürze falle. Beim chronologischen Durchgang sind auch andere Fragen aufgetaucht: Braucht es eine Leitidee? Und wenn ja, wie muss eine solche Idee beschaffen sein? Wie intensiv muss die sogenannte «Volksdiskussion», wie gross soll der Konsens im Volk sein? Braucht es überhaupt so etwas wie eine Grundwelle? Mit anderen Worten: Wann herrscht gutes, wann schlechtes Verfassungswetter?

Damit wir von keinen falschen Vorstellungen ausgehen: Auch 1848 wie 1874 gab es die Welle nicht, die einige vielleicht beim zur Zeit laufenden Projekt vermissen. Es ist wohl kein Zufall, dass die kantonalen Bewegungen, die vorher jeweils am Werk waren, wirkliche Volksbewegungen waren, in den 1830er Jahren die Liberal-Radikale Bewegung und in den 1860er Jahren die Demokratische Bewegung. Die Umsetzungen der gleichen Postulate auf Bundesebene konnten sich offenbar nicht vom gleichen Impetus tragen lassen. Sie lebten dann von einer anderen, ausgesprochen polarisierenden Dynamik, 1847/48 vom Bürgerkrieg und 1872/74 vom Kulturkampf, und in beiden Fällen war der nationale Dissens sogar eine die Verfassungsvorhaben begünstigende

46 Peter Dürrenmatt, Wo kein Wille ist, ist kein Weg. In: Basler Nachrichten vom 24./25. Juli 1965.

und nicht behindernde Voraussetzung. Wollte man in direkter Analogie machen, müsste man sagen, dass um das derzeitige Verfassungsprojekt eher zu grosse Einigkeit herrsche und man zur Mobilisation eigentlich noch einen inneren Feind benötigte.

6.1 Der interkantonale und der internationale Kontext

Für die Reform von 1998 wird unter anderem auch mit dem Hinweis geworben, dass sich seit 1965 bereits 12 Kantone neue Verfassungen gegeben hätten und in acht weiteren Verfassungsrevisionen unterwegs seien. Dies könnte zu einem weiteren historischen Vergleich verleiten, sind doch auch den Bundesvorgängen von 1848 und 1874 analoge kantonale Revisionen vorausgegangen. Mithin könnte man daraus den Schluss ziehen: Wenn die kantonalen Vorläufer jeweils auf Bundesebene zu ähnlichen Ergebnissen geführt haben, wird in unseren Tagen die in den Kantonen feststellbare Revisionsbereitschaft gelegentlich ebenfalls ihre Entsprechung auf Bundesebene erhalten.

Heute kämen wir wohl nicht auf die Idee, Bewegungen jenseits der Landesgrenze als wichtiges Argument für eine Verfassungsrevision zu verwenden. Das Eidgenössische Justiz- und Polizeidepartement setzte, weil ihm dies passte, dieses Argument ein, als es sich 1937 für die Wiederaufnahme des Revisionsprozesses stark machte: «Je und je haben grosse Bewegungen in unsern Nachbarstaaten bei uns ihre Auswirkungen gehabt. Die Totalrevision von 1874 ist durch den Deutsch-Französischen Krieg veranlasst, die Schaffung des Bundesstaates in der 48er Verfassung steht in engem Zusammenhang mit der Französischen Revolution. Heute handelt es sich wieder um eine grosse Bewegung ...»[47] 1959 nahm der Bundesrat gerade eine gegenteilige Haltung ein. Die in der eigenen Gesellschaft beobachtbare Unsicherheit wertete er zu einem erheblichen Teil als «Ausdruck der Unsicherheit der internationalen Lage»; eine Revision erschien auch darum als unerwünscht.

Daran schliesst die Frage an, ob bewegte Zeiten an sich prädestinierte Verfassungszeiten waren. Wer gegen Veränderungen war, der argumentierte gerne mit der Überlegung, man müsse zuerst den Abschluss von Bewegungen abwarten, um dann bei wiedereingetretener Windstille aber zu sagen, dass diese Ruhe nicht mutwillig gestört werden sollte.

Feststeht, dass in beiden Weltkriegen im Hinblick auf das Kriegsende Revisionsbewegungen aufflackerten. 1918 machten sich zunächst die Demokratische und die Katholisch-Konservative Partei für eine Totalrevision stark, gegen Ende des Jahres 1918 lancierte auch die Linke (in einem gewissen Gleichklang mit Vorgängen in Deutschland) ein Programm mit tiefgreifenden Reformforderungen. Im Zweiten Weltkrieg empfahl der Basler Albert Oeri bereits 1942 im Hinblick auf die Nachkriegszeit die Schaffung eines Verfassungsrates. Und 1945 machten sich die Jungliberalen zu vehementen Befürwortern einer Totalrevision. Die von Basel-Stadt nach Bern geschickte Standesinitiative von 1946 war ein Produkt des Nachkriegsaufbruches.

47 Vgl. oben Anm. 25.

6.2 Wie viele Tage für eine Totalrevision?

Wir rechnen es uns gerne selber vor: Die Verfassungsväter von 1847/48 hätten nur etwa 200 Tage gebraucht, dann sei das Werk vollbracht gewesen. Und wir schleppen die Sache nun schon seit Jahren mit uns. Gewiss, die Staatsgründungsphase von 1848 lebte von einem Elan, der verständlicherweise unserer Zeit ziemlich abgeht. Andererseits könnten wir, wenn wir meinten, dies nötig zu haben, die Geschichte auch so lesen, dass auch die Gegenwart wieder völlig in der Norm liegt. Bisherige Verfassungsphasen waren zweistufige Phasen: 1848 ging bekanntlich der wichtige Versuch von 1832/33 voraus. Ohne diese Vorarbeit wäre man in der kurzen Frist mit der Arbeit nicht fertig geworden. Und die Revision von 1874 hatte Revisionsversuche von 1866 und 1872 als Vorläufer. Als in der Zwischenkriegszeit das Revisionsprojekt der Erneuerungsbewegung 1935 wuchtig verworfen wurde, nahm der Bundesrat (was man inzwischen vergessen hat) sehr schnell einen zweiten Anlauf, und das Eidgenössische Justiz- und Polizeidepartement rechtfertigte seinen Antrag von 1937 mit einem indirekten Hinweis auf die historischen Muster der Zweistufigkeit.

Man kann sich fragen, was es ausmacht, ob wir das gegenwärtige Verfassungsprojekt als Produkt gewissermassen einer zweiten Phase sehen können. Demnach wäre die erste, 1965 eingeläutete Phase mit der breiten Auslegeordnung der 1967 geschaffenen Kommission Wahlen und mit der eigentlichen Verfassungsarbeit der Expertenkommission Furgler in den Jahren 1974–1977 gewissermassen ein nötiger Umweg gewesen, um schliesslich doch zum Ziel zu gelangen. Ein Selbstläufer war das Produkt von 1977 allerdings nicht. Zu utopisch beziehungsweise staatslastig und zentralistisch, war es ihm vielmehr bestimmt, statt an den Urnen ein Debakel zu erleiden, in der Bundesschublade zu verschwinden.

Die etwas laue Befürwortung des Bundesrates 1985 gab dem Projekt noch kein neues Leben, es brauchte 1986 Kurt Eichenbergers zündende Formel der «realitätsgebundenen» Verfassungsrevision, was indirekt auch etwas über die Realitätsungebundenheit des 77er Entwurfs aussagte. Mit dieser Perspektive erteilten die Eidgenössischen Räte 1987 den Nachführungsauftrag. Und es brauchte – weitere Jahre später – 1993 auch noch die Motion von Ständerätin Josi Meier, die für das Jubiläum von 1998 ein abstimmungsfähiges Revisionsprodukt wünschte. So kam politisches Leben in die zweite Phase.

6.3 Impulse von oben oder von unten?

Es besteht die Meinung, dass eine Verfassung, weil sie das Grundgesetz eines Volkes sei, vom Volk nicht nur genehmigt, sondern sozusagen auch selber lanciert und miterarbeitet werden müsse. Mit einer Grundwelle zu einem Grundgesetz. In allen vorangegangenen Fällen war dem nicht so. Von unten kamen die kantonalen Verfassungsbewegungen von 1830 und 1860. 1848 wollte man die Sache hinter verschlossenen Türen zu einem guten Ende bringen und meinte, ohne das Volk zu konsultieren, das Richtige und Nötige einrichten zu können. 1872 ist man offenbar ebenfalls ohne besondere Konsultation ausgekommen; das Volk beziehungsweise ein bestimmter Teil davon wurde speziell erst dann mobilisiert, als für den zweiten Anlauf von 1874 eine Mehrheit gefunden werden musste.

Vom Verfassungsaufbruch von 1965/66 könnte man meinen, dass er von einer breiten Reformbewegung angestossen und getragen worden sei. Das «Helvetische Malaise» (Imboden 1964) hatte aber doch keine grösseren Kreise gezogen, war lediglich der Ausdruck für die Befindlichkeit eines Teils des politischen Kaders. Der Zeitaufwand des 1967 eingeleiteten Prozesses führte zwar dazu, dass, was eigentlich ein Produkt der Reformphase war, erst in der unfreundlichen Zeit der Wirtschaftskrise nach 1974 vorgelegt wurde. Mit dieser Verspätung konnte aber nichts verpasst worden sein, weil schon vorher der Reformwille eher bescheiden gewesen war. Im Grunde wollten auch die Promotoren von 1966 keine grundstürzenden Neuerungen, wie sie 1974–1977 gegenläufig zur Zeit erarbeitet werden sollten, sondern auch nicht viel mehr als eine saubere Nachführung.

6.4 Braucht es eine Leitidee?

Zu den günstigen Vorbedingungen könnte auch die Gegebenheit mobilisierender Leitideen zählen. Bundespräsident Hanspeter Tschudi erklärte 1965, eine Verfassungsreform habe keine Chance, wenn sie nicht von einer Idee getragen sei. Nationalrat Peter Dürrenmatt griff die These auf und räumte ein, dass 1848 mit dem bundesstaatlichen Projekt und 1874 mit dem Armeeprojekt sicher starke Leitideen am Werk gewesen wären. Zugleich widersprach er aber diesem Geschichtsbild, musste dies auch tun, wenn er 1966 der Totalrevision eine Chance einräumen wollte, stand doch damals auch nach seiner eigenen Einschätzung tatsächlich keine zündende Idee zur Verfügung. Der Vorstellung, den Durchbruch mit einer sozusagen äusseren Leitidee zu schaffen, hielt er die Vorstellung entgegen, dass der Durchbruch von innen heraus, mit dem Willen erzielt werden sollte.

Dabei war Dürrenmatt zugleich die Vorstellung wichtig, dass dies auch ein Wille zum Kompromiss sein müsse. An den Anfängen der beiden Revisionsphasen – 1847 gerade nach dem Bürgerkrieg und 1872 bei der Vorlage des ersten Revisionsmodells –, da hätte er allerdings Mühe gehabt, viel Kompromiss zu finden. Die vorangegangenen Totalrevisionen waren keineswegs harmonische Vorgänge. Gegnerschaften sind normal, sie könnten sogar zum Erfolg verhelfen. Auf den jeweiligen Zielgeraden hingegen war tatsächlich Kompromissbereitschaft am Werk: 1848 insbesondere mit dem Zweikammersystem, 1874 mit den Konzessionen an die Föderalisten der französischen Schweiz.

Hat das heute vorliegende Projekt mit dem blossen Nachbessern und der Etappierungsmöglichkeit für weitere Revisionsmodule die Qualität eines ideengeleiteten

Unternehmens? In inhaltlicher Hinsicht wohl kaum. Die Art der operationellen Umsetzung darf für sich aber durchaus den Wert einer Idee beanspruchen. Die Essenz des Politischen liegt oft in der Vorgehensweise. Beim anstehenden Projekt ist im gegenwärtigen Zeitpunkt schwer zu sagen, welche sozialen Gruppen sich wegen spezifischer (und legitimer) Interessen für oder gegen das Projekt aussprechen werden. Die Unfassbarkeit der Interessenlage wird man vielleicht gerne als Vorzug sehen, sie kann aber auch zum Nachteil werden.

Von den drei historischen Verfassungsschritten – ausser denjenigen von 1848 und 1874 zähle ich hier den unerörtert gebliebenen der Helvetik von 1798 dazu – sind alle drei ihrem Wesen nach Emanzipationsschritte und Demokratisierungsschritte gewesen. Dem anstehenden Projekt könnte man darum in dem Masse Zustimmung prognostizieren, als es diesbezüglich, z.B. mit der Allgemeinen Volksinitiative, dem Ausbau des fakultativen Staatsvertragsreferendums, dem fakultativen Verwaltungs- und Finanzreferendum, Angebote enthält – Angebote, welche allerdings nicht zu einer Lähmung des Staates führen dürfen. Eine Vorlage dagegen, die eine Einschränkung der Volksrechte anstrebt, hat wenig Erfolgschancen.

6.5 Verfassungen als Krisenprodukte?

Krisen, heisst es, sind Chancen. Ob wir in einer Krise leben und auch deshalb Reformchancen haben, ist Ansichtssache. Es ist sinnvoll, zwischen Krisen und Krisen zu unterscheiden. Tiefgreifende Krisen, das zeigen die Versuche der Zwischenkriegszeit, wirken sich eher reformfeindlich aus. Reformfreundlich sind dagegen die leichten Krisen im Sinne eines wachsenden Bewusstseins dafür, dass – nicht nur im Verfassungsbereich, aber auch im Verfassungsbereich – Norm und Wirklichkeit, das «pays nominal» und das «pays réel», in störender Weise nicht mehr übereinstimmen.

Beim Blättern in der Geschichte der schweizerischen Verfassungsbewegungen fällt einem plötzlich auf, wie widersprüchlich ambivalent das Geschäft umfassender Revisionen ist. Einerseits scheint es ein ganz grosses, das Wesen von Staat und Gesellschaft berührendes Geschäft zu sein; andererseits ist es ein ziemlich triviales, technisches, redaktionelles Geschäft. Man könnte sogar die These wagen, dass gewisse *Partialrevisionen* dem Souverän mehr Reformleistung abverlangt haben als das, was 1965/66 angestrebt wurde und jetzt als umfassender Sanierungsvorschlag vorgelegt wird. Vor dem Hintergrund der Verfassungsgeschichte erscheinen die Dimensionen des Projektes 1998 im doppelten Sinn als bescheiden. Sind wir ängstlich, dann müssen wir uns sagen, dass hier keine grossen Schritte unternommen werden. Sind wir darauf bedacht, uns selber reformfreudig vorzukommen, dann können wir uns sagen, dass wir zu denjenigen gehören möchten, welche in Anstand das zu Ende führen wollen, was bereits 1965 als überfällig beurteilt worden ist.

Wie das aktuelle Projekt enden wird, wissen wir noch nicht. Das Misserfolgsszenario bestünde wahrscheinlich in einer Kumulation von insbesondere zwei Gegnerschaften, den Gegnern einer Einschränkung der Volksrechte und den Kantonalisten, welche den Kantonen mehr Mitsprache einräumen wollen. Das wahrscheinlichste Erfolgsszenario ist dagegen: Die Substanz des Reformprojekts wird so dünn gehalten, dass auch die reform*unwillige* Mehrheit zustimmt und sich auf billige Weise eine Reformfreudigkeit zuschreiben kann, die sie in Wirklichkeit gar nicht hat.

2003: Über die neue Bundesverfassung wurde am 18. April 1999 abgestimmt. Nach einem zunächst lauen Abstimmungskampf meldeten rechtsbürgerliche Kreise in den letzten Wochen und Tagen mit zweifelhaften Aussagen plötzlich eine vehemente Ablehnung der Vorlage. Der Urnengang wurde zur Zitterpartie. Am Schluss bekam sie zwar eine Mehrheit, doch stand dieser mit 40,8 % Nein-Stimmen und einer Ablehnung von acht Ständen und vier Halbkantonen eine beachtliche Opposition gegenüber; alles mit einer gesamtschweizerisch doch erstaunlich niedrigen Stimmbeteiligung von 35,3 %. Damit wurde dem Reformprojekt aber nicht die Legitimation genommen. «1848» und «1874» hatten auch keine wesentlich besseren Mehrheiten. Die grösste Ablehnung kam mit 69,9 % Nein-Stimmen in Glarus zustande, es folgten – wenig erstaunlich – der Rekord-Nein-Sager Schwyz und Appenzell Innerhoden mit 66,1% und 66 %. Am anderen Ende des Spektrums standen, wie zu erwarten, die zwei Stadtkantone und ein Pionierkanton: Genf mit 85,9 %, Basel-Stadt mit 76,3 % und der Jura mit 76,2 %. Bemerkenswert ist, dass im Mittelfeld die ehemaligen Sonderbundkantone Luzern, Zug und Freiburg bei den Zustimmenden waren und sich so die ursprünglichen Grenzen stärker verwischten. Zustimmungs- und Ablehnungsprofil war demjenigen zur EWR-Vorlage ähnlich. Die Befürworter sahen die Stärken der neuen Verfassung im Diskriminierungsverbot bzw. dem umfassenden Grundrechtskatalog sowie im Bekenntnis zur Öffnung gegen aussen. Die vor allem in den «ländlichen» Regionen der deutschen Schweiz beheimateten Gegner beanstandeten, dass «Schweizer» durch «Menschen», «Eidgenossenschaft» durch «Bevölkerung» ersetzt, dass das Elternrecht aufgehoben, die Eigenstaatlichkeit der Schweiz in Frage gestellt, die Demokratie gefährdet würde. Sie schürten mit aufwendigen Inseratenkampagnen fundamentales Misstrauen gegenüber «Bern», riefen zu einer eigentlichen «Mobilmachung» auf und behaupteten, man habe nicht genügend Zeit zur Diskussion gehabt. Die Kampagne operierte derart mit unwahren Aussagen, dass sich der Bundesrat gezwungen sah, vier Tage vor dem Urnengang diese Art des Abstimmungskampfs in aller Form zu verurteilen.[48] Bundesrat Arnold Koller, der «Vater» der Vorlage, war einerseits erleichtert über den positiven Ausgang, auf die Verfassung selber mochte er nicht so recht stolz sein, gegenüber seinen Professorenkollegen räumte er ein, dass sie stellenweise ein «gerupftes Huhn» sei; er durfte dabei vor allem an die weggestrichene Verfassungsgerichtsbarkeit gedacht haben.[49] Seine Hoffnung, dass nun weitere Reformschritte folgen würden (Reform der Volksrechte und Reform der Staatsleitung), sollte sich nicht erfüllen. Am Vorabend der Inkraftsetzung der neuen Bundesverfassung urteilte die

48 NZZ vom 15. April 1999.
49 Bericht von hof. über den «Berner Tag für die juristische Praxis» in der NZZ vom 27. Oktober 1999.

Neue Zürcher Zeitung in ihrer Ankündigung: «Kein Wurf zur Erneuerung, aber solide Basis für die Zukunft». Der bescheidene Support der bescheidenen Reform zeigte, was gegen Ende des 20. Jahrhunderts an Weiterentwicklung in diesem Lande gerade noch möglich war. In der Zwischenzeit kann man aber anerkennend festhalten, dass – wenn man es nutzen will – das bescheidene Reformwerk doch eine gute Basis für eine aufgeschlossene Politik ist.

Bibliographie

Aubert, Jean-François, Traité de droit constitutionnel suisse. Bde. I und II. Neuenburg 1967.
Aubert, Jean-François, Petite histoire constitutionnelle de la Suisse. Bern 1974.
Aubert, Jean-François, So funktioniert die Schweiz. Bern 1980.
Aubert, Jean-François, La Constitution, son contenu, son usage. Basel 1991.
Blum, Roger, Die politische Beteiligung des Volkes im jungen Kanton Baselland 1832–1875. Liestal 1977.
Bonjour, Felix, Louis Ruchonnet – Sa vie – Son œuvre. Lausanne 1936.
Eggenberger, Peter, Bundesrat Emil Welti. Sein Einfluss auf die Bundesverfassungsrevision von 1874. Bern und Frankfurt/M. 1972.
Ehrenzeller, Bernhard, Konzeption der Verfassungsreform. In: Aktuelle Juristische Praxis 8, 1995. S. 971–979.
Eichenberger, Kurt, Sinn und Bedeutung einer Verfassung. Basel 1991.
Fäh, Georges, Der Kanton Luzern und die Bundesverfassungsrevision von 1874. Luzern 1974.
Fazy, James, De la révision de la Constitution fédérale. Genf 1871.
Fricker, Martin, Die Revision der schweizerischen Bundesverfassung von 1872–1874 im Spiegel der aargauischen Presse. Seminararbeit Universität Basel 1997.
Gebert, Alfred L., Die jungliberale Bewegung der Schweiz 1928–1938. Bern 1981.
Gilg, Peter, Die Entstehung der demokratischen Bewegung und die soziale Frage. Affoltern am Albis 1951.
Greyerz, Walo von, Verfassungsrevision. In: Die Schweiz 1937. Jahrbuch der NHG 1937. S. 76–80.
Haeberli, Rolf, Die Revision der Bundesverfassung 1872/74 im Lichte der öffentlichen Meinung. Diss. Bern 1949.
Imboden, Max, Die Bundesverfassung – wie sie sein könnte. Basel 1959.
Imboden, Max, Gestalt und Zukunft des schweizerischen Rechtsstaates. Basel 1960.
Imboden, Max, Helvetisches Malaise. Zürich 1964.
Imboden, Max, Verfassungsrevision als Weg in die Zukunft. Bern 1966.

Kägi, Werner, Die Verfassung als rechtliche Grundordnung des Staates. Untersuchungen über die Entwicklungstendenzen im modernen Verfassungsrecht. Zürich 1945.

Kägi, Werner, Die Grundordnung unseres Kleinstaates und ihre Herausforderung in der zweiten Hälfte des 20. Jahrhunderts. In: Das schweizerische Recht. Besinnung und Ausblick. Festschrift hrsg. vom Schweizerischen Juristenverein zur Schweizerischen Landesausstellung. Lausanne 1964. Basel 1964.

Kaufmann, Eugen, Bundesrat Jakob Dubs und die Bundesrevision von 1872–1874 im Lichte seiner Zeitung «Die Eidgenossenschaft». Rorschach 1957.

Koller, Heinrich, Die Nachführung der Bundesverfassung. In: Aktuelle Juristische Praxis 8, 1995. S. 980–989.

Kölz, Alfred, Neuere Schweizerische Verfassungsgeschichte. Ihre Grundlinien vom Ende der Alten Eidgenossenschaft bis 1848. Bern 1992 (Kölz 1992).

Kölz, Alfred, Quellenbuch zur neueren schweizerischen Verfassungsgeschichte. Vom Ende der Alten Eidgenossenschaft bis 1848. Bern 1992 (Kölz 1992a).

Kölz, Alfred, Quellenbuch zur neueren schweizerischen Verfassungsgeschichte. Von 1848 bis in die Gegenwart. Bern 1996.

Kreis, Georg, Parlamentarismus und Antiparlamentarismus in den Jahren 1933–1945. In: Eidgenössische Parlamentsdienste (Hrsg.), Festschrift der Bundesversammlung zur 700-Jahr-Feier der Eidgenossenschaft. Bern 1991. S. 301–320.

Kreis, Georg, Die Lancierung der Totalrevision der Bundesverfassung in den 1960er Jahren. In: Die 60er Jahre. Zürich 1998. S. 21–38.

Lorenz, Jakob, Politische Aspekte zur Totalrevision der Bundesverfassung. In: Schweizerische Monatshefte, Januar 1941. S. 445–460.

Mohnhaupt, Heinz und Grimm, Dieter, Verfassung. Zur Geschichte des Begriffs von der Antike bis zur Gegenwart. Berlin 1995.

Müller-Büchi, Emil F.-J., Philipp Anton von Segesser: Das Konzil, die Revision der Bundesverfassung und der Kulturkampf. Freiburg i.Ü. 1977

Obrecht, Karl, Dürrenmatt, Peter und von Moos, Ludwig, Motionen zur Totalrevision der Bundesverfassung: Antworten des Bundesrates. Bern 1967.

Oeri, Albert, Verfassung und Notrecht. In: Die Schweiz 1934. Jahrbuch der NHG 1934. S. 60–71.

Rappard, William, Die Bundesverfassung der Schweizerischen Eidgenossenschaft 1848–1948. Vorgeschichte, Ausarbeitung, Weiterentwicklung. Zürich 1948.

Riklin, Alois, Vom Sinn der Verfassung. In: Zeitschrift für Schweizerisches Recht 117 (N.F.), I. Halbband, Heft 2, 1998. S. 149–162.

Ruffieux, Roland, Les données de l'histoire constitutionnelle. In: Handbuch politisches System der Schweiz. Bd. 1. Bern und Stuttgart 1983. S. 119–209.

Schaffner, Martin, Die demokratische Bewegung der 1860er Jahre. Beschreibung und Erklärung der Zürcher Volksbewegung von 1867. Basel 1982.

Schindler, Dietrich, Die Bundesverfassung: Ihr Anspruch, ihre Folgen. In: Neue Zürcher Zeitung vom 27./28. Juni 1998.

Schüepp, Hanspeter, Die Diskussion über die schweizerische Demokratie von 1904–1914. Eine Untersuchung über das demokratische Bewusstsein in der Schweiz vor dem Ersten Weltkrieg. Diss. Zürich 1969.

Schweizer, Rainer J., Die Totalrevision der Bundesverfassung von 1872 und 1874: Erfahrungen im Blick auf die laufende Verfassungsrevision. In: Zen-Ruffinen, Piermarco und Auer, Andreas (Hrsg.), De la Constitution: études en l'honneur de Jean-François Aubert. Basel 1996. S. 101–114.

Stadler, Peter, Die Diskussion um eine Totalrevision der schweizerischen Bundesverfassung 1933–1935. In: Schweizerische Zeitschrift für Geschichte 1969. S. 75–169.

Stadler, Peter, Der Kulturkampf in der Schweiz. Frauenfeld und Stuttgart 1984 (Neuaufl. Zürich 1996).

Thürer, Daniel, Die drei Paradoxe in der Verfassung von 1848. In: Neue Zürcher Zeitung vom 27./28. Juni 1998.

Werkstatt Bundesverfassung. Kommentar und Inventar der Quellen zur Geschichte der Schweizerischen Bundesverfassung 1848–1998/La Constitution fédérale en chantier. Commentaires et inventaire de source de l'histoire de la Constitution fédérale 1848–1998. Zusammengestellt von S. Arlettaz. Bern 1998.

Was soll die Schweiz mit der Goldreserve der Nationalbank anfangen, die sie nicht mehr benötigt? Die drei goldenen Äpfel knüpfen an der Tellen-Sage an und verkörpern den vom Volk nach fünfjähriger Kontroverse schliesslich abgelehnten Vorschlag von Bundesrat und Mehrheit der eidgenössischen Räte.

Eidgenössische Solidarität in Geschichte und Gegenwart

Will man umschreiben, was die Schweiz ausmacht, vielleicht sogar im Innersten zusammenhält, dann wird man sehr schnell von einer Erscheinung sprechen, die mit *Solidarität* umschrieben wird. Worin besteht dieses Phänomen? Inwiefern ist es bloss ein idealisierendes Phantom, inwiefern ein reales Faktum? Der folgende Beitrag will in einem ersten Teil die historische Dimension des Solidaritätsgedankens und seiner praktischen Umsetzung aufzeigen und in einem zweiten Teil an einem Beispiel dessen Bedeutung in der Gegenwart ausloten. In einem dritten Teil kommen wir auf die Frage zurück, inwiefern Solidarität eine singuläre Eigenart der Schweiz sei.

Zunächst muss freilich die Frage geklärt werden, welche Art von Solidarität hier eigentlich gemeint ist. Nicht gemeint ist die Extremform der völlig freien, spontanen und zeitlich begrenzten Entscheidung für oder gegen Bindungen und deren praktische Konsequenzen.[1] Hier geht es vielmehr um eine auf Dauer angelegte, verlässliche und sogar einforderbare und nicht beliebig auswechselbare Verbundenheit, die historisch gewachsen ist und in die man hineingeboren wird. Gemeint sind die Stammessolidarität der archaischen Kulturen oder die nationalen Konstrukte der Brüderlichkeit bzw. Geschwisterlichkeit der modernen Zeit. Voraussetzung für diese Solidarität ist primär nicht eine Wertegemeinschaft, sondern eine Schicksalsgemeinschaft, trotz divergierender Spezialinteressen das Bestehen auch gemeinsamer Interessen, weil man die Schwäche des Angehörigen als eigene Schwäche empfindet und die zu erbringenden Opfer letztlich im eigenen Interesse leistet. Die gemeinschaftsbildende Grenze wird so gezogen, dass andere trotz ihrer Andersartigkeit als zugehörig und im Vergleich zu ganz anderen in gewissem Sinn sogar als verwandt verstanden werden. Die Austauschbeziehungen werden nicht nach den rein materiellen Regeln des Marktes, die Beziehungen mit dem als verwandt empfundenen anderen werden im Sinne des *Ausgleichs* gestaltet. Unterschiede und Gegensätze werden bis zu einem gewissen Grad entschärft. Man spricht dann gerne auch von *Kompromiss.*

1 Für diese Variante Karl Otto Hondrich, Claudia Koch-Arzberger, Solidarität in der modernen Gesellschaft. Frankfurt a.M. 1992. Die Autoren betonen die Freiwilligkeit und grundsätzliche Auswechselbarkeit der Solidaritäten und betonen: «Unter den verbindenden Beziehungen ist sie die unverbindlichste, unter den starken sozialen Kräften die schwächste.»

Die historische Dimension des Solidaritätsgedankens

Die Eidgenossenschaft ist nach dem geltenden Verständnis aus einem Solidaritätspakt entstanden. Es handelte sich aber um einen Pakt zwischen genossenschaftlichen Partnern, zwischen gleichgestellten und gleich starken Bürgern und Ständen, aus dem berechtigten Kalkül, dass man in der Gemeinschaft stärker sei, dass man als Kollektiv die Existenzprobleme (von der Viehbetreuung und dem Wegebau über den zivilen Kampf gegen die Natur bis zum bewaffneten Kampf gegen fremde Herrschaftsansprüche) besser meistern könne. Der Schwache wird in dieser Art der Ausgleichsgemeinschaft nicht als der permanent Schwächere, sondern nur als der zur Zeit Bedrängte gesehen. Ausgleich ist da nur temporäre Hilfe in akuten Notsituationen, keine Dauereinrichtung und zudem nicht auf Individuen oder einzelne soziale Gruppen ausgerichtet, sondern auf territoriale Kollektive, auf Talschaften, Kantone, Landesteile.

Die Schweizergeschichte als Überlieferung vorbildlicher Konfliktbewältigung ist voll von handlungsanleitenden Beispielen für die Beherzigung des auf dem Solidaritätsgedanken beruhenden Ausgleichs. Es sind allerdings verschiedene Arten des Ausgleichs zu unterscheiden. Die häufigste Variante der alteidgenössischen Epoche meint nun doch die versöhnliche Entschärfung von Gegensätzen, wie gesagt, zwischen Gleichgestellten. Exemplarische Schlüsselmomente dieser Art von Ausgleichen bilden etwa das Stanser Verkommnis von 1481 oder die Kappeler Milchsuppe von 1529.

Im Falle des *Stanser Verkommnisses* von 1481, das einen Ausgleich zwischen den Landorten und den städtischen Orten bringt, wird zwar fälschlicherweise angenommen, dass durch die Botschaft des frommen Eremiten vom Ranft in letzter Minute ein Bürgerkrieg habe abgewendet und damit das Vaterland gerettet werden können. Zutreffend ist dagegen, dass Bruder Klaus schon in früheren Verhandlungsphasen Verständigungslösungen statt stures Beharren auf vermeintlichen Rechtsstandpunkten empfohlen hatte.[2] Mittlerweile ist der Einsiedler als Personifikation der Ausgleichsidee in die Geschichte eingegangen und 1947 zum Nationalheiligen avanciert.[3] Erwartungsgemäss wird er auch in der Debatte von 1959 um den interkantonalen Finanzausgleich angerufen (vgl. unten).

Die *Kappeler Milchsuppe* von 1529 illustriert die friedliche Koexistenz von Altgläubigen und Neugläubigen. Die Versöhnungsszene – sie ist wie die Szene von Stans später in zahlreichen Schulbuchillustrationen festgehalten – vermittelt mehrere Botschaften: Erstens illustriert sie, dass es eine (Opfer-)Symmetrie in der Ungleichheit geben kann: Die Innerschweizer Partei trägt zur gemeinsamen Speise die Milch als Produkt ihrer Viehwirtschaft bei und die Schweiz des äusseren Raumes das Brot aus der Kornwirtschaft. Zweitens illustriert sie die Wichtigkeit des Territorialitätsprinzips: Beim Mahl aus demselben Topf gilt die Regel, dass jeder nur auf seiner Seite schöpfen

2 Ernst Walder, Das Stanser Verkommnis. Stans 1994. S. 53ff.

3 Urs Altermatt, Niklaus von Flüe als nationale Integrationsfigur. Metamorphosen der Bruder-Klausen-Mythologie. In: Zeitschrift für Schweizerische Kirchengeschichte 81, 1987. S. 51–82.

darf. Drittens illustriert sie die Erfahrungstatsache, dass ein Zusammenleben nicht konfliktfrei ist. Wer die Regel des gemeinsamen Mahls verletzt, wird zurechtgewiesen, aber nicht sogleich weggejagt oder gar umgebracht.[4]

Das wichtigste neuzeitliche Vorkommnis in der Tradition des Ausgleichs unter Gleichgestellten ist das *Friedensabkommen von 1937* zwischen Arbeitgebern und Arbeitnehmern der Maschinen- und Metallindustrie. Es führte anstelle von Kampfmassnahmen die Schiedsgerichtsbarkeit ein und setzte beiderseits Kompromissbereitschaft voraus.[5]

Eine ganz andere Ausgleichsvariante erwartet vom einzelnen selbstlose Hingabe zugunsten der Gemeinschaft und stellt ihm kompensatorische (Ausgleichs-)Leistungen dieser Gemeinschaft in Aussicht. Ausdruck dieser Variante ist die Devise «Einer für alle, alle für einen». Sie kann keiner speziellen Autorschaft zugewiesen werden, wird aber in der Literatur[6] als typisch schweizerische Devise verstanden, obwohl es sich in der wesentlichen ersten Hälfte nur um eine Fortführung des aus der Antike überlieferten «unus pro multis» handelt. Die schweizerische Veranschaulichung dieser Devise ist der *Winkelried-Mythos,* gewissermassen eine Variante eines wenig bekannten griechischen und des viel bekannteren christlichen Vorbildes eines Opfer- bzw. Kreuzestodes.[7] Der sagenhafte Held der Schlacht von Sempach 1386 opferte sich für seine Mitstreiter, er durfte aber von diesen erwarten, dass sie sich um seine Familie kümmerten. Die Reihenfolge von Opfer und Gegenopfer ist nicht zufällig. Ebensowenig die auffallende Diskrepanz zwischen der Leistung des einzelnen und der Leistung des Kollektivs. Das «Alle für einen» ist, bezogen auf die Sage, erst ein halbes Jahrtausend später, 1886, verwirklicht worden als Winkelried-Stiftung «zur Unterstützung der im Dienste des Vaterlandes verwundeten oder gefallenen Wehrmänner und deren Familien».

Das «Einer für alle, alle für einen» konnte auch als Devise im grenzüberschreitenden Verhältnis unter diesen territorialen Kollektiven Geltung beanspruchen, insbesondere hinsichtlich der wechselseitigen Beistandspflicht im alteidgenössischen System kollektiver Sicherheit. Auch diese Devise wird in der Debatte von 1959 um den kantonalen Finanzausgleich zur Sprache kommen (vgl. unten). Während in der Alten Eidgenossenschaft die Solidarität weitgehend militärischen Charakter hatte, wurden in der modernen Schweiz auf der Basis der langsam gewachsenen Kohäsion die zivilen Formen und Traditionen des Beistandes weiterentwickelt. Dabei sind zwei Arten

4 Georg Kreis, Die Kappeler Milchsuppe. Kernstück der schweizerischen Versöhnungsikonographie (in diesem Band S. 149–165).

5 Kurt Humbel, Treu und Glauben. Entstehung und Geschichte des Friedensabkommens in der schweizerischen Maschinen- und Metallindustrie. Bern 1987.

6 Büchmanns «Geflügelte Worte» in der Bearbeitung von Paul Dorpert, Zürich o.J., reden von einem Wahlspruch, in dem sich am besten die moderne schweizerische Staatsauffassung, in gewisser Hinsicht also schweizerische Eigenart ausdrücke.

7 Aeneis 5, 814/15, Neptuns Prophezeiung, die schliesslich den Steuermann Palinurus treffen sollte, wobei ein wesentlicher Unterschied darin besteht, dass dieser das Opfer nicht freiwillig erbracht hat.

ausgleichender Solidarität zu unterscheiden: die freiwillig-karitative und die obligatorisch-systematische Variante.

Die *karitative Variante* wurde und wird in der Regel aus spontaner Betroffenheit geleistet, sie gilt in erster Linie sog. «Landsleuten», kann jedoch ohne weiteres den nationalen Rahmen sprengen, sie beschränkt sich aber auf freiwillige Hilfeleistungen. Die Sammel- und Spendetätigkeit ist keine exklusiv schweizerische Erscheinung, in der Schweiz aber – gemäss Selbstbild – besonders stark entwickelt. Historisch wichtige Beispiele derartiger Solidarität sind etwa die interregionalen Sammelaktionen 1798 zur Milderung des Elends in Nidwalden, 1806 beim Bergsturz von Goldau[8], 1861 beim Brand von Glarus, bei der Hochwasserkatastrophe von 1868[9] etc. Einen besonderen Fall bildet die 1852 in der liberalen Schweiz lancierte Sammelaktion zur Tilgung der 1847 den Sonderbundkantonen auferlegten Kriegsschulden.

Diese Aktion beruhte auf dem privaten Engagement der Bürger. Das staatliche Engagement der Kantone beschränkte sich vor 1848 weitgehend auf das Militärische. Insofern trifft zu, was Jonas Furrer (der erste künftige Bundespräsident) im August 1848 bemerkte: «Jeder Kanton kennt nur seine Interessen und seine Bürger, diejenigen der anderen Kantone sind ihm so fremd wie Ausländer.»[10] Immerhin kam es wegen der offenbar bestehenden Einsicht, dass es übereinstimmende Interessen gibt, vor 1848 zum Abschluss einiger Konkordate.

Die Einsicht, dass im zivilen Bereich gemeinsame Interessen bestehen, die man solidarisch pflegen müsste, führte 1848 zur Institutionalisierung des *obligatorisch-systematischen* Ausgleichs. Art. 21 (heute Art. 23) der Bundesverfassung gibt dem Bund die Kompetenz, «im Interesse der Eidgenossenschaft oder eines grossen Teiles derselben auf Kosten der Eidgenossenschaft öffentliche Werke zu errichten oder die Errichtung derselben zu unterstützen». Begründet wurde diese Regelung mit zwei Argumenten: erstens (etwas zugespitzt) mit dem widersprüchlichen Umstand, dass ausgesprochen einkommensschwache Kantone ausgesprochen teure Bauaufgaben haben, und zweitens mit dem «moralischen Gewinn» bzw. dem propagandistischen Effekt, den der neue Bund mit seiner Unterstützung in den Kantonen erzielen werde, zumal diese Hilfe Gebiete mit konservativer Bevölkerung betraf. Bei der Beratung dieses Artikels wurde allerdings beanstandet, dass nicht näher definiert sei, wie gross das Partikularinteresse sein müsse, damit es für die Gesamtheit der Eidgenossenschaft von Bedeutung werde. Mit «öffentlichen Werken» waren damals nicht beliebig domizilier-

8 Josef Niklaus Zehnder, Der Goldauer Bergsturz. Seine Zeit und sein Niederschlag. Goldau 1974. S. 57ff. Mehrere Kantone unterbreiteten Hilfsangebote: Zürich, Uri, St. Gallen, Solothurn, Bern. Im Falle der Berner Hilfe gibt es die Überlegung, dass sich mit der zivilen Solidaritätsaktion auch der Dank dafür ausgedrückt haben könnte, dass die Schwyzer zu den wenigen Eidgenossen zählten, welche 1798 in einer militärischen Solidaritätsaktion dem bedrängten Bern Hilfstruppen entsandt hatten. Die Berner schickten eine Equipe von rund 100 Mann, die insgesamt 16 000 Tagewerke im Strassenbau leistete.

9 Grosse Schäden erlitten 1868 insbesondere das Tessin, Uri, Graubünden, Wallis und St. Gallen, insgesamt waren 50 Tote zu beklagen.

10 Quellenbuch zur Schweizergeschichte. Hrsg. v. Wilhelm Oechsli. Zürich 1918, S. 541ff.

bare Bauten gemeint, sondern Bauten zur Behebung topographisch gegebener Schwierigkeiten der Natur, und insbesondere war an die Möglichkeit gedacht, dass der Bund eine staatliche Eisenbahn betreiben könnte. Der Antrag, auch öffentliche Institutionen zu unterstützen, wurde 1848 abgelehnt.[11]

Noch ohne rechtliche Grundlage hatte die Tagsatzung schon 1812 die Durchführung der Linthkorrektion beschlossen. Nach 1848 wurden aufgrund von Art. 21 mehrere grössere Gewässerkorrektionen finanziell unterstützt, 1854 die Rheinkorrektion[12], 1857 die Juragewässerkorrektion, 1863 die Korrektion der Rhone. 1856 wurde im Falle des Brünigs erstmals ein Strassenbau subventioniert, 1859 ein erster Brückenbau (Acheregg). 1861 folgten Subventionen für die Furka-, die Oberalp- und die Axenstrasse sowie für das bündnerische Strassennetz. 1871 kamen als neue Subventionswerke die Wildwasserverbauungen (inkl. die Aufforstung im Quellgebiet) hinzu. 1878 kam aufgrund dieses Artikels eine beträchtliche Subvention der Gotthardbahn zustande. In unserer Zeit werden auch die Flughäfen als «öffentliche Werke» von gesamtschweizerischem Interesse subventioniert. Die meisten dieser Subventionen beruhen auf einem speziellen, arbeitsteiligen Ausgleichsdenken, das gewissermassen den verschiedenen Körperteilen eigene Funktionen zudenkt und diese zum grossen Teil aus der gemeinsamen Kasse finanziert.

Eine andere Form des direkten Ausgleich ging aus Art. 26 (später Art. 30, heute Art. 36ter) hervor, der mit der Schaffung eines gemeinsamen Aussenzolls die kantonalen Strassenzölle aufhob, den Bergkantonen Uri, Graubünden, Tessin und Wallis aber Entschädigungen für den Unterhalt der internationalen Alpenstrassen garantierte.[13]

Die aktuelle Bedeutung des Solidaritätsgedankens

In welchem Mass wird heutzutage der sog. Ausgleich als real existierendes Politikmuster in diesem Land beachtet, und in welchem Mass ist er eine ideologische Worthülse? Den Realitätsgehalt der Ausgleichsdevise können wir am besten am horizontalen Finanzausgleich zwischen den Kantonen überprüfen. Während es bei der Subventionierung von «eidgenössischen Werken» gewissermassen um die Pflege gemeinsam genutzter Infrastruktur ging, leitete sich die Unterstützung von kantonalen Finanzhaushalten aus der höheren Einsicht ab, dass das Wohlbefinden des nächsten eine elementare Voraussetzung für das eigene Wohlbefinden sei.

Das schweizerische Ausgleichsdenken führte vor rund fünfzig Jahren zu einer grundsätzlichen Erweiterung des verfassungsmässig und gesetzlich verankerten Solidaritätssystems. Dieser Ausbau intendierte eine weitere *Milderung der Unterschiede*

11 J. J. Blumer und J. Morel, Handbuch des Schweizerischen Bundesstaatsrechts. Bd. II. 1880. S. 36ff.

12 Heinrich Meili, Die Rheinkorrektion. Diss. Zürich 1918.

13 Zur Revision der Ansätze vgl. Botschaft vom 12. Dezember 1935 und die Volksabstimmung vom 15. Mai 1927.

zwischen ökonomisch starken und schwachen Gesellschaften bzw. Regionen.[14] Die 1958/59 schliesslich eingeführte Lösung machte mit Art. 42ter und dem entsprechenden Ausführungsgesetz das Geben zur verbindlichen Pflicht und das Erhalten zu einem rechtlichen Anspruch. Neu war, dass neben den bereits bestehenden Ausgleichsmechanismen (durch die Beteiligung an Einnahmen bzw. Gewinnen bei den Treibstoffzöllen, der Alkoholverwaltung, der Nationalbank etc. und die abgestufte Subventionierung von bestimmten Ausgaben z.B. für die AHV) jetzt ein Teil der in den Kantonen erhobenen Bundessteuern (Wehrsteuer) für den horizontalen Finanzausgleich unter den Kantonen verwendet, d.h. von den Starken zu den Schwachen und zu deren beliebiger Verfügung transferiert werden sollte. Analoge Regelungen wurden und werden im übrigen auf der unteren Ebene zwischen Gemeinden und Kantonen praktiziert.[15]

Wir können davon ausgehen, dass die Diskussion um die Einführung des systematischen Finanzausgleichs auf Bundesebene einigen Aufschluss über die Selbstverständlichkeit und Solidität des Ausgleichsgedankens gibt. Darum sei, beschränkt auf den Solidaritätsdiskurs, im Folgenden dargelegt, wie der Bundesrat das Projekt präsentierte, wie die Eidgenössischen Räte es aufnahmen und wie die öffentliche Meinung die Vorlage kommentierte.

Der *Bundesrat* musste das Ausgleichsprojekt dreimal präsentieren, weil es Teil einer umfassenden Neuordnung des Finanzwesens und weil die Vorlage – jedoch nicht wegen des Finanzausgleichs – zweimal abgelehnt worden war. 1948 erklärte der Bundesrat bei der erstmaligen Präsentation des Projektes: «... es entspricht guter schweizerischer Tradition und dem wohlverstandenen Interesse der Gesamtheit, jenen Gliedern der Eidgenossenschaft beizustehen, die in Bedrängnis geraten sind.»[16] 1953 unterstrich die Botschaft, der Finanzausgleich sei nicht nur wirtschaftlicher, sozialer und siedlungspolitischer, sondern auch ganz besonders staatspolitischer Natur. Ein ständiges Nehmen und Geben werde zwischen Gliedstaaten und Gesamtstaat und unter den Gliedstaaten wirksam sein müssen, «wenn unser Land bei den unterschiedlichen wirtschaftlichen Möglichkeiten in seiner Vielfalt souveräner Kantone soll bestehen können».[17] Die dritte Erklärung von 1957 enthielt die allgemeine Feststellung, dass in der Schweiz «keine so ausgesprochenen Extreme» wie in anderen Ländern bestün-

14 Erste Anläufe in den Volksabstimmungen (mit negativem Ausgang) vom 4. Juni 1950 und 6. Dezember 1953, wobei die Ablehnungen nicht der Ausgleichsproblematik galten. Annahme in der Volksabstimmung vom 11. Mai 1958. Die Kantonsfreundlichkeit der Vorlage sicherte auch die Stimmen der Ultraföderalisten. Die 4½ ablehnenden Stände der letzten Abstimmung waren: BE, SO, AG, BL und NE, wobei kein Zusammenhang zum Finanzausgleich bestand.

15 So wurde beispielsweise in St. Gallen die langjährige, bis ins Jahr 1834 zurückgehende Tradition des innerkantonalen Finanzausgleichs durch die Verordnung vom 11. Juli 1947 geregelt. Vgl. Botschaft zum Entwurf eines Finanzausgleichsgesetzes vom 28. Februar 1984 (des Kantons St. Gallen). Das Beispiel zeigt, dass manche Bundesregelung auf entsprechenden Vorläuferprozessen in den Kantonen beruht.

16 Botschaft vom 22. Januar 1948, Bundesblatt 1948 I, S. 554ff.

17 Botschaft vom 20. Januar 1953, Bundesblatt 1953 I, S. 162.

den und dies ein wesentlicher Grund für die innere Stärke und Geschlossenheit des Bundesstaates sei. Trotzdem – oder gerade deswegen – sei aber der Finanzausgleich wichtig.[18]

1959 musste sich der Bundesrat ein viertes Mal äussern, als es darum ging, zum Verfassungsartikel das entsprechende Bundesgesetz zu machen. Er sah keine Veranlassung, das Prinzip des Finanzausgleichs nochmals zu kommentieren, wiederholte aber im laufenden Text die bereits 1948 zum Ausdruck gebrachte Meinung, dass die wirtschaftliche Struktur der Kantone zu Beginn des 19. Jahrhunderts «im grossen und ganzen eher ausgeglichen» gewesen sei und sich dann infolge von Industrialisierung und Wachstum der Städte nach und nach wesentliche Unterschiede in der Finanzkraft der Kantone herausgebildet hätten.[19] Im öffentlichen Diskurs konnten die Unterschiede nur mit der unterschiedlichen Standortgunst (Qualität der Böden und Verkehrslage) erklärt werden. Dass zum Teil auch die unterschiedliche soziokulturelle Qualität dieser Teilgesellschaften massgebend war, konnte man nicht ansprechen.

Im *Parlamentsplenum* war das Prinzip des interkantonalen Finanzausgleichs bemerkenswerterweise überhaupt nicht bestritten. Bei der Beratung der allgemeinen Finanzordnung dominierten andere Fragen. Erst in der Beratung des Bundesgesetzes kann man ein paar Positionsbezüge zu der uns interessierenden Frage ausmachen, obwohl auch der Gesetzesentwurf grundsätzlich akzeptiert war.[20] Zur Bekräftigung dieses Konsenses zitierte ein Redner einen Bericht des Finanzdepartements aus dem Jahr 1953: «Die Bestrebungen um einen verstärkten Finanzausgleich begegnen auf dem Boden der schweizerischen Innenpolitik keiner nennenswerten Opposition. Sie entsprechen weitgehend den in unserem Lande herrschenden Vorstellungen über die eidgenössische Solidarität, wonach der Starke dem unverschuldet Schwachen helfen soll.»[21] Die Vorlage wurde denn auch in beiden Kammern unverändert *einstimmig* angenommen, im Ständerat mit 33:0 Stimmen und im Nationalrat mit 156:0 Stimmen.[22] Auch die spätere Revision des Finanzausgleichs von 1967 sollte einstimmig verabschiedet werden.[23]

Man könnte meinen, dass wenigstens die Diskussionen in den vorberatenden Kommissionen im einen oder anderen Punkt kontroverser gewesen sein könnten als später im Plenum. Indessen war auch schon da durch eine vorgängige Studienkommission der Kompromiss so weit ausgehandelt, dass man das bereits getroffene Arrangement nicht mehr in Frage stellen konnte. Die Voten in der Kommission und im Ple-

18 Botschaft vom 1. Februar 1957, Bundesblatt 1957 I, S. 603.

19 Botschaft vom 23. Januar 1959, Bundesblatt 1959 I, S. 147. Schliesslich die Ausführungsverordnung vom 16. Oktober 1959.

20 In der vorangegangenen Vernehmlassung hatten sämtliche Kantone zustimmend reagiert, und mehr als die Hälfte hatte keine materiellen Abänderungsanträge gestellt. Bundesblatt 1959 I, S. 165.

21 Bericht vom 19. Februar 1953, zit. nach Ständerat Danioth.

22 Ständerat vom 5. März und vom 19. Juni 1959, Sten. Bull. S. 33–49. Nationalrat vom 10./11. Juni und vom 19. Juni 1959, Sten. Bull. S. 511–537.

23 Nationalrat vom 28. Februar 1967 mit 118:0 Stimmen.

num stimmen weitgehend überein.[24] Dass es hinter verschlossenen Türen mitunter doch heftiger zu- und hergehen kann, deutete Bundesrat Streuli im Ständerat mit der Bemerkung an, in der Konferenz der kantonalen Finanzdirektoren seien die Gegensätze in der Ausgleichsfrage immer sehr stark aufeinandergeprallt. Wie wir noch hören werden, muss auch in der Studienkommission über einen bestimmten Verteilschlüssel «tagelang gestritten» worden sein.

Auch im Plenum entspann sich ein Gespräch, in dem man innerhalb des allgemeinen Konsenses – im Sinne einer «concordia discors»[25] – unterschiedliche Akzente setzte, im Hinblick auf die weitere Entwicklung bereits jetzt in unterschiedliche Richtungen zog und auslotete, wie weit man gehen konnte und wo die nicht zu überschreitenden Grenzen liegen. So gab der Zürcher Stände- und Regierungsrat Ernst Vaterlaus (FDP) zu verstehen, man dürfe nicht zu weit gehen, die Vorlage markiere «die obere Grenze des direkten Finanzausgleichs». Der Bündner Gion Darms (CVP) dagegen stimmte der Vorlage nur zu, «weil diese immerhin einen ersten Schritt bedeutet». Von besonderem Interesse ist die Frage, wie die Empfängerkantone argumentierten, wenn sie mit dem zugestandenen Ausgleich nicht zufrieden waren, und wie sich die Geberkantone verhielten, wenn ihnen die Erwartungen der Empfängerkantone zu weit gingen.

Die Austragung der kleineren Kontroversen war umgeben von beinahe beschwörenden Worten, welche die Vorlage als Bekräftigung eines alten Prinzips und als Resultat eines Kompromisses sahen und aus beiden Gründen keine plötzliche Infragestellung zulassen wollten. Der ständerätliche Kommissionsreferent Jean Bourgknecht (CVP/FR) sprach von einer «étape nouvelle et importante dans une voie déjà tracée et suivie». Der nationalrätliche Kommissionssprecher Max Weber (SP/BE) zeigte in einem kurzen einführenden Überblick, dass es einen «primitiven Finanzausgleich» seit der Gründung des Bundesstaates gebe. Und in einem abschliessenden Kommentar erklärte er nach einer Verbeugung vor den finanzstarken Kantonen, welche «Opfer erbringen müssen» und ihr «Solidaritätsempfinden» bewiesen hätten: «Auf die Unterschiede in der Steuerbelastung und Steuergesetzgebung will ich nicht näher eintreten, um das Bild nicht zu stören.»

Bundesrat Hans Streuli (FDP/ZH) betonte als Chef des Finanzdepartements vor dem Ständerat, es handle sich um «einen Kompromiss nach Nikolaus von Flüe»; sobald man anfange, etwas daran zu ändern, werde man in unabdingbare Diskussionen kommen. Im Nationalrat bemerkte er in Anspielung an vorausgegangene Voten: «Sie haben bereits gesehen, dass es sich hier um einen ausgesprochenen Balancierakt auf hohem Seil handelt und dass die Akrobaten die kantonalen Finanzdirektoren sind.

24 Protokolle der ständerätlichen und der nationalrätlichen Kommissionssitzungen vom 26. Februar und 4. Mai 1959. Bundesarchiv 6100 (B) 1986/168 Bd. 62. Die Protokolle fassen die Voten zusammen und geben sie nicht wörtlich wieder.

25 Werner Kaegi, Discordia concors. Vom Mythus Basels und von der Europa-Idee Jacob Burckhardts. In: Festschrift für Edgar Bonjour. Basel 1968. S. 147ff.

Deswegen möchte ich Sie wirklich bitten: Stören Sie diesen Balancierakt, wie er ihnen präsentiert wird, nicht, um möglichst Betriebsunfälle zu verhindern.»

Schliesslich leitete Kommissionspräsident Weber einen Antrag, der den Kompromiss doch nochmals in Frage stellen wollte und weiter unten noch erörtert werden soll, mit der Mahnung ein, man solle «den Bogen nicht überspannen» und die Vorlage als Beweis für den Solidaritätswillen der finanzstarken Kantone anerkennen. «Der Vorschlag des Bundesrates ist loyal gegenüber den finanzschwachen Kantonen, ohne die finanzstarken Kantone vor den Kopf zu stossen.» Nach dem unerwünschten Votum des unzufriedenen Volksvertreters fügte er bei, er hätte es begrüsst, wenn dem Rat diese Auseinandersetzung erspart geblieben wäre. «Der Finanzausgleich sollte nicht zu einem Zankapfel unter den Kantonen werden.»

Wie sprachen die verschiedenen Referenten über die Ursachen der Ungleichheit bzw. der Schwäche der einen und der Stärke der anderen? Bourgknecht hob bereits in seinem Eingangsvotum hervor, dass die Ungleichheit zum Teil auf nicht behebbare «causes naturelles» zurückzuführen sei, topographische und klimatische Bedingungen seien nicht überall die gleichen. Der Redner räumte allerdings ein, dass auch nicht weiter spezifizierte «erreurs commises» eine Rolle gespielt hätten. Die Stärke der einen Kantone sei aus einer Kombination von Verdienst und günstigen Umständen hervorgegangen, während in den schwachen Kantonen die ebenfalls vorliegenden Verdienste wegen der Ungunst der Verhältnisse keine entsprechenden Früchte gezeitigt hätten. Er warnte (die stärkeren Kantone) davor, sich selber besser vorzukommen, «formé d'une élite intelligente et laborieuse qui ne devrait ses réussites qu'à son labeur, cependant que l'autre (catégorie) ne devrait s'en prendre qu'à elle-même de ses insuccès». In den armen Kantonen würde nicht weniger gearbeitet als in den reichen, ganz im Gegenteil. Könnte er sich heute ausdrücken, würde er von der wachsenden Disparität reden, die sich verschärfe, weil die reichen Regionen immer reicher würden und vice versa bzw. weil die Ursachen durch ihre Auswirkungen sich selber verstärkten. In seinen Worten: «Tandis que les uns regorgent d'usines, les autres n'en ont guère.»

Weshalb wurden die starken Unterschiede überhaupt als Missstand empfunden? Dazu wiederum Bourgknecht: «La vitalité et la cohésion de notre Etat fédératif dépendent dans une large mesure d'une certaine égalité entre les cantons.» Neben dieser eher politischen Argumentation findet sich auch ein eher wirtschaftliches Räsonnement (wiederum an die Adresse der starken Kantone): «Un déséquilibre économique accentué, voir chronique, entre différentes régions du pays, peut être, à la longue, dangereux pour chacun, car, quoiqu'on en veuille dire, nos économies sont solidaires.» An dritter Stelle nannte er eine moralische Überlegung: Gewisse Kantone seien einer eigentlichen Proletarisierung ausgesetzt, und diese sei auch in moralischer Hinsicht gefährlich. Andere Voten bewegten sich in diesem Feld. Ludwig Danioth beschwor das Bild vom gemeinsamen «Schweizer Haus». Ständerat Ludwig von Moos (CVP/OW) statuierte: «Im gesunden Bundesstaat müssen gesunde Glieder vorausgesetzt werden.» Die heute zuweilen geäusserte Auffassung, dass Subventionen immanente Krankheit oder Kränklichkeit chronisch werden liessen, war ihm fremd.

Wie wurde das Faktum thematisiert, dass in diesem Ausgleichsprozess die einen etwas abtraten und andere etwas bezogen? Auf der Nutzniesserseite wurde gedankt und anerkannt, es wurde aber auch das bescheidene Ausmass des Ausgleichs unterstrichen und gesagt, dass es ohne weiteres etwas mehr sein dürfte. Ludwig Danioth (CVP/UR), Finanzdirektor in seinem Kanton, rechnete, es gehe insgesamt nur um etwa 11,8 Mio. Franken, und davon gingen bloss etwa 3,8 Mio. Franken an die 8 als finanzschwach eingestuften Kantone; dies würde aber immerhin bedeuten, dass man 40 % und mehr der abgelieferten Bundessteuern wieder zurückerhalte. Danioth meldete sich ein letztes Mal zu Wort, um vorzurechnen, dass der Kanton Uri nur etwa 1 % der zur Verfügung stehenden Finanzausgleichssumme zugeteilt erhalten werde.

Die künftigen Empfänger von zusätzlichen Ausgleichsgeldern mussten sich begreiflicherweise etwas Zurückhaltung in der Präsentation ihres Standpunktes auferlegen. Danioth eröffnete sein zweites Votum mit der Bemerkung: «Wir wollen selbstverständlich kein Duell zwischen finanzstarken und finanzschwachen Kantonen heraufbeschwören. Als finanzschwache Kantone würden wir ohnehin den kürzeren ziehen.» Zum Schluss fügte er seinen keineswegs unfreundlichen Ausführungen bei, er hoffe, dass er mit seinen Ausführungen den finanzstarken Kantonen nicht allzu nahegetreten sei. Auch Ständerat von Moos gab zu verstehen, er wisse, dass Bescheidenheit nötig sei bzw. erwartet werde, stolz wollte er aber die Hilfe nicht als Almosen verstanden wissen.

Eine andere Art, den Transfer in seiner Bedeutung herunterzuspielen, betonte – vorweg oder als Replik auf Vorhaltungen der Nettozahler –, was die armen Kantone für den Bund alles leisteten. Bourgknecht machte bei der Präsentation der Vorlage darauf aufmerksam, dass die bescheidenen Familien der armen Kantone zahlreiche Kinder aufzögen, «qui deviendront les soldats de demain et la main-d'œuvre des grands centres industriels». Wenn diese aber alt und krank seien, kehrten sie in ihre Heimat zurück und würden dort den schwachen Kantonen zur Last fallen. Anknüpfend an den indirekten Finanzausgleich z.B. für die Alpenstrassen erklärten der Urner Danioth und der Bündner Darms, diese Strassen seien für die ganze Schweiz nützlich und könnten auch mit eigenen Mitteln finanziert werden, wenn der Bund den Gebirgskantonen nicht 1848 die Wegzölle weggenommen hätte.

Nationalrat Roger Bonvin (CVP/VS) sah sich gedrängt zu betonen, dass nicht nur das stark industrialisierte Flachland, sondern auch die Bergkantone Opfer für die Gesamtheit erbrächten, insbesondere mit der zurückhaltenden Valorisierung ihrer Wasserkraft. «C'est joyeusement que nous acceptons ce sacrifice mais s'est également joyeusement que nous acceptons en retour votre sacrifice.» Nationalrat Hans Ming (CVP/OW) verwies ebenfalls auf die Arbeitskräfte der schwachen Kantone, die mithelfen würden, die Unternehmensgewinne der starken Kantone zu erwirtschaften, darüber hinaus machte er aber auf den Umstand aufmerksam, dass die finanzschwachen Kantone den finanzstarken Kantonen zu Profiten verhelfen würden, weil Versicherungs- und Bankunternehmen gesamtschweizerisch tätig seien, ihre Steuern aber nur am Hauptsitz bezahlten, zum Beispiel *«am schönen Ufer des Zürichsees»*. In der Kommissionsberatung brachte Ming, zugleich Regierungsrat in seinem Heimatkanton, ein weiteres Argument: Es liege zum Teil gar nicht an den Regierungen der betreffenden Kantone, wenn man die eigene Bevölkerung nicht stärker besteure, in Obwalden habe man es versucht, sei aber beim Volk abgeblitzt. «Wir haben demokratische Spielregeln.»

Für die Geberseite sprachen Vertreter der Kantone Zürich, Bern und Basel-Stadt. Ständerat Ernst Vaterlaus (FDP/ZH) scheute sich nicht zu sagen, dass die Regelung seinen Kanton jährlich immerhin etwa 15 Mio. Franken koste, dass dies ein «beträchtlicher» Betrag und eine «Schmälerung» sei. Nationalrat Alfred Schaller (FDP/BS) bekundete Verständnis für die «finanzpolitische Solidarität», sprach aber von «Verzichten» und von «Opferbereitschaft» auf seiten der Starken, es gehe da um «sehr achtbare Millionenbeträge pro Jahr». Bevor die – erwarteten – weitergehenden Forderungen von seiten der Bezügerkantone vorgetragen wurden, gab Schaller vorsorglich in Form eines «ernsten Wortes» ein warnendes Votum ab, er drohte indirekt mit dem Referendum, indem er vom Ausgleichsgesetz sagte, es müsse so beschaffen sein, dass es Chancen habe, bei den Stimmberechtigten durchzukommen. In der Kommission hatte Schaller noch auf einen besonderen Aspekt aufmerksam gemacht. Die aus den finanzschwachen Kantonen zugewanderte Bevölkerung schätzte er nicht etwa als besonders solidarisch mit den Herkunftskantonen ein, sie hätte im Gegenteil kein Verständnis, wenn sie feststellte, dass ihre daheim gebliebenen Verwandten beträchtlich weniger Steuern bezahlen müssten. Im weiteren warnte er davor, man sollte die Geberkantone nicht mit überrissenen Forderungen zwingen, sich wie die bereits organisierten Nehmerkantone ebenfalls zusammenzuschliessen.

Nationalrat Fritz Grütter (SP/BE) sprach die entschiedene Erwartung aus, dass die Bezügerkantone ihre eigenen Finanzquellen voll ausschöpfen und nicht mit Steuerabkommen hohe Einkommen schonen würden. Als stadtbernischer Finanzdirektor rechnete er den innerschweizerischen Kollegen vor, dass das Arbeitseinkommen in seiner Gemeinde höher besteuert würde als z.B. in Altdorf. Der baselstädtische Finanzdirektor Schaller votierte in der gleichen Richtung.

Und Nationalrat Schaller relativierte die These vom Gewinn durch Zuwanderung: «Gerade die finanzstarken Kantone sind es, die steigende Soziallasten zu tragen haben wegen der Zuwanderung von Arbeitskräften aus finanzschwachen Kantonen, vor allem aus den Bergkantonen. Man nimmt diese Mitarbeiter sehr gerne auf. Es ist offensichtlich und jedermann, der in der Politik steht, erklärlich, dass damit eine Entlastung der Wirtschaft und auch der Sozialaufgaben der betreffenden finanzschwachen Kantone erfolgt. Wir haben also hier schon eine Art Ausgleich ...» Der Basler Ständerat Hans-Peter Tschudi (SP) hatte zuvor schon in dieser Richtung votiert, als er die Richtigkeit des beim indirekten Finanzausgleich angewendeten Schlüssels bezweifelte, weil er in der Dünnbesiedelung eines Kantons eine besondere Belastung erblickte, obwohl auch eine besonders dichte Besiedlung den öffentlichen Haushalt speziell belasten könne.

Nationalrat Albert Gemperli (CVP/SG), Finanzdirektor in seinem Kanton und zuvor Sekretär des Finanzdepartements des Kantons Thurgau, stellte sich auf die Seite der finanzschwachen Kantone, die gerne einen für sie günstigeren Verteilschlüssel wünschen. Dem gegenseitigen Verrechnen konnte er nichts Positives abgewinnen, er sah es eher als Vorteil, wenn der Saldo der Verbesserungen und Verschlechterungen «etwas Mysteriöses bleibt, weil am Schluss niemand recht weiss, ob er alles in allem gut oder schlecht behandelt wird».

Ein Teil der Debatte kreiste um die wichtige Frage, inwiefern die Bezügerkantone, die in dieser Diskussion immerhin auch als «les divers Etats suisses» hochgehalten wurden, durch den Ausgleichsprozess ihre Unabhängigkeit verlören. Die Botschaft zur Vorlage hatte die Unvorsichtigkeit begangen, in den Subventionen eine partielle Beeinträchtigung der kantonalen Souveränität zu sehen. Dies löste verschiedene, zum Teil protestähnliche Entgegnungen aus. Bundesrat Streuli hielt an der ursprünglichen Einschätzung fest und begründete sie aus patriarchalischer Optik so: «Es geht um so etwas, wenn Sie mir diesen Vergleich gestatten, wie um das Verhältnis Vater / Sohn. Der Vater hat auch eine gesetzliche Pflicht, seinen Sohn zu unterstützen und ihm die Mittel zur Verfügung zu stellen, deren er bedarf. Aber ich habe noch nie gesehen oder gehört, dass sich der Sohn unabhängig vom Vater fühlt, solange er seiner Moneten noch bedarf. In diesem Sinne ist halt auch der Kanton Uri abhängig von seiner Mutter Helvetia.» Regierungs- und Nationalrat Pierre Glasson (FDP / FR), der französischsprachige Berichterstatter des Nationalrates, entschärfte die Diskussion um diesen Punkt, indem er darauf hinwies, dass bei diesen Ausgleichszahlungen die bereits üblichen Aufsichtsregeln gelten und nichts Neues eingeführt würde.

Zu einer eigentlichen Kontroverse kam es in der Frage, nach welchem *Schlüssel* die Finanzausgleichsquote verteilt werden sollte. Der bundesrätliche Vorschlag, der sich schliesslich durchsetzte, wollte gemäss Art. 9 Abs. 1 des Gesetzes die eine Hälfte an alle Kantone nach der Zahl der Wohnbevölkerung verteilen und nur bei der Verteilung der anderen Hälfte die Finanzkraft der Kantone berücksichtigen. In den vorberatenden Kommissionen wollten die finanzschwachen Kantone die erste Hälfte nicht so stehen lassen. Dies sei kein Finanzausgleich, erklärte Ständerat von Moos, sondern eine Beschwichtigung der reichen Kantone. Er stellte den Antrag, nur ein Viertel nach der Bevölkerungszahl zu verteilen. Dies provozierte sogleich einen taktischen Gegenantrag von Augustin Lusser (CVP/ZG), der die Hälfte auf drei Fünftel erhöhen wollte. Ludwig von Moos gab darauf etwas nach und wollte die vorgesehene Hälfte wenigstens auf ein Drittel reduziert haben. Ein Mitglied der Studienkommission und Bundesrat Streuli beschworen darauf die Kommission, die von Studienkommission und Bundesrat vorgelegte Lösung zu akzeptieren. «Wir haben in der Kommission tagelang über die Aufteilung gestritten und schliesslich einen guten Mittelweg gefunden. Heute gilt es nun, diesen Beschluss zu verteidigen und nicht aus dem Kompromiss auszubrechen.» Die vorbereitete Lösung wurde darauf mit 7:3 Stimmen angenommen und auch im Plenum des Ständerats nicht mehr in Frage gestellt.

Nach diesem Ergebnis war es um so erstaunlicher, dass Vertreter der finanzschwachen Kantone nochmals an der vorgesehenen Verteilung rütteln wollten. Nationalrat Hans Ming (CVP / OW) wollte die erste Hälfte jetzt nicht auf ein Viertel und auch nicht auf ein Drittel, sondern auf zwei Fünftel reduzieren und bezeichnete in der Kommissionsdebatte den vom Bundesrat vorgeschlagenen Finanzausgleich als «bloss ein Pflästerchen» und «ohne Grosszügigkeit». Bundesrat Streuli warnte erneut vor einem Abweichen von der vorbereiteten Lösung und vor einem Überspannen des Bogens. Nationalrat Schaller appellierte an den landwirtschaftlichen Sachverstand der Vertreter der finanzschwachen Kantone. «Herr Ming weiss, wie man einen beladenen Wagen zum Kippen bringt. Es braucht sehr wenig.» Es gehe nicht nur um die für Basel-Stadt mit Mings Vorschlag verbundenen zusätzlichen 50 000 Franken, Basel-Stadt stelle jährlich 5 Mio. Franken für die verschiedenen Formen des Finanzausgleichs zur Vefügung. «Als ich das dem Grossen Rat mitteilte, haben viele leer geschluckt, aber sie haben geschluckt. Gegenwärtig sind und denken wir solidarisch, aber man kann diese Stimmung auch missbrauchen und zerstören.» Ming wurde unterstützt von Joseph Conderau (CVP/GR), der Schaller Ängstlichkeit vorwarf, er unterlag mit 12:8 Stimmen, hielt aber im Hinblick auf die spätere Beratung an seinem Antrag fest. Im Nationalrat zitierte Ming die alteidgenössische Devise «Einer für alle, alle für einen», sah im Finanzausgleich keine Almosen, sondern einen Anspruch und wollte sogar für allfällige Einbussen wegen des Verzichts auf Steuerabkommen einen weiteren Ausgleich erhalten, «eine kleine Geste der Anerkennung». Mit dieser Forderung war der Redner allerdings zu weit gegangen, das Protokoll registrierte «Unruhe» im Saal. In Vorahnung des Gegenvotums aus Basel rechnete Ming erneut vor, dass seine Regelung den Baslern ja nur zusätzliche 49 000 Franken abfordere. Zugleich bemühte er wie Bundesrat Streuli vor ihm die Familienmetapher: «Es geht im Staate wie in der Familie: man liebt die reichen Onkel, aber nur dann, wenn sie nicht nur gute Ratschläge erteilen, sondern wenn sie sich die Verwandtschaft ab und zu auch etwas kosten lassen.»

Gegen dieses innerschweizerische Votum trat der Basler Finanzdirektor Schaller (der selber innerschweizerische Wurzeln hatte und gewissermassen auch den Wanderungsgewinn der starken Kantone verkörperte)[26] nochmals an: «Wenn nun dieser Schlüssel, der hier ja in sehr gut eidgenössischer Art und Weise vereinbart wurde, zum Gegenstand des Marktens gemacht wird, dann besteht die grosse Gefahr, dass diese spontane Verzicht- und Opferbereitschaft zugunsten anderer Kantone in finanzstarken Kantonen gestört wird; man wird enttäuscht, und man findet, man müsse sich etwas abmarkten lassen, zu dem eigentlich die notwendige Veranlassung nicht bestehe. Vor der Überschreitung dieser psychologischen Grenze möchte ich warnen.» Schallers Wunsch, die Minderheit möge ihren Antrag zurückziehen und so eine Abstimmung überflüssig machen, blieb ungehört. Die beantragte Veränderung des Verteilungsschlüssels wurde indessen mit 101:49 Stimmen abgelehnt, versammelte aber immerhin eine ansehnliche Minderheit um sich.

Kontroversen ähnlicher Art sind auch in späteren Phasen gerade aus Basler und Walliser Positionen belegt. 1965 wandte sich die Basler Regierung gegen das Bemühen

26 Schaller war Bürger von Wauwil (LU) und in Flüelen (UR) als Sohn eines Bahnbeamten geboren und aufgewachsen. Das Gymnasium besuchte er im Kollegium von Schwyz.

einiger Kantone, «durch rechnerische Kunststücke mehr Wasser auf den eigenen Graben abzulenken». Sie gab im weiteren zu bedenken, dass bei einer derartigen Veränderung der Regeln des Finanzausgleichs in der Bevölkerung des Kantons die Bereitschaft des Mittragens leiden könnte.[27] Aus der Sicht des anderen Lagers wies Roger Bonvin 1967, jetzt als Bundesrat, erneut auf die Gegenleistungen der Bergkantone hin und nannte neben der Wasserkraft die Abgabe von «kräftiger, gut vorgebildeter Jugend an die Stadtkantone»[28].

Die Presse präsentierte die Botschaft von 1959 entweder mit der nüchternen Sachumschreibung «Finanzausgleich unter den Kantonen» oder mit der idealisierenden Ankündigung «Die Starken helfen den Schwachen».[29]

Die allenfalls erhobenen Einwände betrafen ausser der Frage der Berechnungsmodalitäten vor allem den immer wieder und insbesondere von sozialdemokratischer Seite erhobenen Vorwurf an die Nutzniesser des Ausgleichsprozesses, dass sie ihre eigene Bevölkerung nicht hoch genug besteuern und mit Steuerabkommen auf Steuereinnahmen verzichten würden. Das Zürcher *Volksrecht* bekräftigte in einer frühen Stellungnahme von 1950 zunächst den eidgenössischen Topos, dass es «echter eidgenössischer Solidarität» entspreche, wenn notleidenden Kantonen z.B. bei der Entwicklung eines modernen Strassennetzes geholfen würde. Danach betonte es aber, erste Voraussetzung sei jedoch, dass die Steuerpflichtigen des unterstützten Kantons mindestens gleich stark belastet würden wie die Steuerpflichtigen der unterstützenden Kantone.[30] Im allgemeinen dominierte aber der Tenor, dass die schwachen Kantone wegen der strukturellen Gegebenheiten «ohne eigene Schuld» in die Hilfsbedürftigkeit geraten seien.[31]

Aus der hier resümierten Debatte kann geschlossen werden, dass andere, bereits eingeführte Formen des Ausgleichs und natürlich auch die gemeinsame Geschichte die materielle Solidarität zu einer gewissen Selbstverständlichkeit haben werden lassen, so dass nicht mehr über das Ob, sondern nur noch über das Wie diskutiert werden musste. Diese Diskussion konnte – hüben wie drüben – aus der jeweils besonderen Interessenlage einigermassen offen geführt werden, zumal der Grundsatz eben nicht in Frage gestellt war. Auf dieser Basis führte die Debatte, da – auf beiden Seiten – gewisse Grenzen nicht oder nur wenig überschritten wurden, nicht zu einer Entfremdung, sondern eher zu einer weiteren Vertiefung der Verbundenheit. Wie die vorangegangene Ausgleichspraxis die Regelung von 1959 erleichterte, war diese wiederum eine Voraussetzung für den weiteren Ausbau in späteren Jahren, etwa bei der Erhöhung des 1959 beschlossenen Ausgleichsanteils von 5% der direkten Bundessteuer 1980 auf 7,5% und 1985 auf 13%.[32]

27 Zit. nach Basler Nachrichten Nr. 54 vom 4. Februar 1966 zu einem grossrätlichen Anzug in dieser Sache.
28 Zit. nach Tagespresse, Nationalrat vom 28. März 1967 zum Ausbau des Finanzausgleichs.
29 Zürcher Volksrecht Nr. 29 und Basler National-Zeitung Nr. 57, beide vom 4. Februar 1959.
30 Volksrecht Nr. 81 vom 5. April 1950.
31 Zum Beispiel das immerhin im Geberkanton Zürich domizilierte Blatt Die Tat Nr. 147 vom 1. Juni 1959.
32 Vgl. die Liste und Analyse von M. Galliker, Grundzüge des bundesstaatlichen Finanzausgleichs in

Die Solidarität als schweizerische Eigenart?

Die Debatte von 1959 um den interkantonalen Finanzausgleich zeigt, dass in der bundesstaatlichen Schweiz insofern ein hoher Integrationsgrad besteht, als kantonale Teilgebiete im Falle der Bedürftigkeit nicht als fremde Gebiete behandelt werden und ihnen gegenüber eine grundsätzliche Bereitschaft zu Ausgleichsleistungen vorhanden ist. Diese Bereitschaft beruht aber auf einer Kombination von zwei elementaren Vorstellungen, erstens darauf, dass zwischen partikularen Grössen eine Interessen- und Schicksalsgemeinschaft bestehe und diese sich trotz interner Unterschiede darum als Einheit verhalten soll, und zweitens darauf, dass demzufolge das Konkurrenzprinzip bis zu einem gewissen Grad ausgeschaltet sein und der Stärkere dem Schwächeren helfen soll, wie gesagt, nicht aus altruistischen, sondern aus eigennützigen Motiven, weil die Schwäche des anderen letztlich eine eigene Schwäche bedeutet. Das in anderen Verhältnissen angestellte Kalkül, ob der Kreis der Erbringer von Leistungen und der Kreis der Nutzniesser identisch seien, wird nicht oder in einem weiten Sinn, d.h. in ebendem Sinn vorgenommen, dass der Nutzen des irgendwie Verbundenen auch ein eigener Nutzen sei.

Diese Bereitschaft zum Ausgleich ist indessen weder unreflektiert noch bedingungslos. Das Zusammengehörigkeitsgefühl schliesst offensichtlich nicht aus, dass ebenfalls Tauschüberlegungen angestellt werden und ein Verhalten nach dem «do ut des» praktiziert wird. Die Rechnungen werden aber weniger rigoros zusammengestellt. Daniel Frei skizziert in seinem an sich noch immer lesenswerten Aufsatz von 1985 über Integrationsprozesse ein zu einfaches Bild, wenn er sagt, dass man nur gegenüber «Fremden» Kosten und Nutzen jeder Transaktion abwäge, während man unter «Brüdern» nicht lange nach Kosten und Nutzen frage, sondern sich sogar freue, wenn man dem anderen etwas schenken dürfe.[33] Gegenüber «Fremden» ist man insofern wesentlich zurückhaltender, als man diese in die Rechnungen gar nicht einbezieht und am eigenen Wohlstand höchstens über freiwillige Spenden teilhaben lässt, und dies, obwohl man sich diesen gegenüber ebenfalls in einer Art Schicksalsgemeinschaft verstehen könnte.

der Schweiz. Bern August 1986. Ferner davon unabhängig das Bundesgesetz über die Investitionshilfe für Berggebiete (IHG) vom 28. Juni 1974, das zur Zeit revidiert wird und um das Programm «Regio Plus» erweitert werden soll. Sodann die am 6. Oktober 1978 beschlossene und am 17. Juni 1994 verlängerte Bundeshilfe für die Förderung oder Ansiedlung von Betrieben in wirtschaftlich schwachen Regionen (Lex Bonny). Zum bundesstaatlichen Finanzausgleich der Jahre 1970–1988 hat die Eidgenössische Finanzverwaltung eine Bilanz veröffentlicht. Vgl. dazu die Stellungnahme der kantonalen Finanzdirektoren vom 20. Oktober 1992, die zum Schluss kommt, dass der Ausgleich, der zum grössten Teil aus finanzkraftunabhängigen Transferleistungen besteht, die starken Kantone begünstige. Nur 20 % aller Transfers würden auf die Finanzkraft abstellen. Zum jüngsten Stand: Fred Bangeter, Neue Architektur des Finanzausgleichs. Das Aufgabenfeld aus der Sicht der Projektleitung. In: Neue Zürcher Zeitung vom 11. November 1994.

33 Daniel Frei, Integrationsprozesse. Theoretische Erkenntnisse und praktische Folgerungen. In: Die Identität Europas. Hrsg. v. Werner Weidenfeld. München 1985. S. 116.

Es fällt gewiss leichter, in Kleingruppen und in Kleinräumen gemeinsame Interessen auszumachen, sich mit ihnen zu identifizieren, sie zu pflegen und mit den Angehörigen solidarisch zu sein. In Grossgruppen und Grossräumen fehlt zur Wahrnehmung der gemeinsamen Interessen weitgehend die Möglichkeit der direkten Anschauung. In dieser Dimension muss das gemeinsame Interesse über Ideen festgelegt und vermittelt werden. In der Phase des *nation building* wurden Kleingruppen und Kleinräume (in der Schweiz sind es die Kantone) über die Nationalidee zu einer grossräumigen Solidargemeinschaft zusammengebaut, so dass die einzelnen Teile zueinander die Einstellung einer Grossfamilie entwickelten. Diese Gemeinschaftsbildung brachte die gewünschte und für die Entwicklung der Zivilisation auch nötige Integration der verschiedenen Teile und ist als bedeutende kulturelle Leistung zu würdigen. Der Preis der Einbindung war allerdings eine verstärkte Segregation vom ausländischen Umfeld.

Jetzt, da es darum geht, die nationale in eine supranationale Gemeinschaft einzubetten, müssen die Abgrenzungen abgetragen werden, die zuvor in der Phase des *nation building* aufgebaut worden waren. Wie die Nationenbildung wäre auch die Bildung einer supranationalen Gemeinschaft als eine kulturelle Leistung möglich und könnte darum als solche auch angestrebt werden. Dies würde keine nationale Selbstaufgabe erfordern, sondern «nur» eine Erweiterung des Gemeinschaftsbewusstseins und des Solidaritätskreises. Die Schweiz müsste mit der Zeit in der Frage z.B. des internationalen Finanzausgleichs eine Haltung einzunehmen in der Lage sein, wie sie die finanzstarken Kantone in der Debatte von 1959 eingenommen haben. Deutschland nimmt diese Haltung schon jetzt im Rahmen der EU ein.

Die Europäische Gemeinschaft unterhält, verwaltet von der Kommission, verschiedene sogenannte Strukturfonds, einen für die Landwirtschaft, einen für regionalpolitische Strukturbeihilfe, einen für die Sozialpolitik.[34] Im Vertrag zur Europäischen Union ist in Art. 130d darüber hinaus die Einrichtung eines Kohäsionsfonds vorgesehen, der den vier schwächeren EU-Ländern Portugal, Spanien, Griechenland und Irland zusätzliche Mittel zukommen lässt. Mit dieser Ausgleichspolitik sollen die regionalen Disparitäten etwas ausgeglichen und der wirtschaftliche und soziale Zusammenhalt der Europäischen Gemeinschaft verstärkt werden.

In der Schweiz bestehen (in welchem Masse und von wem manifestiert, muss hier offenbleiben) gegen solche Ausgleichszahlungen, wie gesagt, gewisse Vorbehalte: Erstens handelt es sich um eine grundsätzliche Skepsis gegenüber der Tauglichkeit von Subventionen, zweitens handelt es sich um eine speziellere Skepsis wegen der Möglichkeiten des Missbrauchs, und drittens handelt es sich um eine Zurückhaltung aus dem zu erwartenden Umstand, dass die Schweiz in einem solchen Ausgleichsmechanismus zu den Netto-Zahlern, d.h. zu den Kontribuenten und nicht zu den Profiteuren gehören würde.[35] Skepsis gegenüber solchen Ausgleichsmechanismen ist an sich

34 Bis Ende 1992 standen insgesamt über 50 Mrd. ECU zur Verfügung.

35 Hier im Originalton nur zwei zufällige Beispiele: Am 24. Juli 1995 kann man in der Leserbriefspalte der Basler Zeitung lesen: «Es gibt heute bereits Anzeichen, dass mehr und mehr Bürger der Nationen, die die ‹Hauptsponsoren› der EU sind, diese riesige Umverteilung von Volksvermögen mittels

nicht unberechtigt, sie ist dann aber fragwürdig, wenn sie nur gegenüber der EU aktiv wird und im Falle der eigenen Strukturen und Gepflogenheiten stumm bleibt bzw. die gleichen Einrichtungen und Praktiken unterschiedlich beurteilt, je nachdem, ob sie zum eigenen oder zu einem «fremden» System gehören.

«Schweizerische Eigenart – eigenartige Schweiz» – die Solidarität zwischen starken und schwachen Gebieten wird gerne als – natürlich positive – schweizerische Eigenart verstanden. Abklärungen würden schnell zeigen, dass es andernorts ähnliche Solidaritätspraktiken gibt, Sonderfall- und Überlegenheitsgefühle also unbegründet sind. Insofern aber, als andere Staaten mit der UNO- bzw. der EU-Mitgliedschaft bereits eine die nationalen Grenzen überwindende Solidarität entwickelt haben, bildet die Schweiz leider doch einen Sonderfall, allerdings rückständiger Art. Superioritätsvorstellungen sind diesbezüglich nicht am Platz.

der grotesken Subventionspolitik der EU auf die Dauer nicht mehr goutieren werden. Umverteilung hat in den Nehmerländern noch nie zu Wohlstand geführt, sondern in den Geberländern zu neuer Armut» (W. Ehrsam-Cole, Dornach). – Tags zuvor, am 23. Juli 1995, brachte die Sonntagszeitung einen Bericht, wonach Christoph Blochers spanische Ems-Tochter Subventionen in der Höhe von einer Million Franken beziehe. SVP-Präsident Hans Uhlmann, wohl kaum ein Gegner der Subventionierung der schweizerischen Landwirtschaft in Milliardenhöhe, gab sich auch im Falle der EU-Subvention seines Parteikollegen konsequent subventionsfeindlich: «Diese Subventionen sind nur einmal mehr der Beweis dafür, dass die Geldverschleuderei in der EU Tatsache ist.»

Textnachweis

13 Schweizerische Landesausstellungen – zu welchem Zweck? Ein Überblick über die Entwicklung 1804–2002. Deutsche Übersetzung des Aufsatzes: Expositions Nationales 1800–2000 – quelles réponses à quels besoins? In: Revue Historique Neuchâteloise 1–2, 2002. S. 7–15.*

23 Die «Landi» – zwischen Tradition und Moderne. Erschienen unter dem Titel Glanz und Elend der Moderne. Die beiden Ufer der Landesausstellung von 1939. In: Die Landi. Vor 50 Jahren in Zürich. Erinnerungen – Dokumente – Betrachtungen. Stäfa 1989. S. 113–116.

29 Kontroversen um die Expo 64. Ein Rückblick aus aktuellem Anlass. In: Neue Zürcher Zeitung vom 23. Juni 1987.

37 Namenlose Eidgenossen. Zur Frühgeschichte der schweizerischen Denkmalkultur. In: Zeitschrift für Schweizerische Archäologie und Kunstgeschichte ZAK 55, 1998. S. 13–24.*

51 Unten und oben. Vincenzo Velas «Vittime del lavoro» von 1882/83. In: Fenster zur Geschichte. 20 Quellen – 20 Interpretationen. Festschrift für Markus Mattmüller. Basel 1992. S. 163–182.*

69 Zeitgeist in Altdorf und Basel – Tell und Wettstein. In: Basler Zeitung vom 17. September 1988. Ebenfalls in: Zeitgeist damals und heute. In: Richard Kissling 1848–1919. Leben und Werk/In: Bettina Eichin *1942. Das bildhauerische Schaffen 1978–1988. Kataloge zur Ausstellung des Danioth-Rings, Kunst- und Kulturverein Uri. Altdorf 1988.*

79 Die «ruhige Kraft» einer kolossalen Frau. Zum Walliser Nationaldenkmal von 1919. Deutsche Übersetzung des Aufsatzes: La force tranquille d'une femme colossale. In: Terres de femmes. Itinéraires Amoudruz IV. Genf 1989. S. 210–223.

91 Die Sentinelle. Geschichte eines Denkmals. In: Basler Magazin vom 25. August 1984.*

* Originalfassung enthält mehrere zusätzliche Abbildungen.

99 Gefallenendenkmäler in kriegsverschontem Land. Zum politischen Totenkult der Schweiz. In: Der politische Totenkult. Kriegerdenkmäler in der Moderne. Hrsg. v. Reinhart Kosellek und Michael Jeismann. München 1994. S. 129–143.*

109 Momentaufnahmen eines Dauerzustandes. Zur Geschichte der Rütlibilder. In: Basler Magazin vom 1. August 1987.*

119 Lebendiger Wilhelm Tell. In: SKA-Bulletin 8/9, 1988.*

125 Nationalpädagogik in Wort und Bild. In: Mythen der Nationen. Ein europäisches Panorama. Hrsg. v. Monika Flacke. München / Berlin 1998. S. 446–475.*

149 Die Kappeler Milchsuppe. Kernstück der schweizerischen Versöhnungsikonographie. In: Schweizerische Zeitschrift für Geschichte 3, 1994. S. 288–310.*

167 Das Festspiel – ein antimodernes Produkt der Moderne. In: Das Festspiel: Formen, Funktionen, Perspektiven. Schweizer Theaterjahrbuch 49, 1988. Hrsg. v. Balz Engler und Georg Kreis. Willisau 1988. S. 186–208.*

187 Schwören in der Schweiz. In: Neue Zürcher Zeitung vom 28. Juli 1989. Französische Version: Le rite du serment, une tradition suisse? In: Devenir Suisse. Adhésion et diversité culturelle des étrangers en Suisse (Textes réunis par Pierre Centlivres). Genf 1990. S. 169–185. Erweitert: Un plébiscite de tous les jours? Renouvellement formel et informel de la Confédération. In: Itinera Fasc. 9, 1989. S. 53–61.*

199 Die Schweiz und ihre Landeshymnen. In: Die Schweiz unterwegs. Schlussbericht des NFP 21 «Kulturelle Vielfalt und nationale Identität». Basel 1993. S. 72ff. und S. 256ff.

207 Umworben und ausgelacht: Helvetia vor und nach 1848. In: 1848: Drehscheibe Schweiz. Die Macht der Bilder. Hrsg. v. Philippe Kaenel. Zürich 1998. S. 153–163. Französische Ausgabe Lausanne 1998. Italienische Ausgabe Locarno 1998.*

215 Das Verfassungsjubiläum von 1948. In: Jubiläen der Schweizer Geschichte 1798 – 1848 – 1998. Bern 1998. S. 131–169 (Studien und Quellen des Bundesarchivs. Bd. 24).

245 Das Schlachtfeld von Marignano aufkaufen? In: Basler Zeitung vom 28. April, Badener Tagblatt vom 3. Juni und St. Galler Tagblatt vom 14. September 1989.

251 Das Schweizerkreuz. In: NZZ Folio, Oktober 1998.

257 Der Triumph des 1. Mai. Zur Offizialisierung des Arbeiter-Feiertages im Jahre 1923. In: Basler Zeitschrift für Geschichte und Altertumskunde 84, 1984. S. 207–235.*

275 Ein Schweizer Museum fürs nächste Jahrtausend. In: Mitteilungsblatt des Verbandes der Museen der Schweiz, Juni 1994. S. 10–12.

281 Die neuere «Schweizergeschichte» neu schreiben? Zur Mutation und Transformation unseres Geschichtsbildes. In: Neue Politische Literatur 1, 2002. S. 79–92.

299 Geschichte zwischen Archiv und Gesellschaft. In: Festschrift zum 200jährigen Bestehen des Bundesarchivs, 15. Mai 1998. Bern 1998. S. 11–15.

305 Die Sperrfristen – Überlegungen und Erfahrungen eines Forschers. In: Archive und Geschichtsschreibung. Bern 2001. S. 249–268 (Studien und Quellen. Zeitschrift des Schweizerischen Bundesarchivs 27).

323 Niklaus Meienberg nach 25 Jahren: ein Kommentar zu einem Kommentar. In: traverse 1, 2001. S. 33–45.

333 Zurück in den Zweiten Weltkrieg (Teil I). Zur schweizerischen Zeitgeschichte der 1980er Jahre. In: Schweizerische Zeitschrift für Geschichte 1, 2002. S. 60–68.

345 Zurück in die Zeit des Zweiten Weltkrieges (Teil II). Zur Bedeutung der 1990er Jahre für den Ausbau der schweizerischen Zeitgeschichte. In: Schweizerische Zeitschrift für Geschichte 4, 2002. S. 494–517.

373 Schweizergeschichte nur als Nationalgeschichte? Wie aus dem Käfig der nationalen Historiographie ausbrechen? In: Festschrift für Urs Altermatt. Frauenfeld 2002. S. 347–374.

395 Die besseren Patrioten. Nationale Idee und regionale Identität in der französischen Schweiz vor 1914. In: Auf dem Weg zu einer schweizerischen Identität 1848–1914. Hrsg. v. Georg Germann und François de Capitani. Freiburg 1987. S. 55–83.

413 Krisenreaktionen in der französischen Schweiz vor 1914. In: Die neue Schweiz? Eine Gesellschaft zwischen Integration und Polarisierung, 1910–1930. Hrsg. v. Andreas Ernst und Erich Wigger. Zürich 1996. S. 21–39.

429 Kein «fossé» in den Kriegsjahren 1939–1945. Abklärungen zu einem Topos und seinem Realitätsgehalt. In: ZAK 1, 2004 (erscheint gelegentlich); Vorveröffentlichung in: Zwischen Rhein und Rhone – verbunden und doch getrennt? Lenzburg 2002. S. 107–110* (Schriftenreihe des Forum Helveticum 10).

447 Das Tessin und die beiden Anläufe von 1798 und 1848. Deutsche Übersetzung des Aufsatzes: 1798–1848: due momenti cruciali per la Svizzera. In: Dai baliaggi italiani alla Repubblica cantonale. Lugano 1998. S. 17–24.

455 Gotthard kontra Splügen. Zur Geschichte der Ostalpen-Bahnprojekte. In: Schweizer Monatshefte 61, März 1981. S. 197–211.

469 De la concurrence à la coopération. La France et le chemin de fer du Simplon avant 1914. In: Aspects des rapports entre la France et la Suisse de 1843 à 1939. Neuenburg/Metz 1982. S. 37–49.

483 L'accès à la mer: le cas de la Suisse. In: Relations internationales 60, Winter 1989. S. 443–455.

495 Die Anfänge des internationalen Luftverkehrs. Deutsche Übersetzung des Aufsatzes: Les débuts des transports aériens internationaux. In: Relations internationales 95, Herbst 1998. S. 349–360.

503 Der säkulare Stadt-Land-Gegensatz. Ein Blick auf historische Hintergründe. In: Die Schweiz als Wille und Vorstellung. NHG Jahrbuch 1994/95. S. 53–57.

511 Schweizerische Asylpolitik in Vergangenheit und Gegenwart. In: Asylland wider Willen. Flüchtlinge in Österreich im europäischen Kontext seit 1914. Hrsg. v. Gernot Heiss und Oliver Rathkolb. Wien 1995. S. 264–279.

529 Totalrevisionen als soziale Bewegungen. Zu den fünf Verfassungsphasen der neueren Geschichte. In: Herausgeforderte Verfassung. Die Schweiz im globalen Kontext. Hrsg. v. Beat Sitter-Liver. Freiburg 1999. S. 169–197.

553 Eidgenössische Solidarität in Geschichte und Gegenwart. In: Schweizer Eigenart – eigenartige Schweiz. Der Kleinstaat im Kräftefeld der europäischen Integration. Hrsg. v. Wolf Linder u.a. Bern 1996. S. 109–127. Und: Basler Magazin vom 2. August 1997.